ESTRATÉGIA DE MARKETING

Dados Internacionais de Catalogação na Publicação (CIP)
(Câmara Brasileira do Livro, SP, Brasil)

F383e Ferrell, O. C.
        Estratégia de marketing : teoria e casos / O. C. Ferrell,
    Michael D. Hartline ; tradução técnica Cristina Bacellar ;
    revisão técnica Ana Akemi Ikeda. – São Paulo, SP : Cengage
    Learning, 2016.
        640 p. : il. ; 28 cm.

        Inclui índice e apêndice.
        Tradução de: Marketing strategy: texts and cases (6. ed.).
        ISBN 978-85-221-2520-3

        1. Marketing - Administração. 2. Marketing - Estratégia. I.
    Hartline, Michael D. II. Bacellar, Cristina. III. Ikeda, Ana
    Akemi. IV. Título.

                                        CDU 658.8
                                        CDD 658.802

Índice para catálogo sistemático:
1. Jogos educativos 372:796.11

(Bibliotecária responsável: Sabrina Leal Araújo - CRB 10/1507)

TRADUÇÃO DA
6ª EDIÇÃO
NORTE-AMERICANA

ESTRATÉGIA DE MARKETING

TEORIA E CASOS

O.C. FERRELL
University of New Mexico

MICHAEL D. HARTLINE
Florida State University

Tradução técnica
Cristina Bacellar
Professora de Marketing e Coordenadora do Mestrado da
International Business Ecole de Management de Normandie – França.

Revisão técnica
Ana Akemi Ikeda
Professora titular em Marketing da Faculdade de Economia, Administração e Contabilidade
da Universidade de São Paulo (FEA-USP); bacharel, mestre e doutora em marketing pela FEA/USP;
vice-coordenadora do MBA Marketing da FIA e autora de diversos livros e artigos sobre marketing.
Bolsa Produtividade Cnpq 1D.

Austrália • Brasil • Japão • Coreia • México • Cingapura • Espanha • Reino Unido • Estados Unidos

Estratégia de marketing: teoria e casos – Tradução da 6ª edição norte-americana

3ª edição brasileira

O. C. Ferrell e Michael D. Hartline

Gerente editorial: Noelma Brocanelli

Editora de desenvolvimento: Viviane Akemi Uemura

Supervisora de produção gráfica: Fabiana Alencar Albuquerque

Título original: Marketing strategy: text and cases – 6th edition

(ISBN 13: 978-1-285-17043-5; ISBN 10: 1-285-17043-1)

Tradução técnica: Cristina Bacellar

Revisão técnica: Ana Akemi Ikeda

Revisão: Sheila Tonon Fabre, Ângela Maria Cruz e Setsuko Araki

Diagramação: PC Editorial Ltda.

Indexação: Casa Editorial Maluhy

Capa: BuonoDisegno

Imagem de capa: titov dmitriy/Shutterstock

Especialista em direitos autorais: Jenis Oh

Editora de aquisições: Guacira Simonelli

© 2014, 2011 South-Western, Cengage Learning
© 2017 Cengage Learning Edições Ltda.

Todos os direitos reservados. Nenhuma parte desse livro poderá ser reproduzida, sejam quais forem os meios empregados, sem a permissão, por escrito, da Editora. Aos infratores aplicam-se as sanções previstas nos artigos 102, 104, 106 e 107 da Lei nº 9.610, de 19 de fevereiro de 1998.

Esta editora empenhou-se em contatar os responsáveis pelos direitos autorais de todas as imagens e de outros materiais utilizados neste livro. Se porventura for constatada a omissão involuntária na identificação de algum deles, dispomo-nos a efetuar, futuramente, os possíveis acertos.

A Editora não se responsabiliza pelo funcionamento dos sites contidos neste livro que possam estar suspensos.

> Para informações sobre nossos produtos, entre em contato pelo telefone **0800 11 19 39**
>
> Para permissão de uso de material desta obra, envie seu pedido para
> **direitosautorais@cengage.com**

© 2017 Cengage Learning. Todos os direitos reservados.

ISBN-13: 978-85-221-2561-6
ISBN-10: 85-221-2561-9

Cengage Learning
Condomínio E-Business Park
Rua Werner Siemens, 111 – Prédio 11 – Torre A – Conjunto 12
Lapa de Baixo – CEP 05069-900 – São Paulo – SP
Tel.: (11) 3665-9900 – Fax: (11) 3665-9901
SAC: 0800 11 19 39

Para suas soluções de curso e aprendizado, visite
www.cengage.com.br

Impresso no Brasil.
Printed in Brazil.
1 2 3   16 15 14

Para minha esposa, Linda
O. C. Ferrell

Para Huck e ReRe
Michael D. Hartline

Sumário

PARTE 1 Preparando as Condições para a Estratégia de Marketing

CAPÍTULO 1

Marketing na Economia Atual	3
Introdução	3
Além das Páginas 1.1 Prosperando no Inferno das Commodities	4
Desafios e Oportunidades de Marketing na Economia Atual	5
Conceitos Básicos de Marketing	10
O Que é um Mercado?	11
O Que é Troca?	12
O Que é Produto?	14
Principais Atividades e Decisões de Marketing	17
Planejamento Estratégico	18
Pesquisa e Análise	18
Além das Páginas 1.2 Estratégias de Marketing Inovadoras para uma Economia Difícil	19
Desenvolvimento de Vantagem Competitiva	20
Decisões de Estratégia de Marketing	21
Além das Páginas 1.3 Atingindo Consumidores pelas Redes Sociais On-Line	22
Responsabilidade Social e Ética	24
Implantação e Controle	25
Desenvolvimento e Manutenção de Relacionamento com o Cliente	25
Encarando os Desafios da Estratégia de Marketing	26
Lições do Capítulo 1	29
Questões para Discussão	30
Exercícios	30
Notas Finais	30

CAPÍTULO 2

Planejamento Estratégico de Marketing	32
Introdução	32
Além das Páginas 2.1 A História de Sucesso da Redbox	33
O Processo de Planejamento Estratégico	34
Missão Organizacional e Visão Organizacional	35
Estratégia Corporativa ou de Unidade de Negócios	40
Metas e Objetivos Funcionais	41
Estratégia Funcional	41
Implantação	42
Avaliação e Controle	42
O Plano de Marketing	43
Estrutura do Plano de Marketing	43
Além das Páginas 2.2 Venda Abaixo do Custo e as Vendas Virão	47
Usando a Estrutura do Plano de Marketing	49
Propósitos e Importância do Plano de Marketing	50
Aspectos Organizacionais do Plano de Marketing	51
Mantendo o Foco no Cliente e o Equilíbrio no Planejamento Estratégico	52
Planejamento com Foco no Cliente	53
Além das Páginas 2.3 O Sucesso da Amazon Está no Kindle Fire	54
Planejamento Estratégico Equilibrado	55
Lições do Capítulo 2	57
Questões para Discussão	59
Exercícios	59
Notas Finais	59

PARTE 2 Descobrindo Oportunidades de Mercado

CAPÍTULO 3

Coleta e Análise de Informações de Marketing	63
Introdução	63
Além das Páginas 3.1 Baby Boomers Merecem uma Análise Cuidadosa	64
Realização de uma Análise da Situação	66
Análise Isolada Não é uma Solução	66
Dados Não É Sinônimo de Informação	66
Os Benefícios da Análise Devem Compensar os Custos	67
A Realização de uma Análise da Situação É um Exercício Desafiador	67
O Ambiente Interno	68
Revisão de Objetivos, Estratégia e Desempenho Atuais	68
Disponibilidade de Recursos	70
Cultura e Estrutura Organizacional	71
O Ambiente do Cliente	71
Quem São Nossos Clientes Atuais e Potenciais?	73
O que os Clientes Fazem Com Nossos Produtos?	73
Onde os Clientes Compram Nossos Produtos?	74
Quando os Clientes Compram Nossos Produtos?	74
Além das Páginas 3.2 O Desafio Permanente do Lixo Eletrônico	75
Por que (e Como) os Clientes Escolhem Nossos Produtos?	76
Por que Potenciais Clientes Não Compram Nossos Produtos?	77
O Ambiente Externo	77
Concorrência	79
Crescimento e Estabilidade Econômicos	82
Tendências Políticas	83
Questões Legais e Regulatórias	83
Avanços Tecnológicos	84
Tendências Socioculturais	86
Coleta de Dados e Informações de Marketing	88
Além das Páginas 3.3 A Cartilha de Assuntos Corporativos	89
Fontes de Informações Secundárias	91
Coleta de Dados Primários	93

Superação de Problemas na Coleta de Dados	94
Lições do Capítulo 3	95
Questões para Discussão	96
Exercícios	96
Notas Finais	96

CAPÍTULO 4

Desenvolvimento de Vantagem Competitiva e Foco Estratégico	99
Introdução	99
Além das Páginas 4.1 Inovação: Uma Importante Chave para o Sucesso	100
Tornando a Análise SWOT Produtiva	102
Manter o Foco	103
Pesquisar Concorrentes de Forma Extensiva	103
Colaborar Com Outras Áreas Funcionais	104
Examinar as Questões do Ponto de Vista dos Clientes	104
Procurar Causas e Não Características	105
Separar as Questões Internas das Externas	107
Planejamento Estratégico Orientado pela Análise SWOT	107
Pontos Fortes e Fracos	109
Oportunidades e Ameaças	109
A Matriz SWOT	110
Desenvolvendo e Alavancando Vantagens Competitivas	113
Estabelecendo um Foco Estratégico	117
Além das Páginas 4.2 A Bem-Sucedida Liderança de Produto da 3M	118
Desenvolvendo Metas e Objetivos de Marketing	121
Além das Páginas 4.3 Um Olhar Mais Atento Para a Estratégia do Oceano Azul	122
Desenvolvendo Metas de Marketing	123
Desenvolvendo Objetivos de Marketing	124
Movendo-se Além de Metas e Objetivos	127
Lições do Capítulo 4	127
Questões para Discussão	129
Exercícios	129
Notas Finais	129

PARTE 3 Desenvolvendo a Estratégia de Marketing

CAPÍTULO 5

Clientes, Segmentação e Seleção de Mercado-Alvo	133
Introdução	133
Além das Páginas 5.1 Mineração de Dados Permite às Empresas Conhecer Nossos Segredos	134
Comportamento do Comprador em Mercados de Consumo	135

O Processo de Compra do Consumidor	136
Fatores que Afetam o Processo de Compra do Consumidor	142
Comportamento do Comprador em Mercados Empresariais	145
Características Únicas de Mercados Empresariais	146
O Processo de Compra Empresarial	147

SUMÁRIO

Segmentação de Mercado — 149
  Abordagens Tradicionais de Segmentação de Mercado — 149
    Além das Páginas 5.2 Desafios e Oportunidades da Diversidade da População — 150
  Abordagens de Segmentação Individualizada — 152
  Critérios de Segmentação Bem-sucedida — 154
Identificação de Segmentos de Mercado — 155
  Segmentação dos Mercados de Consumo — 155
    Além das Páginas 5.3 Deslocando Estratégias no Mercado de Cereais — 156
  Segmentando Mercados Empresariais — 162
Estratégias de Seleção de Mercado-Alvo — 163
Lições do Capítulo 5 — 165
Questões para Discussão — 168
Exercícios — 169
Notas Finais — 169

CAPÍTULO 6

O Programa de Marketing — 171
Introdução — 171
  Além das Páginas 6.1 Pode um Bom Marketing Salvar a Barnes & Noble? — 172
Estratégia de Produto — 173
  Questões Estratégicas no Portfólio de Produtos — 174
  Os Desafios de Produtos que São Serviços — 177
  Desenvolvimento de Novos Produtos — 179
Estratégia de Preços — 182
  Questões-Chave na Estratégia de Preços — 182
    Além das Páginas 6.2 Preços ao Redor do Mundo — 183
  Precificação de Produtos que São Serviços — 189
  Estratégias de Precificação Básica — 191
  Ajustando o Preço-Base — 192
Estratégia da Cadeia de Fornecimento — 194
  Questões Estratégicas da Cadeia de Fornecimento — 195
  Tendências na Estratégia da Cadeia de Fornecimento — 200
  Além das Páginas 6.3 Vantagens da Cadeia de Fornecimento do Walmart — 202
Comunicação Integrada de Marketing — 205
  Além das Páginas 6.4 A Fragmentação Muda para Sempre a Propaganda — 206

Questões Estratégicas na Comunicação Integrada de Marketing — 207
  Propaganda — 208
  Relações Públicas — 211
  Venda Pessoal e Gestão de Vendas — 212
  Promoção de Vendas — 214
Lições do Capítulo 6 — 219
Questões para Discussão — 223
Exercícios — 223
Notas Finais — 224

CAPÍTULO 7

Gestão de Marca e Posicionamento — 226
Introdução — 226
    Além das Páginas 7.1 Steinway: Mais do Que um Piano — 227
Questões Estratégicas em Gestão de Marcas — 229
  Decisões Básicas de Gestão de Marca — 230
  Alianças Estratégicas de Marca — 233
  Valor da Marca — 234
  Embalagem e Rotulagem — 236
    Além das Páginas 7.2 O Desastre na Embalagem de Tropicana — 237
Diferenciação e Posicionamento — 238
  Bases para Diferenciação — 240
  Estratégias de Posicionamento — 243
Gerenciando Marcas ao Longo do Tempo — 244
  Estágio de Desenvolvimento — 246
  Estágio de Introdução — 247
  Fase de Crescimento — 248
  Estágio de Maturidade — 249
  Estágio de Declínio — 251
    Além das Páginas 7.3 Estratégia de Reconstrução da Marca da Nintendo — 252
Lições do Capítulo 7 — 254
Questões para Discussão — 255
Exercícios — 255
Notas Finais — 256

PARTE 4 Colocando a Estratégia em Prática

CAPÍTULO 8

Ética e Responsabilidade Social na Estratégia de Marketing — 259
Introdução — 259
  Além das Páginas 8.1 Salesforce.com Adota uma Orientação para os Stakeholders — 260
Ética e Responsabilidade Social na Estratégia de Marketing — 261

Dimensões da Responsabilidade Social — 261
Sustentabilidade — 265
Ética e Estratégia de Marketing — 266
  Além das Páginas 8.2 Encontrando Verdadeiros Produtos Ecológicos — 267
  Os Desafios de Ser Ético e Socialmente Responsável — 269
Questões Éticas no Programa de Marketing — 269
  Questões Éticas Relacionadas a Produto — 272

ESTRATÉGIA DE MARKETING • TEORIA E CASOS

Questões Éticas Relacionadas a Preço	272
Questões Éticas Relacionadas à Cadeia de Fornecimento	274
Questões Éticas Relacionadas à Promoção	275
Gerenciando e Controlando Questões Éticas	276
Regulando a Ética de Marketing	276
Códigos de Conduta	277
Além das Páginas 8.3 O Gabinete de Proteção Financeira do Consumidor Pretende Construir a Confiança no Sistema Bancário	278
Liderança Ética	279
Relacionamento com o Mercado e Desempenho Financeiro	280
Orientação para o Stakeholder	281
Desempenho Financeiro de Marketing	281
Incorporando Ética e Responsabilidade Social no Planejamento Estratégico	283
Lições do Capítulo 8	284
Questões para Discussão	286
Exercícios	286
Notas Finais	286

CAPÍTULO 9

Implantação e Controle de Marketing	289
Introdução	289
Além das Páginas 9.1 A Green Mountain Coffee Conseguiu	290
Questões Estratégicas na Implantação de Marketing	292
A Ligação entre Planejamento e Implantação	292
Elementos de Implantação de Marketing	294
Além das Páginas 9.2 As Novas Regras de Liderança do CEO	298
Abordagens para a Implantação de Marketing	299
Implantação por Comando	299
Implantação por Meio de Mudança	300
Implantação por Consenso	301
Implantação como Cultura Organizacional	301
Marketing Interno e Implantação de Marketing	303
A Abordagem de Marketing Interno	304
O Processo de Marketing Interno	304
Avaliação e Controle das Atividades de Marketing	306

Controles de Marketing Formais	307
Controles de Marketing Informais	312
Programando as Atividades de Marketing	313
Além das Páginas 9.3 Gerenciamento de Risco por Meio da Cultura	314
Lições do Capítulo 9	316
Questões para Discussão	317
Exercícios	318
Notas Finais	318

CAPÍTULO 10

Desenvolvimento e Manutenção de Relacionamentos de Longo Prazo	320
Introdução	320
Além das Páginas 10.1 1-800-Flowers.com Foca nos Clientes	321
Gerenciamento do Relacionamento com o Cliente	322
Desenvolvendo Relacionamentos em Mercados de Consumo	323
Desenvolvendo Relacionamentos em Mercados Empresariais	326
Qualidade e Valor: as Chaves para o Desenvolvimento do Relacionamento com o Cliente	328
Compreendendo o Papel da Qualidade	329
Entregando Qualidade Superior	331
Além das Páginas 10.2 Atendimento ao Cliente *versus* Eficiência	333
Compreendendo o Papel do Valor	334
Competindo em Valor	337
Satisfação do Cliente: a Chave para a Retenção do Cliente	338
Compreendendo as Expectativas do Cliente	338
Além das Páginas 10.3 Satisfeito, Mas Não Leal	342
Satisfação *versus* Qualidade *versus* Valor	343
Satisfação do Cliente e Retenção de Clientes	344
Mensuração da Satisfação do Cliente	347
Lições do Capítulo 10	349
Questões para Discussão	351
Exercícios	351
Notas Finais	352

PARTE 5 Casos

CASO 1	*USA Today*: Inovação em uma Indústria em Evolução		355
CASO 2	A Estratégia de Marketing Vencedora da Apple		370
CASO 3	Monsanto Coloca na Balança os Interesses de Stakeholders		382

CASO 4	New Belgium Brewing (A): Ganhar Vantagem Competitiva com Marketing de Responsabilidade Social		394
CASO 5	New Belgium Brewing (B): Desenvolvendo uma Personalidade de Marca		405

CASO 6	Mattel Encara seus Desafios de Marketing	416
CASO 7	Mistine: Venda Direta no Mercado de Cosméticos Tailandês	427
CASO 8	A BP Esforça-se para Limpar sua Reputação Manchada	439
CASO 9	Chevrolet: 100 Anos de Inovação de Produto	452
CASO 10	O Wyndham Worldwide Adota uma Estratégia de Marketing com Orientação para Stakeholders	465
CASO 11	NASCAR: Não Dá para Manter uma Boa Marca em Baixa	476
CASO 12	IndyCar: Em Busca do Regresso do Automobilismo de Alta Velocidade	488
CASO 13	Zappos: Entregando Felicidade	499
CASO 14	Sigma Marketing: Adaptação Estratégica de Marketing	510
CASO 15	Netflix Luta para Ficar à Frente de um Mercado em Rápida Mudança	521
CASO 16	Gillette: Por que a Inovação Pode Não Ser Suficiente?	531
CASO 17	A IKEA Expande Lentamente sua Presença no Mercado dos EUA	544
CASO 18	Sushilicious: Destacando-se da Multidão	553
CASO 19	Problemas Esquentam no Starbucks	571
CASO 20	Groupon	587
Apêndice	Proposta para um Plano de Marketing	603
Índice Remissivo		613

Prefácio

Bem-vindo a um dos temas mais interessantes, desafiadores e importantes em sua educação em administração. Você pode perguntar o que torna a estratégia de marketing tão interessante, desafiadora e importante. Para começar, a estratégia de marketing é interessante porque (1) é inerentemente orientada às pessoas; e (2) nunca é estática. Uma nítida mistura de arte e ciência, a estratégia de marketing é sobre as pessoas (dentro de uma organização) encontrando formas de fornecer um valor excepcional ao atender às necessidades e aos desejos de outras pessoas (clientes, acionistas, parceiros de negócios, a sociedade em geral), bem como às necessidades da própria organização. Estratégia de marketing baseia-se em psicologia, sociologia e economia para melhor entender as necessidades básicas e motivações dessas pessoas, sejam clientes da organização (geralmente considerado o público mais crítico), funcionários ou *stakeholders*. Em suma, a estratégia de marketing é sobre pessoas servindo pessoas.

Assim, a estratégia de marketing é interessante porque nunca é estática pelo simples fato de que as pessoas mudam. Uma estratégia que funciona hoje pode não funcionar amanhã. Produtos populares hoje são esquecidos na semana seguinte. Esses truísmos são importantes porque compreender a estratégia de marketing de forma genuína significa aceitar o fato de que existem algumas regras concretas para desenvolver e implantar atividades de marketing. Dado o estado constante de mudança no ambiente de marketing, é praticamente impossível dizer que, dada "essa necessidade do cliente" e "tais concorrentes" e "este nível de regulamentação do governo", o Produto A, o Preço B, a Promoção C e a Distribuição D produzirão os melhores resultados. Marketing simplesmente não funciona dessa forma. A falta de regras concretas e as constantes mudanças nos ambientes econômico, sociocultural, competitivo, tecnológico e político/legal tornam a estratégia de marketing um assunto incrivelmente fascinante.

Agora que você sabe por que a estratégia de marketing é tão interessante, deve ser fácil ver por que também é desafiador. Uma estratégia de marketing perfeita, executada perfeitamente, ainda pode falhar. Às vezes, as organizações têm sorte e são bem-sucedidas apesar de terem uma estratégia e/ou execução terríveis. A natureza do marketing pode tornar o planejamento de marketing bastante frustrante.

Por fim, a importância da estratégia de marketing é inegável. Nenhuma outra função de negócios se concentra no desenvolvimento de relacionamentos com os clientes, a alma de todas as organizações (incluindo as sem fins lucrativos). Tal afirmação não reduz a importância de outras funções de negócios, uma vez que todas são necessárias para uma organização ser bem-sucedida. Na verdade, a coordenação com outras funções é fundamental para o sucesso do marketing. No entanto, sem clientes e programas de marketing implantados para cultivar relacionamentos com eles, nenhuma organização pode sobreviver.

Nosso Foco

Dado este panorama, *Estratégia de Marketing: Teoria e Casos, tradução da 6ª edição norte-americana,* fornece uma abordagem prática e simples de análise, planejamento e implantação de estratégias de marketing. Nosso foco é baseado no processo criativo envolvido na aplicação dos conhecimentos e conceitos de marketing para o desenvolvimento e implantação da estratégia de marketing. Nosso objetivo é incentivar os alunos de marketing a pensar e agir como um profissional de marketing. Ao discutir os principais conceitos e ferramentas de estratégia de marketing, nossa ênfase no pensamento crítico, tanto analítico como criativo, permite aos alunos compreender a essência de como as decisões de marketing se encaixam para criar uma estratégia coerente.

Nossa abordagem em *Estratégia de Marketing* também é fundamentada no desenvolvimento e na execução do plano de marketing. Ao longo do livro, fornecemos uma estrutura abrangente de planejamento baseada em realização de pesquisas sólidas, desenvolvimento de capacidades de mercado e vantagens competitivas, elaboração de programas de marketing integrado e gerenciamento de relacionamento com os clientes em longo prazo. Também enfatizamos a necessidade de integridade no processo de planejamento estratégico, bem como a concepção de programas de marketing éticos e socialmente responsáveis. Ressaltamos também a integração e a coordenação das decisões de marketing com outras decisões de negócios funcionais como a chave para alcançar a missão global e a visão da organização. Ao longo do livro, fornecemos exemplos de planejamento e implantação bem-sucedidos para ilustrar como as empresas enfrentam os desafios de estratégia de marketing na economia atual.

Propósito

Vemos planejamento estratégico de marketing não apenas como um processo para atingir as metas organizacionais, mas também como um meio de construir relacionamentos de longo prazo com os clientes. Criar uma orientação para o cliente demanda imaginação, visão e coragem, especialmente nos atuais ambientes econômicos e tecnológicos em rápida mudança. Para ajudar a responder a esses desafios, nosso livro aborda a estratégia de marketing tanto de práticas "tradicionais" como das "de ponta". Abordamos temas como segmentação, criação de vantagem competitiva, desenvolvimento de programas de marketing e o processo de implantação com uma sólida base no marketing tradicional, mas também com um olhar em práticas emergentes. As lições aprendidas com a ascensão, queda e ressurgimento do setor das pontocom, os recentes escândalos corporativos e a mais recente recessão econômica ilustram a importância de equilibrar práticas tradicionais e emergentes da estratégia de marketing. Nosso livro nunca perde de vista esse equilíbrio.

Embora nossa abordagem permita o uso de pesquisa e de processos de tomada de decisão sofisticados, empregamos uma perspectiva prática que permite aos gerentes de marketing em organizações de qualquer tamanho desenvolver e implantar um plano de marketing. Evitamos material esotérico, abstrato e altamente acadêmico que não se relaciona com as decisões de estratégia de marketing comuns na maioria das organizações. A estrutura do plano de marketing que utilizamos em todo o livro tem sido usada por inúmeras organizações para planejar suas estratégias de marketing. Muitas empresas relatam grande sucesso ao usar nossa abordagem parcialmente devido à facilidade de comunicar o plano a todas as áreas funcionais do negócio.

Público-alvo

Nosso livro é relevante para uma série de ambientes educacionais, incluindo cursos de graduação, pós-graduação e de treinamento executivo. Em nível de graduação, nosso livro é apropriado para o curso final ou qualquer curso integrado de nível avançado, tais como "Gestão de Marketing", "Estratégia de Marketing", ou "Políticas de Marketing". Neste nível, o livro fornece uma excelente estrutura para usar com nossos casos baseados em texto, de cliente ao vivo ou uma simulação de computador. No nível de pós-graduação, nosso livro é apropriado para cursos que abordam o planejamento estratégico de marketing, estratégias competitivas de marketing ou como um complemento para qualquer curso baseado em simulação. Um segmento crescente do mercado, o treinamento executivo, pode utilizar nosso livro ao formar profissionais interessados em desenvolver seus próprios planos de marketing ou na interpretação e aplicação de planos de outros.

Cada um dos 20 casos incluídos em nosso livro descreve situações estratégicas de organizações identificáveis do mundo real. Como tais casos apresentam situações reais, os professores têm a opção de usar o material do caso tal como publicado ou podem proporcionar aos alunos a oportunidade de atualizar os casos por meio da realização de pesquisas para encontrar informações mais recentes.

Principais Características da 6ª Edição

As principais características de *Estratégia de Marketing* incluem:

- Cobertura revista e ampliada em todo o livro de acontecimentos recentes na prática de marketing de empresas globais bem conhecidas.
- Foco na integração dos elementos do mix de marketing tradicionais (produto, preço, distribuição e promoção) em um programa de marketing consistente. Consequentemente, os quatro capítulos do mix de marketing foram condensados em um único capítulo.
- Um novo capítulo sobre Estratégia de Marca e Posicionamento (Capítulo 7) com maior ênfase no uso de todos os elementos do programa de marketing para ter sucesso em estratégia de marca e posicionamento.
- Cinco novos casos escritos especificamente para nosso livro:
  - Caso 2, "A Estratégia de Marketing Vencedora da Apple", centra-se na ascensão fenomenal da Apple com um primoroso uso de marketing, espírito empreendedor e uma admirada estratégia de marca.
  - Caso 9, "Chevrolet: 100 Anos de Inovação de Produto", foca o uso de inovação de produto e da marca Chevrolet para criar produtos automotivos práticos, esportivos e acessíveis que competem com fortes fabricantes nacionais e estrangeiros.
  - Caso 10, "O Wyndham Worldwide Adota uma Estratégia de Marketing com Orientação para Stakeholders", examina como o foco da Wyndham na orientação para *stakeholders* posicionou a empresa como uma marca global sinônimo de qualidade, liderança em ética, satisfação do cliente e sustentabilidade.
  - Caso 13, "Zappos: Entregando Felicidade", explora o modelo exclusivo de negócios e cultura corporativa da empresa e como estes influenciam suas relações com clientes, colaboradores, meio ambiente e suas comunidades.

- Caso 15, "Netflix Luta para Ficar à Frente de um Mercado em Rápida Mudança", analisa a forma como a empresa dominante em aluguel por correio e *streaming* de vídeo superou sua principal rival, Blockbuster, e como a empresa deve se preparar para um futuro incerto à medida que o setor de aluguel de DVDs se aproxima do final de seu ciclo de vida.

- Uma revisão completa dos 12 casos herdados da 5ª edição de nosso livro:

  - Caso 1, "*USA Today*: Inovação em uma Indústria em Evolução", explora como o maior jornal diário dos EUA tem usado inovação contínua para ficar à frente das mudanças tecnológicas e socioculturais que ameaçam a própria existência da indústria de jornais.

  - Caso 3, "Monsanto Põe na Balança os Interesses de Stakeholders", centra-se na mudança da Monsanto de uma empresa de produtos químicos para uma focada em biotecnologia e as resultantes preocupações de *stakeholders* sobre segurança e ambiente que acompanham tal mudança.

  - Caso 4, "New Belgium Brewing (A): Ganhar Vantagem Competitiva com Marketing de Responsabilidade Social", mostra como uma empresa pode usar responsabilidade social e proximidade com o cliente como principais vantagens competitivas no mercado altamente competitivo de cerveja artesanal.

  - Caso 5, "New Belgium Brewing (B): Desenvolvendo uma Personalidade de Marca", explica como a New Belgium ampliou suas estratégias de marca e comunicação após o desenvolvimento de seu "Manifesto de Marca".

  - Caso 6, "Mattel Encara seus Desafios de Marketing", observa as ameaças que a Mattel enfrenta em suas operações globais em curso, incluindo mudanças de preferências dos clientes, concorrência, responsabilidade pelo produto e vendas em declínio.

  - Caso 7, "Mistine: Venda Direta no Mercado de Cosméticos Tailandês", explora como o posicionamento baseado em valor da Mistine colocou a empresa no topo do mercado de venda direta de cosméticos na Tailândia.

  - Caso 8, "A BP Esforça-se para Limpar sua Reputação Manchada", considera como a crescente reputação da BP em sustentabilidade foi manchada pelo desastre do derramamento de petróleo do Golfo.

  - Caso 11, "NASCAR: Não Dá para Manter uma Boa Marca em Baixa", analisa o sucesso da estratégia de marketing da NASCAR e seus esforços renovados para permanecer no topo do mercado de automobilismo e o maior esporte de espetáculo dos EUA.

  - Caso 12, "IndyCar: Em Busca do Regresso do Automobilismo de Alta Velocidade", faz uma excelente companhia para o caso NASCAR, examinando a reunificação do circuito de corridas dos EUA e como a nova IRL[1] deve se reconectar com os fãs para melhorar sua posição no mercado de automobilismo dos EUA.

  - Caso 14, "Sigma Marketing: Adaptação Estratégica de Marketing", explora a inovação e a adaptação de mercado desse pequeno negócio familiar ao passar de uma empresa gráfica regional para uma empresa global especializada em propaganda.

  - Caso 16, "Gillette: Por que a Inovação Pode Não Ser Suficiente?", examina a história de inovação de produto e de marketing da Gillette e como o sucesso passado pode não ser suficiente para manter a supremacia no mercado global de lâminas de barbear.

---

[1] IRL significa Indy Racing League, como era chamada até 2002 a atual IndyCar Series. (N.R.T.)

- Caso 17, "A IKEA Expande Lentamente sua Presença no Mercado dos EUA", discute como a estratégia de excelência operacional da IKEA pode dificultar a expansão no mercado de mobiliário e artigos de decoração dos EUA.

- Inclusão de três novos casos oriundos da Ivey School of Business da Universidade de Western Ontario:

  - Caso 18, "Sushilicious: Destacando-se da Multidão", analisa o uso das mídias sociais na campanha de marketing de um restaurante de sushi da Califórnia.
  - Caso 19, "Problemas Esquentam no Starbucks", analisa a forma como a rápida expansão da empresa acabou atrapalhando seu posicionamento e *brand equity* em longo prazo.
  - Caso 20, "Groupon", explora o rápido crescimento da empresa de cupom on-line, seu modelo de negócio e questiona se seu crescimento futuro pode depender de encontrar um parceiro de negócios para trazer recursos e capacidades necessários.

- Nosso completo pacote de casos propicia uma cobertura atualizada de temas importantes e relevantes para a prática de marketing no século XXI, incluindo inovação, responsabilidade social, sustentabilidade, global sourcing, tecnologia, negócios corporativos e empreendedorismo.

- Um conjunto atualizado de planilhas de plano de marketing que se encontra no Apêndice. As planilhas refletem uma abordagem concisa para o desenvolvimento do plano de marketing sendo, contudo, abrangentes em escopo para ajudar a garantir que os alunos e/ou gestores não omitam questões importantes no desenvolvimento de planos estratégicos de marketing.

- Um estilo de escrita de fácil utilização que cobre pontos essenciais sem o uso pesado de jargões. O livro também foi reduzido de 12 para 10 capítulos sem perda de abrangência.

Agradecimentos

Ao longo do desenvolvimento desse livro, várias pessoas extraordinárias contribuíram com seu talento e experiência. Muitas delas fizeram vários comentários e recomendações úteis como revisores desse livro. Agradecemos a ajuda generosa dos revisores:

Lynn Allendorf, *University of Iowa*

Dr. Fazal Ahmed, *University of Pennsylvania*

Julia Cronin-Gilmore, *Bellevue University*

A. Cemal Ekin, *Providence College*

Steven McClung, *Mercer University*

Joseph Ouellette, *Bryant University*

Jeffry Overby, *Belmont University*

Norman Alan Ross, *Northern Arizona University*

Kim Saxton, *Indiana University*

Herbert Sherman, *Long Island University — Brooklyn Campus*

George David Shows, *Louisiana Tech University*

Ziad Swaidan, *University of Houston — Victoria*

Uday Tate, *Marshall University*

Linda Wright, *Longwood University*

Também agradecemos profundamente a assistência de vários indivíduos que desempenharam um papel importante no desenvolvimento de casos ou outros materiais. Especificamente, agradecemos às seguintes pessoas:

Timothy W. Aurand, *Northern Illinois University*

Harper Baird, *University of New Mexico*

Chandani Bhasin, *University of New Mexico*

Christin Copeland, *Florida State University*

Linda Ferrell, *University of New Mexico*

John Fraedrich, *Southern Illinois University — Carbondale*

Bernadette Gallegos, *University of New Mexico*

Jennifer Jackson, *University of New Mexico*

Kimberly Judson, *Illinois State University*

Cassondra Lopez, *University of New Mexico*

Kevin Mihaly, *Florida State University*

Kelsey Reddick, *Florida State University*

Don Roy, *Middle Tennessee State University*

Mike Sapit, *Sigma Marketing*

Jennifer Sawayda, *University of New Mexico*

Beau Shelton, *University of New Mexico*

Bryan Simpson, *New Belgium Brewing Company*

Debbie Thorne, *Texas State University*

Jacqueline Trent, *University of New Mexico*

Robyn Watson, *Florida State University*

Celeste Wood, *Florida State University*

Agradecemos imensamente os esforços de Jennifer Sawayda, University of New Mexico, por coordenar a maior parte do desenvolvimento de novos casos nesta edição. Não temos palavras suficientes para agradecer o pessoal de redação, produção e marketing da Cengage. Com um profundo sentimento de gratidão, agradecemos Mike Roche e Sarah Blasco.

Por fim, expressamos nossos agradecimentos pelo apoio e incentivo de nossas famílias, amigos e colegas na University of New Mexico e na Florida State University.

Sobre os Autores

O. C. Ferrell, Ph.D.

University of New Mexico

O. C. Ferrell (Ph.D., Louisiana State University) é Professor Emérito de Marketing e Professor de Ética Empresarial da cátedra Bill Daniels na Anderson School of Management na University of New Mexico. Trabalhou como o Professor Emérito da cátedra Bill Daniels de Ética nos Negócios da University of Wyoming e foi presidente do Departamento de Marketing da Colorado State University. Antes de sua chegada a CSU, Dr. Ferrell foi Professor de Marketing e Ética nos Negócios da University of Memphis. Ele também atuou como professor na University of Tampa, na Texas A&M University, na Illinois State University e na Southern Illinois University. Seus graus de mestrado e bacharelado são da Florida State University.

Dr. Ferrell é ex-presidente do Conselho Acadêmico da American Marketing Association (AMA) e ex-presidente da Comissão de Ética da mesma associação. Sob sua liderança, a comissão desenvolveu o Código de Ética da AMA e o Código de Ética da AMA para Marketing na Internet. Ele é membro da Society for Marketing Advances e Vice-Presidente de Publicações para a Academy of Marketing Science. Ele é ex-membro do Conselho Superior como membro emérito da Academy of Marketing Science. Além disso, recebeu o primeiro prêmio Educador Inovador da Marketing Management Association.

Dr. Ferrell ministrou uma grande variedade de cursos, incluindo estratégia de marketing, princípios de marketing, ética em marketing, marketing internacional, bem como a maioria dos cursos de graduação em marketing. Anualmente, Dr. Ferrell ministra um curso de pós-graduação em estratégias de marketing competitivas na Thammasat University, em Bangcoc, Tailândia.

Dr. Ferrell é coautor de 20 livros e mais de 100 artigos. Suas pesquisas foram publicadas no *Journal of Marketing Research, Journal of Marketing, Journal of Business Ethics, Journal of Business Research, Journal of the Academy of Marketing Science*, bem como outras publicações. Seu livro *Marketing: Conceitos e Estratégias*, em coautoria com Bill Pride, é um dos livros de princípios de marketing mais adotados no mundo. Além disso, seu livro *Ética nos Negócios: Tomada de Decisão e Casos* é o principal livro de ética nos negócios.

Dr. Ferrell tem trabalhado como perito em muitos casos de litígio civil de alto nível relacionados à ética em marketing. Mais recentemente, ele assessorou corporações internacionais e trabalhou com agências reguladoras para modificar programas de marketing a fim de manter a conformidade com exigências éticas e legais. Atualmente, ele está trabalhando com a Associação Nacional de Conselhos de Contabilidade do Estado para desenvolver uma certificação de liderança em ética para alunos. Ele já apareceu no *Today Show* da NBC e foi citado em jornais nacionais, como *USA Today*.

Dr. Ferrell e sua esposa Linda (também membro do corpo docente da University of New Mexico) vivem em Albuquerque. Ele gosta de golfe, esqui, leitura e viagens.

Michael D. Hartline, Ph.D.

Florida State University

Michael D. Hartline (Ph.D., University of Memphis) é Diretor Adjunto para Iniciativas Estratégicas e Professor de Administração de Empresas na cátedra Charles A. Bruning da Faculdade de Administração da Florida State University, na qual é responsável por relações externas, educação executiva e programas estratégicos. Antes de entrar para a FSU em 2001, Dr. Hartline era professor da University of Arkansas em Little Rock, da Louisiana State University e da Samford University. Seus graus de mestrado e bacharelado são da Jacksonville State University, no Alabama.

Dr. Hartline ministra principalmente cursos de pós-graduação em Estratégia de Marketing e Gestão de Negócios Corporativos, bem como cursos de graduação em Marketing de Serviços. Ele ganhou muitos prêmios de ensino e pesquisa e fez muitas apresentações para públicos da indústria e da academia. Dr. Hartline também atuou como consultor para várias organizações com e sem fins lucrativos nas áreas de desenvolvimento de plano de marketing, análise de viabilidade de mercado, mensuração da satisfação do cliente, treinamento de atendimento ao cliente e política de preços. Ele também atuou no comitê executivo da Academy of Marketing Science, copresidiu duas conferências internacionais pela American Marketing Association e atuou nos conselhos de revisão editorial de várias publicações líderes de marketing.

A pesquisa do Dr. Hartline aborda questões de implantação de marketing em empresas de serviços. Especificamente, seu trabalho analisa o papel dos funcionários de contato com o cliente e grupos de trabalho na prestação eficiente de serviço de qualidade aos clientes. As pesquisas do Dr. Hartline foram publicadas no *Journal of Marketing, Journal of Service Research, Journal of Business Research, Journal of Relationship Marketing, Journal of Services Marketing, Cornell Quarterly, Journal of Strategic Marketing, Journal of Business Ethics* e *Marketing Science Institute Working Paper Series*.

Dr. Hartline e sua esposa Marsha vivem em Tallahassee com suas filhas, Meghan, Madison e Mallory. Eles têm dois cães, Bella e Chief (ambos da raça Japanese Chin), e um gato, Snickers. Dr. Hartline é um autoproclamado entusiasta de produtos eletrônicos e gosta de música, leitura, computadores, viagens, futebol universitário (Vamos Seminoles!) e de ser pai.

Parte 1

Preparando as Condições para a Estratégia de Marketing

1
Marketing na Economia Atual

Introdução

Como observado na história de abertura *Além das Páginas 1.1*, competir na economia atual significa encontrar maneiras de sair da condição de mercadoria comum, ou commodity, para atender às necessidades dos clientes melhor do que as empresas concorrentes. Todas as organizações, com e sem fins lucrativos, requerem um planejamento eficaz e uma boa estratégia de marketing para fazê-lo. Sem tais esforços, as organizações não seriam capazes de satisfazer os clientes ou atender às necessidades de outras partes interessadas, os stakeholders. Por exemplo, ter uma estratégia de marketing eficaz permite à Apple desenvolver produtos populares, como iPhone, iPad e sua linha MacBook de computadores portáteis. Além disso, planejamento e estratégia eficazes permitem à Cola-Cola manter sua liderança em refrigerantes, fazer uma aquisição-chave marca de água vitaminada Vitamin Water, ao mesmo tempo que prossegue sua expansão no lucrativo mercado chinês. Estas e outras organizações usam sólidas estratégias de marketing para alavancar seus pontos fortes e aproveitar as oportunidades que existem no mercado. Toda organização, de seu restaurante local favorito a corporações multinacionais gigantes; de governos municipais, estaduais e federal a instituições de caridade – como a Habitat for Humanity Is e a Cruz Vermelha – desenvolvem e implementam estratégias de marketing.

Como as organizações planejam, desenvolvem e executam estratégias de marketing é o foco deste livro. Para atingi-lo, fornecemos um processo sistemático para o desenvolvimento de estratégias de marketing voltadas para o cliente e planos de marketing que ajustam uma organização a seus ambientes interno e externo. Nossa abordagem centra-se em aplicações do mundo real e métodos práticos de planejamento de marketing, incluindo o processo de desenvolvimento de um plano de marketing. Os capítulos deste livro focam nas etapas desse processo. Nosso objetivo é fornecer ao leitor uma compreensão mais profunda de planejamento de marketing, a capacidade de organizar a grande quantidade de informações necessárias para completar o processo de planejamento, e uma sensação real do desenvolvimento de planos de marketing.

Neste primeiro capítulo, analisamos alguns dos principais desafios e oportunidades que existem no planejamento da estratégia de marketing na economia atual. Também examinamos a natureza e o escopo das

ALÉM DAS PÁGINAS 1.1

Prosperando no Inferno das Commodities[1]

Você já reparou que, independentemente do setor, a maioria dos produtos e serviços oferecidos por empresas concorrentes é estranhamente parecida? A maioria dos aparelhos eletrodomésticos, como refrigeradores, máquinas de lavar e fogões, oferece as mesmas características básicas e vêm em aço branco, bege, preto ou inoxidável. Praticamente todos os smartphones baseados em Android oferecem as mesmas características a preços semelhantes. Até mesmo voos de Nova York para Los Angeles são essencialmente os mesmos. Em todos os lugares que você olhar, a maioria das empresas oferece os mesmos produtos básicos para os mesmos grupos de clientes com aproximadamente os mesmos preços. Essa situação é referida como "inferno das commodities" e é uma situação difícil para a maioria das empresas. Comoditização está em toda parte e é o resultado de mercados maduros, em que bens e serviços não possuem quaisquer meios reais de diferenciação. Infelizmente para as empresas, quando os clientes começam a ver todos os produtos concorrentes oferecendo praticamente os mesmos benefícios, o preço é a única coisa que importa.

Comoditização é uma consequência de indústrias maduras, em que a desaceleração de inovação, extensa variedade de produtos, o excesso de oferta e consumidores frugais derrubam as margens. Como têm poucos diferenciais competitivos, as empresas são incapazes de aumentar as margens. Elas também precisam gastar uma grande soma em promoção para atrair novos clientes. Essa situação torna as empresas mais vulneráveis à entrada de novos concorrentes. Considere a indústria aérea. Não obstante algumas pequenas diferenças, a maioria dos passageiros vê todas as companhias aéreas como sendo mais ou menos a mesma coisa. Todas levam passageiros do ponto A ao ponto B, oferecendo os mesmos serviços básicos. Isso torna o preço a força motriz no processo de tomada de decisão do consumidor e permite que as companhias aéreas de desconto, como a Southwest e a Jet Blue, afastem clientes de operadoras tradicionais de serviço completo. Essa

mesma situação precária existe em uma ampla gama de indústrias, incluindo serviços de telefonia, hotéis, produtos embalados, automóveis, aparelhos domésticos e comércio varejista.

Como se poderia esperar, os líderes de baixo preço podem se dar muito bem em mercados comoditizados. A Southwest, por exemplo, era rentável por mais de 33 anos até que a recessão econômica atingiu fortemente a indústria em 2008. Hoje, a Southwest está expandindo suas rotas por meio da aquisição de empresas rivais (como AirTran). A empresa também se destaca das demais com sua criativa campanha promocional "Sem taxas de bagagem". Outras empresas, no entanto, evitam a condição de commodity por meio da mais básica das táticas de marketing: a construção da marca. Nesse caso, as empresas se libertam da condição de commodity ao desenvolver uma posição de marca distintiva que separa seus produtos dos da concorrência. As empresas que vêm à mente são Apple, Coca-Cola e Chick-fil-A. Ao oferecer razões convincentes para os consumidores comprarem produtos, a construção de marca permite que as empresas aumentem suas margens. A Apple, em particular, goza de maiores margens de lucro que qualquer empresa no setor de tecnologia.

Starbucks é outro caso em questão. Ela claramente vende um dos mais comoditizados e onipresentes produtos de todos os tempos: café. No entanto, o presidente da Starbucks, Howard Schultz, não aceita que sua empresa esteja no negócio de café. Em vez disso, Schultz vê a Starbucks como um "terceiro lugar" para ficar (casa e trabalho sendo o número 1 e o número 2, respectivamente). Com tal mentalidade, a Starbucks oferece a seus clientes muito mais do que café, incluindo acesso Wi-Fi à internet, música, comida e relaxamento. A Starbucks deu continuidade às suas atividades de construção de marca com a introdução de menus de café da manhã, um café instantâneo (Via), além de um impulso constante em sua marca Best de Seattle em restaurantes, escritórios, hospitais e máquinas de venda automática.

▶▶

Sair do inferno das commodities não é uma tarefa fácil. Para isso, as empresas devem dar aos consumidores uma razão para comprar seus produtos em comparação aos produtos concorrentes. Em última análise, ganhar o jogo das commodities tem a ver com inovação. Considere as empresas no topo da lista das empresas mais inovadoras do mundo da *BusinessWeek* em 2011 (em ordem): Apple, Twitter, Facebook, Nissan, Groupon e Google. Cada uma dessas empresas oferece produtos inovadores, processos ou experiências que estão além da concorrência, ainda que todas concorram em indústrias maduras conhecidas por sua comoditização. Tais empresas provam que inovação e boa estratégia de marketing são os antídotos para o inferno das commodities.

---

principais atividades e decisões de marketing que ocorrem durante todo o processo de planejamento. Finalmente, consideramos alguns dos principais desafios envolvidos no desenvolvimeno da estratégia de marketing.

Desafios e Oportunidades de Marketing na Economia Atual

Ideias tradicionais sobre estratégia de marketing começaram a mudar em meados dos anos 1990. Avanços em informática, comunicação e tecnologia da informação mudaram para sempre o mundo e as formas como os profissionais de marketing atingem clientes potenciais. O colapso da bolha das pontocom no final de 1990 foi seguido por um colapso histórico da economia mundial em 2008. As poderosas empresas do passado se enfraqueceram e perderam relevância em uma economia marcada por constantes mudanças e ceticismo do consumidor. Considere as seguintes mudanças fundamentais em marketing e práticas de negócios, bem como nosso próprio comportamento de compra pessoal:

- **Transferência de poder para os clientes**. Talvez a mudança mais importante ao longo das duas últimas décadas seja a transferência de poder das empresas para os consumidores. Em vez de empresas com capacidade de manipular os clientes por meio da tecnologia, os clientes muitas vezes manipulam as empresas devido a seu acesso à informação, capacidade de compra comparada e controle sobre os gastos. Consumidores individuais e empresariais podem comparar preços e especificações de produtos em questão de minutos. Usando um smartphone e o aplicativo da Amazon, os clientes podem caminhar pelos corredores da Target, ler códigos de barras para verificar os preços na Amazon e fazer pedidos para a entrega em dois dias de dentro da loja. Em outros casos, os clientes podem definir seus próprios preços, como na compra de passagens aéreas na Priceline.com. Os clientes agora podem interagir entre si, uma vez que empresas, tais como Amazon e eBay, permitem que os clientes compartilhem opiniões sobre a qualidade do produto e confiabilidade do fornecedor. Como o poder continua a se deslocar para os clientes, as empresas têm pouca escolha além de garantir que seus produtos sejam exclusivos e de alta qualidade, dando assim uma razão para os clientes comprá-los e permanecerem fiéis a eles.

Os consumidores podem descobrir imediatamente os preços dos concorrentes de dentro da loja.)

- **Aumento acentuado na seleção de produto**. A variedade de bens e serviços à venda na internet e em lojas tradicionais é impressionante. Somente em supermercados, os clientes são confrontados com inúmeras opções nas gôndolas de cereais e de refrigerantes. O crescimento do varejo on-line agora permite que os clientes comprem um carro da CarsDirect, ou presentes exóticos artesanalmente fabricados pela Mojo Tree (www.mojotree.co.uk) ou ainda uma caixa de seu vinho favorito na Wine.com. O aumento da eficiência da transação (por exemplo, acesso 24 horas por dia, sete dias por semana, entrega em casa ou no trabalho) permite que os clientes atendam suas necessidades mais fácil e convenientemente do que nunca. Além disso, a grande quantidade de informações disponíveis on-line mudou a forma como nos comunicamos, lemos as notícias e nos entretemos. Os clientes podem agora ter acesso à notícia que chega automaticamente por aplicativos de smartphones, como o Flipboard, que agrega conteúdo de centenas de fontes. Esse aumento radical na seleção e disponibilidade de produto expôs as empresas a incursões de concorrentes de todos os cantos do globo.

- **Fragmentação da Audiência e de Mídia**. Mudanças no uso de mídia e disponibilidade de novos meios de comunicação têm forçado as empresas a repensar a forma como se comunicam com clientes potenciais. Desde o advento da televisão a cabo na década de 1970, as audiências de mídia de massa tornaram-se cada vez mais fragmentadas. Telespectadores, por exemplo, deixaram as três grandes redes (ABC, CBS, NBC) e começaram a assistir à programação da ESPN, HGTV, Nickelodeon e Discovery Channel. Quando o crescimento da internet, rádio por satélite e de comunicações móveis é adicionado a essa mistura, torna-se cada vez mais difícil para as empresas atingir um público de massa de verdade. A audiência de mídia tornou-se fragmentada devido a (1) grande número de opções de mídia que temos disponíveis atualmente, e (2) tempo limitado que temos para nos dedicar a qualquer meio. Hoje, os clientes recebem cada vez mais informações e notícias por Facebook e Twitter, em vez de pelo *New York Times* ou pela CBS. Eles gastam uma quantidade crescente de tempo on-line ou interagindo com dispositivos portáteis do que lendo revistas ou assistindo televisão. Como mostrado na Figura 1.1, o uso da mídia tradicional pelos consumidores está em declínio, enquanto o uso de internet e mídia móvel estão em ascensão. No entanto, apesar do desafio atual de atingir o público

FIGURA 1.1 — Mudança no Uso de Mídia Diário por Adultos Norte-americanos, 2008-2011

	Variação percentual (%)
Televisão e Vídeo	7,9
Internet	21,9
Rádio	-7,8
Celular	103,1
Jornais	-31,8
Revistas	-28,0
Outros	0,0

Fonte: Media Literacy Clearinghouse, "Media Use Statistics", <http://www.frankwbaker.com/mediause.htm>, acesso em: 18 de julho de 2012.

de massa, a fragmentação de mídia tem uma grande vantagem: é mais fácil atingir pequenas audiências altamente segmentadas mais receptivas a mensagens de marketing específicas.

- **Mudança de propostas de valor**. Mesmo antes do começo da "Grande Recessão" em 2008, os consumidores e compradores corporativos já estavam enfrentando custos crescentes associados a energia, gasolina, alimentos e outros itens essenciais. Então, com a economia enfraquecida, os consumidores foram obrigados a apertar o cinto e repensar as despesas. Essa tendência de fato começou depois do colapso das pontocom, quando os consumidores perceberam, pela primeira vez, que poderiam evitar certos tipos de empresas e fazer as coisas por si mesmos. Por exemplo, agentes de viagens e imobiliários têm sido duramente atingidos pelo e-commerce. Muitos clientes agora visitam, Expedia e Travelocity, em vez de agentes de viagens, em busca de assistência na reserva de passagens aéreas, cruzeiros ou estadas em hotéis. Uma mudança semelhante ocorreu no setor imobiliário na medida em que os compradores estão passando a fazer sua procura on-line por casas, enquanto os vendedores estão cada vez mais preferindo a venda "direto com o proprietário". Consequentemente, muitas empresas aprenderam uma lição difícil: em situações nas quais os clientes veem produtos e serviços como commodities, eles se voltarão para a alternativa mais conveniente e menos cara.

Atualmente, além do aumento de despesas, muitos desses mesmos consumidores enfrentam cortes salariais ou perdem seus empregos. Estas e outras dificuldades econômicas forçaram consumidores e compradores corporativos a repensar propostas de valor e focar na importância da frugalidade. Os efeitos sobre negócios têm sido enormes. Por exemplo, a Kodak entrou com pedido de concordata no início de 2012 diante de um mercado altamente comoditizado e forte concorrência de outros fabricantes de câmeras e smartphones de alta tecnologia. À medida que os consumidores perceberam que a melhor câmera era a que eles já tinham consigo (isto é, seus smartphones), eles começaram a se afastar de fabricantes de câmeras tradicionais, como a Kodak.[2] Um abalo semelhante está acontecendo no segmento varejista de livros. Borders, por exemplo, fechou suas portas depois que a competição feroz de Barnes & Noble, Amazon, Walmart e Target afastou seus compradores. Da mesma forma, estamos apenas começando a ver os efeitos de e-books, como o Kindle, da Amazon, e soluções de publicação pessoais, como iBooks da Apple, sobre o setor de publicação de livros. Como os livros tornaram-se altamente comoditizados, os consumidores normalmente procuram os preços mais baixos, em vez de os benefícios oferecidos por livrarias tradicionais. E-books acrescentam a isso o fato de serem mais ecologicamente vantajosos. A essência de ser frugal é que os clientes procuram maneiras de cortar gastos em partes desnecessárias da vida.

- **Mudanças nos padrões de demanda**. Em alguns casos, as mudanças na tecnologia mudaram a demanda dos clientes por determinadas categorias de produtos. Um exemplo bem conhecido são as notícias: os jornais tradicionais estão lentamente desaparecendo enquanto as notícias on-line e por celular continuam a crescer. Agora, muitas empresas jornalísticas fecharam, algumas estão prestes a fechar, enquanto outras reduziram a publicação para apenas alguns dias da semana. Outro exemplo é o crescimento explosivo na distribuição digital de música e vídeo. O sucesso do iPod e do iTunes da Apple, do YouTube e da Netflix, juntamente com a integração contínua de televisão e computadores, mudou drasticamente a demanda das indústrias fonográfica e cinematográfica. Estúdios de Hollywood estão às voltas com a fraca demanda nos cinemas e a popularidade decrescente de DVDs, à medida que os clientes procuram cada vez mais opções de filmes on-line ou outras formas de entretenimento, como os *video games*. Essa tendência levou ao desaparecimento da locadora de vídeo Blockbuster em 2011.

- **Preocupações de privacidade, segurança e ética**. Mudanças na tecnologia tornaram nossa sociedade muito mais aberta do que no passado. Como resultado, essas mudanças têm forçado as empresas a responder a preocupações reais sobre segurança e privacidade, tanto on-line como off-line. As empresas sempre coletaram informações de rotina sobre seus clientes. Agora, os clientes estão muito mais em sintonia com tais esforços e os fins para os quais a informação será utilizada. Embora os clientes apreciem a conveniência do e-commerce e o acesso móvel à informação, eles querem garantias de que suas informações estejam seguras e sejam confidenciais. Preocupações sobre privacidade e segurança são especialmente fortes no que diz respeito aos negócios on-line, como Facebook, Google e dispositivos móveis que potencialmente podem rastrear cada movimento que fazemos de forma literal. Essas mesmas preocupações também são aguçadas no que diz respeito às crianças. Por exemplo, nos Estados Unidos, empresas bem conhecidas e respeitadas, como Mrs. Fields Cookies, Sony BMG e Hershey Foods, foram multadas por violar as normas de privacidade on-line da Lei da Proteção da Privacidade On-line da Criança (Children's Online Privacy Protection Act – COPPA). A Playdom, Inc., uma empresa de jogos on-line de propriedade da Disney, pagou uma multa de US$ 3 milhões para a Comissão Federal de Comércio por coleta, uso e divulgação de informações pessoais de crianças com idade inferior a 13 anos sem a permissão dos pais. Essa foi a maior penalidade civil já cobrada por uma violação da COPPA, resumida na Figura 1.2.[3]

- **Jurisdição Legal Imprecisa**. Quando uma empresa faz negócios em mais de um país (como é o caso de muitas empresas baseadas na internet), muitas vezes enfrenta um dilema com relação a diferentes sistemas jurídicos. Atualmente, essa diferença é especialmente grande para as empresas que fazem negócios nos EUA e na China. A Google, por exemplo, enfrenta uma situação difícil ao lidar com as exigências de censura do governo chinês. Embora seja uma empresa dos EUA, a Google deve obedecer à demanda chinesa de operar um serviço de busca completamente separado que censura informações consideradas como sigilosas pelo governo chinês.[4] Fazer negócios na China também é um problema no que diz respeito à proteção dos direitos de propriedade intelectual, pois as leis chinesas não oferecem as mesmas proteções encontradas nos EUA. Por exemplo, a Comissão de Comércio Inter-

FIGURA 1.2 — A Lei da Proteção da Privacidade On-Line da Criança (Children's Online Privacy Protection Act - COPPA)

A Lei da Proteção da Privacidade On-Line da Criança se aplica aos operadores de sites comerciais e serviços on-line que tentam coletar informações pessoais de crianças com idade inferior a 13 anos. A lei explica o que deve ser incluído na política de privacidade da empresa, quando e como obter o consentimento comprovado de pais ou tutores e as responsabilidades da empresa de proteger a privacidade e a segurança das crianças. As empresas não podem burlar as disposições da lei, e reclamar que crianças menores de 13 anos não podem visitar seus sites; nem podem tornar a informação opcional ou perguntar a idade do visitante.

Na aplicação das disposições da COPPA, a Comissão de Comércio Federal (Federal Trade Commission - FTC) emitiu lei de Proteção da Privacidade On-Line da Criança, projetada para dar controle aos pais sobre as informações coletadas de seus filhos. A regra exige que os operadores do site devem:

- Publicar a descrição de sua política de privacidade na página inicial do site e em qualquer outra área onde a informação pessoal é coletada.
- Fornecer aviso aos pais sobre práticas de coleta de informações do site. Essa divulgação completa deve descrever (1) o tipo de informações coletadas; (2) por que a informação está sendo coletada; (3) a forma como a informação será usada e armazenada; (4) se as informações serão divulgadas a terceiros; e (5) os direitos dos pais no que diz respeito ao conteúdo e uso da informação.
- Obter o consentimento verificável dos pais para coleta e uso interno de informações pessoais de uma criança. O operador também deve dar aos pais a possibilidade de optar por não ter essa informação divulgada a terceiros.
- Fornecer aos pais o acesso à informação de seus filhos, dar-lhes o direito e os meios de avaliar e/ou excluir tais informações, além de fornecer a opção de não coletar mais informações ou de usá-las no futuro.
- Não exigir que as crianças forneçam mais informações do que é razoavelmente necessário para participar de uma atividade. As crianças não podem ser obrigadas a fornecer informações como condição de participação.
- Manter a segurança, confidencialidade e integridade de todas as informações pessoais coletadas de crianças.

Fonte: United States Federal Trade Commission, Bureau of Consumer Protection, Disponível em: <http://business.ftc.gov/privacy-and-security/children's-privacy>.

nacional dos EUA estima que a pirataria chinesa custa à economia norte-americana mais de US$ 48 bilhões por ano. A maior parte é no setor da informação, mas os setores de alta tecnologia e manufatura também apresentam perdas consideráveis devido à violação dos direitos de propriedade intelectual por parte das empresas chinesas.[5]

Outra questão jurídica importante envolve a cobrança de imposto de vendas para transações on-line. Nos primórdios do e-commerce, a maioria das empresas on-line não recolhia impostos sobre as vendas em transações on-line, dando-lhes uma grande vantagem em relação a empresas com lojas. De fato, em 1992, uma decisão da Suprema Corte dos EUA isentou varejistas de outros estados de recolher impostos de vendas em estados onde não tinham presença física. Os estados argumentaram que estavam perdendo milhões de dólares em receitas fiscais anuais, mas estavam mal organizados para montar um esforço de coleta. Em 2003, grandes varejistas, incluindo Walmart, Target e Toys "R" Us, fizeram um acordo com um consórcio de 38 estados e o Distrito de Columbia concordando em recolher impostos de vendas on-line. A Amazon planeja recolher impostos sobre as vendas dos consumidores em mais oito estados ao longo dos próximos quatro anos. No entanto, muitas empresas on-

-line ainda não cobram impostos sobre as vendas. Atualmente, os estados, mais bem organizados do que antes, calculam que perdem um total de US$ 23 bilhões por ano em receitas fiscais. Mais de uma dúzia de estados aprovaram leis para forçar a cobrança de impostos sobre vendas on-line e legislação semelhante está pendente em dez outros estados.[6]

Embora o efeito total desses desafios não será reconhecido por algum tempo, as circunstâncias têm obrigado as empresas a avançar, ajustando suas atividades de marketing tanto em nível estratégico como tático. Ao revisarmos os principais conceitos e atividades de marketing neste capítulo, vamos ver como os desafios atuais afetaram o planejamento estratégico nessas áreas.

Conceitos Básicos de Marketing

O marketing consiste em muitas coisas diferentes. Muitas pessoas, especialmente quem não trabalha na área, o veem como uma função do negócio. A partir dessa perspectiva, o marketing equivale a outras funções de negócios, como produção/operações, pesquisa, gestão, recursos humanos e contabilidade. Como uma função de negócios, o objetivo do marketing é conectar a organização a seus clientes. Outros indivíduos, particularmente aqueles que trabalham em tarefas de marketing, tendem a ver o marketing como um processo de gestão do fluxo de produtos desde o momento da concepção até o ponto de consumo. A maior organização comercial da área, a American Marketing Association, mudou a definição de marketing ao longo do tempo para refletir mudanças nos ambientes econômico e empresarial. De 1985 até 2005, a Associação Americana de Marketing (American Marketing Association – AMA) definia marketing da seguinte forma:

> *"Marketing é o processo de planejamento e execução da criação, precificação, promoção e distribuição de ideias, bens e serviços para criar trocas que satisfaçam os objetivos de indivíduos e organizações."* [7]

Note como essa definição se concentra nos quatro Ps ou mix de marketing. Em 2005, a AMA mudou a definição para melhor refletir a realidade de competir no mercado:

> *"Marketing é uma função organizacional e um conjunto de processos para criar, comunicar e entregar valor aos clientes e para gerenciar relacionamentos com clientes de maneiras que beneficiem a organização e seus stakeholders."* [8]

Essa definição muda o foco do mix de marketing para a criação de valor para os clientes. Em 2007, a AMA mudou a definição de marketing novamente:

> *"Marketing é a atividade, conjunto de instituições e processos para criar, comunicar, entregar e trocar ofertas que tenham valor para consumidores, clientes, parceiros e a sociedade em geral."* [9]

Note que as mudanças na definição não são meramente cosméticas em sua natureza. As definições mais antigas tinham o foco no processo de marketing de entregar valor e gerenciar relacionamentos com clientes. A definição mais recente mudou de "valor" para "ofertas que tenham valor". Além disso, a noção de partes interessadas está mais explícita. Por que a AMA fez tais mudanças? Uma das razões tem a ver com a comoditização, como discutido no boxe *Além das Páginas 1.1*. Romper com o status de commodity significa encontrar maneiras de diferenciar a oferta. A nova definição reconhece que a diferenciação pode vir de qualquer parte da oferta, enquanto conceituações mais antigas colocavam o ônus da diferenciação no produto em si. A segunda razão tem a ver com o papel de marketing mais amplo nas corporações atuais. As empresas não vendem apenas produtos, elas vendem a empresa como um todo. Relações empresariais com parceiros, mídia, governo, investidores, funcionários e a sociedade são tão importantes como as relações com os clientes. Esses tipos de relacionamentos, que crescem e prosperam excepcionalmente, são uma necessidade absoluta no mercado comoditizado de muitos produtos. Embora as definições mais antigas de marketing tenham um foco decididamente transacional, a nova definição enfatiza relacionamentos de longo prazo que agregam valor tanto para a empresa como para seus stakeholders.

A última maneira de pensar sobre marketing refere-se a satisfazer as necessidades humanas e sociais. Essa visão ampla liga marketing com nosso padrão de vida, não só em termos de consumo e prosperidade, mas também em termos de bem-estar da sociedade. Por meio de atividades de marketing, os consumidores podem comprar carros da Coreia do Sul e vinhos da África do Sul; e as organizações podem ganhar um lucro viável, agradando empregados e acionistas. No entanto, o marketing também deve assumir a responsabilidade por quaisquer efeitos negativos que possa vir a gerar. Essa visão exige que as empresas considerem as implicações sociais e éticas de seus atos e se praticam boa cidadania dando algum retorno a suas comunidades. Como exemplificado no caso New Belgium Brewing, no final do livro, as empresas podem atender com êxito as necessidades humanas e sociais por meio de práticas de marketing e negócios socialmente responsáveis.

Vamos examinar vários conceitos básicos de marketing. Como veremos, as mudanças em curso na economia atual já alteraram para sempre a nossa maneira de pensar esses aspectos fundamentais do marketing.

O Que é um Mercado?

Em seu nível mais básico, um mercado é uma coleção de compradores e vendedores. Tendemos a pensar em um mercado como um grupo de pessoas ou instituições com necessidades semelhantes que podem ser atendidas por um determinado produto. Por exemplo, o mercado imobiliário é um conjunto de compradores e vendedores de imóveis residenciais, enquanto o mercado automotivo inclui compradores e vendedores de transporte automotivo. Comerciantes ou vendedores tendem a usar a palavra "mercado" para descrever apenas os compradores. Essa compreensão básica de mercado não muda há muito tempo. O que mudou, no entanto, não é tanto o "o que é", mas o "onde está" o mercado; isto é, a localização de compradores e vendedores. Tanto em mercados de consumo (imobiliário e automotivo) como em mercados empresariais (como peças de reposição e matérias-primas), a resposta para a questão "onde" está se tornando rapidamente "em qualquer lugar", na medida em que os mercados se tornam menos definidos pela geografia.

Até recentemente, as empresas consideravam um mercado como um local físico onde compradores e vendedores se encontram para realizar transações. Embora tais locais (por exemplo, supermercados, shoppings, feiras) ainda existam, a tecnologia faz a intermediação de alguns dos mercados que mais crescem. O termo *marketspace* foi cunhado para descrever mercados eletrônicos sem restrições de tempo ou espaço.[10] Em um marketspace, bens, serviços e informações são trocados através de redes de computadores. Alguns dos maiores marketspaces, como Amazon, eBay e Monster, são agora nomes familiares. De fato, a Amazon tornou-se o marketspace equivalente a um shopping center em que a empresa agora vende sapatos, roupas, joias, produtos de beleza e artigos esportivos, além de suas ofertas tradicionais de livros e eletrônicos. Marketspaces também existem no universo business-to-business. A mudança de mercados físicos (marketplaces) para marketspaces tem ramificações significativas para as empresas. O fato de que os clientes podem fazer compras, pedidos e troca de informações 24 horas por dia durante 7 dias por semana significa que tais empresas devem ser capazes de operar no mesmo prazo. Efetivamente, operadores de marketspace não param nem nunca fecham. Isso também significa que as empresas perderam algum controle sobre a informação que é divulgada sobre si mesma ou seus produtos. Por meio de blogs, fóruns de discussão ou até mesmo pelo Twitter, clientes podem trocar informações sobre um marketspace fora do próprio marketspace. Além disso, a substituição da tecnologia pela interação humana pode ser tanto uma bênção como uma maldição. Alguns marketspaces, como CarsDirect, são bem-sucedidos porque eliminam o incômodo de lidar com outro ser humano no processo de compra. Muitos clientes, no entanto, têm hesitado em aceitar marketspaces porque lhes falta o elemento humano. Nesses casos, a concepção e a aplicação da experiência on-line são um sério desafio para as operadoras do marketspace. Por fim, a riqueza de informações disponíveis nos marketspaces atuais não só torna os clientes mais informados do que nunca, mas também aumenta o poder dos clientes na comparação de compras e negociação de preços.

Outra mudança interessante relacionada aos mercados é o advento do metamercado e do metaintermediário. Um *metamercado* é um conjunto de produtos e serviços estreitamente inter-relacionado que gira em torno de uma atividade de consumo específica. Um *metaintermediário* fornece um único ponto de acesso no qual os compradores podem localizar e entrar em contato com muitos vendedores diferentes no metamercado.[11] Suponha, por exemplo, que você está prestes a se casar. Quantas decisões de compra diferentes você e seu noivo ou sua noiva terão que fazer nos próximos meses? Quantos anúncios de jornal, sites e revistas vocês irão explorar? Embora as empresas e as decisões sejam diversas, todas convergem para o tema único do planejamento do casamento. Esse é o princípio motriz subjacente de um metamercado. A Figura 1.3 mostra exemplos de metamercados e metaintermediários comuns. Embora os clientes não usem esses termos, eles entendem completamente o conceito de encontrar informações e soluções em um só lugar. Por exemplo, o iVillage (www.ivillage.com) tornou-se um metaintermediário preeminente da internet no que diz respeito às questões femininas. Uma de suas seções mais populares lida com gravidez e parentalidade, e se tornou a primeira parada para muitos pais ansiosos que precisam de conselhos. Metaintermediários como o iVillage satisfazem uma necessidade vital, oferecendo acesso rápido e compra em um único balcão para uma ampla variedade de informações, bens e serviços.

O Que é Troca?

Intimamente relacionadas com o conceito de mercado, nossas ideias sobre troca mudaram nos últimos anos. *Troca* é tradicionalmente definida como o processo de obtenção de algo de valor de alguém que oferece algo em troca. Isso geralmente envolve a obtenção de produtos por dinheiro. Para que a troca ocorra, devem ser cumpridas cinco condições:

1. **Deve haver pelo menos duas partes para uma troca.** Embora esse tenha sempre sido o caso, o processo atual de troca pode potencialmente incluir um número ilimitado de participantes. Leilões on-line são um bom exemplo. Clientes que fazem um lance para um item no eBay podem ser um dos muitos participantes do processo de troca. Cada participante altera o processo dos demais, bem como o resultado, para o licitante vencedor. Alguns leilões incluem várias quantidades de um item, por isso existe o potencial para várias transações dentro de um único processo de leilão.

2. **Cada uma das partes tem algo de valor para a outra parte.** Troca seria possível, mas não muito provável sem esse requisito básico. A internet tem-nos exposto a uma vasta gama de produtos e serviços que não conhecíamos anteriormente. Hoje não apenas podemos comprar uma televisão ou apa-

FIGURA 1.3 Metamercados Comuns e seus Participantes

	Metamercados		
	Automotivo	Casa própria	Parentalidade
Metaintermediários	www.edmunds.com http://autos.msn.com www.carsdirect.com www.kbb.com	www.realtor.com http://realstate.msn.com www.bhg.com	www.ivillage.com/ pregnancy-parenting www.parenting.com
Participantes do metamercado	Compradores Fabricantes Concessionárias de veículos Bancos Cooperativas de crédito Serviços de informação de crédito Seguradoras Serviços de classificação Revistas Programas de televisão Peças de reposição/ acessórios Oficinas Locadoras de automóveis Casas de leilão	Proprietários Construtoras Agentes imobiliários Companhias hipotecárias Seguradoras Peritos e avaliadores de imóveis Serviços de controle de pragas Revistas Programas de televisão Varejistas	Pais Médicos Varejistas Fabricantes de produtos para bebês Seguradoras Planejadores financeiros Serviços educacionais Fabricantes de brinquedos Programas de televisão Filmes

© 2013 Cengage Learning

relho de som de uma loja local, como também temos acesso a centenas de lojas on-line. Além disso, a capacidade de comparar produtos e seus preços permite que os clientes procurem o melhor valor.

3. **Cada parte deve ser capaz de comunicar e entregar.** As vantagens da infraestrutura de comunicação e distribuição atual são surpreendentes. Podemos encontrar e nos comunicar com parceiros de troca potenciais em qualquer lugar e a qualquer hora por telefone, computador, televisão interativa e smartphones. Também podemos realizar operações de curta distância, em tempo real, com a entrega dos itens trocados ocorrendo em questão de horas, se necessário. Por exemplo, você pode enviar mensagens de texto com um pedido para o Pizza Hut a caminho do trabalho para casa.

4. **Cada parte deve ser livre para aceitar ou recusar a troca.** No mundo on-line, essa condição de troca se torna um pouco mais complicada. Os clientes se acostumaram à facilidade com que podem devolver os itens para os comerciantes locais. Políticas de fácil devolução estão entre os principais pontos fortes dos comerciantes tradicionais off-line. O retorno de itens é mais difícil em transações on-line. Em alguns casos, a recusa de uma troca não é permitida. Encomendar passagens aéreas na Priceline.com e ter a proposta vencedora em um item no eBay são atos vinculativos contratuais para o cliente. A Apple

tem uma política de não reembolso em sua App Store. Em outras palavras, uma vez que o processo de compra foi iniciado, o cliente não é livre para recusar a troca.

5. **Cada uma das partes acredita que é desejável trocar com a outra parte**. Normalmente, os clientes têm uma grande quantidade de informações ou mesmo um passado com lojas off-line. Na troca on-line, os clientes muitas vezes não sabem nada sobre a outra parte. Para ajudar a resolver esse problema, surgiu uma série de empresas de terceiros para fornecer avaliações e opiniões sobre lojas on-line. Sites como BizRate.com e Epinions.com não só fornecem classificações como também avaliações de produto e servem como portais de compras. Amazon e eBay deram um passo além ao permitir que compradores e vendedores se avaliem entre si. Isso dá a ambas as partes do processo de troca alguma garantia de que existem indivíduos ou organizações respeitáveis do outro lado da transação.

O resultado é que a troca se tornou muito fácil na economia atual. Oportunidades de trocas nos bombardeiam praticamente em todos os lugares que vamos. Clientes nem sequer precisam se incomodar em fornecer cartões de crédito ou preencher formulários com informações para a entrega. A maioria das lojas on-line vai se lembrar dessa informação para nós, se assim permitirmos. Por exemplo, o recurso de compra com 1-Click® da Amazon permite que os clientes comprem produtos com um único clique do mouse.[12] A facilidade com que a troca pode ocorrer atualmente apresenta um problema no que diz respeito ao fato de que indivíduos sem autoridade para a troca ainda assim podem fazê-la. Isso é especialmente verdadeiro para os clientes menores de idade.

O Que é Produto?

Não deve ser nenhuma surpresa que o foco principal do marketing é o cliente e como a organização pode criar e fornecer produtos que atendam às necessidades dos clientes. Essencialmente as organizações criam todas as atividades de marketing para essa finalidade. Isso inclui design de produto, preço, promoção e distribuição. Em suma, uma organização não teria razão de existir sem clientes e um produto para lhes oferecer.

Mas o que exatamente é um produto? Uma definição muito simples é que um *produto* é algo que pode ser adquirido por meio de troca para satisfazer uma necessidade ou um desejo. Essa definição nos permite classificar um grande número de "coisas" como produtos:[13]

- **Bens**. São itens tangíveis que vão desde alimentos enlatados a aviões de combate, de *souvenirs* esportivos a roupa usada. O marketing de bens tangíveis é sem dúvida uma das atividades de negócios mais reconhecidas no mundo.

- **Serviços**. São produtos intangíveis que consistem em atos ou ações voltadas para as pessoas ou para suas posses. Bancos, hospitais, advogados, empresas de entrega de encomendas, companhias aéreas, hotéis, técnicos de consertos, babás, governantas, consultores e motoristas de táxi oferecem serviços. Mais do que os bens tangíveis, os serviços dominam as economias modernas, como a economia dos EUA.

- **Ideias**. Incluem questões destinadas a promover um benefício para o cliente. Exemplos incluem organizações ligadas a uma causa ou a caridade, como a Cruz Vermelha, a American Cancer Society, Mothers Against Drunk Drivers ou a campanha da Fundação American Legacy contra o tabagismo.[14]

- **Informação**. Empresas de informações incluem sites, revistas e editoras de livros, escolas e universidades, empresas de pesquisa, igrejas e organizações de caridade. Exemplos incluem iTunesU, Khan

Academy e o popular TED Talks.[15] Na era digital, produção e distribuição de informação tornou-se uma parte vital de nossa economia.

- **Produtos digitais**. Software, música e filmes estão entre os mais rentáveis em nossa economia. Os avanços na tecnologia também causaram estragos nessas indústrias porque os piratas podem facilmente copiar e redistribuir produtos digitais violando a lei de direitos autorais. Os produtos digitais são interessantes porque os produtores de conteúdo concedem aos clientes uma licença para usá-los, em vez de posse direta.

- **Pessoas**. A promoção individual de pessoas, tais como atletas ou celebridades, é um grande negócio em todo o mundo. A troca e comercialização de atletas profissionais ocorrem em um complexo sistema de propostas, contratos e passes. Outras profissões, como políticos, atores, locutores profissionais e repórteres de notícias, também fazem parte do marketing de pessoas.

- **Lugares**. Quando pensamos no marketing de um lugar, geralmente pensamos em destinos de férias, como Roma ou Orlando. No entanto, o marketing de lugares é bastante diversificado. Cidades, estados e nações se colocam no mercado para turistas, empresas e potenciais moradores. O estado do Alabama, por exemplo, tem sido muito bem-sucedido em atrair investimento direto de empresas estrangeiras. Ao longo dos últimos vinte anos, o Alabama atraiu fábricas de montadoras, como Mercedes, Honda e Hyundai, bem como muitas fábricas diferentes de peças e empresas relacionadas. Não é de admirar que algumas pessoas pensem no Alabama como a nova Detroit.[16]

- **Experiências e eventos**. As empresas podem reunir uma combinação de bens, serviços, ideias, informações ou pessoas para criar experiências ou eventos únicos. Exemplos incluem parques temáticos, como Disney World e Universal Studios, eventos esportivos, como Daytona 500 ou Super Bowl, ou espetáculos de palco e musicais, como *O Fantasma da Ópera*, ou um concerto da Rihanna.

- **Propriedade real ou financeira**. A troca de ações, títulos e imóveis, antes realizada off-line por meio de agentes imobiliários e empresas de investimento, agora ocorre cada vez mais on-line. Por exemplo, Realtor.com é o maior serviço de listagem de imóveis do país, com quase quatro milhões de listas pesquisáveis. Da mesma forma, Schwab.com é a maior e melhor empresa de corretagem on-line do mundo.

- **Organizações**. Praticamente todas as organizações se empenham em criar imagens favoráveis junto ao público, não só para aumentar vendas ou solicitações, mas também para gerar boa vontade por parte do cliente. Nesse sentido, a General Electric não é diferente da United Way: ambas procuram melhorar a imagem para atrair mais pessoas (clientes e voluntários) e dinheiro (vendas, lucro e doações).

Devemos ressaltar que os produtos nessa lista não são mutuamente exclusivos. Por exemplo, empresas que vendem bens tangíveis quase sempre vendem serviços para complementar suas ofertas e vice-versa. Organizações de caridade simultaneamente vendem por si mesmas, pelas ideias e informações que fornecem. Finalmente, eventos especiais, como o Daytona 500, combinam pessoas (pilotos), lugar (Daytona), um evento (a corrida), organizações (patrocinadores) e bens (*souvenirs*) para criar uma experiência inesquecível e única para os fãs de corrida.

Para atender de forma eficaz às necessidades de seus clientes e cumprir os objetivos da organização, as empresas devem ser perspicazes na criação de produtos e combiná-los de forma a torná-los únicos em relação a outras ofertas. A decisão de um cliente de comprar um produto ou grupo de produtos em detrimento de outros é principalmente uma função de quão bem a escolha vai satisfazer suas necessidades e seus desejos. Os economistas usam o termo *utilidade* para descrever a capacidade de um produto de satisfazer os desejos do cliente. Clientes normalmente procuram trocas com as empresas que oferecem produtos com um ou mais destes cinco tipos de utilidade:

- **Utilidade de forma.** Produtos com alta utilidade de forma têm atributos ou características que os distinguem da concorrência. Frequentemente, tais diferenças resultam do uso de matérias-primas, ingredientes ou componentes de alta qualidade ou do uso de processos de produção altamente eficientes. Por exemplo, Ruth's Chris Steakhouse, considerada por muitos uma das melhores redes de restaurantes dos Estados Unidos, proporciona maior utilidade de forma que outras redes nacionais, em virtude da qualidade da carne que usa. Papa John Pizza até mesmo salienta a utilidade de forma em seu slogan "Melhores Ingredientes. Melhor Pizza". Em muitas categorias, linhas de produtos com preços mais elevados oferecem mais utilidade de forma porque têm mais recursos. Carros de luxo são um bom exemplo.

- **Utilidade de tempo.** Produtos com alta utilidade de tempo estão disponíveis quando os clientes querem. Normalmente, isso significa que estão disponíveis agora e não mais tarde. Supermercados, restaurantes e outras lojas abertas em tempo integral fornecem utilidade de tempo excepcional. Muitas vezes, os restaurantes mais bem-sucedidos ao redor de campi universitários são aqueles que estão abertos 24 horas por dia durante 7 dias por semana. Muitos clientes também estão dispostos a pagar mais por produtos disponíveis em um tempo mais curto (como a entrega no dia seguinte via FedEx) ou por produtos disponíveis nos momentos mais convenientes (tais como passagens aéreas no meio da manhã).

- **Utilidade de lugar.** Produtos com alta utilidade de lugar estão disponíveis onde os clientes desejarem, normalmente onde o cliente está naquele momento (como a entrega em domicílio de supermercados) ou onde o produto precisa estar naquele momento (como a entrega de floristas em um ambiente de trabalho). Entrega em domicílio de qualquer coisa (especialmente pizza), lojas de conveniência, máquinas de venda automática e e-commerce são exemplos de boa utilidade de lugar. Os produtos com altas utilidades de tempo e de lugar são excepcionalmente valiosos para os clientes porque fornecem o máximo em conveniência.

- **Utilidade de posse.** Relativa à transferência de propriedade ou título da empresa para o cliente. Produtos com maior utilidade de posse satisfazem mais porque as empresas os tornam mais fáceis de adquirir. Elas muitas vezes combinam serviços suplementares com bens tangíveis para aumentar a utilidade de posse. Por exemplo, lojas de móveis que oferecem condições de crédito fácil e entrega em domicílio aumentam a utilidade de posse de seus bens. Com efeito, qualquer comerciante que aceita cartões de crédito aumenta a utilidade de posse para clientes que não possuem dinheiro ou cheque. Produtos caros, como uma casa ou uma nova fábrica, exigem modalidades de financiamento aceitáveis para completar o processo de troca.

- **Utilidade psicológica.** Produtos com alta utilidade psicológica entregam atributos experienciais ou psicológicos positivos que os clientes consideram satisfatórios. Eventos esportivos muitas vezes se enquadram nessa categoria, especialmente quando a competição é baseada em uma intensa rivalidade. Atmosfera, energia e emoção associadas à presença no jogo podem criar benefícios psicológicos para os clientes. Por outro lado, um produto pode oferecer utilidade psicológica excepcional porque não tem atributos experienciais ou psicológicos negativos. Por exemplo, férias na praia ou no campo podem oferecer mais utilidade psicológica para alguns clientes porque são vistas como menos estressantes do que férias na Disney World.

Eventos esportivos entregam utilidade psicológica que vai além da competição em si.

O planejamento estratégico e tático das atividades de marketing envolve os importantes conceitos básicos que exploramos nesta seção. As empresas muitas vezes lutam para encontrar e atingir os mercados adequados para seus produtos. Em outros casos, o mercado é facilmente acessível, mas o produto é errado ou não oferece aos clientes uma razão para comprá-lo. A capacidade de combinar mercados e produtos de uma forma que satisfaça tanto os objetivos da organização como os do cliente é realmente uma arte e uma ciência. Fazer isso em um ambiente de interminável mudança cria oportunidades e desafios até mesmo para as organizações mais fortes e respeitadas. Conforme descrito no boxe *Além das Páginas 1.2*, Walmart, P&G e Hulu têm encontrado maneiras de manter um marketing inovador em tempos econômicos difíceis.

O processo de planejamento das atividades de marketing para atingir tais fins é o foco deste livro. Ao voltarmos nossa atenção para uma visão geral das principais atividades e decisões de marketing, também queremos organizar a estrutura do livro. De modo geral, os capítulos coincidem com as principais atividades envolvidas no desenvolvimento de estratégia de marketing e na elaboração de um plano de marketing. Embora ordenada e simples, nossa abordagem fornece uma representação holística do processo de planejamento de marketing de um período a outro. Como veremos, o planejamento de marketing é um processo evolutivo que não tem começo definido ou ponto-final.

Principais Atividades e Decisões de Marketing

As organizações devem lidar com uma série de atividades e decisões na comercialização de seus produtos com os clientes. Tais atividades variam em complexidade e abrangência. Seja a questão a mudança do texto de um anúncio de jornal para um restaurante local ou uma grande empresa multinacional lançando um novo produto em um mercado estrangeiro, todas as atividades de marketing têm uma coisa em comum: elas visam dar aos clientes uma razão para comprar o produto da organização. Nesta seção, vamos apresentar brevemente as atividades e decisões que serão o foco dos capítulos que compõem esse livro.

Planejamento Estratégico

Uma organização deve ter um plano de jogo ou mapa do caminho se deseja ter alguma chance de alcançar seus objetivos e metas. De fato, uma *estratégia* esboça o plano de jogo para o sucesso da organização. Um marketing eficaz requer um sólido planejamento estratégico em diversos níveis de uma organização. Nos mais altos níveis, os planejadores se preocupam com questões macros, tais como missão corporativa, gestão do mix de unidades estratégicas de negócios, aquisição de recursos e atribuições e decisões políticas corporativas. Planejadores em nível médio, normalmente uma divisão ou unidade de negócio estratégico, preocupam-se com problemas semelhantes, mas o foco recai sobre elementos que dizem respeito a seu produto/mercado específico. Planejamento estratégico nos níveis mais baixos de uma organização é de natureza muito mais tática. Nesse caso, os planejadores se preocupam com o desenvolvimento de planos de marketing, planos de jogo mais específicos para conectar produtos e mercados em formas que satisfaçam tanto os objetivos organizacionais como os de clientes.

Embora esse livro seja essencialmente sobre planejamento estratégico, ele se concentra no planejamento tático e no desenvolvimento do plano de marketing. *Planejamento tático* aborda mercados ou segmentos de mercado específicos e o desenvolvimento de programas de marketing que atendam às necessidades dos clientes nesses mercados. O *plano de marketing* fornece as linhas gerais de como a organização vai combinar decisões de produto, preço, distribuição e promoção para criar uma oferta que os clientes acharão atraente. O plano de marketing também aborda execução, controle e refinamento dessas decisões.

Para ter uma chance razoável de sucesso, planos de marketing devem ser desenvolvidos com uma profunda consideração sobre como se encaixam nos planos estratégicos dos níveis médio e superior da empresa. No Capítulo 2, discutiremos a ligação entre planejamento corporativo, de unidades de negócios e de marketing, bem como a forma como planos de marketing devem ser integrados com os de outras funções na organização (planos financeiros, planos de produção etc.). Também discutiremos a estrutura do plano de marketing e alguns dos desafios envolvidos em sua elaboração.

Pesquisa e Análise

Planejamento estratégico depende muito de disponibilidade e interpretação das informações. Sem essa força vital, seria um exercício sem sentido e um desperdício de tempo. Felizmente, devido à melhoria da tecnologia e da internet, os planejadores de hoje são abençoados com uma profusão de informações. No entanto, o desafio de encontrar e analisar a informação certa permanece. Como muitos planejadores de marketing descobriram, ter a informação certa é tão importante quanto ter o produto certo.

As empresas estão acostumadas a conduzir e analisar pesquisas, particularmente no que diz respeito a necessidades, opiniões e atitudes de seus clientes. Embora a análise do cliente seja vital para o sucesso do plano de marketing, a organização também deve ter acesso a outros três tipos de informação e análise: análise interna, análise da concorrência e análise do ambiente. A *análise interna* envolve a avaliação objetiva da informação interna pertencente à estratégia e desempenho atuais da empresa, bem como a disponibilidade atual e futura de recursos. A análise do ambiente competitivo, cada vez mais conhecida como *inteligência competitiva*, envolve a análise das capacidades, vulnerabilidades e intenções de empresas concorrentes.[17] A análise do ambiente externo, também conhecida como *escaneamento ambiental*, envolve a análise de tendências e eventos econômicos, políticos, legais, tecnológicos e culturais que podem afetar o futuro da organização e seus esforços de marketing. Alguns planejadores de marketing usam o termo *análise da situação* para se referirem ao processo global de coleta e interpretação de informação interna, competitiva e ambiental.

ALÉM DAS PÁGINAS 1.2

Estratégias de Marketing Inovadoras para uma Economia Difícil[18]

A inovação tem sido considerada a alma do negócio, especialmente em termos de crescimento e novas oportunidades de mercado. Infelizmente, as dificuldades mais recentes de nossa economia têm criado obstáculos para as empresas manter o ritmo de inovação desfrutado ao longo da última década. A razão é puramente financeira: é difícil ser inovador quando se é forçado a cortar custos, demitir funcionários, fechar fábricas e manter a posição de mercado. Isso também é verdadeiro para os consumidores que controlam seus gastos devido à economia.

Ainda assim, algumas empresas têm conseguido manter a criatividade e inovação mesmo em uma economia enfraquecida. Elas fazem isso procurando por novas oportunidades que vêm junto com a mudança de padrões de gastos do cliente. Aqui estão três casos em questão:

Walmart

Quando têm menos para gastar, os clientes tentam esticar seu dinheiro. No ramo de supermercados, isso se traduz em maiores vendas de suas marcas próprias. Muitas das marcas próprias do Walmart são bem conhecidas: Great Value, Sam's Choice, Faded Glory, HomeTrends, Ol' Roy e Equate. Para tirar mais proveito da mudança dos padrões de compra, o Walmart decidiu revigorar a Great Value, a marca própria mais vendida. Para fazer isso, melhorou a qualidade de cerca de 750 produtos alimentares e de mercearia, atualizou o logotipo da marca e revitalizou sua embalagem. Em um movimento ousado, o Walmart substituiu os pacotes da marca Hefty das prateleiras em favor de sua marca Great Value, de preço mais baixo. A empresa mais tarde devolveu Hefty às prateleiras, mas só depois que eles concordaram em fabricar a marca Great Value para o Walmart. Outras cadeias, como CVS, Walgreens, Kroger e Target, agora estão copiando a estratégia do Walmart. Os analistas da indústria esperam que outros varejistas adotem a mesma estratégia, já que os clientes veem as marcas próprias como uma maneira de economizar dinheiro.

Procter & Gamble

Um resultado de uma economia enfraquecida é que os clientes deixam de comprar carros novos e, em vez disso, começam a cuidar melhor dos carros que possuem. A P&G decidiu capitalizar essa tendência com o lançamento de uma franquia nacional de lava a jato sob sua marca, Mr. Clean. Como a indústria da lavagem de automóveis não tem uma marca nacional dominante, a P&G espera que suas unidades Mr. Clean consigam uma boa fatia da indústria de US$ 35 bilhões. Para começar, a P&G adquiriu a Carnett, uma pequena rede de lava a jato. Em seguida, aproveitou os preços dos imóveis mais baixos para encontrar locais adequados e o aumento do desemprego para encontrar funcionários talentosos. O resultado: uma cadeia de 14 unidades de franqueados Mr. Clean Car Wash (a maioria na área de Atlanta) tem sido um sucesso. Estimulada por esse sucesso, a P&G agora planeja lançar 150 lavanderias da marca Tide nos próximos quatro anos. Um dos principais benefícios do conceito Tide é a taxa de franquia menor, já que custa US$ 950.000 para abrir uma Tide Dry Cleaner, mas até US$ 5 milhões para abrir um Mr. Clean Car Wash.

Hulu

Quando os clientes têm menos dinheiro para gastar em entretenimento, procuram divertir-se mais em casa. O Hulu.com está perfeitamente posicionado para tirar proveito dessa tendência. Com origem em uma joint venture entre Disney-ABC, NBCUniversal e Fox Entertainment, Hulu é um serviço de streaming de vídeo on-line apoiado em propaganda que oferece programação de televisão em horário nobre pela internet e aplicativos móveis. O crescimento do Hulu vem da tendência crescente de assistir à programação inteira pela internet, em vez de televisão aberta ou a

▶▶

cabo. A tendência é especialmente predominante no cobiçado público de 18 a 44 anos de idade, uma estatística que os anunciantes adoram. Usuários Hulu gastam em média 206 minutos por mês assistindo a vídeos, cada um incluindo anúncios de empresas tradicionais, como Best Buy, Bank of America e Nissan. Os clientes também podem se inscrever no Hulu Plus por cerca de US$ 10 por mês. Em apenas quatro anos, Hulu se tornou um dos principais sites de vídeo na internet e gera mais de US$ 420 milhões em receitas por ano. O próximo passo do Hulu é a programação original, incluindo programas como Battleground e Misfits. A empresa gasta mais de US$ 500 milhões por ano na programação.

O que essas três histórias nos ensinam? Em primeiro lugar, as empresas ainda podem ser inovadoras em uma economia enfraquecida. A chave é realizar pesquisas para acompanhar de perto a evolução de preferências e gastos dos clientes. Em segundo lugar, não é suficiente fazer uma pesquisa. Boa inovação deve chegar ao mercado no tempo certo. Em terceiro lugar, para serem criativas, as empresas, muitas vezes, têm que sair de suas zonas de conforto. A P&G é um grande exemplo. Quem teria pensado que uma empresa de bens embalados poderia tornar-se uma provedora de serviços?

O desenvolvimento de um plano de marketing robusto requer a análise de informações em todas as frentes. No Capítulo 3, abordaremos a coleta e a análise de informação interna, do cliente, competitiva e ambiental. Também discutiremos os desafios para encontrar a informação certa a partir de uma enorme oferta de informações disponíveis. Incerteza e mudança contínua no ambiente externo também criam desafios para os profissionais de marketing (como os altos e baixos da internet têm nos mostrado). Como veremos, esse tipo de pesquisa e análise talvez seja o aspecto mais difícil de desenvolver em um plano de marketing.

Desenvolvimento de Vantagem Competitiva

Para ser bem-sucedida, uma empresa deve possuir uma ou mais vantagens competitivas para alavancar no mercado a fim de atingir seus objetivos. Uma *vantagem competitiva* é algo que a empresa faz melhor do que seus concorrentes e lhe dá uma vantagem ao atender às necessidades dos clientes e/ou manter relacionamentos mutuamente satisfatórios com as partes interessadas (stakeholders) importantes. Vantagens competitivas são críticas porque dão o tom, ou foco estratégico, de todo o programa de marketing. Quando essas vantagens estão ligadas a oportunidades de mercado, a empresa pode oferecer aos clientes uma razão para comprar seus produtos. Sem uma vantagem competitiva, a empresa e seus produtos são sujeitos a serem apenas mais uma oferta entre um mar de produtos de consumo. A Apple, por exemplo, tem sido muito bem-sucedida em alavancar a inovação e a experiência do cliente para manter uma vantagem competitiva considerável em computadores, leitores de música portáteis e distribuição de música e filmes. Comparativamente, um típico computador Mac custa substancialmente mais do que um PC com o Windows. No entanto, a Apple acrescenta software multimídia e uma experiência de usuário mais bem avaliada. Como resultado, os computadores Apple continuam a manter um preço premium, enquanto a maioria dos fabricantes de PC envolve-se em guerras de preços.[19]

No Capítulo 4, discutiremos o processo de desenvolvimento de vantagens competitivas e estabeleceremos um foco estratégico para o programa de marketing. Também abordaremos o papel da análise SWOT como um meio de juntar forças ou capacidades internas da empresa a oportunidades de mercado. Além disso, discutiremos a importância do desenvolvimento de metas e objetivos. Ter bons objetivos e metas é vital, porque esses se tornam a base para medir o sucesso de todo o programa de marketing. Por exemplo, o Hampton Inn tem uma meta de 100% de satisfação. Os clientes não precisam pagar por sua estada se não estiverem completamente satisfeitos.[20] Metas como essas não só são úteis no estabelecimento de referências para avaliar o desempenho de marketing, como também motivam gerentes e funcionários. Isso pode ser especialmente verdadeiro quando metas ou objetivos de marketing ajudam a impulsionar programas de avaliação e remuneração de funcionários.

Decisões de Estratégia de Marketing

A estratégia de marketing de uma organização descreve como a empresa vai satisfazer as necessidades e desejos de seus clientes. Ela também pode incluir atividades associadas com a manutenção de relacionamentos com outras partes interessadas, tais como funcionários, acionistas ou parceiros da cadeia de suprimentos. Em outras palavras, a estratégia de marketing é um plano de como a organização irá utilizar seus pontos fortes e capacidades para corresponder às necessidades e exigências do mercado. Uma estratégia de marketing pode ser composta de um ou mais programas de marketing e cada programa é composto de dois elementos: um ou mais mercados-alvo e um mix de marketing (às vezes conhecido como os quatro Ps: produto, preço, praça e promoção). Para desenvolver uma estratégia de marketing, uma organização deve selecionar a combinação certa de mercado(s)-alvo e mix(es) de marketing a fim de criar vantagens competitivas distintas sobre seus rivais.

Segmentação de mercado e seleção de mercado-alvo A identificação e a seleção de um ou mais mercados-alvo é o resultado do processo de segmentação de mercado. Empresas fazem a *segmentação de mercado* ao distinguirem o mercado total em grupos menores, ou segmentos, relativamente homogêneos que compartilham as mesmas necessidades, desejos ou características. Quando uma empresa seleciona um ou mais *mercados-alvo*, ela identifica um ou mais segmentos de indivíduos, empresas ou instituições para o qual seus esforços de marketing serão direcionados. Conforme descrito no boxe *Além das Páginas 1.3*, as empresas usam cada vez mais as redes sociais on-line como uma forma de atingir mercados específicos.

Avanços na tecnologia criaram algumas mudanças interessantes nas formas como as organizações segmentam e selecionam mercados-alvo. As empresas agora podem analisar os padrões de compras de clientes em tempo real no ponto de venda por meio de código de barras em lojas de varejo e os dados de análise de fluxo de cliques em transações on-line. Isso permite que as organizações atinjam segmentos específicos com ofertas de produtos ou mensagens promocionais.[21] Além disso, a tecnologia agora proporciona às empresas a capacidade de segmentar clientes individuais em campanhas por e-mail e marketing direto. Isso economiza tempo e despesa consideráveis por não desperdiçar esforços em clientes potenciais que podem não estar interessados na oferta de produtos da organização. No entanto, essas novas oportunidades têm um preço: muitos compradores potenciais ressentem-se com a capacidade das empresas em alcançá-los individualmente. Consequentemente, clientes e autoridades governamentais têm manifestado grandes preocupações sobre privacidade e confidencialidade. Isso é especialmente verdadeiro em relação ao RFID/Radio Frequency Identification ou identificação por radiofrequência, que utiliza minúsculos chips de rádio para monitorar transações de mercadorias ou de processamento de cartão de crédito. Como os chips RFID podem ser digitalizados de distâncias de até 7,5 metros, muitos temem que a tecnologia permitirá que as empresas rastreiem os consumidores, mesmo depois de deixar uma loja.[22]

O Capítulo 5 discute questões e estratégias associadas à segmentação de mercado e seleção de mercados-alvo. Nesse debate, vamos examinar diferentes abordagens para a segmentação de mercado e analisar a sele-

ALÉM DAS PÁGINAS 1.3

Atingindo Consumidores pelas Redes Sociais On-Line[23]

As redes sociais têm se mostrado muito populares junto a usuários e anunciantes. Sites como Facebook, Google+, LinkedIn, Pinterest e Twitter permitem aos usuários compartilhar informações, encontrar velhos amigos ou se conectar com pessoas de pensamento similar. A maioria dos usuários é de adolescentes e jovens adultos que usam os sites para trocar mensagens, fotos, música e compartilhar blogs. O maior desses sites atualmente é o Facebook, com mais de 850 milhões de usuários ativos em todo o mundo. Twitter tem mais de 360 milhões de usuários registrados. Outros sites também estão crescendo rapidamente.

Embora sejam muito populares, as redes sociais têm atraído uma quantidade razoável de críticas. Muitos argumentam que esses sites facilitam que pessoas más intencionadas acessem adolescentes e crianças com o uso de seus perfis on-line. Especialistas em negócios têm sido céticos quanto ao sucesso de longo prazo das redes sociais como um modelo de negócio. Eles argumentam que o público mais jovem é inconstante e vai trocar esses sites pela próxima novidade que vai surgir na internet. Outros argumentam que a natureza questionável do conteúdo desses sites é uma proposta arriscada quando ligada a estratégias de propaganda.

Apesar destas críticas, as redes sociais on-line parecem ter fôlego para o longo prazo, obrigando empresas de mídia e anunciantes a considerá-las. A razão é simples: o perfil demográfico da audiência das redes sociais é extremamente lucrativo. A audiência do MySpace é principalmente composta por adolescentes na faixa de 12 a 17 anos. O segmento etário de mais rápido crescimento do Facebook é o de mais de 25 anos. O LinkedIn tem um público diferenciado:

mais de 150 milhões de membros com um perfil mais maduro e mais profissional. No entanto, o perfil do LinkedIn está mudando à medida que mais estudantes e recém-formados passam a aderir à rede. Segmentação poderosa como essa tem forçado um número crescente de anunciantes a considerar as redes sociais como uma estratégia de mídia viável.

Além da riqueza demográfica, as redes sociais também permitem que as empresas mirem cuidadosamente as promoções para o público certo e coletem uma quantidade impressionante de informações sobre os usuários. Por exemplo, a Nike usou o Facebook Places para atingir os consumidores em Portland, Oregon, com jaquetas esportivas grátis para indivíduos que se conectavam em um local especificado na cidade. Vitamin Water usou uma campanha no Facebook pedindo aos usuários para ajudá-los a escolher o próximo sabor da bebida. Domino's também usou o Facebook para distribuir códigos promocionais para os fãs de sua página. American Airlines e IBM tiveram sucesso semelhante usando o Twitter para chegar a potenciais clientes.

Sites de redes sociais tornaram-se tão bem-sucedidos que estão substituindo Google, Yahoo!, MSN e AOL como portais de escolha. Em essência, os sites de redes sociais tornaram-se balcões únicos para comunicação, informação e comércio. Os consumidores podem comprar produtos sem sair desses sites e as empresas estão atentas. Recentemente, o Facebook adicionou o recurso de aluguel de filmes e compra de música diretamente de seu site. Isso não passou despercebido de concorrentes como Amazon, Netflix e Apple.

ção de mercados-alvo tanto em mercados de consumo como empresarial. Uma segmentação e seleção de mercados-alvo eficaz prepara o terreno para o desenvolvimento da oferta de produtos e a concepção de um programa de marketing que possam efetivamente entregar a oferta a clientes-alvo.

Decisões do programa de marketing. Como vamos abordar no Capítulo 6, programas de marketing de sucesso dependem de uma mistura cuidadosamente trabalhada dos quatro principais elementos do marketing mix (isto é, produto, preço, distribuição e promoção). No início do capítulo, discutimos os diferentes tipos de produtos que podem ser oferecidos aos clientes. Já que o produto e seus atributos satisfazem necessidades e desejos do cliente, não é nenhuma surpresa que decisões relacionadas a produto estejam entre as partes mais importantes do programa de marketing. Essa importância depende da ligação entre o produto e as necessidades dos clientes. Mesmo grandes corporações às vezes não conseguem fazer essa conexão. O McDonald's, por exemplo, gastou mais de US$ 100 milhões em meados de 1990 para lançar o Arch Deluxe, um hambúrger criado para o gosto adulto. O produto falhou redondamente porque foi concebido para os clientes mais velhos (que não são o núcleo de mercado do McDonald's), era caro e tinha um teor calórico muito alto. Clientes do McDonald's evitaram o Arch Deluxe e o sanduíche acabou por ser retirado do mercado.[24] Como esse exemplo ilustra, é improvável que o marketing seja eficaz a menos que haja uma ligação sólida entre os benefícios de um produto e as necessidades dos clientes.

Decisões de preço são importantes por várias razões. Em primeiro lugar, o preço é o único elemento do mix de marketing que traz receita e lucro. Todos os outros elementos, como o desenvolvimento e promoção do produto, representam despesas. Em segundo lugar, o preço normalmente tem uma conexão direta com a demanda do cliente. Essa ligação torna o preço o elemento mais manipulado do mix de marketing. As empresas rotineiramente ajustam o preço de seus produtos em um esforço para estimular ou restringir a demanda. Em terceiro lugar, o preço é o elemento mais fácil de mudar do programa de marketing. Existem muito poucos outros aspectos de marketing que podem ser alterados em tempo real. Essa é uma enorme vantagem para as empresas que precisam ajustar os preços para refletir as condições do mercado local ou para empresas on-line que querem cobrar preços diferentes para diferentes clientes com base no total de vendas ou sua fidelização. Finalmente, o preço é um forte sinal de qualidade para os clientes. Na ausência de outras informações, os clientes tendem a associar preços mais elevados com maior qualidade.

Questões de distribuição e cadeia de suprimentos estão entre as menos aparentes em marketing, particularmente junto aos clientes. O objetivo da *distribuição e gestão da cadeia de suprimento* é essencialmente obter o produto no lugar certo, na hora certa, na quantidade certa, com o menor custo possível. Decisões da *cadeia de suprimentos* envolvem uma longa linha de atividades, desde o fornecimento de matérias-primas, passando pela produção de produtos acabados até a entrega aos clientes finais. A maioria dessas atividades, que os clientes ignoram, ocorre nos bastidores. Poucos clientes, por exemplo, refletem sobre como o seu cereal favorito chega à prateleira de seu supermercado ou como a Dell pode ter um computador feito sob encomenda em sua porta em questão de dias. Os clientes apenas esperam que essas coisas aconteçam. De fato, a maioria dos clientes nunca considera tais questões até que algo dê errado. De repente, quando acaba o estoque de um item no supermercado ou uma linha de montagem desacelera por falta de componentes, fatores de distribuição e de cadeia de fornecimento tornam-se bastante perceptíveis.

O marketing moderno substituiu o termo *promoção* pelo conceito de *comunicação integrada de marketing (CIM)* ou a coordenação de todas as atividades promocionais (propaganda, mala direta, venda pessoal, promoção de vendas, relações públicas, embalagens, displays de loja, design do site, funcionários) para produzir uma mensagem unificada com foco no cliente. Aqui, o termo "clientes" não se refere apenas aos clientes no sentido tradicional, mas também inclui colaboradores, parceiros comerciais, acionistas, governo, mídia e a sociedade em geral. A CIM ganhou destaque na década de 1990 quando as empresas perceberam que as audiências tradicionais para esforços de promoção tornaram-se mais diversificadas e fragmentadas. A CIM também pode reduzir as despesas de promoção, eliminando a duplicação de esforços entre os departamentos separados (marketing, vendas, propaganda, relações públicas e tecnologia da informação) e aumentando a eficiência e economias de escala.

Construção de marca e posicionamento. Quando você pensa em uma empresa como a Southwest Airlines, o que vem à sua mente? A maioria das pessoas provavelmente diria preços baixos e despacho de bagagem gratuito. Outros podem pensar em rotas e destinos limitados. Como veremos no Capítulo 7, o que os clientes pensam sobre uma empresa e suas ofertas é o foco da construção de marca e da estratégia de posicionamento. A fim de entender a construção de marca, a empresa deve ter uma compreensão clara de como os elementos do programa de marketing funcionam em conjunto para criar a marca. Embora as decisões de produto (como design, estilo e características) desempenhem um papel importante na criação de marcas, da mesma forma outros elementos participam do programa, tais como preço/valor, disponibilidade/exclusividade e imagem/reputação tanto da empresa como de suas ofertas. As empresas também devem tomar decisões sobre design de embalagem, marcas registradas e garantias. *Posicionamento do produto* envolve o estabelecimento de uma imagem mental, ou posição, da oferta do produto em relação a ofertas concorrentes na mente de compradores-alvo. O objetivo do posicionamento é distinguir ou diferenciar a oferta de produtos da empresa dos concorrentes fazendo sua oferta se destacar na multidão. Como a Southwest tem nos mostrado, mesmo algo tão simples como "despacho de bagagem gratuito" pode ser muito bem-sucedido para destacar a empresa de sua concorrência. Outro exemplo é a batalha entre Walmart e Target. A imagem mental que a maioria dos clientes têm do Walmart está associada a preços baixos todo dia. A Target tem uma posição ligeiramente diferente, enfatizando valor com um forte sentido de estilo e qualidade.

Responsabilidade Social e Ética

O papel da responsabilidade social e da ética na estratégia de marketing é de vanguarda nas importantes questões de negócios da economia atual. A sociedade ainda reverbera os efeitos de escândalos corporativos da Enron, WorldCom e ImClone, entre outros. Embora esses escândalos possam ser uma leitura interessante, muitas pessoas inocentes sofreram as consequências do comportamento antiético dessas empresas. *Responsabilidade social* refere-se à obrigação de uma organização de maximizar seu impacto positivo na sociedade, além de minimizar seu impacto negativo. Em termos de estratégia de marketing, a responsabilidade social aborda o efeito total das atividades de marketing de uma organização na sociedade. Uma grande parte dessa responsabilidade é a *ética de marketing* ou princípios e normas que definem a conduta aceitável nas atividades de marketing. O marketing ético pode fundamentar confiança e compromisso e constitui um ingrediente crucial na construção de relacionamentos de longo prazo com todos os stakeholders. Outro componente importante do impacto de qualquer empresa sobre a sociedade é o grau com que ela se envolve em atividades filantrópicas. Muitas empresas agora fazem da filantropia uma atividade estratégica-chave.

No Capítulo 8, discutiremos as dimensões econômicas, legais, éticas e filantrópicas da responsabilidade social, juntamente com a gestão estratégica de integridade corporativa no processo de planejamento de marketing. Embora haja lapsos ocasionais, a maioria das empresas entende suas responsabilidades econômicas e jurídicas. No entanto, as responsabilidades sociais e éticas, por sua natureza, não são tão claramente compreendidas. Muitas empresas veem a responsabilidade social não apenas como uma maneira de ser um bom cidadão corporativo, mas também como uma boa maneira de desenvolver suas marcas. Por exemplo, a marca Red, criada por Bono Vox em 2006, tem sido comercializada com sucesso por empresas como Gap, Apple, Motorola, Armani, Converse e American Express. Estas e outras empresas comercializam versões de seus produtos com a marca Red com o objetivo de doar 50% de seus lucros para o Fundo Mundial de Luta contra a Aids na África.[25]

Implantação e Controle

Uma vez que uma estratégia de marketing foi escolhida e os elementos do mix de marketing estabelecidos, a empresa deve colocar seu plano em ação. *Implantação de marketing*, o processo de execução da estratégia de marketing, é o "como" do planejamento de marketing. Em vez de ser meramente um item no final da estratégia e do plano de marketing, a implantação é efetivamente uma parte do planejamento em si. Ou seja, ao planejar uma estratégia de marketing, a organização deve sempre considerar como ela será executada. Às vezes, a organização deve rever a estratégia ou plano para fazer revisões durante a execução da estratégia. É aí que o controle de marketing entra em ação. O controle adequado das atividades de marketing é essencial para garantir que a estratégia permaneça em curso e focada em atingir seus objetivos e metas.

A fase de implantação da estratégia de marketing põe em ação o quinto "P" do programa de marketing: pessoas. Como aprenderemos no Capítulo 9, muitos dos problemas que ocorrem na implantação de atividades de marketing são "problemas com pessoas" associados a gestores e funcionários na linha de frente da organização que têm a responsabilidade pela execução da estratégia de marketing. Muitas organizações compreendem a ligação vital entre pessoas e implantação tratando seus funcionários como bens indispensáveis. A Aflac, por exemplo, foi incluída na lista das "100 Melhores Empresas para Trabalhar nos Estados Unidos da América" da revista *Fortune* por 14 anos consecutivos. A empresa com sede na Georgia desenvolveu uma cultura corporativa que foca em cuidados com os funcionários e a atenção às suas necessidades.[26] Outras empresas citadas como tendo boas relações com seus funcionários incluem Google, Wegmans Food Markets, Mercedes-Benz USA e The Container Store.

Desenvolvimento e Manutenção de Relacionamento com o Cliente

Ao longo das últimas duas décadas, as empresas chegaram à conclusão de que podem aprender mais sobre seus clientes e ter maiores lucros se desenvolverem relacionamentos de longo prazo com eles. Isso requer um afastamento do marketing de transação e a adoção de uma abordagem de marketing de relacionamento. O objetivo do *marketing de transação* é completar um grande número de trocas discretas com clientes individuais. O foco está na aquisição de clientes e em fazer a venda, não necessariamente em atender a necessidades e desejos dos clientes. No *marketing de relacionamento*, o objetivo é desenvolver e manter a longo prazo acordos mutuamente satisfatórios nos quais o comprador e o vendedor se concentram no valor obtido com o relacionamento. Enquanto esse valor permanecer o mesmo ou aumentar, o relacionamento deve se aprofundar e se fortalecer ao longo do tempo. A Figura 1.4 ilustra as características básicas do marketing de transação comparado com o de relacionamento. O marketing de relacionamento promove a confiança do cliente na empresa que pode, por sua vez, desenvolver uma compreensão mais profunda das necessidades e desejos dos clientes. Isso coloca a empresa em boa posição para responder mais eficazmente às necessidades do cliente, aumentando assim o valor do relacionamento para ambas as partes.

Os princípios e as vantagens do marketing de relacionamento são os mesmos em mercados de consumidores e empresariais. Atividades de marketing de relacionamento também se estendem para além dos clientes e incluem os relacionamentos com funcionários e parceiros da cadeia de suprimentos. No Capítulo 10, discutiremos esses e outros aspectos do marketing de relacionamento em maior profundidade. Relacionamentos de longo prazo com stakeholders importantes não se concretizarão a menos que criem valor para cada participante. Isso é especialmente verdadeiro para clientes confrontados com muitas alternativas diferentes de empresas competindo por seu negócio. Uma vez que a qualidade e o valor da oferta de produtos de

	Marketing de transação	Marketing de relacionamento
Foco de marketing	Aquisição de clientes	Retenção de clientes
Orientação temporal	Curto prazo	Longo prazo
Meta de marketing	Fazer a venda	Satisfação mútua
Foco de relacionamento	Criar Trocas	Criar valor
Prioridade no atendimento ao cliente	Baixo	Alto
Contato com o cliente	Baixo a moderado	Frequente
Compromisso com os clientes	Baixo	Alto
Características da interação	Adversários, manipulação, resolução de conflito	Cooperação, confiança, respeito mútuo, segurança
Fonte de vantagem competitiva	Produção, marketing	Compromisso de relacionamento

FIGURA 1.4 Principais Características do Marketing de Transação e do Marketing de Relacionamento

© 2013 Cengage Learning

uma empresa normalmente determinam o valor e a satisfação do cliente, o Capítulo 10 também vai discutir o papel da qualidade, valor e satisfação no desenvolvimento e manutenção de relacionamentos com os clientes. Questões relacionadas com qualidade, valor e satisfação permeiam todos os elementos do programa de marketing. Por isso, discutiremos essas questões em nosso capítulo final para reunir todos os elementos do programa de marketing.

Encarando os Desafios da Estratégia de Marketing

Uma das maiores frustrações e oportunidades em marketing é a mudança: os clientes mudam, os concorrentes mudam e até mesmo as organizações de marketing mudam. Estratégias altamente bem-sucedidas hoje não funcionarão amanhã. Os clientes hoje comprarão produtos pelos quais não terão nenhum interesse amanhã. Esses são truísmos em marketing. Embora frustrantes, desafios como esses também tornam o marketing extremamente interessante e gratificante. A vida de um profissional de marketing nunca é monótona.

Outro fato é que estratégia de marketing é inerentemente orientada a pessoas. Trata-se de pessoas (dentro de uma organização) que tentam encontrar formas de entregar valor excepcional, atendendo às necessidades e desejos de outras pessoas (clientes, acionistas, parceiros de negócios, a sociedade em geral), bem como às necessidades da própria organização. Estratégia de marketing baseia-se em psicologia, sociologia e economia para entender melhor as necessidades básicas e motivações dessas pessoas, quer sejam clientes da organização (geralmente considerado o público mais crítico), quer sejam funcionários ou stakeholders. Em suma, estratégia de marketing é sobre pessoas servindo pessoas.

A combinação de mudança contínua e a orientação a pessoas do marketing torna o desenvolvimento e a implantação da estratégia de marketing uma tarefa desafiadora. A estratégia perfeita executada perfeitamente ainda pode falhar. Isso acontece porque há poucas regras de como fazer marketing em situações específicas. Em outras palavras, é impossível dizer que, dada "essa necessidade do cliente" e tais "concorrentes" com esse "nível de regulamentação do governo", Produto A, Preço B, Promoção C e Distribuição D devem ser usados. Marketing simplesmente não funciona dessa forma. Às vezes, uma organização pode ter sorte e ser bem-sucedida, apesar de ter uma estratégia e/ou execução horríveis. A falta de regras e a constante mudança dos ambientes econômico, sociocultural, competitivo, tecnológico e político/legal fazem da estratégia de marketing um assunto incrivelmente fascinante.

A maioria das mudanças que as empresas vêm enfrentando ao longo dos últimos vinte anos tem a ver com a evolução básica do marketing e das práticas de negócios em nossa sociedade. Uma das mudanças mais básicas envolve as crescentes exigências dos clientes. Atualmente, clientes têm expectativas muito altas sobre questões básicas, tais como qualidade, desempenho, preço e disponibilidade. Clientes norte-americanos, em particular, têm uma paixão por gratificação instantânea que as empresas se empenham em atender. Algumas evidências sugerem que as empresas não têm atingido esse desafio. O Índice de Satisfação do Cliente Norte-Americano, calculado pelo Centro de Pesquisa Nacional da Qualidade da Universidade de Michigan, indica que a satisfação do cliente apenas recentemente se recuperou desde que o Centro começou a calcular o índice, em 1994. Como mostra a Figura 1.5, algumas indústrias, como jornais e companhias aéreas, sofreram grandes quedas no que diz respeito à satisfação do cliente. Satisfação em outras indústrias, como a automotiva e a de refrigerantes, manteve-se bastante elevada e estável.

O declínio na satisfação pode ser atribuído a várias razões. Por um lado, os clientes tornaram-se muito menos leais à marca do que em gerações anteriores. Os clientes de hoje são muito sensíveis a preço, especial-

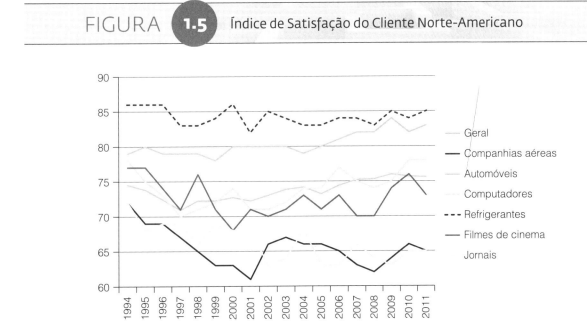

FIGURA 1.5 Índice de Satisfação do Cliente Norte-Americano

Fonte: American Customer Satisfaction Index and the University of Michigan Business School. Disponível em: <http://www.theacsi.org, 2012>.

mente em mercados comoditizados nos quais os produtos não têm quaisquer meios reais de diferenciação. Consequentemente, eles procuram constantemente o melhor valor e prosperam em sua capacidade de comparar preços entre alternativas concorrentes. Os clientes também são bastante céticos sobre as empresas em geral e não confiam tanto nelas. Em suma, os clientes atuais não só têm mais poder, como também mais atitude. Essa combinação os torna uma temível força no desenvolvimento da estratégia de marketing contemporânea.

As empresas também têm sido forçadas a se adaptarem às mudanças nos mercados e da concorrência. Em termos de seu ciclo de vida, a maioria dos produtos compete hoje em mercados muito maduros. Várias empresas também competem em mercados nos quais a oferta de produtos tornou-se comoditizada por uma falta de diferenciação (por exemplo, os clientes percebem ofertas concorrentes como essencialmente similares). Alguns exemplos incluem companhias aéreas, serviço de telefonia, lojas de departamento, materiais de lavanderia e eletrodomésticos. A comoditização derruba as margens e reduz a fidelidade à marca ainda mais. Para enfrentar esse desafio, as empresas norte-americanas têm se voltado agressivamente para mercados estrangeiros no esforço de aumentar as vendas e encontrar novas oportunidades de crescimento. Ao mesmo tempo, no entanto, as empresas estrangeiras se voltaram para os mercados norte-americanos para enfrentar os desafios dos mercados maduros em seus próprios países. É interessante notar que, enquanto a Apple tem empurrado o iTunes agressivamente para outras nações, o Spotify, um serviço de streaming de música sueco, lançou seu popular serviço nos Estados Unidos. A integração da empresa com o Facebook permitiu adicionar mais de sete milhões de novos assinantes em apenas dois meses.[27]

Diante da crescente concorrência e amadurecimento dos mercados, as empresas foram obrigadas a cortar despesas a fim de se manterem competitivas. Algumas empresas fazem isso eliminando produtos ou linhas de produtos. A GM, por exemplo, eliminou sua divisão Saturn, movimento semelhante a que fez com o Oldsmobile e com o Hummer H1. Outras mantiveram o seu mix de produtos, mas têm buscado agressivamente maneiras de reduzir seus custos de distribuição. O crescimento da distribuição direta (do fabricante para o usuário final) é resultado desses esforços. Outras empresas ainda foram obrigadas a tomar medidas drásticas, como downsizing, e demitiram funcionários para cortar despesas.

Desnecessário dizer que o desenvolvimento de uma estratégia de marketing viável e eficaz tornou-se extremamente desafiador. Mesmo as empresas mais admiradas do mundo, como McDonald's, Procter & Gamble, Anheuser-Busch e Toyota, ocasionalmente têm problemas para responder às demandas do processo de planejamento estratégico e desenvolver a estratégia de marketing "certa". Nosso objetivo neste livro não é ensinar a desenvolver a estratégia "certa". Em vez disso, nossa abordagem vai lhe dar uma estrutura para organizar o processo de planejamento e a capacidade de ver como todas as peças se encaixam. Considere isso uma mentalidade ou forma de pensar sobre estratégia de marketing. O restante deste livro se dedica a essas metas.

Lições do Capítulo 1

Desafios e oportunidades de marketing na nova economia incluem:

- ▶ uma transferência de poder para os clientes ocasionada pelo aumento do acesso à informação.
- ▶ um aumento acentuado na seleção de produtos devido a extensões de linha e global sourcing.
- ▶ maior fragmentação da audiência e de mídia, uma vez que os clientes gastam mais tempo com a mídia interativa e menos tempo com a mídia tradicional.
- ▶ mudança nas percepções de valor e frugalidade dos clientes.
- ▶ mudanças nos padrões de demanda para certas categorias de produtos, especialmente aqueles entregues digitalmente.
- ▶ aumento das preocupações com privacidade, segurança e ética.
- ▶ jurisdições legais imprecisas, especialmente nos mercados globais.

Marketing:

- ▶ equivale a outras funções de negócios, tais como produção, pesquisa, gestão, recursos humanos e contabilidade. O objetivo do marketing é conectar a organização a seus clientes.
- ▶ é definido como a atividade, conjunto de instituições e processos para criar, comunicar, entregar e trocar ofertas que tenham valor para os consumidores, clientes, parceiros e a sociedade em geral.
- ▶ mudou o foco ao longo dos últimos 20 anos. Atualmente, marketing salienta valor e relacionamentos com clientes, incluindo relacionamentos com todos os stakeholders potenciais.
- ▶ está relacionado com o nosso padrão de vida, não só em termos de melhora no consumo e prosperidade, mas também em termos de bem-estar da sociedade.

Conceitos básicos de marketing incluem:

- ▶ mercado, uma coleção de compradores e vendedores.
- ▶ mercado, um local físico onde compradores e vendedores se encontram para realizar transações.
- ▶ marketspace, um mercado eletrônico não limitado por tempo ou espaço.
- ▶ metamercado, um conjunto de produtos e serviços estreitamente relacionados que gira em torno de uma atividade de consumo específico.
- ▶ metaintermediário, um ponto de acesso único no qual compradores podem localizar e entrar em contato com muitos vendedores diferentes no metamercado.
- ▶ troca, o processo de obtenção de algo de valor de alguém que oferece algo em troca; geralmente

envolve a obtenção de produtos por dinheiro. Há cinco condições para a troca:

1. Deve haver pelo menos duas partes na troca.
2. Cada uma das partes tem algo de valor para a outra.
3. Cada parte deve ter a capacidade de comunicação e entrega.
4. Cada parte deve ser livre para aceitar ou recusar a troca.
5. Cada uma das partes acredita que é desejável trocar com a outra.

- ▶ produto, algo que pode ser adquirido pela troca para satisfazer uma necessidade ou um desejo.
- ▶ utilidade, a capacidade de um produto de satisfazer as necessidades e desejos de um cliente. Os cinco tipos de utilidade fornecidas pelas trocas de marketing são de forma, de tempo, de lugar, de posse e psicológica.

As principais atividades e decisões de marketing incluem:

- ▶ planejamento estratégico e tático.
- ▶ pesquisa e análise.
- ▶ desenvolvimento de vantagens competitivas e um foco estratégico para o programa de marketing.
- ▶ decisões de estratégia de marketing, incluindo as decisões relacionadas com segmentação de mercado e seleção de mercados-alvo, bem como o programa de marketing (isto é, produto, preço, distribuição e promoção) e construção de marca/posicionamento.
- ▶ responsabilidade social e ética.
- ▶ implantação e controle das atividades de marketing.
- ▶ desenvolvimento e manutenção de relacionamentos de longo prazo, incluindo uma mudança do marketing de transação para o marketing de relacionamento.

Alguns dos desafios envolvidos no desenvolvimento de estratégia de marketing incluem:

- ▶ mudança sem fim: clientes mudam, concorrentes mudam e até mesmo a organização de marketing muda.
- ▶ o fato de que o marketing é inerentemente orientado a pessoas.
- ▶ falta de regras para a escolha das atividades de marketing adequadas.
- ▶ evolução básica do marketing e das práticas de negócios em nossa sociedade.
- ▶ crescentes exigências dos clientes.
- ▶ declínio geral na fidelidade à marca e um aumento da sensibilidade dos clientes em relação a preços.
- ▶ aumento no cinismo do cliente sobre empresas e atividades de marketing.

competição em mercados maduros com o aumento da comoditização e pouca diferenciação real entre ofertas de produtos.

▶ crescente expansão em mercados estrangeiros por parte das empresas norte-americanas e estrangeiras.

▶ medidas de cortes de custos agressivos para aumentar a competitividade.

Questões para Discussão

1. O aumento do poder do cliente é um desafio constante para as empresas na economia atual. De que forma você tem vivido pessoalmente essa mudança de poder, como cliente ou como pessoa de negócios? Essa transferência de poder é uniforme em todos os setores e mercados? Explique.

2. Você se preocupa com privacidade e segurança na economia atual? Por que tantas pessoas, em particular as mais jovens, parecem ser indiferentes quanto à privacidade? Será que essas questões ainda serão importantes daqui a dez anos? Explique.

3. O texto argumenta que marketing possui poucas regras para a escolha das atividades de marketing adequadas. Você pode descrever alguma regra universal de marketing que pode ser aplicada à maioria dos produtos, mercados, clientes e situações?

Exercícios

1. O ritmo de mudança em nossa economia foi frenético entre 1999 e 2001 (o chamado *boom* das pontocom) por causa da tecnologia em rápida expansão e o crescimento da internet. Pouco tempo depois, a bolha estourou e muitos pioneiros pontocom desapareceram. Faça uma pesquisa para determinar as razões para o colapso. A maioria dos especialistas afirma que, hoje, um tipo similar de abalo é pouco provável. O que é diferente na tecnologia atual e na internet que leva a essa conclusão? Como as empresas podem evitar outro colapso?

2. Acesse o site de um metaintermediário no metamercado de automóvel (por exemplo, www.edmunds. com, www.autos.msn.com, www.kbb.com ou www. carsdirect.com). Que aspectos da experiência de compra do carro o metaintermediário oferece? Quais os aspectos da experiência estão faltando? Como o metaintermediário supera esses aspectos que faltam?

3. Pense em todas as trocas que você faz semanalmente ou mensalmente. Quantas são baseadas em relacionamentos de longo prazo? Quantas são simples transações? Quais são mais satisfatórias? Por quê?

Notas Finais

1. Esses dados são de Justin Bachman, Mary Schlangenstein e John Hughes, "Southwest Charts a New Flight Plan", *BusinessWeek Online*, 29 de setembro de 2010 <http://www.businessweek.com/magazine/content/10_41/b4198022740823.htm>; "Best Buy: How to Break Out of Commodity Hell", *BusinessWeek Online*, 27 de março de 2006 <http://www.businessweek.com/magazine/content/06_13/b3977007.htm>; Leslie Patton, "Starbucks Targets Folks Who Shun Starbucks", *BusinessWeek Online*, 21 de abril de 2011 <http://www.businessweek.com/magazine/content/11_18/b4226026215941.htm>; and "The World's Most Innovative

Companies 2011", Fast Company <http://www.fastcompany.com/most-innovative-companies/2011>. Acesso em: 13 de fevereiro de 2012.

2. "Kodak to Phase Out Its Camera, Digital Picture Frame Business as Part of Cost Cuts", *Washington Post*, 11 de fevereiro de 2012 <http://www.washingtonpost.com/business/kodak-to-phase-out-itcamera-digital-picture-frame-business-as-part-of-cost-cuts/2012/02/09/gIQABjSJ1Q_story.html>.

3. William B. Baker, "Sony Pays Record Civil Penalty to Settle COPPA Violations", *Privacy in Focus*, janeiro de 2009 <http://

www.wileyrein.com/publication.cfm?publication_id=14098>; e Kevin Khurana, "COPPA Violations? Cop a Settlement for $3 Million", Proskauer.com, 18 de maio de 2011 <http://privacylaw. proskauer.com/2011/05/articles/childrens-online-privacy-prote/ coppa-violationscop-a-settlement-for-3-million>.

4. "Google, Internet Portals Targeted by Chinese Crackdown Apologize", *ABS-CBN News*, 8 de janeiro de 2009 <http:// www.abscbnnews.com/technology/01/08/09/google-internet-portals-targetedchinese-crackdown-apologize>; and Laura Sydell, "Google Unveils Censored Search Engine in China", *All Things Considered*, 25 de janeiro de 2006 <http://www.npr.org/templates/ story/story.php?storyId=5172204>.

5. "U.S. ITC Report on China Piracy Shows Billions in Losses: Senators Demand Action", *Intellectual Property Watch*, 18 de maio de 2011 <http://www.ip-watch.org/2011/05/18/us-itc-report-on-china-piracyshows-billions-in-losses-senators-demand-action>.

6. Sandra Block, "Momentum Growing for Sales Taxes on Online Purchases", *USA Today Online*, 8 de fevereiro de 2012 <http://www.usatoday.com/money/perfi/taxes/story/2012-02-08/ online-sales-taxes/53015142/1>.

7. American Marketing Association <http://www. marketingpower.com>.

8. Ibidem.

9. Ibidem.

10. Jeffrey F. Rayport e Bernard J. Jaworski, *e-Commerce* (Boston: McGraw-Hill/Irwin, 2001), 3.

11. Mohanbir Sawhney, "Making New Markets", *Business 2.0*, maio de 1999, 116–121.

12. Amazon.com <http://www.amazon.com>.

13. William M. Pride e O. C. Ferrell, *Marketing* (Mason, OH: Cengage Learning, 2012), p. 320–322.

14. Legacy Foundation <http://www.legacyforhealth.org).

15. TED <http://www.ted.com/talks>.

16. Alabama Development Office, "Teamwork Drives Hyundai to Alabama!" *Developing Alabama*, Spring 2002.

17. The Society of Competitive Intelligence Professionals <http://www.scip.org>.

18. Esses dados são de Ellen Byron, "Mr. Clean Takes Car-Wash Gig", *Wall Street Journal Online*, 5 de fevereiro de 2009 <http://online.wsj.com/article/SB123379252641549893. html>; Andria Cheng, "Retailers Try New Tricks Amid Global Downturn", *MarketWatch*, 23 de março de 2009 <http:// www.marketwatch.com/story/wal-martsgreat-value-signals-coming>; Lauren Coleman-Lochner e Mark Clothier, "P&G Looks to Franchise Tide Dry Cleaning", *BusinessWeek Online*, 2 de setembro de 2010 <http://www.businessweek. com/magazine/content/10_37/b4194020958182.htm>; Andy Fixmer, "Hulu Plans to Raise Money to Fund Expansion into Original Shows", *BusinessWeek Online*, 18 de janeiro de 2012 <http://www.businessweek.com/news/2012-01-18/hulu-plans-to-raise-money-to-fund-expansioninto-original-shows. html>; Mr. Clean Car Wash website <http://mrcleancarwash. com>. Acesso em: 14 de fevereiro de 2012; Reena Jana, "P&G's Trickle-Up Success: Sweet as Honey", *BusinessWeek Online*, 31 de março de 2009 <http://www.businessweek.com/innovate/

content/mar2009/id20090331_127029.htm?chan=innovation_ innovation+%2B+design_innovation+strategy>; Parija Kavilanz, "Dumped! Brand Names Fight to Stay in Stores", *Fortune*, 16 de fevereiro de 2010 <http://money.cnn.com/2010/02/15/news/ companies/walmart_dropping_ brands/index.htm>; Tom Lowry, "NBC and New Corp.'s Hulu is Off to a Strong Start", *BusinessWeek Online*, 25 de setembro de 2008 <http://www. businessweek.com/magazine/content/08_40/b4102052685561. htm>; e Jeneanne Rae, "Innovative Ways to Grow During the Downturn", *BusinessWeek Online*, 15 de abril de 2009 <http://www.businessweek.com/innovate/content/apr2009/ id20090415_238678.htm>.

19. Esses dados são de Arik Hesseldahl, "Mac vs. PC: What You Don't Get for $699", *BusinessWeek Online*, 15 de abril de 2009 <http://www.businessweek.com/technology/content/apr2009/ tc20090415_602968.htm?chan=rss_topStories_ssi_5>.

20. Hampton Inn's Satisfaction Guarantee <http:// hamptoninn.hilton.com/en/hp/promotions/satisfaction_ guarantee/index.jhtml>. Acesso em: 14 de fevereiro de 2012.

21. Michael Grigsby, "Getting Personal", *Marketing Research* 14 (Fall 2002), 18–22.

22. Grant Gross, "RFID and Privacy: Debate Heating up in Washington", *InfoWorld* (IDG News Service), 28 de maio de 2004 <http://www.infoworld.com/article/04/05/28/HNrfidprivacy_1. html>.

23. Esses dados são de Joe Brown, "You Can Rent Movies on Facebook Now", *Gizmodo*, 19 de agosto de 2011 <http:// gizmodo.com/5832713/you-can-rent-movies-on-facebook>; "8 Cool Marketing Campaigns Using Facebook Places", AllFacebook. com <http://www.allfacebook.com/8-cool-marketing-campaigns-using-facebookplaces-2011-08>. Acesso em: 15 de fevereiro de 2012; LinkedIn website <http://press.linkedin.com/about>. Acesso em: 15 de fevereiro de 2012; Graeme McMillan, "How Many People Actually Use Twitter? Good Question", *Time Online*, 29 de agosto de 2011 <http://techland.time.com/2011/08/29/ how-many-people-actually-use-twittergood-question>; "Need Facebook Marketing Inspiration? 20 of the Most Innovative Campaigns", *SimplyZesty.com*, 7 de fevereiro de 2011 <http://www. allfacebook.com/8-cool-marketing-campaigns-using-facebook-places-2011-08>; e Jeffrey F. Rayport, "Social Networks are the New Web Portals", *BusinessWeek Online*, 21 de janeiro de 2009 <http://www.businessweek.com/technology/content/jan2009/ tc20090121_557202.htm>.

24. Esses dados são de Mark Kassof & Company, "McDonald's Arch McFlop", *Research Insights*: Lessons from Marketing Flops, Summer 1997.

25. Esses dados são de (RED) <http://www.joinred.com>. Acesso em: 15 de fevereiro de 2012.

26. Esses dados são da Aflac corporate website <http:// www.aflac.com>; e "The 100 Best Companies to Work For 2012", *Fortune* <http://money.cnn.com/magazines/fortune/best-companies/2012>. Acesso em: 15 de fevereiro de 2012.

27. "Spotify: A Perfect Platform for Apps", *MarketWatch*, 30 de novembro de 2011 <http://www.marketwatch.com/story/ spotify-aperfect-platform-for-apps-2011-11-30>.

2
Planejamento Estratégico de Marketing

Introdução

O processo de planejamento estratégico de marketing pode ser bastante complexo ou relativamente simples. Como evidenciado no boxe *Além das Páginas 2.1*, o planejamento estratégico no mercado atual muitas vezes requer parceria com outras empresas e o planejamento cuidadoso das ações de outros, tais como fornecedores ou concorrentes. Seja uma empresa multinacional, como a Ford Motor Company, seja de proprietário único, como uma padaria, o processo de planejamento é o mesmo de muitas maneiras. Em última análise, metas e objetivos podem ser bastante similares. Grandes ou pequenas, todas as empresas se esforçam para atender às necessidades de seus clientes e atingir seus próprios objetivos de negócios e de marketing.

O processo de planejamento de marketing normalmente requer a coordenação de decisões amplas no topo da hierarquia corporativa e com as ações mais estreitamente definidas na parte inferior. No topo, estão as decisões corporativas importantes que lidam com a missão da empresa, sua visão, seus objetivos e a alocação de recursos entre as unidades de negócios. Planejar nesse nível também envolve decisões sobre a compra ou desinvestimento das próprias unidades de negócios. A fusão da Delta com a Northwest e o fechamento da divisão Pontiac da GM são bons exemplos da complexidade da tomada de decisões frequentemente típica de grandes decisões corporativas. Tais decisões descem pela estrutura corporativa para o nível de unidades de negócios, onde o planejamento se concentra em atingir metas e objetivos em mercados de produtos definidos. Planejar nesse nível deve ser consistente e considerar as decisões tomadas no nível corporativo. No entanto, em organizações com apenas uma unidade de negócios, as estratégias corporativas e de unidade de negócios são as mesmas. Planejamento e tomada decisão mais específicos ocorrem na parte inferior da estrutura. É nesse nível que as organizações fazem e implantam decisões táticas da estratégia de marketing (mercados-alvo e o programa de marketing), bem como preparam e executam os planos de marketing.

Nesse capítulo, vamos examinar os diferentes pontos do processo de planejamento. Começaremos discutindo o processo global, considerando a hierarquia de decisões que devem ser tomadas no planejamento

ALÉM DAS PÁGINAS 2.1

A História de Sucesso da Redbox[1]

Um dólar por noite. Essa foi a estratégia inicial utilizada pela Redbox, hoje uma empresa de aluguel de DVDs de enorme sucesso e que distribui filmes e vídeo game em cerca de 36 mil quiosques em supermercados, farmácias, restaurantes, lojas de conveniência e outros varejistas em todo o país. A ideia é simples: ao apertar um botão e passar o cartão de crédito, os clientes podem alugar um filme ou de vídeo game de uma máquina vermelho-brilhante aproximadamente do tamanho de uma geladeira. Cada quiosque tem capacidade para até 630 DVDs e 200 títulos de filmes e jogos diferentes, e praticamente todos têm até seis meses, ou menos. Os clientes podem reservar filmes e jogos on-line ou com um aplicativo móvel, antes de ir ao quiosque, e simplesmente devolver os discos alugados a um quiosque Redbox em qualquer lugar do país. Embora o preço do aluguel de filmes tenha subido para US$ 1,20 (vídeo games começam em US$ 2,00 por dia), a Redbox tem sido inegavelmente bem-sucedida: a empresa alugou mais de 1,5 bilhão de discos desde que foi lançada ou cerca de cinco discos por segundo no período de dez anos. Atualmente, o índice de aluguel da empresa é cerca de 40 itens por segundo e em crescimento.

Surpreendentemente, a ideia da Redbox começou como um novo empreendimento para o McDonald's em 2002. Naquela época, o McDonald's testava máquinas de venda automática para uma variedade de itens diferentes. O conceito baseou-se em pesquisa que indicava que os clientes preferem lidar com máquinas em vez de pessoas para algumas operações (como bancárias, escolha de assentos no avião, ingressos de cinema etc.). Depois que o conceito se mostrou um sucesso, a Redbox foi vendida para a Coinstar, uma empresa de Bellevue, Washington, que também opera máquinas de contagem de moedas e dispensadores de cartão-presente. Logo depois, a Coinstar firmou acordos com Walmart, Kroger, Winn-Dixie, Walgreens, Kangaroo (postos de gasolina) e outros estabelecimentos norte-americanos

para a colocação de quiosques Redbox em locais de alto tráfego – e o momento não poderia ter sido melhor. Como a recessão de 2008 perdurou ao longo dos anos seguintes, os clientes começaram a ver a Redbox como uma pechincha em comparação aos US$ 15 por mês dos planos Netflix ou US$ 5 para o aluguel de filmes por demanda.

A Redbox experimentou surpreendente crescimento de vendas em um tempo muito curto: de um total de 200 milhões de aluguéis em 2008 para 500 milhões em 2009 e 1,5 bilhões em 2012. Esses números são surpreendentes quando comparados com o declínio de 43,9% nas vendas de DVDs de 2009 a 2012. Outras evidências do sucesso podem ser encontradas na penetração da Redbox no grande mercado norte-americano. Os aplicativos móveis Redbox foram baixados 4,7 milhões de vezes no Android e 6,5 milhões de vezes no iPhone. A empresa afirma que 68% da população dos EUA mora em um raio de percurso de cinco minutos de carro até um quiosque Redbox.

Apesar desse sucesso, o crescimento da Redbox foi recebido com apreensão pelos estúdios de cinema de Hollywood. A Universal Studios e a 20th Century Fox, por exemplo, pediram aos distribuidores para não fornecer DVDs para a Redbox até seis semanas após sua data de lançamento. A Redbox, em contrapartida, entrou com uma ação alegando abuso de direitos autorais e uma violação da lei antitruste. O acordo de distribuição da empresa com a Time Warner desmoronou depois que esta exigiu que a Redbox esperasse 56 dias (dos 28 dias anteriores) antes de alugar novos lançamentos. Então a Coinstar declarou que iria obter novos filmes dos canais de varejo tradicionais. Embora os estúdios de cinema não possam impedir essa ação da Redbox, pagar mais no varejo pelos DVDs reduz de forma significativa as receitas da Redbox.

Para os estúdios de cinema, a questão se resume a dinheiro e redução ou eliminação do número de DVDs vistos anteriormente no mercado. Quando um cliente compra um DVD no Walmart, o estúdio

▶▶

ganha US$ 17 por disco. Esse número cai para US$ 0,60 pelo aluguel na Redbox. Os estúdios não ganham nada quando uma empresa vende DVDs usados. Ao decidir o destino da Redbox, os estúdios de cinema têm uma questão fundamental para responder: eles devem fornecer DVDs para a Redbox e promover o incrível crescimento da empresa ou devem tentar eliminá-la? A Redbox alega que os clientes são mais propensos a comprar DVDs para depois alugá-los e não o contrário, como acontece na indústria fonográfica. Desnecessário dizer que os executivos da indústria cinematográfica temem que a Redbox continue a corroer a demanda por compras de DVDs com preços mais elevados.

Em vez de se preocupar com os estúdios, a Redbox continua a avançar. A empresa concordou em adquirir todos os quiosques Blockbuster Express da NCR por US$ 100 milhões. Essa aquisição expandiu o alcance da Redbox para mais de 46 mil quiosques em todo o país. A empresa também fechou um acordo com a Verizon para lançar um serviço de streaming de vídeo para competir com a Netflix e a Amazon Prime.

---

estratégico de marketing. A seguir, apresentaremos o plano de marketing e consideraremos a estrutura utilizada em todo o livro. Também discutiremos o papel e a importância do plano de marketing na estratégia de marketing. Finalmente, iremos explorar outros avanços em planejamento estratégico, tais como mapeamento de estratégia e *balanced scorecard*.

O Processo de Planejamento Estratégico

Seja no nível corporativo, de unidade de negócios ou funcional, o processo de planejamento começa com uma análise profunda dos ambientes interno e externo da organização, por vezes referido como uma *análise da situação*. Como discutiremos no Capítulo 3, essa análise centra-se em recursos, pontos fortes e capacidades da empresa em relação a questões da concorrência, de clientes e de ambiente. Com base em uma exaustiva revisão dessas questões ambientais relevantes, a empresa estabelece sua missão, metas e/ou objetivos, sua estratégia e vários planos funcionais. Como indicado na Figura 2.1, os esforços de planejamento em cada área funcional resultarão na criação de um plano estratégico para essa área. Embora enfatizemos questões e processos relacionados com o desenvolvimento de uma estratégia de marketing orientada para o cliente e um plano de marketing, devemos salientar que as organizações desenvolvem estratégias e planos de marketing eficazes em acordo com a missão e os objetivos da organização, bem como com os planos de outras áreas funcionais. A alta administração deve coordenar esses planos funcionais de forma a atingir a missão, as metas e os objetivos da organização.

Neste livro, estamos interessados em um determinado tipo de plano funcional, o *plano de marketing*. Trata-se de um documento escrito que fornece o modelo ou esquema de atividades de marketing da organização, incluindo implantação, avaliação e controle dessas atividades. O plano de marketing tem vários propósitos. Por um lado, explica claramente como a organização irá atingir seus objetivos e metas. Esse aspecto do planejamento de marketing é vital, não ter metas e objetivos é como dirigir um carro sem saber seu destino. Nesse sentido, o plano de marketing serve como o "mapa de direção" para a implantação da estratégia de marketing. Ele instrui os funcionários sobre seus papéis e funções no cumprimento do plano. Ele também fornece detalhes sobre a alocação de recursos e inclui as tarefas específicas de marketing, as responsabilidades dos indivíduos e o calendário de todas as atividades de marketing.

FIGURA 2.1 O Processo de Planejamento Estratégico

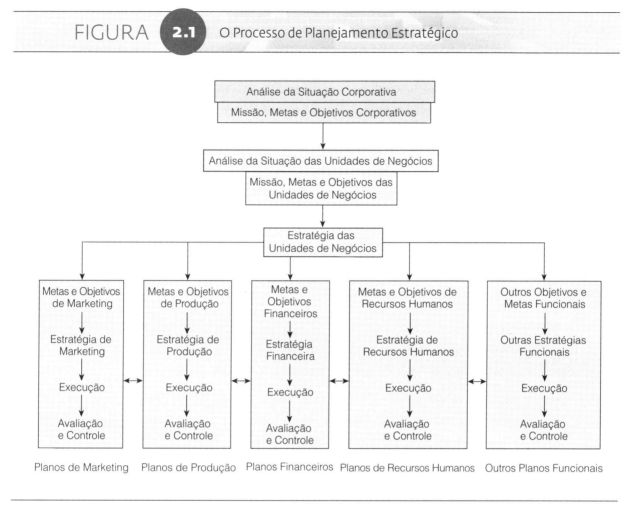

Embora nosso foco seja em planejamento e estratégia de marketing, não podemos deixar de enfatizar que as decisões de marketing devem ser feitas dentro dos limites da missão, das metas e dos objetivos globais da organização. O sequenciamento de estágios de decisão descritos nas seções a seguir começa com as grandes decisões sobre a missão organizacional, seguidas por uma discussão sobre a estratégia corporativa ou das unidades de negócios. É dentro desse contexto que as metas/objetivos e estratégias de marketing devem ser desenvolvidas e implantadas.

Missão Organizacional e Visão Organizacional

Para tratar adequadamente o papel da missão organizacional no planejamento estratégico, devemos primeiro entender as diferenças entre a missão da organização e sua visão. Uma *missão*, ou *declaração de missão*, procura responder à pergunta "Em que negócio estamos?" É uma declaração clara e concisa (um parágrafo ou dois no máximo) que explica a razão da própria existência da organização. Por outro lado, a *visão*, ou *declaração de visão*, procura responder à pergunta "O que queremos ser?". Por exemplo, a Texas Instruments, uma das maiores empresas de tecnologia do mundo, define sua missão dessa forma: "Texas Instruments Incorporated fornece tecnologias de semicondutores inovadores para ajudar nossos clientes a criar os mais avançados aparelhos eletrônicos do mundo." Compare com a visão da empresa: "... usar habilidades técnicas exclusivas da empresa para mudar fundamentalmente os mercados e criar outros inteiramente novos".[2] Da mesma forma, a missão do Google é "Organizar a informação do mundo e torná-la universalmente acessível e útil". A visão do Google é "Nunca se contentar com o melhor". Observe que a visão de uma organização tende a ser orientada para o futuro, uma vez que representa o caminho para o qual a organização está indo e quer alcançar.

Se você perguntar a muitos empresários "Qual é sua razão de existir?", é provável que a resposta seja "Ganhar dinheiro". Embora isso possa ser o objetivo final, não é a razão de existir. Lucro tem um papel nesse processo, é claro, mas é uma meta ou objetivo da empresa, não sua missão ou visão. A declaração de missão identifica o que a empresa representa e sua filosofia operacional básica. Lucro e outras medidas de desempenho são fins e, portanto, estão deslocados e confundem a missão da empresa.

Elementos da declaração de missão. Uma declaração de missão bem concebida para qualquer organização, unidade de uma organização ou negócio de um único proprietário deve responder às mesmas cinco perguntas básicas. Elas devem estar claras para os stakeholders da empresa (especialmente funcionários):

1. Quem somos?
2. Quem são nossos clientes?
3. Qual é a nossa filosofia de funcionamento (crenças básicas, valores, ética etc.)?
4. Quais são nossas principais competências ou vantagens competitivas?
5. Quais são nossas responsabilidades com relação a ser um bom gestor de nossos recursos humanos, financeiros e ambientais?

Uma declaração de missão que fornece uma resposta clara para cada uma dessas questões estabelece o alicerce para o desenvolvimento do plano de marketing. Se ele for fraco ou não estiver em acordo com as bases estabelecidas nas etapas preliminares, o plano não terá nenhuma chance real de sucesso a longo prazo. A Figura 2.2 apresenta várias declarações de missão consideradas entre as melhores. Ao lê-las, considere como respondem às cinco perguntas.

A declaração de missão é a única parte do plano estratégico que não deve ser mantida em sigilo. Ela deve dizer o que a empresa representa e por que ela existe a todos – clientes, funcionários, investidores, concorrentes, reguladores e a sociedade em geral. As declarações de missão facilitam as atividades de relações públicas e comunicam aos clientes e a outros públicos informações importantes que podem ser usadas para construir confiança e relacionamentos de longo prazo. A declaração de missão deve ser incluída em relatórios anuais e importantes comunicados de imprensa, emoldurada e afixada na parede de todos os escritórios e ser pessoalmente apropriada por todos os funcionários da organização. Metas, objetivos, estratégias, táticas e orçamentos não devem ser compartilhados publicamente. Contudo, uma declaração de missão mantida em segredo é de pouco valor para a organização.

Amplitude e estabilidade da missão. Ao elaborar uma declaração de missão, a direção deve estar preocupada com sua amplitude. Se a missão for muito ampla, não vai fazer sentido para aqueles que a leem e trabalham com ela. Uma missão de "fazer todas as pessoas do mundo felizes fornecendo-lhes produtos de entretenimento" soa esplêndida, mas não fornece nenhuma informação útil. Missões excessivamente amplas podem levar as empresas a estabelecer planos e estratégias em áreas onde suas forças são limitadas. Tais esforços

FIGURA 2.2 As Melhores Declarações de Missão

Em seu livro, *Estratégia, Mudança e Sucesso:* as Missões de 50 Empresas que Atingiram o Alvo, Patricia Jones e Larry Kahaner identificaram 50 empresas que possuem excelentes declarações de missão. Essa figura apresenta várias dessas empresas e suas declarações de missão de 1995, 2000 e 2012. Lembre-se que essas organizações personalizaram suas declarações de missão para atender seus próprios objetivos e necessidades, não para corresponder aos critérios estabelecidos neste capítulo.

Boeing

1995 Ser a empresa aeroespacial número 1 do mundo e estar entre as empresas industriais de ponta em termos de qualidade, rentabilidade e crescimento.

2000 Nossa missão é maior e mais ampla do que nunca. É inovar não apenas na aviação, mas em todo o processo de valor relativo a nossos clientes e acionistas.

2012 Pessoas que trabalham juntas como uma empresa global para a liderança aeroespacial.

Leo Burnett

1995 A missão da Leo Burnett Company é criar propaganda excepcional. Nas palavras de Leo: "Nossa principal função na vida é produzir a melhor propaganda do mundo, sem exceção. Deve ser uma propaganda tão chamativa, tão ousada, tão nova, tão cativante, tão humana, tão crível e tão bem focada em temas e ideias que, de uma só vez e ao mesmo tempo, construa uma reputação de qualidade para o longo prazo e produza vendas para o presente imediato".

2000 Nossa visão: ser uma fonte indispensável de vantagem competitiva para nossos clientes. Nossa missão: vamos trabalhar com nossos clientes como uma comunidade que vai às estrelas e cujas ideias construam marcas de liderança com imaginação e uma compreensão sensível e mais profunda do comportamento humano.

2012 Na Leo Burnett, nosso objetivo é ser o melhor do mundo na criação de ideias que realmente mexam com as pessoas... sem exceção. Com nossos parceiros, batalhamos para colocar um sentido humano no centro das marcas de nossos clientes para transformar a forma como as pessoas pensam, sentem e, enfim, se comportam.

Celestial Seasonings

1995 Nossa missão é crescer e dominar o mercado de chás especiais nos EUA ao exceder as expectativas dos consumidores com chás quentes e gelados com o melhor sabor e 100% naturais, embalados com arte e filosofia celestial, criando a melhor experiência de chá. Com liderança, inovação, foco e trabalho em equipe somos dedicados a melhorar continuamente o valor para nossos consumidores, clientes, funcionários e stakeholders com uma organização de primeira qualidade.

2000 Acreditamos em criar e vender produtos naturalmente saudáveis que nutrem o corpo das pessoas e elevam a alma. Nossos produtos devem ser:

- de qualidade superior;
- de bom valor;
- belamente artísticos;
- filosoficamente inspiradores.

Nosso papel é ter uma participação ativa no sentido de tornar esse mundo um lugar melhor, ao generosamente servir o público. Acreditamos que podemos ter um impacto significativo em tornar a vida das pessoas mais feliz e saudável com a utilização dos nossos produtos.

2012 Em 1969, um grupo de jovens empresários apaixonados fundava a Celestial Seasonings com a crença de que seus saborosos chás de ervas totalmente naturais podiam ajudar as pessoas a ter vidas mais saudáveis. Eles colheram manualmente ervas frescas das Montanhas Rochosas e, depois de secas, misturadas e embaladas em sacos de musselina costurados à mão, eram vendidas em lojas de alimentação saudável. Ao se manterem comprometidos com sua visão, os fundadores da Celestial Seasonings fizeram de sua indústria caseira um sucesso imediato. Hoje, a Celestial Seasonings é um dos maiores fabricantes de chás especiais na América do Norte. Serve mais de 1,6 bilhão de xícaras de chá por ano e compra mais de 100 ingredientes diferentes de mais de 35 países para criar nossos chás deliciosos, herbários, totalmente naturais, verdes, pretos, brancos, *chai* e de bem-estar. O mais importante é que os empresários ainda mantêm a paixão viva.

Intel Corporation

1995 Realizar um grande trabalho para nossos clientes, funcionários e acionistas, sendo o líder mundial de componentes essenciais para a indústria de computação.

2000 A missão da Intel é ser o líder mundial de componentes essenciais para a economia da internet em todo o mundo.

2012 Nessa década, vamos criar e estender a tecnologia de computação para conectar e enriquecer a vida de cada pessoa na Terra.

Fontes: Patricia Jones e Larry Kahaner, *Say It and Live It:* The 50 Corporate Mission Statements That Hit the Mark (New York: Doubleday, 1995); e os respectivos sites das empresas.

quase sempre resultam em fracasso. Empreendimentos passados da Exxon em produtos de escritório e a expansão da Sears no mercado imobiliário e serviços financeiros servem para lembrar problemas associados com declarações de missão mal concebidas. Embora uma declaração de missão bem concebida não deva sufocar a criatividade de uma organização, deve impedi-la de se afastar de suas competências essenciais.

Declarações de missão excessivamente restritas que limitam a visão da organização podem custar igualmente caro. No começo desse século, as ferrovias definiram seu negócio como detentoras e operadoras de trens. Consequentemente, a indústria ferroviária não tinha preocupações sobre a invenção do avião. Afinal de contas, pensavam, a habilidade de voar não tinha nada a ver com trens ou com o negócio de estradas de ferro. Hoje, sabemos que empresas, como American Airlines, Southwest Airlines e Federal Express – e não Burlington, Union Pacific ou Santa Fe –, dominam o negócio de transporte de passageiros e cargas e consideram o tempo um fator fundamental. As ferrovias perderam essa grande oportunidade porque a missão delas estava muito estreitamente ligadas a estradas de ferro, o que se opunha a uma definição mais apropriada que englobasse o negócio de transporte.

A estabilidade da missão refere-se à frequência de modificações na declaração de missão de uma organização. De todos os componentes do plano estratégico, a missão deve ser alterada com menor frequência. É o único elemento que provavelmente permanecerá constante por vários ciclos de planejamento estratégico. Metas, objetivos e elementos do plano de marketing vão mudar ao longo do tempo, geralmente como um evento anual ou trimestral. Quando a missão muda, no entanto, a pedra angular é deslocada e tudo o mais deve mudar também. A missão deve mudar somente quando já não está em sincronia com as capacidades da empresa, quando os concorrentes deslocam a empresa de determinados mercados, quando uma nova tecnologia muda a entrega de benefícios para o cliente ou quando a empresa identifica uma nova oportunidade que coincide com seus pontos fortes e conhecimentos. Como discutimos no Capítulo 1, o crescimento da internet e do comércio eletrônico tem afetado muitas indústrias. A importância e o papel de agentes de viagens, corretores e concessionárias de automóveis mudaram dramaticamente à medida que os clientes mudaram a maneira de fazer compras para viagens, produtos financeiros e carros. Organizações nessas e em outras indústrias têm sido obrigadas a reorientar seus esforços com a redefinição de suas declarações de missão.

Em que negócio o setor ferroviário se encontra hoje em dia?

Declarações de Missão Focadas no Cliente. Nos últimos anos, as empresas já perceberam o papel que as declarações de missão podem ter em seus esforços de marketing. Consequentemente, as declarações de missão tornaram-se muito mais orientadas ao cliente. A vida e os negócios das pessoas devem ser melhorados, uma vez que fizeram negócios com a organização. Um foco no lucro, na declaração de missão, significa que algo positivo aconteça para os proprietários e gerentes da organização, não necessariamente para os clientes ou outros stakeholders. Por exemplo, o foco em clientes é uma das razões principais para o sucesso de longa duração da Southwest Airlines. A missão da empresa não mudou desde 1988:

> *A missão da Southwest Airlines é a dedicação à melhor qualidade do Serviço ao Cliente, entregue com calor humano, simpatia, orgulho individual e Espírito da Companhia.*[3]

A declaração de missão do fabricante de sorvetes e ícone cultural Ben & Jerry consiste em três partes inter-relacionadas e é um bom exemplo de como uma organização pode trabalhar para ter um impacto positivo sobre os clientes e a sociedade:[4]

> ***Missão Social:*** *operar a empresa de forma a reconhecer ativamente o papel central que ela desempenha na sociedade, iniciando formas inovadoras de melhorar a qualidade de vida em nível local, nacional e internacional.*

> ***Missão do Produto:*** *fazer, distribuir e vender sorvetes e misturas incríveis, totalmente naturais e com a melhor qualidade, com um compromisso continuado de incorporar ingredientes saudáveis e naturais, além de promover práticas de negócios que respeitem a Terra e o Meio Ambiente.*

> ***Missão Econômica:*** *operar a Companhia em uma base financeira sustentável de crescimento rentável, aumentando o valor para nossos stakeholders e ampliando as oportunidades de desenvolvimento e crescimento de carreira para nossos funcionários.*

A fatídica tragédia de 1982 do envenenamento por Tylenol com cianeto ilustrou a importância de uma declaração de missão orientada ao cliente. Após várias mortes ocorrerem como resultado da adulteração criminosa de cápsulas de Tylenol, McNeilab e Johnson & Johnson imediatamente retiraram todos os frascos de Tylenol do mercado a um custo direto de US$ 100 milhões. Quando questionados sobre a dificuldade dessa decisão, os executivos disseram que a escolha foi óbvia, dada a declaração de missão da Johnson & Johnson. Desenvolvida décadas antes pelos fundadores da empresa, a declaração estabelecia que a principal responsabilidade da Johnson & Johnson é para com médicos, enfermeiros, pacientes, pais e crianças que prescrevem ou usam os produtos da empresa. Como a missão determinou a resposta da empresa à crise, Tylenol se tornou um participante ainda mais dominante no mercado de analgésicos após a tragédia.[5] Desde então, a Johnson & Johnson tem enfrentado semelhantes recalls de produtos. Em 2010, a empresa recolheu vários analgésicos, incluindo Tylenol e Motrin, devido a um cheiro de mofo incomum. Da mesma forma, em 2012, todo Tylenol infantil foi retirado das prateleiras nos EUA quando os pais queixaram-se dos frascos redesenhados pela empresa. Em cada caso, a declaração da missão da empresa era uma orientação que forçava tomar as decisões de recall de produtos.[6]

Declarações de missão com foco no cliente são a norma para instituições de caridade e organizações humanitárias. Tais organizações sem fins lucrativos, assim como suas homólogas com fins lucrativos, esforçam-se para cumprir sua missão com programas de marketing eficazes. Por exemplo, a missão da Cruz Vermelha Americana diz:

> A Cruz Vermelha Americana, uma organização humanitária liderada por voluntários e guiada por sua Carta Congressional e os Princípios Fundamentais da Cruz Vermelha Internacional e do Movimento do Crescente Vermelho, proporcionará alívio às vítimas de desastres e ajudará as pessoas a prevenir, se preparar e responder a situações de emergência.

Ao contrário de outras organizações de caridade, a Cruz Vermelha Americana detém uma vantagem competitiva-chave: sua carta Congressional. Isso dá à instituição a autoridade necessária para responder, não importa a natureza ou complexidade da crise. Após as catástrofes dos furacões Katrina, Rita e Wilma em 2005, a Cruz Vermelha Americana deu sua maior resposta a um desastre na história da organização. Com uma campanha promocional maciça e patrocínios corporativos significativos, ela foi capaz de levantar US$ 2,1 bilhões necessários para os esforços de socorro.[7]

Estratégia Corporativa ou de Unidade de Negócios

Todas as organizações precisam de uma *estratégia corporativa*, o esquema central ou meio para utilização e integração de recursos nas áreas de produção, finanças, pesquisa e desenvolvimento, recursos humanos e marketing, a fim de realizar a missão da organização e alcançar as metas e objetivos desejados. No processo de planejamento estratégico, questões como concorrência, diferenciação, diversificação, coordenação de unidades de negócios e questões ambientais tendem a emergir quando se trata de estratégia corporativa. Nas pequenas empresas, estratégia corporativa e estratégia da unidade de negócio são essencialmente a mesma coisa. Apesar de usarmos ambas as expressões, estratégia corporativa e de unidades de negócios aplicam-se a todas as organizações de grandes corporações a pequenas empresas e organizações sem fins lucrativos.

Grandes empresas muitas vezes acreditam ser benéfico conceber estratégias separadas para cada unidade estratégica de negócios a SBU – Strategic Business Unit, subsidiária, divisão, linha de produtos ou outro centro de lucro da empresa-mãe. A estratégia da unidade de negócios determina a natureza e a futura direção de cada unidade de negócio, incluindo suas vantagens competitivas, alocação de seus recursos, bem como a coordenação das áreas de negócios funcionais (marketing, produção, finanças, recursos humanos etc.). Muitas organizações gerenciam suas unidades de negócios diferentes de forma a criar sinergias, fornecendo aos clientes uma solução de única marca em vários mercados. A Sony, por exemplo, tem várias unidades estratégicas de negócios, incluindo o Grupo de Produtos e Serviços ao Consumidor (computadores e entretenimento doméstico), o Grupo de Dispositivos e Soluções Profissionais (semicondutores), a Sony Music Entertainment (gravadoras, como Arista, Epic, Columbia e LaFace), a Sony Pictures Entertainment (estúdios Columbia TriStar, distribuição de filmes), Sony Mobile Communications (comunicações móveis de multimídia e telefonia) e a Sony Financial Holdings.[8]

Uma consideração importante para uma empresa determinar sua estratégia corporativa ou de unidades de negócios diz respeito às suas capacidades. Quando uma empresa possui capacidades que lhe permitem atender às necessidades dos clientes melhor do que a concorrência, é dito ter uma *vantagem competitiva*, ou *diferencial*. Embora uma série de vantagens venha de outras funções que não do marketing, tais como recursos humanos, pesquisa e desenvolvimento ou produção, essas funções muitas vezes criam vantagens competitivas importantes que podem ser exploradas por meio de atividades de marketing. Por exemplo, os investimentos estratégicos em logística de longa data do Walmart permitem que o varejista opere com custos de estoque mais baixos do que seus concorrentes, uma vantagem que se traduz em preços mais baixos no varejo. A 3M Company é altamente considerada por sua expertise em pesquisa e desenvolvimento. De fato, a 3M define-se como uma empresa de ciência. Sua vantagem em pesquisa e inovação permite às suas mais de 89 categorias de produtos se destacarem em oito unidades de negócios diferentes: casa e lazer; escritório; fabricação e indústria; transporte; proteção e segurança; cuidados com a saúde; eletrônica, elétrica e comunicação; e displays e imagens.[9]

As vantagens competitivas não podem ser plenamente concretizadas a menos que os clientes-alvo as vejam como valiosas. A questão-chave é a capacidade da organização de convencer os clientes de que suas vantagens são superiores às da concorrência. O Walmart tem sido capaz de transmitir eficazmente sua vantagem de preço baixo para os clientes aderindo a uma política de preços baixos todos os dias. A propaganda da empresa desempenha um papel nesse fato ressaltando a redução de preços (roll-back). Curiosamente, os preços do Walmart nem sempre são os mais baixos para um determinado produto em uma determinada área geográfica. No entanto, a percepção do Walmart de oferecer preços baixos se traduz em uma vantagem competitiva para a empresa.

Metas e Objetivos Funcionais

Marketing e todas as outras funções de negócios devem dar apoio à missão e às metas da organização, traduzindo-as em objetivos com medidas quantitativas específicas. Por exemplo, uma meta corporativa ou de uma unidade de negócio de aumentar o retorno sobre o investimento pode traduzir-se em um objetivo de marketing de aumentar vendas, um objetivo de produção de reduzir o custo das matérias-primas, um objetivo financeiro de reequilibrar o portfólio de investimentos da empresa ou um objetivo de recursos humanos de aumentar o treinamento e a produtividade dos funcionários. Todos os objetivos funcionais devem ser expressos em termos claros e simples para que todo o pessoal entenda que tipo e nível de desempenho a organização deseja. Em outras palavras, os objetivos devem ser escritos de forma que sua realização possa ser medida com precisão. No caso de objetivos de marketing, unidades de medida podem incluir volume de vendas (em valor ou unidades), rentabilidade por unidade, percentual ganho de participação de mercado, vendas por metro quadrado, compra média do cliente, porcentagem de clientes no mercado-alvo da empresa que preferem seus produtos ou alguma outra realização mensurável.

Também é importante que todos os objetivos funcionais sejam reexaminados a cada período de planejamento. Talvez nenhuma estratégia no período de planejamento prévio tenha conseguido atingir os objetivos estabelecidos. Ou talvez a implantação de novas tecnologias tenha permitido à empresa exceder em muito seus objetivos. Em ambos os casos, o realismo exige a revisão dos objetivos funcionais para manter a coerência com a próxima edição do plano de área funcional.

Estratégia Funcional

Organizações projetam estratégias funcionais para proporcionar uma integração total de esforços que se concentram em alcançar os objetivos declarados da área. Em produção, isso pode envolver estratégias de aquisição, controle de estoque just-in-time ou armazenagem. Em recursos humanos, estratégias que lidam com recrutamento, seleção, retenção, treinamento, avaliação e remuneração de funcionários estão muitas vezes na primeira linha do processo de tomada de decisão. Em estratégia de marketing, o processo foca na seleção de um ou mais mercados-alvo e no desenvolvimento de um programa de marketing que satisfaça necessidades e desejos dos membros desse mercado-alvo. AutoZone, por exemplo, tem como alvo o mercado "faça você mesmo" ou "mecânicos de seus próprios carros", oferecendo uma ampla seleção de peças automotivas de reposição, itens de manutenção e acessórios a preços baixos.

Decisões estratégicas funcionais não se desenvolvem no vácuo. A estratégia deve: (1) adequar-se às necessidades e propósitos da área funcional em relação ao cumprimento de seus objetivos e metas; (2) ser realista, dados os recursos disponíveis da organização e do ambiente; e (3) ser consistente com a missão, as metas e os objetivos da organização. No contexto do processo de planejamento estratégico, cada estratégia funcional deve ser avaliada para determinar seu efeito sobre vendas, custos, imagem e rentabilidade da organização.

Implantação

Implantação envolve atividades que de fato executam a estratégia de área funcional. Um dos aspectos mais interessantes da implantação é que todos os planos funcionais têm pelo menos dois mercados-alvo: um mercado externo (ou seja, clientes, fornecedores, investidores, potenciais funcionários, a sociedade em geral) e um mercado interno (ou seja, funcionários, gerentes, executivos). Isso ocorre porque os planos funcionais, quando executados, têm repercussões tanto dentro como fora da empresa. Mesmo eventos aparentemente dissociados em finanças ou recursos humanos podem ter um efeito sobre os clientes finais da empresa, os indivíduos e as organizações que compram produtos da empresa.

Para que uma estratégia funcional seja implementada com sucesso, a organização deve contar com empenho e conhecimento de seus funcionários – seu mercado-alvo interno. Afinal de contas, os funcionários têm a responsabilidade de executar as atividades que irão implantar a estratégia. Por essa razão, as organizações muitas vezes executam atividades de marketing interno destinadas a conquistar o comprometimento e a motivação dos funcionários para a execução de planos funcionais.

Avaliação e Controle

Organizações projetam a fase de avaliação e controle do planejamento estratégico para manter atividades planejadas na mira em relação a metas e objetivos. De forma geral, a questão crítica nessa fase é a coordenação entre as áreas funcionais. Por exemplo, a distribuição e disponibilidade oportuna de produtos quase sempre dependem da produção precisa e do tempo certo. Ao manter contato com o gerente de produção, o gerente de marketing ajuda a garantir a implantação eficaz da estratégia de marketing (assegurando produção no tempo certo) e, no longo prazo, o aumento da satisfação do cliente. A necessidade de coordenação é especialmente interessante em marketing, em que o cumprimento de sua estratégia depende sempre da execução coordenada com outras estratégias funcionais.

A chave para a coordenação é garantir que as áreas funcionais mantenham linhas de comunicação abertas em todos os momentos. Embora isso possa ser um grande desafio, é útil se a cultura organizacional for orientada para o cliente tanto interna como externamente. Manter o foco no cliente é extremamente importante em todo o processo de planejamento estratégico, mas especialmente durante as fases de implantação, avaliação e controle. Gerentes funcionais devem ter a capacidade de ver a interconexão de todas as decisões de negócios e agir no melhor interesse da organização e de seus clientes.

Em alguns aspectos, a fase de avaliação e controle do processo de planejamento é um final e um começo. Por um lado, avaliação e controle ocorrem após uma estratégia ser implementada. Com efeito, a implantação de qualquer estratégia seria incompleta sem uma avaliação de seu sucesso e a criação de mecanismos de controle para fornecer e rever a estratégia ou sua execução, ou ambas, se necessário. Por outro lado, avaliação e controle servem como o ponto de partida para o processo de planejamento no próximo ciclo. Como o planejamento estratégico é um processo sem fim, os gestores devem ter um sistema contínuo de acompanhamento e avaliação dos resultados da implantação.

O Plano de Marketing

O resultado do processo de planejamento estratégico descrito na primeira parte deste capítulo é uma série de planos para cada área funcional da organização. Para o departamento de marketing, o plano de marketing fornece uma formulação detalhada das ações necessárias para levar a cabo o programa de marketing. Pense no plano de marketing como um documento de ação, ou seja, o manual para implantação, avaliação e controle de marketing. Com isso em mente, é importante notar que um plano de marketing não é o mesmo que um plano de negócios. Planos de negócios, embora normalmente contenham um plano de marketing, abrangem outras questões, como organização e propriedade, operações, estratégia financeira, recursos humanos e gestão de riscos da organização. Embora planos de negócios e planos de marketing não sejam sinônimos, muitas pequenas empresas consolidarão seus planos corporativo, de unidades de negócios e de marketing em um único documento.

Um bom plano de marketing requer uma grande quantidade de informações de muitas fontes diferentes. Uma consideração importante ao reunir todas essas informações é manter uma perspectiva ampla ao mesmo tempo em que se presta atenção aos detalhes. Isso requer encarar o plano de marketing de forma holística e não como um conjunto de elementos relacionados. Infelizmente, adotar uma perspectiva holística é bastante difícil na prática. É fácil ficar profundamente envolvido no desenvolvimento da estratégia de marketing apenas para descobrir mais tarde que ela não é apropriada para os recursos da organização ou o ambiente de marketing. A característica distinta de um plano de marketing bem desenvolvido é sua capacidade de alcançar seus objetivos e metas declarados.

Nas seções seguintes, vamos explorar o plano de marketing de forma mais detalhada, incluindo sua estrutura típica que corresponde às planilhas no Apêndice. À medida que trabalhamos ao longo da estrutura do plano de marketing, tenha em mente que ele pode ser escrito de várias maneiras diferentes. Planos de marketing podem ser desenvolvidos para produtos, marcas, mercados-alvo ou indústrias específicas. Da mesma forma, um plano de marketing pode se concentrar em um elemento específico do programa de marketing, como um plano de desenvolvimento de produtos, um plano promocional, um plano de distribuição, ou um plano de preços.

Estrutura do Plano de Marketing

Todos os planos de marketing devem ser bem organizados de forma a assegurar que toda a informação relevante seja considerada e incluída. A Figura 2.3 ilustra a estrutura ou o esquema de um plano de marketing típico. Dizemos que esse esquema é "típico", mas há muitas outras maneiras de organizar um plano de marketing. Embora o esquema real usado não seja tão importante, a maioria dos planos terá em comum elementos descritos aqui. Independentemente do esboço específico usado para desenvolver um plano de marketing, você deve ter em mente que uma boa estrutura para o plano de marketing é:

- **Abrangente**. Ter um esquema abrangente é essencial para garantir que não existam omissões de informação importantes. Obviamente, nem todo elemento do esquema pode ser pertinente à situação em questão, mas, pelo menos, cada elemento é considerado.

FIGURA 2.3 Estrutura do Plano de Marketing

I. Resumo executivo

   a. Síntese
   b. Principais aspectos do plano de marketing

II. Análise da situação

   a. Análise do ambiente interno
   b. Análise do ambiente do cliente
   c. Análise do ambiente externo

III. Análise SWOT (Strenghs, Weakeness, Opportunities e Threats – pontos fortes, pontos fracos, oportunidades e ameaças)

   a. Pontos fortes
   b. Pontos fracos
   c. Oportunidades
   d. Ameaças
   e. Análise da matriz SWOT
   f. Desenvolvimento de vantagens competitivas
   g. Desenvolvimento de um foco estratégico

IV. Metas e objetivos de marketing

   a. Metas de marketing
   b. Objetivos de marketing

V. Estratégia de marketing

   a. Mercado-alvo primário (e secundário)
   b. Estratégia geral de administração de marca
   c. Estratégia de produto
   d. Estratégia de preços
   e. Estratégia de distribuição/cadeia de fornecimento
   f. Estratégia de comunicação integrada de marketing (promoção)

VI. Implantação de marketing

   a. Questões estruturais
   b. Atividades táticas de marketing

VII. Avaliação e controle

   a. Controles formais
   b. Controles informais
   c. Cronograma de implantação
   d. Auditorias de marketing

© 2013 Cengage Learning

- **Flexível**. Apesar de ser essencial ter um esquema abrangente, a flexibilidade não deve ser sacrificada. Qualquer esquema que você escolher deve ser flexível o suficiente para ser modificado, a fim de atender às necessidades exclusivas de sua situação. Como situações e organizações são diferentes, usar um esquema excessivamente rígido é prejudicial para o processo de planejamento.

- **Consistente**. Coerência entre o esquema de plano de marketing e o de outros planos de área funcional é uma consideração importante. Consistência também pode incluir a ligação do esquema do plano de marketing com o processo de planejamento utilizado nos níveis corporativo ou das unidades de negócios. Manter a consistência garante que executivos e funcionários fora do marketing entenderão o plano de marketing e o processo de planejamento.

- **Lógico**. Como o plano de marketing deve, em última análise, vender-se a gestores de topo, o desenho do plano deve fluir de uma maneira lógica. Um desenho ilógico poderia forçar os gestores de topo a rejeitar ou alocar menos fundos ao plano de marketing.

A estrutura do plano de marketing que discutimos aqui tem a capacidade de atender a todos esses quatro pontos. Embora seja abrangente, você deve adaptar livremente o esquema para corresponder às necessidades específicas de sua situação.

Resumo executivo. O *resumo executivo* é uma síntese geral do plano de marketing com uma estrutura que transmite o principal teor da estratégia de marketing e de sua execução. A finalidade do resumo executivo é fornecer uma visão geral do plano para que o leitor possa identificar rapidamente as principais questões ou preocupações relacionadas com seu papel na implantação da estratégia de marketing. Portanto, o resumo executivo não fornece informações detalhadas encontradas nas seções seguintes ou qualquer outra informação detalhada que dê suporte ao plano final. Em vez disso, apresenta os principais aspectos do plano de marketing, incluindo objetivos, projeções de vendas, custos e medidas de avaliação de desempenho. Junto com a orientação geral da estratégia de marketing, o resumo executivo também deve identificar o limite de tempo do plano. A ideia é dar ao leitor uma compreensão rápida da amplitude do plano e do calendário para a execução.

Indivíduos de dentro e de fora da organização podem ler o resumo executivo para fins diferentes do planejamento ou implantação de marketing. Em última análise, muitos usuários de um plano de marketing ignoram alguns dos detalhes devido ao papel que desempenham. O CEO, por exemplo, pode estar mais preocupado com o custo global e retorno esperado do plano e menos interessado em sua execução. Instituições financeiras ou bancos de investimento podem querer ler o plano de marketing antes de aprovar qualquer financiamento necessário. Da mesma forma, fornecedores, investidores ou outros com uma participação no sucesso da organização às vezes têm acesso ao plano de marketing. Nesses casos, o resumo executivo é fundamental, pois deve transmitir uma visão geral concisa do plano e seus objetivos, custos e retornos.

Embora o resumo executivo seja o primeiro elemento de um plano de marketing, deve ser sempre o último a ser escrito porque é mais fácil e faz mais sentido escrevê-lo depois de todo o plano de marketing ter sido desenvolvido. Há uma outra boa razão para escrever o resumo executivo por último: ele pode ser o único elemento do plano lido por um grande número de pessoas. Como resultado, o resumo executivo deve representar de forma precisa todo o plano de marketing.

Análise da situação. A próxima seção do plano de marketing é a análise da situação que resume todas as informações pertinentes obtidas sobre três ambientes principais: ambiente interno, ambiente do cliente e ambiente externo da empresa. A análise do ambiente interno da empresa considera questões como disponibilidade e utilização de recursos humanos, idade e capacidade do equipamento ou tecnologia, disponibilidade de recursos financeiros e poder e conflitos políticos dentro da estrutura da empresa. Além disso, essa seção resume os objetivos de marketing e desempenho atuais da empresa. A análise do ambiente do cliente analisa a situação atual no que diz respeito às necessidades do mercado-alvo (consumidor ou empresarial), mudanças previstas nessas necessidades e como os produtos da empresa atualmente as atendem. Por fim, a análise do ambiente externo inclui fatores externos relevantes, tais como competitivos, econômicos, sociais, políticos/legais e tecnológicos, que podem exercer pressões diretas e indiretas consideráveis sobre as atividades de marketing da empresa.

Uma análise clara e abrangente da situação é uma das partes mais difíceis de desenvolver em um plano de marketing. Essa dificuldade surge porque a análise deve ser abrangente e focada em questões-chave, a fim de evitar a sobrecarga de informação, uma tarefa que, de fato, ficou mais complicada com os avanços na tecnologia da informação. As informações para uma análise da situação podem ser obtidas internamente pelo sistema de informação de marketing da empresa ou podem ter que ser obtidas externamente, por meio de pesquisa de marketing de fontes primárias ou secundárias. De qualquer modo, o desafio é muitas vezes dispor de muitos dados e informações para analisar, em vez de poucos.

Análise SWOT (pontos fortes, pontos fracos, oportunidades e ameaças). A análise *SWOT* foca os fatores internos (pontos fortes e fracos) e externos (oportunidades e ameaças) derivados da análise da situação na seção anterior e que dão à empresa certas vantagens e desvantagens para satisfazer as necessidades de seu(s) mercado(s)-alvo. Esses pontos fortes, pontos fracos, oportunidades e ameaças devem ser analisados em relação às necessidades do mercado e à concorrência. Essa análise ajuda a empresa a determinar onde está bem e onde precisa fazer melhorias.

A análise SWOT ganhou ampla aceitação porque é uma estrutura simples para organizar e avaliar a posição estratégica da empresa no desenvolvimento de um plano de marketing. No entanto, como qualquer ferramenta útil, a análise SWOT pode ser mal utilizada, a menos que se conduza a pesquisa adequada para identificar as principais variáveis que afetam o desempenho da empresa. Um erro comum na análise SWOT é a incapacidade de separar questões internas de externas. Pontos fortes e fracos são questões internas exclusivas à empresa que realiza a análise. Oportunidades e ameaças são questões externas que existem independentemente da empresa que realiza a análise. Outro erro comum é a lista de alternativas estratégicas da empresa como oportunidades. No entanto, as alternativas pertencem à discussão da estratégia de marketing e não à análise SWOT.

Na conclusão da análise SWOT, a atenção do plano de marketing desloca-se para abordar o foco estratégico e as vantagens competitivas a serem aproveitadas na estratégia. A chave para desenvolver um foco estratégico é combinar os pontos fortes da empresa com suas oportunidades para criar capacidades de entregar valor aos clientes. Nessa fase, o desafio para qualquer empresa é criar uma razão convincente para os clientes comprarem seus produtos e não os oferecidos pelos concorrentes. É essa razão convincente que, em seguida, torna-se a base ou o foco estratégico em torno do qual a estratégia pode ser desenvolvida. Como explicado no boxe *Além das Páginas 2.2*, uma forma comum de entregar um bom valor aos clientes é vender abaixo do custo ou mesmo dar o produto.

Metas e objetivos de marketing. Metas e objetivos de marketing são declarações formais dos resultados desejados e esperados como resultado do plano de marketing. *Metas* são declarações gerais e simples do que será alcançado com a estratégia de marketing. A principal função das metas é orientar o desenvolvimento de objetivos e fornecer orientação para as decisões de alocação de recursos. *Objetivos* de marketing são mais específicos e essenciais para o planejamento. Eles devem ser expressos em termos quantitativos a fim de permitir uma medição razoavelmente precisa. A natureza quantitativa dos objetivos de marketing torna-os mais fáceis de implantar após o desenvolvimento da estratégia.

Essa seção do plano de marketing tem duas finalidades importantes. Em primeiro lugar, define os alvos de desempenho que a empresa pretende alcançar, dando vida a seu foco estratégico por meio de sua estratégia de marketing (ou seja, o que a empresa espera alcançar). Em segundo lugar, define os parâmetros pelos quais

ALÉM DAS PÁGINAS 2.2

Venda Abaixo do Custo e as Vendas Virão[10]

Às vezes, a melhor estratégia de marketing envolve dar o produto de graça, especialmente se a empresa está à procura de adoção rápida entre os clientes. Esse tem sido o caso de software em que os fabricantes dão versões "de amostra" restritas para incentivar o uso e, esperançosamente, a compra. A Adobe, por exemplo, oferece seu popular leitor para ajudar a manter a imagem de marca de seus outros softwares. McAfee e Norton entregam gratuitamente seus programas antivírus com novas compras de computador na esperança de que os compradores irão subscrever seus serviços de atualização contínua (com preços entre US$ 40 e US$ 200 por ano, dependendo das características). A estratégia também é usada em produtos de consumo. A Procter & Gamble dá (ou vende abaixo do custo) seus aparelhos de barbear na expectativa de que venderão mais lâminas no futuro.

A estratégia de gratuidade ou preço abaixo do custo é comum entre produtos vendidos como plataformas. Um produto plataforma é aquele que consiste em um produto de base com vários produtos adicionais ou complementares. Sistemas de vídeo game são um bom exemplo. Quando a Microsoft lançou o Xbox 360, usou uma estratégia de "margem bruta neutra" vendendo cada console com prejuízo. Quando o custo de peças, cabos e controladores são levados em conta, a Microsoft perde cerca de US$ 150 por console. A Sony segue uma estratégia semelhante com seu sistema de jogo PlayStation. Tanto Microsoft quanto Sony compensam as perdas com margens de lucro mais altas em jogos e acessórios, bem como o licenciamento da marca. No futuro, a Microsoft pode mudar essa estratégia para tornar a próxima edição do Xbox (esperado para 2014 ou

2015) rentável desde o início. O risco, no entanto, é que a Sony continue a vender seus consoles com prejuízo em um esforço de minar o domínio da Microsoft no mercado de games.

Um modelo semelhante é usado na música. Por exemplo, muitos especialistas acreditam que a Apple emprega uma estratégia de lucro neutro em sua operação da loja iTunes. Estima-se que para cada música vendida a US$ 1,29 no iTunes, a Apple ganhe apenas 10 a 20 centavos depois de pagar royalties, taxas de micropagamento e de infraestrutura. A Apple deve então usar essa receita para cobrir seus custos operacionais e de marketing. No entanto, a Apple mais do que compensa essas perdas com as altas margens de lucro de seus iPod, iPhone, iPad, Apple TV e computadores MacBook.

Há muitos outros exemplos de produtos vendidos com prejuízo para estimular vendas de outros produtos. Desenvolvedores de aplicativos móveis têm adotado uma estratégia de "freemium", em que o aplicativo base é fornecido gratuitamente, mas um preço prêmio é cobrado por recursos ou funcionalidades adicionais. Essas versões "light", como Angry Birds Lite, estão entre os aplicativos mais populares disponíveis atualmente. Além disso, impressoras de jato de tinta são normalmente vendidas a preço de custo ou abaixo dele porque estimulam vendas futuras de tinta e toner. Telefones celulares são vendidos com prejuízo ou são subsidiados a preços mais baixos em troca de um contrato de serviço de um ou dois anos. No varejo de supermercado, essa prática é referida como uma estratégia de chamariz. Chamarizes comuns em supermercados incluem leite, ovos, cereais e refrigerantes.

---

a empresa irá medir o desempenho real na fase de avaliação e controle do plano de marketing (isto é, como o desempenho vai realmente ser medido). Nesse ponto, é importante lembrar que nem metas nem objetivos podem ser desenvolvidos sem uma declaração de missão claramente definida. Metas de marketing devem ser consistentes com a missão da empresa, enquanto os objetivos de marketing devem fluir naturalmente a partir das metas.

Estratégia de marketing. Essa seção do plano de marketing esboça como a empresa irá atingir seus objetivos de marketing. No Capítulo 1, dissemos que as estratégias de marketing envolvem seleção e análise de mercados-alvo e criação e manutenção de um programa de marketing apropriado (produto, distribuição, promoção e preço) para satisfazer as necessidades dos mercados-alvo. É nesse nível que a empresa detalhará como vai obter uma vantagem competitiva fazendo algo melhor do que os concorrentes: seus produtos devem ser de melhor qualidade do que as ofertas da concorrência, os preços devem ser compatíveis com o nível de qualidade (valor), seus métodos de distribuição devem ser o mais eficientes possível e suas promoções devem ser mais eficazes na comunicação com os clientes-alvo. Também é importante que a empresa procure tornar essas vantagens sustentáveis. Assim, em seu sentido mais amplo, a estratégia de marketing refere-se à forma como a empresa vai gerenciar suas relações com os clientes de forma a ter uma vantagem sobre a concorrência.

Implantação de Marketing. A seção de implantação do plano de marketing descreve como o programa de marketing será executado. Ela responde a várias perguntas com relação às estratégias de marketing descritas na seção anterior:

1. Que atividades de marketing específicas serão realizadas?
2. Como serão realizadas essas atividades?
3. Quando serão realizadas essas atividades?
4. Quem é responsável pela realização dessas atividades?
5. Como a conclusão das atividades planejadas será monitorada?
6. Quanto vão custar essas atividades?

Sem um bom plano para a implantação, o sucesso da estratégia de marketing está seriamente comprometido. Por essa razão, a fase de implantação do plano de marketing é tão importante como a de estratégia de marketing. Você também deve se lembrar que a implantação depende de obter o apoio dos funcionários: são eles que executarão as estratégias de marketing e não as organizações. Como resultado, questões como liderança, motivação, comunicação e treinamento dos funcionários são fundamentais para o sucesso da implantação.

Funcionários da linha de frente são ativos importantes no desenvolvimento e implantação da estratégia de marketing.

Avaliação e controle. A seção final do plano de marketing detalha como os resultados do programa de marketing serão avaliados e controlados. *Controle de marketing* envolve estabelecer padrões de desempenho, avaliar o desempenho real, compará-lo com esses padrões e, se necessário, tomar medidas corretivas a fim de reduzir as discrepâncias entre o desempenho desejado e o real. Os padrões de desempenho devem ser vinculados com os objetivos enunciados no início do plano. Eles podem ser baseados em aumentos no volume de vendas, participação de mercado ou rentabilidade, ou mesmo em padrões de propaganda, tais como reconhecimento ou lembrança de marca. Independentemente do padrão de desempenho selecionado, todos devem ser estabelecidos antes de os resultados do plano poderem ser avaliados.

A avaliação financeira do plano de marketing também é um componente importante de avaliação e controle. As estimativas de custos, vendas e receitas determinam projeções financeiras. Na realidade, as considerações orçamentais desempenham um papel-chave na identificação de estratégias alternativas. As realidades financeiras da empresa devem ser monitoradas em todos os momentos. Por exemplo, propor a expansão em novas áreas geográficas ou alterar produtos sem recursos financeiros é um desperdício de tempo, energia e oportunidade. Mesmo que haja verbas disponíveis, a estratégia deve ter um "bom valor" e fornecer um retorno aceitável sobre o investimento para fazer parte do plano final.

Por fim, caso se conclua que o plano de marketing não correspondeu às expectativas, a empresa pode usar uma série de ferramentas para identificar possíveis causas para as discrepâncias. Uma delas é a auditoria de marketing, um exame sistemático de objetivos, estratégia e desempenho de marketing da empresa. A auditoria de marketing pode ajudar a isolar os pontos fracos do plano de marketing e recomendar ações para melhorar o desempenho. A fase de controle do processo de planejamento também descreve as ações que podem ser tomadas para reduzir as diferenças entre o desempenho planejado e o real.

Usando a Estrutura do Plano de Marketing

No Apêndice, você encontrará planilhas de plano de marketing que expandem a estrutura de um plano de marketing em um quadro global para seu desenvolvimento. Essas planilhas são projetadas para serem *abrangentes, flexíveis e lógicas*. A consistência dessa estrutura com outros documentos de planejamento vai depender da estrutura de planejamento usada em outras áreas funcionais de uma organização. No entanto, ela é certamente passível de ser consistente com os planos de outras áreas funcionais.

Embora você possa não usar todas as partes das planilhas, você deve, pelo menos, passar por todas elas, a fim de garantir que toda informação importante esteja presente.

Antes de prosseguir, oferecemos as seguintes dicas para usar a estrutura de plano de marketing:

- **Planeje com antecedência**. Escrever um plano de marketing completo é muito demorado, especialmente se ele estiver sendo desenvolvido pela primeira vez. Inicialmente, a maior parte do tempo será gasta na análise da situação. Embora essa análise seja muito trabalhosa, o plano de marketing tem pouca chance de sucesso sem ela.

- **Revise, em seguida, revise novamente**. Após a análise da situação, você vai passar a maior parte do tempo revisando os demais elementos do plano de marketing para garantir que eles estejam em harmonia entre si. Depois de ter escrito um primeiro esboço do plano, deixe-o de lado por alguns dias. Em seguida, reveja o plano com uma nova perspectiva e faça os ajustes que precisar. Como o processo de revisão sempre leva mais tempo do que o esperado, é aconselhável começar o processo de planejamento com bastante antecedência da data de entrega do plano.

- **Seja criativo**. Um plano de marketing é tão bom quanto as informações contidas nele e o esforço e a criatividade usados em sua criação. Um plano desenvolvido sem convicção ficará na gaveta.

- **Use bom senso e discernimento**. Escrever um plano de marketing é uma arte. Bom senso e discernimento são necessários para organizar todas as informações, eliminar estratégias fracas e desenvolver um plano robusto. Gerentes de marketing devem sempre avaliar qualquer informação em relação a sua precisão, bem como sua própria intuição, na tomada de decisões de marketing.

- **Pense à frente na implantação**. À medida que desenvolve o plano, você deve sempre estar consciente de como ele será executado. Grandes estratégias de marketing que nunca veem a luz do dia fazem pouco para ajudar a organização a atingir seus objetivos. Bons planos de marketing são realistas e factíveis, dados os recursos da organização.

- **Atualize regularmente**. Uma vez que o plano de marketing foi desenvolvido e implantado, ele deve ser atualizado regularmente com a coleta de novos dados e informações. Muitas organizações atualizam seus planos de marketing trimestralmente para garantir que a estratégia de marketing permaneça consistente com as mudanças nos ambientes interno, de clientes e externo. Com essa abordagem, você sempre terá um plano de trabalho com cobertura de 12 meses.

- **Comunique-se com os outros**. Um aspecto crítico do plano de marketing é sua capacidade de travar relações com os colegas, especialmente com os gestores de topo que analisam o plano de marketing para obter uma explicação da estratégia de marketing, bem como uma justificação dos recursos necessários, como o orçamento de marketing.[11] O plano de marketing também trava relações com gerentes de linha e outros funcionários, dando-lhes pontos de referência para traçar o progresso da implantação de marketing. Uma pesquisa com executivos de marketing sobre a importância do plano de marketing revelou que:

  > *"[...] o processo de elaboração do plano é mais importante do que o documento em si [...] No entanto, um plano de marketing força a prestar atenção. Ele faz a equipe de marketing se concentrar no mercado, nos objetivos da empresa e nas estratégias e táticas adequadas a esses objetivos. É um mecanismo para a sincronização da ação."* [12]

Pesquisas indicam que as organizações que desenvolvem planos estratégicos de marketing formais e por escrito tendem a ser mais fortemente integradas em todas as áreas funcionais, mais especializadas e mais descentralizadas na tomada de decisões. O resultado desses esforços de planejamento de marketing é melhor desempenho financeiro e de marketing.[13] Tendo em conta esses benefícios, é de estranhar que muitas empresas não desenvolvam planos formais para orientar seus esforços de marketing. Por exemplo, uma pesquisa junto a CEOs feita pela American Banking Association constatou que apenas 44% dos bancos comunitários têm um plano de marketing formal.[14]

Propósitos e Importância do Plano de Marketing

Os efeitos de um plano de marketing devem ser entendidos para apreciar sua importância. Um bom plano de marketing vai cumprir esses cinco propósitos em detalhes:

1. Explicar situações presentes e futuras da organização. Isso inclui as análises da situação e SWOT e o desempenho passado da empresa.

2. Especificar os resultados previstos (metas e objetivos) para que a organização possa antecipar sua situação no final do período de planejamento.

3. Descrever as ações específicas que devem ocorrer de modo que a responsabilidade de cada ação possa ser atribuída e implantada.

4. Identificar os recursos necessários para a realização das ações previstas.

5. Permitir o acompanhamento de cada ação e seus resultados para que controles possam ser implantados. Feedback do monitoramento e controle fornece informações para iniciar o ciclo de planejamento novamente no próximo período de tempo.

Esses cinco propósitos são muito importantes para várias pessoas na empresa. Os gerentes de linha têm um interesse particular na terceira finalidade (descrição das ações específicas), porque são responsáveis por garantir a implantação de ações de marketing. Gerentes de nível médio têm um interesse especial na quinta finalidade (monitoramento e controle) já que têm a intenção de garantir que as mudanças táticas possam ser feitas se necessárias. Esses gerentes também devem ser capazes de avaliar por que a estratégia de marketing tem ou não sucesso.

A preocupação mais premente para o sucesso, no entanto, pode estar no quarto propósito: identificar os recursos necessários. O plano de marketing é o meio de comunicação da estratégia para altos executivos que tomam as decisões críticas sobre a alocação produtiva e eficiente dos recursos. Bons planos de marketing podem se revelar infrutíferos se a implantação do plano não for adequadamente financiada. É importante lembrar que o marketing não é a única função de negócios competindo por recursos escassos. Outras funções, como finanças, pesquisa e desenvolvimento e recursos humanos têm planos estratégicos próprios. É nesse sentido que o plano de marketing deve vender-se à gestão de topo.

Aspectos Organizacionais do Plano de Marketing

Quem escreve o plano de marketing? Em muitas organizações, o gerente de marketing, o gerente de marca ou o gerente de produto escreve o plano de marketing. Algumas organizações desenvolvem planos de marketing por meio de comitês. Outras vão contratar consultores profissionais de marketing para escrevê-los. No entanto, na maioria das empresas, a responsabilidade pelo planejamento está no nível de um vice-presidente ou diretor de marketing.[15] O fato de que gestores de topo desenvolvem a maioria dos planos de marketing não necessariamente refuta a lógica de ter o gerente de marca ou produto preparando o plano. No entanto, exceto em pequenas organizações, onde uma única pessoa desenvolve e aprova o plano, a autoridade para aprovar o plano de marketing é normalmente atribuída a executivos de nível superior. Nessa fase, os gestores de topo geralmente têm duas perguntas importantes:

1. O plano de marketing proposto atingirá metas e objetivos de marketing, da unidade de negócios e corporativos?

2. Existem usos alternativos para os recursos que melhor satisfaçam os objetivos corporativos ou de unidade de negócios do que o plano de marketing apresentado?

Na maioria dos casos, a aprovação final, na verdade, é submetida ao presidente, diretor-geral ou CEO da organização.[16] Muitas organizações também têm comitês executivos que avaliam e analisam planos de marketing antes do envio para o executivo que os aprovará. No final, independentemente de quem escreve o plano de marketing, ele deve ser claro e convincente para ganhar a aprovação dos tomadores de decisão que fazem a avaliação. Também é fundamental que essas pessoas tomem decisões eficazes e oportunas com relação ao plano de marketing. Para dar ao plano todas as chances de sucesso, muito pouco tempo deve decorrer entre sua conclusão e sua implantação.

FIGURA 2.4 Principais Obstáculos ao Desenvolvimento e Implantação de Planos de Marketing

Fonte: Lyndon Simkin, "Barriers Impeding Effective Implementation of Marketing Plans – A Training Agenda," *Journal of Business and Industrial Marketing*, 17: 13. Permissão concedida por Emerald Group Publishing Corp., <http://www.emeraldinsight.com>.

Uma vez que um plano de marketing foi aprovado, ele ainda enfrenta muitos obstáculos antes que seus programas de marketing possam vir a ser concretizados. A Figura 2.4 descreve alguns deles. Um grande obstáculo envolve o horizonte temporal relativo aos stakeholders da organização, em particular seus gestores e investidores. É bastante comum que as empresas norte-americanas ignorem a estratégia de longo prazo e se concentrem no curto prazo. Normalmente, isso é causado por uma estrutura de remuneração que premia executivos por resultados financeiros de curto prazo, tais como lucro, capitalização de mercado ou preço das ações. Infelizmente, essa mentalidade pode arruinar muitas atividades de marketing, como propaganda para criar conscientização de marca, porque seus resultados são aparentes apenas em horizontes mais longos de tempo. Consequentemente, muitas empresas vão mudar estratégias "no meio do caminho", em vez de esperar os resultados surgirem.

Mantendo o Foco no Cliente e o Equilíbrio no Planejamento Estratégico

Nas últimas duas décadas, muitas empresas mudaram o foco e o conteúdo de seus esforços de planejamento estratégico e planos de marketing. Dessas mudanças, duas se destacam: (1) a ênfase renovada no cliente e (2) o advento do planejamento estratégico equilibrado. Isso requer a mudança de foco de produtos da empresa para as exigências singulares de segmentos específicos do mercado-alvo. As empresas também tiveram que se tornar mais astutas ao vincular atividades de marketing a outras áreas funcionais.

Planejamento com Foco no Cliente

Foco no cliente não tem sido a marca do planejamento estratégico ao longo da história. No início do século XX, o planejamento se concentrava em ideais de produção, tais como eficiência e qualidade. O pioneiro dos automóveis, Henry Ford, tem recebido o crédito pela afirmação de que os clientes podem ter um carro de qualquer cor que quisessem contanto que fosse preta. Essa mentalidade, embora funcionasse naquela época, significava que o planejamento estratégico pouco se voltava para as necessidades e os desejos dos clientes. Atualmente, carros, caminhões e SUVs vêm em uma variedade de cores que Henry Ford nunca teria imaginado. Em meados do século XX, o planejamento estratégico se concentrava na *venda* de produtos aos clientes, em vez de fazer produtos para eles. Estratégias de marketing durante esse período se concentravam em superar a resistência dos clientes e convencê-los a comprar produtos necessários ou não. Hoje, já não vemos vendas porta a porta de aspiradores de pó, escovas ou enciclopédias.

A base do pensamento e da prática de marketing durante a segunda metade do século XX foi o conceito de marketing, com foco na satisfação do cliente e a realização dos objetivos da empresa. Ter uma orientação de mercado ou de cliente significava colocar necessidades e desejos dos clientes em primeiro lugar. Essa mudança de pensamento levou ao crescimento da pesquisa de mercado para determinar as necessidades não satisfeitas do cliente e sistemas para satisfazer tais necessidades. As organizações de marketing atuais do século XXI foram além do conceito de marketing para se concentrar no longo prazo, nos relacionamentos de valor agregado com clientes, funcionários, fornecedores e outros parceiros. O foco mudou de transações para relacionamento com os clientes, de clientes para todos os stakeholders e da competição para a colaboração. Como explicado no boxe "Além das Páginas 2.3", a Amazon criou uma série de relacionamentos com autores, editoras de livros, estúdios de cinema, gravadoras, clientes e potenciais concorrentes na criação do ecossistema para seus tablets Kindle e leitores de livros digitais.

Empresas orientadas para o mercado são aquelas que geram, divulgam e respondem com sucesso as informações de mercado. Elas se concentram em análise de clientes, análise da concorrência e em integrar os recursos da empresa para fornecer valor e satisfação ao cliente, bem como lucros a longo prazo.[17] Para ser bem-sucedida, a empresa deve ser capaz de concentrar seus esforços e recursos para a compreensão de seus clientes de forma a aumentar sua capacidade de gerar vantagens competitivas sustentáveis.[18] Ao criar culturas organizacionais que colocam os clientes em primeiro lugar, as empresas orientadas para o mercado tendem a ter um desempenho em níveis mais elevados e colher os benefícios de mais clientes altamente satisfeitos. A Figura 2.5 mostra a diferença entre uma estrutura organizacional tradicional e uma orientada para o mercado. Enquanto as estruturas tradicionais são muito autoritárias, com a autoridade para a tomada de decisão emanando do topo da hierarquia, estruturas orientadas para o mercado descentralizam a tomada de decisões.

Em uma organização orientada para o mercado, todos os níveis têm seu foco em atender às necessidades dos clientes. Cada nível serve os acima dele, adotando todas as medidas necessárias para assegurar que cada um desempenhe bem o seu trabalho. Nesse caso, o papel do CEO é assegurar que seus funcionários tenham tudo que precisam para executar bem o seu trabalho. Essa mesma mentalidade de serviço permeia todos os níveis da organização, incluindo os clientes. Assim, o trabalho de um gerente de linha de frente é garantir que seus funcionários sejam capazes e eficientes. O resultado do projeto orientado para o mercado é foco total nas necessidades do cliente.

ALÉM DAS PÁGINAS 2.3

O Sucesso da Amazon Está no Kindle Fire[19]

O CEO da Amazon, Jeff Bezos, tem uma história de expansão agressiva em áreas que não parecem se encaixar no molde de um varejista on-line. Já anunciada como a "maior livraria da Terra", a Amazon agora vende de tudo, de eletrônicos a equipamento de pesca e cosméticos. Sempre procurando o próximo produto ou processo de negócio revolucionário, Bezos não desconhece o fracasso. O lançamento de um site de busca (com o A9) e leilões on-line são bons exemplos. No entanto, com o lançamento do Kindle, em 2007, a Amazon mudou para sempre o varejo de livros e o consumo de mídia pessoal.

A princípio, o primeiro Kindle foi um simples leitor de livros digitais. Tanto ele como seus sucessores usam uma tela de tinta digital muito fácil de ler sem causar fadiga ocular. Eles têm bateria de longa duração e capacidade para armazenar milhares de livros digitais. Apesar de todos os modelos do Kindle incluírem recursos de Wi-Fi, alguns modelos também incorporam rádios 3G que permitem aos clientes baixar livros digitais praticamente de qualquer local. A maioria dos livros digitais recém-lançados são vendidos por US$ 9,99 a US$ 12,99, muito menos do que as típicas versões de capa dura. Assinaturas de jornais também estão disponíveis por menos de US$ 20 por mês. A possibilidade de comprar um livro digital diretamente do Kindle sem usar um computador revolucionou completamente o varejo de livros e gerou uma série de produtos concorrentes, notadamente o iPad, da Apple, e o Nook, da Barnes & Noble. Atualmente, a Amazon oferece mais de um milhão de livros digitais em sua Kindle Store, com mais de 800 mil títulos a US$ 9,99 ou menos. Tal seleção, combinada com a facilidade de compra de livros digitais, pela internet, gerou muitas compras de livros por impulso. Hoje, a Amazon vende mais versões de livro digital do que de papel do mesmo título.

Depois que a Apple introduziu o iPad em 2010, muitos começaram a considerar os aparelhos de leitura de livros digitais tradicionais como fora de moda. Afinal, o Kindle e os seus concorrentes não dispunham de uma tela em cores, navegação na internet e a possibilidade de assistir vídeo. Ao mesmo tempo, concorrentes como Sony, Motorola e Blackberry não conseguiram rivalizar com o iPad. Uma das principais razões para a popularidade do iPad era o ecossistema totalmente integrado de aplicativos, música e filmes que a Apple tinha construído em torno dele. O significado disso não passou despercebido para Bezos e a Amazon. Muito discretamente, a empresa começou a desenvolver relacionamento com empresas nos setores de música e filmes. Uma vez consolidado, a Amazon começou a oferecer download de música (muitas vezes a preços que batem a iTunes Music Store), aluguel de filmes on-line e serviço de streaming de filmes com seu programa Amazon Prime.

Com o ecossistema implantado, a Amazon estava prestes a passar para o próximo nível. Apenas a tempo para a temporada de férias de 2011, a Amazon lançou o Kindle Fire, um tablet de 7 polegadas baseado no sistema operacional Android. O Kindle Fire é semelhante ao iPad e permite o acesso a uma biblioteca extensa de livros, revistas, música, filmes e aplicativos. No entanto, ele custa apenas US$ 199 – muito menos do que os US$ 499 iPad mais barato. Dadas as suas características e preço mais baixo, ninguém se surpreendeu quando a Amazon vendeu mais de 5 milhões de unidades do Kindle Fire durante os primeiros seis meses.

No entanto, apesar de seu sucesso inicial, analistas do setor sugerem que o Kindle Fire é vulnerável à concorrência, especialmente do iPad atualizado e do tablet Nexus 7 do Google. Contudo, a principal diferença entre o Kindle Fire e o Nexus 7 é o ecossistema. Até a data de edição deste livro (original em inglês), somente a Apple e a Amazon tinham sido capazes de criar o ecossistema multimídia necessário para suportar um dispositivo tablet. Muitos acreditam que a futura batalha entre estas e outras empresas vão ocorrer nos livros-texto escolares e universitários. Atualmente, Amazon e Barnes & Noble são muito bem-sucedidas na venda de livros físicos. No entanto, a Apple e seu recém-lançado iBooks Author (para criar livros digitais) certamente sacudirão a indústria. O mercado de livros didáticos por si só é um negócio de aproximadamente US$ 12 bilhões por ano. O tempo dirá se a Amazon pode fazer a transição com sucesso de livros físicos aos digitais, acompanhada do resto da indústria.

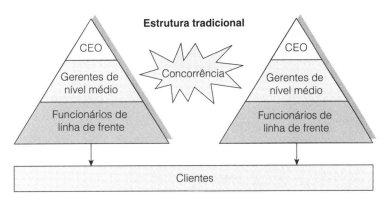

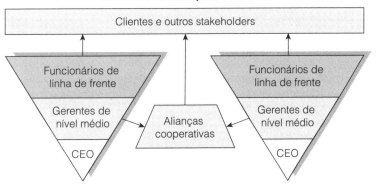

© 2013 Cengage Learning

No ambiente empresarial atual, uma orientação para os clientes também exige que os fornecedores da organização e até mesmo concorrentes também sejam orientados para o cliente. Embora as empresas concorrentes possam continuar a atender os clientes separadamente, esses também podem ser atendidos por esforços cooperativos que colocam as necessidades do mercado à frente dos interesses competitivos. Por exemplo, a Toyota tem uma série de parcerias com montadoras rivais, particularmente focadas na tecnologia híbrida. A Nissan usa o sistema de combustível híbrido da Toyota em seus veículos, enquanto a GM tem colaborado com a Toyota no desenvolvimento de novas tecnologias de células de combustível. Recentemente, a Toyota fechou acordos com a BMW para desenvolver baterias de lítio de última geração e com a Ford para desenvolver a tecnologia híbrida para caminhões leves e SUVs. A parceria da Toyota com a BMW também inclui a utilização de motores diesel da BMW em carros destinados ao mercado europeu.[20]

Planejamento Estratégico Equilibrado

A mudança para o planejamento estratégico equilibrado nasceu da necessidade. Ao se aproximarem do século XXI, as empresas perceberam que as abordagens de planejamento e mensuração tradicionais não eram capa-

FIGURA 2.6 O Balanced Performance Scorecard

Fonte: Robert S. Karlan e David P. Norton, "The Strategy-Focused Organization: How Balanced Scorecard Companies Thrive in the New Business Environment" (Boston, MA: Harvard Business School Press, 2001). Usado com permissão de Harvard Business School Publishing.

zes de capturar o valor criado por ativos intangíveis da organização. Tais ativos, incluindo questões vitais, como relacionamento com os clientes, processos, recursos humanos, inovação e informação, foram se tornando cada vez mais importantes para o sucesso do negócio, mas não estavam sendo relatados nas medidas financeiras tradicionais. Uma solução para esse problema foi o desenvolvimento do *balanced performance scorecard* (em português, pontuação de desempenho e balanceada) por Robert Kaplan e David Norton, da Universidade de Harvard.[21] Sua abordagem para o planejamento estratégico é ilustrada na Figura 2.6.

O princípio básico do balanced scorecard é que as empresas podem obter um melhor desempenho se alinharem seus esforços estratégicos, abordando a estratégia a partir de quatro perspectivas complementares: financeira, clientes, processos internos e aprendizado e crescimento. A perspectiva financeira é a visão tradicional de estratégia e desempenho. Essa perspectiva é vital, mas deve ser equilibrada pelos outros componentes do scorecard. A perspectiva do cliente usa métricas de satisfação do cliente como um indicador-chave de desempenho da empresa, particularmente em como a empresa avança. As medidas financeiras não são adequadas para essa tarefa porque relatam o desempenho passado em vez do atual. A perspectiva dos processos internos incide sobre como o negócio está funcionando, olhando tanto para processos relacionados com a missão como para os rotineiros que direcionam a atividade cotidiana. Finalmente, a perspectiva de aprendizado e crescimento se concentra nas pessoas e inclui questões vitais, como cultura corporativa, treinamento de funcionários, comunicação e gestão do conhecimento.[22]

O balanced scorecard tem sido utilizado com sucesso por muitas organizações dos setores público e privado. Kaplan e Norton descobriram que as empresas bem-sucedidas geralmente aderem a cinco princípios comuns na implantação do balanced scorecard:[23]

1. **Traduz a estratégia em termos operacionais**. Empresas bem-sucedidas são capazes de ilustrar as relações de causa e efeito que mostram como os ativos intangíveis são transformados em valor para os clientes e outros stakeholders. Isso propicia um quadro de referência comum para todos os funcionários.

CAPÍTULO 2 • PLANEJAMENTO ESTRATÉGICO DE MARKETING

2. **Alinha a organização para a estratégia**. Empresas bem-sucedidas vinculam diferentes áreas funcionais por meio de temas comuns, prioridades e objetivos. Isso cria uma sinergia dentro da organização que garante que todos os esforços sejam coordenados.

3. **Faz da estratégia o trabalho diário de todos**. Empresas bem-sucedidas movem a estratégia da diretoria executiva para as linhas de frente da organização. Elas fazem isso por meio de comunicação, educação, permitindo que os funcionários definam objetivos pessoais e atrelando incentivos ao balanced scorecard.

4. **Faz da estratégia um processo contínuo**. Empresas bem-sucedidas realizam reuniões regulares para revisar o desempenho da estratégia. Elas também estabelecem um processo pelo qual podem aprender e se adaptar à medida que a estratégia evolui.

5. **Mobiliza a mudança por meio de liderança executiva**. Empresas bem-sucedidas têm líderes ativos e comprometidos que defendem a estratégia e o balanced scorecard. Isto assegura que a estratégia mantenha-se em movimento. Bons líderes também impedem que a estratégia se torne um obstáculo ao progresso futuro.

O balanced scorecard não refuta a abordagem tradicional de planejamento estratégico. Contudo, faz com que os líderes empresariais encarem estratégia e desempenho como um problema multidimensional. Medidas financeiras, embora importantes, simplesmente não podem contar toda a história. Um dos principais benefícios do balanced scorecard é que ele força as organizações a considerar explicitamente fatores críticos para a execução da estratégia *durante sua formulação*. Nunca é demais enfatizar esse ponto. Boa estratégia é sempre desenvolvida observando-se como ela será implementada. As questões abrangidas pelo balanced score card, tais como treinamento de funcionários, cultura corporativa, aprendizagem organizacional e liderança executiva são fundamentais para a implantação de qualquer estratégia.

Lições do Capítulo 2

Planejamento estratégico de marketing:

▶ começa com decisões gerais e flui para decisões mais específicas à medida que o processo prossegue pelos estágios de planejamento subsequentes.

▶ envolve o estabelecimento de uma missão organizacional, estratégia corporativa ou de unidades de negócios, metas e objetivos de marketing, estratégia de marketing e, finalmente, um plano de marketing.

▶ deve ser consistente com a missão da organização e a estratégia corporativa ou de unidades de negócios.

▶ deve ser coordenada com todas as áreas funcionais da empresa para garantir que metas e objetivos da organização serão considerados no desenvolvimento de cada plano funcional, um dos quais é o plano de marketing.

▶ estabelece metas e objetivos de nível de marketing que dão suporte à missão, a metas e objetivos da organização.

▶ desenvolve uma estratégia de marketing que inclui seleção e análise de mercados-alvo e criação e manutenção de um programa de marketing adequado para satisfazer as necessidades dos clientes nesses mercados-alvo.

▶ em última análise, resulta em um plano estratégico de mercado que descreve as atividades e os recursos necessários para cumprir a missão da organização e alcançar suas metas e seus objetivos.

A missão organizacional:

▶ responde à pergunta ampla: "Em que negócio estamos?".

▶ identifica o que a empresa representa e sua filosofia operacional básica, respondendo a cinco perguntas básicas:

1. Quem somos?
2. Quem são nossos clientes?
3. Qual é a nossa filosofia de funcionamento (crenças básicas, valores, ética etc.)?
4. Quais são nossas principais competências ou vantagens competitivas?

5. Quais são nossas responsabilidades com relação a ser um bom gestor de nossos recursos humanos, financeiros e ambientais?

▶ não é o mesmo que visão da organização, que, por sua vez, procura responder à pergunta: "O que queremos ser?".

▶ não deve ser muito ampla nem muito limitada, o que a torna, dessa forma, inútil para fins de planejamento.

▶ deve ser orientada para o cliente. A vida e os negócios das pessoas devem ser enriquecidos ao lidarem com a organização.

▶ nunca deve se concentrar em lucro. Um foco no lucro na missão significa que algo positivo aconteça para os proprietários e gerentes da organização, não necessariamente para os clientes ou outros stakeholders.

▶ deve ser apropriada e apoiada por funcionários para que a organização tenha chances de sucesso.

▶ não deve ser mantida em segredo, ao contrário, deve ser comunicada a todos, clientes, funcionários, investidores, concorrentes, reguladores e sociedade em geral.

▶ deve ser a parte menos alterada do plano estratégico.

Estratégia de unidade de negócios:

▶ é o esquema central ou meio para utilização e integração de recursos nas áreas de produção, finanças, pesquisa e desenvolvimento, recursos humanos e marketing para levar a cabo a missão da organização e alcançar metas e objetivos desejados.

▶ está associada com o desenvolvimento de uma vantagem competitiva em que a empresa utiliza suas capacidades, a fim de atender às necessidades dos clientes melhor do que a concorrência.

▶ determina a natureza e a futura direção de cada unidade de negócio, incluindo suas vantagens competitivas, alocação de seus recursos, bem como a coordenação das áreas funcionais de negócios (marketing, produção, finanças, recursos humanos etc.).

▶ é essencialmente o mesmo que estratégia corporativa em pequenas empresas.

O plano de marketing:

▶ fornece uma explicação detalhada das ações necessárias para executar o programa de marketing e, portanto, requer uma grande dose de esforço e comprometimento organizacional para ser criado e implantado.

▶ deve ser bem organizado para garantir que considere e inclua toda informação relevante. A estrutura típica ou esquema de um plano de marketing inclui os seguintes elementos:
  • resumo executivo
  • análise da situação
  • análise SWOT

  • metas e objetivos de marketing
  • estratégias de marketing
  • implantação de marketing
  • avaliação e controle

▶ deve ser baseado em um esquema abrangente, flexível, consistente e lógico.

▶ cumpre cinco propósitos:
  • explica as situações atuais e futuras da organização
  • especifica os resultados esperados (metas e objetivos)
  • descreve as ações específicas que irão desenrolar-se e atribui a responsabilidade de cada ação
  • identifica os recursos necessários para levar a cabo as ações planejadas
  • permite o acompanhamento de cada ação e de seus resultados para que os controles possam ser implantados

▶ serve como um importante veículo de comunicação para a gestão de topo e para gerentes e funcionários da linha de frente.

▶ é um documento importante, mas bem menos que o conhecimento adquirido ao se passar pelo próprio processo de planejamento.

▶ é mais frequentemente preparado pelo diretor ou vice-presidente de marketing, mas é finalmente aprovado pelo presidente, diretor-geral ou CEO da organização.

Planejamento estratégico com foco no cliente:

▶ requer que as organizações mudem o foco de produtos para as exigências de segmentos específicos de mercado-alvo, de transações a relacionamentos com clientes e da competição para a colaboração.

▶ coloca necessidades e desejos dos clientes em primeiro lugar e se concentra em relacionamentos de longo prazo e de valor agregado com clientes, funcionários, fornecedores e outros parceiros.

▶ deve ser capaz de concentrar seus esforços e recursos para a compreensão de clientes de forma a aumentar a capacidade da empresa de gerar vantagens competitivas sustentáveis.

▶ instila uma cultura corporativa que coloca os clientes no topo da hierarquia organizacional.

▶ encontra maneiras de cooperar com fornecedores e concorrentes para atender os clientes de forma mais eficaz e eficiente.

Planejamento estratégico equilibrado:

▶ originou-se da necessidade porque abordagens de planejamento e medição tradicionais não eram capazes de capturar o valor criado por ativos intangíveis de uma organização (relacionamentos com clientes, processos, recursos humanos, inovação e informação).

▶ foi defendida fortemente por Kaplan e Norton com a criação do balanced scorecard.

CAPÍTULO 2 • PLANEJAMENTO ESTRATÉGICO DE MARKETING

- ▶ considera indicadores financeiros tradicionais de desempenho, mas também o planejamento a partir de três perspectivas adicionais: clientes, processos internos e aprendizado e crescimento.
- ▶ é utilizado com sucesso por muitas organizações dos setores público e privado. Empresas bem-sucedidas são aquelas que aderem a cinco princípios na implantação do balanced scorecard:
  - traduz a estratégia em termos operacionais
  - alinha a organização para a estratégia
  - faz da estratégia o trabalho diário de todos
  - faz da estratégia um processo contínuo

- mobiliza a mudança por meio de liderança executiva
- ▶ não refuta a abordagem tradicional de planejamento estratégico, mas faz os líderes empresariais encararem estratégia e desempenho como uma questão multidimensional.
- ▶ obriga as organizações a considerar explicitamente, *durante a formulação da estratégia,* fatores críticos para sua execução. Uma boa estratégia é sempre desenvolvida observando-se como ela será implantada.

Questões para Discussão

1. Em muitas organizações, o marketing não tem um lugar de importância na hierarquia organizacional. Por que você acha que isso acontece? Quais são as consequências para uma empresa que dá pouca importância ao marketing em relação a outras funções de negócios?

2. Defenda ou contradiga esta afirmação: o desenvolvimento da estratégia de marketing é mais importante do que a implantação da estratégia de marketing, porque se a estratégia é falha, sua implantação não importa.

3. Cite algumas das potenciais dificuldades na abordagem do planejamento estratégico a partir de uma perspectiva equilibrada. O desempenho financeiro não é ainda a perspectiva mais importante no planejamento? Justifique.

Exercícios

1. Examine cada uma das declarações de missão listadas na Figura 2.2. Elas seguem as diretrizes discutidas neste capítulo? Como elas respondem às cinco perguntas básicas? O que você acha das mudanças ou da falta delas nessas declarações de missão ao longo do tempo?

2. Converse com um pequeno empresário sobre o processo de planejamento estratégico que ele usa. Ele tem uma declaração de missão? Metas e objetivos de marketing? Um plano de marketing? Quais são as principais questões que ele enfrenta na implantação de seu programa de marketing?

3. Palo Alto Software mantém um site dedicado aos planos de negócios e marketing. Acesse: <www.mplans.com/sample_marketing_plans.php> e dê uma olhada em algumas das amostras de planos de marketing disponíveis. Esses planos usam a mesma estrutura discutida neste capítulo?

Notas Finais

1. Esses dados são de Chris Davies, "Verizon and Redbox Partner on Netflix Streaming Rival for 2H 2012", *Slashgear,* 6 de fevereiro de 2012 <http://www.slashgear.com/verizon-and-redbox-partner-onnetflix-streaming-rival-f0or-2h-2012-06212204>; Ryan Nakashima, "Whither Redbox? Hollywood Studios are Conflicted", *BusinessWeek Online,* 7 de agosto de 2009 <http://www.businessweek.com/ap/tech/D99U8BT00.htm>; Terrence O'Brien, "Redbox Snatches Up NCR's Entertainment Division, Swallows Blockbuster Express Business", *Engadget,* 6 de fevereiro de 2012 <http://www.engadget.com/2012/02/06/redbox-snatches-up-ncrs-entertainment-division-future-of-block>; Dorothy Pomerantz, "Red Menace", *Forbes,* 6 de março de 2009 <http://www.forbes.com/2009/03/06/redbox-blockbuster-rentals-businessmedia-rebox.html>; site da Redbox <http://www.redbox.com>, acesso em 21 de fevereiro de 2012; Eli Rosenberg, "DVD Sales Dive, While Netflix Soars", *The Atlantic Wire,* 12 de maio de 2011 <http://www.theatlanticwire.com/national/2011/05/add-dvds-

list-dying-industries/37664>; Paul Suarez, "Hollywood Hates Redbox's $1 DVD Rentals", *Macworld*, 10 de agosto de 2009 <http://www.macworld.com/article/142192/2009/08/redbox.html>; e Michael White, "Coinstar Soars on Profit, Buyout of NCR Unit: Los Angeles Mover", *BusinessWeek Online*, 8 de fevereiro de 2012 <http://www.businessweek.com/news/2012-02-08/coinstar-soars-on-profit-buyout-of-ncr-unit-los-angelesmover.html>.

2. As declarações de missão e visão da Texas Instruments foram retiradas de seu site <http://www.ti.com/corp/docs/company/factsheet.shtml>, acesso em: 12 de fevereiro de 2012.

3. As declarações de missão e visão da Southwest Airlines foram retiradas de seu site <http://www.southwest.com/html/about-southwest/index.html>, acesso em: 12 de fevereiro de 2012.

4. As declarações de missão e visão da Ben & Jerry's foram retiradas de seu site <http://www.benjerry.com/activism/mission-statement>, acesso em: 12 de fevereiro de 2012.

5. "Johnson & Johnson Reincarnates a Brand", *Sales and Marketing Management*, 16 de janeiro de 1984, 63; e Elyse Tanouye, "Johnson & Johnson Stays Fit by Shuffling Its Mix of Businesses", *Wall Street Journal*, 22 de dezembro de 1992, A1, A4.

6. Esses dados são de "All Infant Tylenol Recalled by J&J", *CBS News*, 17 de fevereiro de 2012 <http://www.cbsnews.com/8301-504763_162-57380543-10391704/all-infant-tylenol-recalled-by-j-j>; e Parija Kavilanz, "Tylenol Recall: FDA Slams Company", *CNN Money*, 19 de outubro de 2010 <http://money.cnn.com/2010/01/15/news/companies/over_the_counter_medicine_recall/index.htm>.

7. Esses dados são de "Turning Compassion into Action–Donor Dollars at Work: Hurricanes Katrina, Rita and Wilma", Red Cross <http://www.redcross.org/news/ds/hurricanes/support05/report.html>.

8. Esses dados são do site Sony Corporate <http://www.sony.net/SonyInfo/CorporateInfo/Data/organization.html>, acesso em: 21 de fevereiro de 2012.

9. Esses dados são do site 3M Corporate <http://solutions.3m.com/en_US/Products>, acesso em 21 de fevereiro de 2012.

10. Esses dados são de James Brightman, "Sony Expects Big Losses on PS3 Launch", *GameDaily*, 1º de maio de 2006 <http://www.businessweek.com/innovate/content/may2006/id20060501_525587.htm>; Eric Caoili, "iSuppli: Sony Still Losing $50 With Each PS3 Sold", *Gamasutra*, 23 de dezembro de 2008 <http://www.gamasutra.com/php-bin/news_index.php?story=21657>; Arik Hesseldahl, "Microsoft's Red-Ink Game", *BusinessWeek Online*, 22 de novembro de 2005 <http://www.businessweek.com/technology/content/nov2005/tc20051122_410710.htm>; Armando Rodriguez, "Biggest News of the Week: Microsoft Xbox Division Loses $31 Million", *411Mania*, 27 de abril de 2009 <http://www.411mania.com/wrestling/tv_reports/103060>; Matt Rosoff, "Microsoft's Board is NowWorried About How Much Money Xbox Will Lose", *Business Insider*, 21 de abril de 2011 <http://articles.businessinsider.com/2011-04-21/tech/29975028_1_windows-phone-microsoft-nintendo>; e Christian Zibreg, "Opinion: Apple Should Open Up the iTunes Store", *Geek.com*, 6 de agosto de 2009 <http://www.geek.com/articles/mobile/opinion-apple-should-open-up-the-itunes-store-2009086>.

11. Howard Sutton, *The Marketing Plan in the 1990s* (New York: The Conference Board, Inc., 1990).

12. Sutton, *The Marketing Plan in the 1990s*, 9.

13. Cindy Claycomb, Richard Germain e Cornelia Droge, "The Effects of Formal Strategic Marketing Planning on the Industrial Firm's Configuration, Structure, Exchange Patterns, and Performance", *Industrial Marketing Management* 29 (maio 2000), 219–234.

14. "Marketing Plan Help", *ABA Banking Journal* 95 (outubro 2003), 18.

15. Sutton, *The Marketing Plan in the 1990s*, 16.

16. Sutton, *The Marketing Plan in the 1990s*, 17.

17. Bernard J. Jaworski e Ajay K. Kohli, "Market Orientation: Antecedents and Consequences", *Journal of Marketing* 57 (julho 1993), 53–70.

18. Ibid; and Stanley F. Slater e John C. Narver, "Market Orientation and the Learning Organization", *Journal of Marketing* 59 (julho 1995), 63–74.

19. Estes dados são do site Amazon <http://www.amazon.com>, acesso em 24 de fevereiro de 2012; "Amazon Unwraps the New Kindle", *BusinessWeek Online*, 9 de fevereiro de 2009 <http://www.businessweek.com/bwdaily/dnflash/content/feb2009/db2009029_964407.htm>; Philip Elmer-DeWitt, "Amazon re-Kindles the iPhone", *Fortune Online*, 11 de maio de 2009 <http://apple20.blogs.fortune.cnn.com/2009/05/11/amazon-rekindles-the-iphone>; Douglass MacMillan, "Amazon's Kindle is Off to College", *BusinessWeek Online*, 4 de maio de 2009 <http://www.businessweek.com/technology/content/may2009/tc2009054_280910.htm>; Jeffrey M. O'Brien, "Amazon's Next Revolution", *Fortune Online*, 26 de maio de 2009 <http://money.cnn.com/2009/05/26/technology/obrien_kindle.fortune.index.htm?postversion=2009052605>; e Trefis Team, "Amazon, Apple and the Case of Converging Tablets", 24 de fevereiro de 2012 <http://www.forbes.com/sites/greatspeculations/2012/02/24/amazonapple-and-the-case-of-converging-tablets>.

20. Esses dados são de "Ford, Toyota to Collaborate on Developing New Hybrid System for Light Trucks, SUVs; Future Telematic Standards", Toyota Newsroom <http://pressroom.toyota.com/releases/ford+toyota+hybrid+trucks+suvs+telematics.htm>, acesso em: 26 de fevereiro de 2010; "Nissan Altima Hybrid: A Better Toyota", The Car Family Blog, 15 de julho de 2008 <http://carfamily.wordpress.com/2008/07/15/nissan-altima-hybrid-a-better-toyota>; e Jason Siu, "Toyota and BMW Form Official Partnership for Eco-Friendly Projects", *AutoGuide*, 12 de janeiro de 2011 <http://www.autoguide.com/auto-news/2011/12/toyota-and-bmw-form-official-partnership-for-ecofriendly-projects.html>.

21. O material dessa seção foi adaptado de Robert S. Kaplan e David P. Norton, *The Strategy-Focused Organization* (Boston, MA: Harvard Business School Press, 2001).

22. As descrições de cada perspectiva foram adaptadas de "What is the Balanced Scorecard?" The Balanced Scorecard Institute <http://www.balancedscorecard.org/BSCResources/AbouttheBalancedScorecard/tabid/55/Default.aspx>, acesso em: 26 de fevereiro de 2012.

23. Kaplan e Norton, *The Strategy-Focused Organization*, 8-17.

Parte 2

Descobrindo Oportunidades de Mercado

3
Coleta e Análise de Informações de Marketing

Introdução

Neste capítulo, começaremos o processo de desenvolvimento de um plano de marketing examinando questões-chave na coleta e estruturação de informações para ajudar na formulação de estratégias de marketing. Gestores em todas as organizações, grandes e pequenas, dedicam uma grande parte de seu tempo e sua energia desenvolvendo planos e tomando decisões. Como mostrado no boxe *Além das Páginas 3.1*, o acompanhamento contínuo das preferências de compra dos consumidores-alvo ao longo do tempo é crítico. No entanto, a capacidade de fazê-lo requer acesso e análise de dados para gerar informações úteis em tempo hábil. Ficar a par das tendências no ambiente de marketing é apenas uma das várias tarefas executadas por gerentes de marketing. No entanto, é talvez a tarefa mais importante uma vez que praticamente todo planejamento e tomada de decisão dependem da forma como essa análise é conduzida.

Uma das abordagens mais amplamente utilizada para coleta e análise de informações de marketing é a análise da situação. O objetivo da análise da situação é descrever questões e tendências-chave atuais e futuras e como elas afetam três ambientes principais: o ambiente interno, o ambiente do cliente e o ambiente externo. Como mostra a Figura 3.1, existem muitas questões a serem consideradas em uma análise da situação. Quando vistos em conjunto, os dados coletados durante a análise da situação dão à organização uma ampla visão das questões e tendências que afetam sua capacidade de entregar valor para os stakeholders. Esses esforços impulsionam o desenvolvimento de vantagens competitivas e foco estratégico da organização como veremos no próximo capítulo.

Neste capítulo, vamos examinar várias questões relacionadas com a realização de uma análise da situação, seus componentes e a coleta de dados e informações de marketing para facilitar o planejamento estratégico de marketing. Embora a análise da situação tenha sido tradicionalmente um dos aspectos mais difíceis de planejamento de mercado, os recentes avanços na tecnologia tornaram a coleta de dados e informações de mer-

ALÉM DAS PÁGINAS 3.1

Baby Boomers Merecem uma Análise Cuidadosa[1]

A geração dos baby boomers, os 77 milhões de pessoas nascidas entre 1946 e 1964, tem sido o Santo Graal de empresas que visam ao crescimento de seus negócios. Os números sozinhos sempre fizeram dos boomers uma força poderosa e alvo preferido das empresas ao longo de décadas. No entanto, boomers de hoje atingiram um marco importante: os mais jovens estão agora se aproximando dos 50. Atualmente, mais da metade de todos os baby boomers têm mais de 50, e os mais velhos têm idade superior a 65. Esses números são significativos porque 50 é a idade típica em que as empresas desistem de consumidores. A tradição diz que com 50 anos de idade, o consumidor desenvolveu preferências de compra profundamente enraizadas e fidelidade à marca que nenhuma quantidade de marketing pode desfazer. Empresas de hoje, no entanto, estão descobrindo que a tradição está errada.

As empresas têm redescoberto os baby boomers por uma série de razões. Uma delas é seu incrível potencial de compra. Graças a uma saúde melhor e expectativa de vida mais longa, a maioria dos boomers pretende continuar a trabalhar bem além de seus 60 anos a fim de reforçar suas poupanças de aposentadoria. Declínios recentes no mercado de ações e nas contas de aposentadoria da maioria dos boomers os têm obrigado a procurar formas de se manter no mercado de trabalho por mais tempo. Esse potencial de ganho extra faz deles ainda mais atraentes. Eles agora controlam mais de 80% dos ativos financeiros do país e são responsáveis por mais da metade de todos os gastos de consumo, o enorme valor de US$ 1 trilhão por ano. A segunda razão é que os atuais consumidores com mais de 50 são muito mais ativos do que seus pais. Ao contrário das gerações anteriores, os boomers são muito mais propensos a mudar de carreira, ter mais filhos, voltar para a escola, casar-se novamente, buscar novos hobbies e herdar mais dinheiro de seus pais. Consequentemente, as empresas estão descobrindo que suas preferências de marcas e hábitos de compras não são tão entra-

nhados como se pensava. Finalmente, as empresas não podem desistir dos boomers devido ao menor número de consumidores da Geração X, apenas 50 milhões, que vêm em seguida. Nos próximos anos, as empresas devem manter o foco nos boomers até que os 74 milhões de consumidores da geração Y (nascidos aproximadamente entre 1982 e 1999) atinjam seu pico de potencial de rendimentos.

Atingir os boomers se tornou um desafio para muitas empresas porque elas têm que descartar suas ideias estereotipadas sobre consumidores de 50 anos ou mais. A Gap, por exemplo, tentou atingir os boomers usando anúncios com boomers celebridades bem conhecidos. Contudo, essa estratégia não deu certo porque as roupas da Gap não satisfazem seus gostos. Outras empresas obtiveram sucesso simplesmente nutrindo os ideais e as necessidades dos boomers. Por exemplo, a marca Dove teve um aumento de vendas depois que abandonou modelos atraentes em sua propaganda e favoreceu mulheres comuns em torno dos 40. A Cover Girl adotou uma estratégia semelhante com o lançamento de sua primeira linha de maquiagem direcionada a mulheres mais velhas. Além disso, a Home Depot adicionou serviços de renovação a seu mix, além de sua variedade de produtos faça-você-mesmo. E até mesmo a Honda ficou surpresa quando soube que 40% de seus compradores de minivans eram clientes mais velhos que precisavam transportar os netos, em vez dos próprios filhos. Como resultado, a Honda introduziu uma versão de sua popular minivan Odyssey para atender às necessidades dos consumidores mais velhos.

No entanto, a situação não é uniformemente cor-de-rosa na medida em que incorporadoras e fabricantes de produtos de luxo têm notado um rápido declínio em interesse e vendas entre seus tradicionais clientes boomers. Como suas poupanças de aposentadoria têm diminuído, os boomers de hoje estão menos interessados em comprar residências de veraneio, carros, férias e

▶▶

outros artigos de luxo. Esse fato forçou a maioria dos profissionais de planejamento de aposentadoria a mudar de tática. Por exemplo, a maioria dos anúncios financeiros destinados aos boomers atualmente discute estratégias de investimento práticas e bem avaliadas, em vez de gastar em "boa vida". De fato, alguns analistas de investimento questionam se os boomers poderão algum dia se aposentar.

Especialistas concordam que a chave para atingir o mercado boomer é não assumir que eles são todos iguais. Pesquisadores da Universidade de Duke descobriram que boomers são mais diversificados que todas as gerações atuais. Consequentemente, as empresas devem continuamente reunir pesquisas sobre eles para garantir que seu marketing ecoe junto ao segmento boomer correto.

FIGURA 3.1 Questões a Serem Consideradas em uma Análise da Situação

Ambiente Interno

Revisão de objetivos, estratégia e desempenho atuais

Disponibilidade de recursos

Cultura e estrutura organizacional

Ambiente do Cliente

Quem são nossos clientes atuais e potenciais?

O que os clientes fazem com nossos produtos?

Onde os clientes compram nossos produtos?

Quando os clientes compram nossos produtos?

Por que (e como) os clientes escolhem nossos produtos?

Por que os clientes potenciais não compram nossos produtos?

Ambiente Externo

Concorrência

Crescimento e estabilidade econômica

Tendências políticas

Questões legais e regulatórias

Avanços tecnológicos

Tendências socioculturais

© 2013 Cengage Learning

cado muito mais fácil e eficiente. Uma profusão de dados e informações valiosos também estão disponíveis caso seja necessário. Este capítulo examinará os diferentes tipos de dados e informações de marketing fundamentais para o planejamento, bem como muitas fontes nas quais podem ser obtidos.

Realização de uma Análise da Situação

Antes de avançar em nossa discussão, é importante ter em mente quatro questões importantes sobre a análise da situação. Esperamos que nossa recomendação ajude a superar problemas potenciais ao longo da análise da situação.

Análise Isolada Não é uma Solução

Embora seja verdade que uma análise da situação global pode levar a um melhor planejamento e tomada de decisão, a análise em si não é suficiente. Dito de outra forma, a análise de situação é um pré-requisito necessário, mas não suficiente, para o planejamento estratégico eficaz. A análise deve ser combinada com intuição e julgamento de modo a tornar seus resultados úteis para fins de planejamento. A análise de situação não deve substituir o gestor no processo de tomada de decisão. Sua finalidade é fortalecê-lo com informações para que a tomada de decisões se torne mais eficaz.

Uma análise da situação completa guarnece o gerente de marketing, pois incentiva tanto a análise como a síntese da informação. Com base nessa perspectiva, a análise de situação implica separar as coisas: seja um segmento de clientes (para estudar os usuários frequentes), um produto (para compreender a relação entre suas características e as necessidades dos clientes) concorrente (para ponderar seus pontos fortes e fracos dele, em relação aos seus). O objetivo de separar as coisas é entender por que pessoas, produtos ou organizações apresentam determinado desempenho. Após finalizado esse exame rigoroso, o gerente pode, então, sintetizar a informação para ganhar uma visão ampla das complexas decisões a serem tomadas.

Dados Não É Sinônimo de Informação

Durante todo o processo de planejamento, os gerentes enfrentam regularmente a pergunta: "Quanto de dados e informações eu preciso?" A resposta parece simples, mas na prática não é. Hoje, não há falta de dados. Com efeito, é praticamente impossível saber tudo sobre um tópico específico. Felizmente, o custo de coleta e armazenamento de grandes quantidades de dados caiu enormemente na última década. Sistemas de informação de marketing computadorizados são comuns. Fontes de dados on-line permitem que os gerentes recuperem dados em questão de segundos. O crescimento da tecnologia sem fio agora proporciona aos gerentes acesso a dados vitais fora do escritório. O resultado é que os gestores são mais propensos a ficarem sobrecarregados com dados, em vez de enfrentar uma escassez.

Embora a grande quantidade de dados disponíveis seja um problema a ser resolvido, o verdadeiro desafio é que informação boa e útil não é o mesmo que dado. Dados são fáceis de coletar e armazenar, mas uma boa informação não. Em termos simples, dados são um conjunto de números ou fatos que têm o potencial de fornecer informações. No entanto, não se tornam informativos até que uma pessoa ou processo os transforme ou combine com outros dados de forma tal que os torne úteis para os decisores. Por exemplo, o fato de que as vendas de sua empresa subiram 20% não é informativo até que você compare com a taxa de crescimento da indústria de 40%. Também é importante lembrar que a informação é tão boa quanto os dados dos quais provém. Como diz o ditado, "Entra lixo, sai lixo". É uma boa ideia ser curioso, talvez até mesmo suspeitar da qualidade dos dados utilizados para o planejamento e tomada de decisão.

Os Benefícios da Análise Devem Compensar os Custos

A análise da situação é valiosa apenas na medida em que melhora a qualidade do plano de marketing resultante. Por exemplo, dados que custam US$ 4 mil para adquirir, mas melhoram a qualidade da decisão em apenas US$ 3.999, não devem ser parte do processo de análise. Embora os custos de aquisição de dados sejam fáceis de determinar, os benefícios de decisões melhoradas são bastante difíceis de calcular. Os gerentes devem constantemente fazer perguntas, tais como: "Onde tenho lacunas de conhecimento?", "Como essas lacunas podem ser preenchidas?", "Quais são os custos de preencher essas lacunas?" e "Até que ponto a tomada de decisão irá melhorar ao adquirirmos essa informação?". Ao fazer tais perguntas, os gerentes podem encontrar um equilíbrio entre tirar conclusões precipitadas e "paralisia por análise", ou seja, constantemente adiar uma decisão devido a uma percepção de falta de informações. A perpetuação da análise de dados sem fazer quaisquer decisões geralmente não vale os custos adicionais em termos de tempo ou recursos financeiros.

A Realização de uma Análise da Situação É um Exercício Desafiador

Análise de situação é uma das tarefas mais difíceis no desenvolvimento de um plano de marketing. Os gerentes têm a responsabilidade de avaliar qualidade, adequação e oportunidade dos dados e informações utilizadas para análise e síntese. A natureza dinâmica dos ambientes internos e externos muitas vezes cria problemas no esforço de desenvolver fluxos de informação eficazes. Esse dinamismo pode ser especialmente problemático quando a empresa tenta coletar e analisar dados em mercados internacionais.

É importante que qualquer esforço de análise da situação seja bem organizado, sistemático e apoiado por recursos suficientes (por exemplo, pessoas, equipamentos, informação, orçamento). No entanto, o aspecto mais importante da análise é que ela deve ser um esforço contínuo. Ela não só deve ocorrer nos dias e semanas imediatamente anteriores à formação de estratégias e planos. A coleta, criação, análise e disseminação de dados e informações de marketing pertinentes devem estar enraizadas na cultura da organização. Embora não seja uma tarefa fácil, se a organização quer ser bem-sucedida, ela deve ter a capacidade de avaliar sua situação atual em tempo real. Esse tipo de dados em tempo real é especialmente importante no rastreamento de clientes e concorrentes.

Um desafio final é a tarefa de acompanhar simultaneamente todos os três ambientes (interno, de clientes e externo). Embora o ritmo acelerado das mudanças na economia atual seja uma das causas dessa dificuldade, a relação entre os três ambientes também cria desafios. Como mostra a Figura 3.2, os ambientes interno, de clientes e externo não existem independentemente. Alterações em uma parte do ambiente externo pode causar mudanças subsequentes no ambiente do cliente ou no ambiente interno. Por exemplo, depois que a Mattel processou a MGA Entertainment, Inc. por violação de direitos autorais pelo design da boneca Bratz, a Mattel ganhou uma ação de US$ 100 milhões contra a MGA. A empresa foi condenada a transferir sua linha Bratz e toda a propriedade intelectual associada com o produto para a Mattel. O veredito acabou por ser anulado em recurso. Mais tarde, a MGA ganhou um processo separado contra a Mattel por roubo de propriedade intelectual. Embora o resultado da batalha ainda seja desconhecido, essa disputa no ambiente legal representa uma grande ameaça tanto para a Mattel como para a MGA Entertainment.[2]

Ao voltarmos nossa atenção para os três componentes principais da análise da situação, tenha em mente que dados e informações sobre esses ambientes virão de fontes internas e externas. Informações até mesmo

FIGURA 3.2 — A Relação entre os Ambientes Interno, de Clientes e Externo

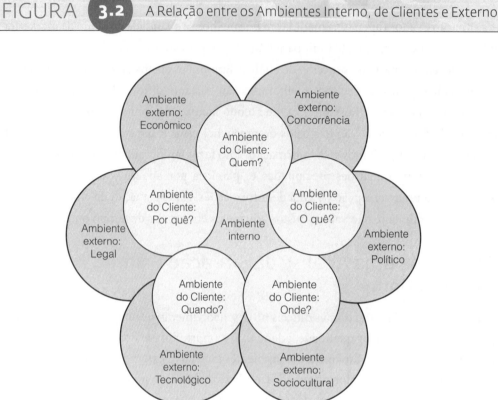

© 2013 Cengage Learning

sobre o ambiente interno da empresa podem ser coletadas em fontes externas, tais como análise de terceiros e classificações, comentários financeiros ou avaliações da opinião do cliente. Finalmente, é importante lembrar que o tipo de dados e a fonte de informação não são tão importantes como ter pronto acesso a uma grande variedade de fontes.

O Ambiente Interno

O primeiro aspecto de uma análise da situação envolve a avaliação crítica do ambiente interno da empresa em relação a seus objetivos, estratégia, desempenho, alocação de recursos, características estruturais e clima político. Na Figura 3.3, fornecemos um esquema para a análise do ambiente interno.

Revisão de Objetivos, Estratégia e Desempenho Atuais

Em primeiro lugar, o gerente de marketing deve avaliar objetivos, estratégia e desempenho de marketing atuais da empresa. A avaliação periódica dos objetivos de marketing é necessária para garantir que eles permaneçam consistentes com a missão da empresa e as mudanças dos ambientes externo e do cliente. Também pode ser necessário reavaliar as metas de marketing da empresa se os objetivos se mostrarem

FIGURA 3.3 — Uma Estrutura para a Análise do Ambiente Interno

Revisão de Objetivos, Estratégia e Desempenho de Marketing Atuais

1. Quais são os objetivos e metas de marketing atuais?
2. As metas e objetivos de marketing são consistentes com a missão, metas e objetivos corporativos ou da unidade de negócios? São consistentes com as recentes mudanças nos ambientes do cliente ou externo? Por quê?
3. Como as estratégias de marketing atuais estão se apresentando em relação aos resultados previstos (por exemplo, volume de vendas, participação de mercado, rentabilidade, comunicação, reconhecimento da marca, preferência do cliente, satisfação do cliente)?
4. Como o desempenho atual se compara com outras organizações do setor? O desempenho da indústria como um todo está melhorando ou em declínio? Por quê?
5. Se o desempenho está em declínio, quais são as causas mais prováveis? Os objetivos de marketing são inconsistentes? A estratégia é ruim? A estratégia foi mal executada?
6. Se o desempenho está melhorando, quais são as ações que podem ser tomadas para garantir que o desempenho continue a melhorar? A melhoria no desempenho é devido a um ambiente melhor do que o esperado ou ao planejamento e execução melhores?

Revisão dos Recursos Organizacionais Atuais e Previstos

1. Qual é o estado dos recursos organizacionais atuais (por exemplo, financeiros, humanos, experiência, relacionamento com principais fornecedores ou clientes)?
2. Esses recursos tendem a mudar para melhor ou pior no futuro próximo? Como?
3. Se as mudanças forem para melhor, como esses recursos adicionais podem ser usados para melhor atender às necessidades dos clientes?
4. Se as mudanças forem para pior, o que pode ser feito para compensar essas novas restrições de recursos?

Revisão de Questões Culturais e Estruturais Atuais e Previstas

1. Quais são os aspectos positivos e negativos da cultura organizacional atual e prevista?
2. Que questões relacionadas com a política interna ou empenhos gerenciais podem afetar as atividades de marketing da organização?
3. Qual é a visão geral de outras áreas funcionais em relação à posição e à importância da função de marketing? Espera-se que executivos-chave mudem no futuro?
4. Como a orientação para o mercado ou cliente da organização (ou a falta dela) afetará as atividades de marketing?
5. A organização enfatiza um horizonte de planejamento de longo ou de curto prazo? Como essa ênfase afetará as atividades de marketing?
6. Atualmente, existem questões positivas ou negativas em relação à motivação dos funcionários, especialmente aqueles em posições de linha de frente (por exemplo, vendas e atendimento ao cliente)?

© 2013 Cengage Learning

---

desatualizados ou ineficazes. Essa análise serve como um importante elemento para as fases posteriores do processo de planejamento de marketing.

O gerente de marketing também deve avaliar o desempenho da estratégia de marketing atual com relação a volume de vendas, participação de mercado, rentabilidade e outras medidas relevantes. Essa análise pode ocorrer em vários níveis: por marca, linha de produtos, mercado, unidade de negócios, divisão e assim por diante. Também é importante analisar a estratégia de marketing em relação ao desempenho geral da indústria. Desempenho fraco ou em declínio pode ser o resultado de: (1) apego a metas ou objetivos de marketing incompatíveis com a realidade atual dos ambientes do cliente ou externo; (2) uma estratégia de marketing deficiente; (3) execução insatisfatória; ou (4) mudanças nos ambientes do cliente ou externo que estão além do controle da empresa. As causas para o desempenho fraco ou em declínio devem ser identificadas antes que estratégias de marketing sejam desenvolvidas para corrigir a situação.

Por exemplo, em meados dos anos 1990, a Pepsi ficou travada em uma batalha de participação de mercado aparentemente interminável com a Coca-Cola. Em geral, a batalha não estava indo bem para a Pepsi: seus lucros perdiam em 47% para os da Coca-Cola, enquanto seu valor de mercado era menos do que a metade de sua principal rival.[3] Mas perder para a Coca-Cola na guerra das colas foi apenas o pontapé que a Pepsi precisava para se reorganizar. Forçada a olhar para fora da indústria de refrigerantes em busca de novas oportunidades de crescimento, a PepsiCo, Inc. se moveu agressivamente para o ramo de bebidas não carbonatadas, bebidas esportivas, alimentos e salgadinhos. Hoje, a água Aquafina engarrafada pela PepsiCo e Gatorade são dominantes em relação à água engarrafada Dasani da Coca-Cola e Powerade em seus respectivos mercados. A divisão Frito-Lay da Pepsi responde por mais de 60% do mercado de salgadinhos dos EUA. Outras marcas líderes da PepsiCo, como Tropicana e Quaker, também estão indo bem. No entanto, todo o foco sobre essas outras marcas levou a empresa a perder seu foco sobre seu carro-chefe, a marca Pepsi. Depois do aumento de mais de 100% durante a primeira metade da década de 2000, os lucros da Pepsi realmente caíram um pouco em 2012. Um novo impulso de US$ 600 milhões em marketing está planejado para revigorar as principais marcas da Pepsi.[4]

Disponibilidade de Recursos

Em segundo lugar, o gerente de marketing deve rever os níveis atuais e previstos de recursos organizacionais que podem ser usados para fins de marketing. Essa avaliação inclui uma análise de recursos financeiros, humanos e de experiência, bem como quaisquer outros recursos que a empresa possa ter em relacionamentos-chave com parceiros da cadeia de suprimentos, parceiros de aliança estratégica ou grupos de clientes. Um elemento importante dessa análise é avaliar se a disponibilidade ou o nível desses recursos tende a mudar no futuro próximo. Recursos adicionais podem ser usados para criar vantagens competitivas para atender às necessidades dos clientes. Se o gerente de marketing espera que os níveis de recursos diminuam, deve encontrar formas de compensá-los ao estabelecer metas, objetivos e estratégias de marketing para o próximo período do planejamento.

Em tempos econômicos ruins, escassez de recursos financeiros têm a maior parte da atenção. No entanto, muitos especialistas preveem que uma escassez de mão de obra qualificada será um grande problema nos EUA ao longo dos próximos anos. O problema não é o número bruto de trabalhadores, mas o conjunto de habilidades que cada um traz para o trabalho. Depois de anos de crescente inovação tecnológica, os trabalhadores agora devem possuir o conjunto correto de habilidades para trabalhar com a tecnologia. Da mesma forma, devem possuir habilidades relacionadas com o conhecimento, tais como raciocínio abstrato, resolução de problemas e comunicação. As empresas também estão tentando aumentar a produtividade no trabalho fazendo o mesmo ou mais com menos funcionários. Empresas em muitas indústrias, a maioria em serviços, voltaram-se para deslocalizar empregos para outros países, onde funcionários com alto nível educacional e que falam inglês trabalharão por menores salários que suas contrapartes norte-americanas. De todos os empregos administrativos que foram deslocalizados, 90% agora estão na Índia. Uma ironia interessante é que a mesma tecnologia que exige um aumento de habilidades dos funcionários permite que esses empregos sejam deslocalizados para outros países. Especialistas sugerem que 30% a 80% do trabalho de qualquer empresa pode ser potencialmente deslocalizado para outros países.[5]

Cultura e Estrutura Organizacional

Finalmente, o gerente de marketing deve rever questões culturais e estruturais atuais e previstas que possam afetar as atividades de marketing. Uma das questões mais importantes nessa avaliação envolve a cultura interna da empresa. Em algumas organizações, o marketing não detém uma posição de destaque na hierarquia política. Essa situação pode criar desafios para o gerente de marketing na obtenção de recursos e aprovação do plano de marketing. A cultura interna inclui também qualquer modificação prevista em cargos executivos-chave dentro da empresa. O gerente de marketing, por exemplo, pode ter dificuldade em lidar com um novo gerente de produção que não consegue ver os benefícios de marketing. Outras questões estruturais a serem consideradas incluem a orientação ao cliente da empresa (ou a falta dela), questões relacionadas a motivação e compromisso com a organização (particularmente entre funcionários sindicalizados) e a ênfase relativa no longo prazo comparada com o planejamento de curto prazo. Gestores de topo que se preocupam apenas com os lucros de curto prazo provavelmente não verão a importância de um plano de marketing que tenta criar relacionamentos de longo prazo.

Para a maioria das empresas, cultura e estrutura são questões relativamente estáveis que não mudam drasticamente de um ano para o outro. De fato, alterar ou reorientar a cultura de uma organização é um processo difícil e demorado. Em alguns casos, no entanto, a cultura e a estrutura podem mudar rapidamente, causando lutas políticas e de poder dentro da organização. Considere os efeitos quando duas organizações combinam suas culturas e estruturas durante uma fusão. Por exemplo, a maior fusão da história dos EUA ocorreu em 2001, quando a AOL adquiriu a Time Warner. Na época, a fusão de US$ 162 bilhões foi considerada visionária em sua combinação de mídia antiga e nova para guiar a convergência de comunicação, entretenimento e mídia. No entanto, o enorme tamanho da incorporação, as diferenças de culturas corporativas e a intensa competição no negócio de propaganda na internet conspiraram para diminuir a recompensa potencial da fusão. Efetivamente, as ações da Time Warner caíram quase 80% após a fusão. No final, as duas empresas se separaram. O movimento, que surgiu da separação da Time Warner Cable da Time Warner, foi projetado para reorientar os esforços da Time Warner em suas principais redes de televisão a cabo e revistas. Hoje, a fusão AOL/Time Warner é considerada a pior na história dos EUA.[6]

O Ambiente do Cliente

Na segunda parte da análise da situação, o gerente de marketing deve examinar a situação atual e futura no que diz respeito aos clientes nos mercados-alvo da empresa. Durante essa análise, devem ser coletadas informações que identifiquem: (1) os clientes atuais e potenciais da empresa; (2) as necessidades vigentes de clientes atuais e potenciais; (3) as características básicas dos produtos da empresa e dos concorrentes percebidas pelos clientes para satisfazer suas necessidades; e (4) a previsão de mudanças nas necessidades dos clientes.

Na avaliação dos mercados-alvo da empresa, o gerente de marketing deve tentar compreender todos os comportamentos do comprador e características de uso do produto relevantes. Um método que o gerente pode usar para coletar tais informações é o Modelo 5W: Who (quem), What (o quê), Where (onde), When (quando) e Why (por quê). Adaptamos e aplicamos esse modelo para a análise do cliente, como mostrado na Figura 3.4. Organizações verdadeiramente orientadas para o mercado ou para o cliente devem conhecer seus

FIGURA 3.4 Modelo 5W Expandido para Análise de Clientes

Quem São Nossos Clientes Atuais e Potenciais?

1. Quais são as características demográficas, geográficas e psicográficas de nossos clientes?
2. Quem realmente compra nossos produtos?
3. Como esses compradores diferem dos usuários de nossos produtos?
4. Quem são os principais influenciadores da decisão de compra?
5. Quem é financeiramente responsável por fazer a compra?

O que os Clientes Fazem com Nossos Produtos?

1. Em que quantidade e combinações nossos produtos são comprados?
2. Como os usuários frequentes de nossos produtos diferem dos usuários ocasionais?
3. Compradores usam produtos complementares durante o consumo de nossos produtos? Se assim for, qual é a natureza da demanda por esses produtos e como isso afeta a demanda por nossos produtos?
4. O que nossos clientes fazem com nossos produtos após o consumo?
5. Nossos clientes reciclam nossos produtos ou suas embalagens?

Onde os Clientes Compram Nossos Produtos?

1. De que tipos de fornecedor nossos produtos são comprados?
2. O comércio eletrônico tem algum efeito sobre a compra de nossos produtos?
3. Nossos clientes estão aumentando suas compras no varejo sem loja?

Quando os Clientes Compram Nossos Produtos?

1. A compra e o consumo de nossos produtos são sazonais?
2. Até que ponto ações promocionais afetam a compra e o consumo de nossos produtos?
3. A compra e o consumo de nossos produtos variam de acordo com mudanças no ambiente físico/social, percepções de tempo ou tarefa de compra?

Por que (e Como) os Clientes Escolhem Nossos Produtos?

1. Quais são as características básicas fornecidas por nossos produtos e os de nossos concorrentes? Como nossos produtos se comparam com os dos concorrentes?
2. Quais são as necessidades dos clientes atendidas por nossos produtos e por nossos concorrentes? Até que ponto nossos produtos atendem a essas necessidades? Até que ponto os produtos de nossos concorrentes atendem a essas necessidades?
3. As necessidades de nossos clientes tendem a mudar no futuro? Se sim, como?
4. Quais são os métodos de pagamento usados por nossos clientes ao fazer uma compra? Disponibilidade de crédito ou financiamento são um problema para nossos clientes?
5. Nossos clientes tendem a desenvolver estreitas relações de longo prazo conosco e com nossos concorrentes ou eles compram de forma transacional (com base principalmente no preço)?
6. Como podemos desenvolver, manter ou melhorar os relacionamentos que temos com nossos clientes?

Por que Clientes Potenciais Não Compram Nossos Produtos?

1. Quais são as necessidades básicas de não clientes que nossos produtos não atendem?
2. Quais características, benefícios ou vantagens de produtos concorrentes fazem com que os não clientes os prefiram?
3. Há razões relacionadas com distribuição, promoção ou preço que impeçam os não clientes a comprarem nossos produtos?
4. Qual é o potencial para a conversão de não clientes em clientes de nossos produtos?

Fonte: Adaptada de Donald R. Lehmann e Russell S. Winer, *Analysis for Marketing Planning*, 6ª ed. (Boston: McGraw-Hill/Irwin, 2005). Copyright 2005 The McGraw-Hill Companies, Inc.

clientes bem o suficiente para que tenham fácil acesso ao tipo de informações que respondem a essas perguntas. Se não, a organização pode precisar fazer pesquisa de mercado de dados primários para compreender plenamente seus mercados-alvo.

Quem São Nossos Clientes Atuais e Potenciais?

Responder à questão "quem" exige um exame das características relevantes que definem mercados-alvo. Isso inclui características demográficas (sexo, idade, renda etc.), características geográficas (onde os clientes vivem, densidade do mercado-alvo etc.) e características psicográficas (atitudes, opiniões, interesses etc.). Dependendo dos tipos de produto vendidos pela empresa, influenciadores da compra ou usuários, em vez de compradores reais, também podem ser importantes. Por exemplo, nos mercados de consumo é notório que a influência das crianças é fundamental em compras, tais como carros, casas, refeições, brinquedos e férias. Nos mercados empresariais, a análise geralmente foca o centro de compras. A decisão de compra é feita por um indivíduo ou por um comitê? Quem tem a maior influência sobre a decisão de compra?

A análise também deve avaliar a viabilidade de clientes ou mercados potenciais que podem ser adquiridos no futuro. Trata-se de olhar para a frente, para situações que podem aumentar a capacidade da empresa de conquistar novos clientes. Por exemplo, empresas de todo o mundo estão particularmente animadas com a abertura do mercado chinês e seus 1,3 bilhão de consumidores potenciais. Muitas empresas, incluindo Procter & Gamble, Walmart, Starbucks e Pepsi marcaram presença na China e esperam alavancar futuras oportunidades de crescimento. O entusiasmo com o mercado chinês decorre de sua forte classe média com mais de 250 milhões de consumidores.[7]

O que os Clientes Fazem com Nossos Produtos?

A questão "o quê" implica uma avaliação de como os clientes consomem e descartam os produtos da empresa. Aqui, o gerente de marketing pode estar interessado em identificar a taxa de consumo do produto (também denominada taxa de uso), as diferenças entre os usuários frequentes e os ocasionais dos produtos, se os

Muitas empresas veem a China como o mercado mais lucrativo do mundo com mais de 1,3 bilhão de consumidores potenciais.

clientes utilizam produtos complementares durante o consumo e o que os clientes fazem com os produtos da empresa após o consumo. Nos mercados empresariais, os clientes costumam usar os produtos da empresa na criação de seus próprios produtos. Como resultado, clientes empresariais tendem a prestar muita atenção nas especificações e na qualidade do produto.

Em alguns casos, as empresas podem não entender completamente como os clientes usam seus produtos sem olhar para os produtos complementares que os acompanham. Nesses casos de demanda derivada, em que a demanda por um produto depende (é derivada) da demanda de outro produto, a empresa também deve examinar o consumo e a utilização do produto complementar. Por exemplo, os fabricantes de pneus se preocupam com a demanda de automóveis e fabricantes de acessórios de computador acompanham de perto a demanda por computadores de mesa e portáteis. Ao acompanhar a demanda e o consumo de produtos complementares, as empresas estão em uma posição muito melhor para entender como os clientes usam seus produtos.

Antes de clientes e empresas ficarem mais preocupados com o ambiente natural, muitas empresas só atentavam em como seus clientes usavam os produtos. Atualmente, elas estão cada vez mais interessadas em como os clientes descartam os produtos, por exemplo, se os clientes reciclam o produto ou sua embalagem. Outro tema pós-consumo trata da necessidade de canais reversos de distribuição para lidar com manutenção e conserto do produto. Fabricantes de automóveis, por exemplo, devem manter uma elaborada rede de instalações de consertos certificadas (normalmente em revendedores) para lidar com manutenção e consertos na garantia.

Às vezes, questões de reciclagem e conserto entram em conflito. O custo atual relativamente baixo de eletrodomésticos leva muitos clientes a comprar novos televisores, computadores ou telefones celulares, em vez de consertar os antigos. Como discutido no boxe "*Além das Páginas 3.2*", isso causa um problema: o que os consumidores fazem com o lixo eletrônico ou dispositivos eletrônicos quebrados e obsoletos? Apesar do lixo eletrônico responder por apenas 1% do volume de lixo do país, governos estaduais e comunidades locais têm lutado por anos contra o lixo eletrônico que entra nos aterros da nação.

Onde os Clientes Compram Nossos Produtos?

A pergunta "onde" está associada principalmente com a distribuição e a conveniência do cliente. Até recentemente, a maioria das empresas olhava apenas para canais tradicionais de distribuição, como corretores, atacadistas e varejistas. Assim, o gerente de marketing se preocupava com a intensidade do esforço de distribuição e os tipos de varejista que os clientes da empresa frequentavam. Hoje, no entanto, muitas outras formas de distribuição estão disponíveis. Atualmente, a forma de distribuição de mais rápido crescimento é o varejo sem lojas, que inclui máquinas de venda automática, marketing direto por catálogos, vendas domiciliares ou infomerciais e varejo eletrônico pela internet, televisão interativa e quiosques de vídeo. Mercados empresariais também começaram a tirar proveito dos custos de aquisição mais baixos da internet. Da mesma forma, muitos fabricantes têm se esquivado de canais de distribuição tradicionais para vender em suas lojas próprias de varejo ou sites de internet. Por exemplo, agora existem tantos caminhos diferentes para fazer download ou streaming de filmes, seja on-line, ou seja, via cabo, que o negócio tradicional de aluguel de filmes está ameaçado.

Quando os Clientes Compram Nossos Produtos?

A pergunta "quando" se refere a quaisquer influências situacionais que podem fazer com que a atividade de compra do cliente varie ao longo do tempo. Isso inclui questões amplas, como sazonalidade dos produtos

ALÉM DAS PÁGINAS 3.2

O Desafio Permanente do Lixo Eletrônico[8]

O que você faz com um computador, uma televisão, um leitor de DVD, um telefone celular antigo ou qualquer outro dispositivo eletrônico quando ele não funciona mais? Consertar o aparelho normalmente não é justificável, dado o alto custo do conserto em relação à compra de um novo item. Se você é como a maioria das pessoas, você joga esses dispositivos no lixo, guarda em uma gaveta ou dá para alguém. É aí que reside o problema com o lixo eletrônico, agora, um grande problema para fabricantes de eletrônicos, governos estaduais e locais e a Agência de Proteção Ambiental dos EUA. Dados recentes mostram que mais de 86% dos produtos eletrônicos descartados (dois milhões de toneladas) acabam em aterros sanitários do país. Muitos desses itens descartados contêm toxinas, como mercúrio, cádmio e chumbo, que podem contaminar o solo e a água se não forem descartados corretamente.

Devido ao crescente problema do lixo eletrônico, muitos governos estaduais e locais têm tomado medidas para resolvê-lo. Em 2007, por exemplo, o estado de Minnesota exigiu que fabricantes recolhessem e reciclassem 60% dos produtos eletrônicos descartados vendidos por eles no estado. O Oregon seguiu o exemplo em 2009. Hoje, apenas 20 estados retiram eletrônicos de aterros. A Califórnia, por exemplo, exige 100% de reciclagem de equipamentos eletrônicos usados, mas acrescenta de US$ 8 a US$ 25 ao preço de novos itens para ajudar a compensar os custos de reciclagem. Até o momento, não há nenhuma lei federal que controle o lixo eletrônico, embora o Congresso tenha atentado para a questão. Uma proposta acrescenta exigências de reciclagem para lojas de eletrônicos, bem como para fabricantes. Tais ações colocam enorme pressão sobre essas empresas, muitas das quais não têm procedimentos de cadeia de suprimentos reversa implantados para lidar com a devolução do lixo eletrônico. Fabricantes de televisão enfrentam os maiores obstáculos na reciclagem. Televisores velhos são grandes, pesados e frequentemente muito difíceis de serem transportados pelos consumidores até instalações de reciclagem. Além disso, o número de televisores reciclados está crescendo rapidamente, à medida que os consumidores substituem televisores de tubos analógicos por modelos digitais de tela plana. Os consumidores também estão confusos sobre o que devem fazer com eletrônicos obsoletos e quebrados.

Para lidar com a crescente demanda por reciclagem, a indústria criou a Empresa de Gestão de Reciclagem dos Fabricantes de Eletrônicos, financiada por seus membros, incluindo Toshiba, Sharp e Panasonic. Outras empresas utilizam recicladores terceirizados, como Waste Management, para lidar com a reciclagem. A Electronic Recyclers International, a maior recicladora de lixo eletrônico do país, processa cerca de 7 mil toneladas de lixo eletrônico por mês em sete locais em seis estados. A empresa tem mais de 2 mil clientes, incluindo a Best Buy. A Dell e a Goodwill Industries desenvolveram uma estratégia inovadora, com a Reconnect Partnership, em que a Dell fornece treinamento e apoio financeiro para recondicionar computadores antigos. O esforço evita que mais de mil toneladas de resíduos de computadores sejam depositados em aterros sanitários por ano. A estratégia é uma grande vitória para a Goodwill, que, como outras instituições de caridade, tem sido inundada com doações de eletrônicos indesejados.

O lixo eletrônico agora é um negócio lucrativo para empresas de reciclagem, uma vez que a indústria gera mais de US$ 3 bilhões em receitas anuais. Ele também gerou uma certa quantidade de controvérsias quando foi descoberto que alguns recicladores exportavam lixo eletrônico para outros países (principalmente Ásia, México e África). Esses países têm leis ambientais frouxas que tornam o problema do lixo eletrônico muito mais difícil em comunidades onde ele é armazenado. Tais ações são uma violação da Convenção de Basileia, um acordo internacional que restringe o comércio de resíduos perigosos.

▶▶

Os Estados Unidos ainda têm de ratificar o acordo. Contudo, a agência de proteção ambiental dos Estados Unidos (EPA – Environmental Protection Agency) requer aprovação antes que empresas dos EUA possam exportar monitores CRT (monitores de computador e televisores com tubos de imagem) que estão entre os tipos mais perigosos de lixo eletrônico. Devido à crescente importância do problema, muitas empresas, como a Dell, publicaram políticas formais sobre lixo e reciclagem de eletrônicos. Além desses fabricantes, varejistas e empresas de serviços agora também estão aderindo. A Amazon, por exemplo, lançou recentemente um programa de trade-in eletrônico. A empresa vai aceitar devoluções de mais de 2.500 dispositivos em troca de um bom crédito para futuras compras na Amazon.

---

da empresa e variabilidade na atividade de compra causada por eventos promocionais ou restrições orçamentárias. Todos sabem que a atividade de compra do consumidor aumenta logo após o recebimento do salário. Em mercados empresariais, as limitações orçamentárias e de calendário do ano fiscal de uma empresa muitas vezes determinam a resposta para a pergunta "quando". Por exemplo, muitas escolas e universidades compram grandes quantidades de suprimentos pouco antes de encerrar seus exercícios fiscais.

A questão "quando" também inclui influências mais sutis que podem afetar o comportamento de compra, como ambiente físico e social, percepção de tempo e tarefa de compra. Por exemplo, um consumidor pode comprar uma marca nacional de cerveja para consumo doméstico regular, mas comprar uma cerveja importada ou artesanal ao visitar um bar (meio físico), sair com os amigos (meio social) ou organizar uma festa. Os clientes também podem variar seu comportamento de compra com base na hora do dia ou de quanto tempo dispõem para procurar alternativas. Variação pela tarefa de compra depende do que o cliente pretende realizar com a compra. Por exemplo, um cliente pode comprar a marca A para seu próprio uso, a marca B para seus filhos e a marca C para seu colega de trabalho como um presente.

Por que (e Como) os Clientes Escolhem Nossos Produtos?

A pergunta "por quê" envolve a identificação dos benefícios básicos fornecidos pelos produtos da empresa que satisfazem sua necessidade. Os benefícios potenciais proporcionados pelas características dos produtos concorrentes também devem ser analisados. Essa questão é importante porque os clientes podem comprar produtos da empresa para satisfazer necessidades que a empresa nunca considerou. Por exemplo, a maioria das pessoas pensa em vinagre como ingrediente de molhos para salada. No entanto, o vinagre possui muitos outros usos, incluindo limpar pisos, afrouxar parafusos ou roscas enferrujados, amaciar carne e amaciar pincéis duros.[9] A resposta para a questão "por quê" também pode ajudar a identificar as necessidades dos clientes insatisfeitos ou não completamente satisfeitos. Durante a análise, também é importante identificar potenciais mudanças nas necessidades atuais e futuras dos clientes. Eles podem comprar produtos da empresa por uma razão que pode ser superada por produtos da concorrência recém-lançados no futuro.

A parte "como" dessa questão refere-se aos meios de pagamento que os clientes usam ao fazer uma compra. Embora a maioria das pessoas use dinheiro (que também inclui cheques e cartões de débito) para a maioria das operações, a disponibilidade de crédito possibilita aos clientes adquirir produtos de alto preço, como carros e casas. O mesmo ocorre em mercados empresariais em que o crédito é essencial para a troca de bens e serviços em operações nacionais e internacionais. Recentemente, uma forma muito antiga de pagamento ressurgiu nos mercados de negócios, a permuta. Ela envolve a troca de bens e serviços por outros bens ou serviços sem envolver dinheiro. Acordos de permuta direta são muito bons para pequenas empresas com pouco dinheiro. De acordo com a Associação Internacional de Comércio Recíproco, mais de US$ 12 bilhões do comércio internacional de bens e serviços é realizado anualmente sem envolver dinheiro, um número que representa mais de 15% da economia global. A permuta tem crescido a uma taxa de cerca de 8% ao ano, em parte graças ao advento das redes de permuta na internet.[10]

Por que Potenciais Clientes Não Compram Nossos Produtos?

Uma parte importante da análise do cliente é a constatação de que muitos clientes em potencial optam por não comprar os produtos da empresa. Embora existam muitas possíveis razões pelas quais os clientes não comprem produtos de uma empresa, algumas incluem:

- não clientes têm uma necessidade básica que o produto da empresa não atende.
- não clientes percebem que têm alternativas melhores ou de menor preço, como produtos concorrentes substitutos.
- produtos concorrentes, efetivamente, têm melhores características ou benefícios do que o produto da empresa.
- o produto da empresa não corresponde ao orçamento ou estilo de vida dos não clientes.
- não clientes têm elevados custos de troca.
- não clientes não sabem que os produtos da empresa existem.
- não clientes têm ideias erradas sobre o produto da empresa (imagem ruim).
- Má distribuição faz com que o produto da empresa seja difícil de encontrar.

Uma vez identificadas as razões da não compra, o gerente deve fazer uma avaliação realista do potencial para a conversão de não clientes em clientes. Embora a conversão nem sempre seja possível, em muitos casos, para a conversão de não clientes, basta ter uma abordagem diferente. Por exemplo, a australiana Casella Wines foi capaz de converter não clientes em bebedores de vinho ao mudar fundamentalmente sua abordagem para a indústria do vinho. Com sua marca [yellow tail], Casella converteu não bebedores de vinho, posicionando-se como fácil de beber, fácil de entender, fácil de comprar e divertida. A empresa [yellow tail] ignorou atributos de vinho de longa data, como prestígio e complexidade, para tornar o vinho mais acessível para as massas. O resultado final é que [yellow tail] é agora a marca de vinho importada mais vendida nos EUA.[11]

Uma vez que o gerente de marketing analisou clientes atuais e potenciais da empresa, a informação pode ser usada para identificar e selecionar os mercados-alvo específicos para a estratégia de marketing revisada. A empresa deve focar os segmentos de clientes nos quais possa criar e manter uma vantagem sustentável sobre seus concorrentes.

O Ambiente Externo

A parte final e mais ampla em uma análise da situação é uma avaliação do ambiente externo que inclui todos os fatores externos, ou seja, competitivos, econômicos, políticos, legais/regulatórios, tecnológicos e socioculturais, que podem exercer pressões diretas e indiretas consideráveis em atividades de marketing domésticas ou internacionais. A Figura 3.5 fornece um esquema para a análise de fatores no ambiente externo. Como ela sugere, as questões envolvidas na análise do ambiente externo podem ser divididas em categorias separadas (ou seja, competitivas, econômicas, jurídicas etc.). Contudo, algumas questões ambientais podem se encaixar em várias categorias.

FIGURA 3-5 Esquema para Análise do Ambiente Externo

Concorrência
1. Quem são nossos principais concorrentes de marca, produto, genérico e orçamento total? Quais são suas características em termos de tamanho, crescimento, rentabilidade, estratégias e mercados-alvo?
2. Quais são os principais pontos fortes e fracos de nossos concorrentes?
3. Quais são as principais capacidades e vulnerabilidades de nossos concorrentes no que diz respeito a seu programa de marketing (por exemplo, produtos, distribuição, promoção e preço)?
4. Que resposta podemos esperar de nossos concorrentes se as condições ambientais mudarem ou se mudarmos nossa estratégia de marketing?
5. Qual a possibilidade que nosso conjunto de concorrentes mude no futuro? Quem são nossos prováveis novos concorrentes?

Crescimento e Estabilidade Econômicos
1. Quais são as condições econômicas gerais do país, região, estado e localidade em que nossa empresa atua?
2. Quais são as condições econômicas de nossa indústria? Ela está, ou não, crescendo? Por quê?
3. Em geral, os clientes estão otimistas ou pessimistas em relação à economia? Por quê?
4. Quais são o poder de compra e os padrões de consumo dos clientes em nossa indústria? Eles estão comprando menos ou mais de nossos produtos? Por quê?

Tendências Políticas
1. As eleições recentes mudaram o cenário político em nossos mercados doméstico ou internacionais? Se sim, como?
2. Que tipo de regulamentações da indústria os políticos eleitos favorecem?
3. O que estamos fazendo atualmente para manter boas relações com políticos eleitos? Essas atividades têm sido eficazes? Por quê?

Questões Legais e Regulatórias
1. Que mudanças propostas em leis e regulamentos internacionais, federais, estaduais ou locais têm o potencial de afetar nossas atividades de marketing?
2. Decisões judiciais recentes sugerem que devemos modificar nossas atividades de marketing?
3. Leis federais, estaduais, locais e de agências de autorregulação recentes sugerem que devemos modificar nossas atividades de marketing?
4. Qual será o efeito de mudanças em acordos ou leis comerciais globais sobre nossas oportunidades de marketing internacionais?

Avanços Tecnológicos
1. Que impacto a mudança na tecnologia teve em nossos clientes?
2. Que mudanças tecnológicas afetarão a maneira como atuamos ou fabricamos nossos produtos?
3. Que mudanças tecnológicas afetarão a maneira como realizamos atividades de marketing, tais como distribuição ou promoção?
4. Existem tecnologias atuais que não utilizamos em todo o seu potencial para tornar nossas atividades de marketing mais eficazes e eficientes?
5. Algum avanço tecnológico ameaça tornar nossos produtos obsoletos? A nova tecnologia tem o potencial de satisfazer necessidades do cliente previamente não satisfeitas ou desconhecidas?

continua

FIGURA 3.5 continuação

Tendências Socioculturais

1. Como dados demográficos e valores da sociedade estão mudando? Qual será o efeito dessas mudanças sobre nossos clientes, produtos, preços, distribuição, promoção e funcionários?
2. Que desafios ou oportunidades criaram mudanças na diversidade de nossos clientes e funcionários?
3. Qual é a atitude geral da sociedade sobre nosso setor, empresa e produtos? Poderíamos tomar medidas para melhorar essas atitudes?
4. Que questões sociais ou éticas devem nos preocupar?

© 2013 Cengage Learning

Um exemplo disso é o crescimento explosivo da propaganda direta ao consumidor na indústria farmacêutica. Em 2010, a indústria gastou cerca de US$ 4,4 bilhões em propaganda direta ao consumidor com anúncios do tipo "pergunte a seu médico", destinados a incentivar os consumidores a solicitar a seus médicos medicamentos específicos. Essa estratégia promocional foi elogiada e criticada em várias frentes. Alguns argumentam que ela desempenha um papel importante na educação da população sobre doenças e tratamentos disponíveis. Os críticos, incluindo o Congresso dos EUA, argumentam que ela incentiva os consumidores a fazer autodiagnóstico e é muitas vezes enganosa sobre os benefícios de uma droga e seus efeitos colaterais. Em resposta a essas críticas, a indústria farmacêutica desenvolveu um conjunto de princípios orientadores para a propaganda direta ao consumidor. No entanto, muitos esperam que o Congresso, eventualmente, aprove legislação limitando ou impedindo a prática.[12]

Problemas no ambiente externo podem muitas vezes ser bastante complexos. Por exemplo, uma greve de 1997 de funcionários da UPS não apenas os tirou do trabalho, mas também levou a desacelerações econômicas nas cidades com centro de distribuição da UPS. A greve também se tornou uma questão política para o então presidente Bill Clinton que era continuamente pressionado a invocar a Lei Taft-Hartley para forçar os funcionários da UPS em greve a voltarem ao trabalho. Embora os efeitos da greve tenham sido de curta duração, algumas mudanças têm um impacto duradouro. Os trágicos acontecimentos de 11 de setembro de 2001 provocaram muitas mudanças nos ambientes competitivos, econômicos, políticos, legais, tecnológicos e socioculturais que ainda serão sentidos por muitas décadas. Felizmente, situações complexas como essas ocorrem com pouca frequência. Ao examinar cada elemento do ambiente de marketing externo, tenha em mente que as questões que surgem em um aspecto do ambiente geralmente se refletem em outros elementos.

Concorrência

Na maioria das indústrias, os clientes têm preferências e escolhas em termos de bens e serviços que podem comprar. Assim, quando uma empresa define os mercados-alvo que irá atender, simultaneamente seleciona um conjunto de empresas concorrentes. As ações atuais e futuras desses concorrentes devem ser constantemente monitoradas e, se possível, até mesmo antecipadas. Um dos principais problemas ao analisar a concorrência é a questão da identificação, ou seja, como o gerente responde à pergunta: "Quem são nossos concorrentes atuais e futuros?" Para chegar a uma resposta, ele deve olhar para além dos exemplos óbvios de concorrência. A maioria das empresas enfrenta quatro tipos básicos de concorrência:

1. **Concorrentes de marca** que comercializam produtos com características e benefícios semelhantes para os mesmos clientes a preços semelhantes.

2. **Concorrentes de produto** que competem na mesma classe de produtos, mas com produtos diferentes em termos de características, benefícios e preço.

3. **Concorrentes genéricos** que comercializam produtos muito diferentes que resolvem o mesmo problema ou satisfazem a mesma necessidade básica do cliente.

4. **Concorrentes de orçamento total** que competem pelos recursos financeiros limitados dos mesmos clientes.

A Figura 3.6 apresenta exemplos de cada tipo de concorrência para mercados de produtos selecionados. No segmento de SUVs compactos da indústria automobilística, por exemplo, Chevrolet Equinox, Ford Escape, Honda CR-V e Jeep Compass são concorrentes de marca. No entanto, cada um enfrenta a concorrência de outros tipos de produtos automotivos, como SUVs de porte médio, caminhões, minivans e carros de passageiros. Alguns desses concorrentes de produto fazem parte de portfólios de produtos próprios de cada empresa (por exemplo, Pilot SUV, Accord Sedan, minivan Odyssey e o caminhão Ridgeline da Honda concorrem com o CR-V). SUVs compactos também enfrentam a concorrência de genéricos, tais como, motoci-

---

FIGURA 3.6 — Exemplos dos Principais Tipos de Concorrência

Categoria de produto (necessidade atendida)	Concorrentes de marca	Concorrentes de produto	Concorrentes genéricos	Concorrentes de orçamento total
SUVs compactos (Transporte)	Chevrolet Equinox Ford Escape Honda CR-V Jeep Compass	SUVs de tamanho médio Caminhões Automóveis de passageiros Minivans	Aluguel de carros Motocicletas Bicicletas Transporte público	Passeio Redução de dívida Reforma na casa
Refrigerantes (Refresco)	Coca-Cola Zero Diet Coke Pepsi Cola Diet Pepsi	Chá Suco de laranja Água engarrafada Bebidas energéticas	Água filtrada da torneira	Doces Chicletes Batata chips
Filmes (Entretenimento)	*Harry Potter* *Crepúsculo* *Jornada nas Estrelas*	TV a cabo Pay-Per-View Locação de vídeo	Eventos esportivos Fliperamas Concertos	Compras Leitura Pescaria
Faculdades (Educação)	Novo México Universidade do Estado da Flórida e do Estado da Louisiana	Escola de Comércio Faculdade local Programas on-line	Livros CDs Aprendizagem	Carro novo Férias Investimentos

© 2013 Cengage Learning

cletas, bicicletas, aluguel de carros e transporte público – todos oferecem produtos que satisfazem a mesma necessidade básica de transporte do cliente. Finalmente, os clientes têm muitos usos alternativos para seu dinheiro: em vez de comprar um SUV compacto, eles podem comprar uma viagem, instalar uma piscina no quintal, comprar um barco, iniciar um fundo de investimento ou pagar uma dívida.

Todos os quatro tipos de concorrência são importantes, mas os concorrentes de marca legitimamente recebem a maior atenção na medida em que os clientes veem marcas diferentes como substitutos diretos entre si. Por essa razão, as estratégias destinadas a fazer com que os clientes troquem de marca são um foco importante em qualquer esforço para vencer a concorrência de marcas. Por exemplo, a Gatorade, de longe a bebida esportiva dominante, perdeu participação de mercado nos últimos anos para concorrentes como Vitamin Water, Propel e Powerade. Para atualizar a marca Gatorade, a Pepsi planeja expandir seu alcance de bebidas esportivas (uma indústria de US$ 7 bilhões) para nutrição esportiva (uma indústria de US$ 20 bilhões). Usando pesquisa do seu Instituto de Ciências do Esporte com sede na Flórida, a Pepsi planeja expandir sua linha de Gatorade para incluir barras energéticas, géis, shakes de proteína e quaisquer outros produtos relacionados com nutrição que os atletas usam para aumentar a energia, o desempenho, a resistência e a recuperação. O primeiro sinal exterior da mudança veio na reembalagem de suas principais linhas da série G em 01 Prime (produtos pré-treino), 02 Perform (produtos para durante o treino) e 03 Recover (produtos pós-treino). O segundo lançamento foi uma linha de produtos de mascar energéticos projetados para aumentar o desempenho atlético. A nova estratégia é um desafio no sentido de que a Gatorade deve mudar seu sistema de distribuição de bebidas para outro que possa lidar com os sortimentos e tamanhos de novas linhas de produtos.[13]

A análise competitiva tem recebido maior atenção recentemente por várias razões: uma concorrência mais intensa por parte dos concorrentes sofisticados, o aumento da concorrência de empresas estrangeiras, ciclos de vida de produtos mais curtos e ambientes dinâmicos, em particular na área da inovação tecnológica. Um número crescente de empresas tem adotado métodos formais de identificação de concorrentes, acompanhamento de suas atividades e avaliação de seus pontos fortes e fracos, um processo conhecido como inteligência competitiva, que envolve observação legal e ética, rastreamento e análise de toda a gama de atividade concorrencial, incluindo capacidades e vulnerabilidades dos concorrentes no que diz respeito a fontes de abastecimento, tecnologia, marketing, solidez financeira, capacidade e qualidade de produção e mercados-alvo. Ela também busca prever e antecipar ações competitivas e reações no mercado.[14] A análise da concorrência deve progredir ao longo das seguintes etapas:

1. **Identificação**. Identificar todos os concorrentes de marca, produto, genéricos e de orçamento total atuais e potenciais.

2. **Características**. Focar em seus principais concorrentes, avaliando tamanho, crescimento, rentabilidade, objetivos, estratégias e mercados-alvo de cada um.

3. **Avaliação**. Avaliar os pontos fortes e fracos de cada concorrente-chave, incluindo as principais capacidades e vulnerabilidades que cada um possui em suas áreas funcionais (marketing, pesquisa e desenvolvimento, produção, recursos humanos etc.).

4. **Capacidades**. Concentrar a análise nas capacidades de marketing de cada concorrente-chave em termos de produtos, distribuição, promoção e preço.

5. **Resposta**. Estimar as estratégias e respostas mais prováveis de cada concorrente-chave em diferentes situações ambientais, bem como suas reações para os próprios esforços de marketing da empresa.

Muitas fontes estão disponíveis para a coleta de informações sobre concorrentes atuais ou potenciais. Relatórios anuais de empresas são úteis para determinar o desempenho atual e a orientação futura. Um exame da declaração de missão de um concorrente também pode fornecer informações, especialmente no que diz respeito à forma como a empresa se define. Um exame completo do site de um concorrente também pode revelar informações, como especificações do produto e preços, que podem melhorar significativamente a análise competitiva. Outras maneiras inteligentes de coletar informações sobre a concorrência incluem técnicas de mineração de dados, rastreamento de patente para revelar os avanços tecnológicos, criação de perfis psicológicos de executivos-chave do concorrente, busca em sites e blogs de opiniões do consumidor e participação de feiras e conferências.[15] Outras fontes de informação valiosas incluem periódicos de negócios e publicações comerciais que fornecem dicas sobre as empresas. Há também inúmeros bancos de dados comerciais, como ABI/INFORM, InfoTrac, EBSCO, Hoover e Moody, que fornecem uma riqueza de informações sobre empresas e suas atividades de marketing. As informações contidas nessas bases de dados podem ser adquiridas em formato impresso, em CD-ROM ou por meio de uma conexão on-line com um provedor de dados, como uma escola ou biblioteca pública.

Crescimento e Estabilidade Econômicos

Se há uma verdade sobre qualquer economia, é que ela irá inevitavelmente mudar. Portanto, as condições atuais e esperadas na economia podem ter um impacto profundo sobre a estratégia de marketing. Um exame completo de fatores econômicos requer que os gestores de marketing avaliem e antecipem as condições econômicas gerais da nação, região, estado e local da área em que operam. Tais condições econômicas gerais incluem inflação, níveis de emprego e renda, taxas de juros, impostos, restrições de comércio, tarifas e os estágios atual e futuros do ciclo de negócios (prosperidade, estagnação, recessão, depressão e recuperação). Por exemplo, a taxa de inflação anual dos EUA apresentou tendência de queda por 16 anos até que começou a subir novamente em 2003. A tendência ascendente terminou em 2009, quando a inflação efetivamente se tornou negativa (isto é, deflação). Isso significa que os níveis gerais de preços começaram a cair durante a crise econômica, provocada por contrações nos gastos do governo e dos indivíduos. Hoje, a inflação é de aproximadamente 1,7% por ano nos EUA.[16]

Fatores econômicos igualmente importantes incluem impressões globais dos consumidores da economia e de sua capacidade e vontade de gastar. A confiança do consumidor (ou a falta dela) pode afetar muito o que a empresa pode ou não fazer no mercado. Em tempos de baixa confiança, os consumidores podem não estar dispostos a pagar preços mais elevados por produtos premium, mesmo se tiverem a capacidade de fazê-lo. Em outros casos, o consumidor pode não ter a capacidade de gastar, independentemente da condição da economia. Outro fator importante são os padrões de gastos atuais e futuros dos consumidores no mercado-alvo da empresa. Se os consumidores compram menos (ou mais) produtos da empresa, pode haver razões econômicas importantes para a mudança.

Uma das mais importantes realidades econômicas nos Estados Unidos ao longo dos últimos 50 anos tem sido uma mudança constante de uma economia predominantemente de tangíveis (bens, equipamentos, fabricação) para uma dominada por intangíveis, como serviços e informações. De fato, praticamente todos estão conscientes de que a economia dos EUA é uma economia baseada no conhecimento. No entanto, nossos métodos de medição e elaboração de relatórios sobre a economia não acompanharam essa mudança. Eles são muito bons em captar a produção industrial, despesas de capital e investimentos em outros ativos tangíveis, mas não podem captar investimentos em intangíveis, como inovação, treinamento de funcionários, valor da marca ou design de produto. Consequentemente, a verdadeira natureza da economia norte-americana é subestimada por praticamente todas as estatísticas atuais, como o PIB. Inovação, criatividade e ativos humanos, os principais fatores subjacentes ao sucesso da maioria das empresas norte-americanas, não são contados como parte de estatísticas anuais do PIB. Além disso, os ativos intangíveis são lamentavelmente subnotificados em balanços das empresas. O valor dos ativos intangíveis das empresas públicas nos EUA é estimado em US\$ 14,5 trilhões, mais de 60% dos quais não são reportados nos balanços. Um dos principais desafios à medida que avançamos é encontrar formas de capturar esses intangíveis em nossa apresentação regular de relatórios e análises econômicas.[17]

Tendências Políticas

Embora a importância irá variar de empresa para empresa, a maioria das organizações deve acompanhar as tendências políticas e tentar manter boas relações com as autoridades eleitas. Organizações que fazem negócios com entidades governamentais, tais como contratos da defesa, devem estar especialmente sintonizadas com as tendências políticas. Políticos eleitos, mas que apresentam atitudes negativas em relação à empresa ou a sua indústria, são mais propensos a criar ou impor regulamentos desfavoráveis para a empresa. Por exemplo, a tendência antitabaco nos Estados Unidos está em franco desenvolvimento desde o final dos anos 1990. Hoje, muitos estados e comunidades locais aprovaram leis para evitar o fumo em locais públicos. Nos últimos tempos, uma das questões políticas relacionada a empresas mais discutida tem sido o status de imigrantes ilegais que atravessam a fronteira dos EUA, especialmente do México. Uma simples questão tem ramificações potenciais para nossa economia (emprego, saúde, comércio), nossa sociedade (língua, cultura) e nossas relações políticas com outras nações. Como mostram esses exemplos, discussões políticas podem ter consequências graves e duradouras para uma indústria ou empresa.

Muitas organizações consideram os fatores políticos como fora de seu controle e fazem pouco mais do que ajustar as estratégias da empresa para acomodar as mudanças nesses fatores. Outras, no entanto, assumem uma postura mais proativa, buscando influenciar políticos eleitos. Por exemplo, algumas organizações protestam publicamente contra medidas legislativas, enquanto outras buscam influência mais discreta doando fundos para partidos políticos ou para grupos de lobistas. Seja qual for a abordagem, os gestores devem estar sempre ligados ao cenário político.

Questões Legais e Regulatórias

Como você pode suspeitar, questões legais e regulatórias têm laços estreitos com eventos no ambiente político. Numerosas leis e regulamentos têm o potencial de influenciar as decisões e atividades de marketing. A simples existência de tais leis e regulamentos faz com que muitas empresas aceitem essas influências como um aspecto predeterminado de planejamento de mercado. Por exemplo, a maioria das empresas cumpre a legislação de estímulo à concorrência, em vez de enfrentar as penalidades do descumprimento. Na realidade, a maioria das leis e dos regulamentos é bastante vaga (por exemplo, o Americans with Disabilities Act – Lei dos Norte-Americanos com Deficiências), o que muitas vezes faz as empresas testarem os limites de certas leis, operando de uma forma juridicamente questionável. A imprecisão das leis é particularmente preocupante para as empresas de comércio eletrônico que enfrentam uma série de questões jurídicas ambíguas que envolvem direitos autorais, responsabilidade, tributação e jurisdição legal. Por razões como essas, o gerente de marketing deve examinar cuidadosamente as decisões judiciais recentes para melhor compreender a lei ou regulamento em questão. Novas interpretações judiciais podem apontar para futuras mudanças em leis e regulamentos existentes. O gerente de marketing também deve examinar as recentes decisões do estado, agências de comércio local e autorreguladoras federais para determinar seus efeitos sobre as atividades de marketing.

Uma das mais profundas mudanças legislativas em governança corporativa ocorreu com a assinatura da Lei Sarbanes-Oxley do então presidente Bush em 30 de julho de 2002. Ela foi essencialmente a resposta do governo federal para uma série de escândalos corporativos, mais notavelmente Enron, Tyco e WorldCom. A lei introduziu regras muito rigorosas para a prática financeira e governança corporativa projetada para proteger os investidores, aumentando a precisão e a confiabilidade das divulgações corporativas de informações financeiras. Um resultado interessante da Lei Sarbanes-Oxley foi a mídia intensa e atenção do público que ela atraiu. A precisão das divulgações de empresas é agora um problema observado tão de perto que as organizações são forçadas a se enquadrarem tanto do ponto de vista legal como prático. Estima-se que o cumprimento da lei, sob a forma de novos sistemas de informação e de relatórios, custou às empresas em média US$ 2,3 milhões por ano em custos de conformidade. Recentemente, a lei Sarbanes-Oxley sobreviveu a um teste de constitucionalidade no Supremo Tribunal dos EUA, embora algumas disposições menores tenham sido alteradas.[18]

As organizações que se envolvem em negócios internacionais também devem estar atentas a questões legais que cercam os acordos comerciais entre as nações. A implantação do Acordo de Livre Comércio da América do Norte (Nafta), por exemplo, criou um mercado aberto de cerca de 374 milhões de consumidores. Desde que o Nafta entrou em vigor, muitas empresas norte-americanas começaram, ou expandiram, suas operações no Canadá e no México. Por outro lado, os governos nacionais, por vezes, recorrem a acordos comerciais para limitar a distribuição de determinados produtos em países-membros. Desacordos recorrentes entre os EUA, Canadá e Argentina e União Europeia (UE) sobre os alimentos geneticamente modificados, por exemplo, levou os EUA a apresentar uma queixa junto à Organização Mundial do Comércio em 2003. A UE proibiu todos os alimentos e culturas geneticamente modificados desde 1998. A denúncia argumentou que a proibição não tinha apoio científico e constituía uma barreira desleal de comércio. A OMC decidiu contra a UE em 2006 permitindo a entrada dos alimentos geneticamente modificados na UE. No entanto, nações da UE, como a Alemanha, continuaram a proibir o uso de sementes e alimentos geneticamente modificados. Hoje, apenas 0,06% das terras agrícolas na UE é utilizado para o cultivo de alimentos geneticamente modificados, a maioria na Espanha. Mesmo que o mercado finalmente se abra aos produtores norte-americanos, o percurso será difícil. A grande maioria dos consumidores europeus acredita que os alimentos geneticamente modificados não são seguros para o consumo.[19]

Avanços Tecnológicos

Ao pensar em tecnologia, a maioria das pessoas tende a imaginar novos produtos de alta tecnologia, como telefones sem fio, acesso à internet de banda larga, avanços médicos, sistemas de GPS ou televisão interativa. No entanto, tecnologia efetivamente se refere ao modo de se realizarem tarefas específicas ou os processos que usamos para criar as "coisas" que consideramos como novas. De todas as novas tecnologias criadas nos últimos 30 anos, nenhuma teve um impacto maior no marketing do que os avanços na tecnologia de computação e informação. Essas tecnologias mudaram a forma como consumidores e funcionários vivem e a maneira como as empresas atuam para atender às suas necessidades. Em alguns casos, as mudanças na tecnologia podem ser tão profundas que tornam os produtos de uma empresa obsoletos, como ocorre com discos de long-play (LPs) em vinil, máquinas de escrever, fitas cassetes e pagers. Vemos esse processo ocorrendo atualmente à medida que os consumidores lentamente trocam os CDs, DVDs e jornais por música, filmes e notícias digitais.

Muitas mudanças na tecnologia assumem uma presença de ponta na criação de novas oportunidades de marketing. Por tecnologia de ponta, queremos dizer que esses avanços são mais perceptíveis para os clientes. Por exemplo, produtos como telefones sem fio, fornos de micro-ondas e engenharia genética têm gerado indústrias inteiramente novas destinadas a atender às necessidades previamente desconhecidas dos clientes. Muitas tecnologias de ponta, como smartphones e sistemas de navegação por satélite e GPS, visam aumentar a conveniência do cliente. Da mesma forma, as empresas continuam a avançar com mudanças ainda mais significativas na maneira como atendem os clientes utilizando marketing interativo com computadores e televisão digital.

Essas e outras mudanças tecnológicas também podem ficar em segundo plano quando suas vantagens não são necessariamente evidentes para os clientes. Avanços na tecnologia de segundo plano podem afetar as atividades de marketing, tornando-as mais eficientes e eficazes. Por exemplo, os avanços na tecnologia dos computadores tornaram o armazenamento e controle de estoque mais eficientes e menos caros. Alterações similares na tecnologia de comunicação tornaram representantes de vendas de campo mais eficientes e eficazes em suas relações com gerentes e clientes.

Em alguns casos, a tecnologia pode ser tanto de ponta como secundária. Uma das descobertas mais promissoras é a identificação por radiofrequência (RFID), que envolve o uso de minúsculos chips habilitados para rádio que podem ser ligados a um produto ou sua embalagem, ou incorporados em dispositivos electrônicos, como receptores GPS e smartphones. Os sinais de rádio emitidos ou refletidos pelo chip (ou etiqueta) podem ser usados para controlar os níveis de estoque, impedir o roubo ou fazer pagamentos sem fio. Uma das mais recentes formas de RFID, a Near Field Communication (NFC), pode ser usada para transmissão de dados sem fios de curto alcance entre os smartphones e terminais de pagamento, como máquinas de venda automática, terminais de ponto de venda e quiosques em metrôs, cinemas ou aeroportos. Em 2014, 20% dos smartphones foram habilitados para NFC compatível com os sistemas de pagamentos MasterCard, Visa e American Express. A tecnologia RFID é também utilizada em outras aplicações, como em acompanhamento de pacientes em hospitais, análise de dados em tempo real em carros de corrida da Fórmula Indy e sistemas EZ-Pass em estradas com pedágio dos EUA.[20]

Etiquetas de identificação de radiofrequência (RFID) são usadas em uma variedade de aplicações de ponta e de segundo plano.

Tendências Socioculturais

Fatores socioculturais são as influências sociais e culturais que provocam mudanças de atitudes, crenças, normas, costumes e estilos de vida. Essas forças afetam profundamente a forma como as pessoas vivem e ajudam a determinar o que, onde, como e quando os clientes compram produtos de uma empresa. A lista de tendências socioculturais potencialmente importantes é muito longa para serem individualmente examinadas aqui. A Figura 3.7 ilustra exemplos de algumas dessas tendências. Duas das mais importantes, no entanto, são mudanças na demografia e nos valores do cliente.

FIGURA **3.7** Tendências no Ambiente Sociocultural dos EUA

Tendências demográficas

Envelhecimento da população norte-americana

Aumento da diversidade da população, especialmente no número de hispânicos

Aumento do número de domicílios individuais/com apenas um morador

Aumento do número de famílias monoparentais

Declínio na população adolescente (em porcentagem da população total)

Crescimento da população nos estados do Cinturão do Sol

Aumento da imigração (legal e ilegal)

Aumento do número de norte-americanos ricos

Tendências de estilo de vida

Muitos norte-americanos estão adiando a aposentadoria

Vestuário tem se tornado mais informal, especialmente no trabalho

Crescente participação na modificação do corpo (por exemplo, tatuagens, piercings)

Norte-americanos têm menos tempo para atividades de lazer

Férias em casa estão mais comuns

Menos compras em shoppings, mais compras feitas de casa

Foco contínuo em saúde, nutrição e exercícios físicos

Crescente importância do tempo de lazer em função do tempo de trabalho

Tempo gasto assistindo televisão e lendo jornais diminuiu

Crescente popularidade dos veículos híbridos eficientes

Tendências de valores

Crescente desconexão com o governo

Maior enfoque na ética e na responsabilidade social

Aumento do interesse em dar um retorno à comunidade

Períodos de atenção mais curtos e menos tolerância para esperar

Consumo mais orientado para valor (de boa qualidade, bom preço)

Importância de manter relações estreitas e pessoais

Aumento das preocupações sobre o ambiente natural

Menos tolerância de fumar em locais públicos

Mais tolerância de escolhas de estilo de vida individuais

Ceticismo crescente sobre negócios

© 2013 Cengage Learning

Há muitas mudanças na composição demográfica da população dos EUA. Por exemplo, a maioria de nós sabe que a população como um todo envelheceu como resultado de avanços na medicina e estilos de vida mais saudáveis. Como mostrado na Figura 3.8, pesquisas sugerem que o número de norte-americanos com 65 anos ou mais vai aumentar 106% em 2030, de 13% a 20% da população.[21] Especialistas preveem que, até 2050, pela primeira vez na história da humanidade, a população mundial de pessoas idosas será maior do que a de crianças com idades entre 0-14 anos. Como resultado, empresas de cuidados de saúde, recreação, turismo e residências para idosos podem esperar grandes aumentos na demanda ao longo das próximas décadas. Outras alterações importantes incluem um declínio na população de adolescentes, um número crescente de solteiros e famílias monoparentais, e ainda uma maior participação das mulheres na força de trabalho. O aumento no número de famílias de dupla renda e monoparentais, por exemplo, tem levado a um aumento maciço na demanda e espaço de prateleira no varejo de entradas e refeições congeladas de conveniências. Nosso foco crescente em saúde e nutrição levou muitos dos fabricantes dessas refeições a oferecer menor teor de calorias e carboidratos em seus produtos. Outra mudança demográfica importante é a crescente diversidade da população dos EUA. O número de imigrantes legais que vão para os Estados Unidos tem aumentado constantemente durante os últimos 30 anos. Entre agora e 2050, o crescimento da população minoritária responderá por 90% do crescimento da população total dos EUA. Essa tendência é especialmente verdadeira

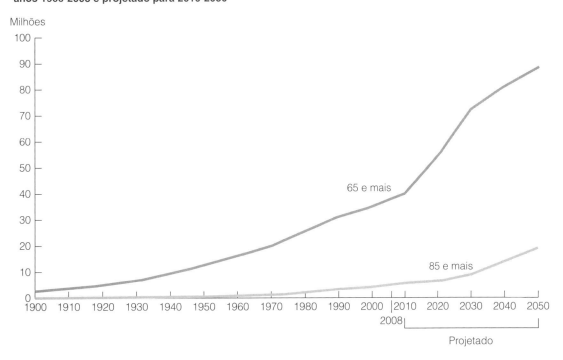

FIGURA 3.8 Crescimento do Número de Norte-Americanos Idosos

Nota: os dados para 2010-2050 são projeções da população.
População de referência: esses dados referem-se à população residente.
Fonte: U.S. Census Bureau, Decennial Census, Population Estimates and Projections.

entre a população hispânica, que aumentou 43% desde 2000 (a população nacional cresceu 9,7% desde 2000). Em 2050, quase um quarto da população dos EUA será de origem hispânica, bem acima dos atuais 16,4%.[22] Essas mudanças na diversidade irão criar ameaças e oportunidades para a maioria das organizações. População diversificada significa uma base de clientes diversificada. As empresas devem alterar suas práticas de marketing, incluindo a forma como recrutam e selecionam funcionários, para coincidir com esses segmentos de clientes em constante mudança. Por exemplo, mulheres negras, ignoradas por empresas de cosméticos por um longo tempo, costumavam ter muita dificuldade para encontrar maquiagem em tons adequados para sua pele. Agora, praticamente todas as empresas de cosméticos oferecem linhas de produtos projetadas especificamente para esses mercados previamente não atendidos. Além disso, empresas mais conhecidas agora visam especificamente os consumidores hispânicos. Não apenas esse mercado está crescendo, ele também tem várias características positivas, como baixo nível de endividamento, famílias com dois rendimentos e uma afinidade por produtos de marca. A Kraft Foods, por exemplo, recentemente triplicou seus gastos com propaganda dirigida ao mercado hispânico. Contudo, de forma geral, menos de 5% do total de gastos de mídia é destinado a hispânicos, o que sugere que as empresas ainda têm um longo caminho a percorrer para chegarem a esse lucrativo segmento de mercado.[23]

Mudanças em nossos valores culturais, os princípios orientadores da vida cotidiana, também podem criar oportunidades e desafios para as empresas. Valores influenciam nossos pontos de vista sobre como viver, as decisões que tomamos, o trabalho que fazemos e as marcas que compramos. Em um grande estudo dos valores norte-americanos, pesquisadores descobriram que os quatro valores mais importantes, independentemente de idade, sexo, raça, renda ou região são: (1) autorrespeito; (2) cordialidade; (3) segurança; e (4) senso de realização. Ao longo dos últimos 30 anos, o autorrespeito tem sido o valor dominante na cultura dos EUA. A necessidade de pertencimento e de segurança tem na realidade diminuído em importância em relação ao mesmo período de tempo, apesar dos trágicos acontecimentos de 11 de setembro e a mais recente recessão econômica. Curiosamente, o crescimento mais rápido em importância em relação ao mesmo período de tempo é diversão, prazer e excitação.[24] Empresas astutas podem usar essa informação para refletir os valores prevalecentes nos produtos e na propaganda que criam.

Como você pode ver, o ambiente externo engloba uma grande variedade de fatores importantes que devem ser analisados cuidadosamente antes de desenvolver o plano de marketing. Essas questões são tão importantes que a maioria das empresas tem especialistas na equipe de funcionários para acompanhar as tendências emergentes e desenvolver estratégias para lidar com preocupações externas. Esses especialistas são normalmente alocados em departamentos de assuntos corporativos, conforme descrito no boxe *Além das Páginas 3.3*. Embora o ambiente externo seja o maior dos três ambientes discutidos, não é necessariamente o mais importante. Dependendo da empresa, sua indústria e o momento em que se encontra, os ambientes internos e/ou de clientes podem ser muito mais importantes no desenvolvimento da estratégia de marketing. O ponto é que todos os três ambientes devem ser analisados antes de desenvolver uma estratégia e um plano de marketing. Uma boa análise requer a coleta de dados e informações relevantes, nosso próximo tópico.

Coleta de Dados e Informações de Marketing

Para realizar uma análise da situação completa, o gerente de marketing deve investir tempo e dinheiro para coletar dados e informações pertinentes para o desenvolvimento do plano de marketing. Esse esforço sempre envolverá a coleta de dados secundários, que devem ser compilados dentro ou fora da organização para alguma finalidade diferente da análise atual. No entanto, se dados e informações necessários não estiverem

ALÉM DAS PÁGINAS 3.3

A Cartilha de Assuntos Corporativos[25]

O que são assuntos corporativos? Em seu sentido mais amplo, assuntos corporativos são um conjunto de atividades estratégicas destinadas a fazer o marketing de uma organização, seus assuntos e seus ideais a potenciais stakeholders (consumidores, público em geral, acionistas, mídia, governo etc.). Uma maneira de pensar sobre assuntos corporativos é que eles incluem todas as atividades de marketing da organização não dirigidas aos usuários finais de seus produtos. As atividades que definem assuntos corporativos variam, mas a maioria das organizações mantém departamentos envolvidos nas seguintes atividades estratégicas:

- **Comunicação Corporativa** – atividades destinadas a contar a história da organização e promover a boa vontade entre os diversos stakeholders. Inclui atividades como relações públicas, relações com funcionários, propaganda de imagem corporativa, assuntos de interesse público e relações com a mídia.
- **Relações Governamentais** – atividades destinadas a educar e influenciar políticos eleitos, funcionários do governo e agências reguladoras com respeito a questões-chave relevantes para a empresa. A forma mais visível de relações com o governo é o lobby.
- **Relações com Investidores** – atividades destinadas a promover o investimento na organização por meio da venda de instrumentos financeiros, como ações e títulos. Inclui atividades como desenvolvimento do relatório anual, planejamento de reuniões com acionistas e outras atividades de atendimento ao cliente direcionadas aos acionistas.
- **Filantropia Corporativa** – atividades destinadas a atender às necessidades da comunidade em geral (em nível nacional ou global) por meio de doações de produto ou dinheiro, voluntariado ou apoio a iniciativas humanitárias.
- **Sustentabilidade Empresarial** – atividades destinadas a reduzir o impacto da organização sobre o meio ambiente. Inclui atividades como a redução de emissões de carbono da organização, a reci-

clagem de seus produtos e a promoção da gestão ambiental.
- **Análise Política** – atividades destinadas a influenciar o diálogo nacional ou internacional no que diz respeito à ordem pública ou econômica em uma área relacionada com a indústria. Inclui pesquisa e análise para fornecer as informações necessárias para a tomada de decisões políticas.

Talvez a melhor maneira de entender assuntos corporativos é ver o que várias grandes organizações têm a dizer sobre isso. Aqui estão alguns exemplos:

Microsoft – Grupo de Assuntos Jurídicos e Corporativos

O Grupo de Assuntos Jurídicos e Corporativos da Microsoft (Legal and Corporate Affairs – LCA) trabalha na vanguarda de questões de negócios e de regulamentos em todo o mundo. Uma equipe diversificada e multidisciplinar de profissionais de relações jurídicas, empresariais e corporativas atua em 57 locais em 40 países/regiões do mundo.

O LCA dá suporte à Microsoft fornecendo soluções pioneiras. As pessoas são estimuladas a desempenhar um papel proativo e envolvido não só na identificação de problemas, mas também na formação de novas soluções de assuntos legais e corporativos que permitam o avanço de objetivos de negócios e beneficiem consumidores, parceiros da indústria, além das comunidades em que vivemos e trabalhamos.

O LCA empenha-se a ser um valioso parceiro demonstrando liderança em nível internacional nas relações empresariais e legais. Construímos relações construtivas, defendemos a integridade nos negócios e soluções pioneiras inovadoras que ganham a confiança do público e constroem o valor duradouro da Microsoft.

Tesco – Assuntos Corporativos e Jurídicos

Nossa equipe de Assuntos Corporativos promove e protege a marca Tesco, influenciando o que as pessoas pensam a nosso respeito e afetando a maneira como fazemos as coisas.

▶▶

O Grupo opera 24 horas por dia para informar o público sobre as atividades da empresa. Essencialmente, trata-se de entregar mensagens claras que colocam nossos clientes em primeiro lugar. No entanto, também aconselhamos sobre política e comunicações, organizamos conferências importantes e eventos de influência. Mantermos funcionários, clientes e outros stakeholders atualizados sobre as últimas ofertas especiais da empresa e os desenvolvimentos dos negócios, sem mencionar nosso apoio a boas causas e comunidades. Efetivamente, exercemos uma das funções mais ligadas a pessoas no negócio.

SABMiller – Assuntos Corporativos

Nossas equipes de Assuntos Corporativos exemplificam a dedicação da SABMiller em fazer a diferença por meio da cerveja.

Como podemos fazer mais cerveja usando menos água? Como podemos reduzir o consumo irresponsável? Como podemos continuar a reduzir nossa emissão de carbono? Como podemos acompanhar, monitorar e comunicar nossa excelência em responsabilidade social corporativa e desenvolvimento sustentável? Essas são algumas das perguntas e desafios que nossas equipes de Assuntos Corporativos ajudam a resolver.

Estamos no negócio de produção de cerveja, mas estamos empenhados em fazer isso da maneira mais ética, ambientalmente sustentável e transparente possível. A SABMiller está determinada a dar um retorno à sociedade e tem um compromisso de fazer o que é certo.

A SABMiller promove carreiras em Assuntos Corporativos em uma ampla gama de oportunidades em todos os níveis, incluindo: Relações com a Mídia, Relações com Investidores, Relações Governamentais, Assuntos da Indústria do Álcool, Responsabilidade Social Corporativa, Desenvolvimento Sustentável, Comunicação Interna e Gestão de Reputação.

BlueScope Steel (Austrália) – Assuntos Corporativos (Relações Externas)

Assuntos Corporativos da BlueScope Steel gerencia relacionamentos corporativos da empresa com diversos stakeholders externos importantes, incluindo meios de comunicação, governos, entidades da indústria e outros fabricantes de aço. Assuntos Corporativos produz comunicados à imprensa e anúncios regulares, além de ser responsável pela gestão da produção de relatórios corporativos, incluindo o Relatório Anual e o Relatório de Comunidade, Segurança e Ambiente. Assuntos Corporativos também é responsável pela gestão das comunicações com 21 mil funcionários em todo o mundo, incluindo a produção do jornal dos funcionários em toda a empresa, Steel Connections.

IBM – Cidadania Corporativa

É lógico que a responsabilidade pela boa cidadania corporativa se estende a todas as divisões da empresa, porque a cidadania corporativa da IBM consiste em muito mais do que o serviço comunitário. A IBM é uma empresa com mais de 425 mil funcionários com negócios em quase 170 países. Administramos uma cadeia de mais de 27 mil fornecedores. Apoiamos uma vasta rede de stakeholders, de clientes, funcionários e parceiros de negócios a líderes comunitários e investidores. E o trabalho que fazemos impacta não apenas outras empresas de sucesso empresarial, mas também a eficiência e inovação de países, cidades, governos, comunidades e a infraestrutura crítica do nosso planeta.

Por essas razões, o negócio da IBM é inerentemente necessário para buscarmos os mais elevados padrões de responsabilidade social, de como podemos apoiar e capacitar nossos colaboradores, nossa forma de trabalhar com nossos clientes, a forma como governamos a corporação.

Dada a complexidade do ambiente externo na economia atual, o planejamento estratégico em assuntos corporativos é tão importante quanto desenvolver boa estratégia para atingir os clientes da organização. Nenhuma organização existe isoladamente. Consequentemente, todas as organizações devem gerenciar ativamente suas relações com potenciais stakeholders para garantir o sucesso contínuo.

disponíveis, dados primários terão de ser coletados por meio de pesquisa de marketing. Acesso a fontes de dados secundários geralmente é preferível como primeira opção, porque essas fontes podem ser obtidas mais rapidamente e com menor custo do que a coleta de dados primários. Nesta seção, examinaremos as diferentes fontes de dados e os desafios ambientais na coleta de dados.

Fontes de Informações Secundárias

Há quatro fontes básicas de dados e informações secundárias: fontes internas, governo, periódicos/livros e dados comerciais. A maioria dessas fontes está disponível em formatos impresso e eletrônico. Vejamos os principais pontos fortes e fracos de cada uma delas.

Fontes de dados internas. Os próprios registros da empresa são a melhor fonte de dados sobre atuais objetivos, estratégia, desempenho e recursos disponíveis. Fontes internas também podem ser uma boa fonte de dados sobre as necessidades, atitudes e comportamento de compra dos clientes. Dados internos também têm a vantagem de serem relevantes e críveis, porque a própria organização tem a responsabilidade de sua coleta e organização.

Um dos maiores problemas com dados internos é que muitas vezes não estão em uma forma facilmente acessível para fins de planejamento. Caixas e caixas de registros impressos da empresa esquecidas em um depósito são pouco úteis para o planejamento de marketing. Para superar esse problema, muitas organizações mantêm sistemas de informação complexos que tornam os dados facilmente acessíveis e interativos. Tais sistemas permitem que os funcionários acessem dados internos, tais como perfis de clientes e estoque de produtos, e compartilhem detalhes de suas atividades e projetos com outros funcionários da empresa por todo o prédio ou no mundo. Eles também proporcionam uma oportunidade de inteligência de marketing de toda a empresa permitindo a coordenação e a integração de esforços para alcançar uma verdadeira orientação para o mercado.

Fontes governamentais. Se algo existe, o governo dos EUA coletou dados sobre o assunto. O grande volume de informações disponíveis sobre economia, população e atividades de negócios é o principal ponto forte da maioria das fontes de dados governamentais. Fontes do governo também têm as vantagens de fácil acessibilidade e baixo custo – e a maior parte é gratuita. A principal desvantagem com dados do governo refere-se à atualidade. Apesar de muitas fontes do governo passarem por atualizações anuais, algumas são feitas com muito menos frequência (por exemplo, o censo a cada década). Como resultado, algumas fontes do governo podem estar desatualizadas e não serem particularmente úteis para fins de planejamento de mercado.

Ainda assim, objetividade e baixo custo de fontes do governo fazem delas uma resposta atraente para a necessidade de dados de muitas organizações. Algumas das melhores fontes governamentais disponíveis na internet incluem:

- **Federal Trade Commission** (www.ftc.gov): fornece relatórios, discursos e outros fatos sobre questões de concorrência, antitruste e defesa do consumidor.
- **FedWorld** (www.fedworld.gov): oferece links para várias fontes do governo federal de estatísticas da indústria e do mercado.
- **Edgar Database** (www.sec.gov/edgar.shtml): fornece dados financeiros globais (dez mil relatórios) sobre as empresas públicas nos Estados Unidos.

- **USA Small Business Administration** (www.sba.gov): oferece inúmeros recursos para as pequenas empresas, incluindo relatórios, mapas, análises de mercado da indústria (nacional, regional ou local), recursos de biblioteca e listas de verificação.

Fontes de livros e periódicos. Artigos e relatórios de pesquisa disponíveis em livros e periódicos fornecem uma gama de informações sobre muitas organizações, indústrias e nações. Esqueça o conceito de que livros e periódicos têm apenas uma versão impressa. Hoje, existem fontes muito boas apenas em formato eletrônico. Estar disponível no momento certo é um grande ponto forte dessas fontes, já que a maioria diz respeito a tendências ambientais e práticas de negócios correntes. Algumas fontes, tais como periódicos acadêmicos, fornecem resultados detalhados de estudos de pesquisa que podem ser pertinentes para os esforços de planejamento do gerente. Outras, como publicações comerciais, focam em indústrias específicas e nas questões que nas caracterizam.

Muitas dessas fontes estão disponíveis gratuitamente na internet. A maioria das assinaturas, no entanto, é paga. Alguns dos melhores exemplos incluem:

- **Serviços de assinatura,** como *Moody's* (www.moodys.com), *Hoover's* (www.hoovers.com), *Standard and Poor's* (www.standardandpoors.com) e *Dismal Scientist* (www.economy.com/dismal), fornecem análises em profundidade e estatísticas atuais sobre as principais indústrias e corporações.

- **Grandes associações comerciais**, como a *American Marketing Association* (www.marketingpower.com) e a *Sales and Marketing Executives* (www.smei.org) e publicações comerciais, tais como **Adweek** (www.adweek.com) e *Chain Store Age* (www.chainstoreage.com), oferecem uma ampla gama de notícias e informações para seus membros e leitores.

- **Periódicos acadêmicos**, como a *Harvard Business Review* (http://hbr.org) e a *Sloan Management Review* (http://sloanreview.mit.edu), são boas fontes de pensamento de ponta sobre negócios e marketing.

- **Publicações de negócios em geral**, como *Wall Street Journal* (www.wsj.com), *Fortune* (www.fortune.com) e *Business Week* (www.businessweek.com), oferecem uma riqueza de informações sobre uma grande variedade de indústrias e empresas.

Os dois maiores inconvenientes de livros e periódicos são a sobrecarga de informações e a relevância para o problema específico em questão. Isto é, apesar do grande volume de informações disponíveis, encontrar dados ou informações pertinentes à situação específica e única do gerente pode ser como procurar uma agulha no palheiro.

Fontes comerciais. São quase sempre relevantes para um problema específico, porque lidam com os comportamentos reais de clientes no mercado. Empresas como Nielsen monitoram uma variedade de comportamentos, desde compra de alimentos em supermercados a características de uso de mídia. As fontes comerciais geralmente cobram uma taxa por seus serviços. No entanto, dados e informações são de valor inestimável para muitas empresas. Algumas fontes comerciais fornecem informação limitada em seus sites:

- **The Nielsen Company** (www.nielsen.com) e *SymphonyIRI Group* (www.symphonyiri.com) fornecem dados e relatórios sobre vendas no ponto de venda.

- **GfK Mediamark Research and Intelligence** (www.gfkmri.com) e *Arbitron* (www.arbitron.com) especializaram-se na pesquisa de audiência multimídia, proporcionando uma riqueza de dados demográficos, estilo de vida e de uso do produto pelo cliente para as principais empresas de mídia e propaganda.

- **Audit Bureau of Circulations** (www.accessabc.com) fornece auditorias terceirizadas independentes de circulação de mídia impressa, público leitor e atividades do site.
- **Surveys.com** (www.surveys.com) usa um painel on-line de consumidores para fornecer informações às empresas sobre produtos e serviços que elas fornecem.

A desvantagem mais evidente para essas e outras fontes comerciais é o custo. Embora não seja um problema para as grandes organizações, pequenas empresas muitas vezes não podem arcar com a despesa. No entanto, muitas fontes comerciais fornecem acesso limitado, gratuito a alguns dados e informações. Além disso, as empresas muitas vezes acham que estudos prontos ("off-the-shelf") são menos caros do que a realização de pesquisa de dados primários.

Coleta de Dados Primários

A análise da situação sempre deve começar com um exame de fontes de dados secundários, devido à sua disponibilidade e seu baixo custo. Uma vez que cada fonte de dados secundários tem suas vantagens e desvantagens, a melhor abordagem é a que combina dados e informações de uma variedade de fontes. No entanto, se os dados secundários necessários não estiverem disponíveis, estiverem desatualizados, forem imprecisos, não confiáveis ou irrelevantes para o problema específico em questão, uma organização pode ter pouca escolha a não ser coletar dados primários por meio de pesquisa de marketing. Pesquisa de marketing com dados primários tem como principal vantagem ser relevante para o problema específico, bem como ser confiável devido ao controle do gerente na coleta de dados. No entanto, a pesquisa de dados primários é extremamente cara e demorada. Existem quatro tipos principais de coleta de dados primários:

- **Observação direta**: o pesquisador registra comportamentos evidentes de clientes, concorrentes ou fornecedores em ambientes naturais. Historicamente, pesquisadores têm usado a observação direta para estudar comportamentos de compras de clientes. No entanto, atualmente, o comportamento pode ser observado com o uso de tecnologia, como scanners de código de barras, etiquetas RFID e análise de cliques em ambientes on-line. A principal vantagem da pesquisa de observação é que ela descreve com precisão o comportamento sem influenciar o alvo sob observação. No entanto, os resultados da pesquisa de observação são frequentemente muito descritivos e sujeitos a uma grande dose de preconceito e interpretação por parte do pesquisador.
- **Grupos de discussão (focus group)**: o pesquisador modera um painel de discussão em um grupo de 6 a 10 pessoas que discute abertamente um assunto específico. Pesquisa de grupo de discussão é um excelente meio de obtenção de informações detalhadas sobre determinado assunto. Sua flexibilidade também permite que seja usado em uma variedade de configurações e com diferentes tipos de membros do painel (ou seja, clientes, fornecedores e funcionários). Os grupos de discussão também são muito úteis na elaboração de uma pesquisa em larga escala para garantir que as perguntas tenham a formulação adequada. A principal desvantagem é que grupos de discussão exigem um moderador altamente qualificado para ajudar a limitar o potencial de viés.
- **Surveys (ou levantamentos)**: o pesquisador pede aos entrevistados que respondam a uma série de perguntas sobre determinado tópico. Surveys podem ser administrados usando o método de questionários impressos, pessoalmente ou pelo correio, ou podem ser administrados de forma interativa por

telefone, e-mail ou internet. Embora sejam uma forma muito útil e eficiente de coletar dados primários, tornou-se cada vez mais difícil convencer as pessoas a participar. Respondentes potenciais tornaram-se céticos em relação a métodos de pesquisa devido a questionários excessivamente longos e práticas antiéticas de muitos pesquisadores. Essas preocupações são uma das razões da criação do National Do Not Call Registry para operadores de telemarketing (www.donotcall.gov).

- **Experimentos**: o pesquisador seleciona sujeitos e os expõe a diferentes tratamentos, ao mesmo tempo em que controla as variáveis externas. Como os experimentos são bem adequados para detectar as relações de causa e efeito, pesquisadores os usam muitas vezes para teste de programas de marketing. As empresas podem fazer experimentos com diferentes combinações de variáveis do mix de marketing para determinar qual combinação tem o efeito mais forte sobre vendas ou rentabilidade. Os principais obstáculos para experimentos eficazes em marketing são o custo e a dificuldade de controlar todas as variáveis estranhas no teste.

Tal como acontece com dados secundários, muitas vezes, a melhor abordagem para a coleta de dados primários é a utilização de uma combinação de fontes de dados. Grupos de discussão e observação direta podem ser usados para ganhar uma compreensão mais completa de uma questão ou fenômeno de marketing em particular. Surveys podem então ser utilizados para verificação adicional de certas tendências ou efeitos antes do lançamento de um programa de teste de marketing em larga escala. Nesse ponto, o processo tem o círculo completo, já que observação e grupos de discussão podem ser usados para explorar os resultados do teste do programa de marketing.

Superação de Problemas na Coleta de Dados

Apesar das melhores intenções, problemas normalmente surgem na coleta de dados e informações. Um dos mais comuns é uma avaliação incompleta ou inexata da situação que a coleta de dados deve abordar. Depois de gastar um grande grau de esforço na coleta de dados, o gerente pode não ter certeza da utilidade ou relevância do que foi coletado. Em alguns casos, ele pode até sofrer de grave sobrecarga de informação. Para evitar que isso ocorra, o problema de marketing deve ser preciso e especificamente definido antes da coleta dos dados. Gestores de topo que não explicam adequadamente suas necessidades e expectativas para os pesquisadores de marketing muitas vezes causam o problema.

Outra dificuldade comum é o custo da coleta de dados ambientais. Embora sempre haja custos associados à coleta de dados (mesmo que os dados sejam gratuitos), o processo não precisa ser proibitivamente caro. A chave é encontrar métodos de coleta de dados ou fontes alternativas. Por exemplo, uma maneira excelente de coletar dados para algumas empresas é envolver a colaboração de uma faculdade ou universidade local. Muitos professores buscam projetos de marketing para seus alunos como parte dos requisitos do curso. Da mesma forma, para ajudar a superar os custos da coleta de dados, muitos pesquisadores se voltaram para a internet como um meio de coleta de dados quantitativos e qualitativos sobre opiniões e comportamentos de clientes.

Uma terceira questão é o tempo que leva para coletar dados e informações. Embora seja verdade em relação à coleta de dados primários, a coleta de dados secundários pode ser muito fácil e rápida. Fontes de dados on-line são bastante acessíveis. Mesmo que o gerente não tenha ideia por onde começar a busca, poderosos motores de busca e índices disponíveis na internet facilitam o encontro de dados. Fontes de dados on-line tornaram-se tão boas na recuperação de dados que o verdadeiro problema envolve o tempo necessário para ordenar todas as informações disponíveis para encontrar algo verdadeiramente relevante.

Finalmente, pode ser um desafio encontrar uma maneira de organizar a grande quantidade de dados e informações coletados durante a análise da situação. Definir claramente o problema de marketing e combinar diferentes fontes de dados estão entre os primeiros passos para encontrar todas as peças do quebra-cabeça. Um próximo passo crucial é converter dados e informações em um formato que facilite o desenvolvimento da estratégia. Embora haja uma variedade de ferramentas que podem ser usadas para analisar e organizar dados e informações ambientais, uma das mais eficazes é a análise SWOT. Como veremos no próximo capítulo, a análise SWOT, que envolve a classificação de dados e informações em pontos fortes, pontos fracos, oportunidades e ameaças, pode ser usada para organizar dados e informações, funcionando como um catalisador para a formulação da estratégia.

Lições do Capítulo 3

A coleta e análise de informações de marketing por meio de uma análise da situação:

- ▶ é, talvez, a tarefa mais importante do gestor de marketing, porque praticamente toda tomada de decisão e planejamento depende de quão bem a análise é realizada.
- ▶ deve ser um esforço contínuo bem organizado, sistemático e apoiado por recursos suficientes.
- ▶ envolve análise e síntese para entender por que pessoas, produtos e organizações se desempenham da maneira como o fazem.
- ▶ não se destina a substituir o gerente de marketing no processo de tomada de decisão, mas capacitá-lo com informações para a tomada de decisão.
- ▶ reconhece que dados e informação não são a mesma coisa. Dados não são úteis até serem convertidos em informações.
- ▶ força os gestores a continuamente se perguntar: "Que quantidade de dados e informações eu preciso?"
- ▶ é valioso apenas à medida que melhora a qualidade das decisões resultantes. Gerentes de marketing devem evitar a "paralisia pela análise".
- ▶ deve fornecer uma imagem tão completa quanto possível sobre a situação atual e futura da organização em relação aos ambientes interno, de clientes e externo.

Análise do ambiente interno:

- ▶ inclui uma avaliação de metas, objetivos e desempenho atuais da empresa e como a estratégia de marketing atual está funcionando.
- ▶ inclui uma revisão dos níveis atual e previsto dos recursos organizacionais.
- ▶ deve incluir uma revisão das questões culturais e estruturais atuais e previstas que possam afetar as atividades de marketing.

Análise do ambiente do cliente:

- ▶ examina os clientes atuais da empresa em seus mercados-alvo, bem como os potenciais clientes que atualmente não compram a oferta de produtos da empresa.
- ▶ pode ser conduzida utilizando o modelo 5W (who, what, where, when, why) expandido:
  - • Quem são nossos clientes atuais e potenciais?
  - • O que os clientes fazem com nossos produtos?
  - • Onde os clientes compram nossos produtos?
  - • Quando os clientes compram nossos produtos?
  - • Por que (e como) os clientes escolhem nossos produtos?
  - • Por que os clientes potenciais não compram nossos produtos?

Análise do ambiente externo:

- ▶ examina os fatores competitivos, econômicos, políticos, legais e regulatórios, tecnológicos e socioculturais no ambiente externo da empresa.
- ▶ inclui um exame dos quatro tipos básicos de concorrentes enfrentados por todas as empresas: concorrentes da marca, concorrentes de produtos, concorrentes genéricos e concorrentes de orçamento total.
- ▶ muitas vezes é feita por uma equipe de especialistas em um departamento de assuntos corporativos de uma organização.

Dados e informações de marketing:

- ▶ podem ser coletados de uma grande variedade de fontes internas, governo, periódicos, livros e comerciais, bem como por pesquisa de marketing de dados primários.
- ▶ muitas vezes são coletados por meio de quatro tipos diferentes de pesquisa de dados primários: observação direta, grupos de discussão, surveys e experimentos.
- ▶ devem ser mesclados com o uso de muitas fontes diferentes para serem mais úteis para fins de planejamento.

Problemas que podem ocorrer durante a coleta de dados incluem:

- uma definição incompleta ou imprecisa do problema de marketing.
- ambiguidade sobre a utilidade ou a relevância dos dados coletados.

- grave sobrecarga de informações.
- custo e tempo associados com a coleta de dados.
- busca de formas de organizar a grande quantidade de dados e informações coletados.

Questões para Discussão

1. Dos três ambientes principais de uma análise da situação (interno, de cliente, externo), qual você acredita ser o mais importante de forma geral? Por quê? Que situações fariam um ambiente mais importante que os demais?

2. Compreender as motivações de não clientes de uma empresa muitas vezes é tão importante quanto entender seus clientes. Reveja as razões pelas quais um indivíduo não compra produtos de uma empresa. Como uma empresa pode atingir não clientes e conseguir convertê-los em clientes?

3. Você acha que a internet facilitou ou dificultou a coleta de dados e informações de marketing? Por quê? Como as principais questões de coleta de dados atuais se comparam com os problemas que ocorriam na era pré-internet?

Exercícios

1. Escolha um produto específico que você usa diariamente (como alimentos, produtos de higiene pessoal ou seu carro) e aplique o modelo 5W da Figura 3.4, respondendo:
   a. Quem é você (demografia, psicografia etc.)?
   b. O que você faz com o produto (consumo, armazenagem, descarte etc.)?
   c. Onde você compra o produto? Por quê?
   d. Quando você compra o produto? Por quê?
   e. Por que e como você seleciona o produto?
   f. Por que você não compra produtos concorrentes?

   Assuma que suas respostas são semelhantes às de milhões de outros consumidores. Dado esse perfil, como você abordaria a estratégia de marketing para esse produto em particular?

2. Considere a última compra que você fez (pode ser seu almoço ou um refrigerante). Liste todas as marcas, produtos genéricos e concorrentes de orçamento total para esse produto. Em um sentido geral, o que precisaria ser feito para você mudar para outro tipo de concorrente? Existem situações que o estimulariam a mudar para um concorrente genérico? Quando concorrentes de orçamento total se tornam mais relevantes no seu processo de tomada de decisão?

3. Analise as tendências socioculturais na Figura 3.7. Que outras tendências poderiam ser adicionadas à lista? Que tendências são específicas para sua geração que podem não ser universalmente aplicadas a todos os brasileiros?

Notas Finais

1. Esses dados são de Parija Bhatnagar, "Home Depot Looking to Age Well", *CNNMoney*, 17 de janeiro de 2006 <http://money.cnn.com/2006/01/17/news/companies/home_depot/index.htm>; Alicia Clegg, "Mining the Golden Years", *BusinessWeek Online*, 4 de maio de 2006 <http://www.businessweek.com/print/innovate/content/may2006/id20060504_612679.htm>; Karen E. Klein, "Reaching Out to an Older Crowd", *BusinessWeek Online*, 3 de abril de 2006 <http://www.businessweek.com/print/smallbiz/content/apr2006/sb20060403_549646.htm>; Louise Lee, "Love Those Boomers", *BusinessWeek*, 25 de outubro de 2005; Devin Leonard e Caroline Winter, "In Financial Ads, the Dream Comes Down to Earth", *BusinessWeek Online*, 27 de outubro de 2011 <http://www.businessweek.com/magazine/infinancial-ads-the-dream-comes-down-to-earth-10272011.html>; Janet Novak, "The Biggest Market Losers: The Boomers", *Forbes Online*, 14 de maio de 2009 <http://www.forbes.com/2009/05/14/stockmarket-losses-survey-personal-finance-retirement-worried-babyboomers.html>; David Serchuk, "Boomers Leave the Table", *Forbes Online*,

21 de novembro de 2008 <http://www.forbes.com/2008/11/20/intelligent-investing-baby-boomer-retirement-Nov20-panel.html>; e Ed Wallace, "The Boomers Stop Buying", *BusinessWeek Online*, 26 de fevereiro de 2009 <http://www.businessweek.com/lifestyle/content/feb2009/bw20090226_384582.htm>.

2. Esses dados são de "Mattel Tells Federal Jury MGA Stole Bratz Doll Idea, Should Pay", *BusinessWeek Online*, 8 de abril de 2001 <http://www.businessweek.com/news/2011-04-08/mattel-tellsfederal-jury-mga-stole-bratz-doll-idea-should-pay.html>; e "MGA Asks Appeals Court to Halt Transfer of Bratz", *BusinessWeek Online*, 27 de maio de 2009 <http://www.businessweek.com/ap/financialnews/D98ET0AG3.htm>.

3. Esses dados são de Katrina Brooker, "The Pepsi Machine", *Fortune*, 26 de fevereiro de 2006, 68–72.

4. Esses dados são de Burt Helm, "Blowing Up Pepsi", *BusinessWeek Online*, 23 de abril de 2009 <http://www.businessweek.com/magazine/content/09_17/b4128032006687.htm>; Duane D. Stanford, "PepsiCo May Boost Marketing Budget to Take on Coca-Cola: Retail", *BusinessWeek Online*, 30 de janeiro de 2012 <http://www.businessweek.com/news/2012-01-30/pepsico-may-boost-marketingbudget-to-take-on-coca-cola-retail.html>; e Duane D. Stanford, "PepsiCo to Cut 8,700 Jobs, Spend More on Marketing Brands", *BusinessWeek Online*, 10 de fevereiro de 2012 <http://www.businessweek.com/news/2012-02-10/pepsico-to-cut-8-700-jobs-spend-more-onmarketing-brands.html>.

5. Esses dados são de Nanette Byrnes, "The Jobs that Employers Can't Fill", *BusinessWeek Online*, 29 de maio de 2009 <http://www.businessweek.com/careers/managementiq/archives/2009/05/the_jobs_that_e.html>; Bruce Einhorn e Ketaki Gokhale, "India Outsources Feel Unloved in the U.S.", *BusinessWeek Online*, 4 de novembro de 2010 <http://www.businessweek.com/magazine/content/10_46/b4203016835355.htm>; e Robert J. Grossman, "The Truth About the Coming Labor Shortage", *HR Magazine* 50 (3), março de 2005.

6. Esses dados são de Emma Barnett e Amanda Andrews, "AOL Merger Was 'The Biggest Mistake in Corporate History', Believes Time Warner Chief Jeff Bewkes", *The Telegraph*, 28 de setembro de 2010 <http://www.telegraph.co.uk/finance/newsbysector/mediatechnologyandtelecoms/media/8031227/AOLmerger-was-the-biggest-mistake-in-corporate-history-believes-Time-Warner-chief-Jeff-Bewkes.html>; e Aaron Smith, "Time Warner to Split Off AOL", *CNN Money*, 28 de maio de 2009 <http://money.cnn.com/2009/05/28/technology/timewarner_aol/index.htm>.

7. Esses dados são de Shaun Rein, "China's Consumers are Still Spending", *BusinessWeek Online*, 25 de março de 2009 <http://www.businessweek.com/globalbiz/content/mar2009/gb20090325_370224.htm>.

8. Esses dados são de Susan Carpenter, "Paring Down Our E-Waste Heap: TVs, Cellphones and Other Electronics Don't Belong in the Trash", *Chicago Tribune*, 26 de julho de 2011 <http://articles.chicagotribune.com/2011-07-26/classified/sc-home-0718-ewaste-20110723_1_e-waste-electronic-waste-electronic-trash>; Gina-Marie Cheeseman, "Amazon Joins the eWaste Trade-In Movement", *TriplePundit*, 23 de maio de 2011 <http://www.triplepundit.com/2011/05/amazon-ewaste-trade-in>; Ben Elgin e Brian Grow, "E-Waste: The Dirty Secret of Recycling Electronics", *BusinessWeek Online*, 15 de outubro de 2008 <http://www.businessweek.com/magazine/content/08_43/b4105000160974.htm>; Olga Kharif, "E-Waste: Whose Problem is It?" *BusinessWeek Online*, 17 de março de 2008 <http://www.businessweek.com/technology/content/mar2008/tc20080317_718350.htm>; Jessica Mintz, "Dell Bans E-Waste Export to Developing Countries", *BusinessWeek Online*, 12 de maio de 2009 <http://www.businessweek.com/ap/tech/D9850TS80.htm>; e Gerry Smith, "Will E-Waste Recycling Law Compute?" *Chicago Tribune*, 3 de abril de 2011 <http://articles.chicagotribune.com/2011-04-03/news/ct-met-e-waste-20110403_1_ewaste-recycling-goals-benchmarks>.

9. Mary Ellen Pinkham, "20 Surprising Uses for Vinegar", iVillage <http://i.ivillage.com/PP/MomTourage/pdf/momtourage_vinegar.pdf>.

10. International Reciprocal Trade Association <http://www.irta.com>. Acesso em: 28 de fevereiro de 2012.

11. Esses dados são de W. Chan Kim e Renee Mauborgne, *Blue Ocean Strategy* (Boston, MA: Harvard Business School Press, 2005, 24–35); e Mike Steinberger, "Not Such a G'Day", *Slate*, 8 de abril de 2009 <http://www.slate.com/id/2215153>.

12. Esses dados são de John Mack, "Double Dip in DTC Spending Plus 33% Drop in Internet Display Ad Spending!" *Pharma Marketing Blog*, 22 de outubro de 2011 <http://pharmamkting.blogspot.com/2011/10/double-dip-in-dtc-spending-plus-33-drop.html>; e Arlene Weintraub, "Ask Your Doctor if This Ad is Right for You", *BusinessWeek Online*, 4 de novembro de 2009 <http://www.businessweek.com/magazine/content/09_46/b4155078964719.htm>.

13. Esses dados são de Duane Stanford, "Gatorade Goes Back to the Lab", *BusinessWeek Online*, 23 de novembro de 2011 <http://www.businessweek.com/magazine/gatorade-goes-back-to-the-lab-11232011.html>.

14. Essa definição de inteligência competitiva foi adaptada da Society of Competitive Intelligence Professionals <http://www.scip.org/ci>.

15. Ibidem.

16. Essa informação é de InflationData.com <http://www.inflationdata.com>, acesso em 1º de março de 2012.

17. Esses dados são de Jane Denny, "The US's $14.5 Trillion Intangible Economy and a Failure of Accountancy", *Intellectual Asset Management Blog*, 4 de novembro de 2011 <http://www.iammagazine.com/blog/Detail.aspx?g=8426421b-14fc-4227-846f-78e8f3f4bddc>; Ken Jarboe, "Measuring Innovation and Intangibles", The Intangible Economy, Athena Alliance weblog, 16 de janeiro de 2009 <http://www.athenaalliance.org/weblog/archives/2009/01/measuring_innovation_and_intangibles.html>; e Michael Mandel, "GDP: What's Counted, What's Not", *BusinessWeek Online*, 13 de fevereiro de 2006 <http://www.businessweek.com/magazine/content/06_07/b3971010.htm>.

18. Esses dados são de "Court to Review Anti-Fraud Law", *BusinessWeek Online*, 18 de maio de 2009 <http://www.businessweek.com/ap/financialnews/D988NL482.htm>; Nick Gillespie, "The Worst Ideas of the Decade: Sarbanes-Oxley", *The Washington Post* <http://www.washingtonpost.com/wp-srv/special/opinions/outlook/worstideas/sarbanes-oxley.html>, acesso em 1º de março de 2012; "Sarbanes-Oxley is Here to Stay", *The ERM Current*, 28 de junho de 2010 <http://wheelhouseadvisors.com/category/sarbanes-oxley>; e The Sarbanes-Oxley Act Community Forum <http://www.sarbanesoxley-forum.com>, acesso em 1º de março de 2012.

19. Kerry Capell, "Now, Will Europe Swallow Frankenfoods?" *BusinessWeek Online*, 8 de fevereiro de 2006 <http://www.businessweek.com/bwdaily/dnflash/feb2006/nf2006028_3575_db039.htm>; Germany Bans Monsanto's GMO Corn", *BusinessWeek Online*, 16 de abril de 2009 <http://www.businessweek.com/globalbiz/content/apr2009/gb20090416_667169.htm>; "Greece Extends Ban on U.S. Biotech Corn Seeds", *BusinessWeek Online*, 27 de maio de 2009 <http://www.businessweek.com/ap/financialnews/D98EL0TG2.htm>; e "Industry Figures Confirm GM Food is a Commercial Flop in Europe", Greenpeace Press Release, 7 de fevereiro de 2012 <http://www.greenpeace.org/eu-unit/en/News/2012/GM-figures>.

20. Esses dados são de Marie Mawad, "Gemalto Plans to Introduce Smart Chip for Mobile Payment", *BusinessWeek Online*, 28 de fevereiro de 2012 <http://www.businessweek.com/news/2012-02-28/gemalto-plans-to-introduce-smart-chip-for-mobile-payment.html>; e RFID Journal <http://www.rfidjournal.com>, acesso em: 2 de março de 2012.

21. Site da Administration on Aging <http://www.aoa.gov>.

22. Esses dados são de Michael Martinez e David Ariosto, "Hispanic Population Exceeds 50 Million, Firmly Nation's nº: 2 Group", *CNN*, 24 de março de 2011 <http://articles.cnn.com/2011-03-24/us/census.hispanics_1_hispanic-population-illegal-immigrationforeign-born?_s=PM:US>.

23. Esses dados são de Ronald Grover, "U.S. Marketers Say Hola! To Hispanic Consumers", *BusinessWeek Online*, 9 de abril de 2009 <http://www.businessweek.com/magazine/content/09_16/b4127076302996.htm>; e Todd Spangler, "Hispanic TV Summit: Level of Ad Spending is 'Disgusting': Vidal's Ruiz", *VegaPages*, 21 de setembro de 2011 <http://www.vegapages.com/article/hispanic-tv-summit-level-of-ad-spending-is-disgusting-vidals-ruiz.html>.

24. Eda Gurel-Atay, Guang-Xin Xie, Johnny Chen e Lynn Richard Kahle, "Changes in Social Values in the United States, 1976-2007: 'Self-Respect' is on the Upswing as a 'Sense of Belonging' Becomes Less Important", *Journal of Advertising Research*, 50 (março), 57–67.

25. As descrições organizacionais de assuntos corporativos foram obtidas nos sites dessas empresas: BlueScope Steel <http://www.bluescopesteel.com/utilities-menu/contact-us/corporate-affairs>. IBM <http://www.ibm.com/ibm/responsibility>; Microsoft <http://www.microsoft.com/About/Legal/EN/US/Default.aspx>; Tesco <http://www.tesco-careers.com/home/about-us/our-company/corporate-andlegal-affairs>; e SABMiller <http://www.sabmiller.com/index.asp?pageid=1281>.

4
Desenvolvimento de Vantagem Competitiva e Foco Estratégico

Introdução

A análise da situação, como discutido no Capítulo 3, pode gerar uma grande quantidade de dados e informações para o planejamento de marketing. Mas a informação, por si só, fornece pouca orientação aos gestores na elaboração de um plano de marketing. Se a análise não estruturar a informação de uma forma significativa que esclareça situações atuais e previstas, o gestor não será capaz de ver como as peças se encaixam. Essa síntese de informações é fundamental no desenvolvimento de vantagens competitivas e do foco estratégico do plano de marketing. Como ilustrado no boxe *Além das Páginas 4.1*, essa síntese muitas vezes vem do aprimoramento da inovação, do maior foco nas necessidades dos clientes e maior integração dentro da empresa. Entender a conexão do ambiente externo é vital para o aprimoramento da inovação em várias indústrias.

Como o gerente de marketing deve organizar e usar as informações coletadas durante a análise da situação? Uma ferramenta amplamente utilizada é a análise SWOT (pontos fortes e fracos, oportunidades e ameaças). Uma análise SWOT engloba tanto os ambientes interno e externo da empresa. Internamente, o esquema aborda os pontos fortes e fracos de uma empresa em dimensões-chave, tais como desempenho financeiro e recursos, recursos humanos, instalações de produção e capacidade, participação de mercado, percepções do cliente, qualidade do produto, disponibilidade do produto e comunicação organizacional. A avaliação do ambiente externo organiza as informações sobre o mercado (clientes e concorrência), condições econômicas, tendências sociais, tecnologia e normas governamentais.

Muitos consideram a análise SWOT como uma das ferramentas mais eficazes na análise de dados e informação de marketing. A análise SWOT é uma estrutura simples e direta que fornece uma direção e serve como um catalisador para o desenvolvimento de planos de marketing viáveis. Ela cumpre esse papel, estruturando a avaliação da adequação entre o que uma empresa pode e o que não pode fazer (pontos fortes e fracos) e as condições ambientais de trabalho a favor e contra a empresa (oportunidades e ameaças). Quando realizada corretamente, uma análise SWOT não só organiza dados e informações, mas pode ser especialmente útil na identificação de vantagens competitivas que podem ser aproveitadas na estratégia de marketing da empresa.

ALÉM DAS PÁGINAS 4.1

Inovação: Uma Importante Chave para o Sucesso[1]

Inovação é a palavra de ordem dos negócios no século XXI. Naturalmente, a inovação sempre foi importante, especialmente no que diz respeito ao desenvolvimento de novos produtos. O que mudou, no entanto, é o foco da inovação na maioria das empresas. O modelo de inovação do século XX envolvia controle de qualidade, redução de custos e eficiência operacional. Hoje, inovação está mais relacionada com reinventar processos de negócios, colaboração e integração dentro da empresa e criação de mercados inteiramente novos para atender às necessidades inexploradas de clientes. O aumento da globalização, crescimento da Internet e clientes mais exigentes estão forçando as empresas a encontrar formas inovadoras de realizar negócios.

Uma lição importante que muitas empresas têm aprendido é que a inovação nem sempre envolve tecnologia ou oferta do mais recente produto extraordinário. Diferenças de estilo de inovação são evidentes na última lista da *BusinessWeek* das empresas mais inovadoras do mundo. As 20 maiores empresas na lista incluem ícones culturais e gigantes de fabricação (empresas norte-americanas, exceto quando indicado):

Classi-ficação	Empresa	Retorno das ações % 2006-2009	Crescimento da receita % 2006-2009	Crescimento da margem % 2006-2009
1.	Apple	35	30	29
2.	Google	10	31	2
3.	Microsoft	3	10	−4
4.	IBM	12	2	11
5.	Toyota (Japão)	−20	−11	N/D
6.	Amazon	51	29	6
7.	LG Electronics (Coreia do Sul)	31	16	707
8.	BYD (China)	99	42	−1
9.	General Electric	−22	−1	−25
10.	Sony (Japão)	−19	−5	N/D
11.	Samsung (Coreia do Sul)	10	17	−9
12.	Intel	3	0	12
13.	Ford	10	−12	N/D
14.	Research in Motion (Canadá)	17	75	−6
15.	Volkswagen (Alemanha)	8	0	14

Classi-ficação	Empresa	Retorno das ações % 2006-2009	Crescimento da receita % 2006-2009	Crescimento da margem % 2006-2009
16.	Hewlett-Packard	9	8	9
17.	Grupo Tata (Índia)	Privado	Privado	Privado
18.	BMW (Alemanha)	−8	0	N/D
19.	Coca-Cola	9	9	1
20.	Nintendo (Japão)	−8	22	3

Vários tipos de inovação são evidentes nessa lista. Por exemplo, no lançamento do iPod, iPhone, iPad, e a App Store, da Apple, a combinação de inovações em design de produto, marca, alianças estratégicas, e o modelo de negócios criou um fenômeno cultural. Inovação no Google é baseada em aplicações, como o Google Voice e o Google Docs, não relacionadas com seu motor de busca onipresente. A Toyota faz parte da lista (apesar do desempenho financeiro negativo devido a um grande recall), graças à especialização implacável de fabricação, integração dentro da empresa e os avanços na tecnologia híbrida com seu Prius. Outras empresas asiáticas, como LG, Samsung, BYD (baterias de lítio) e Hyundai (número 22) também apresentaram-se com força na lista.

Algo que todas as empresas inovadoras têm em comum é o foco nas necessidades dos clientes. Empresas inovadoras encontram novas formas de aprender com os clientes, além dos métodos tradicionais. Por exemplo, muitas empresas acompanham de perto blogs e comunidades on-line para descobrir o que os clientes estão pensando. Foco no cliente pode não parecer inovador, mas o aumento da concorrência e os ciclos de produto mais curtos estão forçando as empresas a se afastarem das abordagens orientadas a preço e eficiência do passado. Para escapar do inferno das commodities, as empresas devem buscar a inovação em lugares incomuns. Por exemplo, a Procter & Gamble (número 25 na lista) lançou recentemente o Tide Pods após 8 anos de pesquisa e 6 mil testes com consumidores. Tide Pods são sachês em forma de bola com a quantidade certa de detergente e amaciante que os

▶▶

consumidores simplesmente jogam na máquina de lavar. Uma boa parte da pesquisa para o Tide Pods foi realizada pelo Centro de Inovação Beckett Ridge da P&G, bem ao lado da sede da empresa em Cincinnati. Lá, pesquisadores da P&G observaram consumidores para descobrir como fazer um detergente de roupa mais fácil de usar, menos confuso e mais conveniente para carregar.

Como a tabela reflete, a inovação é obviamente boa para os resultados. Com um maior crescimento, melhor colaboração e um mix de produtos mais amplo, as empresas mais inovadoras são capazes de tirar seus produtos do status de commodity e aumentar suas receitas operacionais. Está claro que a inovação se tornou um fator-chave de vantagem competitiva e sucesso no mercado atual.

Essas vantagens competitivas ajudam a estabelecer o foco estratégico e a direção do plano de marketing da empresa.

Como uma ferramenta de planejamento, a análise SWOT tem muitos benefícios, conforme descrito na Figura 4.1. De fato, a análise SWOT é tão útil e lógica que muitos subestimam seu valor no planejamento. No

---

FIGURA 4.1 Principais Benefícios da Análise SWOT

Simplicidade
A análise SWOT não requer longo treinamento ou habilidades técnicas para ser utilizada com sucesso. O analista precisa apenas de uma compreensão abrangente da natureza da empresa e da indústria em que compete.

Custos mais Baixos
Como treinamento e habilidades especializados não são necessários, o uso da análise SWOT pode realmente reduzir os custos associados com o planejamento estratégico. À medida que as empresas começam a reconhecer esse benefício da análise SWOT, muitas optam por reduzir ou eliminar seus departamentos de planejamento estratégico.

Flexibilidade
A análise SWOT pode melhorar a qualidade do planejamento estratégico de uma organização mesmo sem grandes sistemas de informação de marketing. No entanto, quando existentes, tais sistemas podem ser estruturados para alimentar a informação diretamente na estrutura SWOT. A presença de um sistema de informação abrangente pode fazer repetidas análises SWOT de forma mais suave e eficiente.

Integração e Síntese
A análise SWOT dá ao analista a capacidade de integrar e sintetizar informações diversas, tanto de natureza quantitativa como qualitativa. Ela organiza a informação amplamente conhecida, bem como informações que só recentemente foram obtidas ou descobertas. A análise SWOT também pode lidar com uma ampla diversidade de fontes de informação. Com efeito, a análise SWOT ajuda a transformar a diversidade de informações de ponto fraco do processo de planejamento em um de seus principais pontos fortes.

Colaboração
A análise SWOT promove a colaboração e troca de informações aberta entre diferentes áreas funcionais. Ao saber o que os seus pares fazem, o que sabem, o que pensam e como se sentem, o analista de marketing pode resolver problemas, preencher lacunas na análise e eliminar possíveis divergências antes da finalização do plano de marketing.

© 2013 Cengage Learning

entanto, essa simplicidade muitas vezes leva a análises desfocadas e malconduzidas. As críticas mais comuns levantadas contra a análise SWOT são que (1) ela permite que as empresas criem listas sem séria consideração das questões e (2) que muitas vezes ela se torna um exercício acadêmico estéril de classificação de dados e informações. É importante lembrar que a análise SWOT, por si só, não é inerentemente produtiva ou improdutiva. Em vez disso, a maneira como se utiliza a análise SWOT vai determinar se ela produzirá benefícios para a empresa.

Tornando a Análise SWOT Produtiva

Para uma empresa obter todos os benefícios da análise SWOT, dependerá da forma como o gerente usa a ferramenta. Se feita corretamente e de forma inteligente, a análise SWOT pode ser um mecanismo viável para o desenvolvimento do plano de marketing. Se feita ao acaso ou incorretamente, pode ser um grande desperdício de tempo e outros recursos valiosos. Para ajudar a garantir que ocorrerá o primeiro, e não o último, oferecemos as seguintes diretrizes para tornar a análise SWOT mais produtiva e útil. A Figura 4.2 descreve essas diretivas.

FIGURA **4.2** Diretrizes para a Análise SWOT Produtiva

Manter o Foco

Uma análise simples e demasiado ampla leva a generalizações sem sentido. São recomendadas análises separadas para cada combinação de produto-mercado.

Pesquisar Concorrentes de Forma Extensiva

Embora os principais concorrentes de marca sejam mais importantes, o analista não deve ignorar os concorrentes de produto, genéricos e de orçamento total. Futuros concorrentes potenciais também devem ser considerados.

Colaborar com Outras Áreas Funcionais

A análise SWOT promove o compartilhamento de informação e perspectiva em todos os departamentos. Essa polinização cruzada de ideias permite soluções mais criativas e inovadoras para os problemas de marketing.

Examinar as Questões do Ponto de Vista dos Clientes

As crenças dos clientes sobre a empresa, seus produtos e atividades de marketing são considerações importantes na análise SWOT. Os pontos de vista dos funcionários e outros stakeholders também devem ser considerados.

Procurar Causas e Não Características

Em vez de simplesmente listar características dos ambientes interno e externo da empresa, o analista também deve explorar os recursos que a empresa e/ou seus concorrentes possuem, as verdadeiras causas para pontos fortes, pontos fracos, oportunidades e ameaças da empresa.

Separar Questões Internas e Externas

Se um problema existiria mesmo que a empresa não existisse, a questão deve ser classificada como externa. No esquema SWOT, oportunidades (e ameaças) existem independentemente da empresa e estão associadas a características ou situações presentes nos ambientes econômico, do cliente, competitivo, cultural, tecnológico, político ou legal nos quais a empresa se encontra. Opções, estratégias ou táticas de marketing não fazem parte da análise SWOT.

© 2013 Cengage Learning

Manter o Foco

Planejadores de marketing, frequentemente, cometem o erro de fazer uma análise SWOT genérica para toda a organização ou unidade de negócio. Tal abordagem produz generalizações inúteis e sem sentido que vêm da cabeça dos gestores ou de arquivos de notas de imprensa. Embora esse tipo de esforço possa fazer com que os gestores se sintam bem e proporcionem um rápido sentimento de realização, pouco acrescenta à criatividade e à visão do processo de planejamento.

Quando dizemos análise SWOT, na realidade queremos dizer *análises* SWOT. Na maioria das empresas, deve haver uma série de análises, cada uma focando uma combinação específica de produto/mercado. Por exemplo, uma única análise SWOT para a divisão Chevrolet da General Motors não seria suficientemente focada para fazer sentido. Em vez disso, análises separadas para cada categoria de produtos (automóveis de passageiros, caminhões, SUVs) ou marca (Corvette, Impala, Avalanche, Tahoe) da divisão seriam mais apropriadas. Tal enfoque permite que o gerente de marketing analise uma combinação específica de concorrentes, clientes e fatores externos presentes em um determinado mercado. O Tahoe da Chevrolet, por exemplo, compete no concorrido mercado de SUVs no qual os concorrentes lançam novos modelos de veículos a um ritmo impressionante. Consequentemente, o planejamento de mercado para o Tahoe deve diferir substancialmente do planejamento de mercado para o Corvette da Chevrolet. Se necessário, análises de produto/mercado separadas podem ser combinadas para analisar as questões relevantes para toda a unidade de negócios estratégicos e análises de unidade de negócios podem ser combinadas para criar uma análise SWOT completa para toda a organização. A única ocasião em que uma única análise SWOT seria adequada é quando uma organização tem apenas uma combinação de produto/mercado.

Pesquisar Concorrentes de Forma Extensiva

Informações sobre os concorrentes e suas atividades são um aspecto importante de uma análise SWOT bem focada. A chave é não ignorar nenhum concorrente, atual ou potencial. Como discutimos no Capítulo 3, a empresa vai concentrar a maior parte de seus esforços na concorrência de marca. Durante a análise SWOT, no entanto, a empresa deve prestar atenção a eventuais substitutos diretos atuais ou potenciais para seus produtos. Concorrentes de produto, genéricos e de orçamento total também são importantes. Analisar todos os quatro tipos de concorrência é crucial porque muitas empresas e gestores nunca analisam concorrentes de marca anteriores. Embora seja importante que a análise SWOT tenha foco, ela não deve ser míope.

Mesmo gigantes da indústria podem perder de vista seus potenciais concorrentes, concentrando-se exclusivamente na concorrência de marca. A Kodak, por exemplo, sempre tomou medidas para manter a sua posição dominante no mercado sobre os rivais Fuji, Konica e Polaroid na indústria de filmes fotográficos. No entanto, o advento da fotografia digital acrescentou a Sony, Nikon, Canon e outros ao conjunto de empresas concorrentes da Kodak. E, como câmeras digitais foram integradas em telefones celulares, a Kodak foi forçada a adicionar Apple, Motorola, LG, Samsung e Nokia ao seu conjunto competitivo. Dado o aumento significativo das pressões competitivas enfrentadas pela empresa, não surpreende que a Kodak tenha sido forçada a declarar falência. Uma tendência similar ocorreu em serviços financeiros, uma vez que a desregulamentação permitiu a corretores, bancos e empresas de seguros competir em cada um dos outros mercados tradicionais. A State Farm, por exemplo, oferece empréstimos hipotecários, cartões de crédito, fundos mútuos e serviços bancários tradicionais ao lado de seus produtos de seguros bem conhecidos. Essa mudança forçou empresas como a Charles Schwab e Wells Fargo a analisar as companhias de seguros com um enfoque diferente.

Colaborar Com Outras Áreas Funcionais

Um dos principais benefícios da análise SWOT é que ela gera informação e perspectiva que podem ser compartilhadas por uma variedade de áreas funcionais na empresa. O processo SWOT deve ser um poderoso estímulo para a comunicação fora dos canais normais. O resultado de uma análise SWOT bem conduzida deve ser uma fusão de informações de muitas áreas. Gerentes de vendas, propaganda, produção, pesquisa e desenvolvimento, finanças, atendimento ao cliente, controle de estoque, controle de qualidade e outras áreas devem saber o que outros gestores entendem como pontos fortes, pontos fracos, oportunidades e ameaças da empresa. Isso permite que o gerente de marketing consolide múltiplas perspectivas antes de realmente criar o plano de marketing.

Ao combinar as análises SWOT de áreas individuais, o gerente de marketing pode identificar oportunidades de projetos conjuntos e venda cruzada de produtos da empresa. Em uma grande empresa, a primeira vez que uma análise SWOT é feita pode ser o ponto inicial no qual gestores de algumas áreas passam a comunicar-se entre si. Tal polinização cruzada pode gerar um ambiente muito propício para criatividade e inovação. Além disso, pesquisas mostraram que o sucesso da introdução de um novo produto, especialmente um produto radicalmente novo, é extremamente dependente da capacidade das diferentes áreas funcionais de colaborar e integrar suas diferentes perspectivas. Por exemplo, cada vez que a BMW desenvolve um carro novo, eles realocam 200 a 300 funcionários de engenharia, design, produção, marketing e finanças de seus locais em todo o mundo para o centro de investigação e inovação da empresa em Munique, na Alemanha. Esses funcionários trabalham por até três anos, ao lado da equipe de pesquisa e desenvolvimento da BMW, de uma forma que acelera a comunicação e o desenvolvimento do carro.[2]

Examinar as Questões do Ponto de Vista dos Clientes

Nos estágios iniciais da análise SWOT, é importante identificar problemas de forma exaustiva. No entanto, nem todas as questões são igualmente importantes no que diz respeito ao desenvolvimento de vantagens

A colaboração com outras áreas funcionais é um ingrediente necessário para uma análise SWOT bem elaborada.

competitivas e foco estratégico para o plano de marketing. À medida que a análise progride, o gerente de marketing deve identificar as questões mais críticas, analisando cada uma delas com a perspectiva dos clientes da empresa. Para tal, o gerente deve constantemente fazer perguntas, tais como:

- Quais são as crenças dos clientes (e não clientes) a nosso respeito como uma empresa?
- O que os clientes (e não clientes) pensam da qualidade de nosso produto, serviço ao cliente, preço e valor global, conveniência e mensagens promocionais em comparação com nossos concorrentes?
- Qual dos nossos pontos fracos explica a diminuição da capacidade de atender os clientes (e a diminuição da capacidade de converter os não clientes)?
- Como as tendências no ambiente externo afetam os clientes (e não clientes)?
- Qual a importância relativa desses problemas, não como os vislumbramos, mas como os clientes os veem?

Planejadores de marketing também devem avaliar as percepções de cada segmento de clientes que a empresa tenta atingir. Por exemplo, devido a sua relutância em usar caixas eletrônicos e serviços bancários on-line, clientes bancários mais velhos podem ter percepções de conveniência de um banco muito diferentes das de clientes mais jovens. Percepções de questões externas de cada segmento de clientes, tais como economia ou meio ambiente, também são importantes. Pouco importa, por exemplo, que os gerentes achem que o panorama econômico é positivo, se os clientes frearem seus gastos porque acham que a economia está ruim.

Examinar as questões do ponto de vista dos clientes inclui também os clientes internos da empresa: seus funcionários. O fato de a gestão perceber que a empresa oferece remuneração e benefícios competitivos é insignificante. A questão real é o que os funcionários pensam. Eles também são uma fonte valiosa de informações sobre pontos fortes, fracos, oportunidades e ameaças que a gestão pode nunca ter considerado. Alguns funcionários, especialmente os da linha de frente, estão mais perto do cliente e podem ter uma perspectiva diferente sobre o que os clientes pensam e acreditam. Outros stakeholders, tais como investidores, o público em geral e funcionários do governo, também devem ser considerados. A chave é examinar todas as questões a partir da perspectiva mais relevante. A Figura 4.3 ilustra como ter a perspectiva dos clientes pode ajudar os gestores a interpretar os clichês para que eles possam desenvolver e depois dividi-los em pontos fortes e fracos orientados para o cliente.

Reconhecer a perspectiva dos clientes é o alicerce de uma análise SWOT bem trabalhada. Gerentes têm uma tendência natural de ver as questões da forma como pensam que são (por exemplo: "Oferecemos um produto de alta qualidade"). A análise SWOT força os gerentes a mudar suas percepções para a forma como os clientes e outros grupos importantes veem as coisas (por exemplo: "O produto oferece pouco valor dado seu preço e suas características em comparação com o concorrente da marca mais forte".). O contraste entre essas duas perspectivas muitas vezes leva à identificação de uma lacuna entre a versão da realidade da gerência e as percepções dos clientes. À medida que o processo de planejamento avança, os gestores devem reduzir ou eliminar essa lacuna e determinar se seus pontos de vista sobre a empresa são realistas.

Procurar Causas e Não Características

Embora reconhecer a perspectiva dos clientes seja importante, isso muitas vezes fornece informações suficientes apenas para começar a abordar sérios problemas, ou seja, propicia um nível de detalhe muitas vezes exageradamente descritivo, mas não suficientemente construtivo. O problema reside na listagem de pon-

FIGURA 4-3	Transformando Clichês Gerenciais em Pontos Fortes e Fracos Orientados para o Cliente	
Clichê	**Pontos Fortes Potenciais**	**Pontos Fracos Potenciais**
"Somos uma empresa estabelecida."	Serviço pós-venda estável Experiente Confiável	Antiquado Inflexível Pouca inovação
"Somos um grande fornecedor."	Linha de produtos abrangente Conhecimentos técnicos Longevidade Forte reputação	Burocrático Focado apenas em grandes contas Impessoal Atendimento ao cliente ruim
"Temos uma ampla linha de produtos."	Grande variedade e disponibilidade Fornecedor com grande variedade de produtos Conveniente Soluções personalizadas	Pouca variedade Ausência de produtos difíceis de encontrar Conhecimento pouco profundo dos produtos
"Somos o padrão da indústria."	Ampla adoção de produto Status e imagem elevados Boa alavancagem de marketing Amplo suporte de terceiros	Vulneráveis às mudanças tecnológicas Visão limitada da concorrência Preços mais elevados (menos valor)

Fonte: Adaptada de Nigel Piercy, *Market-Led Strategic Change* (Oxford, UK: Butterworth-Heineman, 2002).

tos fortes, pontos fracos, oportunidades e ameaças como simples descrições ou características de ambientes internos e externos da empresa sem se aprofundar nas causas dessas características. Embora a perspectiva dos clientes seja muito valiosa, eles não conhecem os bastidores para entender as razões das características de uma empresa. Com maior frequência, as causas de cada problema em uma análise SWOT podem ser encontradas nos recursos detidos pela empresa e/ou seus concorrentes.

Do ponto de vista de recursos, cada organização pode ser considerada como um conjunto único de recursos tangíveis e intangíveis. Os principais tipos de recursos incluem:[3]

- **Recursos financeiros**: dinheiro em caixa, acesso aos mercados financeiros, instalações físicas, equipamentos, matérias-primas, sistemas e configurações.

- **Recursos intelectuais**: conhecimento, descobertas, criatividade, inovação.

- **Recursos legais**: patentes, marcas, contratos.

- **Recursos humanos**: conhecimentos e habilidades dos funcionários, liderança.

- **Recursos organizacionais**: cultura, costumes, valores compartilhados, visão, rotinas, relações de trabalho, processos e sistemas.

- **Recursos informativos**: inteligência do cliente, inteligência competitiva, sistemas de informação de marketing.

- **Recursos relacionais**: alianças estratégicas, relações com clientes, fornecedores e outros stakeholders, poder de negociação, custos de mudança.

- **Recursos de reputação**: marcas, símbolos, imagem, reputação.

A disponibilidade ou a falta desses recursos é a causa dos pontos fortes e fracos da empresa em satisfazer as necessidades dos clientes e determinar quais condições externas representam oportunidades e ameaças. Por exemplo, a força do Walmart na distribuição e logística de baixo custo vem de seus recursos combinados em termos de distribuição, informação e infraestrutura de comunicação e fortes relações com fornecedores. Da mesma forma, a força da 3M em inovação de produto é o resultado de recursos financeiros, intelectuais, legais, organizacionais e informativos combinados. Esses recursos não só conferem pontos fortes ou vantagens para a Walmart e a 3M no atendimento aos clientes, eles também criam ameaças substanciais para seus concorrentes.

Separar as Questões Internas das Externas

Para os resultados de uma análise SWOT serem verdadeiramente benéficos, vimos que o analista deve ir além das simples descrições de características internas e externas para explorar os recursos que fundamentam essas características. Contudo, é igualmente importante que o analista mantenha uma separação entre questões internas e questões externas. Questões internas são os pontos fortes e fracos da empresa, enquanto questões externas se referem a oportunidades e ameaças em ambientes externos à empresa. O teste-chave para diferenciar um ponto forte ou fraco de uma oportunidade ou ameaça é perguntar: "Será que esse problema existiria se a empresa não existisse?" Se a resposta for sim, a questão deve ser classificada como externa à empresa.

À primeira vista, a distinção entre questões internas e externas parece simplista e imaterial. No entanto, a incapacidade de compreender a diferença entre questões internas e externas é uma das principais razões para uma análise SWOT malconduzida. Isso acontece porque os gestores tendem a se precipitar e listar suas opções de marketing ou estratégias como oportunidades. Por exemplo, um gerente pode indicar que a empresa tem "uma oportunidade de entrar em mercados globais". No entanto, tal movimento é uma estratégia ou ação que a empresa pode fazer para expandir sua participação de mercado. No esquema SWOT, oportunidades (e ameaças) existem independentemente da empresa e estão associadas com características ou situações presentes nos ambientes econômico, do cliente, competitivo, cultural, tecnológico, político ou legal em que a empresa se encontra. Por exemplo, uma oportunidade nesse caso poderia ser "a crescente demanda dos clientes por produtos nacionais" ou que um "competidor recentemente se retirou do mercado externo". Uma vez que oportunidades (e ameaças) são conhecidas, opções, estratégias, táticas do gerente devem ser baseadas no que a empresa pretende fazer com suas oportunidades e ameaças relativas a seus próprios pontos fortes e fracos. O desenvolvimento dessas opções estratégicas ocorre em um momento posterior no esquema do plano de marketing.

Em resumo, uma análise SWOT deve ser dirigida pelo conselho de Sócrates: "Conhece a ti mesmo". Esse conhecimento deve ser realista, com base em como os clientes (externos e internos) e outros stakeholders veem a empresa e observado em termos de recursos da empresa. Se os gerentes acham difícil fazer uma avaliação honesta e realista dessas questões, eles devem reconhecer a necessidade de recorrer a especialistas ou consultores externos para supervisionar o processo.

Planejamento Estratégico Orientado pela Análise SWOT

Como discutimos no Capítulo 3, a coleta de informações de marketing por meio de uma análise da situação identifica os principais fatores que devem ser controlados pela empresa e os organiza em um sistema que irá monitorar e distribuir informações sobre esses fatores em uma base contínua. Esse processo alimenta e ajuda a definir os limites de uma análise SWOT que será usada como catalisador para o desenvolvimento do plano de marketing da empresa. O papel da análise SWOT, em seguida, é ajudar o gerente de marketing a fazer a transição de um amplo entendimento do ambiente de marketing para o desenvolvimento de um foco estratégico para os esforços de marketing da empresa. Os problemas potenciais que podem ser considerados em uma análise SWOT são numerosos e variam, dependendo da empresa ou indústria analisada. Para ajudar sua procura de questões relevantes, fornecemos uma lista de potenciais pontos fortes, pontos fracos, oportunidades e ameaças na Figura 4.4. Ela não é exaustiva, já que esses itens apenas ilustram alguns dos problemas potenciais que podem surgir em uma análise SWOT.

FIGURA 4.4 Potenciais Itens a Considerar em uma Análise SWOT

Potenciais Pontos Fortes Internos

Recursos financeiros abundantes
Marca bem conhecida
Número 1 do ranking na indústria
Economias de escala
Tecnologia própria
Produtos ou processos patenteados
Menores custos (matérias-primas ou processos)
Imagem de empresa/marca respeitada
Talento gerencial superior
Melhores habilidades de marketing
Produto de qualidade superior
Alianças com outras empresas
Boa capacidade de distribuição
Funcionários comprometidos

Potenciais Oportunidades Externas

Rápido crescimento do mercado
Empresas rivais acomodadas
Mudança de necessidades/gostos do cliente
Abertura dos mercados estrangeiros
Erro de uma empresa rival
Novas descobertas de produtos ou processos
Crescimento/crise econômica
Desregulamentação do governo
Nova tecnologia
Mudanças demográficas
Outras empresas que procuram alianças
Troca constante de marca
Declínio de vendas de um produto substituto
Evolução dos modelos de negócios na indústria

Potenciais Pontos Fracos Internos

Falta de orientação estratégica
Recursos financeiros limitados
Gastos reduzidos em P&D
Linha de produtos muito estreita
Distribuição limitada
Custos mais elevados (matérias-primas ou processos)
Produtos ou tecnologia desatualizados
Problemas operacionais internos
Problemas políticos internos
Imagem fraca no mercado
Habilidades de marketing fracas
Alianças com empresas fracas
Competências gerenciais limitadas
Funcionários mal treinados

Potenciais Ameaças Externas

Entrada de concorrentes estrangeiros
Introdução de novos produtos substitutos
Ciclo de vida do produto em declínio
Evolução dos modelos de negócios na indústria
Mudança de necessidades/gostos do cliente
Queda da confiança do consumidor
Empresas rivais adotam novas estratégias
Aumento da regulamentação do governo
Crescimento/crise econômica
Mudança na política de juros
Nova tecnologia
Mudanças demográficas
Barreiras de comércio exterior
Fraco desempenho da empresa aliada
Turbulência política internacional
Enfraquecimento das taxas de câmbio

© 2013 Cengage Learning

Pontos Fortes e Fracos

Em relação às necessidades e características do mercado dos concorrentes, o gerente de marketing deve começar a pensar sobre o que a empresa pode fazer bem e em que ela pode ter deficiências. Pontos fortes e fracos existem tanto por causa dos recursos que a empresa possui (ou não) como em virtude da natureza das relações entre a empresa e seus clientes, funcionários ou organizações externas (por exemplo, parceiros da cadeia de abastecimento, fornecedores, instituições de crédito, agências governamentais etc.). Uma vez que a análise SWOT deve ser focada no cliente para obter o máximo benefício, pontos fortes são significativos apenas quando servem para satisfazer a necessidade do cliente. Quando esse for o caso, o ponto forte torna-se uma capacidade.[4] O gerente de marketing pode, então, desenvolver estratégias de marketing que utilizam esses recursos na forma de vantagens competitivas estratégicas. Ao mesmo tempo, o gerente pode desenvolver estratégias para superar os pontos fracos da empresa ou encontrar maneiras de minimizar seus efeitos negativos.

Um grande exemplo de pontos fortes e fracos em ação ocorre na indústria aérea dos EUA. Como um todo, a indústria estava com problemas mesmo antes de 11 de setembro de 2001. As grandes operadoras, como American, Delta e US Airways, têm pontos fortes puramente em termos de seu tamanho, volume de passageiros e força de marketing. No entanto, sofrem com uma série de deficiências relacionadas com eficiência interna, relações de trabalho e modelos de negócios que não podem compensar as mudanças nas preferências dos clientes. Essas deficiências são especialmente dramáticas quando comparadas com companhias aéreas de baixo custo, como a Southwest, Virgin America, Allegiant Air e JetBlue. Inicialmente, essas transportadoras ofereciam serviço de baixo custo em rotas ignoradas pelas grandes operadoras. Seus pontos fortes, em termos de eficiência interna, operações flexíveis e equipamentos de custo mais baixo davam às transportadoras de baixo custo uma grande vantagem em relação a economias de custo. As diferenças nas despesas operacionais por milha de assento disponível (uma referência no setor) são reveladoras: ExpressJet (7,9 ¢), Atlantic Southeast (9,7 ¢), Spirit (9,9 ¢), Virgin America (11,1 ¢), JetBlue (11,3 ¢), Allegiant (11,6 ¢) e Southwest (12,6 ¢), comparado com American (15,9 ¢), Delta (16,4 ¢), United (16,7 ¢) e US Airways (17,8 ¢). A possibilidade de as transportadoras de baixo custo operarem de forma mais eficiente e com custos reduzidos mudou a forma como os clientes consideram as viagens aéreas. Hoje, a maioria dos clientes vê transporte aéreo como produto de base e o preço é considerado o verdadeiro e único traço distintivo entre marcas concorrentes.[5]

Oportunidades e Ameaças

Ao alavancar pontos fortes para criar capacidades e vantagens competitivas, o gerente de marketing deve estar atento a tendências e situações no ambiente externo. Salientar pontos fortes internos, ignorando questões externas, pode fazer com que uma organização, ainda que eficaz, não consiga se adaptar quando os fatores externos mudam, melhorando ou reduzindo a capacidade da empresa de atender às necessidades de seus clientes. Oportunidades e ameaças existem fora da empresa, independentemente de pontos fortes, fracos ou opções de marketing internos. Oportunidades e ameaças ocorrem normalmente nos ambientes competitivo, de clientes, econômico, político/legal, tecnológico e/ou sociocultural. Depois de identificar oportunidades e ameaças, o gerente pode desenvolver estratégias para aproveitar as oportunidades e minimizar ou superar ameaças à empresa.

Oportunidades de mercado podem vir de várias fontes. Por exemplo, quando o CEO Howard Schultz imaginou pela primeira vez a ideia de cafés Starbucks em 1983, ele nunca sonhou que sua ideia poderia criar uma indústria inteira. Schultz viajava por Milão, na Itália, quando concebeu uma cadeia de cafés norte-ame-

O fundador da Starbucks, Howard Schultz, aproveitou uma oportunidade de mercado e mudou para sempre a indústria do café.

ricana. Naquele tempo, não havia praticamente nenhuma concorrência em café, pois a maioria dos consumidores o considerava uma commodity. Ele sabia que a demanda por café era alta, já que apenas a água o supera em termos de consumo em todo o mundo. No entanto, o mercado de café dos EUA estava majoritariamente em prateleiras de supermercado e restaurantes. Efetivamente, existiam apenas 200 cafés nos EUA quando a Starbucks começou sua expansão. Essa clara falta de concorrência deu a Schultz o ímpeto de levar a Starbucks de seu humilde começo em Seattle, Washington, para o resto do mundo. Hoje, há mais de 17 mil cafés Starbucks em todo o mundo, 63% deles estão nos EUA. Agora, cafés são um fenômeno cultural, pois há milhares nos EUA, e a maioria é constituída de empresas familiares que pegou carona no sucesso da Starbucks. Os clientes da Starbucks gastam avidamente US$ 3 por uma xícara de café, mas levam mais do que uma simples bebida. Starbucks é um lugar para encontrar os amigos, falar de negócios, ouvir música ou apenas relaxar. A popularidade do Starbucks se espalhou para as prateleiras de supermercado e a marca é agora uma grande ameaça para concorrentes tradicionais. A combinação de uma oportunidade de mercado óbvia e a ideia de Schultz mudou para sempre o mercado de café em todo o mundo.[6]

A Matriz SWOT

Da mesma forma que consideramos como uma empresa pode usar seus pontos fortes, pontos fracos, oportunidades e ameaças para impulsionar o desenvolvimento do seu plano de marketing, lembre-se que a análise SWOT é projetada para sintetizar uma grande variedade de informações e ajudar na transição para o foco estratégico da empresa. Para lidar com essas questões corretamente, o gerente de marketing deve avaliar cada ponto forte, ponto fraco, oportunidade e ameaça, a fim de determinar seu impacto total sobre os esforços de marketing da empresa. Para utilizar a análise SWOT com sucesso, o gerente de marketing deve estar ciente de quatro pontos:[7]

1. A avaliação dos pontos fortes e fracos deve observar o que está além de recursos da empresa e oferta(s) de produto(s), a fim de examinar os processos fundamentais para a satisfação das necessidades dos

clientes. Isso implica muitas vezes oferecer "soluções" para os problemas dos clientes, em vez de produtos específicos.

2. O cumprimento de metas e objetivos da empresa depende de sua habilidade de criar capacidades, ao combinar seus pontos fortes com as oportunidades de mercado. Capacidades tornam-se vantagens competitivas se fornecerem melhor valor para os clientes do que as ofertas concorrentes.

3. As empresas muitas vezes podem converter pontos fracos em pontos fortes ou até mesmo recursos, investindo estrategicamente em áreas-chave (por exemplo, suporte ao cliente, pesquisa e desenvolvimento, eficiência da cadeia de suprimentos, treinamento de funcionários). Da mesma forma, as ameaças muitas vezes podem ser convertidas em oportunidades, se os recursos adequados estiverem disponíveis.

4. Pontos fracos que não puderem ser convertidos em pontos fortes tornam-se limitações da empresa que, quando óbvias e significativas para os clientes ou outros stakeholders, devem ser minimizadas com escolhas estratégicas eficazes.

Um método útil para a realização dessa avaliação é visualizar a análise por meio de uma matriz SWOT. A Figura 4.5 fornece um exemplo desse arranjo de quatro células que pode ser utilizado para avaliar visualmente cada elemento de uma análise SWOT. Nesse ponto, o gerente deve avaliar itens dentro de cada célula da matriz em termos de sua magnitude e importância. Como já dissemos antes, essa avaliação deve, idealmente, ser baseada nas percepções dos clientes. Se essas não puderem ser coletadas, o gestor deve basear as classificações em contribuições de funcionários, em parceiros de negócios ou em sua própria intuição e expertise.

FIGURA 4.5 A Matriz SWOT

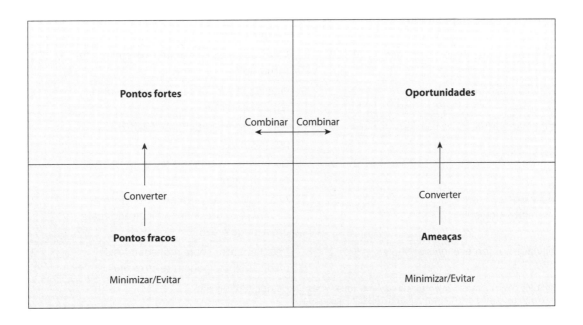

Fonte: Adaptada de Nigel Piercy, *Market-Led Strategic Change* (Oxford, UK: Butterworth-Heineman, 2002).

Não é obrigatório que a matriz SWOT seja avaliada quantitativamente, mas fazê-lo pode trazer informações interessantes. A Figura 4.6 ilustra como essa avaliação pode ser conduzida. O primeiro passo é quantificar a mag-

FIGURA 4.6 — Avaliação Quantitativa da Matriz SWOT

A classificação em cada célula é baseada em uma análise minuciosa da empresa e da indústria.

Pontos fortes	M	I	R	Oportunidades	M	I	R
BOPREX aprovado para o tratamento da artrite, enxaqueca e dores em geral	3	3	9	Aprovação da mudança de analgésicos prescritos para não prescritos	3	3	9
Exclusividade da patente por três anos	3	3	9	Consumidores irão experimentar novos produtos assim que estiverem disponíveis	3	3	9
Entrada de novos produtos	3	2	6	Podem ser usados tanto como analgésicos genéricos como redutores de febre	3	3	9
Alívio da dor forte sem necessidade de prescrição médica	3	2	6	Potenciais canais de mercado atualmente não explorados	3	3	9
Tratamento eficaz da enxaqueca	3	2	6	Concorrentes analgésicos de prescrição têm sido retirados do mercado	3	2	6
Força de trabalho talentosa e motivada	2	2	4	Diferenciação de produto fraca entre os concorrentes sem necessidade de prescrição	3	2	6
Menor custo de matérias-primas	3	1	3	População dos EUA está buscando cada vez mais conveniência das compras on-line	2	3	6
Ampla gama de produtos	1	2	2	Aumento do envelhecimento da população	2	2	4
Pontos fracos	**M**	**I**	**R**	**Ameaças**			
Orçamento de marketing limitado	-3	3	-9	Concorrência de analgésicos prescritos e não prescritos	-3	3	-9
Posição no mercado (número 6 no mercado)	-3	3	-9	Mercado de não prescritos extremamente saturado	-3	3	-9
Diferenciação de produto fraca	-3	3	-9	Fidelidade dos consumidores aos concorrentes existentes	-3	2	-6
Nome da marca atual (nova no mercado)	-3	2	-6	Publicidade negativa com relação aos prescritos	-2	3	-6
Empresa de médio porte	-2	2	-4	Declínio na recomendação de prescritos pelos médicos	-1	3	-3
BOPREX associado com efeitos colaterais gastrointestinais	-1	3	-3	Analgésicos não prescritos transformados em prescritos não são indicados para uso a longo prazo	-1	2	-2
Variabilidade nos fornecedores offshore	-1	2	-2	Regulamentos sobre propagandas de medicamentos podem se intensificar	-1	2	-2

M = magnitude do elemento; I = importância do elemento; R = classificação total do elemento.
Escala de magnitude varia de 1 (baixa magnitude) a 3 (alta magnitude).
Escala de importância varia de 1 (baixa importância) a 3 (alta importância).

© 2013 Cengage Learning

nitude de cada elemento na matriz. Magnitude refere-se a quão fortemente cada elemento afeta a empresa. Um método simples é usar uma escala de 1 (baixa magnitude), 2 (média magnitude) ou 3 (alta magnitude) para cada ponto forte e oportunidade, e -1 (baixa magnitude), -2 (média magnitude) ou -3 (alta magnitude) para cada ponto fraco e ameaça. O segundo passo é avaliar a importância de cada elemento, utilizando uma escala de 1 (baixa importância), dois (média importância) ou 3 (alta importância) para todos os elementos da matriz. O passo final é multiplicar as classificações de magnitude por classificações de importância para criar um índice total para cada elemento. Lembre-se que as classificações de magnitude e importância devem ser fortemente influenciadas pela percepção do cliente e não apenas as percepções do gestor.

Os elementos com as mais altas classificações totais (positivas ou negativas) devem ter a maior influência no desenvolvimento da estratégia de marketing. Um ponto forte considerável em uma área importante certamente deve ser enfatizado, a fim de convertê-lo em uma capacidade ou vantagem competitiva. Por outro lado, uma oportunidade relativamente pequena e insignificante não deve desempenhar um papel central no processo de planejamento. A magnitude e a importância de oportunidades e ameaças irão variar dependendo do produto ou mercado em particular. Por exemplo, um aumento intenso na formação de novos lares seria muito importante para as indústrias madeireira, de financiamentos imobiliários ou imobiliária, mas inconsequente para indústrias de semicondutores ou de telecomunicações. Nesse exemplo, a magnitude da oportunidade seria o mesmo para todas as indústrias, porém, as classificações de importância seriam diferentes em cada setor.

Desenvolvendo e Alavancando Vantagens Competitivas

Após a magnitude e a importância de cada elemento na matriz SWOT terem sido avaliadas, o gerente deve se concentrar na identificação de vantagens competitivas, combinando pontos fortes e oportunidades. Os principais pontos fortes com maior probabilidade de serem convertidos em recursos serão aqueles compatíveis com oportunidades importantes e consideráveis. Lembre-se de que as capacidades que permitem que uma empresa atenda às necessidades dos clientes melhor que a concorrência lhes conferem uma vantagem competitiva. Conforme descrito na Figura 4.7, vantagens competitivas podem surgir de muitas fontes internas ou externas.

Quando nos referimos a vantagens competitivas, geralmente falamos em termos de diferenças reais entre empresas concorrentes. Afinal de contas, vantagens competitivas decorrem de pontos fortes reais da empresa ou de pontos fracos reais das empresas rivais. No entanto, vantagens competitivas também podem estar baseadas mais na percepção do que na realidade. Por exemplo, o iPad, da Apple, domina o mercado de computadores tablet, apesar de que os produtos concorrentes Google, Motorola, RIM (Blackberry), Samsung, Acer e Amazon geralmente coincidem, ou até mesmo superam, o iPad em termos de recursos e desempenho. Os clientes que não têm conhecimento de tablets melhores (ou aqueles que simplesmente não se importam) compram o iPad por causa de sua imagem engenhosa, da integração com o iTunes e a App Store e da disponibilidade de acessórios de terceiros. Como os consumidores mantêm a percepção de que o iPad é melhor do que produtos concorrentes, esses têm dificuldade em ultrapassar essa barreira.

Gerir eficazmente a percepção dos clientes tem sido um desafio para as empresas por gerações. O problema reside no desenvolvimento e na manutenção de capacidades e vantagens competitivas que os clientes

FIGURA 4.7 Fontes Comuns de Vantagem Competitiva

Vantagens Relacionais

Clientes leais à marca
Altos custos de mudança para os clientes
Relacionamentos de longo prazo com os parceiros da cadeia de suprimentos
Acordos de aliança estratégica
Acordos de comarketing ou de comarca
Estreita coordenação e integração com os parceiros da cadeia de suprimentos
Forte poder de barganha

Vantagens do Produto

Brand equity (valor da marca) e nome da marca
Produtos exclusivos
Qualidade ou características superiores
Experiência em produção
Garantias
Excelente atendimento ao cliente
Pesquisa e desenvolvimento
Imagem de produto superior

Vantagens Legais

Patentes e marcas
Contratos fortes e proveitosos
Vantagens fiscais
Leis de zoneamento
Restrições comerciais globais
Subsídios do governo

Vantagens de Preços

Custos de produção mais baixos
Economias de escala
Compra em grande volume
Distribuição de baixo custo
Poder de barganha com fornecedores

Vantagens Organizacionais

Recursos financeiros abundantes
Instalações e equipamentos modernos
Sistemas de inteligência do concorrente e do cliente eficazes
Cultura, visão e objetivos compartilhados na empresa
Forte boa vontade organizacional

Vantagens de Promoção

Imagem da empresa
Grande orçamento de promoção
Força de vendas de qualidade superior
Criatividade
Amplo conhecimentos de marketing

Vantagens de Recursos Humanos

Talento superior de gestão
Cultura organizacional forte
Acesso à mão de obra qualificada
Funcionários comprometidos
Treinamento de funcionários de nível internacional

Vantagens de Distribuição

Sistema de distribuição eficiente
Controle de estoque em tempo real
Extensa integração da cadeia de suprimentos
Sistemas de informação de qualidade superior
Lojas exclusivas
Localizações convenientes
Fortes recursos de comércio eletrônico

© 2013 Cengage Learning

possam facilmente compreender e que resolvam suas necessidades específicas. Capacidades ou vantagens competitivas que não se traduzem em benefícios específicos para os clientes são de pouca utilidade para uma empresa. Nos últimos anos, muitas empresas bem-sucedidas desenvolveram capacidades e vantagens competitivas com base em uma de três estratégias básicas: excelência operacional, liderança de produto e intimidade com o cliente:

- **Excelência operacional**. Empresas que empregam uma estratégia de excelência operacional focam na eficiência das operações e processos. Essas empresas operam a custos inferiores aos de seus concorrentes, permitindo-lhes fornecer bens e serviços a seus clientes a preços mais baixos ou com melhor valor. Companhias aéreas de baixo custo, como JetBlue e Southwest Airlines, são um excelente exemplo de excelência operacional em ação. O serviço simples da Southwest e a utilização de aeronaves quase idênticas mantêm os custos operacionais muito baixos em comparação com outras transportadoras aéreas. Outras empresas que empregam a excelência operacional incluem Dell e Walmart.[8]

- **Liderança de produto**. Empresas que se concentram em liderança de produto se sobressaem em tecnologia e desenvolvimento de produtos. Como resultado, elas oferecem aos clientes produtos e serviços mais avançados e da mais alta qualidade na indústria. Por exemplo, a Microsoft, que domina o mercado de sistemas operacionais de computadores pessoais e pacotes de produtividade de escritório, continua a atualizar e alongar a tecnologia de base de seu software, ao mesmo tempo, criando produtos complementares que resolvem as necessidades dos clientes. Pfizer, Intel e 3M são outros exemplos de empresas que buscam uma estratégia de liderança do produto. O boxe *Além das Páginas 4.2* explica alguns dos segredos para o sucesso da liderança de produto da 3M.

- **Intimidade com o cliente**. Trabalhar para conhecer seus clientes e entender suas necessidades melhor do que a concorrência é o elemento-chave da intimidade com o cliente. Essas empresas tentam desenvolver relacionamentos de longo prazo com os clientes, buscando suas contribuições sobre como fazer produtos e serviços melhores ou como resolver seus problemas específicos. A Nordstrom, por exemplo, organiza seu layout de loja com base na moda e no estilo de vida, em vez de por categorias de mercadoria. A empresa oferece produtos de alta qualidade com atendimento impecável. De fato, a Nordstrom é constantemente classificada no topo do atendimento ao cliente entre todas as redes de varejo.[9] Outras empresas que buscam intimidade com o cliente incluem Amazon, DHL, e Ritz-Carlton.

Para serem bem-sucedidas, as empresas devem ser capazes de executar todas as três estratégias. No entanto, as empresas mais bem-sucedidas escolhem uma área para se destacar e depois gerenciam ativamente as percepções dos clientes para que eles acreditem que a empresa, de fato, se destaca nessa área. Para implantar qualquer uma dessas estratégias de forma eficaz, uma empresa deve possuir certas competências essenciais, conforme descrito na Figura 4.8. Empresas que ostentam essas competências são mais propensas a criar uma vantagem competitiva do que as que não as têm. No entanto, antes que uma vantagem competitiva possa ser traduzida em benefícios específicos para clientes, os mercados-alvo da empresa devem reconhecer que suas competências lhes conferem uma vantagem sobre a concorrência. A Figura 4.8 inclui uma lista de atributos que os clientes podem usar para descrever uma empresa que possui cada vantagem competitiva em particular. As competências essenciais são questões internas (pontos fortes), enquanto atributos específicos se referem a atividades que os clientes irão notar ao interagir com a empresa.

| FIGURA **4.8** | Competências Essenciais Necessárias para Estratégias de Vantagem Competitiva |

Excelência Operacional – Exemplos de Empresas: Walmart, Southwest Airlines, Dell

Competências Essenciais

- Operações de baixo custo.
- Oferta de produto totalmente confiável.
- Serviço adequado ao cliente.
- Gestão de demanda eficiente.

Atributos Comuns de Empresas com Excelência Operacional

- Entregam valor atrativo pela utilização de preços baixos, ofertas de produtos padronizados e processos de compra adequados.
- Visam um mercado amplo e heterogêneo de compradores sensíveis a preço.
- Investem para obter economias de escala e sistemas baseados na eficiência que se traduzem em preços mais baixos para os compradores.
- Desenvolvem sistemas de informação voltados para a captura e distribuição de informações sobre estoques, embarques, transações dos clientes e custos em tempo real.
- Mantêm um sistema para evitar o desperdício e recompensar fortemente a melhoria da eficiência.

Liderança de Produto – Exemplos de Empresas: Pfizer, Intel, 3M

Competências Essenciais

- Pesquisa básica/rápida de interpretação de pesquisa.
- Pesquisa aplicada voltada para o desenvolvimento de produtos.
- Rápida exploração das oportunidades de mercado.
- Excelentes habilidades de marketing.

Atributos Comuns de Empresas Líderes de Produto

- Concentram seus planos de marketing na rápida introdução de produtos de alta qualidade e tecnologicamente sofisticados para criar a fidelidade do cliente.
- Analisam constantemente o ambiente em busca de novas oportunidades, muitas vezes tornando seus próprios produtos obsoletos com a inovação contínua.
- Visam segmentos de mercado menores e homogêneos.
- Mantêm culturas organizacionais caracterizadas por descentralização, adaptabilidade, empreendedorismo, criatividade e expectativa de aprendizagem com o fracasso.
- Têm uma atitude de "Como podemos fazer esse trabalho?" em vez de "Por que não podemos fazer esse trabalho?"

Intimidade com o Cliente – Exemplos de Empresas: Nordstrom, Amazon, Ritz-Carlton

Competências Essenciais

- Habilidades excepcionais em descobrir as necessidades dos clientes.
- Competência na resolução de problema.
- Produto flexível/customização da solução.

continua

FIGURA 4.8 continuação

- Mentalidade de gestão de relacionamento com o cliente.
- Ampla presença de habilidades de negociação colaborativa (ganha-ganha).

Atributos Comuns de Empresas com Intimidade com o Cliente

- Encaram a fidelidade do cliente como seu maior trunfo, na medida em que concentram seus esforços no desenvolvimento e na manutenção de um conhecimento profundo das necessidades do cliente.
- Excedem consistentemente as expectativas dos clientes, oferecendo produtos de alta qualidade e soluções sem se desculpar por cobrar preços mais elevados.
- Descentralizam a maior parte do poder de decisão para o nível de contato com o cliente.
- Formam regularmente alianças estratégicas com outras empresas para atender às necessidades dos clientes de forma abrangente.
- Avaliam todos os relacionamentos com clientes ou parceiros de alianças no longo prazo ou mesmo ao longo da vida.

Fonte: Extraída de "Discipline of Market Leaders: Choose Your Customers". In: *CSC Index,* de Michael Treacy e Fred Wiersema (Addison-Wesley, 1995). Reproduzido com permissão de Helen Rees Literary Agency, Michael Treacy e Fred Wiersema.

Estabelecendo um Foco Estratégico

Na conclusão da análise SWOT, o gerente de marketing deve voltar sua atenção para o estabelecimento do foco estratégico do programa de marketing da empresa. Por foco estratégico, queremos dizer o conceito global ou modelo que orienta a empresa, uma vez que entrelaça os diversos elementos de marketing em uma estratégia coerente. O foco estratégico de uma empresa normalmente está ligado a suas vantagens competitivas. No entanto, dependendo da situação, ele pode mudar para compensar as deficiências da empresa ou para defender suas vulnerabilidades. Ele pode mudar ao longo do tempo para refletir a natureza dinâmica dos ambientes internos e externos. A direção tomada depende de como os pontos fortes e fracos da empresa combinam com suas oportunidades e ameaças externas.

Usando os resultados da análise SWOT como um guia, uma empresa pode considerar quatro direções gerais para seus esforços estratégicos:[10]

- **Agressiva (muitos pontos fortes internos/muitas oportunidades externas)**. As empresas nessa situação invejável podem desenvolver estratégias de marketing para aproveitar várias oportunidades de forma agressiva. Expansão e crescimento, com novos produtos e novos mercados, são a chave para uma abordagem agressiva. Essas empresas são muitas vezes tão dominantes que realmente podem remodelar a indústria ou o cenário competitivo para se adequarem à sua agenda. Google oferece um bom exemplo dessa abordagem ao desenvolver aplicações baseadas na Internet, as quais servem a várias necessidades e a diversos mercados. Google Voice, Google Plus, Google Docs, Gmail e YouTube são alguns exemplos de ofertas do Google.

- **Diversificação (muitos pontos fortes internos/muitas ameaças externas)**. Empresas nessa situação têm muito a oferecer, mas fatores externos enfraquecem sua capacidade de usar estratégias agressivas. Para ajudar a compensar essas ameaças, elas podem usar a estratégia de marketing para diversificar

ALÉM DAS PÁGINAS 4.2
A Bem-Sucedida Liderança de Produto da 3M[11]

A maioria das pessoas sabe que a 3M é o fabricante de produtos de uso diário, como Post-It e fita adesiva Scotch. Talvez alguns saibam que ela faz outros produtos, como as esponjas O-Cel-O, aparelhos Clarity (para os dentes) e estetoscópios Littmann. Contudo, o que a maioria das pessoas não sabe sobre a 3M é que a empresa vem desenvolvendo produtos inovadores como esses há mais de 107 anos. Depois de todo esse tempo, o que é mais surpreendente sobre a 3M é que o apetite da empresa para inovação de produto nunca diminuiu.

A 3M (Minnesota Mining and Manufacturing) começou como um fabricante de abrasivos em 1902. No entanto, a empresa não se tornou conhecida até a invenção da fita adesiva, em 1925. Mesmo assim, a empresa não se tornou um nome familiar até a invenção do Post-It Notes em 1980. Hoje, ela vende uma extensa linha de produtos de fitas adesivas Scotch e inovou o Post-It com cartões em papel foto e para índice.

Qual é o segredo da 3M para o sucesso na liderança de produto? Quando perguntaram a Larry Wendling, ex-vice-presidente dos laboratórios de pesquisa corporativos da 3M, ele resumiu o sucesso da empresa com base em uma lista de sete fatores principais:

1. **Compromisso com a Inovação**. Cada funcionário, do CEO à hierarquia abaixo, está firmemente comprometido com a inovação. A 3M apoia esse compromisso com gastos maciços em P&D: mais de US$ 1 bilhão por ano ou 6% de sua receita total.
2. **Manutenção Ativa da Cultura Corporativa**. Provavelmente o principal fator de sucesso da 3M, a cultura da empresa baseia-se na contratação de boas pessoas, dando-lhes a liberdade de fazer o seu trabalho e tolerar erros. Uma característica comum de empresas altamente inovadoras é que elas toleram o fracasso e tentam aprender com ele.

3. **Amplo Apoio para Tecnologia de Base**. Ter um conhecimento diversificado com muitas tecnologias diferentes permite à 3M aplicar ideias de uma área da empresa em outra. Esse é um dos segredos da 3M que faz parecer que ela nunca fica sem ideias.
4. **Network Ativo**. A 3M promove ativamente o network e conversas internas entre seus cientistas e engenheiros. Eles acolhem um Fórum Técnico anual onde os cerca de 10 mil membros da equipe de P&D conversam e partilham ideias.
5. **Recompensar os Funcionários pela Excelência**. A 3M mantém uma carreira em Y de forma que cientistas e engenheiros experientes possam subir na carreira sem passar para a gestão empresarial. A empresa também honra seus funcionários todos os anos com prêmios de mérito científico.
6. **Medição de Resultados**. Um marco fundamental para a 3M é o percentual da receita que vem de produtos lançados nos últimos quatro anos. Isso impede que a empresa descanse sobre os louros e permite que a direção determine se o dinheiro investido em P.&D é bem gasto.
7. **Ouvir o Cliente**. Os funcionários da 3M gastam uma grande quantidade de tempo aprendendo sobre as necessidades e expectativas dos clientes. Eles levam essas ideias para o laboratório, onde produtos inovadores são desenvolvidos. Por exemplo, a ideia do Post-It Photo Paper veio diretamente dos clientes.

Wendling argumenta que a inovação na 3M não é fruto do acaso. Ao longo da história da empresa, esses sete pilares de inovação têm sido desenvolvidos, gerenciados e cultivados. Não é à toa que a 3M aparece regularmente no ranking da *BusinessWeek* de empresas mais inovadoras e admiradas do mundo.

Além de inovação, a 3M também mantém a liderança do produto por meio de aquisições estratégicas.

A mais recente foi a divisão de produtos para escritório e de consumo da Avery Dennison, o incontestável líder de mercado no negócio de etiquetagem. A aquisição deu à 3M o controle sobre a marca de etiquetas Avery e outros produtos líderes de mercado, tais como as canetas Marks-A-Lot e marcadores Hi-Liter. A adição da linha de etiquetas Avery ajuda a completar a própria linha de produtos de escritório da 3M, incluindo o onipresente Post-It Notes e as fitas adesivas Scotch.

---

sua carteira de produtos, mercados ou mesmo unidades de negócios. Um bom exemplo da aplicação dessa estratégia é o Grupo Altria, cujas divisões incluem Philip Morris EUA, Smokeless Tobacco Company EUA, John Middleton (charutos), Chateau Ste. Michelle Wine Estates, Philip Morris Capital Corporation (leasing) e propriedade parcial da SABMiller (segunda maior cervejaria do mundo). Embora detenha muitas das marcas mais conhecidas do mundo (Marlboro, Virginia Slims, Skoal, Copenhagen, Prince Albert), o Altria enfrenta inúmeras ameaças de concorrentes de baixo custo, impostos e litígios.[12]

- **Recuperação (muitos pontos fracos internos/muitas oportunidades externas)**. Empresas costumam adotar estratégias de recuperação porque se encontram na situação, muitas vezes temporária, de terem problemas internos demais para considerar estratégias que aproveitem as oportunidades externas. Nesses casos, elas normalmente têm de colocar sua própria casa em ordem antes de olhar para além de seus produtos ou mercados atuais. Por exemplo, a GM já foi a montadora dominante no mundo. No entanto, uma fraca carteira de produtos, altos custos de aposentadoria, forte concorrência e a desaceleração da economia mundial criaram uma turbulência que levou a GM à falência em 2009. Para manter a empresa solvente, o governo dos EUA forneceu um socorro de US$ 50 bilhões e adquiriu uma participação acionária importante na GM. Como parte de sua estratégia de reviravolta, a GM vendeu ou fechou quatro marcas consideradas não essenciais, tais como Saturn, Hummer, Pontiac e Saab, e tomou medidas para reduzir drasticamente os custos. Hoje, a GM é mais uma vez a fabricante de automóveis mais importante do mundo. O governo dos EUA ainda detém 32% da empresa, mas planeja vendê-los no mercado aberto.[13]

- **Defensiva (muitos pontos fracos internos/muitas ameaças externas)**. Empresas assumem uma postura defensiva quando ficam sufocadas por problemas internos e externos simultaneamente. Por exemplo, a gigante farmacêutica Merck sofreu um duro golpe em 2004, quando foi anunciado que pacientes que tomavam o analgésico Vioxx da empresa tinham risco aumentado para ataques cardíacos. A Merck retirou o Vioxx do mercado, o que marcou o início de uma série de processos judiciais potencialmente prejudiciais à empresa. No entanto, a Merck ganhou 10 das 15 grandes ações judiciais contra ela e depois acertou todos os processos restantes por US$ 4,85 bilhões em 2007. Em seguida, a Merck começou a procurar maneiras de defender sua posição no mercado, uma vez que muitos de seus medicamentos mais populares, incluindo Zocor, Fosamax e Singulair, perderiam a proteção de patentes em alguns anos. A Merck anunciou uma solução em 2009: a fusão de US$ 41 bilhões com a Schering-Plough, que deu à empresa um forte fluxo de desenvolvimento de 18 novas drogas em testes de Fase III. Um dos novos medicamentos mais promissores da empresa é o Incivek, um tratamento para a hepatite C. Cerca de 170 milhões de pessoas no mundo têm a doença e representam um mercado de cerca de US$ 3 bilhões de medicamentos para combatê-la.[14]

Embora essas quatro posições sejam bastante comuns, outras combinações de pontos fortes, pontos fracos, oportunidades e ameaças são possíveis. Por exemplo, uma empresa pode ter alguns pontos fortes internos, mas muitas oportunidades externas. Nessa situação, a empresa não pode tirar vantagem das oportunidades porque não possuem os recursos necessários para a criação de capacidades ou vantagens competitivas. Para resolver esse problema, a empresa pode concentrar todos os seus esforços em pequenos nichos de mercado ou pode considerar o estabelecimento de alianças com empresas que possuam os recursos necessários. Também é possível que uma empresa possua muitos pontos fortes internos, mas poucas oportunidades externas. Nessa situação, ela pode usar uma estratégia de diversificação com a entrada em novos mercados ou aquisição de outras empresas. No entanto, essa estratégia é perigosa, a menos que essas novas atividades sejam consistentes com a missão da empresa. A história empresarial está repleta de histórias de empresas que exploraram novas oportunidades fora de sua missão e seus valores centrais. A expansão da Sears no mercado imobiliário, serviços financeiros e cartões de crédito na década de 1980 deve lembrar-nos de que ir além dos principais pontos fortes é muitas vezes uma má ideia.

O estabelecimento de um foco estratégico sólido é importante nessa fase do processo de planejamento porque estabelece as bases para o desenvolvimento de metas e objetivos de marketing que vêm em seguida. Infelizmente, muitas empresas lutam para encontrar um foco que se traduza em uma estratégia que oferece aos clientes uma razão convincente para a compra de produtos da empresa. Elas podem usar diversas ferramentas e técnicas para a identificação de um foco estratégico convincente. Acreditamos que uma das ferramentas mais úteis é a tela estratégica (*strategy canvas*), desenvolvido pelos professores W. Chan Kim e Renée Mauborgne no livro *Estratégia do Oceano Azul*.[15]

Em essência, a tela estratégica é uma ferramenta para visualização da estratégia da empresa em relação a outras empresas de um determinado setor. Como exemplo, considere a tela estratégica para a Southwest Airlines descrito na Figura 4.9.[16] O eixo horizontal de uma tela estratégica identifica os fatores-chave dos produtos

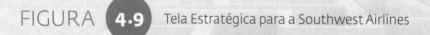

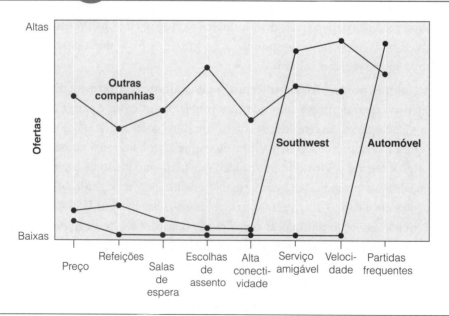

Fonte: Extraída de W. Chan Kim e Renee Mauborgne, *Blue Ocean Strategy* (Boston, MA: Harvard Business School Press, 2005), p. 38. Usada com permissão de Harvard Business School Publishing.

oferecidos aos clientes em determinada indústria. No caso da indústria da aviação, esses fatores incluem preço, refeições, escolhas de assentos e serviços, entre outros. O eixo vertical indica o nível de oferta que as empresas oferecem aos compradores em todos esses fatores. A porção central da tela estratégica é a curva de valor ou a representação gráfica do desempenho relativo da empresa em todos os fatores de sua indústria. A chave para usar a tela estratégica (e a chave para o desenvolvimento de um foco estratégico convincente) reside em identificar uma curva de valor que se destaque da concorrência.

Como ilustrado na figura, o foco estratégico da Southwest é baseado em minimizar os fatores competitivos tradicionais usados na indústria aeronáutica (preço, refeições etc.), ressaltar outros fatores (serviço, velocidade) e criar um novo fator sobre o qual possa basear sua vantagem competitiva (partidas frequentes). Assim, a Southwest oferece uma alternativa atrativa para os clientes que não gostam de fazer as compensações entre viagens aéreas e de carro. O foco estratégico da Southwest é oferecer transporte aéreo rápido, amigável e frequente a preços que atraiam clientes que habitualmente optariam por viajar de carro. Como vimos no início deste capítulo, a Southwest é capaz de sustentar esse foco por meio de suas vantagens competitivas com base na excelência operacional. Não deve ser nenhuma surpresa que seja um dos transportadores mais bem-sucedidos e rentáveis na indústria há algum tempo.

Para usar a tela estratégica com sucesso, o gerente de marketing deve identificar uma curva de valor com duas características principais.[17] Em primeiro lugar, a curva de valor deve representar claramente o foco estratégico da empresa. Como mostrado na Figura 4.9, o foco da Southwest Airlines em serviço, velocidade e partidas frequentes é claro. Todos os demais fatores competitivos são minimizados em sua estratégia. Em segundo lugar, a curva de valor deve ser distintamente diferente da dos concorrentes. Novamente, esse é o caso para a Southwest uma vez que sua combinação de fatores competitivos a separa claramente da concorrência. Mais informações sobre a abordagem do Oceano Azul para o desenvolvimento de um foco estratégico podem ser encontradas no boxe *Além das Páginas 4.3*.

A combinação da matriz SWOT e a tela estratégica oferece um meio útil e poderoso para visualizar a vantagem competitiva e o foco estratégico da empresa. Articular claramente o foco da empresa é crucial à medida que o gerente de marketing avança no desenvolvimento do plano de marketing. Na próxima fase do processo de planejamento, o gerente deve identificar metas e objetivos de marketing da empresa para conectar o foco estratégico com os resultados desejados e esperados. Tais metas e objetivos também serão cruciais para as últimas fases de planejamento à medida que o gerente identifica padrões que serão usados para avaliar o desempenho da estratégia de marketing. Na próxima seção, veremos o desenvolvimento de metas e objetivos de marketing em mais detalhes.

Desenvolvendo Metas e Objetivos de Marketing

Depois de identificar um foco estratégico, o gerente de marketing pode ter algumas ideias sobre atividades de marketing potenciais que podem ser usadas para alavancar vantagens competitivas da empresa em relação às oportunidades disponíveis no mercado. Nessa fase, no entanto, existe a possibilidade de muitas metas e objetivos diferentes que coincidem com a direção estratégica antecipada. Como a maioria das empresas tem recursos limitados, é normalmente difícil fazer tudo em um único ciclo de planejamento. Nesse ponto, o gerente deve priorizar as intenções estratégicas da empresa e desenvolver metas e objetivos específicos para o plano de marketing.

Reiteramos que metas e objetivos de marketing devem ser consistentes com a missão global e a visão da empresa. Uma vez que a empresa tenha uma declaração de missão que delineia claramente o que ela é, o que

ALÉM DAS PÁGINAS 4.3

Um Olhar Mais Atento Para a Estratégia do Oceano Azul[18]

Além da tela estratégica discutida no capítulo, os professores Chan e Mauborgne desenvolveram uma ferramenta complementar chamada de estrutura das quatro ações. Enquanto a tela estratégica representa graficamente o foco estratégico da empresa em relação aos concorrentes e os fatores que definem a concorrência dentro de uma indústria, a estrutura das quatro ações é uma ferramenta para descobrir como mudar a tela estratégica e reorientar o foco estratégico da empresa. Como mostrado no diagrama, a estrutura das quatro ações é projetada para desafiar os pressupostos tradicionais sobre estratégia, fazendo quatro perguntas sobre a maneira como a empresa faz negócios.

Como exemplo de como a estrutura das quatro ações pode ser usada, Chan e Mauborgne usaram experiências do lançamento bem-sucedido do [yellow tail] dos Vinhos Casella. Em primeiro lugar, Casella *eliminou* fatores competitivos tradicionais, como a terminologia impenetrável dos vinhos, qualidades de envelhecimento e pesadas despesas de marketing. Eles concluíram que esses fatores tornavam o vinho inacessível para a massa de compradores que não estava familiarizada com essa cultura. Em segundo lugar, eles *reduziram* a importância de outros fatores, como complexidade do vinho, gama de opções e prestígio. No lançamento, por exemplo, eles introduziram apenas dois vinhos: Chardonnay e Shiraz. Também usaram uma etiqueta não tradicional que traz um canguru laranja e amarelo sobre um fundo preto para reduzir o prestígio ou "apelo esnobe" comum na maioria dos vinhos. Em terceiro lugar, eles *elevaram* a importância de fatores competitivos, tais como o envolvimento da loja. Funcionários da loja foram envolvidos ao dar-lhes uma roupa australiana para usar no trabalho. Isso criou uma abordagem descontraída para o vinho que deixou os funcionários ansiosos para recomendar [yellow tail] a seus clientes. Finalmente, eles *criaram* novos fatores competitivos, como fácil de beber, fácil de comprar e divertido. [Yellow tail] tem um sabor frutado suave que o torna mais acessível. Casella também colocou vinhos tintos e brancos em garrafas com o mesmo formato, pela primeira vez na indústria. Essa mudança simples reduz significativamente os custos de produção e torna os displays de ponto de venda mais simples e atraentes.

A abordagem do Oceano Azul também é usada com sucesso por Southwest Airlines, Cirque du Soleil e Curves (uma cadeia de academias de ginástica só para mulheres), entre outros. Chan e Mauborgne argumentam que reorientar com sucesso o foco estratégico de uma empresa requer que ela desista de suposições de longa data sobre como os negócios devem ser realizados. Eles alertam as empresas para evitar a avaliação comparativa e uma extensa pesquisa do cliente porque essas abordagens tendem a criar uma mentalidade "mais por menos" típica que orienta o foco estratégico da maioria das empresas. Em vez disso, a abordagem do Oceano Azul requer que as empresas alterem fundamentalmente sua lógica estratégica. É aí que reside o desafio do pensamento do Oceano Azul: é muito, muito difícil para a maioria das empresas mudar. Consequentemente, as verdadeiras abordagens do Oceano Azul tendem a ser uma ocorrência rara.

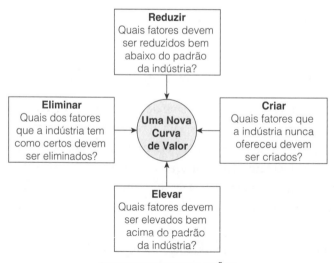

QUADRO DAS QUATRO AÇÕES

represesenta e o que faz para os outros, o gerente de marketing pode então começar a expressar o que espera alcançar no programa de marketing da empresa. Essas declarações de realizações desejadas são metas e objetivos. Alguns usam os termos "metas" e "objetivos" de forma intercambiável. No entanto, a incapacidade de compreender as principais diferenças entre eles pode limitar severamente a eficácia do plano de marketing. Metas são realizações desejadas gerais, enquanto objetivos fornecem parâmetros específicos e quantitativos que podem ser usados para medir o progresso em direção à realização das metas de marketing.

Desenvolvendo Metas de Marketing

Como declarações de realizações amplas e desejadas, metas são expressas em termos gerais e não contêm informações específicas sobre onde a organização atualmente se encontra ou onde espera estar no futuro. O Home Depot, por exemplo, tem a meta de ter preços mais baixos do que a concorrência. No entanto, essa meta não é específica porque não determina um valor de referência que define o que é um preço mais baixo. Para atingir tal meta, o Home Depot oferece uma garantia de preço que reduz os preços dos concorrentes em 10%.[19] Metas como essa são importantes porque indicam a direção que a empresa busca, bem como o conjunto de prioridades que utilizará para avaliar alternativas e tomar decisões.

Também é importante que todas as áreas funcionais da organização sejam consideradas no processo de definição de metas. Ao desenvolver metas para o plano de marketing, é importante ter em mente que elas devem ser alcançáveis, consistentes, abrangentes e envolver algum grau de intangibilidade. Falhas na consideração de tais questões resultará em metas menos eficazes e talvez até mesmo disfuncionais. Vamos ver mais de perto essas características.

Exequibilidade. Definir metas realistas é importante porque as principais partes envolvidas em alcançá-las devem encarar cada meta como razoável. Determinar se uma meta é realista exige uma avaliação dos ambientes interno e externo. Por exemplo, não seria irrealista para uma empresa em segundo lugar em participação de mercado, atrás da marca líder por apenas 2%, definir uma meta de se tornar o líder da indústria. Todo o resto se mantendo igual, tal objetivo poderia ajudar a motivar os funcionários a ocupar o "número um". Em contraste, uma empresa em sexto lugar, atrás da quinta em 5% e do líder em 30%, pode definir o mesmo objetivo, mas não seria realista. Metas irrealistas podem ser desmotivantes porque mostram aos funcionários que a direção está fora da realidade. Dado que um dos principais benefícios de ter objetivos é motivar os funcionários para um melhor desempenho, estabelecer metas irrealistas pode causar grandes problemas.

Consistência. Além de realistas, a direção deve trabalhar para definir metas consistentes entre si. Melhorar a participação de mercado e trabalhar para ter as maiores margens de lucro na indústria são dois objetivos razoáveis por si mesmos, mas juntos são inconsistentes. Metas para aumentar vendas e participação de mercado seriam consistentes, assim como seriam metas para melhorar o serviço ao cliente e sua satisfação. No entanto, a definição de objetivos para reduzir os níveis de estoque e aumentar o serviço ao cliente é geralmente incompatível. Metas entre e dentro de áreas funcionais também devem se encaixar. Essa é uma preocupação crescente em grandes organizações e destaca a necessidade de uma considerável quantidade de compartilhamento de informações durante o processo de formulação de metas.

Abrangência. O processo de definição de metas também deve ser abrangente. Isso significa que cada área funcional deve ser capaz de desenvolver suas próprias metas que se relacionam com as metas da organização. Por exemplo, se metas são definidas apenas em termos de avanço da tecnologia associada a produtos de uma empresa, os membros do departamento de marketing podem se perguntar que papel irão desempenhar nessa realização. A meta deve ser indicada de modo que tanto marketing como pesquisa e desenvolvimento possam trabalhar juntos para ajudar a alcançar a meta organizacional de oferecer produtos mais avançados tecnologicamente. Marketing precisará trabalhar do lado da demanda (medindo as necessidades dos clientes e ficando em sintonia com as tendências no ambiente externo), enquanto pesquisa e desenvolvimento focará no lado da oferta (conduzindo pesquisa básica e aplicada, bem como ficando a par de todas as principais inovações tecnológicas). As metas devem ajudar a esclarecer os papéis de todas as partes da organização. Áreas funcionais que não correspondam a qualquer uma das metas da organização devem questionar sua necessidade de recursos futuros e sua capacidade de adquiri-los.

Intangibilidade. Finalmente, metas devem envolver algum grau de intangibilidade. Alguns planejadores confundem estratégias, e até mesmo táticas, com metas. A meta não é uma ação que a empresa pode tomar. Ao contrário, é um resultado que a organização espera realizar. Ações como a contratação de cem novos vendedores ou dobrar o orçamento de propaganda não são metas, uma vez que qualquer empresa com recursos adequados pode realizar ambas as tarefas. No entanto, ter "a força de vendas mais bem treinada na indústria" ou "a campanha promocional mais criativa e eficaz na indústria" são metas adequadas. Observe a intangibilidade associada com o uso de termos como *mais bem treinada, mais criativa e eficaz*. Tais termos são motivacionais porque promovem comparações com empresas rivais. Eles também empurram continuamente para a excelência, já que sua natureza aberta sempre deixa espaço para aperfeiçoamentos.

Desenvolvendo Objetivos de Marketing

Objetivos fornecem parâmetros específicos e quantitativos que podem ser usados para medir o progresso em direção à realização das metas de marketing. Em alguns casos, uma meta em particular pode exigir vários objetivos para que seu progresso possa ser controlado de forma adequada, geralmente em várias funções de negócios. Por exemplo, uma meta de "criar uma imagem de alta qualidade para a empresa" não pode ser realizada por meio de um melhor controle de estoque se as contas a receber cometem erros e as reclamações dos clientes sobre os vendedores da empresa estão em alta. Da mesma forma, o departamento de marketing por si só não poderia ter conseguido um crescimento fenomenal do Home Depot a partir de duas lojas com sede em Atlanta em 1979 para mais de 2.200 lojas em todo o mundo atualmente.[20] Tal esforço tem de ser cuidadosamente coordenado por vários departamentos.

Metas sem objetivos não fazem sentido porque a evolução fica impossível de medir. Um objetivo típico de marketing poderia ser: "A divisão de vendas vai diminuir os pedidos não atendidos de 3% para 2% entre janeiro e junho deste ano fiscal". Note-se que esse objetivo contém um alto grau de especificidade. É essa especificidade que separa metas de objetivos. Objetivos envolvem resultados quantitativos mensuráveis com responsabilidade especificamente atribuída e um período de tempo definido para sua realização. Vamos ver as características específicas dos objetivos de marketing.

Exequibilidade. Tal como acontece com metas, objetivos de marketing devem ser realistas em relação aos ambientes interno e externo identificados durante as análises da situação e SWOT. Um bom objetivo é alcançável com uma quantidade razoável de esforço. Objetivos facilmente alcançáveis não vão motivar os funcionários a atingir altos níveis de desempenho. Da mesma forma, bons objetivos não vêm de falsas suposições de que tudo vai correr como planejado ou que cada funcionário vai dar 110% de esforço. Em alguns casos, os concorrentes irão estabelecer objetivos que incluem tirar clientes e vendas da empresa. Definir objetivos que assumem concorrentes inanimados ou ineptos, quando a história tem provado o contrário, cria objetivos que rapidamente perdem seu valor quando os funcionários os reconhecem como sendo pouco razoáveis.

Continuidade. A necessidade de realismo traz uma segunda consideração, a continuidade. Objetivos de marketing podem ser contínuos ou descontínuos. A empresa utiliza objetivos contínuos quando seus objetivos atuais são semelhantes aos estabelecidos no período de planejamento anterior. Por exemplo, um objetivo "aumentar a participação de mercado de 20% a 22% no próximo ano fiscal" pode ser transportado de forma semelhante para o próximo período em: "aumentar a participação de mercado de 22% a 24% no próximo ano fiscal. "Esse seria um objetivo contínuo porque o fator em questão e a magnitude da mudança são semelhantes, ou mesmo idênticos, de um período para outro.

Uma ressalva importante sobre os objetivos contínuos: objetivos idênticos ou apenas ligeiramente modificados de um período para outro muitas vezes não precisam de novas estratégias, aumento do esforço ou melhor execução para serem alcançados. Objetivos de marketing devem levar os funcionários a trabalhar em níveis mais elevados do que teria sido o caso. Os funcionários tendem naturalmente a ser orientados a objetivos. Uma vez que atingiram o objetivo, o nível de criatividade e esforço tende a cair. Certamente existem circunstâncias em que os objetivos contínuos são apropriados, mas não devem ser definidos simplesmente como uma questão de hábito.

Objetivos descontínuos elevam significativamente o nível de desempenho em um determinado fator de resultado ou trazem novos fatores para o conjunto de objetivos. Se o crescimento das vendas foi em média de 10% e a análise SWOT sugere que esse é um nível fácil de obter, um exemplo de um objetivo descontínuo poderia ser "aumentar as vendas em 18% durante o próximo ano fiscal". Isso exigiria novas estratégias para vender produtos adicionais para os clientes existentes, expandir a base de clientes ou, pelo menos, desenvolver novas táticas e/ou melhorar a implementação das estratégias existentes. Objetivos descontínuos requerem mais análise e ligação com o planejamento estratégico do que os contínuos.

A elaboração de objetivos descontínuos é um dos principais benefícios que uma empresa pode ter com a candidatura ao Prêmio Nacional de Qualidade Malcolm Baldrige. A Figura 4.10 identifica os critérios de desempenho para o Prêmio Baldrige. Para demonstrar competência nessas áreas, uma empresa deve primeiro estabelecer parâmetros, que normalmente são os níveis de desempenho quantitativos dos líderes em uma indústria. A empresa, em seguida, desenvolve objetivos que se concentram em melhorar o desempenho em cada área. Muitas empresas acham que simplesmente se candidatar ao Prêmio Baldrige tem efeitos positivos sobre seu desempenho apenas pelo fato de que o processo obriga a empresa a estabelecer objetivos descontínuos desafiadores. Isso também é verdade para as organizações que utilizam as diretrizes Baldrige como uma ajuda de planejamento.

Prazos. Outra consideração fundamental na fixação de objetivos é o prazo para sua realização. Embora as empresas costumem estabelecer planos de marketing anualmente, objetivos de marketing podem ser diferentes desse período em seu escopo de tempo. Objetivos de volume de vendas, participação de mercado, serviço ao cliente e margem bruta podem ser definidos em períodos menores, iguais ou maiores do que um ano. O prazo deve ser adequado e permitir a realização com níveis razoáveis de esforço. Definir um alvo de dobrar as vendas de uma empresa bem estabelecida no prazo de seis meses provavelmente não seria razoável. Por outro lado, objetivos com um período de tempo excessivamente longo podem ser alcançados sem qualquer aumento de esforço ou criatividade. A combinação de conhecimentos de gestão e experiência, juntamente com as informações adquiridas durante as análises da situação e SWOT, devem levar ao estabelecimento de um período de tempo apropriado.

FIGURA 4.10 — Prêmio Malcolm Baldrige: Critérios de Excelência de Desempenho

Categorias e Itens		Pontuação
1	**Liderança**	120
	1.1 Liderança Sênior	70
	1.2 Governança e Responsabilidades Societárias	50
2	**Planejamento Estratégico**	85
	2.1 Desenvolvimento da Estratégia	40
	2.2 Implantação da Estratégia	45
3	**Foco no Cliente**	85
	3.1 Voz do Cliente	40
	3.2 Engajamento do Cliente	45
4	**Mensuração, Análise e Gestão do Conhecimento**	90
	4.1 Mensuração, Análise e Melhoria de Desempenho Organizacional	45
	4.2 Gestão da Informação, Conhecimento e Tecnologia da Informação	45
5	**Foco na Força de Trabalho**	85
	5.1 Ambiente da Força de Trabalho	40
	5.2 Engajamento da Força de Trabalho	45
6	**Foco em Operações**	85
	6.1 Sistemas de Trabalho	45
	6.2 Processos de Trabalho	40
7	**Resultados**	450
	7.1 Resultados de Produto e Processo	120
	7.2 Resultados Focados no Cliente	90
	7.3 Resultados Focados na Força de Trabalho	80
	7.4 Resultados de Liderança e Governança	80
	7.5 Resultados Financeiros e de Mercado	80
	Total de pontos	**1.000**

Fonte: "2011-2012 Criteria for Performance Excellence", *Baldrige Performance Excellence Program* (Gaithersburg, MD: National Institute of Standards and Technology, U.S. Department of Commerce, 2011), 3.

Para objetivos com prazos mais longos, é importante lembrar regularmente os funcionários do objetivo e fornecer feedback sobre o progresso em direção à sua realização. Por exemplo, os funcionários no terminal da FedEx em Memphis, Tennessee, podem ver um medidor de precisão em tempo real que mostra o desempenho atual da empresa em termos de entrega de encomendas a seus legítimos destinos. A FedEx também usa um relógio de contagem regressiva à noite para lembrar os funcionários da velocidade necessária do tempo de resposta das encomendas e despachá-las em aviões de carga. Seja um anúncio semanal, um boletim mensal, seja um medidor em tempo real na parede com gráficos de progresso em direção ao objetivo, o feedback é uma parte crítica do processo de definição de objetivos, particularmente para os de longo prazo.

Atribuição de responsabilidade. Um último aspecto de objetivos que os diferencia de metas é que o gerente de marketing deve identificar a pessoa, equipe ou unidade responsável por alcançar cada objetivo. Ao atribuir explicitamente a responsabilidade, a empresa pode limitar os problemas de fraudar o crédito e evitar a responsabilidade. Um banco pode dar ao departamento de marketing a responsabilidade de alcançar um objetivo de que "40% de seus clientes indiquem o banco como sua principal instituição financeira dentro de um ano." Se, no final do ano, 42% de todos os clientes indicarem o banco como sua principal instituição financeira, o departamento de marketing recebe crédito por esse resultado. Se o número é de apenas 38%, o departamento de marketing deve fornecer uma explicação.

Movendo-se Além de Metas e Objetivos

Metas e objetivos de marketing identificam os fins, gerais e específicos, que a organização espera atingir durante o período de planejamento. No entanto, as empresas não cumprem automaticamente metas e objetivos devidamente definidos apenas desejando e esperando. Elas colocam em ação uma cadeia de decisões e servem como um catalisador para as fases subsequentes do processo de planejamento. Metas e objetivos organizacionais devem levar ao estabelecimento de metas e objetivos consistentes para cada área funcional da empresa. Tendo reconhecido os fins desejados, cada área, incluindo marketing, deve então determinar os meios que levam a tais resultados almejados.

À medida que avançamos, vamos concentrar nossa atenção sobre a questão de como abordar o desenvolvimento da estratégia de marketing. Embora uma empresa possa considerar as etapas do processo de planejamento de marketing sequencialmente, na realidade, ela deve se mover para a frente e para trás entre as etapas. Se estratégias de marketing para alcançar metas e objetivos de marketing não podem ser desenvolvidas, esses podem não ser razoáveis e precisam ser reavaliados antes do desenvolvimento da estratégia de marketing. Uma vez que o plano de marketing deve ser um documento de trabalho, o ciclo entre as etapas de planejamento realmente nunca termina.

Lições do Capítulo 4

A análise SWOT:

- ▶ é considerada como uma das ferramentas mais úteis para a análise de dados e informação de marketing.
- ▶ liga a análise da situação de uma empresa com o desenvolvimento do plano de marketing.
- ▶ estrutura as informações da análise da situação em quatro categorias: pontos fortes, pontos fracos, oportunidades e ameaças.
- ▶ usa informação estruturada para revelar vantagens competitivas e orientar a seleção do foco estratégico para a estratégia de marketing da empresa.

Para tornar a análise SWOT mais produtiva possível, o gerente de marketing deve:

- ▶ manter o foco usando uma série de análises SWOT, cada uma se concentrando em uma combinação específica de produto/mercado.
- ▶ pesquisar concorrentes exaustivamente, tanto concorrentes atuais como futuros.
- ▶ colaborar com outras áreas funcionais por meio do compartilhamento de informações e perspectivas.
- ▶ examinar as questões do ponto de vista dos clientes, fazendo perguntas como "O que os clientes (e não clientes) pensam a nosso respeito como empresa?" e "Qual dos nossos pontos fracos se traduz em diminuição da capacidade de atender os clientes (e uma diminuição da capacidade de converter não clientes)?" Isso inclui a análise das questões a partir da

perspectiva dos clientes internos da empresa, seus funcionários.

▶ procurar por causas, e não características, ao considerar os recursos da empresa como as verdadeiras causas para os pontos fortes, pontos fracos, oportunidades e ameaças da firma.

▶ separar questões internas de externas utilizando essa pergunta-chave para diferenciá-las: "Esse problema existiria se a empresa não existisse?" Se a resposta for sim, a questão deve ser classificada como externa à empresa.

Pontos fortes e fracos:

▶ existem por causa dos recursos possuídos (ou não) pela empresa ou eles existem devido à natureza das relações fundamentais entre a empresa e seus clientes, seus funcionários ou organizações externas.

▶ devem ser aproveitados em capacidades (no caso dos pontos fortes) ou superados (no caso de deficiências).

▶ são significativos apenas quando ajudam ou dificultam a empresa a satisfazer as necessidades dos clientes.

Oportunidades e ameaças:

▶ não são ações de marketing em potencial. Em vez disso, envolvem questões ou situações que ocorrem em ambientes externos da empresa.

▶ não devem ser ignorados na medida em que a empresa se vê envolvida no desenvolvimento de pontos fortes e capacidades, por medo de criar uma organização eficiente, mas ineficaz.

▶ podem advir de mudanças nos ambientes competitivo, do cliente, econômico, político/legal, tecnológico e/ou sociocultural.

A matriz SWOT:

▶ permite que o gerente de marketing visualize a análise.

▶ deve servir como um catalisador para facilitar e orientar a criação de estratégias de marketing que produzirão os resultados desejados.

▶ permite que o gerente veja como pontos fortes e oportunidades podem ser conectados para criar capacidades essenciais para satisfazer as necessidades dos clientes.

▶ envolve avaliar a magnitude e a importância de cada ponto forte, ponto fraco, oportunidade e ameaça.

Vantagem competitiva:

▶ deriva das capacidades da empresa em relação às da concorrência.

▶ pode basear-se tanto em fatores internos como externos.

▶ baseia-se tanto na realidade como nas percepções dos clientes.

▶ frequentemente baseia-se nas estratégias básicas de excelência operacional, liderança de produto, e/ou intimidade com o cliente.

O estabelecimento de um foco estratégico:

▶ baseia-se no desenvolvimento de um conceito global ou modelo que orienta a empresa, uma vez que entrelaça diversos elementos de marketing em uma estratégia coerente.

▶ normalmente é ligado a vantagens competitivas da empresa.

▶ envolve o uso dos resultados da análise SWOT na medida em que a empresa considera quatro direções principais para seus esforços estratégicos: agressiva, diversificação, recuperação ou defensiva.

▶ pode ajudar a garantir que a empresa não irá além de seus pontos fortes ao considerar oportunidades fora de suas capacidades.

▶ pode ser visualizada com o uso de uma tela estratégica cujo objetivo é desenvolver uma curva de valor distinta da concorrência.

▶ muitas vezes é feito minimizando fatores competitivos da indústria tradicional em favor de novas abordagens.

▶ é uma etapa importante do processo de planejamento porque estabelece as bases para o desenvolvimento de metas e objetivos de marketing e conecta os resultados da análise SWOT ao restante do plano de marketing.

Metas de marketing:

▶ são grandes realizações desejadas expressas em termos gerais.

▶ indicam a direção para a qual a empresa tenta se mover, bem como o conjunto de prioridades que utilizará para avaliar alternativas e tomar decisões.

▶ devem ser alcançáveis, realistas, internamente consistentes e abrangentes e ajudar a esclarecer os papéis de todas as partes da organização.

▶ devem envolver algum grau de intangibilidade.

Objetivos de marketing:

▶ fornecem parâmetros específicos e quantitativos que podem ser usados para medir o progresso em direção à realização das metas de marketing.

▶ devem ser alcançáveis com um grau razoável de esforço.

▶ podem ser contínuos ou descontínuos, dependendo do grau em que se afastarem dos objetivos atuais.

▶ devem especificar o prazo para sua conclusão.

▶ devem ser atribuídos a áreas, departamentos ou indivíduos específicos que têm a responsabilidade de realizá-los.

Questões para Discussão

1. Pontos fortes, pontos fracos, oportunidades e ameaças: qual é o mais importante? Por quê? Como sua resposta mudaria se você fosse o CEO de uma corporação? E se você fosse um cliente da empresa? Um funcionário? Um fornecedor?

2. Concorde ou discorde desta afirmação: "Tendo em conta as realidades da economia atual e as rápidas mudanças que ocorrem na tecnologia de negócios, todas as vantagens competitivas são de curta duração. Não existe tal coisa como uma vantagem competitiva sustentável que persista por um longo tempo". Defenda a sua posição.

3. É possível uma organização ser bem-sucedida, apesar de ter uma curva de valor semelhante à da concorrência? Em outras palavras, uma organização pode ser bem-sucedida com a venda de um produto *me-too* ou *eu também* (um produto que não oferece diferenças convincentes quando comparado com a concorrência)? Justifique.

Exercícios

1. Faça uma análise SWOT usando-se como o produto. Seja sincero sobre seus recursos e os pontos fortes e fracos que você possui. Com base nas oportunidades e ameaças que você vê no ambiente em que está, o que você faria: frequentaria uma escola de pós-graduação, conseguiria um emprego, começar ou mudar de carreira.

2. Escolha duas empresas do mesmo setor: uma muito bem-sucedida e outra lutando para sobreviver. Para cada empresa, liste todos os pontos fortes e fracos que você acredita que ela possui (tanto a empresa como seus produtos). Compare suas respostas com as de seus colegas. O que essas empresas poderiam descobrir com sua análise?

3. Usando as mesmas empresas da questão 2, desenhe uma tela estratégica descrevendo a curva de valor de ambas as empresas, bem como a empresa "média" na indústria (isto é, desenhe três curvas de valor). O que a empresa de sucesso oferece que a empresa que está lutando não oferece? O que uma empresa pode fazer para romper com os fatores competitivos tradicionais da indústria?

Notas Finais

1. Esses dados são de Mae Anderson, "From Idea to Store Shelf: A New Product is Born", *Associated Press*, 4 de março de 2012; e "The 50 Most Innovative Companies 2010", *Business-Week Online* <http://www.businessweek.com/interactive_reports/innovative_companies_2010.html?chan=magazine+channel_special+report>. Acesso em: 4 de março de 2012.

2. Esses dados são de Gail Edmondson, "BMW's Dream Factory", *BusinessWeek Online*, 16 de outubro de 2006 <http://www.businessweek.com/magazine/content/06_42/b4005072.htm>.

3. Essa lista e a maior parte dessa seção são baseadas em E. K. Valentin, "SWOT Analysis from a Resource-Based View", *Journal of Marketing Theory and Practice* 9 (Primavera de 2001), 54–69.

4. Shelby D. Hunt, *A General Theory of Competition* (Thousand Oaks, CA: Sage Publications, 2000), 67–68.

5. Esses dados são do Bureau of Transportation Statistics, Airline Domestic Unit Costs (Cents per Mile), Tabelas 10, 11 e 12, segundo trimestre de 2011 <http://www.bts.gov/press_releases/2011/bts055_11/html/bts055_11.html>.

6. Esses dados são de Starbucks Company 2011 Annual Report <phx.corporate-ir.net/External.File?item=UGFyZW-50SUQ9MTI0MzYyfENoaWxkSUQ9LTF8VHlwZT0z&t=1>; e Starbuck Company Timeline <http://assets.starbucks.com/assets/aboutustimelinefinal72811.pdf>. Acesso em: 6 de março de 2012.

7. George Stalk, Philip Evans e Lawrence E. Shulman, "Competing on Capabilities: The New Rules of Corporate Strategy", *Harvard Business Review*, 70 (março–abril 1992), 57–69.

8. Michael Treacy e Fred Wiersema, *The Discipline of Market Leaders* (Reading, MA: Addison-Wesley, 1995).

9. Esses dados são do Department Store Rankings, American Customer Satisfaction Index <http://theacsi.org/index.php?option=com_content&view=article&id=147&catid=&Itemid=212&i=Department+%26+Discount+Stores>. Acesso em: 6 de março de 2012.

10. Esses dados são de Michael Arndt, "3M's Seven Pillars of Innovation", *BusinessWeek Online*, 10 de maio de 2006 <http://www.businessweek.com/innovate/content/may2006/id20060510_682823.htm>; Thomas Black, "3M Rises Highest Since August on $550 Million Acquisition", *BusinessWeek Online*, 3 de janeiro de 2012 <http://www.businessweek.com/news/2012-01-03/3m-rises-highest-since-auguston-550-million-acquisition.

html>; Charlotte Li, "3M: Years of Commitment to Green Business", *BusinessWeek Online*, 14 de maio de 2009 <http://www.businessweek.com/magazine/content/09_21/b4132043810940.htm>; e "Who We Are", site da empresa 3M Company <http://solutions.3m.com/wps/portal/3M/en_US/3M-Company/Information/AboutUs/WhoWeAre>, acesso em: 6 de março de 2012.

11. Esse material é baseado em Cornelis A. De Kluyver, *Strategic Thinking: An Executive Perspective* (Upper Saddle River, NJ: Prentice Hall, 2000), 53–56; e Philip Kotler, *A Framework for Marketing Management*, 2ª ed. (Upper Saddle River, NJ: Prentice Hall, 2003), 67.

12. Esses dados são do site da empresa Altria Group's <http://www.altria.com/en/cms/About_Altria/At_A_Glance/default.aspx?src=top_nav>; e Bob Van Voris, "Altria, Reynolds American Begin Trial of 600 Smoking Claims", *BusinessWeek Online*, 26 de outubro de 2011 <http://www.businessweek.com/news/2011-10-26/altria-reynolds-american-begin-trialof-600-smoking-claims.html>.

13. Esses dados são de David Goldman, "GM to Sell Saturn to Penske", *BusinessWeek Online*, 5 de junho de 2009 <http://money.cnn.com/2009/06/05/news/companies/saturn_penske/index.htm>; e Tim Higgins, "GM Earns Record $9.19 Billion Net Income; Opel Posts Loss", *BusinessWeek Online*, 17 de fevereiro de 2012 <http://www.businessweek.com/news/2012-02-17/gm-earns-record-9-19-billionnet-income-opel-posts-loss.html>.

14. Esses dados são de Alyssa Abkowitz, "Big Pharma's New Landscape", *CNNMoney*, 12 de março de 2009 <http://money.cnn.com/2009/03/11/news/companies/pharma.fortune/index.htm>; Robert Langreth, "Merck Hepatitis C Drug May 'Anchor' Future Worldwide Regimen", *BusinessWeek Online*, 18 de janeiro de 2012 <http://www.businessweek.com/news/2012-01-18/merck-hepatitis-c-drug-may-anchor-future-worldwideregimen.html>; e Arlene Weintraub, "What Merck Gains by Settling", *BusinessWeek Online*, 9 de novembro de 2007 <http://www.businessweek.com/technology/content/nov2007/tc2007119_133486.htm>.

15. O material dessa seção foi adaptado de W. Chan Kim e Renee Mauborgne, *Blue Ocean Strategy* (Boston, MA: Harvard Business School Press, 2005).

16. A estratégia de tela da Southwest Airlines é de Kim e Mauborgne, *Blue Ocean Strategy*, p. 38.

17. Ibidem, p. 39.

18. Essa informação é de W. Chan Kim e Renee Mauborgne, *Blue Ocean Strategy* (Boston, MA: Harvard Business School Press, 2005), 29–37.

19. Site da empresa Home Depot <http://www.homedepot.com/webapp/catalog/servlet/ContentView?pn=SF_MS_In-tore_Low_Price_Guarantee>.

20. Relatório Financeiro da Home Depot <http://corporate.homedepot.com/OurCompany/Documents/Corp_Financial_Overview.pdf>.

Parte 3

Desenvolvendo a Estratégia de Marketing

5
Clientes, Segmentação e Seleção de Mercado-Alvo

Introdução

Neste capítulo, começaremos nossa discussão de estratégia de marketing examinando clientes, segmentos e mercados-alvo. No Capítulo 1, referir-nos-emos ao mercado como um conjunto de compradores e vendedores. Agora, vamos concentrar nossa atenção nos compradores que coletivamente compõem a maior porção da maioria dos mercados. Com essa perspectiva, interessamo-nos pelos mercados como indivíduos, instituições ou grupos de indivíduos ou instituições com necessidades semelhantes que podem ser atendidos por uma oferta de produtos em particular. Como veremos, as empresas podem buscar atingir todos os compradores em um mercado, pequenos grupos ou segmentos de mercado ou mesmo compradores específicos em um nível individual. Quer a empresa vise a todo o mercado ou segmentos de mercado menores, o objetivo da estratégia de marketing é identificar as necessidades específicas do cliente e, em seguida, criar um programa de marketing que possa satisfazer essas necessidades. Para fazê-lo de forma eficaz, a empresa deve ter uma compreensão abrangente de seus clientes atuais e potenciais, incluindo seus comportamentos, motivações, necessidades e desejos.

A capacidade de determinar informações detalhadas sobre os clientes é um fenômeno bastante recente em marketing. Cinquenta anos atrás, por exemplo, a tecnologia e o conhecimento de marketing eram menos sofisticados. As empresas daquela época não eram capazes de compreender plenamente as necessidades dos clientes e muito menos fazer distinções sutis entre os segmentos menores do mercado total. Elas tendiam a oferecer produtos apresentados em apenas uma variedade, sabor ou estilo. Atualmente, a segmentação de mercado é fundamental para o sucesso da maioria das empresas. Ela permite que elas definam e compreendam com mais precisão as necessidades dos clientes dando-lhes a capacidade de adaptar produtos para melhor atender às suas necessidades. Como discutido no boxe *Além das Páginas 5.1*, atualmente, o nível de informações detalhadas disponíveis sobre os clientes mudou a forma como as empresas fazem negócios. No entanto, o uso de tais informações levanta preocupações sobre a privacidade do consumidor. Ainda

ALÉM DAS PÁGINAS 5.1

Mineração de Dados Permite às Empresas Conhecer Nossos Segredos[1]

Considere um mundo onde o que você come, lê, usa, veste, ouve, assiste, compra e faz pode ser reduzido a uma fórmula matemática. Cada movimento seu é monitorado com um tal nível de especificidade que toda a sua vida pode ser capturada em um modelo de computador. Soa improvável? Não é. Hoje, a combinação de ciência da computação, matemática e negócios está mudando nosso ponto de vista sobre os consumidores e seu comportamento. A capacidade de monitorar o comportamento do consumidor nunca foi tão avançada como hoje. Os novos conhecimentos adquiridos com a modelagem matemática do comportamento do consumidor estão criando novas alternativas para os negócios, permitindo que as empresas desenvolvam relacionamentos individualizados com os consumidores e provocando uma boa quantidade de ansiedade. Isso também está provocando um aumento acentuado na contratação de graduados em matemática.

Nada disso é realmente novo. Com a matemática avançada, modelagem computacional e mineração de dados, as empresas têm sido capazes de monitorar atitudes e comportamentos dos consumidores por algum tempo. A diferença hoje é o acesso sem precedentes a dados disponibilizados pela internet e outras tecnologias. Nos últimos dez anos, uma parcela considerável do público consumidor mudou sua forma de trabalhar, jogar, conversar e comprar on-line. Essas redes integradas coletam grandes quantidades de dados e armazenam nossa vida em bancos de dados que podem ser conectados de maneira que permitem captar uma imagem mais completa do comportamento do consumidor. Por exemplo, pesquisadores em empresas, como Facebook, Yahoo!, Google e Amazon, estão desenvolvendo modelos matemáticos de clientes. Essas empresas também estão trabalhando com outras empresas e agências governamentais para desenvolver modelos que possam prever o comportamento eleitoral, como os pacientes respondem à intervenção da doença ou que

funcionário é mais adequado para uma atribuição de trabalho. Por exemplo, a competência da mineração de dados da Target surpreendeu algumas pessoas quando o *New York Times* descobriu que esse varejista era capaz de dizer quando uma cliente estava grávida ou prestes a dar à luz. Os estatísticos da Target são capazes de conjugar milhões de compras para revelar padrões em seus dados. Uma de suas descobertas: quando engravidam, mulheres compram um monte de suplementos, como cálcio, magnésio e zinco. Quando o parto está próximo, elas tendem a comprar um lote de produtos sem perfume, grandes sacos de bolas de algodão, desinfetante para as mãos e minitoalhas. A Target usa essa informação para enviar anúncios e cupons aos consumidores certos. Resultados de mineração de dados como esses são uma das razões para o crescimento incrível da Target de US$ 44 bilhões em receitas em 2002 para cerca de US$ 70 bilhões em 2011.

Os varejistas não são as únicas empresas que utilizam a mineração de dados. As indústrias de propaganda e mídia são talvez os mais afetados por essa mudança. Como a audiência da propaganda de massa diminuiu, as empresas começaram a procurar formas de segmentar os clientes mais diretamente. O Google é um pioneiro nesse esforço já que a empresa tem acumulado uma incomensurável quantidade de dados sobre o que os clientes fazem on-line. Outras empresas já fornecem soluções de mineração de dados. Em pesquisa realizada com a SPSS, por exemplo, a montadora italiana Fiat foi capaz de melhorar relações com os clientes e aumentar a retenção de clientes em 6% a 7%. A Microsoft usa suas próprias técnicas analíticas para estudar a produtividade de sua força de trabalho. Além disso, a Harrah's Entertainment (uma empresa importante na indústria de cassinos) aumentou sua taxa de crescimento anual utilizando modelos de computador para prever quais clientes irão reagir à propaganda e às ofertas promocionais direcionadas da empresa.

▶▶

Claro, toda essa sofisticação tem um preço. A capacidade das empresas de acompanhar os clientes e modelar seu comportamento levanta uma série de preocupações com a privacidade. A maioria das empresas tem bastante cuidado em proteger as identidades dos consumidores individuais e suas informações privadas. No entanto, é provável que a erosão contínua da privacidade do consumidor continue. Uma questão-chave para as empresas é em que momento os consumidores colocarão um ponto final nisso. Até que ponto as empresas podem forçar os limites da coleta e análise de dados antes que os consumidores reajam?

---

assim, sem segmentação não desfrutaríamos da incrível variedade de produtos hoje disponíveis . Considere o número de escolhas que temos em categorias, tais como refrigerantes, cereais, produtos embalados, automóveis e vestuário. Em muitos aspectos, a segmentação tem melhorado nosso padrão de vida. Agora, os clientes esperam que as empresas se aprofundem em suas necessidades e desejos e adaptem os produtos em conformidade. Esse fato torna a segmentação de mercado uma parte vital da estratégia de marketing. Antes de escolher e analisar um mercado-alvo, uma empresa não pode tomar decisões eficazes sobre outros elementos da estratégia de marketing.

Neste capítulo, vamos examinar questões relacionadas ao comportamento do comprador em ambos os mercados, de consumo e empresarial. Discutimos também as abordagens tradicional e individualizada de segmentação de mercado, os critérios de segmentação de mercado bem-sucedidos e estratégias de seleção de mercados-alvo específicos. As combinações possíveis de mercados-alvo e programas de marketing são ilimitadas. Escolher o mercado-alvo correto entre muitas alternativas possíveis é um dos testes-chave no desenvolvimento de uma boa estratégia de marketing.

Comportamento do Comprador em Mercados de Consumo

Tentar entender o comportamento de compra dos consumidores é uma tarefa muito difícil e desafiadora. O comportamento dos consumidores é muitas vezes irracional e imprevisível. Frequentemente, eles dizem uma coisa, mas fazem outra. Ainda assim, o esforço despendido para tentar entender os consumidores é valioso porque pode fornecer informações necessárias sobre como criar produtos e programas de marketing que melhor atendam às suas necessidades e seus desejos. Uma das tendências mais recentes para aprender sobre os clientes é o uso crescente da etnografia, uma técnica de pesquisa qualitativa desenvolvida para compreender os fenômenos culturais, tais como comunicação, significados compartilhados e interesses pessoais. A fabricante de computadores Lenovo, por exemplo, usou a pesquisa etnográfica para saber mais sobre como as famílias na Índia usam eletrônicos de consumo. Um achado interessante é que o centro social da família em lares indianos é o quarto dos pais. A cozinha tem a mesma função social nos lares norte-americanos. A Lenovo utiliza esse tipo de informação para desenvolver produtos eletrônicos de consumo que melhor se encaixem nos diferentes estilos de vida da família na Índia e nos EUA. Com o crescimento contínuo da internet, as empresas estão vasculhando sites sociais, como Facebook, Twitter e MySpace, para obter informações de conteúdo cultural dos consumidores. Um dos sites mais úteis é o Pinterest, no qual as pessoas podem "marcar" qualquer coisa que lhes interesse. O crescimento fenomenal do Pinterest (as visitas diárias cresceram 145% durante o primeiro semestre de 2012) e sua natureza aberta o tornam um tesouro de informações sobre a cultura norte-americana.[2]

Nessa seção, analisamos as principais questões sobre o comportamento do comprador nos mercados consumidores. Aqui, examinamos o processo de compra do consumidor e os fatores que alteram as formas como os consumidores compram bens e serviços. Como veremos, a estratégia de marketing bem-sucedida depende de uma compreensão clara dos clientes com relação a quem são, do que precisam, o que preferem e por que compram. Embora tenha clara relevância para criar a oferta do produto, esse entendimento também afeta as decisões de preço, distribuição e promoção do programa de marketing.

O Processo de Compra do Consumidor

O processo de compra do consumidor mostrado na Figura 5.1 descreve cinco estágios de atividades pelas quais os consumidores podem passar durante a compra de bens e serviços. O processo começa com o reconhecimento de uma necessidade, passa, então, pelos estágios de busca de informação, avaliação de alternativas, decisão de compra e avaliação pós-compra. O interesse de uma empresa no processo de compra pode ir muito além desses estágios para incluir comportamentos reais de consumo, usos de produtos e descarte do produto após o consumo. Ao considerarmos cada estágio do processo de compra, é importante manter algumas questões-chave em mente.

Em primeiro lugar, o processo de compra retrata a gama possível de atividades que podem ocorrer na tomada de decisões de compra. Os consumidores, no entanto, nem sempre seguem esses estágios em sequência e podem, até mesmo, queimar etapas no caminho ao fazer uma compra. Por exemplo, compras por impulso, como a compra de um pacote de goma de mascar ou um jornal, não envolvem longas atividades de pesquisa ou avaliação. Por outro lado, compras complexas, como adquirir uma casa, são muitas vezes bastante longas, na medida em que incorporam todos os estágios do processo de compra. Da mesma forma, consumidores leais a um produto ou marca pularão alguns estágios e, provavelmente, simplesmente comprarão o mesmo produto que compraram da última vez. Consequentemente, as empresas têm dificuldade em promover a mudança de marca, porque precisam convencer esses clientes a quebrar a tradição e dar uma olhada em quais produtos diferentes têm para oferecer.

Em segundo lugar, o processo de compra muitas vezes envolve uma sequência paralela de atividades associadas com a procura da empresa mais adequada para o produto em questão. Ou seja, ao considerar qual produto comprar, os consumidores também consideram onde podem comprá-lo. No caso dos produtos de marca, esse processo de seleção pode se concentrar em preço e disponibilidade do produto em lojas diferentes ou comerciantes on-line. Um modelo específico de televisão Sony, por exemplo, muitas vezes está disponível em muitos varejistas diferentes e até no site da Sony (www.sonystyle.com). Por outro lado, no caso de mercadorias com marca do distribuidor, as opções de produto e comerciante são feitas simultaneamente. Se um cliente está interessado apenas em roupas da marca Gap, então, ele deve comprá-las em uma loja Gap ou no seu site.

Em terceiro lugar, a escolha de um comerciante adequado pode realmente ter precedência sobre a escolha de um produto específico. Em alguns casos, os clientes são tão leais a um comerciante em particular que não vão considerar procurar o produto em outro lugar. Por exemplo, muitos consumidores mais velhos são muito leais aos fabricantes de automóveis norte-americanos. Esses clientes irão limitar sua seleção de produtos a uma única marca ou concessionária, o que restringe muito sua gama de opções potenciais do produto.

FIGURA 5.1 Processo de Compra do Consumidor

Estágios	Pontos-chave
Reconhecimento da necessidade	• As necessidades e os desejos dos consumidores não são os mesmos. • Uma compreensão dos desejos do consumidor é essencial para a segmentação de mercado e o desenvolvimento do programa de marketing. • As empresas devem criar estímulos adequados para promover o reconhecimento da necessidade.
Busca de informação	• Os consumidores confiam mais em fontes de informações internas e pessoais do que em fontes externas. • A quantidade de tempo, esforço e despesa dedicada à busca de informações depende (1) do grau de risco envolvido na compra, (2) da quantidade de experiência que o consumidor tem com a categoria do produto, e (3) do custo real da procura em termos de tempo e dinheiro. • Os consumidores restringem suas escolhas possíveis a um conjunto evocado de alternativas adequadas que possam satisfazer suas necessidades.
Avaliação de alternativas	• Os consumidores traduzem suas necessidades em desejos por produtos ou marcas específicos. • Os consumidores avaliam produtos como conjuntos de atributos com diferentes capacidades de satisfazer suas necessidades. • As empresas devem garantir que seu produto esteja no conjunto evocado de alternativas potenciais. • As empresas devem tomar medidas para entender os critérios de escolha dos consumidores e a importância que eles atribuem a atributos específicos do produto.
Decisão de compra	• A intenção de compra e o ato de compra do consumidor são conceitos distintos. Vários fatores podem impedir que a compra real ocorra. • As empresas devem assegurar que seu produto esteja disponível e oferecer soluções que aumentem a utilidade de posse.
Avaliação pós-compra	• A avaliação pós-compra é a conexão entre o processo de compra e o desenvolvimento de relacionamentos de longo prazo. • As empresas devem acompanhar de perto as respostas dos consumidores (encantamento, satisfação, insatisfação, dissonância cognitiva) para monitorar o desempenho do produto e sua capacidade de atender às expectativas dos clientes.

© 2013 Cengage Learning

Em outros casos, os clientes podem ser leais a um comerciante em particular porque detêm um cartão de crédito do comerciante ou são membros de seu programa de fidelidade. Por fim, alguns comerciantes tornam-se tão conhecidos para determinados produtos que os clientes naturalmente completam seu processo de compra com esse comerciante. A Sears, por exemplo, é bem conhecida por sua seleção de aparelhos e ferramentas de marca. Para muitos clientes, a Sears é o lugar natural para ir quando procuram um novo refrigerador, uma máquina de lavar ou uma chave-inglesa.

Ao comprar por impulso produtos como doces ou goma de mascar, os consumidores raramente passam por cada estágio do processo de compra.

Reconhecimento da necessidade. O processo de compra começa quando os consumidores reconhecem que têm uma necessidade não atendida. Isso ocorre quando eles percebem que há uma discrepância entre seu nível atual e seu nível desejado de satisfação. Eles podem reconhecer as necessidades em uma variedade de cenários e situações. Algumas necessidades têm sua origem em estímulos internos, como fome, sede e cansaço. Outras são baseadas em estímulos externos, como propaganda, vitrines, interação com vendedores ou conversas com amigos e familiares. Estímulos externos também podem suscitar respostas internas, tais como a fome que você pode sentir quando assiste a um anúncio do Pizza Hut.

Geralmente, pensamos em necessidades em seu aspecto básico, especialmente no que diz respeito às necessidades da vida (comida, água, roupas, segurança, moradia, saúde ou amor). No entanto, essa definição é limitada porque cada um tem uma perspectiva diferente sobre o que constitui uma necessidade. Por exemplo, muitas pessoas argumentam que precisam de um carro quando a sua necessidade real é transporte. Sua necessidade por um carro é realmente uma "necessidade básica". Aqui, vamos traçar a distinção entre necessidades e desejos. A necessidade ocorre quando o nível atual de satisfação de um indivíduo não é igual a seu nível desejado de satisfação. Um desejo é a vontade do consumidor de ter um produto específico que irá satisfazer a necessidade. Assim, as pessoas precisam de transporte, mas escolhem atender a essa necessidade com um carro em vez de com produtos alternativos, como motocicletas, bicicletas, transporte público, um táxi ou um cavalo.

A distinção entre necessidades e desejos não é simplesmente acadêmica. Em qualquer esforço de marketing, a empresa deve sempre compreender as necessidades básicas satisfeitas por seus produtos. Por exemplo, as pessoas não precisam de furadeiras; elas precisam fazer furos ou de ter parafusos apertados. Da mesma forma, elas não precisam de cortadores de grama, mas sim da grama curta e bem cuidada. Entender essas necessidades básicas permite que a empresa segmente mercados e crie programas de marketing que possam traduzir as necessidades dos consumidores em desejos por seus produtos específicos. Uma parte importante desse esforço envolve a criação de estímulos adequados que promovam o reconhecimento da necessidade nos consumidores. A ideia é conceber a necessidade básica e convencer os potenciais consumidores a querer seu produto porque ele vai satisfazer suas necessidades melhor do que qualquer produto concorrente.

Também é importante compreender que desejos não são a mesma coisa que demanda. Esta ocorre apenas quando a capacidade e a disposição do consumidor de comprar um produto específico sustentam seu desejo pelo produto. Por exemplo, muitos clientes desejam ter um iate de luxo, mas apenas alguns são capazes e estão dispostos a comprar um. Em alguns casos, os consumidores podem realmente precisar de um produto, mas não o desejam. Os chamados "produtos não desejados", como seguro de vida, lotes de cemitério, seguro de saúde a longo prazo e educação continuada são bons exemplos. Nesses casos, a empresa deve primeiro educar os consumidores sobre a necessidade do produto e, em seguida, convencê-los a preferir seus produtos em relação aos dos concorrentes. Por exemplo, a campanha "Você está em boas mãos?" da Allstate especificamente questiona potenciais clientes sobre a certeza da cobertura de seu seguro. Criar a semente da dúvida na mente do consumidor é um bom primeiro passo para educar potenciais clientes sobre a necessidade de um seguro adequado.

Entender as necessidades e os desejos dos consumidores é uma consideração importante na segmentação de mercado. Alguns mercados podem ser segmentados somente em função das necessidades. Estudantes universitários, por exemplo, têm necessidades muito diferentes dos idosos; e os consumidores individuais têm necessidades muito diferentes das de famílias com crianças pequenas. No entanto, o marketing da maioria dos produtos não ocorre com base apenas na satisfação da necessidade. No mercado de automóveis, por exemplo, essencialmente nenhum fabricante promove seus produtos como o que melhor leva você do ponto A ao ponto B (a necessidade básica de transporte). Em vez disso, o marketing de seus produtos se baseia no que o consumidor deseja, como, por exemplo, luxo (Lexus), imagem (Mercedes), esportividade (Jaguar), durabilidade (caminhões Ford), economia de combustível (Honda Civic) e valor (Kia). Esses desejos são os pontos importantes para os consumidores e as chaves para uma maior atividade promocional no processo de compra.

Busca de informação. Quando feitos corretamente, os estímulos de marketing podem levar os consumidores a se interessar por um produto, levando a um desejo de buscar informações adicionais. Esse desejo pode ser passivo ou ativo. Em uma busca de informação passiva, o consumidor fica mais atento e receptivo a informações, por exemplo, percebendo e prestando atenção aos anúncios de automóveis se o cliente tem um desejo por uma marca específica. Um consumidor se envolve em uma busca ativa de informações quando propositadamente procura informações adicionais, tais como navegar na internet, perguntar a amigos ou visitar concessionárias. As informações podem vir de uma variedade de fontes. As fontes internas, incluindo as experiências pessoais e memórias, são geralmente o primeiro tipo de informação que os consumidores buscam. Informações também podem vir de fontes pessoais, incluindo conselhos boca a boca de amigos, familiares ou colegas de trabalho. Fontes externas de informação incluem propaganda, revistas, sites, embalagens, displays e vendedores. Embora as fontes externas sejam mais numerosas, os consumidores geralmente confiam menos nessas fontes do que nas fontes de informação internas e pessoais.

A quantidade de tempo, esforço e gastos dedicada à busca de informações depende de uma série de questões. Primeiro, e talvez mais importante, o grau de risco envolvido na compra. Os consumidores, por natureza, são avessos ao risco. Eles usam sua busca de informações para reduzir o risco e aumentar as probabilidades de fazer a escolha certa. O risco tem muitas formas, incluindo riscos financeiros (compra de uma casa), risco social (compra da roupa certa), risco emocional (selecionar um fotógrafo de casamento) e risco pessoal (escolha do cirurgião certo). Na compra de um carro, por exemplo, os consumidores regularmente olham a revista *Consumer Reports*, falam com amigos e observam as classificações de segurança do governo para ajudar a reduzir esse tipo de risco. Uma segunda questão é a quantidade de conhecimento ou experiência que o consumidor tem com a categoria do produto. Se compram pela primeira vez um computador notebook, eles enfrentam uma enorme gama de opções e marcas. Esse comprador é propenso a fazer uma extensa busca de informação para reduzir o risco e estreitar o conjunto potencial de opções de produtos. O mesmo comprador, várias compras mais tarde, não vai passar pelo mesmo processo. Por fim, o custo real da busca em termos de tempo e dinheiro irá limitar o grau de busca dos consumidores por informações. Em algumas situações, tais como curtos prazos de tempo ou emergências, os consumidores têm pouco tempo para consultar todas as fontes de informação à sua disposição.

Ao longo da busca de informação, os consumidores aprendem sobre os diferentes produtos ou marcas e começam a remover alguns de uma análise mais aprofundada. Eles avaliam e reavaliam seu conjunto inicial de produtos ou marcas até que sua lista de potenciais opções seja reduzida a apenas alguns produtos ou marcas que podem atender às suas necessidades. Essa lista de alternativas adequadas é chamada de conjunto evocado e representa o resultado da busca de informação e o começo do estágio seguinte do processo de compra.

Avaliação de alternativas. Ao avaliar as opções de alternativas de produtos ou marcas entre os membros do conjunto evocado, o consumidor essencialmente traduz sua necessidade em desejo por um produto ou marca específicos. A avaliação das alternativas é a "caixa-preta" do comportamento do consumidor porque é geralmente o mais difícil para as empresas compreenderem, mensurarem ou influenciarem. O que sabemos sobre esse estágio do processo de compra é que os consumidores baseiam sua avaliação em uma série de critérios diferentes, que geralmente se comparam a diversos atributos do produto.

Os consumidores avaliam produtos como conjuntos de atributos com diferentes capacidades para satisfazer suas necessidades. Na compra de um carro, por exemplo, cada escolha potencial representa um conjunto de atributos, incluindo atributos da marca (por exemplo, imagem, reputação, confiabilidade, segurança), características do produto (por exemplo, vidros elétricos, transmissão automática, economia de combustível), atributos estéticos (por exemplo, estilo, esportividade, espaço, cor) e preço. Cada consumidor tem uma opinião diferente sobre a importância relativa desses atributos: alguns colocam a segurança em primeiro lugar, enquanto outros consideram o preço o fator dominante. Outra característica interessante do estágio de avaliação é que a prioridade de critérios de escolha de cada consumidor pode mudar durante o processo. Os consumidores podem visitar uma concessionária com preço como critério dominante e sair da loja com preço na terceira posição de sua lista de atributos importantes.

Há várias considerações importantes para as empresas durante o estágio de avaliação. Em primeiro lugar, os produtos da empresa devem estar no conjunto evocado de alternativas potenciais. Por essa razão, elas devem constantemente lembrar os consumidores de sua marca e suas ofertas de produtos. Em segundo lugar, é vital que as empresas tomem medidas para entender os critérios de escolha dos consumidores e a importância que eles atribuem a atributos específicos do produto. Como veremos mais adiante neste capítulo, a compreensão da conexão entre as necessidades dos clientes e os atributos do produto é uma consideração importante nas decisões de segmentação de mercado e de seleção de mercado-alvo. Por fim, as empresas frequentemente devem criar programas de marketing que mudam a prioridade de critérios de escolha ou alteram a opinião dos consumidores sobre a imagem de um produto. A Microsoft, por exemplo, se movimentou para combater o rápido crescimento dos smartphones iPhone e Android, promovendo agressivamente seu próprio Windows Phone. Seu telefone e sua interface inovadora têm recebido elogios de especialistas que enaltecem sua facilidade de uso e velocidade. Infelizmente, o lado chique do iPhone e a onipresença do Android têm diminuído o entusiasmo dos consumidores pelo Windows Phone. A Microsoft vai continuar a lutar com uma enxurrada de anúncios divulgando a confiabilidade e a facilidade de uso do seu telefone e seu sistema operacional.[3]

Entrega gratuita é uma das formas mais comuns de aumentar a utilidade de posse durante o estágio de compra do processo de compra do consumidor.

Decisão de compra. Depois de ter avaliado cada alternativa no conjunto evocado, o consumidor forma uma intenção de comprar determinado produto ou marca. No entanto, a intenção de compra e o ato de compra são conceitos distintos. Um consumidor pode ter toda a intenção de comprar um carro novo, por exemplo, mas vários fatores podem evitar que a compra real ocorra. O cliente pode adiar a compra devido a circunstâncias imprevistas, como uma doença ou perda do emprego. O vendedor ou o gerente de vendas podem irritar o consumidor, levando-o a sair da loja. O comprador pode não ser capaz de obter financiamento para a compra devido a um erro em seu arquivo de crédito. Ou ele pode simplesmente mudar de ideia. As empresas muitas vezes podem reduzir ou eliminar esses problemas, reduzindo o risco na compra por meio de garantias, facilitando ao máximo o estágio de compra ou encontrando soluções criativas para problemas inesperados.

Supondo que esses potenciais fatores intervenientes não sejam uma preocupação, as questões-chave para as empresas durante o estágio de compra são a disponibilidade do produto e a utilidade de posse. A disponibilidade do produto é crítica. Sem ela, os compradores não vão comprar de você, mas de alguém que possa entregar o produto. A chave para a disponibilidade, que está intimamente relacionada com o componente de distribuição do programa de marketing, é a conveniência. O objetivo é colocar o produto ao alcance do consumidor onde quer que ele esteja. Essa tarefa está intimamente relacionada à utilidade de posse (isso é, a facilidade de tomar posse). Para aumentar a utilidade de posse, a empresa pode ter que oferecer financiamento ou a possibilidade de reservar o produto para compras caras, entrega e instalação de produtos como eletrodomésticos ou móveis, entrega em domicílio de itens de conveniência, como pizza ou jornais ou a embalagem adequada e expedição imediata de itens pelo correio.

Avaliação pós-compra. No contexto de atrair e reter os compradores, a avaliação pós-compra é a conexão entre o processo de compra e o desenvolvimento de relacionamentos de longo prazo. As empresas devem acompanhar de perto as respostas dos consumidores durante esse estágio para monitorar o desempenho do produto e sua capacidade de atender às expectativas dos consumidores. No estágio pós-compra, os consumidores vão ter um destes quatro resultados:

- **Encantamento** – o desempenho do produto excede em muito as expectativas do consumidor.
- **Satisfação** – o desempenho do produto corresponde às expectativas do consumidor.
- **Insatisfação** – o desempenho do produto fica aquém das expectativas do consumidor.
- **Dissonância cognitiva (Dúvida pós-compra)** – o consumidor não tem certeza do desempenho relativo do produto em relação às suas expectativas.

Os consumidores estão mais propensos a sentir insatisfação ou dissonância cognitiva quando o valor financeiro da compra aumenta, os custos de oportunidade de alternativas desconsideradas são elevados ou a decisão de compra tem um envolvimento emocional. As empresas podem gerenciar essas respostas oferecendo políticas de devolução liberais, fornecendo amplo suporte pós-venda ou reforçando a sábia decisão de compra do consumidor. A capacidade da empresa de gerenciar a insatisfação e a dissonância não é apenas uma chave para criar a satisfação do cliente, mas também tem uma grande influência sobre as intenções do consumidor de disseminar informação boca a boca sobre a empresa e seus produtos.

Fatores que Afetam o Processo de Compra do Consumidor

Como mencionamos anteriormente, os estágios do processo de compra representam uma gama de possíveis atividades que podem ocorrer à medida que os consumidores tomam decisões de compra. Eles podem gastar relativamente mais ou menos tempo em certos estágios, podem seguir os estágios na sequência ou fora dela ou podem mesmo saltar estágios inteiramente. Essa variação no processo de compra ocorre porque os consumidores são diferentes, os produtos que compram são diferentes, e as situações nas quais os consumidores tomam decisões de compra são diferentes. Há uma série de fatores que afetam o processo de compra do consumidor, incluindo a complexidade da compra e da decisão e influências individuais, sociais e situacionais. Vamos examinar brevemente cada fator.

Complexidade da tomada de decisão. A complexidade do processo de compra e tomada de decisão é a principal razão pela qual o processo de compra irá variar entre os consumidores e com o mesmo consumidor em diferentes situações. Por exemplo, as decisões de alta complexidade, como comprar uma primeira casa, um primeiro carro, selecionar a faculdade certa ou a escolha de uma cirurgia facultativa, são muito envolventes para a maioria dos consumidores. Essas compras são muitas vezes caracterizadas por alto risco pessoal, social ou financeiro, forte envolvimento emocional e também por falta de experiência com o produto ou a situação de compra. Nesses casos, os consumidores vão gastar uma grande quantidade de tempo, esforço e até mesmo dinheiro para ajudar a garantir que tomaram a decisão certa. Por outro lado, as tarefas de compra de baixa complexidade são relativamente de não envolvimento para a maioria dos consumidores. Em alguns casos, essas tarefas de compra podem passar a ser rotineiras. Por exemplo, muitos consumidores compram mantimentos selecionando itens familiares da prateleira e colocando-os em seus carrinhos de compra sem considerar produtos alternativos.

Para os profissionais de marketing, a gestão da complexidade da tomada de decisão é uma consideração importante. Empresas de produtos altamente complexos devem reconhecer que os consumidores são muito avessos a risco e precisam de uma grande quantidade de informações para ajudá-los a tomar a decisão certa. Nessas situações, o acesso à informação de alta qualidade e útil deve ser uma consideração importante no programa de marketing da empresa. Empresas que vendem produtos menos complexos não têm que fornecer o máximo de informações, mas enfrentam os desafios de criar uma imagem de marca e garantir que seus produtos sejam facilmente reconhecíveis. Para essas empresas, questões como marca, embalagem, propaganda e exibições no ponto de venda são considerações-chave no programa de marketing.

Influências individuais. A gama de influências que podem afetar o processo de compra é bastante extensa. Alguns fatores individuais, tais como idade, ciclo de vida, ocupação e nível socioeconômico, são relativamente fáceis de compreender e incorporar na estratégia de marketing. Na maioria das vezes, esses fatores individuais ditam preferências por determinados tipos de produtos ou marcas. Consumidores casados e com três filhos terão claramente necessidades e preferências diferentes das de consumidores individuais jovens. Da mesma forma, consumidores mais abastados terão as mesmas necessidades básicas de consumidores menos abastados, porém, seus "desejos" serão bem diferentes. Esses fatores individuais são bastante úteis para as empresas na seleção de alvos de mercado, desenvolvimento de produtos e estratégia promocional.

Outros fatores individuais, tais como percepções, motivações, interesses, atitudes, opiniões e estilos de vida, são muito mais difíceis de entender porque não coincidem claramente com características demográficas, como faixa etária, sexo ou renda. Esses fatores individuais também são muito difíceis de mudar. Por essa razão, muitas empresas adaptam seus produtos e mensagens promocionais para se adequar a atitudes, interesses ou estilos de vida existentes. Por exemplo, a Kia usou hamsters de tamanho humano nos comerciais de seu carro Soul. Os anúncios inspirados no hip-hop são direcionados a um público mais jovem, não conformista, que ama música e atividades sociais.[4]

Influências sociais. Assim como influências individuais, há uma vasta gama de influências sociais que podem afetar o processo de compra. Influências sociais, como cultura, subcultura, classe social, grupos de referência e a família, têm um impacto profundo sobre o que, por que e como os consumidores compram. Entre essas influências sociais, nenhuma é mais importante do que a família. Desde o nascimento, os indivíduos se tornam socializados no que diz respeito ao conhecimento e habilidades necessárias para ser um consumidor efetivo. Como adultos, os consumidores geralmente exibem as marcas e produtos preferenciais de seus pais. A influência das crianças sobre o processo de compra tem crescido expressivamente ao longo dos últimos 50 anos.

Grupos de referência e líderes de opinião também têm um impacto importante sobre os processos de compra dos consumidores. Grupos de referência atuam como um ponto de comparação e fonte de informações sobre o produto. Decisões de compra do consumidor tendem a se alinhar a conselhos, crenças e ações de um ou mais grupos de referência. Formadores de opinião podem ser parte de um grupo de referência ou podem ser indivíduos específicos fora de um grupo de referência. Quando os consumidores sentem que não têm experiência pessoal, eles procuram o conselho de líderes de opinião que veem como bem informados em determinado campo de conhecimento. Em alguns casos, as empresas buscarão líderes de opinião antes de tentar atingir a massa de consumidores. Fabricantes de software, por exemplo, liberam versões beta (de teste) de seus produtos aos líderes de opinião antes de um lançamento em escala total. Não só essa prática ajuda a eliminar erros do produto, mas também inicia o boca a boca sobre o lançamento iminente do software.

Influências situacionais. Há uma série de influências situacionais que podem afetar o processo de compra do consumidor. A Figura 5.2 ilustra algumas das influências situacionais mais comuns, muitas das quais afetam a quantidade de tempo e esforço que os consumidores dedicam à tarefa de compra. Por exemplo, consumidores famintos e apressados, muitas vezes, pegam o almoço mais rápido que podem encontrar, mesmo que se trate de uma máquina de venda automática. Esse fato explica o rápido sucesso do Pret a Manger ("pronto para comer", em francês), uma cadeia de restaurantes de fast-food que oferece comida pré-embalada com foco em alimentos frescos, naturais e orgânicos. A empresa se esforça para atender os clientes em 60 segundos ou menos.[5] Além disso, consumidores que enfrentam situações de emergência têm pouco tempo para refletir sobre suas escolhas de produtos e se vão tomar a decisão certa. Eles também podem dedicar menos tempo e esforço ao processo de compra se estiverem desconfortáveis. Por essa razão, restaurantes tradicionais com

FIGURA 5.2	Influências Situacionais Comuns no Processo de Compra do Consumidor		

Influências situacionais	Exemplos	Influências potenciais sobre o comportamento de compra
Influências físicas e espaciais	Atmosfera de varejo Loja lotada Layout e design da loja	Atmosfera ou ambiente confortável promove permanência, navegação e compra. Lojas lotadas podem fazer clientes saírem ou comprarem menos do que o planejado.
Influências sociais e interpessoais	Compras em grupos Vendedores Outros clientes	Consumidores são mais suscetíveis às influências de outros consumidores quando fazem compras em grupos. Vendedores rudes podem terminar o processo de compra. "Outros" clientes irritantes podem induzir o consumidor a sair ou ficar insatisfeito.
Influências temporais	Falta de tempo Emergências Conveniência	Consumidores vão pagar mais por produtos quando estão com pressa ou têm uma emergência. Falta de tempo reduz bastante a busca de informações e a avaliação de alternativas. Consumidores com tempo podem buscar informações sobre muitas alternativas de produtos diferentes.
Tarefa de compra ou influências de uso do produto	Ocasiões especiais Compra para outros Compra de um presente	Consumidores podem comprar produtos de maior qualidade para presentes ou ocasiões especiais. O conjunto evocado será diferente quando os consumidores estão comprando para outros em vez de para si mesmos.
Influências de disposição do consumidor	Estresse Ansiedade Medo Fadiga Envolvimento emocional Bom/mau humor	Consumidores estressados ou cansados podem não comprar nada ou podem compensar comprando certos produtos que os fazem sentir-se melhor. Consumidores de mau humor são excepcionalmente difíceis de agradar. Um aumento no medo ou ansiedade sobre uma compra pode levar os consumidores a pedir informações complementares e sofrer muito para tomar a decisão certa.

© 2013 Cengage Learning

mesa devem ser convidativos e relaxantes para incentivar visitas mais longas e itens adicionais, como sobremesa ou café após a refeição.

Outras influências situacionais podem afetar as escolhas específicas do produto. Por exemplo, se você convidou seu chefe para jantar, suas escolhas de produtos provavelmente serão diferentes daquelas que você faz em compras diárias de comida e bebida. Da mesma forma, os clientes podem comprar itens mais caros para presentes ou quando fazem compras com amigos. As opções de produtos também mudam quando os clientes fazem a compra para outra pessoa, tais como a compra de roupas para crianças. Efetivamente, muitos pais vão propositadamente comprar roupas menos caras para seus filhos se eles estão crescendo rapidamente ou se são excepcionalmente ativos. Esses pais querem poupar dinheiro em roupas que rapidamente vão se desgastar ou ficar muito pequenas.

Comportamento do Comprador em Mercados Empresariais

Ao mudarmos nossa atenção para o comportamento do comprador nos mercados empresariais, tenha em mente que esses mercados e mercados de consumo têm muitas coisas em comum. Ambos contêm compradores e vendedores que procuram fazer boas compras e satisfazer seus objetivos pessoais e organizacionais. Ambos utilizam processos de compra semelhantes que incluem estágios associados com a identificação da necessidade, busca de informações e avaliação do produto. Finalmente, ambos os processos focam na satisfação do cliente como resultado desejado. No entanto, os mercados empresariais diferem dos mercados de consumo de maneiras importantes. Uma das diferenças mais importantes envolve o consumo dos produtos relevantes adquiridos. Os consumidores compram produtos para seu uso ou consumo pessoal. Em contrapartida, compradores organizacionais compram produtos para uso em suas operações. Esses usos podem ser diretos, como na aquisição de matérias-primas para a produção de produtos acabados, ou indiretos, na compra de material de escritório ou locação de carros para o pessoal de vendas. Existem quatro tipos de mercados empresariais:

- **Mercados comerciais**. Esses mercados compram matérias-primas para uso na produção de bens acabados e bens e serviços que facilitem a produção de produtos acabados. Mercados comerciais incluem uma variedade de indústrias, como aeroespacial, agricultura, mineração, construção, transporte, comunicação e serviços públicos.

- **Mercados de revendedores**. Consistem de intermediários de canal, como atacadistas, varejistas ou intermediários que compram produtos acabados do mercado produtor e os revendem com lucro. Como veremos no Capítulo 6, os intermediários de canal têm a responsabilidade de criar a variedade e profundidade de produtos oferecidos aos consumidores. Portanto, eles exercem uma grande quantidade de poder na cadeia de fornecimento.

- **Mercados governamentais**. Incluem governos federal, estadual, municipal e local. Governos compram uma vasta gama de produtos acabados que vão de porta-aviões e carros de bombeiros a equipamentos de escritório. No entanto, a maioria das compras do governo é voltada para os serviços prestados aos cidadãos, tais como educação, proteção policial e contra incêndios, manutenção e reparação de estradas e tratamento de água e esgoto.

- **Mercados institucionais**. Consistem em um grupo diversificado de organizações não comerciais, tais como igrejas, instituições de caridade, escolas, hospitais ou organizações profissionais. Essas organizações compram principalmente produtos acabados que facilitam suas operações cotidianas.

Características Únicas de Mercados Empresariais

Mercados empresariais diferem dos mercados de consumo em pelo menos quatro maneiras. Essas diferenças dizem respeito à natureza da unidade da tomada de decisões, ao papel dos custos visíveis e invisíveis ao fazer e avaliar as decisões de compra, às relações de compra recíprocas e à dependência das partes entre si. Como regra geral, essas diferenças são mais críticas para as empresas que tentam construir relacionamentos a longo prazo com os clientes. Nos mercados empresariais, comprar os produtos necessários ao preço mais baixo possível não é necessariamente o objetivo mais importante. Como muitas transações comerciais são baseadas em relacionamentos de longo prazo, frequentemente a confiança, a confiabilidade e a concretização dos objetivos gerais são frequentemente muito mais importantes do que o preço do produto.

O Centro de compras. A primeira diferença fundamental relaciona-se com o papel do *centro de compras*, o grupo de pessoas responsáveis pela tomada de decisões de compra. Nos mercados de consumo, o centro de compra é bastante simples: o adulto chefe do domicílio tende a tomar as decisões mais importantes de compra para a família, com aportes e auxílio de crianças e outros membros da família, conforme for preciso. Em uma organização, no entanto, o centro de compra tende a ser muito mais complexo e difícil de identificar, em parte porque pode incluir três grupos distintos de pessoas, compradores econômicos, compradores técnicos e usuários, cada um dos quais pode ter seus próprios interesses e necessidades específicos que afetam a decisão de compra.

Qualquer esforço para construir um relacionamento entre o vendedor e a organização compradora deve incluir compradores econômicos, ou seja, os gerentes seniores com a responsabilidade geral de cumprimento dos objetivos da empresa compradora. Nos últimos anos, os compradores econômicos tornaram-se cada vez menos influentes uma vez que o preço tornou-se menos importante na determinação do verdadeiro valor de um produto para a empresa compradora. Isso fez dos compradores técnicos um alvo maior para atividades promocionais. Compradores técnicos, ou seja, colaboradores com a responsabilidade de comprar produtos para atender às necessidades em uma base contínua, incluem agentes de compra e gerentes de materiais. Esses compradores têm a responsabilidade de estreitar o número de opções de produtos e fornecer recomendações de compra para o(s) comprador(es) econômico(s) dentro do orçamento. Compradores técnicos são fundamentais para a execução de operações de compra e também são importantes para a manutenção do dia a dia dos relacionamentos de longo prazo. Usuários, isso é, gestores e funcionários com a responsabilidade de usar um produto comprado pela empresa, compreendem o último grupo de pessoas no centro da compra. O usuário, muitas vezes, não é o tomador de decisão final, mas pode desempenhar um papel no processo de decisão, especialmente no caso de produtos tecnologicamente avançados. Por exemplo, o chefe de tecnologia da informação, muitas vezes, tem um papel importante nas decisões de compra de computadores e TI.

Custos visíveis e invisíveis. A segunda diferença entre mercados empresariais e de consumo envolve a importância dos custos visíveis e invisíveis. Tanto os consumidores como organizações consideram os *custos visíveis*, que incluem preços monetários e custos de aquisição associados, tais como transporte e instalação. Organizações, no entanto, também devem considerar na decisão de compra os *custos invisíveis*, tais como tempo de inatividade, custos de oportunidade e custos de recursos humanos associados com a compatibilidade dos sistemas. A compra e implantação de um novo sistema de folha de pagamento, por exemplo, irá diminuir a produtividade e aumentar os custos de treinamento no departamento de folha de pagamento até que o novo sistema tenha sido totalmente integrado.

Reciprocidade. A terceira diferença importante envolve a existência de relacionamentos de compra recíproca. Com as compras dos consumidores, a oportunidade de compra e venda geralmente é de mão única: a empresa vende e o consumidor compra. O marketing empresarial, no entanto, é mais frequentemente de mão dupla, com cada empresa vendendo produtos que a outra compra. Por exemplo, uma empresa pode comprar material de escritório de outra empresa que, por sua vez, compra copiadoras da primeira. Na realidade, esses acordos podem ser uma condição inicial de compra em marketing puramente baseado em transação. A compra recíproca é menos provável de ocorrer em relacionamentos de longo prazo, a menos que ajude ambas as partes a alcançar seus respectivos objetivos.

Dependência mútua. Finalmente, em mercados empresariais, comprador e vendedor tendem a ser dependentes entre si. Para relacionamentos consumidor-empresa, esse nível de dependência tende a ser baixo. Se uma loja não tem um produto ou uma empresa sai do mercado, os clientes simplesmente mudam para outra fonte para satisfazer suas necessidades. Da mesma forma, a perda de um cliente em particular devido à mudança de marca, relocação ou morte é lamentável para uma empresa, mas não é particularmente prejudicial. A única exceção a essa regra é a lealdade dos consumidores a uma marca ou comerciante. Nesses casos, os consumidores se tornam dependentes de uma única marca ou comerciante e a empresa pode tornar-se dependente do volume de vendas gerado por esses consumidores leais.

Esse não é o caso em mercados empresariais nos quais compras de fonte única ou de fontes limitadas podem deixar operações de uma organização muito angustiadas quando um fornecedor fecha ou não pode entregar. O mesmo é verdade para a perda de um cliente. A empresa vendedora investiu significativamente no relacionamento com o cliente, muitas vezes modificando produtos e alterando informações ou outros sistemas centrais para a organização. Cada relacionamento com o cliente representa uma parcela significativa do lucro da empresa e a perda de um único cliente pode levar meses ou mesmo anos para substituir. Por exemplo, depois que o relacionamento da Rubbermaid com Walmart, Lowe e Home Depot azedou em meados da década de 1990, esses varejistas tiraram os produtos Rubbermaid de suas prateleiras e se voltaram para Sterilite, um pequeno fabricante com sede em Massachusetts, para fornecer produtos de plástico (caixas de armazenamento, recipientes etc.) para suas lojas. Além de danificar a reputação e os lucros da Rubbermaid, o considerável poder de compra do Walmart, Lowe e Home Depot tornou a Sterilite um grande concorrente para a Rubbermaid. Hoje, a Sterilite é a maior fabricante independente de utensílios de plástico do mundo.[6]

O Processo de Compra Empresarial

Assim como os consumidores, as empresas seguem um processo de compra. No entanto, dada a complexidade, o risco e o gasto de muitas compras empresariais, compradores organizacionais tendem a seguir esses estágios na sequência. Algumas situações de compra podem ser bastante rotineiras, tais como compras e entregas diárias ou semanais de matérias-primas ou compras de material de escritório, como papel e cartuchos de toner. No entanto, compradores empresariais, muitas vezes, ainda fazem compras de rotina de fornecedores pré-qualificados ou exclusivos. Em virtude disso, praticamente todas as compras empresariais, em algum momento, passam pelos seguintes estágios do processo de compra:

1. **Reconhecimento do problema**. O reconhecimento de necessidades pode resultar de uma variedade de fontes internas e externas, como funcionários, membros do centro de compras ou vendedores externos. Compradores empresariais, muitas vezes, reconhecem as necessidades devido a circunstâncias especiais, como quando um equipamento ou máquinas quebram ou apresentam defeitos.

2. **Desenvolvimento de especificações de produto**. Especificações detalhadas do produto com frequência definem as compras empresariais. Isso ocorre porque novas aquisições devem ser integradas a tecnologias e processos existentes. O desenvolvimento de especificações do produto em geral é feito pelo centro de compras.

3. **Identificação e qualificação do fornecedor**. Compradores empresariais devem garantir que potenciais fornecedores possam entregar dentro das especificações de produto, em um prazo especificado e nas quantidades necessárias. Portanto, o comprador empresarial efetuará uma análise aprofundada de potenciais fornecedores para garantir que eles possam atender às necessidades de sua empresa. Os compradores, em seguida, qualificam e aprovam os fornecedores que atendem aos seus critérios de fornecimento de bens e serviços para a empresa.

4. **Solicitação de propostas ou licitações**. Dependendo da compra em questão, a empresa compradora pode solicitar que fornecedores qualificados apresentem propostas ou lances. Essas propostas ou lances detalharão como o fornecedor atenderá às necessidades da empresa compradora e cumprirá os critérios de compra estabelecidos durante a segunda fase do processo.

5. **Seleção de fornecedores**. A empresa compradora selecionará o fornecedor ou fornecedores que melhor possam atender às suas necessidades. O melhor fornecedor não é necessariamente aquele que oferece o menor preço. Outras questões, como reputação, pontualidade de entrega, garantias, ou relações pessoais com os membros do centro de compras, são, muitas vezes, mais importantes.

6. **Processamento de pedido**. Frequentemente, um processo interno de processamento de pedidos envolve os detalhes do processamento do pedido, negociação de condições de crédito, definição de datas de entrega e toda a assistência técnica necessária para concluir a compra.

7. **Revisão do desempenho do fornecedor**. A fase final do processo de compra envolve uma avaliação do desempenho do fornecedor. Em alguns casos, o produto pode perfeitamente cumprir as especificações necessárias, mas o desempenho do fornecedor é ruim. Nessa etapa, tanto as especificações do produto como as do fornecedor podem ser reavaliadas e alteradas, caso seja necessário. No final, o resultado dessas avaliações afetará futuras decisões de compra.

Como os mercados de consumo, há uma série de fatores que podem influenciar no processo de compra empresarial. Condições ambientais podem ter uma grande influência sobre o comportamento do comprador, aumentando a incerteza, a complexidade e os riscos associados com a compra. Em situações de rápida mudança do ambiente, os compradores empresariais podem alterar seus planos de compra, adiar ou mesmo cancelar compras até as coisas se acalmarem. Condições ambientais não só afetam a compra de produtos, mas também as decisões relativas a recrutamento e contratação de funcionários.

Fatores organizacionais também podem influenciar nas decisões de compra corporativas. Tais fatores incluem condições do ambiente interno da empresa (recursos, estratégias, políticas, objetivos), bem como a condição dos relacionamentos com empresas ou parceiros da cadeia de fornecimento. Uma mudança nos recursos da empresa pode alterar as decisões de compra, como, por exemplo, um atraso temporário na compra até que condições de crédito favoráveis possam ser arranjadas. Da mesma forma, se um fornecedor de repente não pode fornecer quantidades necessárias de produtos ou não pode cumprir um cronograma de entrega necessário, a empresa compradora será obrigada a identificar e qualificar novos fornecedores. Mudanças internas em tecnologia da informação também podem afetar o processo de compra, tal como ocorre quando os técnicos integram sistemas eletrônicos contratados com os sistemas existentes da empresa e de seus fornecedores. Finalmente, relacionamentos interpessoais e fatores individuais podem afetar o processo de compra.

Um exemplo comum ocorre quando os membros do centro de compras estão em desacordo sobre decisões de compra. As lutas de poder não são incomuns na compra empresarial e podem levar todo o processo a um impasse se não forem tratadas adequadamente. Fatores individuais, tais como preferências ou preconceitos pessoais de um gerente, também podem afetar as decisões de compras empresariais. A importância dos fatores interpessoais e individuais depende da situação de compra específica e sua importância para metas e objetivos da empresa. Grandes compras geralmente criam mais conflitos entre os membros do centro de compras.

Segmentação de Mercado

Compreender os processos que consumidores e empresas usam para fazer decisões de compra é fundamental para o desenvolvimento de relacionamentos de longo prazo e mutuamente benéficos com os clientes. É também um primeiro passo necessário na descoberta de semelhanças entre os grupos de compradores potenciais que podem ser utilizadas nas decisões de segmentação de mercado e de escolha do mercado-alvo. Do ponto de vista estratégico, definimos *segmentação do mercado* como o processo de divisão do mercado total de determinado produto ou categoria de produtos em segmentos ou grupos relativamente homogêneos. Para ser eficaz, a segmentação deve criar grupos nos quais os membros do grupo tenham gostos, necessidades, desejos ou preferências semelhantes, mas que os grupos sejam diferentes entre si. Como observado no boxe *Além das Páginas 5.2*, a crescente diversidade da população dos EUA cria uma série de oportunidades e desafios quando se trata de segmentação de mercados.

Na realidade, a decisão fundamental para a segmentação é se ela realmente deve ser feita. Quando uma empresa toma a decisão de atingir todo o mercado, deve fazê-lo com base nas necessidades universais que todos os clientes possuem. No entanto, a maioria das empresas opta por focar em um ou mais segmentos do mercado total, porque elas acreditam que podem ser mais bem-sucedidas quando adaptam os produtos para atender a necessidades ou exigências específicas. Na economia atual, a segmentação é frequentemente determinada pelos clientes devido à sua busca por produtos diferenciados e pela mudança dos meios de comunicação utilizados. O resultado final é que os segmentos de clientes se tornaram ainda mais fragmentados e mais difíceis de alcançar. Muitas empresas hoje levam a segmentação ao extremo, visando pequenos nichos de mercado ou mesmo o menor dos segmentos de mercado: os indivíduos.

Abordagens Tradicionais de Segmentação de Mercado

Muitas abordagens de segmentação são tradicionais no sentido de que as empresas as utilizam com sucesso por décadas. Não é nossa intenção descrever tais abordagens como velhas ou ultrapassadas, especialmente quando comparadas com estratégias de segmentação individualizadas que discutiremos mais tarde. Com efeito, muitas das empresas mais bem-sucedidas de hoje usam essas abordagens testadas e comprovadas. Algumas organizações realmente usam mais de um tipo de segmentação, dependendo da marca, produto ou mercado em questão.

Marketing de massa. Parece estranho chamar de marketing de massa uma abordagem de segmentação, uma vez que não envolve nenhuma segmentação. Empresas usam campanhas de marketing de massa para visar ao mercado total (inteiro) para determinado produto. Empresas que adotam o marketing de massa têm uma abordagem diferenciada, que assume que todos os clientes no mercado têm necessidades e desejos semelhantes e podem ser razoavelmente satisfeitos com um único programa de marketing. Esse programa de marke-

ALÉM DAS PÁGINAS 5.2

Desafios e Oportunidades da Diversidade da População[7]

Embora existam diferenças óbvias entre os membros de nossa população, muitas pessoas ficam surpresas ao saber que os EUA são mais diversificados do que se imaginaria. No entanto, não deveríamos ficar surpresos. Afinal, os EUA foram fundados como um caldeirão de culturas. Essas diferenças culturais criam muitos desafios e oportunidades para encontrar e atender os mercados-alvo. Considere as seguintes estatísticas:

- Atualmente, aproximadamente um terço da população dos EUA faz parte de uma minoria. Em ordem de grandeza, se esses consumidores formassem um país separado comporiam o décimo segundo do mundo. Em 2045, aproximadamente metade da população dos EUA será parte de um grupo minoritário.
- Texas, Califórnia, Havaí, Novo México e Distrito de Columbia agora têm populações de "maioria de minorias", onde mais de 50% da população faz parte de um grupo minoritário.
- Populações minoritárias têm uma grande classe média com forte poder de compra. Por exemplo, o poder de compra combinado de minorias, que é de US$ 1,6 trilhão atualmente, subirá para US$ 2,1 trilhões em 2015. Hoje, apenas os hispânicos representam US$ 1 trilhão em poder de compra. Esse número faz da população hispânica dos EUA a 15ª maior economia do mundo.
- As características definidoras dos mercados minoritários não são baseadas na cor da pele ou na língua. Em vez disso, valores essenciais, tais como família, fé, nacionalismo, respeito aos idosos e líderes de comunidade e instituições culturais são as características dominantes que definem as populações minoritárias.
- Populações minoritárias pararam de tentar "se encaixar" nos costumes tradicionais dos EUA. Em vez disso, esses grupos trabalham duramente para preservar seus valores étnicos e costumes.

- Populações minoritárias distintas têm pouco em comum entre si, com exceção de suas conexões emocionais com as suas próprias tradições étnicas.

Perante esses fatos expressivos, torna-se claro que as empresas terão dificuldades de atingir uma audiência de massa dos consumidores norte-americanos usando uma abordagem de marketing do tipo "tamanho único". Assim, como uma empresa pode alcançar os segmentos da sociedade com máxima eficácia e eficiência de marketing? O certo é que a maioria das empresas não se incomoda com isso. Ainda assim, ter como alvo grupos minoritários específicos tornou-se mais difícil. As táticas de ontem, ou seja, simplesmente traduzir, contratar funcionários diversificados ou usar fotos de minorias étnicas em imagens promocionais, não funcionarão mais.

O McDonald's está usando uma abordagem interessante para esse desafio. Embora a empresa ainda faça propaganda direcionada especificamente para grupos minoritários, a mais nova estratégia do McDonald's é aproveitar as lições de grupos minoritários em sua abordagem para a segmentação de caucasianos. Tendências e gostos étnicos agora estão sendo usados para remodelar decisões de cardápios e propaganda do McDonald's. Por exemplo, as combinações de frutas em smoothies da empresa são baseadas nas preferências de gosto das minorias. Da mesma forma, o "Menu Fiesta", oferecido em muitos estados do oeste americano agora é igualmente popular entre hispânicos e caucasianos. A propaganda do McDonald's mudou também. A empresa utiliza uma percentagem mais elevada das minorias em seus anúncios do que outras cadeias de restaurantes. Os resultados foram impressionantes. As vendas aumentaram 1,5% desde que a estratégia entrou em vigor. Ainda mais impressionante é que as vendas do McDonald's estão crescendo em um momento em que o restante da indústria de restaurantes tem se esforçado para crescer.

ting essencialmente consiste de um único produto ou marca (ou, no caso de varejistas, um conjunto homogêneo de produtos), um preço, um programa promocional e um sistema de distribuição. A Duracell, por exemplo, oferece uma coleção de diferentes tamanhos de baterias (D, C, A, AA, AAA, 9-volt), mas são todas baterias descartáveis vendidas aos consumidores para o uso em brinquedos e pequenos dispositivos eletrônicos. Eles também oferecem uma linha de baterias recarregáveis e reforçadas para dispositivos de alta potência. Da mesma forma, a Companhia WD-40 oferece uma variedade de marcas, incluindo WD-40, Óleo 3-IN-ONE, sabão Lava Soap, limpadores de toaletes 2000 Flushes, de tapetes Carpet Fresh e de uso geral X14 Cleaner, usados em uma variedade de tarefas domésticas.

O marketing de massa funciona melhor quando as necessidades de um mercado inteiro são relativamente homogêneas. Bons exemplos incluem commodities como petróleo e produtos agrícolas. Na realidade, poucos produtos ou mercados são ideais para o marketing de massa, pela simples razão de que as empresas, querendo conseguir novos clientes, muitas vezes modificam suas linhas de produtos. Durante a maior parte de sua existência, a Vaseline fabricava e oferecia um único produto. Para conquistar novos clientes, a empresa modificou essa estratégia com o lançamento de sua linha de produtos de cuidados intensivos e ampliou a percepção dos clientes em relação aos usos de Vaseline para várias necessidades domésticas, incluindo garagem/oficina. Além disso, pense nos muitos produtos que contêm bicarbonato de sódio Arm & Hammer, um produto que já foi vendido apenas como um ingrediente culinário.

Embora o marketing de massa seja vantajoso em termos de eficiência de produção e redução de custos de marketing, ele é inerentemente arriscado. Ao oferecer um produto padrão para todos os clientes, a organização torna-se vulnerável aos concorrentes que oferecem produtos especializados que se ajustam melhor às necessidades dos clientes. Nas indústrias em que barreiras à entrada são reduzidas, o marketing de massa corre o risco de ser visto como demasiado genérico. Essa situação é muito convidativa para concorrentes que usam abordagens mais direcionadas. O marketing de massa também é muito arriscado nos mercados globais, nos quais até marcas globais como Coca-Cola devem ser adaptadas para corresponder aos gostos e costumes locais.

Marketing diferenciado. A maioria das empresas utiliza alguma forma de segmentação de mercado pela: (1) divisão do mercado total em grupos de clientes com necessidades relativamente comuns ou homogêneas, e (2) tentativa de desenvolver um programa de marketing que apele para um ou mais desses grupos. Essa abordagem pode ser necessária quando as necessidades do cliente são semelhantes dentro de um único grupo, mas as suas necessidades diferem entre grupos. Por meio de pesquisa bem concebida e cuidadosamente conduzida, as empresas podem identificar as necessidades específicas de cada segmento de mercado para criar programas de marketing que melhor correspondam a essas necessidades e expectativas. Dentro da abordagem diferenciada, existem duas opções: a abordagem multissegmentos e a abordagem de concentração de mercado.

As empresas que usam a *abordagem multissegmentos* procuram atrair compradores em mais de um segmento de mercado, oferecendo uma variedade de produtos que apelem para diferentes necessidades. As empresas que usam essa opção podem aumentar sua participação de mercado, respondendo às necessidades heterogêneas de diferentes segmentos. Se os segmentos têm o suficiente potencial de compra e o produto for bem-sucedido, aumentos de vendas resultantes podem mais do que compensar o aumento dos custos de oferecer múltiplos produtos e programas de marketing. A abordagem multissegmentos é a estratégia de segmentação mais utilizada por empresas de médio e grande porte. É extremamente comum em produtos embalados e produtos de mercearia. A Maxwell House, por exemplo, começou por comercializar um tipo de café e uma marca. Hoje, essa divisão da Kraft Foods oferece 22 diferentes variedades de marcas sob os rótulos Maxwell House, Sanka e Yuban, além de fornecer marcas próprias para os varejistas. Ao caminhar pelo corredor de cereais de seu supermercado local exemplos adicionais podem ser observados. Empresas como Kellogg's e Nabisco oferecem centenas de marcas de cereais matinais dirigidos a segmentos específicos, incluindo crianças (por exemplo, Fruity Pebbles, Apple Jacks), adultos preocupados com a saúde (por exemplo, Shredded Wheat, Total), pais à procura de alimentos mais saudáveis para seus filhos (por exemplo, Life, Kix), e assim por diante.

Empresas que usam a *abordagem de concentração de mercado* se concentram em um único segmento de mercado. Elas frequentemente acreditam ser mais eficiente buscar uma participação máxima em um segmento de mercado. Por exemplo, Armor All comercializa uma linha bem conhecida de produtos de limpeza, protetores e polidores automotivos direcionados principalmente a homens jovens com idade para dirigir. A principal vantagem da concentração de mercado é a especialização, uma vez que ela permite à empresa concentrar todos os seus recursos na compreensão e no atendimento de um único segmento. A especialização também é a principal desvantagem dessa abordagem. Por "colocar todos os seus ovos na mesma cesta", a empresa pode ser vulnerável a mudanças no seu segmento de mercado, tais como crises econômicas e mudanças demográficas. Ainda assim, a abordagem de concentração do mercado pode ser altamente bem-sucedida. Nas artes, em que a concentração de mercado é quase universal, grupos musicais aprimoram seus talentos e planejam suas atuações para satisfazer os gostos de um segmento de mercado, divididos por gêneros de música, como country, rock ou jazz.

Marketing de nicho. Algumas empresas estreitam a abordagem de concentração de mercado ainda mais e concentram seus esforços de marketing em um segmento de mercado pequeno e bem definido, ou nicho, que tem um conjunto específico de necessidades. Clientes em nichos de mercado geralmente pagam preços mais elevados por produtos que correspondam às suas necessidades específicas. Um exemplo de marketing de nicho bem-sucedido é encontrado na indústria de academias de ginástica. Por exemplo, a Curves, uma academia para as mulheres, tem agora 10.000 locais em 85 países ao redor do mundo. Outras academias de nicho para crianças e faixa etária acima de 55 anos estão surgindo em torno dos EUA. The Little Gym, projetada para crianças de quatro meses a 12 anos, tem mais de 300 locais em todo o mundo. O objetivo dessas academias é criar experiências de malhação altamente personalizadas para nichos de mercado que não se encaixam no perfil de um membro típico de academia de ginática.[8] Como essa indústria descobriu, a chave para o marketing de nicho bem-sucedido é entender e satisfazer as necessidades dos clientes-alvo tão completamente que, apesar do pequeno tamanho do nicho, a participação substancial da empresa torna o segmento altamente rentável. Um nicho de mercado atraente é aquele que tem crescimento e potencial de lucro, mas não é tão atraente a ponto de atrair concorrentes. A empresa também deve possuir uma especialização ou fornecer uma oferta única que os clientes considerem altamente desejável.

Abordagens de Segmentação Individualizada

Devido aos avanços na tecnologia de comunicação e internet, surgiram abordagens de segmentação individualizada. Tais abordagens são possíveis porque as organizações agora têm a capacidade de acompanhar os clientes com um alto grau de especificidade. Ao combinar dados demográficos com o comportamento de compra passado e atual, as organizações podem ajustar seus programas de marketing em formas que lhes permitem combinar precisamente necessidades, desejos e preferências dos clientes. Três tipos de abordagens de segmentação individualizada são marketing "um para um" (one-to-one), personalização em massa e marketing de permissão.

Marketing "um para um". Quando uma empresa cria um programa de marketing ou um produto totalmente exclusivo para cada cliente no segmento-alvo, emprega o marketing "um para um". Essa abordagem é comum em mercados empresariais em que empresas criam programas e/ou sistemas únicos para cada cliente. Por exemplo, fornecedores de software empresarial, tais como Oracle, SAP e Business Objects, criam soluções personalizadas que permitem que as empresas monitorem clientes, processos de negócios e resultados em tempo real. As companhias de seguros ou corretores, tais como o Grupo Sedgwick da Grã-Bretanha, criam seguros e programas de aposentadoria para atender às necessidades específicas de uma corporação. A chave para o marketing "um para um" é a personalização, ou seja, cada elemento do programa de marketing é caracterizado para atender às especificidades da situação de determinado cliente.

Historicamente, o marketing "um para um" tem sido usado com menos frequência nos mercados de consumo, embora o Burger King tenha sido um dos pioneiros nessa abordagem com o seu esforço "Faça do Seu Jeito" que continua até hoje. O marketing "um para um" é bastante comum em produtos de luxo e feitos sob medida, como ocorre quando um consumidor compra um grande veleiro, avião ou constrói uma casa ao seu gosto. Em tais casos, o produto tem modificações significativas feitas para atender às necessidades e preferências dos clientes. Muitas empresas de serviços, como cabeleireiros, advogados, médicos e instituições de ensino, também personalizam seus programas de marketing para coincidir com as necessidades dos consumidores individuais. O marketing "um para um" tem crescido rapidamente no comércio eletrônico, no qual os clientes podem ser direcionados de forma muito precisa. A Amazon, por exemplo, mantém perfis completos dos clientes que navegam e compram em seu site. Esses perfis ajudam a Amazon com a personalização de páginas do site em tempo real, sugestões de produtos e e-mails de lembrete enviados aos clientes.

Personalização em massa. Sendo uma extensão do marketing "um para um", a personalização em massa refere-se ao fornecimento de produtos exclusivos e soluções para clientes individuais em uma escala maciça. Junto com a internet, os avanços na gestão da cadeia de fornecimento, incluindo controle de estoque em tempo real, têm permitido às empresas personalizar os produtos em formas ao mesmo tempo rentáveis e práticas. Por exemplo, a Dell monta milhares de computadores personalizados todos os dias. Cada cliente pode escolher entre uma variedade de opções (discos rígidos, tamanhos de tela, cores etc.) para configurar o computador como desejam. A Dell consegue tirar proveito de economias de escala porque monta milhares do mesmo computador básico para seus outros clientes. Outras empresas que usam a personalização em massa incluem a 1-800-Flowers.com (arranjos florais feitos sob encomenda, plantas ou outros presentes) e Build-A-Bear Workshop (ursos de pelúcia ou outros animais personalizados).

A personalização em massa também ocorre em mercados empresariais. Com o sistema de contratação eletrônica de uma empresa compradora, os funcionários podem encomendar produtos que vão desde material de escritório a serviços de viagens. O sistema permite que os funcionários requisitem bens e serviços de um catálogo personalizado e exclusivo, no qual a empresa compradora negociou produtos e preços. Sistemas de compra eletrônica como esses se tornaram bastante populares por um bom motivo: eles permitem que as empresas economizem uma grande quantidade de dinheiro, não só nos preços, mas também nos custos de fazer encomendas. Empresas que vendem também se beneficiam personalizando seus catálogos para empresas compradoras específicas, pois eles lhes permitem vender mais bens e serviços por um custo reduzido.

Marketing de permissão. Embora semelhante ao marketing "um para um", difere no sentido em que os clientes optam por se tornar parte do segmento de mercado de uma empresa. No marketing de permissão, os clientes dão às empresas permissão para orientá-las especificamente em seus esforços de marketing. A ferramenta mais comum usada no marketing de permissão é a lista de e-mail consentido, na qual os clientes permitem que uma empresa ou um parceiro de terceiros da empresa envie e-mails periódicos sobre bens e serviços que eles têm interesse em comprar. Esse cenário é frequente no comércio eletrônico B2C, tanto que muitos consumidores nem percebem. Quando os clientes encomendam produtos on-line, eles têm a opção de receber ou não notificações futuras por e-mail sobre novos produtos. Em muitos casos, o cliente tem de anular a seleção de uma caixa no final do formulário de pedido ou serão adicionados à lista de correio electrônico.

O marketing de permissão tem uma grande vantagem sobre outras abordagens de segmentação individualizada: clientes que consentem já demonstraram interesse nos produtos e serviços oferecidos. Isso permite que a empresa segmente com precisão apenas os indivíduos com interesse em seus produtos, eliminando assim desperdício de esforço de marketing e despesa. Por exemplo, muitas companhias aéreas têm a permissão de seus clientes para enviar avisos semanais por e-mail de passagens aéreas e outras especialidades relacionadas com viagens. Esse sistema contrasta fortemente com propaganda em mídia de massa tradicional, na qual apenas uma parte da audiência ou dos leitores tem real interesse nos produtos da empresa.

Marketing "um para um", personalização em massa e marketing de permissão se tornarão ainda mais importantes no futuro porque seu foco em clientes individuais os torna fundamentais para o desenvolvimento e manutenção de relacionamentos de longo prazo. A verdade simples é que os clientes irão manter relacionamentos com as empresas que melhor atenderem suas necessidades ou resolverem seus problemas. Infelizmente, as abordagens de segmentação individualizada podem ser proibitivamente caras. Para tornar essas abordagens viáveis, as empresas devem estar atentas a duas questões importantes. Em primeiro lugar, a entrega do programa de marketing deve ser automatizada num grau que o torne rentável. A internet possibilita isso, permitindo a personalização individual em tempo real. Em segundo lugar, o programa de marketing não deve se tornar tão automatizado a ponto de a oferta perder a personalização. Hoje, personalização significa muito mais do que simplesmente chamar os clientes pelo nome. Usamos o termo para descrever a ideia de propiciar escolhas aos clientes, não só no que diz respeito à configuração do produto, mas também em relação a todo o programa de marketing. Empresas como Dell e Amazon promovem uma forte personalização fazendo a busca eficaz de seus bancos de dados de clientes. Estes podem escolher condições de pagamento, de transporte, locais de entrega, formato de embrulho e se consentem com e-mails de promoções futuras. Além disso, monitorando dados de fluxo de cliques em tempo real, as melhores empresas de comércio eletrônico podem oferecer sugestões de produtos em tempo real, enquanto os clientes visitam seus sites. Esse tipo de informação personalizada de ponto de venda não só aumenta as vendas, como também melhor satisfaz às necessidades dos clientes e aumenta a probabilidade de estabelecer relacionamentos de longo prazo.

Critérios de Segmentação Bem-sucedida

É importante lembrar que nem todas as abordagens de segmentação ou seus segmentos de mercado resultantes são viáveis em um sentido de marketing. Por exemplo, não faz muito sentido segmentar o mercado de refrigerantes com base na cor dos olhos ou no tamanho dos sapatos, uma vez que essas características não têm nada a ver com a compra de refrigerantes. Embora os mercados possam ser segmentados de formas ilimitadas, a abordagem de segmentação deve fazer sentido em termos de pelo menos cinco critérios relacionados:

- **Identificabilidade e mensurabilidade**. As características dos membros do segmento devem ser facilmente identificáveis. Isso permite à empresa mensurar características de identificação, incluindo o tamanho do segmento e seu poder de compra.

- **Substancialidade**. O segmento deve ser grande e rentável o suficiente para torná-lo útil para a empresa. O potencial de lucro deve ser maior do que os custos envolvidos na criação de um programa de marketing específico para o segmento.

- **Acessibilidade**. O segmento deve ser acessível em termos de comunicação (propaganda, postagem, telefone etc.) e distribuição (canais, comerciantes, lojas etc.).

- **Capacidade de resposta**. O segmento deve responder a esforços de marketing da empresa, incluindo alterações no programa de marketing ao longo do tempo. O segmento também deve responder de forma diferente da de outros segmentos.

- **Viabilidade e sustentabilidade**. O segmento deve atender aos critérios básicos para a troca, incluindo estar pronto e disposto e ser capaz de realizar negócios com a empresa. O segmento também deve ser sustentável ao longo do tempo para permitir que a empresa desenvolva uma estratégia de marketing para atender às necessidades do segmento.

É possível para um segmento de mercado atender a esses critérios, mas ainda não ser viável em um sentido de negócio. Mercados para muitos produtos ilegais, tais como drogas ou pornografia, podem facilmente atender a esses critérios. No entanto, empresas éticas e socialmente responsáveis não iriam buscar esses mercados. Outros mercados, como jogos de apostas ou de azar, podem ser legais em algumas áreas geográficas, mas muitas vezes não estão no melhor interesse da empresa. Muitas vezes, as empresas identificarão segmentos de mercado perfeitamente viáveis. No entanto, esses segmentos ficarão fora da especialização ou da missão da empresa. Só porque um segmento de mercado é viável ou altamente rentável não significa que a empresa deve buscá-lo.

Identificação de Segmentos de Mercado

A estratégia de segmentação de uma empresa e sua escolha de um ou mais mercados-alvo dependerá de sua capacidade de identificar as características dos compradores nesses mercados. Trata-se de selecionar as variáveis mais relevantes para identificar e definir o(s) mercado(s)-alvo. Muitas dessas variáveis, incluindo dados demográficos, estilos de vida, uso do produto ou tamanho da empresa, derivam da seção de análise da situação do plano de marketing. No entanto, uma estratégia nova ou revisada de marketing muitas vezes requer mudanças na definição do mercado-alvo para corrigir problemas na estratégia de marketing anterior. Mercados-alvo também mudam em resposta às mudanças necessárias em elementos específicos do programa de marketing, tais como redução de preços para aumentar o valor, aumento de preço para transmitir qualidade superior, adição de uma nova funcionalidade do produto para tornar os benefícios mais significativos ou venda em lojas de varejo em vez de distribuição direta para adicionar a conveniência da disponibilidade imediata. Em suma, o mercado-alvo e o programa de marketing são interdependentes e as mudanças em um geralmente requerem mudanças no outro. O boxe *Além das Páginas 5.3* descreve como grandes empresas abordaram mudanças nas demandas dos clientes no mercado de cereais.

Segmentação dos Mercados de Consumo

O objetivo da segmentação dos mercados de consumo é isolar as características individuais que distinguem um ou mais segmentos do mercado total. A chave é segmentar o mercado total em grupos com necessidades relativamente homogêneas. Como você pode lembrar da nossa discussão anterior, consumidores com-

ALÉM DAS PÁGINAS 5·3

Deslocando Estratégias no Mercado de Cereais[9]

Cereais têm sido considerados um café da manhã saudável. No entanto, em termos de açúcar, os pais também podem alimentar os filhos com biscoitos para começar o dia. Alguns cereais açucarados têm até 50% de açúcar. O Honey Smacks da Kellogg's, por exemplo, contém 15 g de açúcar por porção, 3 g a mais do que um sonho caramelado sem recheio. Apesar de seus perfis nutricionais ruins, frequentemente, os cereais mais doces são direcionados para as crianças. Em resposta, muitos pais aborrecidos entraram com ações judiciais contra as empresas de cereais. A fim de lidar com a reação e ganhar uma vantagem competitiva, empresas como a Kellogg's trabalharam para reformular e reposicionar seus cereais como escolhas saudáveis para o café da manhã.

Empresas de cereais começaram a direcionar o marketing especificamente para crianças na década de 1950, a mesma década em que o açúcar se tornou um aditivo comum nos cereais. Como se pode imaginar, as crianças se voltaram para esses doces açucarados. Empresas de cereais também introduziram personagens de desenhos animados para fazer as crianças se interessarem por suas marcas. Tony, o tigre, e Trix, o coelho, se tornaram ícones amados por elas. As empresas também começaram a colocar brinquedos gratuitos em caixas de cereais. Essas manobras de marketing funcionaram e as crianças ansiavam pelos cereais divertidos, tornando-os um item popular na mesa do café durante décadas.

Em uma série de processos movidos ao longo dos últimos vinte anos, os consumidores têm argumentado que empresas de cereais, tais como Kellogg's e General Mills, fazem propaganda enganosa em relação à informação nutricional e ao fazer afirmações exageradas sobre a força física, a felicidade ou mesmo poderes mágicos. Hoje, as empresas de cereais têm reformulado sua propaganda e a maioria parou o co-branding de seus produtos com personagens de desenhos animados conhecidos. Outros processos têm-se centrado no conteúdo nutricional ou rotulagem, como uma ação movida contra Froot Loops da Kellogg's por uma mulher irritada pelo fato de o cereal na realidade não conter frutas.

Em resposta a essas preocupações, a Kellogg's tem tido uma postura proativa para mudar sua estratégia de marketing. A empresa parou a propaganda de cereais que não cumpre as diretrizes para cereais do Instituto de Medicina e de Saúde da Organização Mundial de Saúde. Você não verá mais um cereal da Kellogg's anunciado se ele contiver mais de 12 g de açúcar ou 200 calorias por porção. A empresa também criou diretrizes aconselhando os consumidores a comer cereais açucarados com moderação. Além disso, cereais como Special K e a marca Kashi tornaram-se populares, embora eles nunca venham a ter o mesmo apelo para crianças como Lucky Charms ou Fruity Pebbles. Muitas grandes empresas de cereais vão ainda mais longe em resposta às críticas ao ressaltar os benefícios para a saúde nos rótulos dos cereais. Mesmo cereais açucarados estão tentando atrair o cliente consciente de saúde com alegações de que contêm vitaminas e minerais essenciais. Algumas marcas, como Frosted Flakes, até introduziram versões com teor de açúcar reduzido. Contudo, enquanto os consumidores se mantiverem preocupados, as empresas de cereais devem continuar a mudar seu marketing para se alinhar às mudanças de preferências de saúde do público.

---

pram produtos porque os benefícios que proporcionam podem satisfazer necessidades ou desejos específicos. A dificuldade de segmentar mercados de consumidores está em isolar uma ou mais características que se alinhem intimamente com as necessidades e os desejos. Por exemplo, empresas de refrigerantes não necessariamente se preocupam com idade ou sexo de seus clientes, mas sim com a forma como idade e sexo se relacionam com necessidades, atitudes, preferências e estilos de vida dos clientes.

Na discussão que se segue, vamos olhar mais de perto a segmentação nos mercados de consumo por meio da análise dos diferentes fatores que podem ser usados para dividir esses mercados em grupos homogêneos. Como a Figura 5.3 ilustra, tais fatores se enquadram em uma das quatro categorias gerais: segmentação comportamental, segmentação demográfica, segmentação psicográfica e segmentação geográfica.

FIGURA 5.3 Variáveis de Segmentação Comuns Usadas em Mercados de Consumo

Categoria	Variáveis	Exemplos
Segmentação comportamental	Benefícios procurados	Qualidade, valor, gosto, melhoria da imagem, beleza, esportividade, velocidade, emoção, entretenimento, nutrição, conveniência
	Uso do produto	Usuários frequentes, médios e ocasionais; não usuários; ex-usuários; usuários de primeiro uso
	Ocasiões ou situações	Emergências, comemorações, aniversários, bodas, casamentos, nascimentos, funerais, graduação
	Sensibilidade ao preço	Sensível ao preço, consciente de valor, preocupado com status (não sensível a preço)
Segmentação demográfica	Idade	Recém-nascidos, 0-5, 6-12, 13-17, 18-25, 26-34, 35-49, 50-64, 65+
	Gênero	Masculino, feminino
	Renda	Abaixo de US$ 15.000, US$ 15.000 – US$ 30.000, US$ 30.000 – US$ 50.000, US$ 50.000 – US$ 75.000, US$ 75.000 – US$ 100.000, mais de US$ 100.000
	Ocupação	Operários, funcionários de escritório, técnicos, profissionais liberais, gestores, obreiro, aposentados, donas de casa, desempregados
	Educação	Ensino médio, superior incompleto, superior completo, pós-graduação
	Ciclo de vida familiar	Solteiros, casados sem filhos, casado e com filhos pequenos, casado e com filhos adolescentes, casado e com filhos crescidos, divorciados, viúvos
	Geração	Geração Y, geração X, baby boomers, idosos
	Etnia	Caucasiano, afro-americano, hispânico, asiático
	Religião	Protestante, católico, muçulmano, hindu
	Nacionalidade	Norte-americano, europeu, japonês, australiano, coreano
	Classe social	Classe alta, classe média, classe baixa, classe trabalhadora, nível de pobreza
Segmentação psicográfica	Personalidade	Extrovertido, tímido, compulsivo, individualista, materialista, espírito cívico, ansioso, controlado, aventureiro
	Estilo de vida	Entusiasta de atividade ao ar livre, esportivo, caseiro, preguiçoso, centrado na família, workaholic
	Motivos	Segurança, status, relaxamento, conveniência
Segmentação geográfica	Regional	Nordeste, Sudeste, Centro-Oeste, Nova Inglaterra, sul da França, África do Sul
	Tamanho da cidade	Menos de 50.000; 50.000-100.000; 100.000-250.000; 250.000-500.000; 500.000-1.000.000; mais de 1.000.000
	Densidade populacional	Urbano, suburbano, rural

© 2013 Cengage Learning

Segmentação comportamental. É a abordagem mais poderosa porque usa o comportamento real do consumidor ou o uso do produto para fazer distinções entre os segmentos de mercado. Geralmente, essas distinções estão vinculadas às razões pelas quais os clientes compram e usam os produtos. Consequentemente, a segmentação comportamental, ao contrário de outros tipos de segmentação, está mais associada com as necessidades dos consumidores. Um dos usos comuns da segmentação comportamental é agrupar os consumidores com base no seu grau de uso do produto, isso é, usuários frequentes, médios e ocasionais. Os usuários frequentes são o "ganha pão" de uma empresa e devem ser sempre bem atendidos. As empresas costumam usar estratégias para aumentar o uso do produto entre os usuários ocasionais, bem como não usuários do produto ou marca. Um dos melhores usos da segmentação comportamental é a criação de segmentos de mercado com base em benefícios para os consumidores específicos. A Figura 5.4 ilustra como a segmentação por benefício pode ser aplicada no mercado de lanches. Uma vez que os diferentes segmentos por benefícios tenham sido identificados, as empresas podem realizar estudos para desenvolver perfis dos consumidores em cada segmento.

A segmentação comportamental é uma ferramenta poderosa. Contudo, é também muito difícil de executar na prática. A realização de pesquisas para identificar segmentos por comportamento é bastante cara

FIGURA 5.4 Segmentação por Benefícios no Mercado de Lanches

	Consumidores nutricionais	Vigilantes do peso	Consumidores com culpa	Apreciadores de festa	Consumidores indiscriminados	Consumidores econômicos
Benefícios procurados	Nutritivos, ingredientes naturais	De baixa caloria, energia rápida	De baixa caloria, bom sabor	Podem ser servidos aos convidados, vão bem com bebidas	Bom sabor, saciam a fome	Baixo preço, melhor valor
Tipos de lanches consumidos	Frutas, legumes, queijos	Iogurte, legumes	Iogurte, biscoitos, bolachas, doces	Batatas fritas, nozes, biscoitos, pretzels	Doces, sorvetes, biscoitos, batatas fritas, pretzels, pipoca	Não há produtos específicos
Nível de consumo de lanches	Ocasional	Ocasional	Frequente	Médio	Frequente	Médio
Percentagem de indivíduos	23%	15%	10%	16%	16%	19%
Características demográficas	Nível educacional mais elevado, com crianças pequenas	Mais jovens, solteiros	Menos escolarizados, renda mais baixa	De meia-idade, suburbanos	Adolescentes	Maior escolaridade, famílias maiores
Características psicográficas	Autoconfiantes, controlados	Apreciam atividades ao ar livre, influentes, aventureiros	Ansiosos, isolados	Sociáveis, gostam de sair	Hedonistas, pouco tempo disponível	Autoconfiantes, sensíveis a preço

Fonte: Adaptada de Charles W. Lamb, Jr., Joseph F. Hair, Jr. e Carl McDaniel, *Marketing* 7ª ed. (Mason, OH: South-Western, 2004), p. 224.

e demorada. Além disso, características pessoais associadas com segmentos por comportamento nem sempre são claras. Por exemplo, embora alguns consumidores comprem um novo carro exclusivamente para o transporte, a maioria compra marcas e modelos específicos por outras razões. Alguns consumidores querem carros esportivos, divertidos de conduzir e que melhorem sua imagem. O problema está em identificar as características desses consumidores. Eles são mais velhos ou mais jovens, homens ou mulheres, solteiros ou casados e eles vivem em áreas urbanas ou suburbanas? Em alguns casos, as características do consumidor são fáceis de identificar. Famílias compram minivans porque querem mais espaço para seus filhos e para carregar coisas. Consumidores mais velhos tendem a optar por modelos confortáveis e luxuosos. A chave para a segmentação comportamental bem-sucedida é entender claramente as necessidades e os benefícios básicos pretendidos por diferentes grupos de consumidores. Em seguida, essa informação pode ser combinada com segmentação demográfica, psicográfica e geográfica para criar perfis de consumidores completos.

Segmentação demográfica. Divide mercados em segmentos que utilizam dados demográficos, tais como o gênero (por exemplo, desodorante Secret para as mulheres), idade (por exemplo, vestuário Abercrombie & Fitch para adolescentes e jovens adultos), renda (por exemplo, automóveis Lexus para consumidores ricos) e nível de instrução (por exemplo, programas de MBA executivo on-line para profissionais ocupados). A segmentação demográfica tende a ser a base mais utilizada para segmentar mercados consumidores porque informações demográficas estão amplamente disponíveis e são relativamente fáceis de medir. Efetivamente, grande parte é facilmente obtida por meio de fontes secundárias durante a análise da situação.

Algumas características demográficas são frequentemente associadas com reais diferenças de necessidades que podem ser usadas para segmentar mercados. Nesses casos, a conexão entre dados demográficos, necessidades e benefícios desejados do produto podem facilitar bastante a segmentação demográfica. Por exemplo, homens e mulheres têm necessidades claramente diferentes com relação a vestuário e cuidado com a saúde. Grandes famílias com crianças têm uma maior necessidade de seguro de vida, sabão em pó e comida. Crianças gostam mais de alimentos e bebidas doces do que os adultos. Infelizmente, a segmentação demográfica torna-se menos útil quando a empresa tem um forte interesse em compreender os motivos ou valores que norteiam o comportamento de compra. Muitas vezes, os motivos e valores que impulsionam as compras reais não necessariamente têm ligações com a demografia. Por exemplo, como você descreveria as características demográficas de um consumidor sensível a preço, consciente de valor? Antes de responder, lembre-se de que os clientes do Walmart vêm de todas as esferas sociais. Da mesma forma, como você descreveria a demografia de um consumidor aventureiro, orientado para práticas ao ar livre? Quando a Honda introduziu pela primeira vez seu veículo utilitário Element a empresa mirava em consumidores aventureiros, com ensino médio e em idade de frequentar a faculdade. Para sua surpresa, a Honda descobriu rapidamente que o Element era muito popular entre pessoas de 30 a 40 e poucos anos que o usavam para transportar crianças e compras. O problema em compreender motivos e valores do consumidor é que essas variáveis dependem mais do que os consumidores pensam e sentem, em vez de quem eles são. Investigar pensamentos e sentimentos dos consumidores é objeto da segmentação psicográfica.

Segmentação psicográfica. Lida com questões de estado de espírito, tais como motivações, atitudes, opiniões, valores, estilos de vida, interesses e personalidade. Essas questões são mais difíceis de mensurar e muitas vezes exigem pesquisa de mercado de dados primários para determinar adequadamente a composição e o tamanho dos vários segmentos de mercado. Uma vez que a empresa tenha identificado um ou mais segmentos psicográficos, estes podem ser combinados com segmentação demográfica, geográfica ou comportamental para criar perfis de consumidores completamente desenvolvidos.

Uma das ferramentas mais bem-sucedidas e conhecidas de segmentação psicográfica é a VALS, desenvolvida pela Strategic Businesss Insights.[10] VALS, que significa Values And Life Style, ou seja, "valores e estilos de vida", divide adultos consumidores norte-americanos em um dos oito perfis com base em seu nível de recursos e um dos três principais motivos de consumo: ideais (conhecimentos e princípios), realização (demonstrar sucesso para os outros) ou autoexpressão (atividade social ou física, variedade e tolerância de riscos). A Figura 5.5 descreve os oito perfis VALS. Muitas empresas usam a VALS em uma variedade de atividades de marketing, incluindo desenvolvimento de novos produtos, posicionamento de produtos, desenvolvimento de marca, estratégia de promoção e inserção de mídia. Há também uma versão geográfica de VALS, chamada GeoVALS, que liga cada perfil de consumidor com informações geográficas, tais como códigos postais. Essa ferramenta é bastante útil em campanhas de marketing direto e seleção de ponto de varejo.

FIGURA 5.5 Perfis do Consumidor VALS

Inovadores

Esses consumidores têm recursos abundantes e autoestima elevada. Inovadores são consumidores bem-sucedidos, sofisticados, com gosto por bens e serviços de luxo e especializados. Eles estão preocupados com a imagem como uma expressão de si próprios, mas não como uma expressão de status ou poder.

Exemplos de produtos: vinhos finos, artigos de decoração de luxo, serviços de manutenção de jardinagem, tecnologia moderna, automóveis de luxo.

Pensadores

Pensadores são consumidores bem-educados que valorizam a ordem, o conhecimento e a responsabilidade. Esses consumidores gostam de ser bem informados sobre os produtos que compram já que estão ligados em eventos que ocorrem no mundo e no país. Embora tenham recursos que lhes dão muitas escolhas ou opções, tendem a ser consumidores conservadores, que buscam praticidade, durabilidade, funcionalidade e valor.

Exemplos de produtos: notícias e serviços de informação, veículos de baixa emissão, casas conservadoras e objetos de decoração.

Realizadores

O estilo de vida de um realizador é focado e estruturado em torno da família, um local de culto, e na carreira. Realizadores são convencionais, conservadores e respeitam a autoridade e o *status quo*. Esses indivíduos são consumidores muito ativos que desejam produtos e serviços bem estabelecidos e de prestígio, que demonstrem seu sucesso. Eles levam uma vida ocupada e, por isso, valorizam produtos que podem economizar-lhes tempo e esforço.

Exemplos de produtos: SUVs, férias em família, produtos que promovem melhorias na carreira, compras on-line, piscinas.

Experimentadores

Eles são consumidores jovens, entusiasmados, impulsivos e motivados por autoexpressão. Esses consumidores enfatizam variedade, emoção, excentricidade e risco. Experimentadores gostam de boa aparência e compram produtos "interessantes".

Exemplos de produtos: moda, entretenimento, esportes/exercício, recreação ao ar livre e atividades sociais.

continua

FIGURA 5.5 continuação

Crentes

São con sumidores conservadores, convencionais, que possuem crenças firmes com base nos valores tradicionais relacionados com família, religião, comunidade e patriotismo. São consumidores previsíveis, uma vez que seguem rotinas estabelecidas centradas na família, na comunidade ou filiação organizacional. Preferem marcas norte-americanas familiares e conhecidas e tendem a ser clientes muito fiéis.

Exemplos de produtos: participação em organizações sociais, religiosas ou fraternais; produtos feitos nos EUA; organizações de caridade.

Batalhadores

São motivados por realização, mas não têm recursos para atender a todos os seus desejos. Como um grupo, batalhadores estão na moda, gostam de diversão e são preocupados com as opiniões e aprovação dos outros. Esses consumidores veem compras como uma atividade social e uma oportunidade para demonstrar seu poder de compra acima dos limites impostos por sua situação financeira. A maioria pensa em si mesma como tendo empregos em vez de carreiras.

Exemplos de produtos: produtos elegantes e itens de impulso, cartões de crédito, "cópia" de marcas famosas, compras como forma de entretenimento.

Fazedores

Fazedores, assim como experimentadores, são motivados por autoexpressão. No entanto, esses consumidores experimentam o mundo, envolvendo-se em muitas atividades do tipo "faça você mesmo", tais como conserto de seus próprios carros, construção de casas ou cultivo e preparação de conservas de seus próprios vegetais. São consumidores práticos que valorizam a autossuficiência e têm as habilidades para apoiá-la. Também não se impressionam com bens materiais, novas ideias ou um grande negócio. Eles vivem vidas tradicionais e preferem comprar itens básicos.

Exemplos de produtos: autopeças, material para pequenas obras em casa, material de jardinagem, material de costura, lojas de descontos.

Sobreviventes

Vivem vidas estreitamente focadas e têm poucos meios para se virar. Estão principalmente preocupados com segurança e satisfação de necessidades em vez de desejos. Como grupo, são consumidores cautelosos que representam um mercado bastante pequeno para a maioria dos produtos. Eles são leais a marcas favoritas, especialmente se podem comprá-las em liquidações.

Exemplos de produtos: necessidades básicas e material básico; marcas antigas e bem estabelecidas.

Fonte: Strategic Business Insights, <http://www.strategicbusinessinsights.com/vals/ustypes.shtml>.

A segmentação psicográfica é útil porque transcende características puramente descritivas para ajudar a explicar motivos, atitudes, emoções e estilos de vida pessoais diretamente ligados ao comportamento de compra. Por exemplo, empresas como Michelin e State Farm apelam para consumidores motivados por questões como segurança e proteção na compra de pneus ou de seguros. Outras empresas, como Subaru, Kia e Hyundai, apelam para consumidores cujos valores e opiniões sobre transporte se concentram mais na economia do que em status. Programas de educação a distância recorrem a consumidores cujos estilos de vida ativa não lhes permitem assistir às aulas no sentido tradicional.

Segmentação geográfica. Características geográficas muitas vezes desempenham um papel importante no desenvolvimento de segmentos de mercado. Por exemplo, as empresas muitas vezes descobrem que seus clientes estão geograficamente concentrados. Mesmo produtos onipresentes, como Coca-Cola, vendem mais no sul dos Estados Unidos do que em outras partes do país. As preferências dos consumidores por determinadas compras com base na geografia são uma consideração principal no desenvolvimento de zonas de comércio para varejistas, como supermercados, postos de gasolina e limpeza a seco. Por exemplo, a segmentação geodemográfica ou geoclustering é uma abordagem que analisa perfis de vizinhança com base em variáveis de segmentação demográficas, geográficas e de estilo de vida. Uma das ferramentas de geoclustering mais conhecidas é o sistema de segmentação PRIZM da Nielsen, que classifica todos os bairros nos Estados Unidos em 14 grupos demográficos e comportamentais diferentes. O cluster "Peixe Grande em Lago Pequeno" contém profissionais mais velhos, de classe alta, altamente qualificados e que gostam de sucesso. Adultos nesse cluster têm tipicamente entre 45 e 64 anos, são casais ninho vazio com renda familiar média de pouco mais de US$ 87.000. Eles são os principais alvos para serviços financeiros, carros de luxo e causas de caridade. O PRIZM é útil para as empresas, pois lhes permite concentrar seus programas de marketing apenas em áreas onde seus produtos têm maiores chances de serem aceitos. Isso não apenas faz com que as atividades de marketing sejam mais bem-sucedidas, como também reduz significativamente os gastos com marketing.[11]

Segmentando Mercados Empresariais

Um dos métodos mais básicos de segmentação dos mercados empresariais envolve os quatro tipos de mercados que discutimos anteriormente neste capítulo: comerciais, revendedores, governamentais e institucionais. As empresas podem se concentrar em um ou mais desses mercados, na medida em que cada um tem necessidades diferentes. No entanto, mesmo dentro de um tipo de mercado, elas vão descobrir que a compra empresarial tem características únicas e variadas. Nesses casos, pode ser preciso segmentação adicional utilizando outras variáveis para refinar ainda mais as necessidades e características de clientes empresariais. Por exemplo, a Canon vende uma linha de impressoras de grande formato que visa usuários de CAD e projeto de arquitetura, bem como outros segmentos, como artes plásticas, fotografia, escritório e identificação gráfica. Cada segmento tem usos diferentes de impressão de grande formato e diferentes requisitos no que diz respeito aos tipos de tintas utilizadas nas impressoras. Além dos tipos de mercados empresariais, as empresas também podem segmentar compradores empresariais em relação a:

- **Tipo de organização**. Diferentes tipos de organizações podem requerer programas de marketing diferentes e específicos, tais como modificações de produtos, diferentes distribuição e estruturas de entrega ou estratégias de venda. Um fabricante de vidros, por exemplo, poderia segmentar os clientes em vários grupos, tais como fabricantes de automóveis, fabricantes de móveis, fabricantes de janelas ou prestadores de serviços de consertos e manutenção.

- **Características organizacionais**. As necessidades dos compradores empresariais muitas vezes variam de acordo com seu tamanho, sua localização geográfica ou o uso do produto. Grandes compradores frequentemente solicitam descontos de preços e relacionamentos estruturais apropriados para seu volume de compras. Da mesma forma, compradores em diferentes partes do país, bem como em diferentes nações, podem ter diferentes requisitos de produtos, especificações ou acordos de distribuição. O uso do produto também é importante. Fabricantes de computadores com frequência segmentam mercados com base em como seus produtos serão utilizados. Por exemplo, as exigências de instituições educacionais de ensino fundamental e médio para computadores e software são diferentes das grandes universidades de pesquisa.

- **Benefícios procurados ou processos de compra**. Organizações diferem no que diz respeito aos benefícios que procuram e nos processos de compra que usam para adquirir produtos. Alguns compradores empresariais procuram apenas o provedor de menor custo enquanto outros requerem amplo suporte de produtos e serviços. Além disso, algumas empresas compram utilizando processos altamente estruturados, provavelmente por meio de seu centro de compras. Outros podem utilizar leilões on-line ou até mesmo processos altamente informais.

- **Características pessoais e psicológicas**. As características pessoais dos próprios compradores muitas vezes desempenham um papel importante nas decisões de segmentação. Compradores vão variar de acordo com tolerância ao risco, influência na compra, responsabilidades do cargo e estilos de decisão.

- **Intensidade do relacionamento**. Mercados empresariais também podem ser segmentados com base na força e longevidade do relacionamento com a empresa. Muitas empresas estruturam sua organização de vendas usando essa abordagem com uma pessoa ou equipe dedicada aos relacionamentos mais críticos. Outros membros da organização de vendas podem estar envolvidos em estratégias de desenvolvimento de negócios para buscar novos clientes.

Como vimos, a segmentação nos mercados empresariais aborda muitos dos mesmos problemas encontrados nos mercados de consumo. Apesar de algumas diferenças e considerações adicionais que devem ser abordadas, os fundamentos são os mesmos. Profissionais de marketing devem entender as necessidades de seus clientes potenciais e como diferem em todos os segmentos no mercado total.

Estratégias de Seleção de Mercado-Alvo

Uma vez que a empresa concluiu a segmentação de um mercado, ela deve então avaliar cada segmento para determinar sua atratividade e saber se oferece oportunidades que correspondam às capacidades e aos recursos da empresa. Lembre-se de que só porque um segmento de mercado obedece a todos os critérios de viabilidade não significa que a empresa deve buscar atendê-lo. Segmentos atrativos podem ser descartados por diversas razões, incluindo falta de recursos, falta de sinergia com a missão da empresa, excesso de concorrência no segmento, mudança iminente de tecnologia ou preocupações éticas e legais para atender um segmento específico. Com base na análise de cada segmento, na situação atual e na que se espera da empresa, bem como em uma análise SWOT abrangente, uma empresa pode considerar cinco estratégias básicas para a seleção do mercado-alvo. A Figura 5.6 apresenta as seguintes estratégias:[12]

- **Segmento único**. As empresas escolhem um único segmento-alvo quando seus recursos são intrinsecamente ligados às necessidades de um segmento de mercado específico. Muitos consideram as empresas que utilizam essa estratégia de segmentação como verdadeiras especialistas em uma categoria de produto específico. Bons exemplos incluem New Belgium Brewing (cerveja artesanal), Porsche e Ray-Ban. Essas e outras empresas com um único segmento-alvo são bem-sucedidas porque entendem plenamente as necessidades, preferências e estilos de vida de seus clientes. Elas também se esforçam constantemente para melhorar a qualidade e a satisfação do cliente por meio do aprimoramento contínuo de seus produtos para atender às mudanças de preferências dos clientes.

FIGURA 5.6 Estratégias Básicas para Seleção de Mercado-Alvo

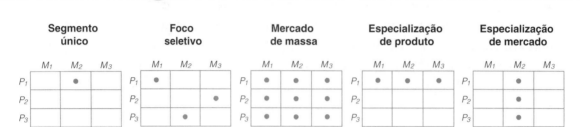

P = Categoria de produtos ; M = Mercado

© 2013 Cengage Learning

- **Foco seletivo**. Empresas com múltiplas capacidades em muitas categorias de produtos diferentes usam o foco seletivo com sucesso. Essa estratégia tem várias vantagens, incluindo a diversificação do risco da empresa e a capacidade de escolher apenas as oportunidades em segmento de mercado mais atraentes. Procter & Gamble usa o foco seletivo para oferecer aos clientes diversos produtos nos mercados de cuidado da família, cuidados domésticos e cuidados pessoais. Além de desodorantes familiares, detergentes para a roupa e produtos para o cabelo, a P&G vende produtos nos mercados de cosméticos, perfumes e medicamentos de prescrição. Uma das chaves do sucesso da P&G é que a empresa não tenta ser tudo para todos os clientes. Ela seleciona cuidadosamente combinações produto/mercado nos quais suas capacidades correspondem às necessidades dos clientes.

- **Mercado de massa**. Somente as maiores empresas têm a capacidade de atuar no mercado de massa, que envolve o desenvolvimento de vários programas de marketing para atender a todos os segmentos de clientes simultaneamente. Por exemplo, a Coca-Cola oferece cerca de 400 bebidas de marca em muitos segmentos que atendem às diferentes necessidades dos consumidores em mais de 200 países ao redor do mundo. Da mesma forma, a Frito-Lay vende centenas de diferentes variedades de lanches em todo o mundo.

- **Especialização de produto**. Empresas fazem especialização de produto quando seus conhecimentos em uma categoria de produto podem ser aproveitados em muitos segmentos de mercado diferentes. Essas empresas podem adaptar as especificações do produto para coincidir com as diferentes necessidades dos grupos de clientes individuais. Por exemplo, muitos consideram os estetoscópios Littmann, uma divisão da 3M, como o líder mundial em tecnologia de ausculta. A Littmann oferece estetoscópios eletrônicos de alto desempenho para cardiologistas, estetoscópios especialmente concebidos para uso infantil/pediátrico, estetoscópios leves para avaliação física simples e uma linha de estetoscópios para estudantes de enfermagem e de medicina. A empresa também oferece uma linha de estetoscópios veterinários.[13]

- **Especialização de mercado**. Empresas fazem uso da especialização de mercado quando seu profundo conhecimento e experiência em um mercado lhes permite oferecer programas de marketing personalizados que não só oferecem os produtos necessários, mas também fornecem as soluções necessárias para os problemas dos clientes. A Follett Corporation é um excelente exemplo. A empresa é especializada no mercado de educação e atende mais de 800 escolas, faculdades e universidades nos

CAPÍTULO 5 • CLIENTES, SEGMENTAÇÃO E SELEÇÃO DE MERCADO-ALVO

EUA e no Canadá. O slogan "Simplificar o fornecimento de educação em todos os lugares" é baseado no objetivo da empresa para ser o provedor líder de soluções, serviços e produtos educacionais para escolas, bibliotecas, faculdades, estudantes e aprendizes eternos.[14]

Além de visar a um subconjunto de clientes atuais dentro do esquema de produto/mercado, as empresas podem adotar medidas para alcançar os não clientes. Como discutimos no Capítulo 3, existem muitas razões para os não clientes não comprarem produtos de uma empresa. Essas razões podem incluir necessidades únicas dos clientes, alternativas melhores de concorrentes, elevados custos de transferência, falta de conhecimento do produto ou a existência de pressupostos antigos sobre um produto. Por exemplo, produtos associados com o clareamento dos dentes antes eram associados apenas a dentistas. Consequentemente, os consumidores ficavam hesitantes em usar esses produtos, devido a custo, esforço e ansiedade envolvidos. Empresas de cuidados orais foram capazes de quebrar essa tradição e alcançar os não clientes por meio do desenvolvimento de alternativas de alta qualidade, baixo custo, disponibilidade sem necessidade de prescrição médica e muito mais fáceis de comprar. Hoje, tais produtos de clareamento de dentes, como o Crest Whitestrips da Procter & Gamble, representam um mercado de US$ 300 milhões nos EUA.[15]

Como esse exemplo ilustra, a chave para a segmentação de não clientes é compreender as razões pelas quais eles não compram e, em seguida, encontrar maneiras de remover esses obstáculos. Eliminar os obstáculos de compra, seja em design de produto, acessibilidade, conveniência de distribuição ou consciência da existência do produto, é um grande problema estratégico no desenvolvimento de um programa de marketing eficaz. Nos próximos dois capítulos, nossa atenção estará voltada para as questões estratégicas importantes envolvidas na criação do programa de marketing, incluindo construção de marca e posicionamento da oferta de produtos.

Lições do Capítulo 5

Comportamento do comprador nos mercados de consumo:

- ▶ é muitas vezes irracional e imprevisível, pois os consumidores muitas vezes dizem uma coisa, mas fazem outra.
- ▶ pode progredir ao longo de cinco estágios: reconhecimento da necessidade, busca de informações, avaliação de alternativas, decisão de compra e avaliação pós-compra.
- ▶ nem sempre segue esses estágios em sequência e pode até mesmo pular etapas na trajetória de compra.
- ▶ pode ser caracterizado pela lealdade, quando os consumidores simplesmente compram o mesmo produto que compraram na última vez.
- ▶ muitas vezes envolve uma sequência paralela de atividades que se associam com o fato de encontrar o comerciante mais adequado. Isto é, ao considerar qual produto comprar, os consumidores também examinam onde podem comprá-lo.
- ▶ pode ocorrer com apenas um comerciante para uma categoria particular de produto se o consumidor é fortemente leal a esse comerciante.

Chaves para entender as necessidades e os desejos dos consumidores:

- ▶ Definir necessidades como "necessidades básicas" tem limitações porque cada pessoa possui uma perspectiva diferente sobre o que constitui uma necessidade.
- ▶ Necessidades ocorrem quando o nível de satisfação atual de um consumidor não é igual ao nível desejado de satisfação.
- ▶ Desejos são a vontade de um consumidor de ter um produto específico que irá satisfazer uma necessidade.
- ▶ A empresa deve sempre compreender as necessidades básicas satisfeitas por seus produtos. Esse entendimento lhe permite segmentar mercados e criar programas de marketing que podem traduzir as necessidades dos consumidores em desejos por seus produtos específicos.
- ▶ Apesar de alguns produtos e mercados poderem ser segmentados exclusivamente em função de necessidades, a maioria das categorias de produtos é

comercializada com base em desejos, e não na satisfação de necessidades.

▶ Desejo não é a mesma coisa que demanda, já que ocorre apenas quando a capacidade e a disposição do consumidor de pagar sustentam um desejo por um produto específico.

O estágio de busca de informação do processo de compra do consumidor:

▶ pode ser passivo, ou seja, quando o consumidor torna-se mais atento e receptivo à informação, ou ativo, quando o consumidor se empenha em uma busca de informação mais agressiva, procurando por informações adicionais.

▶ depende de uma série de questões, incluindo o grau de risco envolvido na compra, a quantidade de conhecimento ou experiência que o consumidor tem com a categoria do produto e o custo real da procura em termos de tempo e dinheiro.

▶ culmina em um conjunto evocado de alternativas de compra apropriadas.

Durante a avaliação de alternativas:

▶ consumidores essencialmente traduzem suas necessidades em desejos por produtos ou marcas específicos.

▶ consumidores avaliam produtos como conjuntos de atributos com diferentes habilidades para satisfazer suas necessidades.

▶ a prioridade de critérios de escolha de cada consumidor pode mudar.

▶ empresas devem garantir que seu produto está no conjunto evocado de potenciais alternativas por meio de lembrança constante dos consumidores de sua empresa e suas ofertas de produtos.

Durante o estágio de compra do processo de compra:

▶ é importante lembrar que a intenção de compra e o ato de compra são conceitos distintos.

▶ as questões-chave para as empresas são a disponibilidade do produto e utilidade de posse.

Durante a avaliação pós-compra:

▶ o resultado do processo de compra está ligado ao desenvolvimento de relacionamentos de longo prazo. As empresas devem acompanhar de perto as respostas dos clientes para monitorar o desempenho do produto e sua capacidade de atender às suas expectativas.

▶ consumidores experimentarão um dos quatro resultados possíveis: encantamento, satisfação, insatisfação ou dissonância cognitiva.

Em geral, o processo de compra do consumidor pode ser afetado por:

▶ complexidade do processo e da tomada de decisão de compra.

▶ fatores individuais, tais como idade, ciclo de vida, ocupação, situação socioeconômica, percepções, motivações, interesses, atitudes, opiniões e estilos de vida.

▶ influências sociais, como cultura, subcultura, classe social, família, grupos de referência e líderes de opinião.

▶ influências situacionais, tais como influências físicas e espaciais, influências sociais e interpessoais, tempo, tarefa de compra ou uso e disposição do consumidor.

Mercados empresariais:

▶ compram produtos para uso em suas operações, tais como aquisição de matérias-primas para a produção de produtos acabados ou compra de material de escritório ou locação de automóveis.

▶ são compostos por quatro tipos de compradores: mercados comerciais, mercados revendedores mercados governamentais e mercados institucionais.

▶ possuem quatro características únicas que não são geralmente encontradas em mercados de consumo:
- centro de compras: compradores econômicos, compradores técnicos e usuários.
- custos visíveis e invisíveis: custos invisíveis (tempo de inatividade, custos de oportunidade, custos de recursos humanos) são tão importantes como os custos visíveis (preço monetário ou custos da compra).
- reciprocidade: compradores e vendedores empresariais frequentemente compram produtos entre si.
- dependência mútua: compra de fonte única ou de poucas fontes torna as empresas que vendem e compram mutuamente dependentes.

O processo de compra empresarial:

▶ segue uma sequência bem definida de estágios, incluindo: (1) reconhecimento do problema, (2) desenvolvimento das especificações do produto, (3) identificação e qualificação do fornecedor, (4) solicitação de propostas ou lances, (5) seleção de fornecedores, (6) processamento de pedidos, e (7) revisão do desempenho de fornecedores.

▶ pode ser afetado por uma série de fatores, incluindo condições ambientais, fatores organizacionais e fatores interpessoais e individuais.

Segmentação de mercado:

▶ é o processo de divisão do mercado total de determinado produto ou categoria de produtos em segmentos ou grupos relativamente homogêneos.

▶ deve criar grupos cujos membros são semelhantes entre si, mas onde os grupos sejam diferentes um do outro.

CAPÍTULO 5 • CLIENTES, SEGMENTAÇÃO E SELEÇÃO DE MERCADO-ALVO

► envolve uma decisão fundamental de saber se vale a pena segmentar o mercado.
► geralmente permite que as empresas sejam mais bem-sucedidas, devido ao fato de que elas podem adaptar produtos para atender às necessidades ou exigências de um segmento de mercado específico.

Abordagens de segmentação de mercado tradicionais:

► têm sido utilizadas com sucesso há décadas, não estão ultrapassadas e são usadas por muitas das empresas mais bem-sucedidas de hoje.
► são por vezes usadas em combinação com abordagens mais recentes da mesma empresa, dependendo da marca/produto ou mercado em questão.

Marketing de massa:

► sua estratégia é não fazer nenhuma segmentação, uma vez que visa ao mercado total (inteiro) para determinado produto.
► é uma abordagem indiferenciada que assume que todos os clientes no mercado têm necessidades e desejos semelhantes que podem ser razoavelmente satisfeitos com um único programa de marketing.
► funciona melhor quando as necessidades de um mercado como um todo são relativamente homogêneas.
► é vantajoso em termos de eficiência da produção e custos mais baixos de marketing.
► é particularmente arriscado, pois um produto padronizado é vulnerável aos concorrentes quando estes oferecem produtos especializados que atendem melhor às necessidades dos clientes.

Marketing diferenciado:

► envolve a divisão do mercado total em grupos de clientes com necessidades relativamente comuns ou homogêneas e busca desenvolver um programa de marketing que atraia um desses grupos ou mais.
► pode ser necessário quando as necessidades do cliente são semelhantes dentro de um único grupo, mas diferem entre grupos.
► envolve duas opções: a abordagem multissegmentos e a abordagem de concentração de mercado.

Marketing de nicho:

► envolve concentrar esforços de marketing em um segmento de mercado pequeno, bem definido, ou nicho, que tem um conjunto específico de necessidades.
► requer que as empresas entendam e atendam às necessidades dos clientes-alvo tão completamente que, apesar do pequeno tamanho do nicho, a participação de mercado substancial da empresa faz com que o segmento seja altamente rentável.

Abordagens de segmentação individualizadas:

► tornaram-se viáveis devido aos avanços da tecnologia, especialmente a tecnologia de comunicação e da internet.
► são possíveis porque as organizações agora têm a capacidade de monitorar os clientes com um alto grau de especificidade.
► permitem que as empresas combinem dados demográficos com o comportamento de compra passado e atual para ajustar seus programas de marketing de modo a satisfazer precisamente necessidades, desejos e preferências dos clientes.
► tornar-se-ão ainda mais importantes no futuro porque seu foco em clientes individuais as tornam fundamentais para o desenvolvimento e manutenção de relacionamentos de longo prazo.
► podem ser proibitivamente caras.
► dependem de duas considerações importantes: entrega automatizada do programa de marketing e personalização.

Marketing "um para um":

► envolve a criação de um programa de marketing ou de um produto totalmente exclusivo para cada cliente no segmento-alvo.
► é comum em mercados empresariais em que os programas e/ou sistemas exclusivos são projetados para cada cliente.
► está crescendo rapidamente nos mercados de consumo, particularmente no mercado de luxo e de produtos feitos sob medida, bem como em serviços e comércio eletrônico.

Personalização em massa:

► refere-se ao fornecimento de produtos e soluções exclusivos para clientes individuais em uma escala maciça.
► agora é rentável e prático devido aos avanços na gestão da cadeia de fornecimento, incluindo controle de estoque em tempo real.
► é usado muitas vezes em mercados empresariais, especialmente em sistemas de compras eletrônicas.

Marketing de permissão:

► é diferente de marketing "um para um", pois os clientes optam por se tornar um membro do mercado-alvo da empresa.
► é comumente executado por meio de lista de e-mail com consentimento, pois os clientes permitem que uma empresa envie e-mails periódicos sobre produtos e serviços que eles têm interesse em comprar.
► tem uma grande vantagem porque os clientes que optam por participar já estão interessados nos produtos e serviços oferecidos pela empresa.

- permite que uma empresa segmente indivíduos com precisão, eliminando assim o problema do desperdício de esforço e despesa de marketing.

Segmentação bem-sucedida:

- requer que os segmentos de mercado satisfaçam cinco critérios relacionados: segmentos devem ser identificáveis e mensuráveis, substanciais, acessíveis, ágeis, viáveis e sustentáveis.
- envolve evitar segmentos ética e legalmente sensíveis, que podem ser rentáveis, mas não viáveis no sentido do negócio.
- envolve evitar segmentos potencialmente viáveis que não correspondam à competência ou missão da empresa.

Identificar segmentos de mercado:

- envolve selecionar as variáveis mais relevantes para identificar e definir o mercado-alvo, muitas das quais vêm da seção de análise da situação do plano de marketing.
- envolve o isolamento de características individuais que distinguem um ou mais segmentos do mercado total. Esses segmentos devem ter necessidades relativamente homogêneas.
- nos mercados de consumo, envolve o exame de fatores que se enquadram em uma das quatro categorias gerais:
  - segmentação comportamental: a abordagem mais poderosa, porque usa o comportamento real ou uso do produto pelo consumidor para fazer distinções entre os segmentos de mercado.
  - segmentação demográfica: divide mercados usando fatores como sexo, idade, renda e nível educacional.
  - segmentação psicográfica: ida com questões de estado de espírito, tais como motivações, atitudes, opiniões, valores, estilos de vida, interesses e personalidade.
  - segmentação geográfica: muitas vezes mais útil quando combinada com outras variáveis de segmentação. Um dos melhores exemplos é a segmentação geodemográfica ou geoclustering.
- nos mercados empresariais, é frequentemente baseia-se no tipo de mercado (comercial, revendedor, governo ou institucional) ou de outras características, tais como tipo de organização, características organizacionais, benefícios procurados ou processos de compra, características pessoais ou psicológicas, ou intensidade de relacionamento.

Estratégias de seleção de mercado-alvo:

- são baseadas em uma avaliação da atratividade de cada segmento e se cada um oferece oportunidades que correspondem a capacidades e recursos da empresa.
- incluem segmento único, foco seletivo, mercado de massa, especialização do produto e especialização de mercado.
- devem considerar também questões relacionadas a não clientes, como, por exemplo, razões pelas quais eles não compram e encontrar maneiras para remover os obstáculos de compra.

Questões para Discussão

1. Muitas pessoas veem o marketing como uma forma de manipulação com base no argumento de que suas atividades de marketing criam necessidades que não existiam anteriormente. Fabricantes de SUVs, produtos de tabaco, programas de dieta, equipamentos para exercícios físicos e produtos de luxo são geralmente os mais criticados. Considerando o que você já sabe sobre as diferenças entre necessidades e desejos, você concorda com essas críticas? Justifique.

2. Muitos consumidores e defensores deles são críticos das abordagens de segmentação individualizada devido a preocupações com a privacidade pessoal. Eles argumentam que a tecnologia facilitou muito a monitoração do comportamento e das

informações pessoais do comprador. As empresas argumentam que a segmentação individualizada pode levar a abusos de invasão de privacidade, mas que os benefícios para consumidores e empresas superam os riscos. Como você se posiciona nessa discussão? Quais são os benefícios e os riscos associados com a segmentação individualizada?

3. Como vimos até agora, o tamanho da população consumidora com idade superior a 50 anos continua a crescer. Quais são algumas das questões éticas atuais envolvidas na segmentação nessa faixa etária? À medida que esse grupo envelhece, essas questões se tornarão mais ou menos importantes? Justifique.

Exercícios

1. Considere a última compra que você fez nestas categorias: eletrônicos pessoais, roupas e destino de férias. Até que ponto sua decisão de compra foi motivada pela complexidade da tomada de decisão, influência individual, social e situacional? Que questões específicas foram as mais relevantes na tomada de decisão? Como uma empresa poderia ter mudado sua decisão em cada caso?

2. Um dos avanços mais impressionantes em segmentação de mercado é o uso crescente de sistemas de informação geográfica (GIS) para mapear os mercados-alvo. Acesse <www.gis.com> para ter uma ideia do uso de GIS nos negócios e outros campos. Então, acesse <http://mapapps.esri.com/create-map/index.html> e digite seu CEP para fazer um mapa demográfico sobre o local onde você vive. Quais são as vantagens da utilização de GIS na segmentação de mercado?

3. Como discutido no capítulo, a VALS é uma das mais populares ferramentas proprietárias utilizadas na segmentação de marketing. Acesse o site da VALS <www.strategicbusinessinsights.com/vals/presurvey.shtml> e participe de sua pesquisa. Você concorda com os resultados? Justifique.

Notas Finais

1. Esses dados são de Stephen Baker, "Data Mining Moves to Human Resources", *BusinessWeek On-line*, 12 de março de 2009 <http://www.businessweek.com/magazine/content/09_12/b4124046224092.htm>; Charles Duhigg, "How Companies Learn Your Secrets", *New York Times*, 16 de fevereiro de 2012 <http://www.nytimes.com/2012/02/19/magazine/shopping-habits.html?_r=2&pagewanted=1&hp>; Tim Ferguson, "How Europeans are Using Data Mining", *BusinessWeek On-line*, 17 de maio de 2009 <http://www.businessweek.com/global biz/content/may2009/gb20090517_529807.htm>; Kashmir Hill, "How Target Figured Out a Teen Girl Was Pregnant Before Her Father Did", *Forbes*, 16 de fevereiro de 2012 <http://www.forbes.com/sites/kashmirhill/2012/02/16/how-target-figured-out-a-teen-girl-was-pregnant-beforeher-father-did>; "Math Will Rock Your World", *BusinessWeek*, 23 de janeiro de 2006; e Chris Taylor, "Imagining the Google Future", *Business 2.0*, 1º de fevereiro de 2006 <http://money.cnn.com/magazines/business2/business2_archive/2006/01/01/8368125/index.htm>.

2. Esses dados são de Robert Berner, "The Ethnography of Marketing", *BusinessWeek On-line*, 12 de junho de 2006 <http://businessweek.com/innovate/content/jun2006/id20060612_919537.htm>; Jordan Crook, "This is Everything You Need to Know About Pinterest", *TechCrunch*, 14 de março de 2012 <http://techcrunch.com/2012/03/14/this-is-everything-you-need-to-know-about-pinterest-infographic>; e Grant McCracken, "Pinterest as Free Market Research", *Harvard Business Review* Blog, 17 de fevereiro de 2012 <http://blogs.hbr.org/cs/2012/02/pinterest_is_free_market_resea.html>.

3. Peter Burrows, "How Microsoft is Fighting Back", *BusinessWeek On-line*, 9 de abril de 2009 <http://www.businessweek.com/magazine/content/09_16/b4127063278613.htm>; e Cornelius Rahn e Diana ben-Aaron, "Microsoft Plans More Ads for Windows Phone to 'Smoke' Rivals", *BusinessWeek On-line*, 29 de fevereiro de 2012 <http://www.businessweek.com/news/2012-02-29/microsoft-plans-more-adsfor-windows-phone-to-smoke-rivals.html>.

4. Alan Ohnsman e Sookyung Seo, "Korea's Kia is Drawing Drivers", *BusinessWeek On-line*, 24 de novembro de 2010 <http://www.businessweek.com/magazine/content/10_49/b4206023212567.htm>.

5. Stephanie Clifford, "Would You Like a Smile with That?" *New York Times*, 6 de agosto de 2011 <http://www.nytimes.com/2011/08/07/business/pret-a-manger-with-new-fast-food-ideas-gains-a-foothold-in-united-states.html?pagewanted=all>.

6. Esses dados são de Matthew Boyle, "Joe Galli's Army", *Fortune*, 30 de dezembro de 2002, 135; e do site da Sterilite Corporate <http://www.sterilite.com/about_sterilite.html>. Acesso em: 9 de março de 2012.

7. Esses dados são de "2010 Census Shows America's Diversity", U.S. Census Bureau Press Release, 24 de março de 2011 <http://2010.census.gov/news/releases/operations/cb11-cn125.html>; Sam Fahmy, "Despite Recession, Hispanic and Asian Buying Power Expected to Surge in U.S.", Selig Center for Economic Growth, Terry College of Business, University of Georgia, 4 de novembro de 2010 <http://www.terry.uga.edu/news/releases/2010/minority-buyingpower-report.html>; Burt Helm, "Ethnic Marketing: McDonald's is Lovin' It", *BusinessWeek On-line*, 8 de julho de 2010 <http://www.businessweek.com/magazine/content/10_29/b4187022876832.htm>; e Esther Novak, "We the People: A Memo on Multiculturalism", *BusinessWeek On-line*, 9 de dezembro de 2008 <http://www.businessweek.com/bwdaily/dnflash/content/dec2008/db2008128_536371.htm>.

8. Site da Curves <http://www.curvesinformation.com>. Acessado em: 9 de março de 2012; site da The Little Gym <http://www.thelittlegym.com/Pages/our-story.aspx>. Acessado em: 9 de março de 2012; e Allison Van Dusen, "Is a Custom Gym Membership for You?" *Forbes On-line*, 9 de setembro de 2008 <http://www.forbes.com/2008/09/29/custom-gym-popularity-forbeslife-cx_avd_0929health.html>.

9. Esses dados são de Salynn Boyles, "Kids' Cereals: Some Are 50% Sugar", *WebMD*, 1º de outubro de 2008 <http://www.webmd.com/food-recipes/news/20081001/kids-cereals-some-are-50-percent-sugar>; "Froot Loops Not Made of Real Fruit:

The Cereal Lawsuits", *Law Vibe Blog*, 1º de maio de 2010 <http://lawvibe.com/froot-loops-not-made-of-realfruit-the-cereal-lawsuits>; e Jennifer Mariani e Matt Schottmiller, "2009 Marketing and the Cereal Industry Case", The University of New Mexico.

10. Essa discussão é baseada em informações obtidas no site VALS <http://www.strategicbusinessinsights.com/vals>.

11. Esses dados são do site PRIZM <http://www.claritas.com/MyBestSegments/Default.jsp>.

12. Esse material foi adaptado a partir de Charles W. Lamb, Jr., Joseph F. Hair, Jr. e Carl McDaniel, *Marketing*, 7ª ed. (Mason, OH: South-Western, 2004), 228–231; e Philip Kotler, *A Framework for Marketing Management*, 2ª ed. (Upper Saddle River, NJ: Prentice-Hall, 2003), 181–185.

13. Esses dados são de 3M Littmann Stethoscopes <http://solutions.3m.com/wps/portal/3M/en_US/3M-Littmann/stethoscope>. Acessado em: 27 de julho de 2012.

14. Esses dados são de Follett <http://www.follett.com>. Acessado em: 9 de março de 2012.

15. Esses dados são de Allison Van Dusen, "The Price of a Perfect Smile", *Forbes.com*, 17 de janeiro de 2008 <http://www.forbes.com/2008/01/16/health-smile-perfect-forbeslife-cx_avd_0117health.html>.

6

O Programa de Marketing

Introdução

Com um mercado-alvo bem definido nas mãos, a organização volta sua atenção para o desenvolvimento de um programa de marketing que irá satisfazer necessidades e desejos de seu mercado-alvo melhor do que a concorrência. Quando dizemos programa de marketing, estamos nos referindo à combinação estratégica dos quatro elementos básicos do mix de marketing: produto, preço, distribuição e promoção. Embora cada elemento seja de vital importância para o sucesso da estratégia de marketing, o produto geralmente recebe maior atenção porque é o mais responsável por satisfazer as necessidades e os desejos dos clientes. No entanto, uma vez que as necessidades e os desejos dos clientes são multifacetados, preferimos pensar no resultado do programa de marketing como uma "oferta" completa, que consiste de uma matriz de atributos físicos (tangíveis), de serviços (intangíveis) e simbólicos (percepção), concebida para satisfazer necessidades e desejos dos clientes. Em outras palavras, é provável que a melhor estratégia de marketing seja aquela que combina elementos de produto, preço, distribuição e promoção de forma que maximize os atributos tangíveis, intangíveis e perceptuais da oferta completa.

Uma boa estratégia de marketing considera todos os quatro elementos do programa de marketing e a oferta como um todo em vez de enfatizar um único elemento. Temos observado ao longo desse texto como a maioria das empresas hoje compete em mercados cada vez mais maduros e caracterizados pela comoditização. Nesses casos, o produto central (o elemento que satisfaz a necessidade básica do cliente) geralmente torna-se incapaz de diferenciar a oferta daqueles da concorrência. Consequentemente, a maioria das organizações trabalha para melhorar os serviços e elementos simbólicos de suas ofertas alterando preço, distribuição ou promoção, a fim de se destacar da multidão. Conforme descrito no boxe *Além das Páginas 6.1*, isso faz a estratégia de marketing ser ainda mais desafiadora para a empresa. Requer também que o programa de marketing seja considerado de forma holística, e não sequencialmente. Isso significa que os produtos devem ser projetados com um olhar voltado para a maneira como eles serão precificados, distribuídos e promovidos. Não é bom para uma empresa desenvolver um produto de destaque que não tenha preço competitivo, seja difícil de transportar ou armazenar e de transmitir em mensagens promocionais. Todos os quatro elementos do programa de marketing devem ser desenvolvidos simultaneamente.

ALÉM DAS PÁGINAS 6.1

Pode um Bom Marketing Salvar a Barnes & Noble?[1]

Como muitas empresas na economia da internet, a Barnes & Noble está em uma encruzilhada. A maior rede de livrarias dos EUA fez história no varejo quando abriu a primeira livraria exterminadora de categoria (ou *category-killer*) no final de 1980. Naquela época, a loja tinha cinco vezes o tamanho de uma livraria típica. Os clientes correram para as lojas espaçosas e confortáveis, que ofereciam um estoque completo de livros, músicas e DVDs. A maioria das lojas também incluía uma cafeteria, onde os clientes podiam tomar um café, fazer um lanche e desfrutar de um bom livro. A Barnes & Noble tinha convertido com êxito a pequena livraria de centro comercial em um destino certo para clientes amantes de livros.

Mas isso foi nas décadas de 1980 e 1990. À medida que a economia da internet decolou no final de 1990 e nos anos 2000, a Barnes & Noble foi forçada a se voltar para a venda on-line. No lançamento do Barnesandnoble.com, em 1997, a empresa disponibilizava um espantoso número de 1 milhão de títulos para entrega imediata, além de acesso a uma rede nacional de revendedores com mais de 30 milhões de livros raros e de segunda mão que deixaram de ser editados. Esse movimento veio mais ou menos ao mesmo tempo que o lançamento de uma inusitada livraria on-line chamada Amazon.com. Essa oferecia uma seleção limitada e era uma empresa puramente baseada na internet, de modo que poucas pessoas davam à empresa alguma chance de sucesso. Além disso, a Amazon estava perdendo dinheiro. Na época, a Barnes & Noble não estava preocupada com a Amazon porque seu conceito de superlivraria era um enorme sucesso. E todo mundo sabia que os amantes de livros prefeririam passear pela loja, sentar em cadeiras confortáveis e desfrutar de um café, não é mesmo?

Avançando para os dias de hoje, é de conhecimento de todos que a Amazon tem sido notavelmente bem-sucedida. Tanto é que outras livrarias, ou seja, Borders e Waldenbooks, fecharam desde então. Sabemos também que tanto a Amazon como a Barnes & Noble vendem mais livros digitais do que livros físicos. Leitores de livros eletrônicos como o Kindle, da Amazon, e o Nook, da Barnes & Noble (somados a uma variedade de tablets como o iPad), são muito populares entre uma variedade de clientes-alvo, jovens e mais velhos. Além disso, outros concorrentes entraram no mercado. A Apple, por exemplo, oferece livros digitais do seu aplicativo iBooks do iPad e iPhone. O Google agora oferece acesso a milhões de livros de domínio público. As rápidas mudanças no mercado de varejo de livros forçaram a Barnes & Noble a se adaptar, e essas mudanças agora ameaçam o futuro do dominante varejista de livros de outrora.

O que a Barnes & Noble pode fazer para permanecer relevante e viável nesse mercado? Para responder a essa pergunta, precisamos analisar o programa de marketing atual da empresa:

- **Produtos**. A Barnes & Noble compete em um mercado de produtos altamente comoditizados. Livros, impressos ou digitais, são os mesmos, não importa onde são comprados. A empresa tem uma vantagem no mercado de livros-texto, mas as diferenças entre sua seleção e a da Amazon estão desaparecendo rapidamente. A Amazon, por outro lado, oferece uma ampla seleção de produtos que vão desde eletrônicos a produtos de beleza. A Barnes & Noble oferece uma variedade muito mais limitada de livros, músicas, filmes e alguns brinquedos. Os leitores de livros digitais de ambas as empresas são similares em termos de características e benefícios.

- **Preço**. Dada a natureza comoditizada do mercado, o preço seria um ponto lógico para competir com a Amazon e outros concorrentes. No entanto, há pouca diferenciação de preços no mercado de livros. Isso é especialmente verdadeiro em relação aos livros digitais, pois os preços são parecidos nos vários concorrentes.

- **Distribuição**. A Barnes & Noble tem investido uma grande quantidade de recursos em seu sistema de distribuição. No entanto, a Amazon também não se descuida na gestão da cadeia de for-

▶▶

necimento. Uma área em que a Barnes & Noble tem uma vantagem distinta é nos campi universitários. Nos Estados Unidos a empresa opera em mais de 640 livrarias de faculdade que atendem 4 milhões de estudantes e 250.000 professores em todos os 50 estados. O espaço físico da empresa também inclui cerca de 700 lojas tradicionais Barnes & Noble que atraem milhões de clientes por ano. Essas lojas ainda são destinos para os verdadeiros amantes de livros, algo que a Amazon não pode copiar.

- **Promoção**. É muito difícil construir uma vantagem competitiva baseada apenas em promoção e nem a Barnes & Noble nem Amazon destacam-se por si sós. Ambas têm marcas e posicionamento fortes. Ambas também oferecem programas de fidelidade. No entanto, o programa da Amazon, Amazon Prime, bate o da Barnes & Noble por uma larga margem. Por US$ 79 por ano, os membros Prime dispõem de entrega em dois dias com frete grátis em milhões de produtos, streaming instantâneo gratuito de milhares de filmes e programas de televisão e a possibilidade de pegar emprestado um livro digital Kindle por mês. Por outro lado, os membros da Barnes & Noble têm frete grátis e pequenos descontos em livros e leitores Nook.

É claro que a criação de uma forte vantagem competitiva é difícil para qualquer varejista de livros. A Barnes & Noble tem uma vantagem na distribuição em campi universitários e uma lista de clientes fiéis. A Amazon, no entanto, tem uma vantagem em termos de ecossistema digital total e uma legião de fiéis clientes conscientes de preços. Em alguns aspectos, as duas empresas competem utilizando diferentes paradigmas.

Apesar dos desafios, outra coisa que a Barnes & Noble tem a seu favor é a profunda desconfiança em relação à Amazon de empresas como Microsoft, Apple e Google, que a veem como uma grande ameaça. Esse fato levou a Microsoft a investir US$ 300 milhões na Barnes & Noble, em troca de cerca de 18% dos negócios digitais e de faculdades da empresa. Em troca, a Barnes & Noble irá desmembrar seus negócios digitais e de faculdades em uma nova subsidiária, que será de copropriedade da Barnes & Noble e da Microsoft. A infusão de capital novo é crítica para a Barnes & Noble expandir o crescimento de seus negócios de livros digitais. Para a Microsoft, o acesso a uma grande biblioteca digital é fundamental para o seu lançamento do Windows 8 e do tablet Surface. No futuro, será interessante assistir como uma parceria Barnes & Noble/Microsoft usará suas forças de marketing combinadas para competir com a Amazon.

Nesse capítulo, examinaremos os quatro elementos do programa de marketing em mais detalhes. Questões como design de produto, acessibilidade de preços, conveniência de distribuição e reconhecimento do produto são as principais considerações no desenvolvimento de um programa de marketing eficaz. Problemas em qualquer área podem criar obstáculos que os clientes talvez não estejam dispostos a ignorar ao procurar a melhor oferta que vai satisfazer suas necessidades.

Estratégia de Produto

De todas as decisões estratégicas a serem feitas no plano de marketing, criação, desenvolvimento, construção de marca e posicionamento do produto são, talvez, os mais críticos. No coração de cada organização se encontra um ou mais produtos que definem o que a organização faz e por que ela existe. Como dissemos no Capítulo 1, o termo "produto" refere-se a algo que os compradores podem adquirir por meio de uma troca para satisfazer uma necessidade ou um desejo. Essa é uma definição muito ampla que nos permite classificar muitas coisas diferentes como produtos: alimentação, entretenimento, informação, pessoas, lugares, ideias etc. As ofertas de produtos de uma organização são geralmente compostas de muitos elementos diferentes, geralmente uma combinação de bens tangíveis, serviços, ideias, imagem ou mesmo pessoas. Ao considerarmos decisões de produto, é importante lembrar que as ofertas de produtos em si têm pouco valor para os clientes. Em vez disso, o valor real da oferta vem de sua capacidade de oferecer benefícios que melhoram a situação ou resolvem problemas de um cliente. Por exemplo, os clientes não compram controle de pragas; eles compram um ambiente livre de insetos. Os clientes Lexus não compram um carro; eles compram luxo, status, conforto e apelo social. Os alunos que frequentam uma casa noturna local não têm sede; eles querem satisfazer sua necessidade de interação social. Da mesma forma, as empresas não precisam de computadores; elas precisam armazenar, recuperar, distribuir, disponibilizar em rede e analisar dados e informações. As empresas que mantêm sua perspectiva no desenvolvimento de ofertas de produtos que realmente atendam às necessidades do mercado-alvo tendem a ser mais bem-sucedidas.

Questões Estratégicas no Portfólio de Produtos

Os produtos se dividem em duas categorias gerais. Produtos utilizados para uso pessoal são chamados produtos de consumo, enquanto aqueles comprados para revenda, fabricação de outros produtos ou para uso em operações de uma empresa são chamados produtos empresariais. A Figura 6.1 ilustra exemplos de cada tipo de categoria de produto. Embora a distinção possa parecer simplista, é importante em um sentido estratégico, porque o tipo de produto em questão pode influenciar seu preço, sua distribuição ou sua promoção. Por exemplo, a estratégia de marketing para produtos de consumo de conveniência deve maximizar a disponibilidade e a facilidade de compra, ambas importantes considerações de distribuição. A estratégia associada a produtos de compra comparada, muitas vezes, concentra-se mais na diferenciação por meio de imagem e atributos simbólicos, importantes questões de marca e promoção. Estratégias de marketing para matérias-primas são especialmente desafiadoras porque esses produtos são commodities por definição. Nesse caso, a conformidade com as exigências de especificações dos produtos e baixos custos de aquisição são as chaves para a estratégia eficaz. Muitos produtos empresariais também são caracterizados pela demanda derivada; em que a demanda para o produto é derivada, ou dependente da demanda por outros produtos empresariais ou de consumo. Por exemplo, a demanda por produtos empresariais, tais como vidro, aço, borracha, cromo, couro e carpete, é dependente da demanda por automóveis.

É muito raro uma empresa vender apenas um produto. A maioria vende uma variedade de produtos para atender a uma variedade de necessidades. Em termos gerais, os produtos vendidos pela empresa podem ser descritos em relação a linhas ou carteiras de produtos. Uma *linha de produtos* é constituída por um grupo de itens estreitamente relacionados. Como mostrado na Figura 6.2, a Procter & Gamble vende uma série de marcas famosas em sua linha de produtos de cuidados domésticos, incluindo Tide, Bounty, Pringles e Duracell. A maioria das empresas vende uma variedade de linhas de produtos. As linhas de produtos diferentes da General Motors levam nomes de marcas bem conhecidas, como Corvette, Chevrolet, Cadillac e Buick. Da mesma forma, a FedEx oferece uma série de serviços de logística e cadeia de fornecimento em sua família de marcas, como a FedEx Express, FedEx Ground e a FedEx Freight. A *carteira* ou *portfólio de produtos* de uma empresa é o grupo total de produtos oferecidos por ela. Por exemplo, o portfólio de produtos da Procter & Gamble consiste em produtos de beleza, produtos de saúde e bem-estar, produtos para bebês e família e produtos de nutrição e cuidados com animais domésticos, além dos produtos de sua linha de cuidados domésticos.

Decisões relativas a linhas e portfólio de produtos são importantes considerações estratégicas para a maioria das empresas. Uma decisão importante é o número de linhas de produtos ofertados, referido como a amplitude ou variedade do portfólio de produto. Ao disponibilizar uma ampla variedade de linhas de pro-

FIGURA 6.1 Tipos de Produtos de Consumo e Empresariais

	Tipos de Produto	Exemplos
Produtos de Consumo	**Produtos de Conveniência** Baratos, produtos comprados rotineiramente com os quais os consumidores despendem pouco tempo e esforço na aquisição.	Refrigerantes Doces e goma de mascar Gasolina Limpeza a seco
	Produtos de Compra Comparada Produtos com os quais os consumidores despendem tempo e esforço para adquirir. Os consumidores obtêm opções diferentes para comparar preços, características e serviços.	Eletrodomésticos Mobília Vestuário Férias
	Produtos de Especialidade Produtos únicos e exclusivos com os quais os consumidores despendem considerável tempo, esforço e dinheiro para adquirir.	Souvenirs esportivos Antiguidades Cirurgia plástica Itens de luxo
	Produtos Não Procurados Produtos que os consumidores desconhecem ou não consideram a compra até surgir a necessidade.	Inovações reais Serviços de consertos Medicina de emergência Seguro
Produtos Empresariais	**Matérias-primas** Materiais naturais básicos que se tornam parte de um produto acabado. São comprados em quantidades muito grandes com base em especificações ou gradações.	Minério de ferro Produtos químicos Produtos agrícolas Polpa de madeira
	Partes Componentes Itens que se tornam parte de um produto acabado maior. São comprados com base em especificações ou padrões da indústria.	Velas de ignição Chips de computador Painel de vidro Discos rígidos
	Materiais de Processo Produtos acabados que se tornam sem identificação após a sua inclusão no produto final.	Aditivos alimentícios Selantes de madeira Corantes de tintas
	Produtos de Manutenção, Conserto e Operação Produtos que são utilizados em processos industriais ou de operações, mas não se tornam parte do produto final.	Material de escritório Serviços de limpeza Segurança do edifício Materiais sanitários
	Equipamento Acessório Produtos que ajudam a facilitar a produção ou operações, mas não se tornam parte do produto final.	Ferramentas Equipamento de escritório Computadores Mobília
	Instalações Compras de grande porte, geralmente de natureza física, baseadas em soluções personalizadas, incluindo instalação/construção, treinamento, financiamento, manutenção e consertos.	Software empresarial Prédios Sistemas de aquecimento e ar condicionado
	Serviços Prestados às Empresas Produtos intangíveis que dão suporte às operações das empresas. Essas compras, muitas vezes, ocorrem como parte de decisões de terceirização.	Serviços legais Serviços de contabilidade Consultorias Serviços de pesquisa

Fonte: Esse material foi adaptado de William M. Pride e O. C. Ferrell, *Marketing* (Mason, OH: Cengage Learning, 2010), p. 285–289.

FIGURA 6.2 — Portfólio de Produtos de Cuidados Domésticos da Procter & Gamble

	Amplitude do Portfólio de Produtos					
	Detergentes de louça	Produtos de limpeza doméstica	Pilhas	Lavanderia e cuidados com tecidos	Produtos de papel	Aperitivos
Profundidade do Composto de Produtos (Sortimento)	Ariel Dawn Cascade	Mr. Clean Bounty Swiffer	Duracell	Tide Cheer Bounce Gain Downy Dreft Era Febreze Bold Ace	Charmin Bounty Puffs	Pringles

Fonte: Extraída do site da Procter & Gamble <http://www.pg.com/en_US/brands/household_care/index.shtml>. Acesso em: 17 de maio de 2012.

dutos, a empresa pode diversificar seu risco ao longo de um portfólio de ofertas de produtos. Além disso, um amplo composto de produtos pode ser usado para capitalizar na força e na reputação da empresa. A Sony, por exemplo, goza dessa vantagem uma vez que usa seu nome para demarcar uma posição forte em eletrônica, música e filmes. A segunda decisão importante envolve a profundidade de cada linha de produto. Às vezes chamada de sortimento, a profundidade da linha de produtos é uma importante ferramenta de marketing. As empresas podem atrair uma ampla gama de clientes e segmentos de mercado, oferecendo um profundo sortimento de produtos em uma linha específica. Cada marca ou um produto do sortimento pode ser usado para atender às diferentes necessidades dos clientes. Por exemplo, Hilton, Inc. oferece dez marcas diferentes, incluindo hotéis Hilton, Hilton Garden Inn, Hampton Inn, Conrad e Embassy Suites, que atendem a diferentes segmentos do mercado de hospitalidade.

Embora a oferta de um amplo portfólio de produtos possa dificultar e encarecer a coordenação das atividades de marketing, também cria uma série de benefícios importantes:

- **Economias de escala**. Oferecer muitas linhas de produtos diferentes pode criar economias de escala na produção, compra de maiores lotes e promoção. Muitas empresas anunciam usando um tema guarda-chuva para todos os produtos da linha. Os slogans "Just do it", da Nike, e "Bom até a última gota", da Maxwell House, são exemplos disso. O tema único que abrange toda a linha de produtos poupa despesas promocionais consideravelmente.

- **Uniformidade da embalagem**. Quando todas as embalagens em uma linha de produtos têm a mesma aparência, os clientes podem localizar os produtos da empresa mais rapidamente. Também se torna mais fácil para a empresa coordenar e integrar a promoção e distribuição. Por exemplo, todas as pilhas Duracell têm a mesma aparência de cobre com embalagem preta e cobre.

- **Padronização**. Linhas de produtos geralmente usam os mesmos componentes. Por exemplo, Camry e Highlander de Toyota usam muitos dos mesmos componentes do chassi e do motor. Isso reduz muito os custos de fabricação e manuseio de estoque da Toyota.
- **Eficiência de vendas e distribuição**. Quando uma empresa oferece muitas linhas de produtos diferentes, o pessoal de vendas pode oferecer uma gama completa de escolhas e opções aos clientes. Pela mesma razão, os intermediários de canal aceitam melhor uma linha de produtos do que produtos individuais.
- **Crenças de qualidade equivalente**. Geralmente, os clientes esperam e acreditam que todos os produtos em uma linha de produtos sejam praticamente iguais em termos de qualidade e desempenho. Essa é uma grande vantagem para uma empresa que oferece uma linha de produtos bem conhecida e respeitada. Por exemplo, o portfólio de produtos de higiene bucal da Crest goza da mesma reputação de alta qualidade.

Portfólios de produtos de uma empresa devem ser cuidadosamente geridos para refletir as mudanças nas preferências dos clientes e a introdução de produtos concorrentes. Ofertas de produtos podem ser modificadas para alterar uma ou mais características que melhoram qualidade e estilo ou reduzem o preço do produto. As empresas podem introduzir extensões de linhas de produtos que lhes permitem competir de forma mais ampla em uma indústria. A tendência recente de refrigerantes com sabor, como Vanilla Coke, Diet Pepsi Vanilla, Sprite Zero e Dr. Pepper Cherry Vanilla, são bons exemplos. Às vezes, uma empresa pode decidir que um produto ou toda a linha de produtos tornou-se obsoleta ou simplesmente não é competitiva em relação a outros produtos. Quando isso acontece, a empresa pode decidir reduzir a linha de produtos, como a GM fez quando tirou de linha suas divisões Pontiac, Saturn e Hummer.

Os Desafios de Produtos que São Serviços

É importante lembrar que os produtos podem ser serviços e ideias intangíveis, como também podem ser bens tangíveis. Empresas de serviços, tais como companhias aéreas, hospitais, cinemas e cabeleireiros, bem como organizações sem fins lucrativos, instituições de caridade e agências governamentais, desenvolvem e implementam estratégias de marketing projetadas para combinar seu portfólio de produtos intangíveis com as necessidades dos mercados-alvo. Os produtos situam-se em um contínuo que varia de bens com predominância tangível (sal, sabão) a serviços com predominância intangível (educação, consultoria). Empresas que se encontram mais próximas da ponta intangível desse espectro enfrentam desafios únicos no desenvolvimento da estratégia de marketing. Esses desafios são o resultado direto das características únicas de serviços, como ilustrado na Figura 6.3. Obviamente, a principal diferença entre um bem e um serviço é que um serviço é intangível. Alguns serviços, como consultoria de negócios e educação, são quase completamente intangíveis, enquanto outros têm elementos mais tangíveis. Os serviços prestados pela UPS e FedEx, por exemplo, incluem aviões, caminhões, caixas e faturas tangíveis. Outra característica desafiadora de serviços é que eles não podem ser armazenados para uso futuro. Essa falta de estoque significa que as empresas de serviços enfrentam grandes problemas no equilíbrio entre a oferta de serviços (capacidade) e a demanda pelo serviço. Da mesma forma, a demanda por serviços é extremamente dependente da hora e do lugar porque os clientes geralmente devem estar presentes para o serviço ser entregue. Considere os problemas enfrentados por restaurantes famosos toda sexta-feira e sábado à noite. O aumento na demanda força os gestores de restaurantes a pré-programar a quantidade certa de ingredientes alimentares e funcionários para acomodar o aumento de clientes. E, dado que a capacidade do restaurante é fixa, o gerente e os funcionários devem atender os clientes

FIGURA 6.3 — Características Únicas de Serviços e Desafios de Marketing Resultantes

Características de serviços	Desafios de marketing
Intangibilidade	É difícil para os clientes avaliar a qualidade, especialmente antes da compra e do consumo. É difícil transmitir características de serviços e benefícios em promoções. Como resultado, a empresa é obrigada a vender uma promessa. Muitos serviços têm poucas unidades de mensuração padronizadas. Portanto, os preços dos serviços são difíceis de definir e justificar. Clientes não podem deter a posse de um serviço.
Produção e consumo simultâneos	Clientes ou suas posses devem estar presentes durante a prestação de serviços. Outros clientes podem afetar os resultados de serviços, incluindo a qualidade do serviço e satisfação do cliente. Funcionários de serviços são críticos porque devem interagir com os clientes para prestar um serviço. Converter serviços de alto contato em serviços de baixo contato reduzirá os custos, mas pode reduzir a qualidade do serviço. Serviços são frequentemente difíceis de distribuir.
Perecibilidade	Serviços não podem ser estocados para uso posterior. Portanto, a capacidade de serviço não utilizada é perdida para sempre. A demanda de serviços é muito sensível em relação à hora e lugar. Como resultado, é difícil equilibrar a oferta e a demanda, especialmente durante os períodos de pico de demanda. Instalações e equipamentos de serviços ficam ociosos fora dos períodos de pico.
Heterogeneidade	A qualidade do serviço varia entre as pessoas, tempo e lugar, tornando muito difícil entregar um bom serviço de forma consistente. Existem poucas oportunidades para padronizar a prestação de serviços. Muitos serviços são personalizáveis por natureza. No entanto, a personalização pode aumentar drasticamente os custos da prestação do serviço.
Relações baseadas no cliente	A maioria dos serviços vive ou morre por manter uma clientela satisfeita no longo prazo. A geração de repetição de negócios é crucial para o sucesso da empresa de serviços.

© 2013 Cengage Learning

com eficiência e eficácia em uma atmosfera lotada e barulhenta. Esse equilíbrio precário é bastante comum na maioria das indústrias do setor de serviços da nossa economia.

Devido à intangibilidade, é muito difícil para os clientes avaliar um serviço antes que eles realmente o comprem e consumam. Avaliações e recomendações de serviços por terceiros não são tão abundantes como no caso de bens tangíveis. Obviamente, os clientes podem pedir a amigos e familiares recomendações, mas, em muitos casos, é difícil obter uma boa avaliação da qualidade. Isso força os clientes a colocar algum grau de confiança no prestador de serviços para executá-lo corretamente e no prazo prometido ou esperado. Esse problema é a razão para o lançamento da lista de Angie, um serviço de referência e recomendação baseado em assinaturas que fornece classificações de membros dos prestadores de serviços locais. Uma forma que as empresas podem usar para abordar essa questão é fornecer garantias de satisfação aos clientes. Por exemplo, Hampton Inn, uma cadeia nacional de hotéis de preço médio, oferece aos hóspedes uma noite gratuita se eles não estiverem 100% satisfeitos com a sua estada.[2] Midas, H&R Block e FedEx oferecem garantias semelhantes.

Além disso, como a maioria dos serviços são dependentes de pessoas (funcionários, clientes) para sua entrega, eles tendem a ter variações na qualidade e inconsistências. Tais variações podem ocorrer de uma organização para outra, de uma localização para outra na mesma organização, de um serviço para outro dentro da mesma localização e até mesmo de um funcionário para outro dentro da mesma localização. A qualidade do serviço pode ainda variar de uma semana para outra, de um dia para outro ou até mesmo de uma hora para outra. Como a qualidade dos serviços é um fenômeno subjetivo, ele também pode variar de cliente para cliente e para o mesmo cliente de uma visita para outra. Como resultado, a padronização e a qualidade de serviço são muito difíceis de controlar. Contudo, a falta de padronização propicia às empresas de serviços uma vantagem: os serviços podem ser personalizados para atender às necessidades específicas de qualquer cliente. Tais serviços personalizados são frequentemente muito caros, tanto para a empresa como para seus clientes. Isso cria um dilema: como uma empresa de serviços pode fornecer um serviço eficiente e padronizado num nível aceitável de qualidade ao mesmo tempo que trata cada cliente como uma pessoa exclusiva? Esse dilema é especialmente comum na indústria de cuidados de saúde, onde se controla cuidadosamente os cuidados tanto no que se refere a seu acesso como a seu custo.

Outro grande desafio para as empresas de serviços é ligar os serviços diretamente às necessidades dos clientes. Embora os clientes geralmente tenham alguns problemas para expressar necessidades de bens tangíveis, muitas vezes têm dificuldade em expressar ou explicar as necessidades dos serviços. Em alguns casos, a necessidade é vaga. Por exemplo, você pode decidir que precisa de umas férias relaxantes, mas como sabe quais os serviços que melhor atendem às suas necessidades? O que é melhor para o relaxamento: uma viagem para a praia, um cruzeiro ou uma estada em uma pousada? A resposta depende de como você pessoalmente define "relaxante". Uma vez que diferentes clientes têm diferentes definições, o provedor de férias tem um trabalho mais difícil em ligar suas ofertas de serviços às necessidades dos clientes. Em outros casos, os clientes podem não entender a necessidade de um serviço específico. Por exemplo, consultores de negócios, agentes de seguros, planejadores financeiros e consultores de casamento muitas vezes têm de educar os clientes sobre o porquê de os seus serviços serem necessários. Esse é um primeiro obstáculo necessário a ser superado antes que esses prestadores de serviços possam oferecer seus produtos como a solução que melhor atenda à necessidade.

Desenvolvimento de Novos Produtos

Uma das questões-chave na estratégia de produto lida com a introdução de novos produtos. O desenvolvimento e a comercialização de novos produtos é uma parte fundamental dos esforços da empresa para sustentar o crescimento e os lucros ao longo do tempo. O sucesso de novos produtos depende do ajuste do produto com os pontos fortes da empresa e uma oportunidade de mercado definida. Características do mercado e da situação concorrencial também afetarão o potencial de vendas de novos produtos. Por exemplo, fabricantes como Garmin, TomTom e Magellan estão constantemente desenvolvendo novos dispositivos GPS. No entanto, o futuro dos aparelhos de GPS autônomos não é claro, uma vez que a funcionalidade de GPS é agora uma opção na maioria dos carros novos e está totalmente integrada em muitos telefones celulares. Como esses dispositivos com GPS adicionam mais funcionalidades, os consumidores vão ser muito menos propensos a comprar unidades de GPS autônomas. É por isso que muitas unidades de GPS podem agora sincronizar com telefones ou servir de tocadores de música. Alguns fabricantes, como Garmin, estão estudando entrar no negócio de telefonia celular como uma forma de manter a competitividade.[3]

Muitas empresas baseiam suas introduções de novos produtos em temas-chave como superioridade de produto ou tecnológica. A introdução de novos produtos nas indústrias de eletrônicos, de informática e automotiva, frequentemente usa essa abordagem. Em outras empresas e indústrias, a introdução de novos produtos pode derivar apenas de pequenos ajustes de produtos atuais. Essa abordagem é comum em produtos embalados e utensílios domésticos. Na realidade, o que é considerado como um novo produto depende do ponto de vista tanto da empresa como de seus clientes. Embora alguns lançamentos de produtos sejam realmente novos, outros podem ser apenas *percebidos* como novos. Há seis opções estratégicas relacionadas com a novidade de produtos. Essas opções, em ordem decrescente de graus de mudança de produto, são as seguintes:

- **Produtos novos para o mundo (Inovações Descontínuas)**. Esses produtos envolvem um esforço pioneiro de uma empresa que, definitivamente, leva à criação de um mercado totalmente novo. Produtos novos para o mundo são geralmente o resultado de um pensamento radical por parte de inventores ou empresários individuais. Por exemplo, a ideia de Fred Smith para um serviço de entrega de encomendas de um dia para o outro deu-nos a FedEx.

- **Novas linhas de produtos**. Esses produtos representam novas ofertas por parte da empresa, mas ela os introduz em mercados estabelecidos. Por exemplo, o lançamento de uma cadeia nacional de lavagens de automóveis da P&G é uma nova linha de produtos para a empresa. Novas linhas de produtos não são tão arriscadas como a verdadeira inovação e permitem que a empresa diversifique em categorias de produtos estreitamente relacionadas.

- **Extensões de linha de produtos**. Esses produtos complementam a linha de produtos existente com novos estilos, modelos, recursos ou sabores. A introdução da Budweiser Select, da Anheuser-Busch, e o lançamento do Civic Hybrid, da Honda, são bons exemplos. Extensões de linhas de produtos permitem que a empresa mantenha seus produtos atualizados e interessantes minimizando custos de desenvolvimento e risco de falha no mercado.

- **Melhorias ou revisões de produtos existentes**. Esses produtos oferecem aos clientes um melhor desempenho ou maior valor percebido. A estratégia comum "novo e melhorado" usada em produtos embalados e as mudanças anuais de design na indústria automobilística são bons exemplos. Clorox, por exemplo, oferece agora branqueamento "sem respingos" e "antialergênico", além de seu perene produto de branqueamento "comum". As fórmulas de "xampus dois em um" comuns de muitos xampus são outro exemplo.

- **Reposicionamento**. Essa estratégia envolve ter como meta novos mercados ou segmentos para produtos existentes. Pode envolver mudanças reais ou percebidas para um produto. Um exemplo é o esforço dos cruzeiros Carnival de atrair idosos para complementar seu público mais jovem. Da mesma forma, muitas escolas de design têm se reposicionado em direção a uma necessidade comercial crescente de funcionários bem versados na arte da inovação. Como tal, essas escolas de design estão agora competindo com programas de MBA de ponta em todo o país.

- **Redução de custos**. Essa estratégia envolve a modificação de produtos para oferecer desempenho semelhante aos produtos concorrentes por um preço inferior. As editoras de livros usam essa estratégia quando convertem livros de capa dura em livros de bolso ou digitais. Da mesma forma, uma empresa pode ser capaz de reduzir o preço de um produto devido à maior eficiência na fabricação ou queda no preço das matérias-primas. Por exemplo, muitos fabricantes de computadores oferecem produtos a preços mais baixos quando usam uma tecnologia padrão ou um pouco mais antiga.

As duas primeiras opções são as mais eficazes e rentáveis quando a empresa quer diferenciar significativamente sua oferta de produtos da dos concorrentes. No entanto, existem muitas vezes boas razões para usar qualquer uma das quatro opções restantes, particularmente se as restrições de recursos são uma questão a se considerar ou se a direção da empresa não quer expô-la a um aumento de risco de mercado. A chave para o sucesso de um novo produto é criar uma vantagem diferencial para ele. Que benefício exclusivo a nova oferta de produto traz para os clientes? Embora esse benefício possa ser baseado em diferenças reais ou inteiramente na imagem, é a *percepção* de diferenciação por parte dos clientes que é crítica. Por exemplo, apesar de os resultados de testes da *Consumer Reports* mostrarem que aparelhos de barbear com 5 lâminas ou movidos a bateria não proporcionam um barbear mais rente do que as lâminas de barbear tradicionais de 3 lâminas, muitos consumidores acreditam que eles o fazem. Essa crença baseia-se principalmente na batalha comercial entre a Gillette (lâminas de barbear Fusion) e a Schick (lâminas de barbear Quattro e Hydro). Também existem diversos concorrentes de baixo preço para atender os consumidores que não são suscetíveis a esse tipo de novidade. Se cinco lâminas é verdadeiramente melhor do que três é irrelevante. Na batalha pela supremacia no mercado de barbear, as percepções dos clientes são tudo o que importa.

As percepções do cliente também são críticas no processo de desenvolvimento de novos produtos. Embora o novo processo de desenvolvimento de produto varie entre as empresas, a maioria das empresas irá percorrer os seguintes estágios:

- **Geração de ideia**. Ideias de novos produtos podem ser obtidas de uma série de fontes, incluindo clientes, funcionários, pesquisa básica, concorrentes e parceiros da cadeia de fornecimento.

- **Seleção e avaliação**. Ideias de novos produtos são selecionadas com base em sua adequação às capacidades da empresa e do grau em que vão ao encontro de necessidades e desejos dos clientes. Em alguns casos, são desenvolvidos protótipos para testar a viabilidade comercial de um conceito de produto. Novos conceitos de produtos também são avaliados com relação à projeção de custos, receitas e potencialidade de lucros.

- **Desenvolvimento**. Nessa fase, as especificações do produto estão definidas, o design do produto é finalizado e a produção inicial começa. Além disso, é desenvolvido o plano de marketing completo a fim de adquirir os recursos e a colaboração necessários para um lançamento em grande escala.

- **Teste de marketing**. Como um teste final antes do lançamento, o novo produto é testado no mercado em situações reais ou simuladas para determinar seu desempenho tanto em relação às necessidades dos clientes quanto aos produtos concorrentes.

- **Comercialização**. Nessa fase final, o produto é lançado com um programa de marketing completo concebido para estimular a conscientização do cliente e a aceitação do novo produto.

Muitas empresas tentam pensar de forma inovadora na concepção de novos produtos. A Kia, por exemplo, procurou Peter Schreyer, um designer de automóveis alemão, para revigorar a imagem de marca da empresa sul-coreana. Ao ser contratado longe da Volkswagen, a primeira tarefa de Schreyer foi projetar dois novos veículos, o Kia Forte e o Kia Soul, para competir com novos designs da Nissan e da Scion. Então, ele redesenhou os populares SUV Sorento da Kia e o sedan Optima de tamanho médio. Os resultados foram impressionantes: as vendas da Kia aumentaram 22% no total em 2012, com o Optima subindo 69% e o Rio

56%.[4] O sucesso da Kia destaca a importância de manter a inovação de produtos proativa, mesmo em uma economia em baixa.

Estratégia de Preços

Não há outro componente do programa de marketing que faça as empresas ficarem mais entusiasmadas do que os preços. Há pelo menos quatro razões para essa atenção. Em primeiro lugar, a equação de receitas é simples: receitas são iguais a preço vezes a quantidade de produtos vendidos. Existem apenas duas maneiras de uma empresa aumentar as receitas: aumentar os preços ou aumentar o volume de produtos vendidos. Raramente uma empresa pode fazer as duas coisas simultaneamente. Em segundo lugar, o preço é a mais fácil de mudar dentre todas as variáveis de marketing. Embora alterar o produto e sua distribuição ou promoção possa levar meses ou mesmo anos, mudanças nos preços podem ser executadas imediatamente em tempo real. Mudanças de preços em tempo real são a norma em muitas indústrias, incluindo viagens aéreas, hotéis e comércio eletrônico. Como ilustrado no boxe *Além das Páginas 6.2*, os preços para o mesmo produto podem variar em todo o mundo para responder a diferenças em moedas, impostos/tarifas e demanda do consumidor.

Em terceiro, porque as empresas se esforçam consideravelmente para descobrir e antecipar as estratégias de preços e táticas de outras empresas. Os vendedores aprendem a ler lista de preços de um concorrente de cabeça para baixo na mesa de um comprador. Varejistas enviam "clientes secretos" às lojas dos concorrentes para saber quanto eles cobram pela mesma mercadoria. Mesmo os compradores despendem tempo considerável comparando preços para encontrar o melhor negócio. Finalmente, o preço recebe uma grande quantidade de atenção porque é considerado uma das poucas maneiras de diferenciar um produto em mercados comoditizados e maduros. Quando os clientes veem que todos os produtos concorrentes oferecem os mesmos recursos e benefícios, suas decisões de compra são movidas principalmente pelo preço.

Questões-Chave na Estratégia de Preços

Dada a importância da determinação de preços na estratégia de marketing, decisões de preços estão entre as mais complexas a serem feitas no desenvolvimento de um plano de marketing. Tais decisões exigem um equilíbrio firmemente integrado entre uma série de questões importantes. Muitas dessas questões possuem algum grau de incerteza sobre as reações à estratégia de preços entre clientes, concorrentes e parceiros da cadeia de fornecimento. Essas questões são extremamente importantes no estabelecimento de preços iniciais e em mudanças na estratégia de preços ao longo do tempo. Quando revemos essas questões, tenha em mente que elas estão inter-relacionadas e devem ser consideradas no contexto de todo o programa de marketing da empresa. Por exemplo, o aumento da qualidade do produto ou a adição de novos recursos muitas vezes vem com um aumento no preço. A precificação também é influenciada pela distribuição, especialmente no que se refere à imagem e à reputação dos estabelecimentos onde o bem ou serviço é vendido. Finalmente, as empresas costumam usar o preço como uma ferramenta de promoção. Cupons, por exemplo, representam uma combinação de preço e promoção que pode estimular o aumento das vendas em muitas categorias de produtos diferentes. Nos serviços, mudanças de preços são muitas vezes usadas para preencher a capacidade não utilizada (por exemplo, assentos vazios de avião ou de teatro) fora do período de pico.

Estrutura de custos da empresa. Os custos da empresa na produção e na comercialização de um produto são um fator importante na fixação dos preços. Obviamente, uma empresa que não consegue cobrir seus custos

ALÉM DAS PÁGINAS 6.2

Preços ao Redor do Mundo[5]

Se você viajar muito ao redor do mundo, descobrirá rapidamente que os produtos não têm o mesmo preço em diferentes países. De fato, apesar do generalizado sentimento norte-americano contrário, os preços pagos nos EUA estão entre os mais baixos do mundo. No último levantamento feito pela Economist Intelligence Unit, Nova York, a cidade mais cara dos EUA, ficou em 15º na lista das cidades mais caras do mundo. As dez cidades no topo da lista, mostradas a seguir, são dominadas por cidades asiáticas e europeias, devido a suas moedas fortes, alta confiança do consumidor e taxas de juro baixas. Cidades na parte inferior da lista são na maior parte do Oriente Médio. Por exemplo, Karachi, no Paquistão, a cidade mais barata na pesquisa, apresentando um índice de 46.

Classificação	Cidade	Índice
1	Zurique, Suíça	170
2	Tóquio, Japão	166
3	Genebra, Suíça	157
4	Osaka Kobe, Japão	157
5	Olso, Noruega	156
6	Paris, França	150
7	Sydney, Austrália	147
8	Melbourne, Austrália	145
9	Cingapura	142
10	Frankfurt, Alemanha	137

Nota: Índices baseados em Nova York a 100 pontos.

Diferenças de preços através das fronteiras nacionais também são verdadeiras em relação às compras típicas. Na maioria dos casos, os produtos vendidos em todo o mundo sob a mesma marca são praticamente idênticos. Eles ainda são vendidos por meio de campanhas promocionais semelhantes aos mesmos tipos de mercados-alvo, que consomem esses produtos mais ou menos da mesma maneira. No entanto, os preços fixados em diferentes mercados podem variar muito. Considere os exemplos indicados abaixo.

Em alguns casos, há diferenças lógicas nos preços, como os custos mais elevados de transporte ou outros custos adicionais para trazer um produto para o mercado. Outras diferenças estão associadas à valorização da moeda. O dólar dos EUA é relativamente fraco em comparação com outras moedas, assim, em alguns casos, compra menos. Outras diferenças são baseadas nas estruturas tributárias e tarifárias de cada país. Os EUA e a Grã-Bretanha, por exemplo, impõem taxas muito elevadas sobre as vendas de cigarros. As empresas têm uma grande margem de manobra na fixação de preços e, com frequência, aumentarão os preços em alguns países simplesmente porque os consumidores estão dispostos a pagar o custo para adquirir um produto popular com poucos substitutos.

De modo geral, os preços médios serão mais baixos em países em desenvolvimento do que nos países maduros e desenvolvidos. Isso é especialmente verdadeiro nos serviços que são menos caros devido a salários mais baixos. O menor custo da mão de obra nos países em desenvolvimento tem gerado uma onda de atividade de terceirização de serviços para outros países.

	Zurique	Sydney	Londres	Nova York	Pequim	Nova Délhi
Pão de forma	$ 6,15	$ 3,48	$ 2,26	$ 6,06	$ 1,85	$ 0,76
Arroz branco (1 kg)	$ 5,38	$ 2,97	$ 4,81	$ 3,78	$ 2,23	$ 2,18
Gasolina (1 galão)	$ 8,56	$ 5,68	$ 8,14	$ 4,20	$ 4,96	$ 5,26

Nota: Todos os preços são apresentados em dólares americanos.

diretos (por exemplo, produtos acabados/componentes, materiais, suprimentos, comissão de vendas, transporte) e seus custos indiretos (por exemplo, despesas administrativas, serviços públicos, aluguel) não terão lucro. Talvez a forma mais popular de associar custos e preços seja a precificação pelo ponto de equilíbrio, na qual os custos fixos e variáveis da empresa são considerados:

$$\text{Ponto de Equilíbrio em Unidades} = \frac{\text{Custos Fixos Totais}}{\text{Preço Unitário} - \text{Custos Variáveis por Unidade}}$$

Para usar a análise do ponto de equilíbrio na fixação dos preços, a empresa deve analisar a viabilidade de vender mais do que o nível de equilíbrio a fim de ter lucro. O número do ponto de equilíbrio é apenas um ponto de referência na fixação de preços, e as condições de mercado e de demanda do cliente também devem ser consideradas.

Outra maneira de usar a estrutura de custos da empresa na fixação de preços é a utilização de preços de custo acrescido, uma estratégia bastante comum no varejo. Aqui, a empresa estabelece preços com base nos custos médios unitários e sua percentagem de markup prevista:

$$\text{Preço de Venda} = \frac{\text{Custo Unitário Médio}}{1 - \text{Percentual de Markup (decimal)}}$$

Preço de custo acrescido não é apenas intuitivo, é também muito fácil de usar. No entanto, seu ponto fraco está em determinar a percentagem de markup correta. As normas da indústria, muitas vezes entram em jogo nesse momento. Por exemplo, markups médios no varejo de supermercados estão tipicamente na faixa de 20%, enquanto podem ser de diversas centenas percentuais ou mais em móveis ou joalherias. As expectativas dos clientes também são uma consideração importante na determinação da percentagem de markup correta.

Embora a precificação pela análise do ponto de equilíbrio e pelo preço acrescido sejam ferramentas importantes, não devem ser a força motriz por trás da estratégia de precificação. A razão é muitas vezes ignorada: diferentes empresas têm diferentes estruturas de custos. Ao determinar preços apenas com base nos custos, as empresas correm um grande risco de estabelecer seus preços muito altos ou muito baixos. Se os custos de uma empresa são relativamente mais elevados do que os de outras, ela terá de aceitar margens menores a fim de competir de forma eficaz. Por outro lado, só porque um produto custa muito pouco para ser produzido e comercializado não significa que a empresa deve vendê-lo por um baixo preço (pipoca de cinema é um bom exemplo). Mesmo que a empresa cubra seus custos, o fato é que os clientes podem não estar dispostos a pagar o preço. Assim, a demanda do mercado também é um fator crítico na estratégia de precificação. Em última análise, o custo é melhor entendido como um limite inferior absoluto abaixo do qual os preços não podem ser definidos por um período de tempo prolongado.

Valor percebido. Tanto a empresa como seus clientes estão preocupados com valor. Esse é um termo difícil de definir, porque significa coisas diferentes para pessoas diferentes.[6] Alguns clientes entendem bom valor como produto de alta qualidade, enquanto outros veem valor como nada mais do que um preço baixo. Definimos valor como a avaliação subjetiva que um cliente faz dos benefícios em relação aos custos para determinar o valor da oferta do produto de uma empresa em relação a outras ofertas. Uma fórmula simples para valor seria a seguinte:

$$\text{Valor Percebido} = \frac{\text{Benefícios para o Cliente}}{\text{Custos do Cliente}}$$

Vantagens para o cliente incluem tudo o que ele obtém da oferta de produtos, tais como qualidade, satisfação, prestígio/imagem e a solução de um problema. Custos do cliente incluem tudo aquilo de que o cliente deve abrir mão, por exemplo, dinheiro, tempo, esforço e todas as alternativas não selecionadas (custos de oportunidade). Embora valor seja um componente-chave na definição de uma estratégia de preços viável, bom valor depende de muito mais do que simplesmente preço. Com efeito, o valor está intrinsecamente ligado a todos os elementos do programa de marketing e é um fator-chave para a satisfação e retenção de clientes. Vamos discutir as implicações estratégicas de valor mais completamente no Capítulo 10.

Relação preço/receita. Todas as empresas compreendem a relação entre preço e receita. No entanto, nem sempre podem cobrar preços altos devido à concorrência de seus rivais. Em face dessa competição, é natural que as empresas encarem a redução de preços como um meio viável de aumentar as vendas. Cortar preços também pode ajudar a desovar o excesso de estoque e gerar fluxo de caixa de curto prazo. No entanto, todos os cortes de preços afetam os resultados da empresa. Ao estabelecer seus preços, muitas empresas se apegam a esses dois mitos gerais:[7]

Mito 1: Quando os negócios vão bem, um corte de preço produzirá maior participação de mercado.

Mito 2: Quando os negócios vão mal, um corte de preços estimulará as vendas.

Infelizmente, a relação entre preço e receita desafia essas suposições, tornando-as uma proposta arriscada para a maioria das empresas. A realidade é que qualquer redução de preços deve ser compensada por um aumento no volume de vendas apenas para manter o mesmo nível de receita. Vejamos um exemplo. Suponha que um fabricante de produtos eletrônicos de consumo vende 1.000 receptores estéreos por mês a US$ 1.000 por aparelho. O custo total da empresa é de US$ 500 por unidade, o que deixa uma margem bruta de US$ 500. Quando as vendas caem, a empresa decide cortar o preço para aumentar as vendas. A estratégia da empresa é oferecer um desconto de US$ 100 para quem compra um aparelho ao longo dos próximos três meses. O desconto é consistente com um corte de preço de 10%, mas é, na realidade, uma redução de 20% da margem bruta (de US$ 500 para US$ 400). Para compensar a perda na margem bruta, a empresa deve aumentar o volume de receptores vendidos. A questão é em quanto? Podemos encontrar a resposta usando esta fórmula:

$$\text{\% de Mudanças em Volume em Unidades} = \frac{\text{\% de Margem Bruta}}{\text{\% de Margem Bruta} \pm \text{\% de Mudança de Preço}} - 1$$

$$0,25 = \frac{0,50}{0,50 - 0,10} - 1$$

Como o cálculo indica, a empresa teria de aumentar o volume de vendas em 25%, ou seja, 1.250 unidades vendidas, de forma a manter o mesmo nível de margem bruta total. Qual é a probabilidade de que um desconto de US$ 100 aumentará o volume de vendas em 25%? Essa questão é fundamental para o sucesso da estratégia de descontos da empresa. Em muitos casos, o aumento do volume de vendas necessário é muito elevado. Consequentemente, a margem bruta da empresa pode realmente ser menor após a redução de preços.

Em vez de usar cegamente reduções de preços para estimular vendas e receitas, muitas vezes é melhor para uma empresa encontrar maneiras de criar valor para o produto e justificar o preço atual, ou até mesmo um preço mais elevado, em vez de reduzir o preço do produto em busca de maior volume de vendas. No caso do fabricante de receptores estéreos, dar aos clientes US$ 100 de música ou filmes com cada compra é uma opção muito melhor do que um desconto de US$ 100. Fabricantes de vídeo game, como Microsoft (Xbox) e Sony (PlayStation 3), muitas vezes incluem pacotes de jogos e acessórios em seus consoles de sistema para aumentar o valor. O custo de dar aos clientes esses itens gratuitos é baixo porque a empresa os compra em grandes quantidades. Essa despesa adicional é quase sempre menos dispendiosa do que uma redução de preço. E o aumento do valor pode permitir que a empresa cobre preços mais elevados para o pacote do produto.

Objetivos de preços. Definição de objetivos de preços específicos realistas, mensuráveis e realizáveis é uma parte importante da estratégia de fixação de preços. Como mostrado na Figura 6.4, há uma série de objeti-

FIGURA **6.4** Descrição de Objetivos de Precificação Comuns

Objetivos da precificação	Descrição
Orientada para lucro	Destinado a maximizar o preço em relação aos preços dos concorrentes, o valor percebido do produto, à estrutura de custos da empresa e sua eficiência de produção. Objetivos de lucro são geralmente baseados em um retorno-alvo, em vez de simples maximização do lucro.
Orientada para volume	Estabelece preços a fim de maximizar o volume em valor ou unidades de vendas. Esse objetivo sacrifica a margem de lucro em favor da alta rotatividade do produto.
Demanda de mercado	Estabelece preços de acordo com as expectativas dos clientes e situações de compra específicas. Esse objetivo é muitas vezes conhecido como "cobrar o que o mercado suporta".
Participação de mercado	Destinado a aumentar ou manter a participação de mercado, independentemente de flutuações de vendas da indústria. Objetivos de participação de mercado são muitas vezes utilizados no estágio de maturidade do ciclo de vida do produto.
Fluxo de caixa	Destinado a maximizar a recuperação de dinheiro tão rapidamente quanto possível. Esse objetivo é útil quando uma empresa tem uma emergência de caixa ou quando se espera que o ciclo de vida do produto seja bastante curto.
Paridade competitiva	Destinado a igualar ou bater os preços dos concorrentes. O objetivo é manter a percepção de bom valor em relação à concorrência.
Prestígio	Define preços elevados consistentes com o prestígio ou status elevado do produto. Preços são definidos com pouca consideração para a estrutura de custos da empresa ou da concorrência.
Status quo	Mantém preços correntes em um esforço de preservar uma posição relativa à concorrência.

© 2013 Cengage Learning

vos de preços que as empresas podem buscar. Lembre-se de que as empresas ganham dinheiro na margem de lucro, no volume ou em uma combinação de ambos. Objetivos de precificação de uma firma sempre refletem essa realidade do mercado.

Elasticidade de preço. Essa talvez seja a mais importante consideração geral na fixação dos preços eficaz. Definida de forma simples, *elasticidade de preço* refere-se à capacidade de resposta dos clientes ou sua sensibilidade às variações de preço. Uma definição mais precisa define elasticidade como o impacto relativo de um produto sobre a demanda, tendo em conta aumentos ou diminuições específicas no preço cobrado para esse produto. As empresas não podem basear seus preços exclusivamente em cálculos de elasticidade de preços porque raramente conhecem a elasticidade, ao longo do tempo, de um dado produto com grande precisão. Além disso, o mesmo produto pode ter diferentes elasticidades em momentos, lugares e situações diferentes. Como o cálculo da elasticidade de preço real é difícil de precisar, as empresas muitas vezes consideram a elasticidade dos preços no que diz respeito a diferentes padrões de comportamento dos clientes ou situações de compra. Compreender quando, onde e como os clientes são mais ou menos sensíveis a preço é crucial no estabelecimento de preços justos e rentáveis.

De modo geral, os clientes tornam-se muito mais sensíveis a preço quando têm muitas opções ou opções diferentes para satisfazer suas necessidades e seus desejos. A elasticidade de preço é mais elevada (mais elástica) nas seguintes situações:

- **Disponibilidade de produtos substitutos**. Quando podem escolher entre diversos substitutos diferentes, os clientes serão muito mais sensíveis às diferenças de preços. Essa situação ocorre com muita frequência entre produtos de marca e em mercados onde a oferta de produtos se tornou comoditizada (companhias aéreas, por exemplo).

- **Gasto total elevado**. Como regra geral, quanto maior o gasto total, mais elástica será a demanda pelo produto. Esse efeito é realmente mais fácil de ver se analisarmos um produto com preço baixo. Um aumento de 20% no preço de um jornal, de US$ 1,00 a US$ 1,20, por exemplo, não teria um grande impacto sobre a demanda. No entanto, se o preço de um carro de US$ 20.000 aumenta em 20%, o impacto de US$ 4.000 é muito mais perceptível. A essa taxa de mudança, alguns clientes vão procurar um carro diferente ou desistir de comprar.

- **Diferenças de preços perceptíveis**. Produtos com preços em forte promoção tendem a ter uma demanda mais elástica. A gasolina é um exemplo clássico. Um aumento de 3 centavos por galão* é de apenas 45 centavos a mais em um tanque cheio de 15 galões. No entanto, muitos clientes poderão desviar sua rota em vários quilômetros para encontrar um preço mais baixo (muitas vezes gastando mais no consumo de combustível do que economizaram no preço). Diferenças de preços visíveis, por vezes, ocorrem em limites de preços específicos. Usando o exemplo da gasolina, muitos clientes não notarão aumentos de preços até que ela chegue a US$ 4,00 por galão. A esse preço, esses clientes subitamente passam de uma mentalidade inelástica a uma elástica. O movimento de US$ 3,80 a US$ 3,90 pode não ter muito impacto sobre esses clientes, mas o salto de US$ 3,90 para US$ 4,00 muda totalmente sua forma de pensar.

- **Fáceis comparações de preço**. Independentemente da categoria do produto ou do produto em si, os clientes serão mais sensíveis a preço, se puderem facilmente comparar os preços entre os produtos

---

* Galão é uma unidade de medida usada para volume de líquidos e comum em países anglo-saxônicos. (N. E.)

concorrentes. Em indústrias como varejo, supermercados, viagens, brinquedos e livros, os preços se tornam uma consideração de compra dominante, porque os clientes podem facilmente compará-los. Não é de surpreender que essas indústrias também tenham apresentado uma mudança de lojas físicas para vendas on-line.

Em geral, os clientes tornam-se muito menos sensíveis a preço quando têm poucas escolhas ou opções para satisfazer suas necessidades e seus desejos. A elasticidade de preço é menor (mais inelástica) nas seguintes situações:

- **Falta de substitutos**. Quando têm poucas opções em termos de substitutos, os clientes serão muito menos sensíveis a preço. Essa situação é comum em algumas categorias, incluindo ingredientes de cozimento/assados, peças adicionais ou de substituição, antiguidades, colecionáveis ou souvenirs únicos, eventos esportivos exclusivos e destinos de férias especializadas. Quanto mais original ou especializado for o produto, mais os clientes pagarão por ele.

- **Necessidades reais ou percebidas**. Muitos produtos, como alimentos, água, cuidados médicos, cigarros e medicamentos de prescrição, têm a demanda extremamente inelástica porque os clientes têm necessidades reais ou percebidas deles. Algumas categorias de produtos são inelásticas porque os clientes percebem tais produtos como verdadeiras necessidades. Pouco importa se um cliente realmente tem necessidade de um produto específico. Se ele percebe o produto como uma necessidade, então se torna muito menos sensível a aumentos de preços desse produto.

- **Produtos complementares**. Produtos complementares têm um efeito sobre a sensibilidade dos preços de produtos relacionados. Se o preço de um produto cai, os clientes tornam-se menos sensíveis ao preço dos produtos complementares. Por exemplo, quando o preço de um cruzeiro cai, o preço de excursões em terra tornam-se mais inelásticos. Com mais viajantes a bordo e com mais dinheiro para gastar, os operadores de excursões percebem que os viajantes são menos sensíveis aos preços que cobram.

- **Benefícios percebidos do produto**. Para alguns clientes, alguns produtos valem seu preço. Para tais compras, a frase "caro, mas vale a pena" vem à mente. Todos nós temos determinados produtos para os quais cedemos de vez em quando, como vinhos, chocolates finos, café importado ou viagens para um dia de spa. Uma vez que tais produtos não compreendem a maior parte de nossas atividades de compras, os clientes raramente notam, ou simplesmente ignoram, aumentos de preços.

- **Influências situacionais**. As circunstâncias que envolvem uma situação de compra podem alterar muito a elasticidade de preço de um produto. Muitas dessas influências situacionais ocorrem devido a pressões de tempo ou porque o risco aumenta a tal ponto que uma compra imediata deve ser feita (em caso de emergências, por exemplo). Outras influências situacionais comuns giram em torno do risco de compra, geralmente, o risco social envolvido em fazer uma má decisão. De forma geral, os clientes tendem a ser muito menos sensíveis a preço quando compram itens para os outros ou para doação.

- **Diferenciação de produto**. A diferenciação reduz o número de substitutos percebidos de um produto. Por exemplo, estratégia de diferenciação da Coca-Cola tem funcionado tão bem que quem bebe Coca-Cola comprará o refrigerante por US$ 2,49 ou US$ 3,49 pelo pacote de seis unidades. A diferenciação de produto não precisa ser baseada em diferenças reais para tornar os clientes menos sensíveis a preço. Muitas vezes as diferenças são perceptuais. De olhos vendados, uma pessoa pode não saber a diferença entre Coca-Cola e Pepsi, mas os consumidores não compram nem consumem refrigerantes vendados. O visual da lata, a propaganda e experiências anteriores se reúnem para diferenciar o produto.

Em um sentido estratégico, diferenciação de produto é a melhor maneira de garantir que os clientes não sejam sensíveis a mudanças de preços. O objetivo final desse esforço é diferenciar o produto tão bem que os clientes percebam que nenhum produto concorrente possa tomar seu lugar. Quando isso acontece, os clientes vão se tornar leais à marca e a demanda para o produto vai se tornar muito inelástica. A Nike, por exemplo, detém uma fidelidade extrema à marca porque a empresa tem diferenciado com sucesso seus produtos por meio de inovação tecnológica, propaganda eficaz e seu logotipo onipresente. Da mesma forma, a Intel tem se saído muito bem usando a diferenciação real e percebida para se tornar o principal fornecedor de chips de processamento na indústria de computadores.

Precificação de Produtos que São Serviços

Quando se trata de compra de serviços, os clientes têm dificuldade para determinar a qualidade antes da compra. Consequentemente, a precificação de serviços é fundamental porque pode ser a única indicação de qualidade disponível antes da experiência de compra. Se o prestador de serviços estabelece preços muito baixos, os clientes terão percepções e expectativas imprecisas sobre a qualidade. Se os preços forem muito altos, a empresa pode perder oportunidades de venda. Em geral, a fixação de preços de serviços se torna mais importante e mais difícil quando:

- a qualidade do serviço é difícil de identificar antes da compra;
- os custos associados à prestação do serviço são difíceis de determinar;
- os clientes não estão familiarizados com o processo de serviço;
- os nomes das marcas não estão bem estabelecidas;
- o próprio cliente pode realizar o serviço;
- a propaganda dentro da categoria do serviço é limitada;
- o preço total da experiência de serviço é difícil de estabelecer de antemão.

Estabelecer preços para serviços profissionais (advogados, contadores, consultores, médicos e mecânicos) é especialmente difícil, pois eles se encaixam em diversas condições na lista acima. Os clientes muitas vezes relutam em pagar os preços elevados desses prestadores de serviços porque têm uma capacidade limitada de avaliar a qualidade ou o custo total até que o processo tenha sido concluído. A heterogeneidade desses serviços limita a padronização e, portanto, o conhecimento do cliente sobre preços é limitado. Ela também limita a comparação de preços entre os concorrentes prestadores de serviços. A chave para essas empresas é antecipar-se em termos de qualidade esperada e custos do serviço. Isso geralmente é feito vinculando estimativas e garantias contratuais de qualidade.

Devido à limitada capacidade associada com a maioria dos serviços, a precificação de serviços também é uma questão-chave no que diz respeito ao equilíbrio entre oferta e demanda durante o pico de demanda e fora dele. Nessas situações, muitas empresas de serviços utilizam sistemas de gerenciamento de receitas (yield management ou revenue management) para equilibrar considerações sobre precificação e receitas com sua necessidade de utilizar a capacidade ociosa. A Figura 6.5 mostra um exemplo de gerenciamento de receitas para um hotel.

FIGURA 6.5 Gerenciamento de Receitas para um Hotel Hipotético

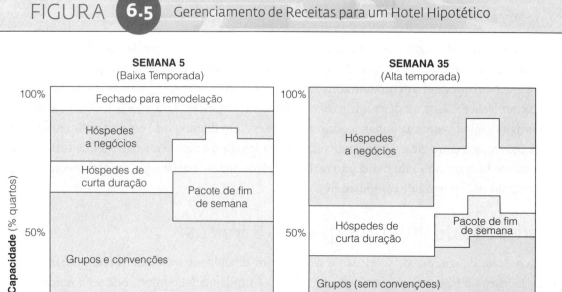

Fonte: Lovelock, Christopher, *Services Marketing: People, Technology, Strategy*, 4ª ed., © 2001. Reimpressa com permissão de Pearson Education Inc., Upper Saddle River, New Jersey.

O gerenciamento de receitas permite que a empresa de serviço controle simultaneamente a capacidade e a demanda no sentido de maximizar as receitas e a utilização da capacidade. Isso é conseguido de duas maneiras. Em primeiro lugar, a empresa de serviço controla a capacidade limitando a capacidade disponível em determinados pontos de preço. Companhias aéreas fazem isso com a venda de um número limitado de assentos a preços com desconto três ou mais semanas antes da partida. A Southwest Airlines, por exemplo, vende lugares limitados em três categorias: Wanna Get Away (os assentos com preços mais baixos), Anytime e Business Select (os assentos com preços mais altos).[8] Em segundo lugar, a empresa de serviços controla a demanda por meio de mudanças de preços ao longo do tempo e excedendo a capacidade (overbooking). Essas atividades garantem que a procura de serviços seja consistente e que a capacidade ociosa seja minimizada. Essas práticas são comuns em serviços caracterizados por custos fixos altos e custos variáveis baixos, tais como companhias aéreas, hotéis, aluguel de carros, cruzeiros, empresas de transporte e hospitais. Como os custos variáveis nesses serviços são bastante baixos, o lucro para essas empresas está diretamente relacionado com as vendas e a utilização da capacidade. Consequentemente, essas empresas vão vender alguma capacidade a preços reduzidos a fim de maximizar a utilização.

Sistemas de gerenciamento de receitas também são úteis na sua capacidade de segmentar mercados com base na elasticidade dos preços. Ou seja, eles permitem que uma empresa ofereça o mesmo serviço básico a diferentes segmentos de mercado com preços diferentes. Clientes muito sensíveis a preços no que diz respeito a serviços, viajantes de férias e famílias que viajam com crianças podem fazer um bom negócio em um hotel se reservarem com antecedência. Por outro lado, consultores são menos sensíveis a preço, porque seus clientes os reembolsam das despesas. Da mesma forma, viajantes a negócios reservam voos em cima da hora, de forma que são mais tolerantes aos preços mais altos pouco antes da partida. Outras empresas podem atingir diferentes segmentos de mercado com preços atraentes fora do pico de demanda. Muitos clientes aproveitam os preços mais baixos em parques temáticos e resorts de praia para viajar durante o período de baixa temporada. Situações semelhantes ocorrem com preços mais baixos em matinês de cinema e menus de almoço na maioria dos restaurantes.

Estratégias de Precificação Básica

Embora os preços dos produtos individuais sejam feitos caso a caso, a maioria das empresas desenvolveu uma abordagem geral e consistente, ou estratégia de precificação básica, para ser usada na fixação de preços. A relação entre preço e outros elementos do programa de marketing determina que as decisões de preços não podem ser feitas de forma isolada. De fato, mudanças de preços podem resultar em pequenas modificações nas estratégias de produto, distribuição ou promoção. Como já discutimos, não é tanto o preço real cobrado que influencia as decisões de compra, mas a maneira como os membros do mercado-alvo percebem o preço. Essa realidade nos faz lembrar que muitas das questões estratégicas envolvidas no estabelecimento de preços têm laços estreitos com a psicologia e o processamento de informação do cliente: o que os clientes pensam sobre preços é o que esses preços significam para eles.

A estratégia de precificação básica de uma empresa estabelece o preço inicial e define a gama de possíveis movimentos de preços ao longo do ciclo de vida do produto. O preço inicial é crítico, não só para o sucesso inicial, mas também para a manutenção do potencial de lucro a longo prazo. Existem diversas abordagens diferentes para a precificação básica. Algumas das abordagens mais comuns incluem:

- **Preço skimming (Desnatação)**. Essa estratégia define intencionalmente um preço elevado em relação à concorrência "desnatando", dessa forma, os lucros logo após o lançamento do produto. O preço skimming é concebido para recuperar as altas despesas de P&D e de marketing associadas com o desenvolvimento de um novo produto. Por exemplo, novos medicamentos têm preços altos inicialmente e só caem de preço uma vez que sua proteção de patente expira.

- **Preço de penetração**. Essa estratégia é concebida para maximizar as vendas, ganhar aceitação generalizada do mercado e obter uma grande participação de mercado rapidamente, definindo um preço inicial relativamente baixo. Essa abordagem funciona melhor quando os clientes são sensíveis a preço para o produto ou categoria de produtos, pesquisa e gastos de desenvolvimento e marketing são relativamente baixos ou quando novos concorrentes vão entrar rapidamente no mercado. Para usar a fixação de preços de penetração com sucesso, a empresa deve ter uma estrutura de custos e economias de escala que possa suportar as margens de lucro estreitas.

- **Precificação por prestígio**. Essa estratégia define os preços na extremidade superior de todos os produtos concorrentes em uma categoria. Isso é feito para promover uma imagem de exclusividade e qualidade superior. Precificação por prestígio é uma abordagem viável em situações em que é difícil julgar objetivamente o verdadeiro valor de um produto. Hotéis Ritz-Carlton, por exemplo, nunca competem com outros hotéis no preço. Em vez disso, a empresa compete exclusivamente no serviço e no valor da experiência única de alta qualidade que eles entregam aos clientes do hotel.

- **Precificação baseada em valor**. Empresas que usam uma abordagem de precificação com base no valor fixam preços razoavelmente baixos, mas ainda oferecem produtos de alta qualidade e serviços ao cliente adequados. Muitos tipos diferentes de empresas usam a precificação com base no valor, porém, o varejo tem adotado amplamente essa abordagem, onde é conhecida como preço baixo todos os dias. Os preços não são os mais altos do mercado, nem são os mais baixos. Em vez disso, a precificação baseada em valor estabelece preços de forma que eles sejam consistentes com os benefícios e os custos associados com a aquisição do produto. Muitas empresas bem conhecidas usam a precificação com base no valor, incluindo Walmart, Lowe, Home Depot, IKEA e Southwest Airlines.

- **Paridade competitiva**. Em muitas indústrias, a estratégia de precificação foca em combinar os preços e mudanças de preço dos concorrentes. Embora algumas empresas possam cobrar um pouco mais ou um pouco menos, elas estabelecem preços que a maioria considera como o "preço normal" para a indústria. Isso é especialmente verdadeiro em mercados comoditizados, como companhias aéreas, petróleo e aço.

- **Estratégia de não preço**. Essa estratégia cria o programa de marketing em torno de outros fatores além do preço. Minimizando preços no programa de marketing, a empresa deve ser capaz de enfatizar a qualidade, os benefícios do produto, as características únicas, bem como o atendimento ao cliente, a promoção ou a embalagem, para fazer o produto destacar-se dos concorrentes, muitos dos quais irão oferecer produtos similares a preços mais baixos. Por exemplo, parques temáticos, como Disney World, Sea World e Universal Studios, geralmente competem em excelência de serviço, benefícios exclusivos e experiências únicas em vez de preço. Clientes pagam de bom grado por essas experiências, porque elas não podem ser encontradas em nenhum outro lugar.

Ajustando o Preço-Base

Além de uma estratégia de precificação básica, as empresas também usam outras técnicas para adaptar os preços ou fazer o ajuste fino deles. Tais técnicas podem envolver ajustes permanentes no preço de um produto ou ajustes temporários usados para estimular as vendas durante determinado momento ou situação. Embora a lista de técnicas de fixação de preços potencialmente viáveis seja bastante longa, cinco das técnicas mais comuns nos mercados de consumo são:

- **Descontos**. Essa estratégia envolve reduções temporárias de preços para estimular as vendas ou o tráfego da loja. Os clientes adoram uma liquidação e esse é precisamente o principal benefício do desconto. Quase todas as empresas, mesmo aquelas que fixam os preços baseados em valor, ocasionalmente farão promoções especiais para atrair clientes e animar as vendas. A Dillard, por exemplo, faz uma liquidação rápida no início de uma época de vendas para, em seguida, retornar aos níveis normais de preços. Perto do final da temporada, ela retoma os preços de liquidação (ou remarcações) de forma permanente à medida que se aproxima do final da temporada.

- **Preço de referência**. As empresas usam preços de referência quando comparam o preço de venda real com um preço de referência interno ou externo. Todos os clientes usam preços de referência internos, ou a expectativa interna, de quanto um produto deve custar. Como consumidores, nossas experiências nos deram uma expectativa razoável de quanto pagar por uma refeição no McDonald's ou um litro de gasolina. Em outros casos, a empresa irá indicar um preço de referência, como "De US$ 99 por US$ 49". Essas comparações facilitam aos clientes avaliar os preços antes da compra.

- **Linha de preços**. Essa estratégia, em que o preço de um produto concorrente é o preço de referência, aproveita a simples verdade de que alguns clientes vão sempre escolher o produto com preço mais baixo ou mais alto. As empresas usam isso em sua vantagem com a criação de linhas de produtos semelhantes em aparência e funcionalidade, mas oferecidos com características diferentes e em diferentes pontos de preço. Por exemplo, a Sony pode tirar algumas características de sua filmadora digital topo de linha modelo A1 e o modelo B2 pode estar na prateleira por US$ 799 em vez do original a US$ 999. Corte um pouco mais de recursos e o preço pode cair para US$ 599 pelo modelo C3. Nesse caso, cada modelo da linha Sony estabelece preços de referência para os demais da linha. O mesmo vale para todas as câmaras de vídeo concorrentes de outros fabricantes.

- **Preços psicológicos**. Todos sabem que os preços são raramente fixados em números inteiros redondos. Entradas para concertos custam US$ 49,95, o café da manhã especial custa US$ 3,95 e o litro de gasolina R$ 3,299. A prevalência de preços de final ímpar é baseada principalmente na psicologia: clientes percebem que o vendedor fez o máximo possível para obter o melhor preço (e, portanto, um preço baixo). Dizer que você vai cortar minha grama por US$ 47 soa como se você tivesse refletido mais do que se dissesse simplesmente "Eu vou fazê-lo por US$ 40", mesmo que o primeiro número seja US$ 7 superior.

- **Preço de pacote**. Às vezes, chamado de preço baseado em solução ou preços com tudo incluído, o preço de pacote reúne dois ou mais produtos complementares por um preço único. Na melhor das hipóteses, o preço do pacote é menor do que se a empresa vendesse os produtos separadamente. Itens de giro lento podem ser empacotados com itens de alta rotatividade para ampliar o escopo da oferta do produto, criar valor e gerenciar estoque. Resorts com tudo incluído, como Sandals e Club Med, usam preço de pacote porque muitos clientes querem simplificar suas férias e adicionar previsibilidade ao orçamento.

Muitas dessas técnicas também são usadas em mercados empresariais para adaptar ou fazer o ajuste fino dos preços-base. No entanto, há uma série de técnicas de fixação de preços exclusivas para os mercados empresariais, incluindo:

- **Descontos comerciais**. Fabricantes reduzirão os preços de certos intermediários na cadeia de fornecimento com base nas funções que o intermediário executa. Em geral, os descontos são maiores para os atacadistas do que para os varejistas porque o fabricante quer compensá-los pelas funções extras que desempenham, tais como venda, armazenamento, transporte e assunção de risco. Descontos comerciais variam muito e tornaram-se mais complicados devido ao crescimento de grandes varejistas que agora realizam suas próprias funções de venda por atacado.

- **Descontos e subsídios**. Compradores empresariais podem tirar proveito das vendas apenas como consumidores. No entanto, eles também receber outros diferenciais de preços, incluindo descontos por pagamento em dinheiro, descontos por quantidade, descontos sazonais ou subsídios comerciais para a participação em programas de propaganda ou suporte de vendas.

- **Preços geográficos**. Empresas que vendem frequentemente cotam preços em termos de reduções ou aumentos com base em custos de transporte ou da distância física real entre o vendedor e o comprador. Os exemplos mais comuns de preços geográficos são preço único de entrega (mesmo preço para todos os compradores, independentemente das despesas de transporte) e preços por zona (preços diferentes com base no transporte para zonas geográficas predefinidas).

- **Preços de transferência**. Ocorrem quando uma unidade vende produtos para outra na mesma organização.

- **Permuta e trocas compensatórias**. Nas trocas comerciais através das fronteiras nacionais, as empresas às vezes pagam em produtos em vez de dinheiro. Permuta envolve a troca direta de bens ou serviços entre duas empresas ou nações. Trocas compensatórias referem-se a acordos baseados em pagamentos parciais, tanto em dinheiro quanto em produtos, ou acordos entre empresas ou nações para comprar bens e serviços entre si.

Outra técnica de preços importante usada em mercados empresariais é a discriminação de preços, que ocorre quando as empresas cobram preços diferentes de clientes diferentes. Quando essa situação ocorre, as empresas fixam preços diferentes com base em diferenças de custos reais na venda de produtos para um cliente em relação aos custos envolvidos na venda para outros clientes. Preços discriminatórios é uma técnica viável porque os custos de venda para uma empresa muitas vezes são muito mais elevados do que para outras.

Estratégia da Cadeia de Fornecimento

Distribuição e relacionamentos na cadeia de fornecimento estão entre as decisões estratégicas mais importantes para qualquer empresa. A Walmart, Best Buy, Amazon e até mesmo a Starbucks dependem de cadeias de fornecimento eficazes e altamente eficientes para proporcionar vantagem competitiva. Infelizmente, os clientes poucas vezes reconhecem o modo como as empresas se conectam a suas linhas de abastecimento porque os processos ocorrem nos bastidores. Clientes assumem a cadeia de fornecimento como coisa certa e garantida e só a notam quando as linhas de abastecimento são interrompidas. O quadro é radicalmente diferente do ponto de vista da empresa. Hoje, a maioria das empresas classifica preocupações da cadeia de fornecimento no topo da lista para alcançar uma vantagem sustentável e verdadeira diferenciação no mercado. Preços podem ser copiados facilmente, mesmo se forem apenas para o curto prazo. Produtos podem se tornar obsoletos quase da noite para o dia. Boa promoção e propaganda em setembro podem ser facilmente ultrapassadas quando o pico da temporada de vendas em novembro e dezembro chegar. A lição é clara: a estratégia da cadeia de fornecimento é vital para o sucesso e sobrevivência de toda empresa.

Quando pensamos em gestão da cadeia de fornecimento, tendemos a pensar em dois componentes inter-relacionados:

- **Canais de marketing** – um sistema organizado de instituições de comercialização ao longo do qual produtos, recursos, informação, capital e/ou propriedade de produto fluem do ponto de produção até o usuário final. Alguns membros do canal ou intermediários assumem posse física ou titularidade de produtos (por exemplo, atacadistas, distribuidores, varejistas), enquanto outros simplesmente facilitam o processo (por exemplo, agentes, corretores, instituições financeiras).
- **Distribuição física** – coordenar o fluxo de informações e produtos entre os membros do canal para garantir a disponibilidade dos produtos nos lugares certos, nas quantidades certas, nos momentos certos e de uma forma custo-eficiente. Distribuição física (ou logística) inclui atividades como atendimento ao cliente/entrada de pedidos, administração, transporte, armazenamento e manuseio de materiais, estoque (armazenamento) e os sistemas e equipamentos necessários para essas atividades.

O termo *cadeia de fornecimento* expressa a conexão e integração de todos os membros do canal de marketing. Velocidade ou necessidade de acelerar o estoque de e para os membros do canal requer colaborar com especialistas em tecnologia, transporte e outros especialistas externos de logística. Esse processo da cadeia de fornecimento é projetado para aumentar o giro de estoque e obter os produtos certos no lugar certo e no momento certo, mantendo padrões de serviço e qualidade adequados.[9] O ponto fundamental da gestão eficaz da cadeia de fornecimento na economia atual é a integração. Por meio de ligações de informações, tecnológicas, sociais e estruturais, o objetivo da integração da cadeia de fornecimento é criar uma rede perfeita de fornecedores, vendedores, compradores e clientes. Quando feito corretamente, esse nível de integração resulta em uma empresa expandida que gerencia valor pela coordenação do fluxo de informações, bens e serviços com os usuários finais, bem como o fluxo reverso a partir dos usuários finais. A criação de uma empresa expandida requer investimentos e compromisso com três fatores principais:[10]

- **Conectividade** – são as ligações tecnológicas e de informações entre as empresas na rede de cadeia de fornecimento. A conectividade garante que as empresas possam acessar informações sobre o fluxo na rede de cadeia de fornecimento em tempo real.

- **Comunidade** – é o sentido de metas e objetivos compatíveis entre as empresas pertencentes à cadeia de fornecimento. Todas as empresas devem estar dispostas a trabalhar em conjunto para alcançar missão e visão comuns.

- **Colaboração** – trata-se do reconhecimento da interdependência mútua entre os membros da cadeia de fornecimento. A colaboração vai além de obrigações contratuais para estabelecer princípios, processos e estruturas que promovam um nível de compreensão compartilhada. As empresas aprendem a colocar as necessidades da cadeia de fornecimento à frente de suas próprias porque entendem que o sucesso de cada empresa tem uma forte ligação com o sucesso das demais, bem como de toda a cadeia de fornecimento.

A integração da cadeia de fornecimento e a criação de uma empresa expandida são metas extremamente desafiadoras. Nas cadeias de fornecimento mais perfeitamente integradas, as fronteiras entre os membros do canal tornam-se menos claras, a tal ponto que é difícil dizer onde uma empresa termina e outra começa. Como mostrado na Figura 6.6, esse nível de integração requer um equilíbrio tênue de confiança, cooperação, interdependência e estabilidade para criar benefícios mútuos.[11]

Questões Estratégicas da Cadeia de Fornecimento

A importância da cadeia de fornecimento, em última análise, se resume ao fornecimento de tempo, lugar e utilidade de posse aos consumidores e compradores empresariais. Sem uma boa distribuição, compradores não seriam capazes de adquirir bens e serviços quando e onde precisam. No entanto, a despesa de distribuição requer que as empresas equilibrem as necessidades dos clientes com as suas próprias para minimizar os custos totais. A Figura 6.7 apresenta uma discriminação dos custos totais de distribuição em atividades-chave. Note que 42% dessas despesas estão associadas com armazenamento e manutenção do estoque, fatores fundamentais para assegurar a disponibilidade do produto para os clientes. Para gerenciar esses custos de forma eficiente, a estratégia de distribuição deve equilibrar as necessidades dos clientes com as da empresa.

Funções dos canais de marketing. Canais de marketing facilitam nossa vida graças à variedade de funções desempenhadas por seus membros. Da mesma forma, os membros do canal, particularmente os fabricantes, podem cortar custos trabalhando em conjunto com os intermediários do canal. O benefício mais básico dos canais de marketing é a eficiência de contato, na qual os canais reduzem o número de contatos necessários

FIGURA 6.6 Fatores na Integração Bem-sucedida da Cadeia de Fornecimento

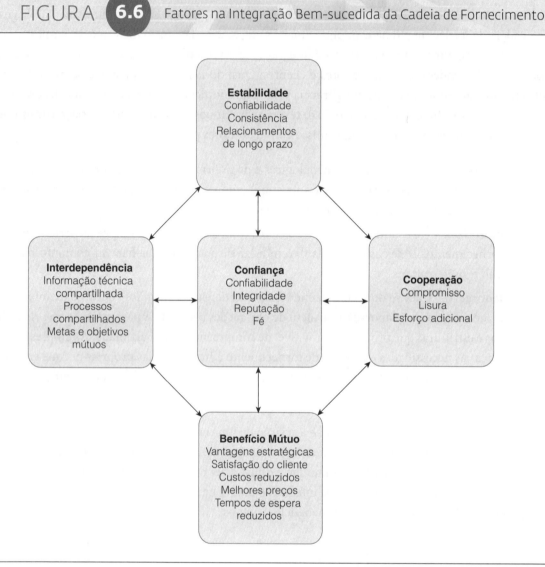

Fonte: Davis, Edward W.; Speckman, Robert E., *The Extended Enterprise: Gaining Competitive Advantage through Collaborative Supply Chains*, 1ª ed., © 2004.

para a troca de produtos. Sem a eficiência de contato, teríamos que ir a uma padaria, um aviário, um abatedouro e uma leiteria apenas para montar os produtos necessários para o café da manhã. Da mesma forma, a eficiência de contato permite que empresas como a Del Monte Foods maximizem a distribuição do produto vendendo para intermediários selecionados. Para a Del Monte, as lojas Walmart representam mais de 31% de seu volume de vendas. Os seguintes nove maiores clientes da Del Monte respondem por outros 30% das vendas da empresa. Essas percentagens vão aumentar se a consolidação adicional entre varejistas de alimentos e o crescimento de hipermercados continuar.[12]

Ao longo de um canal de marketing, algumas empresas são boas em fabricação, outras no transporte ou armazenamento e outras ainda em vender aos consumidores. Dados os custos envolvidos, é praticamente impossível uma única empresa executar bem todas as funções do canal. Como resultado, os intermediários de canal geralmente atingem um nível de especialização em uma ou mais das seguintes funções:

FIGURA 6.7 — Discriminação dos Custos Totais de Distribuição

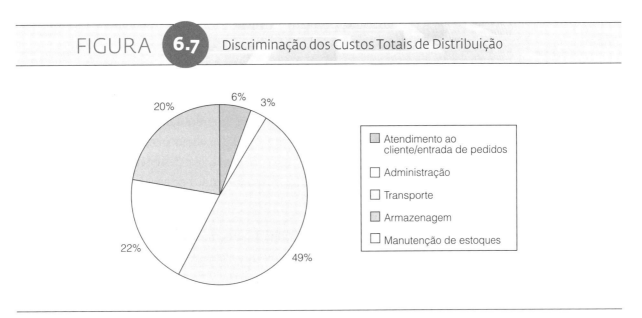

Fonte: Extraída de 'Proportion Cost of Each Distribution Function as a Percentage of Total Distribution Costs' in "Logistics Cost and Service 2009", © 2009 Establish, Inc. (Forth Lee, NJ), <www.establishinc.com>. Reimpressa com permissão de Establish, Inc.

- **Seleção**. Fabricantes produzem um ou alguns produtos, enquanto os clientes precisam de uma amplitude e profundidade de produtos diferentes. Ao selecionar produtos no canal, os intermediários superam essa discrepância de sortimento.
- **Venda a granel**. Fabricantes produzem grandes quantidades de um produto para obter os benefícios de economias de escala. No entanto, os clientes geralmente querem apenas uma unidade de determinado item. Ao vender a granel no canal, os intermediários, especialmente os varejistas, superam essa discrepância de quantidade.
- **Manutenção de estoques**. Como os fabricantes não podem fazer produtos sob demanda, o canal deve prever a armazenagem de produtos para compra e uso futuros. Ao manter os estoques, os intermediários superam essa discrepância temporal (tempo). Note que isso não se aplica aos serviços, tais como cortes de cabelo ou voos de avião, nos quais o produto é produzido e consumido simultaneamente.
- **Conveniência de locais**. Como fabricantes e clientes são separados geograficamente, o canal deve ultrapassar essa discrepância espacial, tornando os produtos disponíveis em locais convenientes.
- **Prestação de serviços**. Canais agregam valor aos produtos por meio da oferta de serviços facilitadores (por exemplo, seguro, armazenamento, financiamento) e que padronizam o processo de troca (por exemplo, processamento de pagamento, entrega, preços).

Com a exceção de serviços altamente intangíveis, como consultoria, educação ou aconselhamento, o cumprimento dessas funções ocorre em todos os canais de marketing. Além disso, essas funções devem ser cumpridas para que o canal opere de forma eficaz. Não importa qual intermediário executa determinada função; o importante é que elas sejam executadas. Por exemplo, Sam's Club não vende a granel no sentido tradicional. Seus clientes compram em grandes quantidades depois as repartem após a compra. Além disso, muitas tendências emergentes em distribuição e na gestão da cadeia de fornecimento tornaram indistintas as responsabilidades dos diferentes intermediários. Hoje, os grandes varejistas são, essencialmente, um canal de distribuição de balcão único. Devido a seu imenso tamanho e capacidade de volume de compra, essas empresas cumprem agora praticamente todas as funções do canal tradicional.

Estrutura de canal de marketing. Há muitas opções estratégicas para a estrutura de um canal de marketing. A implantação dessas estratégias são muitas vezes complexas e muito caras. No entanto, uma boa estratégia de distribuição é essencial para o sucesso porque, uma vez que uma empresa seleciona um canal e se compromete com ele, a distribuição muitas vezes torna-se altamente inflexível devido a contratos de longo prazo, investimentos consideráveis e compromissos entre os membros do canal. Há três opções estruturais básicas para a distribuição em termos de quantidade de cobertura de mercado e nível de exclusividade entre o fornecedor e o varejista:

- **Distribuição exclusiva**. É o tipo mais restritivo de cobertura de mercado. As empresas que utilizam essa estratégia concedem a um comerciante ou loja o direito exclusivo de vender um produto dentro de uma região geográfica definida.
- **Distribuição seletiva**. Empresas que a utilizam concedem a diversos comerciantes ou lojas o direito de vender um produto em uma região geográfica definida. A distribuição seletiva é desejável quando os clientes precisam da oportunidade de comparar lojas e quando os serviços de pós-venda são importantes.
- **Distribuição intensiva**. Disponibiliza um produto em um número máximo de comerciantes ou lojas em cada área para ganhar o máximo de exposição e tantas oportunidades de vendas quanto possíveis.

A estrutura de canal está claramente ligada a outros elementos do programa de marketing e pode ser uma parte integrante da estratégia de marca e posicionamento do produto. Por exemplo, a distribuição exclusiva é comumente associada com produtos de prestígio, grandes equipamentos industriais ou com empresas que tentam conferir a seus produtos uma imagem exclusiva ou de prestígio (por exemplo, BMW, Jaguar e Mercedes). Empresas que buscam a distribuição exclusiva geralmente têm como alvo um único e bem definido segmento de mercado. A distribuição seletiva é usada em muitas categorias de produtos, incluindo ves-

A linha Clinique de produtos cosméticos de luxo é um exemplo de um produto disponibilizado por distribuição seletiva.

tuário (Tommy Hilfiger), cosméticos (Clinique), eletrônicos (Bose), franchising (McDonald's) e alimentos premium para animais (Science Diet). Essas e outras empresas selecionam cuidadosamente a imagem e práticas de venda dos comerciantes para garantir que coincidam com as do fabricante e seus produtos. A distribuição intensiva é a melhor opção para a maioria dos produtos de consumo de conveniência, tais como doces, refrigerantes, medicamentos com venda sem receita ou cigarros, e empresariais, tais como material de escritório, papel e cartuchos de toner. Para obter visibilidade e volume de vendas, o fabricante deve abrir mão de um alto grau de controle sobre os preços e exposição do produto. Se um cliente não pode encontrar os produtos de uma empresa em determinado local, eles simplesmente vão substituí-los por outras marcas para satisfazer sua necessidade.

Poder na cadeia de fornecimento. A verdadeira integração na cadeia de fornecimento requer uma mudança fundamental na forma como os membros do canal trabalham em conjunto. Entre essas mudanças está mudança de uma atitude competitiva "ganha-perde" para uma abordagem de colaboração "ganha-ganha", em que há uma percepção comum de que todas as empresas da cadeia de fornecimento devem prosperar. Considere a Toro Company, que vende equipamentos de manutenção de gramado, sistemas de irrigação, equipamentos de jardinagem e produtos de jardins para mercados profissionais e residenciais. Isso requer muitos distribuidores e revendedores diferentes (muitos dos quais são muito pequenos), bem como fornecimento de produtos para grandes varejistas nacionais, como Home Depot. Se um dos produtos da Toro é disponibilizado no Home Depot, provavelmente terá um preço de varejo inferior (devido à compra em grandes quantidades) que o mesmo produto ou similar em uma loja de tratores local. Essa situação claramente não é interessante para a empresa local que, por isso, vai se esforçar para colocar seus interesses à frente dos demais na cadeia de fornecimento. No entanto, a loja de tratores local também entende que deve fazer a manutenção dos equipamentos Toro, não importa onde tenham sido adquiridos, se deseja continuar sendo um serviço de assistência certificado. Para a empresa local, colocar as necessidades da cadeia de fornecimento à frente de suas próprias necessidades pode criar tensões e conflitos com a Toro Company. Em situações como essa, cada empresa vai demonstrar um grau diferente de autoridade ou poder na gestão ou controle das atividades da cadeia de fornecimento. Há cinco fontes básicas de poder em uma cadeia de fornecimento:[13]

- **Poder legítimo**. Essa fonte de poder é baseada na posição da empresa na cadeia de fornecimento. Historicamente, fabricantes exerceram a maior parte do poder legítimo, mas esse equilíbrio de poder mudou para os varejistas na década de 1990. Na economia atual, estes ainda exercem uma grande quantidade de poder, mas os consumidores estão claramente no comando.

- **Poder de recompensa**. A capacidade de ajudar outras partes a alcançar suas metas e seus objetivos é o cerne do poder de recompensa. Esta pode vir em termos de vendas em maior volume, com margens mais favoráveis ou ambos. Vendedores individuais na ponta final do canal podem ser recompensados com pagamentos em dinheiro, mercadorias ou férias para obter uma apresentação mais favorável dos produtos de um fabricante ou atacadista.

- **Poder coercivo**. A capacidade de tirar proveito ou infligir punição a outros membros do canal. Por exemplo, um fabricante pode retardar entregas ou adiar a disponibilidade de algumas porções de uma linha de produtos a um atacadista ou varejista. Da mesma forma, um varejista pode decidir não disponibilizar, não promover ou colocar um produto numa posição desfavorável em suas prateleiras.

- **Poder de informação**. Ter e partilhar conhecimentos é a raiz do poder de informação. Tal conhecimento faz com que os membros do canal sejam mais eficazes e eficientes. O poder de informação pode decorrer de conhecimento sobre previsões de vendas, tendências de mercado, inteligência competitiva, usos e taxas de utilização de produtos ou outras informações importantes. Em muitas cadeias de fornecimento, os varejistas possuem maior poder de informação porque sua proximidade com os clientes lhes dá acesso a dados e informações difíceis de obter de outras fontes.

- **Poder de referente.** Tem a sua base nas relações pessoais e no fato de que uma parte gosta de outra. Desde muito tempo se diz que compradores gostam de fazer negócios com vendedores dos quais gosta de estar perto. Isso ainda é verdade, mas o poder de referente cada vez mais tem suas raízes em empresas que querem associar-se a outras, em oposição aos relacionamentos individuais um a um. Culturas, valores e até mesmo sistemas de informação similares podem levar ao desenvolvimento de poder de referente.

Membros poderosos do canal têm a capacidade de fazer com que outras empresas façam coisas que de outra forma não fariam. Dependendo de como o membro do canal usa sua influência, o poder pode criar conflito considerável ou pode fazer com que toda a cadeia de fornecimento opere de forma mais perfeita e eficaz. Hoje, grandes varejistas de desconto, como Walmart, Costco e Target, e varejistas focados em determinada categoria de produtos (também conhecidas como exterminadores de categoria ou category killers), tais como Best Buy, Barnes & Noble, Office Depot e AutoZone, detêm o poder na maioria dos canais de consumo. O tamanho e o poder de compra dessas empresas permite-lhes exigir concessões de preços dos fabricantes. Eles também realizam suas próprias funções de venda por atacado, portanto, recebem descontos comerciais tradicionalmente reservados para os verdadeiros atacadistas. Da mesma forma, o seu controle sobre o espaço de prateleira no varejo lhes permite ditar quando e onde serão introduzidos novos produtos. Os fabricantes geralmente devem pagar pesadas taxas, chamadas de subsídios de varejo, apenas para conseguir colocar um único produto nas prateleiras das lojas. Finalmente, sua proximidade com milhões de clientes permite que esses grandes varejistas coletem informação valiosa no ponto de venda. Como mencionado anteriormente, o controle da informação é um bem valioso e uma fonte de poder em praticamente todas as cadeias de fornecimento.

Tendências na Estratégia da Cadeia de Fornecimento

Além das questões estratégicas da cadeia de fornecimento discutidas até este ponto, uma série de tendências moldou a estrutura de canais de marketing e a forma como a cadeia de fornecimento funciona. Nesta seção, vamos examinar algumas dessas tendências.

Melhorias tecnológicas. Avanços significativos no processamento de informação e comunicação digital criaram novos métodos de colocação e atendimento de pedidos para compradores empresariais e consumidores. O crescimento da internet e do comércio eletrônico é o sinal mais evidente dessas mudanças. Pelo fato de compradores empresariais e consumidores abraçam mais plenamente essas tecnologias, espera-se que o crescimento do comércio eletrônico prospere. Por exemplo, o comércio eletrônico foi responsável por menos de 20% das transações no setor manufatureiro em 2002. Hoje, esse número é de mais de 46%. No setor do comércio por atacado, ele responde por cerca de 25% de todas as transações. Por outro lado, o comércio eletrônico representa apenas 4,4% de todas as transações de varejo e apenas 2,3% das operações em indústrias baseadas em serviços. Ainda assim, nesses mercados de consumo está crescendo em cerca de 16% ao ano. Essas estatísticas mostram que o comércio eletrônico ainda tem muito espaço para crescer, especialmente nos mercados de consumo.[14]

Outra tecnologia promissora é a identificação por radiofrequência (RFID), que envolve o uso de minúsculos chips de computador com transmissão de rádio que podem ser anexados a um produto ou a sua embalagem. Os sinais de rádio refletidos pelo chip podem ser usados para controlar os níveis de estoque e deterioração do produto ou impedir o roubo. Eles também podem ser usados para verificação geral instantânea de todo um carrinho de compras cheio de produtos. Como abordado no boxe *Além das Páginas 6.3*, grandes varejistas e fabricantes de bens embalados adotaram a RFID, que substituirá os códigos de barras como um meio para controlar o estoque.[15] Inovações em tecnologias de comunicação baseadas na internet, tais como posicionamento global, também estão levando equipamento ferroviário e rodoviário a um novo patamar de serviço na integração da cadeia de fornecimento.

Terceirização de funções do canal. Terceirização ou outsourcing, ou seja, deslocar atividades de trabalho para empresas externas à firma, é uma tendência crescente em muitas indústrias e cadeias de abastecimento diferentes.[16] No passado, a terceirização era usada principalmente como uma forma de corte de despesas associadas com mão de obra, transporte ou outros custos indiretos. Atualmente, embora o corte de gastos ainda seja um fator principal, o desejo de muitas empresas de concentrar-se em competências essenciais impulsiona a terceirização. Ao terceirizar atividades não essenciais, as empresas podem melhorar seu foco sobre o que fazem melhor, liberar recursos para outros fins e aumentar a diferenciação do produto, conduzindo a maiores oportunidades para desenvolver e manter vantagens competitivas. Os custos horários de mão de obra em países como China, Índia e México são muito menores do que nos Estados Unidos ou na Europa. Esses países em desenvolvimento têm melhorado suas capacidades de fabricação, infraestrutura e competências técnicas e de negócios, tornando-as regiões mais atrativas para o fornecimento em escala global.

Por outro lado, custos e riscos da terceirização de outro lado do mundo devem ser levados em consideração. Empresas que terceirizam abrem mão de uma certa quantidade de controle sobre fatores-chave como segurança dos dados e qualidade do serviço prestado aos clientes. Para combater tais problemas, muitas empresas mudaram da terceirização para a deslocalização de suas próprias atividades. Elas criam suas próprias operações em outros países (chamadas cativas), onde os salários são mais baixos para lidar com processos de negócios. O ANZ Bank (Austrália e Nova Zelândia Banking Group), por exemplo, usa uma operação de deslocalização na Índia para lidar com processamento de back-office para cartões de crédito, hipotecas, gestão de riqueza, recursos humanos e desenvolvimento de TI.[17]

Como ilustrado na Figura 6.8, a tecnologia da informação é a principal atividade terceirizada atualmente. No entanto, firmas estão deslocando processos de suporte para empresas externas. Tais processos incluem atividades administrativas, de distribuição, recursos humanos, análise financeira, call centers e até mesmo vendas e marketing. Quando uma empresa tem necessidades significativas e experiência interna insuficiente, a importância da terceirização vai aumentar. Por exemplo, toda uma indústria conhecida como 3PLs (fornecedores de logística de terceiros) surgiu nos Estados Unidos e na Europa, onde varejistas passaram a buscar peritos externos como uma forma de reduzir custos e tornar seus produtos mais facilmente disponíveis. De fato, cerca de 77% das empresas da *Fortune* 500 usam 3PLs para gerenciar estoques e lidar com o movimento físico de produtos na cadeia de fornecimento para garantir que os itens estarão nas quantidades certas e nos lugares certos quando necessário.[18]

O crescimento dos canais não tradicionais. Embora o canal de marketing tradicional do fabricante para o atacadista e, em seguida, para o varejista continue bem vivo, a demanda dos clientes por preços mais baixos e maior comodidade tem pressionado todos os intermediários de canal a justificar sua existência. Cada vez

ALÉM DAS PÁGINAS 6.3

Vantagens da Cadeia de Fornecimento do Walmart[19]

O Walmart Stores Inc., o maior varejista do mundo, é, possivelmente, a empresa mais controversa nos Estados Unidos. Com mais de 10.000 lojas em nível mundial, vendas de mais de US$ 444 bilhões em 2012 e cerca de 2,2 milhões de funcionários em todo o mundo (destes, 1,4 milhão são trabalhadores norte-americanos), o gerenciamento de relacionamentos com stakeholders é um grande desafio. O Walmart, um varejista em que uma família média economiza cerca de US$ 2.300 por ano, tem seus críticos. A empresa afirma que está empenhada em melhorar o padrão de vida de seus clientes em todo o mundo. Sua estratégia-chave é oferecer um amplo sortimento de mercadorias e serviços de qualidade por preços baixos todos os dias, ao mesmo tempo que promove uma cultura que afirma recompensar e abraçar o respeito mútuo, a integridade e a diversidade. O Walmart utiliza os dados que coleta sobre os clientes, bem como os dados coletados ao longo de seu sistema de distribuição para manter sua vantagem competitiva e baixos custos.

O Walmart não é apenas o maior varejista do mundo, também opera o maior armazenamento de dados do mundo, um sistema de coleta e armazenamento de dados em toda a organização que reúne dados de todos os sistemas críticos de funcionamento da empresa, bem como fontes de dados externas selecionadas. O armazenamento de dados do Walmart contém mais de 2.000 terabytes (ou 2 petabytes) de dados com informações de vendas em cada item que vende (cerca de 200 milhões de transações por semana).

O Walmart coleta uma série de dados sobre produtos e clientes, principalmente de scanners de verificação geral em sua loja de desconto Walmart e nas lojas de adesão Sam's Club. Funcionários e gestores também podem usar unidades portáteis para coletar dados de estoque adicionais. A empresa armazena os dados detalhados e os classifica em categorias, tais como produto, loja individual ou região. O sistema também serve de base para o sistema de apoio à decisão Retail Link entre o Walmart e seus fornecedores. O Retail Link permite que alguns fornecedores, como a Kraft, acessem dados sobre o desempenho de vendas de seus produtos em lojas do Walmart.

A abundância de dados coletada pelo Walmart ajuda a impulsionar enormemente a eficiência ao compatibilizar o fornecimento e a demanda do produto. Por exemplo, essa informação ajudou a empresa a determinar o estoque não só de lanternas, mas também de Strawberry Pop-Tarts, biscoitos recheados com geleia de morango, antes que um furacão atingisse a costa. (Parece que as vendas Pop-Tart aumentam até sete vezes com a proximidade de um furacão.) Os dados também podem ajudar a empresa a acompanhar o desempenho do fornecedor, definir os preços ideais e até mesmo determinar quantos caixas abrir em determinada loja em determinado dia. Mais importante, ajuda a evitar que o varejista fique com muito estoque ou não tenha o suficiente para satisfazer a demanda.

A tecnologia é uma força motriz na eficiência operacional que reduz os custos para o Walmart. O sistema de acompanhamento de mercadorias usa a RFID para assegurar que um produto possa ser rastreado a partir do momento em que sai do armazém do fornecedor até o momento em que entra e sai de uma loja Walmart. A empresa começou a usar o RFID em 2004, insistindo que seus 100 principais fornecedores adotassem a tecnologia. A adoção pelos fornecedores tem sido desacelerada porque, para eles, o custo é muito maior do que para o Walmart (fornecedores devem comprar etiquetas RFID de forma contínua, enquanto o Walmart só precisa de um sistema para ler as etiquetas). O custo para adotar e implantar a tecnologia RFID tem sido estimado em cerca de US$ 9 milhões por fornecedor.

O RFID ajuda o Walmart a manter suas prateleiras abastecidas e reduz a perda de produtos de varejo na medida em que eles percorrem ao longo da cadeia de fornecimento. O RFID no Walmart resultou em uma redução direta de 16% em rup-

▶▶

turas e uma queda de 67% nos tempos de reabastecimento. Quando os clientes passam pelos caixas, o sistema RFID rapidamente combina dados de ponto de venda em suas compras com dados gerados por RFID sobre o que está disponível no estoque para produzir listas de seleção criadas automaticamente em tempo real. Ele também garante que os fornecedores serão notificados quando os produtos forem vendidos e pode garantir que sempre haja o suficiente de um produto em uma loja particular.

Essa estratégia também resulta em economias de tempo e trabalho porque funcionários do Walmart já não precisam escanear prateleiras para determinar o que está fora de estoque, nem as caixas que chegam ao armazém. Os scanners identificam paletes de entrada e traduzem os dados em modelos de previsão do banco de dados de gerenciamento da cadeia de fornecimento para tratar os itens fora de estoque e reduzir confusões de estocagem.

FIGURA 6.8 Tendências na Terceirização

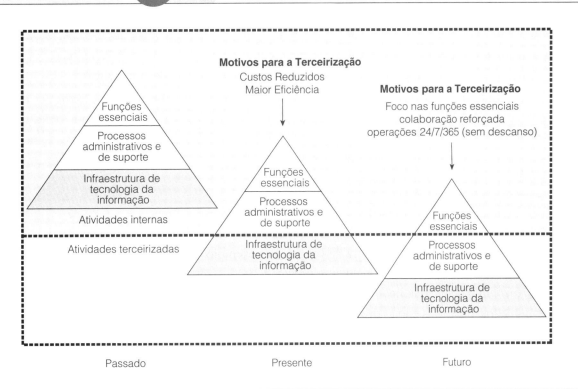

Fonte: Adaptada de Edward W. Davis e Robert E. Speckman, *The Extended Enterprise* (Upper Saddle River, NJ: Prentice Hall Financial Times, 2004), p. 111, baseada na informação de Forrester Research, Inc.

que um intermediário diferente lida com um produto, o custo para os clientes finais aumenta. Isso coloca uma grande dose de pressão descendente sobre as margens de lucro, uma vez que as empresas lutam para equilibrar sua necessidade de lucro com a necessidade de oferecer bom valor e preços justos aos clientes. Sob tais circunstâncias, o canal geralmente evolui para uma forma mais direta. Tenha em mente, contudo, que a evolução do canal não substitui ou altera as funções básicas que todos os canais devem executar (por exemplo, triagem, quebra a granel, manutenção de estoque etc.). Mesmo após a eliminação de determinados intermediários de canal, outras empresas, ou mesmo o cliente, terão que entrar e cumprir essas funções básicas.

Diversos canais não tradicionais surgiram para expandir as oportunidades de distribuição mais direta. O exemplo de mais rápido crescimento dessa tendência é o comércio eletrônico. No entanto, existem outras formas de distribuição direta que ocorrem fora das lojas físicas tradicionais:

- **Catálogo e marketing direto**. Alguns dos comerciantes diretos mais populares e bem-sucedidos, incluindo Lands' End, J. Crew, IKEA, Cabela e GEICO Seguradora, são empresas de venda por catálogo e marketing direto.

- **Venda direta**. Esses comerciantes vendem por meio do contato face a face com os vendedores. Exemplos incluem Avon, Tupperware, Discovery Toys e Pampered Chef. A Avon é de longe a maior empresa com mais de US$ 11 bilhões em vendas por ano.

- **Redes de compras domésticas**. Redes como a QVC e o Home Shopping Network atendem milhões de clientes satisfeitos por semana.

- **Venda automática**. A vantagem de venda automática é a disponibilidade do produto 24/7/365 (24 horas por dia, 7 dias por semana, 365 dias por ano) em praticamente qualquer local. Apesar de refrigerantes representarem mais de 50% das vendas automáticas, produtos como flores, pasta de dentes, filmes e isca de pesca já podem ser comprados em máquinas de venda automática.

- **Propaganda de resposta direta**. Muitas empresas vendem música, brinquedos e livros por meio de comerciais de televisão e números de telefone 0800. Uma das maiores é Time Life, que vende milhões de livros, CDs e DVDs por ano. Infomerciais, uma mistura de propaganda, programa de notícias e documentário, também são programas populares para produtos como aparelhos de ginástica e utensílios de cozinha.

Para os fabricantes, um dos benefícios dos canais não tradicionais é a capacidade de oferecer duas ou mais linhas de uma mesma mercadoria em dois ou mais canais (muitas vezes chamado de distribuição dupla), aumentando assim a cobertura de vendas. Por exemplo, a Hallmark vende sua linha Hallmark altamente respeitada de cartões principalmente por meio de distribuição seletiva em lojas Hallmark. Por outro lado, disponibilizam suas linhas de cartões Ambassador e Shoebox Greetings numa base intensiva em supermercados, drogarias e lojas de descontos. Além disso, oferece cartões impressos e digitais on-line. No entanto, uma das consequências da utilização de múltiplos canais é que ela aumenta o risco de desintermediação, no qual os clientes lidam diretamente com os fabricantes e ignoram intermediários de canais tradicionais. Consequentemente, a utilização de múltiplos canais pode criar conflitos entre o fabricante e seus parceiros da cadeia de fornecimento. Por exemplo, a Apple vende os mesmos produtos em sua loja on-line, suas lojas físicas, grandes varejistas (Best Buy, Walmart, Target) e na Amazon, entre outros. É bastante comum os clientes darem uma olhada nos produtos da Apple em lojas de varejo e, em seguida, efetivar a compra on-line na Apple ou na Amazon (às vezes até mesmo dentro da própria loja). Preços baixos da Amazon, frete grátis e ausência de imposto de vendas em muitos estados também colocam lojas físicas em desvantagem. Por essas razões, os fabricantes devem pesar cuidadosamente os benefícios da distribuição dupla em relação a seus potenciais inconvenientes.

Comunicação Integrada de Marketing

Sem dúvida, as comunicações de promoção e marketing são os elementos mais onipresentes do programa de marketing de qualquer empresa. Isso não é surpreendente porque atividades promocionais são necessárias para comunicar características e benefícios de um produto aos mercados-alvo da empresa. Comunicações de marketing incluem envio e compartilhamento de significado entre compradores e vendedores, quer como indivíduos, empresas ou entre indivíduos e empresas. Comunicação Integrada de Marketing (CIM) refere-se à utilização estratégica e coordenada de promoção para criar uma mensagem consistente em vários canais para garantir o máximo impacto persuasivo sobre clientes atuais e potenciais da empresa. A CIM tem uma visão de 360 graus do cliente, que considera todo e qualquer contato que um cliente ou potencial cliente possa ter em seu relacionamento com a empresa. A chave para a CIM é a consistência e a uniformidade de mensagens em todos os elementos promocionais, conforme mostrado na Figura 6.9.

Devido às muitas vantagens associadas com a CIM, a maioria das empresas adotou o marketing integrado como base de suas estratégias de comunicação e promoção. Ao coordenar todos os "pontos de contato" de comunicação, as empresas que utilizam a CIM transmitem uma imagem de conhecimento e preocupação autênticos com seus clientes que se pode traduzir em relacionamentos de longo prazo. Da mesma forma, a CIM reduz custos e aumenta a eficiência, pois pode reduzir ou eliminar redundâncias e resíduos no programa promocional global. Muitas empresas adotaram a CIM porque a propaganda da mídia de massa tornou-se mais cara e menos previsível do que no passado. Como discutido no boxe *Além das Páginas 6.4*, as empresas estão sendo forçadas a adotar novas estratégias de marketing, pois o avanço da tecnologia e das preferências do cliente estão ameaçando tornar as formas tradicionais de promoção obsoletas. Muitas empresas também estão adotando a tecnologia no sentido de orientar os clientes diretamente por meio de colocação de produtos e promoção on-line. Esse aumento do foco em clientes individuais requer que o programa promocional geral também seja integrado e focado.

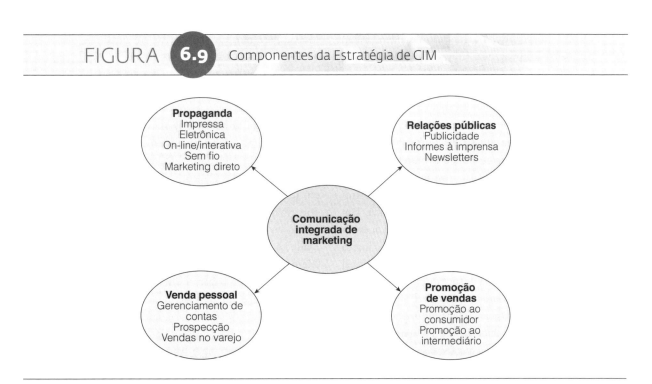

FIGURA 6.9 Componentes da Estratégia de CIM

© 2013 Cengage Learning

ALÉM DAS PÁGINAS 6.4

A Fragmentação Muda para Sempre a Propaganda[20]

A crescente fragmentação das audiências de consumidores mudou para sempre a forma como a mídia e os anunciantes fazem negócios. O problema é que a atenção dos consumidores está sendo dispersa por uma crescente variedade de meios de comunicação e opções de entretenimento, incluindo internet, programação a cabo, video-on-demand, DVR, iPods/iPads, jogos de vídeo, filmes e dispositivos móveis, como smartphones. Hoje, o público de massa está diminuindo rapidamente, uma vez que os consumidores despendem menos tempo com a mídia tradicional, como televisão, revistas e jornais. Os consumidores agora esperam usar a mídia sempre e onde quer que eles queiram e em qualquer dispositivo. Eles já não estão associados com a programação completa da televisão ou com o prazer da leitura de um jornal. Para os anunciantes, a tendência é alarmante, porque seus grupos demográficos tradicionais estão cada vez mais fragmentados. Por exemplo, o número de homens de 18 a 34 anos de idade que assiste à televisão no horário nobre tem diminuído de forma constante desde 2000. Quem assiste à televisão usa cada vez mais dispositivos de gravação de vídeo (DVR) para saltar a propaganda. Hoje, o uso de DVR representa 8% de toda a audiência de TV nos EUA, mais do que jogos de vídeo e DVDs.

Essas mudanças estão forçando as empresas a se adaptarem procurando descobrir novas e mais eficazes formas para atingir seu público-alvo. Uma maneira que as empresas estão usando para contra-atacar a tendência é ligar a promoção de vendas a mercados-alvo por meio de uma integração estratégica na programação de mídia relacionada. Um patrocínio da empresa na programação ou em eventos pode permitir uma conexão estreita entre a marca e o mercado-alvo. Por exemplo, o *Top Chef* do canal Bravo tem uma parceria de sucesso com Toyota, Clorox, *Food & Wine Magazine*, Campbell Soup, Diet Dr. Pepper e Quaker. Oportunidades de patrocínio como essas funcionam melhor do que a propaganda tradicional, especialmente no que se refere à lembrança da

marca. O Bank of America, por exemplo, atinge um recall médio surpreendente de 39% quando patrocina um evento esportivo. A Nike (21%), a Buick (14%), a American Express (13%) e a FedEx (11%) relataram sucessos similares com patrocínios esportivos.

Além do patrocínio puro e simples de programas populares, as empresas fazem acordos com redes de televisão aberta e a cabo, bem como estúdios de cinema, para inserir seus produtos nos programas e filmes reais. A inserção de produtos em programas tem sido bem-sucedida em atingir os consumidores enquanto estão sendo entretidos, e não durante os intervalos comerciais competitivos. A programação de reality em particular tem se encaixado naturalmente na evidência do produto (product placement) devido à estreita interação entre os participantes e os produtos (por exemplo, Coca-Cola e *American Idol*, Sears e *Extreme Makeover: Home Edition*). Além disso, dezesseis marcas foram destacadas no filme de recente sucesso, *Os Vingadores*. A Acura, em particular, assinou um contrato multi-imagem com a Marvel para mostrar seus carros em próximos filmes.

As próprias empresas de mídia também foram forçadas a se adaptar, principalmente por meio da fragmentação de seus modelos de conteúdo e de negócios, para se adequar às suas audiências fragmentadas. Uma maneira que as empresas têm usado para abordar o problema é disponibilizar seu conteúdo em múltiplas plataformas. A CBS, por exemplo, testou pela primeira vez fazer sua transmissão do Torneio de Basquetebol da NCAA de 2008 em difusão ao vivo na internet. O serviço, chamado March Madness on Demand, atraiu cerca de 5 milhões de telespectadores on-line e mais de US$ 30 milhões em receitas de propaganda durante o torneio. Mais recentemente, a CBS mudou para um modelo pago chamado March Madness Live. Por US$ 3,99, os fãs podem assistir a transmissões de alta qualidade em seus dispositivos Apple e Android. Os jogos ainda

▶▶

estavam disponíveis gratuitamente no CBSSports.com. Como esses e outros exemplos ilustram, a chave para atender às demandas dos públicos-alvo fragmentados é desagregar o conteúdo e torná-lo disponível em um estilo à la carte. Os consumidores preferem acessar conteúdos (músicas, filmes, programas de TV, notícias), quando, onde e como querem sem ter que comprar álbuns inteiros, programas ou redes.

Apesar dos desafios de alcançar audiências fragmentadas, a tendência tem realmente um grande benefício lateral. A ciência por trás das classificações tradicionais de transmissão de televisão e mensuração de audiência sempre foi incerta. Com serviços on-demand, os anunciantes são capazes de medir com precisão as características da audiência, se o conteúdo é entregue pela internet, por cabo ou dispositivos sem fio. Esse golpe duplo de lucros e mensuração precisa poder marcar a morte do tradicional anúncio de 30 segundos de televisão no horário nobre.

Questões Estratégicas na Comunicação Integrada de Marketing

Ao selecionar elementos a serem incluídos no programa de CIM, é importante ter uma perspectiva holística, que coordena não apenas todos os elementos promocionais, mas também o programa de CIM com o restante do programa de marketing (produto, preço e estratégia da cadeia de fornecimento). Essa abordagem permite que uma empresa comunique uma mensagem consistente para atingir os clientes de todos os ângulos possíveis, maximizando assim o impacto total sobre eles. Por exemplo, se a campanha de propaganda enfatiza a qualidade, a força de vendas fala sobre preço baixo, a cadeia de fornecimento promove ampla disponibilidade e o site salienta a inovação de produtos, em que o cliente deve acreditar? Não podendo ver como um produto pode oferecer todos esses benefícios, é provável que o cliente fique confuso e escolha um concorrente com uma mensagem mais consistente.

Com bastante frequência, as empresas correm para lançar uma intensa campanha de CIM sem objetivos promocionais claros. A grande maioria das atividades de promoção não gera resultados a curto prazo, de modo que as empresas devem se concentrar em objetivos promocionais de longo prazo e ter paciência para continuar o programa em tempo suficiente para avaliar seu verdadeiro sucesso. É preciso uma grande quantidade de tempo, esforço e recursos para construir uma sólida posição no mercado. Promoção com base apenas na criatividade, sem relação com o resto da estratégia de marketing, pode desperdiçar recursos de marketing limitados e valiosos.

Em última análise, metas e objetivos de qualquer campanha promocional culminam com a compra de bens ou serviços por parte do mercado-alvo. O modelo clássico para traçar objetivos promocionais e alcançar esse resultado final é o modelo AIDA, que significa atenção, interesse, desejo e ação:

- **Atenção**. Empresas não podem vender produtos se os membros do mercado-alvo não sabem que eles existem. Como resultado, a primeira grande meta de qualquer campanha promocional é atrair a atenção de potenciais clientes.

- **Interesse**. Atrair a atenção raramente vende produtos. Por isso, a empresa deve despertar o interesse pelo produto demonstrando suas características, seus usos e seus benefícios.

- **Desejo**. Para ter sucesso, as empresas devem fazer os clientes potenciais irem além do mero interesse pelo produto. A boa promoção vai estimular o desejo dos potenciais clientes e convencê-los da superioridade do produto e de sua capacidade de satisfazer necessidades específicas.

- **Ação**. Depois de convencer os potenciais clientes a comprar o produto, a promoção deve, em seguida, levá-los à compra real.

O papel e a importância dos elementos promocionais específicos variam de acordo com os passos do modelo AIDA. Elementos de comunicação de massa, como a propaganda e relações públicas, tendem a ser usados mais fortemente para estimular a consciência e o interesse devido à sua eficiência em atingir um grande número de clientes potenciais. Junto com a propaganda, atividades de promoção de vendas, tais como amostras ou demonstrações de produtos, são vitais para estimular o interesse pelo produto. A eficácia da reforçada comunicação de venda pessoal a torna ideal para levar clientes potenciais do desejo interno para a ação. Outras atividades de promoção de vendas, tais como exposição de produtos, cupons e embalagens de amostra, são bem adequadas para levar os clientes ao ato final de fazer uma compra.

Paralelamente à questão de metas e objetivos promocionais, a empresa também deve considerar seus objetivos promocionais em relação à cadeia de fornecimento. Em essência, a empresa deve decidir se vai usar uma estratégia de pull (puxar), push (empurrar) ou alguma combinação de ambos. Quando usam uma estratégia de pull, as empresas concentram seus esforços promocionais para estimular a demanda entre os consumidores finais, que, em seguida, exercem pressão sobre a cadeia de fornecimento para encomendar o produto. O uso coordenado de pesada propaganda, relações públicas e promoção de vendas para o consumidor tem o efeito de puxar produtos ao longo da cadeia de fornecimento, daí o seu nome. Em uma estratégia de push, os esforços promocionais se concentram sobre os membros da cadeia de fornecimento, tais como atacadistas e varejistas, para motivá-los a gastar mais tempo e esforço em vender o produto. Essa estratégia baseia-se fortemente na venda pessoal e promoção de vendas para empurrar produtos ao longo da cadeia de fornecimento até os clientes finais.

Coordenar elementos promocionais dentro do contexto de todo o programa de marketing requer uma compreensão completa do papel, da função e dos benefícios de cada elemento. As vantagens e desvantagens de cada elemento devem ser cuidadosamente equilibradas em relação ao orçamento promocional e a metas e objetivos de CIM da empresa. Para garantir uma mensagem constante e sinérgica para os clientes-alvo, a empresa deve finalmente decidir como medir cada elemento promocional na estratégia de CIM geral. As próximas seções analisam mais de perto os quatro elementos-chave que compõem a maioria dos programas da CIM.

Propaganda

A propaganda é um componente-chave da promoção e geralmente é um dos elementos mais visíveis de um programa de comunicação integrada de marketing. Propaganda é comunicação paga, não pessoal, transmitida por meios como televisão, rádio, revistas, jornais, mala-direta, outdoors, internet e dispositivos móveis. A Figura 6.10 descreve as novas tendências nos meios de propaganda dos EUA. Note que depois de um enorme crescimento na última década, os gastos com propaganda na internet têm diminuído fortemente. Jornais, revistas e rádio continuam a luta contra declínios significativos nas receitas de anúncios. Esse padrão de gastos segue tendências no uso de meios de comunicação, uma vez que os consumidores estão despendendo mais tempo on-line e menos com a mídia tradicional. O principal ponto de destaque em números recentes de gastos com anúncios é o crescimento na propaganda em língua espanhola. Isso não é surpreendente, considerando o rápido crescimento da população hispânica nos Estados Unidos. Além disso, os hispânicos detêm quase US$ 1 trilhão em poder de compra, um número que deverá aumentar para US$ 1,5 trilhão em 2015. Até lá, os hispânicos serão responsáveis por 11% do poder de compra total nos Estados Unidos.[21]

FIGURA 6.10 — Mudança nos Gastos com Propaganda Medidos nos EUA, 2010-2011

Setor de Mídia	Mudança Percentual
Televisão	2,4
• Aberta	−2,0
• Cabo	7,7
• Spot televisivo	−4,5
• Redifusão	15,4
• Língua espanhola	8,3
Revistas	−0,4
• Consumidor	0,0
• B-to-B	0,8
• Domingo	−7,2
• Local	−2,9
• Língua espanhola	24,9
Jornal	−3,7
• Local	−3,8
• Nacional	−3,6
• Língua espanhola	1,9
Internet	0,4
• Busca paga	−2,8
• Exibição	5,5
Rádio	−0,6
Mídia outdoor	6,5

Fonte: Kantar Media <http://kantarmediana.com/intelligence/press/us-advertising-expenditures-increased-08-percent-2011>. Acesso em: 12 de março de 2012.

Com o declínio no uso da mídia tradicional, os anunciantes estão acelerando o uso de métodos de propaganda baseados na internet. Como mostrado na Figura 6.11, a maior parte dos gastos com propaganda na internet, que agora totaliza quase US$ 32 bilhões nos EUA, vem da propaganda de busca (apesar do recente declínio observado na Figura 6.10), seguido pela exibição de anúncios/banners e anúncios classificados. O segmento de mais rápido crescimento é o de propaganda móvel com mais de 128% desde 2010. A maioria dos principais anunciantes na internet vêm do varejo (22% dos gastos), serviços financeiros (13%) e setores de telecomunicações (12%). Embora as empresas nestas indústrias e em outras desfrutem do grande número de impressões que podem ser geradas com a propaganda na internet, seus esforços sofrem com a natureza fugaz da maioria dos anúncios on-line. Fazer com que um cliente em potencial clique em um banner ou olhe para uma mensagem por mais de alguns segundos pode ser bastante desafiador.

Apesar das muitas vantagens da propaganda, sua utilização cria uma série de desafios para as empresas. Em primeiro lugar, a despesa inicial para a propaganda é geralmente bastante alta, especialmente para a televisão. Embora compras de mídia como horário no Super Bowl recebam muita atenção, o custo real de produção para um comercial de 30 segundos também pode ser caro (a média nos EUA é um pouco menos de US$ 400.000).[22] Em segundo lugar, muitas empresas têm dificuldade para determinar a quantidade correta de dinheiro para alocar em propaganda porque seus efeitos são difíceis de medir. Há muitos fatores que podem determinar a decisão de uma empresa sobre o nível adequado de verbas para atividades de propaganda, incluindo dimensão geográfica do mercado, distribuição ou densidade de clientes, tipos de produtos anuncia-

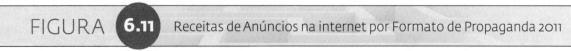

FIGURA 6.11 Receitas de Anúncios na internet por Formato de Propaganda 2011

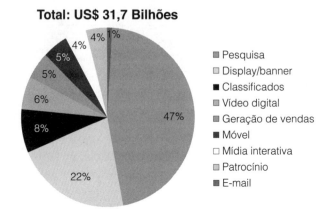

Fonte: "IAB internet Advertising Revenue Report 2011", Interactive Advertising Bureau, April 2012 <http://www.iab.net/media/file/IAB_internet_Advertising_Revenue_Report_FY_2011.pdf>.

dos, volume de vendas em relação à concorrência e orçamento da empresa. Enquanto definir um orçamento muito alto, obviamente, resultará em desperdício e lucros mais baixos, estabelecer o orçamento muito baixo pode ser pior. Empresas que não gastam o suficiente em propaganda têm muita dificuldade para se destacar em um mercado extremamente saturado na busca de atenção por parte do cliente.

Em terceiro lugar, é geralmente muito difícil avaliar a eficácia da propaganda. Muitos de seus efeitos e resultados levam um longo tempo para se desenvolver, especialmente em relação a resultados importantes, como melhoria na imagem da marca, reputação corporativa e atitudes positivas em relação a produtos. O efeito da propaganda sobre as vendas demora em alguns casos, ocorrendo muito depois de a campanha ter terminado. Métodos aparentemente infinitos que podem ser utilizados para avaliar a eficácia da propaganda complicam ainda mais a tarefa de medir seus resultados. Alguns métodos incluem avaliar a realização dos objetivos de propaganda, a eficácia da mensagem, de ilustrações e layouts, e a eficácia de vários meios de comunicação. Medidas de eficácia também podem analisar diferentes segmentos de mercado e suas respostas à propaganda, incluindo imagem de marca, atitudes em relação à propaganda, marca ou empresa, e comportamento de compra real do cliente.

Finalmente, a maioria das empresas luta com a linha tênue entre o que é e o que não é permitido em propaganda. Além de considerações culturais e estilísticas, as empresas devem considerar cuidadosamente como retratam seus produtos para os clientes em potencial. Por exemplo, a Federal Trade Commission multou tanto a Skechers (em US$ 40 milhões) como a Reebok (em US$ 25 milhões) por afirmações falsas sobre seus tênis. A FTC descobriu que ambas as empresas enganavam os consumidores com anúncios que afirmavam que o uso de seus tênis levaria a um corpo mais perfeito.[23] Apelos do produto também são importantes na propaganda comparativa, que ocorre quando uma empresa compara seu produto com um ou mais produtos concorrentes em relação a recursos ou benefícios específicos. A propaganda comparativa é comum em categorias de produtos como refrigerantes, automóveis, computadores e medicamentos sem prescrição médica. Em alguns casos, essa comparação é direta, como no teste de sabor do "Whopper Virgin" do Burger King, no qual a empresa apresentava pessoas que nunca tinham experimentado um hambúrguer antes comparando um Big

Mac do McDonald's com o Whopper do Burger King. Em outros casos, a comparação utilizada no anúncio é indireta ou implícita. A Procter & Gamble usa essa tática na promoção de suas lâminas de barbear Gillette como "O melhor que um homem pode obter". A comparação implícita, nesse caso, envolve todas as lâminas de barbear concorrentes no mercado. De acordo com as disposições do Trademark Law Revision Act, empresas que usam a propaganda comparativa devem garantir que ela não deturpe as características dos produtos concorrentes.

Relações Públicas

Relações públicas são um componente de atividades de assuntos corporativos de uma empresa. Seu objetivo é acompanhar as atitudes do público, identificar problemas que podem desencadear preocupação pública e desenvolver programas para criar e manter relações positivas entre a empresa e seus stakeholders. A empresa utiliza relações públicas para se comunicar com seus públicos de interesse pelas mesmas razões que desenvolve anúncios. Relações públicas podem ser usadas para promover a empresa, suas pessoas, ideias e sua imagem e pode até mesmo criar um entendimento compartilhado interno entre os funcionários. Como as atitudes de diferentes stakeholders em relação à firma afetam suas decisões, é muito importante manter uma opinião pública positiva.

As relações públicas podem melhorar a consciência geral do público em relação a uma empresa e podem criar imagens específicas, tais como qualidade, inovação, valor ou preocupação com questões sociais. Por exemplo, a New Belgium Brewery, em Fort Collins, Colorado, tem uma forte reputação por sua postura em eficiência e conservação ambiental. A cervejaria tem uma postura agressiva em relação à reciclagem e usa moinhos de vento para gerar eletricidade.[24] Da mesma forma, a Starbucks ganhou reconhecimento internacional por seu tratamento justo para com os funcionários. A empresa também foi a primeira varejista de café a estabelecer um código de conduta global para tratamento equitativo dos fornecedores agrícolas, pequenos agricultores que fornecem os grãos de café para seus produtos.

Empresas usam diversos métodos de relações públicas para transmitir mensagens e criar atitudes, imagens e opiniões. Relações públicas, por vezes, são confundidas com publicidade. Embora seja uma parte de relações públicas, a publicidade é mais estreitamente definida ao incluir atividades da empresa destinadas a ganhar a atenção da mídia por meio de artigos, editoriais ou notícias. Ao incentivar os meios de comunicação a informar sobre as realizações de uma empresa, a publicidade ajuda a manter a sensibilização positiva do público, a visibilidade e uma imagem desejada. A publicidade pode ser usada para uma única finalidade, tais como o lançamento de um novo produto ou abrandar a opinião do público sobre um evento negativo, ou para várias finalidades que tenham o intuito de melhorar muitos aspectos das atividades da empresa. Ter uma boa estratégia de publicidade é importante porque ela pode ter o mesmo efeito da propaganda, embora, geralmente, com maior credibilidade. Existem diferentes métodos utilizados em relações públicas e esforços de publicidade:

- **Informes ou comunicados (News ou Press Releases)**. Disponibilizam-se notícias para a imprensa ou outros destinatários com algumas páginas de texto, geralmente com menos de 300 palavras, usado para chamar a atenção para um evento, produto ou pessoa afiliada com a empresa. Os comunicados podem ser enviados a jornais, revistas, contatos de televisão, fornecedores, clientes-chave ou até mesmo os funcionários da empresa.

- **Artigos especializados**. Um artigo especializado é uma história completa preparada para uma audiência ou alvo específico. Por exemplo, a construção de uma nova unidade de produção da empresa no nordeste da Geórgia pode fornecer um artigo de fundo para a mídia regional e local, câmaras de comércio, governos locais e grandes empresas na área. Esses artigos geralmente se concentram nas implicações ou no impacto econômico das ações de uma empresa. Também são muito úteis quando respondem a eventos negativos ou publicidade.

- **Informes técnicos**. São semelhantes a artigos especializados, porém, são mais técnicos e se concentram em temas muito específicos de interesse para os stakeholders da empresa. Informes técnicos devem evidenciar a postura de uma empresa sobre importantes questões do produto ou do mercado e ser usados para promover produtos e soluções da empresa. Eles têm sido amplamente utilizados no campo da tecnologia da informação, no qual as empresas trabalham continuamente para estabelecer padrões e manter-se em dia com a inovação tecnológica.

- **Conferências de imprensa**. Trata-se um encontro com a mídia de notícias chamada para anunciar ou responder a grandes eventos. O pessoal de mídia recebe convites para um local específico, com materiais escritos, fotografias, exposições e até mesmo produtos que lhes são oferecidos. Materiais multimídia podem ser distribuídos para canais de televisão na esperança de que eles vão transmitir algumas das atividades que ocorreram na conferência de imprensa. As empresas geralmente fazem conferências de imprensa ao anunciar novos produtos, patentes, fusões ou aquisições, esforços filantrópicos ou mudanças administrativas internas.

- **Patrocínio de eventos**. O patrocínio de grandes eventos por empresas tornou-se uma indústria em si. Podem variar de eventos locais, como o atletismo do ensino médio e as instituições de caridade locais, até eventos internacionais, como o Tour de France ou NASCAR. Outra estratégia de patrocínio popular envolve a nomeação de estádios e instalações esportivas, como Gillette Stadium, sede do New England Patriots.

- **Relações com funcionários**. São tão importantes como relações públicas e com investidores. Atividades de relações com os funcionários prestam apoio organizacional aos funcionários em relação ao emprego e a vida deles. Relações com funcionários podem abranger muitas atividades diferentes, incluindo boletins internos, programas de formação, programas de assistência ao funcionário e de recursos humanos.

Quando esses métodos geram publicidade nos meios de comunicação, o público vê a mensagem com mais credibilidade devido ao aval implícito da mídia que conta a história. O público vai considerar a cobertura de notícias como mais verdadeira e confiável do que a propaganda, porque a empresa não pagou pelo tempo de mídia. Uma grande desvantagem das atividades de relações públicas é que a empresa tem muito menos controle sobre a forma como a mensagem será entregue. Por exemplo, muitos profissionais de comunicação social têm a reputação de inserir suas próprias opiniões e preconceitos ao comunicar uma notícia. Outra desvantagem envolve o risco de gastar uma grande quantidade de tempo e esforço no desenvolvimento de mensagens de relações públicas que não conseguem atrair a atenção da mídia.

Venda Pessoal e Gestão de Vendas

Venda pessoal é comunicação pessoal paga que tenta informar os clientes sobre os produtos persuadindo-os a comprá-los. Ela ocorre em muitas formas. Por exemplo, um vendedor da Best Buy que descreve os benefícios de um laptop HP a um cliente se envolve em venda pessoal. O mesmo acontece com o vendedor que tenta convencer uma grande organização industrial a comprar máquinas de fotocópia. Alguns tipos de venda pessoal são altamente complexos e de natureza relacional. A complexidade desses tipos de contratos requer um relacionamento pessoal de longo prazo entre vendedores e empresas.

Comparada a outros tipos de promoção, a venda pessoal é a forma mais exata de comunicação porque assegura às empresas que elas estejam em contato direto com um excelente cliente potencial. Apesar de um contato individualizado ser altamente vantajoso, ele tem suas desvantagens. A mais grave é o custo por contato. Nos mercados empresariais, uma única apresentação de vendas pode levar muitos meses e milhares de dólares para se preparar. Por exemplo, para dar a funcionários do governo uma sensação real da concepção e do escopo de um projeto de construção de uma ponte, a Parsons, Inc. (uma grande empresa de engenharia e construção) deve investir milhares de dólares em modelos detalhados em escala de vários projetos de pontes diferentes. A venda pessoal também é cara devido aos custos associados com recrutamento, seleção, treinamento e motivação de vendedores. Apesar dos altos custos, a venda pessoal desempenha um papel cada vez mais importante na estratégia de CIM e de marketing em geral.

As metas de venda pessoal variam muito com base em seu papel na abordagem de longo prazo para as comunicações integradas. Essas metas envolvem frequentemente encontrar clientes potenciais, informá-los, persuadi-los a comprar e mantê-los satisfeitos com o serviço de acompanhamento após a venda. Para atingir tais metas com eficácia, os vendedores precisam, além da habilidade de vendas, ser bem treinados nas características técnicas do produto. Por exemplo, vendedores farmacêuticos (representantes de medicamentos) que vendem para médicos e hospitais devem ter uma formação detalhada nas aplicações médicas técnicas dos medicamentos e dispositivos médicos que vendem. De fato, não é incomum que vendedores que vendem implantes médicos, tais como próteses de joelho ou quadril, tenham tanto treinamento técnico sobre o produto como os médicos que realmente implantam esses dispositivos durante a cirurgia. Obviamente, quando os produtos e os compradores são menos sofisticados, os vendedores vão precisar de muito menos treinamento.

Poucas empresas conseguem sobreviver com os lucros gerados do marketing puramente transacional (compras de somente uma vez). Para a sobrevivência a longo prazo, a maioria das empresas depende de vendas repetidas e do desenvolvimento de relacionamentos duradouros com os clientes. Por essa razão, a venda pessoal evoluiu para assumir elementos do serviço ao cliente e da pesquisa de mercado. Mais do que qualquer outra parte da empresa, os vendedores estão mais perto do cliente e têm muito mais oportunidades de comunicação com eles. Cada contato com um cliente dá à força de vendas a oportunidade de prestar um serviço excepcional e descobrir mais sobre as necessidades do cliente. Os vendedores também têm a oportunidade de aprender sobre os produtos concorrentes e a reação do cliente em relação a eles. Esses aspectos relacionais são importantes, quer o vendedor faça uma venda ou não. Em mercados altamente competitivos de hoje, o conhecimento de linha de frente detido pela força de vendas é um dos ativos mais importantes da empresa. Efetivamente, é muitas vezes um ponto forte importante que pode ser aproveitado no desenvolvimento da estratégia de marketing.

Como a força de vendas tem uma influência direta nas receitas de vendas e na satisfação do cliente, a gestão eficaz da força de vendas é vital para o programa de marketing de uma empresa. Além de gerar resultados de desempenho, a força de vendas, muitas vezes, cria a reputação da empresa, e a conduta de cada vendedor determina o nível ético percebido de toda a empresa. A implantação estratégica de gestão de vendas eficaz requer diversas atividades:

- **Desenvolvimento de objetivos da força de vendas**. Os aspectos técnicos de estabelecer objetivos da força de vendas envolvem valores, volume de vendas ou participação de mercado desejada. Tais objetivos de vendas podem ser traduzidos em orientações para o recrutamento de novos vendedores, bem como na definição de cotas para vendedores individuais. Além disso, podem ser baseados em tamanho do pedido, número de visitas de vendas ou a relação de pedidos por visita. Em última análise, objetivos de vendas ajudam a avaliar e controlar as atividades da força de vendas, bem como recompensar vendedores individuais.

- **Determinação do tamanho da força de vendas**. O tamanho da força de vendas é função de muitas variáveis, incluindo o tipo de vendedores utilizado, os objetivos específicos de vendas e a importância da venda pessoal dentro do programa de CIM. O tamanho da força de vendas é importante porque a empresa deve encontrar um equilíbrio entre as despesas de vendas e a geração de receita. Ter uma força de vendas muito grande ou muito pequena pode levar a dispêndios inflados, perda de vendas e perda de lucros.

- **Recrutamento e treinamento de vendedores**. Recrutar o tipo de vendedores correto deve estar estreitamente ligado às estratégias de venda pessoal e de CIM. As empresas costumam recrutar potenciais vendedores de diversas fontes, incluindo os de dentro da própria empresa, empresas concorrentes, agências de emprego, instituições educacionais, assim como anúncios de resposta direta colocados na internet, em revistas ou jornais. O recrutamento de vendedores deve ser uma atividade contínua porque as empresas precisam assegurar que novos vendedores estejam consistentemente disponíveis para sustentar o programa de vendas.

- **Controle e avaliação da força de vendas**. Controlar e avaliar a força de vendas exige uma comparação dos objetivos com o desempenho real de vendas. Para avaliar com eficácia um vendedor, padrões de desempenho predeterminados devem ser estabelecidos. Tais normas determinam também o plano de remuneração da força de vendas. A Figura 6.12 fornece uma comparação de diversos sistemas de remuneração da força de vendas.

Em muitos setores, a força de vendas tem diminuído devido aos avanços na tecnologia de comunicações e computação móvel. O desenvolvimento de cadeias de fornecimento integradas e a aquisição de produtos padronizados pela internet têm reduzido a necessidade de vendedores em muitas indústrias. Embora tais desenvolvimentos reduzam os custos de venda, eles criam um grande desafio de gestão para a maioria das empresas: como as empresas podem usar a nova tecnologia para reduzir custos e aumentar a produtividade ao mesmo tempo mantendo um relacionamento personalizado e individualizado com o cliente?

Uma das chaves para o uso eficaz da tecnologia de vendas é integrá-la perfeitamente com os sistemas de gestão de relacionamento com clientes, atividades de inteligência competitiva e bancos de dados de clientes internos. Ao automatizar muitas tarefas repetitivas de venda, como o preenchimento de pedidos repetidos, a tecnologia de vendas pode realmente aumentar ao mesmo tempo vendas, produtividade e relacionamento individualizado com o cliente. Embora muitas empresas desenvolvam e mantenham seus próprios sistemas de automação de vendas, outras sem os recursos para fazê-lo podem recorrer a terceiros, ou seja, prestadores de serviços como Salesforce.com, um provedor de soluções integradas de CRM e automação de vendas sob demanda baseado na internet. Seja dentro da empresa ou com terceiros, a chave para essas soluções é a integração. Ao enviar informações integradas do cliente, competitivas e de produto para o vendedor, a tecnologia pode aumentar a produtividade do vendedor e a receita de vendas, permitindo que a força de vendas atenda às necessidades dos clientes de forma mais eficaz.

Promoção de Vendas

Apesar da atenção dada à propaganda, a promoção das vendas representa a maior parte dos gastos promocionais em muitas empresas. Isso é especialmente verdade para as empresas que vendem produtos de consumo em supermercados e varejistas de massa, onde a promoção de vendas pode ser responsável por até 70% do orçamento promocional da empresa.[25] A promoção de vendas envolve atividades que criam incentivos para o comprador adquirir um produto ou acrescentam valor para o comprador ou o intermediário. A promoção

FIGURA 6.12 — Comparação de Métodos de Remuneração da Força de Vendas

Método	Mais útil quando:	Vantagens	Desvantagens
Salário puro	• Vendedores são novos • Vendedores estão em novos territórios • Produtos exigem pré-venda e serviço pós-venda intensos	• Fácil de administrar • Dá mais segurança aos vendedores • Maior controle sobre os vendedores • Despesas de vendas mais previsíveis	• Pouco ou nenhum incentivo para os vendedores • Vendedores necessitam de estreita supervisão
Comissão pura	• São necessárias vendas agressivas • Tarefas não relacionadas a vendas podem ser reduzidas • Empresa terceiriza algumas funções de venda	• Dá aos vendedores incentivo máximo • Liga despesas com vendas a volume de vendas • Podem-se usar comissões diferenciais para diferentes produtos para estimular as vendas	• Menor segurança para vendedores • Gestores têm menos controle sobre os vendedores • Pequenas contas podem receber menos serviço
Combinação	• Territórios de vendas têm potencial de vendas semelhantes • Empresa quer oferecer incentivo e ainda ter algum controle	• Bom equilíbrio de incentivo e segurança para os vendedores	• Despesas com vendas são menos previsíveis • Pode ser difícil de administrar

Fonte: Adaptada de William M. Pride e O. C. Ferrell, *Marketing* (Mason, OH: South-Western: Cengage Learning, 2010), p. 530.

de vendas pode ser direcionada para consumidores, intermediários de canal ou a força de vendas. Cerca de um terço de todas as despesas de promoção de vendas é direcionado aos intermediários (atacadistas e varejistas). A mala-direta compreende o segundo maior gasto se situando entre 15% e 20%. Independentemente da atividade e de para quem é dirigida, a promoção de vendas tem um objetivo universal: induzir experimentação e compra do produto.

A maioria das empresas usa promoção de vendas como apoio a atividades de propaganda, relações públicas ou vendas pessoais, e não como um elemento promocional isolado. A propaganda é frequentemente coordenada com as atividades de promoção de vendas para fornecer amostras grátis de produtos, prêmios ou incentivos de valor agregado. Por exemplo, um fabricante pode oferecer mercadoria gratuita a intermediários que compram determinada quantidade de produto dentro de um período de tempo especificado. Um engarrafador 7-Up, por exemplo, pode oferecer uma caixa de 7-Up grátis a cada dez compradas por um varejista. Do lado do consumidor, a promoção inovadora da Coca-Cola "Don't Dew it"* buscou aumentar a participação de mercado da marca Vault da empresa sobre a Mountain Dew da Pepsi. Em um movimento ousado, a Coca-Cola ofereceu amostras grátis de Vault de 50, 60 ou 70 ml aos consumidores que comprassem um Mountain Dew de 60 ml.[26]

---

*Trata-se de um jogo de palavras com sons semelhantes, "deal", que significa "fechar um negócio" ou "comprar", e o nome da marca de sua concorrente, Mountain "Dew". Ou seja, o slogan soa como "Não Compre o Concorrente", em tradução livre. (N. T.)

Promoção de vendas ao consumidor. Qualquer membro da cadeia de fornecimento pode iniciar promoções de vendas ao consumidor, mas são fabricantes e varejistas que geralmente as oferecem. Para os fabricantes, as atividades de promoção de vendas representam uma forma eficaz de introduzir novos produtos ou promover marcas estabelecidas. Cupons e amostras do produto são frequentemente utilizados durante o lançamento de novos produtos para estimular interesse e experimentação. Varejistas costumam fazer promoções de vendas para estimular o tráfego de clientes ou aumentar as vendas em locais específicos. Cupons e produtos gratuitos são exemplos comuns, assim como demonstrações de produtos na loja. Muitos varejistas são conhecidos por suas promoções de vendas, como os brinquedos gratuitos oferecidos a crianças com as refeições McDonald's, Burger King e outros estabelecimentos de fast food. Uma variedade potencialmente ilimitada de métodos de promoção de vendas pode ser usada no mercado de consumo. Verdadeiramente, o desenvolvimento e o uso desses métodos são limitados apenas pela criatividade da empresa que faz a promoção. No entanto, as empresas geralmente fazem um ou mais dos seguintes tipos de promoções de vendas para os consumidores:

- **Cupons.** Cupons reduzem o preço de um produto e incentivam os clientes a experimentar marcas novas ou estabelecidas. Podem ser usados para aumentar o volume de vendas rapidamente, para atrair compradores repetidos ou até mesmo para introduzir novos tamanhos ou modelos de produtos. Embora os cupons de recorte (cupons de jornais ou mala-direta) já tenham sido muito comuns, a prática diminuiu ao longo dos anos. Essa mentalidade mudou com a mais recente recessão econômica, quando muitos consumidores voltaram a usar cupons, especialmente novos cupons em aparelhos móveis. A Figura 6.13 demonstra o notável crescimento de usuários de cupons em aparelhos móveis e sua conexão com a posse de smartphones.

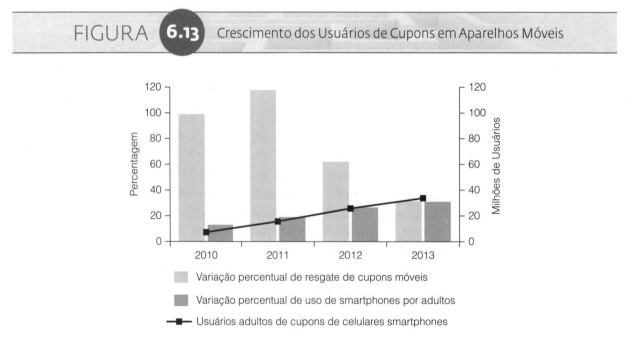

FIGURA 6.13 Crescimento dos Usuários de Cupons em Aparelhos Móveis

Fonte: "One in Ten Users Redeem Mobile Coupons", *Mobile Marketing Watch*, 7 de setembro de 2011, <http://www.mobilemarketingwatch.com/one-inten-users-redeem-mobile-coupons-18438>.

- **Reembolsos**. São muito semelhantes aos cupons, embora requeiram mais esforço por parte do consumidor para obter a redução do preço. Apesar de os consumidores preferirem cupons por causa da facilidade de uso, a maioria das empresas prefere reembolsos por outras razões. Em primeiro lugar, as empresas têm mais controle sobre reembolsos porque eles podem ser lançados e encerrados muito rapidamente. Segundo, um programa de reembolso permite que a empresa colete importante informação do consumidor, que pode ser usada para construir bases de dados de clientes. A melhor razão é que a maioria dos consumidores nunca se preocupou em resgatar ofertas de reembolso. Isso permite que uma empresa atraia clientes para comprar um produto com uma perda mínima de lucro.
- **Amostras grátis**. Amostras grátis são um dos métodos mais amplamente utilizados de promoção de vendas para o consumidor. Elas estimulam a experimentação de um produto, aumentam o volume nos primeiros estágios do ciclo de vida do produto e incentivam os consumidores a procurar ativamente um produto. As amostras podem ser distribuídas por correio, anexadas a outros produtos e entregues por meio de esforços de venda pessoais ou exposições na loja. Também podem ser distribuídas por métodos menos diretos. Por exemplo, amostras grátis de sabão, xampu, café ou filtro solar podem ser colocadas em quartos de hotel para criar a consciência do consumidor de novos produtos.
- **Programas de fidelidade**. Os programas de fidelidade, ou programas de comprador frequente, premiam clientes fiéis que fazem compras repetidas. Tais programas são populares em muitas indústrias devido a seu potencial de aumentar fortemente os lucros em longo prazo. Todos estão familiarizados com os programas de milhagem oferecidos por grandes companhias aéreas. Outras empresas, como hotéis, locadoras de automóveis e empresas de cartão de crédito, oferecem produtos ou serviços gratuitos para repetir compras. Por exemplo, o Discover Card oferece um bônus em dinheiro de 1% a cada titular do cartão no final do ano e a Hallmark premia clientes fiéis com o Gold Crown Card, que

Os brinquedos de brinde dentro de um McLanche Feliz do McDonald's talvez sejam a promoção de vendas para o consumidor mais conhecida de todos os tempos.

permite que os compradores frequentes acumulem pontos que podem ser trocados por mercadorias e descontos.

- **Promoção de ponto de venda.** Promoção no ponto de venda (POP) inclui exposição, demonstrações em lojas, peças de balcão, prateleiras de exibição ou caixas de autoatendimento projetados para criar tráfego, anunciar um produto ou induzir compras por impulso. POPs são altamente eficazes porque são usadas na loja, onde os consumidores costumam decidir entre de 70% a 80% de todas as compras.

- **Brindes.** São itens oferecidos gratuitamente ou por um custo mínimo como bônus para a compra de um produto. Exemplos de brindes incluem uma lavagem de carro grátis no abastecimento de um tanque de gasolina, uma escova de dentes na compra de um tubo de pasta de dente e os brinquedos oferecidos dentro de um Happy Meal do McDonald's. Os prêmios aumentam o consumo e persuadem os consumidores a trocar de marca.

- **Concursos e sorteios.** Concursos, jogos e sorteios incentivam potenciais consumidores a competir por prêmios ou tentar sua sorte com a submissão de seus nomes em um sorteio para ganhar prêmios. Além de valiosos como ferramentas de coleta de informação, concursos e sorteios são bons para atrair um grande número de participantes e gerar amplo interesse em um produto. Como os sorteios não requerem nenhuma habilidade do participante, são uma forma eficaz de aumentar as vendas ou a participação de mercado no curto prazo.

- **Mala-direta.** Inclui catálogos de marketing e outros materiais impressos enviados pelo correio a consumidores individuais. É uma categoria única, pois incorpora elementos de propaganda, promoção de vendas e distribuição em um esforço coordenado para induzir os clientes a comprar. O uso de mala-direta tem crescido muito nos últimos anos devido a limitações de tempo do consumidor e custo relativamente baixo, além do advento de sofisticadas ferramentas de gerenciamento de banco de dados.

As empresas podem usar qualquer um ou todos esses métodos de promoção para o consumidor em seu programa de CIM. No entanto, a escolha de um ou mais métodos deve ser feita levando-se em consideração os objetivos de CIM da empresa. Além disso, deve considerar a utilização das promoções de vendas por parte dos concorrentes e se um método particular envolve dimensões éticas ou legais. Sorteios, em particular, têm exigências legais específicas para garantir que cada participante tenha a mesma possibilidade de ganhar.

Promoção de vendas para intemediários (Trade). Promoção de vendas nos mercados empresariais, ou promoção para o trade, é geralmente o maior gasto no orçamento total de promoção de vendas de uma empresa. Ao visar intermediários do canal com atividades promocionais, os fabricantes esperam empurrar seus produtos ao longo do canal, aumentar as vendas e incentivar um maior esforço entre os seus parceiros de canal. Fabricantes usam muitos dos mesmos métodos de promoções que têm como alvo os consumidores. No entanto, diversos métodos de promoção de vendas são exclusivos para os mercados empresariais:

- **Subsídios.** Os fabricantes oferecem vários abatimentos comerciais diferentes, ou reduções de preços, a seus intermediários de canal. Subsídios de compra são reduções de preços para a compra de determinadas quantidades de um produto em uma única vez (o equivalente a um desconto pelo volume). Relacionado a isso está um subsídio de recompra, em que a redução é proporcional à quantidade total de produto comprado durante o período da oferta promocional. Finalmente, um subsídio de mercadoria é um acordo de fabricante para pagar aos intermediários uma quantia específica de dinheiro em troca de esforços promocionais específicos, tais como exibições especiais ou propaganda. Em cada caso, o objetivo do subsídio é induzir intermediários a executar ações específicas.

- **Mercadorias gratuitas**. Fabricantes, por vezes, oferecem a intermediários produtos gratuitos em vez de descontos de quantidade. Geralmente, eles dão produtos de graça para reduzir custos de faturamento como forma de compensação para o intermediário por outras atividades que auxiliam o fabricante.

- **Propaganda cooperativa**. Trata-se de um acordo pelo qual o fabricante se compromete a pagar uma certa quantia de custo de mídia de um intermediário para a propaganda de produtos do fabricante. Esse é um método de promoção de vendas muito popular entre os varejistas.

- **Assistência de treinamento e incentivos de vendas**. Em alguns casos, um fabricante pode oferecer treinamento gratuito a funcionários ou pessoal de vendas de um intermediário. Isso geralmente ocorre quando os produtos envolvidos são bastante complexos. Incentivos vêm em duas formas gerais: dinheiro e concursos de vendas. A equipe de vendas do intermediário recebe dinheiro sob a forma de compensação adicional para incentivar o esforço de venda mais agressivo para um determinado produto. Esse método é caro e deve ser usado com cuidado para evitar quaisquer questões éticas ou legais. Concursos de vendas incentivam o desempenho excelente da força de vendas de um intermediário. O pessoal de vendas pode ser reconhecido por realizações de destaque, recebendo dinheiro, férias, computadores ou até mesmo automóveis por atingir ou superar determinadas metas de vendas.

A promoção de vendas abrange uma ampla variedade de atividades e é vital quando um fabricante necessita da cooperação e do apoio do canal para atingir seus próprios objetivos de vendas e de marketing. Isso é particularmente verdadeiro quando um fabricante deve obter suporte para o lançamento de um novo produto ou uma nova promoção de vendas para o consumidor. Dada a importância das cadeias de fornecimento integradas, não deve ser surpresa que uma eficaz promoção para o intermediário também seja vital para completar a estratégia de distribuição de uma empresa.

Lições do Capítulo 6

O programa de marketing:

- ▶ refere-se à combinação estratégica dos quatro elementos básicos do mix de marketing: produto, preço, distribuição e promoção.
- ▶ tem como resultado uma oferta completa, que consiste em uma série de atributos físicos (tangíveis), serviços (intangíveis) e simbólicos (perceptuais) projetada para satisfazer necessidades e desejos dos clientes.
- ▶ esforça-se para superar a comoditização, melhorando o serviço e elementos simbólicos da oferta.

Estratégia de produto:

- ▶ está no coração de toda organização, pois define o que a organização faz e por que ela existe.
- ▶ trata-se de entregar benefícios que melhorem a situação de um cliente ou resolvam seus problemas.

O portfólio de produtos:

- ▶ é utilizado em mercados de consumo (de conveniência, lojas de especialidade e produtos não procurados) e empresariais (matérias-primas, componentes, materiais de processo, material de manutenção, conserto e operações, equipamentos acessórios, instalações e serviços empresariais).
- ▶ é utilizado na maioria das empresas devido às vantagens da venda de uma grande variedade de produtos em vez de um único produto.
- ▶ consiste de um grupo de itens estreitamente relacionados (linhas de produtos) e do grupo total de produtos oferecidos pela empresa (mix de produtos).
- ▶ envolve decisões estratégicas, tais como número de linhas de produtos oferecidos (variedade), bem como a profundidade de cada linha de produto (sortimento).
- ▶ pode criar uma série de benefícios importantes para as empresas, incluindo economias de escala, uniformidade de embalagens, normalização, efi-

ciência de vendas e distribuição e crenças de equivalência de qualidade.

Desafios de produtos que são serviço:

- ▶ derivam principalmente do fato de que os serviços são intangíveis. Outras características desafiadoras de serviços incluem produção e consumo simultâneos, perecibilidade, heterogeneidade e relacionamentos com o cliente.
- ▶ incluem as seguintes questões:
  - • empresas de serviços têm problemas em equilibrar oferta (capacidade) com a demanda.
  - • a demanda de serviço é dependente de tempo e lugar porque os clientes ou seus bens devem estar presentes para a entrega.
  - • clientes têm dificuldade em avaliar a qualidade de um serviço antes de comprá-lo e consumi-lo.
  - • a qualidade do serviço é muitas vezes inconsistente e muito difícil de padronizar entre muitos clientes.
  - • a necessidade de alguns serviços nem sempre é evidente para os clientes. Consequentemente, empresas de serviços muitas vezes têm dificuldade em ligar suas ofertas diretamente às necessidades dos clientes.

Desenvolvimento de novos produtos:

- ▶ é uma parte fundamental dos esforços da empresa para sustentar o crescimento e os lucros.
- ▶ considera seis opções estratégicas relacionadas com o grau de novidade de produtos:
  - • produtos novos para o mundo (inovações descontínuas), que envolvem um esforço pioneiro de uma empresa e que leva à criação de um mercado inteiramente novo.
  - • novas linhas de produtos, que representam novas ofertas da empresa, mas são introduzidos em mercados estabelecidos.
  - • extensões de linha de produtos, que complementam a linha de produtos existente com novos estilos, modelos, recursos ou sabores.
  - • melhorias ou revisões de produtos existentes, que oferecem aos clientes melhor desempenho ou maior valor percebido.
  - • reposicionamento, que envolve ter em vista novos mercados ou segmentos para produtos existentes.
  - • reduções de custos que envolvem a modificação de produtos para oferecer desempenho semelhante aos dos concorrentes por um preço inferior.
- ▶ depende da capacidade da empresa de criar uma vantagem diferencial para o novo produto.
- ▶ geralmente passa por cinco fases: geração de ideias, triagem e avaliação, desenvolvimento, teste de marketing e comercialização.

Preço:

- ▶ é um fator-chave na geração de receitas para uma empresa.
- ▶ é o mais fácil de mudar entre todas as variáveis de marketing.
- ▶ é uma consideração importante na inteligência competitiva.
- ▶ é considerado o único meio real de diferenciação em mercados maduros pressionados pela comoditização.
- ▶ está entre as decisões mais complexas no desenvolvimento de um plano de marketing.

As questões-chave na estratégia de preços incluem:

- ▶ estrutura de custos da empresa.
- ▶ valor percebido.
- ▶ a relação preço/receitas.
- ▶ objetivos da fixação de preços.
- ▶ elasticidade de preço.

Estrutura de custos da empresa:

- ▶ é tipicamente associada com o preço por meio da utilização da análise de equilíbrio ou precificação por custo acrescido.
- ▶ não deve ser a força motriz da estratégia de precificação porque empresas diferentes têm estruturas de custos diferentes.
- ▶ deve ser usada para estabelecer um piso abaixo do qual os preços não podem ser estabelecidos por um período de tempo prolongado.

Valor percebido:

- ▶ é um termo difícil de definir porque significa coisas diferentes para pessoas diferentes.
- ▶ é definido como a avaliação subjetiva que o cliente faz dos benefícios em relação aos custos para determinar o valor da oferta do produto de uma empresa em relação a outras.

A relação preço/receitas:

- ▶ geralmente é baseada em dois mitos de preços: (1) quando os negócios vão bem, um corte de preços aumentará a participação de mercado, e (2) quando os negócios vão mal, um corte de preços estimulará as vendas.
- ▶ significa que as empresas nem sempre devem reduzir os preços, mas sim encontrar maneiras de construir valor no produto e justificar o preço atual ou um mais elevado.

Elasticidade de preço:

- ▶ refere-se à capacidade de resposta dos clientes ou à sensibilidade às variações de preço.
- ▶ pode aumentar quando:
  - • produtos substitutos estão amplamente disponíveis.
  - • a despesa total é alta.

alterações no preço são visíveis aos clientes.

a comparação de preços entre os produtos concorrentes é fácil.

▶ pode diminuir quando:

- produtos substitutos não estão disponíveis.
- os clientes percebem os produtos como necessários.
- os preços de produtos complementares caem.
- os clientes acreditam que o produto vale o preço.
- os clientes estão em situações associadas a pressões de tempo ou risco de compra.
- os produtos são altamente diferenciados da concorrência.

Estratégia de precificação em serviços:

▶ é fundamental porque o preço pode ser a única sugestão do nível da qualidade disponível antes da experiência de compra.

▶ torna-se mais importante, e mais difícil, quando:

- qualidade do serviço é difícil de detectar antes da compra.
- os custos associados à prestação do serviço são difíceis de determinar.
- clientes não estão familiarizados com o processo de serviço.
- os nomes das marcas não estão bem estabelecidos.
- o cliente pode realizar o serviço por si mesmo.
- o serviço tem unidades de consumo mal definidas.
- a propaganda em uma categoria de serviços é limitada.
- o preço total da experiência de serviço é difícil de estabelecer de antemão.

▶ é muitas vezes baseada em sistemas de gerenciamento de receitas que permitem que uma empresa controle simultaneamente capacidade e demanda a fim de maximizar receitas e utilização da capacidade.

As principais estratégias de precificação básica incluem:

▶ preço de desnatação.
▶ preço de penetração.
▶ preço por prestígio.
▶ preços com base no valor.
▶ paridade competitiva.
▶ estratégias de não preço.

Estratégias para ajustar os preços em mercados de consumo incluem:

▶ desconto.
▶ preços de referência.
▶ linha de preços.
▶ preços psicológicos.
▶ preço de pacote.

Estratégias para ajustar os preços em mercados empresariais incluem:

▶ descontos comerciais.
▶ descontos e subsídios.
▶ preços geográficos.
▶ preços de transferência.
▶ permuta e troca compensatória.

Estratégia de cadeia de fornecimento:

▶ é uma das decisões estratégicas mais importantes para muitas empresas.

▶ tem permanecido essencialmente invisível para os clientes porque os processos ocorrem nos bastidores.

▶ é importante por fornecer utilidade de tempo, lugar e posse para consumidores e compradores empresariais.

▶ consiste em dois componentes inter-relacionados: canais de marketing e distribuição física.

▶ só é eficaz quando todos os membros do canal estão integrados e comprometidos com conectividade, comunidade e colaboração.

Canais de marketing:

▶ são sistemas organizados de instituições de marketing ao longo dos quais produtos, recursos, informação, capital e/ou propriedade do produto fluem do ponto de produção até o usuário final.

▶ aumentam consideravelmente a eficiência de contato, reduzindo o número de contatos necessários para troca de produtos.

▶ executam uma variedade de funções: classificação, quebra a granel, manutenção de estoques e de locais convenientes, além de prestação de serviços.

Estruturas de canal de marketing incluem:

▶ distribuição exclusiva, em que uma empresa concede a um comerciante ou loja o direito exclusivo de vender um produto dentro de uma região geográfica definida.

▶ distribuição seletiva, em que uma empresa concede a vários comerciantes ou lojas o direito de vender um produto em uma região geográfica definida.

▶ distribuição intensiva, que disponibiliza um produto no número máximo de comerciantes ou lojas em cada área para ganhar o máximo de exposição e tantas oportunidades de vendas quanto possível.

Poder na cadeia de fornecimento:

▶ pode levar a conflitos, uma vez que cada empresa tenta cumprir sua missão, suas metas, seus objetivos e suas estratégias, colocando seus próprios interesses à frente dos de outras empresas.

▶ pode resultar de cinco fontes diferentes: poder legítimo, poder de recompensa, poder coercitivo, poder de informação e poder de referente.

Tendências em canais de marketing incluem:

- melhorias tecnológicas, tais como o crescimento do comércio eletrônico e o uso crescente de identificação por radiofrequência (RFID).
- terceirização e deslocalização das atividades de trabalho, em especial das operações de tecnologia da informação e funções de apoio.
- o crescimento de canais não tradicionais, como comércio eletrônico, catálogo e marketing direto, venda direta, redes de compras domésticas, máquinas de venda automática e propaganda de resposta direta.
- o crescimento da distribuição dupla, uma vez que as empresas usam múltiplos canais para alcançar vários mercados.

Comunicação Integrada de Marketing:

- inclui envio e compartilhamento de significado entre compradores e vendedores, quer sejam indivíduos, empresas ou entre indivíduos e empresas.
- inclui os elementos tradicionais do mix de promoção: propaganda, relações públicas, venda pessoal e promoção de vendas.
- refere-se à utilização estratégica e coordenada de promoção para criar uma mensagem consistente em vários canais para garantir o máximo impacto persuasivo sobre clientes atuais e potenciais da empresa.
- tem uma visão de 360 graus do cliente, que considera cada contato que um cliente atual ou potencial pode ter em seu relacionamento com a empresa.
- geralmente define metas e objetivos para a campanha promocional usando o modelo AIDA, atenção, interesse, desejo e ação.
- pode mudar caso a empresa utilize uma estratégia push ou pull em sua cadeia de fornecimento.

Propaganda:

- é identificada como comunicação paga e não pessoal transmitida por meio de mídia, como televisão, rádio, revistas, jornais, mala-direta, outdoors, internet e dispositivos móveis.
- a on-line está se expandindo rapidamente, pois os consumidores gastam menos tempo com a mídia tradicional.
- oferece muitas vantagens porque é extremamente rentável quando se atinge um grande número de pessoas. Por outro lado, o investimento inicial para a propaganda pode ser alto.
- é difícil de medir em termos de eficácia no aumento das vendas.

Relações públicas:

- é o elemento de um programa de CIM que acompanha atitudes públicas, identifica problemas que podem suscitar preocupação pública e desenvolve programas para criar e manter relacionamentos positivos entre a empresa e seus stakeholders.

- podem ser usadas para promover a empresa, suas pessoas, ideias e sua imagem e até mesmo para criar uma compreensão interna compartilhada entre os funcionários.
- podem melhorar a consciência geral do público de uma empresa e criar imagens específicas, tais como qualidade, inovação, valor ou preocupação com questões sociais.
- muitas vezes são confundidas com publicidade, porém, a publicidade pode ser definida mais estritamente para incluir as atividades da empresa destinadas a atrair a atenção da mídia por meio de artigos, editoriais ou notícias.
- podem envolver o uso de uma grande variedade de métodos, incluindo informes ou comunicados, artigos especializados, informes técnicos, conferências de imprensa, patrocínio de eventos, evidência de produto (product placement) e relações com funcionários.

Venda pessoal:

- é a comunicação paga e pessoal que tenta informar os clientes sobre os produtos e persuadi-los a comprá-los.
- é a forma mais precisa de comunicação porque assegura às empresas contato direto com um excelente cliente potencial.
- tem uma séria desvantagem de alto custo por contato.
- seus objetivos são geralmente associados a descoberta, informação e persuasão de clientes potenciais para a compra e manutenção de clientes satisfeitos com o serviço de acompanhamento após a venda.
- evoluiu para assumir elementos de serviço ao cliente e pesquisa de marketing para gerar vendas repetidas e desenvolver relacionamentos contínuos com os clientes.
- as atividades de gerenciamento de vendas incluem o desenvolvimento de objetivos da força de vendas, determinação do tamanho da força de vendas, recrutamento e treinamento de vendedores e controle e avaliação da força de vendas.
- tem sido muito afetada pelos avanços tecnológicos, especialmente treinamento de vendas on-line e sistemas de automação de vendas que levam informações integradas de cliente, competitiva, e sobre o produto para o vendedor.

Promoção de vendas:

- envolve atividades que criam incentivos para o comprador adquirir um produto ou acrescentam valor para o comprador ou o intermediário.
- podem ser direcionadas a consumidores, intermediários de canal ou à força de vendas.
- tem um objetivo universal: induzir a experimentação e a compra do produto.

- é geralmente usada em apoio a propaganda, relações públicas ou atividades de vendas pessoais, e não como um elemento promocional isolado.
- dirigida aos consumidores:
  - pode ser iniciada por qualquer membro da cadeia de fornecimento, mas são fabricantes ou varejistas que costumam fazê-la.
  - representa uma forma eficaz de introduzir novos produtos ou promover marcas estabelecidas.
  - pode incluir atividades como cupons, descontos, amostras, programas de fidelização, promoção de ponto de venda, brindes, concursos e sorteios e mala-direta.

- voltada para intermediários (mercados empresariais):
  - é realizada para empurrar produtos ao longo do canal, aumentar as vendas e incentivar maior esforço entre os parceiros de canal.
  - usa muitos dos mesmos métodos de promoções direcionados aos consumidores. No entanto, envolve diversos métodos exclusivos, incluindo subsídios comerciais, mercadoria gratuita, assistência de treinamento, propaganda, cooperativa e incentivos de venda oferecidos à força de vendas de um intermediário.

Questões para Discussão

1. Considere o número de opções de produtos disponíveis no mercado consumidor dos EUA. Em praticamente todas as categorias de produtos, os consumidores têm muitas opções para satisfazer suas necessidades. Todas essas opções são realmente necessárias? Ter muitas escolhas é algo bom para os consumidores? Justifique sua resposta. É bom para as empresas e os varejistas que têm de dar suporte e comercializar todas essas escolhas de produtos? Justifique sua resposta.

2. A estratégia de precificação associada a serviços geralmente é mais complexa do que a de bens tangíveis. Como consumidor, quais são as questões de preços que você considera ao comprar serviços? Até que ponto é difícil comparar os preços entre serviços concorrentes ou determinar o preço total do serviço antes da compra? O que prestadores de serviços poderiam fazer para resolver essas questões?

3. Alguns fabricantes e varejistas anunciam que os clientes devem comprar diretamente deles porque isso "elimina o intermediário". Avalie esse comentário à luz das funções que devem ser executadas em um canal de marketing. Um canal com menos membros sempre entrega produtos a preços mais baixos? Defenda sua posição.

4. Reveja os passos do modelo AIDA. De que forma a promoção o afeta pessoalmente nos vários estágios desse modelo? A promoção o afeta de forma diferente com base no tipo de produto em questão? O preço do produto (baixo ou alto) faz diferença na forma como a promoção pode afetar suas escolhas? Justifique.

Exercícios

1. Você está no processo de planejamento de um voo hipotético de Nova York a St. Louis. Visite os sites de três companhias aéreas diferentes e compare os preços para essa viagem. Tente datas de viagem que incluam uma noite de estada em um sábado e outras que não o façam. Pesquise datas com menos de sete dias de antecedência e compare os preços com voos com mais de 21 dias de antecedência. Como você explica as semelhanças e as diferenças que você vê nesses preços?

2. Procure um produto oferecido por um fabricante utilizando uma abordagem de distribuição dupla. Existem diferenças entre os clientes-alvo de cada canal? Como as experiências de compra diferem? No fim das contas, por que um cliente compraria diretamente de um fabricante se os preços são mais elevados?

3. Acompanhe um vendedor por um dia e converse com ele sobre como suas atividades se integram a outros elementos promocionais utilizados pela empresa. Como o vendedor estabelece objetivos? Como ele é informado da estratégia de CIM da empresa? A força de vendas participa do planejamento de marketing ou de atividades promocionais?

4. Visite o site Cents Off <www.centsoff.com>, procure os cupons disponíveis e leia as perguntas mais frequentes. Quais são os benefícios do serviço do Cents Off para anunciantes e consumidores? Se você fosse um fabricante que emite cupons, que fatores favoreceriam o uso do site do Cents Off para a distribuição em vez da tradicional inserção no jornal de domingo?

Notas Finais

1. "Investor Relations", site corporativo da Barnes & Noble <http://www.barnesandnobleinc.com/for_investors/for_investors.html>. Acesso em: 17 de maio de 2012; Matt Townsend, "Barnes & Noble Investor Pushes Management to Spin Off Nook", *BusinessWeek On-line*, 18 de fevereiro de 2012 <http://www.businessweek.com/news/2012-02-18/barnes-noble-investor-pushes-management-to-spin-offnook.html>; e Tim Worstall, "Barnes and Noble and the Efficient Markets Hypothesis", *Forbes*, 1º de maio de 2012 <http://www.forbes.com/sites/timworstall/2012/05/01/barnes-and-noble-and-the-efficient-marketshypothesis>.

2. The Hampton Inn Guarantee <http://hamptoninn3.hilton.com/en/about/satisfaction.html>.

3. David Twiddy, "Garmin to Sell Wireless Phone in Asia", *BusinessWeek On-line*, 5 de junho de 2009 <http://www.businessweek.com/ap/financialnews/D98KP9QG0.htm>.

4. Esses dados são de "Kia April Sales Rise Slightly in US", *BusinessWeek On-line*, 1º de maio de 2012 <http://www.businessweek.com/ap/2012-05/D9UG3Q281.htm>.

5. Esses dados são de Economic Intelligence Unit, "Worldwide Cost of Living 2012" <http://www.eiu.com/public/thankyou_download.aspx?activity=download&campaignid=wcol2012>.

6. Valarie A. Zeithaml, "Consumer Perceptions of Price, Quality, and Value: A Means-End Model and Synthesis of Evidence", *Journal of Marketing*, 52 (Julho de 1988), 2–22.

7. Essa discussão é baseada no material de Charley Kyd, "Tempted to Cut Prices? It's Probably Time to Raise Them", *Today's Business*, Fall 2000, 3.

8. Para maiores informações, veja o site da Southwest Airlines <http://www.southwest.com>.

9. Deborah Catalano Ruriani, "Inventory Velocity: All the Right Moves", *Inbound Logistics*, novembro de 2005, 36.

10. Veja Edward W. Davis e Robert E. Speckman, *The Extended Enterprise* (Upper Saddle River, NJ: Prentice-Hall Financial Times, 2004).

11. Ibidem, 15.

12. James Watson, "Del Monte Foods Company", *Wikinvest* <http://www.wikinvest.com/stock/Del_Monte_Foods_Company_%28DLM%29>. Acesso em: 12 de agosto de 2009.

13. Robert Dawson, *Secrets of Power Negotiation*, 2ª ed. (Franklin Lakes, NJ: Career Press, 1999).

14. U.S. Census Bureau, *E-Commerce 2010 Report*, 10 de maio de 2012 <http://www.census.gov/econ/estats/2010/2010reportfinal.pdf>.

15. "What is RFID?" *RFID Journal* <http://www.rfidjournal.com/article/articleview/1339/1/129>. Acesso em: 10 de maio de 2012.

16. O material dessa seção é baseado em Davis e Speckman, *The Extended Enterprise*, 109–129.

17. Esses dados são de Mark Atterby, "Captive Outsourcing is Alive and Well", *The Sauce*, 31 de agosto de 2011 <http://thesauce.net.au/2011/08/captive-outsourcing-is-alive-and-well>.

18. Martin Murray, "3PL's Used by Three Quarters of the Fortune 500", *Martin's Logistics Blog*, 28 de janeiro de 2009 <http://logistics.about.com/b/2009/01/28/3pls-used-by-three-quarters-of-thefortune-500.htm>.

19. Esses dados são de EcoSensa, "The Up and Down of Walmart RFID Implementation", *RFID Blog*, 24 de março de 2009 <http://ecosensa.com/rfidblog/2009/03/24/Walmart-rfid-implementation>; Constance L. Hays, "What Walmart Knows About Customers' Habits", *New York Times*, 14 de novembro de 2004; Hollis Tibbetts, "Integration on the Edge: Data Explosion and Next-Gen Integration", *EbizQ*, 24 de setembro de 2010 <http://www.ebizq.net/blogs/integrationedge/2010/09/how-fast-things-change.php>; Thomas Wailgum, "Walmart is Dead Serious About RFID", *CIO*, 18 de janeiro de 2008 <http://www.cio.com/article/173702/Wal_Mart_Is_Dead_Serious_About_RFID>; e site corporativo do Walmart <http://www.walmartstores.com/AboutUs>. Acesso em: 21 de maio de 2012.

20. Esses dados são de Nicholas Cameron, "Sponsorship Overview & Case Studies", *SponsorMap*, 29 de março de 2010 <http://www.slideshare.net/SponsorMap/some-sponsorship-roi-case-studies>; Andrew Hampp, "How 'Top Chef' Cooks Up Fresh Integrations", *Advertising Age*, 30 de outubro de 2008 <http://adage.com/madisonandvine/article?article_id=132146>; Pat McDonough, "As TV Screens Grow, So Does U.S. DVR Usage", *Nielsenwire*, 29 de fevereiro de 2012 <http://blog.nielsen.com/nielsenwire/media_entertainment/as-tvscreens-grow-so-does-u-s-dvr-usage>; Abe Sauer, "The Avengers Product Placement Brandcameo Scorecard", *brandchannel*, 7 de maio de 2012 <http://www.brandchannel.com/home/post/Brandcameo-050712-The-Avengers.aspx>; Rich Thomaselli, "How CBS Sports Can Use March Madness Success to Grow On-line", 11 de março de 2009 <http://adage.com/digital/article?article_id=135186>; e Don Walker, "March Madness on Demand Goes to a Pay Model", *Milwaukee Journal Sentinel*, 18 de fevereiro de 2012 <http://www.jsonline.com/blogs/sports/139574443.html>.

21. Sam Fahmy, "Despite Recession, Hispanic and Asian Buying Power Expected to Surge in U.S.", Terry College of Business Press Release, University of Georgia <http://www.terry.uga.edu/news/releases/2010/minority-buying-power-report.html>. Acesso em: 21 de maio de 2012.

22. Site do Vidopp <http://www.vidopp.com/uncategorized/tvad-production-cost-study-released>. Acesso em: 10 de maio de 2012.

23. Brian Hartman, "Reebok to Refund $25 Million for False Advertising", *ABC News*, 28 de setembro de 2011 <http://abcnews.go.com/blogs/health/2011/09/28/reebok-to-refund-25-million-for-falseadvertising>; e Jennifer Kerr, "FTC: Skechers Deceived Consumers with Shoe Ads", *Chicago Sun-Times,* 16 de maio de 2012 <http://www.suntimes.com/business/12574235-420/ftc-skechers-deceived-consumerswith-shoe-ads.html>.

24. Site da New Belgium Brewery <http://www.newbelgium.com>.

25. Promotion Marketing Association, "State of the Promotion Industry Report", © 2005 Promotion Marketing Association <http://www.pmalink.org/resources/pma2005report.pdf>.

26. Nathalie Zmuda, "Coke: Buy 1 Rival, Get our Brand Free", *Advertising Age*, 9 e 16 de março de 2009, 1 e 19; "Coke Promotion Gives Free Vault to Mountain Dew Customers", *Convenience Store News*, 10 de abril de 2009, 1; e "Coca-Cola Brings Vault Drink Head to Head with Mtn Dew", *yumsugar*, 11 de março de 2009 <http://www.yumsugar.com/2912146>.

7
Gestão de Marca e Posicionamento

Introdução

À medida que os elementos do programa de marketing se unem para criar a oferta completa, as empresas também devem como o programa de marketing será usado para conceber uma gestão de marca e posicionamento eficazes. Essas decisões são críticas porque geram diferenciação entre ofertas concorrentes no mercado. Essa diferenciação é o antídoto para a comoditização. No entanto, é cada vez mais difícil para as empresas gerenciar uma marca e posicionar suas ofertas de forma significativa. Para as empresas bem-sucedidas, ter uma estratégia de marca e de posicionamento sólidas é realmente inestimável. Como o boxe *Além das Páginas 7.1* ilustra, indivíduos que compram um piano Steinway adquirem muito mais do que um instrumento musical. Eles também adquirem uma fabricação artesanal excepcional, serviço ao cliente sem comparação, uma marca de grande prestígio e 160 anos de inovação técnica.[1]

Embora o conceito de marca possa parecer relativamente simples de entender, estratégia de gestão de marca pode realmente ser algo bastante complexo. Do ponto de vista técnico, uma marca é uma combinação de nome, símbolo, termo ou design que identifica um produto específico. Marcas têm duas partes: nome e logotipo. O nome da marca é a parte de uma marca que pode ser falada, incluindo palavras, letras e números (Honda, 7-Eleven, WD-40, GMC, Citi). O logotipo, que inclui símbolos, figuras ou um desenho, é a parte de uma marca que não pode ser falada. Bons logotipos, como os arcos dourados do McDonald's, o símbolo da Nike e a rocha da Prudential, comunicam de forma eficaz a marca e sua imagem sem o uso de palavras faladas. Logotipos também são úteis na propaganda e evidência de produto (*product placement*), como quando as transmissões de futebol mostram claramente o logotipo da Nike nas roupas e uniformes de treinadores e jogadores.

Embora esses aspectos técnicos da gestão de marca sejam importantes, estratégia de gestão de marca envolve muito mais do que desenvolver um nome de marca inteligente ou um logotipo singular. Para ser realmente eficaz, a marca deve transmitir sucintamente a oferta total de forma que responda a uma pergunta na mente do cliente.[2] Boas marcas são aquelas que vêm imediatamente à mente quando um cliente tem um problema a ser resolvido ou uma necessidade a ser satisfeita. Considere essas perguntas que podem ser feitas por um cliente:

ALÉM DAS PÁGINAS 7.1

Steinway: Mais do Que um Piano

Um dos pontos fortes mais dominantes que uma empresa pode possuir ocorre quando ela goza de uma imagem de marca superior protegida por uma patente. Tal é o caso da Steinway & Sons, fabricantes dos melhores pianos do mundo. Por 160 anos, a arte e o artesanato da Steinway tornaram-na a marca mais famosa do mundo para pianos premium de "qualidade de sala de concertos". De fato, praticamente todos os pianistas de alto nível do mundo tocam em um Steinway.

A empresa detém 130 patentes e inovações técnicas que distinguem seus pianos de todos os demais. Cada piano feito nas fábricas de Astoria (Nova York) e de Hamburgo (Alemanha) leva de 9 a 12 meses para ser concluído e tem suas 12 mil peças montadas à mão, a maioria delas também feita à mão. Apesar de sua reputação, Steinway não é uma empresa de grande porte. Faz cerca de 2.500 pianos por ano, um número reduzido em comparação com outras empresas na indústria. Steinway, no entanto, não define o sucesso em termos de números, mas em sua reputação. Steinway é o piano escolhido para salas de concerto, compositores, músicos profissionais e clientes ricos. Embora a empresa seja responsável por apenas 2% das vendas de pianos nos Estados Unidos, angaria mais de 35% do lucro da indústria. Os clientes apreciam a qualidade, a beleza e a reputação de um piano Steinway, e não se importam de pagar o preço que varia de US$ 40 mil a US$ 250 mil. De fato, muitos argumentam que um Steinway é mais uma obra de arte do que um instrumento musical. As vantagens obtidas desse tipo de reputação e lealdade do cliente são difíceis de bater.

No entanto, a imagem estelar e reputação da Steinway representou um problema para a empresa em um ponto em sua história. Embora a Steinway dominasse o extremo superior do mercado de pianos, a empresa não competia nos mercados de piano de níveis de entrada e médio muito maiores e em rápido crescimento. Esses mercados eram dominados por marcas asiáticas, como Yamaha e Kawai, bons nomes em seu próprio direito, mas não na mesma categoria da Steinway. Revendedores de piano eram forçados a vender essas marcas ao lado dos Steinways, para atender às necessidades de outros segmentos de clientes. O desafio para a empresa era encontrar uma maneira de competir nesses mercados sem danificar o valor da marca da Steinway.

A solução envolveu o lançamento de duas novas marcas: "Boston", para o mercado de nível médio e "Essex", para o mercado de entrada. Tanto Boston como Essex são fabricados no Japão e vendidos em canais exclusivos. A decisão de lançar essas novas marcas foi angustiante para a gestão da Steinway. A alta administração da empresa disse certa vez: "Não existe tal coisa como um Steinway mais barato", Com isso em mente, o lançamento de Boston e Essex representava um risco real para a empresa.

Steinway argumenta que a única maneira de manter o valor da marca, especialmente com um nome como o seu, é ter uma visão de longo prazo e se mover muito lentamente. Essa é a estratégia da empresa com sua mudança para os mercados asiáticos, a própria casa dos rivais menos caros do Steinway. A empresa expandiu a distribuição no Japão e na China até o ponto de ganhar mais de 30% de seus negócios fora dos Estados Unidos. As vendas da Steinway só na China estão crescendo a uma média de 20% por ano. A Steinway também aumenta seus preços de 3% a 4% todo ano, outra estratégia de longo prazo destinada a manter o valor da marca. A empresa argumenta que você não pode aplicar um desconto sobre uma paixão associada a um ícone mundial como a Steinway.

- Onde posso encontrar informações rapidamente?
- Onde posso obter uma refeição rápida e fazer meus filhos felizes?
- Onde posso comprar tudo o que preciso a preços decentes?

Esse símbolo, reconhecível em todo o mundo, incorpora uma série de importantes atributos da marca.

- Onde posso obter o melhor negócio no seguro do carro?
- Como faço para encontrar um hotel que valha o preço no centro de Manhattan?

Como você responde a essas perguntas? Quantos clientes você acha que dão as seguintes respostas: Google, McDonald's, Walmart, GEICO e Expedia? Para desenvolver com sucesso uma marca, a empresa deve posicionar a oferta (que inclui todos os elementos tangíveis, intangíveis e simbólicos decorrentes do programa de marketing) como a resposta para perguntas como essas. Os clientes tendem a comprar ofertas cuja combinação de atributos seja a melhor solução para seus problemas. Como mostrado na Figura 7.1, marcas podem ter muitos atributos diferentes que compõem a forma como os clientes as concebem. Por exemplo, o iPhone possui muitos atributos diferentes que compõem a concepção dos clientes sobre a marca: alianças (AT & T, Verizon, Sprint, Twitter), empresa (Apple), extensões (iTunes, acessórios), funcionários (Tim Cook, Steve Jobs), endossantes (celebridades, como Samuel L. Jackson e Zooey Deschanel), eventos (Macworld Expo, palestras da Apple) e canais (Apple Store). Outras marcas são reforçadas por meio da ênfase do país de origem (Guinness, IKEA), ingredientes de marca (computadores Dell usam componentes Microsoft e Intel), causas (Ben & Jerry's) e endossantes (Nike).

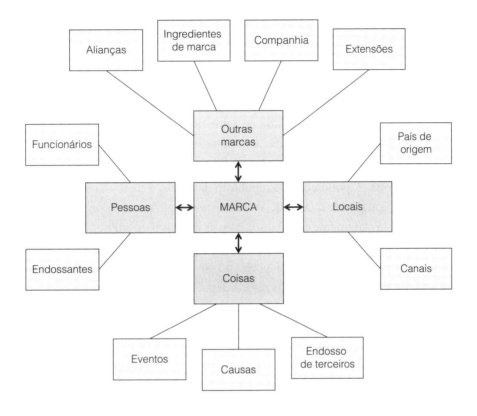

Fonte: Kotler, Philip; Keller, Kevin; *Simulations, Interpretive, Framework for Marketing Management: Integrated PharmaSim Simulation Experience*, 4. ed., © 2009. Reimpressa com permissão de Pearson Education, Inc., Upper Saddle River, NJ.

Questões Estratégicas em Gestão de Marcas

Quando uma empresa considera sua estratégia de gestão de marca, o programa de marketing, especialmente o produto, torna-se foco central. Contudo, antes de examinar algumas das principais questões estratégicas em termos de gestão de marca, precisamos discutir o tema intimamente relacionado de gestão de marca corporativa. A maioria das empresas considera suas marcas corporativas tão importantes como as marcas individuais relacionadas com o produto. De fato, marcas relacionadas com os produtos e marcas corporativas são claramente interligadas. Ben & Jerry Ice Cream, por exemplo, é um participante entusiasmado em muitas causas sociais, como aquecimento global e injustiça social. Nesse caso, a marca corporativa da empresa desempenha claramente um papel na gestão de marca e no posicionamento de seus sorvetes. Em algumas empresas, a marca corporativa domina. Por exemplo, a IBM anuncia que fornece infraestrutura e soluções para negócios eletrônicos. Embora a empresa ofereça uma ampla gama de produtos para essa indústria, muitos dos anúncios da IBM não mencionam esses produtos nem explicam como sua infraestrutura e soluções realmente funcionam. Em vez disso, o objetivo dos anúncios é dar a potenciais clientes a impressão de que a IBM é uma empresa que entende de negócios eletrônicos e tem a capacidade de resolver problemas.

Atividades de gestão de marca corporativa são normalmente destinadas a uma variedade de stakeholders, incluindo clientes, acionistas, grupos de proteção de direitos, reguladores do governo e o público em geral. Essas atividades destinam-se a construir e melhorar a reputação da empresa junto a esses grupos e reconstruir a reputação da empresa quando ocorrem eventos inesperados e desfavoráveis. Gestão de marca e reputação da corporação são fundamentais para a gestão de marca e posicionamento eficazes relacionadas a produto, uma vez que criam confiança entre a empresa e seus stakeholders. A Figura 7.2 lista empresas norte-americanas com boas e más reputações. Note que as empresas com menor pontuação de reputação, como BP e Goldman Sachs, passaram por uma série de escândalos e problemas legais nos últimos anos. Muitas grandes corporações financeiras atualmente têm reputações ruins por causa dos escândalos financeiros que recentemente atormentaram a indústria. A credibilidade no setor financeiro está no menor nível histórico e pode levar anos para que essas empresas reconstruam sua reputação.

A gama de pontuações na Figura 7.2 é bastante reveladora dos efeitos que reputações positivas e negativas podem ter sobre uma empresa. A pontuação de reputação da Apple, a mais alta na história da pesquisa, está intimamente ligada a seus produtos de qualidade, desempenho financeiro, responsabilidade social e liderança executiva. Essa reputação está claramente entrelaçada com as marcas iPad e iPhone. Compare isso com a AIG, que tem se classificado na parte inferior por muitos anos. Não apenas a empresa foi implicada em escândalos financeiros como também precisou de ajuda financeira do governo, entretanto, a AIG concedeu bônus a altos executivos e organizou conferências em luxuosos resorts depois de receber o dinheiro. As atuações da AIG pioraram claramente sua reputação e dificultaram-lhe concorrer na competitiva indústria de serviços financeiros. Não é surpreendente que o preço das ações da AIG caiu mais de 98% nos últimos cinco anos. Esses exemplos demonstram as importantes conexões entre gestão de marca corporativa e reputação e as atividades que as empresas utilizam para gerenciar a marca e posicionar suas ofertas de produtos com sucesso.

Decisões Básicas de Gestão de Marca

Ter ou não ter uma marca: não é realmente uma questão. Praticamente todo produto é associado com algum tipo de gestão de marca. Os chamados produtos "genéricos" em geral não existem hoje, exceto em alguns itens de mercearia e talvez commodities, como açúcar, trigo e milho. As vantagens da gestão de marca são tão convincentes de que a verdadeira questão não é "por quê?", mas "como?" Algumas das muitas vantagens da marca incluem:

- **Identificação do Produto**. Marcas facilitam a identificação e localização de produtos para os clientes.
- **Compra Comparada**. Marcas auxiliam os clientes na avaliação dos produtos concorrentes.
- **Eficiência de Compra**. Marcas aceleram o processo de compra e facilitam as compras repetidas, reduzindo tempo e esforço de busca.
- **Redução de Risco**. Marcas permitem que os clientes comprem produtos conhecidos, reduzindo assim o risco de compra.
- **Aceitação do Produto**. Novos produtos lançados sob uma marca conhecida são aceitos e adotados mais rapidamente.
- **Reforço da Autoimagem**. Marcas podem transmitir status, imagem e prestígio.
- **Aumento da Fidelidade ao Produto**. Marca aumenta a identificação psicossocial com um produto.

Além desses benefícios gerais da gestão de marca, decisões de marca específicas também podem criar outros benefícios. Por exemplo, uma decisão-chave de marca envolve a distinção entre as marcas de fabricantes

CAPÍTULO 7 • GESTÃO DE MARCA E POSICIONAMENTO

FIGURA 7.2 As Melhores e Piores Reputações Corporativas dos EUA

Classificação	Empresa	Quociente de reputação
	The Strongest Reputations	
1.	Apple	85,62
2.	Google	82,82
3.	The Coca-Cola Company	81,99
4.	Amazon.com	81,92
5.	Kraft Foods	81,62
6.	The Walt Disney Company	81,28
7.	Johnson & Johnson	80,45
8.	Whole Foods Market	80,14
9.	Microsoft	79,87
10.	UPS	79,75
11.	Sony	79,22
12.	Honda	78,95
13.	Samsung	78,11
14.	Home Depot	78,11
15.	Procter & Gamble	78,09
	The Weakest Reputations	
46.	Chevron	64,72
47.	Sears	64,26
48.	Time Warner	63,38
49.	T-Mobile	62,82
50.	Chrysler	60,30
51.	ExxonMobil	60,01
52.	Wells Fargo	59,50
53.	Comcast	59,10
54.	News Corp	57,14
55.	Citigroup	55,95
56.	JPMorgan Chase	54,84
57.	BP	53,50
58.	Bank of America	49,85
59.	Goldman Sachs	47,57
60.	AIG	46,18

Fonte: Extraída de Harris Interactive, "The Annual RQ 2008: The Reputations of the Most Visible Companies". Copyright 2008 Harris Interactive, <http://www.harrisinteractive.com/services/pubs/HI_BSC_REPORT_AnnualRQ2008_Rankings.pdf>. Acesso em: 31 de julho de 2009.

e marcas próprias (marcas detidas pelos comerciantes que as vendem). Marcas próprias, às vezes chamadas marcas de lojas (mas não marcas genéricas), vão de produtos conhecidos, como roupas Gap e ferramentas Craftsman, a outros produtos, como alimentos para cães Ol' Roy do Walmart, aspirina Equate ou refrigerantes Sam's Choice. Estrategicamente, a escolha de vender marcas de fabricantes ou marcas próprias não é uma decisão excludente. Como a Figura 7.3 ilustra, os dois tipos de marcas têm vantagens importantes. Por essa razão, muitos distribuidores, atacadistas e varejistas vendem ambos. Por exemplo, lojas de departamento vendem as marcas de fabricantes, tais como Nike, Polo e Hilfiger, porque os clientes esperam encontrá-las. Assim, as marcas de fabricantes são importantes para direcionar o tráfego de clientes. Elas também dão aos clientes a confiança de que eles estão comprando uma marca amplamente conhecida de uma empresa respeitada. As lojas de departamento também vendem uma série de marcas próprias, devido a maiores margens de lucro associadas a elas. JCPenney, por exemplo, é bem conhecida por suas marcas próprias. Mais de 40% das vendas da Penney vêm de marcas próprias; sete das quais, incluindo Arizona, Worthington e St. John's Bay, vendem individualmente mais de US$ 1 bilhão por ano. A Penney também adicionou uma marca própria de vestuário e mobiliário doméstico chamada American Living, fabricada pela Polo Ralph Lauren. Além disso, JCPenney

FIGURA 7.3 Marcas de Fabricante *versus* Marcas Próprias

Vantagens Exclusivas de Vender Marcas de Fabricante	
Custos reduzidos	Promoção maciça pelo fabricante reduz os custos de marketing do comerciante que vende a marca.
Lealdade associada	Marcas de fabricante vêm com seu próprio conjunto de clientes fiéis.
Melhor imagem	Imagem e prestígio do comerciante são reforçados.
Estoques mais baixos	Fabricantes são capazes de fazer entregas oportunas, que permitem ao comerciante reduzir o estoque e seus custos.
Risco reduzido	Produtos de baixa qualidade ou falhas são atribuídos ao fabricante, em vez de ao comerciante.
Vantagens Exclusivas de Vender Marcas Próprias (da Loja)	
Aumento do lucro	O comerciante mantém uma margem mais elevada em suas próprias marcas e enfrenta menos pressão para reduzir os preços para enfrentar a concorrência.
Menos concorrência	Enquanto marcas tradicionais são vendidas por muitos comerciantes diferentes, marcas próprias são exclusivas do comerciante que as vende.
Controle total	O comerciante tem total controle sobre desenvolvimento, preços, distribuição e promoção da marca.
Lealdade à loja	Os clientes leais a uma marca própria são automaticamente leais ao comerciante.

© 2013 Cengage Learning

adquiriu a marca Liz Claiborne (ex-marca de fabricante) no final de 2011. O movimento era parte da reformulação completa da marca Penney para enfatizar "Preço Justo e Certo", em vez de vendas frequentes.[3]

A segunda decisão de gestão de marca importante envolve marca individual ou de família. A empresa utiliza a marca individual quando usa uma marca diferente para cada uma de suas ofertas de produtos. Diversas empresas bem conhecidas usam a marca individual, incluindo Sara Lee (Hanes, L'eggs, Jimmy Dean, Ball Park), Reckitt Benckiser (Air Wick, Clearasil, French's e Woolite) e Procter & Gamble (Tide, Duracell, Cover Girl, Scope). A principal vantagem da marca individual é que o potencial de mau desempenho de um produto não macula a imagem de marca de outros produtos no portfólio da empresa. Também é útil na segmentação do mercado quando a empresa quer entrar em muitos segmentos do mesmo mercado. A Procter & Gamble usa essa estratégia no mercado de sabão em pó (Tide, Cheer, Bold, Gain, Ariel).

Por outro lado, marca de família ocorre quando uma empresa utiliza o mesmo nome ou parte do nome da marca em todos os produtos. Por exemplo, cada cereal no portfólio da Kellogg's usa seu nome (Kellogg's Frosted Flakes, Kellogg's Rice Krispies etc.). A Campbell usa a mesma estratégia em seu portfólio de sopas (Campbell's Tomato Soup, Campbell's Chunky etc.) e em muitas de suas outras marcas, como Pepperidge Farm, Pace, Swanson e V8. A principal vantagem da marca de família é que a promoção (e imagem de marca) de um produto reflete em outros produtos com a mesma marca de família. No entanto, além do risco óbvio de lançar um produto ruim sob uma marca de família, há também o risco de extensão em excesso. Muitas extensões de marcas, especialmente em áreas não relacionadas, podem confundir os clientes e estimular a mudança de marca. Exemplos incluem perfumes Bic (a empresa é conhecida por canetas e isqueiros), analgésico sem aspirina da Bayer (é o principal fabricante de aspirina) e Miller Chill (nada a ver com a "High Life", a principal marca da Miller).

Alianças Estratégicas de Marca

Como já dissemos em capítulos anteriores, relacionamentos com outras empresas estão entre as vantagens competitivas mais importantes que podem ser detidas por uma organização. Muitos desses relacionamentos são baseados em uma variedade de alianças da marca. Por exemplo, *comarca* é a utilização de duas ou mais marcas de um produto que tira proveito da imagem e reputação de várias marcas para criar produtos diferenciados com diferenciação distintiva. Comarca é bastante comum em alimentos processados e cartões de crédito. Por exemplo, a General Mills fez parceria com a Hershey em sua mistura para bolo de chocolate Betty Crocker com cacau da Hershey. Essa aliança de marca dá à Betty Crocker uma vantagem distinta sobre concorrentes como Duncan Hines. Da mesma forma, empresas de cartão de crédito, como Visa e MasterCard, oferecem versões de comarca de seus cartões estampadas com os logos de equipes esportivas, universidades, profissões ou outras empresas, como Delta Airlines e Disney World. A comarca é muito bem-sucedida porque a natureza complementar das marcas utilizadas em um único produto aumenta a qualidade percebida e familiaridade do cliente.

Licenciamento da marca é outro tipo de aliança de marca e envolve um acordo contratual em que uma empresa permite que uma organização use sua marca em produtos não concorrentes em troca de uma taxa de licenciamento. Embora esses direitos possam ser bastante caros, o reconhecimento instantâneo da marca que vem com a marca licenciada muitas vezes vale a despesa. Marcas de moda, como Calvin Klein, Ralph Lauren, Bill Blass e Tommy Hilfiger, aparecem em inúmeros produtos em uma variedade de categorias. Licenciamento também é bastante comum em brinquedos em que os fabricantes licenciam personagens e imagens de filmes populares, como *Cars* ou *Harry Potter*, para criar uma variedade de produtos. Até mesmo os uísques Jack Daniels e Jim Beam licenciaram molhos de churrasco que levam suas marcas famosas.

Valor da Marca

Quanto vale uma marca? A resposta varia se você perguntar para clientes ou para a empresa. Para os clientes, marcas oferecem uma série de vantagens, como mencionado anteriormente. No entanto, eles também têm ligações atitudinais e emocionais com marcas que criam valor. Um dos tipos mais comuns é a *fidelidade à marca*, uma atitude positiva em relação a uma marca que faz com que os clientes tenham uma preferência consistente em detrimento de todas as outras marcas concorrentes em uma categoria de produto. Existem três graus de fidelidade à marca:

- **Reconhecimento de marca** – existe quando um cliente conhece a marca e a considera como uma das várias alternativas no conjunto evocado. Essa é a forma mais simples de fidelidade à marca e existe principalmente devido à sua notoriedade, em vez de um forte desejo de comprar a marca.

- **Preferência de marca** – um grau mais forte de fidelidade à marca, em que um cliente prefere uma marca em detrimento dos concorrentes e, geralmente, vai comprá-la, se estiver disponível. Por exemplo, um cliente pode ter uma preferência pela marca Diet Coke. No entanto, se essa marca não estiver disponível, o cliente normalmente aceitará um substituto, como Diet Pepsi ou Coca-Cola Zero, em vez de despender esforço extra para encontrar e comprar Diet Coke.

- **Insistência de marca** – o mais forte grau de fidelidade à marca ocorre quando os clientes desviam de seu caminho para procurar a marca e não aceitam nenhum substituto. Clientes insistentes vão gastar uma grande quantidade de tempo e esforço para localizar e comprar sua marca preferida.

Claramente, as empresas querem desenvolver insistência de marca para seus produtos. No entanto, a fidelidade à marca está em declínio geral por causa da crescente comoditização e do demasiado uso de atividades de promoção de vendas. Um estudo recente revelou as dez melhores marcas em fidelidade do cliente: Amazon, Apple (iPhone), Facebook, Samsung (telefone), Apple (Mac), Zappos, Hyundai, Kindle, Patron e Mary Kay.[4] A fidelidade à marca também permanece bastante elevada em muitas categorias de produtos, incluindo cigarros, maionese, creme dental, café, sabonete, medicamentos, loção corporal, maquiagem, refrigerantes, ketchup e fraldas. Note que a maioria desses exemplos incluem produtos que os clientes colocam na boca ou no corpo, um traço comum de produtos que desfrutam de forte fidelidade à marca.

O valor de uma marca para a empresa é muitas vezes referido como *brand equity*. Outra maneira de entender o brand equity é entendê-lo como valor de marketing e financeiro associado com a posição de uma marca no mercado. Brand equity normalmente está relacionado com consciência, fidelidade, qualidade e outros atributos ligados à marca e mostrados na Figura 7.1. A percepção e a fidelidade à marca aumentam a familiaridade do cliente com ela. Clientes familiarizados ou confortáveis com uma marca específica tendem a considerá-la ao fazer uma compra. Quando essa familiaridade é combinada com um alto grau de qualidade da marca, o risco inerente em comprar a marca diminui drasticamente. Associações de marca incluem imagem, atributos ou benefícios da marca que direta ou indiretamente lhe conferem certa personalidade. Por exemplo, os clientes associam 7-Up com "refrigerante não cola", lenços Charmin com "assoar macio", pneus Michelin com a segurança da família, seguros Allstate com "boas mãos", Coca-Cola com "felicidade" e cereal Honeycomb com uma "grande, grande mordida". Associações como essas são tão importantes quanto a qualidade e fidelidade e levam muitos anos para serem desenvolvidas.

Infelizmente, também é possível ter associações de marca (e brand equity) negativas. Embora a Kia tenha desfrutado de sucesso recente com o desenvolvimento de novos produtos (especialmente com o Optima e o Sorento), a montadora sul-coreana tem lutado contra uma imagem de baixa qualidade associada às suas marcas. Para combater essa associação de marca negativa, a Kia assegura aos seus produtos uma garantia poderosa de 10 anos ou 160 mil km.[5]

Embora seja difícil de medir, o valor da marca representa um elemento essencial para qualquer empresa e uma parte importante da estratégia de marketing. A Figura 7.4 lista as 25 marcas mais valiosas do mundo. Marcas como essas levam anos para se desenvolverem e cultivarem até chegarem a ser os bens valiosos que

FIGURA 7.4 As 25 Marcas Mais Valiosas do Mundo

Posição da marca	Marca	Valor da Marca em 2012 (US$ 1 mil)	Mudança no Valor da Marca em 2012 comparado com 2011 (%)	País de origem
1	Apple	182.951	19	EUA
2	IBM	115.985	15	EUA
3	Google	107.857	−3	EUA
4	McDonald's	95.188	17	EUA
5	Microsoft	76.651	−2	EUA
6	Coca-Cola	74.286	1	EUA
7	Marlboro	73.612	9	EUA
8	AT&T	68.870	−1	EUA
9	Verizon	49.151	15	EUA
10	China Mobile	47.041	−18	China
11	GE	45.810	−9	EUA
12	Vodafone	43.033	−1	Reino Unido
13	ICBC	41.518	−7	China
14	Wells Fargo	39.754	8	EUA
15	Visa	38.284	34	EUA
16	UPS	37.129	4	EUA
17	Walmart	34.436	−8	EUA
18	Amazon.com	34.077	−9	EUA
19	Facebook	33.233	74	EUA
20	Deutsche Telecom	26.837	−10	Alemanha
21	Louis Vuitton	25.920	7	França
22	SAP	25.715	−1	Alemanha
23	BMW	24.623	10	Alemanha
24	China Construction Bank	24.517	−4	China
25	Baidu	24.326	8	China

Fonte: BrandZ Top 100 Most Valuable Global Brands 2012 <http://www.wpp.com/NR/rdonlyres/4B44C834-AEA8-4951-871A-A5B937EBFD3E/0/brandz_2012_top_100.pdf>.

passaram a representar. Essa realidade faz com que seja mais fácil e menos dispendioso para as empresas comprar marcas estabelecidas do que desenvolver novas marcas a partir do zero. Por exemplo, a aquisição da unidade de produtos de consumo da Pfizer pela Johnson & Johnson permitiu à empresa adicionar várias marcas poderosas em seu portfólio, tais como Listerine, Sudafed, Visine, Neosporin e Nicorette. O capital associado a essas marcas teria levado décadas para Johnson & Johnson desenvolver por si mesma.[6] O mesmo pode ser dito para a compra do Skype pela Microsoft e do Instagram pelo Facebook.

Dado o valor de marcas como essas, não surpreende que as empresas não meçam esforços para proteger seus ativos de marca. Registrar uma marca no Registro de Marcas e Patentes dos EUA é apenas o primeiro passo para proteger o valor de uma marca. Embora o sistema legal dos EUA ofereça muitas leis para proteger as marcas, a maior parte da responsabilidade na execução dessa proteção recai sobre a empresa para encontrar e vigiar abusos. As empresas devem monitorar de forma diligente o comportamento da concorrência em busca de sinais de potencial violação de marca que poderia confundir ou enganar os clientes. Por exemplo, a Auto Shack foi forçada a mudar seu nome para AutoZone depois que a Tandy Corporation, proprietária da Radio Shack, processou a empresa. O McDonald's também é agressivo em proteger sua marca e abriu processos contra muitas empresas que usam "Mc" em seus nomes. Devido a sistemas jurídicos diferentes e muitas vezes relaxados em outras nações, o abuso de marca é bastante comum em mercados estrangeiros. Não é de surpreender que patentes, direitos autorais e leis de propriedade intelectual tornaram-se uma indústria em crescimento, nos Estados Unidos e em todo o mundo. Sem essas proteções, as empresas correm o risco real de verem suas marcas se tornarem sinônimo de uma categoria de produtos. Fita adesiva Scotch, copiadoras Xerox, curativos adesivos Band-Aid, Coca-Cola, FedEx e Kleenex constantemente lutam nessa batalha. Para proteger suas marcas, as empresas obtêm marcas comerciais (trademarks) para designar legalmente que o proprietário da marca detém o uso exclusivo e proíbem que outras pessoas utilizem a marca qualquer que seja a forma. Antigos nomes de marca que suas empresas-mãe não protegeram suficientemente incluem aspirina, escada rolante, nylon, linóleo, querosene e trigo triturado.

Embalagem e Rotulagem

À primeira vista, questões de embalagem e rotulagem podem não parecer importantes na estratégia de gestão de marca. Embora a estratégia de embalagem e rotulagem envolva outros objetivos que não se referem à gestão de marca, ambas frequentemente caminham lado a lado no desenvolvimento de um produto, seus benefícios, sua diferenciação e sua imagem. Considere, por exemplo, o número de produtos que utilizam embalagens de destaque como parte de sua estratégia de gestão de marca. Exemplos óbvios incluem nomes e logotipos de marcas que aparecem em todas as embalagens do produto. A cor utilizada na embalagem ou no rótulo de um produto também é parte vital da marca, tais como Tide e seu uso consistente de laranja brilhante na sua linha de detergentes para roupa. O tamanho e forma do rótulo são, por vezes, uma chave para a identificação da marca. Por exemplo, Heinz usa um rótulo diferenciado em forma de coroa em suas garrafas de ketchup. As características físicas da embalagem em si, com frequência, torna-se parte da marca. A garrafa de Coca-Cola original de vidro com 295 ml, a lata de batatas fritas Pringles e as garrafas utilizadas pela vodka Absolut e o uísque Crown Royal são bons exemplos. Finalmente, produtos que usam embalagens recicláveis estão sendo favorecidos. Por exemplo, a NatureWorks LLC desenvolveu um biopolímero conhecido como Ingeo, um bioplástico totalmente compostável feito de milho. O Ingeo é utilizado em muitas aplicações em embalagens diferentes porque se biodegrada facilmente, geralmente dentro de 75 a 80 dias. A água Biota usa o Ingeo em todas as suas embalagens. Da mesma forma, a Coca-Cola introduziu a PlantBottle, uma garrafa

CAPÍTULO 7 • GESTÃO DE MARCA E POSICIONAMENTO

reciclável feita de 70% de petróleo e 30% de açúcar e melaço. O logotipo da PlantBottle está agora em destaque na água engarrafada Dasani produzida pela empresa. Ao contrário do Ingeo, a PlantBottle pode ser reciclada.[7]

As embalagem têm diversas funções importantes na estratégia de marketing. Clientes consideram algumas funções evidentes, como proteção, armazenamento e conveniência, até descobrirem que a embalagem não consegue manter o produto fresco ou não cabe na geladeira, armário de remédios ou mochila. A embalagem também pode desempenhar um papel importante em modificações e reposicionamento de produtos. Uma tampa ou um fechamento aprimorados, um pacote de "abertura fácil", uma caixa ou recipiente mais durável ou a introdução de um pacote de tamanho mais conveniente podem criar reconhecimento imediato e uma vantagem competitiva. Às vezes, uma mudança no design da embalagem pode criar grandes problemas para uma marca, tal como descrito no boxe *Além das Páginas 7.2*. A embalagem também pode ser usada como uma parte de uma estratégia de comarca. A Hillshire Farms, por exemplo, fez uma aliança com The Glad Products Company para embalar sua linha de refeições prontas Deli Select em recipientes de plástico reutilizáveis GladWare. A embalagem é fácil de vedar e totalmente reutilizável, uma vez que a refeição tenha sido consumida.[8]

ALÉM DAS PÁGINAS 7.2

O Desastre na Embalagem de Tropicana[9]

Em janeiro de 2009, como parte de uma grande reformulação de marcas na família PepsiCo, a Tropicana abandonou o rótulo de longa data de sua popular marca de suco de laranja Pure Premium. Ele continha o logo familiar com um canudinho fincado em uma laranja e foi substituído por um visual mais moderno, com um copo de suco e a marca "Tropicana" escrita verticalmente na embalagem. O movimento era parte da campanha de US$ 35 milhões "Esprema: É Natural", que promovia frescor e imagens de família.

Infelizmente para a Tropicana, a embalagem redesenhada instantaneamente recebeu críticas e reclamações de consumidores leais. Muitos argumentaram que a embalagem era "feia" e parecia "uma marca genérica ou de loja". Outros se queixaram de que a nova embalagem dificultava aos consumidores o reconhecimento da Tropicana nas prateleiras dos supermercados. De fato, muitos consumidores se queixaram de terem comprado o suco de laranja errado. Após menos de dois meses com sua nova embalagem, as vendas de Tropicana Pure Premium caíram 20%, ou cerca de US$ 33 milhões. Ao mesmo tempo, marcas concorrentes, como Minute Maid, Florida's Natural e Tree Ripe, tiveram um cres-

cimento de vendas de dois dígitos. As vendas de marcas próprias também aumentaram.

Após a rápida queda nas vendas e milhares de cartas, e-mails e telefonemas de consumidores, a PepsiCo anunciou que iria desfazer-se da nova embalagem e voltar para a antiga. Críticos da indústria elogiaram o movimento e o compararam com o fiasco da "New Coke", da Coca-Cola, em 1985. A Pepsi, assim como a Coca-Cola na época, não tinha conseguido ver a ligação profunda que os consumidores leais tinham com a embalagem da Tropicana. Uma vez a embalagem antiga retomada, as vendas da Tropicana voltaram ao normal.

Embora seja uma lição importante contra a interferência em uma marca icônica, a história da Tropicana também aponta para a influência que os consumidores têm hoje em dia. É mais fácil se conectar, e mais difícil de evitar, clientes que podem fácil e eficazmente interagir com empresas e entre si por meio de tecnologias sociais. Apenas dez anos atrás, teria levado meses para a Tropicana identificar a reação contra sua embalagem. Agora, com e-mail, Facebook e Twitter, as empresas podem descobrir as reações dos clientes em tempo real.

Rotulagem, por si só, é uma consideração importante na estratégia de marketing. Os rótulos dos produtos não só ajudam em sua identificação e promoção como também contêm uma grande quantidade de informação para ajudar os clientes a fazer seleções de produtos adequados. Rotulagem também é uma questão jurídica importante, já que várias leis e regulamentos federais especificam as informações que devem ser incluídas nas embalagens de um produto. A Lei de Rotulagem Nutricional e Educação de 1990 foi uma das mudanças mais radicais na lei de rotulagem Federal da história dos Estados Unidos. Ela determinou que os fabricantes de alimentos embalados devem incluir informações nutricionais detalhadas em suas embalagens. A lei também estabelece normas para as alegações de saúde, tais como "baixo teor de gordura", "light", "baixo teor calórico" e "colesterol reduzido". A Lei de Rotulagem de Alergia a Alimentos e Proteção do Consumidor, aprovada em 2004, exige a rotulagem de todos os alimentos que contenham amendoim, soja, leite, ovos, mariscos, nozes e trigo. O Supremo Tribunal dos EUA determinou que os fabricantes devem assumir total responsabilidade pelo conteúdo do rótulo e advertências em suas embalagens. Essa decisão também se aplica aos fabricantes de produtos inspecionados e certificados pelo governo, tais como alimentos e produtos farmacêuticos.[10]

Diferenciação e Posicionamento

Embora até agora tenhamos focado apenas em questões de gestão de marcas, é vital lembrar que a marca está intrinsecamente ligada à diferenciação e posicionamento no programa de marketing. Às vezes, as pessoas confundem diferenciação e posicionamento com segmentação de mercado e seleção de mercado-alvo. *Diferenciação* envolve a criação de diferenças na oferta de produtos da empresa que a distingue de ofertas concorrentes. A diferenciação normalmente é baseada em características distintas de produtos, serviços adicionais ou outras características. *Posicionamento* refere-se à criação de uma imagem mental da oferta do produto e suas características de diferenciação na mente do mercado-alvo. Essa imagem mental pode ser baseada em diferenças reais ou percebidas entre ofertas concorrentes. Enquanto diferenciação diz respeito ao programa de marketing do produto, posicionamento se refere às percepções que os clientes têm dos benefícios reais ou percebidos que a oferta possui.

Embora diferenciação e posicionamento possam ser baseados em recursos ou características reais do produto, a principal tarefa para a empresa é desenvolver e manter uma posição relativa do produto na mente do mercado-alvo. O processo de criação de uma posição relativa favorável envolve várias etapas:

1. Identificar necessidades, desejos e preferências do mercado-alvo.

2. Avaliar a diferenciação e o posicionamento dos concorrentes atuais e potenciais.

3. Comparar a posição atual da empresa com a concorrência em relação a necessidades, desejos e preferências do mercado-alvo.

4. Identificar diferenciação e posicionamento exclusivos não oferecidos pela concorrência que correspondam às capacidades da empresa.

5. Desenvolver um programa de marketing para criar a posição da empresa na mente do mercado-alvo.

6. Reavaliar continuamente o mercado-alvo, a posição da empresa, bem como a posição de ofertas concorrentes para garantir que o programa de marketing permaneça alinhado e identificar oportunidades de posicionamento emergentes.

O conceito de posição relativa pode ser abordado com o uso de diversas ferramentas. Uma das mais utilizadas é o mapeamento perceptual. Um *mapa perceptual* representa percepções e preferências dos clientes espacialmente por meio de um gráfico. Um mapa perceptual hipotético para marcas de automóveis é mostrado na Figura 7.5. Os eixos representam as dimensões subjacentes que os clientes podem usar para formar percepções e preferências de marcas. Qualquer número de dimensões pode ser representado usando algoritmos de computador, como escalonamento multidimensional ou análise de cluster. No entanto, mapas bidimensionais simples são a forma mais comum, pois um número limitado de dimensões é normalmente mais evidente entre os consumidores.

A segunda ferramenta comumente utilizada é a *tela estratégica*, que discutimos no Capítulo 4 e na Figura 4.9. Além de sua utilidade no processo de planejamento, é uma excelente ferramenta para demonstrar a posição relativa da empresa em termos dos fatores competitivos importantes para o mercado-alvo. No boxe *Além das Páginas 6.1*, discutimos o programa de marketing da Barnes & Noble em relação à Amazon, seu mais forte concorrente. Uma tela estratégica hipotética para esse mercado é mostrado na Figura 7.6. Observe que enquanto a Barnes & Noble mantém uma vantagem na seleção de livros (principalmente na força de seu mercado de livros didáticos) e tem uma sala de estar confortável para os clientes, a Amazon tem vantagens dominantes em ofertas de outros produtos, exceto livros, horário de loja e programa de fidelidade.

Mapas perceptuais e tela estratégica ilustram duas questões básicas na estratégia de posicionamento. Primeiro, indicam produtos/marcas semelhantes em termos de posição mental relativa. No exemplo de mapa perceptual, os clientes tendem a ver as ofertas da Toyota e da Honda como muito similares. O posicionamento

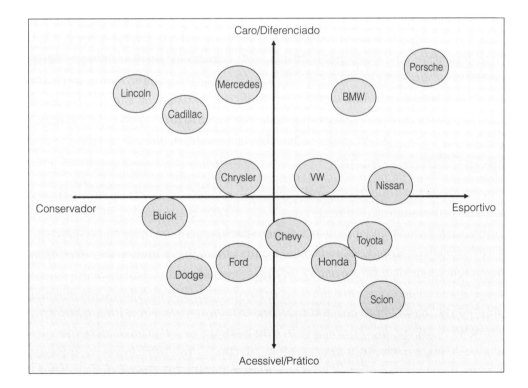

FIGURA 7.5 Mapa Perceptual Hipotético do Mercado Automotivo

© 2013 Cengage Learning

FIGURA 7.6 Tela Estratégica Hipotética para o Mercado de Varejo de Livros

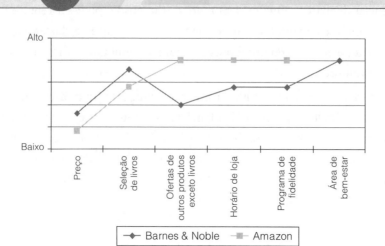

© 2013 Cengage Learning

de uma marca ao coincidir com marcas concorrentes se torna mais difícil quando muitas marcas ocupam o mesmo espaço relativo. No mercado de varejo de livros, esse é o caso de preços e seleção de livros. Em segundo lugar, essas ferramentas ilustram espaços vazios na imagem mental atual para uma categoria de produto. No mapa perceptual, observe o espaço vazio no canto inferior esquerdo. Isso indica que os consumidores não percebem nenhum produto atual como conservador e barato. Essa falta de concorrência pode ocorrer porque (1) os clientes têm necessidades ou preferências não atendidas; ou (2) os clientes não têm nenhum desejo por uma oferta de produtos com essa combinação de dimensões. No caso da tela estratégica, a Barnes & Noble tem uma clara vantagem por se tratar de um lugar confortável para passear, relaxar e desfrutar de um café. No entanto, pesquisas adicionais seriam necessárias para determinar se essa característica é mais ou menos importante para os clientes do que ter uma forte seleção de livros ou programa de fidelidade.

Bases para Diferenciação

Geralmente, a ferramenta mais importante de diferenciação é a marca. As percepções dos clientes sobre uma marca são de extrema importância na diferenciação porque diferenças entre as marcas concorrentes podem ser baseadas em qualidades reais (por exemplo, características, recursos ou estilo do produto) ou psicológicas (por exemplo, percepção e imagem). Além da marca, outras bases importantes para a diferenciação incluem descritores de produtos e serviços de suporte ao cliente.

Descritores de produto. As empresas geralmente fornecem informações sobre seus produtos em um dos três contextos mostrados na Figura 7.7. O primeiro contexto é *características do produto*, que são descritores factuais do produto e de suas características. Por exemplo, MacBook Pro 13-polegadas da Apple inclui recursos importantes, como um processador Intel Core i7 e corpo único em alumínio. No entanto, embora as características digam algo sobre a natureza do produto, não são geralmente as informações que levam os clientes a comprar. Características devem ser traduzidas para o segundo contexto, *vantagens*. Essas são formas de

FIGURA 7.7 Usando Descritores de Produto como Base para Diferenciação

Produto	Características	Vantagens	Benefícios
Laptop Apple MacBook Pro 13 polegadas	Processador Intel Core i7 Sistema operacional Mac OS X com iLife Corpo único de alumínio Menos de 1 polegada de espessura e apenas 2kg Alto desempenho Intel HD Graphics Bateria de polímero de lítio de 63,5 watts com 7 horas de duração Wi-Fi e Bluetooth Integrados	Muito leve e compacto Desempenho multimídia incrivelmente rápido Recursos de edição de foto, vídeo e áudio diferenciados Bateria de longa duração Conectividade sem complicações	Mobilidade extrema Entretenimento portátil excelente Não há necessidade de comprar software separado de edição fotográfica ou de vídeo Conexão em qualquer lugar
Chevrolet Camaro	Motor 6.2L, 426-cavalos SS V8 Direção hidráulica Baixo, largo, postura agressiva e distribuição de peso 52/48 frente/traseira Desligamento automático dos cilindros (AFM - Active Fuel Management)	0 a 100km/h em 5 segundos Manejo extraordinário Melhor aderência à estrada Consumo na estrada de 10 km/litro	Autoimagem melhorada Divertido de conduzir Fácil de conduzir Eficiência de combustível Segurança
Toalhas de Papel Bounty Select-a-Size	Folhas podem ser rasgadas em tamanhos variados Mais folhas por rolo Mais resistência quando molhadas	Excelente para trabalhos de limpeza de qualquer porte Menos desperdício Absorção superior Não acaba tão rápido	Mais controle sobre a limpeza Reduz o custo de comprar toalhas de papel Pode ser dimensionada para o uso

© 2013 Cengage Learning

desempenho que comunicam como as características fazem o produto se comportar, de uma forma que se espera ser distintiva e atraente para os clientes. As vantagens do MacBook Pro incluem um design leve e compacto, desempenho rápido e bateria de longa duração. No entanto, como já dissemos anteriormente, a verdadeira razão pela qual os clientes compram produtos é para obter *benefícios*, ou seja, resultados positivos ou satisfação da necessidade ao adquirirem os produtos. Assim, os benefícios do MacBook Pro incluem a mobilidade extrema e entretenimento portátil excelente. Outros benefícios, como aumento da produtividade e conectividade, também podem ser sugeridos no programa de promoção da Apple.

Um aspecto da descrição de um produto que os clientes valorizam muito é a qualidade. Características do produto que os clientes associam com qualidade incluem confiabilidade, durabilidade, facilidade de manutenção, facilidade de uso e uma marca de confiança. Nos mercados empresariais, outras características, tais como adequação técnica, facilidade de conserto e a reputação da empresa, são incluídas nessa lista de indicadores de qualidade. Em geral, maior qualidade do produto, real ou imaginada, significa que uma empresa pode cobrar um preço mais elevado por seus produtos e construir simultaneamente a fidelidade do cliente.

No caso da Apple e do MacBook Pro, isso é certamente verdade. A relação entre qualidade e preço (inerente ao conceito de valor) obriga a empresa a considerar a qualidade do produto com cuidado ao tomar decisões sobre diferenciação, posicionamento e o programa de marketing global.

Serviços de suporte ao cliente. Uma empresa pode ter dificuldade em diferenciar seus produtos quando todos os produtos em um mercado têm essencialmente qualidade, recursos ou benefícios semelhantes. Em tais casos, proporcionar bons serviços de suporte ao cliente, tanto antes como após a venda, pode ser a única maneira de diferenciar os produtos da empresa e afastá-los de uma condição de commodity orientada para o preço. Por exemplo, ao longo dos últimos dez anos, pequenas livrarias desapareceram em um ritmo alarmante, ao passo que a concorrência de Barnes & Noble, Books-A-Million e Amazon, tomou seu lugar. As lojas locais que permaneceram no negócio prosperam devido ao serviço excepcional e personalizado que prestam a seus clientes. Muitas livrarias locais criam fidelidade do cliente por estarem ativamente envolvidas na comunidade, contribuindo com escolas locais, igrejas e instituições de caridade. Muitos clientes valorizam tanto esse nível de personalização que pagarão preços ligeiramente mais elevados e permanecerão fiéis à livraria.

Serviços de suporte incluem qualquer coisa que a empresa possa oferecer, além do principal produto que agrega valor para o cliente. Exemplos incluem assistência na identificação e definição das necessidades dos clientes, entrega e instalação, suporte técnico para sistemas de alta tecnologia e software, acordos de financiamento, treinamento, garantia estendida, consertos, planos de reserva de mercadoria, horário de funcionamento conveniente, programas de fidelidade (por exemplo, programas de passageiro/comprador frequente) e estacionamento adequado. Se você comprar uma geladeira Kenmore, por exemplo, pode esperar que a Sears forneça financiamento, entrega e instalação e serviço de consertos na garantia, se necessário. Por meio de pesquisa, a empresa pode descobrir os tipos de serviços de suporte que os clientes mais valorizam. Em alguns casos, eles podem querer preços mais baixos, em vez de um conjunto de serviços de suporte. Companhias aéreas de baixo custo, como JetBlue e Allegiant Air, e hotéis econômicos, como Motel 6 e La Quinta, são bons exemplos. A importância de ter a combinação adequada de serviços de suporte tem aumentado nos últimos anos, fazendo com que muitas empresas criem seus serviços aos clientes com tanto cuidado como projetam seus produtos.

Independentemente da base para a diferenciação, a realidade muitas vezes não é tão importante quanto a percepção. Empresas que se beneficiam de uma imagem sólida ou reputação podem diferenciar suas ofertas com base unicamente no nome da empresa ou da marca. Exemplos de empresas que têm essa capacidade incluem BMW, Mercedes, Michelin, Budweiser, Campbell, Hotéis Ritz-Carlton, Disney World e Princess Cruises. Mas e se a empresa não tem essa capacidade? E se não há bases críveis para diferenciação? Em outras palavras, se o mercado está comoditizado? Nesse caso, criar uma percepção pode ser a única escolha da empresa. Considere a indústria de locadoras de automóveis. Nos primeiros anos da indústria, a Hertz não só ficou em primeiro lugar, mas também manteve uma grande vantagem sobre a segunda colocada, a Avis. A direção de Avis, com a intenção de conquistar uma parcela maior dos clientes da Hertz, pediu à sua agência de propaganda que desenvolvesse uma estratégia de posicionamento eficaz em relação à Hertz. Depois de procurar por qualquer vantagem que a Avis tivesse sobre a Hertz, a agência concluiu que a única diferença era que Avis era a número dois. A direção da Avis decidiu reivindicar esse fato como uma vantagem, usando o tema "Nós somos a número dois. Trabalhamos mais duro!" As locações na Avis dispararam, colocando a empresa em uma posição de número dois muito mais forte.

Estratégias de Posicionamento

Uma empresa pode criar seu programa de marketing para posicionar e melhorar a imagem de sua oferta na mente dos clientes-alvo. Para criar uma imagem positiva para um produto, uma empresa pode optar por reforçar sua posição atual ou encontrar uma nova posição. A chave para o reforço da posição atual de um produto é monitorar constantemente o que os clientes-alvo querem e em que medida eles percebem o produto como satisfazendo seus desejos. Qualquer complacência no mercado dinâmico de hoje tende a resultar em perda de clientes e vendas. Por exemplo, uma empresa conhecida por seu excelente serviço ao cliente deve continuar a investir tempo, dinheiro, talento e atenção para a sua posição de produto, a fim de proteger sua participação de mercado e vendas da atividade dos concorrentes. Isso é especialmente verdade para as empresas que buscam vantagem competitiva baseada na proximidade com o cliente, tais como Ritz-Carlton e Nordstrom.

Reforçar uma posição atual se refere a subir continuamente a barra de expectativas dos clientes. Por exemplo, a Honda sempre foi conhecida pela qualidade e confiabilidade. Recentemente, no entanto, mudou seu foco de posicionamento para envolver qualidade e valor no contexto de valor a longo prazo. Campanhas promocionais da empresa explicam como seus carros têm menor custo de propriedade, quando fatores como seguro, combustível e manutenção são levados em consideração.[11] O posicionamento da Honda é diferente das estratégias desenvolvidas pela Toyota (tecnologia híbrida), Kia (estilo) e Volkswagen (engenharia). Ao ajustar sua estratégia de posicionamento, a Honda entende que deve constantemente criar expectativas sobre o valor, se deseja manter sua posição e competitividade.

Às vezes, a queda nas vendas ou participação de mercado pode sinalizar que os clientes perderam a confiança na capacidade de um produto satisfazer suas necessidades. Em tais casos, uma nova posição pode ser a melhor resposta, uma vez que o reforço da posição atual pode muito bem acelerar o declínio no desempenho. Reposicionamento pode envolver uma mudança fundamental em qualquer um dos elementos do mix de marketing, ou talvez em todos eles. A J. C. Penney, por exemplo, contratou Ron Johnson, afastado da Apple, para ajudar a transformar a cadeia de 110 anos de idade. Johnson começou por mudar para uma estratégia de precificação "Justo e Certo" (Fair and Square) usando três pontos de preço, em vez de vendas frequentes: Todos os Dias, Valor no Mês Inteiro e Melhores Preços. Os preços também foram alterados para terminar em 0, em vez de 0,99, para ajudar a remover o estigma de desconto associado com a empresa. Johnson também criou dezenas de butiques do tipo "lojas dentro de uma loja" em torno do tema "Praça da Cidade" para revigorar a estratégia de merchandising da Penney. Até mesmo o logotipo da empresa foi alterado para incorporar um design quadrado (combinando com a estratégia de precificação) e as cores patrióticas vermelho, branco e azul. Os resultados iniciais não foram bons para Johnson: as vendas nas lojas caíram 24% depois que as alterações entraram em vigor. No entanto, o plano de Johnson para revitalizar a Penney deve levar quatro anos para ser concluído.[12]

Alguns dos programas de marketing mais marcantes envolvem tentativas de mudar para novas posições. As campanhas "Não Mais Somente no Café da Manhã" para suco de laranja e "Carne de Porco: A Outra Carne Branca" são bons exemplos. Outro exemplo é a tentativa da Cadillac de reposicionar a marca devido ao envelhecimento de seu mercado-alvo tradicional. A erosão da participação de mercado de automóveis de luxo da Cadillac forçou a empresa a concentrar-se e atrair o público mais jovem para a marca. Programas de marketing recentes têm sido priorizados por campanhas com temas como "Fusão de Design e Tecnologia", "Herança Renascida", "Invenção", "É um Estilo de Vida" e "Luxo Vermelho Sangue". Em alguns casos, o reposicionamento requer foco em novos produtos. Por exemplo, a Sony, terceira maior fabricante de câmeras no mundo (atrás de Canon e Nikon), não foi levada a sério como uma marca de câmeras até que adquiriu a

Konica Minolta e lançou a Alpha, uma câmera SLR digital voltada para o mercado premium. Antes da Alpha, a Sony tinha apenas modelos simples.

Gerenciando Marcas ao Longo do Tempo

As decisões relativas a marca e posicionamento, assim como o gerenciamento do programa de marketing ao longo do tempo, são questões estratégicas. Para abordar essa questão, usamos o ciclo de vida do produto tradicional, mostrado na Figura 7.8, para discutir a estratégia de marketing em termos de marca ou concepção do produto ao longo de seu crescimento e maturidade e, em última instância, sua morte. Nosso uso do ciclo de vida do produto baseia-se em sua capacidade de descrever as questões estratégicas e objetivos-chave que devem ser considerados durante cada fase da vida de uma marca. Ressaltamos, contudo, que o ciclo de vida do produto tem muitas limitações. Por um lado, a maioria de novos produtos e marcas nunca passam do desenvolvimento, e a maioria dos produtos e marcas mais bem-sucedidos nunca morrem. Em segundo lugar, o ciclo de vida do produto realmente se refere à vida de um produto/mercado, indústria, setor ou categoria, e não a marcas ou empresas específicas. Assim, se traçarmos o ciclo de vida do negócio de varejo de livros tradicional, lidamos com as características do mercado para esse setor e não empresas individuais, como Barnes & Noble ou Books-a-Million. Além disso, a duração de cada etapa e do tempo envolvido no ciclo como um todo depende fortemente das ações das empresas na indústria. Empresas e indústrias reinventam-se constantemente, o que pode fazer o ciclo de vida acelerar, desacelerar ou mesmo se reciclar.

Apesar desses problemas, o ciclo de vida do produto oferece uma estrutura útil para a discussão da estratégia de marketing ao longo do tempo. A Figura 7.9 resume as considerações estratégicas para cada estágio do ciclo de vida. É importante para as empresas considerar a fase do ciclo de vida de seu mercado no que

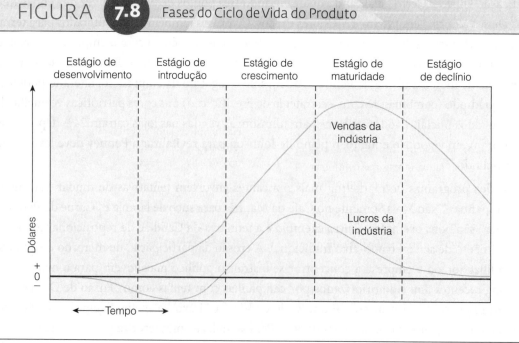

FIGURA 7.8 Fases do Ciclo de Vida do Produto

© 2013 Cengage Learning

FIGURA 7.9 — Considerações Estratégicas durante o Ciclo de Vida do Produto

| | **Fases do Ciclo de Vida** | | | |
	Introdução	Crescimento	Maturidade	Declínio
Metas Gerais de Marketing	Estimular a consciência do produto e a experimentação.	Aumentar a participação de mercado pela obtenção de novos clientes; descobrir novas necessidades e segmentos de mercado.	Maximizar o lucro, defendendo participação de mercado ou roubando-a dos concorrentes.	Reduzir despesas e esforços de marketing para maximizar a última oportunidade para o lucro.
Estratégia de Produto	Introduzir modelos limitados com recursos limitados; mudanças de produto frequentes.	Introduzir novos modelos com novas funcionalidades; buscar inovação contínua.	Linha completa de modelos; aumentar a oferta de produtos complementares para ajudar na diferenciação de produtos.	Eliminar modelos e marcas não rentáveis.
Estratégia de Preços	Preços de penetração para estabelecer uma presença no mercado ou preços skimming (nata do mercado) para recuperar os custos de desenvolvimento.	Preços caem devido à concorrência; preço para igualar ou bater a concorrência.	Preços continuam a cair; preço para vencer a concorrência.	Preços estabilizam em um nível mais baixo.
Estratégia de Distribuição	Gradualmente lançar o produto em outras áreas para expandir a disponibilidade; obter novos intermediários de canais.	Intensificar os esforços para expandir o alcance e a disponibilidade do produto.	Extensa disponibilidade do produto; manter espaço de prateleira; eliminar gradualmente lojas ou canais não rentáveis.	Manter um nível necessário para manter os clientes fiéis à marca; prosseguir com a descontinuação de canais não rentáveis.
Estratégia de Promoção	Propaganda e venda pessoal para construir a consciência; pesada promoção de vendas para estimular a experimentação do produto.	Propaganda de marca, venda e promoção de vendas agressivas para incentivar a mudança de marca e experimentação contínua.	Enfatizar diferenças e benefícios da marca; incentivar a mudança de marca; manter marca/produto renovados.	Reduzir a um nível mínimo ou eliminar por completo.

Fonte: Adaptada de William M. Pride e O. C. Ferrell, *Marketing*: 2010 Edition (Mason, OH: Cengage Learning, 2010), p. 290-295.

diz respeito ao planejamento no período atual, bem como o planejamento para o futuro. Usar o ciclo de vida do produto como um modelo tem a vantagem de forçar as empresas a considerar o futuro de sua indústria e de sua marca. Por exemplo, a indústria tradicional de aluguel de DVDs está claramente nos estágios iniciais de sua fase de declínio. O advento da distribuição de DVDs via correio e quiosques e as inovações tecnológicas, tais como vídeo sob demanda, conteúdo de vídeo streaming e o crescente uso de plataformas móveis, oferecem um aumento enorme em termos de conveniência para os consumidores. Dado esse fato, não é surpreendente que as empresas de aluguel tradicionais, como Blockbuster e Movie Gallery, tenham fechado suas portas ou estejam perto da morte. Por outro lado, a Netflix abraçou as tecnologias mais recentes e agora possui mais de 26 milhões de clientes de streaming de video ao redor do mundo. A Redbox, o participante principal no aluguel de DVDs baseado em quiosques, também cresceu a um ritmo acelerado. Em ambos os exemplos, Netflix e Redbox foram capazes de mudar suas estratégias ao longo do tempo, no sentido de capitalizar sobre as mudanças na indústria de aluguel de filmes.[13]

A mudança na estratégia da Netflix ao longo do tempo também destaca as fortes conexões entre o programa de marketing e a gestão de marca. Por muitos anos, a marca Netflix se firmou como acesso fácil e conveniente a DVDs por meio de um programa de aluguel personalizável e relativamente barato. Distribuição e preço foram os principais pontos fortes da empresa. Ao longo do tempo, no entanto, os distribuidores de cinema sentiram-se ameaçados pela Netflix e tornaram-se menos dispostos a trabalhar com a empresa em questões como preço e direitos de distribuição. Isso fez com que os custos operacionais da Netflix aumentassem. Como a tecnologia se afastou de DVDs e voltou-se para a distribuição digital, a Netflix aproveitou a oportunidade e iniciou o seu movimento na mesma direção. Isso exigiu mudanças no programa de marketing em termos da estrutura do programa, preços e distribuição que não foram bem recebidas pelos clientes. Muitos protestaram contra as alterações e mais de 800 mil cancelaram suas assinaturas. De repente, a marca Netflix não era tida em alta consideração. Com o tempo, os clientes começaram a voltar para a Netflix porque, apesar dos aumentos de preços, o serviço Netflix ainda oferecia um valor excepcional para os clientes. Olhando para a frente, no entanto, a Netflix terá que estar atenta aos movimentos competitivos da Apple, Amazon entre outros, se a marca desejar manter-se como sinônimo de streaming de filmes e aluguel de DVD por correio.

Estágio de Desenvolvimento

Como a Figura 7.8 indica, a empresa não tem receitas de vendas durante a fase de desenvolvimento. Na realidade, a empresa tem uma saída líquida de caixa devido às despesas envolvidas em inovação e desenvolvimento de produtos. Para a maioria das inovações, a empresa assume uma grande quantidade de risco financeiro, de mercado e de oportunidade devido à incerteza envolvida no desenvolvimento de novos produtos e marcas. Por exemplo, a indústria farmacêutica compreende os desafios de desenvolvimento de novos produtos como nenhuma outra indústria. Empresas como Merck, Pfizer e AstraZeneca gastam milhões todos os anos com o desenvolvimento de novas drogas. Após a identificação de um novo medicamento, levam-se anos de testes antes de obter a aprovação da FDA. Então, uma vez que a nova droga está no mercado, a empresa tem apenas alguns anos para recuperar seu investimento antes que a proteção de patente expire e o mercado se abra à concorrência dos genéricos. Nesse setor altamente competitivo, as empresas farmacêuticas vivem ou morrem com base no número e na qualidade dos medicamentos que têm em suas linhas de desenvolvimento.

A fase de desenvolvimento geralmente começa com um conceito, que tem vários componentes: (1) uma compreensão dos usos e benefícios específicos que os clientes-alvo procuram em um novo produto; (2) uma descrição do produto, incluindo seus usos e benefícios potenciais; (3) o potencial para a criação de uma linha de produtos completa que pode criar sinergia em vendas, distribuição e promoção; e (4) uma análise da viabilidade do conceito de produto, incluindo questões como vendas antecipadas, retorno exigido sobre o investimento, o tempo de introdução no mercado e tempo para recuperar o investimento. Dadas as probabilidades contra a maioria dos novos produtos, não é de estranhar que mais de 80% de todos os novos produtos fracassem. Esse fato negativo da vida sublinha a necessidade de identificar corretamente as necessidades dos clientes-alvo *antes* de desenvolver a estratégia de produto. Por meio de teste de marketing eficaz, a empresa pode avaliar a resposta do cliente a um novo produto antes do lançamento em grande escala. Novos produtos que correspondem de perto às necessidades dos clientes e têm fortes vantagens em relação aos produtos concorrentes são muito mais fáceis de comercializar, à medida que o novo produto entra na fase de introdução do seu ciclo de vida.

Estágio de Introdução

A fase de introdução começa quando o desenvolvimento está completo e termina quando as vendas indicam que os clientes-alvo aceitam amplamente o produto. A estratégia de marketing elaborada durante a fase de desenvolvimento é totalmente implantada durante a fase de introdução e deve ser totalmente integrada com as vantagens competitivas e foco estratégico da empresa. Objetivos da estratégia de marketing comuns para a fase de introdução incluem:

- Atrair clientes aumentando a consciência e o interesse na oferta de produtos com propaganda, relações públicas e esforços de publicidade que liguem os principais benefícios do produto às necessidades e desejos dos clientes.

- Induzir clientes a experimentar e comprar o produto com a utilização de várias ferramentas de vendas e atividades de fixação de preços. Exemplos comuns incluem amostras grátis do produto e utilização de incentivos de preços.

- Envolver-se em atividades de educação do cliente que ensinem os membros do mercado-alvo como usar o novo produto.

- Reforçar ou expandir relacionamentos de canal e da cadeia de suprimentos para obter distribuição de produtos suficiente para tornar o produto facilmente acessível pelos clientes-alvo.

- Empenhar-se na disponibilidade e na visibilidade do produto por meio de atividades de promoção que incentivem os intermediários de canal a estocar e dar suporte ao produto.

- Estabelecer objetivos de preços que equilibrem a necessidade da empresa de recuperar o investimento com as realidades competitivas do mercado.

Apesar de todos os elementos do programa de marketing serem importantes durante a fase de introdução, uma boa promoção e distribuição são essenciais para tornar os clientes cientes de que o novo produto está disponível, ensiná-los a usá-lo corretamente e dizer-lhes onde comprá-lo. Embora isso seja tipicamente uma tarefa muito cara, nem sempre precisa ser assim. Por exemplo, quando Mozilla lançou seu navegador de código aberto Firefox, acumulou 150 milhões de downloads e 10 milhões de usuários permanentes em apenas 18 meses, sem nenhuma equipe de marketing. O segredo para o sucesso do Mozilla foi uma campanha de comunicação boca a boca centrada em seu site SpreadFirefox.com. Hoje, os usuários do Firefox ainda podem postar ideias sobre a forma de comercializar o Firefox ou se voluntariar para pôr outras ideias em ação.[14]

A duração da fase de introdução pode variar. Nos mercados empresariais, novos produtos muitas vezes têm períodos de introdução longos, enquanto os compradores se convencem a adotá-los. Nos mercados de consumo, muitos produtos têm um aumento imediato nas vendas quando consumidores e varejistas aproveitam as ofertas introdutórias especiais. Após a introdução, a empresa deve continuamente acompanhar sua participação de mercado, receitas, localização na loja, suporte de canal, custos e taxas de uso do produto para avaliar se o novo produto está retornando o investimento da empresa. Mesmo quando tem proteção de patentes ou tecnologia de difícil cópia, a empresa deve acompanhar atentamente a reação dos concorrentes. Acompanhar essa informação é fundamental se o produto quer se destacar, continuar gradualmente ao longo da curva de vendas ascendente e entrar na rentável fase de crescimento. Infelizmente, a maioria dos novos lançamentos de produtos começa muito lentamente e nunca aproveita o crescimento de demanda ou lucros. Ou começa com um estrondo e diminui rapidamente. Fracassos durante a introdução são ainda mais caros do que na fase de desenvolvimento, já que os custos de marketing e distribuição engordam o total de despesas envolvidas no lançamento do produto.

Fase de Crescimento

A empresa deve estar pronta para a fase de crescimento, uma vez que o constante aumento de vendas pode começar rapidamente. A curva ascendente das vendas do produto pode ser íngreme e os lucros devem aumentar rapidamente para, em seguida, diminuir perto do fim da fase de crescimento. A duração da fase de crescimento varia de acordo com a natureza do produto e as reações da concorrência. Por exemplo, fraldas descartáveis tiveram uma longa fase de crescimento com mais de 30% de crescimento anual durante uma década. Uma fase de crescimento curta é típica para novas tecnologias, como o mais recente iPhone ou novos jogos de vídeo.

Independentemente da duração do estágio de crescimento, a empresa tem duas prioridades principais: (1) estabelecer uma posição de mercado forte e defensável; e (2) atingir os objetivos financeiros que paguem o investimento e obter lucro suficiente para justificar um compromisso de longo prazo para o produto. Dentro dessas duas prioridades, há uma série de objetivos da estratégia de marketing pertinentes:

- Aproveitar vantagens diferenciais *percebidas* do produto em termos de gestão de marca, qualidade, preço, valor e assim por diante, para garantir uma posição forte no mercado.

- Estabelecer uma identidade de marca clara por meio de campanhas promocionais coordenadas destinadas tanto aos clientes como ao intermediário.

- Criar um posicionamento exclusivo por meio do uso de propaganda que enfatize os benefícios do produto para os clientes-alvo em relação a outras soluções ou produtos disponíveis.

- Manter o controle sobre a qualidade do produto para garantir a satisfação do cliente.

- Maximizar a disponibilidade do produto com atividades de distribuição e promoção que capitalizem a popularidade do produto.

- Manter ou aumentar a capacidade do produto de propiciar lucros para os principais parceiros de canal e da cadeia de suprimentos, especialmente os varejistas que controlam o espaço de prateleira e evidência de produtos (product placement).

- Encontrar o equilíbrio ideal entre preço e demanda à medida que a elasticidade de preço torna-se mais importante, quando o produto se move em direção ao estágio de maturidade.

- Manter sempre um olhar atento na concorrência.

Durante a fase de crescimento, a estratégia global muda de aquisição para a retenção, de estimular a experimentação do produto para gerar compras repetidas e construção de fidelidade à marca. Isso não apenas é verdadeiro para os clientes, mas também para atacadistas, varejistas e outros membros da cadeia de suprimentos. A chave é desenvolver relacionamentos de longo prazo com clientes e parceiros a fim de preparar-se para a fase de maturidade. À medida que o mercado amadurece, a empresa vai precisar de clientes fiéis e bons amigos na cadeia de fornecimento, a fim de se manter competitiva. Manter relacionamento chave é uma proposta desafiadora e cara. Por essa razão, a fase de crescimento é a mais cara para o marketing.

Decisões sobre preços também se torna mais difícil durante a fase de crescimento. À medida que mais concorrentes entram no mercado, a empresa deve equilibrar suas necessidades de fluxo de caixa e de ser competitiva. A relação entre preço e qualidade percebida é um fator complicador, assim como o aumento da sensibilidade a preço dos clientes. Durante a fase de crescimento, não é de surpreender ver os concorrentes demarcando posições de mercado com base em estratégias de preços premium ou de valor. Outras empresas resolvem o dilema da precificação oferecendo produtos diferentes com preços diferentes. Você pode ver essa estratégia em ação no mercado de telefonia móvel, no qual cada prestador de serviços oferece serviços em faixas (ou seja, minutos e características) com diferentes níveis de preços. A FedEx implementa a mesma estratégia com suas ofertas de serviços diferenciados (entrega até 8h30 do dia seguinte, até 10h30 etc.).

Outro grande desafio durante a fase de crescimento é o aumento do número de concorrentes que entram no mercado. Há uma tendência para muitas empresas de prestar menos atenção aos concorrentes durante a fase de crescimento. Afinal, o mercado está crescendo rapidamente e há bastante espaço para que todos possam ter seu pedaço. Por que não se preocupar com os concorrentes mais tarde? Porque o crescimento acabará e o mercado se tornará maduro. Para se proteger, a empresa deve construir uma posição de mercado defensável, ao se preparar para a maturidade do mercado. Essa posição pode ser baseada em imagem, preço, qualidade ou talvez algum padrão tecnológico. Finalmente, o mercado vai passar por um período de reestruturação e as empresas dominantes emergirão. Nos EUA, esse processo já está em andamento em mercados, tais como telefones celulares, companhias aéreas e tecnologia da Internet.

Estágio de Maturidade

Depois de ocorrida a reorganização no final da fase de crescimento, a janela de oportunidade estratégica se fechará para o mercado e começará a fase de maturidade. Nenhuma empresa entrará no mercado a menos que tenha encontrado alguma inovação de produto significativa o suficiente para atrair um grande número de clientes. Contudo, a janela de oportunidade muitas vezes permanece aberta para novos recursos e variações do produto. Um bom exemplo é a introdução de produtos leves, secos, gelados, de microcervejaria, de baixo teor alcoólico e de baixo teor de carboidratos na indústria de cerveja. Essas variações podem ser bastante importantes à medida que as empresas tentam ganhar participação de mercado. Diante do limitado ou nenhum crescimento no mercado, uma das poucas maneiras para uma empresa ganhar participação de mercado é tomá-la de um concorrente. Tal subtração muitas vezes vem apenas com significativos investimentos promocionais ou cortes na margem bruta devido à redução dos preços. As apostas nesse jogo de xadrez são frequentemente muito elevadas. Por exemplo, apenas uma mudança fracional da participação de mercado na indústria de refrigerantes significa milhões em receita adicional e lucro para a empresa sortuda.

No ciclo típico de vida do produto, espera-se que a maturidade seja a etapa mais longa. Para a empresa que sobreviveu à fase de crescimento, a maturidade pode ser um período relativamente tranquilo. Contanto que se mantenha o volume de vendas para manter a participação de mercado constante, uma perspectiva de longo prazo pode ser tomada devido à redução da incerteza de mercado. Normalmente, uma empresa tem quatro objetivos gerais que podem ser buscados durante o estágio de maturidade:

- **Gerar fluxo de caixa**. No momento em que um mercado atinge a maturidade, os produtos da empresa devem estar produzindo um fluxo de caixa muito positivo. Isso é essencial para recuperar o investimento inicial e gerar dinheiro extra, necessário para a empresa crescer e desenvolver novos produtos.
- **Manter participação de mercado**. A estratégia de marketing deve enfatizar a manutenção da participação de mercado entre as marcas dominantes. Empresas com participação marginal devem decidir se tem uma chance razoável de melhorar a sua posição. Se não houver, devem considerar sair do mercado.
- **Tomar participação de mercado**. Qualquer empresa em um mercado maduro pode buscar esse objetivo. No entanto, é mais provável de ser buscado pelas empresas que ocupam posições de mercado mais fracas. A chave para essa estratégia é criar incentivos que estimulem a troca de marca, mesmo que apenas temporariamente. Mesmo pequenos ganhos de participação de mercado podem levar a grandes aumentos nos lucros.
- **Aumentar a participação do cliente**. Participação de clientes refere-se à porcentagem de necessidades de cada cliente em uma área particular satisfeita pela empresa. Essa estratégia é bastante comum em serviços financeiros. Da mesma forma, muitas grandes cadeias de supermercados aumentam a participação de clientes adicionando funcionalidades que vão desde refeições prontas a serviços de limpeza a seco em um esforço para criar um balcão único para as necessidades da família.

Para atingir esses objetivos, a empresa tem pelo menos quatro opções gerais para a seleção de estratégias ao longo do estágio de maturidade: (1) desenvolver uma imagem de produto novo; (2) encontrar e atrair

A Whirlpool foi capaz de adquirir nova vida em um mercado estagnado com o uso de um design de produto inovador.

CAPÍTULO 7 • GESTÃO DE MARCA E POSICIONAMENTO   251

novos usuários para o produto; (3) descobrir novas aplicações e usos para o produto; ou (4) aplicar uma nova tecnologia para o produto. A Kraft Foods, por exemplo, lançou uma campanha promocional maciça para criar uma imagem de produto novo para Jell-O, depois de um longo declínio nas vendas. Hoje, Jell-O mais uma vez alcançou o status de gourmet com as crianças dos EUA. Da mesma forma, a Whirlpool usou a inovação de produtos para se livrar do monocromático "mar de brancos", uma frase que é frequentemente utilizada para descrever a gama branda de ofertas em aparelhos domésticos. As lavadoras e secadoras Dueto da Whirlpool, líderes da indústria em design, facilidade de utilização e eficiência energética, têm hoje 40% do mercado de porta frontal.[15] Finalmente, como descrito no boxe *Além das Páginas 7.3*, a Nintendo usou uma estratégia de reconstrução de marca para atrair jogadores casuais para seus sistemas de jogos portáteis e domésticos.

Tomar clientes da concorrência envolve a criação de incentivos para os não clientes experimentarem o produto da empresa. Isso poderá implicar gastos pesados em atividades de promoção de vendas, como amostras de produtos, cupons ou promoções para o intermediário a fim de incentivar a exposição destacada do produto nas prateleiras da loja. Em alguns casos, uma vez que a troca de marca tenha sido realizada, os clientes podem ser bloqueados por meio da utilização de acordos contratuais. Isso é comum entre provedores de telefonia móvel, academias de ginástica e provedores de televisão por satélite. A abordagem mais comum é simplesmente cobrir os preços da concorrência, como é o caso entre muitas empresas de varejo. Por exemplo, a maioria das cadeias de pizza aceita cupons de concorrentes e cobre seus incentivos promocionais para obter negócios.

Estágio de Declínio

A estabilidade de vendas de um produto não vai durar para sempre, e, eventualmente, começa um declínio persistente nas receitas. A empresa tem duas opções básicas durante a fase de declínio: (1) tentar adiar o declínio ou (2) aceitar sua inevitabilidade. Caso a empresa tente adiar o declínio, a demanda do produto deve ser renovada com reposicionamento, desenvolvimento de novos usos ou características do produto ou a aplicação de novas tecnologias. Por exemplo, apesar da queda nas vendas de carros grandes ao longo das últimas duas décadas, Ford, Chrysler e GM lançaram com sucesso versões de suas marcas famosas redesenhadas. O Ford Mustang Shelby GT 500 foi introduzido em 2007 para compradores ansiosos e dispostos a pagar US$ 20 mil de sobrepreço (que totalizava cerca de US$ 40 mil) para obter os primeiros Shelbys produzidos. Dodge Challenger da Chrysler foi lançado em 2008 e o lançamento do Chevy Camaro da GM foi em 2009.[16] Hoje, todas as três marcas ainda estão vendendo muito bem. Adiar o declínio de um produto dessa maneira requer uma grande quantidade de tempo e um investimento substancial de recursos. Contudo, muitas empresas não têm recursos ou oportunidade para renovar a demanda de um produto e devem aceitar a inevitabilidade do declínio. Em tais casos, a empresa pode colher lucros do produto, enquanto a demanda cai, ou retirar o produto do mercado, tomando medidas para abandoná-lo ou vendê-lo para outra empresa.

A abordagem de *colheita* recorre a uma redução gradual das despesas com marketing e usa menos recursos no mix de marketing. Ela também permite que a empresa canalize seu maior fluxo de caixa para o desenvolvimento de novos produtos. Por exemplo, a eliminação progressiva da marca Oldsmobile da GM ao longo de vários anos foi feita oferecendo descontos e outros incentivos especiais, tais como garantias de produtos mais longas e minimizando os receios de clientes quanto ao suporte ao produto limitado. Uma empresa que usa a opção de *desinvestimento* retira todo o apoio ao marketing do produto. Pode continuar a vender o produto enquanto suportar perdas ou negociar para o produto ser adquirido por outra empresa. Por exemplo, a Procter & Gamble desistiu de seu sabão em pó da marca Oxydol e o vendeu para a Redox Brands (agora conhecida como CR Brands) por US$ 7 milhões. Embora a P&G tenha vendido o Oxydol por 73 anos, a

ALÉM DAS PÁGINAS 7-3

Estratégia de Reconstrução da Marca da Nintendo[17]

Admita, você sempre pensou na linha de sistemas de jogos da Nintendo como sendo estritamente para as crianças. Você não é o único. A maioria das pessoas associa Nintendo 64, GameCube, Wii, GameBoy e DSi com personagens famosos, como Mario, Luigi e Princesa Peach. No entanto, após vários anos de quedas nas vendas, a Nintendo embarcou em uma estratégia de reconstrução de marca para mudar as opiniões de todos sobre os jogos de vídeo e os jogadores que gostam deles. A empresa descobriu que jogadores eventuais, e até mesmo não jogadores, eram um mercado muito maior do que o dos jogadores frequentes. Como esses já preferiam Xbox e PlayStation, a Nintendo fez uso da abordagem estratégica do Oceano Azul para refazer a empresa e, especificamente, mirar nos mercados ocasionais e de não jogadores.

O primeiro passo da Nintendo para reconstrução de marca ocorreu no início de 2006 com o redesenho de seu sistema portátil original de jogos DS. Apelidado de DS Lite, o portátil era menor, mais leve, com tela mais brilhante e com uma versão do sistema DS original distintamente próxima do iPod. Ele vinha com uma tela sensível ao toque, uma caneta, bateria de longa duração, bem como a capacidade de reproduzir todos os jogos DS e GameBoy Advance. Para coincidir com o lançamento, a Nintendo rebatizou muitos de seus populares jogos de quebra-cabeça e desenvolvimento de habilidades sob o rótulo "Touch Generations". Títulos da série, incluindo o *Brain Age, Big Brain Academy, Tetris DS, Nintendogs, Magnetica, Electroplankton, Sudoku Gridmaster* e *True Golf Swing*, ficaram disponíveis por um tempo. No entanto, eles não tinham a mesma marca e foram coletivamente direcionados a um público específico. Esse público incluía homens e mulheres de 40 a 50 anos no chamado mercado de jogador ocasional. Ao contrário de jogadores mais jovens que gostam de jogar por longos períodos de tempo, os jogadores eventuais preferem jogar em pequenas porções: esperando os filhos terminarem a aula de dança, andando

em transporte público ou como uma forma divertida de preencher dez minutos antes de uma reunião. No momento do lançamento, o site Touch Generations da Nintendo estabeleceu as necessidades desse mercado perfeitamente:

Não é um jogador frequente? Tudo bem. Fizemos jogos para você. A série Touch Generations da Nintendo, exclusivo para o sistema de jogos portátil Nintendo DS, permite uma interação simples e envolvente com jogos que promovem produção em vez de destruição, contemplação em vez de dominação. Sem instruções complexas. Sem curva de aprendizagem. Jogar um pouco. Jogar muito. Você decide.

A segunda etapa da Nintendo para reconstrução de marca ocorreu no final de 2006, com o lançamento do console de jogos Wii. A característica que define o Wii era seu controlador sem fios, o Wii Remote. Os jogadores podem jogar jogos de forma interativa, movendo seus braços e corpo em movimentos de jogo específicos (tais como jogar tênis, beisebol ou dirigir um carro). A Nintendo também expandiu a marca Touch Generations para incluir jogos Wii, como *Wii Fit, Wii Music* e *Big Brain Academy*. Após o lançamento, o DS Lite e o Wii rapidamente tornaram-se as plataformas de jogos mais vendidas no mundo.

Em 2009, a Nintendo refinou ainda mais sua estratégia com o lançamento do sistema de jogos portátil DSi. Embora se pareça muito como o DS Lite, ele incorporou telas maiores, câmeras frontais e traseiras, uma loja de jogos on-line, armazenamento removível e software de edição de imagens. O computador de mão foi ainda atualizado em 2011 para o 3DS com gráficos 3D. Juntas, essas mudanças tornaram o DSi e 3DS muito mais social do que o sistema original. Na realidade, o objetivo da Nintendo era criar um sistema que fizesse mais do que entreter com os jogos. A empresa queria criar um sistema que enriquecesse a vida das pessoas. Isso exigiu uma mudança no marketing da Nintendo em relação ao Touch Generations:

▶▶

A família de software Touch Generations permite que pessoas de todas as esferas da vida se conectem entre si por meio de diversão e experiências interativas envolventes, não importa qual seja sua idade, sexo ou formação. Títulos como Wii Fit™ Plus e Art Academy™ podem reunir a família em novas e emocionantes formas. Afinal, a diversão é uma ideia universal. Basta procurar pelo logotipo laranja na caixa de jogos no seu revendedor local.

A estratégia de Touch Generations da Nintendo tira proveito das tendências no mercado de jogos.

A idade média dos compradores frequentes de jogos é de 40 anos, com 25% de todos os jogadores com idade de 50 anos. A Nintendo acredita que existe um grande segmento de jogadores "adormecidos" no mercado que gostava de jogar Pac-Man e Pong quando crianças ou jovens adultos. Muitos especialistas concordam e apontam para o enorme sucesso de The Sims como um exemplo de um jogo que agrada esse mercado.

---

empresa decidiu eliminar a marca após suas vendas caírem de US$ 64 milhões em 1950 para apenas US$ 5,5 milhões antes da venda. A CR Brands agora comercializa a marca como Oxydol Extreme Clean e tem como alvo os consumidores da Geração X com versões líquidas e embalagens vibrantes.[18]

Há vários fatores que a empresa deve levar em consideração antes de decidir sobre uma estratégia de marketing adequada durante a fase de declínio:

- **Segmento de mercado potencial**. A empresa pode ter segmentos de clientes fiéis que continuarão a comprar o produto. Se esses segmentos são viáveis e rentáveis, a empresa deve adiar o declínio ou lentamente fazer a colheita. Por exemplo, apesar do declínio no mercado de aluguel de DVDs, um número substancial de clientes gostam da Redbox por sua conveniência e preços baixos.

- **Posição de mercado do produto**. Um produto em uma posição de liderança no mercado com uma imagem sólida pode ser rentável e gerar excedente de caixa, atraindo clientes de produtos abandonados por concorrentes.

- **Preço e estrutura de custos da empresa**. Se a empresa é um produtor de baixo custo na indústria e pode manter seu preço de venda, o produto pode permanecer viável, mesmo em um mercado em declínio. A estrutura de custos da empresa também pode ser reforçada por não ter que investir em programa de marketing do produto.

- **Taxa de deterioração do mercado**. Quanto mais rápida a taxa de deterioração do mercado, mais cedo a empresa deve retirar o produto.

Embora a empresa deva considerar cuidadosamente esses fatores, não deve ser sentimental sobre abandonar um produto ou marca que não tem um bom desempenho. Por outro lado, a empresa não deve rapidamente descartar uma tentativa de renovação, especialmente se a empresa não tem uma melhor utilização alternativa para seus recursos.

Durante todo o ciclo de vida do produto, é imperativo que a empresa permaneça focada em mudanças no mercado e não nos seus produtos ou marcas. Esses têm ciclos de vida só porque mercados e clientes mudam. Ao se concentrar em mercados em mudança, a empresa pode tentar criar produtos novos e de melhor qualidade para atender às necessidades dos clientes. Só dessa forma uma empresa pode crescer, prosperar, se manter competitiva e continuar sendo vista como uma fonte de soluções pelo mercado-alvo.

Lições do Capítulo 7

Estratégia de gestão de marca:

- ▶ é crítica para a diferenciação e posicionamento eficaz da oferta como um todo.
- ▶ envolve selecionar a combinação certa de nome, símbolo, termo ou design que identifique um produto ou empresa específicos.
- ▶ tem duas partes: o nome da marca (palavras, letras e números) e o logotipo (símbolos, figuras ou desenhos).
- ▶ envolve mais do que o desenvolvimento de uma marca ou logotipo. Para ser verdadeiramente bem-sucedida, uma marca deve transmitir sucintamente a oferta do produto de uma forma que responda a uma pergunta na mente do cliente.
- ▶ envolve muitos atributos diferentes que compõem a maneira como os clientes pensam sobre marcas: pessoas (funcionários e endossantes), lugares (país de origem e canais), coisas (eventos, causas e endossos de terceiros) e outras marcas (alianças, ingredientes com marca, a empresa e extensões).
- ▶ envolve também a marca corporativa, que inclui atividades destinadas a uma variedade de stakeholders para construir e melhorar a reputação da empresa.
- ▶ é importante por causa das muitas vantagens da marca, incluindo facilitar para os clientes encontrar e comprar produtos.
- ▶ envolve decisões como a venda de marcas de fabricante ou próprias. Embora as marcas próprias sejam geralmente mais rentáveis, as marcas de fabricantes têm incorporado uma demanda, reconhecimento e fidelidade ao produto.
- ▶ envolve decisões relacionadas com marcas individuais *versus* de família.
- ▶ envolve a gestão de alianças estratégicas de marca, como comarca ou licenciamento, que inclui o desenvolvimento de relações estreitas com outras empresas.
- ▶ envolve o desenvolvimento de fidelização dos clientes às marcas. A fidelidade à marca é uma atitude positiva para com uma marca que faz com que os clientes tenham uma preferência consistente para essa marca em detrimento de todas as outras concorrentes em uma categoria de produto. Três níveis de fidelidade incluem reconhecimento da marca, preferência pela marca e insistência da marca.
- ▶ envolve a construção de valor da marca para a empresa em relação a seu patrimônio ou valor de marketing ou financeiro associado com a posição de uma marca no mercado.
- ▶ envolve também tomar medidas para proteger nomes de marcas e logotipos contra violação de marca registrada por outras empresas.

Embalagem e rotulagem:

- ▶ são considerações importantes na estratégia de gestão de marca porque a embalagem muitas vezes caminha junto com o desenvolvimento de um produto, seus benefícios, sua diferenciação e sua imagem.
- ▶ inclui questões como cor, forma, tamanho e conveniência da embalagem ou recipiente do produto.
- ▶ são frequentemente utilizadas em modificações de produtos ou comarca para reposicionar o produto ou conferir recursos novos e aprimorados.
- ▶ são vitais para ajudar os clientes a fazer seleções de produtos adequados.
- ▶ pode ter consequências ambientais e legais importantes.

Diferenciação e posicionamento:

- ▶ envolve a criação de diferenças na oferta de produtos da empresa que o distingam de ofertas concorrentes (diferenciação), bem como desenvolvimento e manutenção de uma posição relativa para uma oferta de produto na mente do mercado-alvo (posicionamento).
- ▶ pode ser monitorado com o uso de várias ferramentas, incluindo mapeamento perceptual (um gráfico espacial das percepções dos clientes em duas ou mais dimensões-chave) e a tela estratégica (uma ferramenta visual que retrata como a empresa se compara com a concorrência em vários fatores competitivos importantes para o mercado-alvo).
- ▶ é fundamentalmente baseada na marca, mas pode incluir outras bases de diferenciação incluindo descrições do produto (características, vantagens, benefícios) e serviços de suporte ao cliente.
- ▶ inclui as estratégias de posicionamento de reforçar a posição atual e reposicionamento.

Gerenciamento de marcas ao longo do tempo:

- ▶ pode ser resolvida com o uso do ciclo de vida do produto tradicional, que traça a evolução do desenvolvimento e nascimento, crescimento e maturidade e declínio e morte de um produto ou marca em cinco fases:
  - • desenvolvimento – fase de nenhuma receita de vendas, fluxo de caixa negativo e alto risco.
  - • introdução – momento de conscientização crescente do cliente, amplos gastos de marketing e rápido aumento da receita de vendas.
  - • crescimento – período de crescente receita de vendas, aumento dos lucros, expansão do mercado e crescente número de concorrentes.
  - • maturidade – período de estabilidade de vendas e lucros, a mudança de aquisição de clientes para retenção de clientes e estratégias des-

tinadas a manter ou roubar participação de mercado.

- declínio – ocasião de diminuições persistentes de vendas e lucro, tentativas de adiar o declínio

ou estratégias destinadas à colheita ou retirada do produto do mercado.

▶ pode ser influenciada por mudanças no mercado ou por ações de empresas na indústria, uma vez que elas se reinventam constantemente.

Questões para Discussão

1. Considere a noção de que uma marca verdadeiramente eficaz é aquela que transmite sucintamente a oferta do produto de uma forma que responde a uma pergunta na mente do cliente. Agora, considere essas marcas (ou outra de sua escolha): Coca-Cola, Disney, Marlboro, American Express e Ford. A que perguntas essas marcas respondem? Por que essas marcas são eficazes?

2. Compare os pontos de reputação corporativa na Figura 7.2 com as avaliações da marca na Figura 7.4. Por que a Apple está no topo de ambas as lis-

tas? Como a empresa utilizou uma boa estratégia de marca e posicionamento para alcançar esse resultado? Como a Wells Fargo pode ter uma avaliação de marca muito alta, mas uma pontuação de reputação corporativa muito baixa?

3. Reveja as dez primeiras marcas na Figura 7.4. Que bases essas marcas usam para a diferenciação? Que estratégias elas usam para criar uma posição relativa em seus respectivos mercados? Por que essas marcas têm tanto valor?

Exercícios

1. Usando a estrutura de atributos de marca da Figura 7.1, construa uma declaração de marca abrangente sobre si próprio. Como outras pessoas, especialmente potenciais empregadores, veem sua marca? Em que áreas você precisa melhorar? Sua marca responde às perguntas-chave ou cria dúvidas sobre suas habilidades?

2. Faça uma pesquisa sobre os seguintes mercados: serviços de telefonia móvel, aparelhos de DVD e pizza. Em que fase do ciclo de vida do produto cada um desses mercados se encontra atualmente? Que

características do mercado o levaram a pensar dessa forma? Existe evidência de que algum desses mercados está prestes a passar para a fase seguinte do ciclo de vida? Justifique.

3. Pense na última compra que você fez em cada uma das categorias de produtos seguintes. Quais foram as características, vantagens e benefícios do produto ou da marca específica que você selecionou? Depois de completar a tabela, considere o posicionamento do produto ou marca no mercado. Ele corresponde às suas respostas na tabela? Justifique.

	Características	Vantagens	Benefícios
Marca de calçados esportivos_____			
Nome ou franquia de restaurante tradicional			
Marca de companhia aérea_____			

Notas Finais

1. Esses dados são de Fred Mackerodt, "Defending a Brand Isn't Easy", *CEO Magazine*, abril/maio 2006, 54-55; Maya Roney, "Steinway: Worth Much More than a Song", *BusinessWeek On-line*, 6 de março de 2007 <http://www.businessweek.com/bwdaily/dnflash/content/mar2007/db20070305_637888.htm>; Site corporativo da Steinway <http://www.steinway.com/about>. Acesso em: 23 de maio de 2012; e Chen Yingqun e Yang Yang, "Music to Their Ears", *China Daily USA*, 30 de março de 2012 <http://usa.chinadaily.com.cn/weekly/2012-03/30/content_14947510.htm>.

2. Esses conceitos foram adaptados de Jennifer Rice's Brand Blog, Mantra Brand Consulting <http://brand.blogs.com>.

3. Douglas A. McIntyre, "JCPenney Buys Liz Claiborne, a Brand No One Else Wants", *24/7 Wall Street*, 13 de outubro de 2011 <http://247wallst.com/2011/10/13/jcpenney-buys-liz-claiborne-a-brand-noone-else-wants>; Mark J. Miller, "JCPenney Re-Refreshes Brand –Third Time's the Charm?" *brandchannel*, 26 de janeiro de 2012 <http://www.brandchannel.com/home/post/JCPenney-Rebrands-012612.aspx>; e Aarthi Sivaraman, "Buy or Sell — Will Penney Emerge Stronger from the Downturn?" *Forbes*, 17 de abril de 2009 <http://www.forbes.com/feeds/afx/2009/04/17/afx6306069.html>.

4. Robert Passikoff, "Top-100 Loyalty Leaders for 2011", *Forbes*, 13 de setembro de 2011 <http://www.forbes.com/sites/marketshare/2011/09/13/top-100-loyalty-leaders-for-2011>.

5. Site da Kia <http://www.kia.com/#/warranty>.

6. "J&J to Buy Pfizer Unit for $16B" *CNN Money* (from Reuters), 26 de junho de 2006 <http://money.cnn.com/2006/06/26/news/companies/pfizer_jnj.reut/index.htm>.

7. Esses dados são de BIOTA Spring Water website <http://www.biotaspringwater.com/?q=bottle>. Acesso em: 24 de maio de 2012; Site da engarrafadora da Coca-Cola <http://www.thecoca-colacompany.com/citizenship/plantbottle_benefits.html>. Acesso em: 24 de maio de 2012; e site da NatureWorks LLC <http://www.natureworksllc.com/the-ingeo-journey.aspx>. Acesso em: 24 de maio de 2012.

8. "Lunchmeats Launch in Reusable PP Containers", *Packaging World*, 2 de junho de 2003 <http://www.packworld.com/package-type/thermoformed-packaging/lunchmeats-launch-reusable-pp-containers>.

9. Esses dados são de Stuart Elliott, "Tropicana Discovers Some Buyers are Passionate about Packaging", *New York Times*, 22 de fevereiro de 2009 <http://www.nytimes.com/2009/02/23/business/media/23adcol.html>; David Kiley, "Arnell Strikes Again: Orange You Glad You Hired Him Tropicana?" *BusinessWeek On-line*, 27 de fevereiro de 2009 <http://www.businessweek.com/the_thread/brandnewday/archives/2009/02/arnell_strikes.html>; David Kiley, "More Piling on Arnell's Tropicana Fiasco", *BusinessWeek On-line*, 18 de março de 2009 <http://www.businessweek.com/the_thread/brandnewday/archives/2009/03/more_piling_on.html>; e David Kiley, "Tropicana Fiasco from Arnell is Gift that Keeps Giving", *BusinessWeek On-line*, 3 de abril de 2009 <http://www.businessweek.com/the_thread/brandnewday/archives/2009/04/tropicana_fiasc.html>.

10. Eric Greenberg, "Drug Makers Not Preempted from Lawsuits", *Packworld*, 17 de abril de 2009 <http://www.packworld.com/webonly-27416>.

11. Brian Morrissey, "Honda Touts Value Message", *Adweek*, 6 de abril de 2009 <http://www.adweek.com/aw/content_display/esearch/e3iff50ba6951560a30c30555cab2e882ef>.

12. Esses dados são de Rebecca Cullers, "JCPenney Gets All Patriotic With Its New Logo", *Adweek*, 27 de janeiro de 2012 <http://www.adweek.com/adfreak/jcpenney-gets-all-patriotic-its-new-logo-137786>; Rafi Mohammed, "J.C. Penney's Risky New Pricing Strategy", *BusinessWeek*, 31 de janeiro de 2012 <http://www.businessweek.com/management/jc-penneys-risky-new-pricing-strategy-01312012.html>; e Jennifer Reingold, "Ron Johnson: Retail's New Radical", *CNN Money*, 7 de março de 2012 <http://management.fortune.cnn.com/2012/03/07/jc-penney-ron-johnson>.

13. Esses dados são de Chloe Albanesius, "Netflix: Users Who Left After Price Hike are Re-Joining", *PC Magazine*, 16 de maio de 2012 <http://www.pcmag.com/article2/0,2817,2404523,00.asp>.

14. "Open-Source Ad Campaigns", *Business 2.0*, abril de 2006, 92; e site da Firefox <http://affiliates.mozilla.org/en-US>. Acesso em: 25 de maio de 2012.

15. Corporate Design Foundation, "Branding that Speaks to the Eyes", *BusinessWeek On-line*, 16 de março de 2006 <http://www.businessweek.com/innovate/content/mar2006/id20060316_504093.htm>.

16. Alex Taylor III, "Bankruptcy Baby: 2010 Chevrolet Camaro Coupe", *Fortune*, 2 de junho 2009 <http://thewheeldeal.blogs.fortune.cnn.com/2009/06/02/bankruptcy-baby-2010-chevrolet-camaro-coupe>; e Peter Valdes-Dapena, "Shelby Mustangs: US$20,000 Over Sticker", CNNMoney.com (Autos Section), 19 de maio de 2006 <http://www.cnn.com/2006/AUTOS/05/17/shelby_over_sticker/index.html>.

17. Kenji Hall, "Has Nintendo Peaked?" *BusinessWeek On-line*, 7 de maio de 2009 <http://www.businessweek.com/globalbiz/content/may2009/gb2009057_844946.htm>; Reena Jana, "Nintendo's Brand New Game", *BusinessWeek On-line*, 22 de junho de 2006 <http://www.businessweek.com/innovate/content/jun2006/id20060622_124931.htm>; Sarah Lacy, "Social Gaming Scores in the Recession", *BusinessWeek On-line*, 30 de abril de 2009 <http://www.businessweek.com/technology/content/apr2009/tc20090429_963394.htm>; e site da Nintendo's Touch Generations <http://www.nintendo.com/games/touchgenerations>. Acesso em: 25 de maio de 2012.

18. Esses dados são do site da CR Brands Oxydol <http://www.oxydol.com/Products.html>. Acesso em: 25 de maio de 2012; Matthew Swibel, "Spin Cycle", *Forbes*, 2 de abril de 2001, 118; e Randy Tucker, "Liquid Oxydol Aimed at Gen X", *Cincinnati Inquirer*, 3 de maio de 2001 <http://www.enquirer.com/editions/2001/05/03/fin_liquid_oxydol_aimed.html>.

Parte 4

Colocando a Estratégia em Prática

8

Ética e Responsabilidade Social na Estratégia de Marketing

Introdução

A importância da ética de marketing e da responsabilidade social tem crescido nos últimos anos e seu papel no processo de planejamento estratégico tornou-se cada vez mais importante. Muitas empresas viram suas imagens, reputações e esforços de marketing destruídos por problemas nessas áreas. A incapacidade de encarar a conduta ética como parte do planejamento estratégico de marketing pode destruir as relações de confiança e o relacionamento com os clientes que são necessários para o sucesso. Ética e responsabilidade social também são indispensáveis tendo em conta as exigências dos stakeholders e muitos aspectos da ética podem se tornar questões legais. Por exemplo, determinação de preços, suborno, conflitos de interesse, fraude e propaganda e práticas de venda enganosas, tudo isso tem implicações legais. A ética de marketing não ocorrerá apenas com a contratação de pessoas éticas. Ela requer decisões estratégicas que se tornam parte da estratégia de marketing global e da cultura da empresa.

A visão tradicional de marketing sustenta que ética e a responsabilidade social são bons complementos para atividades de negócios, mas podem não ser essenciais. Algumas empresas acreditam que ética e iniciativas de responsabilidade social drenam recursos que poderiam ser mais bem utilizados em outras atividades de marketing. No entanto, pesquisas têm mostrado que o comportamento ético não apenas pode melhorar a reputação de uma empresa, mas também contribuir significativamente para seus resultados.[1] Como ilustrado pelo sucesso da Salesforce.com no box *Além das Páginas 8.1*, responsabilidade social e sustentabilidade estão se tornando cada vez mais populares entre as empresas como uma forma de reduzir emissões de carbono e criar uma imagem positiva entre os stakeholders. A ampla evidência revela que ignorar as demandas dos stakeholders por um marketing responsável pode destruir a confiança dos clientes e até mesmo provocar o aumento da regulamentação governamental. Ações irresponsáveis que enfureçam os clientes, funcionários ou concorrentes podem pôr em risco a capacidade financeira de uma empresa e também levar a repercussões legais. Por exemplo, a GlaxoSmithKline fez um acordo de US$ 3 bilhões com o Departamento de Jus-

ALÉM DAS PÁGINAS 8.1

Salesforce.com Adota uma Orientação para os Stakeholders[2]

A Salesforce.com realmente acredita em partilhar riqueza. Trata-se de uma organização de computação em nuvem que fornece, por exemplo, software de aplicações de gestão de relacionamento com o cliente para uma variedade de clientes, incluindo Dell, Qualcomm, NBCUniversal e Symantec. As várias aplicações na plataforma Salesforce.com junta pessoas e dados para fornecer informações de que a força de vendas precisa para ser bem-sucedida. Além disso, a Salesforce.com é líder conhecida e respeitada em responsabilidade social.

Ela garantiu o primeiro lugar no ranking das 25 empresas com os melhores salários da *Fortune*. Acreditando que os funcionários são em grande parte responsáveis por fazer da Salesforce.com o que ela é hoje, a empresa oferece grandes bônus a seus melhores desempenhos, paga por "viagens de incentivo" para o Havaí e permite que alguns de seus funcionários possuam ações da empresa. O salário médio total na Salesforce.com é superior a US$ 300.000.

Para manter a empresa responsável perante seus investidores, a Salesforce.com implantou várias políticas para assegurar objetividade e responsabilidade. A maioria dos membros do conselho da empresa é independente, reduzindo a chance de que possam ocorrer conflitos de interesses em suas responsabilidades. A empresa também adotou um código de ética e tem um escritório de ética para garantir que as expectativas éticas da empresa sejam cumpridas.

Além disso, a Salesforce.com encara o meio ambiente como um importante stakeholder. A empresa se esforça continuamente em reduzir seu impacto ambiental. Seus edifícios atendem aos padrões LEED (Liderança em Energia e Design Ambiental) e a empresa comunica suas expectativas ambientais tanto internamente como em sua cadeia de fornecimento. A Salesforce.com também cria produtos para ajudar seus clientes a medir seu impacto ambiental. A empresa afirma que seu modelo de computação em nuvem reduz as emissões de gases de efeito estufa em 95% em relação a hardware ou software tradicionais. A Salesforce.com também divulga seus dados sobre as emissões de carbono para a avaliação independente. O Instituto de Divulgação do Carbono, que analisa empresas S&P 500 em seus dados de emissões de carbono, premiou a Salesforce.com pela sua transparência. Embora a empresa ainda tenha muitas formas para melhorar seus esforços em prol da sustentabilidade, sua vontade de divulgar informações sobre a sustentabilidade de suas operações demonstra o compromisso da empresa com o meio ambiente.

Em 2011, pelo quarto ano consecutivo, a Salesforce.com foi nomeada uma das empresas "Mais Éticas do Mundo" pelo Instituto Ethisphere. Muito disso tem a ver com seu modelo 1/1/1, que significa 1% do tempo (funcionários recebem 1% de seu tempo para serem voluntários), 1% de equidade (1% do seu capital é doado à Fundação Salesforce.com) e 1% de produto. Como resultado desse programa, a Salesforce.com doou mais de 240.000 horas de funcionários a causas comunitárias, doou ou cedeu com desconto licenças de seu software a mais de 10.000 organizações (muitas sem fins lucrativos) e já distribuiu mais de US$ 21 milhões em doações. Ao integrar a responsabilidade social corporativa na cultura da empresa, a Salesforce.com espera fazer uma diferença positiva em comunidades e organizações sem fins lucrativos.

Todas essas iniciativas éticas não diminuíram a rentabilidade da Salesforce.com. Na realidade, muito pelo contrário. A empresa vem tendo um rápido crescimento e foi adicionada à lista S&P 500 em 2008. A responsabilidade social parece dar frutos nos resultados da companhia.

tiça dos EUA após ter sido acusada de fraudar o Medicaid e comercializar certos medicamentos ilegalmente. Uma das acusações levantadas contra a GlaxoSmithKline foi que ela comercializava seu medicamento Wellbutrin para usos não aprovados pela Food and Drug Administration. Isso é ilegal.[3] Hoje, a maioria dos CEOs reconhece que as empresas devem fazer melhor que isso. Como Indra Nooyi, presidente e CEO da PepsiCo, afirma: "O desempenho sem propósito não é uma fórmula sustentável a longo prazo."[4]

Neste capítulo, analisaremos as dimensões de ética e responsabilidade social, questões de sustentabilidade em marketing, o papel da ética e da responsabilidade social em relação à estratégia de marketing e os desafios do comportamento ético. Também trataremos de questões éticas específicas no âmbito do programa de marketing da empresa, bem como de métodos de organização e de autorregulamentação para prevenção de abusos. Examinaremos o contexto organizacional da ética de marketing, incluindo códigos de ética e impacto da liderança ética. Além disso, vamos mostrar o papel da ética e da responsabilidade social na melhoria do desempenho de marketing e financeiro. Finalmente, discutiremos como ética e responsabilidade social podem ser incorporadas ao planejamento estratégico.

Ética e Responsabilidade Social na Estratégia de Marketing

Em resposta às exigências dos clientes, juntamente com a ameaça de maior regulamentação, as empresas cada vez mais incorporam ética e responsabilidade social no processo de planejamento estratégico de marketing. A reputação de qualquer organização pode ser danificada por mau desempenho ou conduta antiética. Obviamente, stakeholders mais diretamente afetados por eventos negativos terão uma mudança correspondente em suas percepções da reputação de uma empresa. No entanto, mesmo aqueles indiretamente ligados a eventos negativos podem mudar suas atitudes para com a empresa. Alguns escândalos podem levar a boicotes e campanhas agressivas para reduzir vendas e lucros. A Nestlé teve um retrocesso quando o Greenpeace revelou que a empresa utilizava o óleo de palma não sustentável em seus chocolates Kit Kat. Plantações de óleo de palma destruíram milhares de acres de florestas e ameaçam o *habitat* de muitas espécies nativas, incluindo populações de orangotangos. Os consumidores ficaram revoltados e postaram mensagens furiosas na página do Facebook da Nestlé. A reação levou a empresa a cortar os laços com seu fornecedor de óleo de palma e permitir que o Forest Trust realizasse auditorias em sua cadeia de fornecimentos.[5]

Dimensões da Responsabilidade Social

A responsabilidade social é um conceito amplo que se refere à obrigação de uma organização maximizar seu impacto positivo na sociedade, ao mesmo tempo, minimizando seu impacto negativo. Como mostrado na Figura 8.1, a responsabilidade social é composta por quatro dimensões: econômica, legal, ética e filantrópica.[6]

Responsabilidades econômicas e legais. De uma perspectiva econômica, as empresas devem ser responsáveis perante todos os stakeholders pelo sucesso financeiro. A responsabilidade econômica de ter lucro atende funcionários e a comunidade em geral, devido ao seu impacto sobre os níveis de emprego e renda na área em que a empresa está instalada. As empresas também têm expectativas de, no mínimo, obedecer a leis e regulamentos. Esse é um desafio porque o ambiente legal e regulatório é difícil de navegar e interpretações da lei mudam com frequência. Leis e regulamentos são criados para manter as ações das empresas norte-america-

FIGURA 8.1 — A Pirâmide da Responsabilidade Social Corporativa

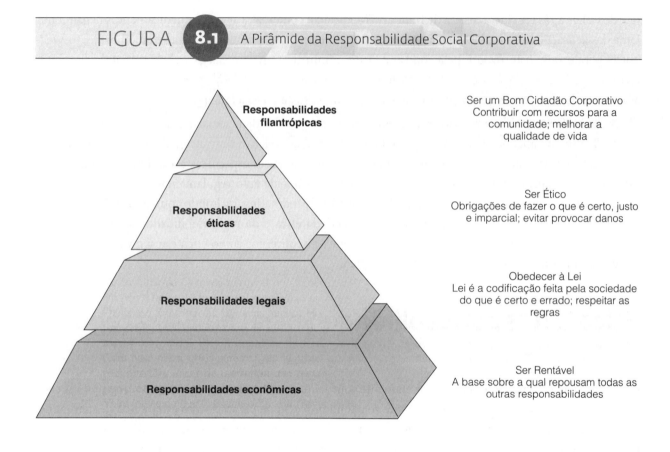

Fonte: Reproduzida de *Business Horizons* 34(4) (julho/agosto 1991), Archie Carroll, "The Pyramid of Corporate Social Responsibility: Toward the Moral Management of Organizational Stakeholders" p. 42, Copyright © 1991, com permissão de Elsevier.

nas dentro de um nível de conduta aceitável e uma concorrência leal. Quando clientes, grupos de interesse ou concorrentes ficam preocupados com o que percebem como má conduta por parte de uma organização de marketing, eles podem pressionar seus legisladores a elaborar novas leis para regular o comportamento ou entrar com processos judiciais para forçar a organização a "respeitar as regras". Por exemplo, as queixas de comerciantes sobre as altas taxas de cartão de débito provocaram uma nova legislação que limitou quanto os bancos podem cobrar pelo processamento de transações com cartão de débito.[7] Responsabilidades econômicas e legais estão no nível mais básico de responsabilidade social por um bom motivo: não considerá-las pode significar que uma empresa não sobreviverá para se envolver em atividades éticas ou filantrópicas.

Responsabilidades éticas. No nível seguinte da pirâmide, a ética de marketing refere-se a princípios e normas que definem uma conduta de marketing aceitável, conforme determinado pelo público e por reguladores governamentais, grupos de interesse privados, concorrentes e a própria empresa. Os mais básicos desses princípios foram codificados por leis e regulamentos para induzir as empresas a entrarem em conformidade com as expectativas de conduta da sociedade. No entanto, é importante entender que a ética de marketing vai além das questões legais: decisões de marketing éticas incentivam a confiança que, por sua vez, ajuda a construir relacionamentos de marketing de longo prazo. A ética de marketing inclui decisões sobre o que é certo ou errado no contexto organizacional de planejamento e implantação de atividades de marketing em um

CAPÍTULO 8 • ÉTICA E RESPONSABILIDADE SOCIAL NA ESTRATÉGIA DE MARKETING   263

ambiente global de negócios para beneficiar (1) o desempenho organizacional, (2) a realização individual em um grupo de trabalho, (3) a aceitação social e o avanço na organização e (4) os stakeholders. Essa definição de ética de marketing reconhece que decisões éticas ocorrem em uma rede social complexa dentro de uma organização de marketing. Profissionais de marketing são frequentemente solicitados pela administração de nível superior a produzir números que alcancem metas de vendas quase impossíveis. Na realidade, a maior parte da má conduta de marketing é feita para beneficiar a organização. Ser um jogador da equipe e quebrar as regras para atingir as metas pode resultar em uma promoção. Por outro lado, destruiu carreiras de alguns dispostos a fazer qualquer coisa que lhes é solicitado.

Evidências mostram que ignorar questões éticas pode destruir a confiança dos stakeholders e provocar intervenção governamental. Quando as empresas se envolvem em atividades que se desviam dos princípios aceitos para promover seus próprios interesses, a continuidade das trocas de marketing tornam-se difíceis, se não impossíveis. O melhor momento de lidar com esses problemas é durante o processo de planejamento estratégico, e não depois que surgirem grandes problemas. Por exemplo, o Google foi forçado a pagar US$ 500 milhões para resolver acusações de que tinha conscientemente exibido anúncios ilegais de farmácias canadenses. O Departamento de Justiça aludiu a e-mails envolvendo funcionários do Google que sugeriam ter ajudado farmácias a evitar controles que o Google tinha implantado para evitar tais condutas. O Departamento de Justiça afirmou que medicamentos prescritos anunciados poderiam ser perigosos para os consumidores, o que levou à sanção severa cobrada do Google.[8]

Discutir e abordar possíveis problemas durante o processo de planejamento estratégico pode fazer uma empresa economizar milhões no longo prazo. Como resultado, cada vez mais empresas criam extensos programas de ética e conformidade para identificar problemas no início. Por exemplo, a Lockheed Martin, fabricante de tecnologia aeroespacial e empresa de segurança global, tem um programa de ética abrangente. Tais programas abordam os riscos éticos fundamentais enfrentados pelo marketing. Cada empresa tem riscos exclusivos com base na indústria em que atua e na estratégia de marketing específica da empresa. Por exemplo, na indústria de venda direta, o recrutamento e remuneração de representantes de vendas requerem uma comunicação transparente e sincera. Portanto, a agência autorreguladora Direct Selling Association desenvolveu um código de ética para lidar com isso, assim como outras áreas de risco.

Um comportamento ético e socialmente responsável requer compromisso. Algumas empresas simplesmente ignoram tais questões e concentram-se em satisfazer suas responsabilidades econômicas e jurídicas, visando resultados globais de lucros. Embora a empresa possa não fazer nada de errado, ela perde os benefícios estratégicos de longo prazo que podem ser derivados do cumprimento de responsabilidades éticas e filantrópicas. Empresas que optam por tomar tais medidas extras se preocupam com o aumento de seu impacto global positivo na sociedade, em comunidades locais e no meio ambiente, tendo como resultado o aumento da boa vontade para com a empresa, bem como dos lucros. O foco em dimensões éticas e filantrópicas tem o potencial de criar confiança e fidelidade do cliente de longo prazo. Esses devem ser os objetivos de todo programa de marketing eficaz.

Responsabilidades filantrópicas.   No topo da pirâmide estão as responsabilidades filantrópicas. Essas responsabilidades, que vão além da ética de marketing, não são exigidas de uma empresa, mas promovem o bem-estar humano ou boa vontade acima e além dos aspectos econômicos e legais e das dimensões éticas de responsabilidade social. Muitas empresas demonstram responsabilidade filantrópica, evidenciada por mais de US$ 15 bilhões em doações corporativas anuais e contribuições para causas ambientais e sociais.[9] Mesmo as pequenas empresas participam de filantropia com doações e apoio voluntário a causas locais e instituições

Atividades filantrópicas não são boas apenas para a sociedade, elas também podem ser úteis para promover a corporação.

de caridade nacionais, tais como a Cruz Vermelha e a United Way. Por exemplo, a Charlotte Street Computadores, em Asheville, Carolina do Norte, desenvolveu um centro de restauração que recondiciona computadores e depois os doa a pessoas necessitadas. A pequena empresa também patrocina vários eventos da comunidade e de angariação de fundos para instituições de caridade.[10]

Mais do que nunca as empresas estão adotando uma abordagem estratégica para a filantropia corporativa. Muitas empresas ligam seus produtos a uma causa social particular em uma base contínua ou a curto prazo, uma prática conhecida como *marketing de causa*. A General Mills, por exemplo, usa seu programa Box Tops for Education para arrecadar dinheiro para as escolas. Os consumidores podem arrecadar dinheiro para as escolas de seus filhos cortando cupons encontrados em embalagens de produtos participantes. As escolas podem, em seguida, resgatar esses cupons em troca de dinheiro. O programa gerou cerca de US$ 400 milhões para as escolas desde que foi implantado em 1996.[11] Tais programas relacionados a causas tendem a apelar para os consumidores porque fornecem uma razão adicional para "sentir-se bem" sobre uma compra em particular. Empresas gostam de programas como esses porque frequentemente aumentam as vendas e criam sentimentos de respeito e admiração para com as empresas envolvidas. De fato, pesquisas sugerem que 85% dos consumidores norte-americanos têm uma opinião mais positiva de uma organização quando essa apoia causas com as quais eles se preocupam.[12]

Por outro lado, algumas empresas estão começando a estender o conceito de filantropia corporativa além das contribuições financeiras ao adotar uma abordagem de *filantropia estratégica*, o uso sinérgico de competências essenciais e recursos da organização para atender aos interesses dos parceiros-chave e alcançar benefícios organizacionais e sociais. A filantropia estratégica envolve funcionários, recursos organizacionais e competências e a capacidade de vincular esses ativos a preocupações dos stakeholders, incluindo funcionários, clientes, fornecedores e necessidades sociais. A filantropia estratégica envolve tanto contribuições financeiras como não financeiras aos stakeholders (tempo do funcionário, bens e serviços, tecnologia e equipamentos da empresa etc.) e, ao mesmo tempo, beneficia a empresa.[13] Por exemplo, a empresa de vestuário Patagonia, com sede na Califórnia, incorpora preocupações ambientais em suas operações. Ela utiliza materiais ecológicos, como algodão orgânico ou poliéster reciclado. Além disso, a empresa recicla peças de vestuário que tenham chegado ao fim de sua vida. A Patagonia também acredita que deve ser um participante ativo na preservação do ambiente. A empresa doa 1% de suas vendas para a preservação e restauração do meio ambiente.[14]

Atividades filantrópicas viabilizam ferramentas de marketing muito boas. Pensar em filantropia corporativa como uma ferramenta de marketing pode parecer cínico, mas chama a atenção para a realidade de que a filantropia pode ser muito boa para uma empresa. A Coca-Cola, por exemplo, fez parte de uma iniciativa para pesquisar, testar e desenvolver uma intervenção de higiene e soluções sustentáveis de água em escolas no Quênia. Como parte da iniciativa, os professores das escolas vão aprender como tratar o abastecimento de água com cloro para ajudar a prevenir doenças. Os esforços da Coca-Cola indicam que ela está disposta a levar a sério as preocupações dos stakeholders para melhorar o ambiente e a saúde dos consumidores.[15]

Sustentabilidade

Uma das formas mais comuns para as empresas exibirem a responsabilidade social são os programas destinados a proteger e preservar o meio ambiente natural. Sustentabilidade inclui a avaliação e melhoria das estratégias de negócios, setores econômicos, práticas de trabalho, tecnologias e estilos de vida, tudo isso preservando o ambiente natural. Muitas empresas fazem contribuições para a sustentabilidade com a adoção de práticas de negócios mais ecológicas e/ou apoiando iniciativas ambientais. Por exemplo, o Walmart tem tomado medidas para reduzir o desperdício e diminuir as emissões de gases de efeito estufa em sua cadeia de fornecimento. O exemplo do Walmart está convencendo outros grandes varejistas a ações semelhantes.[16] Outra prática ecológica que muitas empresas adotam envolve a construção de novas instalações que aderem aos padrões da Liderança em Energia e Design Ambiental (Leadership in Energy and Environmental Design - LEED). Esses padrões fornecem um modelo para a incorporação de materiais de construção ecológicos e operações mais eficientes na construção.[17] A Recreation Equipment, Inc. (REI), construiu seis instalações com certificação LEED.[18] Como edifícios produzem 40% das emissões de gases com efeito estufa, a construção de edifícios ecológicos pode ter um impacto significativo em direção à sustentabilidade. Tais esforços geram publicidade positiva e muitas vezes aumentam as vendas das empresas envolvidas.

Muitos produtos foram certificados como "ecológicos" por organizações ambientais, tais como Green Seal, e ostentam um logotipo especial identificando sua organização como uma empresa ecológica. Produtos de madeira no Home Depot, por exemplo, podem ter um selo do Forest Stewardship Council para indicar que a madeira foi retirada de florestas sustentáveis utilizando métodos que respeitam o ambiente.[19] Da mesma forma, a maioria das bananas Chiquita são certificadas pelo Project Better Banana da Rainforest Alliance por terem sido cultivadas com práticas mais amigáveis ao ambiente e à mão de obra.[20] Na Europa, empresas podem voluntariamente solicitar o rótulo ecológico da UE para indicar que seus produtos são menos prejudiciais ao ambiente do que produtos concorrentes, com base em critérios cientificamente determinados.

A ênfase na sustentabilidade tem levado muitas empresas a se envolverem em marketing ecológico, um processo estratégico que implica a avaliação dos stakeholders para criar relacionamentos significativos de longo prazo com clientes, ao mesmo tempo, mantendo, apoiando e melhorando o ambiente natural. Em contrapartida, algumas empresas optam por se envolver em uma prática de marketing enganosa chamada de lavagem verde, que se refere a fazer um consumidor pensar que um bem ou serviço é mais ecológico do que realmente é. Isso geralmente toma a forma de rótulos de produtos enganosos, que podem variar de alegações ambientais exigidas por lei e, portanto, irrelevantes (por exemplo, dizer que um produto é livre de CFC quando CFCs foram proibidos pelo governo), autoelogio exagerado (exagerar as declarações ambientais) e, até mesmo, fraude.[21] As empresas precisam ter cuidado ao usar palavras como ecológico, sustentável ou amigo do meio ambiente de modo a não enganar os consumidores e enfrentar possíveis litígios. O governo federal tem tomado uma posição mais dura em questões ambientais e, como a lavagem verde se torna mais comum, é provável que a ação legal aumente. Desde 2000, a FTC tomou medidas legais contra três empresas por lavagem verde. Uma vez que um terço dos consumidores se baseia exclusivamente nos rótulos para decidir se um produto é amigo do ambiente, é importante que estes digam a verdade.[22]

Algumas organizações desenvolveram um sistema de certificação para ajudar os consumidores a tomar decisões informadas quando compram produtos supostamente ecológicos. Por exemplo, o Carbon Trust oferece uma certificação que valida reivindicações sobre a redução de emissões de carbono. No entanto, organizações de certificação nem sempre são confiáveis. Algumas delas cobram uma taxa e não mantêm produtos nos mais rigorosos padrões. Como explicado no boxe *Além das Páginas 8.2*, a melhor maneira para os consumidores se informarem sobre produtos ecológicos é fazer sua própria pesquisa antes de ir às compras.

Apesar do problema da lavagem verde, muitas empresas tomam medidas proativas para se tornarem mais sustentáveis. A General Motors está investigando soluções mais sustentáveis para seus veículos parcialmente para atender ao prazo de até 2025 para que os veículos cheguem a um consumo de 10 km/litro.[23] Outras empresas estão optando por testar soluções alternativas de energia, como uma forma de responsabilidade social. A IKEA está utilizando energia geotérmica, energia derivada do calor natural no interior da Terra, em algumas de suas lojas, enquanto o Walmart está testanto a energia solar.[24] À medida que o apoio à sustentabilidade continua a aumentar, as empresas estão rapidamente reconhecendo que iniciativas de sustentabilidade são movimentos de marketing inteligente.

Ética e Estratégia de Marketing

A ética de marketing inclui princípios e normas que orientam o comportamento de indivíduos e grupos na tomada de decisões de marketing. A estratégia de marketing deve considerar os stakeholders, incluindo gestores, funcionários, clientes, reguladores do governo, fornecedores, acionistas, comunidade e grupos de interesses especiais, os quais dão sua contribuição para os padrões aceitos e expectativas da sociedade. Os mais básicos desses padrões foram codificados por leis e regulamentos para incentivar as empresas a se adaptarem às expectativas de conduta empresarial da sociedade. Essas leis, em geral, foram criadas devido a preocupações da sociedade sobre má conduta prejudicial à concorrência ou aos consumidores.

Os padrões de conduta que determinam a ética de atividades de marketing requerem que tanto organizações como indivíduos assumam a responsabilidade por suas ações e cumpram os sistemas de valores estabelecidos. A repetição de má conduta ética em um negócio ou indústria em particular, por vezes, requer a intervenção do governo, uma situação que pode ser cara e inconveniente para empresas e consumidores. Logo no início do século XXI, a ética nos negócios parecia estar melhorando após os casos Enron e WorldCom e a aprovação da Lei Sarbanes-Oxley em 2002. No entanto, a má conduta nos setores financeiro e bancário, bem como as falhas de alto perfil de empresas como a GM, durante a crise financeira 2008-2009, criaram uma forte erosão na confiança dos consumidores. Não é de surpreender que esse sentimento tenha atingido o pico durante o auge da crise financeira. Trapaças de marketing, tais como mentir ou deturpar informações, e o aumento da desconfiança dos consumidores em algumas empresas e indústrias, por exemplo, a indústria da hipoteca, contribuíram para a instabilidade econômica durante a crise. Enganar consumidores, investidores e outros stakeholders não só provocou a ruína de empresas estabelecidas, como Lehman Brothers e Countrywide Financial, mas também levou à prisão de importantes funcionários das empresas e a perda de bilhões de

ALÉM DAS PÁGINAS 8.2

Encontrando Verdadeiros Produtos Ecológicos[25]

O que faz um produto ser ecológico? Essa questão é realmente muito complicada. A popularidade crescente de produtos ecológicos está incentivando as empresas a criar e vender itens mais ecológicos. No entanto, algumas empresas cortam custos divulgando produtos como ecológicos quando na verdade eles não são, mas constituem uma forma de má conduta conhecida como lavagem verde. Quem usa essa prática faz apelos "ecológicos" injustificáveis sobre seus produtos para atrair o consumidor ecológico. Um estudo determinou que mais de 95% dos produtos comercializados como ecológicos tinham culpa por pelo menos uma forma de lavagem verde. Como resultado, muitos consumidores afirmam não saber como garantir se uma empresa é realmente ecológica.

Uma forma comum de lavagem verde é usar apenas um ingrediente sustentável no produto, enquanto os demais permanecem não sustentáveis. Isso pode ser semelhante a uma empresa que diz que seu produto é ecológico visto que um dos ingredientes é algodão orgânico, enquanto, simultaneamente, passa por cima do fato de que o produto também contém itens não recicláveis ou químicos. Infelizmente, a natureza subjetiva da lavagem verde dificulta detectar tal prática, na medida em que mesmo os próprios consumidores divergem sobre o que é ecológico e o que é lavagem verde. Por exemplo, alguns consumidores sentem-se enganados pelo logotipo com uma pequena fazenda idílica no pacote de Cascade Farm quando descobrem que a marca é na realidade de propriedade da General Mills. Outros são indiferentes contanto que as reivindicações orgânicas da marca sejam verdadeiras. Ser ecológico muitas vezes também exige compensações, algumas das quais os consumidores podem achar inaceitáveis. Lâmpadas fluorescentes compactas economizam energia, mas também contêm mercúrio que poderia prejudicar os consumidores ao se quebrarem. A questão até onde ir para criar um produto ecológico pode ser controversa.

A questão da lavagem verde se tornou tão difundida que está demandando a intervenção do governo. A Federal Trade Commission (FTC) lançou diretrizes ecológicas para definir o que é aceitável na propaganda. Ela também começou a reprimir empresas por fazer alegações falsas. Por exemplo, ela enviou cartas de advertência a 78 varejistas, incluindo Walmart, Kohl e The Gap após eles terem anunciado que seus produtos de rayon eram feitos de bambu. No entanto, orientações não têm o mesmo efeito que leis, particularmente se consumidores individuais podem ter seus próprios pontos de vista sobre o que constitui um produto "ecológico". A melhor forma para os consumidores evitarem a lavagem verde é investigar apelos ecológicos por si mesmos. Tal investigação poderia incluir procurar a certificação de terceiros de um produto "ecológico", prestar atenção nas listas de ingredientes e procurar informações em sites confiáveis. Ao mesmo tempo, é importante que os consumidores percebam que todos os produtos têm algum efeito sobre o meio ambiente. Em vez de procurar um produto 100% ecológico, os consumidores poderiam observar a forma como as empresas têm aumentado a sustentabilidade em todas as suas operações para diminuir seu impacto ambiental negativo.

---

dólares de investidores. Sem uma visão compartilhada de conduta apropriada e aceitável, as empresas muitas vezes não conseguem equilibrar seu desejo de lucros contra os desejos e necessidades da sociedade.

Quando as empresas se desviam das normas vigentes da indústria e da sociedade, o resultado é a insatisfação do cliente, a falta de confiança e ação legal. A reputação da empresa é uma das considerações mais importantes para os consumidores. Os profissionais de marketing devem estar cientes da existência de stakeholders e da necessidade de obter a confiança. Quando as atividades de marketing se desviam das normas aceitas, o processo de troca pode se romper, resultando em insatisfação do cliente, falta de confiança e processos judiciais. Um estudo recente mostra que atualmente apenas cerca de 50% dos consumidores norte-americanos confiam em empresas, o que pode afetar de forma significativa a relação entre consumidores e empresas.[26] A confiança é uma preocupação importante para as empresas, uma vez que é a base dos relacionamentos de longo prazo. A falta de confiança por parte dos consumidores tem aumentado nos últimos anos devido à crise financeira e recessão profunda. A conduta questionável de instituições financeiras e bancos de alto perfil tem feito muitos consumidores observar criticamente a conduta de todas as empresas. A credibilidade deve ser construída ou restaurada para ganhar a confiança dos clientes. A Figura 8.2 descreve a confiança dos norte-americanos em relação a diferentes instituições. Uma vez que a confiança é perdida, pode-se levar uma vida inteira para reconquistá-la. A maneira de lidar com questões éticas é de forma proativa durante o processo de planejamento estratégico, e não depois que os grandes problemas se materializam.

Dado que muito do sucesso de uma empresa depende das percepções do público sobre ela, sua reputação é um dos maiores recursos internos que afeta diretamente o sucesso da estratégia de marketing. O valor de uma reputação positiva é difícil de quantificar, mas é muito importante, porém, uma vez perdido pode ser difícil de recuperar. Considere que 70% do valor de mercado do McDonald's baseia-se em ativos intangíveis, tais como valor de marca e boa vontade.[27] Um único incidente negativo pode influenciar a percepção de imagem e reputação da empresa por muitos anos. A reputação corporativa, imagem e marca são mais importantes do que nunca e estão entre os aspectos mais críticos para manter relacionamentos com os principais stakeholders. Embora uma organização não controle sua reputação em um sentido direto, ações, escolhas, comportamentos e consequências influenciam na sua reputação. Por exemplo, a reputação da BP baseada na sustentabilidade e sua imagem Beyond Petroleum (Além do Petróleo) foi destruída pelo desastre do derramamento de petróleo no Golfo.

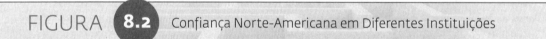

FIGURA 8.2 Confiança Norte-Americana em Diferentes Instituições

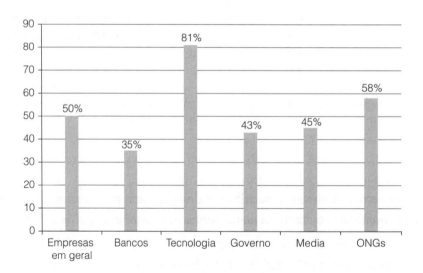

Fonte: Edelman, *2012 Edelman Trust Barometer Global Results* <http://trust.edelman.com/trust-download/global-results>. Acesso em: 28 de maio de 2012.

Os Desafios de Ser Ético e Socialmente Responsável

Embora a maioria considere os valores de honestidade, respeito e confiança como óbvios e universalmente aceitos, decisões de negócios envolvem discussões complexas e detalhadas em que ser correto pode não ser tão evidente. Tanto funcionários como gerentes precisam de experiência em sua indústria específica para entender como operar em áreas cinzentas ou lidar com assuntos delicados em áreas em evolução, como privacidade na internet. Por exemplo, quanta informação pessoal deve ser armazenada no site de uma empresa sem a permissão dos clientes? Na Europa, a Diretiva da União Europeia sobre a Proteção de Dados proíbe vender ou alugar listas de discussão, dados dos consumidores não podem ser usados sem sua permissão.[28] Nos Estados Unidos, as empresas têm mais liberdade para decidir como coletar e usar dados pessoais dos clientes, mas os avanços da tecnologia levantam novas questões todos os dias. Enquanto as empresas continuam a esticar os limites da privacidade, o governo começou a reprimir o que vê como violação. O Facebook concordou em se submeter a auditorias de privacidade independentes pelos próximos 20 anos após a Comissão Federal de Comércio decidir que as mudanças do Facebook de 2009 em suas políticas de privacidade foram feitas sem avisar os usuários. A FTC (Federal Trade Commission) entendeu que tais mudanças violaram os direitos dos usuários de saber que informação estava sendo tornada pública.[29] Questões relacionadas com privacidade pessoal, correio eletrônico não solicitado e apropriação indevida de propriedade intelectual com direitos autorais causam problemas éticos. A proteção de marcas e logotipos torna-se mais difícil à medida que a comunicação digital e mídia social se expandem.

Indivíduos com pouca experiência comercial são frequentemente obrigados a tomar decisões repentinas sobre a qualidade do produto, propaganda, preço, suborno, práticas de contratação, privacidade e controle da poluição. Por exemplo, como os anunciantes sabem quando fazem declarações enganosas em oposição a simples autoelogios ou exageros? A Bayer afirma ser "a melhor aspirina do mundo", Hush Puppies são "os sapatos mais confortáveis da Terra" e Firestone (antes de seu famoso recall de 6,5 milhões de pneus) prometeu "a qualidade em que você pode confiar."[30] Valores pessoais aprendidos ao longo da socialização pela família, religião e escola podem não fornecer orientações específicas para essas complexas decisões de negócios. Em outras palavras, as experiências e as decisões de uma pessoa em casa, na escola e na comunidade podem ser muito diferentes das experiências e das decisões que ela tem que fazer no trabalho. Além disso, interesses e valores dos trabalhadores individuais podem ser diferentes dos da empresa em que trabalham, de padrões da indústria e da sociedade em geral. Quando valores pessoais são incompatíveis com a configuração de valores detidos pelo grupo de trabalho, aumenta o potencial para desvios éticos. A Figura 8.3 fornece uma visão geral dos tipos mais comuns de má conduta observada nas organizações.

Embora a Figura 8.3 registre muitos tipos de problemas que existem nas organizações, devido aos modos quase infinitos de má conduta, é impossível identificar todas as questões éticas concebíveis. É também importante notar que a maioria desses problemas potenciais não é claramente óbvia para os clientes. No entanto, qualquer tipo de manipulação, engano ou mesmo apenas a falta de transparência na tomada de decisões pode potencialmente criar problemas que se tornam evidentes para os clientes, parceiros da cadeia de fornecimentos ou outros stakeholders importantes. Com isso em mente, vamos agora voltar nossa atenção para questões éticas específicas no programa de marketing.

Questões Éticas no Programa de Marketing

Uma *questão ética* é um problema, uma situação ou uma oportunidade identificável que requer que um indivíduo ou uma organização faça uma escolha entre diversas ações que devem ser avaliadas como certas ou

	2009 (%)	2011 (%)
Mau uso do tempo da empresa	N/D	33
Comportamento abusivo	22	21
Mentir para os funcionários	19	20
Abuso de recursos da empresa	23	20
Violar as políticas de uso da Internet na empresa	N/D	16
Discriminação	14	15
Conflitos de interesse	16	15
Uso inadequado de redes sociais	N/D	14
Violações de saúde ou segurança	11	13
Mentir para agentes externos (stakeholders)	12	12
Roubo	9	12
Falsificação de relatórios de tempo ou horas trabalhadas	N/D	12
Violações de benefícios dos funcionários	11	12
Assédio sexual	7	11
Violação da privacidade do funcionário	10	11

FIGURA 8.3 Tipos de Má Conduta Observados em Organizações

Fonte: Extraída de "2007 National Business Ethics Survey: An Inside View of Private Sector Ethics". Copyright © 2007 Ethics Resource Center. Usada com permissão de Ethics Resource Center, 2345 Crystal Drive, Suite 201, Arlington, VA 22202, <www.ethics.org>.

erradas, éticas ou antiéticas. Sempre que uma atividade faz com que gerentes de marketing ou clientes se sintam manipulados ou enganados, existe uma questão ética, independentemente da legalidade da atividade. É, portanto, imperativo que as empresas se familiarizem com muitas questões éticas que podem potencialmente ocorrer no programa de marketing de forma que tais questões possam ser definidas e resolvidas quando ocorrerem. Alguns exemplos de questões éticas potenciais no programa de marketing aparecem na Figura 8.4. Essas e outras questões podem evoluir para problemas legais se não forem tratadas no processo de planejamento estratégico.

Embora clientes e outros stakeholders possam pensar que uma empresa esteja envolvida em conduta antiética, a decisão final geralmente é determinada por uma ação legal ou um organismo de autorregulamentação, tal como o Better Business Bureau (BBB). A National Advertising Division (NAD), uma divisão do Better Business Bureau, verifica reclamações sobre propaganda desonesta e recomenda se a campanha em questão deve ser interrompida. Por exemplo, a NAD determinou que a reivindicação da Verizon de que os consumidores tinham classificado o serviço de Internet FiOS como o melhor do mercado era enganosa. A NAD concordou com a Comcast que os reclames deixavam implícito que os concorrentes da Verizon eram inferiores, o que não era o caso. A Verizon concordou em suspender tais reclames.[31]

FIGURA 8.4 — Questões Éticas Potenciais no Programa de Marketing

Geral

Deturpar as capacidades da empresa
Manipular ou utilizar dados ou informações de forma indevida
Explorar crianças ou grupos vulneráveis
Invasão de privacidade
Atividades anticoncorrência
Comportamento abusivo
Mau uso dos recursos da empresa

Questões Relacionadas a Produto

Deturpação de bens ou serviços
Não divulgação de defeitos do produto
Contravenção ou venda no mercado negro
Garantias enganadoras
Reduzir o conteúdo sem reduzir o tamanho do pacote

Questões Relacionadas a Preço

Preço enganoso
Reivindicações de preços de referência
Discriminação de preços
Preço predatório
Políticas de reembolso fraudulentas

Questões Relacionadas a Distribuição (Cadeia de Fornecimento)

Comportamento oportunista entre os membros da cadeia de fornecimento
Acordos de distribuição exclusiva
Taxas pelo espaço na prateleira
Venda casada
Não honrar promessas de produtos e apoio promocional

Questões Relacionadas a Promoção

Propaganda enganosa ou venda falsa
Propaganda isca
Táticas de vendas de alta pressão
Presentes em forma de objetos ou distrações
Representações estereotipadas de mulheres, minorias ou idosos
Não honrar promessas de promoção de vendas

© 2013 Cengage Learning

Independentemente das razões por trás de questões éticas específicas, as empresas devem ser capazes de identificar tais questões e decidir como resolvê-las. Para isso, é preciso familiaridade com muitos tipos de questões éticas que podem surgir em marketing. Pesquisas sugerem que quanto maiores forem as consequências associadas a uma questão, maiores serão as chances de que seja uma questão ética.[32] Vejamos algumas questões éticas potenciais mais detalhadamente.

Questões Éticas Relacionadas a Produto

Questões éticas relacionadas a produtos geralmente surgem quando a empresa não divulga os riscos associados a um produto ou informações sobre função, valor ou utilização de um produto. Tais problemas são comuns em muitas indústrias, incluindo automóveis, brinquedos, produtos farmacêuticos e outras indústrias, onde questões de segurança ou de design entram em jogo. Por exemplo, a Johnson & Johnson, uma empresa muito conhecida por seus elevados padrões éticos, recebeu críticas cerradas recentemente por não divulgar adequadamente os riscos associados ao acetaminofeno, importante ingrediente do Tylenol. Depois de vários consumidores terem tido uma overdose da droga, a Johnson & Johnson foi forçada a pagar uma indenização após um juiz determinar que a empresa sabia dos riscos do produto, mas não alertou suficientemente os consumidores sobre eles.[33]

Questões éticas podem surgir no design do produto, como pressões para substituir materiais ou componentes de produtos de qualidade inferior para reduzir custos. Por exemplo, muitos fabricantes de laptops criaram e venderam "Ultrabooks" em uma tentativa de emular o sucesso surpreendente do Mac-Book Air. Essas máquinas ultraleves, baseadas no Windows, usam o mesmo tipo de invólucro em metal escovado do Air. No entanto, para baixar os preços, os fabricantes de Ultrabook usaram invólucros de plástico menos caros, muitos dos quais parecidos com metal escovado.[34] Se os fabricantes de Ultrabook não explicam claramente que a mudança no preço é devido a uma mudança significativa no design do produto, a mudança para o plástico menos caro poderia tornar-se uma questão ética. Da mesma forma, questões éticas podem surgir quando a empresa não informa os clientes sobre mudanças na qualidade ou quantidade de produto vendido. Por exemplo, se um fabricante de cereais reduziu a quantidade de cereal no pacote sem reduzir seu tamanho ou preço, a empresa teria um problema ético sério em suas mãos.

Outra questão ética comum relacionada a produto envolve produtos falsificados. Estes proliferam atualmente, em particular, nos setores de vestuário, produtos de áudio e vídeo e software. Qualquer produto que pode ser facilmente copiado é vulnerável a atividades de pirataria. Algumas pessoas argumentam que apenas os fabricantes são lesados quando os consumidores compram produtos falsificados. Esse raciocínio é claramente equivocado. Por exemplo, a perda de receitas fiscais tem um enorme impacto sobre os governos, já que eles não podem recolher os impostos diretos e indiretos sobre a venda de produtos falsificados. Da mesma forma, falsificações sugam lucros necessários para o desenvolvimento de produtos em curso, bem como milhares de postos de trabalho em empresas legítimas. Os clientes também sentem o impacto de produtos falsificados, já que sua qualidade quase nunca faz jus à do original. Por exemplo, confrontados com riscos crescentes associados à falsificação de medicamentos, a Food and Drug Administration (FDA) aprovou fortemente o uso de RFID para combater o crescente problema e proteger os consumidores norte-americanos. O FDA está monitorando o uso de RFID, mas ainda tem que declarar que ele é aceitável para a identificação de medicamentos uma vez que eles se movem ao longo da cadeia de fornecimento farmacêutica dos EUA.[35]

Questões Éticas Relacionadas a Preço

O preço é uma das atividades de marketing mais fortemente vigiadas e reguladas. Dado que a diferença de preço pode criar uma vantagem competitiva muito significativa, qualquer esforço para dar artificialmente a uma empresa uma vantagem sobre outra está sujeito à intervenção legal ou regulamentar. A natureza emocional e subjetiva do preço cria muitas situações em que mal-entendidos entre vendedor e comprador causam problemas éticos. As empresas têm o direito de precificar seus produtos para obtenção de um lucro razoável, mas questões éticas podem surgir quando uma empresa procura auferir altos lucros à custa de seus clientes. Algumas empresas farmacêuticas, por exemplo, têm sido acusadas de prática de preços extorsivos, ou de fixar preços de produtos em níveis exorbitantes e se aproveitar de clientes que precisam comprar o remédio para sobreviver ou manter sua qualidade de vida. Da mesma forma, há várias formas de "preços isca" para ganhar o interesse do consumidor com um produto de baixo preço e depois convencer o comprador a comprar um produto mais caro ou algum serviço adicional. Embora exista um potencial infinito de violações éticas na estratégia de preços, quatro questões fundamentais chamam mais a atenção: preço discriminatório, preço de conluio, preços predatórios e desconto superficial.

Preço discriminatório ocorre quando as empresas cobram preços diferentes para clientes diferentes. Isso é bastante comum em mercados de consumo, tais como quando empresas de TV a cabo e satélite oferecem preços mais baixos a clientes novos ou quando os restaurantes de fast-food oferecem refeições a preços mais baixos para as crianças. O preço discriminatório é muito comum em mercados empresariais onde normalmente ocorre entre diferentes intermediários da cadeia de fornecimento. Em geral, o preço discriminatório é ilegal a menos que a diferença de preço tenha uma base em diferenças de custos reais na venda de produtos de um cliente para outro (como descontos por volume e negociação para chegar a um preço competitivo). A questão primordial em casos de preço discriminatório é se o diferencial de preços prejudica a concorrência. A Lei Robinson-Patman e a Lei Clayton regulamentam os preços discriminatórios. A intenção é proporcionar igualdade de condições a todos os concorrentes.

Preço de conluio ocorre quando empresas rivais se unem para definir preços. Embora tais acordos sejam ilegais, segundo a Lei Sherman, o preço de conluio é extremamente difícil de provar. Geralmente, em uma dada indústria, uma empresa será o líder de preços e as demais vão ser os seguidores. O Departamento de Justiça determinou que, embora seguir o exemplo de um concorrente em uma tendência ascendente ou descendente seja aceitável, não pode haver indicações de preços para os concorrentes nesse processo. Multas consideráveis e penas de prisão para os condenados por preços de conluio são a norma. Fabricantes de bens de consumo, tais como Henkel, Procter & Gamble e Colgate Palmolive, foram multados em US$ 484 milhões por autoridades francesas por supostamente participar de preço combinado de produtos saponáceos.[36]

Preço predatório ocorre quando uma empresa cobra preços muito baixos para um produto com a intenção de eliminar concorrentes ou tirá-los de um mercado específico. Os preços, em seguida, voltam ao normal uma vez que os concorrentes tenham sido eliminados. O preço predatório é ilegal. No entanto, assim como o preço de conluio, é extremamente difícil de provar em um tribunal. O desafio em casos de preços predatórios é provar que a empresa que os praticou teve a intenção deliberada de arruinar a concorrência. O tribunal também deve ser convencido de que o preço baixo cobrado está abaixo de seu custo variável médio. A definição do custo variável de preços predatórios é a razão principal de poucas ações judiciais por preços predatórios serem bem-sucedidas. A realidade é que grandes empresas com estruturas de custos enxutas e eficientes dominam o cenário competitivo de hoje. Em muitos casos, tais empresas têm custos variáveis menores que lhes permitem cobrar legitimamente preços mais baixos do que a concorrência. Essa é a razão pela qual grandes varejistas como Walmart, Home Depot, Lowe e Barnes and Noble têm lenta e metodicamente tirado pequenos varejistas do mercado. Essas grandes empresas não são necessariamente culpadas por preços predatórios, são apenas culpadas por serem mais eficientes e competitivas do que outras.

Desconto superficial ocorre quando uma empresa anuncia um preço de liquidação como uma redução abaixo do preço normal quando não é o caso. Geralmente, a empresa não vende o produto ao preço normal em quantidades significativas ou o período de preço de liquidação é excessivamente longo. Tal tática de preços é claramente uma questão ética, porque a maioria dos clientes não está ciente de que está sendo intencionalmente enganada. A maior parte da atividade jurídica relativa a desconto superficial ocorre no nível de procurador-geral do Estado. Para evitar a ação legal, uma empresa deve oferecer um produto ao preço original, dar um desconto no preço em um valor especificado por um período determinado e, em seguida, voltar ao preço original no final desse período. Se o produto é um item descontinuado, esse fato deve constar no anúncio.

Questões Éticas Relacionadas à Cadeia de Fornecimento

Gerenciar questões éticas na estratégia da cadeia de distribuição e fornecimento é uma das maiores dificuldades no marketing atual. As razões estão relacionadas com a complexidade da maioria das cadeias de fornecimento e o fato de que hoje elas são globais. Por exemplo, a indústria do chocolate tem sido criticada por comprar produtos de fornecedores que usam trabalho infantil nas plantações de cacau. A Hershey prometeu que iria melhorar suas práticas na cadeia de fornecimento e investir US$ 10 milhões em seus fornecedores da África Ocidental depois que o Fórum Internacional de Direitos do Trabalho ameaçou divulgar o trabalho infantil utilizado em alguns dos fornecedores de cacau da empresa.[37] Questões da cadeia de fornecimento podem ocorrer em qualquer indústria. Até mesmo a Apple, a marca de topo em termos de valor e reputação, tem casos de horas extras forçadas, trabalhadores menores de idade, explosões e resíduos descartados inadequadamente em fábricas de seus fornecedores. Embora a Apple tenha um Código de Conduta do Fornecedor, problemas nas fábricas de seus fornecedores continuaram.[38]

As questões que a Hershey e a Apple têm enfrentado destacam os inúmeros riscos que ocorrem nas cadeias de fornecimento globais. Embora, muitas vezes, criem um Código de Conduta do Fornecedor, as empresas são obrigadas a realizar auditorias regulares para garantir que as fábricas estão seguindo os padrões de conformidade, o que, por sua vez, pode incorrer em custos significativos para as empresas em termos de tempo e finanças. Países com leis trabalhistas permissivas, como a China e a Rússia, exigem um acompanhamento ainda mais diligente. Muitas vezes, os fornecedores subcontratam parte do trabalho, o que aumenta a rede de fornecedores de uma empresa e os custos de tentar controlar todos eles. Finalmente, os requisitos de conformidade da empresa podem entrar em conflito com a missão do setor de compras. Como seu trabalho é adquirir recursos com o menor preço possível, a divisão pode muito bem optar por fornecedores menos caros com práticas éticas questionáveis, e não fornecedores éticos mais caros. A Nike enfrentou esse problema durante a década de 1990, quando foi muito criticada por abusos de trabalho em suas fábricas fornecedoras.[39]

A gestão da ética da cadeia de fornecimento é importante porque muitos stakeholders esperam que a empresa seja responsável por toda a conduta ética relacionada com a disponibilidade do produto. Isso exige que a empresa supervisione todos os fornecedores usados na produção de um produto. O desenvolvimento de uma boa ética da cadeia de fornecimento é importante porque garante a integridade do produto e operações da empresa no atendimento dos clientes. Por exemplo, a Novation, uma empresa líder em fornecimento de cuidados de saúde, tem sido reconhecida por sua forte governança corporativa e mecanismos de comunicação em sua cadeia de fornecimento. Para incentivar seus fornecedores a denunciar más condutas, a empresa instituiu um sistema de queixa e feedback do fornecedor. Esse sistema permite que fornecedores relatem problemas potenciais antes que eles atinjam o nível seguinte da cadeia de fornecimento, o que reduz o dano que tais problemas causariam se os produtos continuassem a caminhar pela cadeia de fornecimento sem serem notificados.[40]

Felizmente, as organizações têm desenvolvido soluções para promover práticas de provisão ética. Em primeiro lugar, é essencial para todas as empresas que trabalham com fornecedores globais adotar um Código de Conduta de Fornecedor Global e garantir que ele seja comunicado de forma eficaz a seus fornecedores. Além disso, as empresas devem incentivar os funcionários que lidam com conformidade e contratação a trabalhar em conjunto para encontrar fornecedores éticos a custos razoáveis. As empresas também devem trabalhar para assegurar que as cadeias de fornecimento de suas empresas sejam diversificadas. Isso pode ser difícil, porque às vezes os melhores fabricantes de alguns produtos estão localizados em um único país. Embora seja caro diversificar a cadeia de fornecimento de uma empresa, desastres podem incapacitar uma firma.[41] Por exemplo, empresas como Jabil Circuit e Goodyear Tire & Rubber tiveram suas cadeias de fornecimento em risco devido ao tsunami japonês e graves inundações na Tailândia em 2011.[42] Por último, e talvez mais importante, as empresas devem realizar auditorias regulares em seus fornecedores e, se necessário, disciplinar aqueles que violarem os padrões da empresa.

Questões Éticas Relacionadas à Promoção

Práticas de marketing falsas ou enganosas podem destruir a confiança dos clientes em uma organização. A Federal Trade Commission monitora práticas enganosas de empresas e toma ações disciplinares, quando necessário. A Reebok foi multada em US$ 25 milhões por fazer afirmações infundadas de que seus tênis de tonificação fortalecem os músculos e tornam o corpo tonificado.[43] A FTC também se juntou à FDA ao enviar cartas de advertência a empresas que comercializam as propriedades de perda de peso de drogas com gonadotrofina coriônica humana (HCG). Embora o hormônio HCG tenha certas propriedades medicinais, a perda de peso não foi comprovada. A FTC vê tais alegações como marketing fraudulento.[44] Não importa quanto vigilante for, é difícil para a FTC pegar todas as formas de fraude em marketing, particularmente na área de promoção.

Questões éticas também surgem quando as empresas utilizam declarações ambíguas, nas quais as reivindicações são tão sutis que o telespectador, leitor ou ouvinte deve inferir a mensagem pretendida do anunciante. Como é inerentemente vago, usar uma formulação ambígua permite que a empresa negue qualquer intenção de enganar. O verbo "ajuda" é um bom exemplo (tal como nas expressões "ajuda a prevenir", "ajuda a combater" ou "ajuda a fazer você se sentir"). Os consumidores podem visualizar tais anúncios como antiéticos porque não conseguem comunicar todas as informações necessárias para tomar uma boa decisão de compra ou porque enganam o consumidor de forma definitiva. Em outro exemplo, a FTC e outras agências agora acompanham mais de perto as promoções para empreendimentos de trabalho em casa. Os consumidores perdem milhões de dólares por ano respondendo a anúncios de falsas oportunidades de negócios, tais como promessas de US$ 50.000 por ano para fazer o faturamento médico a partir de um computador em casa.

Em venda pessoal há muitas oportunidades para desvios éticos. O suborno ocorre quando um incentivo (geralmente dinheiro ou presentes caros) é oferecido em troca de uma vantagem ilícita. Mesmo um suborno oferecido para beneficiar uma organização é geralmente considerado antiético. Uma vez que compromete a confiança e a justiça, prejudica a organização no longo prazo. Como resultado, foram aprovadas leis para evitar o suborno. A U.S. Foreign Corrupt Practices Act (FCPA – Lei Antipráticas de Corrupção no Exterior dos EUA) proíbe empresas americanas de fazer pagamentos ilícitos a funcionários públicos estrangeiros com o propósito de fechar ou manter negócios. Sob a U.K. Bribery Act (Lei Antissubornno Britânica), as empresas podem ser consideradas culpadas de corrupção, mesmo que o suborno não tenha ocorrido no Reino Unido e funcionários da empresa sem conhecimento explícito da má conduta também podem ser responsabilizados. A lei aplica-se a qualquer empresa com operações no Reino Unido.[45] Essa lei tem convencido muitas organizações multinacionais a atualizar seus códigos de conduta ética para evitar ambiguidade nessa área.

A atividade fraudulenta aumentou muito na área de marketing direto, para o qual as empresas usam telefone e meios de comunicação não pessoais para comunicar informações aos clientes que, em seguida, compram produtos pelo correio, telefone ou internet. A cada ano, consumidores relatam perdas de bilhões de dólares resultantes de fraude, muitas delas provenientes de golpes de marketing direto. Cerca de 19% estão associadas a roubo de identidade e 11% a débito feito por terceiros e por credores. Outros tipos comuns de fraude de marketing envolvem prêmios, sorteios e loterias, leilões na internet, cartões de crédito e compras em casa e vendas por catálogo.[46]

Gerenciando e Controlando Questões Éticas

Dadas as prioridades conflitantes entre os stakeholders preocupados e a natureza da maioria das decisões de marketing, mesmo os programas de marketing bem concebidos acabam por deparar com questões éticas. Como estas podem nunca ser completamente eliminadas, empresas mais esclarecidas tomam medidas para gerenciar e controlar as questões éticas antes que elas surjam. Nesta seção, analisamos uma série de meios que as empresas podem usar nesse processo.

Regulando a Ética de Marketing

Muitas empresas tentam regular a si próprias em um esforço de mostrar responsabilidade ética e prevenir a regulamentação por parte dos governos federal ou estadual. Além de cumprir todas as leis e regulamentos pertinentes, muitas empresas optam por se juntar a associações comerciais com programas de autorregulamentação. Embora tais programas não sejam uma consequência direta das leis, muitos se estabeleceram para parar ou retardar o desenvolvimento de leis e regulamentos que restrinjam as práticas comerciais das associações. Algumas associações comerciais estabelecem códigos de conduta que seus membros devem respeitar sob pena de repreensão ou expulsão da associação.

Provavelmente a associação de autorregulamentação mais conhecida seja o Better Business Bureau. As 116 agências locais do BBB em todos os Estados Unidos e no Canadá supervisionam três milhões de empresas e instituições de caridade e ajudam a resolver problemas de milhões de consumidores por ano.[47] Cada departamento trabalha para estimular as boas práticas de negócios em uma comunidade, embora geralmente não

A Better Business Bureau é a associação de autorregulamentação mais conhecida nos EUA e no Canadá.

tenha ferramentas fortes para impor suas regras de conduta empresarial. Quando uma empresa viola o que o BBB acredita ser uma boa prática empresarial, o departamento alerta os consumidores por meio de jornais ou meios de transmissão locais. Se a organização transgressora é membro do BBB, pode ser expulsa do bureau local. O BBB também tem um site <www.bbb.org> para ajudar os consumidores a identificar as empresas que operam de forma ética. Membros do BBB que utilizam o site concordam com a arbitragem vinculativa no que diz respeito a questões de privacidade on-line.

Programas de autorregulamentação, como o BBB, têm uma série de vantagens sobre a regulamentação do governo. A criação e a implantação de tais programas são geralmente menos caras e suas orientações ou códigos de conduta são, de modo geral, mais práticos e realistas. Além disso, programas eficazes de autorregulamentação reduzem a necessidade de expandir a burocracia do governo. No entanto, ela também tem várias limitações. Empresas não membros não são obrigadas a cumprir as diretrizes do setor ou códigos de uma associação comercial. Além disso, a maioria das associações não possui as ferramentas ou a autoridade para fazer cumprir suas orientações. Finalmente, essas orientações são menos rigorosas do que as normas estabelecidas por agências governamentais. Ainda assim, em muitos casos, a supervisão do governo é essencial para garantir a confiança do público. O boxe *Além das Páginas 8.3*, por exemplo, discute como o governo dos EUA está tentando manter a confiança nos sistemas bancários à luz dos mais recentes lapsos éticos e legais no setor financeiro.

Códigos de Conduta

Para atender à crescente demanda do público por um marketing ético, as empresas precisam desenvolver planos e estruturas para lidar com considerações éticas. Embora não existam normas universais que possam ser aplicadas a programas de ética organizacional, a maioria das empresas desenvolve códigos, valores ou políticas para orientar o comportamento nos negócios. Seria muito ingênuo pensar que simplesmente ter um código de ética iria resolver todos os dilemas éticos que uma empresa pode enfrentar. Na realidade, a maioria das empresas que experimentaram problemas éticos ou legais geralmente dispõe de códigos e programas de ética estabelecidos. Muitas vezes, o problema é que a gestão de topo, assim como a cultura corporativa geral, não integraram esses códigos, valores e normas em suas operações diárias.

Sem formação ética e padrões uniformes e políticas relativas à conduta, é difícil para os funcionários determinar que conduta é considerada aceitável dentro da empresa. Na ausência de tais programas e padrões, os funcionários geralmente tomam decisões com base em suas observações de como colegas de trabalho e superiores se comportam.[48] Para melhorar a ética, muitas organizações desenvolveram códigos de conduta (também chamados de *códigos de ética*) que consistem em regras formais e normas que descrevem o que a empresa espera de seus funcionários. A maioria das grandes empresas possui códigos formais de conduta mas eles não são eficazes a menos que sejam adequadamente aplicados. Além disso, os códigos devem ser revistos periodicamente para identificar e eliminar pontos fracos nas normas e políticas éticas da empresa.

A maioria dos códigos trata de áreas de risco ético específicas em marketing. Por exemplo, o código de conduta da IBM tem uma política ligada a suborno que proíbe o aceite de presentes de valor nominal se este de alguma forma influenciar no relacionamento comercial da IBM com o doador. No entanto, os funcionários são autorizados a aceitar prêmios ou presentes de valor nominal promocionais, tendo por base programas de bônus (como com hotéis e companhias aéreas) ou se o presente é oferecido rotineiramente a todas as outras partes com relacionamentos semelhantes com quem oferece o presente.[49] Códigos como o da IBM promovem o comportamento ético reduzindo as oportunidades de comportamento antiético. No entanto, os

ALÉM DAS PÁGINAS 8.3

O Gabinete de Proteção Financeira do Consumidor Pretende Construir a Confiança no Sistema Bancário[50]

Produtos financeiros são muitas vezes instrumentos complexos que podem ser difíceis de entender, não só para os consumidores, mas também para as empresas. Essa incapacidade de entender os riscos de produtos financeiros e práticas de empréstimos contribuiu para o colapso financeiro de 2008-2009, a enorme ajuda governamental a empresas para salvá-las da falência e a subsequente recessão. Para tentar evitar problemas semelhantes no futuro, o governo dos Estados Unidos formou o Consumer Financial Protection Bureau (CFPB – Gabinete de Proteção Financeira do Consumidor).

O CFPB tornou-se uma realidade como um componente da Lei Dodd-Frank assinada em julho de 2010. Criado pela professora Elizabeth Warren da Harvard Law, o gabinete é projetado para imitar a Comissão de Segurança de Produto do Consumidor, que visa manter produtos de consumo perigosos longe das mãos de indivíduos. Contudo, em vez de produtos de consumo, a autoridade do CFPB se refere a produtos e serviços financeiros. O CFPB tem autoridade para a criação de regras e poder de supervisão sobre o mercado de crédito. Seu objetivo é tornar produtos e serviços fáceis de entender em termos de custos, riscos e comparações de produtos/serviços financeiros. Ele também tem o objetivo de reduzir as práticas abusivas de empréstimo e do cartão de crédito, verificar a segurança de produtos financeiros antes de serem lançados no mercado e exigir alterações em produtos financeiros considerados muito arriscados. De acordo com Warren, o CFPB irá trabalhar de forma proativa para supervisionar os credores, verificando seus livros regularmente e trabalhando em conjunto com os procuradores-gerais estaduais e federais e o povo norte-americano. Quando necessário, o CFPB irá intervir para impor novas regras sobre os que não se adequarem.

Embora o CFPB soe como uma boa ideia, críticos apontam problemas potenciais. Os bancos estão preocupados que o CFPB aumente os custos e iniba seu poder de decisão para atender ao mercado de forma eficaz. Críticos acreditam que o CFPB criará regulamentações onerosas, tais como nivelamento das taxas de juros que as instituições financeiras podem aplicar. Isso poderia prejudicar os mutuários, porque os candidatos de maior risco poderiam ter empréstimos negados se as taxas forem limitadas. Alguns criticaram Elizabeth Warren por considerarem suas opiniões como duras para com os bancos.

O impasse se tornou tão grande que o presidente Obama colocou o ex-procurador-geral Richard Cordray como o novo chefe do CFPB. No entanto, o movimento tem feito pouco para apaziguar os críticos. Alguns propuseram a nomeação de um conselho de administração sobre a agência, em vez de uma única pessoa para impedir que uma só pessoa detenha muito poder. Até que o conflito seja resolvido e um diretor seja aprovado, os poderes do CFPB de promulgar mudança generalizada no setor financeiro podem ser limitados.

---

códigos de conduta não têm que ser tão detalhados a ponto de considerar todas as situações em conta. Em vez disso, eles devem fornecer diretrizes que permitam aos funcionários alcançar objetivos organizacionais de forma ética. O Código de Ética da American Marketing Association, por exemplo, não abrange todas as possíveis questões éticas, mas fornece um panorama útil do que as empresas acreditam ser princípios sólidos para guiar as atividades de marketing.[51] Esse código serve de modelo útil para a estruturação do código de conduta de uma organização. A Figura 8.5 lista as considerações-chave no desenvolvimento e implantação de um código de conduta ética.

CAPÍTULO 8 • ÉTICA E RESPONSABILIDADE SOCIAL NA ESTRATÉGIA DE MARKETING   279

| FIGURA **8.5** | Considerações-chave no Desenvolvimento e Implantação de um Código de Conduta Ética |

1. Verificar as áreas e questões de alto risco.

2. Estabelecer valores e condutas necessárias para cumprir leis e regulamentos. Valores são um amortecedor importante na prevenção de falta grave.

3. Identificar valores que tratam especificamente de questões éticas atuais.

4. Considerar valores que ligam a organização à orientação do stakeholder. Tentar encontrar sobreposições entre os valores organizacionais e dos stakeholders.

5. Fazer o código de conduta compreensível, fornecendo exemplos que reflitam valores.

6. Comunicar o código frequentemente e em linguagem que os funcionários possam entender.

7. Revisar o código anualmente com a contribuição de uma grande variedade de stakeholders internos e externos.

© 2013 Cengage Learning

Pesquisas descobriram que códigos de ética corporativa, muitas vezes, têm de cinco a sete valores ou princípios fundamentais, além de descrições mais detalhadas e exemplos de conduta apropriada. Seis valores fundamentais são considerados altamente desejáveis em qualquer código de conduta ética: (1) confiança, (2) respeito, (3) responsabilidade, (4) justiça, (5) cuidado e (6) cidadania.[52] Esses valores não serão eficazes sem distribuição, treinamento e o apoio da gestão de topo em tornar-lhes uma parte da cultura corporativa e do clima ético. Funcionários precisam de exemplos concretos de como esses valores podem ser implantados.

Códigos de conduta não vão resolver todas as questões éticas encontradas nas operações diárias, mas ajudam funcionários e gerentes a lidar com dilemas éticos ao prescrever ou limitar atividades específicas. Muitas empresas têm um código de ética, mas, às vezes, não o comunicam de forma eficaz. Um código colocado em um site ou em um manual de treinamento é inútil se a empresa não reforçá-lo diariamente. Ao comunicar aos funcionários tanto as expectativas de comportamento adequado, como as punições que eles enfrentariam se violassem as regras, os códigos de conduta reduzem as oportunidades para o comportamento antiético e, assim, melhoram a ética de tomada de decisão.

Liderança Ética

Há cada vez mais defensores de que culturas éticas emergem de uma liderança forte. Muitos concordam que o caráter e o sucesso das empresas mais admiradas emanam de seus líderes. A razão é simples: os funcionários veem o líder como um modelo de comportamento aceitável. Como resultado, se uma empresa espera manter um comportamento ético, a alta administração deve dar o exemplo de suas políticas e normas. Na realidade, a manutenção de uma cultura ética é quase impossível se seus dirigentes não apoiam o comportamento ético. Por exemplo, na tentativa de manter os lucros elevados e aumentar os preços das ações, muitas empresas têm falsificado relatórios de receitas, às vezes, envolvendo a área de marketing para exagerar as vendas em um trimestre específico. Abarrotar o canal envolve enviar estoque excedente para atacadistas e varejistas a uma taxa excessiva, normalmente antes do final de um trimestre. A prática pode esconder a diminuição da demanda de um produto ou inflar os lucros das demonstrações financeiras, induzindo investidores em erro.[53] Principais executivos dessas empresas podem incentivar esse comportamento porque detêm opções de ações e podem receber pacotes de bônus vinculados ao desempenho da empresa. Assim, a receita mais elevada relatada significa maiores pagamentos aos executivos. O marketing é muitas vezes visto como a área mais flexível para influenciar vendas e lucros.

No domínio da ética de marketing, grandes líderes (1) criam um objetivo ou visão comum para a empresa; (2) obtêm aceitação, ou apoio, de parceiros significativos; (3) motivam os outros a serem éticos; (4) usam os recursos disponíveis, e (5) gostam de seus trabalhos e os abordam com tenacidade, paixão e compromisso quase contagiosos.[54] Junto com forte liderança ética, uma forte cultura corporativa em apoio ao comportamento ético também pode desempenhar um papel fundamental na orientação do comportamento dos funcionários. Em uma pesquisa realizada pela empresa de consultoria empresarial LRN, 94% dos entrevistados disseram que era muito importante trabalhar para uma empresa ética, 82% disseram que preferiam receber menos se isso significasse trabalhar em um ambiente corporativo ético.[55] Além disso, outra pesquisa revelou que a razão mais comum para os funcionários deixarem uma empresa é a perda de confiança, seguida pela falta de transparência.[56] Cultura organizacional, colegas de trabalho e supervisores e a oportunidade de se envolver em comportamento antiético influenciam a ética na tomada de decisão. Treinamento em ética pode afetar todos os três tipos de influência. A plena consciência da filosofia da direção, regras e procedimentos podem fortalecer tanto a cultura organizacional como a postura ética de colegas e supervisores. Tal consciência também arma os funcionários contra oportunidades para o comportamento antiético e diminui a probabilidade de má conduta. Se adequada e cuidadosamente concebido, o treinamento em ética pode garantir que todos na empresa (1) reconhecem situações que possam envolver a tomada de decisão ética, (2) compreendem os valores e a cultura da empresa, e (3) podem avaliar o impacto da ética das decisões sobre a empresa em função de sua estrutura de valor.[57]

Relacionamento com o Mercado e Desempenho Financeiro

Um dos argumentos mais poderosos para a inclusão de ética e responsabilidade social no processo de planejamento estratégico é a evidência de uma ligação entre ética, responsabilidade social e desempenho financeiro.[58] Um clima ético invoca os membros da organização a incorporar os interesses de todos os stakeholders, incluindo clientes, em suas decisões e ações. Por isso, funcionários que trabalham em um clima ético farão um esforço extra para melhor entender as demandas e as preocupações dos clientes. Um estudo descobriu que o clima ético está associado com comprometimento dos funcionários com a qualidade e confiança intraempresa.[59] O comprometimento dos colaboradores com a empresa, a fidelidade do cliente e a lucratividade também têm sido associados ao aumento da responsabilidade social. Esses achados enfatizam o papel de um clima ético na construção de uma posição competitiva forte. Por exemplo, a Burgerville, uma cadeia de fast-food regional do estado de Washington, obteve significativa redução de custos, diminuição da rotatividade de funcionários e vendas mais altas depois que começou a cobrir 90% dos custos de saúde para todos os funcionários que trabalham mais de 20 horas por semana. A Burgerville descobriu que, embora os custos iniciais possam ser elevados, ser ético e cuidar de seus funcionários se paga no final.[60]

À medida que os funcionários percebem uma melhoria no clima ético de sua empresa, seu compromisso para a realização dos padrões de alta qualidade também aumenta. Eles se tornam mais dispostos a apoiar pessoalmente as iniciativas de qualidade da empresa. Esses funcionários, muitas vezes, discutem questões rela-

CAPÍTULO 8 • ÉTICA E RESPONSABILIDADE SOCIAL NA ESTRATÉGIA DE MARKETING   281

cionadas com a qualidade com outras pessoas dentro e fora da empresa, e têm uma sensação de realização pessoal de fornecer produtos e serviços de qualidade. Eles mostram esforço além de expectativas e solicitações para fornecer produtos de qualidade em seu trabalho ou área de responsabilidade em particular. Por outro lado, funcionários que trabalham em climas menos éticos têm menos compromisso com a prestação de tal qualidade. Eles tendem a trabalhar apenas pelo salário, fazem pausas mais longas e ansiam por deixar o trabalho todos os dias.

Orientação para o Stakeholder

A evolução natural de uma orientação para o mercado é enxergar todos os stakeholders como importantes. O grau em que uma empresa entende e aborda as demandas dos stakeholders pode ser referido como uma orientação para o stakeholder. Essa orientação contém três conjuntos de atividades: (1) geração por toda a organização de dados sobre grupos de stakeholders e avaliação dos efeitos da firma sobre eles, (2) distribuição dessa informação em toda a empresa e (3) organização da capacidade de resposta como um todo a essa inteligência.[61] Isso é muito semelhante ao passo envolvido em uma orientação para o mercado, mas a empresa torna-se mais preocupada com todos os stakeholders, incluindo colaboradores, fornecedores, acionistas, reguladores e a comunidade.

Gerar dados sobre stakeholders começa com a identificação daqueles que são relevantes para a empresa. Comunidades de stakeholders pertinentes devem ser analisadas com base no poder que cada um possui, bem como pelos laços entre eles. Em seguida, a empresa deve caracterizar as preocupações sobre a conduta do negócio que cada grupo de stakeholders relevante compartilha. Essa informação pode ser derivada de pesquisa formal, incluindo pesquisas, grupos focais, pesquisas na internet ou reportagens realizadas. A presteza da organização à atividade de inteligência dos stakeholders consiste nas iniciativas que a empresa adota para garantir que ela atenda ou exceda as expectativas dos stakeholders e tem um impacto positivo sobre suas questões. Tais atividades tendem a ser específicas para determinado grupo de stakeholder (por exemplo, horários de trabalho favoráveis à família) ou para determinado problema (por exemplo, programas de redução da poluição). Esses processos geralmente envolvem a participação dos grupos de stakeholders em questão. A Kraft, por exemplo, inclui grupos de interesses especiais e representantes de universidades em seus programas para que eles se sensibilizem com questões éticas atuais e futuras.

A orientação para os stakeholders pode ser vista como um processo contínuo, no qual as empresas tendem a adotar o conceito em graus variados. Para medir o nível de orientação para o stakeholder de determinada empresa, é necessário avaliar a medida com que a empresa adota comportamentos que caracterizam tanto geração e disseminação de inteligência dos stakeholders como a capacidade de resposta a ela. Uma dada organização pode gerar e disseminar mais inteligência sobre certas comunidades de stakeholders do que sobre outras e, como resultado, pode responder a essa inteligência de forma diferente.

Desempenho Financeiro de Marketing

Um clima de ética e responsabilidade social também cria uma grande medida de confiança entre stakeholders de uma empresa e aumenta positivamente sua reputação. O fator de contribuição mais importante para obter a confiança é a percepção de que a empresa e seus funcionários não sacrificarão seus padrões de integridade.[62] Em um ambiente de trabalho ético, funcionários podem razoavelmente esperar serem tratados com respeito e consideração por seus colegas e superiores. Além disso, relações de confiança com importantes stakeholders externos podem contribuir para maior eficiência e produtividade na cadeia de fornecimento, bem como um forte sentimento de fidelidade entre os clientes da empresa. Os clientes querem desenvolver relações com empresas que fornecem produtos de qualidade e se envolvem em conduta socialmente responsável.[63]

Pesquisas indicam uma forte associação entre responsabilidade social e fidelidade do cliente e, os clientes tendem a continuar comprando de empresas que são percebidas como as que fazem a coisa certa. Pesquisas feitas pela agência de marca e marketing BBMG revelaram que cerca de três em cada quatro norte-americanos preferem comprar produtos e serviços de empresas socialmente responsáveis e boas cidadãs.[64] Além disso, existe uma associação direta entre a responsabilidade social corporativa e satisfação do cliente, lucros e valor de mercado.[65] Em uma pesquisa com consumidores, 80% indicaram que, quando qualidade e preço são semelhantes entre concorrentes, eles seriam mais propensos a comprar da empresa associada a uma causa em particular. Jovens adultos com idades entre 18 e 25 anos são especialmente propensos a levar em conta os esforços de cidadania da empresa ao fazer não só a compra, mas também decisões de emprego e de investimento.[66] Uma explicação para essas observações pode ser o fato de empresas boas cidadãs serem sensíveis às preocupações dos clientes e terem um sentido de dedicação ao tratá-los de forma justa. Ao medir a satisfação dos clientes, melhorar continuamente a qualidade e segurança dos produtos e tornar as informações dos clientes facilmente acessível e compreensível, empresas ética e socialmente responsáveis inclinam-se a atender às necessidades dos clientes de forma satisfatória.

É crescente o reconhecimento de que o valor a longo prazo de conduzir os negócios de forma ética e socialmente responsável supera em muito os custos de curto prazo.[67] Para demonstrar os benefícios financeiros de empresas éticas, o Instituto Ethisphere comparou os preços das ações das empresas mais éticas do mundo (WME – World's Most Ethical) com os das listadas no índice Standard & Poor (S&P) 500. Como a Figura 8.6 revela, os retornos das ações de empresas WME superam os das S&P 500.

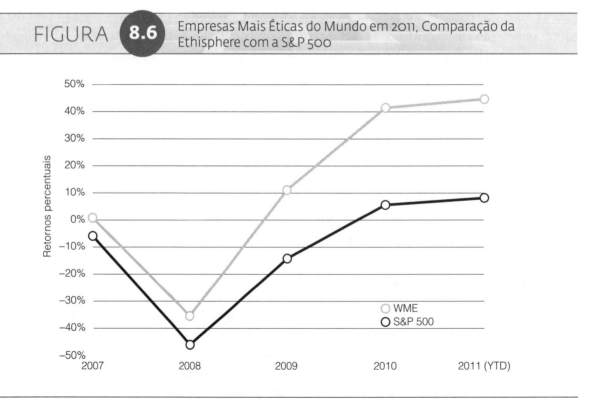

FIGURA 8.6 Empresas Mais Éticas do Mundo em 2011, Comparação da Ethisphere com a S&P 500

Fonte: "2011 World's Most Ethical Companies", *Ethisphere*, <http://ethisphere.com/past-wme-honorees/wme2011>. Acesso em: 29 de maio de 2012.

Incorporando Ética e Responsabilidade Social no Planejamento Estratégico

Empresas que não conseguem incorporar a ética e a responsabilidade social em sua cultura organizacional podem pagar o preço com o mau desempenho de marketing e os custos potenciais de violações legais, contenciosos cíveis e publicidade prejudicial quando atividades questionáveis são tornadas públicas. Como ética de marketing e responsabilidade social nem sempre são vistas como problemas de desempenho organizacional, muitos gestores não acreditam que precisam considerá-las no processo de planejamento estratégico. Indivíduos também possuem ideias diferentes sobre o que é ético ou antiético, levando-os a confundir a necessidade de uma ética de trabalho e o direito de manter seus próprios valores e ética pessoais. Embora os conceitos sejam, sem dúvida, controversos, é possível, e desejável, incorporar a ética e a responsabilidade social no processo de planejamento.

Muitas empresas integram ética e responsabilidade social em seu planejamento estratégico por meio de programas de conformidade ética ou iniciativas de integridade que fazem da conformidade legal, ética e de responsabilidade social um esforço de toda a organização. Tais programas estabelecem, comunicam e monitoram valores éticos e requisitos legais da empresa por meio de códigos de conduta, departamentos de ética, programas de treinamento e auditorias. Um dos melhores exemplos desse processo em ação ocorre na Texas Instruments (TI). Como uma grande empresa multinacional, a TI fabrica computadores, calculadoras e outros produtos de alta tecnologia. Seu código de ética se assemelha ao de muitas outras organizações. O código aborda questões relacionadas com políticas e procedimentos, leis e regulamentos governamentais, relacionamento com clientes, fornecedores e concorrentes, aceitação de presentes, viagens e entretenimento, contribuições políticas, relatórios de despesas, pagamentos de negócios, conflitos de interesse, investimento em ações da TI, manipulação de informação proprietária e confidencial, uso de funcionários e ativos da TI para executar trabalho pessoal, relações com funcionários e agências governamentais, e implantação do código. O código da TI ressalta que o comportamento ético é fundamental para manter o sucesso no longo prazo e que cada indivíduo é responsável por manter a integridade da empresa. Em sua declaração de valores e ética a TI se coloca desta forma:[68]

> Nossa reputação na TI depende de todas as decisões que tomamos e todas as ações que fazemos a cada dia. Nossos valores definem como avaliaremos nossas decisões e ações... e como vamos conduzir nossos negócios. Estamos trabalhando em um ambiente de negócios difícil e exigente e em constante mutação. Juntos, estamos construindo um ambiente de trabalho alicerçado em Integridade, Inovação e Compromisso. Juntos, estamos levando nossa empresa para um novo século... uma boa decisão de cada vez. Nossos elevados padrões nos recompensaram com uma reputação invejável no mercado atual... uma reputação de integridade, honestidade e lealdade. Essa forte reputação ética é um ativo vital... e cada um de nós compartilha uma responsabilidade pessoal para protegê-la, preservá-la e melhorá-la. Nossa reputação é um parceiro forte, mas silencioso em todos os relacionamentos de negócios.
>
> Integridade é a base sobre a qual a TI é construída. Não há outra característica mais essencial para a composição da TI. Ela tem de estar presente em todos os níveis. Integridade é esperada de gestores e indivíduos quando se comprometem. Espera-se que eles mantenham seus compromissos com o melhor de sua capacidade.

Para uma eficácia máxima, o plano de marketing deve incluir elementos distintos da ética e da responsabilidade social. Devem ser desenvolvidos estratégia de marketing e planos de implantação que reflitam uma compreensão (1) dos riscos associados à má conduta ética e legal, (2) das consequências éticas e sociais das escolhas estratégicas, e (3) dos valores dos membros da organização e de seus stakeholders. Para ajudar a garantir o sucesso, os gestores de topo devem demonstrar seu compromisso com o comportamento ético e socialmente responsável por meio de suas ações, uma vez que palavras simplesmente não são suficientes. No final, um plano de marketing que ignora a responsabilidade social ou silencia sobre requisitos éticos relega a orientação do comportamento ético e socialmente responsável para o grupo de trabalho, correndo o risco de problemas éticos e efeitos danosos para a empresa.

Lições do Capítulo 8

Ética de marketing e responsabilidade social:

- ▶ têm crescido em importância nos últimos anos, porque muitas empresas estão vendo sua imagem, sua reputação e esforços de marketing destruídos por problemas nessas áreas.
- ▶ tornaram-se uma necessidade à luz das demandas de stakeholders e das mudanças na lei federal.
- ▶ melhoram o desempenho de marketing e os lucros.
- ▶ são considerações importantes no desenvolvimento da estratégia de marketing.

Responsabilidade social:

- ▶ é um conceito amplo que se relaciona com a obrigação de uma organização de maximizar seu impacto positivo na sociedade, minimizando seu impacto negativo.
- ▶ inclui a responsabilidade econômica de ter lucro para atender acionistas, funcionários e a comunidade em geral.
- ▶ inclui a responsabilidade legal de obedecer a leis e regulamentos.
- ▶ inclui a responsabilidade ética de defender os princípios e normas que definem uma conduta aceitável, conforme determinado por reguladores, governamentais, grupos de interesse privado, concorrentes e a própria empresa.
- ▶ inclui a responsabilidade filantrópica de aumentar o impacto positivo global da empresa na sociedade, na comunidade local e no meio ambiente.
- ▶ inclui atividades relacionadas à sustentabilidade ou programas criados para proteger e preservar o meio ambiente natural.
- ▶ no que se refere à sustentabilidade, inclui atividades de marketing ecológico que evitem a prática enganosa de lavagem verde.

Ética de marketing:

- ▶ inclui princípios e normas que orientam o comportamento de indivíduos e grupos na tomada de decisões de marketing.
- ▶ requer que organizações e indivíduos aceitem a responsabilidade por suas ações e obedeçam aos sistemas de valores estabelecidos.
- ▶ pode levar a violações da confiança do público quando padrões éticos não são respeitados.
- ▶ envolve decisões complexas e detalhadas em que agir corretamente pode não ser tão claro.
- ▶ lida com experiências e decisões tomadas no local de trabalho, que podem ser bastante diferentes das decisões éticas feitas longe do trabalho.
- ▶ entra em jogo sempre que uma atividade faz com que gerentes, funcionários ou clientes em um mercado-alvo se sintam manipulados ou enganados.

Questões éticas no programa de marketing:

- ▶ incluem problemas, situações ou oportunidades identificáveis que requerem que um indivíduo ou organização escolha entre várias ações que devem ser avaliadas como certas ou erradas.
- ▶ entram em jogo sempre que uma atividade faz com que gerentes, funcionários ou clientes em um mercado-alvo se sintam manipulados ou enganados.
- ▶ têm o potencial de se tornar problemas legais se não forem abordadas no processo de planejamento estratégico.
- ▶ incluem questões relacionadas com o produto, tais como a falta de informação sobre os riscos associados a um produto, substituição por materiais ou componentes de qualidade inferior para reduzir custos e produtos contraventores.
- ▶ incluem questões relacionadas a preços, tais como manipulação de preços, táticas de preço isca, preço

discriminatório, preço de conluio, preço predatório e desconto superficial.

▶ incluem questões relacionadas à cadeia de fornecimento, tais como o abastecimento de fornecedores envolvidos em práticas trabalhistas injustas, componentes de abastecimento que danificam o meio ambiente natural, falta de diversidade na cadeia de fornecimento, bem como a necessidade de realizar auditorias regulares da cadeia de fornecimento.

▶ incluem questões relacionadas com a promoção, tais como comunicação enganosa, manipuladora ou que oculta fatos, para criar uma falsa impressão; afirmações exageradas sobre um produto ou empresa que não possam ser comprovadas; declarações ambíguas em que as alegações são tão fracas que o telespectador, leitor ou ouvinte deve inferir a mensagem pretendida do anunciante; questões de rotulagem de produtos, tais como alegações falsas ou enganosas no pacote de um produto; e abusos de vendas, tais como venda intencionalmente enganosa, ocultação de fatos ou suborno.

Gerir e controlar questões éticas:

▶ é melhor quando conduzido por meio de mecanismos de autorregulamentação, como o Better Business Bureau ou uma associação da indústria, em vez de aguardar a regulamentação do governo para controlar as atividades de marketing.

▶ pode ser tratado com o estabelecimento de um código de conduta (isso é, código de ética), mas apenas se o código tornar-se integrado na tomada de decisão diária.

▶ depende, em grande medida, da liderança ética exibida pela gestão de topo. Grandes líderes éticos:
  • criam um objetivo ou visão comum para a empresa.
  • obtêm aceitação, ou apoio de parceiros significativos.
  • motivam outros a serem éticos.
  • usam os recursos disponíveis.
  • gostam de seus trabalhos e os abordam com tenacidade, paixão e compromisso quase contagiosos.

Um código de conduta (código de ética):

▶ não é verdadeiramente eficaz se não tem o total apoio da gestão de topo.

▶ deve ter seis valores fundamentais: (1) confiabilidade, (2) respeito, (3) responsabilidade, (4) justiça, (5) cuidado e (6) cidadania.

▶ não resolverá todas as questões éticas encontradas nas operações diárias, mas pode ajudar os funcionários e gestores a lidar com dilemas éticos ao prescrever ou limitar atividades específicas.

A conexão entre a ética/responsabilidade social e desempenho de marketing:

▶ pode levar funcionários a ficarem mais motivados para atender os clientes, mais comprometidos com a empresa e com padrões de alta qualidade e mais satisfeitos com seus empregos.

▶ pode levar clientes a se tornarem mais fiéis à empresa e aumentar suas compras.

▶ pode levar ao aumento da confiança entre stakeholders da empresa. O fator contribuinte mais importante para obter a confiança é a percepção de que a empresa e seus funcionários não sacrificarão seus padrões de integridade.

Orientação para os stakeholders:

▶ refere-se ao grau no qual uma empresa entende e aborda as demandas dos stakeholders.

▶ é composta por três conjuntos de atividades: (1) geração por toda a organização de dados sobre grupos de stakeholders e avaliação dos efeitos da firma sobre eles; (2) distribuição dessa informação em toda a empresa; e (3) organização da capacidade de resposta como um todo a essa inteligência.

▶ consiste nas iniciativas que a empresa adota para garantir que cumpre ou excede as expectativas dos stakeholders e tem um impacto positivo sobre suas questões.

A conexão entre a ética/responsabilidade social e planejamento estratégico:

▶ é tão forte que as empresas que não conseguem incorporar ética e responsabilidade social em suas culturas organizacionais podem pagar o preço com o mau desempenho de marketing e custos potenciais de violações legais, contencioso cível e publicidade prejudicial quando eventos questionáveis são tornados públicos.

▶ geralmente é feita por meio de programas de conformidade ética ou iniciativas de integridade que fazem da conformidade legal, ética e responsabilidade social um esforço de toda a organização.

▶ deve ser inserida no plano de marketing, que deve incluir elementos distintos da ética e da responsabilidade social.

▶ é baseada em uma compreensão (1) dos riscos associados à má conduta ética e legal, (2) das consequências éticas e sociais das escolhas estratégicas, e (3) dos valores dos membros da organização e de seus stakeholders.

Questões para Discussão

1. Por que ética de marketing é uma consideração estratégica nas decisões organizacionais? Quem é mais importante na gestão ética de marketing: o indivíduo ou a liderança da empresa? Justifique sua resposta.

2. Por que temos visto com maior frequência evidências de dilemas éticos de marketing generalizados nas empresas atualmente? É necessário obter a cooperação dos gestores de marketing para exorbitar as receitas e lucros em uma empresa?

3. Qual é a relação entre ética de marketing e desempenho organizacional? Quais são os elementos de um forte programa de conformidade ética para apoiar o marketing responsável e uma estratégia de marketing bem-sucedida?

Exercícios

1. Visite o site da Comissão Federal do Comércio (www.ftc.gov). Qual é atual missão da FTC? Quais são as principais áreas nas quais a FTC tem responsabilidade? Analise os últimos dois meses de comunicados à imprensa da FTC. Com base neles, quais parecem ser as principais questões éticas de marketing que requerem preocupação neste momento?

2. Visite o site da Better Business Bureau (www.bbb.org). Reveja os critérios para o BBB Marketplace Torch Awards. Quais são as mais importantes atividades de marketing necessárias para uma empresa receber esse prêmio?

3. Observe vários anúncios impressos, transmitidos eletronicamente, on-line ou em cartazes e tente encontrar um anúncio que você acredita ser questionável do ponto de vista ético. Justifique por que você acha que o anúncio é eticamente questionável.

Notas Finais

1. Isabelle Maignan, Tracy L. Gonzalez-Padron, G. Tomas M. Hult, e O.C. Ferrell, "Stakeholder orientation: development and testing of a framework for socially responsible marketing", 90(4), julho 2011, p. 313–338; and "Salesforce.com Named as 'Rising Star' in S&P 500 Carbon Survey", cloudapps <http://www.cloudapps.com/salesforce-carbon-reporting>. Acesso em: 29 de maio de 2012.

2. "2010 World's Most Ethical Companies-Company Profile: Salesforce.com", Ethisphere, Q1, 32–33; Milton Moskowitz e Charles Kapelke, "25 top-paying companies", CNNMoney, 26 de janeiro de 2011 <http://money.cnn.com/galleries/2011/pf/jobs/1101/gallery.best_companies_top_paying.fortune/index.html>; "Salesforce.com Named One of the 'World's Most Ethical Companies' in 2010 for the Fourth Consecutive Year", Salesforce.com, 29 de março de 2010 <http://www.salesforce.com/company/news-press/press-releases/2010/03/100329.jsp>; Salesforce Foundation Home Page: <http://salesforcefoundation.org>. Acesso em: 28 de maio de 2012; site da Salesforce.com <http://www.salesforce.com/company>. Acesso em: 28 de maio de 2012; "Sustainability", Salesforce.com <http://www.salesforce.com/company/sustainability>. Acesso em: 13 de fevereiro de 2012; "Corporate Governance", Salesforce.com <http://www.salesforce.com/company/investor/governance>. Acesso em: 13 de fevereiro de 2012; "Sustainability at salesforce.com", Salesforce.com <http:// www.sfdcstatic.com/assets/pdf/datasheets/DS_salesforcedotcom_Environmental_Policy_Q2FY11.pdf>. Acesso em: 13 de fevereiro de 2012; e Eric Martin, "Salesforce.com, Fastenal to Replace Fannie, Freddie in S&P 500", Bloomberg, 9 de setembro de 2008 <http://www.bloomberg.com/apps/news?pid=news archive&sid=abSHUiB Fprac&refer=us>.

3. Jeanne Whalen, "Glaxo to Pay U.S. $3 Billion to Settle", Wall Street Journal, 4 de novembro de 2011 <http://on-line.wsj.com/article/SB10001424052970203804204577015234100584756.html>.

4. Indra Nooyi, "The Responsible Company", The Economist, 31 de março de 2008, p. 132.

5. "The Other Oil Spill", The Economist, 24 de junho de 2010 <http://www.economist.com/node/16423833>; e Martin Hickman, "On-line Protest Drives Nestlé to Environmentally Friendly Palm Oil", The Independent, 19 de maio de 2010 <http://www.independent.co.uk/environment/green-living/on-line-protest-drives-nestl-to-environmentally-friendly-palm-oil-1976443.html>.

6. Archie Carroll, "The Pyramid of Corporate Social Responsibility: Toward the Moral Management of Organizational Stakeholders", Business Horizons, 34 (julho/agosto 1991), 42.

7. Hadley Malcolm, "Retailers sue Fed, say debit card fees are still too high", USA Today, 23 de novembro de 2011, 3B; e Richard A. Epstein, "The Dangerous Experiment of the Durbin Amendment", Regulation, Spring 2011, p. 24–29.

8. Thomas Catan, "Google Forks Over Settlement On Rx Ad", *Wall Street Journal*, 25 de agosto de 2011 <http://on-line.wsj.com/article/SB10001424053111904787404576528332418595052.html>.

9. "Giving and Volunteering in America", *USA Today*, 29 de novembro de 2011, 8D.

10. Lindsay Blakely, "Erasing the Line Between Marketing and Philanthropy", *CBS News*, 21 de abril de 2011 <http://www.cbsnews.com/8301-505143_162-40244368/erasing-the-line-between-marketing-andphilanthropy>; e "The Best of 2011", Charlotte Street Computers <http://charlottestreetcomputers.com/the-best-of-2011>. Acesso em: 29 de maio de 2012.

11. Box Tops for Education <http://www.boxtops4education.com/Default.aspx>. Acesso em: 29 de maio de 2012; e Mike Eiman, "Boosters Compete, Kids Come Out on 'Top,'" *Hanford Sentinel*, 14 de janeiro de 2012 <http://www.hanfordsentinel.com/news/local/boosters-competekids-come-out-on-top/article_36a3ad60-3e51-11e1-b225-001871e3ce6c.html>.

12. "Cone LLC Releases the 2010 Cone Cause Evolution Study", Cone <http://www.coneinc.com/cause-grows-consumers-want-more>. Acesso em: 29 de maio de 2012.

13. Debbie Thorne McAlister, O.C. Ferrell, e Linda Ferrell, *Business and Society: A Strategic Approach to Social Responsibility*, 3ª ed. (Mason, OH: Cengage, 2008).

14. Site da Patagonia <http://www.patagonia.com/us/home>. Acesso em: 29 de maio de 2012.

15. "Swash+", The Coca-Cola Company <http://www.thecocacolacompany.com/citizenship/swash.html>. Acesso em: 29 de maio de 2012.

16. Christine Birkner, "Green Global Brands", *Marketing News*, 30 de setembro de 2011, p. 12–16.

17. U.S. Green Building Council, "What LEED Is" <http://www.usgbc.org/DisplayPage.aspx?CMSPageID=1988>. Acesso em: 29 de maio de 2012.

18. REI, "2010 Stewardship Report" <http://www.rei.com/aboutrei/csr/2010/green-building.html>. Acesso em: 29 de maio de 2012.

19. "Welcome to Eco Options: Sustainable Forestry", Home Depot <http://www6.homedepot.com/ecooptions/index.html>. Acesso em: 14 de fevereiro de 2012.

20. "The Rainforest Alliance's Better Banana Project", Chiquita <http://www.chiquita.ch/uploads/global/pdf/rainforest-alliance.pdf>. Acesso em: 14 de fevereiro de 2012.

21. Traci Watson, "Eco-Friendly Claims Go Unchecked", *USA Today*, 22 de junho de 2009, p. A1.

22. Linda Ferrell e O. C. Ferrell, *Ethical Business* (London: Dorling Kindersley Limited, 2009), 38–39.

23. Jon Gertner, "How Do You Solve a Problem like GM, Mary?" *Fast Company*, outubro de 2011, p. 104–108 e p. 148.

24. Krista Mahr, "Digging Deep for Smarter Heat", *Time*, 20 de setembro de 2010, p. 74; e Walmart, "Walmart To Generate Solar Energy At More Than 75 Percent Of Its Stores In California", 21 de setembro <http://walmartstores.com/pressroom/news/10699.aspx>. Acesso em 14 de fevereiro de 2012.

25. Paul Keegan, "The trouble with green ratings", *CNNMoney*, 13 de julho de 2011 <http://money.cnn.com/2011/07/12/technology/problem_green_ratings.fortune/index.htm>; Bruce Geiselman, "Aisle 7 for Eco Options", *Waste News*, 30 de abril de 2007, p. 35; Federal Trade Commission, Part 260 – GUIDES FOR THE USE OF ENVIRONMENTAL MARKETING CLAIMS <http://ftc.gov/bcp/grnrule/guides980427.htm>. Acesso

em: 28 de maio de 2012; Federal Trade Commission, "FTC Warns 78 Retailers, Including Wal-Mart, Target, and Kmart, to Stop Labeling and Advertising Rayon Textile Products as 'Bamboo,'" February 3, 2010 <http://www.ftc.gov/opa/2010/02/bamboo.shtm>; Gwendolyn Bounds, "Misleading Claims on 'Green' Labeling", *Wall Street Journal*, 26 de outubro de 2010 <http://on-line.wsj.com/article/SB10001424052702303467004575574521710082414.html>; Laura Petrecca e Christine Dugas, "Going truly green might require detective work", *USA Today*, 22 de abril de 2010, p. 1B–2B; Laura Petrecca e Christina Dugas, "Groups help consumers find 'real' green products", *USA Today*, 22 de abril de 2010, p. 2B; Julie Deardorff, "How to spot greenwashing", *Chicago Tribune*, 7 de maio de 2010 <http://featuresblogs.chicagotribune.com/features_julieshealthclub/2010/05/how-to-spot-reenwashing.html>; Greenwashing Index <http://www.greenwashingindex.com>. Acesso em: 28 de maio de 2012; e Julie Deardorff, "Eco-friendly claims: when is 'green' really green?" *Chicago Tribune*, 7 de maio de 2010 <http://featuresblogs.chicagotribune.com/features_julieshealthclub/2010/05/ecofriendly-claims-when-is-green-really-green.html>.

26. Edelman, *2012 Edelman Trust Barometer Global Results* <http://trust.edelman.com/trust-download/global-results>. Acesso em: 25 de janeiro de 2012.

27. Interbrand, "Brand valuation: the financial value of brands", *brandchannel* <http://www.brandchannel.com/papers_review.asp?sp_id=357>. Acesso em: 14 de fevereiro de 2012.

28. "Worth Noting", *Business Ethics*, janeiro/fevereiro 1999, 5.

29. Somini Sengupta, "F.T.C. Settles Privacy Issue at Facebook", *Nova York Times*, 29 de novembro de 2011 <http://www.nytimes.com/2011/11/30/technology/facebook-agrees-to-ftc-settlement-on-privacy.html>.

30. Barry Newman, "An Ad Professor Huffs Against Puffs, But It's a Quixotic Enterprise", *Wall Street Journal*, 24 de janeiro de 2003, A1.

31. National Advertising Division, "NAD Finds Verizon Acted Properly in Discontinuing 'Rated #1' Claim Following Comcast Challenge", 23 de janeiro de 2012 <http://www.narcpartners.org/DocView.aspx?DocumentID=8911&DocType=1>.

32. Tim Barnett e Sean Valentine, "Issue Contingencies and Marketers' Recognition of Ethical Issues, Ethical Judgments and Behavioral Intentions", *Journal of Business Research* 57 (2004): p. 338–346.

33. Shari R. Veil e Michael L. Kent, "Issues Management and Inoculation: Tylenol's Responsible Dosing Advertising", *Public Relations Review* 34 (2008), p. 399–402.

34. Sean Portnoy, "The Key to Lower Ultrabook Prices? One Word: Plastics", ZDNet, May 8, 2012 <http://www.zdnet.com/blog/computers/the-key-to-lower-ultrabook-prices-one-word-plastics/8014>.

35. Dirk Rodgers, "Will the FDA Accept RFID for Drug Identification?" *RxTrace*, 27 de fevereiro de 2012 <http://www.rxtrace.com/2012/02/will-the-fda-accept-rfid-for-drug-identification.html>.

36. Max Colchester e Christina Passariello, "Dirty Secrets in Soap Prices", *Wall Street Journal*, 9 de dezembro de 2011 <http://on-line.wsj.com/article/SB1000142405297020341330457708625167 65 39124.html>.

37. Ari Lavaux, "Chocolate's Dark Side", *Weekly Alibi*, 9–15 de fevereiro de 2012, p. 22.

38. Charles Duhigg e David Barboza, "Apple's iPad and the Human Costs for Workers in China", *Nova York Times*, 25 de janeiro de 2012 <http://www.nytimes.com/2012/01/26/business/ieconomyapples-ipad-and-the-human-costs-for-workers-in-china.html?pagewanted=all>.

39. Ibidem.

40. "Health Care Supply Company Novation Earns Ethics Inside Certification", *Ethisphere*, 8 de novembro de 2011 <http://ethisphere.com/leading-health-care-supply-contracting-company-novation-earns-ethicsinside-certification>.

41. Ibidem.

42. Maxwell Murphy, "Reinforcing the Supply Chain", *Wall Street Journal*, 11 de janeiro de 2012, B6.

43. Jayne O'Donnell, "Toning Shoe Case Costs Reebok $25M", *USA Today*, 29 de setembro de 2011, 1B.

44. Dow Jones Newswires, "FDA, FTC Issue 7 Warning Letters To Firms For HCG Products", *Wall Street Journal*, 6 de dezembro de 2011 <http://on-line.wsj.com/article/BT-CO-20111206-708084.html>.

45. Julius Melnitzer, "U.K. Enacts 'Far-Reaching' Anti-Bribery Act", *Law Times*, 13 de fevereiro de 2011 <http://www.lawtimesnews.com/201102148245/Headline-News/UK-enacts-far-reaching-antibribery-act>.

46. Federal Trade Commission, "FTC Releases List of Top Consumer Complaints in 2010; Identity Theft Tops the List Again", 8 de março de 2011 <http://ftc.gov/opa/2011/03/topcomplaints.shtm>.

47. Better Business Bureau, "BBB Structure" <http://www.bbb.org/us/BBB-Structure>. Acesso em: 29 de maio de 2012.

48. O. C. Ferrell, John Fraedrich, e Linda Ferrell, *Business Ethics: Ethical Decision Making and Cases*, 9ª ed (Mason, OH: South-Western Cengage Learning, 2013).

49. *IBM, Business Conduct Guidelines* (Armonk, Nova York: International Business Machines Corp., 2011).

50. Esses dados são de Binyamin Appelbaum, "Former Ohio Attorney General to Head New Consumer Agency", *Nova York Times*, 17 de julho de 2011 <http://www.huffingtonpost.com/2012/01/04/richard-cordray-obama-recess-appointment-cfpb_n_1183225.html>; Drake Bennett e Carter Dougherty, "Elizabeth Warren's Dream Becomes a Real Agency She May Never Get to Lead", *Bloomberg Businessweek*, 11 de julho–17 de julho de 2011, 58–64; Jennifer Liberto e David Ellis, "Wall Street Reform: What's in the Bill", *CNNMoney*, 30 de junho de 2010 <http://money.cnn.com/2010/06/25/news/economy/whats_in_the_reform_bill/index.htm>; e Sudeep Reddy, "Elizabeth Warren's Early Words on a Consumer Financial Protection Bureau", *Wall Street Journal*, 17 de setembro de 2010 <http://blogs.wsj.com/economics/2010/09/17/elizabeth-warrens-early-words-ona-consumer-financial-protection-bureau>.

51. American Marketing Association, "Statement of Ethics" <http://www.marketingpower.com/AboutAMA/Pages/Statement%20of%20Ethics.aspx>. Acesso em: 29 de maio de 2012.

52. Thorne McAlister, Ferrell, e Ferrell, *Business and Society: A Strategic Approach to Social Responsibility*.

53. Stephen Taub, "SEC Probing Harley Statements", *CFO.com*, 14 de julho de 2005 <http://www.cfo.com/article.cfm/4173321/c_4173841?f=archives&origin=archive>.

54. Thomas A. Stewart, Ann Harrington e Maura Griffin Sol, "America's Most Admired Companies: Why Leadership Matters", *Fortune*, 3 de março de 1998, 70–71.

55. "LRN Ethics Study: Employee Engagement", LRN, 2007 <http://www.lrn.com/docs/lrn_ethics_study_employee_engagement.pdf>. Acesso em: 7 de agosto de 2009.

56. Deloitte LLP, *Trust in the Workplace: 2010 Ethics & Workplace Survey*, 2010, <http://www.deloitte.com/assets/Dcom-UnitedStates/Local%20Assets/Documents/us_2010_Ethics_and_Workplace_Survey_report_071910.pdf>. Acesso em: 14 de fevereiro de 2012.

57. Diane E. Kirrane, "Managing Values: A Systematic Approach to Business Ethics", *Training and Development Journal*, 1 (novembro 1990), 53–60.

58. O. C. Ferrell, Isabelle Maignan, e Terry Loe, "Corporate Ethics + Citizenship = Profits", *The Bottom Line: Good Ethics Is Good Business* (Tampa, FL: University of Tampa, Center for Ethics, 1997).

59. Terry Loe, "The Role of Ethical Climate in Developing Trust, Market Orientation, and Commitment to Quality", dissertação não publicada, University of Memphis, 1996.

60. Sarah Needleman, "Burger Chain's Health-Care Recipe", *Wall Street Journal*, 31 de agosto de, 2009 <http://on-line.wsj.com/article/SB125149100886467705.html>.

61. Isabelle Maignan e O. C. Ferrell, "Corporate Social Responsibility: Toward a Marketing Conceptualization", *Journal of the Academy of Marketing Science*, 32 (janeiro, 2004), 3–19.

62. Christine Moorman, Gerald Zaltman e Rohit Deshpande, "The Relationship Between Providers and Users of Market Research: The Dynamics of Trust Within and Between Organizations", *Journal of Marketing Research* 29 (agosto 1993), 314–328.

63. "Cone LLC Releases the 2010 Cone Cause Evolution Study", *Cone*, 15 de setembro de 2010 <http://www.coneinc.com/cause-growsconsumers-want-more>.

64. "BBMG Study: Three-Fourths of U.S. Consumers Reward, Punish Brands Based on Social and Environmental Practices", *CSR Wire*, 2 de junho de 2009 <http://www.csrwire.com/press/press_release/27052-BBMG-Study-Three-Fourths-of-U-S-Consumers-Reward-Punish-Brands-Based-on-Social-and-Environmental-Practices>.

65. Marjorie Kelly, "Holy Grail Found: Absolute, Definitive Proof That Responsible Companies Perform Better Financially", *Business Ethics*, Winter 2005 <http://www.business-ethics.com/current_issue/winter_2005_holy_grail_article.html>; Xueming Luo e C. B. Bhattacharya, "Corporate Social Responsibility, Customer Satisfaction, and Market Value", *Journal of Marketing* 70 (outubro de 2006); e Isabelle Maignan, O. C. Ferrell, e Linda Ferrell, "A Stakeholder Model for Implementing Social Responsibility in Marketing", *European Journal of Marketing* 39 (setembro/outubro 2005): p. 956–977.

66. "Cone LLC Releases the 2010 Cone Cause Evolution Study."

67. Stefan Ambec e Paul Lanoie, "Does It Pay to Be Green? A Systematic Overview", *Academy of Management Perspective* 22, n. 4 (novembro 2008): 47; e Mary K. Pratt, "The High Cost of Ethics Compliance", *ComputerWorld*, 24 de agosto de 2009 <http://www.computerworld.com/s/article/341268/Ethics_Harder_in_a_Recession_>.

68. "The Values and Ethics of TI", Texas Instruments Values and Ethics Statement <http://www.ti.com/values-ethics-at-ti>. Acesso em: 29 de maio de 2012. Cortesia de Texas Instruments, Inc.

9
Implantação e Controle de Marketing

Introdução

Ao longo da história dos negócios, muitas empresas e seus principais executivos enfatizaram o planejamento estratégico em detrimento da implantação estratégica. Historicamente, e até hoje, essa ênfase no planejamento ocorre porque muitos executivos acreditam que o planejamento estratégico, por si só, é a chave para o sucesso do marketing. Essa crença é lógica porque uma empresa deve ter um plano antes que possa determinar aonde está indo. Embora muitas empresas sejam muito boas na elaboração de planos estratégicos de marketing, elas são muitas vezes despreparadas para lidar com as realidades da implantação.

Implantação de marketing é o processo de execução da estratégia de marketing por meio da criação e da realização de ações específicas que garantirão à empresa atingir os objetivos de marketing. Planejamento estratégico sem implantação eficaz pode produzir consequências não intencionais que resultam em insatisfação do cliente e sentimento de frustração na empresa. Da mesma forma, uma implantação ruim provavelmente irá resultar em falha da empresa em alcançar seus objetivos organizacionais e de marketing. Infelizmente, muitas empresas têm, com frequência, sofrido falhas na implantação de marketing. Artigos sem estoque, vendedores excessivamente agressivos, filas de caixa longas, sites com defeito e funcionários hostis ou desatentos são exemplos de falha de execução que ocorrem, hoje, com muita frequência. Esses e outros exemplos mostram que até mesmo as estratégias de marketing mais bem planejadas são um desperdício de tempo sem uma implantação eficaz para garantir seu sucesso.

Para acompanhar o processo de implantação, as empresas devem ter meios de avaliar e controlar as atividades de marketing, bem como monitorar o desempenho para determinar se as metas e os objetivos de marketing foram alcançados. Como ilustrado no boxe *Além das Páginas 9.1*, implantação, avaliação e controle andam lado a lado para determinar o sucesso ou o fracasso da estratégia de marketing e, em última instância, da empresa como um todo. Uma das considerações mais importantes na implantação e controle das atividades de marketing diz respeito ao apoio de funcionários. Como uma estratégia de marketing não pode implantar-se sozinha, todas as empresas dependem de funcionários para realizar as atividades de marketing. Como resultado, a empresa deve elaborar um plano para a implantação da mesma forma que cria um plano para a estratégia de marketing.

ALÉM DAS PÁGINAS 9.1

A Green Mountain Coffee Conseguiu[1]

Green Mountain Coffee Roasters, Inc., é uma empresa líder na indústria de cafés especiais. A empresa de Waterbury, VT, utiliza uma rede de distribuição multicanal coordenada e projetada para maximizar o reconhecimento da marca e a disponibilidade do produto. A Green Mountain torra grãos de café Arábica de alta qualidade e oferece mais de 100 seleções de café, incluindo os de origem única, de fazendas, orgânicos certificados, reconhecidos pela Fair Trade Certified™, de misturas proprietárias e cafés aromatizados vendidos sob as marcas Green Mountain Coffee Roasters® e Newman's Own® Organics. Seus produtos vêm em uma variedade de embalagens, incluindo grão inteiro, pacotes fracionados, sachês de uma xícara de café qualidade premium, Vue Packs e os cartuchos unitários de café Keurig® K-Cup®. A Green Mountain também vende outros produtos, incluindo café gelado, chás, cidra e chocolate quente. A empresa opera um negócio de comércio eletrônico ativo em <www.GreenMountainCoffee.com>.

A maior parte das receitas da Green Mountain é derivada de mais de 8.000 contas de clientes atacadistas, incluindo supermercados, lojas especializadas de alimentos, lojas de conveniência, empresas de serviços de alimentação, hotéis, restaurantes, universidades e serviços de café de escritório. Uma das contas da empresa é o McDonald's, que vende café orgânico Green Mountain sob o rótulo Newman's Own®. Pacotes de K-Cup da Green Mountain estão disponíveis em cerca de 16.000 mercearias e seu Keurig Single Cup Brewing System está disponível em 20.000 locais do varejo. A empresa também estima que cerca de 13% de todos os escritórios e 188.000 quartos de hotel nos EUA têm uma cafeteira Keurig.

Para atingir seu sucesso fenomenal, a Green Mountain usou três estratégias-chave: aumentar a participação no mercado, expandir para novos mercados e fazer aquisições importantes. Para aumentar a participação de mercado e expandir, a empresa conta com relações diretas com fazendas, produtores de café, cooperativas e outros participantes para garantir o preço e fornecimento consistente de 75 diferentes variedades de grãos de café de alta qualidade. Isso, combinado com um processo de torrefação customizado, permite que a Green Mountain diferencie suas ofertas de café. Uma das principais aquisições da Green Mountain foi a Keurig, a empresa que faz seus cartuchos de café K-Cup. Embora Keurig já fosse um protagonista no segmento de serviços de café de escritório, sua expansão para o mercado doméstico sob a Green Mountain tem sido extraordinária. As vendas de cafeteiras Keurig aumentaram 46% em 2011, após o crescimento de três dígitos de 2006 a 2010. A Green Mountain adquiriu Tully, uma empresa de café com sede em Seattle, em 2009. Em 2011, a Green Mountain obteve uma taxa de crescimento de receitas de 95%.

Uma das principais razões para o sucesso da Green Mountain é o seu foco global na implantação. A empresa assinou uma série de parcerias estratégicas, incluindo acordos com Dunkin Donuts, Swiss Miss, Starbucks e Tazo para disponibilizar seus produtos no sistema patenteado K-Cup. A empresa também tem acordos com Breville, Cuisinart e Mr. Coffee para fazer cafezinhos com as marcas que usam o sistema K-Cup. Internamente, a empresa emprega cerca de 5.600 pessoas, mas tem uma estrutura organizacional muito horizontal. Isso promove uma comunicação aberta, entusiasmo e compromisso entre os funcionários. Como parte do sistema de avaliação e controle da empresa, a Green Mountain usa um processo chamado revisão pós-ação, adaptado do Exército dos EUA. O objetivo da revisão é responder a quatro questões fundamentais: O que nos propusemos a fazer? O que aconteceu? Por que isso aconteceu? O que faremos sobre isso? A maior parte do esforço é gasto com essa última questão para garantir que a empresa aprenda tanto com seus sucessos como com seus fracassos. Os funcionários estão habilitados a aplicar essas lições e são estimulados a compartilhar suas opiniões em uma "constelação de comunicação" que garante um estilo colaborativo de fazer as coisas. A Green Mountain tem aparecido constante-

▶▶

mente na *Forbes,* na lista das "200 Melhores Pequenas Empresas dos Estados Unidos", na *Fortune,* na lista das "100 Pequenas Empresas de Mais Rápido Crescimento dos Estados Unidos", e na *Business Ethics,* na lista dos "100 Melhores Cidadãos Corporativos". Adicionalmente, a Society for Human Resource Management reconheceu a Green Mountain por suas práticas empresariais socialmente responsáveis, incluindo um forte foco em sustentabilidade.

No futuro, a Green Mountain vai continuar a apostar em inovação e parcerias para manter seu sucesso. Antes de sua patente K-Cups expirar, em setembro de 2012, a Green Mountain lançou seu novo sistema de preparação Vue, que adicionou a capacidade de preparar bebidas de café, tais como lattes e cappuccinos, além de cafés, chás, chocolate e cidra. O sistema Vue também permite mais personalização do que o K-Cup em termos de força, temperatura e tamanho. Além disso, os novos pacotes Vue são recicláveis. A estratégia Vue é projetada para continuar o domínio da Green Mountain no mercado de preparo do café em casa, após a patente K-Cup expirar e os concorrentes lançarem alternativas ao K-Cup com preços mais baixos no mercado.

Nesse capítulo, vamos examinar o papel crítico de implantação e controle de marketing no processo de planejamento estratégico. Primeiro, discutimos uma série de importantes questões estratégicas envolvidas na implantação, incluindo seus principais componentes, que devem trabalhar em conjunto para que uma estratégia seja executada com êxito. Em seguida, vamos examinar vantagens e desvantagens das principais abordagens de implantação de marketing. Essa discussão também descreve como o marketing interno pode ser usado para motivar os funcionários a implantar a estratégia de marketing. Finalmente, analisamos o processo de avaliação e controle de marketing.

Longas filas de espera são um sintoma comum que pode estar ligado a problemas de estratégia, implantação ou ambos.

Questões Estratégicas na Implantação de Marketing

A implantação de marketing é fundamental para o sucesso de qualquer empresa, pois é responsável por colocar a estratégia de marketing em ação. Simplificando, refere-se ao "como" fazer do plano de marketing. A implantação de marketing é um conceito muito amplo e, por isso, é muitas vezes incompreendido. Esses equívocos decorrem do fato de que as estratégias de marketing quase sempre acabam sendo diferentes do esperado. Com efeito, todas as empresas têm duas estratégias: a estratégia pretendida e a estratégia realizada.[2] A *estratégia de marketing pretendida* é a que a empresa quer que aconteça, são as escolhas estratégicas planejadas que aparecem no plano de marketing em si. A *estratégia de marketing realizada*, por outro lado, é a estratégia que realmente ocorre. Frequentemente, a diferença entre as estratégias pretendida e realizada é uma questão de implantação da estratégia pretendida. Isso não quer dizer que a estratégia de marketing realizada de uma empresa seja necessariamente melhor ou pior do que a pretendida. Apenas que é diferente na execução nos resultados. Tais diferenças são frequentemente o resultado de fatores ambientais internos ou externos que mudam durante a implantação.

A Ligação entre Planejamento e Implantação

Um dos aspectos mais interessantes da implantação de marketing é sua relação com o processo de planejamento estratégico. Muitas empresas assumem que planejamento e implantação são questões interdependentes, mas separadas. Na realidade, planejamento e implantação se entrelaçam no processo de planejamento de marketing. Muitos dos problemas de implantação de marketing ocorrem por causa de sua relação com o planejamento estratégico. Os três problemas mais comuns nessa relação são interdependência, evolução e separação.

Interdependência. Muitas empresas assumem que o processo de planejamento e implantação é uma via de sentido único. Ou seja, o planejamento estratégico vem em primeiro lugar, seguido da implantação. Embora seja verdade que o conteúdo do plano de marketing determina como ele será executado, também é verdade que a forma como a estratégia de marketing deve ser executada determina o conteúdo do plano de marketing.

Certas estratégias de marketing vão predefinir sua execução. Por exemplo, uma empresa como a Southwest Airlines com uma estratégia de melhorar o serviço ao cliente pode recorrer a programas de treinamento de funcionários como uma parte importante da implantação dessa estratégia. Por meio de participação nos lucros, muitos funcionários da Southwest são também acionistas com um grande interesse no sucesso da empresa. Programas de treinamento de funcionários e de participação nos lucros são comuns em empresas que dependem de empenho e entusiasmo de seus funcionários para garantir um serviço de qualidade ao cliente. No entanto, treinamento de funcionários, como uma ferramenta de implantação, também pode ditar o conteúdo da estratégia da empresa. Talvez um concorrente da Southwest, que esteja em processo de implantar sua própria estratégia de atendimento ao cliente, percebe que não possui recursos suficientes para oferecer participação nos lucros e extenso treinamento a seus funcionários. Talvez a empresa simplesmente não tenha os recursos financeiros ou o pessoal necessário para implantar essas atividades. Consequentemente, será forçada a voltar para a fase de planejamento e ajustar sua estratégia de atendimento ao cliente. Essas mudanças constantes na estratégia de marketing tornam a implantação mais difícil. Claramente, a análise SWOT e a orientação estratégica com vistas ao que a empresa pode razoavelmente implantar podem reduzir, mas não eliminar completamente, esse problema.

Evolução. Todas as empresas enfrentam uma verdade incontestável em planejamento e implantação: fatores ambientais importantes mudam constantemente. À medida que as necessidades e desejos dos clientes mudam, os concorrentes elaboram novas estratégias de marketing e ocorrem mudanças no ambiente interno das empresas, estas devem se adaptar constantemente. Em alguns casos, essas mudanças ocorrem tão rapidamente que uma estratégia de marketing, adotada torna-se logo desatualizada. Como o planejamento e a implantação estão interligados, ambos devem evoluir constantemente para se adequar um ao outro. O processo nunca é estático porque as mudanças ambientais exigem ajustes na estratégia, que por sua vez exigem alterações na implantação, que ainda exigem adaptações na estratégia, e assim por diante.

Um problema relacionado é que os executivos muitas vezes assumem que há apenas uma maneira correta de implantar determinada estratégia. Isso simplesmente não é verdade. Assim como a estratégia muitas vezes resulta de tentativa e erro, o mesmo acontece com a implantação de marketing. Empresas genuinamente orientadas para o cliente devem ser flexíveis o suficiente para alterar sua implantação em tempo real para adotar plenamente a intimidade com o cliente e responder a mudanças em suas preferências. Na indústria das companhias aéreas, por exemplo, os concorrentes alteram rapidamente suas estratégias de preços, quando uma empresa anuncia uma redução das tarifas em certas rotas. Essas mudanças rápidas exigem que as empresas sejam flexíveis tanto na estratégia de marketing como na implantação.

Separação. A implantação ineficaz da estratégia de marketing é muitas vezes um problema autogerado, que decorre da maneira como o planejamento e a implantação são realizados na maioria das empresas. Como mostrado na Figura 9.1, os gerentes de nível médio ou alto costumam fazer o planejamento estratégico. No entanto, a responsabilidade pela implantação recai quase sempre sobre os gestores de nível inferior e funcionários da linha de frente. Os principais executivos muitas vezes caem na armadilha de acreditar que uma boa estratégia de marketing se implantará sozinha. Como existe uma distância entre os executivos e as ativida-

FIGURA 9.1 A separação entre Planejamento e Implantação

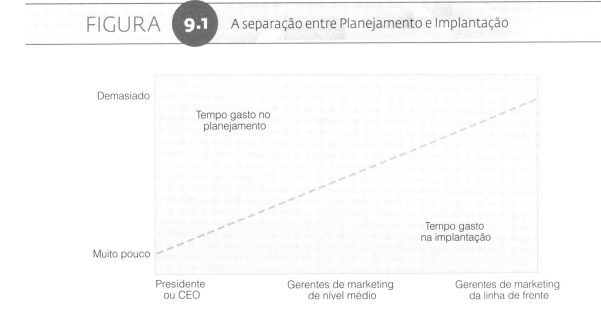

© 2013 Cengage Learning

des do dia a dia na linha de frente da empresa, eles frequentemente não compreendem os problemas específicos que estão associados à implantação da estratégia de marketing. Por outro lado, os funcionários da linha de frente, que compreendem os desafios e obstáculos da execução, geralmente têm uma participação limitada no planejamento da estratégia.

Outra armadilha em que os altos executivos muitas vezes caem é crer que gerentes e funcionários da linha de frente ficarão animados com a estratégia de marketing e motivados para implementá-la. No entanto, como são afastados do processo de planejamento, esses gerentes e funcionários muitas vezes não conseguem identificar-se com as metas e os objetivos da empresa. Portanto, não conseguem entender plenamente a estratégia de marketing.[3] É irrealista para os altos executivos esperar que gerentes e funcionários da linha de frente estejam comprometidos com uma estratégia de cujo desenvolvimento não participaram, que não entendem ou que sentem ser inadequada.[4]

Elementos de Implantação de Marketing

A implantação de marketing envolve certo número de elementos e atividades relacionadas, como mostrado na Figura 9.2. Esses elementos devem trabalhar juntos para a estratégia ser implantada de forma eficaz. Como analisamos as questões de estratégia de marketing nos capítulos anteriores, agora examinaremos brevemente os elementos restantes da implantação de marketing.

Metas e valores compartilhados. Metas e valores compartilhados entre todos os funcionários da empresa funcionam como uma "cola" para a implantação bem-sucedida porque mantêm toda a organização fun-

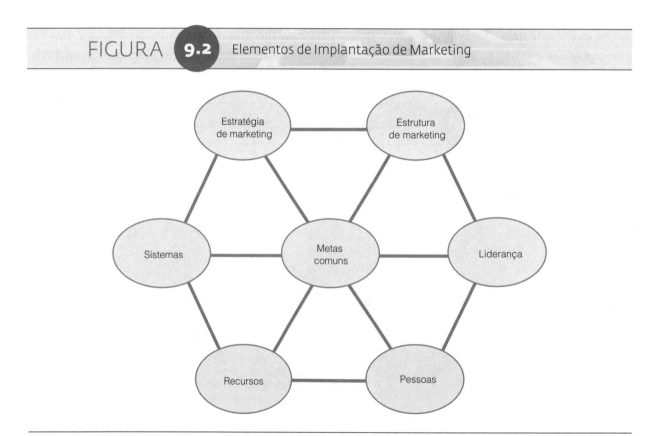

FIGURA 9.2 Elementos de Implantação de Marketing

Fonte: Adaptada de Lawrence R. Jaunch e William F. Glueck, *Strategic Management and Business Policy*, 3ª ed. (New York: McGraw-Hill, 1988), 305.

cionando em uníssono. Quando todos os funcionários compartilham objetivos e valores da empresa, todas as ações serão mais estreitamente alinhadas e dirigidas para a melhoria da organização. Sem uma direção comum para manter a organização em conjunto, as diferentes áreas da empresa podem trabalhar em direção a resultados diferentes, limitando assim o sucesso da organização como um todo. Por exemplo, uma das razões do enorme sucesso da New Belgium Brewery é o fato de que todos os funcionários têm o compromisso de fazer excelente cerveja artesanal de uma forma que preserve os recursos ambientais.[5] Outras empresas, como FedEx, Google e ESPN, são bem conhecidas por seus esforços para assegurar que os funcionários compartilhem e estejam comprometidos com os objetivos e os valores da empresa.

Institucionalizar objetivos e valores compartilhados dentro da cultura de uma empresa é um processo de longo prazo. O principal meio de criar objetivos e valores compartilhados são os programas de treinamento e socialização dos funcionários.[6] Embora a criação de metas e valores compartilhados seja um processo difícil, as recompensas valem o esforço. Alguns especialistas têm argumentado que a criação de metas e valores compartilhados é o elemento mais importante da implantação, pois estimula o comprometimento organizacional, e assim os funcionários ficam mais motivados para implantar a estratégia de marketing, para atingir metas e objetivos da empresa e atender mais plenamente às necessidades de seus clientes.[7]

Estrutura de marketing. Refere-se aos métodos de organização de atividades de marketing de uma empresa. Ela estabelece linhas formais de autoridade, bem como a divisão do trabalho na função de marketing. Uma das decisões mais importantes das empresas é como dividir e integrar as responsabilidades de marketing. Essa decisão normalmente se resume à questão de centralização *versus* descentralização. Em uma estrutura de marketing centralizada, o topo da hierarquia de marketing coordena e gerencia todas as atividades e decisões de marketing. Por outro lado, em uma estrutura de marketing descentralizada, a linha de frente da empresa coordena e gerencia as atividades e decisões de marketing. Normalmente, descentralização significa que os gerentes de marketing da linha de frente têm a responsabilidade de tomar decisões do dia a dia.

Ambas as estruturas de marketing têm vantagens. Estruturas centralizadas são muito eficientes em termos de custo e eficazes para garantir a padronização do programa de marketing. Essas vantagens podem ser particularmente críticas para empresas cuja competitividade depende de manter um controle cerrado sobre atividades e despesas de marketing.[8] Por exemplo, empresas que empregam uma estratégia de excelência operacional, como Walmart ou Dell, podem considerar uma estrutura centralizada benéfica para assegurar a eficiência e consistência operacional. Já as estruturas de marketing descentralizadas têm a importante vantagem de colocar as decisões de marketing mais perto da linha de frente, onde atender os clientes é a prioridade número um. Ao descentralizar as decisões de marketing, gerentes da linha de frente podem ser criativos e flexíveis, permitindo-lhes adaptar-se às novas condições de mercado.[9] Por essa razão, empresas que empregam uma estratégia de intimidade com o cliente, como a Ritz-Carlton ou Nordstrom, podem descentralizar para garantir que possam responder às necessidades dos clientes no tempo adequado. A decisão de centralizar ou descentralizar as atividades de marketing é uma escolha entre redução de custos e maior flexibilidade. No entanto, não existe uma maneira correta de organizar a função de marketing. A estrutura de marketing correta dependerá da empresa específica, da natureza de seus ambientes interno e externo e da estratégia de marketing escolhida.[10]

Sistemas e processos. Sistemas e processos organizacionais são conjuntos de atividades de trabalho que absorvem uma variedade de entradas para criar saídas de informação e comunicação que garantam o funcionamento consistente do dia a dia da empresa.[11] Exemplos incluem sistemas de informação, planejamento estratégico, orçamento de capital, aquisições, atendimento de pedidos, produção, controle de qualidade e mensuração de desempenho. Na IBM, por exemplo, engenheiros de pesquisa são avaliados em prazos de um e três anos. Funcionários recebem bônus com base na avaliação de um ano, mas são concedidas promoções e aumentos de salário com base no prazo de três anos. Esse sistema único foi concebido para incentivar a inovação, minimizando o risco de falha de qualquer avaliação anual única.[12] Como discutimos no Capítulo 6, muitos desses sistemas e processos são hoje terceirizados para outras empresas. No entanto, seu importante papel na implantação significa que a empresa deve ser muito diligente na forma como essas atividades são gerenciadas.

Recursos. Podem incluir uma ampla variedade de ativos que são reunidos durante a implantação de marketing. Esses ativos podem ser tangíveis ou intangíveis. Recursos tangíveis incluem recursos financeiros, capacidade de produção, instalações e equipamentos. Embora não tão óbvios, recursos intangíveis, tais como conhecimentos de marketing, fidelização de clientes, valor da marca, boa vontade corporativa e relacionamentos externos/alianças estratégicas são igualmente importantes. No Capítulo 7, abordamos a importância da marca e da reputação corporativa no programa de marketing. Tais questões são igualmente importantes na implantação da estratégia, especialmente em alavancar parcerias estratégicas para garantir que as atividades de marketing sejam feitas de forma eficaz e eficiente.

Independentemente do tipo de recurso, a quantidade de recursos disponíveis é um fator decisivo em uma estratégia de marketing. No entanto, uma avaliação crítica e honesta dos recursos disponíveis durante a fase de planejamento pode ajudar a garantir que a estratégia e a implantação de marketing estejam no campo do possível. Após a conclusão do plano de marketing, o analista ou planejador deve obter a aprovação de altos executivos para os recursos necessários. Isso torna os aspectos de comunicação do documento real do plano de marketing críticos para o sucesso da estratégia. Principais executivos alocam recursos escassos com base na capacidade do plano de ajudar a empresa a atingir metas e objetivos.

Pessoas (recursos humanos). Qualidade, diversidade e habilidade dos recursos humanos de uma empresa também são um fator decisivo para a implantação da estratégia de marketing. Consequentemente, questões de recursos humanos tornaram-se mais importantes para a função de marketing, especialmente nas áreas de seleção de funcionários e políticas de treinamento, avaliação e remuneração e motivação, satisfação e compromisso do funcionário. Na verdade, os departamentos de muitas empresas de marketing assumiram a função de recursos humanos para garantir que os funcionários tenham uma correspondência correta com as atividades de marketing necessárias.[13] Uma série de atividades de recursos humanos é de vital importância para a implantação de marketing:

- **Seleção e treinamento de funcionários**. Um dos aspectos mais críticos da implantação de marketing é combinar competências e habilidades dos funcionários com as tarefas de marketing a serem realizadas.[14] Não é nenhum segredo que algumas pessoas são melhores em alguns postos de trabalho do que outros. Todos conhecemos indivíduos que são vendedores natos. Algumas pessoas são melhores para trabalhar com pessoas, enquanto outras para trabalhar com ferramentas ou computadores. A chave é combinar essas habilidades dos funcionários com as tarefas de marketing. O enfraquecimento da economia e o endurecimento do mercado de trabalho nos últimos anos têm forçado as empresas a serem mais exigentes para encontrar as habilidades certas de funcionários, que combinem com as atividades de marketing necessárias.

  A diversidade dos funcionários é um aspecto cada vez mais importante nas práticas de seleção e treinamento. À medida que a população dos EUA se torna mais etnicamente diversificada, muitas empresas tomam medidas para assegurar que a diversidade de seus funcionários corresponda à diversidade de seus clientes. Muitas empresas também enfrentam desafios com a diversidade de gerações em que os gestores de nível médio e superior são baby-boomers (nascidos entre 1946 e 1964), ao passo que a maioria das posições de nível de entrada é composta por membros da Geração X (nascidos 1965-1976) ou Geração Y (nascidos após 1976). Em muitos casos, esses funcionários mais jovens têm uma melhor formação, mais sofisticação tecnológica e menos inclinações políticas que seus chefes baby-boomers. Os gerentes devem reconhecer essas questões e adaptar as práticas de seleção e treinamento de forma similar.

- **Avaliação e remuneração**. Avaliação e remuneração de funcionários também são importantes para a implantação de marketing bem-sucedida. Uma decisão importante a ser feita nessa área é a escolha entre os sistemas baseados em resultados ou em comportamento.[15] Um sistema baseado em resultados avalia e recompensa funcionários com base em padrões mensuráveis quantitativos, como volume de vendas ou margem bruta. Esse tipo de sistema é bastante fácil de usar, exige menos supervisão e funciona bem quando a demanda do mercado é muito constante, o ciclo de venda é relativamente curto e todos os esforços afetam diretamente as vendas ou os lucros. Por outro lado, sistemas baseados em comportamento avaliam e remuneram os funcionários com base em padrões subjetivos qualitativos, tais como esforço, motivação, trabalho em equipe e amabilidade com os clientes. Esse tipo de sistema se liga diretamente com a satisfação do cliente e premia os funcionários por fatores que eles podem controlar. No entanto, sistemas baseados em comportamento são caros e difíceis de gerenciar devido à sua natureza subjetiva e à quantidade de supervisão necessária. A opção entre sistemas baseados em resultados e em comportamento depende da empresa e de seus produtos, mercados e das necessidades dos clientes. O ponto importante é combinar a avaliação dos funcionários e o sistema de remuneração com as atividades que os funcionários devem executar de forma a implantar a estratégia de marketing.

- **Motivação, satisfação e compromisso**. Outros fatores importantes na implantação da estratégia de marketing são o grau de motivação dos funcionários para implantar a estratégia, seus sentimentos gerais de satisfação no trabalho e o compromisso que sentem em relação à organização e suas metas.[16] Por exemplo, um dos principais fatores que contribuem para o sucesso do Google é a forte cultura social promovida pelos líderes da empresa. O Google fornece a seus funcionários itens como creche paga, serviço de lavanderia no local de trabalho, transporte gratuito, comida gourmet, cortes de cabelo no local de trabalho e tempo livre para atividades pessoais. Em troca, os funcionários do Google recompensam a empresa com motivação e comprometimento excepcionalmente fortes.[17]

Embora fatores como motivação, satisfação e comprometimento dos funcionários sejam críticos para a implantação bem-sucedida, eles são altamente dependentes de outros elementos da implantação, em especial, treinamento, sistemas de avaliação/remuneração e liderança. Estrutura e processos de marketing também podem ter um impacto sobre comportamentos e atitudes dos funcionários. A chave é reconhecer a importância desses fatores para a implantação de marketing bem-sucedida e gerenciá-los em conformidade.

Liderança. A liderança exercida pelos gestores de uma empresa e os comportamentos dos funcionários andam lado a lado no processo de implantação. A liderança, muitas vezes chamada de arte de gestão de pessoas, inclui como os gerentes se comunicam com os funcionários, bem como a forma como eles motivam seu pessoal para implantar a estratégia de marketing. Como discutido no boxe *Além das Páginas 9.2*, os líderes empresariais de hoje devem ser corajosos o suficiente para ter uma visão de sucesso empresarial de longo prazo, que muitas vezes sacrifica ganhos de curto prazo pelo bem do futuro.

ALÉM DAS PÁGINAS 9.2

As Novas Regras de Liderança do CEO[18]

Como já discutimos ao longo deste texto, as regras em marketing mudaram na economia atual. Os clientes passaram a deter a maior parte do poder devido ao aumento do acesso à informação, à enorme seleção de produtos e sua concorrência associada e mercados cada vez mais maduros, caracterizados por comoditização. A natureza dinâmica do mercado atual tem atingido todos os setores da economia global. Em nenhum lugar, isso é mais verdadeiro do que na suíte executiva das empresas atuais. Muitos CEOs lutam com o gerenciamento de suas organizações monolíticas em um ambiente cada vez mais acelerado.

Há uma boa razão para os desafios enfrentados pelos CEOs de hoje: muitos deles operam usando um conjunto de regras desenvolvidas nos gloriosos períodos das décadas de 1980 e 1990 de expansão corporativa e dominação global. Muitas dessas regras foram desenvolvidas pelos CEOs celebridades daqueles momentos, como Jack Welch (GE), Lou Gerstner (IBM), Al Dunlap (Sunbeam) e Roberto Goizueta (Coca-Cola). Desses, Jack Welch era o líder

icônico. A maioria das grandes corporações adotava suas regras para as empresas nos anos 1980 e 1990. As regras de Welch focavam no crescimento das empresas, maximizando a participação de mercado e a preponderância dos lucros trimestrais. No entanto, essas regras não se adaptam ao mercado de hoje, porque o ritmo acelerado de mudança e concorrência cada vez mais implacável força os CEOs a terem uma visão de longo prazo da competitividade. Esse ponto de vista refere-se menos à participação de mercado e preço das ações e mais à tomada de decisões que garantam a viabilidade e a sobrevivência de longo prazo da corporação. Os problemas atuais são diferentes dos de 10 a 25 anos atrás. Consequentemente, soluções antigas não funcionam mais.

A fim de destacar a importância do tema, a *Fortune* publicou um conjunto de sete novas regras para os negócios que contradizem praticamente todas as regras da velha escola defendidas pelos CEOs do passado e do presente. Essas novas regras defendem uma mudança dramática distante de resultados de curto prazo, mas em favor da sobrevivência a longo prazo:

Regras antigas	Novas regras	Exemplos
Cachorros grandes são os donos da rua	Ágil é melhor; ser grande pode machucar você	Grandes empresas farmacêuticas estão perdendo para empresas de biotecnologia menores; o declínio das grandes montadoras norte-americanas, como General Motors; ascensão da Samsung sobre a Sony
Ser #1 ou #2 no mercado	Encontre um nicho, crie algo novo	Bebidas energéticas são mais lucrativas do que refrigerantes tradicionais; crescimento da Starbucks, que passou de um participante de nicho a uma potência em café
Os acionistas mandam	O cliente é rei	As empresas são melhores no gerenciamento de resultados do que nos bens e serviços que os produzem; grandes escândalos em empresas como Enron e WorldCom
Seja enxuto	Olhe para fora e não para dentro	A inovação impulsiona o sucesso atualmente (isto é, iPad, da Apple); a orientação para qualidade e eficiência só melhora os processos *atuais*, não promove a inovação
Posicione seus jogadores; escolha os melhores	Contrate pessoas apaixonadas	Funcionários querem propósito e significado em seu trabalho; aumento na contratação de funcionários com entusiasmo (Apple, ESPN, Genentech)
Contrate um CEO carismático	Contrate um CEO corajoso	CEOs de hoje devem ter a coragem de tomar decisões com retornos de longo prazo, e não retornos rápidos recompensados por investidores de Wall Street
Admire meu poder	Admire minha alma	Poderosas corporações estão cada vez mais na mira de ativistas em várias frentes; é melhor ser uma empresa com uma visão de longo prazo que legitime seu papel na sociedade

▶▶

Dessas regras, a contratação de um CEO determinado pode ser a mais crítica. CEOs que adotam as novas regras de negócios da *Fortune* devem estar dispostos a fazer investimentos que não se pagarão por anos, quando esse CEO não estiver mais no comando. As velhas formas de fazer negócios, como reduzir custos por meio da eficiência, crescimento por meio de fusões e aquisições e manipulação cuidadosa das decisões financeiras e contábeis, são soluções que simplesmente não funcionam mais. Anne Mulcahy, ex-CEO da Xerox, coloca dessa forma: "Você tem que mudar quando está no auge da partida em termos de lucro. Se você não for ágil, não há nenhuma vantagem no tamanho. É como uma rocha".

Infelizmente, a Wall Street dá aos CEOs de hoje pouco incentivo para mudar. Um estudo realizado pela Booz Allen descobriu que os CEOs se tornam vulneráveis à demissão se o preço das ações da sua empresa cai abaixo do S&P 500 em uma média de 2%. Para serem corajosos em face desse obstáculo, os CEOs de hoje devem estar dispostos a assumir riscos e defender o que acreditam ser do interesse de sua empresa no longo prazo.

Líderes têm a responsabilidade de estabelecer a cultura corporativa necessária para o sucesso da implantação.[19] Uma boa parte das pesquisas mostrou que a implantação de marketing é mais bem-sucedida quando os líderes criam uma cultura organizacional caracterizada por uma comunicação aberta entre funcionários e gerentes. Dessa forma, funcionários são livres para discutir suas opiniões e ideias sobre a estratégia e atividades de implantação de marketing. Esse tipo de liderança também cria um clima em que gerentes e funcionários têm total confiança mútua.

Abordagens para a Implantação de Marketing

Bom ou ruim, todos os líderes possuem um estilo de liderança ou uma maneira de abordar determinada tarefa. Gerentes podem usar uma variedade de abordagens para implantar estratégias de marketing e motivar os funcionários a executar as atividades de implantação. Nesta seção, examinaremos quatro dessas abordagens: implantação por comando, implantação por meio de mudança, implantação por consenso e implantação como cultura organizacional.[20]

Implantação por Comando

Segundo esta abordagem, os principais executivos da empresa desenvolvem e selecionam as estratégias de marketing, que são transmitidas aos níveis mais baixos para que gerentes e funcionários da linha de frente as executem. A implantação por comando tem duas vantagens: (1) torna a tomada de decisão muito mais fácil, e (2) reduz a incerteza quanto ao que deve ser feito para implantar a estratégia de marketing. Infelizmente, esta abordagem apresenta várias desvantagens. A abordagem coloca menos ênfase na viabilidade de implantação da estratégia de marketing. Também divide a empresa em estrategistas e executores: executivos que desenvolvem a estratégia de marketing estão normalmente muito distantes dos clientes-alvo que se pretende atrair. Por essas razões, a implantação por comando pode criar problemas de motivação dos funcionários. Muitos deles não têm motivação para implantar estratégias em que têm pouca confiança.

A implantação por comando é bastante comum em sistemas de franquia. Por exemplo, o uso dessa abordagem pelo McDonald's cria grandes tensões de forma permanente entre a sede da empresa e seus franqueados em todo o mundo. Em alguns casos, as tensões tornam-se tão hostis que os franqueados se recusam a implantar algumas estratégias corporativas, tais como a promoção do menu por 1 dólar. Outras estratégias, tais como manter as lojas abertas 24 horas, oferecer Wi-Fi gratuito e adicionar novos produtos, como bebidas congeladas e estações de café McCafé, aumentam significativamente os custos para os franqueados. Os custos crescentes forçaram muitos candidatos a franqueados do McDonald's a reconsiderar o investimento.[21]

Implantação por Meio de Mudança

A implantação por meio de mudança é semelhante à abordagem por comando, exceto pelo fato de que se concentra explicitamente na implantação. O objetivo básico de implantação por meio de mudança é modificar a empresa para garantir a implantação bem-sucedida da estratégia de marketing escolhida. Por exemplo, a estrutura da empresa pode ser alterada, os funcionários podem ser transferidos, contratados ou demitidos, uma nova tecnologia pode ser adotada, o plano de remuneração dos funcionários pode ser mudado ou a empresa pode se fundir com outra. Fusões e aquisições são comuns atualmente em muitas indústrias, especialmente em produtos farmacêuticos. Dada a enorme despesa de desenvolvimento de novos medicamentos, muitas empresas farmacêuticas decidiram que é mais fácil e menos dispendioso oferecer novos produtos ou entrar em novos mercados por meio da aquisição de empresas que já possuem essas capacidades.

O gerente que implanta pela mudança está mais para um arquiteto e político, que habilmente molda a organização para atender às exigências da estratégia de marketing. Há muitos bons exemplos históricos de implantação pela mudança: Lee Iacocca (Chrysler), Fred Smith (FedEx) e Steve Jobs (Apple). Uma das melhores histórias de sucesso, no entanto, é a da Samsung. Antes reconhecida como um fornecedor barato e de alto volume de chips de computador, placas de circuitos e componentes eletrônicos, a Samsung emergiu como um protagonista no mercado de eletrônicos de consumo. A principal mudança na Samsung foi no foco operacional da produção ao marketing. A Samsung também mudou ao abandonar suas 50 e tantas marcas de baixo orçamento em favor de uma marca Samsung única. A mudança foi tão bem-sucedida que Samsung tem sido continuamente classificada como uma das marcas de mais rápido crescimento do mundo desde 2000. Com efeito, a empresa é uma das mais importantes fabricantes de eletrônicos do mundo em receitas e é mais bem-sucedida do que Sony, Nokia e outros fabricantes de eletrônicos em muitas categorias de produtos diferentes. Por exemplo, apesar do sucesso da Apple, a Samsung é de fato a empresa de telefonia móvel no topo do mundo.[22]

Como são relutantes em abrir mão mesmo de uma pequena porção de seu controle (como é o caso das próximas duas abordagens de implantação) muitos empresários frequentemente favorecem a implantação por meio da mudança. A abordagem constitui um bom equilíbrio entre o comando e o consenso, e seu sucesso é bastante evidente nos negócios de hoje. No entanto, apesar dessas vantagens, a implantação por meio da mudança ainda sofre com a separação entre planejamento e implantação. Pelo apego a essa filosofia de poder no topo, a motivação dos funcionários, muitas vezes, continua a ser um problema. Da mesma forma, as alterações requeridas nessa abordagem, muitas vezes, tomam grande quantidade de tempo para criar e implantar (por exemplo, demorou mais de uma década para a Samsung chegar ao topo do mercado de eletrônicos). Isso pode criar uma situação em que a empresa fica estagnada enquanto espera a estratégia dar resultado. Como consequência, a empresa pode ficar vulnerável a alterações no ambiente de marketing.

Implantação por Consenso

Gestores de níveis superior e inferior trabalham em conjunto para avaliar e desenvolver estratégias de marketing na abordagem de implantação por consenso. A premissa subjacente a essa abordagem é que gerentes de diferentes áreas e níveis da empresa se juntam como uma equipe para colaborar e desenvolver a estratégia. Cada participante tem opiniões diferentes, bem como diferentes percepções do ambiente de marketing. O papel do dirigente é o de um coordenador, que une opiniões diferentes para garantir o desenvolvimento da melhor estratégia global de marketing. Com esse processo de tomada de decisão coletiva, a empresa concorda com uma estratégia de marketing e atinge um consenso sobre sua direção geral.

A implantação por consenso é mais vantajosa do que as duas primeiras abordagens no sentido em que ela transfere algum poder de decisão, deixando-o mais próximo da linha de frente da empresa. Por essa razão, esse método de implantação é usado amplamente em organizações de serviços. Por exemplo, a Royal Caribbean usa uma abordagem de equipe no desenvolvimento e na implantação da estratégia para todas as iniciativas, tais como na construção de um novo navio, na adição de um novo sistema de computador ou na alteração do programa de marketing. O CEO Richard Fain, em seguida, dá às equipes referências para mantê-los em linha.[23] Essa abordagem baseia-se no simples fato de que os funcionários de nível mais baixo têm uma perspectiva ímpar sobre as atividades de marketing necessárias para implantar a estratégia da empresa (no caso da Royal Caribbean, a estratégia é reforçar o conforto e satisfação total do cliente). Esses funcionários também são mais sensíveis a necessidades e desejos dos clientes da empresa. Além disso, como estão envolvidos no processo estratégico, esses funcionários muitas vezes têm motivação e compromisso fortes com a estratégia para assegurar que ela seja devidamente implantada.

A implantação por consenso tende a funcionar melhor em ambientes complexos, incertos e altamente instáveis. A abordagem coletiva de elaboração da estratégia funciona bem nesse ambiente porque traz vários pontos de vista para a mesa. No entanto, a implantação por consenso, muitas vezes, mantém a barreira entre estrategistas e executores. O resultado final dessa barreira é que o potencial de recursos humanos da empresa não é completamente aproveitado. Assim, para implantação por consenso ser verdadeiramente eficaz, gestores de todos os níveis devem comunicar a estratégia em um curso abertamente em vez de ocasionalmente.

Implantação como Cultura Organizacional

Nesta abordagem, a estratégia de marketing e sua implantação tornam-se extensões da missão, visão e cultura organizacional da empresa. De certa forma, ela é semelhante à implantação por consenso, exceto pelo fato de que a barreira entre estrategistas e executores se dissolve completamente. Quando a equipe vê a implantação como uma extensão da cultura da empresa, os funcionários em todos os níveis têm permissão para participar da tomada de decisões que ajudam a empresa a atingir sua missão, suas metas e seus objetivos.

Com uma forte cultura organizacional e uma visão corporativa primordial, a tarefa de implantar a estratégia de marketing está cerca de 90% concluída.[24] Isso ocorre porque todos os funcionários adotam a cultura da empresa de forma tão plena que instintivamente sabem qual é seu papel na implantação da estratégia de marketing. No Ritz-Carlton, por exemplo, a cultura da empresa é apoiada e sustentada por meio de reuniões diárias de 15 minutos entre os funcionários, chamadas de "alinhamentos", nas quais eles compartilham histórias e se ensinam mutuamente as melhores formas de atender os clientes. Os funcionários do Ritz-Carlton podem conceber seus próprios procedimentos de trabalho e atender pessoalmente ao pedido de qualquer hóspede.[25] Essa forma extrema de descentralização é frequentemente chamada de empoderamento (empowerment). Capacitar os funcionários significa que lhes é permitido tomar decisões sobre a melhor forma de executar seu trabalho. A forte cultura organizacional e uma visão corporativa compartilhada garantem que funcionários capacitados tomem as decisões corretas.

Embora a criação de uma cultura forte não aconteça da noite para o dia, ela é absolutamente necessária, antes de os funcionários terem poderes para tomar decisões. Os funcionários devem ser treinados e socializados para aceitar a missão da empresa e tornar-se uma parte de sua cultura.[26] Apesar da enorme quantidade de tempo envolvido no desenvolvimento e na utilização dessa abordagem para a implantação, suas recompensas de aumento da eficácia, eficiência maior comprometimento, moral dos funcionários fazem muitas vezes valer a pena o investimento.

Para resumir, empresas e seus gestores podem utilizar qualquer uma dessas quatro abordagens para implantar a estratégia de marketing. Cada abordagem possui vantagens e desvantagens como mostrado na Figura 9.3. A escolha de uma abordagem dependerá fortemente dos recursos da empresa, sua cultura atual e das preferências pessoais do gerente. Muitos gerentes não querem abrir mão do controle sobre a tomada de decisão. Para eles, conectar implantação e cultura pode estar fora de questão. Independentemente da abordagem utilizada, uma das questões mais importantes que um gerente deve enfrentar é como lidar com as pessoas que têm a responsabilidade de implantar a estratégia de marketing. Para analisar essa questão, vamos voltar nossa atenção, agora, para o marketing interno, uma abordagem cada vez mais popular para a implantação de marketing.

FIGURA 9.3 Vantagens e Desvantagens das Abordagens de Implantação

Implantação por Comando

Premissa básica:	Estratégias de marketing são desenvolvidas no topo da hierarquia organizacional e depois passam para níveis mais baixos, nos quais espera-se que gerentes e funcionários da linha de frente as executem.
Vantagens:	Reduz a incerteza e torna a tomada de decisão mais fácil. É boa quando um líder poderoso comanda a empresa. É boa quando a estratégia é simples de executar.
Desvantagens:	Não considera a viabilidade de implantar a estratégia. Divide a empresa em estrategistas e executores. Pode criar problemas de motivação dos funcionários.

Implantação por Meio de Mudança

Premissa básica:	A empresa é modificada de forma a garantir o sucesso da implantação da estratégia de marketing escolhida.
Vantagens:	Considera especificamente como a estratégia será executada. Considera como estratégia e implantação se afetam mutuamente. É utilizada com sucesso por um grande número de empresas.
Desvantagens:	Adere-se a uma mentalidade de "poder no topo". Requer um líder habilidoso, persuasivo. Alterações podem demorar para criar e implantar, deixando a empresa vulnerável a mudanças no ambiente de marketing.

continua

FIGURA 9-3 continuação

Implantação por Consenso

Premissa básica:	Diferentes áreas da empresa se reúnem para um "brainstorming" e desenvolvem a estratégia de marketing. Por meio de acordo coletivo, ou consenso, quanto à direção geral da empresa.
Vantagens:	Considera várias opiniões e pontos de vista. Aumenta o compromisso de toda a empresa com a estratégia. Aproxima alguma tomada de decisão para a linha de frente da empresa. É útil em ambientes complexos, incertos e instáveis.
Desvantagens:	Alguns gestores não vão abrir mão de sua autoridade. Pode levar a pensamento de grupo. Retarda o desenvolvimento da estratégia e o processo de implantação. Exige uma comunicação horizontal e vertical aberta.

Implantação como Cultura Organizacional

Premissa básica:	A estratégia de marketing é parte da missão e da visão da empresa, portanto, a estratégia está incorporada na cultura da empresa. Os principais executivos gerenciam a cultura da empresa para garantir que todos os funcionários conheçam bem sua estratégia.
Vantagens:	Elimina a barreira entre estrategistas e executores. Aumenta o comprometimento dos funcionários com os objetivos organizacionais. Permite o empoderamento (empowerment) de funcionários. Pode tornar a implantação de marketing muito mais fácil de realizar.
Desvantagens:	Deve-se gastar mais em seleção e treinamento de funcionários Cria a cultura necessária, mas pode ser doloroso e demorado. A mudança rápida para essa abordagem pode causar muitos problemas internos.

© 2013 Cengage Learning

Marketing Interno e Implantação de Marketing

À medida que mais empresas começaram a reconhecer a importância dos funcionários no processo de implantação, elas se desencantaram com as abordagens tradicionais. Vários fatores têm causado essa mudança: empresas norte-americanas perdendo para concorrentes estrangeiros, altas taxas de rotatividade de funcionários e custos associados a isso, além de problemas constantes na implantação da estratégia de marketing. Esses problemas levaram muitas empresas a adotar uma abordagem de marketing interno para a implantação de marketing.

A prática do marketing interno vem de indústrias de serviços, nas quais foi usada primeiro como um meio de conscientizar todos os funcionários da necessidade de satisfação do cliente. O *marketing interno* refere-se ao uso de uma abordagem de marketing para motivar, coordenar e integrar os funcionários para a implantação da estratégia de marketing da empresa. As metas do marketing interno são: (1) ajudar todos os funcionários a entender e aceitar seus papéis na implantação da estratégia de marketing, (2) criar funcionários motivados e orientados para o cliente, e (3) proporcionar a satisfação do cliente externo.[27] Note-se que o marketing interno reconhece explicitamente que a satisfação do cliente externo depende das ações dos clientes internos da empresa e de seus funcionários.

A Abordagem de Marketing Interno

Na abordagem de marketing interno, cada funcionário tem dois tipos de clientes: externos e internos. Para os gerentes de loja de varejo, por exemplo, as pessoas que compram na loja são clientes externos, ao passo que os funcionários que trabalham na loja são clientes internos do gerente. Para que a implantação seja bem-sucedida, o gerente da loja deve atender às necessidades de ambos os grupos de clientes. Se os clientes internos não recebem informação e treinamento adequados sobre a estratégia e não estão motivados para implementá-la, então, é improvável que os clientes externos fiquem completamente satisfeitos.

Esse mesmo padrão de clientes internos e externos tem lugar em todos os níveis da empresa. Até mesmo o CEO é responsável por atender às necessidades de seus clientes internos e externos. Assim, ao contrário das abordagens tradicionais em que a responsabilidade pela implantação compete à linha de frente da empresa, a abordagem de marketing interno confere essa responsabilidade a todos os funcionários, independentemente de seu nível na empresa. No final, a implantação de marketing bem-sucedida vem da aglutinação de ações individuais em que todos os funcionários têm a responsabilidade de implantar a estratégia de marketing. O fundador do Walmart, Sam Walton, era bem ciente da importância do marketing interno. Ele visitava lojas Walmart regularmente, falando com clientes e funcionários sobre como poderia melhor atender às suas necessidades. Ele realçava tanto a importância de seus associados (seu termo para os vendedores da loja), que sempre lhes dava a oportunidade de expressar suas preocupações sobre as mudanças nas atividades de marketing. Sam tinha fortes convicções de que se ele cuidasse muito bem de seus associados, eles iriam cuidar bem dos clientes do Walmart.

O Processo de Marketing Interno

O processo de marketing interno é simples e baseia-se em muitos dos mesmos princípios utilizados no marketing externo tradicional. Como mostrado na Figura 9.4, o marketing interno é um resultado e uma contribuição tanto para a implantação de marketing como para o programa de marketing externo. Ou seja, nem a estratégia de marketing, nem a sua implantação podem ser concebidas sem considerar o programa de marketing interno.

Os elementos de produto, preço, distribuição e promoção do programa de marketing interno são semelhantes aos do programa de marketing externo. Produtos internos referem-se geralmente a estratégias de marketing que devem ser "vendidas" internamente. Mais especificamente, no entanto, produtos internos referem-se a quaisquer tarefas, comportamentos, atitudes ou valores dos funcionários necessários para assegurar a implantação da estratégia de marketing.[28] A implantação de uma estratégia de marketing, particularmente uma nova estratégia, em geral, requer mudanças por parte dos funcionários. Eles podem ter de trabalhar mais, mudar atribuições de trabalho ou até mesmo mudar suas atitudes e expandir suas habilidades. O maior esforço e as mudanças que os funcionários devem exibir na implantação da estratégia são equivalentes aos preços internos. Os funcionários pagam esses preços por meio do que devem fazer, alterar ou abrir mão durante a implantação da estratégia de marketing.

A distribuição interna refere-se às interações internas que disseminam a estratégia de marketing em toda a empresa. Sessões de planejamento, oficinas, relatórios formais e conversas pessoais são exemplos de distri-

FIGURA 9.4 — Processo de Marketing Interno

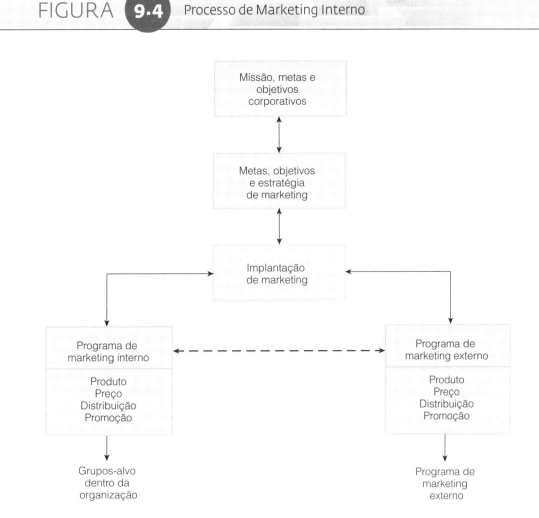

Fonte: Adaptada de Nigel F. Piercy, *Market-Led Strategic Change* (Stoneham, MA: Butterworth-Heinemann, 2008), p. 496–501.

buição interna. Ela também inclui educação dos funcionários, treinamento e programas de socialização projetados para ajudar na transição para uma nova estratégia de marketing. Finalmente, toda a comunicação que tenha por objetivo informar e persuadir os funcionários sobre o mérito da estratégia de marketing está incluída na promoção interna. Ela pode assumir a forma de palestras de executivos, apresentações de vídeo, blogs, podcasts ou boletins internos da empresa. Dada a crescente diversidade dos funcionários de hoje, é improvável que um único meio poderá comunicar com sucesso com todos eles. As empresas devem perceber que dizer aos funcionários informações importantes uma única vez e em um único formato não é uma boa comunicação. Só haverá comunicação quando os funcionários "entenderem a estratégia".

Utilizar uma abordagem de marketing interno com sucesso requer a integração de muitos fatores já discutidos neste capítulo. Em primeiro lugar, recrutamento, seleção e treinamento de funcionários devem ser considerados um importante elemento da implantação de marketing, com o marketing atuando sobre recursos humanos e atividades de pessoal, conforme o necessário.[29] Isso garante que os funcionários serão adequados às tarefas de marketing a serem executadas. Em segundo lugar, altos executivos devem estar completamente comprometidos com a estratégia e o plano de marketing. É ingênuo esperar que os funcionários estejam comprometidos quando os altos executivos não estão. Simplificando, a melhor estratégia planejada no mundo não pode ser bem-sucedida se os funcionários responsáveis por sua implantação não acreditam ou não se comprometem com ela.[30]

Em terceiro lugar, programas de remuneração de funcionários devem ser ligados à implantação da estratégia de marketing. Isso significa que os funcionários devem ser recompensados com base em comportamentos consistentes com a estratégia de marketing. Em quarto lugar, a empresa deve ser caracterizada por uma comunicação aberta entre todos os funcionários, independentemente do seu nível na empresa. Por meio de uma comunicação aberta e interativa, os funcionários compreendem o apoio e o compromisso dos altos executivos e como suas funções se encaixam no processo de implantação global de marketing. Finalmente, estrutura, políticas e processos da empresa devem corresponder à estratégia de marketing para garantir que ela possa ser implantada. Em algumas ocasiões, a estrutura e as políticas da empresa restringem a capacidade dos funcionários de implantar a estratégia de forma eficaz. Embora a eliminação dessas restrições possa significar que os funcionários devem ter poderes para ajustar criativamente a estratégia ou sua implantação, o empoderamento deve ser usado somente se a cultura da empresa puder sustentá-lo. No entanto, se uma empresa usa corretamente o empoderamento como parte da abordagem de marketing interno, ela pode ter funcionários mais motivados, satisfeitos e comprometidos, bem como maior satisfação do cliente e melhor desempenho de marketing.[31]

Avaliação e Controle das Atividades de Marketing

Uma estratégia de marketing pode atingir seus resultados desejados somente se implantada corretamente. *Corretamente* é a palavra-chave. É importante lembrar que a estratégia de marketing planejada de uma empresa muitas vezes difere da realizada (a que de fato ocorre). Isso também significa que o desempenho real é muitas vezes diferente das expectativas. Geralmente, existem quatro causas possíveis para essa diferença:

1. A estratégia de marketing era inadequada ou irrealista.
2. A implantação era inadequada para a estratégia.
3. O processo de implantação foi mal administrado.
4. Os ambientes interno e/ou externo mudaram substancialmente entre o desenvolvimento da estratégia de marketing e sua implantação.

Para reduzir a diferença entre o que realmente aconteceu e o que a empresa esperava e para corrigir qualquer um desses quatro problemas, as atividades de marketing devem ser continuamente avaliadas e controladas. Embora a melhor maneira de lidar com problemas de implantação seja reconhecê-los com antecedência, nenhum gestor pode conseguir reconhecer todos os sinais de alerta sutis e imprevisíveis de falha de implantação.

Com isso em mente, é importante que o potencial de falhas de implantação seja gerenciado estrategicamente pela posse de um sistema de controle de marketing que permita que a empresa detecte problemas em potencial antes que eles causem problemas reais. A Figura 9.5 apresenta uma estrutura de controle de marketing que inclui dois principais tipos de controle: formais e informais.[32] Apesar de discutirmos cada tipo de

FIGURA 9.5 Uma Estrutura para o Controle de Marketing

Controles Formais: Atividades de Controle Iniciadas pela Direção

Controles de entrada – medidas tomadas antes da implantação da estratégia

- Processos de recrutamento, seleção e treinamento de funcionários
- Alocações de recursos humanos
- Alocação de recursos financeiros
- Despesas de capital
- Gastos com pesquisa e desenvolvimento

Controles de processos – ações tomadas durante a implantação da estratégia

- Sistemas de avaliação e remuneração de funcionários
- Autoridade e empoderamento do funcionário
- Programas de comunicação interna
- Linhas de autoridade/estrutura (organograma)
- Compromisso da direção com o plano de marketing
- Compromisso da direção com os funcionários

Controles de saída – avaliados após a implantação da estratégia

- Padrões de desempenho formais (por exemplo, vendas, participação de mercado e lucratividade)
- Auditorias de marketing

Controles Informais: Atividades de Controle Não Escritas Iniciadas por Funcionários

Autocontrole do funcionário – controle com base em expectativas e metas pessoais

- Satisfação no trabalho
- Compromisso organizacional
- Esforço do funcionário
- Compromisso com o plano de marketing

Controle social – controle de pequenos grupos com base em normas e expectativas do grupo

- Valores organizacionais compartilhados
- Normas sociais e comportamentais nos grupos de trabalho

Controle cultural – controle cultural com base em normas e expectativas organizacionais

- Cultura organizacional
- Histórias, rituais e lendas organizacionais
- Mudança cultural

Fonte: Adaptada de Bernard J. Jaworski, "Toward a Theory of Marketing Control: Environmental Context, Control Types, and Consequences", *Journal of Marketing*, 52 (julho 1988), p. 23–39.

controle de marketing separadamente, a maioria das empresas utiliza combinações desses tipos de controle para monitorar a implantação da estratégia.

Controles de Marketing Formais

Controles de marketing formais são atividades, mecanismos ou processos concebidos pela empresa para ajudar a garantir o sucesso da implantação da estratégia de marketing. Os elementos de controle formal influenciam os comportamentos dos funcionários antes e durante a implantação, e avaliam resultados de desempenho na conclusão do processo de implantação. Esses elementos são designados como controles de entrada, processamento e saída, respectivamente.

Controles de entrada. Ações tomadas antes da implantação da estratégia de marketing são controles de entrada. Segundo a premissa do controle de entrada a estratégia de marketing não pode ser implantada corretamente a menos que as ferramentas e os recursos adequados estejam disponíveis. Recrutamento, seleção e treinamento de funcionários estão entre os controles de entrada mais importantes. Outros controles de entrada críticos se referem aos recursos financeiros. Essas atividades de controle incluem decisões de alocação de recursos (humanos e financeiros), despesas de capital necessárias para instalações e equipamentos e maiores investimentos em pesquisa e desenvolvimento. Recursos financeiros são um fator decisivo em uma estratégia de marketing ou sua implantação. Por exemplo, a General Motors foi muito lenta para injetar capital adicional em sua divisão Saturn depois de lançada. Durante anos, a Saturn era incapaz de competir de forma eficaz devido à limitação de recursos, que, por sua vez, limitou sua capacidade de desenvolver e comercializar novos veículos. Um exemplo: a Saturn só entrou no mercado de SUV altamente rentável em 2002, muito depois de seus concorrentes. No momento em que a GM lhe deu recursos adicionais, já era tarde demais para reparar a imagem desgastada da marca. A General Motors depois fechou a divisão Saturn, como parte de sua reestruturação corporativa.

Controles de processo. Incluem atividades que ocorrem durante a execução, destinadas a influenciar o comportamento dos funcionários para que apoiem a estratégia e seus objetivos. Embora o número de controles de processo seja potencialmente ilimitado e varie de uma empresa para outra, a Figura 9.5 apresenta alguns exemplos de controles de processos universais que todas as empresas devem empregar e gerenciar bem.

O controle do processo que se destaca acima de todos os demais é o compromisso da direção com a estratégia. Vários estudos confirmaram que esse é o determinante mais importante de sucesso ou fracasso da estratégia.[33] Esse compromisso é crítico porque os funcionários aprendem a adotar como modelo o comportamento de seus gestores. Se a direção está comprometida com a estratégia de marketing, é mais provável que os funcionários também estejam comprometidos com ela. Compromisso com a estratégia de marketing também significa que os gestores devem estar comprometidos com os funcionários e apoiá-los em seus esforços para implantar a estratégia.

Outro importante processo de controle é o sistema utilizado para avaliar e recompensar os funcionários. Em geral, eles devem ser avaliados e remunerados com base em critérios relevantes para a estratégia de marketing.[34] Por exemplo, se a estratégia exige que os vendedores aumentem seus esforços no serviço ao cliente, eles devem ser recompensados com base nesse esforço, e não em outros critérios, tais como o volume de vendas ou o número de novas contas criadas. Além disso, o grau de autoridade e autonomia concedida aos funcionários é outro controle de processo importante. Embora algum grau de autonomia possa levar ao aumento do desempenho, dar muita autoridade aos funcionários, muitas vezes, pode torná-los confusos e insatisfeitos com seus trabalhos.[35] Ter bons programas de comunicação interna, outro tipo de controle de processos, pode ajudar a aliviar esses problemas.

Controles de saída. Controles de saída garantem que os resultados de marketing estejam em linha com os resultados esperados. O principal meio de controle de saída envolve a definição de padrões de desempenho em relação aos quais o desempenho real pode ser comparado. Para garantir uma avaliação precisa das atividades de marketing, todo padrão de desempenho deve ser baseado em objetivos de marketing da empresa.

Medidas de desempenho baseadas em tempo são comumente usadas em avaliação e controle das atividades de marketing.

Alguns padrões de desempenho são amplos, tais como os baseados em vendas, lucros ou despesas. Dizemos que esses são padrões mais amplos, porque muitas atividades de marketing diferentes podem afetá-los. Outros padrões de desempenho são bastante específicos, como muitos padrões de atendimento ao cliente (por exemplo, o número de reclamações de clientes, serviço de conserto dentro de 24 horas, entrega no dia seguinte até as 10h da manhã, chegadas aéreas dentro do horário). Na maioria dos casos, a forma como a empresa se desempenha em relação a esses padrões específicos determinará quão bem ela se desempenha em relação a padrões mais amplos.

Mas quão específicos devem ser os padrões de desempenho? As normas devem refletir a singularidade da empresa e de seus recursos, bem como as atividades críticas necessárias para implantar a estratégia de marketing. Ao estabelecer normas de desempenho, é importante lembrar que os funcionários sempre são responsáveis pela implantação de atividades de marketing e, em última instância, pela estratégia de marketing. Por exemplo, se uma parte importante para melhorar o serviço ao cliente exige que os funcionários atendam ao telefone no segundo toque, então um padrão de desempenho deve ser estabelecido para essa atividade. Normas para o desempenho do pessoal de marketing são geralmente o aspecto mais difícil de estabelecer e fazer cumprir.

Um dos melhores métodos para avaliar se os padrões de desempenho foram alcançados é a utilização de uma auditoria de marketing para examinar sistematicamente objetivos, estratégia e desempenho de marketing da empresa.[36] O objetivo principal de uma auditoria de marketing é identificar problemas em atividades de marketing em curso e planejar as medidas necessárias para corrigir tais problemas. A auditoria de marketing pode ser longa e elaborada ou ser curta e simples. A Figura 9.6 exibe uma amostra de auditoria de marketing. Na prática, os elementos da auditoria devem coincidir com os elementos da estratégia de marketing. A auditoria de marketing também deve ser usada para medir o sucesso das atividades de implantação em curso, e não apenas quando surgem problemas.

FIGURA 9.6 Uma Amostra de Auditoria de Marketing

Atividades de Marketing

1. Em que atividades de marketing específicas a empresa atualmente está envolvida?
   - Atividades de produto: pesquisa, testes de conceito, teste de marketing, controle de qualidade etc.
   - Atividades de atendimento ao cliente: instalação, treinamento, manutenção, suporte técnico, processamento de reclamações etc.
   - Atividades de preço: financiamento, faturamento, controle de custos, descontos etc.
   - Atividades de distribuição: disponibilidade, canais utilizados, conveniência para o cliente etc.
   - Atividades de promoção: meios de comunicação, promoção de vendas, venda pessoal, relações públicas etc.
2. Essas atividades são realizadas exclusivamente pela empresa ou por fornecedores externos (em nível nacional ou no exterior)? Se forem utilizados fornecedores externos, como eles estão se desempenhando? Alguma dessas atividades externas deveria ser feita dentro da empresa?
3. Que atividades de marketing nossos concorrentes fazem que não oferecemos? Que atividades de marketing adicionais os clientes querem, precisam ou esperam?

Padrão de Procedimentos para Cada Atividade de Marketing

1. Existem procedimentos escritos (manuais) para cada atividade de marketing? Se assim for, esses procedimentos (manuais) estão atualizados? Os funcionários compreendem e seguem esses procedimentos (manuais)?
2. Existem procedimentos orais ou não escritos para cada atividade de marketing? Esses procedimentos deveriam ser formalmente incluídos nos procedimentos escritos ou deveriam ser eliminados?
3. A equipe de marketing interage regularmente com outras áreas funcionais para estabelecer padrão de procedimentos para cada atividade?

Padrões de Desempenho para Cada Atividade de Marketing

1. Que padrões quantitativos específicos existem para cada atividade?
2. Que padrões qualitativos existem para cada atividade?
3. Como cada atividade contribui para a satisfação do cliente em cada elemento do programa de marketing (isto é, produto, preço, distribuição, promoção)?
4. Como cada atividade contribui para metas e objetivos de marketing?
5. Como cada atividade contribui para metas e objetivos da empresa?

Métricas de Desempenho para Cada Atividade de Marketing

1. Quais são as medidas internas baseadas em lucro para cada atividade de marketing?
2. Quais são as medidas internas baseadas em tempo para cada atividade de marketing?

continua

FIGURA 9.6 continuação

3. Como o desempenho é monitorado e avaliado internamente pela direção?
4. Como o desempenho é monitorado e avaliado externamente pelos clientes?

Avaliação da Equipe de Marketing

1. Os esforços atuais de recrutamento, seleção e retenção da empresa são consistentes (encaixam-se) com os requisitos das atividades de marketing?
2. Quais são a natureza e o conteúdo das atividades de treinamento dos funcionários? Essas atividades são consistentes com os requisitos das atividades de marketing?
3. Como o pessoal de contato do cliente é supervisionado, avaliado e remunerado? Esses procedimentos estão de acordo com as necessidades do cliente?
4. Qual é o efeito das políticas de avaliação e remuneração dos funcionários sobre suas atitudes, sua satisfação e sua motivação?
5. Os níveis atuais de atitudes, satisfação e motivação dos funcionários são adequados?

Avaliação dos Sistemas de Suporte ao Cliente

1. A qualidade e a precisão dos materiais de atendimento ao cliente (por exemplo, manuais de instruções, folhetos, cartas etc.) são consistentes com a imagem da empresa e de seus produtos?
2. A qualidade e a aparência das instalações físicas (por exemplo, escritórios, mobiliário, layout, decoração da loja etc.) são consistentes com a imagem da empresa e de seus produtos?
3. A qualidade e a aparência do equipamento de serviços aos clientes (por exemplo, ferramentas de consertos, telefones, computadores, veículos de entrega etc.) são consistentes com a imagem da empresa e de seus produtos?
4. O sistema de manutenção de registros é preciso? A informação está sempre disponível quando necessária? Que tecnologia poderia ser adquirida para melhorar as habilidades de manutenção de registros (por exemplo, scanners de código de barras, RFID, computadores portáteis, telefones celulares ou smartphones)?

© 2013 Cengage Learning

Independentemente de sua organização, a auditoria de marketing deve ajudar a empresa na avaliação das atividades de marketing:

1. Descrevendo as atividades de marketing atuais e seus resultados de desempenho;
2. Coletando informação sobre mudanças nos ambientes externo ou interno que possam afetar as atividades de marketing em curso;
3. Explorando diferentes alternativas para melhorar a implantação em curso das atividades de marketing;
4. Fornecendo uma estrutura de avaliação do cumprimento das normas de desempenho, bem como metas e objetivos de marketing.

As informações de uma auditoria de marketing frequentemente são obtidas por meio de uma série de questionários fornecidos a funcionários, gerentes, clientes e/ou fornecedores. Em alguns casos, consultores externos realizam essa avaliação. Usar auditores externos tem a vantagem de ser mais objetivo e menos demorado para a empresa. No entanto, auditores externos são, em geral, muito caros. A auditoria de marketing também pode ser muito problemática, especialmente se os funcionários ficarem com medo da fiscalização.

Apesar de suas desvantagens, auditorias de marketing são geralmente bastante benéficas para as empresas que as utilizam. Elas são flexíveis, no sentido que o escopo da auditoria pode ser amplo (para avaliar toda a estratégia de marketing) ou estreito (avaliar apenas um elemento específico do programa de marketing). Os resultados da auditoria podem ser usados para realocar esforços de marketing, corrigir problemas de implantação ou mesmo identificar novas oportunidades. Em geral, os resultados finais de uma auditoria de marketing bem executada são melhor desempenho de marketing e aumento da satisfação do cliente.

Controles de Marketing Informais

Controles de marketing formais são explícitos em sua tentativa de influenciar o comportamento dos funcionários e o desempenho de marketing. Controles informais, por outro lado, são mais sutis. *Controles de marketing informais* são mecanismos não escritos baseados nos funcionários que afetam sutilmente o comportamento de funcionários, tanto como indivíduos como em grupos.[37] Nesse caso, lidamos com objetivos e comportamentos pessoais, bem como normas e expectativas do grupo. Existem três tipos de controle informal: autocontrole do funcionário, controle social e controle cultural.

Autocontrole do funcionário. Por meio do autocontrole, funcionários gerenciam seus próprios comportamentos (e, portanto, a implantação da estratégia de marketing), estabelecendo objetivos pessoais e monitorando seus resultados. O tipo de objetivos pessoais que o funcionário definiu depende de como ele se sente sobre seu trabalho. Se ele tem alta satisfação no trabalho e um forte compromisso com a empresa, tenderá a estabelecer objetivos pessoais consistentes com os objetivos da empresa, a estratégia de marketing e metas e objetivos da empresa. O autocontrole do funcionário também depende das recompensas que os funcionários recebem. Alguns preferem as recompensas intrínsecas ao fazer um bom trabalho, em vez de recompensas extrínsecas de remuneração e reconhecimento. Funcionários intrinsecamente premiados tendem a apresentar maior autocontrole, gerenciando seus comportamentos de formas consistentes com a estratégia de marketing.

Controle social. Controle social, ou por um pequeno grupo, trata de padrões, normas e ética encontrados em grupos de trabalho na empresa.[38] A interação social que ocorre nesses grupos de trabalho pode ser um poderoso motivador do comportamento do funcionário. As normas sociais e comportamentais dos grupos de trabalho fornecem a "pressão dos pares" que leva os funcionários à conformidade com os padrões de desempenho esperados. Se os funcionários ficam aquém desses padrões, o grupo vai pressioná-los para se alinharem com suas normas. Essa pressão pode ser tanto positiva como negativa. Uma influência de grupo positiva pode incentivar os funcionários a aumentar seu esforço e desempenho de forma consistente com metas e objetivos da empresa. No entanto, o oposto também é verdadeiro. Se as normas do grupo de trabalho incentivam a faltar ou se esquivar de responsabilidades do trabalho, os funcionários se sentem pressionados a se conformar sob o risco de serem condenados ao ostracismo por um bom trabalho.

Controle cultural. Controle cultural é muito semelhante ao controle social, só que em escala muito mais abrangente. Nesse caso, estamos interessados nas normas comportamentais e sociais de toda a empresa. Um dos resultados mais importantes do controle cultural é o estabelecimento de valores compartilhados entre todos os membros da empresa. A implantação de marketing é mais eficaz e eficiente quando cada funcionário, guiado pelos mesmos valores e crenças organizacionais, tem um compromisso com os mesmos objetivos organizacionais.[39] Empresas como Lockheed Martin e Lexmark possuem fortes culturas organizacionais que orientam o comportamento dos funcionários. Infelizmente, o controle cultural é muito difícil de dominar, no sentido em que é preciso uma grande quantidade de tempo para criar a cultura organizacional adequada para garantir o sucesso da implantação.

É importante notar que os controles formais empregados pela empresa afetam, em grande medida, os controles informais que ocorrem em uma organização. No entanto, a premissa do controle informal é que alguns aspectos do comportamento dos funcionários não podem ser influenciados por mecanismos formais e, portanto, devem ser controlados informalmente por meio de ações individuais e do grupo. O boxe *Além das páginas 9.3* descreve como controles formais e informais se sobrepõem na promoção dos princípios de gestão de riscos nas organizações inteligentes atuais.

Programando as Atividades de Marketing

Com bom planejamento e organização, os gerentes de marketing podem fornecer o escopo, direção e estrutura para todas as atividades de marketing. No entanto, o gerente deve compreender os problemas associados à implantação, compreender a coordenação dos vários componentes da aplicação e selecionar uma abordagem global para a implantação antes de executar as atividades de marketing. Ao assumir esses passos, o gerente de marketing com a responsabilidade de executar o plano deve estabelecer uma programação para a conclusão de cada atividade de marketing.

A implantação bem-sucedida requer que os funcionários saibam as atividades específicas pelas quais são responsáveis e a programação para a conclusão de cada atividade. Criar um plano-mestre de atividades de marketing pode ser uma tarefa difícil por causa da grande variedade de atividades necessárias para executar o plano, da natureza sequencial de muitas atividades (algumas têm precedência sobre outras e devem ser realizadas antes) e do fato que tempo é essencial na implantação do plano.[40] Os passos básicos envolvidos na criação de uma programação e cronograma de implantação incluem:

1. **Identificar as atividades específicas a serem executadas**. Essas atividades incluem todos os elementos do programa de marketing contidos no plano de marketing. Atividades de implantação específicas, tais como treinamento de funcionários, mudanças estruturais ou obtenção de recursos financeiros, também devem ser incluídos.

2. **Determinar o tempo necessário para concluir cada atividade**. Algumas atividades requerem planejamento e tempo antes que possam ser concretizadas. Outras podem ocorrer muito rapidamente após o início do plano.

3. **Determinar quais atividades devem preceder outras**. Muitas atividades de marketing devem ser realizadas numa sequência predeterminada (como a criação de uma campanha de propaganda seguida da redação e da produção até a entrega do material final). Essas atividades devem ser identificadas e separadas de quaisquer atividades que possam ser executadas simultaneamente com outras.

4. **Organizar a sequência e o prazo adequados para todas as atividades**. Nessa etapa, o gerente planeja o cronograma-mestre com o sequenciamento de todas as atividades e determina quando cada atividade deve ocorrer.

5. **Atribuir responsabilidades**. Para cada atividade, o gerente deve atribuir e cobrar de um ou mais funcionários, equipes, gerentes ou departamentos a responsabilidade de executá-la.

Uma maneira simples, mas eficaz de criar um cronograma de implantação é incorporar todas as atividades de marketing em uma planilha, como mostrado na Figura 9.7. Uma programação como essa pode ser

ALÉM DAS PÁGINAS 9-3

Gerenciamento de Risco por Meio da Cultura[41]

Tendo em conta os muitos exemplos de má conduta corporativa e lapsos no julgamento gerencial nos últimos cinco a dez anos, altos executivos se conscientizaram da importância da gestão de riscos corporativos. Os riscos que as organizações atuais enfrentam se apresentam de várias formas: risco financeiro, risco de seguro, risco operacional, risco de responsabilidade do produto, riscos estratégicos, riscos de reputação etc. À medida que tentam compreender melhor os riscos na gestão de risco da empresa, os principais executivos estão começando a perceber que essa gestão envolve mais do que tomar as decisões certas na sala de reuniões. Um verdadeiro gerenciamento de risco envolve avaliar a cultura de risco de toda a empresa.

Especialistas definem a cultura de risco como um sistema de valores e comportamentos em uma organização que moldam as decisões de risco. A cultura de risco de uma organização influencia todos, estejam ou não conscientes. É a falta de consciência que cria problemas potenciais. Mesmo decisões aparentemente pequenas podem ter implicações para o risco corporativo. A chave é assegurar que todos os funcionários tenham um entendimento comum do risco e como ele é potencialmente ligado a suas atividades do dia a dia.

Infelizmente, as evidências sugerem que a maioria das organizações faz um mau trabalho fomentando suas culturas de risco. Enquanto 84% das empresas incluem gestão de riscos nas discussões da alta direção, 58% dos altos executivos afirmaram que seus funcionários de nível médio e mais baixo tinham pouco ou nenhum entendimento da exposição ao risco de sua empresa. Um terço disse que até mesmo os gestores de topo não tiveram nenhum treinamento formal de risco. Sem treinamento e um diálogo aberto sobre os riscos, as organizações não podem garantir que decisões bem informadas e consistentes sobre risco ocorram dentro da empresa.

Como uma organização pode inspirar uma cultura de risco? Algumas orientações sugeridas incluem:

- **Definir o tom no topo e no nível intermediário.** Um axioma fundamental de administração é que os líderes comunicam suas prioridades tendo em conta o que medem, discutem, valorizam e criticam. Esses aspectos de "dar o tom" são importantes porque fornecem exemplos para outros funcionários seguirem. No entanto, esse tom deve emanar de todos os gerentes, não apenas daqueles em sala de reuniões. A organização e seus líderes devem ter uma política de risco claramente articulada, bem como penalidades claras para comportamento inadequado.

- **Entender a diferença entre risco bom e risco ruim.** A gestão de risco tem o potencial de sufocar a criatividade de uma organização. Assim, é fundamental que todos os funcionários entendam a diferença entre o risco aceitável baseado em inovação e comportamento imprudente que ponha a organização em risco. A empresa deve também incentivar e estar disposta a tolerar erros e, em seguida, aprender com eles.

- **Promover comunicação aberta sobre risco.** Criar a cultura de risco adequada requer mensagens consistentes aos funcionários sobre o risco e a importância da gestão de risco como parte das operações diárias. Isso significa que a colaboração é essencial para atenuar a ambiguidade e a competitividade que normalmente levam a decisões excessivamente arriscadas.

- **Incentivar funcionários a gerenciar o risco.** É importante dar incentivos adequados para gerenciar os riscos. No entanto, é muitas vezes mais importante eliminar quaisquer incentivos que recompensem o comportamento imprudente. Isso aplica-se a todos na organização, da diretoria ao office-boy.

- **Considerar as culturas de risco de potenciais parceiros.** Para gerenciar o risco plenamente, uma organização deve assegurar que seus vendedores, fornecedores e parceiros estratégicos compartilhem suas tolerâncias de risco. Risco

▶▶

deve ser sempre uma consideração na escolha de novos parceiros ou fornecedores. Note que isso também se aplica aos parceiros mais importantes da empresa, ou seja, seus funcionários. Risco deve ser sempre uma consideração no processo de contratação.

Ter uma cultura forte significa que todos conhecem os princípios e limites dentro dos quais a organização opera. Assim, o risco é abertamente discutido e ponderado em todas as decisões, garantindo que todos permaneçam no caminho certo. No entanto, a criação desse tipo de cultura demanda uma grande dose de paciência e tempo. Mas, novamente, as crises que resultam da má gestão do risco são normalmente muito mais dispendiosas em termos de tempo, dinheiro e reputação corporativa.

FIGURA 9-7 — Uma Programação Hipotética de Três Meses para Implantação de Marketing

Mês	Março				Abril				Maio			
Atividades — *Semana*	1	2	3	4	1	2	3	4	1	2	3	4
Atividades de Produto												
Finalizar as alterações de embalagens	•											
Funcionamento da produção	•	•			•	•			•	•		
Atividades de Preço												
Dar desconto de 10% no varejo						•						
Dar desconto de 25% no varejo											•	
Atividades de Distribuição												
Embarques para depósitos	•		•		•		•		•		•	
Embarques para varejistas		•		•		•		•		•		•
10% em volume de desconto ao intermediário	•	•				•			•	•		•
Atividades de Promoção												
Site operacional	•											
Patrocínio em curso	•	•	•	•	•	•	•	•	•	•	•	•
Propaganda na TV		•	•			•	•			•	•	
Propaganda online	•		•		•				•			
Cupom para aparelhos móveis				•	•				•			
Displays de loja		•	•		•	•		•	•		•	•
Evidência do produto (Product placement)	•	•	•	•	•	•	•	•	•	•	•	•

© 2013 Cengage Learning

simples ou complexa, dependendo do nível de detalhamento incluído em cada atividade. A programação principal também será exclusiva para o plano de marketing específico a ela vinculado. Como resultado, um modelo universal para a criação de um plano-mestre não existe de fato.

Embora algumas atividades devam ser realizadas primeiro, outras podem ser realizadas simultaneamente ou mais tarde no processo de implantação. Isso requer uma coordenação estreita entre departamentos, ou seja, de marketing, produção, propaganda, vendas, e assim por diante, para garantir a conclusão de todas as atividades de marketing na programação. Identificar as atividades que podem ser executadas simultaneamente pode reduzir, de maneira significativa, a quantidade total de tempo necessário para executar um determinado plano de marketing. Como a programação pode ser uma tarefa complicada, a maioria das empresas usa sofisticadas técnicas de gerenciamento de projetos, como PERT (Program Evaluation and Review Technique – técnica de avaliação do programa e revisão), CPM (Critical Path Method – método do caminho crítico) ou programas de planejamento computadorizados para elaborar a programação das atividades de marketing.

Lições do Capítulo 9

Implantação de marketing:

- é fundamental para o sucesso de qualquer empresa, pois é responsável por colocar a estratégia de marketing em ação.
- tem sido um pouco ignorada ao longo da história dos negócios uma vez que a maioria das empresas tem enfatizado planejamento estratégico em vez de implantação estratégica.
- é o processo de execução da estratégia de marketing por meio da criação e da realização de ações específicas que vão garantir que a empresa atinja os seus objetivos de marketing.
- caminha lado a lado com avaliação e controle para determinar o sucesso ou o fracasso da estratégia de marketing e, em última instância, de toda a empresa.
- é geralmente a causa da diferença entre a estratégia de marketing pretendida, o que a empresa quer que aconteça, e a estratégia de marketing realizada, o que realmente ocorre.
- está relacionada com o planejamento estratégico que causa três grandes problemas: interdependência, evolução e separação.

Os elementos da implantação de marketing incluem:

- Estratégia de marketing – atividades de produto, preço, distribuição e promoção planejadas da empresa.
- Objetivos e valores compartilhados – a cola de implantação que mantém toda a organização funcionando em uníssono.
- Estrutura de marketing – a forma como as atividades de marketing da empresa são organizadas.
- Sistemas e processos – coleções de atividades de trabalho que absorvem uma variedade de entradas

para criar as saídas de informação e comunicação que garantem o funcionamento consistente do dia a dia da empresa.
- Recursos – incluem uma ampla variedade de ativos tangíveis e intangíveis que podem ser reunidos durante a implantação de marketing.
- Pessoas – qualidade, diversidade e qualificação dos recursos humanos de uma empresa. O elemento pessoas também inclui seleção e treinamento, avaliação e remuneração, motivação, satisfação e comprometimento dos funcionários.
- Liderança – como gerentes se comunicam com os funcionários e de que forma os motivam para implantar a estratégia de marketing.

Abordagens para implantar estratégia de marketing incluem:

- Implantação por comando – estratégias de marketing são desenvolvidas e selecionadas por altos executivos da empresa, em seguida, transmitidas para níveis mais baixos, onde se espera que gerentes e funcionários da linha de frente as executem.
- Implantação por meio de mudança – centra-se explicitamente sobre a execução, modificando a empresa de tal maneira que garantam o sucesso da implantação da estratégia de marketing escolhida.
- Implantação por consenso – gerentes de nível superior e inferior de diferentes áreas do trabalho da empresa se reúnem para avaliar e desenvolver estratégias de marketing.
- Implantação como cultura organizacional – estratégia e implantação de marketing são vistas como extensões da missão, visão e cultura organizacional da empresa. Funcionários de todos os níveis podem participar na tomada de decisões que ajudem a empresa a atingir sua missão, metas e objetivos.

Marketing interno:

- ▶ refere-se ao uso de uma abordagem de marketing para motivar, coordenar e integrar os funcionários para a implantação da estratégia de marketing da empresa.
- ▶ reconhece explicitamente que a satisfação do cliente externo depende das ações dos clientes internos da empresa, ou seja, de seus funcionários. Se os clientes internos não são devidamente informados sobre a estratégia e motivados para implantá-la, é improvável que os clientes externos fiquem completamente satisfeitos.
- ▶ coloca a responsabilidade da implantação em todos os funcionários, independentemente de seu nível na empresa.
- ▶ baseia-se em muitos dos mesmos princípios utilizados no marketing tradicional externo. Os elementos de produto, preço, distribuição e promoção do programa de marketing interno são semelhantes aos do programa de marketing externo.

Ao avaliar e controlar as atividades de marketing:

- ▶ a estratégia de marketing pretendida da empresa frequentemente difere da estratégia realizada por quatro razões possíveis: (1) a estratégia de marketing era inadequada ou irrealista, (2) a implantação foi inadequada para a estratégia, (3) o processo de implantação foi mal administrado ou (4) os ambientes interno e/ou externo mudaram substancialmente entre o desenvolvimento da estratégia de marketing e sua implantação.

- ▶ é importante que o potencial de falhas de implantação seja estrategicamente gerenciado com a implantação de um sistema de controle de marketing.
- ▶ empresas criam e usam entradas, processos e controles de resultados formais para ajudar a garantir o sucesso da implantação da estratégia de marketing.
- ▶ empresas utilizam extensamente controles de resultados, ou padrões de desempenho, para assegurar que os resultados de marketing estejam em linha com os esperados.
- ▶ funcionários individualmente (autocontrole), em grupos de trabalho (controle social) e em toda a empresa (controle cultural) usam objetivos pessoais e normas e as expectativas do grupo para controlar informalmente seus comportamentos.

Programação de atividades de marketing:

- ▶ requer que os funcionários conheçam as atividades específicas pelas quais são responsáveis e o prazo para a conclusão de cada atividade.
- ▶ pode ser uma tarefa difícil por causa da grande variedade de atividades necessárias para executar o plano, da natureza sequencial de muitas atividades de marketing e do fato de que tempo é essencial na implantação do plano.
- ▶ envolve cinco passos básicos: (1) identificar as atividades específicas a serem executadas, (2) determinar o tempo necessário para concluir cada atividade, (3) determinar quais atividades devem preceder outras, (4) organizar a sequência e o prazo adequados para todas as atividades, e (5) atribuir responsabilidade a empregados, gerentes, equipes ou departamentos.

Questões para Discussão

1. Esqueça por um momento que o planejamento da estratégia de marketing é tão importante como a implantação da estratégia de marketing. Que argumentos você teria para dizer que um é mais importante que outro? Justifique.

2. Se você fosse pessoalmente responsável por implantar uma estratégia de marketing específica, com qual abordagem de implantação você se sentiria mais confortável, considerando sua personalidade e preferências pessoais? Por quê? Sua abordagem escolhida seria universalmente aplicável em qualquer situação? Se não, o que faria você para alterar

ou adaptar sua abordagem? Lembre-se, adaptar sua abordagem básica significa sair de sua zona de conforto pessoal para coincidir com a situação em questão.

3. O que você visualiza como os principais obstáculos para o uso bem-sucedido da abordagem de marketing interno? Dada a estrutura hierárquica de funcionários na maioria das organizações (por exemplo, CEO, média gerência, funcionários), o marketing interno é uma abordagem viável para a maioria das organizações? Justifique sua resposta.

Exercícios

1. Encontre um artigo recente sobre uma organização que mudou sua estratégia de marketing. Quais foram as razões para a mudança? Como a organização aborda o desenvolvimento e a implantação da nova estratégia?

2. Uma das melhores fontes para metas e valores compartilhados orientarem a implantação é a própria missão da empresa ou sua declaração de valores. Encontre a missão ou declaração de valores para a organização identificada no Exercício 1. Você enxerga evidências da missão e de valores na forma como a organização lidou com sua mudança de estratégia de marketing? Justifique.

3. Pense sobre controles não escritos e informais em sua vida. Faça uma lista dos controles que existem no trabalho, em casa ou na escola (ou substitua por outro contexto, como igreja, encontros sociais ou atividades públicas). Esses controles são semelhantes ou diferentes? Justifique sua resposta.

	Controles no trabalho	Controles em casa	Controles na escola
Autocontrole (normas e expectativas pessoais para o comportamento)			
Controle social (normas e expectativas nos pequenos grupos)			
Controle cultural (normas e expectativas em toda a organização)			

Notas Finais

1. Esses fatos são de Green Mountain Coffee, 2011 Annual Report <http://investor.gmcr.com/common/download/download.cfm?companyid=GMCR&fileid=540307&filekey=C799E76F-7E06-418D-9BB2-B105A85EE3EA&filename=GMCR_AnnualReport_2011.pdf>. Acesso em: 3 de junho de 2012; site da Green Mountain Coffee Roasters <http://www.greenmountaincoffee.com>. Acesso em: 3 de junho de 2012; Leslie Patton, "Green Mountain's Expiring K-Cup Patents Attract Coffee Rivals", *Bloomberg Businessweek*, 21 de novembro de 2011 <http://www.businessweek.com/news/2011-11-21/green-mountain-s-expiring-kcup-patents-attract-coffee-rivals.html>; e Leslie Patton, "Green Mountain Introduces Nestle-Rival Keurig Latte Brewer", *Bloomberg Businessweek*, February 15, 2012 <http://www.businessweek.com/news/2012-02-15/green-mountain-introduces-nestle-rival-keurig-lattebrewer.html>.

2. Orville C. Walker, Jr. e Robert W. Ruekert, "Marketing's Role in the Implementation of Business Strategies: a Critical Review and Conceptual Framework", *Journal of Marketing* 51 (julho 1987), 15-33.

3. Frank V. Cespedes, *Organizing and Implementing the Marketing Effort* (Reading, MA: Addison-Wesley, 1991), 19.

4. Robert Howard, "Values Make the Company: An Interview with Robert Haas", *Harvard Business Review* 68 (setembro-outubro 1990): 132-144.

5. Ver o site da New Belgium Brewery <http://www.newbelgium.com>.

6. Michael D. Hartline, James G. Maxham, III, e Daryl O. McKee, "Corridors of Influence in the Dissemination of Customer-Oriented Strategy to Customer Contact Service Employees", *Journal of Marketing* 64 (abril 2000), 35-50.

7. Ibidem.

8. Cespedes, *Organizing and Implementing the Marketing Effort*, 621–623.

9. Robert W. Ruekert, Orville C. Walker, Jr. e Kenneth J. Roering, "The Organization of Marketing Activities: a Contingency Theory of Structure and Performance", *Journal of Marketing* 49 (Winter 1985), 13-25.

10. Hartline, Maxham e McKee, "Corridors of Influence".

11. Michael Hammer e James Champy, *Reengineering the Corporation: a Manifesto for Business Revolution* (New York: Harper Business, 1993), 35.

12. Jena McGregor, "How Failure Breeds Success", *Business-Week Online*, 10 de julho de 2006 <http://www.businessweek.com/magazine/content/06_28/b3992001.htm?chan=innovation_innovation+%2B+design_the+creative+corporation>.

13. Myron Glassman e Bruce McAfee, "Integrating the Personnel and Marketing Functions: The Challenge of the 1990s", *Business Horizons* 35 (maio-junho 1992), 52–59.

14. Michael D. Hartline e O. C. Ferrell, "Service Quality Implementation: The Effects of Organizational Socialization and Managerial Actions on Customer-Contact Employee Behaviors", *Marketing Science Institute Working Paper Series*, Report n. 93-122 (Cambridge, MA: Marketing Science Institute, 1993).

15. Richard L. Oliver e Erin Anderson, "An Empirical Test of the Consequences of Behavior- and Outcome-Based Sales Control Systems", *Journal of Marketing* 58 (outubro 1994), 53-67.

16. Hartline, Maxham e McKee, "Corridors of Influence".

17. Adam Lashinsky, "The Perks of Being a Googler", *Fortune* (CNNMoney.com) <http://money.cnn.com/galleries/2007/fortune/0701/gallery.Google_perks>. Acesso em: 13 de agosto de 2009; e Dorian Wales, "How to Create the Environment of Organizational Commitment", *Helium* <http://www.helium.com/items/706133-how-to-create-the-environment-of-organizational-commitment>. acesso em: 13 de agosto de 2009.

18. Esses dados são de Ram Charan, "The New (Recovery) Playbook", *Fortune* (CNNMoney.com). Acesso em: 13 de agosto de 2009 <http://money.cnn.com/2009/08/11/news/economy/new_rules_recovery.fortune/index.htm>; Betsy Morris, "The New Rules", *Fortune*, 24 de julho de 2006, 70-87; e Betsy Morris, "Tearing Up the Jack Welch Playbook", *Fortune* (CNNMoney.com), 11 de julho de 2006 <http://money.cnn.com/2006/07/10/magazines/fortune/rules.fortune/index.htm>.

19. W. Chan Kim e Renee Mauborgne, *Blue Ocean Strategy* (Boston, MA: Harvard Business School Press, 2005).

20. O material dessa seção foi adaptado de L. J. Bourgeois III e David R. Brodwin, "Strategic Implementation: Five Approaches to an Elusive Phenomenon", *Strategic Management Journal* 5 (1984), 241-264; e Steven W. Floyd e Bill Wooldridge, "Managing Strategic Consensus: The Foundation of Effective Implementation", *Academy of Management Executive* 6 (novembro 1992), 27-39.

21. Esses dados são de Emily Bryson York, "McD's Dollar-Menu Fixation Sparks Revolt", *Advertising Age*, (79) 2 de junho de 2008, 1-2; e Trefis Team, "McDonald's Sales Sizzle But Franchisees Get Fried By Lower Profit Margins", *Forbes*, 13 de janeiro de 2011 <http://www.forbes.com/sites/greatspeculations/2011/01/13/mcdonalds-salessizzle-but-franchisees-get-fried-by-lower-profit-margins>.

22. Esses dados são de "Brand-Led Marketing: Samsung Viewpoint", *Marketing Week*, 2 de julho de 2009, p. 18; Karlene Lukovitz, "Fastest-Growing Brands Are 'Ideal-Driven,'" *Marketing Daily*, 18 de janeiro de 2012 <http://www.mediapost.com/publications/article/165965/fastest-growing-brands-are-ideal-driven.html>; e "What Samsung's Success Means for Apple", *Forbes*, 9 de maio de 2012 <http://www.forbes.com/sites/investor/2012/05/09/what-samsungs-successmeans-for-apple>.

23. George Bradt, "Royal Caribbean's CEO Exemplifies How to Leverage Milestones", *Forbes*, 23 de março de 2011 <http://www.forbes.com/sites/georgebradt/2011/03/23/royal-caribbean-cruise-lines-ceorichard-fain-exemplifies-how-to-leverage-milestones-to-build-shipsand-teams>.

24. Bourgeois e Brodwin, "Strategic Implementation: Five Approaches to an Elusive Phenomenon".

25. Carmine Gallo, "Wow Your Customers the Ritz-Carlton Way", *Forbes*, 23 de fevereiro de 2011 <http://www.forbes.com/sites/carminegallo/2011/02/23/wow-your-customers-the-ritz-carlton-way>.

26. Hartline, Maxham e McKee, "Corridors of Influence".

27. Essa informação é de Mohammed Rafiq e Pervaiz K. Ahmed, "Advances in the Internal Marketing Concept: Definition, Synthesis and Extension", *Journal of Services Marketing*, v. 14 (2000), 449-463.

28. Ibidem.

29. Glassman e McAfee, "Integrating the Personnel and Marketing Functions".

30. Howard, "Values Make the Company".

31. Hartline and Ferrell, "Service Quality Implementation".

32. Essa seção é baseada no material de Hartline, Maxham e McKee, "Corridors of Influence"; and Bernard J. Jaworski, "Toward a Theory of Marketing Control: Environmental Context, Control Types, and Consequences", *Journal of Marketing* 52 (julho 1988), 23-39.

33. Ibidem; e Brian P. Niehoff, Cathy A. Enz e Richard A. Grover, "The Impact of Top-Management Actions on Employee Attitudes and Perceptions", *Group & Organization Studies* 15 (setembro 1990), 337-352.

34. Michael D. Hartline e O. C. Ferrell, "The Management of Customer-Contact Service Employees: An Empirical Investigation", *Journal of Marketing* 60 (outubro 1996): 52-70.

35. Ibidem.

36. Ben M. Enis e Stephen J. Garfein, "The Computer-Driven Marketing Audit", *Journal of Management Inquiry* (dezembro 1992), 306-318; e Philip Kotler, William Gregor e William Rodgers, "The Marketing Audit Comes of Age", *Sloan Management Review* 30 (Winter 1989), 49-62.

37. Jaworski, "Toward a Theory of Marketing Control".

38. Ibidem.

39. Hartline, Maxham e McKee, "Corridors of Influence".

40. Jack R. Meredith e Scott M. Shafer, *Introducing Operations Management* (New York: John Wiley and Sons, Inc., 2003), 458.

41. Esses dados são de John Michael Farrell e Angela Hoon, "What's Your Company's Risk Culture", *BusinessWeek Online*, 12 de maio de 2009 <http://www.businessweek.com/managing/content/may2009/ca20090512_720476.htm>; Kevin Kelly, "The Key to Risk: It's All About Emotion", *Forbes*, 23 de fevereiro de 2009 <http://www.forbes.com/2009/02/23/risk-culture-crisis-leadership-management_innovation.html>; Karen E. Klein, "Using Risk Management to Beat the Downturn", *BusinessWeek Online*, 9 de janeiro de 2009 <http://www.businessweek.com/smallbiz/content/jan2009/sb2009018_717265.htm>; Arvin Maskin, "Creating a Culture of Risk Avoidance", *BusinessWeek Online*, 6 de março de 2009 <http://www.businessweek.com/managing/content/mar2009/ca2009036_914216.htm>; e Max Rudolph, "What Do Risk Officers Worry About?", *Reuters*, 18 de maio de 2012 <http://blogs.reuters.com/great-debate/2012/05/18/what-dorisk-officers-worry-about>.

10
Desenvolvimento e Manutenção de Relacionamentos de Longo Prazo

Introdução

Até este ponto do livro, examinamos o processo de planejamento estratégico de suas fases iniciais até a implantação do plano de marketing. Agora, no entanto, aproveitamos a oportunidade para ampliar nossa perspectiva do processo e analisá-lo de forma holística. As empresas muitas vezes perdem a visão do todo à medida que se apressam em completar o desenvolvimento do produto e o teste de marketing ou dar os toques finais em uma campanha de mídia. Todas as atividades envolvidas no desenvolvimento e na implantação do programa de marketing têm um propósito importante: desenvolver e manter relacionamentos de longo prazo. Contudo, como vimos, a implantação de uma estratégia de marketing que pode de fato satisfazer necessidades e desejos dos clientes tem se mostrado uma tarefa difícil no atual ambiente de negócios em rápida mudança. O fato é que pesquisa minuciosa, fortes vantagens competitivas e um programa de marketing bem executado muitas vezes não bastam para garantir o sucesso.

Em tempos passados, desenvolver e implantar a estratégia de marketing "certa" envolvia a criação de um grande número de transações com clientes para maximizar a participação de mercado da empresa. As empresas davam pouca importância em descobrir as necessidades e encontrar melhores formas de resolver os problemas dos clientes. Na economia atual, porém, a ênfase mudou para o desenvolvimento de estratégias que atraiam e retenham clientes no longo prazo. Como ilustrado no boxe *Além das Páginas 10.1* a 1-800-Flowers.com faz isso de forma eficaz por meio de uma compreensão abrangente de seus clientes, incluindo suas expectativas, suas motivações e seus comportamentos. Em posse desse conhecimento, empresas como a 1-800-Flowers.com podem, dessa forma, criar o programa de marketing certo para aumentar a satisfação e reter clientes no longo prazo.

ALÉM DAS PÁGINAS 10.1

1-800-Flowers.com Foca nos Clientes[1]

Serviço ao cliente. Confiança. Interações individualizadas com os clientes. Fidelidade do consumidor. Essas são as bases do crescimento constante da 1-800-Flowers.com há mais de 20 anos. Desde que a companhia foi ativada em 1991, o CEO Jim McCann usou um foco com precisão de laser nos clientes para fazer da 1-800-Flowers o maior varejista floral no mundo. A empresa de McCann ganhou US$ 690 milhões em 2011 e agrega cerca de 3 milhões de novos clientes a cada ano. A empresa também tem uma taxa bastante elevada de repetição de compras.

A 1-800-Flowers usa a Internet para se conectar com os clientes e coloca um grande esforço para criar uma visão holística de 360 graus de cada um deles. A empresa coleta informações sobre o cliente em todos os pontos nos quais o contacta, isto é, vendas, programas de fidelização, pesquisas, mala-direta, promoções de vendas (concursos e sorteios) e programas de afiliação (com floristas, empresas de cartão de crédito e companhias aéreas), e as usa para criar uma comunicação personalizada e ofertas de produtos para qualquer um dos cerca de 40 milhões de clientes em sua base de dados. A 1-800-Flowers usa um sofisticado sistema de segmentação que analisa comportamentos de transações (atualização, frequência, valor da compra) e os combina com comportamentos de compra de presentes. Essa informação é, então, relacionada ao perfil psicográfico de cada cliente para criar mensagens direcionadas para cada segmento. A empresa, em seguida, usa uma variedade de métricas, por exemplo, financeiras, de retenção e aquisição de clientes, de reconhecimento da marca, de intenção de compra e recomendações de clientes, para medir seu desempenho.

Para aumentar a fidelidade do cliente, a 1-800-Flowers lançou o Fresh Rewards, um programa de fidelidade baseado em pontos. Os clientes ganham um ponto para cada dólar que gastam e recebem um passe Fresh Reward via e-mail quando acumulam 200 pontos. Há também programas com patamares mais elevados para os clientes que gastam US$ 400 ou US$ 800 por ano. O programa é algo único, pois oferece apenas mercadorias 1-800-Flowers como recompensas. Além de aumentar a fidelidade do cliente, o programa Fresh Rewards também permite que a empresa colete mais informações em profundidade dos clientes.

Para desenvolver ainda mais o relacionamento com os clientes, a 1-800-Flowers ampliou seu mix de produtos para além de produtos florais. A empresa agora vende presentes tradicionais, como cestas, frutas, pipoca, biscoitos, cookies, chocolates e cestas de presente para bebês. Hoje, 36% das vendas da empresa vêm de produtos não florais. Para desenvolver vínculos sociais ainda mais fortes com os clientes, a empresa lançou aplicativos para vários smartphones e uma loja on-line no Facebook.

Para a 1-800-Flowers, a chave do sucesso tem sido sua capacidade de integrar e utilizar a enorme quantidade de dados que coleta de seus clientes. No entanto, o CEO McCann também favorece a abordagem da velha escola para entender os clientes. McCann afirma que sua formação como assistente social o ajuda a compreender a importância de relacionamentos sólidos. Fiel a sua formação, McCann vai regularmente a campo conversar com os clientes. Em ocasiões importantes, como o Dia das Mães e o Dia dos Namorados, McCann e outros executivos atendem ao telefone, entregam produtos e trabalham nas lojas de varejo da empresa. McCann coloca dessa forma: "Nossos concorrentes só pensam em vendas, nós pensamos em relacionamentos. Estamos ajudando nossos clientes a se conectarem com as pessoas importantes em suas vidas com flores e presentes criados e desenhados para relações, ocasiões e sentimentos específicos. Essa é a diferença".

Neste capítulo, vamos examinar como o programa de marketing pode ser utilizado como um todo para prover qualidade, valor e satisfação aos clientes. Começaremos por rever as questões estratégicas associadas ao processo de gerenciamento do relacionamento com o cliente. Desenvolvimento de relacionamentos de longo prazo é uma das melhores formas de isolar a empresa contra incursões da concorrência e o rápido ritmo de mudança ambiental e comoditização do produto. Em seguida, vamos abordar tópicos críticos de qualidade e valor à medida que nos concentramos em entender a forma como todo o programa de marketing está ligado a tais questões. Finalmente, vamos explorar questões fundamentais no que diz respeito à satisfação do cliente, incluindo expectativas dos clientes e métricas para monitorar a satisfação do cliente ao longo do tempo.

Gerenciamento do Relacionamento com o Cliente

Como brevemente mencionado no Capítulo 1, criação e manutenção de relacionamentos de longo prazo requerem que as organizações olhem para além das transações que ocorrem hoje para enxergar o potencial de longo prazo de um cliente. Para isso, a organização deve esforçar-se para desenvolver um relacionamento com cada cliente, em vez de gerar um grande número de transações isoladas. Antes de poder ser mutuamente benéfico para a empresa e para o cliente, um relacionamento deve fornecer valor para ambas as partes. Esse é um dos requisitos básicos da troca, como observado no Capítulo 1. Criar esse valor é o objetivo do *gerenciamento do relacionamento com o cliente* (Customer Relationship Management – CRM), definido como uma filosofia de negócios que visa definir e aumentar o valor do cliente de uma forma que motive os clientes a permanecerem fiéis.[2] Em essência, o CRM envolve reter os clientes certos. É importante notar que ele não se concentra exclusivamente nos clientes finais. Em vez disso, envolve diversos grupos diferentes:

- **Clientes**. Os usuários finais de um produto, quer sejam empresas ou consumidores individuais.
- **Funcionários**. As empresas devem gerenciar relacionamentos com seus funcionários se querem ter alguma esperança de atender plenamente às necessidades dos clientes. Isso é especialmente verdadeiro em empresas de serviços nas quais os funcionários *são* o serviço aos olhos dos clientes. A retenção de funcionários-chave é uma parte vital do CRM.
- **Parceiros da cadeia de fornecimento**. Praticamente todas as empresas compram e vendem produtos para a frente e/ou para trás na cadeia de fornecimento. Isso envolve a aquisição de materiais ou a venda de produtos acabados para outras empresas. De qualquer forma, manter relacionamentos com os principais parceiros da cadeia de fornecimento é fundamental para satisfazer os clientes.
- **Stakeholders externos**. Relacionamentos com os principais stakeholders também devem ser gerenciados de forma eficaz. Incluem-se neles investidores, agências governamentais, meios de comunicação, organizações sem fins lucrativos ou empresas que fornecem bens ou serviços que ajudam a empresa a alcançar seus objetivos.

Entregar um bom valor para os clientes exige que as empresas utilizem estratégias de CRM para gerenciar eficazmente os relacionamentos com cada um desses grupos. Esse esforço inclui encontrar formas de integrar todos esses relacionamentos voltados ao objetivo final de satisfação do cliente.

Para apreciar plenamente os conceitos subjacentes ao gerenciamento do relacionamento com o cliente, as organizações devem desenvolver uma nova perspectiva sobre o cliente, isto é, transferir a ênfase de "ganhar

FIGURA 10.1 Mudança Estratégica de Ganhar Clientes para Manter Clientes

Ganhar clientes	Manter clientes
Compradores são "fregueses"	Compradores são "clientes"
Marketing de massa	Marketing individualizado
Ganhar novos clientes	Construir relacionamentos com clientes atuais
Transações isoladas	Operações contínuas
Aumentar a participação de mercado	Aumentar a participação do cliente
Diferenciação com base em grupos	Diferenciação com base em clientes individuais
Segmentação com base em necessidades homogêneas	Segmentação com base em necessidades heterogêneas
Foco estratégico de curto prazo	Foco estratégico de longo prazo
Produtos padronizados	Customização em massa
Fornecedor de menor custo	Estratégia de preços baseada em valor
Comunicação de massa unilateral	Comunicação individualizada de mão dupla
Concorrência	Colaboração

© 2013 Cengage Learning

clientes" para "manter clientes", como mostrado na Figura 10.1. Embora essa mudança estratégica esteja em andamento há algum tempo em mercados empresariais, avanços tecnológicos permitem que o CRM também seja amplamente utilizado em mercados consumidores. Empresas excepcionalmente boas no desenvolvimento de relacionamentos com os clientes possuem "capital de relacionamento", um ativo-chave que decorre do valor gerado por confiança, comprometimento, cooperação e interdependência entre os parceiros do relacionamento. No que diz respeito às vantagens competitivas, muitos veem o capital de relacionamento como o ativo mais importante que uma organização pode possuir, pois representa uma vantagem poderosa que pode ser usada para aproveitar ao máximo as oportunidades de marketing.[3]

Desenvolvendo Relacionamentos em Mercados de Consumo

Desenvolver relacionamentos com os clientes a longo prazo pode ser um processo árduo. Ao longo da vida do relacionamento, o objetivo da empresa é fazer o cliente passar por uma progressão de estágios, como mostrado na Figura 10.2. O objetivo do CRM é fazer os clientes passarem de uma simples consciência da empresa e sua oferta de produtos ao longo de níveis crescentes de intensidade de relacionamento, até o ponto no qual o cliente se torna um verdadeiro defensor da empresa e/ou de seus produtos. Observe que o verdadeiro CRM tenta ir além da criação de clientes satisfeitos e fiéis. Em última análise, a empresa possuirá o mais alto nível de capital de relacionamento quando seus clientes tornarem-se verdadeiros adeptos ou patrocinadores da empresa e de seus produtos. Por exemplo, a Harley-Davidson, agora com mais de 100 anos, é um grande exemplo de uma empresa que goza dos níveis mais elevados de clientes que a defendem. Os proprietários de Harleys exibem um amor semelhante a um culto pela marca que a maioria das outras empresas não possui. Outras empresas, como Starbucks, Apple, Coca-Cola e Nike também desfrutam de um elevado grau de defesa por parte do cliente.[4]

Nos mercados de consumo, uma das estratégias mais viáveis para as empresas construírem relacionamentos com os clientes é aumentar sua *participação do cliente (share of customer)*, em vez de sua participação

FIGURA 10.2 — Estágios de Desenvolvimento de Relacionamento com o Cliente

Estágio de relacionamento	Metas de CRM	Exemplos
Consciência	Promover conhecimento e educação do cliente sobre o produto ou a empresa. Prospecção de novos clientes.	Propaganda de produtos Venda pessoal (visitas de vendas) Boca a boca
Compra inicial	Fazer com que o produto ou a empresa estejam presentes no conjunto evocado de alternativas dos clientes. Estimular o interesse pelo produto. Estimular a experimentação do produto.	Propaganda Amostragem de produto Venda pessoal
Comprador reincidente	Satisfazer plenamente necessidades e desejos dos clientes. Atender completamente ou exceder às expectativas dos clientes ou especificações do produto. Oferecer incentivos para estimular a repetição da compra.	Boa qualidade do produto e precificação baseada em valor Bom serviço antes, durante e após a venda Lembretes frequentes e incentivos
Cliente	Criar compromissos financeiros que limitam a capacidade do cliente para trocar produtos ou fornecedores. Conquistar mais compras de cada cliente individual. Personalizar produtos para atender às crescentes necessidades e desejos dos clientes.	Cartões de cliente frequente Programas de passageiro frequente Ampla oferta de produtos
Comunidade	Criar laços sociais que impeçam a mudança de produto ou fornecedor. Criar oportunidades para que os clientes interajam entre si em um sentido de comunidade.	Programas de afiliação Programas de afinidade Comunicação pessoal permanente
Defesa	Criar personalização ou compromissos estruturais que incentivem o mais alto grau de fidelidade. Tornar-se parte da vida do cliente de forma que ele não esteja disposto a terminar o relacionamento. Pensar em clientes como parceiros.	Eventos para clientes e reuniões Contratos de longo prazo *Souvenirs* relacionados à marca

© 2013 Cengage Learning

de mercado. Essa estratégia implica abandonar as velhas noções de aquisição de novos clientes e aumento de transações, passando a focar em atender mais plenamente às necessidades dos clientes atuais. Serviços financeiros são um grande exemplo da aplicação dessa estratégia. A maioria dos consumidores adquire serviços financeiros de diferentes empresas. Eles têm serviços bancários em uma instituição, compram seguros de

A Harley Davidson desfruta de um dos mais altos níveis de defesa por parte dos clientes em todo o mundo.

uma instituição diferente e fazem seus investimentos em outra. Para contra-atacar esse fato, muitas empresas agora oferecem todos esses serviços no mesmo lugar. Por exemplo, a Regions Financial Corporation oferece serviços bancários, investimentos, corretagem de títulos hipotecários e seguros para clientes em uma rede de mais de 1.700 escritórios em 16 estados em todo o Sul, Centro-Oeste e Texas. O comprometimento da Regions com o relacionamento é evidente em suas ofertas de produtos, tais como "serviços bancários pessoais" e "contas de relacionamento do mercado monetário."[5] Em vez de concentrar-se exclusivamente na aquisição de novos clientes, a Regions tenta atender mais plenamente às necessidades financeiras de seus clientes atuais, adquirindo uma parcela maior dos negócios financeiros de cada cliente. Ao criar esse tipo de relacionamento, os clientes têm pouco incentivo para procurar empresas concorrentes para atender às suas necessidades de serviços financeiros. Esse capital de relacionamento dá à Regions um importante ativo estratégico que pode ser aproveitado, uma vez que compete com bancos e instituições financeiras rivais, tanto em nível local como on-line.

Concentrar-se na participação do cliente requer um entendimento de que os clientes têm necessidades diferentes. Portanto, nem todos os clientes obtêm o mesmo valor de uma empresa. A aplicação mais básica dessa ideia é a regra 80/20: 20% dos clientes fornecem 80% dos lucros das empresas. Embora essa ideia não seja nova, os avanços em tecnologia e técnicas de coleta de dados agora permitem que as empresas tracem o perfil dos clientes em tempo real. De fato, a capacidade de acompanhar os clientes em detalhe pode permitir à empresa aumentar as vendas e a fidelidade entre os clientes dos 80% inferiores. O objetivo é classificar a rentabilidade dos clientes individuais para expressar seu valor ao longo do tempo de vida (Lifetime Value – LTV) para a empresa. Alguns clientes, aqueles que requerem trabalho considerável ou que retornam produtos com frequência, são simplesmente muito caros para manter dado o baixo nível de lucros que geram. Esses clientes na parte inferior podem ser "dispensados" ou obrigados a pagar taxas muito elevadas pelo serviço adicional. Bancos e corretoras, por exemplo, cobram taxas de manutenção pesadas em pequenas contas. Isso permite que a empresa gaste seus recursos para desenvolver mais plenamente o relacionamento com seus clientes rentáveis.

Os clientes de alto nível da empresa (os que estão nos 20% do topo) são os candidatos mais óbvios para estratégias de retenção. Esses clientes são os mais fiéis e rentáveis, por isso a empresa deve tomar as medidas necessárias para garantir sua contínua satisfação. Clientes fora desse nível, ou clientes de segunda linha, podem ser estimulados a ser melhores clientes ou ainda fiéis com os incentivos adequados. A Figura 10.3 traça estratégias que podem ser usadas para melhorar e manter relacionamentos com os clientes. A mais básica dessas estratégias é baseada em incentivos financeiros que estimulam o aumento das vendas e a fidelidade. No entanto, incentivos financeiros são facilmente copiados pelos concorrentes e, em geral, não são bons para reter clientes no longo prazo. Para alcançar esse objetivo final, a empresa deve recorrer a estratégias destinadas a criar uma ligação mais próxima entre o cliente e a empresa. Esses laços estruturais são os mais resistentes à ação da concorrência e os mais importantes para a manutenção de relacionamentos de longo prazo.

Desenvolvendo Relacionamentos em Mercados Empresariais

O gerenciamento do relacionamento em mercados empresariais é muito parecido com o de mercados de consumo. O objetivo é fazer os compradores industriais passarem por uma sequência de estágios em que cada um deles representa um nível crescente de intensidade de relacionamento. Embora os relacionamentos empresariais possam não se aproximar do envolvimento emocional semelhante a um culto encontrado em alguns mercados consumidores, as empresas podem, contudo, tornar-se estruturalmente ligadas a seus parceiros da cadeia de fornecimento. Esses relacionamentos podem dar a ambas as partes uma vantagem em relação ao capital de relacionamento: uma empresa mantém um cliente fiel e comprometido, enquanto a outra mantém um fornecedor fiel e comprometido. Ambas as partes também podem considerar-se mutuamente como parceiros fortes ou defensores na cadeia de fornecimento como um todo.

Embora nossa discussão certamente envolva generalizações (por exemplo, algumas empresas de produtos de consumo são melhores na construção de relacionamentos do que muitas no mercado empresarial), o desenvolvimento de relacionamento nos mercados empresariais pode ser de maior envolvimento, mais complexo e muito mais arriscado do que relacionamentos em mercados de consumo. Isso ocorre porque os compradores industriais normalmente têm menos opções para escolher e os riscos financeiros são normalmente mais elevados. Por exemplo, quando um fabricante de processador de computador AMD compra da ATI (um fabricante respeitado de chips gráficos), as opções de compra e parceria com a AMD, Intel e outras empresas na indústria de computadores muda da noite para o dia. A Intel, não querendo apoiar seu concorrente mais

FIGURA 10.3 — Estratégias para Melhorar e Manter Relacionamentos com os Clientes

Aumento da intensidade do relacionamento →

	Incentivos financeiros	Vínculo social	Personalização reforçada	Vínculo estrutural
Estratégia	Usar incentivos financeiros para aumentar a fidelidade do cliente	Usar laços sociais e psicológicos para manter a clientela	Usar o conhecimento íntimo do cliente para oferecer soluções individualizadas ou personalização em massa	Criar ofertas de produtos personalizados que criam um sistema único de entrega para cada cliente
Exemplos	• Descontos por volume • Cupons • Programas de clientes frequentes	• Programas de afiliação • Eventos exclusivos para clientes • Programas de extensão de comunidade	• Lembretes ao cliente • Recomendações pessoais • Programas de compras pessoais	• Programas estruturados e complexos • Transações eletrônicas automatizadas • Relacionamentos contratuais
Usada por	• Companhias aéreas • Mercearias • Clubes de música	• Academias • Igrejas • Cartões de crédito	• Centros de serviços automotivos • Varejistas eletrônicos • Lojas de departamentos • Serviços de profissionais liberais	• Faculdades e universidades • Bancos • Serviços de pacotes de telecomunicações
Vantagens	• Eficaz no curto prazo • Fácil de usar	• Difícil de copiar • Reduz a mudança de marca	• Promove forte fidelidade e reduz muito a mudança de marca • Muito difícil para os concorrentes copiarem o conhecimento do cliente	• Última opção na mudança de marca • Produtos tornam-se interligados ao estilo de vida dos clientes
Desvantagens	• Facilmente imitada • Difícil de terminar incentivos, uma vez iniciados • Pode promover contínua mudança de marca	• Laços sociais levam tempo para serem desenvolvidos • A confiança do cliente é fundamental e deve ser mantida em todos os momentos	• Pode ser muito cara para entregar • Leva tempo para ser desenvolvida	• Resistência do cliente • Demorada e cara para desenvolver

Fontes: Baseadas em Leonard L. Berry e A. Parasuraman. *Marketing Services: Competing Through Quality.* (The Free Press, 1991), 136–148; e Valerie Zeithaml, Mary Jo Bitner e Dwayne Gremler. *Services Marketing: Integrating Customer Focus Across the Firm.* (New York: McGraw-Hill/Irwin, 2013), 160–166.

próximo, começa a trabalhar com a NVIDIA (principal concorrente da ATI) na produção de chipsets compatíveis com seus computadores. Consequentemente, a parceria da Apple com a Intel significa que eles também teriam de recorrer à NVIDIA para chips gráficos. Mais tarde, a Intel embute capacidades gráficas em seus próprios chipsets, mudando ainda mais as opções de parceria na indústria.[6] O número relativamente pequeno de empresas atuantes nesse setor significa que elas são totalmente integradas. Isso também é importante devido à presença de obrigações contratuais de longo prazo e o montante monetário absoluto envolvido. Esses tipos de relacionamento de negócios devem ser construídos sobre estratégias ganha-ganha que focam em cooperação e no aprimoramento do valor da troca para ambas as partes e não em estratégias de negociação estritas em que um lado ganha e o outro perde.

Os relacionamentos de negócios tornaram-se cada vez mais complexos à medida que as decisões devem ser feitas tendo em perspectiva toda a cadeia produtiva, não apenas as duas partes envolvidas. Nesses casos, os relacionamentos desenvolvidos aumentam a capacidade de toda a cadeia de fornecimento de melhor atender às necessidades dos clientes finais. Ao longo dos últimos anos, ocorreu uma série de mudanças nos relacionamentos de negócios, incluindo:

- **Mudança nos papéis de compradores e vendedores**. Para construir relacionamentos mais fortes, compradores e vendedores têm se afastado da negociação competitiva (tentando baixar ou aumentar o preço) para se concentrar em colaboração genuína. Isso representa uma mudança importante para muitas empresas.

- **Aumento do fornecimento de fonte única**. Empresas fornecedoras continuarão a vender diretamente a grandes clientes ou passar a vender para fornecedores de sistemas que reúnem um conjunto de produtos de vários fornecedores, a fim de entregar uma solução abrangente. O crescimento contínuo em sistemas de compras on-line é um resultado dessa tendência.

- **Aumento no fornecimento global**. Mais do que nunca, compradores e vendedores varrem o mundo em busca de fornecedores ou compradores que melhor se encaixem com suas necessidades e exigências específicas. O processo de construção de relacionamento é tão caro e complexo que só os melhores parceiros potenciais serão admitidos.

- **Aumento nas decisões de compra em equipe**. Cada vez mais, equipes tanto de empresas compradoras como fornecedoras tomam decisões de compra. Tais equipes são formadas por funcionários de diferentes áreas de conhecimento fundamentais para o sucesso de ambas as empresas. Cada vez mais, a alta administração de ambas as empresas será representada nessas equipes, uma vez que compradores econômicos dos dois lados desempenham um papel importante no estabelecimento de metas e objetivos.

- **Aumento da produtividade por meio de uma melhor integração**. Empresas que alinham estreitamente suas operações de compra e venda têm a capacidade de identificar e remover qualquer ineficiência no processo. Esse aumento de produtividade conduz a uma redução de custos visíveis e invisíveis, aumentando assim a rentabilidade de ambas as empresas. Essa integração pode ser estendida ao longo da cadeia de fornecimento. No futuro, apenas as cadeias de fornecimento mais eficientes sobreviverão, especialmente, porque mais negócios migrarão para a arena eletrônica.

Essas mudanças fundamentais na estrutura da maioria dos relacionamentos de negócios vão levar a mudanças dramáticas na forma como as organizações trabalham em conjunto. Somente as empresas dispostas a fazer mudanças estratégicas, em oposição a mudanças superficiais, na forma como lidam com seus clientes ou fornecedores tenderão a prosperar à medida que avançamos neste século.

Qualidade e Valor: as Chaves para o Desenvolvimento do Relacionamento com o Cliente

Para construir capital de relacionamento, uma empresa deve ser capaz de atender às necessidades de seus clientes melhor do que seus concorrentes. Ela também deve ser capaz de atender a essas necessidades oferecendo produtos e serviços de alta qualidade com um bom valor relativo aos sacrifícios que os clientes devem fazer para adquiri-los. Quando se trata de desenvolver e manter relacionamentos com os clientes, qualidade é uma faca de dois gumes. Se a qualidade de um bem ou serviço é ruim, a organização, obviamente, tem pouca chance de satisfazer os clientes ou manter relacionamentos com eles. O ditado de "tentar algo pelo menos uma vez" se aplica aqui. Uma empresa pode ser bem-sucedida na geração de transações pela primeira vez com os clientes, mas a qualidade ruim garante que não ocorrerá a repetição de compras. Por outro lado, boa qualidade não é uma garantia automática de sucesso. Pense nisso como uma condição necessária, mas não suficiente para o sucesso do gerenciamento de relacionamento com o cliente. É nesse ponto que o valor torna--se fundamental para manter relacionamentos com os clientes a longo prazo.

Compreendendo o Papel da Qualidade

Qualidade é um termo relativo que se refere ao grau de superioridade de bens ou serviços de uma empresa. Dizemos que a qualidade é relativa porque ela só pode ser julgada em comparação com produtos concorrentes ou quando comparada a um padrão interno de excelência. O conceito de qualidade também se aplica a muitos aspectos diferentes da oferta de produtos de uma empresa. A oferta total do produto de qualquer empresa consiste em pelo menos três componentes interdependentes, como ilustrado na Figura 10.4: o produto principal, produtos complementares e atributos simbólicos e experienciais.

Produto principal. O núcleo da oferta, o produto principal, é a razão de ser da empresa ou a justificativa de sua existência. Como mostrado na Figura 10.4, o núcleo pode ser um bem tangível, como um Chevy Silverado, ou um serviço intangível, como a rede de comunicações da Verizon Wireless. Praticamente todos os elementos do programa de marketing têm um efeito sobre a qualidade (ou qualidade percebida) do produto principal. Contudo, estratégias de produto e de marca da empresa são de extrema importância. Uma vez que o produto principal é a parte da oferta que oferece os principais benefícios desejados pelos clientes, a utilidade de forma oferecida pelo produto principal é vital para manter sua qualidade. Por exemplo, a qualidade de um prato de entrada em um restaurante depende da utilidade de forma criada por meio da combinação de matérias-primas de qualidade e experiência na preparação. Em ofertas de serviços, o produto principal é geralmente composto de três dimensões inter-relacionadas:[7]

- **Pessoas**. A interação entre o cliente, os funcionários da empresa e outros clientes presentes durante a prestação de serviços.
- **Processos**. O fluxo operacional de atividades ou etapas no processo de prestação de serviços. Processos podem ser feitos por meio de interação via tecnologia ou pessoal.
- **Evidência física**. Qualquer evidência tangível do serviço, incluindo materiais escritos, serviço de assistência, pessoas ou equipamento. Inclui o ambiente em que o serviço é prestado.

Como um todo, empresas de serviços se empenham diariamente para a manutenção da qualidade de suas ofertas de serviços principais. Como os serviços têm um uso muito intensivo de pessoas, a implantação eficaz da estratégia de marketing (por meio de objetivos comuns, motivação e habilidades dos funcionários) é um fator importante que ajuda a garantir consistência e qualidade. A qualidade do serviço também depende mais de questões como presteza nas solicitações dos clientes, um serviço consistente e confiável ao longo do tempo e simpatia e solicitude dos funcionários da empresa. A qualidade dos bens tangíveis depende mais de questões como estilo, durabilidade, facilidade de uso, conforto ou adequação a uma necessidade específica.

FIGURA 10.4 Componentes da Oferta Total do Produto

	Produto principal	Produtos complementares	Atributos simbólicos e experienciais
Chevrolet Silverado 1500	Transporte Arrasto/reboque	Acessórios Financiamento GMAC Peças de reposição OnStar	"A picape de grande porte mais duradoura e confiável na estrada" "Chevy Pisa Fundo"
Verizon Wireless	Comunicação	Opções de telefonia Opções de plano de tarifas "Amigos e família" 4G LTE	"Mande no ar" "Maior e mais confiável rede dos Estados Unidos"
Aparador de Grama John Deere	Manutenção do gramado e de jardins	Acessórios Financiamento Entrega	John Deere "Verde" "Nada funciona como um Deere"
Pneus Michelin	Pneus Segurança	Ampla disponibilidade Instalação Financiamento	"Porque muito se roda sobre seus pneus" "Um melhor caminho à frente" O Boneco Michelin
Waldorf Astoria New York City	Alojamento	Localização central em Manhattan na Park Avenue Restaurantes Serviço de quarto	"Serviço incomparável e conforto indulgente" O primeiro "Grand Hotel"

© 2013 Cengage Learning

Seja um bem ou um serviço, a empresa tem pouca chance de sucesso se seu produto principal for de qualidade inferior. No entanto, mesmo o fornecimento de um produto principal de alta qualidade não é suficiente para garantir satisfação e relacionamento com os clientes a longo prazo. Isso ocorre porque os clientes esperam que o produto principal seja de alta qualidade ou pelo menos no nível necessário para satisfazer suas necessidades. Quando o produto principal atende a esse nível de qualidade esperado, o cliente começa a considerá-lo como normal. Por exemplo, os clientes consideram normal que seu serviço telefônico funcione o tempo todo. Eles voltam a notá-lo quando o sinal não é bom ou quando o serviço não está disponível. A mesma coisa pode ser dita para um varejista de supermercado que oferece consistentemente alimentos e serviços de alta qualidade. Com o tempo, o produto principal não se destaca em um nível que possa manter o relacionamento com o cliente a longo prazo. É nesse ponto que os produtos complementares se tornam críticos.

Produtos complementares. São bens ou serviços que adicionam valor ao produto principal, diferenciando o produto principal de ofertas de produtos concorrentes. Na maioria dos casos, os produtos complementares são recursos ou benefícios extras que melhoram a experiência total do produto. No entanto, não são necessários para o produto principal funcionar corretamente. Em muitas categorias de produtos, a real diferença entre produtos ou marcas concorrentes reside nos produtos complementares fornecidos pela empresa.

Por exemplo, cada hotel é capaz de fornecer o produto principal, um quarto com uma cama para passar a noite. Embora a qualidade do produto principal varie entre hotéis, as diferenças importantes encontram-se nos produtos complementares. Hotéis de luxo, como Hyatt ou Hilton, oferecem muitas comodidades, como, spas, restaurantes, academias, estacionamento com manobrista e serviço de quarto, que hotéis econômicos como Motel 6 ou Econolodge não oferecem. O serviço de telefonia móvel é outro exemplo. Todas as empresas podem atender às necessidades de comunicação de seus clientes, porém os clientes utilizam produtos complementares, como diferentes opções de telefone, planos de tarifas e brindes como minutos, roaming e chamadas de longa distância gratuitas para diferenciar uma oferta de produto de outra. Nos mercados empresariais, os serviços complementares são muitas vezes o fator mais importante no desenvolvimento de relacionamentos de longo prazo. Serviços como financiamento, treinamento, instalação e manutenção devem ser de alta qualidade para garantir que clientes empresariais continuem a manter um relacionamento com a empresa fornecedora.

É interessante notar que as empresas não comercializam muitos produtos com o produto principal em mente. Quando foi a última vez que um fabricante de automóveis ressaltou a capacidade de um carro ou um caminhão de satisfazer suas necessidades de transporte (ou seja, levá-lo do ponto A ao ponto B)? Em vez disso, eles se concentram em atributos de produtos complementares, como financiamento especial, assistência na estrada e garantias. Tais produtos complementares dependem fortemente dos elementos de produto, preço e distribuição do programa de marketing. Por exemplo, além de vender uma ampla gama de produtos de marca, a Amazon também oferece seu próprio cartão de crédito e envio gratuito em muitos pedidos de US$ 25 ou mais ou envio grátis com a adesão ao programa Amazon Prime. Esses serviços complementares, juntamente com acesso 24 horas durante 7 dias da semana e preços competitivos, fazem da Amazon um concorrente formidável em muitas categorias de produtos diferentes.

Atributos simbólicos e experienciais. As empresas também usam diferenças simbólicas e experienciais, como imagem, prestígio e marca, para diferenciar seus produtos. Esses recursos são criados principalmente por meio dos elementos de produtos e de promoção do programa de marketing. Sem dúvida, os mais poderosos atributos simbólicos e experienciais são baseados na marca. De fato, muitas marcas, como Mercedes, iPod, Ritz-Carlton, Coca-Cola, Rolex, Disney World e Chris Steak House, só precisam do próprio nome para passar a mensagem. Essas marcas têm imenso poder na diferenciação de seus produtos porque podem projetar toda a oferta de produtos (principal, complementares e simbólicos/experienciais) com uma palavra ou frase. Outros tipos de produtos não necessariamente dependem de marca, mas de sua singularidade para transmitir sua natureza simbólica e experiencial. Grandes eventos esportivos como Super Bowl, NCAA Final Four ou Tour de France são certamente bons exemplos disso. Até mesmo eventos esportivos locais, como jogos de futebol da escola, podem ter qualidades simbólicas e experienciais se a rivalidade for intensa.

Entregando Qualidade Superior

Entregar qualidade superior todo dia é uma das coisas mais difíceis que qualquer organização pode fazer com regularidade. Em essência, é difícil conseguir tudo certo – e na maior parte do tempo. Durante os anos 1980 e 1990, iniciativas estratégicas, como a gestão da qualidade total, ISO 9000 e o advento do Prêmio Baldrige, foram muito bem-sucedidas em mudar a forma como as empresas encaravam qualidade. Como resultado, praticamente todos os setores viram acentuada melhoria na qualidade durante esse período.

Hoje, no entanto, a maioria das empresas luta com a melhoria da qualidade de seus produtos, seja o produto principal, sejam os produtos complementares. Como discutimos no Capítulo 1, isso aconteceu porque:

(1) os clientes têm expectativas muito altas sobre a qualidade; (2) a maioria dos produtos compete atualmente em mercados maduros; e (3) muitas empresas competem em mercados com pouca diferenciação real entre as ofertas de produtos. À medida que os produtos se tornam mais comoditizados, fica muito difícil para os profissionais de marketing fazerem seus produtos se destacarem da massa de concorrentes. Uma grande quantidade da pesquisa tem sido feita para determinar como as empresas podem melhorar a qualidade de seus produtos. Os quatro temas a seguir se destacam:[8]

- **Compreender as expectativas dos clientes**. Não é de surpreender que a base da melhoria da qualidade seja também o ponto de partida para um gerenciamento eficaz do relacionamento com clientes. A entrega de qualidade superior começa com uma sólida compreensão das expectativas dos clientes. Isso significa que as empresas devem ficar em contato com os clientes por meio de pesquisas para melhor identificar suas necessidades e seus desejos. Embora tal pesquisa possa incluir esforços em grande escala, como surveys ou grupos de discussão, também pode incluir esforços simples e baratos, como cartões de comentários do cliente, ou ter os gestores interagindo de forma positiva com os clientes. Avanços na tecnologia têm melhorado bastante a capacidade das empresas de coletar e analisar informações de clientes individuais. Novas ferramentas, como o armazenamento e a mineração de dados, são uma grande promessa que permite que as empresas compreendam melhor as expectativas e necessidades dos clientes.

- **Traduzir expectativas em padrões de qualidade**. As empresas que conseguem converter com êxito as informações do cliente em padrões de qualidade garantem que estão ouvindo a voz do cliente. Se os clientes querem melhores ingredientes, funcionários amigáveis ou uma entrega mais rápida, logo em seguida devem ser definidas normas para coincidir com tais desejos. Contudo, frequentemente os gerentes definem as normas que atendem aos objetivos organizacionais sem nenhuma consideração para com as expectativas dos clientes. Como discutido no boxe *Além das Páginas 10.2*, isso ocorre geralmente quando os gerentes definem normas baseadas em produtividade, eficiência ou redução de custos, em vez de qualidade ou atendimento ao cliente. Nesses casos, a tentação é se concentrar em parâmetros internos, como o controle de custo ou rapidez, em vez de referências de clientes, como qualidade e satisfação.

- **Manter os padrões de qualidade**. Os melhores padrões de qualidade são de pouca utilidade se não forem entregues com precisão e de forma consistente. Em causa está a capacidade de gestores e funcionários de oferecer uma qualidade consistente com os padrões estabelecidos. Chamar os clientes pelo nome, atender o telefone no segundo toque e entregar uma pizza quente no intervalo de 30 minutos são exemplos de padrões de qualidade que podem, ou não, ser alcançados. Atingir esses padrões com êxito depende principalmente de quão bem a estratégia é implantada. No entanto, também depende da capacidade de a empresa financiar totalmente o esforço de qualidade. Por exemplo, muitos varejistas, incluindo a Walmart, antes tinham normas para a abertura de caixas adicionais quando havia mais de três pessoas na fila. No entanto, esses varejistas não conseguiam cumprir essa norma devido à despesa de pessoal com funcionários adicionais para operar os caixas.

- **Não prometer demais**. Desnecessário dizer que os clientes ficarão desapontados se uma organização não cumprir suas promessas. A chave é criar expectativas realistas para os clientes do que pode ou não ser entregue. Toda comunicação com os clientes deve ser honesta e realista no que diz respeito ao grau de qualidade que pode ser entregue. Enganar intencionalmente os clientes, fazendo promessas que não podem ser mantidas, é a receita garantida para o desastre.

ALÉM DAS PÁGINAS 10.2

Atendimento ao Cliente *versus* Eficiência[9]

Como consumidores, devemos estar levando uma vida boa. Afinal de contas, temos acesso a uma variedade sem precedentes de produtos e serviços do mundo todo. Tudo o que precisamos está praticamente ao nosso alcance e disponível 24 horas por dia durante 7 dias por semana. Se tudo é tão bom assim, então por que ainda sofremos com serviços ruins, longos tempos de espera, reclamações ignoradas e a sensação de que somos apenas mais um número para a maioria das empresas? Em outras palavras, por que o serviço ao cliente é tão ruim? Será que somos apenas mimados ou as empresas não se importam mais?

Embora possamos ser mimados e algumas empresas possam não se preocupar com o serviço, a verdade é que nossas próprias exigências para produtos convenientes, rápidos e baratos estão em desacordo com nossas exigências para um melhor serviço ao cliente. À medida que procuram reduzir os custos e aumentar a rapidez, as empresas se concentram mais em parâmetros de eficiência internos baseados em custo e medidas de desempenho baseadas em tempo. Isso significa que elas se concentram menos em parâmetros como qualidade, valor ou satisfação. Essa tendência também é impulsionada pela natureza humana: é muito mais fácil medir custos e tempo do que algo tão subjetivo quanto a satisfação do cliente. Como resultado, cada vez mais empresas devem caminhar continuamente sobre uma linha tênue entre serviço e eficiência operacional.

Algumas empresas percorrem essa linha com sucesso (Southwest Airlines é um bom exemplo). Outras, no entanto, têm arruinado relacionamentos com os clientes em sua tentativa de reduzir os custos. Isso tem sido especialmente verdadeiro com a recente desaceleração da economia. Em alguns casos, as empresas foram obrigadas a reduzir o atendimento ao cliente para manter ou melhorar a rentabilidade. Quatro exemplos recentes são discutidos a seguir:

Hertz e Avis

Após a demissão de 4 mil funcionários no início de 2009, os clientes da Hertz foram confrontados com uma escassez de pessoal de serviço ao cliente. A empresa reduziu suas horas de "devolução imediata" em aeroportos menores, juntamente com a redução do número de pessoal em todos os locais. A Avis seguiu a mesma rota reduzindo despesas durante a crise econômica. A empresa cortou serviços, reduziu pessoal e passou a maior parte de sua equipe que atendia na devolução imediata para os balcões de aeroportos. O resultado para os clientes: filas mais longas, aumento do tempo de espera e satisfação do cliente em declínio. O resultado não foi o que Hertz e Avis tanto esperavam. Ambas as empresas viram muitos de seus clientes mais fiéis passarem para locadoras concorrentes. Com o tempo, Hertz e Avis reverteram suas políticas e aumentaram o número de agentes para atender seus clientes na devolução imediata.

Home Depot

Depois de anos de recordes de crescimento e lucros, a Home Depot mudou sua estratégia de focar na expansão de seu negócio de fornecimento de contratante e aumentou a eficiência com corte de custos e operações simplificadas. Ao longo do caminho, o serviço ao cliente saiu da lista de prioridades da empresa. Funcionários em tempo integral foram substituídos por empregados de tempo parcial, os incentivos aos funcionários por um bom serviço foram cortados e a parcela de participação nos lucros caiu de US$ 90 milhões para US$ 44 milhões em um ano. Resultado: a Home Depot caiu para a última colocação em satisfação do cliente entre os principais varejistas dos EUA. Mais importante, a empresa viu-se 6 pontos percentuais atrás da Lowe, que usou uma estratégia de promoção de lojas mais amigáveis. Depois de lançar um grande programa de serviço ao cliente e abandonar muitas de suas práticas de comando e controle, o atendimento ao cliente da Home Depot melhorou. A chave para a mudança foi a redefinição dos papéis dos funcionários para focar claramente nos clientes.

Costco e Sam's Club

Enquanto o Sam's Club (e sua controladora Walmart) é bem conhecido por oferecer preços baixos,

▶▶

praticamente todas as pesquisas com clientes indicam que o Costco oferece melhor serviço ao cliente. O motivo? O Costco trata melhor seus funcionários. Além de proporcionar melhores pacotes de benefícios, o Costco paga a seus funcionários em média US$ 6 a US$ 7 a mais do que o Sam's Club. Embora mais caro de implantar, o tratamento dado aos funcionários do Costco compensa em termos de um melhor serviço aos clientes. Para começar, melhores salários e benefícios geralmente geram funcionários mais satisfeitos. Além disso, a taxa de rotatividade do Costco varia de 6% a 20% ao ano, muito inferior à do Sam's Club, de 20% a 50% ao ano. Isso significa que os funcionários do Costco são mais experientes e mais capazes de atender os clientes da empresa. O aumento da fidelidade do funcionário tem outra vantagem: os custos de recrutamento, contratação e treinamento são mais baixos.

Dell

A estratégia da Dell e seu sucesso há muito têm sido ligados à eficiência interna. Seu modelo de negócios de venda por telefone e Internet é um exemplo clássico de integração da cadeia de fornecimento e excelência operacional. Porém, recentemente, a Dell buscou a redução de custos como uma vingança. A razão foi a concorrência. Praticamente, todos os concorrentes da Dell têm preço e disponibilidade do produto semelhantes. Infelizmente, os movimentos da Dell afastaram seus clientes, especialmente em operações de call center da empresa, que a Dell terceirizou para empresas em países estrangeiros. Não é de surpreender que os índices de satisfação do cliente da Dell, juntamente com sua participação de mercado, caíram drasticamente. Para mudar esse quadro, a Dell iniciou um programa de US$ 100 milhões para melhorar o serviço ao cliente. A empresa começou com a nomeação de um novo diretor de atendimento ao cliente, que imediatamente expandiu o tamanho dos call centers da Dell de 1.000 a 3.000 postos. A Dell também investiu US$ 1 bilhão para abrir novos centros de dados, incluindo 12 centros de soluções globais, que se concentram em vendas, atendimento ao cliente e suporte técnico.

Se as empresas podem aprender alguma coisa com esses exemplos, é que elas nunca conseguem vencer a batalha entre serviço ao cliente e eficiência. Cortes de custos que reduzem o serviço ao cliente quase sempre precisam ser restabelecidos, uma vez que os clientes começam a exigir melhor qualidade, mais atenção e maior valor para seu dinheiro. As expectativas dos clientes são simplesmente bem altas e os concorrentes numerosos para serem ignorados pelas empresas.

Dessas quatro questões, a mais crítica é ter um conhecimento aprofundado das expectativas do cliente porque prepara o terreno para todo o esforço de melhoria da qualidade. As expectativas dos clientes também são vitais para garantir sua satisfação. Vamos analisar mais de perto as expectativas dos clientes posteriormente neste capítulo.

Compreendendo o Papel do Valor

Já dissemos que qualidade é uma condição necessária, mas não suficiente, para um gerenciamento eficaz do relacionamento com o cliente. Com isso queremos dizer que qualidade excepcionalmente elevada do produto é de pouca utilidade para a empresa ou seus clientes se esses não podem se dar ao luxo de pagar por ela ou se o produto for muito difícil de obter. No contexto de utilidade (satisfação de desejos), sacrificar a utilidade de tempo, lugar, posse e psicológica por causa da utilidade de forma pode ganhar prêmios de design de produto, mas nem sempre conquista clientes.

Valor é fundamental para manter relacionamentos com os clientes a longo prazo, pois permite o equilíbrio necessário entre os cinco tipos de utilidade e os elementos do programa de marketing. Como um princípio orientador da estratégia de marketing, o valor é bastante útil porque inclui o conceito de qualidade, mas é mais amplo em escopo. Ele leva em conta todos os elementos do programa de marketing e pode ser usado para considerar explicitamente as percepções dos clientes do programa de marketing no processo de desenvolvimento da estratégia. Valor também pode ser utilizado como um meio de organizar aspectos internos de desenvolvimento da estratégia de marketing.

No Capítulo 6, definimos valor como a avaliação subjetiva de um cliente dos benefícios em comparação com os custos para determinar o valor da oferta de produto de uma empresa em relação a outras. Para ver como cada elemento do programa de marketing está relacionado com o valor, precisamos separar os benefícios e os custos para os clientes em suas partes componentes, como mostrado abaixo e na Figura 10.5:

$$\text{Valor Percebido} = \frac{(\text{Qualidade do Produto Principal} + \text{Qualidade dos Produtos Complementares} + \text{Qualidade Experiencial})}{(\text{Custos Monetários} + \text{Custos Não Monetários})}$$

Diferentes compradores e mercados-alvo têm perspectivas diversificadas sobre valor. Embora custo monetário certamente seja uma questão-chave, alguns compradores conferem maior importância a outros elementos da equação de valor. Para alguns, bom valor envolve a qualidade do produto. Para esses clientes, o elemento produto do programa de marketing é o mais crucial para alcançar um bom valor. Para outros, valor depende de disponibilidade e qualidade dos produtos complementares. Nesse caso, produto, serviço ao cliente, preços, distribuição e estratégias da empresa se reúnem para criar valor. Para outros compradores, bom valor é conveniência. Para obter um bom valor, tais clientes colocam maior ênfase em questões de distribuição, tais como disponibilidade de variedade de produto, várias localizações, acesso 24 horas / 7 dias por semana ou mesmo entrega em domicílio. As relações entre os elementos do programa de marketing devem ser constantemente gerenciadas para entregar um bom valor para os clientes. É importante que os gerentes lembrem-se de que qualquer mudança em um elemento do programa terá repercussões para o valor em todo o programa de marketing.

Qualidade de produto principal, produtos complementares e experienciais. A relação entre qualidade e valor é mais evidente na qualidade dos benefícios para os clientes representados na parte superior da equação de valor. Nesse caso, bom valor depende de uma avaliação holística de qualidade do produto principal, dos produtos complementares e dos atributos experienciais. Embora cada um possa ser julgado de forma independente em suas avaliações de valor, a maioria dos clientes enxerga os benefícios fornecidos pela empresa de forma coletiva. Consequentemente, as empresas são capazes de criar combinações únicas de benefícios principais, complementares e experienciais que ajudam a guiar as percepções de valor. Considere uma estada em um hotel Hyatt comparado com um Motel 6. Apesar das diferenças óbvias, ambos podem entregar o mesmo valor a diferentes clientes em diferentes momentos. O Hyatt pode oferecer melhor utilidade de forma, mas o Motel 6 pode ser menos caro e estar mais perto de atrações. A percepção geral de valor é guiada por necessidades, expectativas e sacrifícios exigidos do cliente para a obtenção dos benefícios proporcionados pela empresa de forma individual.

Custos monetários e não monetários. Os custos do cliente incluem qualquer coisa que o cliente deva abrir mão para obter os benefícios fornecidos pela empresa. O mais óbvio é o custo monetário do produto, que vem em duas formas: custos de transação e custos de ciclo de vida. *Custos de transação* incluem o esforço financeiro imediato ou o compromisso que deve ser feito para adquirir o produto. Além do preço de compra do produto, exemplos desses custos incluem impostos sobre vendas, impostos de uso, taxas de licenciamento,

FIGURA 10.5 — Ligações entre Valor e o Programa de Marketing

Componentes de valor	Elementos do Programa de Marketing			
	Estratégia de produto	Estratégia de preço	Estratégia de distribuição	Estratégia de CIM
Qualidade do Produto Principal	Atributos do produto Nome da marca Design de produto Qualidade Facilidade de uso Garantias	Imagem Prestígio	Disponibilidade Exclusividade	Imagem Prestígio Reputação Venda pessoal
Qualidade do Produto Complementar	Atributos de valor agregado Acessórios Peças de reposição Serviços de reparação Treinamento Serviço ao cliente Simpatia dos funcionários	Financiamento Prestação Imagem Prestígio	Disponibilidade Exclusividade Entrega Instalação Treinamento no local	Simpatia dos funcionários Venda pessoal
Qualidade Experiencial	Entretenimento Singularidade Benefícios psicológicos	Imagem Prestígio	Conveniência Atmosfera da loja Decoração da loja Disponibilidade 24 horas / 7 dias por semana Entrega no dia seguinte	Imagem Prestígio Reputação Venda pessoal
Custos Monetários de Transação	Qualidade Atributos exclusivos	Preço de venda Taxas de entrega Despesas de instalação Impostos Taxas de licenciamento Taxas de registro	Taxas de entrega Despesas de instalação Impostos	Imagem Prestígio Reputação Venda pessoal
Custos Monetários do Ciclo de Vida	Durabilidade Confiabilidade Design de produto	Custos de manutenção Custo dos consumíveis Custos de reparos Custos de peças de reposição	Disponibilidade de consumíveis Disponibilidade de peças de reposição Rapidez nos reparos	Reputação Venda pessoal
Custos Não Monetários	Durabilidade Confiabilidade Minimização dos custos de oportunidade	Garantias Política de devolução	Conveniência Ampla disponibilidade Acesso 24 horas / 7 dias por semana	Reputação Reforçar a decisão de compra

© 2013 Cengage Learning

taxas de registro e encargos de entrega ou instalação. Por exemplo, varejistas de eletrodomésticos ou móveis podem aumentar o valor, oferecendo entrega ou instalação gratuitas quando seus concorrentes cobram por esses serviços. *Custos do ciclo de vida* incluem quaisquer custos adicionais que os clientes incorrem ao longo da vida do produto, tais como custos de consumíveis, manutenção e consertos. Hyundai e Kia, por exemplo, oferecem garantias de longo prazo em seus automóveis, vans e SUVs que reduzem significativamente os custos de ciclo de vida para seus clientes. Qualidade do produto, garantias, bem como disponibilidade de serviços de reparos, tudo isso tem um papel na equação quando os clientes avaliam os custos monetários. As empresas com capacidade de reduzir os custos de transação ou do ciclo de vida muitas vezes podem fornecer um valor melhor do que seus concorrentes.

Custos não monetários não são tão óbvios como os monetários, e os clientes às vezes os ignoram. Dois desses custos incluem tempo e esforço que os clientes têm que despender para encontrar e comprar os bens e serviços. Tais custos estão intimamente relacionados com as atividades de distribuição de uma empresa. Para reduzir tempo e esforço, a empresa deve aumentar a disponibilidade do produto, tornando-o mais conveniente para os clientes comprarem. O crescimento do varejo sem lojas e eletrônico é um resultado direto de empresas que tomam medidas para reduzir o tempo e o esforço necessário para comprar seus produtos, reduzindo assim os custos não monetários dos clientes. O grande número de produtos que os clientes podem receber diretamente em suas casas é uma prova da crescente importância do tempo dos clientes.

Oferecer boas garantias básicas ou garantias estendidas por um custo adicional pode reduzir o risco, outro custo não monetário. Varejistas reduzem o risco por meio da manutenção de políticas liberais de devolução e troca. Riscos de segurança pessoais entram em jogo quando os clientes compram produtos potencialmente perigosos. Exemplos comuns incluem produtos de tabaco, álcool, armas de fogo e produtos exóticos, como paraquedismo, bungee jumping e animais de estimação perigosos. Finalmente, os custos de oportunidade, também não monetários, são os mais difíceis de serem controlados pela empresa. Os clientes incorrem em custos de oportunidade porque renunciam a produtos alternativos ao fazerem uma compra. Algumas empresas tentam reduzir custos de oportunidade promovendo seus produtos como sendo os melhores ou prometendo um bom serviço após a venda. Para antecipar os custos de oportunidade, os profissionais de marketing devem considerar todos os concorrentes potenciais, incluindo concorrentes de orçamento que ofereçam alternativas para os clientes gastarem seu dinheiro.

Competindo em Valor

Depois de separar valor em suas partes componentes, podemos entender melhor como a estratégia de marketing de uma empresa pode ser projetada para otimizar o valor do cliente. Ao alterar cada elemento do programa de marketing, a empresa pode melhorar o valor aumentando a qualidade do produto principal, complementar ou experiencial e/ou reduzindo os custos monetários ou não monetários. Esse esforço deve ser baseado em uma compreensão completa de necessidades e desejos dos clientes, bem como uma apreciação de como os clientes da empresa definem valor.

Nos mercados de consumo, varejistas oferecem bons exemplos de como o valor pode ser entregue, alterando uma ou mais partes da equação de valor. As lojas de conveniência fornecem valor aos clientes reduzindo os custos não monetários (tempo e esforço) e aumentando os preços monetários. Essas lojas de alto preço (em moeda local) permanecem no negócio porque os clientes, em muitas situações, valorizam seu tempo e esforço mais do que o dinheiro. Varejistas on-line oferecem um mix de valor, reduzindo custos de tempo e esforço e, em alguns casos, reduzindo os custos monetários com frete grátis ou por não recolher impostos sobre as vendas. Os clientes que desejam a melhor qualidade podem estar dispostos a gastar grandes somas de dinheiro e/ou mais tempo procurando por considerarem seus custos não monetários como menos importantes. Esses consumidores tendem a fazer compras em lojas como Macy, Nordstrom ou Saks, em vez de cadeias de desconto. Finalmente, lojas especializadas, como Victoria Secret ou Banana Republic, oferecem um mix atraente de valor em termos de roupas de qualidade, estilo elegante, excelente serviço e decoração atraente, embora a preços monetários mais elevados.

Quem atua em mercados empresariais frequentemente define valor em termos de especificações do produto, disponibilidade e conformidade com uma programação de entrega, em vez de em termos de preço ou conveniência. Os clientes empresariais devem assegurar que os produtos adquiridos funcionarão corretamente na primeira vez, com o mínimo de interrupção das operações em curso. Em alguns casos, os produtos têm valor, não só devido a suas características ou qualidade, mas porque a empresa compradora tem um relacionamento de longa data com a fornecedora. Compradores industriais tendem a se tornar fiéis aos fornecedores que sempre atendem às suas expectativas, resolvem seus problemas e não lhes dão dores de cabeça. Tudo isso não quer dizer que as considerações monetárias não sejam importantes. Com efeito, ao contrário da maioria dos consumidores, compradores empresariais estão conscientes do total dos custos de transação e de ciclo de vida, à medida que procuram reduzir a despesa total associada a uma compra particular. Clientes empresariais muitas vezes pagarão mais em custos iniciais se o custo total ao longo da vida puder ser reduzido.

Obviamente, segmentos de mercado diferentes terão diferentes percepções de bom valor. A chave para a empresa é entender os diferentes requisitos de valor de cada segmento e adaptar o programa de marketing em conformidade. Do ponto de vista estratégico, é importante lembrar que cada elemento do programa de marketing é vital para a entrega de valor. Decisões estratégicas sobre um único elemento podem alterar o valor percebido para melhor ou pior. Se uma decisão reduz valor global, a empresa deve considerar modificar outros elementos do programa de marketing para compensar essa diminuição. Por exemplo, um aumento no preço pode ter que ser compensado por um aumento de benefícios para o cliente para manter a relação de valor.

Satisfação do Cliente: a Chave para a Retenção do Cliente

Na parte final deste capítulo, analisaremos a satisfação do cliente e o papel que ela desempenha na manutenção de relacionamentos de longo prazo. Para manter e gerenciar a satisfação do cliente com base em um ponto de vista estratégico, os gerentes devem entender as expectativas dos clientes e as diferenças entre satisfação, qualidade e valor. Eles também devem fazer da mensuração da satisfação do cliente a longo prazo um compromisso contínuo de toda a organização.

Compreendendo as Expectativas do Cliente

Embora a satisfação do cliente possa ser concebida de diversas formas, normalmente é definida como o grau em que um produto atende ou excede as expectativas do cliente sobre o produto. Obviamente, a chave para essa definição encontra-se na compreensão de expectativas do cliente e como elas são formadas. Pesquisadores de marketing descobriram que os clientes podem ter muitos tipos diferentes de expectativas como mostrado na Figura 10.6. As expectativas dos clientes podem variar de acordo com a situação. Por exemplo, a expectativa tende a ser muito elevada (isto é, mais próxima do final da faixa ideal) em situações em que as necessidades pessoais são muito elevadas. Em situações com alto nível de envolvimento, como casamentos, aniversários ou funerais, os clientes vão exigir muito da empresa. As expectativas também tendem a ser maiores quando os clientes têm muitas alternativas para satisfazer suas necessidades. Essa ligação entre expectativas e alternativas é uma razão pela qual é tão desafiador atender clientes em mercados altamente comoditizados. Outras situações podem fazer as expectativas dos clientes serem mais baixas (isto é, mais perto do final da faixa aceitável), por exemplo, quando a compra não tem grande envolvimento ou quando os preços monetários ou não monetários são baixos. Os clientes também podem ser mais tolerantes com desempenho fraco ou ruim quando têm menos alternativas de produtos ou quando o mau desempenho está além do controle da empresa (por exemplo, devido a mau tempo, demanda excessivamente alta, catástrofes naturais).

A zona de tolerância. A diferença entre as extremidades superior e inferior da faixa de possíveis expectativas dos clientes é uma consideração estratégica importante na gestão de satisfação do cliente. As empresas frequentemente se referem à extremidade superior das expectativas como as expectativas de desempenho desejado (o que os clientes querem) e a extremidade inferior da faixa de como as expectativas de desempenho adequado (o que os clientes estão dispostos a aceitar). Como mostrado na Figura 10.7, a medida da diferença entre o desempenho desejado e o adequado é chamada de zona de tolerância.[10] A largura da zona de tolerância representa o

---

FIGURA 10.6 Faixa de Expectativas do Cliente

Tipo de expectativa	Exemplo descritivo	Situações típicas	Faixa de expectativa
Expectativas ideais	"Todo mundo diz que esse é o melhor MP3 player no mercado. Eu quero dar algo especial para minha irmã em seu aniversário."	Compras de alto envolvimento Ocasiões especiais Eventos únicos	Alta (desejada)
Expectativas normativas	"Do jeito que esse MP3 player é caro, deve caber um monte de música e vir com vários acessórios incluídos."	Compras comparadas Juízos de valor	
Expectativas baseadas na experiência	"Eu comprei essa marca de MP3 player da última vez e me serviu muito bem."	Situações de compra frequentes Fidelidade à marca	
Expectativas mínimas toleráveis	"Eu sei que não é o melhor MP3 player que existe. Só comprei porque era barato."	Compras orientadas por preço Compras de baixo envolvimento	Baixa (adequada)

Fontes: Adaptadas de James H. Myers, *Measuring Customer Satisfaction* (Chicago: American Marketing Association, 1999); e Valarie A. Zeithaml, Leonard L. Berry e A. Parasuraman, "The Nature of Determinants of Customer Expectations of Service", *Journal of the Academy of Marketing Science*, 21 (janeiro 1993), p. 1–12.

FIGURA 10.7 A Zona de Tolerância

Encantamento do cliente	Satisfação do cliente	Insatisfação do cliente
(Desempenho supera expectativas desejadas)	(Desempenho dentro da zona de tolerância)	(Desempenho aquém das expectativas adequadas)
Desempenho de marketing Expectativas desejadas Expectativas adequadas	Expectativas desejadas Desempenho de marketing Expectativas adequadas	Expectativas desejadas Expectativas adequadas Desempenho de marketing
Zona de Tolerância Típica (Fatores de Desempenho de Importância Média)	Zona de Tolerância Ampla (Fatores de Desempenho de Menor Importância)	Zona de Tolerância Limitada (Fatores de Desempenho de Maior Importância)

© 2013 Cengage Learning

grau em que os clientes reconhecem e estão dispostos a aceitar a variabilidade no desempenho (isto é, qualidade, valor ou algum outro aspecto mensurável do programa de marketing). O desempenho pode ficar acima, dentro ou abaixo da zona de tolerância:

- **Encantamento do cliente** – ocorre quando o desempenho real excede a expectativa de desempenho desejado. Esse nível de desempenho é raro e bastante surpreendente quando ocorre. Portanto, os clientes o acham inesquecível.

- **Satisfação do cliente** – ocorre quando o desempenho real fica dentro da zona de tolerância. Os níveis de satisfação variam dependendo de onde o desempenho se encontra dentro da zona (alto ou baixo).

- **Insatisfação do cliente** – ocorre quando o desempenho real fica aquém da expectativa de desempenho adequado. Dependendo da gravidade do nível de desempenho, os clientes podem ir além da insatisfação e ficarem frustrados ou até com raiva. Isso também pode ser inesquecível para os clientes.

Foram abordadas essas três questões no Capítulo 5 como sendo uma consequência do processo de compra. Agora, com o plano de marketing desenvolvido e implantado, podemos pensar nessas questões em um sentido estratégico, considerando a zona de tolerância como um alvo em movimento. Se a zona é estreita, a diferença entre o que os clientes querem e o que estão dispostos a aceitar também é estreita. Isso significa que a empresa terá relativamente maior dificuldade de combinar o seu desempenho às expectativas dos clientes. Assim, a satisfação do cliente é mais difícil de alcançar quando a zona de tolerância é estreita. Por outro lado, a satisfação do cliente é relativamente mais fácil de se obter quando a zona de tolerância é ampla. Nesses casos, a empresa tem menos obstáculos e as metas de satisfação são mais fáceis de acertar. Encantar o cliente ao exceder as expectativas desejadas é uma tarefa extremamente difícil para qualquer empresa. E provocar insatisfação ao não atender até mesmo às expectativas adequadas do cliente é uma situação que deve ser sempre evitada.

Clientes normalmente têm diferentes níveis de expectativa e zonas de tolerância para diferentes fatores de desempenho. Em um restaurante, por exemplo, eles podem ter uma zona de tolerância estreita para a qualidade dos alimentos, ainda mais estreita para a qualidade do serviço, média para o tempo de espera e uma zona de tolerância relativamente ampla para a limpeza. Do ponto de vista da empresa, duas questões são importantes. Em primeiro lugar, ela deve compreender claramente os fatores de desempenho relevantes sobre os quais clientes irão criar as expectativas de desempenho. Os clientes podem ter expectativas para praticamente qualquer coisa, embora normalmente haja apenas alguns fatores críticos para a maioria dos clientes. Muitas empresas olham primeiro para fatores que dizem respeito à estratégia de produto. Contudo, os fatores críticos de desempenho podem estar em todo o programa de marketing. Em segundo lugar, a empresa deve acompanhar as expectativas e o desempenho ao longo do tempo. Monitorar expectativas de níveis de desempenho em relação à zona de tolerância é uma ferramenta de diagnóstico útil para o planejamento estratégico e gestão de satisfação do cliente. A abordagem também é útil para monitorar a eficácia de melhorias de desempenho e na avaliação do desempenho de novos produtos ou serviços. No final, o acompanhamento tanto de expectativas como do desempenho é uma forma importante de garantir que a satisfação do cliente permaneça estável ou melhore com o tempo. Uma diminuição na satisfação do cliente sugere a necessidade de medidas corretivas imediatas.

Gerenciando expectativas do cliente. Muitas empresas fazem duas perguntas-chave na medida em que trabalham para gerenciar as expectativas dos clientes: (1) Por que as expectativas dos clientes são irrealistas? e (2) Devemos nos esforçar para encantar nossos clientes, constantemente excedendo suas expectativas desejadas? Embora seja verdade que os clientes atualmente são mais exigentes do que nunca (em especial, consumidores norte-americanos), suas expectativas normalmente não são irrealistas. A maioria dos clientes está buscando noções básicas de desempenho, coisas que uma empresa deve ou prometeu fazer.[11] Por exemplo, os voos devem decolar e aterrissar no horário, as refeições em um restaurante devem ter um gosto bom e ser preparadas como solicitado, os carros novos não devem ter problemas durante todo o período de garantia e seu refrigerante deve ser servido gelado. Nesses e em outros fatores básicos de desempenho, é essencialmente impossível para a empresa exceder as expectativas dos clientes. Esses fatores básicos representam o mínimo: se uma empresa quer superar as expectativas, ela tem que ir além de suas obrigações. O boxe *Além das Páginas 10.3* explica que superar as expectativas dos clientes é um componente importante de sua fidelização.

A segunda pergunta sobre como agradar o cliente é um pouco mais controversa. As empresas devem sempre se empenhar para superar as expectativas adequadas. Afinal, essa é a definição básica entre satisfação e insatisfação. A questão mais difícil é se a empresa deve tentar superar as expectativas desejadas. A res-

ALÉM DAS PÁGINAS 10.3

Satisfeito, Mas Não Leal[12]

De um modo geral, os consumidores norte-americanos estão muito satisfeitos. Pelo menos, isso é o que revelam as pesquisas. Claro que há altos e baixos e algumas indústrias ou empresas têm melhor desempenho que outras, mas a tendência geral é positiva. Apesar dessa boa notícia, no entanto, uma pesquisa recente indicou que cerca de 30% dos clientes satisfeitos mudariam para uma nova empresa se lhes fosse dada uma boa razão para tal. Isso levanta a questão: Por que clientes satisfeitos trocam uma empresa por uma concorrente? A resposta é que satisfação não é sinônimo de fidelidade.

A satisfação do cliente em si revela muito pouco sobre onde uma empresa se encontra junto a seus clientes. Há dois problemas: satisfação relativa e expectativas do cliente. A satisfação relativa diz onde uma empresa se encontra em comparação com a concorrência. Por exemplo, o índice de satisfação de 81 do Outback Steakhouse diz pouco sobre a empresa e seus produtos até que essa pontuação é comparada com Red Lobster (83), Olive Garden (80), Applebee's (77) e Chili's (76). Da mesma forma, a Apple poderia considerar sua pontuação de satisfação mais recente de 83 um pouco baixa, até a comparar com LG (75), Nokia (75), Motorola (73), Samsung (71) e RIM (Blackberry) (69). Comparações como essas são importantes porque os clientes fazem comparações semelhantes ao tomar decisões de compra. Um cliente pode estar satisfeito com um produto ou empresa específicos, mas mudará se acreditar que ficará mais satisfeito (com maior qualidade, uma melhor experiência do usuário ou um valor melhor) com outra empresa. Por esse motivo, clientes satisfeitos não são necessariamente clientes fiéis.

Para aumentar a fidelidade, as empresas devem olhar para a segunda questão: as expectativas dos clientes. Elas são fundamentais, porque servem como pontos de ancoragem para a satisfação do cliente. Pesquisas sugerem que as empresas que simplesmente atendem às expectativas dos clientes fazem pouco para criar fidelidade. Assim, embora os clien-

tes possam não ter queixas, os produtos da empresa, provavelmente, não se destacam de forma significativa. Em outras palavras, fidelidade advém de fornecer produtos que superem as expectativas dos clientes. Ela pode ser especialmente forte nas situações em que os clientes acreditam que o desempenho da empresa é melhor do que se pode esperar de um concorrente. Nessa situação, eles têm pouco incentivo para mudar.

A maioria das empresas faz um bom trabalho ao monitorar a satisfação do cliente ao longo do tempo. No entanto, muitas fazem um trabalho bastante ruim no acompanhmento das expectativas dos clientes. Uma pesquisa recente descobriu que 47% dos clientes acreditam que os executivos não compreendem suas expectativas ou o que eles vivenciam no contato cotidiano com suas empresas. Outros 41% não acreditam que as empresas levem suas reclamações a sério. Além disso, metade dos clientes que reclama deixará a empresa se suas queixas não forem resolvidas. A outra metade pode ficar, mas espalhará boca a boca negativo, pessoalmente ou em fóruns on-line. Em todos os setores, 17% das interações dos clientes resultam em um cliente perdido.

Como vimos, para promover uma real fidelidade para com a empresa, os executivos devem ter um entendimento completo das expectativas de seus clientes. Em seguida, a empresa deve se propor a atender essas expectativas e criar valor além da norma para a indústria. Algumas dicas sobre como fazer isso acontecer incluem:

- **Busque feedback negativo**. Além de considerar cuidadosamente as reclamações dos clientes, as empresas devem olhar para fora e coletar informações de clientes insatisfeitos que não se queixam. Isso pode ser feito por meio de sites, blogs, fóruns e serviços de monitoramento feitos por terceiros.
- **Gerencie de fora para dentro**. Trata-se de utilizar as informações dos clientes (tanto positivas como negativas) para melhorar as práticas de negócios. As empresas devem levar em conta o que os clien-

▶▶

tes dizem e usar essa informação para melhorar a experiência do cliente.

- **Reconheça que um tamanho único não serve para todos**. Diferentes clientes têm diferentes formas preferenciais para satisfazer suas expectativas. Por exemplo, alguns clientes preferem um nível de automatização elevado, ou mesmo o autosserviço, no que diz respeito à experiência do cliente. Clientes jovens são um bom exemplo. Outros preferem uma experiência pessoal e personalizada. Clientes mais velhos, por exemplo, preferem um banco com caixas humanos a usar o caixa automático.
- **Coloque serviço acima da personalização**. A maioria dos clientes, mais precisamente 78%, dão mais importância a bons serviços de atendimento personalizado. Isso significa que as empresas devem ser capazes de atender às necessidades dos clientes na primeira tentativa. Apenas saber o nome do cliente não é suficiente.

Pesquisas mostram que cerca de 33% dos clientes se sentem fiéis à empresa e demonstram sua fidelidade, fazendo a maior parte de suas compras em uma categoria com a empresa. Infelizmente, a mesma pesquisa mostra que apenas 20% dos clientes da empresa são rentáveis e que a maioria dos clientes rentáveis não é fiel. Para superar esse enigma, os executivos devem fazer três perguntas sobre seus clientes: (1) Quais clientes fiéis são bons para o nosso negócio? (2) Como podemos manter esses clientes? e (3) Como podemos obter mais clientes como eles? Os clientes que não atendem a esse perfil simplesmente não valem a pena. No final, a maioria dos executivos vai descobrir que mesmo alguns de seus clientes mais satisfeitos e fiéis não valem o esforço.

---

posta depende de vários fatores. Um deles é o tempo e os custos envolvidos em encantar os clientes. Encantar um cliente não se traduz em fidelização mais forte ou retenção de clientes no longo prazo, então não é provável que o esforço valha a pena. Também pode não ser um bom investimento se, ao encantar um cliente, a empresa diminuir o desempenho para outros clientes. Outra questão é se encantar continuamente os clientes aumenta suas expectativas ao longo do tempo. Para ser eficaz, o encantamento do cliente deve ser surpreendente e raro, não um evento diário. As empresas devem buscar pequenas formas de encantar os clientes sem elevar as expectativas para além do que pode ser razoável entregar. Finalmente, a empresa deve estar ciente do fato de que suas iniciativas para encantar o cliente podem ser copiadas pelos concorrentes. Se for facilmente copiável, a satisfação do cliente deixa de ser um meio-chave de diferenciação da empresa.

Satisfação *versus* Qualidade *versus* Valor

Agora que entendemos melhor as expectativas dos clientes, vamos ver como a satisfação difere de qualidade e valor. A resposta não é tão óbvia porque os conceitos se sobrepõem em certa medida. Como a satisfação é definida em relação às expectativas dos clientes, torna-se difícil separar satisfação de qualidade e de valor porque os clientes podem ter expectativas sobre a qualidade ou o valor – ou mesmo sobre ambos. De fato, os clientes podem ter expectativas sobre qualquer parte da oferta do produto, incluindo questões aparentemente menores, como disponibilidade de estacionamento, excesso de pessoas no estabelecimento ou temperatura ambiente, além de questões importantes, como qualidade e valor.

Para resolver esse dilema, pense em cada conceito não em termos do que ele é, mas em termos de seu tamanho. O conceito mais estreitamente definido é o de qualidade, que os clientes julgam cada atributo por vez. Considere uma refeição em um restaurante. A qualidade dessa refeição decorre de atributos específicos: qualidade da comida, bebida, atmosfera e o serviço são todos importantes. Poderíamos ir além e avaliar

A Toyota normalmente obtém bons resultados de satisfação do cliente tanto por classificações de clientes como de terceiros.

a qualidade dos ingredientes na comida. De fato, muitos restaurantes, como Ruth Chris Steakhouse, promovem-se com base na qualidade de seus ingredientes. Quando o cliente considera a questão mais ampla de valor, começa a incluir outros elementos além da qualidade: preço da refeição, tempo e o esforço necessários para chegar ao restaurante, disponibilidade de estacionamento e custos de oportunidade. Nesse caso, mesmo a melhor refeição em um ótimo restaurante pode ser vista como um valor ruim se o preço for muito elevado em termos de custos monetários ou não monetários.

Quando um cliente considera satisfação, ele irá normalmente responder com base em suas expectativas do item em questão. Se a qualidade dos alimentos não for a que o cliente espera, em seguida, o cliente ficará insatisfeito com a comida. Da mesma forma, se o valor da refeição não for o que o cliente espera, ele ficará insatisfeito com o valor. Note que são julgamentos independentes. É perfeitamente possível que um cliente esteja satisfeito com a qualidade da refeição, mas insatisfeito com seu valor. O oposto também é verdade.

No entanto, a maioria dos clientes não faz julgamentos independentes sobre a satisfação. Em vez disso, os clientes geralmente pensam em satisfação com base na totalidade de sua experiência sem considerar abertamente questões como qualidade ou valor. Não estamos dizendo que os clientes não julgam qualidade ou valor. Em vez disso, queremos dizer que os clientes pensam em satisfação em termos mais abstratos do que fazem com qualidade ou valor. Isso acontece porque as expectativas dos clientes – e, em decorrência, sua satisfação – podem ser baseadas em uma série de fatores, *inclusive fatores que nada têm a ver com qualidade ou valor*. Continuando com nosso exemplo do restaurante, é inteiramente possível que um cliente receba a melhor qualidade e valor absolutos, mas ainda não esteja satisfeito com a experiência. O tempo, outros clientes, uma data ruim e mau humor são apenas alguns exemplos de fatores não relacionados com qualidade e valor que podem afetar as expectativas dos clientes e obscurecer seus julgamentos de satisfação.

Satisfação do Cliente e Retenção de Clientes

A satisfação do cliente é a chave para a retenção de clientes. Clientes totalmente satisfeitos tendem a ser mais fiéis ou até mesmo defensores da empresa e de seus produtos. Clientes satisfeitos são menos propensos a explorar fornecedores alternativos e são menos sensíveis ao preço. Portanto, são menos propensos a migrar para concorrentes. Eles também são mais propensos à divulgação boca a boca positiva sobre a empresa e seus produtos. No entanto, a forma como os clientes concebem a satisfação cria alguns desafios interessantes para as empresas. Uma coisa é se dedicar para fazer o melhor em termos de qualidade e valor, mas como uma empresa pode controlar os fatores incontroláveis que afetam a satisfação do cliente? Certamente, ela não pode controlar o tempo ou o fato de que seus clientes estão de mau humor. No entanto, há várias coisas que as empresas podem fazer para gerenciar a satisfação do cliente e alavancar seus esforços de marketing:

- **Entenda o que pode dar errado**. Gerentes, particularmente aqueles na linha de frente, devem entender que um número infinito de coisas podem e vão dar errado na resposta às expectativas dos clientes. Até mesmo as melhores estratégias não funcionarão diante de clientes mal-humorados. Embora alguns fatores simplesmente sejam incontroláveis, os gestores devem estar cientes desses fatores e estar prontos para responder, se possível.

- **Concentre-se em questões controláveis**. A chave é ficar atento a fatores incontroláveis, mas se concentrar mais em coisas que podem ser controladas. Qualidade do produto principal, atendimento ao cliente, atmosfera, experiências, preço, conveniência, distribuição e promoção devem ser gerenciados num esforço para aumentar a participação do cliente e manter relacionamentos fiéis. É especialmente importante que o produto principal seja de alta qualidade. Sem isso, a empresa tem poucas chances de gerar satisfação no cliente ou relacionamento com os clientes a longo prazo.

- **Gerencie as expectativas dos clientes**. Como vimos, a gestão de expectativas dos clientes é mais do que prometer apenas o que você pode entregar. Para gerenciar bem as expectativas, a empresa deve ensinar aos clientes a forma como serão satisfeitos pela empresa e seus produtos. Esses esforços podem incluir treinamento em profundidade do produto, instruir os clientes sobre como obter o melhor serviço da empresa, informar os clientes sobre a disponibilidade do produto e prazos de entrega e dar aos clientes dicas e sugestões para melhorar a qualidade e serviço. Por exemplo, o Serviço Postal dos EUA rotineiramente lembra os clientes de fazer envios antes da temporada mais movimentada de férias em novembro e dezembro. Esse simples lembrete é valioso na gestão de expectativas dos clientes em relação aos prazos de entrega do correio.

- **Ofereça garantias de satisfação**. As empresas que se preocupam com a satisfação do cliente dão suporte a suas ofertas garantindo a satisfação do cliente ou a qualidade do produto. A Figura 10.8 fornece vários exemplos de garantias de satisfação ao cliente. Elas oferecem uma série de benefícios. Para a empresa, a garantia pode servir como visão, credo ou meta corporativa que todos os funcionários podem se esforçar para atingir. Uma boa garantia é também uma ferramenta de marketing viável que pode ser usada para diferenciar a oferta de produtos da empresa. Para os clientes, garantias reduzem o risco de comprar da empresa e dão ao cliente um ponto de apoio se tiverem uma reclamação.

- **Facilite a reclamação dos clientes**. Mais de 90% dos clientes insatisfeitos nunca reclamam, eles simplesmente vão para outro lugar para satisfazer suas necessidades. Para contrariar essa deserção de clientes, as empresas devem facilitar a reclamação dos clientes. Seja por correio, telefone, e-mail ou pessoalmente, as empresas que se preocupam com a satisfação do cliente farão de suas reclamações uma parte importante de seus esforços contínuos de pesquisa. No entanto, o acompanhamento das reclamações não é suficiente. A empresa deve também estar disposta a ouvir e agir para corrigir os problemas dos clientes. Clientes que reclamam são muito mais propensos a comprar de novo se a empresa lidar com suas queixas de forma rápida e eficaz.

FIGURA 10.8 Exemplos de Garantias de Satisfação ao Cliente

Hampton Inn

Serviço amigável, quartos limpos, ambiente confortável sempre. Se você não estiver satisfeito, não esperamos que você pague. Esse é o nosso compromisso e sua garantia. Isso é 100% Hampton.

L.L. Bean

Nossos produtos têm a certeza de propiciar 100% de satisfação em todos os sentidos. Em caso contrário, devolva qualquer item comprado de nós a qualquer momento. Não queremos que você tenha qualquer coisa da L.L.Bean que não seja completamente satisfatória.

FedEx Express

FedEx oferece uma garantia de devolução do dinheiro para cada entrega nos EUA. Você pode solicitar um reembolso ou crédito de suas despesas de remessa se não cumprirmos o tempo de entrega informado (conforme estabelecido, como no caso do FedEx SameDay®) mesmo por 60 segundos. Essa garantia se aplica a todos os envios dos EUA, comerciais e residenciais, em todos os 50 estados.

Xerox

Se você não está totalmente satisfeito com alguma máquina da marca Xerox entregue nos termos desse Contrato, a Xerox, a seu pedido, a substituirá sem encargos por um modelo idêntico ou, a critério da Xerox, por um equipamento da Xerox com características e capacidades semelhantes. Essa garantia aplica-se apenas a equipamentos da marca Xerox cuja manutenção tenha sido continuamente feita pela Xerox nos termos desse contrato ou de um acordo de manutenção Xerox.

Midas

Compre silenciadores, pastilhas ou sapatas de freio, amortecedores ou suportes Midas com garantia vitalícia e você nunca mais precisará comprar uma peça de substituição enquanto possuir seu carro.

Eddie Bauer

Cada item que vendemos vai lhe dar total satisfação ou você pode devolvê-lo com reembolso total.

Supermecados Publix

A filosofia de agradar nossos clientes foi estabelecida desde o início por nosso fundador, George W. Jenkins. O objetivo de sua garantia continua sendo satisfazer o cliente: "Nós nunca iremos conscientemente decepcioná-lo. Se por algum motivo sua compra não lhe der completa satisfação, o preço de compra total será prontamente devolvido imediatamente, mediante pedido".

© 2013 Cengage Learning

- **Crie programas de relacionamento.** Como discutimos anteriormente, as empresas podem usar estratégias de relacionamento para aumentar a fidelidade do cliente. Atualmente, programas de fidelidade ou de adesão estão em toda parte: bancos, restaurantes, supermercados e até livrarias. O propósito de todos esses programas é criar laços financeiros, sociais, de personalização e/ou estruturais que ligam os clientes à empresa.

- **Faça da medição constante da satisfação do cliente uma prioridade.** Se você não sabe o que os clientes querem, precisam ou esperam, todo o resto é um desperdício de tempo. Um programa permanente e contínuo para medir a satisfação do cliente é um dos fundamentos mais importantes do gerenciamento do relacionamento com clientes.

Mensuração da Satisfação do Cliente

Existem diversos métodos diferentes para medir a satisfação do cliente. O mais simples envolve a medição direta do desempenho em vários fatores usando escalas de classificação simples. Por exemplo, um cliente pode ser solicitado a avaliar a qualidade dos serviços de limpeza em um hotel usando uma escala de 10 pontos variando de péssimo a excelente. Embora seja simples e permita que a empresa monitore a satisfação, esse método não serve de diagnóstico no sentido de permitir que a firma determine como a satisfação varia ao longo do tempo. Para isso, a empresa pode medir expectativas e desempenho ao mesmo tempo. A Figura 10.9 ilustra como isso pode ser feito para uma academia hipotética.

A medição contínua da satisfação do cliente mudou dramaticamente ao longo da última década. Embora a maioria das empresas controle seus índices de satisfação do cliente ao longo do tempo, as empresas sérias, no que se refere a gerenciamento do relacionamento com clientes, adotaram meios mais robustos de monitoramento de satisfação com base no comportamento real do cliente. Avanços na tecnologia, que permitem que as empresas controlem os comportamentos de clientes individuais ao longo do tempo, fornecem a base para essas novas métricas. Algumas delas incluem:[13]

FIGURA 10.9 Medindo Expectativas e Desempenho de uma Academia Hipotética

Quando se trata de	O mais baixo nível de serviço adequado que espero é:		O maior nível de serviço desejado que espero é:		O desempenho real dessa academia é:	
	Baixo	Alto	Baixo	Alto	Baixo	Alto
Qualidade e variedade de equipamentos de exercícios fornecidos	1 2 3 4 5		1 2 3 4 5		1 2 3 4 5	
Tempo de espera por um equipamento específico de exercícios	1 2 3 4 5		1 2 3 4 5		1 2 3 4 5	
Qualidade e variedade de cursos oferecidos	1 2 3 4 5		1 2 3 4 5		1 2 3 4 5	
Disponibilidade de cursos específicos	1 2 3 4 5		1 2 3 4 5		1 2 3 4 5	
Disponibilidade de instalações, tais como quadras de *squash* ou basquete, pista de corrida ou piscina	1 2 3 4 5		1 2 3 4 5		1 2 3 4 5	
Ter instalações atraentes, limpas e agradáveis	1 2 3 4 5		1 2 3 4 5		1 2 3 4 5	
Ter um ambiente confortável (temperatura, iluminação, música)	1 2 3 4 5		1 2 3 4 5		1 2 3 4 5	
Colaboração geral e simpatia do pessoal	1 2 3 4 5		1 2 3 4 5		1 2 3 4 5	
Ter horário de operação conveniente	1 2 3 4 5		1 2 3 4 5		1 2 3 4 5	
Ter muitas vagas de estacionamento disponíveis	1 2 3 4 5		1 2 3 4 5		1 2 3 4 5	

© 2013 Cengage Learning

- **Valor da vida do cliente (VVC).** O valor presente líquido do fluxo de receitas gerado por um cliente específico durante um período de tempo. O VVC reconhece que alguns clientes valem mais do que outros. As empresas podem aproveitar melhor seus programas de satisfação do cliente com foco em clientes valiosos e fornecer serviço precário ou cobrando taxas elevadas para clientes com perfis de baixo VVC para incentivá-los a sair.

- **Valor médio do pedido (VMP).** Valor em dinheiro da compra de um cliente, dividido pelo número de pedidos ao longo de um período de tempo. O VMP irá aumentar ao longo do tempo à medida que a satisfação do cliente aumenta e os clientes se tornam mais fiéis. Empresas de comércio eletrônico usam o VMP com bastante frequência para identificar os clientes que necessitam de incentivos adicionais ou lembretes para estimular compras.

- **Custos de aquisição/retenção de clientes.** É geralmente menos caro manter um cliente atual do que conquistar um novo cliente. Enquanto isso for verdade, será melhor para uma empresa manter seus clientes atuais satisfeitos.

- **Taxa de conversão de cliente.** A porcentagem de visitantes ou clientes potenciais que passam de fato a comprar. Baixas taxas de conversão não são necessariamente um motivo de preocupação se o número de clientes potenciais é alto.

- **Taxa de retenção do cliente.** A porcentagem de clientes que repetem compras. Esse número deve permanecer estável ou aumentar ao longo do tempo. A taxa de retenção em declínio é um motivo de preocupação imediata.

- **Taxa atrito com o cliente.** A porcentagem de clientes que não recompra (às vezes chamada de taxa de churn). Esse número deve permanecer estável ou diminuir ao longo do tempo. Uma taxa de atrito crescente é uma causa de preocupação imediata.

- **Taxa de recuperação do cliente.** A porcentagem de clientes que deixam a empresa (por atrito) que podem ser atraídos de volta usando diversas ofertas ou incentivos. Empresas que vendem produtos por assinaturas (por exemplo, clubes de discos e filmes, revistas, rádio ou televisão por satélite) frequentemente oferecem incentivos especiais para atrair de volta antigos clientes.

- **Referências.** Valor em dinheiro gerado a partir de clientes que vieram para a empresa por recomendação de clientes atuais. Taxa de referência em declínio é um motivo de preocupação.

- **Comunicação de redes sociais.** As empresas podem monitorar a satisfação por comentários on-line dos clientes. O número de blogs, grupos de discussão, salas de chat e sites gerais nos quais os clientes elogiam e se queixam de empresas é impressionante.

As empresas também têm outro método de pesquisa à sua disposição: o grupo de discussão (ou focus group). Muito utilizado como um meio de entender as necessidades dos clientes durante o desenvolvimento do produto, as empresas utilizam grupos de discussão com mais frequência para avaliar a satisfação do cliente. Os grupos de discussão permitem que as empresas explorem mais amplamente as sutilezas da satisfação, incluindo suas bases emocionais e psicológicas. Com uma melhor compreensão das raízes da satisfação do cliente, as empresas devem ser mais capazes de desenvolver estratégias de marketing que possam satisfazer as necessidades dos clientes.

Lições do Capítulo 10

A estratégia de marketing "certa":

- ▶ não envolve necessariamente criar um grande número de transações com clientes para maximizar a participação no mercado.
- ▶ é aquela que atrai e retém os clientes no longo prazo.
- ▶ considera necessidades, desejos e expectativas dos clientes para garantir sua satisfação e retenção.
- ▶ desenvolve relacionamentos de longo prazo com os clientes no sentido de proteger a empresa contra incursões de concorrentes e do ritmo acelerado das mudanças ambientais.

Gerenciamento do Relacionamento com o Cliente (CRM – Customer Relationship Management):

- ▶ requer que as empresas olhem para além das transações correntes, a fim de examinar o potencial de um cliente no longo prazo.
- ▶ é baseado na criação de relacionamentos mutuamente benéficos, nos quais cada uma das partes fornece valor para a outra.
- ▶ é uma filosofia de negócios que visa definir e aumentar o valor dos clientes de forma que os motive a permanecer fiéis à empresa.
- ▶ envolve reter os clientes certos.
- ▶ envolve uma série de stakeholders, além de clientes, incluindo funcionários, parceiros da cadeia de fornecimento e stakeholders externos, como agências governamentais, investidores, mídia, organizações sem fins lucrativos e empresas colaboradoras.
- ▶ desloca a ênfase do marketing da empresa de "conquistar clientes" para "manter clientes".
- ▶ envolve a criação de capital de relacionamento, a capacidade de construir e manter relacionamentos com clientes, fornecedores e parceiros com base em confiança, comprometimento, cooperação e interdependência.

CRM nos mercados de consumo:

- ▶ é um processo de longo prazo com o objetivo de fazer os consumidores passarem por uma série de estágios que vão desde a simples consciência, passando por níveis de intensidade crescente de relacionamento até o ponto em que os consumidores se tornam verdadeiros defensores da empresa e de seus produtos.
- ▶ tenta ir além da criação de clientes satisfeitos e fiéis para criar verdadeiros adeptos e patrocinadores da empresa.
- ▶ normalmente é baseado em estratégias que aumentam a participação do cliente, em vez da participação de mercado.
- ▶ abandona velhas noções de aquisição de novos clientes e aumento das operações para se concentrar em satisfação plena das necessidades dos clientes atuais.
- ▶ baseia-se no preceito de que todos os clientes têm necessidades diferentes; portanto, nem todos têm o mesmo valor para a empresa.
- ▶ envolve estimar o valor de clientes individuais para expressar seu valor de vida (VVC) para a empresa. Alguns clientes são simplesmente muito caros de manter dado o baixo nível de lucros que geram.
- ▶ não só envolve estratégias para manter os melhores clientes, mas também envolve encontrar formas de incentivar os clientes secundários a serem clientes ainda melhores.
- ▶ envolve o uso de quatro tipos de estratégias de relacionamento: incentivos financeiros, vínculo social, personalização reforçada e vínculo estrutural.

CRM em mercados empresariais:

- ▶ também envolve fazer os compradores passarem por uma sequência de estágios, em que cada um representa um nível crescente de intensidade de relacionamento.
- ▶ baseia-se mais na criação de ligações estruturais com clientes ou parceiros da cadeia de fornecimento.
- ▶ cria cenários em que ambas as partes constroem capital de relacionamento do tipo ganha-ganha; uma empresa mantém um cliente fiel e comprometido, a outra mantém um fornecedor fiel e comprometido.
- ▶ normalmente tem maior nível de envolvimento, é mais complexo e muito mais arriscado devido à natureza da empresa compradora, presença de obrigações contratuais de longo prazo e valor em dinheiro absoluto envolvido em muitas compras empresariais.
- ▶ leva a muitas mudanças na forma como as empresas fazem negócios, incluindo uma mudança de papéis de compradores e vendedores, bem como aumentos no fornecimento de fonte única, fornecimento global, decisões de compra em equipe e produtividade por meio de uma melhor integração das operações.

Como uma das chaves para o gerenciamento do relacionamento com o cliente, a qualidade:

- ▶ é um termo relativo que se refere ao grau de superioridade de bens ou serviços de uma empresa.
- ▶ é uma faca de dois gumes: boa qualidade pode gerar com sucesso transações iniciais, mas qualidade ruim assegura que as compras não se repetirão.
- ▶ não é uma garantia automática de sucesso, é uma condição necessária, mas não suficiente do gerenciamento do relacionamento com o cliente.

- é afetada por todos os elementos do programa de marketing. No entanto, estratégias de produto e de marca da empresa são de extrema importância.
- depende muito da utilidade de forma oferecida pelo produto principal. Em ofertas de serviços, o produto principal é normalmente uma combinação de pessoas, processos e evidências físicas.
- muitas vezes é dada como certa no produto principal porque os clientes esperam que o produto principal seja de alta qualidade ou, pelo menos, a um nível necessário para satisfazer suas necessidades.
- é fundamental em produtos complementares que adicionam valor ao produto principal. Na maioria dos casos, esses produtos complementares, e não o produto principal, são os responsáveis pela diferenciação do produto.
- é frequentemente encontrada nos atributos simbólicos e experienciais de um produto. Características como imagem, prestígio ou marca têm imenso poder na diferenciação de ofertas de produtos.
- é difícil de manter com regularidade porque: (1) os clientes têm expectativas muito altas sobre a qualidade; (2) a maioria dos produtos atuais compete em mercados maduros; e (3) muitas empresas competem em mercados com pouca diferenciação real entre ofertas de produtos.
- é difícil melhorar continuamente ao longo do tempo. Entregar qualidade superior envolve compreender as expectativas dos clientes, traduzindo expectativas em padrões de qualidade, mantendo os padrões de qualidade e evitando a tendência de promessas excessivas.

Como uma das chaves para o gerenciamento do relacionamento com o cliente, valor:

- é fundamental para manter relacionamentos com os clientes a longo prazo, pois permite o equilíbrio necessário entre os cinco tipos de utilidade e os elementos do programa de marketing.
- é um princípio orientador útil da estratégia de marketing, porque leva em consideração todos os elementos do programa de marketing e pode ser usado para ponderar explicitamente as percepções dos clientes em relação ao programa de marketing no processo de desenvolvimento da estratégia.
- é definido como a avaliação subjetiva de um cliente com relação aos benefícios relativos aos custos para determinar o valor da oferta do produto de uma empresa em relação a outras.
- divide-se em benefícios para o cliente (por exemplo, qualidade do produto principal, dos produtos complementares e experiencial) e os custos do cliente (monetários e não monetários).
- pode variar em diferentes situações ou momentos dependendo das expectativas e necessidades do cliente.

- depende de muito mais do que o preço de venda de um produto. Percepções de valor também são afetadas por custos de transação (impostos, taxas e demais encargos), custos do ciclo de vida (manutenção, consertos, consumíveis) e custos não monetários (tempo, esforço, risco, custos de oportunidade).
- pode ser alterado mudando-se uma ou mais partes do programa de marketing. Se uma mudança reduz o valor global, a empresa deve considerar modificar outros elementos do programa de marketing para compensar essa redução.

Expectativas dos clientes:

- estão no cerne da satisfação do cliente.
- podem ser descritas como ideais (desempenho essencialmente perfeito), normativas (desempenho como "deve" ou "deveria" ser), baseadas na experiência (com base em experiências passadas) ou mínimas aceitáveis (desempenho mais baixo aceitável).
- podem ser examinadas estrategicamente, considerando a zona de tolerância entre as expectativas de desempenho desejado e as expectativas de desempenho adequado. A zona de tolerância representa o grau no qual os clientes reconhecem e estão dispostos a aceitar a variabilidade no desempenho.
- se medidas em relação à zona de tolerância, pode levar a três resultados:
  - encantamento do cliente – o desempenho real excede as expectativas desejadas;
  - satisfação do cliente – o desempenho real está dentro da zona de tolerância;
  - insatisfação do cliente – o desempenho real fica aquém das expectativas adequadas.
- geralmente não são irrealistas. Os clientes estão buscando noções básicas de desempenho, coisas que a empresa tem obrigação ou prometeu fazer.
- podem ser aumentadas ao longo do tempo se a empresa não estiver atenta a suas iniciativas destinadas a encantar os clientes em uma base contínua.

Satisfação do cliente:

- é definida como o grau em que um produto atende ou excede as expectativas do cliente.
- é normalmente julgada pelos clientes dentro do contexto da experiência total e não apenas no que diz respeito a qualidade e valor. A satisfação do cliente também pode incluir alguns fatores que nada têm a ver com qualidade ou valor.
- é a chave para a retenção de clientes. Clientes totalmente satisfeitos são:
  - mais propensos a se tornarem clientes fiéis ou mesmo defensores da empresa;
  - menos prováveis de explorar fornecedores alternativos;
  - menos sensíveis ao preço;

- menos propensos a mudar para os concorrentes;
- mais propensos à divulgação boca a boca positiva sobre a empresa e seus produtos.

▶ cria alguns desafios interessantes para as empresas. Alguns dos passos que elas podem tomar para gerenciar a satisfação do cliente incluem:
- entender o que pode dar errado;
- focar em questões controláveis;
- gerenciar as expectativas dos clientes;
- oferecer garantias de satisfação;
- facilitar as reclamações dos clientes;
- criar programas de relacionamento;
- fazer da mensuração da satisfação do cliente uma prioridade constante.

▶ pode ser medida usando escalas de classificação simples para mensurar diretamente o desempenho em vários fatores do programa de marketing.

▶ pode ser monitorada para se fazer um diagnóstico da situação ao se medirem expectativas e desempenho ao mesmo tempo.

▶ atualmente é monitorada usando-se algumas novas métricas com base no comportamento real do cliente, incluindo valor da vida de um cliente, valor médio do pedido, custos de aquisição/retenção de clientes, conversão, retenção, taxas de atrito e recuperação do cliente, referências e comunicação de redes sociais.

Questões para Discussão

1. Um dos usos comuns de gerenciamento do relacionamento com clientes (CRM) em mercados de consumo é classificar os clientes utilizando medidas de rentabilidade ou valor da vida. Clientes altamente rentáveis recebem atenção especial, enquanto clientes não rentáveis têm um serviço ruim ou muitas vezes são "dispensados". Quais as questões éticas e sociais envolvidas nessas práticas? Poderia o CRM ser mal utilizado? Justifique sua resposta.

2. Dada a natureza comoditizada de muitos mercados atualmente, o gerenciamento do relacionamento com o cliente e seu foco associado a qualidade, valor e satisfação faz sentido? Se o preço é o único meio verdadeiro de diferenciação em um mercado comoditizado, por que uma empresa se importaria com qualidade? Justifique.

3. Considerando dois tipos de expectativas do cliente, as expectativas de desempenho adequado são as que mais variam. Descreva situações que poderiam fazer tais expectativas aumentarem, desse modo estreitando a largura da zona de tolerância. O que uma empresa pode fazer nessas situações para alcançar suas metas de satisfação?

Exercícios

1. Vá até o site da 1to1 Media (www.1to1media.com) para saber mais sobre o gerenciamento do relacionamento com o cliente. Você pode se cadastrar para ter acesso gratuito a ferramentas úteis, artigos, discussões e webinars sobre CRM e seu uso em várias indústrias diferentes.

2. Pense em todas as organizações com as quais você mantém um relacionamento contínuo (bancos, médicos, escolas, contadores, mecânicos etc.). Você se considera rentável para alguma dessas organizações? Por quê? Como cada uma dessas organizações pode dispensá-lo como cliente? O que você faria se elas fizessem isso?

3. J. D. Power and Associates (www.jdpower.com) é uma empresa de pesquisa especializada na medição da qualidade do produto e satisfação do cliente bem conhecida. Explore seu site para ver seus índices de satisfação do cliente para diversas indústrias. Que papéis empresas de terceiros, como a J. D. Power, terão no futuro dado o aumento do uso de métricas de satisfação do cliente interno?

Notas Finais

1. Esses fatos são do site corporativo da 1-800-Flowers <http://investor.1800flowers.com>. Acesso em: 19 de junho de 2012; 1800-Flowers 2011 Annual Report <http://investor.1800flowers.com/common/download/download.cfm?companyid=FLWS&fileid=530260&filekey=4E7020C3-23D7-4C6E-A021-62867BE40DA4&filename=FLWS_2011_annual_FINAL.pdf>. Acesso em: 19 de junho de 2012; Barbara Ortutay, "Flower Shop Launches First Facebook Store", *BusinessWeek Online*, 29 de julho de 2009 <http://www.businessweek.com/ap/tech/D99O5K680.htm>; e Rebecca Reisner, "Mixing Up the Bouquet at 1-800-Flowers.com", *Business Week Online*, 7 de abril de 2009 <http://www.businessweek.com/managing/content/apr2009/ca2009047_439174.htm>.

2. Jill Dyché, *The CRM Handbook*. (Boston, MA: AddisonWesley, 2002), 4-5.

3. "Relationships Rule", *Business 2.0*, maio 2000, 303-319.

4. G.B. Kumar, "Being Customer Focused: The Customer Advocacy Imperative", Cisco Blog <http://www.cisco.com/web/IN/about/leadership/gbkumar_customer.html>. Acesso em: 19 de junho de 2012.

5. Essa informação foi obtida no site da Regions <http://www.regions.com>.

6. Cliff Edwards, "AMD + ATI: Imperfect Together?" *BusinessWeek Online*, 25 de julho, 2006 <http://www.businessweek.com/technology/content/jul2006/tc20060725_893757.htm>.

7. Adaptado de Valarie Zeithaml, Mary Jo Bitner e Dwayne Gremler, *Services Marketing*, 6. ed. (Boston: McGrawHill/Irwin, 2013), p. 25-27.

8. Esse material foi adaptado de Valarie A. Zeithaml, A. Parasuraman e Leonard L. Berry, *Delivering Quality Service: Balancing Customer Perceptions and Expectations* (New York: The Free Press, 2001).

9. Esses dados são de M. Joy Hayes, "Bad Customer Service? Blame the Bosses' Bad Policies", *Daily Finance*, 25 de maio de 2012 <http://www.dailyfinance.com/2012/05/25/bad-customer-service-blamethe-bosses-bad-policies>; Brian Hindo, "Satisfaction Not Guaranteed", *BusinessWeek Online*, June 19, 2006 <http://www.businessweek.com/magazine/content/06_25/b3989041.htm>; Jena McGregor, "Marvin Ellison: Home Depot's Mr. Fix it?" *BusinessWeek Online*, 7 de maio de 2009 <http://www.

businessweek.com/magazine/content/09_20/b4131054579392.htm>; Jena McGregor, Aili McConnon e David Kiley, "Customer Service in a Shrinking Economy", *BusinessWeek Online*, 19 de fevereiro de 2009 <http://www.businessweek.com/magazine/content/09_09/b4121026559235.htm>; Erica Ogg, "A Modest Proposal to Fix Dell's Customer Service", *CNET News*, 9 de maio de 2008 <http://news.cnet.com/8301-10784_3-9939821-7.html>; Aaron Ricadela, "Dell Will Spend $1 Billion on Data Centers, Customer Labs", *BusinessWeek*, 7 de abril de 2011 <http://www.businessweek.com/news/2011-04-07/dell-will-spend-1-billion-on-data-centers-customer-labs.html>; and Harold L. Sirkin, "Serving Customers in a Downturn", *BusinessWeek*, 31 de julho de 2009 <http://www.businessweek.com/managing/content/jul2009/ca20090731_913928.htm>.

10. A informação nessa seção é baseada em James H. Myers, *Measuring Customer Satisfaction* (Chicago: American Marketing Association, 1999); e Valarie A. Zeithaml, Leonard L. Berry e A. Parasuraman, "The Nature and Determinants of Customer Expectations of Service", *Journal of the Academy of Marketing Science*, 21 (janeiro 1993), 1-12.

11. A. Parasuraman, Leonard L. Berry e Valarie A. Zeithaml, "Understanding Customer Expectations of Service", *Sloan Management Review*, 32 (Spring 1991), 42.

12. Esses dados são da American Customer Satisfaction Índices por Indústria <http://www.theacsi.org/index.php?option=com_content&view=article&id=18&Itemid=115>. Acesso em: 19 de junho de 2012; Andrea J. Ayers, "Executives Have No Idea What Customers Want", *Forbes*, 10 de março de 2009 <http://www.forbes.com/2009/03/10/consumers-executives-disconnect-leadership-managingconvergys.html>; Kevin P. Coyne, "The Customer Satisfaction Survey Snag", *BusinessWeek Online*, 19 de junho de 2009 <http://www.businessweek.com/managing/content/jun2009/ca20090619_272945.htm>; e Timothy Keiningham e Lerzan Aksoy, "When Customer Loyalty Is a Bad Thing", *BusinessWeek Online*, 8 de maio de 2009 <http://www.businessweek.com/managing/content/may2009/ca2009058_567988.htm>.

13. Adaptado de Judy Strauss, Adel El-Ansary e Raymond Frost, *E-Marketing*, 3. ed. (Upper Saddle River, NJ: Prentice Hall, 2003), 435-437.

Parte 5
Casos

Caso 1
USA Today:
Inovação em uma Indústria em Evolução*

Sinopse: Enquanto a indústria inteira de jornais encontra-se à beira do colapso, a Gannett e o *USA Today* se empenham para evitar o desastre e transformar o jornal mais lido do país no melhor recurso de notícias e informação do futuro. Este caso revê a história do *USA Today*, incluindo o sucessivo uso da inovação para permanecer no topo das mudanças tecnológicas e socioculturais que estão alterando rapidamente a indústria de jornais. Em face da concorrência constante com uma variedade de fontes de mídia, o futuro do *USA Today* depende de sua capacidade persistente de estimular a inovação e ofertar conteúdo com valor agregado para assegurar uma diferenciação incessante e o futuro da marca *USA Today*.

Temas: Estratégia de produto, inovação, seleção de mercado-alvo, estratégia de distribuição, mudanças tecnológicas, mudanças de padrões socioculturais, relacionamento com clientes, concorrência, diferenciação, foco estratégico, análise SWOT.

O jornal *USA Today*, com o subtítulo de "O Jornal da Nação", estreou em 1982 como o primeiro jornal diário de interesse geral nacional dos Estados Unidos. O jornal foi ideia de Allen H. Neuharth que, até 1989, foi presidente da Gannett Co., Inc., uma diversificada empresa internacional de notícias, informações e comunicações, agora valendo US$ 4,7 bilhões. A Gannett é um gigante da informação global que tem 82 jornais diários e 700 não diários e seus sites afiliados, opera 23 estações de televisão atingindo 18,2% da população dos Estados Unidos e está envolvido em marketing, impressão comercial, serviços de newswire, serviços de dados, programação de notícias, sites de informações e busca, além de vários serviços de entrega de con-

---

* Harper Baird, Universidade do Novo México, preparou a versão atualizada deste caso com a ajuda de Celeste Wood, Robyn Watson e Kevin Mihaly, Florida State University. Este caso é destinado à discussão em sala de aula e não para ilustrar um tratamento eficaz ou ineficaz de uma situação administrativa.

teúdo. Gannett é atualmente o maior grupo de jornais dos Estados Unidos em termos de circulação. Seus jornais, incluindo o *USA Today*, têm uma circulação combinada de 11,6 milhões de leitores nos dias úteis e 12 milhões de leitores aos domingos. A audiência total on-line da Gannett é de aproximadamente 52 milhões de visitantes por mês, quase um quarto do total da audiência da internet nos Estados Unidos.

Quando o *USA Today* estreou, em 1982, alcançou rápido sucesso devido a seu formato inovador. Nenhuma outra fonte de meios de comunicação tinha considerado um jornal nacional com reportagens mais curtas e regado com atraentes fotos, gráficos e tabelas coloridos. Projetado para atender às necessidades de uma geração de textos curtos, os leitores acharam o conteúdo do *USA Today* novo e mais envolvente do que o de outros jornais. A circulação cresceu rapidamente de cerca de 350.000, em 1982, para os atuais 5,9 milhões de leitores diários do jornal impresso e on-line. O *USA Today* continua a ser o jornal impresso número um, com mais de 1,8 milhões de exemplares diários em circulação, e o site do *USA Today*, USAToday.com, é um dos principais sites de notícias e informações da internet. No entanto, enquanto jornais lutam para permanecer relevantes em meio às mudanças técnicas e culturais, o *USA Today* deve continuar a fornecer conteúdo inovador e melhorar continuamente suas estratégias de marketing.

História e Crescimento do *USA Today*

Em fevereiro de 1980, Allen Neuharth reuniu-se com os membros da força-tarefa "Projeto NN" para discutir sua visão para produção e marketing de um jornal diário singular distribuído em nível nacional. A recente tecnologia de satélite tinha resolvido o problema da distribuição geográfica limitada, de modo que Neuharth estava pronto para tirar vantagem de duas tendências na leitura pública: (1) tempo de atenção cada vez mais curto em uma geração criada pela televisão, e (2) um desejo crescente de mais informação. Neuharth acreditava que os leitores enfrentavam uma crise de tempo em um mundo onde havia tanta informação disponível, mas com tão pouco tempo para absorvê-la. Sua ideia para o *USA Today* posicionava o jornal como uma fonte de informação que iria fornecer mais notícias sobre mais assuntos em menos tempo.

Pesquisas sugeriam que o *USA Today* deveria ter em vista os homens orientados para a realização em posições profissionais e gerenciais, leitores de jornais e viajantes frequentes. Enquanto o *New York Times* mirava a elite intelectual, pensadores e decisores políticos da nação e o *Wall Street Journal* tinha como alvo líderes de negócios, o *USA Today* queria o público do meio, ou seja, norte-americanos jovens com bom nível educacional, em movimento e preocupados com os eventos atuais.

No início de 1982, uma equipe de notícias, propaganda e produção dos jornais diários da Gannett desenvolveu, editou, publicou e testou vários protótipos diferentes. A Gannett enviou três protótipos de versões diferentes de 40 páginas do *USA Today* para quase 5.000 profissionais. Junto com cada protótipo, eles enviaram aos leitores um cartão de resposta que perguntava do que eles tinham gostado mais e menos no jornal proposto e se eles o comprariam. Embora o conteúdo de cada protótipo fosse semelhante, o layout e as imagens eram diferentes. Por exemplo, um protótipo incluía uma seção chamada "Agenda", contendo histórias em quadrinhos e um calendário de reuniões a serem realizadas por várias organizações profissionais. De acordo com o feedback do mercado, os leitores gostaram dos protótipos. O Conselho de Administração da Gannett aprovou por unanimidade o lançamento do jornal. Em 20 de abril de 1982, a Gannett anunciou que as primeiras cópias do *USA Today* estariam disponíveis nas áreas de Washington e Baltimore.

Lançamento do *USA Today*

Em 15 de setembro de 1982, 155.000 cópias da primeira edição do jornal chegaram às bancas. Na primeira página, o fundador, Neuharth, escreveu um breve resumo da declaração de missão do *USA Today* explicando que ele queria tornar o *USA Today* esclarecedor e agradável ao público, informativo para os líderes nacionais e atraente para os anunciantes. A primeira edição esgotou. Pouco mais de um mês após seu lançamento, a circulação do *USA Today* atingiu 362.879, o dobro do projetado para o fim do ano inicial. Em abril de 1983, apenas sete meses após seu lançamento, a circulação do jornal superou a marca de 1 milhão. A Figura do Caso 1.1 ilustra o crescimento do *USA Today* em circulação ao longo do tempo. O leitor típico acabou por ser um profissional, geralmente um gerente, de cerca de 40 anos, bom nível educacional e com uma renda de cerca de US$ 60.000 por ano. O leitor típico também era viciado em noticiários ou esportes.

Em comparação com outros jornais, o *USA Today* era realmente singular. Projetado para a geração da TV, o jornal foi desenhado para facilitar o acesso e a compreensão rápida por leitores apressados. Exemplos dessa formatação incluíam amplo uso de resumos, colunas, manchetes secundárias, subtítulos, seções curtas, quadros, boxes e gráficos informativos. Essas técnicas captavam os pontos mais salientes de uma história e os apresentavam em um formato que os leitores apreciavam. A pesquisa da Gannett tinha mostrado que os leitores obtêm a maior parte de suas informações desses fragmentos e que estavam tão interessados em esportes, resenhas de filmes e informações de saúde como em notícias tradicionais. Cada edição apresentava quatro seções: Notícias, Dinheiro, Vida e Esportes. O lema do jornal se encaixava em sua concepção: "Economia de palavras. Riqueza de informações".

Como o *USA Today* era pouco tradicional, seus críticos eram numerosos e ferozes. Na opinião deles, o jornal era cheio de truques: artigos curtos e restritos, sem saltos de páginas, exceto para a reportagem de capa (artigos que começam em uma página e continuam em outra são uma das principais queixas dos leitores de jornais), imagens chamativas e coloridas em todos os lugares, estilo de escrita informal e diferente, mapa

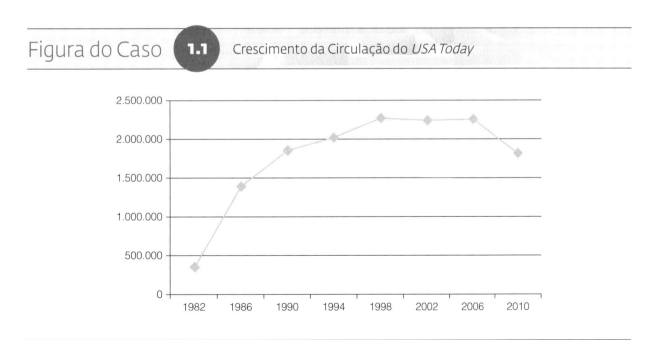

Figura do Caso 1.1 Crescimento da Circulação do *USA Today*

Fonte: Com base em informações de "USA TODAY Timeline", *USA Today* Media Kit <http://www.usatoday.com/marketing/media_kit/pressroom/timeline.html>. Acesso em: 10 de julho de 2012.

do tempo nacional colorido, resumos de um parágrafo de notícias de cada estado, boxes de resumo, pequenos quadros e cobertura de estatísticas de esportes e um foco em celebridades e esportes, com histórias mais detalhadas do que quase qualquer outro jornal. Não havia pessoal estrangeiro e pouca cobertura do mundo fora dos Estados Unidos. O *USA Today* foi rapidamente ridicularizado por jornalistas por sua superficialidade e rotulado de "McPaper", jornalismo junk-food ou fast food do negócio de jornais, devido a seu estilo de escrita conciso e impetuoso e sua curta cobertura de questões complexas. Mesmo dentro da Gannett, Neuharth encontrou a resistência amarga de alguns altos executivos. No entanto, os leitores admiravam o jornal por seu foco em concisão e clareza, frases e palavras curtas.

Claramente, o jornal preencheu uma lacuna no mercado, satisfazendo várias necessidades e desejos de seus leitores. O sucesso do *USA Today* resultou do fato de ouví-los e dar-lhes o que queriam. O jornal se comunica com os leitores em um nível pessoal muito rápido (muitos dos artigos, repletos de fatos, têm menos de 250 palavras), claro e direto e de forma otimista e positiva. A cor é cativante e dá ao jornal um aspecto contemporâneo, assim como a quantidade de artigos que desafiam o espaço disponível, factoides, imagens, gráficos de barras e figuras maiores do que o habitual, tudo espremido em cada página sem parecer tumultuado. Em vez de confusão, os leitores veem limpeza e ordem. A organização confiável e consistente do jornal permite que os leitores possam ir diretamente a qualquer uma das seções principais do *USA Today*. Como resultado, o leitor leva em média apenas 25 minutos para ler o jornal.

Inovação no Programa de Marketing

Apesar de seus críticos, a circulação do *USA Today* ultrapassou 1,4 milhão no final de 1985 com o jornal se expandindo para 56 páginas. O preço de capa também tinha aumentado para 50 cents, o dobro do seu preço original de 25 cents por edição. A essa altura, o *USA Today* tinha se tornado o segundo maior jornal do país, com uma circulação superada apenas pelo *Wall Street Journal*. Embora Neuharth tivesse previsto que o *USA Today* rapidamente teria lucro, só depois de cinco anos ele passou a ser lucrativo. O jornal perdeu cerca de US$ 600 milhões durante sua primeira década. Em 1993, no entanto, os lucros do *USA Today* foram de aproximadamente US$ 5 milhões. Um ano mais tarde, os lucros dobraram para cerca de US$ 10 milhões.

Durante seu crescimento inicial, o jornal revelou uma classe de leitores de jornais que poucos tinham notado: o viajante de negócios. A desregulamentação do setor de companhias aéreas levou a um grande declínio geral dos preços de passagens de avião, induzindo um crescimento significativo em viagens de negócios. Viajantes de negócios desejavam se manter a par das notícias nacionais e do mundo. Além disso, queriam saber o que estava acontecendo em seu estado natal e como suas equipes esportivas locais estavam jogando. O *USA Today* correu para preencher o vazio, mas ao fazê-lo rapidamente entrou em concorrência direta com o *Wall Street Journal*. A essa altura, os jornais tradicionais, incluindo o *New York Times*, tinham começado a adicionar cor; continham artigos mais curtos, mais bem escritos e reforçaram campanhas de circulação para competir com o "O Jornal da Nação". O *Wall Street Journal* seguiu o exemplo com a introdução de duas novas seções, Dinheiro & Investimento e Mercado, para ampliar a cobertura do jornal dos meios de comunicação, marketing, tecnologia e investimento pessoal. Em face dessa concorrência, bem como a consciência da evolução das necessidades do leitor, o *USA Today* respondeu com sua própria inovação.

Inovação de produto. Para permanecer à frente da imitação da concorrência, o *USA Today* decidiu tornar-se um jornal mais sério com melhor jornalismo. A mudança de notícias principalmente leves para mais densas começou com o desastre do ônibus espacial Challenger em 1986. Em 1991, os editores começavam a se concentrar muito mais fortemente em notícias mais densas do que nas leves, e, em 1994, comandados pelo presidente e editor Tom Curley, havia movimento maciço para atualizar o jornal transformando-o num produto voltado para notícias mais sérias e responsáveis.

A Gannett também incorporou recursos menos tradicionais de valor agregado para manter os leitores interessados. O jornal acrescentou linhas 0800 e "hot-lines" 0900 que os leitores poderiam chamar para obter informações especializadas em planejamento financeiro, admissões em faculdades, desenvolvimento de negócios minoritários, impostos e outros assuntos. Milhares de leitores responderam a sondagens de opinião e questionários escritos sobre questões políticas e eventos da atualidade. As páginas editoriais também foram redesenhadas para proporcionar mais espaço para colunistas convidados e incentivar o debate. A Gannett também iniciou um programa de ensino médio chamado de "Academic All Star", que mais tarde foi expandido para incluir faculdades e universidades. A onipresença crescente da internet no final da década de 1990 também resultou em algumas mudanças no conteúdo. Por exemplo, a seção Dinheiro começou a se concentrar mais em questões de tecnologia e nos negócios com uma perspectiva de comércio eletrônico.

A primeira grande reformulação na história do *USA Today* ocorreu em 2000, quando o jornal passou de uma largura de 137 cm para 127 cm. O objetivo da remodelação era tornar o jornal mais fácil de ler e mais limpo em design. As páginas eram mais estreitas e mais fáceis de manusear, especialmente em espaços apertados, como aviões, trens, ônibus e metrôs, e o jornal se encaixava mais facilmente em pastas, refletindo o que Gannett tinha aprendido com grupos de discussão.

Inovação promocional. O *USA Today* também inovou em suas atividades promocionais. Historicamente, o jornal tinha limitado sua promoção à propaganda outdoor e à televisão. No entanto, no final de 1980, Neuharth empreendeu um tour de promoção, o "BusCapade", viajando a todos os 50 estados para falar com as pessoas sobre o *USA Today*. Neuharth conseguiu aumentar a consciência do público para seu jornal, o que foi creditado como a razão da lucratividade do *USA Today*. Incentivado por seu sucesso, Neuharth seguiu em frente com uma campanha chamada "JetCapade". Ele e uma pequena equipe de reportagem viajaram a 30 países em sete meses, estimulando a demanda global pelo jornal. Durante uma visita às tropas da Operação Tempestade no Deserto, no Golfo Pérsico, em 1991, o general Norman Schwarzkopf manifestou a necessidade de notícias de casa. O *USA Today* organizou a entrega de 18.000 exemplares por dia. O sucesso do *USA Today* no exterior levou à publicação do *USA Today International*, que agora está disponível em mais de 60 países da Europa Ocidental, Oriente Médio, Norte da África e Ásia.

Logo no início, o *USA Today* enfrentou um desafio na venda de espaço publicitário, pois os anunciantes não estavam convencidos a pagar para anunciar no jornal. A primeira estratégia da Gannett para conseguir anunciantes foi o Plano de Parceria, que deu seis meses de espaço gratuito para quem comprasse seis meses de propaganda paga. O *USA Today* também começou a aceitar propaganda regional de uma ampla variedade de categorias, tais como viagens, varejo, turismo e desenvolvimento econômico. Anúncios coloridos podiam chegar até as 18h do dia anterior ao da publicação, dando maior flexibilidade aos anunciantes locais. O jornal também passou a fazer "circulação blue-chip" agressivamente, e, assim, grandes quantidades do *USA Today* foram vendidas por preços promocionais a hotéis, companhias aéreas e restaurantes para serem fornecidos gratuitamente aos clientes.

O *USA Today* criou outra inovação promocional em 1999, quando quebrou uma das práticas mais sagradas de jornais diários e começou a oferecer espaço publicitário na primeira página (tiras de 2,5 cm em toda a largura da parte inferior da página). Essa alta procura de primeira página foi vendida em contratos de um ano que giravam em torno de US$ 1 milhão a US$ 1,2 milhão cada um, com um anunciante por dia na semana. Na medida em que o *USA Today* continuou a prosperar, os anunciantes foram atraídos pelo grande volume de leitores do jornal. Para ajudar a lidar com a demanda de anunciantes, o jornal usou a tecnologia para permitir que estes enviassem os anúncios eletronicamente 24 horas por dia.

Inovação na distribuição. A entrega rápida sempre foi importante para o *USA Today*. No final dos anos 1990, o jornal recebeu elogios por sua capacidade de fornecer notícias em tempo útil, graças a seus prazos dilatados. Por exemplo, em muitas partes do país, o *USA Today* poderia imprimir resultados esportivos após os jornais locais ou regionais. Em notícia densa, o *USA Today* era capaz de oferecer uma cobertura mais atualizada rolando as prensas com mais de quatro horas de antecedência em relação ao *Wall Street Journal* e quase três horas depois do *New York Times*. O jornal adicionou locais de impressão ao redor do mundo para acelerar ainda mais a distribuição. Um inovador programa de leitura também foi adicionado levando o *USA Today* a mais de 160 campi universitários de todo o país. Da mesma forma, avanços tecnológicos permitiram que a produção do jornal se tornasse totalmente digital. Uma nova tecnologia "computador para prensa" foi implantada para dar prazos mais flexíveis às redações e entrega antecipada aos leitores.

USA Today vai para a internet

Uma década após o lançamento do *USA Today*, a Gannett viu-se na posição invejável de possuir um dos jornais de maior sucesso dos Estados Unidos. O *USA Today* era o jornal mais lido no país, com mais de 3,7 milhões de leitores diários (o número de leitores é mais alto do que o número de circulação paga, devido à passagem de exemplares para outros leitores). Numa época em que quase todos os grandes meios de comunicação nacionais sofriam declínios em leitores ou audiência, o *USA Today* continuou a crescer. O aumento dos custos de distribuição e promoção, no entanto, estava começando a tornar o jornal ligeiramente deficitário.

Para inverter essa tendência, o *USA Today* criou vários spin-offs, incluindo sua primeira publicação de especial interesse, o *Baseball Weekly*. Durante o seu primeiro mês de operação, a circulação do *Baseball Weekly* chegou a 250.000 cópias e acabou por ser expandido para incluir uma variedade de coberturas esportivas e foi renomeado como *Sports Weekly*. No final de 2007, o *Sports Weekly* foi classificado como a melhor revista de esportes em vendas nas bancas. Devido ao sucesso do formato do *Sports Weekly*, o *USA Today* lançou uma revista semelhante em março de 2009. A revista *Open Air* do *USA Today* era voltada para "o cliente ocupado, bem informado e afluente" e projetada para inspirar "milhões de leitores a encontrar aventura e suas recompensas em sua vida cotidiana". Segundo o *USA Today*, "a *Open Air* proporciona um novo visual atraente para as possibilidades de aventura que nos cercam todos os dias, desde atividades regulares, tais como melhorar seu jogo de golfe com um alongamento que os profissionais usam, ou encontrando o melhor equipamento para seu próximo torneio de softball, até oportunidades únicas, como uma caminhada de seis dias no espetacular Rio Grande Gorge, no Novo México". No entanto, em vez de comercializar a publicação como um produto autônomo, a *Open Air* foi usada para aumentar a demanda no setor de impressão e era disponibilizada quatro vezes por ano nas edições de sexta-feira do *USA Today*. Além disso, empreendendo nos meios de comunicação, o *USA Today* se juntou à CNN para produzir um programa de TV de futebol e lançou a Sky-Radio para prover rádio ao vivo em voos de companhias aéreas comerciais.

O principal spin-off em termos de sucesso atual e potencial futuro foi o *USA Today Online*, que a empresa introduziu em 17 de abril de 1995. A versão on-line era vista como um complemento natural para a versão impressa do *USA Today*, dada a distribuição mundial do jornal. A primeira versão estava disponível no navegador Mosaic da CompuServe e era necessário software especial, uma conexão na rede CompuServe e uma assinatura mensal de US$ 14,95, mais US$ 3,95 por hora. Até junho de 1995, o *USA Today Online* tinha sido convertido em um serviço gratuito que funcionava em qualquer navegador e provedor de serviços de internet. O "on-line" foi posteriormente abandonado em favor de USAToday.com.

Como sua filial impressa, o USAToday.com é claro, alegre e repleto de notícias de pequeno tamanho. A versão on-line permite que os leitores recebam notícias atualizadas incorporando visuais coloridos e áudio cristalino. Ele fornece um dos sites mais extensos na internet, com milhares de páginas de notícias, esportes, negócios, tecnologia, previsões atualizadas do tempo para quatro dias e informações de viagem disponíveis 24 horas por dia, sete dias por semana.

Outro gerador de receita, lançado em 1998 em resposta a frequentes pedidos de leitores de material de arquivo, foi o serviço de arquivos pay-per-view <http://archives.usatoday.com>. A seção *USA Today* Archives permite que os leitores façam uma busca livre ilimitada de artigos do jornal que apareceram desde abril de 1987. Os artigos podem ser baixados por US$ 3,95 por artigo ou como parte de planos de acesso ao site diários, mensais e anuais.

USA Today Fornece Notícias e Informações On-Demand

O USAToday.com evoluiu de uma fonte de mídia on-line para uma comunidade rica em informações on-demand. Esse movimento em direção a mídia on-line foi o resultado do aumento dos custos de impressão de jornal, que, na realidade, forçaram praticamente todas as empresas de jornais a adicionar notícias on-line para aumentar o número de leitores e cortar as despesas de distribuição. Além disso, para se alinhar com o ritmo de avanço em comunicação e tecnologia, o CEO Craig Dubow anunciou seu compromisso de "fazer chegar informações e notícias às mãos dos consumidores mais rápido do que nunca". Para ajudar a empresa nessa iniciativa, o USAToday.com acrescentou blogs , RSS (really simple syndication) e podcasts para garantir que sua notícia continuasse relevante para leitores ocupados e móveis. A Gannett também comprou participação em uma empresa com tecnologia exclusiva que agregava notícias na internet e categorizava a informação em 300.000 tópicos. Outras aquisições incluíram PointRoll, um serviço que permitiu que os anunciantes da internet expandissem seu espaço on-line. Uma forma inovadora de a Gannett alavancar esse serviço foi para ajudar os anunciantes a direcionar os consumidores a comerciantes locais. Quando um usuário rolava seu cursor sobre um anúncio, este se expandia para revelar informações do revendedor mais próximo.

Além disso, em um esforço para tornar-se o balcão único de todos os tipos de informações, o USAToday.com começou a fornecer a leitores e visitantes do site a oportunidade de procurar seus interesses exclusivos e se conectar com indivíduos de pensamento semelhante. Por exemplo, no primeiro trimestre de 2008, o USAToday.com introduziu o "Network Journalism", um site que combina o conteúdo criado profissionalmente por redatores do *USA Today*, com conteúdo, comentários e recomendações gerados pelo consumidor, bem como alertas de notícias de mensagem instantânea e funções avançadas de busca. A empresa também criou comunidades on-line com fóruns de discussão, enquetes e outros conteúdos interativos. Hoje, grupos da comunidade on-line do USAToday.com continuam a expandir com fóruns visando pessoas interessadas em temas como MMA (Mixed Martial Arts), carros ("Open Road") e jogos de vídeo.

Além disso, o USAToday.com lançou cerca de 200.000 páginas on-line com tópicos únicos disponíveis por links inseridos nas páginas da história ou em uma seção de tópicos isolada. De acordo com Jeff Webber, editor do USAToday.com, "o *USA Today* sempre focou no que os Estados Unidos está falando e fornece conteúdo que alimenta a conversa da nação. Suas páginas de novos tópicos vão a fundo em temas desde Sarah Palin a Starbucks, Barack Obama a Bono, e American Idol a iPhone, todas as coisas que emocionam os Estados Unidos". As categorias de páginas de tópicos incluem Marcas; Cultura; Eventos e Prêmios; Saúde e Bem-Estar; Legislação e Atos; Ciências Naturais e Físicas; Organizações; Pessoas; Lugares; Geografia; e Religião; e Crenças.

Extensões de Marca e Parcerias

Uma parte fundamental da estratégia de marketing do *USA Today* é formar parcerias para expandir seu alcance. Em 2008, o *USA Today* começou a olhar para além do âmbito dos meios de comunicação de notícias diárias e se aventurou em extensões de marca por meio de locais de varejo e televisão. Em uma tentativa de captar mais participação de clientes (em vez de participação de mercado), o *USA Today* abriu três lojas *USA Today* Travel Zone em terminais do aeroporto no final de 2008. Essas lojas tinham todos os produtos que viajantes esperam encontrar, incluindo materiais de leitura, artigos diversos, acessórios de viagem e outros itens de conveniência. Para se alinhar com o visual atual do jornal que seus clientes reconhecem, as seções da loja são claramente identificadas e utilizam cores que representam as seções de assinatura do *USA Today*: Notícias (azul), Dinheiro (verde), Esportes (vermelho) e Vida (lilás).

Também em 2008, a empresa lançou o *USA Today Live*, um serviço de televisão criado para estender o alcance da empresa para além dos atuais esforços concentrados e do público-alvo formado por profissionais de negócios e viajantes. Em parceria com a Fuse, a rede de televisão nacional de música Versus e MOJO HD em uma variedade de programação baseada em série, o *USA Today Live* integrou novos públicos para a marca *USA Today*. As parcerias de programação incluíam: *City Limits Fishing*, uma série semanal de seis partes, na Versus, que destacava lugares onde os pescadores frequentemente pescavam em destinos exóticos não tão distantes, *10 Great Reasons*, uma série semanal de oito partes ligada à Fuse, criada para "prestar homenagem aos atos, gêneros, rumores e histórias sobre nossos gostos musicais duvidosos e o motivo por que os amamos, embora possamos ter um pouco de vergonha de admitir"; bem como *Gotta Get Gold*, uma série de 10 partes no MOJO HD que focava naquilo que é preciso para treinar e competir no mais alto nível do atletismo.

Em janeiro de 2011, o *USA Today* adquiriu a Reviewed.com, uma empresa que testa e avalia aparelhos eletrônicos, tais como câmeras, filmadoras e televisores HD. O *USA Today* também atuou com a Learning. com em 2012 para dar a professores e alunos um melhor acesso aos recursos pedagógicos digitais e ao conteúdo educacional. Outras parcerias recentes incluem Major League Baseball, Doritos, Seat Geek e National Geographic. Essas extensões de marca são parte da estratégia do *USA Today* para desenvolver uma "estratégia integrada de mídia de consumo" e adicionar mais valor a seus produtos.

USA Today, Hoje e Amanhã

Tendo em conta o mercado total de jornais nacionais, o *USA Today* tem sido muito bem-sucedido. Com mais de 30 anos de crescimento contínuo, é um dos jornais mais lidos nos Estados Unidos. Juntos, *USA Today* e USAToday.com têm mais de 5,3 milhões de leitores diários, incluindo mais de 1,8 milhão de assinantes pagos. Embora a circulação impressa do jornal tenha diminuído, o *USA Today* ainda tem a maior circulação: são mais de 1,8 milhão de cópias de impressão e 3,2 milhões de leitores por dia. O jornal também apresenta o maior volume de vendas em bancas: 425.000 exemplares por dia. Embora o *USA Today* ainda tenha a maior parte dos jornais impressos em circulação, suas 116.000 assinaturas digitais ficam atrás tanto do *Wall Street Journal*, com 552.000, e do *New York Times*, com 807.000. Isso levou o *USA Today* a perder sua liderança como jornal mais lido para o *Wall Street Journal*.

Embora as taxas de assinatura digitais do jornal sejam baixas, a audiência on-line do *USA Today* aumentou para quase 24 milhões de visitantes por mês. Durante 2011, USAToday.com viu um crescimento de dois dígitos em visitantes individuais, visitas e visualizações de páginas por mês. Em outubro de 2011, o site teve seu melhor mês já registrado em quase cinco anos. O envolvimento com o site também cresceu, pois o tempo médio gasto por visitante aumentou em 34%.

Além de declínios na mídia impressa, o *USA Today* também enfrenta forte concorrência na distribuição de informações on-line em sites de televisão e revistas, blogs e podcasts. Empresas baseadas na internet, como Yahoo! e Google, agora passaram a atuar no mercado de propaganda. A infinidade de opções para consumidores e anunciantes significa que o *USA Today* terá de se empenhar mais na inovação e encontrar uma maneira de diferenciar seus produtos da vastidão da concorrência. Essa será uma tarefa difícil dado o declínio contínuo no número de leitores de jornais e a crescente demanda dos consumidores por notícias on-line gratuitas.

Ao olhar para o futuro, o *USA Today* deve considerar uma série de questões. As seções seguintes descrevem alguns dos principais problemas que a empresa enfrenta em seu planejamento futuro.

Os Clientes do *USA Today*

A esmagadora maioria da circulação do *USA Today* está dentro dos Estados Unidos. A maior parte dos leitores do *USA Today* trabalha em cargos de alta e média gerência e são, muitas vezes, tomadores de decisão de compra em seus escritórios e residências, assim como viciados em tecnologia e fãs de esportes. Eles também participam de uma ampla gama de atividades de lazer, tais como assistir a filmes e viajar. Leitores do jornal impresso são 69% do sexo masculino e 31% do sexo feminino, com uma idade mediana de 50 anos e uma renda familiar média de US$ 91.683. Para o USAToday.com, o público é equilibrado entre homens (51%) e mulheres (49%), mas com idade mediana inferior (30 anos) e renda familiar média (US$ 47.500). A taxa de proprietários de casa própria também é muito menor para a audiência do USAToday.com (49%) do que para os leitores do jornal impresso (80%).

Importantes participantes no processo de compra são assinantes, compradores de exemplar único e patrocinadores de terceiros, muitas vezes referidos como compradores blue-chip. Os clientes mais fiéis do *USA Today* são assinantes do jornal impresso, que compram aos domingos ou têm jornais entregues diariamente em suas residências ou escritórios em intervalos de 13 a 52 semanas por US$ 195 por ano. Compradores de exemplar único tendem a comprar o jornal fora da rotina diária (usuários frequentes) ou de vez em quando, com base em eventos de interesse jornalístico específico (usuários ocasionais). Edições de exemplar único do *USA Today* são distribuídas em revendedores de bancas de jornal, grandes cadeias de supermercado, livrarias e máquinas de venda automática que funcionam com moedas. Dos exemplares pagos 20% são adquiridos por terceiros, que distribuem exemplares de cortesia aos usuários finais para adicionar valor a seus próprios bens ou serviços. Por exemplo, hotéis, restaurantes, bancos, universidades, aeroportos e outras organizações de serviços que oferecem aos clientes a oportunidade de desfrutar de um exemplar do *USA Today* durante o café da manhã ou enquanto espera no saguão. O conteúdo do *USA Today* também está disponível em formatos eletrônicos no USAToday.com, dispositivos móveis e atualizações de e-mail. A edição eletrônica custa US$ 99 por ano. A disponibilidade do *USA Today* via distribuição eletrônica pode dissuadir alguns consumidores de comprar o produto impresso.

Concorrência

A Gannett tem concorrentes de vários campos, incluindo outros jornais nacionais, como o *Wall Street Journal* e o *New York Times*, redes de TV a cabo, provedores de rádio terrestres e por satélite, tais como Sirius/XM, sites da internet, como Yahoo! e Google, e blogs, como o Huffington Post.

Wall Street Journal. É o maior concorrente no ramo jornal, de propriedade da Dow Jones & Co., Inc. Tem como alvo leitores de negócios influentes como seu público principal. As linhas de produtos da empresa incluem jornais, agências de notícias, revistas, sites, índices, televisão e rádio. O site da empresa, <www.wsj.com>, acrescenta mais de 1.000 notícias por dia e inclui informações de preços de mais de 30.000 ações e fundos em todo o mundo. O *Wall Street Journal* tem alianças estratégicas com outras empresas de informação, incluindo CNBC, Reuters e SmartMoney.

O total de circulação impressa e digital para a versão do *Wall Street Journal* é de 2,12 milhões, o que inclui 1,56 milhão de assinaturas impressas e mais de 552.000 assinaturas digitais pagas. O grande número de assinantes pagos dá ao *Wall Street Journal* a maior circulação de todos os jornais, batendo o *USA Today* em mais de 310.000. Dos leitores do jornal de impresso, 56% são funcionários de alta gerência e 88% têm nível superior. A renda familiar média é de US$ 257.100 e o patrimônio líquido médio é de US$ 2,6 milhões. Dentre os leitores, 82% são do sexo masculino e a idade do leitor médio é de 57 anos. O *Wall Street Journal* cobra uma taxa de US$ 9,65 por semana (cerca de US$ 502 por ano) por uma assinatura digital e impressa combinadas e US$ 4,99 por semana (cerca de US$ 260 por ano) somente para a assinatura digital.

O Dow Jones tem feito várias melhorias no *Journal* em uma tentativa de torná-lo mais competitivo. Ele acrescentou uma edição de fim de semana em 2005, criada para ajudar os anunciantes a atingir o público do jornal em casa nos fins de semana. O *Wall Street Journal* também estabeleceu a largura de 122 cm, sendo mais compacta e com novo design. O jornal seguiu o exemplo do *USA Today* e acrescentou anúncios na primeira página, mostrando que essa prática está se tornando mais comum, pois os jornais procuram formas de aumentar a receita.

New York Times. Além deste jornal, o New York Times Co. detém outros jornais e sites relacionados, duas estações de rádio em New York City, nove estações de televisão difundidas em sete estados e o mecanismo de busca About.com, adquirido em 2005 por US$ 410 milhões. O mercado-alvo do jornal é a elite intelectual. Como é explicado em seu kit de imprensa, pessoas influentes o leem porque pessoas influentes o leem". Assim como *USA Today* e o *Wall Street Journal*, o *New York Times* está disponível tanto em versão impressa e on-line em <www.nytimes.com>.

A circulação total do *New York Times* é 1,58 milhão, o que inclui 779.000 assinaturas impressas e 807.000 assinaturas digitais. Dentre os leitores do *New York Times*; 52% são do sexo masculino, 65%, recém-formados; 40%, profissional/empresarial; e têm uma idade média de 49 anos. A renda familiar média é de US$ 99.645. Assinaturas impressas (que incluem o acesso totalmente digital) para clientes de fora da área de Nova York custa de US$ 200 a US$ 400 por ano, dependendo da frequência de entrega. Das assinaturas digitais (que incluem acesso ilimitado ao NYTimes.com) estão disponíveis para smartphones (US$ 195 por ano), tablets (US$ 260 por ano), ou ambos (US$ 455 por ano).

A empresa recentemente fez mudanças em uma tentativa de ser mais rentável. O *New York Times* aumentou suas taxas de distribuição em domicílio e reduziu o número de páginas em sua seção de ações. Além disso, o jornal implantou políticas de redução de custos, incluindo redução de pessoal e redução da largura de sua versão impressa. De 2011 a 2012, o *New York Times* teve um aumento de 73% em sua circulação devido a um aumento nas assinaturas digitais pagas.

Outros Meios de Comunicação Concorrentes. O *USA Today* também enfrenta a concorrência de atenção do público e investimento em propaganda de empresas de fora de seu setor, incluindo redes de televisão aberta e a cabo, sites de notícias de redes de televisão e novos agregadores de notícias na internet. Como mostrado na Figura do Caso 1.2, jornais nacionais vão mal em termos de uso regular quando comparados com outras opções de mídia.

Um crescente número de norte-americanos, especialmente os mais jovens, está se voltando para novas fontes de consumo de mídia. Fornecedores de informação na internet ou agregadores de notícias são outra fonte de concorrência para o *USA Today*. Mais de um bilhão de pessoas do mundo inteiro têm acesso à internet em casa ou no trabalho. A maioria dos fornecedores de informação na internet ganha dinheiro por meio de assinaturas, propaganda ou ambas. É importante notar que a internet como um meio de comunicação e propaganda não está mais ligada a computadores de mesa. Praticamente todos os principais provedores e desenvolvedores de conteúdo da internet agora tornaram seu conteúdo disponível por meio de dispositivos portáteis, incluindo o *USA Today*.

Problemas Econômicos

O *USA Today* e outros jornais têm lutado com a queda das receitas e o aumento dos custos por vários anos. Receitas de propaganda impressa e on-line têm diminuído de forma constante com uma redução de mais de 51% desde 2005. A propaganda de classificados vem sendo particularmente atingida com a redução de mais de 71% em apenas seis anos, provavelmente devido a sites como Craigslist, cujos anúncios são gratuitos (ver a Figura do Caso 1.3). Embora as receitas de propaganda já viessem caindo antes da recessão, os anos de 2008 e 2009 tiveram declínios acentuados desencadeados particularmente pelos setores automotivo, de varejo e de empregos. De fato, 2008 e 2009 foram os piores anos da história da indústria de jornais nos Estados Unidos. Embora as receitas de propaganda continuem a diminuir atualmente, a taxa de declínio desacelerou nos últimos anos: o total de propaganda do jornal teve queda de 7,3% em 2011.

Além disso, o elevado custo do jornal impresso também é um problema. O custo médio por tonelada de papel de jornal aumentou 13% em 2011, mas os efeitos dos aumentos dos preços foram parcialmente com-

Figura do Caso 1.2   Fontes de Notícias para Adultos dos EUA

	Usa sempre ou ocasionalmente	Usa raramente ou nunca
Noticiário TV local	76%	23%
Noticiário TV aberta	66%	32%
Noticiário TV a cabo	60%	38%
Jornais locais	69%	30%
Jornais nacionais	25%	73%
Revistas semanais	25%	72%
Agregadores de notícias on-line	49%	48%
Sites de TV a cabo	36%	61%
Sites de Jornais nacionais	36%	61%

Fonte: Baseada em informações de "Troubles for Traditional Media — Both Print and Television". Harris Interactive, 28 de outubro de 2010 <http://www.harrisinteractive.com/NewsRoom/HarrisPolls/tabid/447/mid/1508/articleId/604/ctl/ReadCustom%20Default/Default.aspx>.

Figura do Caso 1.3 — Gastos Anuais com Propaganda em Jornais

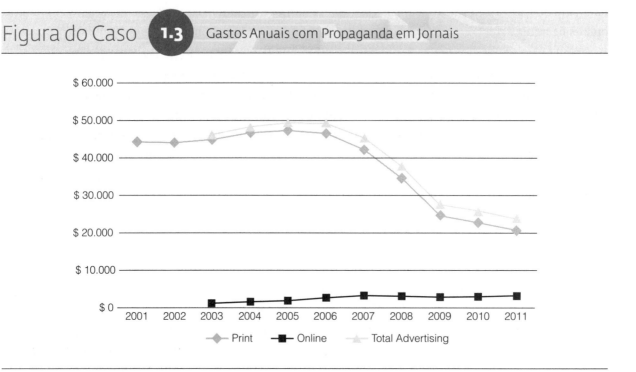

Fonte: Com base em Newspaper Association of América, <http://www.naa.org/Trends-and-Numbers/Advertising-Expenditures/Annual-All-Categories.aspx>. Acesso em: março de 2012.

pensados por um declínio no consumo de papel. Na tentativa de atenuar os aumentos de custos de impressão, a Gannett continua a moderar o consumo de papel com reduções de largura e uso de papéis mais leves e reciclados.

Esses custos têm forçado muitos jornais a fechar, reduzir dias de publicação, demitir funcionários, reduzir salários ou adotar um formato on-line. A Gannett começou a se concentrar em diminuir a dependência de seus jornais das vendas de exemplares impressos. Em agosto de 2010, o *USA Today* reestruturou sua redação para se adaptar às mudanças na economia e na indústria de jornais. A empresa fez grandes mudanças nas divisões de circulação, finanças e notícias e criou dez novos cargos executivos e cortou 9% do seu pessoal. O pessoal que permaneceu na empresa foi dividido em "anéis de conteúdo", em vez das seções Notícias, Esportes, Dinheiro e Vida. Além disso, em 2012, a Gannett nomeou o veterano da indústria de mídia Larry Kramer como CEO do *USA Today*. Kramer é responsável por implantar uma estratégia empresarial focada em mídia digital, começando com um relançamento previsto de produtos on-line, móveis e tablets do *USAToday*.

Para responder ao aumento dos custos e à perda de receita de propaganda, o *USA Today* e outros jornais estão tentando encontrar novas formas de gerar receita por meio de suas estratégias de preços. Depois de anos oferecendo notícias on-line de graça, um número crescente de jornais, incluindo o *USA Today* e outros jornais da Gannett, estabeleceu barreiras de pagamento com medidores que dão aos leitores acesso on-line a algumas histórias gratuitas antes que eles precisem inscrever-se em uma assinatura digital. Os leitores podem acessar de 5 a 15 histórias gratuitas por mês e ter acesso digital por meio da compra de, pelo menos, uma assinatura impressa de domingo. A Gannett também está elevando os preços dos exemplares individuais de seus jornais impressos em até um terço. Ao reduzir seus custos de impressão e estimular a mídia digital, a empresa espera adicionar US$ 100 milhões no lucro anual.

Mudanças na Tecnologia

A tecnologia mudou a forma como as pessoas têm acesso à informação. Os consumidores têm agora uma variedade de formas para obter as últimas notícias, mídia impressa, redes de televisão 24 horas, sites de notícias, dispositivos móveis, mecanismos de busca, blogs e sites de mídia social que fornecem notícias atualizadas.

A tecnologia não apenas fornece mais opções aos consumidores, mas também lhes permite personalizar as notícias que recebem em um nível que nunca tinham sido capazes de fazer. Essas mudanças levaram a um declínio acentuado na circulação de jornais, uma vez que as pessoas usam a internet e outros meios para obter notícias e informações no momento que desejam. Em apenas um ano, a circulação digital subiu para 14,2% da circulação total dos jornais, acima dos 8,66% de março de 2011.

Como a demanda por notícias e informações atualizadas se expande, o USAToday.com capitalizou sobre o crescimento de dispositivos móveis. A empresa criou vários aplicativos para usuários de smartphones e tablets (incluindo o Kindle da Amazon e o iPad da Apple), que fornecem aos leitores acesso às últimas notícias, meteorologia e fotos exatamente ao mesmo tempo que o jornal chega às bancas. Os aplicativos também possuem pesquisas interativas e os usuários podem compartilhar artigos das seções Notícias, Dinheiro, Esportes, Vida, Tecnologia e Viagem via e-mail, mensagem de texto, Facebook ou Twitter. Os aplicativos para iPhone e iPad do *USA Today* lideram a categoria de notícias; o do iPhone atinge 1,4 milhão de visitantes mensais e tem mais de 4,7 milhões de downloads, enquanto o do iPad atinge 1,1 milhão de visitantes mensais e mais de 2,8 milhões de downloads.

Além disso, o *USA Today* oferece vários aplicativos móveis, incluindo jogos e trivia. A empresa tem parceria com o Hampton Hotels para oferecer o aplicativo AutoPilot, tendo como alvo grupos de consumidores de negócios e viagens. Ele oferece aos usuários a capacidade de controlar facilmente itinerários de viagens e voos utilizando recursos de GPS em tempo real, obter "informação de último minuto de atrasos para mais de 16.000 aeroportos, 1.400 companhias aéreas e 100.000 voos diários", monitora informação de partidas e chegadas de voos e acessa informações atualizadas de condições meteorológicas futuras. A estratégia da empresa para dispositivos móveis parece estar funcionando; o tráfego em aparelhos móveis do USAToday.com aumentou 154% em 2011, com o iPad gerando quase metade desse tráfego.

O *USA Today* também está aproveitando a ascensão de sites de mídia social. Em 2011, as referências de mídia social para o USAToday.com aumentaram 61% com o Facebook, Twitter e Stumble Upon dirigindo a maioria delas. Em um movimento para fornecer um conteúdo mais personalizável e tirar proveito da popularidade do Facebook, o *USA Today* lançou o app *USA Today* + Me Social News em janeiro de 2012. Esse aplicativo sugere artigos selecionados de notícias do *USA Today* para os usuários do Facebook com base em interesses pessoais, bem como o que seus amigos leem e recomendam. Essa pode ser uma inovação fundamental para a empresa à medida que cada vez mais pessoas passam tempo no Facebook. Os aplicativos tornam-se conveniente para os clientes acessar notícias e adicionar um aspecto social na leitura de notícias.

No geral, a tecnologia pode ter iniciado o declínio da indústria de jornais, mas também oferece oportunidades para o *USA Today* manter e até mesmo ampliar seu número de leitores. A tecnologia permite ao *USA Today* e a outros jornais entregar notícias em formas mais rentáveis, customizáveis, diretas e úteis do que seria possível utilizando um jornal impresso. Em particular, a tecnologia móvel tem permitido ao *USA Today* implantar literalmente a visão de Dubow de "ter notícias e informações ao alcance dos consumidores mais rápido do que nunca".

Mudanças Culturais

O declínio do *USA Today* e de outros jornais impressos é parte de uma tendência cultural mais ampla. As pessoas estão cada vez mais obtendo suas notícias na internet. Uma pesquisa do Pew Research Center mostra que 41% das pessoas citam a internet como uma das suas principais fontes de notícias, em comparação com 31% que citam jornais.

Essa tendência reflete tanto o crescimento da internet como o declínio gradual do número de leitores de jornais. Ela é ainda mais forte entre os mais jovens, dos quais 65% com idade entre 18 e 29 anos citam a internet como uma de suas principais fontes de notícias, tornando-se a fonte de informação mais popular. Para tirar proveito dessa tendência, os jornais estão tentando atrair leitores novos e mais jovens, oferecendo mais componentes interativos e sociais. Contudo, a transição é difícil porque existem diferenças significativas entre os interesses dos leitores atuais de jornais (principalmente os Baby Boomers) e os consumidores mais jovens. Os Baby Boomers estão interessados em notícias mais importantes e cobertura de notícias locais, enquanto os leitores mais jovens se interessam por esportes, entretenimento e quadrinhos.

Evoluindo para Enfrentar o Futuro

Embora o aumento de opções digitais para notícias e informação tenha feito alguns observadores da indústria lamentarem a morte dos jornais, alguns acham que eles vão prosperar se conseguirem desenvolver uma presença on-line saudável e se adaptarem à evolução dos padrões de consumo de mídia. Novas tecnologias, mudanças no número de leitores e aumento dos custos de impressão apresentam desafios para o *USA Today*, bem como oportunidades para expandir seu alcance a novos clientes e meios de comunicação. Por mais de 30 anos, o jornal atendeu às necessidades de seus clientes de maneiras novas e inesperadas. Em face da concorrência nos mercados impresso e digital, o futuro do *USA Today* depende de sua capacidade de continuar a inovar e adaptar suas estratégias de marketing à evolução das necessidades do mercado. Para se manter bem-sucedido, o *USA Today* deve continuar a utilizar uma estratégia de valor agregado para aumentar ainda mais a distribuição de seu conteúdo proprietário e assegurar a diferenciação contínua do produto.

Questões para Discussão

1. Que oportunidades no ambiente de marketing a Gannett pôde aproveitar no lançamento do *USA Today*? Como a empresa conheceu e respondeu a essas oportunidades? Responda a essas mesmas perguntas em relação ao USAToday.com.

2. Como uma estratégia contínua de inovação de marketing se mostrou bem-sucedida para o *USA Today* e o USAToday.com? Você acredita que o *USA Today* está bem posicionado em relação ao futuro? Justifique sua resposta.

3. Quais são as implicações SWOT para o *USA Today* no futuro? Que pontos fortes e oportunidades o *USA Today* pode utilizar para procurar uma vantagem competitiva na distribuição de notícias e informações?

4. Com base nas experiências do *USA Today* com notícias impressas e on-line, avalie o potencial de longo prazo de notícias impressas e da indústria editorial de jornais. Você acredita que os jornais impressos continuarão a sobreviver apesar da concorrência digital?

Fontes

Os dados deste caso foram obtidos em American Free Press, US Papers Decline Despite Online Growth: Report, 6 de março de 2012 <http://www.turkishpress.com/news.asp?id=379507>; Tim Arango, Drop in Newspaper Circulation Accelerates to Pass 7%, NYTimes.com, 27 de abril de 2009 <http://www.nytimes.com/2009/04/28/business/media/28paper.html?_r=2>; Dow Jones, Inc. Fact Sheet <http://www.dj.com/djcom/FactSheets/DowJones.htm>. Acesso em: 10 de julho de 2012; Rick Edmonds, Why *USA Today*'s Declines Led to Radical Restructuring, *Poynter*, 4 de março de 2011 <http://www.poynter.org/latest-news/business-news/the-biz-blog/105382/why-usa-todays-declines-led-to-radical-restructuring>; Electronic Paper", *Wikipedia* <http://en.wikipedia.org/wiki/Electronic_ paper>. Acesso em: 10 de julho de 2012; Gannett Company, Inc., 2008 Annual Report <http://media.corporate-ir.net/media_files/irol/84/84662/08GCIAnnualReport.pdf>. Acesso em: 19 de outubro de 2009; Paul Gillin, Some Innovative Papers Find Ways to Diversify, *Newspaper Death Watch*, 21 de março de 2012 <http://newspaperdeathwatch.com>; Harris Interactive, Troubles for Traditional Media - Both Print and Television, 28 de outubro de 2010 <http://www.harrisinteractive.com/NewsRoom/HarrisPolls/tabid/447/mid/1508/articleId/604/ctl/ReadCustom%20Default/Default.aspx>; Peter Johnson, internet News Supplements Papers, TV, *USA Today*, 31 de julho de 2006, p. 5D; K. Jurgensen, Quick Response; Paper Chase: *USA Today* Editor Sees Shifts in How Information is Generated and Delivered to Readers, *Advertising Age*, 14 de fevereiro de 2000, p. S6; K. Jurgensen, *USA Today*'s New Look Designed for Readers, *USA Today*, April 3, 2000, p. 1A; Larry Kramer Named Publisher of *USA Today*, Huffington Post, 14 de maio de 2012 <http://www.huffingtonpost.com/2012/05/15/larry-kramer-usa-todaypublisher_n_1517611.html>; P. Long, After Long Career, *USA Today* Founder Al Neuharth is Ready for More, *Knight-Ridder/Tribune Business News*, 28 de abril de 1999; Neal Lulofs, The Top U.S. Newspapers for March 2012, *Audit Bureau of Circulations* <http://accessabc.wordpress.com/2012/05/01/the-top-u-s-newspapers-for-march-2012>. Acesso em: 15 de maio de 2012; Media Kit, *Wall Street Journal* <http://www.wsjmediakit.com>. Acesso em: 18 de maio de 2012; Media Trends Track, Television Bureau of Advertising <http://www.tvb.org/mediacomparisons/02_A_Consumers_Continue.asp?mod=R>. Acesso em: 1º de setembro de 2006; J. McCartney, *USA Today* Grows Up, *American Journalism Review*, setembro 1997, 19; Douglas McIntyre, *USA Today* Ad Revenue in Free Fall, a Nightmare for the Future of Print, BloggingStocks.com, 18 de

junho de 2008 <http://www.blog gingstocks.com/2008/06/18/usa-today-ad-revenue-in-free-fall-a-nightmare-for-the-future-of>; B. Miller, *USA Today*, Gannett to Launch *USA Today* Live, *Television & Cable*, 8 de fevereiro de 2000; Newspaper Closings Raise Fears About Industry, USAToday.com, 19 de março de 2009 <http://www.usatoday.com/money/media/200903-17-newspapers-downturn_N.htm>; Ryan Nakashima, Newspapers Erect Pay Walls in Hunt for New Revenue, Associated Press, 3 de abril de 2012 <http://www.dispatch.com/content/stories/business/2012/04/03/newspapers-erect-pay-walls-in-hunt-for-new-revenue.htm>; Newspaper Association of America, "Trends & Numbers", 14 de março de 2012 <http://www.naa.org/Trends-and-Numbers/Advertising-Expenditures/Annual-AllCategories.aspx>; *New York Times* Revenue and Circulation Data, New York Times, Inc. <http://www.nytco. com/excel/1208adrev/ad-circ-other-rev.xls>. Acesso em: 19 de outubro de 2009; Shira Ovide, *USA Today* Likely to Fall To N. 2 in Circulation, *Wall Street Journal.com*, 10 de outubro de 2009 <http://online.wsj.com/article/SB125513318195777441.html>; Eric Sass, Newspaper Revenues Plunge 28% in Q1, Online Falling Too", *MediaDaily News.com*, 28 de maio de 2009 <http://www.mediapost.com/publications/?fa=Articles.showArticle&art_aid=106948>; Erick Schonfeld, The Wounded U.S. Newspaper Industry Lost $7.5 Billion in Advertising Revenues Last Year, *TechCrunch*, 29 de março de 2009 <http://www.techcrunch.com/2009/03/29/the-wounded-usnewspaper-industry-lost-75-billion-in-advertising-revenues-last-year>; The New York Times Media Kit <http://nytmarketing.whsites.net/mediakit>. Acesso em: 18 de maio de 2012; The Pew Research Center, internet Gains on Television as Public's Main News Source, 4 de janeiro de 2011 <http://www.ris.org/uploadi/editor/1296476726689.pdf>; *USA Today* Corporate website <http://www.usatoday.com>, 15 de maio de 2011; *USA Today* and Gannett Partner with MobileVoiceControl to Bring Voice-Driven Mobile Search to Blackberry, TMCnet, May 23, 2006 <http://www.tmcnet.com/usubmit/2006/05/23/1658295.htm>; *USA Today* No Longer a Newspaper, *Advertising Age*, 9 de setembro de 2002, p. 18; *USA Today* Press Kit: Audience <http://www.usatoday.com/marketing/media_kit/pressroom/audience.html>. Acesso em: 19 de outubro de 2009; *USA Today* Sells Page One Advertising Space, *PR Newswire*, 5 de maio de 1999, p. 351; *USA Today*, Snapshot, 22 de agosto de 2006, p. 1; e Andrew Vanacore, *USA Today* to Post 17 Percent Drop in Circulation, *BusinessWeek Online*, 9 de outubro de 2009 <http://www.businessweek.com/ap/financialnews/D9B7OR2O0.htm>.

Caso 2
A Estratégia de Marketing Vencedora da Apple*

Sinopse: Poucas empresas têm sido capazes de dominar a arte da inovação de produtos, uma imagem de marca badalada e a evangelização de clientes como a Apple. Depois de quase entrar em colapso sob ameaça de falência em meados dos anos 1990, o antigo CEO da Apple, Steve Jobs, foi capaz de salvar a empresa que ele criou por meio da inovação do produto, um programa de marketing magistral e uma cultura de empreendedorismo corporativo. Esse caso revê a história da Apple e sua reação notável sob a perspectiva das estratégias de marketing que possibilitaram o sucesso da empresa. O caso também examina muitos dos desafios enfrentados por uma empresa que de forma incessante amplia os limites da prática de marketing para permanecer no topo das indústrias de computadores e eletrônicos de consumo.

Temas: Inovação de produtos, programas de marketing, preços de prestígio, concorrência, mudança tecnológica, diferenciação, fidelização de clientes, terceirização no exterior, propriedade intelectual, questões de privacidade, cultura corporativa, sustentabilidade.

Poucas empresas podem se gabar por ter fãs que dormem do lado de fora de suas portas para serem os primeiros a ter em mãos os seus mais recentes produtos. Esse é o caso da Apple, Inc. Em 2011, a Apple ultrapassou o Google ao se tornar a marca global mais valiosa, com uma estimativa de valor de US$ 153 bilhões. Com sede em Cupertino, Califórnia, a Apple transformou-se de uma empresa à beira da falência em 1997 (com ações valendo US$ 3,30) na empresa mais valiosa do mundo em 2012 (com ações valendo mais de US$ 600).

Muitas empresas têm tentado copiar as estratégias da Apple, mas nenhuma atingiu seu status de ícone. Alguns acreditam que seu sucesso resulta de uma combinação de vários fatores, incluindo as qualidades de

---

* Jennifer Sawayda e Harper Baird, Universidade do Novo México, prepararam esse caso sob a direção de O. C. Ferrell para discussão em sala de aula, e não para ilustrar um tratamento eficaz ou ineficaz de uma situação administrativa.

liderança de seu antigo CEO Steve Jobs, uma cultura corporativa de entusiasmo e inovação e produtos revolucionários pelos quais a Apple se tornou conhecida. Embora toda organização deva adquirir recursos e desenvolver uma estratégia de negócios para procurar realizar seus objetivos, a Apple tem se destacado em liderança e operações. Um dos recursos mais importantes da empresa são seus funcionários e a empresa tem sido eficiente em recrutar, treinar e recompensar funcionários na criação de fidelidade. Outro recurso é representado por seus fornecedores, e a Apple criou uma cadeia de fornecimento altamente eficiente e eficaz com a maior parte de sua produção na China. A Apple também tem dominado as capacidades de pesquisa e desenvolvimento que permitem à empresa traduzir suas capacidades tecnológicas em produtos que os consumidores querem e estão dispostos a pagar um preço premium para adquirir. A pedra angular da estratégia da Apple são suas lojas de varejo, que se tornaram um modelo para seus concorrentes, tanto dentro como fora da indústria de eletrônicos. Tais fatores têm permitido à Apple revolucionar as indústrias de tecnologia e varejo.

A História da Apple, Inc.

Quando a Apple foi fundada em 1976, a Apple Computer seria irreconhecível para seus fãs mais ardorosos de hoje. O primeiro produto da Apple, o Apple I, era essencialmente um kit de computador sem interface gráfica com o usuário nem teclado ou monitor (os usuários tinham que ter os seus próprios). Os cofundadores Steve Jobs e Steve Wozniak lançaram o Apple I por US$ 666,66. Jobs e Wozniak continuaram a criar produtos inovadores e, como a dupla concebia computadores da Apple do ponto de vista do usuário, seus produtos pareciam estar em sintonia com os consumidores. Alguns anos mais tarde, a Apple obteve mais de US$ 1 milhão em vendas. A empresa teve um começo promissor.

No entanto, o sucesso inicial da Apple não durou muito. Sua crise começou na década de 1980 com uma série de fracassos de produtos e mudanças de CEO. Steve Jobs foi deposto em 1985 devido a conflitos internos dentro da empresa. Em meados da década de 1990, a empresa estava se aproximando da falência. O fundador da Dell Computer, Michael Dell, comentou sobre o futuro da Apple, dizendo: "Eu fecharia a empresa e devolveria o dinheiro aos acionistas".

O retorno de Steve Jobs em 1997 instituiu grandes mudanças na Apple. A empresa adotou com sucesso uma orientação para o mercado em que foi capaz de reunir informações sobre as necessidades atuais e futuras dos clientes para determinadas características, antes mesmo que os próprios clientes se dessem conta de que precisavam delas. A Apple expandiu-se para a indústria eletrônica e começou a lançar produtos inovadores com os quais os clientes se identificaram profundamente. Por exemplo, a criação do iPod e do iTunes atendeu às necessidades dos clientes de terem uma forma eficiente de organizar e ouvir uma variedade de músicas. Essa capacidade da Apple de reconhecer janelas de oportunidades estratégicas e atuar sobre elas antes da concorrência caracteriza a empresa até hoje.

Em 2007, Jobs anunciou que a Apple Computer, Inc., seria renomeada como Apple, Inc. Alguns perceberam isso como uma mudança de computadores para produtos eletrônicos de consumo. No entanto, um ponto de vista mais apropriado seria dizer que a Apple estava reinventando sua posição em relação a computadores. Com a introdução do iPad, em 2010, ela começou a tirar participação de mercado dos principais concorrentes na indústria de computadores. As vendas de desktops, laptops e netbooks começaram a cair depois que o iPad foi lançado. Quase três anos depois, suas vendas continuaram a disparar. Em 2010, a Apple possuía mais de 70% do mercado de tablets em todo o mundo.

Embora os produtos correntes da Apple tenham alta demanda, esse nem sempre foi o caso. A Apple teve sua quota de fracassos no passado. Vários deles podem ser atribuídos à falha em predizer com precisão o comportamento dos consumidores. Por exemplo, mesmo que os produtos da Apple geralmente tenham um preço premium, o Apple Lisa e o Cube foram julgados caros demais para o mercado de massa. Além disso, o Newton da Apple (um precursor do iPad) era um grande produto que estava muito à frente de seu tempo. Graças a seus produtos e estratégias de marketing inovadoras, a Apple tornou-se uma das marcas mais admiradas e bem-sucedidas do mundo. Para milhões de consumidores, a marca Apple incorpora qualidade, prestígio e inovação.

Os Produtos da Apple

Embora a introdução de novos produtos seja um processo caro e arriscado, a Apple reinventou o conceito de novo produto. Muitos produtos da Apple ostentam funcionalidades já existentes no mercado, porém os seus produtos são diferentes, inconfundíveis e muitas vezes vistos como superiores aos da concorrência. Após a introdução de novos produtos, como iPod, iPhone e iPad, a Apple de forma constante muda as características, nível de qualidade e/ou estética dos produtos para criar uma percepção de que os consumidores precisam ter o último modelo. Por exemplo, a cada nova versão do iPad, a Apple adicionou novos recursos e benefícios que efetivamente tornaram obsoletos os modelos mais antigos. Poucas empresas têm sido capazes de explorar o conceito de modificação do produto de forma tão eficaz como a Apple.

Atualmente, a Apple aprimorou sua capacidade de produzir produtos icônicos que os consumidores desejam. A estratégia de produto da empresa é baseada em projetos inovadores, facilidade de uso e integração contínua. A Apple não só criou produtos altamente bem-sucedidos, mas também aguçou o apetite dos consumidores por produtos a serem lançados e por boatos de tais produtos. Por exemplo, continuam a circular boatos de que a Apple vai lançar um mini iPad e um televisor da marca Apple em um futuro próximo.

Computadores Mac

A Apple, primeiro, criou sua fama na indústria de computadores pessoais, e ainda que, desde então, tenha se expandido para a indústria de eletrônicos de consumo, seus computadores Macintosh continuam a ser um forte trunfo para o mix de produtos da empresa. Muitos proprietários de computadores identificam-se como usuários de Macs ou de PCs. As principais diferenças entre Macs e PCs se encontram em seus processadores e interfaces. Fãs do Mac frequentemente preferem vídeo e software gráfico superiores, bem como a aparência dos Macs. Laptops MacBook também tendem a durar mais tempo do que a vida útil média de 2 anos de laptops PC. Por essas razões, os Macs têm preços muito mais elevados do que os dos concorrentes. A Apple vende dois tipos de Macs: computadores desktop e laptop. Desktops Mac incluem iMac, Mac Pro e Mac Mini, enquanto seus laptops incluem MacBook Pro e MacBook Air. O Air se mostrou tão popular entre os consumidores que inspirou uma variedade de fabricantes de PC a criar uma linha inteira de laptops "ultrabooks" que se utilizam do sistema operacional Windows.

iPod e iTunes

Em 2001, a Apple lançou o iPod, um leitor de música portátil que mudou para sempre a indústria da música. A empresa também introduziu o iTunes, um tipo de software "jukebox" que permite aos usuários fazer upload de músicas de CDs em seus Macs e, em seguida, organizar e gerenciar suas bibliotecas de música personalizadas. Dois anos depois, a Apple lançou a iTunes Store, na qual os usuários podiam baixar milhões de músicas favoritas por US$ 0,99 cada uma. O preço médio mais tarde aumentou para US$ 1,29 por música.

O iPod e o iTunes tornaram-se líderes de mercado em seus respectivos setores. A Apple vendeu mais de 300 milhões de iPods desde seu lançamento, e os usuários já baixaram cerca de 16 bilhões de músicas do iTunes. No entanto, as vendas de iPod caíram nos últimos anos, pois os consumidores começaram a preferir o iPhone. Ainda assim, o iPod continua a ser um dispositivo de música popular e tem suplantado significativamente os CDs tradicionais. A linha de produtos atual de iPods inclui iPod touch, iPod nano, iPod shuffle e iPod classic. A Apple também vende o Apple TV, um dispositivo que essencialmente permite que qualquer televisão se conecte à loja iTunes. Os usuários podem alugar ou comprar filmes ou transmitir seus próprios conteúdos wireless em qualquer televisão conectada.

iPhone

O iPhone da Apple foi lançado em 2007 e rapidamente se tornou um favorito entre os usuários de telefones móveis. O iPhone combinava tecnologia de smartphone com um sistema simples de funcionamento, uma tela de toque de fácil utilização, recursos do iPod e um design simples. Cada nova geração é muito aguardada pelos fãs da Apple ansiosos para usar os novos recursos do iPhone. Por exemplo, o iPhone 4S inclui um "assistente pessoal" incorporado chamado Siri, que reconhece comandos de voz e pode responder com a resposta apropriada. O iPhone tem sido um sucesso retumbante: a Apple já vendeu quase 200 milhões de aparelhos desde seu lançamento.

iPad

Em abril de 2010, a Apple lançou o iPad, um tablet projetado para simples interação com meios eletrônicos e internet. Às vezes descrito como um grande iPod touch, o iPad tem como alvo o hiato de produto entre smartphones e netbooks. Tem uma tela tátil de 9,7 polegadas, acelerômetros, sensores de luz ambiente, alto-falantes, microfone e recursos de GPS. As novas gerações incluíram atualizações tecnológicas e câmeras de 2 vias para chamadas de vídeo. O iPad tem sido incrivelmente popular, com quase 60 milhões de unidades vendidas até o momento. Com efeito, a Best Buy informou que suas vendas de laptops despencaram 50% depois que o iPad foi lançado.

A App Store

A App Store foi lançada em 2008 para fornecer aplicações para dispositivos móveis da Apple. Em seu primeiro ano, a App Store gerou 1,5 milhão de downloads e, em seguida, continuou a crescer rapidamente. No início de 2012, a App Store atingiu 25 bilhões de downloads em grande parte alimentado pelo crescimento do iPhone, iPod touch e iPad. A App Store facilita o download de aplicativos, o que incentiva as compras. O usuário médio do iPhone possui 48 aplicativos em comparação com os 35 aplicativos dos usuários do Android e 15 dos BlackBerry. Quase 70% de todos os aplicativos na App Store custam menos de US$ 2,00. Desenvolvedores independentes podem distribuir seus aplicativos originais pela App Store, e a Apple compartilha os lucros com eles. A App Store gerou mais de US$ 15 bilhões em receitas em 2011.

O Programa de Marketing da Apple

Além de seus produtos revolucionários, o sucesso da Apple em preço, promoção e distribuição também contribuiu para sua popularidade. Marketing é uma parte tão importante da Apple que o ex-CEO John Sculley comentou uma vez que a Apple era, em primeiro lugar, uma empresa de marketing. A Apple tem uma noção clara de quem são seus clientes e o que a marca representa, o que ajuda a alinhar preço, promoção e distribuição com seus objetivos globais.

Preço

Os produtos da Apple tradicionalmente têm preços mais elevados do que os da concorrência. Por exemplo, o iPad da Apple é vendido por aproximadamente US$ 500, enquanto o Google Nexus 7 e o Kindle Fire da Amazon custam US$ 200. Os laptops MacBook da Apple custam mais de US$ 1.000, enquanto a maioria dos laptops PC é vendida por centenas de dólares a menos. A maior parte do lucro da Apple vem das margens elevadas em seus dispositivos de hardware. No entanto, em vez de dissuadir os consumidores de adotar os produtos, o aspecto de alto preço fornece à Apple uma imagem de prestígio. A Apple também salienta a conveniência de seus produtos, bem como os revolucionários novos recursos que tem para oferecer. Assim, ela tenta criar valor para os clientes, levando-os a pagar mais por um produto Apple do que por seus concorrentes.

Promoção

A Apple estimula a demanda por seus produtos por meio de vários tipos de promoção, incluindo o marketing boca a boca. A empresa conta com produtos de sucesso e lançamentos de alto impacto (muitas vezes depois de meses de boatos) para estimular a compra emocional.

A empresa posiciona-se como fornecedora de tecnologia para pessoas criativas. Assim como os produtos da Apple, seus anúncios são muitas vezes simples, artísticos e imediatamente reconhecíveis. Por exemplo, vários comerciais do iPod em cores fortes mostravam as silhuetas de dançarinos usando os icônicos fones de ouvido brancos da empresa. Os anúncios da Apple, por vezes, atacam diretamente seus concorrentes, como a campanha de televisão "Eu sou um Mac". Os anúncios mostravam um Mac retratado por personagem jovem e descolado contra um PC como um homem de negócios desajeitado. A Apple também dá suporte à "evangelização" de seus produtos, até mesmo empregando um evangelista-chefe para espalhar conhecimento sobre a Apple e estimular a demanda. Evangelistas corporativos são pessoas que promovem produtos de uma corporação de forma extensiva na qualidade de funcionários e clientes leais. Evangelistas bem-sucedidos irradiam entusiasmo sobre uma empresa entre os consumidores. Esses consumidores, por sua vez, convencem outras pessoas sobre o valor do produto. Com a evangelização de produto, a Apple criou um "culto ao Mac", ou seja, clientes fiéis ansiosos por compartilhar seu entusiasmo sobre a empresa com outros.

A estratégia de promoção da Apple levou a uma percepção de que seus produtos são parte da identidade do consumidor. Quando perguntados por que gostariam de comprar um iPad, mais de 42% dos consumidores responderam que ele tem um lado "cool". No entanto, os produtos da Apple continuam a ser um produto de nicho; 95% dos consumidores não consideram os Macs na compra de novos computadores.

Distribuição

A Apple distribui seus produtos aos consumidores por meio de varejistas, lojas on-line da empresa e Apple Stores. As Apple Stores têm reforçado a marca e mudaram as estratégias de distribuição da Apple. Originalmente criado para dar à Apple mais controle sobre a exposição de produtos e as experiências do cliente, o modelo de Apple Store foi um enorme sucesso e cresceu mais rápido do que qualquer outro varejista da história. Ela está atualmente em mais de 360 localidades em todo o mundo.

Apple Stores diferenciam-se significativamente de outros varejistas. Efetivamente, a Apple levou o conceito de varejo para uma direção totalmente nova. As lojas da Apple são um lugar onde os clientes podem tanto fazer compras como jogar. Tudo na loja é cuidadosamente planejado para se alinhar com a imagem da empresa, desde o design em vidro e aço que lembra a tecnologia da empresa até as estações onde os clientes podem experimentar os produtos da Apple. O serviço ao cliente também é importante para a imagem da Apple Store. Os funcionários devem falar com os clientes dentro de dois minutos depois que eles entram na loja. Cada funcionário recebeu treinamento intensivo e muitas vezes recebe uma compensação maior de outras lojas de varejo para incentivar um melhor serviço ao cliente.

Os executivos da Apple procuram constantemente formas de melhorar lojas e o serviço ao cliente, além de aumentar o tempo que os clientes passam no interior da loja. Em 2011, a empresa instalou estações de iPads dentro de suas lojas. Os iPads possuem um aplicativo de serviço ao cliente concebido para responder às perguntas dos clientes. Se o cliente requer assistência adicional, pode pressionar um botão de ajuda no aplicativo. O aplicativo muda a experiência de serviço ao cliente porque, em vez de o cliente procurar o representante de vendas, o representante vai direto ao cliente.

Cultura Corporativa da Apple

Além de seu programa de marketing altamente eficaz, a cultura corporativa da Apple é uma parte importante de seu sucesso de marketing. Muitas pessoas atribuem o sucesso da Apple às notáveis habilidades de liderança de Steve Jobs, funcionários altamente qualificados da Apple e sua forte cultura corporativa. A Apple se vende como um ambiente em ritmo acelerado, inovador e colaborativo comprometido em fazer as coisas "do jeito certo". A organização tem uma estrutura plana sem as camadas de burocracia de outras corporações. A Apple também ressalta que não adere a ambientes normais de trabalho em que os funcionários estão em seus postos das 9h às 17h. Ao oferecer desafios e benefícios aos candidatos, a Apple espera atrair aqueles que melhor se encaixam em sua cultura corporativa.

A evangelização bem-sucedida só pode ocorrer com funcionários dedicados e motivados que estejam dispostos a divulgar a empresa. Quando Jobs retornou à Apple em 1997, instituiu duas mudanças culturais: estimulou o debate sobre ideias e criou uma visão na qual os funcionários pudessem acreditar. Ao implantar essas duas mudanças, os funcionários sentiram que suas sugestões eram importantes e que eram parte de algo maior.

Além disso, para manter sua vantagem competitiva, a Apple promove uma cultura de sigilo, que é necessário para evitar danos às vendas de produtos existentes. Isto porque, se os consumidores descobrem um upgrade futuro, podem postergar suas compras. Certos lugares da Apple estão fora dos limites para a maioria dos funcionários, e eles não estão autorizados a discutir seu trabalho, a menos que todos na sala conheçam o projeto. Essa falta de transparência desafia concepções tradicionais do que faz uma empresa de sucesso. No entanto, os funcionários dizem que continuam apaixonados por seu trabalho e fazem parte de uma experiência única.

Desafios de Marketing da Apple

Embora a Apple consistentemente ocupe o primeiro lugar como Empresa Mais Admirada do Mundo, ela tem enfrentado várias questões éticas nos últimos anos. Tais questões poderiam ter um efeito profundo sobre o sucesso futuro da empresa. A excelente reputação da Apple poderia ser facilmente danificada por falta grave ou incapacidade de lidar com os riscos de forma adequada.

Concorrência

A Apple enfrenta a concorrência em uma variedade de frentes. Apesar de um mix de produtos diversificado atenuar o risco do fracasso de um produto, também aumenta o número de concorrentes. Rivais incluem Hewlett-Packard, Dell, Acer e Toshiba para computadores; Samsung, HTC e Google para smartphones; Microsoft, Amazon e Samsung para tablets; e Microsoft, Google e Amazon para serviços de armazenamento em nuvem. Apesar da liderança da Apple em muitas dessas áreas, os rivais estão se empenhando para recuperar o atraso. A Amazon, por exemplo, representa um concorrente formidável na arena de dispositivos móveis. Seu Kindle Fire, um tablet baseado em Android de 7 polegadas, oferece uma gama completa de aplicativos, e-books, música, filmes, serviços de nuvem, entre outros, a um orçamento acessível de US$ 199, US$ 300 a menos que o iPad mais barato. A Amazon também deve lançar seu próprio smartphone em um futuro próximo. Um conjunto de outros concorrentes, como Asus, Acer e Samsung, também oferecem tablets baseados em Android a preços mais baixos do que o iPad. A Microsoft também lançou o Surface, um tablet baseado em Windows 8, que parece ser muito competitivo com o iPad.

O Google também é um forte concorrente para as ofertas da Apple em termos de sistemas operacionais, música, livros e serviços em nuvem. O sistema operacional Android da empresa goza de uma base instalada de usuários muito maior graças ao grande número de smartphones e tablets fabricantes que utilizam o sistema. Por exemplo, a linha de smartphones da Samsung Galaxy S, que usa o sistema operacional Android, é equiparada ao nível do iPhone em muitos aspectos. Um dos principais benefícios do sistema Android sobre o iOS da Apple é sua abordagem mais aberta. Ela permite que fabricantes como Samsung e HTC lancem novos dispositivos em um ritmo muito mais rápido do que as atualizações anuais da Apple. No futuro, a Apple pode precisar reexaminar se seu sistema fechado é a melhor forma de competição.

Privacidade do Cliente

Privacidade é outra grande preocupação da Apple. Em 2011, Apple e Google revelaram que certas características de seus smartphones coletavam dados sobre a localização do telefone. Muitos consumidores e funcionários do governo viram isso como uma violação da privacidade do usuário. As empresas anunciaram que os usuários têm a opção de desativar esses recursos em seus telefones. No entanto, isso não era inteiramente verdade para a Apple, já que alguns de seus telefones continuavam a coletar informações de localização, mesmo depois que os usuários tinham desativado o recurso. A Apple atribuiu isso a uma falha remediada com uma atualização de software. O Google e a Apple defendem suas práticas de coleta de dados, mas muitos funcionários do governo discordam. O governo está considerando aprovar uma legislação sobre privacidade móvel, ações que podem ter efeitos profundos sobre a Apple e outros fabricantes de dispositivos móveis.

Qualidade do Produto

A imagem da Apple depende da qualidade do produto, de modo que erros podem criar graves problemas de marketing. Como vários novos produtos são lançados todos os anos, erros podem se tornar difíceis de detectar antes da introdução do produto. Depois que a Apple lançou o iPhone 4, os consumidores se queixaram de problemas de recepção causados pela interferência de antena que ocorria quando os usuários seguravam o telefone de uma certa maneira. Especialistas em relações públicas criticaram a Apple por parecer minimizar o problema em vez de reagir rapidamente para corrigi-lo. Depois que a *Consumer Reports* não endossou o iPhone 4, a Apple forneceu protetores e estojos gratuitos durante determinado período de tempo que diluíram os problemas de recepção. Embora a questão não impedisse milhões de consumidores de comprar o iPhone 4, ela criou dúvidas sobre a capacidade da Apple de elevar o nível na qualidade do produto de forma contínua.

Propriedade Intelectual

Com tantos produtos lançados a cada ano, faz sentido a Apple proteger sua tecnologia contra roubos. Ela leva a sério a manutenção de sigilo em sua informação proprietária para evitar que outras empresas roubem suas ideias. Esse sigilo tem levado a Apple a entrar com muitos processos de patentes e direitos autorais contra outras empresas de tecnologia, incluindo Franklin Computer Corporation, Microsoft, Cisco Systems, Samsung e HTC. A Apple também é alvo de ações judiciais. A Kodak entrou com uma ação contra a Apple e a Research in Motion, alegando que as empresas infringiram sua patente de tecnologia de imagem digital. Em resposta, a Apple contra-atacou a Kodak, alegando que ela havia violado patentes da Apple. Infelizmente para a Apple, um juiz da Comissão Internacional de Comércio dos Estados Unidos decidiu em favor da Kodak. No entanto, a questão de a Apple ter infringido as patentes da Kodak ainda permanece. A Kodak está pleiteando US$ 1 bilhão em receitas de licenciamento. Além disso, a Proview Eletronics entrou com uma ação alegando que a Apple adquiriu de modo fraudulento a patente do iPad por meio da criação de uma empresa falsa para comprar a marca sem revelar sua intenção. A Apple finalmente encerrou o caso por US$ 60 milhões.

A agressividade da Apple sobre a proteção das patentes a levou a abrir processos contra algumas empresas poderosas. Entrou, por exemplo, com um processo por violação de patente contra a Samsung, alegando que esta havia copiado o design dos seus iPhone e iPad em seus próprios produtos. Em 2012, a Apple ganhou um julgamento importante contra a Samsung. O tribunal outorgou à Apple mais de US$ 1 bilhão em danos depois que considerou a Samsung culpada por copiar algumas das características do iPhone em sua própria linha de smartphones. A Apple também entrou com uma ação contra a HTC Corporation, um fabricante de smartphones taiwanesa que faz telefones para os produtos do Android do Google. A empresa acusa a HTC de replicar uma gama de funcionalidades de telefonia celular da Apple protegidas sob patentes. A Apple ganhou o processo e a HTC foi proibida de vender produtos que infringiam patentes da Apple nos Estados Unidos.

Embora os resultados de alguns desses processos tenham proporcionado às empresas de tecnologia maior proteção à propriedade intelectual, eles também chamam a atenção sobre a legitimidade das reivindicações da Apple. A Apple estaria no encalço de empresas que, de fato, acredita terem infringido suas patentes ou simplesmente estaria tentando denegrir seus concorrentes para, então, se tornar o jogador mais importante no mercado? Embora possa parecer que a Apple seja muito agressiva, as empresas que não estabelecem limites e não protegem sua propriedade podem facilmente tê-la copiada por seus concorrentes que, por sua vez, podem usá-la para ganhar participação de mercado.

Gestão da Cadeia de Fornecimento

Muitos dos componentes de produtos da Apple são fabricados em países com baixos custos de mão de obra. Isso significa que é grande a possibilidade de surgirem questões sobre diferentes normas de trabalho e menos supervisão direta. Como resultado, a Apple faz com que cada um de seus fornecedores assine um código de conduta, como também realize auditorias de fábrica para garantir a conformidade. Para enfatizar seu compromisso com a conduta responsável do fornecedor, a Apple publica anualmente um Relatório de Progresso na Responsabilidade do Fornecedor, no qual explica as expectativas aos fornecedores, resultados de suas auditorias e ações corretivas a serem tomadas pela empresa contra fábricas onde ocorreram as violações. Além disso, a Apple afirma que treinou mais de um milhão de trabalhadores sobre seus direitos, aumentou em 80% o número de fornecedores inspecionados e permitiu que organizações externas avaliassem suas práticas de trabalho.

Apesar dessas medidas, a Apple tem enfrentado investigação em seus processos de fabricação. Mais de 50% dos fornecedores auditados pela Apple violaram pelo menos uma parte do seu código de conduta do fornecedor em todos os anos desde 2007. Os fornecedores alegam que as normas de fabricação da Apple são difíceis de atingir porque eles têm margens de lucro estreitas. Em contraste com isso, concorrentes como Hewlett-Packard permitem que os fornecedores tenham maiores lucros se melhorarem as condições de trabalho. O foco da Apple nos resultados pode forçar os fornecedores a buscar outras formas de cortar custos, geralmente, exigindo que os funcionários trabalhem mais horas e usando produtos químicos menos caros, porém mais perigosos.

Nesse ambiente, erros e problemas de segurança se tornam mais comuns. De acordo com as auditorias da empresa, 62% dos fornecedores da Apple não estavam em conformidade com os limites de horas de trabalho, 35% não cumpriram as normas da Apple para evitar acidentes de trabalho e 32% não seguiam as práticas de gestão de risco de substâncias. Outros problemas com a cadeia de fornecimento da Apple incluíram trabalhadores menores de idade, registros falsificados, dormitórios de trabalhadores superlotados e outras violações trabalhistas. A Apple alega que os fornecedores que violam as políticas da empresa têm 90 dias para resolverem o problema, mas menos de 15 fornecedores foram desligados por violações desde 2007.

Vários eventos de alto impacto em fábricas da Apple geraram ainda mais críticas de sua cadeia de fornecimento. Em janeiro de 2010, mais de 135 trabalhadores ficaram doentes depois de usar um produto químico venenoso para limpar as telas do iPhone. Em 2011, pó de alumínio e ventilação inadequada causaram duas explosões que mataram 4 pessoas e feriram 77. Além disso, mais de uma dúzia de trabalhadores cometeram suicídio em fábricas fornecedoras da Apple. Grande parte da atenção da mídia centrou-se nas condições da Foxconn, maior fornecedora da Apple com histórico consistente de violações trabalhistas, além de local de uma das explosões e de vários suicídios. A Foxconn continua a afirmar que está em conformidade com todas as normas, apesar das notícias.

A Apple alega que está melhorando significativamente as condições de fornecedor e se tornando mais transparente sobre seus processos de trabalho. No entanto, a persistência de problemas em sua cadeia de fornecimento pode indicar que ela valoriza o lucro mais do que o bem-estar dos funcionários. Alguns culpam a cultura da inovação e a necessidade de lançar produtos novos ou aprimorados a cada ano, o que exige que os fornecedores trabalhem rapidamente em detrimento das normas de segurança da Apple. No entanto, a fábrica da Foxconn é uma das poucas no mundo com capacidade de construir iPods e iPads, o que torna difícil para a Apple a mudança de fornecedor. Além disso, disparidades em normas internacionais do trabalho e alta competição significam que praticamente todos os grandes produtores de eletrônicos enfrentam problemas de fabricação semelhantes. Com o aumento da fiscalização pela mídia e pelos consumidores, a Apple deve continuar a lidar com os problemas de gerenciamento da cadeia de fornecimento. Contudo, como disse um atual executivo da Apple ao *New York Times*, "Os clientes se preocupam mais com um novo iPhone do que com as condições de trabalho na China".

Sustentabilidade

A Apple tomou medidas para se tornar uma empresa mais ecológica, tais como a redução do impacto ambiental de suas instalações. No entanto, a empresa admite que a maior parte de suas emissões (97%) provém do ciclo de vida de seus produtos. O sucesso da Apple depende do desenvolvimento e do lançamento de novos produtos, o que leva à obsolescência planejada, fazendo as pessoas trocarem ou atualizarem sua tecnologia sempre que a Apple lança uma nova versão. Uma vez que ela todo ano lança produtos aprimorados, como resultado disso põe de lado uma tecnologia mais antiga.

A Apple assume abordagens diferentes para esse problema ambiental. A empresa faz seus produtos para durar, com materiais adequados para reciclagem, e recicla de forma responsável. Para incentivar os seus clientes a reciclar, a Apple criou um programa de reciclagem dentro da loja onde os clientes podem trocar produtos antigos e receber vários descontos. No entanto, apesar desse programa de reciclagem, muitos consumidores sentem que jogar fora seus velhos produtos é mais conveniente, especialmente se eles não têm nenhum valor. Resíduos eletrônicos continuarão a ser um problema significativo enquanto os consumidores continuarem a jogar fora seus aparelhos eletrônicos velhos.

A Apple também publicou suas realizações na redução de produtos químicos tóxicos em seus produtos. A empresa eliminou tubos de raios catódicos, que contêm chumbo, de seus produtos e faz iPods com diodos emissores de luz (LEDs) em vez de lâmpadas fluorescentes (que contêm mercúrio). A empresa também eliminou dos seus produtos a utilização de dois produtos químicos tóxicos, cloreto de polivinilo e retardadores de chama bromados.

Impacto da Apple na Prática do Marketing

Nenhuma empresa dominou o conceito de diferenciação de produto melhor do que a Apple. Embora produtos como iPod e iPhone forneçam funções e benefícios semelhantes aos de produtos concorrentes, a tecnologia e interface amigável da Apple propiciaram uma percepção do consumidor de um produto completamente novo. As lojas e os serviços da Apple ajudam a criar um produto totalmente diferente de qualquer outro disponível no mercado. O nome Apple tornou-se um ícone cultural com seguidores fiéis e devotos dos produtos da Apple. A construção da cultura de marca resulta em consumidores cuja fidelidade aos produtos é semelhante a um culto. Empresas como Coca-Cola, Harley Davidson e Nike são exemplos de forte construção de cultura de marca. O produto torna-se uma parte de seu autoconceito e imagem ao interagir com os demais. Uma vez que um produto se torna tão importante para um indivíduo, o consumidor é menos sensível a preço e adota rapidamente novos produtos trazidos para o mercado. Poucas empresas têm sido capazes de desenvolver construção de cultura de marca e fidelidade semelhante a um culto como a Apple.

A cultura corporativa da Apple de inovação e marketing criativo teve um profundo impacto sobre a prática de marketing das empresas de eletrônicos de consumo e de outras indústrias. Por exemplo, o iPhone popularizou o conceito de marketing móvel. As características e aplicações de fácil utilização do iPhone permitiram aos consumidores fazer compras de casa ou de dentro da loja. Essa inovação proporcionou novas oportunidades para os varejistas lançarem seus próprios aplicativos para iPhone e criarem mensagens de marketing personalizadas entregues por meio de dispositivos móveis. As marcas estão utilizando a plataforma da Apple para criar a consciência do produto e/ou gerar novos negócios. Os avanços da Apple em marketing móvel não só mudaram a forma como os clientes interagem com dispositivos móveis, mas também reforçaram o relacionamento com os clientes.

Além disso, muitas empresas estão aproveitando a oportunidade de aprender com a Apple. Devido ao imenso sucesso das lojas da Apple, outras empresas estão tentando imitar seu modelo de varejo. A Microsoft e a Sony abriram algumas lojas próprias. Outras empresas já utilizam os produtos da Apple para melhorar seus negócios. Por exemplo, alguns produtos farmacêuticos e vendedores de automóveis adotaram o iPad para ajudar em transações comerciais e alguns restaurantes até mesmo portam o iPad para mostrar os itens do menu.

O Futuro da Apple

Durante a última década, a Apple tem se destacado ao manter o ritmo acelerado das indústrias de computadores e eletrônicos. Diversificação, cultura corporativa de colaboração e evangelização de produto a elevaram a níveis que não poderiam ter sido previstos quando Jobs e Wozniak venderam seu primeiro kit de computador em 1976. A morte de Steve Jobs em 2011, no entanto, chegou a preocupar algumas pessoas com o futuro da Apple. Para os clientes, funcionários e investidores, Jobs parecia ser um salvador que trouxe a empresa de volta da quase falência e a força motriz de seus produtos inovadores. No entanto, seu espírito empreendedor permanece enraizado na cultura da Apple e a empresa continua focada na inovação sob a liderança do CEO Tim Cook. A empresa não mostra sinais de parar sua dinâmica, e os consumidores também não dão sinais de redução de sua admiração pela Apple.

Por outro lado, a Apple terá de enfrentar muitos desafios no futuro. Ela não só tem sido criticada por violações em sua cadeia de fornecimento, como também é questionada sobre o motivo de expatriação da maior parte de sua produção. Como a Apple tem lucros tão elevados e, supostamente, recebeu incentivos fiscais no início de sua história, alguns políticos sugeriram que ela traga postos de trabalhos de produção de volta aos Estados Unidos. Na medida em que as preocupações sobre o elevado desemprego continuam, a Apple pode enfrentar uma pressão crescente por parte de stakeholders para criar mais oportunidades de fabricação nos Estados Unidos. A questão, porém, é se os consumidores continuarão a pagar mais para saciar sua sede pelos mais recentes iPods, iPhones e iPads.

Questões para Discussão

1. Como a Apple desenvolveu a extrema fidelidade entre os consumidores que resultou em seguidores tão fiéis quanto aos de um culto?

2. Descreva o papel das lojas da Apple como uma parte importante de sua estratégia de marketing.

3. O que a Apple precisará fazer para manter a inovação de produtos e a fidelização de clientes?

Fontes

Os dados deste caso foram obtidos em Chloe Albanesius, Apple unveils updated iPod Nano, Touch, *PC Magazine*, 4 de outubro de 2011 <http://www.pcmag.com/article2/0,2817,2394061,00.asp>; Jim Aley, The Beginning, *BusinessWeek*, Special Issue on Steve Jobs, outubro 2011, p. 20-26; Apple begins counting down to 25 billion App Store downloads, *AppleInsider*, 17 de fevereiro de 2012 <http://www.appleinsider.com/articles/12/02/17/apple_begins_counting_down_to_25_billion_app_store_downloads.html>; Apple chronology, *CNN Money*, 6 de janeiro de 1998 <http://money.cnn.com/1998/01/06/technology/apple_chrono>; Apple's 25% Solution, *Seeking Alpha*, 7 de novembro de 2011 <http://seekingalpha.com/article/305849-apple-s-25-solution>; Peter Burrows, The Wilderness, *BusinessWeek*, Special Issue on Steve Jobs, outubro 2011, p. 28–34; Ben Camm-Jones, Apple disputes Kodak's patent ownership claims, *Macworld*, 23 de janeiro de 2012 <http://www.macworld.co.uk/apple-business/news/?newsid=3331 817&pagtype=allchandate>; Amanda Cantrell, Apple's remarkable comeback Story, *CNN Money*, 29 de março de 2006 <http://money.cnn.com/2006/03/29/technology/apple_anniversary/?cnn=ye>; Neal Colgrass, Apple Can Bring Those Jobs Back, *Newser*, 13 de fevereiro de 2012 <http://www.newser.com/story/139577/apple-can-bring-those-jobs-back.html>; Brandon Davenport, A brief history of Apple's iPad, *Okay Geek*, 30 de abril de 2011 <http://www.okaygeek.com/blog/a-brief-history-of-apples-ipad-infographic.html>; Alan Deutschman, The once and future Steve Jobs, *Salon*, 11 de outubro de 2000 <http://www.salon.com/technology/books/2000/10/11/jobs_excerpt>; Charles Duhigg e Keith Bradsher, How the US Lost Out on iPhone Work, *CNBC*, 22 de janeiro de 2012 <http://www.cnbc.com/id/46090589/How_the_US_Lost_Out_on_iPhone_Work>; Kit Eaton e Noah Robischon, The iPad's Biggest Innovation: Its $500 Price, *Fast Company*, 27 de janeiro de 2010 <http://www.fastcompany.com/article/apples-

tablet-introduced?page=0%2C0>; Paul Elias, Samsung Ordered to Pay Apple $1.05B in Patent Case, *BusinessWeek*, 25 de agosto de 2012 <http://www.businessweek.com/ap/2012-0824/verdict-reached-in-epic-apple-vs-dot-samsung-case; The evangelist's evangelist, Creating Customer Evangelists http://www.creatingcustomerevangelists.com/resources/evangelists/guy_kawasaki.asp>. Acesso em: 6 de junho de 2011; *Form 10K Annual Report*, 26 de outubro de 2011 <http://investor.apple.com/secfiling.cfm?filingID=119312511-282113&CIK=320193>; Former Apple evangelist on company's history, *CNET News*, 29 de março de 2006 <http://news.cnet.com/1606-2_3-6055676.html>; Bryan Gardiner, Learning from Failure: Apple's Most Notorious Flops, *Wired*, 24 de janeiro de 2008 <http://www.wired.com/gadgets/mac/multimedia/2008/01/gallery_apple_flops?slide=1&slideView=8>; Jefferson Graham, At Apple stores, iPads at your service, *USA Today*, 23 de maio de 2011, 1B; A genius departs, *The Economist*, 14–18 de outubro 2011, p. 81–82; David Goldman, Apple's iPod Dilemma, *CNN Money*, 29 de julho de 2011 <http://money.cnn.com/2011/07/29/technology/apple_ipod_sales/index.htm>; A History of App Stores: Apple, Google, and Everyone Else, *WebpageFX*, 15 de agosto de 2011 <http://www.webpagefx.com/blog/internet/history-of-app-stores-infographic>; In China, Human Costs Are Built Into an iPad, *New York Times*, 25 de janeiro de 2012; The iPhone 4 antenna class-action settlement: What it means for consumers, *Consumer Reports*, 23 de fevereiro 2012 <http://news.consumerreports.org/electronics/2012/02/the-iphone-4-antenna-class-action-settlement-what-it-means-for-consumers.html>; Yukari Iwatani Kane e Ian Sherr, Apple: Samsung Copied Design, *Wall Street Journal*, 19 de abril de 2011 <http://online.wsj.com/article/ SB10001424052748703916004576271210109389154.html>; Rimma Kats, What impact did Apple's Steve Jobs have on mobile advertising, marketing and content? *Mobile Marketing*, 26 de agosto de 2011 <http://www.mobile marketer.com/cms/news/manufacturers/10807.html>; Kevin Kelleher, Amazon versus Apple? Not so fast, *CNN Money*, 12 de outubro de 2011 <http://tech.fortune.cnn.com/2011/10/12/amazon-versus-apple>; Ryan Kim, Apple App Store developers look to next level, *San Francisco Chronicle*, 9 de fevereiro de 2009 <http://www.sfgate.com/business/article/Apple-App-Store-developers-look-to-next-level-3251564.php>; Adam Lashinsky, The Secrets Apple Keeps, *Fortune*, 6 de fevereiro de 2012, p. 85-94; "Learn more about Siri, Apple <http://www.apple.com/iphone/features/siri-faq.html>; acesso em: 19 de janeiro de 2012; Scott Martin, Apple invites review of labor

practices in overseas factories, *USA Today*, 16 de janeiro de 2012, 3B; Scott Martin, How Apple rewrote the rules of retailing, *USA Today*, 19 de maio de 2011, 1B; Declan McCullagh, Apple wins patent victory over HTC, which faces looming import ban, *CNET News*, 19 de dezembro de 2011 <http://news.cnet.com/8301-13579_357345291-37/apple-wins-patent-victory-over-htc-which-faces-looming-import-ban>; Donald Melanson, Apple: 16 billion iTunes songs downloaded, 300 million iPods sold, *Engadget*, 4 de outubro de 2011 <http://www.engadget.com/2011/10/04/apple-16-billion-itunes-songs-downloaded-300-million-ipods-sol>; Nilofer Merchant, Apple's Startup Culture, *BusinessWeek*, 24 de junho de 2010 <http://www.businessweek.com/innovate/content/jun2010/id20100610_525759.htm>; Chris Morrison, Insanely Great Marketing, *CBS MoneyWatch*, 10 de agosto de 2009 <http://www.cbsnews.com/8301-505125_162-51330244/insanely-great-marketing>; Michael Muchmore, Apple iCloud vs. Amazon Cloud Player vs. Google Music Beta, *PC Magazine*, 6 de junho de 2011 <http://www.pcmag.com/article2/0,2817,2386491,00.asp>; Ian Sherr e Spencer E. Ante, Fight Over iPad Name Spills Into U.S. Court, *Wall Street Journal*, 24 de fevereiro de 2012 <http://online.wsj.com/article/SB1000142405297020391830457724079092689652 0.html>; Brad Stone, The Omnivore, *BusinessWeek*, outubro 3-9, 2011, 58-65; Peter Svensson, iPhone Sales Propel Apple to Massive Q1 Earnings, *Huffington Post*, 24 de janeiro de 2012 <http://www.huffingtonpost.com/2012/01/24/iphone-sales-apple_n_1229379.html>; I.B. Times, Apple Wins Patent Lawsuit, Forcing Sales Ban on Rival HTC, *Fox News*, 20 de dezembro de 2011 <http:// www.foxbusiness.com/technology/2011/12/20/apple-wins-patent-lawsuit-forcing-sales-ban-on-rival-htc>; Darby Tober, Introduction to Macs for PC Users, University of Texas, 2005 <http://www.ischool.utexas.edu/technology/tutorials/start/pctomac/differences.html>, acesso em: 2 de fevereiro de 2012; Jessica E. Vascellaro e Owen Fletcher, Apple Navigates China Maze, *Wall Street Journal*, 15 de janeiro de 2012, B1-B2; Martyn Williams, Timeline: iTunes Store at 10 Billion, *ComputerWorld*, 24 de fevereiro de 2010 <http://www.computerworld.com/s/article/9162018/Timeline_iTunes_Store_at_10_billion>; World's Most Admired Companies 2011: Apple, *CNN Money* <http://money.cnn.com/magazines/fortune/mostadmired/2011/snapshots/670.html>, acesso em: 12 de julho de 2012; Stu Woo e Jeffrey A. Trachtenberg, Amazon Fights the iPad With 'Fire', *Wall Street Journal*, 29 de setembro de 2011, B1, B10; e Alberto Zanco, Apple Inc.: A success built on distribution & design <http://www.slideshare.net/Nanor/distribution-policy-apple-presentation>, acesso em: 21 de fevereiro de 2012.

Caso 3
Monsanto Coloca na Balança os Interesses de Stakeholders*

Sinopse: Este caso está focado no desejo da Monsanto de equilibrar os muitos benefícios significativos que seus produtos trazem para a sociedade (e os lucros resultantes para a empresa) com os interesses de diversos stakeholders. O caso examina a história da Monsanto, que passou de uma empresa de produtos químicos para uma empresa focada em biotecnologia. O desenvolvimento de sementes geneticamente modificadas e do hormônio de crescimento bovino da Monsanto são discutidos, juntamente com preocupações de segurança e ambientais expressas por vários stakeholders da Monsanto em todo o mundo. Algumas das questões éticas e de imposição de patentes da Monsanto são abordadas, bem como as principais iniciativas de responsabilidade corporativa da empresa. O caso conclui examinando os desafios e as oportunidades que a Monsanto poderá enfrentar no futuro.

Temas: Ética e responsabilidade social, sustentabilidade, estratégia de produto, responsabilidade do produto, assuntos corporativos, relacionamento com stakeholders, rotulagem do produto, regulamentação governamental, ambiente legal, marketing global.

A Monsanto Company é a maior empresa de sementes do mundo, com vendas superiores a US$ 11,5 bilhões. Ela é especializada em biotecnologia, ou seja, na manipulação genética de organismos. Cientistas da Monsanto têm passado as últimas décadas modificando culturas, muitas vezes, por meio da inserção de novos genes ou adaptação de genes existentes em sementes da planta para atender a determinados objetivos, tais como maior rendimento ou resistência a insetos. Os produtos da Monsanto podem sobreviver semanas de seca, afastar as ervas daninhas e matar insetos invasores. Sementes geneticamente modificadas da Monsanto

---

* Jennifer Sawayda, Universidade do Novo México, preparou este caso sob a direção de O. C. Ferrell e Jennifer Jackson para discussão em sala de aula, e não para ilustrar um tratamento eficaz ou ineficaz de uma situação administrativa.

têm aumentado a quantidade e a disponibilidade de culturas, ajudando agricultores em todo o mundo a aumentar a produção de alimentos e suas receitas.

Atualmente, 90% das sementes geneticamente modificadas do mundo são vendidas pela Monsanto ou por empresas que usam genes manipulados por esta. Ela também detém uma participação de mercado de 70 a 100% em determinadas culturas. No entanto, stakeholders tão diversos, como governos, agricultores, ativistas e grupos de defesa têm criticado a Monsanto. Seus defensores dizem que a empresa cria soluções para a fome no mundo, gerando maior produtividade das culturas e plantas mais resistentes. Os críticos acusam a gigante multinacional de tentar assumir o fornecimento de alimentos do mundo e destruir a biodiversidade. Como a biotecnologia é relativamente nova, os críticos também expressam preocupação com a possibilidade de efeitos negativos dos alimentos de biotecnologia sobre a saúde e o ambiente. No entanto, tais críticas não impediram a Monsanto de se tornar uma das empresas mais bem-sucedidas do mundo.

História da Monsanto: de Produtos Químicos à Alimentação

A Monsanto original era muito diferente da empresa atual. Ela foi criada por John F. Queeny em 1901 em St. Louis e deve seu nome ao sobrenome da esposa de seu fundador, Olga Monsanto Queeny. O primeiro produto da empresa foi o adoçante artificial sacarina, vendido para a Coca-Cola. A Monsanto, em seguida, vendeu para a Coca-Cola o extrato de cafeína e vanilina, um aroma de baunilha artificial. No início da Primeira Guerra Mundial, os líderes da empresa perceberam as oportunidades de crescimento na indústria de produtos químicos industriais e rebatizaram a empresa de Monsanto Chemical Company. Ela começou a se especializar em plásticos, seus próprios produtos químicos agrícolas e borracha sintética. Devido à expansão de suas linhas de produtos, o nome de Monsanto foi alterado para "Monsanto Company" em 1964. A essa altura, ela estava produzindo produtos tão diversos como petróleo, fibras e embalagens. Alguns anos mais tarde, a Monsanto criou seu primeiro herbicida Roundup, um produto de sucesso que colocaria a empresa ainda mais no centro das atenções.

Contudo, durante os anos 1970, a Monsanto enfrentou um grande embaraço legal. A empresa tinha produzido um produto químico conhecido como Agente Laranja, que foi usado durante a guerra do Vietnã para rapidamente desmatar a espessa selva vietnamita. O Agente Laranja continha dioxina, uma substância química que causou um pesadelo legal para a Monsanto. Descobriu-se que a dioxina era extremamente cancerígena e, em 1979, uma ação judicial foi movida contra a empresa em nome de centenas de veteranos que alegaram terem sido prejudicados pelo produto químico. A Monsanto e vários outros fabricantes concordaram em resolver a questão por US$ 180 milhões. As repercussões da dioxina continuariam a atormentar a empresa por décadas.

Em 1981, os líderes da Monsanto determinaram que a biotecnologia seria o novo foco estratégico da empresa. A busca da Monsanto por biotecnologia continuou por mais de uma década e, em 1994, a empresa lançou o primeiro produto biotecnológico para receber aprovação regulatória. Logo, a empresa estaria vendendo sementes de soja, algodão e canola modificadas para tolerar o herbicida Roundup. Muitos outros herbicidas matavam as plantas boas, além das ruins. As sementes Roundup Ready permitiam que os agricultores usassem o herbicida para eliminar ervas daninhas, poupando a lavoura.

Em 1997, a Monsanto desmembrava seu negócio de produtos químicos como Solutia e, em 2000, a empresa celebrou uma fusão e mudou seu nome para Pharmacia Corporation. Dois anos depois, uma nova

Monsanto, voltada inteiramente para a agricultura, separou-se da Pharmacia, e as empresas tornaram-se duas entidades jurídicas distintas. A empresa antes de 2000 era muitas vezes referida como "velha Monsanto", enquanto a empresa de hoje é conhecida como "nova Monsanto".

O surgimento da nova Monsanto foi manchado por notícias preocupantes de que a empresa vinha por décadas encobrindo a poluição ambiental. Por quase 40 anos, a Monsanto Company havia lançado lixo tóxico em um riacho em Anniston, no Alabama. Ela também tinha eliminado bifenilos policlorados (PCB), um produto químico altamente tóxico, em aterros a céu aberto na área. Os resultados foram catastróficos. Peixes no riacho foram deformados e a população tinha níveis elevados de PCB que chocaram os especialistas em saúde ambiental. A trilha de papéis mostrava que os líderes da Monsanto tinham conhecimento da poluição desde os anos 1960, embora não houvessem parado a produção. Uma vez que o encobrimento foi descoberto, milhares de requerentes da área entraram com ação contra a empresa. Em 2003, Monsanto e Solutia concordaram em pagar US$ 700 milhões a mais de 20.000 residentes da zona de Anniston.

Quando o atual CEO, Hugh Grant, assumiu, em 2003, escândalos e incerteza dos stakeholders tinham manchado a reputação da empresa. O preço das ações da Monsanto caiu quase 50%, e chegou a US$ 8 por ação. A empresa havia perdido US$ 1,7 bilhão no ano anterior. Grant sabia que a empresa estava frágil. Ainda assim, com um foco estratégico em alimentos geneticamente modificados, a empresa se recuperou e agora está prosperando. A Monsanto tornou-se tão bem-sucedida com suas sementes geneticamente modificadas que adquiriu a Seminis, Inc., líder na indústria de sementes de frutas e legumes. A aquisição transformou a Monsanto em líder global na indústria de sementes. Hoje, a Monsanto emprega mais de 21.000 pessoas em 160 países e tem sido reconhecida como um empregador de topo em países como Argentina, México, Índia e Brasil.

As Sementes da Mudança: A Ênfase da Monsanto em Biotecnologia

Embora a Monsanto original tenha feito sua fama na fabricação de produtos químicos, a nova Monsanto tomou um rumo bem diferente. Depois de mudar sua ênfase de produtos químicos para alimentos, a Monsanto de hoje deve suas vendas de mais de US$ 11,5 bilhões à biotecnologia, especificamente, à venda de sementes de plantas geneticamente modificadas que revolucionaram a indústria da agricultura.

Ao longo da história, ervas daninhas, insetos e secas têm sido as pragas da vida de agricultores. No século passado, herbicidas e pesticidas foram inventados para repelir pragas. No entanto, aplicar esses produtos químicos em uma cultura inteira era caro e demorado. Cientistas da Monsanto, com seu trabalho na área de biotecnologia, foram capazes de implantar genes em sementes que faziam as próprias plantas matarem os insetos. Eles também criaram sementes contendo o herbicida Roundup, um herbicida que mata as ervas daninhas, mas poupa a lavoura.

Desde então, a Monsanto tem usado a tecnologia para criar muitos produtos valiosos, tais como sementes tolerantes à seca para áreas desérticas como a África. A empresa usa essa proeza tecnológica como uma forma de marketing. O laboratório da Monsanto em St. Louis permite que os agricultores visitem as instalações e vejam como as sementes são selecionadas. Uma das tecnologias mostradas aos agricultores é conhecida como triturador de milho, uma máquina que pega sementes e retira material genético delas. Esse material é então analisado para ver como a semente se desenvolverá ao ser plantada. As "melhores" sementes são as que a Monsanto vende para o plantio. Impressionar os agricultores com sua tecnologia e a promessa de melhores rendimentos é uma forma de a Monsanto promover seus produtos a potenciais clientes.

Embora as sementes geneticamente modificadas sejam amplamente aceitas atualmente, sua introdução na década de 1990 desencadeou uma torrente de críticas. A Monsanto foi apelidada de "Mutanto" e uma produção geneticamente modificada era chamada de "Frankenfood". Os críticos acreditavam que alterar os genes de plantas comestíveis poderia resultar em consequências negativas para a saúde, medo que permanece até hoje. Outros se preocupavam com os efeitos na saúde de insetos e plantas benéficos. A polinização de plantas geneticamente modificadas poderia ter algum efeito sobre insetos e plantas não geneticamente modificadas nas proximidades? O CEO, Hugh Grant, decidiu reduzir a onda de críticas, concentrando a biotecnologia em produtos que não seriam diretamente servidos no jantar, mas, em vez disso, produtos como ração animal e xarope de milho. Dessa forma, Grant foi capaz de reduzir um pouco a oposição. Hoje, a empresa investe em grande parte em quatro culturas: milho, algodão, soja e canola.

Até agora, as terríveis previsões de críticos não ocorreram. A Monsanto deve aproximadamente 60% de sua receita a seu trabalho com sementes geneticamente modificadas e, atualmente, mais de metade das culturas norte-americanas, incluindo a maioria da soja e 70% do milho, são geneticamente modificadas. Os agricultores que compram sementes geneticamente modificadas podem agora cultivar mais lavouras em menos terra e com menos sementes deixadas ao acaso. Por exemplo, em 1970, a colheita média de milho rendia aproximadamente 4,7 toneladas por hectare. Com a introdução das culturas biotecnológicas, a colheita de milho média aumentou para cerca de 10,1 toneladas por hectare. A Monsanto prevê maior rendimento no futuro, possivelmente até 20 toneladas por hectare em 2030. "Com o aumento da produtividade agrícola, os agricultores são capazes de produzir mais alimentos, rações, combustível e fibra na mesma quantidade de terra, ajudando a garantir que a agricultura possa satisfazer as necessidades da humanidade no futuro", disse o CEO da Monsanto, Hugh Grant, sobre a tecnologia da Monsanto.

Como resultado de maiores rendimentos, as receitas dos agricultores em países em desenvolvimento têm aumentado. De acordo com estatísticas da empresa, a produção de algodão dos agricultores indianos aumentou 50%, duplicando suas receitas anuais. Além disso, a empresa afirma que seu milho protegido contra insetos elevou a renda nas Filipinas para acima do nível de pobreza. Os críticos argumentam que esses números são inflados. Eles afirmam que o custo de sementes geneticamente modificadas é significativamente maior do que o de sementes tradicionais e, portanto, elas, na realidade, reduzem os lucros dos agricultores. Um aumento na taxa de suicídios entre agricultores indianos na última década tem sido parcialmente atribuído a acusações de que muitos deles se endividaram por terem que comprar as sementes da Monsanto ano após ano. A empresa nega essas acusações e afirma que os suicídios resultaram de uma variedade de diferentes fatores não relacionados com suas sementes.

Apesar das garantias da Monsanto, muitos países não apoiam as culturas geneticamente modificadas. As tentativas de apresentá-las à Europa provocou reações extremas dos consumidores. A União Europeia proibiu a maioria das culturas da Monsanto, exceto por uma variedade de milho, e os consumidores têm chegado a destruir campos de lavouras geneticamente modificadas e a organizar ocupações. O Greenpeace tem lutado contra a Monsanto há anos, especialmente nos esforços da companhia para promover culturas geneticamente modificadas nos países em desenvolvimento. Essa animosidade contra os produtos da Monsanto é gerada por duas preocupações principais: segurança dos alimentos geneticamente modificados e potenciais efeitos ambientais.

Preocupações de Segurança com Alimentos Geneticamente Modificados

De grande preocupação para muitos stakeholders são as implicações morais e de segurança dos alimentos geneticamente modificados. Muitos céticos veem as plantações biotecnológicas como não naturais, com cientistas da Monsanto, essencialmente, "brincando de Deus", controlando o que entra na semente. Também, como as culturas geneticamente modificadas são relativamente novas, críticos afirmam que as implicações para a saúde de alimentos de biotecnologia levarão anos para serem conhecidas. Eles também alegam que não foram criadas normas eficazes para determinar a segurança das culturas biotecnológicas. Alguns geneticistas acreditam que a introdução desses genes em sementes poderia criar pequenas mudanças que podem afetar negativamente a saúde de seres humanos e animais que se alimentam delas. Embora a FDA tenha declarado que as culturas biotecnológicas são seguras, críticos dizem que ainda não houve tempo suficiente para avaliar seus efeitos no longo prazo.

Uma das principais preocupações relacionadas à saúde é que a falta de regulamentação adequada pode permitir que substâncias alergênicas se infiltrem nos produtos. Outra preocupação é a toxicidade, especialmente considerando que muitas sementes da Monsanto são equipadas com um gene que lhes permite produzir seu próprio herbicida Roundup. Ingerir esse herbicida, mesmo em pequenas quantidades, poderia causar efeitos negativos sobre os consumidores? Alguns stakeholders dizem que sim e apontam como base as estatísticas sobre o glifosato, ingrediente principal do Roundup. De acordo com um relatório de um centro de ecologia, a exposição ao glifosato é a terceira doença mais comumente relatada entre os trabalhadores agrícolas da Califórnia e resíduos de glifosato podem durar um ano. No entanto, a EPA lista o glifosato como um herbicida de baixa toxicidade cutânea e oral, e um estudo do Medical College de Nova York afirma que o Round up não oferece risco de saúde aos seres humanos.

Apesar das preocupações dos consumidores, a FDA declarou que os alimentos geneticamente modificados são seguros para o consumo. Como resultado, ela também determinou que os norte-americanos não precisam saber quando estão consumindo produtos geneticamente modificados. Assim, essa informação não é colocada nos rótulos nos Estados Unidos, apesar de outros países, principalmente a Grã-Bretanha e a União Europeia, exigirem que produtos alimentares geneticamente modificados apresentem essa informação em seus rótulos.

Preocupações de Segurança com Hormônios de Crescimento Bovino

A Monsanto também está sob exame devido a um hormônio sintético, anteriormente de sua propriedade, chamado Posilac, marca de um medicamento que contém hormônio de crescimento bovino recombinante (rBST). Esse hormônio é um suplemento para o hormônio BST natural em vacas. O Posilac faz com que as vacas produzam mais leite, um benefício para os produtores de leite, mas um motivo de preocupação para muitos stakeholders que temem que o Posilac possa causar problemas de saúde nas vacas e nos seres humanos que bebem o leite. Depois de vários testes, a FDA descobriu que o leite das vacas tratadas com Posilac, em termos de segurança, não é diferente do leite de vacas sem rBST. No entanto, essas garantias foram de pouco efeito para aliviar os receios dos stakeholders, especialmente porque alguns estudos afirmam que o rBST aumenta problemas de saúde em vacas. O protesto público por parte dos consumidores em questão se tornou tão grande que muitos supermercados e restaurantes pararam de comprar leite tratado com rBST. A Starbucks, Kroger, Ben & Jerry e, até mesmo, o Walmart têm respondido à demanda dos consumidores utilizando ou vendendo exclusivamente leite livre de rBST, o que freou os lucros da Monsanto com o Posilac.

Nos últimos anos, certos grupos, incluindo a Monsanto, têm lutado contra a popularidade do leite livre de rBST. Eles sustentam que os consumidores estão sendo enganados por implicações de que o leite livre de rBST é mais seguro do que o leite tratado com rBST. Em 2006, um senador e secretário de Agricultura da Pensilvânia tentou proibir que o leite fosse rotulado como livre de rBST, mas a indignação dos stakeholders impediu que a lei fosse promulgada. Em vez disso, foram iniciadas restrições ainda mais rígidas aos rótulos. Todo o leite livre de rBST agora deve conter a seguinte afirmação da FDA: "Nenhuma diferença significativa foi demonstrada entre o leite derivado de vacas tratadas com rBST e o de vacas não tratadas com rBST". A Monsanto declarou que não vê qualquer problema com rótulos de leite apresentado como livre de rBST desde que o rótulo contenha a afirmação da FDA. Depois disso, a Monsanto vendeu seu negócio de Posilac para a Eli Lilly.

Preocupações sobre os Efeitos Ambientais dos Produtos da Monsanto

Alguns estudos confirmaram a premissa de que o herbicida Roundup, usado em conjunto com as sementes Roundup Ready, pode ser prejudicial a aves, insetos e, em particular, anfíbios. Tais estudos revelaram que pequenas concentrações de Roundup podem ser mortais para os girinos, o que é uma grande preocupação, já que espécies de rãs e sapos estão desaparecendo rapidamente em todo o globo. Outros estudos sugerem que o Roundup pode ter um efeito prejudicial sobre as células humanas, especialmente embrionárias, umbilicais e placentárias. A Monsanto tem combatido essas reivindicações questionando a metodologia utilizada nos estudos, e a EPA afirma que o glifosato não é perigoso em doses recomendadas.

Outra preocupação com sementes geneticamente modificadas, em geral, é a ameaça de contaminação ambiental. Abelhas, insetos e o vento podem transportar as sementes de uma lavoura para outras áreas, por vezes, para campos que contêm culturas não geneticamente modificadas. Muitos agricultores orgânicos se queixaram de que as sementes geneticamente modificadas de fazendas próximas têm "contaminado" suas colheitas. Essa contaminação ambiental pode representar uma séria ameaça. Alguns cientistas temem que as sementes geneticamente modificadas espalhadas sobre plantas nativas possam fazer com que elas adotem o traço geneticamente modificado, criando assim novas variações genéticas dessas plantas que poderiam influenciar negativamente (por meio de vantagens genéticas) no ecossistema circundante. O tema tem assumido um significado particular no México. Durante onze anos, o México obteve uma moratória sobre o milho geneticamente modificado. Ele levantou a moratória em 2005, permitindo que a Monsanto começasse a testar seu milho geneticamente modificado no norte do México, alguns anos depois. A Monsanto está buscando autorização para iniciar a fase pré-comercial no México, o que permitiria à empresa expandir sua área de crescimento para cerca de 200 hectares. No entanto, os consumidores estão se preparando para uma batalha. Acreditando que o milho geneticamente modificado poderia contaminar suas mais de 60 variedades de milho, os mexicanos fizeram protestos e formaram grupos para tentar manter o milho geneticamente modificado fora do país.

A Monsanto não ficou em silêncio sobre essas questões e tem agido para lidar com algumas dessas preocupações. A empresa afirma que o impacto ambiental de tudo que cria foi estudado e aprovado pela EPA. Funcionários da Monsanto alegam que o glifosato no Roundup não costuma acabar em águas subterrâneas e cita um estudo que revelou que menos de 1% do glifosato contamina as águas subterrâneas com o escoamento. A empresa também afirma que, quando contamina as águas subterrâneas, ele é solúvel e não terá muito efeito sobre as espécies aquáticas. Aos stakeholders cabe tomar suas próprias decisões relativas a essas questões.

Resistência de Culturas a Pesticidas e Herbicidas

Outro problema ambiental que surgiu foi a possibilidade de resistência de ervas daninhas e insetos a herbicidas e pesticidas em culturas da Monsanto. Os críticos temem que o uso contínuo de produtos químicos possa resultar em "superervas daninhas" e "superinsetos", assim como o uso excessivo de antibióticos em seres humanos gerou bactérias resistentes aos medicamentos. A linha Roundup da empresa, em particular, tem sido atacada. A Monsanto argumenta, e com razão, que o herbicida Roundup tem sido usado por 30 anos, amplamente sem problemas de resistência. No entanto, plantas geneticamente modificadas rotuladas "Roundup Ready" são geneticamente modificadas para suportar grandes doses do herbicida. Como o Roundup foi usado com mais frequência e exclusivamente, números significativos de ervas daninhas resistentes ao Roundup foram encontrados nos Estados Unidos e na Austrália.

Para combater "superinsetos", o governo exige que agricultores que usam produtos da Monsanto criem "refúgios" plantando 20% de seus campos com uma cultura não modificada geneticamente. A teoria é que isso permite que insetos não resistentes acasalem com os resistentes, evitando uma nova raça de superinsetos. Para evitar a resistência ao herbicida Roundup, os agricultores devem variar o uso de herbicidas e praticar a rotação de culturas. No entanto, como o Roundup é muito fácil de usar, especialmente em conjunto com as sementes Roundup Ready, muitos agricultores não despendem tempo com essas medidas preventivas. Quando fazem a rotação de culturas, alguns vão trocar uma cultura Roundup Ready por outro tipo de cultura Roundup Ready, o que não resolve o problema. Isso é particularmente preocupante na América Latina, África e Ásia, onde os agricultores podem não ser tão bem informados sobre os riscos do uso excessivo de herbicidas e pesticidas.

Monsanto Lida com Questões Éticas e Legais

Além das preocupações sobre a segurança de sementes geneticamente modificadas e das questões ambientais, a Monsanto teve de lidar com preocupações sobre a conduta organizacional. As organizações enfrentam riscos significativos de estratégias e funcionários que se empenham para ter altos padrões de desempenho. Essa pressão, por vezes, incentiva os funcionários a se envolverem em conduta ilegal ou antiética. Todas as empresas têm preocupações como essa e, no caso da Monsanto, subornos e patentes resultaram em consequências legais, éticas e de reputação.

Questões de Suborno

O suborno é um dilema para as empresas multinacionais, porque diferentes países têm diferentes perspectivas sobre ele. Embora seja ilegal nos Estados Unidos, outros países o permitem. A Monsanto defrontou-se com esse problema na Indonésia e suas ações resultaram em grandes multas para a empresa.

Em 2002, um gerente da Monsanto instruiu uma empresa de consultoria da Indonésia a pagar um suborno de US$ 50.000 a um funcionário do Ministério do Meio Ambiente do país. Para ignorar um estudo ambiental. Mais tarde, foi revelado que o suborno não foi um evento isolado. A empresa pagou muitos funcionários entre 1997 e 2002. A Monsanto tomou consciência do problema após a descoberta de irregularidades em sua subsidiária na Indonésia, em 2001. Como consequência, a empresa lançou uma investigação interna e reportou o suborno ao Departamento de Justiça dos EUA (DOJ) e a Comissão de Valores Mobiliários (Securities and Exchange Commission (SEC). A Monsanto assumiu total responsabilidade pelo comportamento de seus funcionários e concordou em pagar US$ 1 milhão ao Departamento de Justiça e US$ 500.000 à SEC. Ela também concordou com três anos de rigoroso acompanhamento de suas atividades pelas autoridades norte-americanas. O incidente mostrou que, embora a Monsanto não seja imune a escândalos, está disposta a trabalhar com as autoridades para corrigi-los.

Questões de Patentes

Como a maioria das empresas, a Monsanto precisa patentear seus produtos. No entanto, quando se trata de patentes de sementes, os problemas aparecem. Como criações de bioengenharia da Monsanto Company, as sementes da Monsanto são protegidas pela lei de patentes. Sob os termos da patente, os agricultores que utilizam essas sementes não estão autorizados a colher sementes das plantas que servem para as próximas temporadas. Em vez disso, eles devem comprar novas sementes Monsanto a cada temporada. Com a produção de novas sementes a cada ano, a Monsanto garante seus lucros, além de manter o controle sobre sua propriedade intelectual.

Infelizmente, esse é um conceito novo para a maioria dos agricultores. Ao longo da história agrícola, os agricultores têm coletado e guardado sementes das colheitas anteriores para plantar culturas no ano seguinte. Críticos argumentam que, de uma hora para outra, obrigar os agricultores a comprar novas sementes ano após ano coloca uma carga financeira indevida sobre eles e dá muito poder à Monsanto. No entanto, a lei protege o direito da Monsanto de ter controle exclusivo sobre suas criações, e os agricultores devem respeitar essas leis. Quando considerados culpados de usar as sementes da Monsanto de temporadas anteriores, deliberadamente ou por ignorância, os agricultores são muitas vezes multados.

Como é relativamente fácil para os agricultores violar a patente, a Monsanto considerou necessário contar com investigadores para buscar suspeitas de violações. As investigações resultantes são uma fonte de discórdia entre a Monsanto e os agricultores acusados. De acordo com a Monsanto, os investigadores se aproximam dos agricultores suspeitos de violação de patente para fazer-lhes perguntas. Os investigadores devem ter transparência com os agricultores e dizer-lhes por que estão lá e o que representam. Se ainda existirem suspeitas após a entrevista inicial, os investigadores podem solicitar os registros do fazendeiro (depois de garantir ao agricultor que o farão de forma respeitosa). Às vezes, eles trazem uma equipe de amostragem, com a permissão do fazendeiro, para testar campos do agricultor. Se for considerado culpado, o agricultor muitas vezes paga uma multa à Monsanto.

Alguns agricultores, por outro lado, contam uma história diferente sobre a Monsanto e seus investigadores de sementes, chamando os investigadores de "polícia da semente" e até mesmo se referindo a eles com palavras duras, como "Gestapo" ou "máfia". Eles alegaram que os investigadores da Monsanto têm utilizado práticas antiéticas para levá-los a cooperar. A Monsanto também não restringe suas investigações a agricultores. Ela entrou com uma ação contra a DuPont, segunda maior fabricante de sementes do mundo, por combinar a tecnologia DuPont com a Roundup Ready. A Monsanto ganhou o processo, mas também foi processada pela DuPont por práticas anticoncorrenciais. As acusações de tais práticas têm atraído a atenção de advogados antitruste federais. Com o aumento da pressão proveniente de diferentes áreas, a Monsanto concordou em permitir que as patentes de suas sementes expirassem a partir de 2014. Dessa forma, outras empresas poderão criar imitações menos caras de sementes da Monsanto. No entanto, a Monsanto anunciou que vai continuar a impor de forma rigorosa as patentes para novas versões de seus produtos, como a soja Roundup Ready 2.

Questões Legais

Muitas grandes empresas têm que lidar com forças governamentais e legais, e a Monsanto não é uma exceção. Recentemente, o governo começou a examinar mais de perto as práticas da Monsanto. Essa medida é um pouco irônica, considerando que foi uma decisão legal que ajudou a pavimentar o caminho para o sucesso da Monsanto na indústria de sementes. Em 1980, o Supremo Tribunal, pela primeira vez, permitiu que organismos vivos fossem patenteados, dando à Monsanto a possibilidade de patentear suas sementes.

Apesar dessa vitória legal, a Monsanto agora está no foco de atenção do American Antitrust Institute por alegadas atividades anticoncorrenciais. O instituto publicou um artigo sugerindo que a Monsanto está dificultando a concorrência, exercendo muito poder sobre a indústria de sementes transgênicas e limitando a inovação delas. Quando a Monsanto adquiriu a DeKalb e a Delta Land and Pine, tinha que obter a aprovação das autoridades antitrustes. Ainda assim, obteve a aprovação depois de concordar com certas concessões.

No entanto, a Monsanto pode estar trilhando uma fronteira tênue com o Departamento de Justiça (DOJ) e, em breve, pode se tornar alvo em um litígio antitruste. A concorrente DuPont ainda queixou-se ao DOJ das chamadas práticas anticoncorrenciais da Monsanto. A DuPont entrou com uma ação alegando que a Monsanto está usando seu poder e suas licenças para bloquear seus produtos. Em consequência das reclamações, o Departamento de Justiça iniciou um inquérito civil para as práticas da Monsanto. Se o DOJ concordar que as práticas da Monsanto são anticoncorrenciais, as decisões resultantes poderão afetar a forma como a Monsanto faz negócios.

Responsabilidade Corporativa da Monsanto

É uma expectativa comum hoje em dia que as empresas multinacionais tomem medidas para promover os interesses e o bem-estar das pessoas nos países em que operam. A Monsanto não é uma exceção. A empresa doou milhões de dólares a programas para ajudar a melhorar as comunidades nos países em desenvolvimento.

Além disso, como uma empresa agrícola, a Monsanto deve admitir a dura realidade que o mundo enfrenta no futuro: a população mundial está aumentando em ritmo rápido e a quantidade de terra disponível e água para a agricultura está diminuindo. Alguns especialistas acreditam que nosso planeta terá de produzir mais alimentos para alimentar a população mundial nos próximos 50 anos do que fez nos últimos 10.000 anos, obrigando-nos a dobrar nossa produção de alimentos. Como uma empresa multinacional dedicada à agricultura, espera-se que a Monsanto resolva esses problemas. A empresa também desenvolveu uma política de compromisso de três níveis: (1) aumentar a produtividade das lavouras, (2) preservar mais recursos, e (3) melhorar a vida dos agricultores. A Monsanto espera alcançar esses objetivos por meio de iniciativas em agricultura sustentável e filantropia.

Agricultura Sustentável

> *A agricultura se encontra na encruzilhada dos desafios mais difíceis que todos enfrentamos no planeta. Juntos, temos de atender às necessidades de aumento de alimentos, fibras e energia, protegendo o meio ambiente. Em suma, o mundo precisa produzir mais e preservar de forma mais inteligente.*

Essa citação do CEO da Monsanto, Hugh Grant, mostra os desafios que a agricultura enfrenta hoje em dia, juntamente com os objetivos da Monsanto para enfrentar tais desafios. Por exemplo, a Monsanto é rápida em ressaltar que seus produtos de biotecnologia adicionaram mais de 100 milhões de toneladas à produção agrícola em todo o mundo em um período de dez anos, o que corresponde a uma estimativa de aumento das receitas dos agricultores em US$ 33,8 bilhões. A Monsanto também criou parcerias com organizações sem fins lucrativos em todo o mundo para melhorar a vida dos agricultores nos países em desenvolvimento. Duas regiões em que a Monsanto está se concentrando são a Índia e a África.

A necessidade de uma melhor agricultura é evidente na Índia, onde se espera que a população atinja 1,3 bilhão até 2017. As culturas biotecnológicas têm ajudado a melhorar a produtividade na Índia, permitindo que alguns agricultores de biotecnologia aumentem suas receitas em 50%. A Monsanto estima que os produtores de algodão da Índia que utilizam culturas biotecnológicas ganham cerca de US$ 435 por hectare a mais de receita do que seus contemporâneos não transgênicos. Em 2009, a Monsanto lançou o Projeto SHARE, uma iniciativa de produção sustentável feita em conjunto com a organização sem fins lucrativos Sociedade Indiana de Agronegócios para tentar melhorar a vida de 10.000 produtores de algodão em 1.100 aldeias.

Na África, a Monsanto tem ajudado muitos agricultores a prosperar e a persistir em períodos difíceis. Por exemplo, a empresa fez uma parceria com a Fundação de Tecnologia Agrícola Africana, cientistas e filantropos para embarcar na iniciativa Milho Eficiente em Água para África (Water Efficient Maize for Africa – WEMA). Durante esse projeto de cinco anos, a Monsanto vai ajudar a desenvolver sementes de milho tolerantes à seca e fornecê-las a agricultores africanos de pequena escala sem royalties.

Nem todos veem a presença da Monsanto na África como uma extensão em responsabilidade corporativa. Alguns acreditam que se trata de outra forma de a Monsanto melhorar seus resultados. Os críticos veem essas ações como uma tentativa de controlar a agricultura africana e destruir as práticas agrícolas nativas existentes há milhares de anos. No entanto, apesar dessa crítica, não há como negar que a Monsanto tem afetado positivamente a vida dos agricultores africanos, juntamente com o aumento dos lucros de seus acionistas. Como o CEO, Hugh Grant, escreve: "Essa iniciativa não é simplesmente altruísta; vemos isso como uma proposta de negócio única que recompensa agricultores e acionistas".

Filantropia

Em 1964, a Monsanto Company instituiu o Fundo Monsanto, que atualmente financia muitos dos projetos da empresa na África. Um destinatário do Fundo Monsanto incluiu a Africare, que recebeu uma doação de US$ 400.000 para financiar um projeto de segurança alimentar de dois anos. A Monsanto Company também apoia programas para a juventude. Na primeira década do século XXI, a empresa doou quase US$ 1,5 milhão em bolsas de estudo a estudantes que queriam obter um diploma relacionado à agricultura. A empresa também apoia programas como o 4-H e o Farm Safety 4 Just Kids, que ajuda a ensinar crianças da zona rural sobre segurança ao trabalhar em fazendas. Além disso, a Monsanto doou US$ 4 milhões em sementes ao Haiti depois do terremoto de 2010.

O Futuro da Monsanto

A Monsanto tem muitos desafios que precisa resolver, incluindo preocupações constantes sobre segurança e impacto ambiental de seus produtos. A Índia, um grande comprador de sementes geneticamente modificadas, instituiu uma moratória de um tipo de berinjela geneticamente modificada e entrou com uma ação contra a Monsanto citando preocupações de segurança. A empresa precisa cumprir seu código de ética de forma eficaz para evitar a má conduta organizacional (como suborno) no futuro. Também enfrenta a concorrência de outras empresas. Por exemplo, empresas chinesas estão se tornando rivais temíveis da Monsanto, uma vez que seus herbicidas estão corroendo os lucros do Roundup da Monsanto. Como resultado, a empresa foi obrigada a baixar os preços do Roundup e anunciou planos para reestruturar essa área de negócio.

Talvez ainda mais grave seja a crescente resistência a sementes e herbicidas da Monsanto. Depois de muitos anos no mercado, o herbicida Roundup e as sementes geneticamente modificadas da Monsanto começaram a criar superervas daninhas e superinsetos. Se um número suficiente dessas pragas proliferarem, os produtos podem não conseguir mais matá-los. Estudos recentes têm demonstrado que 11 superervas daninhas em mais de 25 estados desenvolveram resistência contra o Roundup. Além disso, algumas fazendas no Iowa parecem ter larvas da raiz do milho ocidental (uma grande praga do milho) que desenvolveram resistência a um tipo de cultura geneticamente modificada. Embora a Monsanto alegue que esses superinsetos são "casos isolados", a possibilidade dessa resistência se espalhar é uma séria ameaça. Como resultado, a Monsanto está estudando uma nova tecnologia de RNA que tornará essas culturas mortais para os insetos que as consumirem. A Monsanto deve ter cuidado para não subestimar esse problema, mas tomar medidas proativas para evitar que se torne uma crise.

No entanto, apesar desses desafios, a Monsanto tem inúmeras oportunidades para prosperar no futuro. A empresa está atualmente trabalhando em inovações que podem aumentar sua vantagem competitiva, bem como proporcionar enormes benefícios a agricultores em todo o mundo. Por exemplo, depois de uma queda nas vendas de Roundup, os lucros da Monsanto estão retornando mais uma vez. A empresa também está preparando vários produtos biotecnológicos para comercialização.

Embora a Monsanto tenha feito alguns erros no passado, está tentando retratar-se como uma empresa socialmente responsável que se dedica a melhorar a agricultura. Como se observa, a empresa ainda tem alguns problemas. As previsões de críticos da Monsanto sobre alimentos biotecnológicos ainda não se concretizaram, mas isso não erradicou os receios dos stakeholders. Com a crescente popularidade dos alimentos orgânicos, a crítica firme de opositores e a possibilidade de superinsetos e superervas daninhas, a Monsanto terá de continuar a trabalhar com os stakeholders para promover suas inovações tecnológicas e eliminar os receios referentes a sua indústria.

Questões para Discussão

1. Se você fosse o CEO da Monsanto, qual seria a melhor forma de equilibrar com sucesso as diferentes necessidades dos grupos de interesse?

2. Empresas como a Monsanto, que podem oferecer tecnologia para melhorar as vidas humanas, são muitas vezes vistas como tendo uma obrigação moral para com a sociedade. Como a Monsanto pode cumprir essa obrigação moral e, ao mesmo tempo, proteger a sociedade e o ambiente das potenciais consequências negativas de seus produtos?

3. A Monsanto desenvolveu um produto diferenciado com patente protegida que produz rendimento superior quando comparado com sementes tradicionais. Como essa estratégia de marketing bem-sucedida foi impactada por potenciais efeitos colaterais negativos e o impacto ambiental negativo das sementes geneticamente modificadas?

4. O que a Monsanto pode fazer para aliviar as preocupações dos stakeholders? Como essas ações poderiam ser incorporadas à estratégia de marketing dos produtos da empresa?

Fontes

Os dados desse caso foram obtidos de Donald L. Barlett e James B. Steele, Monsanto's Harvest of Fear, *Vanity Fair*, 5 de maio de 2008 <http://www.vanityfair.com/politics/features/2008/05/ monsanto200805>; Ian Berry, Monsanto's Seeds Sow a Profit, *Wall Street Journal*, 7 de janeiro de 2011, B3; Rina Chadran, Debate over GM eggplant consumes India, *Reuters*, 16 de fevereiro de

2010 <http://www.reuters.com/article/2010/02/16/us-india-food-USTRE61F0RS20100216>; Environmental Protection Agency, R.E.D. Facts, setembro 1993 <http://www.epa. gov/oppsrrd1/REDs/factsheets/0178fact.pdf>. Acesso em: 20 de abril de 2012; Even Small Doses of Popular Weed Killer Fatal to Frogs, Scientist Finds, *Science Daily*, 5 de agosto de 2005 <http://www.sciencedaily.com/releases/2005/08/050804053212.htm>; Crystal Gammon, Weed-Whacking Herbicide Proves Deadly to Human Cells, *Scientific American*, 23 de junho de 2009 <http://www.scientificamerican.com/article.cfm?id=weed-whacking-herbicide-p&page=3>; Ellen Gibson, Monsanto, *BusinessWeek*, 22 de dezembro de 2008, p. 51; GMOs Under a Microscope, Science & Technology in Congress, outubro 1999 <http://www.aaas.org/gr/stc/Archive/1996-2003/stc99-10.pdf>. Acesso em: 20 de abril de 2012; Jean Guerrero, Altered Corn Advances Slowly in Mexico, *Wall Street Journal*, 9 de dezembro de 2010, B8; Michael Grunwald, Monsanto Hid Decades of Pollution, *Washington Post*, 1º de janeiro de 2002, p. A1; Brian Hindo, Monsanto: Winning the Ground War, *BusinessWeek*, 5 de dezembro de 2007 <http://www.businessweek.com/stories/2007-12-05/monsanto-winning-the-ground-war>; Jack Kaskey, Monsanto Will Let Bio-Crop Patent Expire, *BusinessWeek*, 20 de janeiro de 2010 <http://www.businessweek.com/stories/2010-01-20/monsanto-will-let-bio-crop-patents-expire>; Jack Kaskey, Attack of the Superweed, *BusinessWeek*, 8 de setembro de 2011 <http://www.businessweek.com/magazine/attack-of-the-superweed-09082011.html>; Scott Kilman, Monsanto's Net Profit Declines by 45%, *Wall Street Journal*, 1º de julho de 2010, B7; Scott Kilman, Monsanto Corn Plant Losing Bug Resistance, *Wall Street Journal*, 29 de agosto de 2011, B1; Andrew Martin, Fighting on a Battlefield the Size of a Milk Label, *New York Times*, 9 de março de 2008 <http://www.nytimes.com/2008/03/09/business/09feed.html>; John W. Miller, Monsanto Loses Case In Europe Over Seeds, *Wall Street Journal*, 7 de julho de 2010, B1; Monsanto Company-Company Profile, Information, Business Description, History, Background Information on Monsanto Company, site da Reference for Business: Encyclopedia of Small Business <http://www.referenceforbusiness.com/history2/92/Monsanto-Company.html>. Acesso em: 15 de julho de 2012; Monsanto Co. (MON), Yahoo Finance! <http://finance.yahoo.com/q/is?s=MON+Income +Statement&annual>. Acesso em: 15 de jullho de 2012; Monsanto Fined $1.5M for Bribery, *BBC News*, 7 de janeiro de 2005 <http://news.bbc.co.uk/2/hi/business/4153635.stm>; Monsanto Mania: The Seed of Profits, *iStockAnalyst*, 17 de janeiro de 2008 <http://www.istockanalyst.com/article/viewarticle.aspx?articleid=1235584&zoneid=Home>; Monsanto Sells Cow Hormone to Eli Lilly, *The Chicago Tribune*, 21 de agosto de 2008 <http://articles.chicagotribune.com/2008-08-21/business/0808201398_1_posilac-monsanto-cow-hormone>; Monsanto website <http://www.monsanto.com>. Acesso em: 15 de julho de 2012; Claire Oxborrow, Becky Price e Peter Riley, Breaking Free, *Ecologist*, 38(9) (novembro 2008), p. 35–36; Andrew Pollack, So What's the Problem with Roundup? *Ecology Center*, 14 de janeiro de 2003 <http://www.ecologycenter.org/factsheets/roundup.html>; Andrew Pollack, Widely Used Crop Herbicide Is Losing Weed Resistance, *New York Times*, 14 de janeiro de 2003 <http://www.nytimes.com/2003/01/14/business/widely-used-crop-herbicide-is-losing-weed-resistance.html>; William Pentland, India Sues Monsanto Over Genetically-Modified Eggplant, *Forbes*, 12 de agosto de 2011 <http://www. forbes.com/sites/williampentland/2011/08/12/india-sues-monsanto-over-genetically-modified-eggplant>; Michael Pollan, Playing God in the Garden, *New York Times Magazine*, 25 de outubro de 1998 <http://www.michaelpollan.com/article.php?id=73>; Report on Animal Welfare Aspects of the Use of Bovine Sematotrophin, Report of the Scientific Committee on Animal Health and Animal Welfare, 10 de março de 1999 <http://ec.europa.eu/food/fs/sc/scah/ out21_en.pdf>; $700 Million Settlement in Alabama PCB Lawsuit, *New York Times*, 21 de agosto de 2003 <http://www.nytimes.com/2003/08/21/business/700-million-settlement-in-alabama-pcb-lawsuit.html>; The Parable of the Sower, *The Economist*, 19 de novembro de 2009 <http://www.economist.com/node/14904184>; The Pros and Cons of Genetically Modified Seeds, *Wall Street Journal*, 15 de março de 2010 <http://online.wsj.com/article/SB126862629333762259.html>; e G. M. Williams, R. Kroes e I. C. Monro, Safety Evaluation and Risk Assessment of the Herbicide Roundup and Its Active Ingredient, Glyphosate, for Humans, NCBI, abril 2000 <http://www.ncbi.nlm.nih.gov/pubmed/10854122>. Acesso em: 15 de julho de 2012.

Caso 4
New Belgium Brewing (A): Ganhar Vantagem Competitiva com Marketing de Responsabilidade Social*

Sinopse: De suas raízes em um porão em Fort Collins, Colorado, a New Belgium Brewing sempre visou aos objetivos de negócios mais elevados do que a rentabilidade. O enorme crescimento da empresa para se tornar a terceira maior cervejaria artesanal da nação e a nona maior em geral tem sido orientado por uma firme estratégia de marca que tem como base proximidade com o cliente, responsabilidade social e capricho. Os produtos da empresa, especialmente a Fat Tire Amber Ale, sempre se dirigiram a conhecedores de cerveja que apreciam o foco da New Belgium em sustentabilidade, tanto quanto suas cervejas de nível internacional. Apesar de seu crescimento e sucesso, a New Belgium conseguiu manter-se fiel a seus valores fundamentais e à autenticidade da marca, as chaves para sua vantagem de marketing na indústria cervejeira artesanal altamente competitiva.

Temas: Proximidade com o cliente, vantagem competitiva, responsabilidade social, sustentabilidade, estratégia de marca, estratégia de produto, estratégia de distribuição, implantação de marketing, relacionamento com clientes.

Grandes empresas e marcas bem conhecidas vêm à mente quando a maioria de nós pensa a respeito de empresas de sucesso. No entanto, o sucesso de pequenas e médias empresas pode ser tão notável quanto aquelas,

---

* O. C. Ferrell, Universidade do Novo México, preparou este caso para discussão em sala de aula, e não para ilustrar um tratamento eficaz ou ineficaz de uma situação administrativa. Jennifer Sawayda, Universidade do Novo México, prestou assistência editorial.

embora muitas vezes tenha maior impacto nas comunidades e bairros de seus arredores. Uma dessas empresas é a New Belgium Brewing Company, Inc., com sede em Fort Collins, Colorado. A marca New Belgium tornou-se conhecida por duas razões: suas cervejas de estilo belga de alta qualidade e seu compromisso com a sustentabilidade. Suas iniciativas socialmente responsáveis têm contribuído grandemente para o sucesso da New Belgium. De fato, o modelo de negócios da New Belgium tem sido tão bem-sucedido que é cada vez mais fácil encontrar suas cervejas em todo o país à medida que mais consumidores adotam o que a empresa representa. Estudos têm mostrado que os preços das ações de empresas ética e socialmente responsáveis em geral superam os das ações do índice S&P 500. Embora não seja uma empresa pública e, portanto, não tenha ações comercializadas publicamente, a New Belgium parece seguir essa tendência de sucesso. A empresa tornou-se a sétima maior cervejaria do país e a terceira maior cervejaria do segmento de "cervejas artesanais".

A História da New Belgium Brewing Company

A ideia da New Belgium Brewing Company (NBB) começou com uma viagem de bicicleta na Bélgica, lar de algumas das melhores cervejas do mundo, entre as quais muitas têm sido fabricadas há séculos em mosteiros daquele país. Enquanto passeava pela Bélgica em sua mountain bike de pneus grossos (fat tire), Jeff Lebesch, um engenheiro elétrico norte-americano, se perguntava se poderia produzir cervejas de alta qualidade quando retornasse para casa no Colorado. Depois de adquirir a cepa especial da levedura utilizada para preparar cervejas de estilo belga, Lebesch voltou para casa e começou a fazer experiências em seu porão no Colorado. Quando suas cervejas obtiveram a aprovação de seus amigos, ele decidiu comercializá-las.

A New Belgium Brewing (NBB) abriu o negócio em 1991 como uma operação minúscula no porão da casa de Lebesch em Fort Collins. A esposa dele na época, Kim Jordan, tornou-se diretora de marketing da empresa. Eles chamaram sua primeira cerveja de Fat Tire Amber Ale em homenagem ao passeio de bicicleta de Lebesch pela Bélgica. No início, colocar a cerveja New Belgium nas prateleiras das lojas não foi fácil. Jordan frequentemente entregava a cerveja às lojas pela parte de trás de sua caminhonete Toyota. No entanto, as cervejas New Belgium rapidamente desenvolveram uma pequena, mas dedicada base de clientes, primeiro em Fort Collins e, em seguida, em todo o Colorado. A cervejaria logo ficou maior que o porão da casa e se mudou para um velho armazém ferroviário antes de se estabelecer em sua atual instalação construída sob medida em 1995. A cervejaria inclui duas casas de fermentação, quatro laboratórios de controle de qualidade, uma instalação de tratamento de águas residuais, uma linha de selagem das latas e engarrafamento e inúmeras inovações tecnológicas pelas quais a New Belgium tornou-se reconhecida nacionalmente como um "paradigma da eficiência ambiental".

Sob a liderança de Kim Jordan, que desde então se tornou CEO, a New Belgium Brewing Company oferece atualmente uma variedade de cervejas e pilsners permanentes e sazonais. A linha padrão da empresa inclui Sunshine Wheat, Blue Paddle, 1554 (uma cerveja preta) e a original Fat Tire Amber Ale, ainda bestseller da empresa. Alguns clientes até se referem à empresa como a Cervejaria Fat Tire. A empresa também tem a sua série Explore, que consiste nas marcas Shift, Ranger IPA, Belgo IPA, Abby, e Trippel, bem como as cervejas sazonais Dig e Snow Day. Também iniciou o programa Lips of Faith, para o qual cria pequenos lotes de cervejas, como La Folie, Biere de Mars e Abbey Grand Cru, destinadas a celebrações internas ou eventos importantes. Além disso, a New Belgium está trabalhando em "collabeeration"[**NT] com a Elysian Brewing

---

** Neologismo e jogo de palavras com os termos "collaboration" e "beer", que significam, respectivamente, "colaboração" e "cerveja" (N. T.).

Company, e cada empresa será capaz de usar ambas as cervejarias, embora permaneçam como empresas independentes. Com essa parceria, esperam criar melhor eficiência e experimentação, assim como dar passos largos no sentido da colaboração para o futuro da fabricação de cerveja artesanal norte-americana. Um resultado dessa parceria é Ranger IPA e a Kick do programa Lips of Faith da NBB.

Embora ainda seja uma pequena cervejaria quando comparada a muitas empresas cervejeiras, como sua companheira Coloradan Coors, a NBB tem consistentemente apresentado um forte crescimento, com vendas estimadas em mais de US$ 100 milhões. (Como a New Belgium é uma empresa privada, as vendas detalhadas e os números de receitas não estão disponíveis.) A empresa vende mais de 700.000 barris de cerveja por ano e tem muitas oportunidades para crescimento continuado. Por exemplo, enquanto o consumo total de cerveja diminuiu 2% em volume, a indústria cervejeira artesanal cresceu 16,4%.

A forma mais eficaz de propaganda da NBB sempre foi o boca a boca de seus clientes, especialmente no começo de suas operações. De fato, antes de as cervejas da New Belgium serem amplamente distribuídas no Colorado, conta-se que o proprietário de uma loja de bebidas alcoólicas em Telluride ofereceu pagar pelo combustível de quem fosse a Fort Collins e lhe trouxesse a cerveja New Belgium. Embora a New Belgium tenha expandido sua distribuição para uma boa parte do mercado dos EUA, a cervejaria recebe inúmeros e-mails e telefonemas todos os dias questionando quando suas cervejas estarão disponíveis em outras partes do país.

A NBB aderiu ao Facebook em novembro de 2007 e começou suas atividades de marketing na mídia social em 2009. A NBB coordena ativamente suas campanhas de marketing no Facebook (com mais de 300.000 fãs) e no Twitter (com mais de 100.000 seguidores), bem como em uma estação de rádio NBB Pandora, um canal NBB Instagram, streaming de vídeo ao vivo de eventos especiais chamado de Beer Stream, e no canal YouTube da NBB. Atualmente, os produtos da New Belgium são distribuídos em 28 estados mais o Distrito de Colúmbia (ver Figura do Caso 4.1). Conhecedores de cerveja que apreciam a alta qualidade dos produtos da NBB, bem como as práticas de negócios ambientais e éticas da empresa, têm impulsionado esse crescimento. Por exemplo, quando a empresa começou a distribuição em Minnesota, as cervejas foram tão populares que uma loja de bebidas teve que abrir mais cedo e construir outras acomodações para a grande quantidade de clientes. A loja vendeu 400 engradados de Fat Tire na primeira hora após sua abertura.

Com a expansão da distribuição, a NBB reconheceu a necessidade de aumentar as oportunidades para atingir seus clientes distantes. Ela consultou o Dr. Douglas Holt, um professor de Oxford e especialista em gestão de marca cultural. Depois de estudar a empresa, Holt, juntamente com o ex-diretor de marketing Greg Owsley, elaborou um "manifesto" de 70 páginas descrevendo atributos, personalidade, relevância cultural e promessa da marca. Em particular, Holt identificou na New Belgium um "ethos" (modo de ser) para exercer atividades criativas simplesmente pelo prazer de fazê-las bem e em harmonia com o ambiente natural. Com a marca definida, a New Belgium trabalhou com a agência de propaganda Amalgamated de Nova York para criar uma campanha de propaganda de US$ 10 milhões para a New Belgium. A campanha teria como alvo homens com idades entre 25 e 44, bebedores de cerveja de topo de linha e destacaria a imagem de cervejaria "pé no chão". (Este processo será discutido no caso New Belgium Brewing (B).)

New Belgium Abraça a Responsabilidade Social

De acordo com a New Belgium, a empresa mantém um foco básico na cultura ética da marca. Embora a desconfiança do consumidor em relação às empresas esteja em seu nível mais alto, aquelas que gozam de uma

| Figura do Caso | **4.1** | Territórios de Distribuição da New Belgium |

Fonte: Baseada no site da Belgium Brewing <http://www.newbelgium.com/culture/faq.aspx>. Acesso em: 16 de julho de 2012.

boa posição, ao contrário das que apostam pesado em propaganda, são adoradas como verdadeiros ícones. Hoje, as empresas que adotam plenamente a cidadania nas comunidades que atendem podem construir vínculos duradouros com os clientes. Na New Belgium, a sinergia entre a marca e a cidadania corporativa ocorreu naturalmente, assim como a cultura ética da empresa (na forma de valores e crenças) e já existia muito antes de a NBB ter um departamento de marketing.

Voltando ao início de 1991, quando a New Belgium era apenas uma nova empresa caseira, Jeff e Kim fizeram uma caminhada no Rocky Mountain National Park. Munidos de uma caneta e um caderno, eles esboçaram qual seria o propósito principal da empresa. Se continuassem com esse empreendimento, quais seriam suas aspirações além da rentabilidade? O que estava no centro de seu sonho? O que eles escreveram naquele dia de primavera, aprimorado com poucas edições, são os valores e crenças essenciais que você lê no site da NBB atualmente. Mais importante ainda, peça a praticamente qualquer funcionário da New Belgium e ele poderá listar muitos para você, se não todos, esses valores compartilhados e pode informar quais são os mais pessoalmente comoventes. Para a NBB, estratégias de marca são tão enraizadas nos valores da empresa como em suas outras práticas de negócios. Por exemplo, como uma forma de aplicar seus valores, a empresa adotou uma abordagem de tripé da sustentabilidade (Triple Bottom Line — TBL) para seus negócios. O TBL incorpora fatores econômicos, sociais e ambientais em suas estratégias de negócios. Em outras palavras, a empresa analisa seu impacto nos lucros, nas pessoas e no planeta em vez de simplesmente nos seus resultados financeiros. A dedicação da New Belgium com a qualidade, o meio ambiente e seus funcionários e clientes é expressa em sua declaração de missão e valores essenciais:

Declaração de missão:

Operar uma cervejaria rentável que fabrique nosso manifesto de amor e talento.

Valores e crenças da empresa:

1. Lembrar que somos incrivelmente sortudos por criar algo precioso que melhora a vida das pessoas e ao mesmo tempo supera as expectativas de nossos consumidores.
2. Produzir cervejas de nível internacional.
3. Promover a cultura e o desfrute responsável da cerveja.
4. Estimular a mudança social, ambiental e cultural como modelo de negócio.
5. Administração ambiental: minimizar o consumo de recursos, maximizando eficiência energética e reciclagem.
6. Cultivar o potencial por meio da aprendizagem, da gestão participativa e da busca de oportunidades.
7. Equilibrar as inúmeras necessidades da empresa, de funcionários e de suas famílias.
8. Confiar reciprocamente e comprometer-se com relações, comunicações e promessas autênticas.
9. Melhorias contínuas e inovadoras de qualidade e eficiência.
10. Divertir-se.

Os funcionários acreditam que essas declarações ajudam a comunicar aos clientes e outros stakeholders o que a New Belgium é como empresa. Esses simples valores desenvolvidos cerca de 20 anos atrás ainda têm o mesmo significado para a empresa e seus clientes, a despeito de todo o seu crescimento.

Responsabilidades no Âmbito do Meio Ambiente

A estratégia de marketing da New Belgium envolve a ligação da qualidade de seus produtos, bem como sua marca, com a filosofia da empresa de respeito ao ambiente. Com dispositivos ambientais de vanguarda, avanços da indústria de alta tecnologia, programas criados e gerenciados pelos funcionários e uma forte crença em dar um retorno à comunidade, a New Belgium demonstra seu desejo de criar uma comunidade ativa em um processo de contínua aprendizagem.

A NBB se empenha na busca por alternativas de economia de energia para conduzir seus negócios e reduzir seu impacto sobre o meio ambiente. Permanecendo fiéis aos valores e crenças essenciais da empresa, funcionários-proprietários da cervejaria decidiram por unanimidade investir em turbina de vento, tornando a New Belgium a primeira cervejaria totalmente eólica nos Estados Unidos. A NBB também investiu nas seguintes tecnologias de economia de energia:

- Instalação de rede inteligente que permite à NBB se comunicar com seu fornecedor de eletricidade para poupar energia. Por exemplo, a rede inteligente irá alertar a NBB sobre as funções operacionais não essenciais, permitindo que a empresa possa desligá-las e poupar energia.

- Instalação de um conjunto de placas fotovoltaicas de 20 kW na parte superior da câmara de embalagem. A matriz produz 3% da eletricidade da empresa.

- Uma caldeira de cerveja, a segunda de seu tipo instalada no país, que aquece folhas de mosto em vez de toda a caldeira ao mesmo tempo. Esse método de aquecimento poupa energia comparada com as caldeiras comuns.

- Tubos solares que proporcionam iluminação diurna natural em toda a cervejaria e ao longo de todo o ano.
- Sistema de captação e extração de metano de águas residuais. Isso pode contribuir com até 15% das necessidades de energia da cervejaria, reduzindo a pressão sobre a instalação de tratamento de água municipal.
- Condensador de vapor que capta e reutiliza a água quente que ferve a cevada e o lúpulo no processo de produção para iniciar a próxima bebida. O vapor é redirecionado para aquecer o piso e degela as docas de carregamento nas épocas de frio.

A New Belgium também se orgulha de reduzir o desperdício por meio de estratégias de reciclagem e reutilização criativa. A empresa se esforça para reciclar o máximo de material possível, incluindo caixas de papelão, tampas de barril, materiais de escritório e o vidro âmbar usado no engarrafamento. A cervejaria ainda armazena grãos de cevada e lúpulo em um silo no local e convida os agricultores locais para pegar os grãos, gratuitamente, para alimentar seus porcos. Além disso, no que se refere à produção de produtos para a cadeia alimentar, a NBB está trabalhando com parceiros para usar as mesmas bactérias que criam o metano nas águas residuais da NBB e convertê-las em comida de peixe de alta proteína cultivável. A NBB também compra produtos reciclados quando possível e, até mesmo, incentiva seus funcionários a reduzir a poluição atmosférica usando transporte alternativo. Reduzir, Reutilizar, Reciclar, os três Rs da gestão ambiental, são levados a sério pela NBB. A Figura do Caso 4.2 retrata os esforços de reciclagem de New Belgium.

Figura do Caso 4.2 — Esforços de Reciclagem da New Belgium

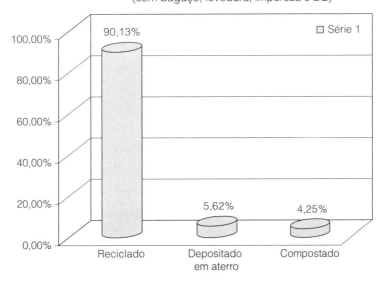

Fonte: Baseada em New Belgium Brewing Company, 2011 Waste Diversion Report <http://www.newbelgium.com/files/sustainability/2011%20NBB%20 Waste%20Diverion%20Report.pdf>. Acesso em: 16 de julho de 2012.

Além disso, a New Belgium tem sido uma participante de longa data em técnicas de construção ecológica. Em cada expansão de suas instalações, ela incorporou novas tecnologias e aprendeu algumas lições ao longo do caminho. Em 2002, a NBB concordou em participar do programa piloto de Liderança em Energia e Design Ambiental para Prédios Existentes do Conselho de Construção Ecológica dos Estados Unidos (LEED-EB). Com tubos solares e luz do dia na instalação inteira e a reutilização de calor na casa de fermentação, a NBB continua a procurar novas formas de fechar ciclos e preservar recursos.

A New Belgium tem feito progressos significativos em matéria de sustentabilidade, especialmente em comparação com outras empresas do setor. Por um lado, ela utiliza apenas 3,9 litros de água para fabricar 1 litro de cerveja, 20% menos do que a maioria das empresas. A empresa está tentando criar um sistema de ciclo fechado para suas águas residuais com o seu próprio processo de Estação de Tratamento de Água, em que micro-organismos são usados para limpar as águas residuais. A New Belgium recicla mais de 95% de seus resíduos e, atualmente, 100% de sua eletricidade vem de fontes renováveis. Apesar dessas conquistas, a New Belgium não tem a intenção de desacelerar seus esforços de sustentabilidade. A empresa recentemente expandiu sua capacidade de produção de latas em seis vezes com uma nova linha que injeta menos dióxido de carbono em cada lata. Além de reduzir as emissões de dióxido de carbono na atmosfera, as latas também são mais sustentáveis do que as garrafas de vidro. Em 2015, a empresa espera reduzir a quantidade de água utilizada para fazer a cerveja em 10% com melhores processos de produção e diminuir sua pegada de carbono em 25% por barril. Para incentivar a sustentabilidade em toda a cadeia de fornecimento, a NBB aprovou diretrizes de compras sustentáveis. As Diretrizes permitem identificar fornecedores ecológicos e trabalhar com eles em estreita colaboração para criar a sustentabilidade em toda a cadeia de valor.

Responsabilidades para com a Sociedade

Além de seu uso de tecnologias e inovações ambientalmente sustentáveis, a New Belgium se dedica a melhorar comunidades e a vida das pessoas com doações corporativas, patrocínio de eventos e envolvimento em filantropia. Desde sua criação, a NBB doou mais de US$ 2,5 milhões para causas filantrópicas por meio de seu programa de Stewardship Grants. Para cada barril de cerveja vendida do ano anterior, a NBB doa US$ 1 a causas filantrópicas no seu território de distribuição. As doações são divididas entre os estados, proporcionalmente à percentagem das vendas totais. Essa é a forma da empresa de permanecer localmente e retribuir às comunidades que apoiam e compram os produtos da NBB. Ela também participa da rede filantrópica "1% para o Planeta", à qual a empresa doa 1% de seus lucros.

As decisões de financiamento são feitas pelo Comitê de Filantropia da New Belgium, composta de funcionários de toda a cervejaria, incluindo proprietários, funcionários-proprietários, líderes de área e trabalhadores da produção. A New Belgium busca organizações sem fins lucrativos que demonstram criatividade, diversidade e uma abordagem inovadora para sua missão e objetivos. O Comitê de Filantropia também busca grupos que envolvem a comunidade para alcançar seus objetivos. A repartição dos prêmios do Stewardship Grant da NBB é mostrada na Figura do Caso 4.3.

Além disso, a NBB mantém um quadro de avisos em suas instalações, em que anuncia uma série de atividades e propostas de envolvimento na comunidade. Esse quadro de avisos da comunidade permite que turistas e funcionários vejam as diferentes formas de ajudar a comunidade e propicia a organizações sem fins lucrativos a oportunidade de divulgar suas necessidades. As organizações podem ainda candidatar-se a subsídios pelo site da NBB por meio de um link apropriado. A empresa faz doações para causas em que se destacam a preservação da água, o transporte consciente e incentivo ao uso da bicicleta, a agricultura sustentável e a educação ambiental para a juventude, entre outras áreas.

Figura do Caso 4.3 — Resumo do Programa Stewardship Grants da New Belgium

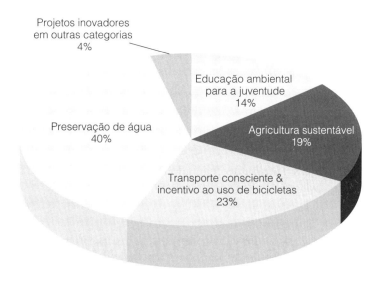

Fonte: Baseada em New Belgium Brewing Company, 2011 Waste Diversion Report <http://www.newbelgium.com/files/sustainability/2011%20NBB%20Waste%20Diverion%20Report.pdf>. Acesso em: 16 de julho de 2012.

A NBB também patrocina uma série de eventos com um foco especial naqueles que envolvem esportes "movidos à força humana" que causam danos mínimos ao ambiente natural. Por meio de patrocínios de eventos, como o Tour de Fat, a NBB apoia várias organizações sem fins lucrativos ambientais, sociais e de bicicleta. No Tour de Fat, um participante entrega as chaves e o título de propriedade de seu automóvel em troca de uma bicicleta e trailer da NBB. O participante é então filmado para o mundo ver como ele promove o transporte sustentável em detrimento dos automóveis. Em 2011, o Tour de Fat viajou para 13 cidades com mais de 69.000 participantes e 41.000 ciclistas nos desfiles. A New Belgium também tem parcerias com organizações sem fins lucrativos para apoiar o Skinny Dip for a Cause, uma campanha na qual o skinny-dipping*** é usado para aumentar a conscientização sobre as questões da água e preservação. No decorrer de um ano, a New Belgium pode ser encontrada em qualquer lugar de 150 a 200 festivais e eventos em todo o país.

Responsabilidades para com os Funcionários

Reconhecendo o papel dos funcionários no sucesso da empresa, a New Belgium oferece muitos benefícios generosos a seus mais de 400 funcionários. Além dos habituais planos de seguro-saúde e odontológico e aposentadoria remuneradas, os funcionários recebem a cada mês um almoço preparado para celebrar os aniversários, bem como massagem gratuita uma vez por ano. Também podem levar seus filhos e cães ao trabalho. Os funcionários que permanecem na empresa por cinco anos ganham viagens com tudo pago para a Bélgica para "estudar a cultura de cerveja". Os funcionários também são reembolsados por uma hora de tempo pago

---

***Skinny-dipping é tomar banho em rio, lago, mar ou piscina sem roupas. (N. T.)

por cada duas horas de trabalho voluntário que realizam. Talvez o mais importante, os funcionários também podem ganhar ações da empresa, o que lhes confere um voto nas decisões da companhia. Os funcionários atualmente possuem cerca de 43% das ações da empresa. A gestão aberta também permite que os funcionários vejam os custos financeiros e o desempenho da empresa. Eles recebem treinamento financeiro para que possam compreender os livros contábeis e fazer perguntas sobre os números.

A New Belgium também deseja fazer com que seus funcionários se envolvam não apenas na empresa, mas também em seus esforços de sustentabilidade. Para ajudar seus próprios esforços de sustentabilidade, os funcionários recebem uma bicicleta cruiser de pneu grosso após um ano na empresa para que possam ir trabalhar de bicicleta em vez de usar seus carros. Um centro de reciclagem também é fornecido aos funcionários. Outras vantagens da empresa incluem aulas subsidiadas de ioga, cerveja de graça no horário de saída e uma parede de escalada. Para garantir que as vozes dos trabalhadores sejam ouvidas, a NBB tem um grupo democraticamente eleito de colegas de trabalho chamado POSSE. Este grupo atua como uma ligação entre o conselho, gerentes e funcionários.

Responsabilidade Gera Sucesso

Os esforços da New Belgium Brewing para viver de acordo com seus próprios padrões elevados foram recompensados com seguidores muito fiéis. De fato, a empresa recentemente expandiu o número de passeios que oferece em suas instalações devido a essa alta demanda. A empresa também tem recebido inúmeros prêmios, que incluem o Prêmio Ética nos Negócios da revista *Business Ethics* por sua "dedicação à excelência ambiental em cada parte de seu processo de fabricação de cerveja inovadora", sua inclusão nos 15 melhores pequenos locais de trabalho do *Wall Street Journal* e os prêmios de melhor empresa de fabricação de cerveja de médio porte do ano e melhor mestre cervejeiro de médio porte no Festival de Cerveja Great American. A New Belgium levou para casa medalhas por três cervejas diferentes: Abbey Belgian Style Ale, Blue Paddle Pilsner e a cerveja de especialidade La Folie.

De acordo com David Edgar, diretor do Instituto de Estudos de fabricação de cerveja, "eles criaram uma imagem muito positiva para sua empresa junto ao público consumidor de cerveja com a tomada de decisões inteligentes". Embora alguns membros da sociedade não acreditem que uma empresa cujo principal produto é o álcool possa ser socialmente responsável, a New Belgium procura mostrar àqueles que fazem a escolha de beber com responsabilidade que a empresa pode fazer todo o possível para contribuir com a sociedade. A New Belgium também promove a valorização responsável da cerveja por meio de participação e apoio às artes culinárias. Por exemplo, ela sedia frequentemente o Dinners New Belgium Beer, no qual cada prato da refeição é servido com um deleite culinário complementar.

Embora a New Belgium tenha feito grandes progressos na criação de uma imagem de marca socialmente responsável, seu trabalho não está completo. A empresa deve continuamente reexaminar suas responsabilidades éticas, sociais e ambientais. Em 2004, a New Belgium recebeu o prêmio de mérito ambiental regional da Agência de Proteção Ambiental, o que foi uma honra e um motivador para que a empresa continue suas metas socialmente responsáveis. Afinal, ainda há muitas formas de a NBB melhorar como cidadão corporativo. Por exemplo, apesar de toda a energia elétrica vir de fontes renováveis, a fábrica ainda é aquecida em parte com o uso de gás natural. Sempre haverá a necessidade de um diálogo mais público para evitar o abuso de álcool.

Além disso, a expansão contínua requer distâncias mais longas na distribuição do produto, o que aumenta a utilização de combustíveis fósseis. Como uma forma de lidar com essas distâncias mais longas, a New Belgium anunciou que iria abrir uma segunda fábrica de cerveja em Asheville, Carolina do Norte, para expandir a capacidade da NBB e colocar o produto mais próximo de mercados no leste dos Estados Unidos. A nova unidade de US$ 175 milhões, que vai criar 154 postos de trabalho e expandir a capacidade da empresa em 400.000 barris por ano, será apoiada por uma doação de US$ 1 milhão do fundo One da Carolina do Norte.

Os executivos da NBB reconhecem que ao mesmo tempo que suas vendas aumentam anualmente, o mesmo ocorre com seus desafios para permanecer em uma escala humana e continuar a ser culturalmente autêntica. Como fazer a marca crescer de forma audaciosa mantendo a postura humilde tem sido sempre um desafio. Além disso, a redução de resíduos em uma extensão ainda maior exigirá muito trabalho de gerentes e funcionários, criando a necessidade de um processo colaborativo que demandará dedicação de ambas as partes em prol da sustentabilidade.

A New Belgium também enfrenta o aumento da concorrência de outras cervejarias artesanais. Ela ainda permanece atrás da Boston Beer Co. (fabricante da cerveja Sam Adams) e da Sierra Nevada em participação de mercado. Como a New Belgium, a Boston Beer Co. e a Sierra Nevada têm planos de expansão, com a Boston Beer alocando US$ 35 milhões em projetos de investimento de capital nas cervejarias de Massachusetts, Pensilvânia e Ohio, em 2012. A New Belgium também deve competir com alternativas de cerveja artesanais divulgadas por cervejarias tradicionais, como New Moon Belgian White da MillerCoor. E deve fazer constantemente análises dos ambientes de marketing e da concorrência para competir nesse mercado cada vez mais acirrado.

Cada pacote de seis unidades da cerveja New Belgium exibe a frase "Nesta caixa está nosso trabalho de amor. Sentimo-nos incrivelmente sortudos de estar criando algo bem-feito — que melhora a vida das pessoas". Embora Jeff Lebesch e Kim Jordan tenham se divorciado e Lebesch tenha deixado a empresa para se concentrar em outros interesses, os fundadores da New Belgium esperam que essa declaração capte o espírito da empresa. De acordo com o funcionário Dave Kemp, as responsabilidades sociais da NBB dão à empresa uma vantagem competitiva porque os consumidores querem acreditar e se sentir bem em relação aos produtos que compram. O ativo mais importante da NBB é sua imagem de marca corporativa, sinônimo de qualidade, responsabilidade e preocupação com a sociedade. Definindo-se como mais do que uma empresa de cerveja, a cervejaria também se considera como uma organização que se preocupa com todos os stakeholders.

Questões para Discussão

1. Quais questões ambientais a New Belgium Brewing Company trabalha para resolver? Como a NBB usou uma abordagem estratégica para abordar tais questões? Por que você acha que a empresa assume uma posição forte em relação à sustentabilidade?

2. Você concorda que o foco de New Belgium sobre responsabilidade social proporciona uma vantagem competitiva-chave para a empresa? Justifique sua resposta.

3. Quais são os desafios associados com a combinação da necessidade de crescimento com a necessidade de manter proximidade com o cliente e responsabilidade social? Existe o risco de a NBB perder o foco em suas crenças se crescer muito rapidamente? Justifique.

4. Alguns segmentos da sociedade afirmam que as empresas que vendem bebidas alcoólicas e produtos de tabaco não podem ser organizações socialmente responsáveis devido à natureza de seus produtos principais. Você acredita que as ações e iniciativas da New Belgium são indicativos de uma empresa socialmente responsável? Justifique sua resposta.

Fontes

Os dados deste caso foram obtidos de Peter Asmus, Goodbye Coal, Hello Wind, *Business Ethics*, 13 (julho/agosto 1999), pp. 10–11; A Tour of the New Belgium Brewery—Act One, LiveGreen blog, 9 de abril de 2007 <http://www.livegreensd.com/2007/04/tour-of-new-belgium-brewery-act-one.html>; Robert Baun, What's in a Name? Ask the Makers of Fat Tire, [Fort Collins] *Coloradoan.com*, 8 de outubro de 2000, p. E1, E3; Breweries Industry Profile, First Research, 30 de abril de 2012 <http://www.firstresearch.com/industry-research/Breweries.html>; "COLLABEERATIONS", Elysian Brewing Company <http://www.elysianbrewing.com/beer/collabeerations.html>. Acesso em: 16 de julho de 2012; *Corporate Sustainability Report*, New Belgium Brewing website <http://www.newbel gium.com/culture/alternatively_empowered/sustainable-business-story.aspx>. Acesso em: 16 de julho de 2012; Robert F. Dwyer e John F. Tanner, Jr., Business Marketing (Irwin McGraw-Hill, 1999), p. 104; Julie Gordon, Lebesch Balances Interests in Business, Community, *Coloradoan.com*, 26 de fevereiro de 2003; Mike Esterl, Craft Brewers Tap Big Expansion, *Wall Street Journal*, 28 de dezembro de 2011 <http://online.wsj.com/article/SB10001424052970203686204577114291721661070.html>; Del I. Hawkins, Roger J. Best e Kenneth A. Coney, *Consumer Behavior: Building Marketing Strategy*, 8ª ed. (Irwin McGraw-Hill, 2001); David Kemp, Tour Connoisseur, New Belgium Brewing Company, entrevista pessoal feita por Nikole Haiar, 21 de novembro de 2000; Dick Kreck, Strange Brewing Standing Out, *Denver Post*, 2 de junho de 2010 <http://www.denverpost.com/lifestyles/ci_15198853>; Devin Leonard, New Belgium and the Battle of the Microbrews, *BusinessWeek*, 1º de dezembro de 2011 <http://www.businessweek.com/magazine/new-belgium-and-the-battle-of-the-microbrews-12012011.html>; Karlene Lukovitz, New Belgium Brewing Gets Hopped Up, *Marketing Daily*, 3 de fevereiro de 2010 <http://www.mediapost.com/publications/?fa=Articles.showArticle&art_aid=121806>; Norman Miller, "Craft Beer Industry Continues to Grow," *PJ Star*, 26 de março de 2012 <http://www.pjstar.com/community/blogs/beer-nut/x140148153/Craft-Beer-industry-continues-to-grow>; New Belgium Brewing, *New Belgium Brewing: Follow Your Folly*, 9 de maio de 2007 <http://www.newbelgium.com/Files/NBB_student-info-packet.pdf>; New Belgium Brewing Announces Asheville as Site for Second Brewery, *Denver Post*, 5 de abril de 2012 <http://marketwire.denverpost.com/client/denver_post/release.jsp?actionFor=1595119>; New Belgium Brewing Company, Inc., BusinessWeek <http://investing.businessweek.com/research/stocks/private/snapshot.asp?privcapId=919332>. Acesso em: 16 de julho de 2012; site da New Belgium Brewing <http://www.newbelgium.com>. Acesso em: 16 de julho de 2012; New Belgium Brewing Wins Ethics Award, *Denver Business Journal*, 2 de janeiro de 2003 <http://www.bizjournals.com/denver/stories/2002/12/30/daily21.html>; Greg Owsley, "The Necessity for Aligning Brand with Corporate Ethics, in Sheb L. True, Linda Ferrell, O.C. Ferrell, *Fulfilling Our Obligation, Perspectives on Teaching Business Ethics* (Atlanta, GA: Kennesaw State University Press, 2005), p. 128–132; Steve Raabe, New Belgium Brewing Turns to Cans, *Denver Post*, 15 de maio de 2008 <http://www.denverpost.com/breakingnews/ci_9262005>; Steve Raabe, Plans Brewing for New Belgium Facility on East Coast, *Denver Post*, 22 de dezembro de 2011 <http://www.denverpost.com/business/ci_19597528>; Kelly K. Spors, Top Small Workplaces 2008, *Wall Street Journal*, 22 de fevereiro de 2009 <http://online.wsj.com/article/SB122347733961315417.html>; The 2011 World's Most Ethical Companies, *Ethisphere*, Q1 2011, 37-43; e Tour de New Belgium, *Brew Public*, 23 de novembro de 2010 <http://brewpublic.com/places-to-drink-beer/tour-de-new-belgium>.

Caso 5
New Belgium Brewing(B): Desenvolvendo uma Personalidade de Marca*

Sinopse: Este caso, continuação do caso New Belgium (A), discute como a New Belgium Brewing ampliou sua estratégia de gestão de marca e comunicação, cuja ênfase passou do boca a boca e patrocínio de eventos para a propaganda televisiva, a comunicação na internet e as mídias sociais. O desenvolvimento do "Manifesto de Marca" da New Belgium é analisado juntamente com as decisões da empresa em relação à seleção de mídia, elemento das mensagens e produção da propaganda. Apesar do crescimento contínuo da empresa em termos de distribuição e complexidade promocional, a New Belgium manteve-se focada em seus valores centrais de proximidade com o cliente, sustentabilidade, esmero e diversão.

Temas: Comunicação integrada de marketing, estratégia de marca, posicionamento, propaganda, proximidade com o cliente, estratégia de distribuição, sustentabilidade, implantação de marketing, relacionamento com clientes.

A ideia da New Belgium Brewing Company começou com uma viagem de bicicleta pela Bélgica. A Bélgica é, sem dúvida, o lar de muitas das melhores cervejas do mundo, algumas das quais têm sido fabricadas durante séculos em mosteiros e pequenas cervejarias artesanais daquele país. Jeff Lebesch, engenheiro elétrico norte-americano por profissão e cervejeiro artesanal por passatempo, passeava por aquele país em sua bicicleta

---

* Bryan Simpson, New Belgium Brewing, 500 Linden Street, Fort Collins, CO 80524. Todos os direitos reservados. Este caso foi preparado para discussão em sala de aula, e não para ilustrar um tratamento eficaz ou ineficaz de uma situação administrativa. Jennifer Sawayda, Universidade do Novo México, prestou assistência editorial.

mountain de pneus grossos e se perguntou se poderia produzir as cervejas de alta qualidade ao voltar para casa no Colorado. Depois de adquirir a cepa especial da levedura utilizada para preparar cervejas de estilo belga, Lebesch retornou para casa e começou a fazer experiências em seu porão no Colorado. Quando suas cervejas obtiveram a aprovação de seus amigos, Lebesch decidiu comercializá-las.

A New Belgium Brewing Company (NBB) abriu o negócio em 1991 como uma operação minúscula no porão da casa de Lebesch em Fort Collins. A esposa de Lebesch na época, Kim Jordan, cuidava da parte de marketing, vendas e entregas em sua caminhonete. As cervejas NBB rapidamente desenvolveram uma pequena, mas dedicada base de clientes, primeiro em Fort Collins e, em seguida, em todo o Colorado. A cervejaria logo ficou maior que o porão do casal e teve de ser transferida para um velho armazém ferroviário antes de se estabelecer em sua atual instalação feita sob medida, em 1995. A linha padrão da empresa inclui a Sunshine Wheat, a Blue Paddle, 1554 (uma cerveja preta) e a original Fat Tire Amber Ale, ainda a bestseller da empresa. Atualmente, a NBB é a terceira maior cervejaria artesanal dos Estados Unidos; com Sam Adams (de propriedade da Boston Beer Company) sendo a primeira e Sierra Nevada, a segunda. O mercado de cerveja artesanal é responsável por mais de 5,5% do mercado total de cervejas dos EUA. No entanto, é o segmento que mais cresce no mercado de bebidas alcoólicas no país. Veja na Figura do Caso 5.1 que a participação de mercado global de cervejas artesanais aumentou mais de 100% entre 1999 e 2011, com a participação de mercado aumentando rapidamente desde 2005.

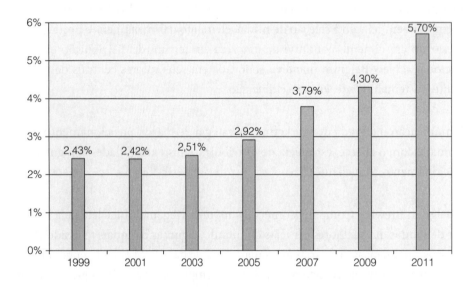

Figura do Caso 5.1 Participação de Mercado de Cervejas Artesanais no Mercado de Cervejas dos EUA

Fonte: Brewers Association, Boulder, Colorado.

Estratégia de Marketing Inicial da New Belgium

Quando uma empresa cresce tão rapidamente como a NBB, a tendência é não mexer com o que está dando certo. Isso se aplica ao portfólio de cervejas, à cultura e ao processo de marketing. Por muitos anos, a NBB, mais conhecida por sua cerveja Fat Tire Amber Ale, sobressaiu na comunicação boca a boca para vender a marca. De fato, durante os primeiros quatro anos de sua existência, o marketing da NBB consistia em comparecer aos festivais de cerveja e distribuir amostras grátis. O marketing relacional, feito de bar em bar, impulsionou o surgimento de sua equipe de vendas Ranger Team, que atua como guardiães da marca em toda a rede de distribuição dos EUA. Cada ranger tem sua própria página no Facebook como forma de melhorar o marketing de relacionamento com os clientes da empresa.

Quando Greg Owsley foi contratado como diretor de marketing em 1996, a NBB tornou-se mais focada e proativa em seus esforços de marketing. Festas e patrocínios, juntamente com material de impressão em semanários alternados, aumentaram as vendas da marca para mais de 100.000 barris por ano em 1998. (Dez anos mais tarde, esse número atingiu cerca de 500.000 barris, e, atualmente, a NBB vende mais de 700.000 barris de cerveja por ano). Owsley e sua equipe introduziram eventos com a assinatura da NBB, tais como o festival filantrópico de bicicleta multicêntrico, Tour de Fat. Eles lançaram um "Beerstream" educativo na forma de um show itinerante com degustação de cerveja em um antigo trailer Airstream. A NBB desenvolveu concursos envolventes, como o "Qual é a sua Loucura?", para convidar os consumidores a divulgar seu sonho de cerveja Beerdream (uma aventura reforçada por cervejas NBB) para ganhar fama eterna em forma de cartão-postal e porta-copo da NBB. Todos os eventos, patrocínios e jogos interativos foram reforçados pela compra estratégica de propaganda de mídia impressa.

Em 2003, à medida que a NBB se expandiu para o norte da Califórnia, tornou-se evidente que novas vias teriam de ser consideradas para alcançar efetivamente uma base de consumidores cada vez mais distantes. Pela primeira vez, a NBB considerou uma abordagem mais formal e sistemática de analisar seu público. Uma empresa de consultoria realizou uma pesquisa no Colorado e em outros mercados e sugeriu uma abordagem de aumento de popularidade para a marca. No entanto, Owsley rejeitou a sugestão da empresa de consultoria, continuou pesquisando importantes pensadores mais progressistas de gestão de marca e acabou se deparando com os trabalhos de Douglas Holt.

Desenvolvendo um Manifesto da Marca

Holt, na época da Harvard Business School e atualmente em Oxford, é o principal proponente da "cultura de marca", uma filosofia de gestão de marca que tenta dialogar com tensões dentro da sociedade. Owsley contactou Holt depois de ler alguns de seus trabalhos publicados online. Os dois concordaram em se reunir e Holt foi contratado como consultor em setembro de 2003 e esteve na NBB em várias ocasiões para estudar a marca e mergulhar na cultura única da cervejaria. Esse processo levou à criação de um manifesto de marca, um documento de 70 páginas, redigido em coautoria, ao longo de muitos meses, por Owsley e Holt, no qual são descritos atributos, personalidade, relevância cultural e potenciais da marca. Isso abriu as portas para um relacionamento com a Amalgamated Inc., uma jovem agência de propaganda de Nova York em ascensão. Ao discutir a marca com a agência, a equipe criativa da NBB colaborou com a Amalgamated para dinamizar as contribuições culturais da marca e os elementos de mensagens.

Desenvolvendo a Campanha de Propaganda

Usando o manifesto como um guia, a Amalgamated explorou uma ampla gama de possibilidades com orçamento um pouco restrito. A televisão, com o seu baixo custo por espectador e amplo alcance, rapidamente emergiu como a opção preferida. Também parecia mais autêntico adotar a mídia em que os consumidores esperavam ver propaganda associada com entretenimento.

A criação de uma campanha de televisão para uma cervejaria artesanal provocava uma ladainha de desafios e oportunidades. Os "três grandes" fabricantes de cerveja, Anheuser-Bush, Coors e Miller, há muito tempo tinham dominado, nos EUA, a propaganda de massa de cerveja na televisão. A incursão da Boston Brewing na televisão alguns anos antes fornecia um estudo de caso interessante. Os fabricantes da Sam Adams iniciaram uma campanha mostrando o fundador Jim Koch com uma narração informal que posicionava a empresa como uma cerveja de alta qualidade. Ao longo do tempo, ela se transformou em anúncios de televisão que se pareciam cada vez mais com o posicionamento dos três grandes fabricantes de cerveja dos EUA.

A NBB entendeu no início que o poder da televisão poderia funcionar para reforçar ou minar a marca com igual eficácia. Se não soassem verdadeiros para a personalidade da NBB, os anúncios poderiam afastar os consumidores principais que ajudaram a construir a empresa até então. No ethos da NBB, Holt desenterrou uma mentalidade em que uma atividade altamente criativa ou vocação é buscada pelo valor intrínseco de se fazer algo, bem como de forma equilibrada com a natureza. É o contraponto cultural ao "profissional urbano". A mentalidade personificada é a montanha local que se afasta de um trabalho de altos ganhos em Denver em prol de uma existência mais simples. É o músico anônimo que escreve canções apenas para entreter seus amigos. É o padeiro amador artesanal que prepara pães experimentais e, em seguida, os distribui em sua bicicleta. É a justaposição dos valores norte-americanos tradicionais que muitas vezes compele os trabalhadores a comprometer sua própria essência para existir dentro de uma metrópole tecnológica moderna, ou seja, pessoas que vivem sua vida de uma forma que evidencie a experiência por si mesma, e não pelo lucro.

Com esses atributos compartilhados em mente, o público dos comerciais da NBB provavelmente seria o profissional que segue a rota tradicional de vida dentro de uma economia capitalista, mas ainda tem inclinações e desejos artísticos. Eles são executivos, advogados e contadores que vivem em Kansas ou Missouri, mas vão ao Colorado para uma semana de esqui todos os anos para se inserir no estilo de vida da montanha. São pessoas que olham para a montanha local e invejam sua dedicação, mas nunca poderiam se imaginar fazendo esse sacrifício em suas carreiras. A tensão cultural, em seguida, pode ser vista como o compromisso de se viver a vida que se quer equilibrando-se com as necessidades econômicas para viver em uma metrópole tecnológica. As cervejas NBB podem ser posicionadas como uma manifestação desse estilo de vida. Seria possível abrir uma garrafa de uma Tire Fat em Springfield, Missouri, e viajar metaforicamente para as montanhas do Colorado e para a vida local das montanhas.

Com esse entendimento, a Amalgamated desenvolveu uma série de storyboards para os comerciais que caracterizam o "Tinkerer", um personagem que descobre uma velha bicicleta cruiser que foi personalizada, modernizada e, por fim, foi deixada de lado. O Tinkerer, então, começa a tirar os acessórios da bicicleta devolvendo-lhe seus elementos originais. Os primeiros storyboards contavam três narrativas completas com um potencial para uma quarta, quando a Amalgamated voou para a NBB para apresentar seu material na reunião mensal do pessoal da empresa. Fiel a uma cultura baseada na participação dos funcionários e na mentalidade de copropriedade, cada funcionário da NBB teve a oportunidade de avaliar os storyboards.

A equipe da NBB reagiu positivamente à apresentação com exceção do slogan sugerido pela Amalgamated: "Siga a sua loucura... A nossa é a cerveja". Várias pessoas sugeriram que loucura tinha uma conotação muito negativa ou enfraquecia a ciência e a tecnologia que foram necessárias para produzir consistentemente cervejas de tão alta qualidade. O debate efervesceu ao longo de várias semanas, com a equipe criativa sugerindo que uma palavra como *loucura* tinha ido muito além do vernáculo e estava madura para reinterpretação e uma nova definição. Seguir sua loucura também aludia apropriadamente ao ideal de esforços pouco frequentes em comparação com o pensamento tradicional "corra atrás do dinheiro", que criou as tensões sociais inerentes à vida dos consumidores potenciais. Depois de uma saraivada saudável de e-mails de quase todos os departamentos da NBB, a equipe criativa venceu e "Siga sua Loucura" (Follow your Folly) tornou-se o slogan da campanha.

Produção da Propaganda

Nessa fase do processo, seguiu-se uma busca pelo diretor certo para os comerciais. A Amalgamated avaliou dezenas de books e passou os candidatos mais prováveis para a NBB. Boa parte do trabalho selecionado tinha grande poder visual com alto orçamento, em bitolas de 70 mm. No final, a NBB escolheu Jake Scott, que sugeriu filmar os lugares em saibro com filme de 16 mm do estoque e dar ao trabalho uma sensação intemporal influenciada pela fotografia da década de 1960 do documentarista William Eggelston. Scott viajou para a cervejaria para aprender sobre a NBB e, em seguida, entrou em um carro e passeou por locais de todo o Colorado. Ele ainda enviou fotos de uma variedade de locais e, finalmente, o grupo escolheu filmar em torno de Hotchkiss e Paonia. Depois de analisar um filme de moradores para possíveis locais de filmagem do lado de fora de lojas de bicicletas em Fort Collins e Boulder, Scott decidiu-se pelo artesão Charles Srbecky de Boulder para atuar como Tinkerer. Srbecky, originalmente da República Checa, foi uma escolha atípica com cabelo despenteado, fisionomia marcada pelo tempo e uma maturidade não vista em propaganda contemporânea de cerveja dos EUA.

Em setembro de 2004, os membros da NBB, da Amalgamated e da empresa de produção RSA de Los Angeles reuniram-se em Hotchkiss e deram início às filmagens durante um período de três dias. Grande parte da equipe era de comunidades vizinhas do Colorado. A produção rapidamente ganhou um toque colaborativo e de improvisação como reflexo da cultura da NBB. Embora a intenção fosse manter-se fiel à promessa dos storyboards da Amalgamated, oportunidades espontâneas foram adotadas à medida que surgiam. Isso levou a nada menos do que nove anúncios potenciais como resultado dos três dias de filmagem.

A Amalgamated voltou a Nova York para começar a pós-produção dos anúncios com as ideias da NBB. A escolha de uma trilha sonora rapidamente passou a ser o próximo desafio criativo. Editores no Whitehouse Post em Nova York tentaram uma variedade de gêneros, indo do progressivo ao country, e esbarraram em um artista na categoria "Freak Folk" chamado Devendra Banhart. Canções de Banhart acrescentaram uma assombrosa sensação de alegre nostalgia. Com o filme de 16 mm dando um toque de meados dos anos 1970 sustentado por músicas acústicas de Banhart, a campanha teve um tom muito mais suave e comovente do que a onipresente propaganda tradicional de cerveja vista em outros lugares. O produto da NBB aparece apenas nos últimos cinco segundos do filme entre as frases: "Siga a sua loucura... A nossa é a cerveja". Rápida para reconhecer os talentos latentes de sua própria equipe, a NBB permitiu que funcionários da cervejaria fizessem uma versão reggae de 15 segundos, um filme de brincadeira com o título de *Joust* (Disputa).

Mantendo um Toque Local

Mesmo quando a NBB decidiu falar com um público mais amplo por meio da televisão, o marketing arraigado do início da empresa não poderia ser abandonado. Tornou-se ainda mais importante falar com os consumidores existentes que ajudaram a construir a marca no mesmo tom autêntico e pessoal com o qual tinham se acostumado. Em vez de redirecionar as energias de patrocínio de eventos para a mídia, os eventos tornaram-se uma oportunidade ainda maior para manter o diálogo vital. Em vez de testar os anúncios em grupos de discussão, a NBB voltou-se para consumidores na comunidade de bicicletas e amigos da cervejaria com alguma história pessoal e conhecimento da marca. A teoria era que a televisão iria chegar a esses postos avançados e distantes, onde a penetração da equipe de vendas Ranger era difícil e não rentável. Em mercados maduros, o toque pessoal seria redobrado.

Os anúncios foram ao ar pela primeira vez no Arizona em janeiro de 2005, com uma campanha de verão para continuar em todo o restante do oeste dos Estados Unidos. Depois de assistir ao comerciais da NBB em uma conferência da indústria cervejeira em março de 2005, o vice-presidente de marketing da Miller SAB, Bob Mikulay, disse:

> *Em sua essência, a proposta básica de cerveja tem que ser diversão. Os pequenos fabricantes de cerveja sempre fizeram isso muito bem... muitas vezes com grande irreverência, peculiaridade ou simplesmente tolice..., mas sempre com uma compreensão forte, instintiva da personalidade única de suas marcas. E precisamos que continuem assim... e até mesmo que intensifiquem um pouco. Na realidade, fiquei animado ao ver a New Belgium colocar a sua marca de diversão em um comercial de televisão.*

> *Agora, a humildade provavelmente impedirá Kim [Kim Jordan, CEO da New Belgium] de dizer isso mais tarde..., mas eu acredito que é realmente uma grande peça de propaganda. Ainda há alguém agora que não tenha uma ideia muito boa sobre o que é a Fat Tire? Então, fabricantes de cerveja "especiais" e outros pequenos fabricantes estão mostrando todos os sinais de que estão prontos para cumprir seu papel na indústria melhor do que nunca.*

No final, a primeira campanha de propaganda televisiva da NBB, trabalhada com uma grande dose de reflexão interna, espelhou bem a personalidade da cerveja artesanal. Em um mar de propagandas barulhentas e chamativas voltadas aparentemente para o grupo demográfico jovem, a NBB posicionou-se como cuidadosa, séria e reflexiva. A imagem da bicicleta no Colorado deu uma sensação palpável de lugar para a marca aos espectadores do litoral e das planícies. A icônica bicicleta cruiser em si reforçou a ideia da peça criativa. O ato de resgatar a bicicleta de tecnologia precária e a negligência pode ser lido como metáfora dos esforços da NBB para reciclar e reutilizar materiais em até 98% de seu fluxo de resíduos. O próprio Tinkerer homenageia o passeio de bicicleta que o fundador da NBB Jeff Lebesch fez pela Bélgica e que inspirou sua mudança de cerveja caseira para cervejas de estilo belga. Mesmo a textura do filme e o tom musical captam os ideais de capricho e alegria inerentes à filosofia de fabricação da cerveja e a qualidade de vida da NBB. Numa época em que as empresas estavam procurando meios cada vez mais insidiosos para chamar a atenção, a NBB escolheu redefinir uma categoria em um meio muito tradicional, no qual os anúncios são medíocres e os raros realmente bons ainda podem ser inovadores, atenciosos e eficazes.

Esta foi a única grande campanha de propaganda televisiva que a NBB lançou até então. Na medida em que a campanha foi considerada muito bem-sucedida e os aumentos de vendas nos principais mercados foram atribuídos a ela, a empresa acreditou que tinha conseguido atingir seus objetivos de propaganda. Ela ajudou a reforçar o manifesto da marca desenvolvido por Greg Owsley e Doug Holt. A imagem de diversão, loucura e extravagância da marca NBB foi reforçada nos anúncios. Ao contrário das marcas nacionais, concorrentes muito maiores, a NBB não continuou a propaganda televisiva, embora acreditasse que sua imagem de marca e cultura era bem adequada à mídia social.

Novas Mídias e Mensagens Consistentes

Ao longo dos anos, a New Belgium tem usado uma variedade de meios de comunicação para promover seus produtos e estabelecer o reconhecimento da marca. Embora o meio possa mudar, os princípios e a imagem de marca da New Belgium permaneceram os mesmos. Para atingir o público de forma mais eficiente e eficaz, a NBB lançou uma série de campanhas tanto na internet quanto impressas para promover as práticas de sustentabilidade da empresa. O site interativo da NBB <www.newbelgium.com> proporciona a seus visitantes uma compreensão aprofundada de atividades, metas e valores da empresa. No primeiro acesso ao site, os usuários são convidados a fornecer sua data de aniversário para certificar que têm 21 anos ou mais. Depois, os visitantes podem escolher entre os temas Cervejas, Eventos, Comunidade e Cultura. O link Comunidade conecta os usuários com o blog da New Belgium, enquanto o de Cultura exibe a filosofia da NBB e fornece acesso a suas metas e progresso na sustentabilidade. Uma edição recente da seção Cerveja é uma roda de sabor interativa. Os visitantes podem clicar em uma das cervejas na "roda" e obter informações sobre seu sabor, ingredientes e alimentos que combinam com a cerveja em particular. O site também contém uma seção de vídeos de eventos da NBB, clipes de notícias e depoimentos de funcionários da empresa sobre o seu "passeio alegre" na empresa. Essas seções não servem apenas para ajudar os consumidores a entender a empresa, mas também para criar relacionamentos entre os consumidores e a marca.

Hoje, a New Belgium utiliza novas formas de mídia para promover sua marca, mantendo sua filosofia de gestão de marca. Embora a empresa não tenha descartado fazer novos anúncios de televisão, ela tem usado outras formas de "novas mídias", tais como sites de redes sociais e vídeos digitais para atrair novos consumidores para a marca. Meios de comunicação tradicionais, muitas vezes complementam essas iniciativas de marketing digital. Quando a NBB lançou sua cerveja Ranger IPA, a empresa colocou anúncios na *Wired* e na *Rolling Stone*. Ela também criou uma campanha de marketing digital que incorpora seu próprio microsite e Facebook para incentivar que as informações viralizem. O microsite mostrava um vídeo da força de vendas da NBB vestida com uniformes verde-oliva de guarda-florestais fazendo uma série de hip-hop para promover o produto, com o slogan "Para proteger. Para Servir. Para participar". Em vez de montarem um cavalo, no entanto, esses guardas-florestais (rangers) andavam de bicicleta para remeter à campanha da marca. O microsite também incluiu uma função de "Faça de você mesmo um ranger?", que permitia aos usuários colar uma foto de seu rosto no corpo de um ranger e postar a imagem em suas páginas do Facebook. Segundo o diretor de Relações Públicas da NBB, Bryan Simpson, a intenção era criar uma identidade badalada para o produto e a marca como um todo. Vídeos digitais têm sido uma parte importante da estratégia de marketing da NBB para atingir os consumidores de várias partes da nação. Muitos deles podem ser vistos no canal da empresa no YouTube <www.youtube.com/user/nbbfilms>.

A NBB também usa uma série de outras ferramentas de redes digitais para promover seus produtos. Por exemplo, a empresa abandonou seu boletim de notícias em favor de um blog para que os espectadores possam se inscrever e receber artigos de notícias e feeds. Também está entrando na onda do marketing móvel ao lançar aplicativos móveis disponíveis para dispositivos Apple e Android. Os aplicativos permitem aos usuários postar fotos de suas cervejas e amigos em uma galeria de fotos, link para Facebook e Twitter, localizar suas cervejas favoritas e alertar os amigos quando for a hora de sair do trabalho e tomar uma cerveja. A NBB também posta fotos no site de compartilhamento de fotos móvel Instagram. Além disso, tem sido muito ativa em sua conta do Twitter. Chamados "tweets de cerveja", os consumidores podem postar seus comentários e reflexões sobre a New Belgium no Twitter. A equipe Twitter responde a mais de 85.000 seguidores da NBB, o que o desenvolvedor da web, Kurt Herrman, chama de "uma comunicação de mão dupla".

A New Belgium também é muito popular no Facebook. Embora seja a terceira maior cervejaria artesanal, ela tem mais fãs (mais de 300.000) do que a marca da Boston Brewing Company, Sam Adams e Sierra Nevada. O Facebook tem sido uma ferramenta de marketing digital tão importante que a empresa decidiu calcular o valor monetário de seus fãs no Facebook, e ficou positivamente surpresa com os resultados. Após a realização de um estudo, a NBB descobriu que seus fãs no Facebook contribuem com US$ 50,7 milhões em vendas por ano, cerca de metade das vendas anuais da empresa. A NBB tornou-se especialista em usar eficazmente ferramentas de mídia digital tanto para atrair como para entender sua base de clientes.

Embora a New Belgium possa variar os tipos de mídia que utiliza, seu objetivo de ser uma marca verdadeiramente sustentável permanece o mesmo. Sua mensagem é, e sempre foi, que os consumidores podem ser ambientalmente conscientes e, ainda assim, se divertirem. Algumas pessoas zombam da ideia de que uma empresa que vende bebidas alcoólicas possa ser uma marca socialmente responsável, mas, com cada nova iniciativa social e ambiental, a New Belgium procura provar que seus críticos estão errados.

Princípios de Gestão de Marca Sustentável

A NBB sempre se manteve comprometida com sua missão inicial de ser uma empresa divertida e social e ambientalmente responsável. Por exemplo, para saber mais sobre os hábitos de consumo e desejos de seus consumidores, a empresa desenvolveu e distribuiu uma pesquisa para 612 bebedores de cerveja. Os resultados indicam que 39% dos consumidores de cerveja farão esforços adicionais para apoiar e comprar produtos de empresas sustentáveis. Estudos maiores fora da NBB sugerem que cerca de 60 milhões de consumidores frequentemente apoiam as empresas que divulgam suas práticas sustentáveis.

Estudos também revelam que consumidores ambientalmente conscientes estão alertas para práticas comerciais enganosas, como lavagem verde e spin doctoring[**], ou como o ex-diretor de marketing

---

[**] Comunicação profissional com o intuito de divulgar uma marca, pessoa ou instituição como forma de construção da opinião pública. (N. T.)

da NBB Greg Owsley dizia: "namoro casual entre valores essenciais e marca [que] não explora o potencial ideal de nenhum dos dois lados". Como a NBB tem se concentrado em práticas de negócios sustentáveis desde o início da empresa, a autenticidade de suas ações e mensagens ambientalmente conscientes é sólida. No entanto, o desafio da NBB, e de outras empresas sustentáveis, é convencer o público da genuinidade dessas reivindicações, principalmente porque há inúmeras reivindicações fraudulentas de empresas que querem parecer "ecológicas". Para ajudar as empresas a fazer uma abordagem genuína de práticas de sustentabilidade e comunicá-la ao público, a NBB adotou cinco princípios que denomina sua estratégia de marca sustentável:

- **Faça antes de falar**. Esse princípio é talvez o mais óbvio, mas certamente não menos desafiador, uma vez que requer que a empresa concretize suas reivindicações sustentáveis. Ela deve praticar a sustentabilidade antes de promover suas práticas amigas do ambiente.

- **Admita as falhas**. Mesmo a NBB admite que suas práticas de negócios sustentáveis estão longe de serem perfeitas. Em vez de encobrir falhas em seus planos de sustentabilidade, as empresas devem admiti-las. Consumidores ecológicos inteligentes tendem a investigar alegações ecológicas de uma empresa e vão, sem dúvida, encontrar áreas que precisam ser melhoradas. Preparar respostas sobre como lidar com essas falhas irá convencer os consumidores de que a empresa reconhece os problemas em seu plano e assume uma postura proativa para lidar com eles.

- **Sorria**. Empresas ecológicas devem ser otimistas, procurando fazer seus clientes se sentirem bem sobre fazer uma diferença positiva por ser ecológico em vez de causar-lhes sensação de pessimismo e culpa por suas ações.

- **Vá devagar para ir mais rápido**. Seja compreensivo com o cliente para não entupi-lo com todos os valores essenciais da empresa ao mesmo tempo. O objetivo é a comunicação: certifique-se de que o cliente entende claramente esses valores, o que exige que a empresa vá devagar em vez de jogar tudo em cima do consumidor.

- **Agite**. Começando como uma pequena empresa, a NBB não poderia esperar que todos os seus esforços de marketing funcionassem de imediato. As empresas devem ter um propósito claro e mostrar compromisso com a causa. Marketing de causas é particularmente útil porque convence o público da empresa que seus anúncios não são apenas para promover sua marca, mas também para criar uma diferença positiva. Obviamente, o público deve ser capaz de confiar que o marketing de causas de uma empresa é sincero, e isso requer as etapas anteriores para convencer os consumidores de autenticidade sustentável da empresa.

A New Belgium tem se dedicado para viver esses princípios, mesmo quando isso significa admitir erros. Por exemplo, em 2005, um ex-funcionário acusou a NBB de lavagem verde ou de exagerar suas reivindicações de marketing ecológico. Ele alegou que a reivindicação da NBB de ser "100% de energia eólica" era enganosa, porque a empresa ainda usa electricidade e gás em suas operações na compra de créditos de economia de energia. Embora a NBB tenha inicialmente ignorado as alegações do funcionário, ela admitiu mais tarde que estava errada e modificou sua afirmação de "100% eólica". A empresa também começou a publicar relatórios de sustentabilidade, disponíveis em seu site, para permitir que os consumidores acompanhem o progresso da empresa em sustentabilidade e a necessidade de melhorias em alguns setores. Ao fazê-lo, a New Belgium seguiu seus dois primeiros princípios, *admitir as falhas* e *fazer antes de falar* e, ao mesmo tempo, aumentando a transparência de suas operações.

Kim Jordon e funcionários da NBB são rápidos em ressaltar que a New Belgium Brewing tem sido um longo, mas alegre passeio. A empresa tem feito grandes progressos desde que começou como uma pequena cervejaria de porão. "Para mim, a marca é absolutamente tudo o que somos. São as pessoas aqui. É a forma como interagimos uns com os outros. E depois tem a outra parte dessa criatividade, obviamente, que é criar cervejas", disse Kim Jordan. A empresa é composta por pessoas altamente criativas e inovadoras para expandir a esfera de influência da New Belgium como um modelo. Embora Greg Owsley, desde então, tenha deixado a empresa, indivíduos talentosos como Jenn Vervier, o diretor de Desenvolvimento Estratégico e Sustentabilidade da New Belgium, estão assumindo um papel de liderança no avanço da empresa. A New Belgium deseja propagar seus valores de sustentabilidade, qualidade e zelo a seus stakeholders.

Embora a New Belgium seja uma empresa muito maior do que quando começou há mais de duas décadas, sua missão e seus valores essenciais permaneceram os mesmos. Como pretende instalar uma segunda fábrica em Asheville, Carolina do Norte, os desafios de permanecer autêntica, fiel à cultura da empresa e focada no cliente permanecerão. Mesmo que a empresa continue a crescer, a oferta de produtos continue a se diversificar e as estratégias de marketing evoluam sempre, a New Belgium continuará a ser um exemplo de empresa com uma imagem de marca forte e estável, na qual os consumidores continuam a confiar.

Questões para Discussão

1. A New Belgium tem efetivamente utilizado a comunicação integrada de marketing ao longo dos últimos 20 anos. Avalie o uso de uma grande campanha de propaganda para fortalecer e melhorar a imagem de marca da empresa.

2. A NBB parecia se angustiar com o uso da palavra "loucura" (folly) em sua campanha de propaganda. Qual a sua opinião sobre a hesitação da empresa nessa decisão? Além disso, como você, pessoalmente, se sente com o uso dessa palavra?

3. O foco da New Belgium em sustentabilidade, zelo e diversão está claramente enraizado em sua cultura

originária do Colorado e no ethos de seus fundadores e funcionários. À medida que a distribuição da New Belgium continua a se expandir para longe daquele local, como a empresa pode fazer para que consumidores em diferentes partes do país se identifiquem com sua marca e sua mensagem?

4. Atualmente, a New Belgium tem obtido muito mais sucesso usando a mídia social do que os concorrentes Boston Brewing Co. e Sierra Nevada. Avalie como a mídia social tem contribuído para a estratégia de marketing da empresa e faça sugestões para o uso das mídias sociais no futuro.

Fontes

Os dados deste caso foram obtidos em Cotton Delo, New Belgium Toasts to Its Facebook Fans, *Advertising Age*, 13 de fevereiro de 2012 <http://adage.com/article/news/belgium-toasts-facebook-fans/232681>; Janet Forgrieve do *Rocky Mountain News*, Sales of Craft Beer Make Biggest Jump in Decade, HighBeam Research, 23 de agosto de 2006 <http://www.highbeam.com/doc/1G1-149883191.html>; Jeremy Mullman, Craft Beer Steps into Wine Country, *Advertising Age*, 19 de junho de 2006 <http://adage.

com/article/news/craft-beer-steps-wine-country/109958>; site da New Belgium Brewing Company <http://www.newbelgium.com>. Acesso em: 17 de julho de 2012; New Belgium Brewing Facebook Page <https://www.facebook.com/newbelgium>. Acesso em: 17 de julho de 2012; New Belgium Brewing Launches Follow Your Folly Campaign Integrating Web And Print, *PRWeb*, 20 de fevereiro de 2007 <http://www.prweb.com/releases/2007/02/prweb506247. htm>; New Belgium Brewing Selects Backbone to Handle Media,

New Belgium Brewing Social Media Release, 10 de setembro de 2008 <http://www.pitchengine.com/newbelgiumbrewing/new-belgium-brewing-selects-backbone-to-handle-media>; New Belgium Brewing Twitter Site <https://twitter.com/newbelgium>. Acesso em: 17 de julho de 2012; New Belgium New Expansion, Probrewer.com, 30 de maio de 2006 <http://www.probrewer.com/news/news-002935.php>; Ciara O'Rourke, Brewer Learns Lesson About Green Marketing, *New York Times*, 3 de fevereiro de 2009 <http://green.blogs.nytimes.com/2009/02/03/brewer-learns-lesson-about-green-marketing>; Greg Owsley, Sustainable Branding: Five Steps to Gaining the Approval of the Environmentally-Conscious Consumer, *Advertising Age*, 25 de junho de 2007 <http://adage.com/article/cmo-strategy/brand-veneer-reflect-a-real-soul/118654>; e Greg Owsley, The Necessity for Aligning Brand with Corporate Ethics, in Sheb True, Linda Ferrell e O. C. Ferrell, eds., *Fulfilling Our Obligation* (Kennesaw, GA: Kennesaw State University Press, 2005).

Caso 6
Mattel Encara seus Desafios de Marketing*

Sinopse: Como líder global em fabricação e marketing de brinquedos, a Mattel enfrenta uma série de ameaças potenciais em suas operações correntes. Como a maioria das empresas que comercializam produtos para crianças, a Mattel está sempre consciente de suas obrigações sociais e éticas. Este caso resume muitos dos desafios que a Mattel tem enfrentado ao longo da última década, incluindo a dura concorrência, mudanças nas preferências de consumo e estilos de vida, ações judiciais, questões de responsabilidade do produto, abastecimento global e vendas em declínio. A imprescindível responsabilidade social da Mattel é discutida com as reações da empresa perante seus desafios e suas perspectivas para o futuro.

Temas: Ameaças ambientais, concorrência, responsabilidade social, ética de marketing, estratégia de produto/gestão de marca, propriedade intelectual, marketing global, responsabilidade do produto, fabricação/abastecimento global, controle de marketing.

Tudo começou em uma oficina de garagem na Califórnia quando Ruth e Elliot Handler e Matt Matson fundaram a Mattel em 1945. A empresa começou fazendo porta-retratos, mas os fundadores logo perceberam a rentabilidade da indústria de brinquedos e mudaram seu foco. A Mattel tornou-se uma empresa aberta em 1960, com vendas superiores a US$ 100 milhões em 1965. Nos quarenta anos seguintes, a Mattel passou a ser a maior empresa de brinquedos do mundo em termos de receitas. Hoje, a Mattel, Inc., é líder mundial na concepção e produção de brinquedos e produtos para a família. Bem conhecida por marcas como Barbie, Fisher-Price, Disney, Hot Wheels, Matchbox, Tyco, Cabbage Patch Kids e jogos de tabuleiro, a empresa possui cerca de US$ 5,9 bilhões em receitas anuais. Com sede em El Segundo, Califórnia, e escritórios em todo o mundo, a Mattel comercializa seus produtos em mais de 150 nações.

---

* Debbie Thorne, Texas State University, John Fraedrich, Southern Illinois University-Carbondale, O. C. Ferrell, Universidade do Novo México, e Jennifer Jackson, Universidade do Novo México, prepararam este caso com a assistência editorial de Jennifer Sawayda. Ele foi desenvolvido para discussão em sala de aula, e não para ilustrar a manipulação eficaz ou ineficaz de uma situação administrativa.

Apesar de seu sucesso global, a Mattel teve sua parcela de perdas ao longo de sua história. Durante meados da década de 1990, perdeu milhões com o declínio nas vendas e aquisições de maus negócios. Em janeiro de 1997, Jill Barad assumiu como CEO da empresa. O estilo de gerenciamento de Barad foi caracterizado como rigoroso e seu comando foi um desafio para muitos funcionários. Embora Barad tenha sido bem-sucedido na construção da marca Barbie, chegando a US$ 2 bilhões no final do século XX, o crescimento desacelerou no início dos anos 2000. A queda nas vendas em lojas como a Toys "R" Us marcou o início de algumas dificuldades no varejo, uma responsabilidade que Barad assumiu e o levou à renúncia em 2000.

Robert Eckert substituiu Barad como CEO. Com o objetivo de mudar as coisas, Eckert vendeu unidades não rentáveis e cortou centenas de cargos. Em 2000, sob a gestão de Eckert, foi concedido à Mattel o tão desejado acordo de licenciamento para produtos relacionados com a série *Harry Potter* de livros e filmes. A empresa continuou a prosperar e fortalecer sua reputação, até mesmo ganhando o Prêmio de Responsabilidade Corporativa do Unicef em 2003. A Mattel lançou seu primeiro Relatório Anual de Responsabilidade Corporativa no ano seguinte. Em 2011, foi reconhecida como uma das "100 Melhores Empresas para Trabalhar" da revista *Fortune* pelo quarto ano consecutivo.

Principais Produtos da Mattel

Barbie

Entre suas muitas linhas de brinquedos populares, a Mattel é famosa por possuir as melhores marcas para meninas. Em 1959, lançou um produto que iria mudar seu futuro para sempre: a boneca Barbie. Depois de ver o fascínio de sua filha com bonecas de papel, Ruth sugeriu que uma boneca tridimensional deveria ser produzida de modo que as jovens pudessem viver seus sonhos e fantasias. Essa boneca foi batizada de "Barbie", o apelido da filha de Ruth e Elliot Handler. A primeira boneca Barbie usava sandálias, rabo de cavalo, óculos de sol, brincos e um maiô listrado-zebra. Roupas e acessórios também estavam disponíveis para a boneca. Embora os compradores na feira anual de brinquedos em Nova York não tivessem se interessado pela boneca Barbie, as meninas da época certamente estavam. A forte demanda verificada nas lojas de varejo não foi suficientemente atendida por vários anos. A Mattel simplesmente não conseguia produzir as bonecas Barbie com rapidez suficiente. Hoje, a Barbie é a principal marca da Mattel e seu produto de maior venda, sendo responsável, normalmente, por cerca de metade dos lucros da empresa. Isso faz da Barbie a boneca mais vendida na maioria dos mercados globais. A linha Barbie atual inclui as bonecas, acessórios, software Barbie e uma ampla variedade de produtos licenciados, tais como livros, vestuário, alimentos, artigos de decoração, eletrodomésticos e filmes.

Embora a Barbie continue a ser um grande sucesso por qualquer padrão, sua popularidade caiu ao longo dos últimos vinte anos. Há duas razões principais para a queda da Barbie. Em primeiro lugar, a mudança de estilos de vida das meninas atuais são uma preocupação para a Mattel. Muitas preferem passar tempo com música, filmes ou internet do que brincar com brinquedos tradicionais, como bonecas. Em segundo lugar, a Barbie tem sofrido nas mãos de uma nova concorrência inovadora, incluindo a linha de bonecas Bratz, que ganhou significativa participação de mercado durante o início da década de 2000. As bonecas, que têm traços étnicos e contemporâneos e roupas provocativas, mostraram um forte contraste com a Barbie e foram um sucesso imediato entre as meninas. Em 2005, quatro anos depois da estreia da marca, as vendas da Bratz eram de US$ 2 bilhões. Em 2009, as vendas mundiais da Barbie caíram 15%. Em uma tentativa de se recuperar, a

Mattel introduziu a nova linha de bonecas My Scene destinadas a "tweens**". Essas bonecas têm mais estilo, parecem mais jovens e são consideradas mais adequadas a essa faixa etária que está prestes a deixar de brincar com bonecas. Um site (www.myscene.com) envolve as meninas em uma variedade de atividades promocionais divertidas e envolventes.

American Girl

Em 1998, para complementar a linha Barbie, a Mattel adquiriu a Pleasant Company e sua coleção American Girl por US$ 700 milhões. Originalmente, os produtos American Girl foram vendidos apenas por meio de catálogos. A Mattel estendeu essa base com a abertura de lojas American Girl Place nas principais áreas metropolitanas, incluindo Nova York, Chicago, Los Angeles, Atlanta, Dallas, Boston, Denver, Miami e Minneapolis. A loja de Nova York possui três andares de bonecas, acessórios e livros no coração da área comercial da 5th Avenue. A loja também dispõe de um café onde as meninas podem jantar com suas bonecas e uma produção de palco onde jovens atores encenam histórias da American Girl. A marca inclui diversas séries de livros, acessórios, roupas para bonecas e meninas e uma revista classificada entre as 10 melhores para crianças norte-americanas.

A coleção American Girl é muito popular entre meninas de 7 a 12 anos de idade. As bonecas têm uma imagem saudável e educativa que compensa a imagem da Barbie. Esse movimento da Mattel representou uma estratégia de longo prazo para reduzir a dependência de produtos tradicionais e tirar o estigma em torno da "imagem perfeita" da Barbie. Cada boneca American Girl representa a vivência de um tempo específico na história norte-americana e todas têm histórias que descrevem as dificuldades que jovens adultas enfrentam ao amadurecer. Por exemplo, as histórias de Felicity descrevem a vida em 1774, pouco antes da Guerra Revolucionária. Da mesma forma, Josephina vive no Novo México em 1824, durante o rápido crescimento do Oeste norte-americano.

Hot Wheels

Hot Wheels mexeu com o mundo dos brinquedos em 1968. Mais de trinta anos depois, a marca é mais popular do que nunca e inclui coleções de topo de linha, modelos para adultos de carrinhos da NASCAR (National Association for Stock Car Auto Racing) e Fórmula Um, carros de alto desempenho, conjuntos de circuitos e jogos para crianças de todas as idades. A marca está conectada com circuitos de corrida em todo o mundo. Mais de 15 milhões de meninos com idade entre 5 e 15 anos são ávidos colecionadores, cada um possui em média quarenta e um carrinhos. Dois carros Hot Wheels são vendidos por segundo todos os dias. A marca começou com carros projetados para funcionar em uma pista e evoluiu para uma marca de "estilo de vida" com camisetas, bonés, lancheiras, mochilas, licenciados Hot Wheels e muito mais. Juntos, Hot Wheels e Barbie geram 45% das receitas da Mattel e 65% de seus lucros.

Fisher-Price

Adquirida em 1993 como uma subsidiária integral, a Fisher-Price é a marca guarda-chuva de todas as linhas para bebês e crianças em idade pré-escolar da Mattel. A marca tem a confiança de pais em todo o mundo e aparece em tudo, de software a óculos, livros e até bicicletas para crianças. Alguns dos produtos mais clássi-

---

** Garotas/meninas com idade aproximada entre 9 e 14 anos, muito velhas para brinquedos, mas muito novas para serem adultas. (N.R.T.)

cos incluem o Rock-a-Stack, veículos Power Wheels e os jogos Little People. Por meio de acordos de licenciamento, a marca também desenvolve brinquedos baseados em personagens, como o Elmo da *Vila Sésamo*, Winnie the Pooh (Ursinho Puff) da Disney e Dora, a Exploradora do Nickelodeon.

A Fisher-Price construiu uma relação de confiança com os pais por meio da criação de produtos educacionais, seguros e úteis. Por exemplo, recentemente, a marca ganhou grande respeito por cadeirinhas de carro inovadoras e monitores de berçário. A Fisher-Price se mantém em linha com os interesses das famílias atuais por meio de brinquedos educativos inovadores e produtos premiados. Um exemplo é o Computer Cool School, um teclado amigável para crianças com um tablet e uma caneta, que transforma um computador padrão baseado no Windows em uma sala de aula interativa para crianças de 3 a 6 anos. O produto foi premiado como "melhor brinquedo de 2008" pelas revistas *Parents Magazine* e *Family Fun Magazine*.

Cabbage Patch Kids

Desde a introdução da produção em série da Cabbage Patch Kids em 1982, mais de 90 milhões de bonecas foram vendidas em todo o mundo. Em 1994, a Mattel assumiu a venda dessas adoradas bonecas após a compra de direitos de produção da Hasbro. Em 1996, a Mattel criou uma nova linha de bonecas Cabbage Patch, chamada Snacktime Kids, e esperava ter imenso sucesso com ela. As bonecas Snacktime Kids tinha boca móvel que permitiria que as crianças a "alimentassem" com lanches de plástico. No entanto, o produto foi um fiasco. O brinquedo não tinha interruptor liga/desliga e relatos de crianças com dedos ou cabelos presos na boca dos bonecos vieram à tona durante a temporada de férias de 1996. A Mattel retirou voluntariamente as bonecas das prateleiras das lojas em janeiro de 1997 e ofereceu aos consumidores um reembolso em dinheiro de US$ 40 por boneca devolvida. A Comissão de Segurança de Produto do Consumidor dos EUA aplaudiu a forma como a Mattel lidou com a situação da Snacktime Kids, que gerenciou de forma eficaz o que poderia facilmente ter criado má publicidade ou uma crise. Em 2001, a Toys "R" Us assumiu a marca Cabbage Patch da Mattel.

O Compromisso da Mattel com a Ética e Responsabilidade Social

Os principais produtos e ambiente de negócios da Mattel criam muitas questões desafiadoras. Como os produtos da empresa são projetados principalmente para crianças, ela deve ser sensível às preocupações sociais em relação aos direitos das crianças. Também deve estar ciente de que o ambiente internacional muitas vezes complica as transações comerciais. Diferentes sistemas jurídicos e expectativas culturais de empresas podem criar conflitos éticos. Finalmente, o uso da tecnologia pode apresentar dilemas éticos em especial sobre a privacidade do consumidor. A Mattel reconheceu esses problemas potenciais e adotou medidas para reforçar seu compromisso com a ética nos negócios. A empresa também pretende assumir uma posição sobre responsabilidade social, encorajando seus funcionários e consumidores a fazerem o mesmo.

Privacidade e Tecnologia de Marketing

A Mattel constantemente tenta dar atenção à questão da privacidade e tecnologia on-line. Avanços na tecnologia criaram questões de marketing especiais para a Mattel. A empresa reconhece que, uma vez que comercializa para crianças, deve comunicar aos pais sua estratégia de marketing corporativo. Ela adotou medidas para informar crianças e adultos sobre sua filosofia em relação a ferramentas de marketing baseadas na internet, como o site do Hot Wheels. Esse site contém uma longa política de privacidade on-line, parte da qual aparece a seguir:

> *A Mattel, Inc., e sua família de empresas ("Mattel") estão empenhadas em proteger sua privacidade on-line ao visitar um site operado por nós. Não coletamos nem armazenamos qualquer informação pessoal on-line a menos que você autorize e tenha 13 anos ou mais. Também não coletamos nem armazenamos informações pessoais on-line de crianças menores de 13 anos sem o consentimento de um dos pais ou responsável legal, exceto em circunstâncias limitadas autorizadas por lei e descritas nessa política...*[***]

Ao garantir aos pais que a privacidade de seus filhos será respeitada, a Mattel demonstra que leva a sério sua responsabilidade de marketing para com crianças.

Expectativas de Parceiros de Negócios da Mattel

A Mattel, Inc., também apresenta um sério compromisso com a ética empresarial em suas relações com outras indústrias. No final de 1997, a empresa completou sua primeira auditoria de ética em cada um de seus locais de fabricação, bem como nas instalações de seus principais prestadores de serviços. A auditoria revelou que a empresa não estava usando trabalho infantil ou trabalho escravo, um problema que assola outros fabricantes no exterior. No entanto, descobriu que vários de seus prestadores violavam normas de segurança e de direitos humanos da Mattel, aos quais a auditoria solicitou que mudassem suas operações sob pena de deixar de fazer negócios com a empresa. A Mattel agora realiza uma auditoria de acompanhamento de comitê independente em instalações de fabricação de três em três anos.

Em um esforço para continuar seu forte histórico de padrões de direitos humanos e éticos, a Mattel instituiu um código de conduta intitulado Princípios de Manufatura Global, em 1997. Um desses princípios exige que todas as instalações de fabricação de propriedade da Mattel e de contratados deem preferência a parceiros de negócios comprometidos com padrões éticos comparáveis aos da empresa. Outros princípios referem-se a segurança, salários e respeito às leis locais. As auditorias da Mattel e o subsequente código de conduta foram concebidos como medidas não punitivas preventivas. A empresa se dedica a criar e incentivar práticas responsáveis de negócios em todo o mundo.

A Mattel também afirma estar comprometida com sua força de trabalho. Como um consultor de empresa observou, "a Mattel está empenhada em melhorar o nível de habilidade dos trabalhadores... [de forma que] tenham crescentes oportunidades e produtividade". Essa declaração reflete a preocupação da empresa com os relacionamentos entre e com funcionários e parceiros de negócios. O código dela é um sinal aos potenciais parceiros, clientes e outros stakeholders de que Mattel fez um compromisso com a promoção e a defesa dos valores éticos.

Práticas Comerciais Éticas e Legais

A Mattel prefere fazer parcerias com empresas similarmente comprometidas com seus elevados padrões éticos. No mínimo, os parceiros devem cumprir as leis locais e nacionais dos países em que operam. Além disso,

---

*** Mattel, Inc., Política de Privacidade On-line <http://corporate.mattel.com/privacy-policy.aspx>. Acesso em: 17 de julho de 2012.

todos os parceiros devem respeitar a propriedade intelectual da empresa e apoiar a Mattel na proteção de ativos, tais como patentes, marcas comerciais ou direitos autorais. Eles também são responsáveis pela segurança e qualidade do produto, protegendo o ambiente, costumes, avaliação e monitoramento, e conformidade com as normas.

Seus parceiros de negócios devem apresentar altos padrões de segurança e qualidade do produto, aderindo a práticas que atendam às normas de segurança e qualidade da Mattel. Além disso, devido à natureza global dos negócios da Mattel e sua história de liderança nessa área, a empresa insiste em que parceiros de negócios adotem estritamente as leis alfandegárias locais e internacionais. Os parceiros também devem cumprir todos os regulamentos de importação e exportação. Para auxiliar no cumprimento das normas, a Mattel insiste que todas as instalações de produção forneçam o seguinte:

- Acesso total a inspeções no local pela Mattel ou terceiros designados por ela.
- Acesso total aos registros que permitam à Mattel determinar a conformidade com seus princípios.
- Apresentação de declaração anual de conformidade com os Princípios de Manufatura Global da Mattel, assinado por um funcionário do estabelecimento fabricante ou da fábrica.

Com a criação do Conselho Independente de Monitoramento da Mattel (Mattel Independent Monitoring Council — MIMCO), a Mattel se tornou a primeira empresa global de produtos de consumo a empregar tal sistema em instalações e principais prestadores de serviços em todo o mundo. A empresa procura manter um sistema de controle independente que propicia controles e contrapesos para ajudar a garantir que os padrões sejam seguidos.

Se alguns aspectos dos princípios de fabricação da Mattel não estão sendo atendidos, a empresa procura contribuir para ajudá-los a corrigir seus problemas. Novos parceiros não serão contratados a menos que satisfaçam os padrões da Mattel. Se a ação corretiva é aconselhada, mas não realizada, a Mattel encerra seu relacionamento com o parceiro em questão. De forma geral, a Mattel está comprometida tanto com o sucesso nos negócios quanto com padrões éticos e reconhece que isso faz parte de um processo de melhoria contínua.

Fundação Mattel para Crianças

A Mattel leva suas responsabilidades sociais muito a sério. Por meio da Fundação Mattel para Crianças, criada em 1978, a empresa promove a filantropia e o envolvimento com a comunidade entre seus funcionários além de fazer investimentos de caridade para melhorar a vida de crianças necessitadas. As prioridades de financiamento incluíram a construção de um novo Hospital da Fundação na Universidade da Califórnia em Los Angeles (UCLA), o apoio ao Programa Mattel de Aprendizagem da Família e a promoção de doação entre funcionários. Em novembro de 1998, a Mattel doou US$ 25 milhões divididos em vários anos para o Hospital Infantil da UCLA. A doação foi concebida para dar suporte ao hospital existente e propiciar uma nova instalação de tecnologia de ponta. Em homenagem à doação da Mattel, o hospital foi renomeado Hospital Mattel para Crianças da UCLA.

O Programa Mattel de Aprendizagem da Família utiliza laboratórios informatizados de aprendizagem como uma forma de possibilitar avanços nas habilidades básicas das crianças. Com mais de oitenta unidades, nos Estados Unidos, Hong Kong, Canadá e México, os laboratórios oferecem software e tecnologia projetada para ajudar as crianças com necessidades especiais ou proficiência limitada em inglês.

Os funcionários da Mattel também são incentivados a participar de uma ampla gama de atividades voluntárias como parte da campanha "Voluntários Mattel: felizes em ajudar". Os funcionários que trabalham em conselhos de organizações sem fins lucrativos locais ou que ajudam com programas sem fins lucrativos em vigência são elegíveis para se candidatar a bolsas de voluntariado para apoiar suas organizações. Funcionários da Mattel que contribuem para o ensino superior ou organizações sem fins lucrativos que atendem crianças carentes são qualificadas para ter suas doações pessoais igualadas, dólar por dólar, em até US$ 5.000 por ano.

Princípios de Fabricação Global

Como uma empresa multinacional com sede nos EUA, proprietária e operadora de instalações e contratante em todo o mundo, os Princípios de Manufatura Global da Mattel refletem não apenas sua necessidade de fabricação de forma responsável, mas o respeito às diferenças culturais, éticas e filosóficas dos países em que atua. Esses princípios estabelecem normas uniformes entre os fabricantes da Mattel e busca beneficiar funcionários e consumidores.

Os princípios da Mattel tratam de questões como salários, horas de trabalho, trabalho infantil, trabalho escravo, discriminação, liberdade de associação e condições de trabalho. Os trabalhadores devem receber, pelo menos, o salário mínimo ou um salário de acordo com os padrões da indústria local (o que for maior). Ninguém com menos de 16 anos de idade ou a idade limite local (o que for maior) pode ser autorizado a trabalhar nas instalações da Mattel. A empresa se recusa a trabalhar com instalações que utilizam trabalho escravo ou de prisioneiros ou usar esses tipos de trabalho. Além disso, a Mattel não tolera discriminação. A empresa afirma que um indivíduo deve ser contratado e empregado com base em sua capacidade, e não em características ou crenças individuais. Reconhece os direitos de todos os trabalhadores de escolher se associar a organizações ou associações sem interferência. No que diz respeito às condições de trabalho, todas as instalações da Mattel e de seus parceiros de negócios devem propiciar ambientes de trabalho seguros para seus funcionários.

A Mattel Encara Recalls de Produto

Apesar dos melhores esforços da Mattel, nem todos os fabricantes estrangeiros têm aderido fielmente a seus altos padrões. A empresa passou por inspeções de venda de produtos perigosos. Em setembro de 2007, anunciou recalls de brinquedos que continham tinta com chumbo. O problema surgiu quando um varejista europeu descobriu a tinta à base de chumbo em um brinquedo. Estima-se que 10 milhões de brinquedos individuais produzidos na China foram afetados. A Mattel rapidamente parou a produção na Lee Der, a empresa oficialmente produtora dos brinquedos sob recall, depois que se descobriu que a Lee Der tinha comprado a tinta contaminada com chumbo para ser usada nos brinquedos. A Mattel responsabilizou pelo fiasco o desejo dos fabricantes de poupar dinheiro em face do aumento de preços. "Nos últimos três ou cinco anos, vimos os preços da mão de obra mais do que dobrarem, os preços das matérias-primas dobrarem ou triplicarem", disse o CEO Eckert em uma entrevista, "e eu acho que há uma enorme de pressão sobre os sujeitos que estão trabalhando com margem apertada para tentar economizar algum dinheiro".

A situação começou quando a Early Light Industrial Co., uma empresa subcontratada da Mattel de propriedade do magnata de brinquedos de Hong Kong, Choi Chee Ming, subcontratou a pintura de peças dos brinquedos *Cars* em outro fornecedor sediado na China. O contratado, chamado Hong Li Da, decidiu comprar a tinta de um terceiro fornecedor, uma violação das exigências da Mattel de usar tinta fornecida diretamente pela Early Light. Foram encontrados nos produtos "níveis não permitidos de chumbo". Em 2 de agosto de 2007, foi anunciado que outro dos subcontratados da Early Light, Lee Der Industrial Co., usou a mesma tinta de chumbo encontrada nos produtos *Cars*. A China imediatamente suspendeu a licença de exportação da empresa. Depois, a Mattel identificou três fornecedores de tinta que trabalham para Lee Der, Dongxin, Zhongxin e Mingdai. Essa tinta foi usada por Lee Der para produzir a linha de produtos Fisher-Price da Mattel. O que se diz é que Lee Der comprou a tinta de Mingdai devido à amizade íntima entre os proprietários das duas empresas. Em 11 de agosto de 2007, Zhang Shuhong, operador da Lee Der, enforcou-se depois de pagar seus 5.000 funcionários.

Mais tarde, naquele mês, a Mattel foi forçada a fazer o recall de mais alguns brinquedos por causa de ímãs fortes nos brinquedos que poderiam se soltar e representavam um risco de as crianças pequenas se engasgarem. Se mais de um ímã fosse engolido, eles poderiam atrair um ao outro dentro do estômago da criança, causando complicações potencialmente fatais. Mais de 21 milhões de brinquedos da Mattel foram recolhidos no total e os pais entraram com diversas ações na Justiça alegando que esses produtos Mattel tinham prejudicado seus filhos.

A Resposta da Mattel

No primeiro momento, a Mattel culpou os subcontratados chineses pelos enormes recalls de brinquedos, mas a empresa depois aceitou uma parcela da culpa por seus problemas, ao mesmo tempo sustentando que os fabricantes chineses foram em grande parte os culpados. Os chineses veem a situação de forma bastante diferente. Conforme relatado pela agência de notícias estatal Xinhua, o porta-voz da Administração Geral de Supervisão e Inspeção de Qualidade e Quarentena da China disse que a "Mattel deve melhorar sua concepção de produtos e supervisão da qualidade do produto. Os fabricantes de equipamentos originais chineses estavam fazendo o seu trabalho conforme os importadores solicitaram e os brinquedos em conformidade com os regulamentos e padrões dos EUA na época da produção". A Mattel também enfrentou críticas de muitos de seus consumidores, que acreditavam que a empresa estava negando a culpa, deixando que muito dela recaísse sobre a China. A Mattel mais tarde recebeu o Prêmio "Bad Product" de 2007 pela Consumers International.

Muitos críticos perguntam como essa crise ocorreu sob a vigilância de uma empresa elogiada por sua ética e elevados padrões de segurança. Embora a Mattel tenha investigado seus prestadores, não auditou toda a cadeia de fornecimento, incluindo subcontratados. Esse descuido deu espaço para as violações ocorrerem. A Mattel também se mobilizou impondo uma regra de que os subcontratados não podem contratar fornecedores dois ou três níveis para baixo. Em um comunicado, a empresa informa que gastou mais de 50.000 horas investigando seus fornecedores e testando seus brinquedos. Adicionalmente, a Mattel anunciou um plano de três pontos que visam aumentar o controle de sua produção; descobrir e prevenir o uso não autorizado de subcontratados e testar os próprios produtos, em vez de depender de terceiros.

A Resposta do Governo Chinês

As autoridades chinesas finalmente admitiram o fracasso do governo em proteger adequadamente o público. O governo chinês prometeu apertar a supervisão de produtos exportados, mas uma supervisão eficaz é um desafio em um país tão grande e tão sobrecarregado com a corrupção. Em janeiro de 2008, o governo chinês lançou uma campanha de quatro meses de duração em todo o país sobre a qualidade do produto, oferecendo cursos de formação intensiva para os fabricantes de brinquedos nacionais com o objetivo de ajudá-los a rever seu conhecimento das normas de produtos internacionais e sensibilização para a segurança. Como resultado da repreensão, a Administração Estatal de Supervisão e Inspeção de Qualidade e Quarentena (AQSIQ) anunciou que havia revogado as licenças de mais de 600 fabricantes de brinquedos chineses. A partir de 2008, a Administração Estatal de Comércio e Indústria (Saci) divulgou um relatório afirmando que 87,5% dos brinquedos recém-fabricados na China cumpriam os requisitos de qualidade. Embora isso represente uma melhoria, a tentação de economizar permanece forte em um país que usa preço, e não qualidade, como sua principal vantagem competitiva. Onde houver demanda, haverá pessoas que tentarão fazer um lucro rápido.

Luta pela Propriedade Intelectual da Mattel com a Bratz

Em 2004, a Mattel se envolveu em uma amarga batalha de direitos de propriedade intelectual com o ex-funcionário Carter Bryant e a MGA Entertainment Inc. sobre os direitos das populares bonecas Bratz da MGA. Carter Bryant, um funcionário da Mattel que foi e voltou de uma para outra empresa, desenhou as bonecas Bratz e as passou para a MGA. Poucos meses depois, Bryant deixou a Mattel para trabalhar na MGA, que começou a produzir a Bratz em 2001. Em 2002, a Mattel iniciou uma investigação para saber se Bryant tinha desenhado as bonecas Bratz enquanto trabalhava para ela. Após dois anos de investigação, a Mattel processou Bryant. Um ano mais tarde, a MGA entrou com uma ação judicial alegando que a Mattel estava criando bonecas Barbie com visuais semelhantes aos da Bratz em um esforço para eliminar a concorrência. A Mattel respondeu estendendo seu próprio processo para incluir a MGA e seu CEO, Isaac Larian.

Quatro anos após a ação inicial ter sido iniciada, Bryant estabeleceu um acordo com Mattel em termos não revelados. Em julho de 2008, um júri considerou a MGA e seu CEO responsável por aquilo que chamou de "interferência intencional" sobre o contrato de Bryant com a Mattel. Em agosto de 2008, a Mattel recebeu compensação pelos danos na faixa de US$ 100 milhões. Embora a Mattel tivesse solicitado uma primeira indenização de US$ 1,8 bilhão, a empresa estava satisfeita com o princípio por trás da vitória.

Em dezembro de 2008, a empresa parecia ter obtido mais uma vitória quando um juiz da Califórnia proibiu a MGA de produzir ou vender quaisquer bonecas Bratz. No entanto, a maré virou contra a vitória da Mattel. Em julho de 2010, a Nona Corte de Apelação dos EUA reverteu a decisão. Eventualmente, o caso passou a ser se a Mattel detinha a propriedade das ideias de Bryant nos termos contratuais que ele tinha com a empresa. Em abril de 2011, um júri federal da Califórnia rejeitou as alegações de propriedade da Mattel. Em outro golpe para a empresa, o júri também determinou que a empresa havia copiado segredos comerciais da MGA. De acordo com as alegações, os funcionários da Mattel usaram falsos cartões de visita para acessar showrooms da MGA durante feiras de brinquedos. A empresa foi condenada a pagar US$ 85 milhões em passivos, além de um adicional de US$ 225 milhões em danos e honorários legais. O CEO, Isaac Larian, da MGA também anunciou que irá entrar com uma ação antitruste contra a Mattel. Esta continua a afirmar que Bryant violou seu contrato quando estava trabalhando para a empresa.

A Mattel Olha para o Futuro

Como todas as grandes empresas, a Mattel tem resistido a sua quota de tempestades. A empresa tem enfrentado uma série de desafios difíceis e potencialmente impeditivos, incluindo a recente sentença contra a empresa no processo da Bratz. Durante a onda de recalls de brinquedos, alguns analistas sugeriram que a reputação da empresa tinha sido atingida além da possibilidade de recuperação. A Mattel, no entanto, recusou-se a se deixar abater. Embora a empresa admita o tratamento inadequado de assuntos recentes, está tentando corrigir seus erros e evitar outros no futuro. A empresa parece estar empenhada em reforçar suas defesas éticas para proteger tanto a si mesma como seus clientes. As experiências da Mattel devem ensinar todas as empresas que as ameaças poderiam se materializar dentro do ambiente de mercado, apesar dos melhores planos para prevenir que tais problemas ocorram.

Com o futuro econômico incerto dos Estados Unidos, a Mattel pode crescer de forma mais lenta por algum tempo. Atualmente, a empresa enfrenta muitas oportunidades e ameaças de mercado, incluindo a taxa de crianças que estão crescendo e deixando os brinquedos, o papel da tecnologia em produtos de consumo e o poder de compra e necessidades dos consumidores nos mercados globais. A empresa tem uma particular preocupação com a contínua mudança de estilo de vida da juventude norte-americana. O sucesso fenomenal de sistemas de jogos, dispositivos de mídia portáteis, smartphones e sites de redes sociais entre os jovens de hoje é um testemunho dessa mudança. Crianças e adolescentes também estão mais ativos nas atividades extracurriculares (ou seja, esportes, música e voluntariado) do que nunca. Consequentemente, esses jovens consumidores têm menos tempo para passar com os brinquedos tradicionais.

Apesar dessas preocupações, a Mattel tem muito a oferecer às crianças e aos investidores. A Barbie continua a ser a boneca número um nos Estados Unidos e no mundo. E o Barbie.com, o site número um para as meninas, normalmente recebe mais de 50 milhões de visitas por mês. Além disso, todas as principais marcas da Mattel são instantaneamente reconhecíveis em todo o mundo. Assim, a capacidade de tirar proveito de uma ou todas essas marcas é alta. Algumas questões pendentes incluem a dependência da Mattel de grandes varejistas, como Walmart, Target, Toys "R" Us e Amazon (que diminui o poder de preços da Mattel), os preços voláteis do petróleo (usado para fazer plásticos), e o aumento da concorrência numa escala global. No entanto, os analistas acreditam que a Mattel tem um grande potencial de crescimento com brinquedos de tecnologia de base, especialmente nos mercados internacionais, apesar das novas tendências demográficas e socioeconômicas.

Para uma empresa que começou com dois amigos fazendo porta-retratos, a Mattel tem demonstrado habilidade de marketing e longevidade. Os próximos anos, no entanto, vão testar a resposta da empresa. A Mattel está trabalhando arduamente para restaurar a benevolência e fé em suas marcas, mesmo que continue a ser atormentada com a desconfiança residual sobre o escândalo da tinta com chumbo e a sua suposta usurpação de segredos comerciais. Reputações são difíceis de conquistar, mas facilmente perdidas. No entanto, a Mattel parece ser firme em seu compromisso de restaurar sua reputação.

Questões para Discussão

1. Fabricantes de produtos para crianças têm obrigações especiais para com os consumidores e a sociedade? Em caso afirmativo, quais são essas responsabilidades?

2. Até que ponto a Mattel tem sido eficaz em incentivar a conduta ética e legal de seus fabricantes? Que mudanças e acréscimos você faria nos princípios de manufatura global da empresa?

3. Em que medida a Mattel é responsável por questões relacionadas com sua produção de brinquedos na China? Como a Mattel poderia ter evitado esses problemas?

Fontes

Site da American Girl <http://www.americangirl.com>. Acesso em: 18 de julho de 2012; Lisa Bannon e Carita Vitzthum, One-Toy-Fits-All: How Industry Learned to Love the Global Kid, *Wall Street Journal*, 30 de abril de 2003 <http://online.wsj.com/article/SB105156578439799000.html>; David Barboza e Louise Story, Toymaking in China, Mattel's Way, *New York Times*, 26 de julho de 2007 <http://www.nytimes.com/2007/07/26/business/26toy.html?pagewanted=all>; David Barboza, Scandal and Suicide in China: A Dark Side of Toys, *New York Times*, 23 de agosto de 2007 <http://www.nytimes.com/2007/08/23/business/worldbusiness/23suicide.html?pagewanted=all>; Bratz loses battle of the dolls, *BBC News*, 5 de dezembro de 2008 <http://news.bbc.co.uk/2/hi/business/ 7767270.stm>; Nicholas Casey, Mattel Prevails Over MGA in Bratz-Doll Trial, *Wall Street Journal*, 18 de julho de 2008, p. B18-B19; Nicholas Casey, Mattel to Get Up to $100 Million in Bratz Case, *Wall Street Journal*, 27 de agosto de 2008 <http://online.wsj.com/article/SB121978263398273857.html>; Andrea Chang, Mattel must pay MGA $310 million in Bratz case, *Los Angeles Times*, 5 de agosto de 2011 <http://articles.latimes.com/2011/aug/05/business/la-fi-mattel-bratz-20110805>; Shu-Ching Jean Chen, A Blow to Hong Kong's Toy King, *Forbes*, 15 de agosto de 2007 <http://www.forbes.com/2007/08/15/mattel-china-choi-face-markets-cx_jc_0815autofacescan01.html>; Miranda Hitti, 9 Million Mattel Toys Recalled, *WebMD*, 14 de agosto de 2007 <http://children. webmd.com/news/20070814/9_million_mattel_toys_recalled>; site da Hot Wheels, Mattel, Inc. <http://www. hotwheels.com>. Acesso em: 18 de julho de 2012; "Independent Monitoring Council Completes Audits of Mattel Manufacturing Facilities in Indonesia, Malaysia and Thailand, *PR Newswire*, 15 de novembro de 2002 <http:// www.prnewswire.com/news-releases/independent-monitoring-council-completes-audits-of-mattel-manufacturingfacilities-in-indonesia-malaysia-and-thailand-76850522.html>; International Bad Product Awards 2007, Consumers International <http://www.consumersinternational.org/media/105567/international%20bad%20products%20awards%20-%20press%20briefing.pdf>. Acesso em: 3 de dezembro de 2008; Gina Keating, MGA 'still accessing' impact of Bratz ruling: CEO, *Reuters*, 4 de dezembro de 2008 <http://www.reuters.com/article/2008/12/05/us-mattellarian-idUSTRE4B405820081205>; Mattel and U.S. Consumer Product Safety Commission Announce Voluntary Refund Program for Cabbage Patch Kids & Snacktime Kids Dolls, U.S. Consumer Product Safety Commission, Office of Information and Public Affairs, Release No. 97-055, 9 de maio de 2005 <http://www.cpsc.gov/cpscpub/prerel/prhtml97/97055.html>; Relatórios Anuais da Mattel 1998-2011, 2008 <http://investor.shareholder.com/mattel/annuals.cfm>. Acesso em: 18 de julho de 2012; Mattel awarded $100M in doll lawsuit, *USA Today*, 27 de agosto de 2008, p. B1; site corporativo da Mattel <http://corporate.mattel.com>. Acesso em: 18 de julho de 2012; Mattel History, Mattel, Inc. <http://corporate.mattel.com/about-us/history/default.aspx>. Acesso em: 18 de julho de 2012; Mattel, Inc., Launches Global Code of Conduct Intended to Improve Workplace, Workers' Standard of Living, *PR Newswire*, 20 de novembro de 1997 <http://www2.prnewswire.com/cgi-bin/stories.pl?ACCT=104&STORY=/www/story/11-20-97/364032&EDATE=>; Mattel, Inc. Online Privacy Policy, Mattel, Inc., junho 2008 <http://service.mattel.com/us/privacy.asp>. Acesso em: 18 de julho de 2012; Mattel Recalls Batman™ and One Piece Magnetic Action Figure Sets Due to Magnets Coming Loose, U.S. Consumer Product Safety Commission, Office of Information and Public Affairs, 14 de agosto de 2007 <http://service.mattel.com/us/recall/J1944CPSC.pdf>; Mattel to Sell Learning Company, *Chief Marketer Network*, 2 de outubro de 2000 <http://directmag.com/news/marketing_mattel_sell_learning>; Benjamin B. Olshin, China, Culture, and Product Recalls, *Specialized Research + Reports*, 20 de agosto de 2007 <http://www.s2r.biz/s2rpapers/papers-Chinese_Product.pdf>; 100 Best Companies to Work For 2011, *CNN Money* <http://money. cnn.com/magazines/fortune/bestcompanies/2011/full_list>; Laura Smith-Spark, Chinese Product Scares Prompt US Fears, *BBC News*, 10 de julho de 2007 <http://news.bbc.co.uk/2/hi/americas/6275758.stm>; The United States Has Not Restricted Imports Under the China Safeguard, *United States Government Accountability Office*, setembro 2005 <http://www.gao.gov/new.items/d051056.pdf>. Acesso em: 18 de julho de 2012; Third toy recall by Mattel in five weeks, *Business Standard*, 6 de setembro de 2007 <http://www.business-standard.com/india/storypage.php? autono=297057>; Karen Weise e James E. Ellis, Mattel: Must Pay for Stealing Bratz Secrets, *BusinessWeek*, 11 de agosto de 2011 <http://mobile.businessweek.com/magazine/briefs-08112011.html>; e Ann Zimmerman, Mattel Loses in Bratz Spat, *Wall Street Journal*, 22 de abril de 2011 <http://online.wsj.com/article/SB10001424052748703983704576276984087591872.html>.

Caso 7
Mistine: Venda Direta no Mercado de Cosméticos Tailandês*

Sinopse: Este caso resume o crescimento da Better Way (Tailândia) e o grande sucesso de sua marca de cosméticos Mistine. De seu começo minúsculo em 1991, a Mistine cresceu e se tornou a marca dominante no mercado de venda direta de cosméticos da Tailândia. O posicionamento baseado em valor da marca (alta qualidade a preços acessíveis), juntamente com o sucesso do marketing de alvo e um programa de marketing solidamente integrado, tem mantido a empresa no topo do mercado apesar de uma forte concorrência. O sucesso da Mistine tem permitido à Better Way expandir seus esforços em outros países, principalmente na Ásia, Europa, Oriente Médio e África. Agora, a Better Way está analisando expandir ainda mais suas operações, eventualmente em países ocidentais e China.

Temas: Venda direta, marketing global, estratégia de marca, valor, posicionamento, estratégia de distribuição, comunicação integrada de marketing, implantação de marketing.

Sob o princípio "criar um modo de vida melhor" para o povo tailandês, dr. Amornthep Deerojanawong, rei da venda direta na Tailândia, em parceria com Boonyakiat Chokwatana, fundou a Better Way (Tailândia) em 1988. Em 1991, a empresa lançou sua marca Mistine e iniciou sua rápida ascensão como um participante-chave na indústria de venda direta de cosméticos da Tailândia. Mistine começou com menos de 10 funcionários e 100 produtos em um momento em que o povo tailandês não estava familiarizado com o modelo de venda direta de cosméticos. A venda direta é a comercialização de produtos aos consumidores por meio de

---

* Este caso foi compilado e desenvolvido por Jennifer Sawayda, Universidade do Novo México, com base em informações fornecidas por Ekachai Wangprapa, Nuntiya Ittiwattanakorn, Rawadee Mekwichai e Supishsha Sajjamanochai (Universidade Thammasat, Tailândia), com informações adicionais de um projeto realizado em MIM XXI da Universidade Thammasat, 2012. O caso foi desenvolvido sob a direção de O. C. Ferrell e Linda Ferrell, Universidade do Novo México, para discussão em sala de aula, e não para ilustrar um tratamento eficaz ou ineficaz de uma situação administrativa.

apresentações de vendas face a face em casa ou no local de trabalho. Com base no sucesso da Mistine, a venda direta agora responde por mais de 60% do mercado e é o método preferido de venda e distribuição de cosméticos na Tailândia. A Mistine e a Better Way rapidamente se tornaram líderes no mercado tailandês de venda direta de cosméticos, posição que ocupam desde 1997. Depósitos de distribuição da empresa, entre os maiores da Ásia, manipulam mais de 7.000 produtos sob o guarda-chuva Mistine. Esses depósitos distribuem produtos para cerca de 1 milhão de representantes de vendas Mistine em todo o mundo e mais de 1 milhão de clientes em programa de adesão Mistine.

Programa de Marketing da Mistine

A Mistine gasta aproximadamente 10% de sua receita em marketing e planeja aumentar seu orçamento de marketing de acordo com o crescimento da empresa. Os executivos da Mistine acreditam que o crescimento de dois dígitos da empresa continuará nos próximos anos. Suas principais preocupações estão relacionadas principalmente com situações políticas nos países onde atua, volatilidade mundial dos preços do petróleo (um ingrediente-chave em muitos cosméticos) e desastres naturais, como inundações e tufões, que podem perturbar as operações da empresa.

Para atingir sua posição de líder na indústria de venda direta de cosméticos, a Mistine desenvolveu um programa de marketing altamente eficiente e eficaz. A empresa deve avaliar regularmente cada componente de seu programa de marketing para manter sua posição competitiva em relação a concorrentes muito fortes.

Mix de Produtos da Mistine

Os cosméticos sob a marca Mistine são divididos em cinco categorias e mercados-alvo: Cuidados com o Corpo, Higiene Pessoal, Maquiagem, Fragrâncias e Cuidados da Pele. Uma equipe de produção experiente desenvolve centenas de produtos novos e exclusivos a cada ano, pelo menos dois a três novos produtos em cada mês. Os clientes podem ter certeza de que receberão apenas produtos da mais alta qualidade e pelo melhor preço. Todos os produtos cosméticos da Mistine são produzidos por fabricantes certificados pela ISO 9001 e 9002. Para garantir a qualidade, a Mistine e seus fabricantes adotam os bons princípios de fabricação defendidos pela Food and Drug Administration (FDA) dos EUA. Cada produto Mistine é inspecionado e testado antes de ser entregue no depósito. Além disso, cada produto vem com uma garantia de satisfação, e, se por qualquer razão, um cliente estiver insatisfeito com sua compra, a Mistine substituirá o produto ou dará um reembolso total sem qualquer condição.

Para combater seus principais concorrentes, a Mistine posiciona-se como uma empresa asiática que produz produtos desenvolvidos e formulados especialmente para a mulher asiática. Os produtos Mistine são criados para combinar bem com a tez e os tons de pele asiáticos. Eles também são feitos para melhor se adaptar ao clima mais quente e úmido da região asiática, de forma que o produto permaneça por mais tempo e mantenha seu frescor durante todo o dia.

Os produtos da Mistine são populares entre donas de casa tailandesas, operárias, adolescentes e consumidores com uma renda familiar mensal de US$ 200 ou menos. No entanto, à medida que a Mistine ganhava destaque, ela também começava a atrair profissionais de alta renda com novas ofertas de produtos. Em 2010, a Mistine lançou os cosméticos Blemish Balm (BB) por meio de uma parceria com a empresa coreana Klomar Korea Co., Ltd. Desde sua introdução, a BB tornou-se uma das linhas de cosméticos mais populares da Mistine. A indústria de cosméticos na Tailândia tem apresentado uma tendência crescente em relação aos cosméticos coreanos, particularmente entre adolescentes. Homens e mulheres tailandeses consideram que as atrizes e estrelas de cinema coreanas estão entre as mais belas mulheres da Ásia, e as adolescentes e jovens encaram as modelos e atrizes coreanas como as mais belas asiáticas. Portanto, a Mistine está colaborando com empresas coreanas para desenvolver mais cosméticos do tipo coreano para o mercado tailandês.

A empresa-mãe da Mistine, Better Way, também introduziu uma linha totalmente nova de produtos em seu próprio nome, Faris by Naris. Seus produtos são importados do Japão, outro país muito admirado por seus cosméticos de qualidade. Ao contrário da marca Mistine, produtos Faris by Naris são vendidos usando uma estratégia de preços premium. Essa mudança na direção de produtos de maior prestígio implica que a Mistine está buscando expandir seu mercado-alvo para mulheres de classes média e alta.

Estratégia de Preços da Mistine

O mercado principal da Mistine, que responde por 70% a 80% das vendas, inclui donas de casa com ensino médio completo, diploma profissionalizante ou tecnológico e uma renda familiar mensal de cerca de US$ 125 a US$ 200 (dólares americanos). A empresa também tem como alvo mulheres profissionais que ganham US$ 200 a US$ 300 (dólares americanos) por mês. Embora a Mistine tenha tradicionalmente precificado seus cosméticos para se concentrar mais no mercado de média e baixa renda, a empresa está expandindo seu foco para mulheres que ganham acima do rendimento médio de até mais de US$ 480 (dólares americanos) por mês. A Mistine espera aumentar as vendas para mercados de classe média e alta de 25% para 50% do total. Além disso, a Mistine quer tirar o máximo proveito da qualidade, popularidade e posição de liderança no mercado de seus produtos.

Como resultado, a empresa começou a aumentar os preços. Historicamente, 80% das vendas da Mistine vinham de produtos que custam em média US$ 3 (dólares americanos) cada um. Ao aumentar o preço médio para US$ 6 (dólares americanos), a Mistine estimou que o pedido médio aumentaria de US$ 27 (dólares americanos) para US$ 45 (dólares americanos). Os aumentos salariais obrigatórios pela lei tailandesa também terão um impacto significativo na estratégia de preços da Mistine. Como 20% dos custos de produção vão para os salários, os aumentos salariais fazem os preços da Mistine subir em torno de 6% a 10%, anualmente.

Estratégia de Distribuição da Mistine

A Mistine foi a primeira empresa de cosméticos nacional a usar o modelo de venda direta na Tailândia. A empresa continua a vender a maioria dos produtos por meio de vendas diretas, mas também se expandiu para o varejo e o comércio eletrônico. Embora a empresa não possua lojas próprias, seus produtos podem ser encontrados em lojas Tesco Lotus, Boots, Lotus Express e 7-11 de conveniência. Os consumidores também podem adquirir produtos Mistine pelo site da empresa na internet ou por seu catálogo. Um sistema de computador avançado acompanha as vendas e a frota de caminhões da Mistine pode entregar o produto no prazo de uma semana após o pedido. A empresa também construiu um centro de distribuição perto do Aeroporto Suvarnabhumi, o que tornará mais fácil exportar para outros países.

A Mistine também ampliou seu alcance global. Embora os mercados internacionais respondam por apenas 2% a 3% das receitas de vendas da Mistine, o potencial para aumento das vendas globais é enorme. Além da Tailândia, os produtos da Mistine são vendidos em muitos mercados asiáticos, europeus, do Oriente Médio e africanos, incluindo países como Gana, Irã, África do Sul e República Democrática do Congo. O acordo comercial da Associação das Nações do Sudeste Asiático (ASEAN) contribuirá para aumentar o alcance global da Mistine em outros países do Sudeste Asiático. ASEAN é um acordo comercial entre Tailândia, Camboja, Mianmar, Filipinas, Malásia, Cingapura, Indonésia, Brunei, Laos e Vietnã. Como parte do acordo, as tarifas entre os Estados-membros foram reduzidas ou eliminadas. Isso aumenta as oportunidades para empresas como a Mistine expandirem sua distribuição. Além disso, em 2010, os membros da ASEAN fizeram um acordo com a China chamado ACFTA (Zona de Comércio Livre ASEAN — China) para o livre comércio entre as nações. Isso cria uma oportunidade lucrativa para a Mistine atingir o maior mercado de consumidores do mundo. Em antecipação ao aumento de oportunidades de crescimento, a Mistine planeja construir uma nova fábrica no Vietnã nos próximos anos.

Estratégia de Promoção da Mistine

Empresas de venda direta normalmente dependem da comunicação boca a boca para desenvolver o conhecimento da marca, recrutar vendedores e incentivar as compras de produtos. A Better Way decidiu fazer as coisas de forma diferente ao ser a primeira empresa de venda direta do mundo a usar meios de comunicação de massa. Campanhas de propaganda sucessivas da empresa constroem sua imagem de marca e posicionam a Mistine na mente dos clientes. Além disso, a Better Way desenvolveu muitas campanhas de propaganda para recrutar vendedores.

Quando a empresa começou, dr. Deerojanawong usou sua credibilidade para anunciar a Mistine em entrevistas nos meios de comunicação e seminários em instituições de ensino. Pessoas se candidatavam como gerentes distritais da empresa, principalmente devido a sua reputação. Ele estava certo de que os gerentes distritais seriam capazes de estabelecer uma grande rede de vendedores. Para aumentar o conhecimento sobre a empresa, no entanto, a Mistine queria alcançar maiores audiências. Isso eventualmente a fez passar para a propaganda televisiva.

"A Mistine chegou!" foi lançada como a primeira campanha de televisão da empresa com os objetivos de comunicar ao público que a Mistine é um negócio de venda direta de cosméticos e criar uma personalidade de marca de beleza para os seus produtos. Usar a mensagem "A Mistine chegou!" era uma maneira eficaz para o público imaginar uma vendedora chegando para visitá-lo com produtos da Mistine. Depois de apenas dois meses, a campanha gerou um burburinho incrível aumentando de 10% para o reconhecimento da marca de cerca de 70%. Como a Mistine continua a se globalizar, "A Mistine chegou!" foi traduzida em birmanês com planos para traduzir o slogan em bahasa da Indonésia e tagalo das Filipinas. A empresa também se vende como "a marca asiática para as mulheres asiáticas", como uma forma de promover o fato de que seus produtos são feitos para se ajustar aos tons de pele asiáticos.

A segunda campanha de propaganda da Mistine foi criada para ajudar os gerentes distritais em seus esforços para recrutar novos vendedores. Essa campanha consistiu de dois anúncios. A mensagem do primeiro anúncio é que era possível comprar um carro, tornando-se um vendedor Mistine. No período de três meses, um total de 30.000 pessoas se inscreveram e as vendas aumentaram 100%. A mensagem do segundo anúncio foi a de que era possível comprar uma casa tornando-se um vendedor Mistine. Mais uma vez, a empresa conseguiu criar forte reconhecimento de marca com essa campanha.

Com base nesse sucesso, a empresa decidiu que o próximo passo seria aumentar a confiança de seus clientes nos produtos Mistine, bem como gerar maior experimentação de produto. Como tal, "Se você não ficar satisfeita, devolvemos seu dinheiro" foi o conceito para a terceira campanha. Essa campanha não apenas obteve grande sucesso no estímulo à experimentação do produto, mas também criou uma grande troca de marcas de produtos dos concorrentes para os da Mistine. No final, houve poucos casos de insatisfação com o produto ou clientes que pediram seu dinheiro de volta.

A empresa continuou a inovar no mercado de venda direta com o lançamento de campanhas de propaganda que caracterizavam atrizes, atores e bandas populares como embaixadores da marca Mistine. Muitas dessas celebridades eram estrelas no Canal 7 ou RS Entertainment, canais de televisão tailandeses com novelas populares no principal mercado da Mistine. A empresa tornou-se especialista na escolha de celebridades com as quais esses mercados-alvo se identificam. Para aproveitar a impressão favorável de cosméticos coreanos (especialmente entre as adolescentes), a Mistine usou uma famosa banda coreana para promover o seu BB Powder. A empresa também criou sua própria página no Facebook para expandir seu alcance no mundo.

Devido às suas extensas campanhas de marketing, a marca Mistine é uma das mais conhecidas na Tailândia. Em 2011, a marca ganhou um prêmio Superbrands como "a marca mais aceita pelos consumidores tailandeses". Esse alto nível de reconhecimento de marca ajudou a impulsionar a Mistine para uma posição de liderança de mercado na indústria de cosméticos tailandesa.

Operação de Venda Direta da Mistine

A abordagem de marketing em um único nível da Mistine para suas operações de vendas diretas é simples e eficiente. É igualmente apropriada para a cultura e o estilo de vida tailandeses. A empresa recruta gerentes distritais, que, por sua vez, recrutam tantos vendedores quanto conseguem gerenciar. Todo dia os vendedores fazem suas rondas para atender clientes atuais e potenciais. Quando uma venda é confirmada, o vendedor envia um pedido. Cada vendedor ganha uma comissão de 25% a 30%, sem ter que dividir seus lucros com os demais. Quanto mais vendas um vendedor faz, maiores serão seus rendimentos. Cada gerente distrital ganha um salário fixo mais comissão com base nas vendas geradas pelos vendedores sob a sua responsabilidade. Além disso, para aumentar a motivação, mobilidade e eficiência, a empresa oferece um carro para cada um de seus gerentes distritais e paga pelo combustível.

No negócio da venda direta, a duração de um período de venda é crítica e formata a operação do negócio. Um período de venda se inicia quando o catálogo de produtos é enviado para a força de vendas e termina quando a força de vendas envia pedidos para a empresa. Geralmente, empresas de venda direta usam um período de venda de três semanas, totalizando 18 períodos no ano. Embora a Mistine tenha usado essa abordagem, a empresa descobriu que a maioria dos vendedores não começa a vender produtos aos clientes até a última semana do período de venda. Como tal, a maioria dos pedidos dos clientes era gerada na terceira semana do período de venda. Por conseguinte, a direção da Mistine decidiu reduzir o período de venda a duas semanas, resultando em 26 períodos por ano.

A mudança foi um desafio para as operações da Mistine. Como cerca de 20.000 pedidos são submetidos à empresa por dia, ela foi obrigada a implantar um plano de gestão de tráfego de correio eficiente para controlar e equilibrar a carga de trabalho. Em um período de venda de duas semanas, a equipe tinha apenas 10 dias para trabalhar. Se o processamento dos pedidos não fosse concluído todo dia, o pessoal de vendas não seria capaz de entregar os produtos conforme o prometido. Depois de algum tempo, o novo plano operacional funcionou sem problemas e foi um sucesso estrondoso. As vendas aumentaram e os vendedores se tornaram mais ativos na venda de produtos. As vendas expressivas não eram apenas resultado da redução do ciclo de distribuição, mas também foram devidas à atitude positiva criada em toda a empresa. A promessa da empresa, "Vamos fazer da Mistine a Nº 1", foi bem-sucedida na motivação do pessoal de vendas e de escritório a se adaptar às mudanças e cooperar com a direção da empresa.

A Mistine acolhe qualquer pessoa, homem ou mulher, com tempo livre, que gostaria de ganhar dinheiro, fazer novos amigos e desenvolver autoconfiança. Os vendedores podem planejar sua própria programação e percursos para atingir o objetivo de vendas e obter recompensas. A taxa de rotatividade dos vendedores da Mistine era anteriormente de 200% por ano em média, uma vez que a maioria dos vendedores vende produtos Mistine como um segundo emprego. No entanto, a empresa conseguiu reduzi-la em 30% com simples mudanças no processamento e remessa de pedidos e simplificando muitas das tarefas corriqueiras e demoradas dos vendedores. Um exemplo é a "Mistine Corporate Solution", uma aliança estratégica com a DTAC, um dos principais fornecedores tailandeses de telecomunicações. O sistema aumenta consideravelmente eficiência e produtividade, permitindo que os vendedores liguem gratuitamente para o Call Center Mistine 24 horas ao usar a rede DTAC. Essa aliança inovadora não só fez os representantes de vendas Mistine mais felizes, mas também reduziu as despesas de telefone da Better Way em US$ 25.000 (dólares americanos) por mês.

Com a crença de que os vendedores podem viver sem a Mistine, mas a Mistine não pode viver sem seus vendedores, a empresa lançou vários programas para maximizar a lealdade do funcionário. A empresa oferece seguro de vida com cobertura de US$ 50.000 (dólares americanos) para cada vendedor. Recompensas não monetárias e incentivos de reconhecimento para os vendedores incluem troféus de cristal, fotos no Hall of Fame e prêmios como um colar de ouro por atingir os objetivos estabelecidos. Os vendedores também têm a possibilidade de ganhar bônus por superar as metas de vendas.

Principais Concorrentes da Mistine

Cosméticos são o principal produto vendido em canais de venda direta na Tailândia. O mercado total de venda direta é de mais de US$ 1,5 bilhão (dólares americanos) por ano. Desse montante, o mercado de cosméticos responde por cerca de 60% de todos os produtos vendidos nesse canal. Em termos de participação de mercado na venda direta, as quatro principais empresas de cosméticos são Mistine, Avon, Giffarine e Amway. No entanto, marcas nacionais e concorrentes asiáticos começaram a desafiar a dominância das quatro primeiras. Preço, qualidade e embalagens atraentes são os três critérios mais importantes para os consumidores tailandeses ao comprar cosméticos.

Avon. Fundada em 1978, a Avon Cosméticos (Tailândia) Co., Ltd., é a 22ª filial da Avon Products Inc, EUA. Foi a primeira empresa na Tailândia a usar uma abordagem de marketing de venda direta para consumidores tailandeses. Com o lema da empresa, "Uma Empresa para Mulheres", a Avon tem por alvo adolescentes e mulheres que trabalham. Os cosméticos Avon são realmente produtos de alta qualidade pelos quais a marca é reconhecida em todo o mundo. Como tal, não é difícil para a Avon Tailândia vender seus produtos e ganhar a confiança dos consumidores. A empresa possui uma equipe de representantes conhecidas como consultoras Avon com sede em Bangkok e que visitam todos os clientes em suas áreas de responsabilidade. As consultoras não apenas vendem produtos, mas também fornecem dicas de beleza, atendimento ao cliente e garantem que os clientes estejam satisfeitos com os produtos.

Giffarine. A Giffarine Skyline Unity Co., Ltd, foi fundada em 1966 por uma equipe de médicos e farmacêuticos tailandeses. As origens médicas da empresa se traduzem em seu posicionamento atual: os produtos da Giffarine são desenvolvidos e testados com os mais altos padrões de qualidade. No entanto, como a Mistine, a empresa também foca em preços acessíveis. O portfólio Giffarine inclui uma vasta gama de cosméticos, tratamentos corporais, utensílios domésticos, suplementos dietéticos e produtos alimentares saudáveis. O sucesso da Giffarine pode ser atribuído a diversos fatores. Além da qualidade do produto, a empresa coloca uma grande ênfase na responsabilidade social e ética no tratamento de clientes e funcionários. A Giffarine é também mestre do marketing multinível que se estende à forma como estrutura sua força de vendas. A parceria com o site YouCanDo.net aumentou a presença on-line de representantes de vendas da empresa. Ela também anunciou que iria lançar um canal de venda direta para melhor orientar a população tailandesa.

Amway. Fundada em maio de 1988, Amway (Tailândia) Co., Ltd., vende vários produtos de consumo, além de cosméticos, utilizando uma abordagem de marketing multinível. Os produtos mais populares da empresa incluem produtos de saúde, produtos à base de plantas, purificadores de ar e de água. A Amway oferece suplementos nutricionais sob a marca Nutrilite e cosméticos com a marca Artistry, ambos com alto nível de reconhecimento de marca pelo consumidores tailandeses. A empresa recebeu a certificação ISO 14001 por seus sistemas de gestão ambiental e a certificação ISO 9001 pelas normas de qualidade de serviço. Também recebeu prêmios por promover causas sociais e ambientais juntamente com excelentes relações industriais e de bem-estar dos funcionários. Ao contrário da Mistine, a Amway possui lojas na Tailândia, que existem para fornecer estoque de produtos a serem vendidos aos consumidores. Embora os produtos da Amway sejam mais caros, eles também são percebidos como de alta qualidade.

Novos concorrentes. À medida que a indústria de cosméticos na Tailândia cresce, concorrentes internos desafiam a dominância de mercado da Mistine. A empresa de cosméticos U*Star, criada em 2002, resultou de uma colaboração entre uma empresa de cosméticos e a empresa de entretenimento GMM Grammy Music Records. A empresa é certificada pela ISO 9001 e pelos Bons Princípios de Fabricação. Seus canais de distribuição incluem a venda direta e lojas de varejo de propriedade da empresa. A SSUP Company detém as marcas de cosméticos Cute Press e Oriental Princess. Fundada em 1976, a Cute Press é vendida em mais de 150 lojas de varejo. A Oriental Princess é vendida principalmente em canais de varejo e tem como alvo os consumidores de classe alta. A empresa de produtos de consumo Aim Star também vende cosméticos como uma de suas linhas de produtos. É a primeira empresa de venda direta tailandesa a se tornar um sucesso nos Estados Unidos. A Mistine também enfrenta a concorrência de outras marcas asiáticas. Marcas coreanas são percebidas como tendo mais prestígio do que as marcas nacionais e estão crescendo em toda a região. Isso é baseado no fato de que estrelas de cinema e modelos coreanas são vistas como as mais belas mulheres asiáticas.

Avaliação Estratégica da Mistine

Em menos de 30 anos, a Mistine cresceu e se tornou a líder de mercado na indústria de cosméticos tailandesa. Sua ideia, então revolucionária, de comercializar seus produtos em canais de vendas diretas foi um sucesso entre os consumidores tailandeses, estimulando concorrentes a adotar canais de distribuição semelhantes. A influência da Mistine fez com que o setor de venda direta na Tailândia florescesse. A empresa conseguiu formar pontos fortes difíceis de serem copiados pelos rivais e se tornou especialista em aproveitar oportunidades de marketing.

Por outro lado, o aumento da concorrência, nacional e internacional, significa que a Mistine não pode ficar parada. Em vez disso, a empresa deve se adaptar constantemente para garantir que manterá suas vantagens competitivas e a posição de liderança de mercado. Isso requer que a Mistine constantemente reavalie suas estratégias e competitividade. A Figura do Caso 7.1 fornece uma análise SWOT da posição competitiva da Mistine.

Figura do Caso	7.1	Análise SWOT da Mistine

Pontos Fortes
- Grande variedade de produtos
- Alto nível de reconhecimento de marca
- Maior participação de mercado interno
- Período de venda curto
- Preços acessíveis
- Forte programa de responsabilidade social corporativa
- Certificações de padrões de qualidade e ambientais
- Especialista no recrutamento de embaixadores eficazes
- Diferentes canais tornam os produtos mais acessíveis aos consumidores
- Parcerias fortes com empresas estrangeiras

Oportunidades
- Alta taxa de crescimento da indústria de cosméticos e do mercado de venda direta
- Popularidade de tendências de cosméticos coreanos e japoneses
- Remoção de tarifas por meio do ACFTA
- Expansão do poder de compra nos países em desenvolvimento

Pontos Fracos
- Percepções de qualidade
- Alta taxa de rotatividade dos funcionários
- Grande dependência do canal de venda direta
- Falha na capitalização dos canais de comércio eletrônico
- Múltiplos canais de distribuição podem potencialmente afastar a força de vendas

Ameaças
- Crescente concorrência de marcas nacionais
- Potencial para aumento da concorrência de novos operadores estrangeiros
- Inundações e outros desastres naturais
- Incerteza econômica ou política
- Nova lei do salário mínimo
- Aumento dos custos das matérias-primas

© 2013 Cengage Learning

Pontos Fortes da Mistine

A Mistine tem alto nível de reconhecimento de marca e um público fiel entre os consumidores tailandeses. A empresa é hábil na capacidade de satisfazer as necessidades de seus clientes, aproveitando formas de ser mais eficiente. Por exemplo, sua experiência em recrutamento de celebridades para serem embaixadores da marca e seu reconhecimento de tendências emergentes (isso é, a crescente popularidade dos cosméticos japoneses e coreanos) são formas eficazes de disseminar o reconhecimento da marca Mistine pelos seus mercados-alvo. O período de venda curto e o tempo rápido de entrega dos produtos aos clientes permitem que a Mistine crie operações de venda direta mais eficientes e aumente a satisfação do cliente.

A Mistine também criou parcerias fortes com outros países, o que poderia expandir seu alcance global e, talvez, diminuir seus custos de produção. Por exemplo, a Mistine está trabalhando com um negociante em Gana para vender seus produtos no país e criou uma joint venture com uma empresa na Birmânia para construir uma segunda fábrica no local. A Mistine também está de olho na Indonésia como uma perspectiva potencial e tem entrado em negociações com uma empresa nacional para vender cosméticos. No entanto, a empresa provavelmente não vai usar o nome "Mistine" na Indonésia já que os consumidores indonésios não estão familiarizados com o nome da marca. A empresa já fez parcerias lucrativas com empresas no Japão e na Coreia para colaborar em projetos e importação de produtos cosméticos.

A Mistine tornou-se especialista no uso do mix de marketing para criar vantagens competitivas. Preços acessíveis e múltiplos canais de distribuição tornaram seus produtos acessíveis a uma ampla variedade de stakeholders. Os consumidores podem confiar que os produtos possuem padrões de alta qualidade. A Mistine também criou um programa de responsabilidade social corporativa (RSE). A empresa fundou o Dr. Amornthep Deerojanawong Foundation para dar retorno à comunidade e ajudar as vítimas de inundações. Essas iniciativas de RSE servem para criar relacionamentos mais fortes com os consumidores tailandeses, bem como melhorar a reputação da marca Mistine.

Pontos Fracos da Mistine

Como todas as grandes empresas, a Mistine também tem vários pontos fracos que preocupa a empresa para competir no mercado de cosméticos. Algumas dessas deficiências envolvem os próprios elementos que a Mistine tem usado para ganhar vantagem competitiva. Por exemplo, seus preços baixos tornaram os produtos Mistine acessíveis a uma grande variedade de stakeholders, mas também contribuíram para a percepção de que seus produtos podem ser de qualidade inferior. A ênfase da Mistine nas classes baixa e média tem contribuído para a ideia de que esta é uma marca para pessoas com rendimentos mais baixos. Isso está se tornando um desafio à medida que a Mistine tenta ampliar seu alcance a consumidores com rendimentos mais elevados. A Better Way está buscando contra-atacar essa percepção de qualidade inferior, aumentando os preços (parcialmente para compensar o aumento dos salários) e investindo em produtos com uma percepção mais favorável, como BB Powder e a marca Faris by Naris. No entanto, os aumentos de preços poderiam sair pela culatra se afugentarem o mercado principal da empresa de consumidores de baixa renda. O mercado-alvo da Mistine é mais sensível a preço e pode decidir trocar de marca se os preços aumentarem demais.

A alta taxa de rotatividade dos vendedores também é um problema para a Mistine, embora suas iniciativas tenham conseguido reduzir a taxa de rotatividade em 30%. Muitos distribuidores trabalham na Mistine como um segundo emprego e, portanto, são menos comprometidos em ficar na empresa. Taxas de rotatividade mais altas aumentam os custos da Mistine porque ela gasta mais recursos para treinar novos vendedores. A dependência da empresa em sua força de vendas para vender produtos aumenta ainda mais esse risco. Provavelmente, para reduzir esse risco e competir com seus rivais estabelecidos, a Mistine adotou outros canais de distribuição, incluindo lojas de varejo e de comércio eletrônico. Embora isso possa vir a ser uma força significativa para a Mistine, também poderia afastar sua força de vendas. Os vendedores podem sentir que, ao adotar outros canais de distribuição, a Mistine está tirando vendas deles. A empresa deve trabalhar pesadamente para equilibrar os benefícios decorrentes da adoção de múltiplos canais de distribuição com as necessidades e a motivação de sua força de vendas.

À medida que as redes sociais e a comunicação digital tornam-se canais mais importantes para a venda direta, a Mistine reconhece que deve usar a comunicação digital para se alinhar a essas novas tendências tecnológicas. A empresa criou sua própria página no Facebook e permite aos consumidores comprar produtos em seu site. No entanto, os consumidores têm ressaltado que o site da Mistine não é devidamente equipado para lidar com os pedidos. Por exemplo, o site principal <www.mistine.co.th> não permite imediatamente que os consumidores comprem produtos. Em vez disso, ele tem uma seção intitulada "Como comprar". Os usuários que clicam em "Compra On-line" serão redirecionados para o site da Better Way <www.bworder. com> para fazer suas compras. A utilização de dois locais diferentes pode confundir os clientes. Como a classe profissional tende a confiar mais na internet, a Mistine deve trabalhar para tornar seu site mais amigável, à medida que cresce para mercados de renda mais alta.

Oportunidades de Mercado da Mistine

A Mistine tem oportunidades significativas de crescimento nos mercados doméstico e internacional. A venda direta está crescendo rapidamente em outros países. Por exemplo, a indústria cresceu 30% na China em 2011. O poder de compra dos consumidores em países como a China também está aumentando. Isso provavelmente vai aumentar a demanda por cosméticos e outros artigos de moda. A tendência de cosméticos coreanos e japoneses e a popularidade do BB Powder da Mistine rendem à empresa uma oportunidade de melhorar sua imagem de marca de qualidade.

Talvez uma das oportunidades mais evidentes da Mistine sejam os acordos comerciais da ASEAN e ACFTA. Tais acordos dão às empresas nacionais uma vantagem significativa sobre as marcas estrangeiras, como Amway e Avon. Como uma empresa do Sudeste Asiático, a Mistine pode colher vantagem das barreiras comerciais reduzidas para exportar seus produtos para outros países da região. Ao alavancar sua inclusão na ASEAN e suas parcerias em outros países, a Mistine tem a chance de obter uma profunda vantagem competitiva sobre seus rivais estrangeiros.

Ameaças de Mercado para a Mistine

Apesar de seus pontos fortes e oportunidades, a Mistine pode enfrentar muitas ameaças no futuro. A crescente concorrência de marcas de cosméticos nacionais forçará a Mistine a observar de perto seus rivais SSUP, Aim Star e U*Star, particularmente porque eles também poderão se beneficiar do acordo comercial ACFTA. Além disso, embora esses acordos comerciais propiciem à Mistine a oportunidade de entrar nos mercados asiáticos estrangeiros mais facilmente, eles também permitem que as marcas estrangeiras entrem com maior facilidade no mercado tailandês. Assim, a Mistine pode ter mais concorrentes estrangeiros com os quais lidar. As marcas de cosméticos coreanas e japonesas poderiam se tornar uma grande ameaça devido a sua crescente popularidade com os consumidores tailandeses.

Conforme a Mistine se expande internacionalmente, é provável que ela também enfrente barreiras comerciais. Alguns dos países para os quais a empresa quer se expandir possuem obstáculos que a Mistine terá de superar se quiser obter sucesso. Por exemplo, muitos países africanos têm pouca infraestrutura, o que pode dificultar a distribuição. O Irã, outro país para o qual Mistine quer se expandir, tem uma alta taxa de inflação. A empresa também enfrenta barreiras em seu próprio país de origem com incerteza política, ameaça de desastres naturais, tais como inundações e custos de produção mais elevados. Os aumentos salariais impostos pelo governo vão obrigar a Mistine a aumentar os salários de sua força de trabalho, o que provavelmente vai se traduzir em aumento de preços de seus produtos, o que pode dissuadir os clientes mais sensíveis a preço. A Mistine deve tomar decisões sobre a oportunidade de repassar esses aumentos para os consumidores com produtos de maior preço ou encontrar formas alternativas para reduzir seus custos de produção.

O Futuro da Mistine

A Mistine conquistou com sucesso o mercado de venda direta de cosméticos da Tailândia em um período de tempo muito curto. O sucesso da empresa é baseado na visão clara e na determinação do dr. Deerojanawong. Desde sua morte, em 2000, seu filho Danai tem estado no comando da Better Way. A contribuição de Danai à visão da Better Way tem sido a de levar a marca Mistine à era moderna por meio de uma estratégia agressiva de expansão em mercados estrangeiros. Considerando a relação da Tailândia com seus países vizinhos, sua proximidade e a posição geográfica na Ásia, os mercados estrangeiros são uma perspectiva extremamente interessante para a Mistine. A empresa abriu fábricas nas Filipinas e no Vietnã e tem vendido com sucesso seus produtos para o Camboja, Laos, Myanmar e vários países do Oriente Médio e africanos. Esse sucesso se deve aos preços acessíveis da Mistine, que correspondem à renda das pessoas nesses países. Além disso, suas campanhas de propaganda usam atrizes populares que também são bem conhecidas nesses países.

No entanto, a Mistine enfrenta muitos desafios à medida que continua a crescer. Por exemplo, a empresa não conseguiu atingir suas metas de crescimento de 2011 por causa das grandes inundações na Tailândia. Tais desastres naturais podem ocorrer novamente, fazendo com que os consumidores deixem de comprar cosméticos para se concentrar em necessidades mais imediatas. A Mistine deve manter isso em mente ao estabelecer metas de crescimento e de vendas.

Danai sabe que haverá muitos solavancos na estrada à frente, com fortes concorrentes na porta da Mistine. Ao olhar para os próximos 10 anos, Danai considera as melhores formas de levar a empresa ainda mais longe na arena global. Como a Mistine pode alavancar seus pontos fortes atuais para tirar proveito de oportunidades globais? Como a empresa pode manter sua posição de número um na Tailândia e, ao mesmo tempo, investir além de suas fronteiras, especialmente na China, na Rússia e até mesmo em nações ocidentais? A Mistine deve investir em inovações mais tecnológicas, tais como aplicativos móveis para atingir o mercado profissional mais experiente tecnologicamente? Ao considerar essas questões, as palavras de seu pai, "enfrente o que você teme!", ecoam na mente de Danai.

Questões para Discussão

1. Com base na análise SWOT fornecida no caso, cite dois ou três fatores que a Mistine deve reforçar em seu planejamento estratégico, ao buscar seu contínuo crescimento e posição dominante no mercado tailandês. Como a Mistine pode combinar seus pontos fortes com suas oportunidades de mercado para criar vantagens competitivas no futuro?

2. Como a Better Way pode permanecer na liderança na Tailândia ao mesmo tempo em que procura se expandir internacionalmente?

3. Que iniciativas específicas no programa de marketing você recomendaria para os próximos cinco anos?

Fontes

Site da Aim Star Network <http://www.aimstarnetwork.com/th>. Acesso em: 23 de julho de 2012; Aim Star News, Aim Star Network <http://www.aimstarnetwork.com/th/massmedias/default2554-2011. html>. Acesso em: 23 de julho de 2012; Amway, *Siamturakij*, janeiro 2010 <http://www.siamturakij.com/home/news/display_ news.php?news_id=413342493>; Asean Mutual Recognition Arrangement of Product Registration Approval for Cosmetics, The Seventeenth Meeting of the Asean Free Trade Area (AFTA) Council, 2003; ASTV Manager, Mistine Top 8 Months Total Loss. Auxiliary Partners Grew 11% Year-End, Manager On-line, 7 de setembro de 2011 <http:// www.manager.co.th/business/viewnews. aspx?NewsID=9540000113722>; ASTV Manager Journal, Mistine, finding partners to boost sales, Daily News, 7 de setembro de 2011

<http://mgr.manager.co.th/Daily/ ViewNews.aspx?NewsID=9540000113691>; site da Avon Thailand <http://www.avon.co.th>. Acesso em: 23 de julho de 2012; Better Way Internet Order <http://www.bworder.com>. Acesso em: 23 de julho de 2012; Site corporativo da Better Way (Thailand) <http:// www.mistine.co.th>. Acesso em: 23 de julho de 2012; Big Five Direct Sellers, *Business Thailand*, 12 de outubro de 2001 <http:// www.businessthai.in.th>; Branding for Direct Selling, *Business Thailand*, 12 de dezembro de 2003 <http://www.businessthai.in. th>; Cosmetic for the Asian Woman, Health-Fitness-Beauty.com <http://www.health-fitness-beauty.com/Cosmetic_for_the_Asian_ Woman.htm>. Acesso em: 23 de julho de 2012; Cosmetics and Toiletries in Thailand, *Euromonitor International*, julho 2009

<http://www.euromonitor.com/Cosmetics_And_Toiletries_in_Thailand>. Acesso em: 16 de outubro de 2009; Danai good roll through family Direct sales mogul, *Positioning*, novembro 2005 <http://www.positioningmag.com/magazine/details.aspx?id=41548>. Acesso em: 23 de julho de 2012; Anuwat Dharamadhaj, How Direct Selling is Regulated and Managed in Different Markets in Thailand, Asian Symposium on Direct Selling, 2003; Direct Sale: Market Analysis, *Ta-Lad-vi-kod*, 14 (311), 2012, p. 1-15; Direct-Sales intense war in 2012, *Talad Vi Kro*, janeiro 1-15, 2012 <http://www.taladvikrao.com/311news/Directsale01.html>; Direct Sale War, *Manager On-line*, 24 de novembro de 2011 <http://www.gotoma nager.com/news/details.aspx?id=42915>; Direct Sale War, *Siam-Rad*, 7-8 de junho, 2010 <http://www.brandage. com/Asset/BrandAge-Siamrath/75.pdf>; Direct Selling, *Marketeer*, 43 (setembro 2003), p. 62; Direct Selling War, *Bangkok Business News*, 24 de março de 2003 <http://www.bangkokbiznews.com>; Euromonitor International, *Direct Selling in Thailand*, fevereiro 2012 <http://www.euromonitor.com/Direct-selling-in-thailand/report>. Acesso em: 23 de julho de 2012; site da Giffarine Thailand <http://www.giffarinethailand.com/th>. Acesso em: 23 de julho de 2012; Global Networks, 'Dream Big' Danai D. Robert and Family, *Bangkokbiznews.com*, 21 de janeiro de 2009 <http://www.bangkokbiznews.com>; Group Chronology, SSUP Group <http://www.ssup.co.th/index.php? page=Group-Chronology>. Acesso em: 23 de julho de 2012; Sujintana Hemtasilpa, Mobile Phones, Appliances Join Growing Mistine Cosmetics Lineup in Thailand, *Bangkok Post*, outubro 2004 <http://findarticles.com>. Acesso em: 16 de outubro de 2009; History, *Amber Way*, Thailand, 2008 <https://www.amwayshopping.com/amwayshopping-frontend/shopping/contentPage?id=177>. Acesso em: 19 de outubro de 2009; Industrial Research Institute Co., Ltd., *Health & Beauty Care Marketing in Thailand 2009*, NNA Japan Co., Ltd., 2009; Jaturong Kobkaew, *King of Direct Sales* (Bangkok: Thai Public Relations and Publishing, 2002); Mistine Cosmetics <http://www.mistinecosmetics.com>. Acesso em: 23 de julho de 2012; Mistine entering into multi-channel Modern Trade, Pracachat.net, 2 de outubro de 2010 <http://www.prachachat.net/news_detail.php?ne wsid=1285937922&grpid=00&catid=no>; Mistine Sale 2011, *Leader Time*, 9 (191), 2012, p. 16-31; Mistine to target A investment up 10%, Krungthep Turakit <http://www.krungthebturakit.co.th>. Acesso em: 29 de março de 2012; Move: Artistry Essentials, *Marketeer* <http://www.marketeer.co.th/inside_detail.php?inside_id=7507>. Acesso em: 23 de julho de 2012; New trend media use for Direct Sale, *Ta-Lad-vi-kod*, 14 (312), 2012, p. 16–31; Katherine B. Ponder, Direct Selling's Billion-Dollar Markets, *Direct Selling News*, 1º de março de 2011 <http://Directsellingnews.com/index.php/view/Direct_sellings_billion_dollar_markets/P1>; Achara Pongvutitham, Better Way has big plans for Mistine in Asean markets, *The Nation*, 20 de janeiro de 2012 <http://www.nationmultimedia.com/business/Better-Wayhas-big-plans-for-Mistine-in-Asean-mark-30174717.html>; Research Projects from the Competitive Strategies in Marketing Course, MIM XXI 2012, Thammasat University (Rachchakrit M., Tippawan Y., Tuangploi C., Yuji Y., Maxime H., Vitantonio S., Preawphan Lertnaitum, Sasipim Tansatru, Teerapath Pongsapas, Thai Boontae, Noemie Frachon, Kong Teerachutimanant, Nattamon Coo-iead, Nawatta Kimwong, Sureeyapat Sereeumnuoi, Yodyuth Chaisuwan,

Ratanawalee Indraphuag, Sarun Vatjanajaroenrat, Vichak Jirisant, Vimolyos Sawadsaringkarn, Mike Heijstek, Pichaya Choochuenchaimongkol, Pimpatr Wongnongtoey, Ponglada Paniangwet, Poramin Tanwattana, Saifon Hanchaikul, Pimpichcha Pongpornsakul, Poomphatt Visavavetmethee, Saranya Wattanatrakulchat, Thitiched Mungkiatskul, Emmanuel Froim, Pitch Laosrisakdakul, Supachot Wangchinda, Supreecha Mahagittilarb, Tanita Watprasong, Caroline Wisniewski, Kittikarn Tantanasarid, Patcharapan Vanadurongwan, Pattrawan Muongrattana, Piyapoj Rojanasopondist, Polwat Luengsupabul, Korntheap Kangwanpiboon, Atthasit, Dutsadee, Jiarawut, Kritika, Natchar, Nopphatsorn Sribooneak, Patarinee Bovonratwet, Patcharapa Wannasumrerng, Suparat Kosolsuk, Arunnee T., Eakthana C., Manisa W., Sarat B. e Sawika S.); Kwanchai Rungfapaisarn, Direct sales firms satisfied with 2010 performance amid negative factors, *The Nation*, 8 de janeiro de 2011 <http://www.nationmultimedia.com/2011/01/08/business/Directsalesfirms-satisfied-with-2010-performance–30145912.html>; Kwanchai Rungfapaisarn, Bright Future Awaits Thai Cosmetics Industry, *The Nation*, 26 de março de 2011 <http://www.nationmultimedia.com/2011/03/26/business/Bright-future-awaits-Thai-cosmetics-industry-30151799.html>; Kwanchai Rungfapaisarn, Mistine supplier aims to double sales in five years, *The Nation*, 8 de setembro de 2011 <http://www.nationmultimedia.com/2011/09/08/business/Mistine-supplier-aims-to-double-sales-in-five-year-30164754.html>; Kwanchai Rungfapaisarn, Thai cosmetics firm eyes foreign markets, Asia News Network, 29 de março de 2012 <http://www.asianewsnet.net/home/news.php?sec=2&id=29110>; Thomas Schmid, Article: Cosmetics Firm Debuts Thailand's Longest TV Commercial, *HighBeam Research*, 1º de setembro de 2002 <http://www.highbeam.com/doc/1G1-106646831.html>; Success Story, nationejobs.com <http://www.nationejobs.com/content/worklife/worklife/template.php?conno=522>. Acesso em: 23 de julho de 2012; Successful and Prestigious Award, *Amber Way*, Thailand, 2008 <https://www.amwayshopping.com/amwayshopping-frontend/shopping/contentPage?id=178>. Acesso em: 19 de outubro de 2009; Surgery strategies cosmetics counters j brand VS brand application in consumer theory, *Manager Weekly 360*, 15 de setembro de 2011 <http://www.manager.co.th/mgrweekly/viewnews.aspx?NewsID=9540000117344>; Thailand based Better Way invests in Logistics, Global Supply Chain Council, 16 de abril de 2010 <http://www.supplychains.com/en/art/3583>; Thailand Direct Selling, Competitive Strategies in Marketing, Thammasat University, Thailand, 2004; Thailand Top Direct Sale 2008 <http://guru.google.co. th/guru/thread?tid=52886fdbc6e4cae8>. Acesso em: 23 de julho de 2012; The Top Sale 2011, *Leader Time Magazine*, 12 (134), 2012; Together as One — A New Joint Venture Between Mistine and DTAC, *Newswit.com*, 23 de novembro de 2003 <http://www.newswit.com/enews/2003-11-24/1700-together-as-one—a-new-joint-venturebetween>; Nalin Viboonchart, Better Way shifts focus to boost revenue, *The Nation*, 22 de agosto de 2009 <http://www.nationmultimedia.com/home/2009/08/22/business/Better-Way-shifts-focus-to-boost-revenue-30110418.html>; e Ara Wilson, The Empire of Direct Sales and the Making of Thai Entrepreneurs, *Critiques of Anthropology*, 19 (1999), p. 402-22.

Caso 8

A BP Esforça-se para Limpar sua Reputação Manchada[*]

Sinopse: Na esteira do desastre de Deepwater Horizon no Golfo do México, a BP enfrenta a tarefa monumental de restabelecer sua estratégia de marca baseada em sustentabilidade e recuperar sua reputação manchada. Este caso examina a história da BP, seus esforços de recuperação da marca da empresa para focar na sustentabilidade e em seus lapsos ambientais e éticos que precedem o acidente de Deepwater Horizon. A BP percebeu a necessidade de se tornar mais ambientalmente responsável e foi a primeira empresa de energia a reconhecer a existência do aquecimento global e lançar iniciativas para produzir formas de energia mais limpas. Infelizmente, a segurança e o registro ambiental questionáveis da empresa de fato minaram suas iniciativas de gestão de marca. Para superar o derramamento de óleo no Golfo, a BP deve encontrar formas de recuperar sua reputação por meio de um compromisso com a integridade e uma preocupação autêntica em relação ao meio ambiente e aos muitos stakeholders da empresa.

Temas: Ética e responsabilidade social, sustentabilidade, marca corporativa e posicionamento, assuntos corporativos, engajamento dos stakeholders, orientação estratégica.

A BP tem passado por vários altos e baixos ao longo de sua história de cem anos, da quase falência de seu fundador William D'Arcy até se tornar uma das maiores empresas de energia do mundo. A empresa também teve sua quota de controvérsias a respeito de práticas de negócios, danos ambientais, riscos para os trabalhadores e gases de efeito estufa. Por algum tempo, a BP tentou virar a página no livro de sua história em direção a um futuro mais amigo do ambiente por meio de investimentos em iniciativas em energia renovável e ética. A British Petroleum mudou seu nome para BP e, em seguida, tentou mudar sua marca para Beyond Petro-

---

[*] O. C. Ferrell e Jennifer Sawayda, Universidade do Novo México, desenvolveram este caso para discussão em sala de aula, e não para ilustrar um tratamento eficaz ou ineficaz de uma situação administrativa.

leum (Além de Petróleo). Essa mudança de marca era um sinal para os stakeholders de que ela se voltaria para a sustentabilidade e a necessidade de ir além de fontes de energia não renováveis.

As mudanças nos padrões de demanda por produtos de energia exigem que as empresas respondam ao valor desejado do mercado-alvo. A BP estava tentando posicionar seus produtos como não simplesmente commodities, mas como produtos diferenciados que apoiam a sustentabilidade e outras preocupações de responsabilidade social. Uma das principais preocupações quando tais reivindicações são feitas envolve a manutenção de um produto autêntico e confiável. Ao utilizar o posicionamento Beyond Petroleum, a BP se apresentava como uma empresa que tinha o compromisso de investir em energia renovável, que ganhava grande popularidade entre os consumidores e outros membros da sociedade preocupados com o futuro do planeta. Uma estratégia de marketing tem que ser desenvolvida sobre uma base sólida de apelos que possam ser suportados pela verdadeira natureza do produto. No entanto, os esforços da BP saíram pela culatra em 20 de abril de 2010, quando a explosão da plataforma de petróleo Deepwater Horizon, operada sob a supervisão da BP, criou um dos maiores desastres de petróleo marítimos da história.

Este caso fornece a oportunidade de observar os esforços realizados pela BP para melhorar sua imagem, juntamente com a forma como tais esforços foram eclipsados pelo derramamento de óleo. Certos desastres resultantes de negligência da empresa são detalhados nesta análise e, embora a BP tenha se empenhado para se estabelecer como uma empresa socialmente responsável, a recente crise do derramamento de óleo desfez muitas de suas iniciativas de marketing. Apesar dos outros desastres relacionados com sua responsabilidade social, antes do derramamento de óleo em 2010, a BP vinha ganhando uma reputação melhor como uma empresa de petróleo socialmente responsável. Foi a primeira companhia petrolífera a reconhecer a existência do aquecimento global e a lançar iniciativas para produzir formas de energia mais limpas. Esse desastre manchou a imagem de marca da BP, fazendo com que a empresa perdesse bilhões de dólares e a reputação que trabalhou tão intensamente para construir.

A História da BP

A BP foi fundada há mais de um século por William D'Arcy, um rico cavalheiro britânico que tinha investido todas as suas economias na busca de petróleo no Oriente Médio. Embora especialistas e cientistas tivessem encorajado D'Arcy a prosseguir com sua busca, depois de mais de seis anos de perfuração, a paciência e o dinheiro estavam acabando. Finalmente, em 1908, os perfuradores haviam atingido quase 370 metros de profundidade quando uma fonte de petróleo jorrou. Após longos anos de decepção, nascia a Anglo-Persian Oil Company, que se tornaria a BP. A empresa rapidamente lançou ações no mercado e D'Arcy, que havia perdido quase toda sua fortuna, ficou rico.

Um campo de nafta no Irã, situado a cerca de 200 km da boca do Golfo Pérsico, foi o primeiro lugar onde a Anglo-Persian Oil Company estabeleceu uma refinaria. (Nafta refere-se a qualquer tipo de produto de petróleo, nesse caso, a Anglo-Persian Oil Company estava bombeando petróleo bruto.) George Reynolds, gerente-geral de D'Arcy para todos os mineiros, rapidamente descobriu que o transporte nessa terra acidentada poderia levar meses. Para facilitar o envio do petróleo, a BP começou a construção de um oleoduto na área e muitos dos suprimentos necessários tiveram de ser enviados dos Estados Unidos. O enorme escopo da empreitada atraiu trabalhadores de todo o mundo à procura de trabalho para ajudar a construir a maior refinaria do planeta.

Em 1914, a BP estava prestes a ir à falência novamente. A empresa tinha uma grande quantidade de óleo, mas a demanda era baixa. O automóvel ainda não havia se tornado um produto de mercado de massa e empresas do Novo Mundo e da Europa tinham as vantagens do pioneirismo no mercado de óleos industriais. Um problema ainda pior era o forte cheiro do óleo persa que o impedia de ser usado em mercados de aquecimento e lâmpadas de querosene.

Winston Churchill, que na época era Primeiro Lorde do Almirantado Britânico, mudou tudo isso. Ele sentia que a marinha britânica, invejada por todo mundo, precisava de uma fonte confiável de óleo e dedicada. Executivos do petróleo vinham cortejando a Marinha durante alguns anos, mas até Churchill os comandantes eram relutantes em abandonar o carvão. Churchill foi inflexível ao afirmar que somente a Anglo-Persian, por ser uma empresa de propriedade britânica, poderia proteger adequadamente os interesses britânicos. O parlamento concordou de forma esmagadora e logo era um dos principais acionistas da empresa de petróleo. Assim começou o debate sobre as repercussões de políticos envolvidos na indústria de petróleo, um debate que só se tornou mais acirrado durante toda a Segunda Guerra Mundial, a Guerra do Golfo e a Guerra do Iraque.

O século XX viu um enorme crescimento na indústria do petróleo, juntamente com as enormes mudanças de poder no Oriente Médio. Em 1969, Muammar al-Gaddafi liderou um golpe na Líbia, exigindo de imediato o aumento de impostos em todas as exportações de petróleo. Gaddafi, finalmente, nacionalizou a participação da BP para uma operação de petróleo na Líbia. Esse movimento levou outros países ricos em petróleo no Oriente Médio, incluindo Irã, Arábia Saudita, Abu Dhabi e Qatar, a também nacionalizar. O efeito sobre a BP era enorme, entre 1975 e 1983 a produção de petróleo no Oriente Médio caiu de 140 milhões para 500.000 barris.

Para sobreviver, a BP tinha que encontrar novos lugares para prospecção de petróleo. O campo Forties ao largo da costa da Escócia, capaz de produzir 400.000 barris de petróleo bruto por dia, e Prudhoe Bay, no Alasca, onde a BP tinha encontrado seu maior campo petrolífero ainda em 1969, eram as duas grandes esperanças para o futuro da BP na época. No entanto, o transporte do petróleo era um problema. A localização remota dos melhores locais da BP seria um desafio não só para as capacidades de engenharia da empresa, mas, ainda mais importante, para seu compromisso com o meio ambiente. O oleoduto Forties Field acabaria por se tornar o maior em águas profundas já construído, um projeto que exigiu atenção especial devido às severas condições climáticas. O sistema de oleodutos Trans-Alaska se tornaria o maior projeto de engenharia civil na América do Norte, medindo cerca de 1.200 km de comprimento. A empresa realizou uma extensa pesquisa para identificar quaisquer riscos ambientais potenciais, certificando-se de que o gasoduto incluía longos trechos acima da água para garantir que o óleo quente transportado não derreteria o permafrost**. A BP também teve que tomar providências para garantir que a perturbação do habitat seria mínima. A empresa tentou assegurar aos stakeholders que o ambiente era uma questão séria para ela e que a abordaria com um nível elevado de foco e compromisso.

Questões sobre Conduta Ética e Social da BP

Infelizmente, as ações da BP nem sempre coincidiram com suas palavras. As promessas da empresa de agir como um gestor ambiental responsável foram marcadas por inúmeros casos de comportamento questionável. Como o ambiente operacional da empresa tornou-se mais complexo e caótico, a BP frequentemente deixou de lado suas responsabilidades com o meio ambiente, funcionários, sociedade e acionistas.

Em março de 2005, uma grande explosão em uma refinaria de petróleo de propriedade da BP no Texas matou 15 funcionários e feriu mais de 170 pessoas. A empresa foi considerada culpada pelo Distrito Sul do

---

** Gelo permanente do subsolo. (N.T.)

Texas por crime de violação da Lei do Ar Limpo e condenada a pagar US$ 50 milhões em multas. A explosão foi o resultado de um escapamento de líquido e vapor de hidrocarbonetos que, em seguida, se incendiou. A BP admitiu que, entre 1999 até a explosão em 2005, tinha ignorado vários procedimentos exigidos pela Lei do Ar Limpo para assegurar a integridade mecânica e uma inicialização segura. O caso BP foi o primeiro processo sob uma seção da Lei do Ar Limpo criada para ajudar a prevenir danos com tais vazamentos acidentais de substâncias explosivas.

A empresa também foi acusada de violar a Lei da Água Limpa quando os oleodutos do Alasca vazaram petróleo na tundra e no lago congelado. Os vazamentos ocorreram em março e agosto de 2006, após a BP não ter reagido a inúmeras advertências. Uma delas foi a corrosão perigosa dos tubos que não eram inspecionados por mais de uma década antes da violação da Lei da Água Limpa. Um trabalhador contratado descobriu o primeiro vazamento de oleoduto em março de 2006. Esse vazamento, que resultou em mais de 750.000 litros de petróleo derramados na tundra frágil e em um lago congelado nos arredores, foi o maior derramamento ocorrido na encosta norte do Alaska. Um segundo vazamento de 3.800 litros ocorreu logo após o primeiro, em agosto de 2006. Apesar de ter sido pequeno, o segundo vazamento levou à paralisação da produção de petróleo no lado leste de Prudhoe Bay até a BP poder garantir que os dutos estavam aptos para uso. As multas resultantes dessas infrações incluíram US$ 12 milhões em multas criminais, US$ 4 milhões em pagamentos para a Fundação Nacional de Pesca e Vida Selvagem e US$ 4 milhões em restituição criminal para o estado do Alaska. A BP mais tarde pagou mais US$ 25 milhões por violar as leis da Água Limpa e do Ar Limpo. A limpeza de rotina dos tubos é simples e teria impedido os vazamentos de óleo no Alasca em 2006. No entanto, em outubro de 2007, a BP registrou ainda outro derramamento perto de Prudhoe Bay. Dessa vez, foram 7.500 litros de metanol tóxico, um agente de degelo que vazou sobre a tundra e matou muitas plantas e animais.

No Distrito Norte de Illinois, a BP foi acusada de conspirar para violar a Lei do Mercado de Commodities e também por cometer fraudes em correspondências e fraude eletrônica. A fraude envolvia a compra de mais do que a oferta disponível de propano TET e, em seguida, a venda para outros participantes do mercado por um preço inflacionado bem acima do valor de mercado. A BP foi obrigada a pagar multas elevadas por essa manipulação do mercado. A empresa teve que pagar US$ 100 milhões em penalidades criminais, US$ 25 milhões para o Fundo de Fraudes da Inspeção Postal contra o Consumidor dos EUA e uma restituição de US$ 53 milhões. Além disso, a BP teve de pagar uma penalidade civil de US$ 125 milhões para a Comissão de Mercados Futuros de Commodities. Adicionalmente, quatro ex-funcionários foram indiciados em fevereiro de 2004 por conspirar para a manipulação no mercado de propano por um preço artificialmente elevado. A perda estimada para os consumidores que pagaram acima do valor de mercado ultrapassou US$ 53 milhões. A violação resultou em indiciamento em 20 crimes por um júri federal em Chicago.

BP Tenta Recuperar sua Imagem com a Construção de Marca e Sustentabilidade

As transgressões ambientais, legais e éticas da BP demonstram que a empresa tem um histórico em ignorar o bem-estar dos stakeholders. Os erros da BP e de empresas similares levaram muitos tipos de stakeholders a ficarem mais cautelosos, especialmente depois de décadas de repetidas violações e má conduta em muitas indústrias diferentes. Contudo, sendo uma empresa de energia, a BP também se encontra no meio de um debate fundamental sobre o futuro do abastecimento de energia do planeta e questões fundamentais como aquecimento global e emissões de gases de efeito estufa. A esse respeito, a BP adotou medidas importantes para recuperar sua imagem estraçalhada.

Uma forma que a empresa adotou para recuperar sua imagem foi mudar seu nome de British Petroleum para simplesmente BP e aumentar a oferta de energias alternativas em seu mix de produtos. John Browne, ex-executivo-chefe da BP proclamou que "todos somos cidadãos de um único mundo e temos de assumir a responsabilidade compartilhada para seu futuro e seu desenvolvimento sustentável". A BP foi a primeira empresa de energia global a anunciar publicamente o reconhecimento do problema de mudança climática. Embora seu principal produto ainda seja o petróleo, a BP admite que o aquecimento global é provocado pelo homem e começou a buscar fontes de receitas alternativas em parques eólicos e outras fontes de energia com emissões mais baixas.

Para se adaptar a um mundo em mudança, a BP lançou o seu negócio de energia alternativa em 2005. Embora ainda seja uma pequena parte da empresa como um todo, a BP encara o fato de "se tornar ecológica" como um segmento cada vez mais importante do seu negócio, que vai aumentando à medida que passa a ser mais rentável fazê-lo. A empresa investiu US$ 4 bilhões em energia alternativa e planeja dobrar essa quantia até 2015.

Vento. A BP tem investido significativamente em energia eólica com a criação de parques eólicos em todo o país. Nos EUA, os parques eólicos operados pela BP têm uma capacidade total de 1.955 MW. Em 2010, a BP Wind Energy, em parceria com Ridgeline Energy, LLC, lançou o Goshen North Wind Farm, em Idaho, maior parque eólico do estado até aquela data. O parque pode gerar até 124,5 MW de energia eólica, o suficiente para alimentar 37.000 lares norte-americanos. A empresa também ampliou sua parceria estratégica com a Sempra Gas & Power dos EUA para desenvolver dois parques eólicos na Pensilvânia e no Kansas com uma potência combinada de 560 megawatts (MW). A BP opera atualmente 13 parques eólicos em todo o país, com outros a caminho.

Solar. A BP instalou 4 MW de painéis solares em lojas Walmart e ajudou a desenvolver uma instalação solar de 32 MW no leste de Long Island, o suficiente para abastecer cerca de 5.000 famílias. Também desenvolveu duas das maiores instalações de energia solar do mundo na Espanha, projetos que fornecerão energia a aproximadamente 1 milhão de residências. No entanto, de acordo com seu site, projetos de energia solar da BP não têm gerado retorno suficiente para continuar sua expansão. Assim, a empresa decidiu sair desse setor.

Biocombustíveis. A BP tornou-se o maior acionista estrangeiro em uma empresa de bioetanol brasileiro quando adquiriu uma participação de 50% na Tropical Energia S.A. Em 2011, adquiriu a participação dos 50% restantes, bem como uma participação de 83% na produtora de etanol brasileira Companhia Nacional de Açúcar e Álcool. A empresa vê essas aquisições como um passo crucial para se tornar líder no mercado de etanol do Brasil. A BP também tem trabalhado com a DuPont para desenvolver o biobutanol, um biocombustível com maior teor de energia que o bioetanol.

O esforço da BP no setor energético de biocombustíveis levou à criação de uma sociedade de propósito específico (SPE) com a Verenium Corporation, líder no desenvolvimento de etanol celulósico, um combustível que ainda está em sua infância, mas que muitos esperam será o futuro dos biocombustíveis. O etanol celulósico é um combustível renovável produzido a partir de gramíneas e partes de plantas não comestíveis, como bagaço de cana, palha de arroz, grama forrageira e lascas de madeira. Embora, nesse momento, seja muito mais difícil de produzir e gaste mais energia do que o etanol de milho ou de cana, muitos acreditam que, à medida que a tecnologia avance, o etanol celulósico proporcionará maiores benefícios em produção por hectare e menor impacto ambiental. Outro benefício potencial é que o etanol celulósico não afetará as commodities ou os preços dos alimentos, uma vez que utiliza apenas produtos residuais.

Em 2010, a BP comprou o negócio de biocombustíveis celulósicos da Verenium Corp. por US$ 98,3 milhões. De acordo com o CEO da BP Biocombustíveis, a BP continua dedicada a se tornar um líder na indústria de biocombustíveis de celulose. Se tudo correr como o planejado, o investimento da BP vai ajudar a estimular o desenvolvimento e a produção de etanol celulósico em relação a outros tipos de combustíveis líquidos.

Sequestro e armazenamento de carbono. O sequestro e armazenamento de carbono (Carbon Sequestration and Storage — CCS) envolve a captura de emissões de gases de efeito estufa de chaminés e outras fontes de poluentes e bombeamento de gases no subsolo em campos ou aquíferos de petróleo ou gás vazios. A BP vem pesquisando o CCS desde 2000 e abriu o campo de gás de Salah, na Argélia, para testes em 2004. A BP captura e armazena até 1 milhão de toneladas de dióxido de carbono por ano em Salah, o equivalente à remoção de 250.000 automóveis das estradas. Mais de 3 milhões de toneladas de CO_2 já foram armazenadas no subsolo no local. Embora ainda existam questões sobre a eficácia a longo prazo do CCS (ninguém sabe ao certo se o CO_2 permanece no subterrâneo ou se, eventualmente pode vazar), muitas empresas de energia, como a BP, o veem como uma tecnologia promissora.

Outras medidas de economia de energia. Além das fontes alternativas de energia, a BP também está procurando economizar energia por meio de melhor planificação e implantação de suas diversas operações ao redor do mundo. A instalação BP Zhuhai (BPZ) PTA está dando o exemplo usando formas mais eficientes de energia. Esse desenvolvimento de energia mais eficiente, mais limpa e da redução das emissões de CO_2 é prioridade crescente na China. A BPZ está se empenhando para estabelecer novos padrões e dar maior contribuição nessa área. Uma sequência de projetos de recuperação de calor permitiu que a usina otimizasse o uso de vapor como uma forma de reduzir significativamente o consumo de gás liquefeito de petróleo (GLP). Isso economizou energia e reduziu emissões. Além disso, ao reduzir o consumo de combustível, a BPZ reduziu os riscos de segurança rodoviária e operacionais associados com entrega e descarga de GLP. A instalação BP Zhuhai tem sido tão bem-sucedida que uma segunda foi adicionada em 2008. Em 2011, a BP anunciou que abriria outra no local com uma capacidade de 1,25 milhão de toneladas.

A BP também divulgou um programa de compensação de carbono chamado BP Target Neutral, uma organização sem fins lucrativos. Ela foi estabelecida para ajudar indivíduos e empresas a calcular sua pegada de carbono e aconselhá-los sobre como poderiam reduzir seu impacto. A BP também fornece créditos de carbono para os stakeholders comprarem. Os créditos de carbono são uma forma de os stakeholders "compensarem" o carbono que emitem por meio do apoio a projetos que reduzam as emissões de carbono (por exemplo, um projeto de parque eólico). Os participantes fornecem pagamentos a BP Target Neutral, que por sua vez investe o dinheiro em projetos de redução de carbono. A FedEx e a Associação Olímpica Britânica participaram do programa BP Target Neutral.

Além de seu programa de energia alternativa, a BP tem implantado programas de sensibilização ambiental na Grã-Bretanha para ajudar os stakeholders a compreender os impactos do aquecimento global e a importância das questões de sustentabilidade. A BP Educational Service (BPES) iniciou a distribuição do kit de pegada de carbono, um programa premiado, que foi criado para ajudar estudantes do ensino médio a compreender os efeitos das alterações climáticas e sua própria pegada de carbono. Desenvolvido em conjunto com professores e especialistas da BP, o kit permite que os alunos analisem a pegada de carbono de suas escolas e ajudem a desenvolver planos de redução de carbono para elas. O kit foi originalmente desenvolvido como uma resposta às demandas dos professores, sendo resultado de uma série de oficinas "ecológicas" realizadas pela BP. O kit recebeu um prêmio de prestígio para o ensino a distância na premiação da Associação Internacional de Comunicação Visual (IVCA) em 2007.

BP Estabelece um Código de Conduta

Para ajudar a lidar com a crescente reputação de má conduta ética, a equipe de Ética e compliance da BP organizou, em 2005, a criação, publicação e distribuição de um código de conduta da empresa, intitulado "Nosso Compromisso com a Integridade". O código foi distribuído aos funcionários da BP em todo o globo e está disponível on-line em seu site. Dada a natureza multinacional da empresa, o código procura unir seus diversos funcionários em torno de um conjunto de padrões universais de comportamento. A equipe multifuncional que elaborou o código de conduta enfrentou muitos desafios importantes, por exemplo, a melhor forma de concordar e comunicar padrões consistentes a todos os funcionários da BP, independentemente de localização, cultura e idioma. O código de conduta foi o maior exercício de comunicação de massa já realizado na BP.

Para garantir que os funcionários da BP se familiarizem com o código, a empresa realiza reuniões de sensibilização para ajudá-los a compreender seu conteúdo. Talvez o papel mais importante do código seja o fato de que, pela primeira vez, as expectativas éticas e legais da BP foram colocadas por escrito. A intenção da BP era dar orientações claras aos indivíduos em cinco áreas principais: saúde, segurança e meio ambiente; funcionários; parceiros de negócios; governo e comunidades; e ativos da empresa e integridade financeira.

Agora está claro que o código de conduta da BP não estava equipado para evitar o pior desastre ambiental ao longo da Costa do Golfo. Independentemente do grau de abrangência, códigos éticos devem sempre refletir o desejo da direção superior para o cumprimento dos valores, regras e políticas. Mais importante: a equipe jurídica tem de ser solicitada para garantir que o código avalie corretamente as principais áreas de risco. O código de conduta da BP não foi projetado para resolver todas as questões legais e éticas encontradas nas operações diárias, mas deveria ter ajudado funcionários e gerentes a lidar com dilemas éticos em áreas de alto risco, prescrevendo ou limitando atividades específicas.

O Pior Derramamento de Petróleo da História dos EUA

Apesar dos esforços da BP para recuperar sua imagem, violações de segurança continuaram em suas instalações. No início de 2010, autoridades reguladoras dos EUA multaram a gigante do petróleo em US$ 3 milhões por problemas de segurança em uma instalação de Ohio. O Occupational Safety and Health Administration (OSHA) constatou que os trabalhadores poderiam estar expostos a ferimentos ou morte caso substâncias químicas explosivas ou inflamáveis fossem lançadas na instalação. Essa violação não foi um evento isolado. Apenas quatro meses antes, a OSHA impôs à BP uma multa recorde de US$ 87 milhões por não corrigir os problemas de segurança identificados após a explosão de 2005 em sua refinaria do Texas. Esses casos de violações de segurança culminaram com a explosão na plataforma de petróleo Deepwater Horizon em abril de 2010.

A Explosão

Tudo começou com a oportunidade de perfurar em uma nova reserva de petróleo altamente rentável. O reservatório foi apelidado de "Macondo", em homenagem à cidade condenada no romance de Gabriel Garcia Marquez *Cem Anos de Solidão*. Para explorar a reserva, a BP contratou uma plataforma de petróleo da Transocean, Ltd. Em abril, o projeto estava atrasado, mas a BP havia se convencido de que seria bem-sucedida. Em seguida, em 20 de abril de 2010, uma explosão abalou a plataforma, matando 11 funcionários. A sonda queimadora afundou dois dias depois.

A situação se deteriorou rapidamente porque o poço, localizado a cerca de 1.600 m abaixo da superfície, foi danificado na explosão. Milhares de litros de petróleo jorraram no Golfo do México. A BP enviou robôs submarinos ao fundo do mar para tentar ativar a válvula de desligamento no poço. Todo o processo logo se tornou um pesadelo de relações públicas, com a BP enviando mensagens conflitantes. Um funcionário da empresa informou à Fox News que a BP havia ativado com sucesso parte de uma vedação contra explosões defeituosa, que estava retardando o fluxo de óleo. O anúncio acabou por ser falso. O robô submarino da BP tinha de fato acionado um dispositivo que não interrompeu o fluxo de óleo.

O evento principal que causou a explosão é desconhecido. No entanto, investigações têm sugerido que ações da BP tornaram o poço mais vulnerável. Uma investigação sugere que a BP encurtou procedimentos e testes de qualidade da tubulação que servem para detectar gás no poço. Alguns especialistas levantaram a hipótese de que uma das ações finais na instalação da tubulação, que era cimentar o tubo de aço no lugar, foi a catalisadora da explosão. Um painel do governo que investigou a crise também concluiu que a BP, a Transocean e a Halliburton, algumas das principais empresas envolvidas na perfuração, não consideraram adequadamente os riscos ou não se comunicaram sobre as grandes decisões que envolviam o poço.

Uma das muitas críticas levantadas contra a BP foi a decisão de usar um projeto bem menos oneroso que alguns investigadores do Congresso consideraram "arriscado". A instalação desse tipo de projeto é mais fácil e os custos são mais baixos. No entanto, também facilita o caminho para o gás subir no tubo. Embora isso não tenha causado a explosão, os investigadores acreditam que pode ter contribuído para a vulnerabilidade do poço. Apesar de não ter infringido nenhuma lei utilizando tal projeto, a BP ignorou alternativas mais seguras que poderiam ter impedido ou, pelo menos, previsto o acidente.

Nos meses seguintes foi desencadeada uma série de tentativas fracassadas da BP de parar o fluxo. O óleo encharcou as costas da Louisiana, do Texas, do Alabama, do Mississippi e da Flórida, interrompendo os meios de subsistência de pescadores e outros que dependiam do Golfo para seu sustento. Um jogo de empurra-empurra teve lugar entre a administração e o público com todos tentando apontar quem tinha mais culpa na tragédia. Com todos os olhos voltados para a BP, as atuações da empresa foram examinadas, e muitas vezes criticadas, durante toda o período do desastre.

Falha ao Gerenciar os Riscos

A questão principal, após o desastre, era saber como a BP poderia ter ignorado os riscos associados a Deepwater Horizon. A sonda oceânica possuía sistemas de segurança instalados, mas tais sistemas não eram tão seguros quanto se imaginava. Por exemplo, o equipamento não dispunha de controle remoto para o interruptor de desligamento ser usado como último recurso em um grande desastre de vazamento de óleo. No entanto, nem a Transocean (dona da sonda), nem a BP estavam infringindo as leis por isso. O Minerals Management Service (MMS), uma agência federal responsável pela supervisão da indústria de óleo e gás marítimo do país, não exigia tal dispositivo, desde que o equipamento tivesse um sistema de controle de reserva que permitisse desligar o poço em caso de emergência. Alguns sugerem que isso foi um lapso na fiscalização regulamentar por parte do governo.

No entanto, isso não pode explicar outros lapsos na estratégia de gestão de risco da BP. Alguns sugerem que a BP cortou custos na gestão de riscos para economizar tempo e dinheiro. Por exemplo, os registros revelaram que aproximadamente três em cada quatro incidentes que acarretaram as investigações federais sobre a segurança nas plataformas de perfuração de águas profundas no Golfo do México eram de propriedade da Transocean. A BP, como o maior cliente da Transocean no Golfo do México, tinha a responsabilidade de supervisionar adequadamente se as precauções apropriadas haviam sido tomadas para evitar um desastre. Investigações posteriores revelaram também que o plano de recuperação de desastre da BP era inadequado. O plano continha várias imprecisões. Por exemplo, um dos especialistas em vida selvagem listado na equipe de emergência havia morrido em 2005. O plano também estimava que, se ocorresse um vazamento, a empresa seria capaz de recuperar cerca de 500.000 barris de petróleo por dia. Na realidade, foram necessários meses para a BP conter o vazamento, a uma taxa muito menor do que a mencionada no plano de contingência. As imprecisões no plano de recuperação de desastres da BP destacam o despreparo da empresa para um desastre como o do vazamento da plataforma Deepwater Horizon.

Repercussões do Desastre

O derramamento de petróleo da BP teve e continuará a ter amplas repercussões, tanto para a BP como para a indústria petrolífera. O prejuízo financeiro apenas da BP é extenso. Os preços das ações da empresa despencaram mais de 50% depois do acidente. Mais de dois anos após a crise, as ações da BP permaneciam 33% abaixo do que tinham sido antes do derramamento. A BP também foi responsabilizada por custos de limpeza e danos. De acordo com a legislação, o máximo que a empresa teria que pagar pelos prejuízos econômicos seria US$ 75 milhões, conforme estipulado pela Lei da Poluição por Petróleo de 1990. No entanto, a BP optou por ir além da exigência da lei e estimativas indicam os custos de limpeza em US$ 40 bilhões.

O Departamento de Justiça abriu um processo civil contra a BP, a Transocean, a Cameron International, a Halliburton e outras empresas, alegando que elas conscientemente assumiram riscos e ignoraram regras de segurança. Para ser bem-sucedido no processo, o governo deve mostrar que o desastre foi resultado de um desrespeito deliberado da lei ou de negligência. Caso contrário a BP pode ser acusada de violar a Lei da Água Limpa (constituindo uma ação cível, e não criminal). Se for considerada culpada, a BP pode pagar até US$ 4.300 por barril de petróleo derramado.

Uma das consequências mais imediatas do desastre foi a demissão do CEO da BP, Tony Hayward. Apesar de um currículo impressionante, incluindo um resultado líquido de US$ 6,08 bilhões no primeiro trimestre de 2010 e uma tentativa aparentemente dedicada para "mudar as coisas" na BP, Hayward se tornou o rosto que representava o pior vazamento de petróleo na história dos EUA e talvez também seu bode expiatório. Especialistas acreditam que foram as gafes e a clara falta de empatia, e não a gestão de crises, que provocaram a queda de Hayward. Por exemplo, seus comentários sobre como ele queria "ter sua vida de volta" e sua presença em uma corrida de iates o fizeram parecer pouco solidário à crise do Golfo. Com as fortes críticas que Hayward gerou, a empresa sentiu que ele não seria capaz de restaurar a credibilidade da BP.

O Longo Caminho para a Recuperação

Depois de anos de iniciativas para reconstruir a marca voltada para a sustentabilidade, o esforço da BP se desfez em apenas alguns meses. Foram necessários empenhos em larga escala para conter o vazamento de petróleo no Golfo. Nesse ínterim, milhares de animais marinhos morreram nas águas oleosas, praias de areia branca ficaram pretas e centenas de pessoas que dependiam do Golfo do México perderam parte de sua renda. Em agosto de 2010, mais de cem dias após o início do desastre, a BP tampou o vazamento e cavou poços de alívio para efetivamente "matar o poço". No entanto, os danos causados aos stakeholders não tinham acabado. Mais de 1.000 km de linhas costeiras em vários estados foram "asfaltadas" com óleo.

Para compensar os stakeholders que dependem do Golfo, a BP constituiu um fundo de caução de US$ 20 bilhões. Um administrador nomeado pelo governo supervisionou os sinistros. Como sempre, porém, é complicado compensar as pessoas certas nos valores corretos. Por exemplo, a que distância da costa deve estar um requerente a fim de ter uma reclamação efetiva? E em relação aos muitos trabalhadores sem documentação suficiente para provar que trabalhavam no Golfo? Embora o fundo de caução sirva para compensar alguns indivíduos, outros provavelmente vão receber pouca ou nenhuma compensação.

Várias investigações foram posteriormente abertas para determinar de quem foi a culpa. Depois de realizar uma investigação interna do incidente, a BP admitiu ter culpa, mas colocou grande parte dela em seus contratantes Transocean e Halliburton. Um relatório da Comissão Nacional chegou a uma conclusão diferente. Embora atribua parte da responsabilidade à Transocean e Halliburton, o painel concluiu que falhas de gestão e supervisão por parte da BP contribuíram para o desastre. A comissão também colocou parte da culpa no governo, afirmando que ele foi muito lento para reagir e, em seguida, gerou uma responsabilidade pela reação exagerada. As conclusões do painel levaram alguns a clamar por revisões profundas na regulamentação da indústria do petróleo.

Outra investigação contribuiu para esclarecer por que o vazamento de petróleo tornou-se um desastre ambiental em tão larga escala. Engenheiros descobriram que a vedação contra explosões estava de fato com defeito. Em vez de vedar o tubo completamente, as lâminas da vedação ficaram presas no tubo, deixando espaço suficiente para o petróleo vazar. A BP acionou o fabricante da vedação, Cameron International Corp., que selou um acordo com a BP por US$ 250 milhões.

Talvez a melhor notícia para a BP tenha sido a de que o óleo começou a biodegradação mais rápido do que o esperado devido a bactérias que se alimentam de metano bruto. Embora a natureza pareça estar reagindo, cientistas detectaram indícios de óleo em vários milhares de quilômetros quadrados do fundo do mar. A recuperação da BP em si não parece estar indo tão bem. Devido à sua responsabilidade no desastre, juntamente com seus erros de relações públicas, a reputação da empresa sofreu um duro golpe. A empresa tornou-se praticamente sinônimo de derramamento de óleo para muitos stakeholders. Mesmo com foco renovado em tecnologias de economia de energia, os esforços de marketing da BP podem ser vistos como pouco mais do que uma tentativa de recuperação da credibilidade, sem qualquer dedicação séria ao meio ambiente. A empresa terá que se empenhar muito mais para convencer os stakeholders de que suas mensagens de marketing são autênticas e sinceras.

No entanto, os esforços já estão a caminho. Após a destituição do CEO da BP, Tony Hayward, o norte-americano Bob Dudley assumiu as operações. Apesar de a BP ter parecido inicialmente querer minimizar o desastre, Dudley admitiu espontaneamente que o incidente foi uma "catástrofe" séria e que a empresa estava comprometida com a limpeza. A BP contratou o ex-chefe da Agência Federal de Gestão de Emergências, James Lee Witt, e sua firma de segurança e consultoria de gestão de crises públicas para ajudar a gerenciar o incidente e estabelecer planos de recuperação a longo prazo. A BP também criou uma organização de segurança à qual foi outorgada a autoridade de parar as operações sempre que for detectado perigo.

Embora a BP tenha uma fatura para pagar de US$ 40 bilhões para a limpeza, uma enorme quantidade de publicidade negativa e uma perda de US$ 4,9 bilhões em 2010, a empresa está buscando reconstruir sua reputação. Além de uma nova divisão de segurança na BP, o CEO Dudley foi nomeado membro do conselho e detém conhecimento de segurança do processo. A empresa tem a intenção de crescer e vai pagar dividendos menores para gastar mais na exploração de petróleo. Dudley também prometeu fazer da BP a mais segura operadora de energia marítima no mercado. Infelizmente, um dia após esse anúncio, um regulador de segurança do Reino Unido repreendeu a BP por questões de segurança em três de suas plataformas do Mar do Norte, o que torna o compromisso da BP questionável.

Implicações para a Estratégia de Marketing da BP

O posicionamento "Beyond Petroleum" da BP saiu pela culatra devido ao desastre ambiental Deepwater Horizon. Uma empresa pode levar muitos anos para construir uma reputação, que pode ser manchada em um único dia em um evento que destrói a confiança dos clientes e de outros stakeholders. Nesse caso, a BP tornou-se o alvo de quase todos os grupos na Costa do Golfo impactados negativamente pelos efeitos ambientais do derramamento de óleo. A tentativa da BP de afastar seu produto de uma mera commodity como os de seus concorrentes falhou. Na realidade, a única estratégia disponível para a BP foi pedir desculpas e tentar compensar as vítimas do desastre. Uma das piores coisas que pode acontecer é uma empresa reivindicar ser sustentável e, em seguida, envolver-se em um desastre, que é justamente o oposto. A prioridade para futuras estratégias de marketing da BP, pelo menos para seus produtos de consumo, é recuperar sua reputação tanto quanto possível e construir uma base para atividades de marketing mais realistas e autênticas a fim de construir relacionamentos fortes e de confiança com os consumidores.

Outra área em que a estratégia de marketing da BP tem que ser melhorada se refere a suas atividades de relações públicas com vários stakeholders, como reguladores, entidades governamentais locais, comunidades de negócios e aqueles que ganham a vida diretamente no ambiente da Costa do Golfo. A empresa tomou providências, investindo pesadamente em propaganda sobre a recuperação do desastre e a restauração das praias e da indústria da hotelaria na Costa do Golfo. Ao fazer um bom trabalho de relações públicas e programas de compensação, a BP tenta criar as bases para o desenvolvimento de melhores relacionamentos com os clientes no futuro.

Desde o início, a BP provou que era capaz de superar obstáculos significativos. Ela passou da quase falência a uma das maiores empresas de energia em todo o mundo. A BP tem trabalhado arduamente para superar a imagem negativa por meio de iniciativas de marketing de sustentabilidade e responsabilidade social. No entanto, sua ênfase na responsabilidade ambiental saiu pela culatra após o desastre de Deepwater Horizon. Embora tenha feito grandes progressos no reposicionamento de sua marca, ela não conseguiu gerenciá-la adequadamente como uma empresa socialmente responsável.

O dano à estratégia de marketing Beyond Petroleum da BP não será fácil de recuperar. O desenvolvimento da confiança é baseado no compromisso da empresa com integridade, transparência e preocupação com todos os stakeholders. No futuro, a BP precisa desenvolver uma estratégia de marketing que seja vista como autêntica diante da corporação socialmente responsável que ela afirma ser.

Questões para Discussão

1. Analise os esforços da BP para melhorar a sustentabilidade e sua reputação antes do desastre de Deepwater Horizon. A empresa estava no caminho certo? Justifique sua resposta.

2. Como a maioria dos produtos da BP pode ser vista como commodities, você acha que os consumidores vão evitar comprar da BP por causa de seu histórico e do desastre de Deepwater Horizon? Justifique.

3. Como a BP pode provar a seus stakeholders que é séria em relação à responsabilidade social, sustentabilidade e ética, e que seus esforços não são apenas um golpe de relações públicas? Em quais questões estratégicas você se concentraria na tentativa de recuperar a reputação da empresa?

Fontes

Alternative Energy Brochure, BP <http://www.bp.com/liveassets/bp_internet/alternative_energy/alternative_energy_english_new/STAGING/local_assets/downloads_pdfs/AE_Brochure_2010A4.pdf>. Acesso em: 25 de julho de 2012; Jeffrey Ball, BP Spill's Next Major Phase: Wrangling Over Toll on Gulf, *Wall Street Journal*, 13 de abril de 2011 <http://online.wsj.com/article/SB10001424052748704013604576248531530234442.html>; Jeffrey Ball, Strong Evidence Emerges of BP Oil on Seafloor, *Wall Street Journal*, 9 de dezembro de 2010, A20; Jeffrey Ball, Stephen Power e Russell Gold, Oil Agency Draws Fire, *Wall Street Journal*, 4 de maio de 2010, A1; Joel K. Bourne, Jr., The Deep Dilemma, *National Geographic*, outubro 2010, p. 40; site da BP Alternative Energy <http://www.bp.com/modularhome.do?categoryId=7040&contentId=7051376>. Acesso em: 17 de abril de 2012; BP and Sempra U.S. Gas & Power Announce Plans to Further Expand Strategic Relationship in Wind Business, BP Alternative Energy, 10 de janeiro de 2012 <http://www.bp.com/genericarticle.do?categoryId=9024973&contentId=7072928>; BP Sustainability Review, 2008 <http://www.bp.com/liveassets/bp_internet/globalbp/STAGING/global_assets/e_s_assets/e_s_assets_2008/downloads/bp_sustainability_review_2008.pdf>. Acesso em: 25 de julho de 2012; BP Target Neutral website <http://www.bptargetneutral.com>. Acesso em: 25 de julho de 2012; BP to Expand Activities in Biofuels, Buying Out Remaining Shares in Brazil's Tropical Bioenergia S.A., BP Alternative Energy, 14 de setembro de 2011 <http://www.bp.com/genericarticle.do?categoryId=9024973&contentId=7070981>; BP Zhuhai Leaps Forward for Further Success, BP <http://www.bp.com/genericarticle.do?categoryId=9004958&contentId=7070454>. Acesso em: 17 de abril de 2012; BP's Spill Contingency Plans Vastly Inadequate, *CBS News*, 9 de junho de 2010 <http://www.cbsnews.com/stories/2010/06/09/national/main6563631.shtml>; British Petroleum to Pay More than $370 Million in Environmental Crimes, Fraud Cases, *PR Newswire*, 25 de outubro de 2007 <http://www.prnewswire.com/news-releases/british-petroleum-to-pay-more-than-370-million-in-environ mental-crimes- fraud-cases-58927382.html>; John M. Broder, Blunders Abounded Before Gulf Spill, Panel Says, *New York Times*, 5 de janeiro de 2011 <http://www.nytimes.com/2011/01/06/science/earth/06spill.html?_r=2&ref=gulfofmexico2010>; John Browne, Breaking Ranks, *Stanford Business*, 1997 <http://www.gsb.stanford.edu/community/bmag/sbsm0997/feature_ranks.html>. 25 de julho de 2012; Ben Casselman, Rig Owner Had Rising Tally of

Accidents, *Wall Street Journal*, 10 de maio de 2010 <http://online.wsj.com/article/SB10001424052748704307804575234471807539054.html>; Ben Casselman e Russell Gold, BP Decisions Set Stage for Disaster, *Wall Street Journal*, 27 de maio de 2010 <http://online.wsj.com/article/SB1000142405274870402620457526656093078010.html>; Guy Chazan, BP Comeback Is Sidetracked in Artic, *Wall Street Journal*, 19 de abril de 2011, B5; Guy Chazan, BP Dividend Takes Back Seat to Growth, Wall Street Journal, 3 de novembro de 2010, B1-B2; Guy Chazan, BP Faces Fine Over Safety at Ohio Refinery, *Wall Street Journal*, 9 de março de 2010, A4; Guy Chazan, BP Feels Shareholder Heat After String of Setbacks, *Wall Street Journal*, 7 de setembro de 2011, B1; Guy Chazan, BP's Worsening Spill Crisis Undermines CEO's Reforms, *Wall Street Journal*, 3 de maio de 2010, A1; Day 64: Latest oil disaster developments, *CNN*, 22 de junho de 2010 <http://news.blogs.cnn.com/2010/06/22/day-64-latest-oil-disaster-developments/?iref=allsearch>; Peter Elkind, David Whitford, Doris Burke, An Accident Waiting to Happen, *Fortune*, 7 de fevereiro de 2011, 107-132; Jeff Fick e Alexis Flynn, BP Expands Biofuels Business in Brazil, *Wall Street Journal*, 14 de março de 2011 <http://online.wsj.com/article/SB10001424052748703597804576194 820019691968.html>; Darcey Frey, How Green Is BP? *New York Times*, 8 de dezembro de 2002, <http://www.nytimes.com/2002/12/08/magazine/how-green-is-bp.html?pagewanted=all&src=pm>; Tom Fowler, BP Spill Saga Far From Over, *Wall Street Journal*, 5 de março de 2012, A3; Tom Fowler, Cameron Will Pay BP To Settle Spill Claims, *Wall Street Journal*, 17-18 de dezembro de 2011, B4; Tom Fowler, U.S. Readies Attack on BP, *Wall Street Journal*, 24 de fevereiro de 2012, A2; Russell Gold, BP Sues Maker of Blowout Preventer, *Wall Street Journal*, 21 de abril de 2011, B1; Angel Gonzalez e Brian Baskin, Static Kill' Begins, Raising New Hopes, *Wall Street Journal*, 4 de agosto de 2010 <http://online.wsj.com/article/SB10001424052748703545604575407251664344386.html>; Russell Gold e Tom McGinty, BP Relied on Cheaper Wells, *Wall Street Journal*, 19 de junho de 2010 <http://online.wsj.com/article/SB1000142405274870428950457531301028398 1200.html>; James Herron, BP Rapped Over North Sea Rig Safety, *Wall Street Journal*, 2 de fevereiro de 2011 <http://online.wsj.com/article/SB10001424052748703960804576119631110061702.html>; History of BP, site da BP International <http://www.bp.com/multipleimagesection.do?categoryId=2010123&contentId=7059226>. Acesso em: 25 de julho de 2012; Siobhan Hughes, BP Deposits $3 Billion in Spill Fund, *Wall Street Journal*, 9 de agosto de 2010 <http://online.wsj.com/article/SB1000142405274870438850457541928162043677 8.html>; Neil King Jr., BP-Claims Chief Faces Knotty Task, *Wall Street Journal*, 17-18 de julho de 2010, A5; Kevin Johnson e Rick Jervis, Justice Dept. sues BP, others, *USA Today*, 16 de dezembro de 2010, 3A; Amy Judd, British Petroleum Ordered to Pay $180 Million in Settlement Case, *NowPublic*, 19 de fevereiro de 2009 <http://www.nowpublic.com/environment/british-petroleum-ordered-pay-180-million-settlement-case>; Monica Langley, U.S. Drills Deep Into BP As Spill Drama Drags On, *Wall Street Journal*, 21 de julho de 2010, A1, A14; David Leonhardt, Spillonomics: Underestimating Risk, *New York Times*, 31 de maio de 2010 <http://www.nytimes. com/2010/06/06/magazine/06fob-wwln-t.html>; Bruce Orwall, Monica Langley e James Herron, Embattled BP Chief to Exit, *Wall Street Journal*, 26 de julho de 2010, A1, A6; Greg Palast, British Petroleum's Smart Pig, *Greg Palast: Journalism and Film*, 9 de agosto de 2006 <http://www.gregpalast.com/british-petroleums-smart-pig>; Jim Polson, BP Oil Is Biodegrading, Easing Threat to East Coast, *BusinessWeek*, 28 de julho de 2010 <http://www.businessweek.com/news/2010-07-28/bp-oil-is-biodegrading-easing-threat-to-east-coast.html>; Stephen Power e Ben Casselman, White House Probe Blames BP, Industry in Gulf Blast, *Wall Street Journal*, 6 de janeiro de 2011, A2; Stephen Power e Tennille Tracy, Spill Panel Finds U.S. Was Slow To React, *Wall Street Journal*, 7 de outubro de 2011, A6; Paul Sonne, Hayward Fell Short of Modern CEO Demands, *Wall Street Journal*, 26 de julho de 2010, A7; Cassandra Sweet, BP Will Pay Fine In Spills, *Wall Street Journal*, 4 de maio de 2011, B3; Brian Swint e Alex Morales, BP Plc Buys Verenium Corp.'s Cellulosic Biofuels Unit for $98.3 Million, *Bloomberg*, 15 de julho de 2010 <http://www.bloomberg.com/news/2010-07-15/bp-plc-buys-verenium-corp-s-cellulosic-biofuels-unit-for-98-3-million.html>; Vivienne Walt, Can BP Ever Rebuild Its Reputation? *TIME*, 19 de julho de 2010 <http://www.time.com/time/business/article/0,8599,2004701-2,00.html>; e Harry R. Weber e Greg Bluestein, Dudley: Time for "Scaleback" in BP Cleanup, *TIME*, 30 de julho de 2010 <http://www.time.com/time/busi ness/article/0,8599,2007638,00.html>.

Caso 9
Chevrolet: 100 Anos de Inovação de Produto*

Sinopse: Este caso examina a história de inovação de produtos, estratégia de marca e mix de produtos de sucesso da Chevrolet no âmbito de sua relação com a empresa-mãe General Motors e sua rivalidade com a Ford. A Chevrolet tem uma longa história de sucesso no desenvolvimento e na comercialização de automóveis, caminhonetes e SUVs práticos, esportivos e acessíveis. O relacionamento da marca com a General Motors é um ponto forte e um ponto fraco, especialmente no rescaldo do salvamento financeiro da General Motors pelo governo federal em 2008. As exigências do governo para melhorar a economia de combustível e as constantes mudanças das necessidades e preferências dos clientes serão desafios recorrentes, na medida em que a Chevrolet encara seus próximos 100 anos.

Temas: Inovação de produtos, mix de produtos, gestão de marca, estratégia de produtos, concorrência, reputação corporativa, tecnologia em evolução, fidelização de clientes, regulamentação governamental, marketing internacional.

A marca Chevrolet da General Motors (GM) celebrou seu 100º aniversário em 2011. Ao longo de sua história, a Chevrolet lançou muitos modelos diferentes de veículos, alguns deles amplamente bem-sucedidos e outros excluídos do mix de produtos logo após o lançamento. Ao longo dos anos, a empresa fez a transição passando de um ícone norte-americano a uma marca mundialmente conhecida por sua qualidade e durabilidade. Apesar dos numerosos sucessos e fracassos de sua história, incluindo a recente falência e a intervenção da empresa-mãe GM, a Chevrolet ainda está forte depois de um século de inovação de produtos.

---

* Jennifer Sawayda, Universidade do Novo México, preparou este caso sob a direção de O. C. Ferrell para discussão em sala de aula, e não para ilustrar um tratamento eficaz ou ineficaz de uma situação administrativa.

Uma História de Inovação de Produto

Ironicamente, a Chevrolet existe por causa de sua principal concorrente, a Ford Motor Company. William Durant fundou a Chevrolet em 1911 para competir de frente com o popular modelo T da Ford. Durant tinha concebido a General Motors em 1908, mas foi afastado da empresa três anos depois. Para opor-se competitivamente ao modelo único de veículo da Ford, Durant percebeu que a GM precisaria criar vários modelos diferentes. Ele aplicou essa ideia a sua nova empresa, a Chevrolet. O nome da marca é uma homenagem a Louis Chevrolet, um piloto de topo contratado para projetar o primeiro Chevrolet. O modelo inicial da Chevrolet custava US\$ 2.000. Era um veículo de alto preço, na época, o que não agradava Durant, porque ele queria competir diretamente com a Ford em preço. Um desentendimento entre os dois homens resultou na saída de Chevrolet da empresa, mas o nome da marca foi mantido. Em 1915, a Chevrolet lançou um modelo mais barato, por US\$ 490, o mesmo preço de um modelo T da Ford. A empresa foi adquirida pela General Motors em 1918, depois que Durant conquistou o controle acionário de ambas as empresas, e a Chevrolet se tornou uma das marcas mais populares da GM. Durant, mais uma vez, passou a ser presidente da GM, mas foi afastado pela última vez em 1920.

Com a marca Chevrolet, a GM fez a Ford correr atrás do prejuízo. Em 1912, a Chevrolet vendeu 2.999 veículos, uma participação de mercado de meros 1% nos Estados Unidos. Em 1920, a Chevrolet estava vendendo mais de 100.000 veículos e, em 1927, superou a Ford em número de automóveis vendidos. Cinco anos mais tarde, um terço dos automóveis vendidos nos Estados Unidos eram Chevrolets, embora a Grande Depressão tenha enfraquecido significativamente as vendas da empresa. Ao longo das décadas seguintes, a Chevrolet tentou posicionar seus automóveis como modelos de vanguarda, equipando os veículos com tecnologias inovadoras e até mesmo a formação de uma joint venture com a concorrente Toyota, em 1984, para saber mais sobre seu famoso sistema de produção (por sua vez, a Toyota foi capaz de ganhar a entrada no mercado norte-americano). A parceria, chamada New United Motor Manufacturing Inc., durou até 2010.

Desde o início, assim como seu homônimo Louis Chevrolet, a empresa tinha uma propensão para corridas. A Chevrolet continuou cortejando pilotos de corrida como endossantes, e grandes pilotos, como Junior Johnson, Mark Donohue, Tony DeLorenzo, Dale Earnhardt e Jeff Gordon, venceram corridas pilotando modelos Chevrolet. O Chevrolet Cruze, um dos modelos mais populares da empresa, ganhou o Campeonato de Pilotos e o Campeonato de Fabricantes nas corridas de 2010 do World Touring Car Championship. A associação da Chevrolet com corridas de automóveis definiu muitos de seus modelos como veículos esportivos e de alta qualidade. A Chevrolet também forneceu motores para a Indy Racing League de 2012; e ao retornar à Indy Racing League a Chevrolet reforçou sua tradição em corrida e imagem de marca.

Mix de Produtos da Chevrolet

Ao longo dos últimos 100 anos, a marca Chevrolet tem sido associada a quase todo tipo de veículo na estrada. A empresa desenvolveu grandes caminhonetes, vans de distribuição, veículos de todos os portes, grande, médio, compacto e subcompacto, automóveis esportivos e, até mesmo, automóveis de corrida. Esse amplo portfólio de produtos faz parte da marca Chevrolet graças à forte imagem de marca que ela desenvolveu ao longo do último século. A marca de um veículo fornece ao comprador muitos atributos intangíveis relacionados com qualidade, design, utilidade e autoimagem. Não é incomum os consumidores terem fidelidade extrema à marca Chevrolet ou Ford, especialmente na compra de caminhonetes leves. Portanto, a maioria dos veículos vendidos sob a marca Chevrolet começa com uma vantagem competitiva sobre muitas outras marcas de veículos existentes. É por isso que a General Motors usa o nome da marca Chevrolet em uma diversidade mais ampla de seus veículos do que qualquer outra marca. Por exemplo, Cadillac, Buick e GMC têm portfólios de veículos muito mais reduzidos e imagens de marca mais diferenciadas. Consequentemente, a marca Chevrolet é um trunfo para o lançamento de um novo veículo, tal como o Volt, um veículo elétrico.

Ao longo dos anos, a Chevrolet teve muitos modelos e nem todos são discutidos neste caso. A Figura do Caso 9.1 mostra o portfólio de modelos de veículos Chevrolet vendidos nos Estados Unidos. Neste caso, analisamos alguns modelos que representam a diversidade do mix de produtos Chevrolet que existe.

A Chevrolet é creditada como a primeira fabricante de automóveis a criar a ideia de obsolescência planejada de produto. Com base nesse conceito, a Chevrolet lança um novo modelo de automóvel a cada ano, um tipo de modificação do produto. Essa estratégia de marketing permitiu à empresa ultrapassar a Ford em vendas. Muitos consumidores anseiam por cada novo modelo e frequentemente são incentivados a trocar de carro todo ano.

Como todas as empresas estabelecidas, os veículos Chevrolet passaram por diversos sucessos e fracassos. Alguns veículos que a empresa pensou que iriam ser sucesso fracassaram totalmente. O Chevy Corvair de 1962 era um veículo Chevy popular até Ralph Nader publicar *Inseguro a Qualquer Velocidade*, que apontava questões de segurança com a direção do Corvair. O automóvel acabou por ser excluído do mix de produtos da Chevrolet. O Chevy Vega foi outro fracasso após queixas de má qualidade e recalls de produtos criarem publicidade negativa. Por outro lado, muitos veículos Chevrolet se tornaram imensamente populares e alguns, como o esportivo Corvette, existem até hoje. Os seguintes veículos ajudaram a consolidar a reputação da Chevrolet como um ícone.

Chevy Corvette

O Chevy Corvette é um dos marcos mais importantes da Chevrolet. O Corvette, revelado pela primeira vez em uma feira do automóvel em 1953, foi a incursão inicial da GM no mundo do automóvel esportivo. Ape-

Figura do Caso 9.1 — Modelos Chevrolet Vendidos nos Estados Unidos

Automóveis	SUVs/Crossovers	Caminhonetes/Vans	Veículos Elétricos
Sonic	Equinox	Colorado	Volt
Cruze	Traverse	Avalanche	
Malibu	Tahoe	Silverado	
Corvette	Suburban	Express	
Camaro			
Impala			
Spark			

Fonte: Baseada no site da Chevrolet <http://www.chevrolet.com>. Acesso em: 25 de julho de 2012.

sar do entusiasmo inicial pelo Corvette, os primeiros não eram muito populares. A introdução do motor V8 de bloco pequeno em 1955 mudou isso. O engenheiro da GM Zora Arkus-Duntov começou a trabalhar com o motor para transformar o Corvette em um veículo de corrida. Um ano mais tarde, Arkus-Duntov correu com o Corvette renovado na prova de Pikes Peak Hill Climb. Arkus-Duntov venceu a corrida em sua classe e estabeleceu um novo recorde para a stock cars. O Corvette 1957 conquistou uma reputação de velocidade, alcançando 100 km por hora (km/h) em 5,7 segundos. O Corvette tinha conquistado sua reputação do "automóvel esportivo dos Estados Unidos".

A Chevrolet tentou posicionar o Corvette como uma combinação de esportividade e luxo. Por exemplo, um de seus primeiros slogans era "parece-se com um automóvel esportivo... sente-se como um automóvel esportivo... comporta-se como um automóvel esportivo... como pode ser possível ser um automóvel de luxo?". O Corvette passou por seis gerações, e cada sucessivo modelo foi submetido a modificações adicionais na qualidade e no estilo.

O Corvette tem atraído muitos fãs ao longo dos anos, dentro e fora das pistas. Exemplos de pessoas que já foram proprietários de Corvettes incluem Alan Shepard (astronauta), Johnny Carson, Jeff Gordon, Jay Leno e o vice-presidente Joe Biden. A fama do Corvette o transformou em um produto de prestígio, com modelos a partir de US$ 50.000 até US$ 100.000. Para comemorar o seu 100º aniversário, em 2012, a Chevrolet anunciou o lançamento da edição Corvette Centennial, disponível apenas na cor carbono brilhante metálico.

Embora ainda seja forte, o Corvette provavelmente atingiu o estágio de maturidade devido a inovações de produtos nos modelos Chevrolet mais recentes e à evolução dos gostos dos clientes. O estádio de maturidade ocorre quando o crescimento começa a desacelerar. No caso do Corvette, o proprietário médio está na faixa dos 50 anos, o que significa que as pessoas mais jovens não o estão comprando tanto talvez porque percebam o Corvette como o automóvel que seus pais ou avós dirigiam. Em 2009, as vendas do Corvette foram as mais baixas desde 1961, com uma queda de 48,3% em comparação com o ano anterior. Alguns especularam que o interesse em automóveis esportivos estava diminuindo. No entanto, isso não significa necessariamente que o Corvette irá desaparecer tão cedo. Embora parecesse que o modelo estava em declínio em 2009, suas vendas ficaram 19 meses no pico em 2011. Os fãs leais e a reputação do Corvette como automóvel esportivo dos Estados Unidos podem mantê-lo ainda forte por muitos anos mais.

Chevrolet Camaro

O Camaro é a história de um modelo de automóvel que não seria conquistado. A GM lançou o Camaro em 1967 para competir diretamente contra o Ford Mustang. A intenção competitiva por trás do Camaro ficou logo clara. Quando perguntado o que o nome da pequena sportster significava, gerentes de produto afirmaram que era o nome de um animal que comia mustangs (cavalos selvagens). O modelo passou por cinco gerações e muitos altos e baixos na popularidade nos seus 35 anos de vida. Na virada do século, tornou-se claro que a GM estava considerando parar de fabricar o Camaro, já que as novas versões não apresentavam alterações significativas em relação às anteriores. Em 2002, a linha Camaro foi oficialmente descontinuada. Oito anos mais tarde, devido à pressão dos fãs dedicados, a GM ressuscitou o Camaro com o lançamento do modelo 2010. O novo Camaro misturou elementos de design da década de 1960, com características modernas, incluindo conectividade Bluetooth, conectividade USB e OnStar. Ela também aproveitou as demandas dos fãs do automóvel por velocidade. O automóvel ganhou o World Design Car do Ano de 2010. Efetivamente, foi atribuído ao Camaro ter tirado a indústria de automóveis esportivos de dificuldades. O automóvel lançado recentemente vendeu bem, mesmo no meio de uma recessão, com vendas de mais de 60.000 veículos.

Quando foi anunciado em 2009, o novo Camaro teve uma demanda tão alta que a GM se empenhou para criar oferta suficiente. Entusiastas chegaram a pagar entre US$ 500 e US$ 2.500 acima do preço de fábrica. Embora a demanda tenha se estabilizado um pouco, o Camaro parece estar na fase de crescimento do ciclo de vida do produto. Em 2009, quando as vendas de conversíveis estavam em baixa, o Chevy Camaro vendeu bem. Dois anos mais tarde, superou o Ford Mustang. Ressuscitar o Camaro pareceu ser uma jogada inteligente por parte da Chevrolet, mas a competição feroz e a rápida mudança dos gostos dos consumidores exigirão que a empresa modifique continuamente seus produtos a fim de manter sua vantagem competitiva.

Chevrolet Impala

O Chevrolet Impala foi introduzido em 1958 e passou a ser uma das marcas mais conhecidas da Chevrolet. Como um sedan familiar de grande porte, o Impala é um dos modelos de automóveis grandes da Chevrolet, e seu crescimento de vendas foi muito forte durante os anos 1960. Seu modelo de 1963, com motor V8 de bloco pequeno e bancos dianteiros, é agora considerado um item de colecionador. O ano de maior venda do Impala foi 1965, quando as vendas chegaram a 1 milhão de veículos. Sua popularidade continuou durante toda a década de 1970 e ele foi nomeado o automóvel mais vendido em 1973.

O Chevy Impala passou por dez gerações de novos modelos. Seus modelos 1994-1996 também se tornaram itens de colecionador, em grande parte devido a seu design de luxo e potência forte. O Impala é uma visão comum nas corridas da NASCAR depois que substituiu o Monte Carlo, um modelo de automóvel descontinuado da GM. No entanto, o Impala encarou uma série de desafios durante sua longa vida útil. Ele começou a perder vendas para automóveis de médio porte na década de 1980 e continua a disputar com seus rivais menores até hoje. Além disso, um problema de suspensão em veículos Impala vendidos em 2007 e 2008 provocou uma ação judicial movida contra a GM.

Apesar desses desafios, o Impala continua a ser líder em seu segmento. Ele vendeu mais de 170.000 veículos em 2010, uma melhoria de quase 4% em relação ao ano anterior. A quantidade de espaço que o Impala oferece e sua melhor eficiência de combustível lhe conferem uma vantagem competitiva. No entanto, seu modelo 2012 recebeu críticas sem entusiasmo por usar "materiais internos e de construção baratos". A forma com que os consumidores vão perceber o veículo será determinante para as vendas do mais novo Chevy Impala, se vão crescer ou estagnar.

Chevrolet Cruze

O Chevrolet Cruze 2010 foi um risco que valeu a pena para a Chevrolet. Esse sedan de cinco lugares projetado para substituir o impopular Chevy Cobalt saltou quase imediatamente da fase de introdução para a de crescimento. O sucesso do Cruze surpreendeu especialistas da indústria. Em seu primeiro ano de vendas, o Cruze esteve na décima posição da classificação de veículos mais populares nos Estados Unidos. Em junho de 2011, tornou-se o automóvel mais vendido do país.

O Cruze foi lançado como um veículo global. Foi introduzido na Europa em 2009 e desde então se expandiu para os Estados Unidos, Índia, China, México e Rússia. Aproximadamente 270.000 veículos foram vendidos em mais de 60 países. O sedan combina segurança, tecnologia, velocidade e maior eficiência de combustível, ostentando 10 airbags e um motor 1.8 de quatro cilindros. A versão de 2012 do Cruze, o Cruze Eco, pode fazer 18 quilômetros por litro (km/l) na estrada, atualmente a maior quilometragem para veículos tradicionais movidos a gasolina nos Estados Unidos. A economia aprimorada de combustível é particularmente importante à luz da legislação federal iminente, exigindo que os veículos tenham melhor desempenho nesse quesito.

Para promover o Cruze, a Chevrolet lançou alguns anúncios narrados pelo ator Tim Allen nos quais ele diz aos espectadores "acostumem-se com mais", enquanto divulga os avanços tecnológicos do Cruze e o preço de US$ 17.000. A empresa optou por uma abordagem controversa em relação à concorrência e seus anúncios "Caro, Corolla" criticando sutilmente o Toyota Corolla por não oferecer a última tecnologia em seus veículos. Tal abordagem reconhece a indústria altamente competitiva que o Chevy Cruze ocupa.

Apesar de seu sucesso inicial, os analistas acreditam que o Ford Focus ou o Hyundai Sonata poderiam facilmente substituir o Cruze. De muitas formas, a natureza cada vez mais competitiva da indústria automobilística tem reduzido os ciclos de vida de muitas marcas de veículos. Enquanto veículos como o Corvette tiveram longos períodos de crescimento, o ambiente competitivo e o aumento da regulamentação do governo podem reduzir significativamente o período de crescimento do Cruze a poucos anos. Resta saber se a Chevrolet será capaz de manter a vantagem competitiva do Cruze a longo prazo ou perderá rapidamente para rivais mais bem adaptados.

Chevrolet Silverado

As picapes da Chevrolet são ainda mais populares do que seus automóveis. Depois de apresentar sua primeira caminhonete em 1918, as vendas de picapes Chevrolet superaram as vendas de automóveis em 1989. A Chevrolet posiciona suas caminhonetes como muito fortes e duráveis, usando o slogan de sucesso do anúncio "Como uma Rocha" em todos os seus comerciais de caminhonetes há uma década. Sua caminhonete mais popular é a Silverado. Segundo o *USA Today*, as vendas da Silverado superam o produto interno bruto de vários países. Modelos sucessivos da Silverado foram fabricados para garantir uma condução mais suave, aumentar a capacidade de reboque e melhorar a economia de combustível. Por exemplo, a mais recente Silverado HD aumentou a eficiência de combustível em 11%. Melhorias para a picape Chevrolet Silverado têm ecoado bem aos consumidores.

A Silverado está disponível em três tipos diferentes de caminhonete: cargas leves, cargas pesadas e híbrida. A picape Chevrolet (HD) Silverado carga pesada foi nomeada a Caminhonete do Ano pela revista *Motor Trend* por sua capacidade de rebocar 10 toneladas, suas vibrações reduzidas e sua condução mais suave. A capacidade de transportar ou rebocar cargas grandes pareceu ganhar importância durante a recessão. Para quem gosta de caminhonetes grandes, mas odeia as grandes quantidades de emissões que geram, a Silverado HD vem equipada com um novo sistema que reduz as emissões de óxido de azoto.

A Chevrolet está tentando descobrir a combinação certa entre a paixão dos norte-americanos por caminhonetes grandes (os dois veículos mais vendidos em 2011 eram caminhonetes) e ser ambientalmente amigável. Como resultado, ela começou a fabricação de uma Silverado híbrida, que possui muitas características de uma Silverado tradicional, incluindo alto torque e potência, mas pode fazer 8,5 km/l na cidade e 9,8 km/l na estrada (versus 6,4 km/l na cidade e 8,5 km/l na estrada para a Silverado carga leve). Ao tornar a Silverado mais ecológica, a Chevrolet não apenas está se preparando para regulamentações mais rígidas de emissões, mas também se tornando mais atraente para a demanda do mercado por caminhonetes menos poluentes.

SUVs/Veículos Crossover Chevrolet

SUVs, ou veículos utilitários esportivos, tornaram-se um sucesso durante a década de 1990 ao darem a seus proprietários uma sensação de prestígio e poder. Para atender a essa demanda, a GM criou várias linhas de SUVs, como o Hummer. No entanto, como esses automóveis consomem muito combustível, o aumento dos preços da gasolina e a maior preocupação com o meio ambiente contribuíram para seu declínio. Como consequência, a GM interrompeu sua linha Hummer, juntamente com vários de seus SUVs Chevrolet, incluindo o Trailblazer.

Embora SUVs pareçam estar em declínio, eles podem estar ganhando popularidade mais uma vez. Em 2008, quando os preços dos combustíveis estavam altos, muitos consumidores começaram a mudar para veículos híbridos e automóveis menores com maior eficiência de combustível. No entanto, quando o preço da gasolina caiu para menos de US$ 1,05 por litro, os SUVs retornaram, com algumas ligeiras modificações. Montadoras como a GM começaram a fabricar SUVs com melhor eficiência de combustível. A segurança das SUVs também melhorou. Graças à adição de controle de estabilidade em modelos de SUVs, estudos indicam que os condutores desses carros têm menos chances de morrer em um acidente do que quem dirige automóveis menores. A taxa de mortalidade de motoristas de SUVs caiu 66% depois que os modelos mais recentes foram lançados.

Essa é uma boa notícia para os SUVs da Chevrolet, que incluem o Suburban e Tahoe. Com a primeira aparição em 1936, o Suburban é o modelo de veículo mais antigo ainda em linha nos Estados Unidos. Hoje, o Suburban parece estar em fase de crescimento como um favorito das famílias e foi indicado pelo Kelley Blue Book como um dos Top 10 Automóveis da Família em 2011. Uma razão provável refere-se a suas características de segurança, que incluem seis airbags e controle de tração. Em contraste, o Tahoe é voltado mais para quem precisa de muito espaço e viaja em terreno mais acidentado. O Tahoe tem sido um dos modelos SUV mais populares desde a década de 1990. Para atrair os consumidores ecoconscientes, a Chevrolet também tem um modelo Tahoe híbrido, que faz 8,5 km/l na cidade e 9,8 km/l na estrada.

A Chevrolet também combina características de automóveis menores com as de SUVs em seus veículos crossover. Um de seus sucessos mais recentes é o Chevrolet Traverse. Lançado em 2008, é voltado para as famílias. O Kelly Blue Book também o indicou como um dos Top 10 Automóveis da Família em 2011. O Traverse pode acomodar oito pessoas e recebeu altas pontuações em segurança em acidentes da Administração Nacional de Segurança no Tráfego Rodoviário. As vendas do Traverse cresceram 17% em 2010 em relação ao ano anterior. O veículo crossover Chevrolet Equinox é exclusivo, uma vez que é alimentado por células de combustível de hidrogênio, tornando-o mais eficiente em combustível que seus contemporâneos. Combinadas com o seu interior espaçoso, as vantagens do Equinox o levaram a ser classificado pelo *Auto Press*, em 2012, no topo de sua lista de SUVs a preços acessíveis.

Chevrolet Volt

O mix de produtos da Chevrolet não seria completo sem um empreendimento na indústria de veículos elétricos. Seu Chevrolet Volt, lançado em 2010, funciona com uma bateria, mas também utiliza gasolina quando a carga elétrica termina. A bateria do Volt permite que o veículo rode 56 km com eletricidade e pode rodar mais 59 km usando gasolina.

As avaliações iniciais do Volt pareciam positivas. Em 2011, ele foi nomeado vencedor do prêmio de automóvel ecológico do mundo. No entanto, o Volt pode levar mais tempo do que o previsto para passar do estágio de introdução para o de crescimento no ciclo de vida do produto. Planos da GM para vender 10.000 Volts em 2011 foram extremamente otimistas. Apenas cerca de 8.000 Chevrolet Volts foram vendidos. Muitas concessionárias Chevrolet estavam hesitantes em vender o Volt, devido a uma percepção de falta de demanda local. Esses obstáculos não são incomuns com novos produtos, já que tanto empresas como consumidores precisam conhecer mais o produto antes de se comprometer em comprá-lo. O alto preço de US$ 41.000 também aumenta o risco da compra. Embora o atual interesse em veículos elétricos seja alto, a demanda pode levar mais tempo para recuperar o atraso devido à percepção de alto nível de risco de compra.

O Volt enfrentou um desafio mais sério quando sua bateria de lítio se mostrou problemática em acidentes. A bateria pegou fogo em três testes do governo relacionados à colisão, mas o fogo só ocorreu dias ou semanas após a batida. Investigações posteriores revelaram que a linha de resfriamento havia sido danificada durante os testes de colisão. O líquido de resfriamento vazou sobre os fios da bateria e assim provocou o incêndio.

Depois que essas questões de segurança vieram à tona, a GM foi rápida para resolver o problema. Ela criou um plano para aumentar o reforço em torno da bateria e emitiu um recall voluntário nos mais de 7.000 Volts já vendidos, bem como nos mais de 4.000 de seus showrooms. Ela também forneceu automóveis consignados aos consumidores até seus Volts serem modificados e se ofereceu para comprar de volta os Volts caso os clientes não os quisessem mais. Embora essa ação rápida possa ter salvo o Volt de uma extinção precoce, os desafios de segurança iniciais ainda podem ter provocado um efeito significativo sobre a demanda.

As questões de segurança também guarneceram o principal concorrente do Chevy Volt, o Nissan Leaf, de ameaças e oportunidades. Embora tanto o Leaf como o Volt sejam veículos elétricos, eles são posicionados de forma diferente. O Nissan é um automóvel inteiramente elétrico, enquanto o Volt funciona com gasolina, se necessário. O VP de marketing da GM viu essa característica como uma grande vantagem, usando-a para classificar o Volt como "um automóvel em primeiro lugar e elétrico em segundo" e afirmou que o Volt pode dar aos motoristas a tranquilidade de que eles não ficarão na mão se usarem a reserva de eletricidade. No entanto, os recentes incêndios da bateria reduziram a confiança no Volt e lançaram dúvidas sobre a indústria de veículos elétricos como um todo. A Nissan foi rápida ao responder a essas preocupações de segurança, detalhando a estrutura de segurança de tripla camada de suas baterias. Em 2011, o Nissan Leaf parecia estar assumindo a liderança em número de veículos vendidos, mas o Volt foi se aproximando. Com os analistas prevendo que apenas um vai conseguir conquistar a maior parte da participação de mercado dos EUA, as apostas são altas.

Estratégia de Construção de Marca da Chevrolet

Embora a marca Chevrolet tenha evoluído ao longo dos anos, ela mantém muitos dos mesmos temas de quando começou, há um século: um veículo de qualidade com raízes profundas no passado dos Estados Unidos. Quando Durant imaginou o primeiro Chevrolet, seu desejo era criar um veículo de baixo preço que pudesse competir de frente com a Ford. Portanto, um de seus primeiros slogans, "Qualidade a baixo custo" não é de surpreender. Como os veículos Chevrolet se tornaram mais populares para os norte-americanos, exceto pelo recesso durante a Grande Depressão, a empresa queria consolidar firmemente a marca como uma parte fundamental da cultura norte-americana. Ela encontrou parte da solução ao associar-se a eventos esportivos norte-americanos. Em 1935, a Chevrolet começou a patrocinar o All-American Soap Box Derby, que continuaria a apoiar na década seguinte. Veículos Chevrolet dirigidos por motoristas como Jeff Gordon e Jimmie Johnson viriam a se tornar uma visão comum em circuitos de corrida.

No lado promocional, a Chevrolet adotou um tema patriótico com slogans como "o Mais Vendido dos Estados Unidos, a Melhor Compra dos Estados Unidos" e "Baseball, cachorro-quente, torta de maçã e Chevrolet". Um de seus slogans mais populares "Como uma Rocha" começou em 1991 para descrever sua caminhonete Chevrolet. O slogan imbuía na marca um sentido de resistência e durabilidade. A Chevrolet continuaria seu tema norte-americano com seu slogan "Uma Revolução Norte-Americana", aprovado em 1994 e seu mais recente "Chevy Runs Deep" (em tradução livre, "Chevy Roda Fundo").

A marca Chevrolet ecoa o desejo dos consumidores, tanto é que os profissionais de marketing da empresa devem ter cautela ao implantar mudanças. Por exemplo, em 2010, a GM decidiu que a empresa pararia de usar o famoso apelido norte-americano Chevy e só usaria Chevrolet na comunicação empresarial e na propaganda. Embora os consumidores norte-americanos tivessem sido estimulados a continuar utilizando o apelido popular, os funcionários não usavam Chevy internamente. O raciocínio por trás disso era que os compradores internacionais de Chevrolets tendem a ficar confusos com os nomes "Chevy" e "Chevrolet", acreditando serem automóveis diferentes. No entanto, a reação dos consumidores e as mudanças gerenciais convenceram a GM a abandonar esse plano.

Alterar o slogan para "Chevy Runs Deep" tampouco foi isento de críticas. Fãs da Chevrolet não sentiam que o slogan era tão forte quanto os anteriores e outros não tinham certeza sobre o que significava. Essa confusão fez a GM começar a reformular seu marketing para esclarecê-la. Segundo o diretor de marketing da Chevrolet, o sentido do slogan é ter um impacto emocional ao ligar a Chevrolet à tradição norte-americana.

Embora a Chevrolet modifique seus slogans para se ajustar a certos países, muitos deles são usados em vários países para criar uma forte coesão com a marca. Globalmente, a empresa posiciona seus veículos com quatro valores: durabilidade, valor, praticidade e cordialidade. Na África do Sul, comerciais Chevrolet têm enfatizado valores familiares, bem como emoção. Slogans incluem "Captiva. Feito para memórias" e "Aonde o seu Chevrolet te levará?". Embora a Chevrolet tenha adotado uma estratégia de marca mais global, ela ainda personaliza sua marca para atrair mercados específicos.

Rivalidade entre a General Motors e a Ford

A General Motors é uma das "Três Grandes" montadoras nos Estados Unidos, junto com a Ford e a Chrysler. Embora a Ford e a Chrysler sejam concorrentes temíveis da Chevrolet, a maioria encara a Ford como o rival mais sério. Veículos Ford e Chevy são considerados automóveis práticos e acessíveis, e, apesar de a Chevy ser geralmente vista como mais alegre que a Ford, os veículos esportivos da Ford, como o Mustang, são concorrentes diretos dos automóveis esportivos da Chevy. Apesar de a Chrysler ter entrado em cena mais tarde, durante a década de 1920, a Ford e a Chevrolet são mais próximas em idade e estão competindo desde o início da Chevrolet.

Essa rivalidade altamente competitiva tem desafiado muitas estratégias de marca da Chevrolet. Por exemplo, a Ford também está profundamente enraizada na cultura norte-americana. Muitos veem o modelo T como o primeiro automóvel norte-americano, apesar de que seria mais correto dizer que foi o primeiro produzido para as massas. A declaração não comprovada do fundador Henry Ford sobre o modelo T, "você pode pintá-lo de qualquer cor, desde que seja preto", é lembrada quase um século mais tarde. A Ford também afirma que seus engenheiros e técnicos da Ford Aerospace ajudaram a colocar o homem na lua, contribuindo para o projeto e fornecendo serviços para o Centro de Controle de Missões da Nasa. Os defensores da Ford são mais propensos a vê-la como maior responsável que a Chevrolet na tradição dos Estados Unidos.

Desde o início, a Ford também erigiu sua reputação na história de corridas, começando em 1901 com a vitória do fundador Henry Ford sobre o motorista profissional Alexander Winton em um veículo fabricado por ele mesmo. Desde então, as corridas se tornaram uma parte importante do DNA da Ford. A companhia de automóvel tem uma presença marcante na Indy 500, Fórmula 1 e na série NASCAR, com pilotos como Tom Kendall, Jacques Villeneuve, John Force e até mesmo Paul Newman escolhendo correr com veículos

Ford. A criação de conexões sólidas com o passado dos Estados Unidos é uma parte importante da estratégia de marca da Ford.

A Ford e a General Motors também adotam abordagens muito diferentes em relação ao marketing. Enquanto o slogan da Chevrolet "Chevy Runs Deep" é uma tentativa de posicionar a marca como uma parte essencial da herança dos Estados Unidos, o slogan "Ford. Dirija um" e slogans anteriores da Ford, como "Movimentos audaciosos" e "Você dirigiu um Ford recentemente?", evocam uma imagem mais exclusiva do que a da Chevrolet. A Ford e a GM também diferem na forma como administram a marca de seus veículos. A Ford tem uma abordagem de família de marca, colocando o nome Ford juntamente com a marca do veículo. A General Motors, no entanto, tem escolhido a arquitetura de marca invisível, que teve início em 2009. Antes dessa época, a GM usava seu logo "Marca da Excelência" em seus veículos para conectá-los com a empresa-mãe. Mas em 2009, a GM revelou sua intenção de deixar seus veículos independentes. Novos veículos Chevrolet não terão qualquer filiação visível nem com a GM nem com outras de suas marcas. Essa estratégia de marca tem vantagens e desvantagens. Uma família de marca informa aos consumidores quando a mesma empresa oferece um cardápio de diferentes veículos. Se o consumidor tiver uma impressão favorável da empresa ou até mesmo de um modelo individual, tenderá a passar essa percepção para outro modelo da empresa. Por outro lado, uma família de marca corre o risco de contaminar toda a família se um produto do grupo for percebido como inferior. No caso da GM, a falência da empresa e o subsequente socorro financeiro contaminaram suas quatro marcas de veículos, apesar de seus méritos individuais. Ao adotar a arquitetura de marca invisível, a GM está reduzindo o risco de contaminação da marca.

Marketing Internacional

A Chevrolet vende mais de 4 milhões de veículos em mais de 140 países e é responsável por cerca de 70% de todas as vendas da GM nos mercados estrangeiros. Embora a Chevrolet tenha tentado criar uma imagem de marca consistente em todo o mundo, seus produtos diferem nos diferentes mercados. Por exemplo, a linha de produtos da África do Sul da Chevrolet inclui o Chevrolet Spark, Aveo, Lumina, Optra, Cruze, Orlando e Sonic. No Brasil, a linha de produtos da Chevrolet inclui o Camaro, bem como o Chevrolet Captiva, Prisma, S10, Meriva, Zafira e Astra. Os diferentes modelos recorrem aos diferentes gostos dos vários mercados-alvo da Chevrolet.

Embora durante anos a Chevrolet tenha se mostrado como uma marca norte-americana, na realidade, a marca tornou-se verdadeiramente globalizada. De fato, os profissionais de marketing da Chevrolet agora tentam incorporar a marca Chevrolet em outras culturas, assim como eles a tornaram parte essencial da cultura norte-americana. Na tentativa de criar maior reconhecimento de marca, a GM decidiu rebatizar a Daewoo, a marca sul-coreana que a GM adquiriu no início de 2000, como Chevrolet. Apesar de as vendas de veículos Daewoo ter aumentado nos últimos anos, a GM reconhece que muitos sul-coreanos não reconhecem a marca Chevrolet. Ela espera que a mudança da marca Daewoo para Chevrolet aumente o reconhecimento de marca e permita à Chevrolet competir com seus concorrentes.

As vendas da Chevrolet ainda são mais altas nos Estados Unidos, seguidas pelo Brasil. No entanto, a China não está muito atrás. A China é hoje o terceiro maior mercado da Chevrolet, sendo o maior mercado do mundo de veículos. A empresa vende uma variedade de veículos na China, incluindo Volt, Camaro, Captiva, Aveo, Vela e Spark. A GM entrou em várias joint ventures com empresas chinesas para vender veículos Chevrolet no país. A China é também um mercado lucrativo para veículos elétricos (EVs) e a Chevrolet está otimista sobre a forma como o Chevy Volt irá se desempenhar. No entanto, a empresa também enfrenta muitos desafios em seus planos de introdução de EVs na China. O governo chinês determinou que as montadoras estrangeiras de EVs entrem em joint ventures com empresas nacionais para produzir veículos elétricos na China. Join ventures apresentam muitas vantagens, mas também exigem que a Chevrolet compartilhe alguns de seus segredos comerciais com seus parceiros. Por essa razão, a GM decidiu importar o Chevy Volt, abrindo mão de certos benefícios em vez de compartilhar a tecnologia do Volt.

Outro desafio para a Chevrolet diz respeito à personalização. Personalizar veículos para diferentes mercados leva tempo e os gerentes da GM querem aumentar a produção e diminuir o processo de comercialização. Isso levou a GM a considerar um novo design para seus veículos, que incorpora "arquitetura de núcleo global". Tal medida permitiria às marcas da GM criar um design mais padronizado com ligeiras adaptações para diferentes mercados, o que provavelmente faria a GM economizar tempo e dinheiro, mas como os gostos culturais podem diferir de modo significativo um projeto globalizado não é isento de riscos. Ainda é incerto se a Chevrolet criará um veículo padronizado que seja aceito por várias culturas diferentes.

Desafios e Recuperação

Depois de quase um século no negócio, a Chevrolet enfrentou sua maior ameaça com a falência da GM em 2008. A empresa necessitou de um enorme ajuda de US$ 50 bilhões do governo e, embora a GM em si tenha se recuperado, sua reputação vai demorar um pouco para ser reconquistada. Segundo o CEO da GM Dan Akerson, a empresa "falhou porque não conseguiu inovar". A Ford, a única das três grandes montadoras que não aceitou a ajuda do governo, adotou uma abordagem combativa contra seus concorrentes na sua propaganda. A empresa filmou um anúncio de um cliente que tinha acabado de comprar uma nova caminhonete Ford dizendo "eu não vou comprar um automóvel que recebeu ajuda de nosso governo. Eu vou comprar de um fabricante que está de pé por méritos próprios: ganhando, perdendo ou saindo fora". Embora o comercial mais tarde tenha sido retirado do ar (a Ford afirmou que ele já tinha cumprido seu papel), esse ponto de vista representava os sentimentos de muitos norte-americanos que achavam que a GM e a Chrysler tinham se excedido e, em seguida, depenaram dos contribuintes para salvá-las de seus erros.

Apesar desses tempos sombrios para a GM, o CEO Akerson afirmou que ele via a Chevrolet como uma potência de inovação e acreditava que a marca traria a GM de volta da beira do colapso. A recuperação, no entanto, tem sido dolorosa para a GM. A empresa descontinuou metade de suas marcas de seu mix de produtos, incluindo Pontiac, Hummer, Saturn e Saab. Embora isso dê aos clientes menos marcas de veículos para escolher, pode beneficiar a Chevrolet, a longo prazo, já que a GM agora pode concentrar-se mais na modificação de suas marcas restantes.

Tais modificações serão importantes se as condições ambientais do mercado continuarem a mudar. Por exemplo, os regulamentos novos e iminentes exigem que os fabricantes de automóveis criem veículos mais eficientes em combustível. Em 2025, os veículos devem ser capazes de chegar a 23,2 km/l. Tais mudanças serão caras e exigirão que a GM aja agora. Assim, novos veículos Chevrolet tendem a ser mais leves e dotados de melhor tecnologia na economia de combustível. Essas modificações são essenciais para garantir que a Chevrolet atenda tanto às exigências dos consumidores como às exigências regulatórias do governo.

A marca Chevrolet é um modelo a que os profissionais de marketing aspiram. Ao contrário de muitas outras marcas, já perdura por um século, devido a suas modificações de produtos inovadoras e capacidade de recuperação de fracassos. Ela deve continuar a aproveitar as oportunidades de mercado, constantemente modificar seus produtos e adaptar sua marca às mudanças nos gostos dos clientes. Conseguir atender a esses critérios pode permitir que a marca Chevrolet seja bem-sucedida por mais um século.

Questões para Discussão

1. Avalie a diversidade de tipos e tamanhos de veículos vendidos sob a marca Chevrolet. Que pontos fortes e fracos são evidentes no mix de produtos da Chevy?
2. Como a Chevrolet gerenciou estrategicamente sua marca e sua reputação ao longo dos últimos 100 anos? Que oportunidades e ameaças afetarão a marca e a reputação da Chevy no futuro?
3. Que estratégias de marketing específicas você recomendaria para ajudar a Chevrolet a permanecer por mais 100 anos? Qual é a importância do legado de inovação da Chevy para o futuro da marca?

Fontes

AutolineDetroit, Chevy Cruze: The Most Important Car in GM History, YouTube, 16 de setembro de 2010 <http://www.youtube.com/watch?v=87WlQU23WgY>; Keith Barry, Ground Control: Celebrating Astronauts and their Corvettes, *Wired*, 9 de maio de 2011 <http://www.wired.com/autopia/2011/05/astronauts-chevrolet-cor vette>; Jim Bernardin, About Old Chevy Ads, 7 de fevereiro de 2008 <http://oldchevyads.blogspot.com/2008/02/63-corvette-magazine_1336.html>; Henry Biggs, Top 10: Muscle Cars, MSN, 2 de março de 2006 <http://cars.uk.msn.com/news/articles.aspx?cp-documentid=147864031>; Keith Bradsher, G.M. Plans to Develop Electric Cars With China, *New York Times*, 20 de setembro de 2011 <http://www.nytimes.com/2011/09/21/business/global/gm-plans-to-develop-electric-cars-with-chinese-automaker.html>; Dave Caldwell, Monte Carlo Off the Track, *New York Times*, 25 de novembro de 2007 <http://www.nytimes.com/2007/11/25/automobiles/25MONTE.html>; Chevrolet <http://www.superbrands.com/za/pdfs/CHEV.pdf>. Acesso em: 27 de julho de 2012; Chevrolet Camaro – History, Edmunds <http://www.edmunds.com/chevrolet/camaro/history.html>. Acesso em: 27 de julho de 2012; Chevrolet Camaro–World Car Design of the Year 2010, AUSmotive.com, 8 de abril de 2010 <http://www.ausmotive.com/2010/04/08/chevrolet-camaro-world-car-design-of-the-year-2010.html>; Chevrolet China <http://www.chevrolet.com.cn/brandsite>. Acesso em: 27 de julho de 2012; Chevrolet Corvette History, Edmunds <http://www.edmunds.com/chevrolet/corvette/history.html>. Acesso em: 27 de julho de 2012; Chevrolet Equinox Review, *US News & World Report*, 27 de fevereiro de 2012 <http://usnews.rankingsandreviews.com/cars-trucks/Chevrolet_Equinox>; Chevrolet Impala Review, Edmunds <http://www.edmunds.com/chevrolet/impala>. Acesso em: 27 de julho de 2012; Chevrolet South Africa, Chevrolet Captiva Gold Commercial, YouTube, 14 de junho de 2011 <http://www.youtube.com/atch?v=uogbShJddNY>; Chevrolet South Africa, Chevrolet TV Commercial, YouTube, 30 de julho de 2010 <http://www.youtube.com/watch?v=BmswxNKG G9w&NR=1&feature=endscreen>; Chevrolet Suburban Review, Edmunds <http://www.edmunds.com/chevrolet/suburban>. Acesso em: 27 de julho de 2012; Chevrolet Suburban and Traverse Named Top 10 Family Cars by Kelley Blue Book's kbb.com, General Motors, 24 de fevereiro de 2011 <http://media.gm.com/content/media/us/en/chevrolet/news.detail.html/content/Pages/news/us/en/2011/Feb/0224_Chevrolet>; Chevrolet Tahoe Review, Edmunds <http://www.edmunds.com/chevrolet/tahoe>. Acesso em: 27 de julho de 2012; Chevrolet Turns 100, *Automobile*, novembro 2011, 53-97; site da Chevrolet <http://www.chevrolet.com>. Acesso em: 27 de julho de 2012; Chevrolet Volt, Chevrolet <http:// www.chevrolet.com/volt-electric-car>. Acesso em: 27 de julho de 2012; Bill Connell, Astronauts and Corvettes, Corvette Blog, 2 de setembro de 2007 <http://www.corvetteblog.com/2007/09/celebrity-corvettes-astronauts-and-corvettes>; Kevin Cool, Heavy Metal, *Stanford Magazine*, setembro/outubro 2004 <http://alumni.stanford.edu/ get/page/magazine/article/?article_id=35646>. Acesso em: 21 de dezembro de 2011; Corvette Drops to 50-Year Sales Low as Sports Cars Sputter, Reports Edmunds' AutoObserver.com, Edmunds, 21 de janeiro de 2010 <http://www.edmunds.com/about/press/corvette-drops-to-50-year-sales-low-as-sports-cars-sputter-reports-edmunds-autoobservercom.html>; Matt Davis, 2011 World Car Awards: How close it was, *Auto Blog*, 27 de abril de 2011 <http://www.autoblog.com/2011/04/27/2011-world-car-awards-how-close-it-was>; Lindsey Fisher, Corvette Sales Reach 19-Month Record High in April, *Corvette Online*, 5 de maio de 2011 <http://www.corvetteonline.com/news/corvette-sales-reach-19-month-record-high-in-april>; From 0 to 100, *The Economist*, 29 de outubro de 2011, 76; Burton W. Fulsom, Billy Durant and the Founding of General Motors, Mackinac Center for Public Policy, 8 de setembro de 1998 <http://www.mackinac.org/article.aspx?ID=651>; Jon Gertner, How Do You Solve a Problem like GM, Mary? *Fast Company*, outubro 2011, p. 104-108, 148; GM rebrands GM Daewoo as Chevrolet in S. Korea, *Reuters*, 19 de janeiro de 2011 <http://www.reuters.com/article/2011/01/20/gmdaewoo-chevyidUSTOE70I05A20110120>; Allyson Harwood, 2011 Motor Trend Truck Of The Year: Chevrolet Silverado HD, Motor Trend, 12 de dezembro de 2010 <http://www.motortrend.com/oftheyear/truck/1102_2011_motor_trend_truck_of_the_year_chevrolet_silverado_hd/viewall.html#ixzz1hCvSvs7t>; James R. Healy, 100 Years of Chevy, *USA Today*, 31 de outubro de 2011, 1B, 2B; James Healey, 2012 Chevy Cruze Eco: Mileage gain, no pain, *USA Today*, 27 de maio de 2011 <http://www.usatoday.com/money/autos/reviews/healey/2011-05-26-chevroletcruze-eco-test-drive_n.htm>; Jim Henry, Nissan Says Batteries for the Nissan Leaf Can Take a Licking, *Forbes*, 22 de dezembro de 2011 <http://www.forbes.com/sites/jimhenry/2011/12/22/nissan-says-batteries-for-the-nissan-leaf-can-take-a-licking>; Heritage, site da Ford <http://corporate.ford.com/our-company/heritage>. Acesso em: 27 de julho de 2012; Dan Ikenson, Ford Pulling Anti-Bailout Ad Shows Ongoing Ripples From Washington, *Forbes* 27 de setembro de 2011 <http://www.forbes.com/sites/beltway/2011/09/27/ford-pulling-

anti-bailout-ad-showsongoing-ripples-from-washington>; Cheryl Jensen, Forecast Says China Provides Opportunities and Competition, *New York Times*, 23 de agosto de 2010 <http://wheels.blogs.nytimes.com/2010/04/23/forecast-says-china-provides-opportunities-and-competition>; Bradley Johnson, From "See the USA in your Chevrolet" to "Like a Rock," Chevy Ads Run Deep, *Advertising Age*, 31 de outubro de 2011 <http://adage.com/article/special-reportchevy-100/100-years-chevrolet-advertising-a-timeline/230636/#2000>; Soyoung Kim, GM bans use of "Chevy" brand name internally, *Reuters*, 10 de junho de 2010 <http://www.reuters.com/article/2010/06/10/gm-chevyidUSN1024152620100610>; Jeremy Korzeniewski, Tagline shuffle: "Bold Moves" out, "Ford. Drive One" in, *AutoBlog*, 19 de março de 2008 <http://www.autoblog.com/2008/03/19/tagline-shuffle-bold-moves-out-ford-drive-onein>; Jeremy Korzeniewski, Report: New slogan "Chevy Runs Deep" coming this fall [w/poll], *AutoBlog*, 25 de outubro de 2010 <http://www.autoblog.com/2010/10/25/report-new-slogan-chevy-runs-deep-coming-this-fall-w-poll>; Charles Krome, 2011 Chevrolet Impala: The Same As Ever, *Autobytel*, 15 de fevereiro de 2011 <http://www.auto bytel.com/chevrolet/impala/2011/car-buying-guides/2011-chevrolet-impala-same-as-it-ever-was-104636>; Katie LaBarre, 2012 Suburban Safety, *US News*, 7 de março de 2012 <http://usnews.rankingsandreviews.com/cars-trucks/Chevrolet_Suburban/Safety>; Katie LaBarre, Chevrolet Tahoe Review, *US News & World Report*, 3 de fevereiro de 2012 <http://usnews.rankingsandre views.com/cars-trucks/Chevrolet_Tahoe>; Joann Muller, Ford Looks Hypocritical In New Anti-Bailout Commercial, *Forbes*, 19 de setembro de 2011 <http://www.forbes.com/sites/joannmuller/2011/09/19/ford-looks-hypocritical-in-new-anti-bailout-commercial>; Joann Muller, The best-selling vehicles of 2011, *MSNBC*, 9 de novembro de 2011 <http://www.msnbc.msn.com/id/45165770/ns/business-forbes_com/t/bestselling-vehicles>; Dan Neil, Brand-New and Almost Out of Date, *Wall Street Journal*, 31 de julho de 2010 <http://online.wsj.com/article/SB10001424052748703578104575397271724890814.html>; New Chevrolet Corvette Reviews, Specs, & Pricing, Motor Trend <http://www.motortrend.com/new_cars/04/chevrolet/corvette>. Acesso em: 27 de julho de 2012; Jayne O'Donnell, Chevrolet races to meet demand for 2010 Camaro, *USA Today*, 29 de junho de 2009 <http://www.usatoday.com/money/autos/2009-06-28-camaro-chevrolet-2010_N.htm>; Jayne O'Donnell e Rachel Roubein, SUVs safer than ever, but small cars still perilous, *USA Today*, 9 de junho de 2011 <http://www.usatoday.com/money/autos/2011-06-09-suv-crash-death-rates-drop_n.htm>; 100 Years of Icons, Chevrolet Culture, <http://www.chevrolet.com/culture/article/iconicchevys>. Acesso em: 27 de julho de 2012; Mike Ramsey e Sharon Terlep, Americans Embrace SUVs Again, *Wall Street Journal*, 2 de dezembro de 2011 <http://online.wsj.com/article/SB10001424052970204012004577072132855087336.html>; Aaron Robinson, 2008 Chevrolet Equinox Fuel Cell, *Car and Driver*, setembro 2006 <http://www.caranddriver.com/news/2008-chevrolet-equinoxfuel-cell-car-news>. Acesso em: 27 de julho de 2012; Norihiko Shirouzu, China Spooks Auto Makers, *Wall Street Journal*, 16 de setembro de 2010 <http://online.wsj.com/article/SB10001424052748704394704575495480368918268.html>; Chris Shunk, Video: Chevrolet Cruze ads ramps up, *AutoBlog*, 8 de setembro de 2010 <http://www.autoblog.com/2010/09/08/video-chevrolet-cruze-ads-ramp-up/#continued>; Chuck Squatriglia,

Feds OK GM's Fix for Volt Battery Pack, *Wired*, 5 de janeiro de 2012 <http://www.wired.com/autopia/2012/01/feds-ok-gms-redesign-ofvolt-battery-pack>; Jonathon Stempel, GM says bankruptcy excuses it from Impala repairs, *Reuters*, 19 de agosto de 2011 <http://www.reuters.com/article/2011/08/19/gm-impala-lawsuit-idUSN1E77I0Z820110819>; Alex Taylor III, Chevy Volt vs. Nissan Leaf: Who's winning? *CNNMoney*, 15 de setembro de 2011 <http://tech.fortune.cnn.com/2011/09/15/chevy-volt-vs-nissan-leaf-whos-winning>; Ten Chevrolet Trucks That Built a Global Brand, General Motors, 22 de novembro de 2011 <http://media.gm.com/content/media/us/en/chevrolet/news.detail.html/content/Pages/news/us/en/2011/Nov/1121_truckhistory>; Sharon Terlep, The Secrets of the GM Diet, *Wall Street Journal*, 5 de agosto de 2011 <http://online.wsj.com/article/SB10001424053111903454504576487822808431928.html>; Sharon Terlep, Slow Sales Dogged Volt Before Fires, *Wall Street Journal*, 5 de dezembro de 2011 <http://online.wsj.com/article/SB100014240529702004903804577078692310067200.html>; The 2012 Chevrolet Cruze, Chevrolet <http://www.chevrolet.com/cruze-compact-car>. Acesso em: 27 de julho de 2012; The Model T, Showroom of Automotive History <http://www.hfmgv.org/exhibits/showroom/1908/model.t.html>. Acesso em: 27 de julho de 2012; The Top 10 Moments in Chevrolet Motor Sports, Chevrolet <http://www.chevrolet.com/culture/article/chevy-racing-history.html>. Acesso em: 27 de julho de 2012; David Thomas, Chevy drops ad campaign "Like a Rock", *AutoBlog*, 8 de agosto de 2004 <http://www.autoblog.com/2004/08/08/chevy-drops-ad-campaign-like-a-rock>; Chrissie Thompson, Chevrolet Cruze's success shocks the auto industry, *USA Today*, 6 de novembro de 2011 <http://content.usatoday.com/communities/driveon/post/2011/11/chevrolet-cruze-general-motors-gm-big-sales/1>; 2010 Chevrolet Camaro Preview, JDPower.com <http://www.jdpower.com/content/detail.htm?jdpaArticleId=759>. Acesso em: 27 de julho de 2012; 2012 Chevrolet Impala, Edmunds <http://www.edmunds.com/chevrolet/impala/2012>. Acesso em: 27 de julho de 2012; Peter Valdes-Dapena, GM dumps Chevy for Chevrolet, *CNN Money*, 10 de junho de 2010 <http://money.cnn.com/2010/06/10/autos/gm_no_chevy/index.htm>; David Welch, GM Looking to Reboot Chevrolet Advertising Campaign After a Slow Start, *Bloomberg*, 31 de agosto de 2011 <http://www.bloomberg.com/news/2011-08-31/gm-looking-to-reboot-chevrolet-advertising-campaign-after-a-slow-start.html>; What Marketers Can Learn From Ford, Branding Strategy Insider, 13 de agosto de 2010 <http://www.brandingstrategyinsider.com/2010/08/what-marketers-can-learn-from-ford.html>; Chris Woodyard, General Motors to remove its "Mark of Excellence" logos from new cars, *USA Today*, 26 de agosto de 2009 <http://content.usatoday.com/communities/driveon/post/2009/08/68497806/1>; Chris Woodyard, Sales shockers: Chevrolet Camaro whipping Ford Mustang, *USA Today*, 4 de abril de 2011 <http://content.usatoday.com/communities/driveon/post/2011/04/sales-shockers-chevrolet-camaro-whipping-ford-mustang/1>; Chris Woodyard, Chevrolet Volt outsells Nissan Leaf, *USA Today*, 4 de dezembro de 2011 <http://content.usatoday.com/communities/driveon/post/2011/12/electric-wars-chevrolt-voltoutsells-nissan-leaf-last-month/1>; e Chris Woodyard, Volt loses some potential buyers, *USA Today*, 8 de dezembro de 2011, 1A.

Caso **10**
O Wyndham Worldwide Adota uma Estratégia de Marketing com Orientação para Stakeholders[*]

Sinopse: Desde a sua fundação em 1981, o Wyndham Worldwide emergiu como uma potência global na indústria de hospedagem, timeshare (copropriedade) e aluguel. Ao longo do caminho, o Wyndham passou por várias fusões e aquisições e uma estratégia de marca inconsistente. Depois de trabalhar com afinco durante a recessão de 2008, o Wyndham mobilizou-se rapidamente para revigorar suas marcas principais e lançar novos conceitos de alojamento, todos com foco preciso na estratégia de marketing voltada para os stakeholders. Este caso faz uma breve revisão da história do Wyndham e dos desafios que a empresa enfrentou ao se transformar na marca poderosa de hoje. A estratégia de marketing com orientação para stakeholders multifacetada do Wyndham também é revista com a consideração de como as marcas do Wyndham tornaram-se sinônimo de qualidade, liderança ética, satisfação do cliente e sustentabilidade.

Temas: Orientação para stakeholders, estratégia de marketing, estratégia de marca, ética, sustentabilidade, responsabilidade social, reputação corporativa, satisfação do cliente, marketing internacional.

---

[*] Harper Baird e Jennifer Sawayda, Universidade do Novo México, desenvolveram este caso com a ajuda de Chandani Bhasin e Cassondra Lopez, sob a direção de O. C. Ferrell e Linda Ferrell, Universidade do Novo México. O caso destina-se à discussão em sala de aula, e não para ilustrar um tratamento eficaz ou ineficaz de uma situação administrativa.

O Wyndham Worldwide, com sede em Parsippany, New Jersey, é um fornecedor global líder de serviços relacionados a viagens, incluindo alojamento, troca de timeshare e aluguel. A empresa pode ser dividida em três componentes: Wyndham Hotel Group, Wyndham Vacation Ownership e Wyndham Exchange & Rentals. Cada uma dessas partes é composta por diferentes empresas e marcas bem conhecidas. Apesar dos muitos serviços que a organização oferece, o Wyndham Worldwide é mais conhecido por suas cadeias de hotel. O Wyndham Hotel Group é composto por mais de 7.200 hotéis franqueados, incluindo marcas bem conhecidas, tais como Days Inn, Howard Johnson, Super 8, Ramada e Planet Hollywood. A Figura do Caso 10.1 fornece uma visão geral do mix de produtos Wyndham. Desde que se tornou uma empresa independente em 2006, o Wyndham Worldwide alcançou uma sólida reputação de qualidade e de forte gerenciamento de stakeholders, entre os quais, muitos visualizam o Wyndham Worldwide como uma empresa que realmente se preocupa com suas necessidades e preocupações. As iniciativas da empresa voltadas para os stakeholders, ética sólida e programas de conformidade (compliance) são modelos de práticas na indústria de hotéis e resorts.

História e Antecedentes

Trammel Corvo fundou a Wyndham Hotel Corporation em 1981. A empresa cresceu rapidamente e se fundiu com a Patriot American Hospitality, Inc., em 1998. A nova empresa após a fusão foi renomeada Wyndham

Figura do Caso 10.1 Mix de Produtos do Wyndham

Wyndham Hotel Group	Wyndham Exchange & Rentals	Wyndham Vacation Ownership
Wyndham Hotels and Resorts	Wyndham Vacation Rentals	Club Wyndham
Wyndham Grand Collection	Landal Greenparks	Wyndham Vacation Resorts Asia
Wyndham Garden	cottages4you	Pacific
TRYP	Canvas Holidays	WorldMark
Wingate	James Villa Holidays	
Hawthorn Suites	Hoseasons	
Microtel Inns & Suites	RCI	
Dream Hotels	The Registry Collections	
Planet Hollywood		
Ramada Worldwide		
Night Hotels		
Baymont Inns & Suites		
Days Inn		
Super 8		
Howard Johnson		
Travelodge		
Knights Inn		

Fonte: Site do Wyndham Worldwide <http://www.wyndhamworldwide.com/about-wyndham-worldwide/our-brands>. Acesso em: 31 de agosto de 2012.

International, Inc. O novo Wyndham se enveredou em uma estratégia agressiva de aquisições adquirindo outros hotéis e empresas. No entanto, a organização cometeu o erro comum de crescer muito rapidamente, adquirindo enorme dívida no processo. A American Patriot requisitou ajuda de US$ 1 bilhão junto a grupos de investidores privados. A empresa passou por um amplo processo de reestruturação, no qual a Patriot tornou-se uma subsidiária integral da Wyndham International.

Em 2005, a Cendant Corp. comprou a marca Wyndham. Os preços das ações da Cendant estavam estagnados desde sua fusão com a CUC International em 1997, uma empresa que mais tarde foi implicada em uma das maiores fraudes contábeis da época. Infelizmente para a Cendant, a aquisição do Wyndham não ajudou muito a elevar o preço das ações. Um ano mais tarde, a Cendant de sua parte de empresas de hospedagem, intercâmbio de férias e aluguel deu origem ao Wyndham Worldwide, e o nome Cendant foi oficialmente aposentado.

Apesar dessas mudanças, o Wyndham Worldwide continuou a enfrentar desafios. Por exemplo, suas marcas hoteleiras tinham ganhado uma reputação de inconsistência. Cada hotel parecia diferente do outro, o que dificultava o estabelecimento de uma identidade de marca sólida. O CEO Stephen Holmes culpou um marketing ineficaz de investidores anteriores por sua crise de identidade. Holmes acreditava que a chave para o sucesso era criar uma aparência congruente para a marca e contratou o estilista Michael Graves para redesenhar seus hotéis. Em seguida, a recessão chegou. Com a demanda hoteleira decrescente, o Wyndham registrou um prejuízo trimestral de US$ 1,36 bilhão em 2009 e foi forçado a vender mais ações para levantar os fundos necessários. No entanto, o CEO de sua divisão de hotéis, Eric Danziger, continuou a se empenhar para criar uma imagem de marca mais consistente para os hotéis Wyndham. Ao criar sua nova imagem, a empresa também começou a expandir seu alcance internacional por meio da aquisição de marcas de hotéis nas principais cidades internacionais. Hoje, o Wyndham Worldwide está localizado em seis continentes e emprega 25.000 pessoas no mundo.

Estratégia de Marca do Wyndham

Por algum tempo, muitas pessoas consideravam a qualidade do serviço e os benefícios dos hotéis Wyndham incoerentes. O CEO Eric Danziger do Hotel Group acreditava que as iniciativas de marketing passadas eram conflitantes e confundiram a identidade de marca da empresa. Como parte do redesenho da empresa, o Wyndham procurou criar uma identidade sólida para cada cadeia de hotéis que captasse a sensação de história e propósito de cada uma delas. A meta da empresa era criar uma "experiência de vida centrada no cliente relevante para os hóspedes em todos os níveis".

Como parte de sua nova estratégia de marca, cada cadeia de hotéis Wyndham foi redesenhada tendo os clientes em mente. Por exemplo, o Howard Johnson, a cadeia de hotéis de mais longa história solicitou ao Wyndham criar uma atmosfera "icônica" para esses hotéis que têm como alvo viajantes a lazer e famílias. Os benefícios experienciais da cadeia Howard Johnson, portanto, incluem um ambiente familiar e a possibilidade de ficar em um hotel clássico por um preço razoável. Por outro lado, as redes de hotéis mais sofisticados do Wyndham oferecem uma experiência completamente diferente. Seu Night Hotel em Nova York afirma destinar-se "ao viajante que se diverte com tudo após o anoitecer". O hotel se esforça para imbuir uma sensação "sexy" com restaurante e bar chiques, bem como mobiliário de cor escura. Os hotéis TRYP do Wyndham estão localizados em algumas das maiores cidades do mundo na Europa, América do Sul e América do Norte. Os hotéis são idealizados para se adaptar ao ambiente local e, portanto, variam de projetos modernistas a históricos. Os hotéis devem ser uma extensão da cidade na qual estão localizados, permitindo que os visitantes vivenciem a efervescência da cidade antes mesmo de deixar as portas do hotel. O Wyndham esperava que as novas identidades de cada cadeia de hotéis combinadas com um marketing consistente ajudariam a solidificar a marca e atrair mais clientes.

Foco do Wyndham na Orientação para o Stakeholder

A visão do Wyndham Worldwide é "ser a principal empresa mundial de hotéis de marca em operação". Para alcançar esse objetivo, a empresa adotou uma estratégia de orientação de marketing para os stakeholders visando resolver as demandas de uma ampla gama de stakeholders primários e secundários. Essa orientação de marketing para os stakeholders envolve atividades e processos que criem valor por meio de relacionamentos com vários stakeholders, tais como clientes, fornecedores, funcionários, acionistas, reguladores e a comunidade local. O Wyndham se baseia em seus stakeholders principais para seu contínuo sucesso.

No sentido de satisfazer os stakeholders relevantes, o Wyndham reúne informações, formal e informalmente, para averiguar importantes questões de interesse. No entanto, uma orientação para os stakeholders não é completa a menos que inclua atividades que abordem questões específicas de stakeholders que alcancem ou superem expectativas. Isso levou o Wyndham a desenvolver uma série de iniciativas, incluindo benefícios para seus clientes fiéis e funcionários, programas comunitários e práticas amigas do ambiente. O Wyndham mede sua orientação para os stakeholders por meio de feedback e geração de dados de toda a organização, o que resulta na avaliação do efeito da empresa sobre esses grupos.

O Wyndham está ciente de que uma orientação para stakeholders está ligada ao desempenho do mercado de ações, desempenho financeiro, reputação e comprometimento dos funcionários. A empresa opera "para manter a responsabilidade social como forma de vida, trabalho e ação que engloba totalmente a visão e os valores que o Wyndham Worldwide incorporou". Um clima de ética e responsabilidade social cria uma grande medida de confiança entre os stakeholders de uma empresa. Por conseguinte, o Wyndham Worldwide adotou cinco valores centrais de responsabilidade social corporativa, incluindo integridade, respeito, oportunidade e responsabilidade individuais, melhoria da vida do cliente e apoio da comunidade. Esses valores orientam como o Wyndham interage com os seus stakeholders.

Relacionamentos com Clientes

Quando os clientes consideram a marca Wyndham, provavelmente pensam em cadeias de hotéis de luxo que atendem turistas ricos e empresários. Na realidade, o Wyndham tem por alvo viajantes de todos os segmentos do espectro de preços. Hotéis que levam o nome Wyndham tendem a ser cadeias de luxo, como o Wyndham Hotels and Resorts, Wyndham Garden e Wyndham Grand Collection. No entanto, o Wyndham também possui as cadeias de hotéis de menor orçamento, tais como o Howard Johnson, Days Inn, Super 8, Travelodge e outros. A diversidade de cadeias hoteleiras permite ao Wyndham atingir uma ampla gama de viajantes. Essa estratégia lhe permite evitar confusão de marca ao omitir o nome Wyndham em seus hotéis econômicos.

O Wyndham oferece muitos benefícios diferentes a seus clientes para aumentar sua fidelidade. Por exemplo, o programa de recompensas do Wyndham atribui pontos e milhas aéreas aos clientes por se hospedarem em mais de 6.000 hotéis e resorts em todo o mundo. Os clientes com pontos suficientes podem receber pernoites gratuitos em hotéis Wyndham. O programa ByRequest do Wyndham oferece um pacote de benefícios mais personalizado: os membros têm acesso gratuito à internet, check-in mais rápido e depois de três noites, um lanche e uma bebida, itens adicionais, tais como travesseiros de melhor qualidade e a opção de ter o quarto personalizado com as preferências do cliente.

Além disso, o Wyndham se esforça para estimular as viagens de mulheres de negócios e tornar suas estadas mais confortáveis. Desde 1995, o Wyndham opera o programa Women on Their Way, que tem em vista especificamente os viajantes de negócios do sexo feminino. O site do programa oferece conselhos e pacotes especiais para mulheres de negócios que planejam suas viagens. O Wyndham também se orgulha de ter sido uma das primeiras cadeias a realizar pesquisas sobre a mulher viajante quando essa área ainda era carente de conhecimentos. O Wyndham afirma que sua pesquisa e o feedback de suas viajantes do sexo feminino estimularam a cadeia de hotéis a oferecer comodidades aprimoradas nos quartos do hotel, tais como espelhos de corpo inteiro, cafeteiras e opções de menu saudáveis. A empresa tem seu próprio conselho consultivo do sexo feminino e, periodicamente, realiza estudos e pesquisas no que vislumbra ser um mercado importante para o sucesso futuro.

O Wyndham tem muita certeza da capacidade de seus hotéis atenderem e superarem as expectativas dos clientes. Além de ser a primeira empresa hoteleira a implantar o rastreamento da satisfação dos serviços ao cliente totalmente on-line, cada um dos 7.200 sites de hotéis da empresa exibe as classificações e comentários do TripAdvisor, um site de viagens em que os clientes podem partilhar suas opiniões. Considerando que entre 40% e 60% dos clientes da Wyndham buscam informar-se no TripAdvisor, esse movimento mostra que a empresa entende a importância das experiências dos clientes.

Relacionamentos com Funcionários

A cultura corporativa do Wyndham Worldwide centra-se extensivamente sobre o bem-estar do funcionário. A empresa considera seus funcionários essenciais para seu sucesso. Por essa razão, o Wyndham oferece uma gama de benefícios aos funcionários, incluindo saúde e bem-estar, planos de aposentadoria, descontos aos funcionários, auxílio-educação, assistência ao funcionário, reembolso de adoção, acordos de trabalho flexíveis e os benefícios de parceiros domésticos. O Wyndham também tem vários programas exclusivos para funcionários:

- Relações Universitárias, que fornece aos alunos informações sobre oportunidades de estágio e emprego no Wyndham.
- Programa Fique Bem, que visa melhorar a saúde completa dos funcionários e promover exercícios, gestão de estilo de vida, bem-estar emocional, saúde financeira, assim como qualidade do ambiente de trabalho por meio de programas como gestão de peso e redução do estresse.
- Promessa de Serviço Conte Comigo!, que mantém os funcionários responsáveis uns pelos outros no cumprimento de valores dos serviços principais do Wyndham de responder às necessidades dos clientes, sendo respeitoso e proporcionando uma grande experiência.

O Wyndham Worldwide também admite que um dos melhores benefícios que pode oferecer a seus funcionários é o conhecimento. A empresa acredita que seus funcionários têm a oportunidade de embarcar em carreiras de longo prazo na indústria da hospitalidade e o Wyndham quer cultivar essas habilidades. Ao fazê-lo, não só ajuda seus funcionários a aprender as habilidades necessárias, mas também cria benefícios para a empresa, pois funcionários mais qualificados se traduzem em um melhor serviço para os clientes. O Wyndham criou a Proposição de Valor para o Funcionário (ver Figura do Caso 10.2) para resumir os benefícios de trabalhar na empresa.

Figura do Caso **10.2** Os Três Es da Proposição de Valor para o Funcionário do Wyndham

Experiência (*expandir know-how*)

- Sobre as atribuições de trabalho
- Rotação de cargos e desenvolvimento de carreira
- Desenvolvimento de um plano de desenvolvimento de carreira pessoal
- Interação com equipes transfuncionais, unidade de negócios transversais e equipes de projeto

Exposição (*expandir network*)

- Interação com a liderança sênior
- Feedback pessoal por meio de autoavaliações
- Sessões de "almoço e lições" e informativos frequentes
- Treinamento individualizado

Educação (*expandir conhecimento*)

- Programas de aprendizagem e desenvolvimento do Wyndham University Worldwide
- Oportunidades de pesquisa e estudo
- Ofertas de cursos on-line
- Programa de reembolso de matrícula

Fonte: Employee Value Proposition, Wyndham Worldwide. <http://www.wyndhamworldwide.com/careers_at_ wyndham/evp.html>. Acesso em: 28 de julho de 2012.

Relacionamentos com Acionistas

Como uma empresa de capital aberto, o Wyndham deve criar valor para seus acionistas, o que a empresa tem alcançado nos últimos anos. O preço das ações do Wyndham Worldwide vem aumentando e a empresa superou a indústria hoteleira em 2011, com aumento de 26% no preço das ações. Seu Hotel Group é a principal franqueadora de hotéis, o Exchange & Rentals Group é a principal empresa de permuta e aluguel de timeshare e seu Vacation Ownership Group é líder no desenvolvimento de timeshare. Seu forte fluxo de caixa e diversidade de produtos e serviços faz com que tenha uma posição única na indústria de hospedagem.

Embora o setor hoteleiro tenha ficado defasado nos anos seguintes à recessão, espera-se que cresça ao longo dos próximos anos. O lento fortalecimento da economia dos EUA, o aumento das reservas de hotel corporativas e governamentais e a expansão em mercados internacionais vão levar a tarifas mais elevadas. No entanto, as condições econômicas globais instáveis podem continuar a prejudicar o crescimento. Daqui para frente, o Wyndham deve se assegurar de examinar cuidadosamente sua concorrência. Quatro grandes concorrentes que representam potenciais ameaças para o Wyndham incluem Marriot Hotels, Starwood Resorts, Wynn Resorts e MGM Mirage. Todos esses hotéis são muito admirados e possuem alto reconhecimento de marca. Para melhorar sua posição competitiva e, portanto, seu valor para os acionistas, o Wyndham terá de identificar, monitorar e reagir a ameaças e oportunidades em um ambiente de negócios em rápida mutação.

Relacionamentos com Comunidades

Um dos valores corporativos do Wyndham Worldwide é apoiar suas comunidades. A empresa afirma que, "como uma grande empresa, proporcionamos empregos que ajudam as comunidades em que atuamos. Mas a filosofia do Wyndham é que isso não é suficiente. Precisamos dar um retorno às nossas comunidades para melhorar o mundo em nosso entorno". Isso levou a empresa a criar vários programas de ética e filantropia.

O Wyndham está empenhado em proteger os direitos humanos das pessoas dentro da "esfera de influência" da empresa. Ela adotou uma Declaração de Política de Direitos Humanos em 2007 e se concentra no tratamento ético de todos os trabalhadores. A empresa visa proporcionar um ambiente de trabalho seguro, rejeita todas as formas de trabalho escravo (especialmente o trabalho infantil) e apoia os direitos dos trabalhadores de formar sindicatos.

O Wyndham Worldwide tem uma série de programas filantrópicos para atender às necessidades de seus stakeholders. O maior deles é o Wishes by Wyndham, que atua para apoiar instituições de caridade que auxiliam mulheres e crianças por meio de doações, voluntariado, captação de recursos e sensibilização. Sob o Wishes by Wyndham, a empresa adotou três instituições de caridade:

- Seriousfun Children's Network, uma organização que oferece programas gratuitos para crianças com doenças sérias.
- Christel House, um centro de aprendizagem para crianças fundado pelo funcionário e membro do conselho do Wyndham Christel DeHann, que percebeu que ajudar as pessoas, fornecendo alimentos e roupas era apenas uma solução temporária para o problema muito maior da pobreza.
- Starlight Children's Foundation, que oferece entretenimento e atividades educacionais para crianças com doenças.

Além de seu apoio corporativo a esses programas, o Wyndham recomenda enfaticamente a seus funcionários que contribuam com seus esforços filantrópicos e envolve seus clientes, proporcionando-lhes a oportunidade de doar seus pontos de recompensas para caridade.

Relacionamento com o Meio Ambiente

O Wyndham Worldwide reconhece que suas práticas de trabalho têm um enorme impacto sobre o meio ambiente. A empresa acredita que o uso de produtos mais amigáveis ao meio ambiente e a redução de seu impacto ambiental não só ajudarão o meio ambiente, mas também economizarão dinheiro na forma de economia de energia, contribuindo para o desempenho financeiro da empresa. Portanto, ela tem o objetivo de reduzir seu impacto negativo e apoiar iniciativas sustentáveis. O Wyndham Worldwide enfatiza os seguintes objetivos:

- Educar e influenciar stakeholders internos e externos sobre questões ambientais.
- Reduzir o consumo de energia e controlar o desempenho.
- Reduzir o consumo de água e energia e reciclar.
- Melhorar a qualidade do ar.
- Minimizar os resíduos por meio da reciclagem e reutilização de materiais.
- Implantar práticas de compras sustentáveis.
- Participar de atividades ambientais da comunidade local.

Assim como o Wyndham tem equipes dedicadas à ética e conformidade (compliance), ele também tem uma equipe comprometida em melhorar a sustentabilidade da empresa, que também colabora com uma variedade de instituições para aumentar práticas verdes na indústria hoteleira e de lazer.

Até agora, mais de 300 instalações Wyndham receberam certificação ecológica. Para se tornar uma empresa mais ecológica em todos os aspectos de suas operações, o Wyndham Worldwide estabelece metas individuais para cada uma de suas marcas de hotéis. Essas metas têm em vista temas importantes, tais como economia de energia, economia de água, reciclagem-reutilização, educação e inovação. Algumas das principais iniciativas de economia de energia do Wyndham incluem a substituição de lâmpadas incandescentes por lâmpadas eficientes em termos energéticos, a atualização para aparelhos mais eficientes em consumo de energia e a utilização do sistema de monitoramento ENERGY STAR® para medir o uso de energia. Embora muitos desses dispositivos sejam caros, a maioria se paga em poucos anos. Depois disso, a empresa obtém o aumento do benefício de economia de energia. Por exemplo, o Wyndham instalou um sistema de economia de energia DECTRON nas piscinas de seus hotéis Hawthorne Suites by Wyndham. Estima-se que esse dispositivo tenha economizado para o Wyndham cerca de US$ 20.000 em dois anos.

O Wyndham tenta economizar a água por meio de uma variedade de iniciativas, incluindo o programa de roupa de cama e banho EarthSmart®, torneiras, sanitários e outros aparelhos de baixo fluxo, Sistema de Lavanderia Ozônio, irrigação por gotejamento e paisagismo resistente à seca e produtos WaterSense® certificados pela EPA. Embora algumas dessas iniciativas pareçam pequenas na natureza, a empresa tem avançado significativamente na economia da água. Por exemplo, instalações de baixo fluxo reduziram em 20% o consumo de água no Vacation Ownership do Wyndham.

O Wyndham usa vários produtos reciclados (incluindo canetas, cartões-chave, copos de café e sacos de roupa) em seus hotéis a fim de reduzir seu impacto sobre o meio ambiente. Uma forma especial do Wyndham de reutilizar materiais é nos uniformes de seus funcionários. Em alguns hotéis Wyndham Hotel & Resorts, os uniformes dos funcionários da recepção são feitos de garrafas plásticas de 2 litros recicladas. Ao fazer tentativas genuínas de reciclar e reutilizar materiais, o Wyndham tem sido capaz de reduzir em 88% a quantidade de resíduos de construção que acaba em aterros sanitários em sua sede em Nova Jersey.

O Wyndham vê a educação dos consumidores acerca de sustentabilidade como uma força motriz essencial para alcançar o sucesso ambiental. Para atingir seus objetivos educacionais, a empresa toma medidas como educar hóspedes e funcionários sobre os programas ambientais de certificação, tecnologias ecológicas e formas de proteger seu ambiente natural. O site ecológico do Wyndham Worldwide <www.wyndham-green.com> educa os consumidores, destacando fatos importantes sobre economia de energia, orientações para remoção/limpeza de lâmpadas fluorescentes compactas, descontos de produtos de consumo e incentivos fiscais e descontos oferecidos por governos estaduais. Além disso, o site educa os consumidores destacando fatos importantes sobre educação, leitura ecológica, qualidade do ar e crianças no ambiente ecológico. O Green Program for Kids da Wyndham Worldwide foi concebido e desenvolvido em torno do propósito de educar as crianças sobre o meio ambiente, comunidades e o planeta. Além disso, a guia de melhores práticas globais da empresa educa as empresas sobre iniciativas ambientalmente amigáveis.

Programas de Ética e Compliance do Wyndham

Para manter uma forte cultura corporativa, o Wyndham implementou um extenso programa de compliance para reforçar a ética em toda a organização. Um clima de ética e responsabilidade social cria uma grande medida de confiança entre stakeholders de uma empresa. A empresa elaborou um Código de Conduta Empresarial abrangente, que tem recebido as melhores avaliações do Instituto Ethisphere por sua amplitude e disponibilidade para stakeholders.

Códigos de conduta têm várias finalidades. Para os funcionários, o código de conduta (ou código de ética) os ajuda a se familiarizarem com as expectativas da empresa em relação a suas ações. Também lhes fornece uma referência essencial, quando confrontados com decisões difíceis. Pesquisas sugerem que os funcionários de organizações com códigos éticos de conduta são menos propensos à má conduta para com stakeholders. Para o público interessado em geral, um código expressa o compromisso da companhia com a responsabilidade social corporativa e a conduta ética. Além disso, um código de conduta é uma forma importante de compartilhar informações sobre questões de stakeholders. Portanto, clareza e abrangência do código de conduta de uma empresa são um importante sinal de dedicação de uma empresa em relação à ética, compliance e relacionamentos com stakeholders. O Wyndham recebeu altas pontuações para valores e compromissos da empresa em seu Código de Conduta Empresarial, sua cobertura de temas de risco e a disponibilidade do código para stakeholders.

Além de seu forte código de conduta, o Wyndham criou um Programa de Ética e Compliance, um Conselho de Compliance de Governança e uma Equipe de Liderança em Compliance e Ética. O comitê de auditoria no Conselho de Administração do Wyndham também está envolvido com o Programa de Ética e Compliance e recebe atualizações trimestrais sobre seu progresso. O programa foi concebido e dirigido pelo Conselho de Governança de Compliance, composto pelo CEO da empresa, o Diretor Financeiro, o Diretor de Recursos Humanos e o Conselho Geral. A Equipe de Liderança em Compliance e Ética ajuda a manter a empresa em seu curso ético. Eles recebem atualizações sobre o Programa de Ética e Compliance, coletam feedback, avaliam os riscos globais da empresa e treinam funcionários. Todos esses diferentes programas e posições demonstram a tônica ética no topo. Em outras palavras, o Wyndham Worldwide acredita que programas éticos devem começar com líderes éticos para serem implantados com sucesso em toda a organização.

Os esforços do Wyndham Worldwide não passaram despercebidos. A empresa recebeu muitos prêmios em suas iniciativas éticas. Recentemente, a revista *Newsweek* classificou o Wyndham Worldwide como uma das 100 Grandes Empresas Mais Ecológicas e o classificou entre os 10 melhores na categoria Mídia, Viagem e Entretenimento. Prêmios adicionais incluem:

- Prêmio de Liderança de Redes de Hospitalidade e Alojamento.
- Empresas Mais Admiradas do Mundo da revista *Fortune* em 2010.
- Prêmio Pioneiro Ecológico ConEdison.
- 50 Melhores Empresas para a Diversidade da DiversityInc. em 2010.
- 15 Melhores Empresas para Mulheres da revista *PINK*.
- Empresas Mais Éticas do Mundo da *Ethisphere*.

As numerosas iniciativas do Wyndham Worldwide em sustentabilidade e responsabilidade corporativa são fatores fundamentais para reforçar sua reputação e contribuir para o sucesso futuro.

Futuro do Wyndham

O Wyndham tem alcançado grande sucesso com sua estratégia de marketing com orientação para os stakeholders. A capacidade da empresa de adaptar suas estratégias de marketing para atender suas diversas cadeias proporcionou vantagens únicas que a tornam um concorrente considerável para empresas rivais de hotelaria.

As marcas de hotéis Wyndham estão em níveis diferentes do ciclo de vida. As marcas Night e TRYP da empresa, por exemplo, estão nos estágios iniciais e de crescimento, enquanto suas redes Howard Johnson, Super 8 e Days Inn são marcas maduras. No entanto, apesar do maciço marketing para promover o reconhecimento de suas marcas mais recentes, o Wyndham não tem negligenciado suas marcas mais maduras. Por exemplo, a empresa tem trabalhado intensamente para retratar Howard Johnson como uma marca icônica e continua a oferecer pacotes de benefícios para incentivar famílias a se hospedarem na rede. O Wyndham faz questão de ajustar suas estratégias de marketing para se adequar tanto à imagem da marca como a seu estágio no ciclo de vida do produto.

Uma oportunidade para o Wyndham que poderia revelar-se rentável é a expansão em economias emergentes. Aproximadamente 10% dos hotéis Wyndham Worldwide estão em mercados emergentes como Índia e China. Com os preços dos imóveis em baixa e uma classe média em ascensão nesses países, a renda disponível faz com que eles sejam mercados cada vez mais lucrativos. A empresa aproveitou a vantagem anunciando que vai abrir sete hotéis adicionais na Índia. Entrar em mercados emergentes criará novos desafios de marketing e o Wyndham deve continuar a adaptar suas estratégias de marca para novos grupos de stakeholders.

A empresa demonstrou sua preocupação com uma variedade de stakeholders ao incorporar uma orientação para eles e se concentrar em vantagem competitiva. Embora o Wyndham pareça estar no caminho certo, ainda enfrenta uma variedade de riscos e ameaças da concorrência na indústria da hospitalidade. Uma vez que tais questões são inevitáveis em grandes corporações, o Wyndham deve garantir que tenha planos para lidar com esses riscos. Além disso, o Wyndham deve evitar a complacência em seus esforços contínuos para integrar sua cultura corporativa em suas operações globais. Agora, mais do que nunca, o Wyndham deve alavancar sua vantagem competitiva em ética e responsabilidade social para melhorar sua reputação. Conforme os consumidores se tornam cada vez mais preocupados com valor e uma experiência de qualidade, fortes relacionamentos com stakeholders e reputação do Wyndham provavelmente se revelarão recursos valiosos ao proporcionar uma vantagem competitiva sobre seus rivais.

Questões para Discussão

1. Como a orientação para stakeholders do Wyndham cria uma vantagem estratégica de marketing?

2. Como as diversas marcas do Wyndham contribuem para a satisfação do cliente e o desempenho de marketing?

3. Os prêmios e o reconhecimento que o Wyndham tem recebido por responsabilidade social e ética contribuem para seu desempenho financeiro? Se sim, como?

Fontes

As informações para esse caso vieram de informações disponíveis ao público no site do Wyndham Worldwide <http://www.wyndhamworldwide.com> e das seguintes fontes adicionais: About RCI, RCI <http://www.rci.com/RCI/prelogin/aboutUs.do>. Acesso em: 28 de julho de 2012; About Us, SeriousFun Children's Network <http://www.seriousfunnetwork.org/About>. Acesso em: 28 de julho de 2012; About Us, Christel House <http://www.christelhouse.org/about-us>. Acesso em: 28 de julho de 2012; Bloomberg News, Wyndham Posts $1.36 Billion Loss, *New York Times*, 13 de fevereiro de 2009 <http://www.nytimes.com/2009/02/14/business/14wyndham.html?ref=wyndhamworldwidecorporation>; Cendant buys Wyndham hotel brand for $100m, *IndUS Business Journal*, 15 de outubro de 2005 <http://www.indusbusinessjournal.com/ME2/dirmod.asp?sid=&nm=&type=Publishing&mod=Publications%3A%3AArticle&mid=8F3A7027421841978F18BE895F87F791&tier=4&id=217E6E851DF84383B6141F0B739

12F24>; Cendant Corporation Announces Filing of Wyndham Worldwide Corporation Registration Statement, Wyndham Worldwide, 11 de maio de 2006 <http://www.wyndhamworldwide. com/investors/show_release.cfm?id=53>; Court Approves RCI Settlement, *Timesharing Today*, Número 109, janeiro/fevereiro 2010, 1; Barbara De Lollis, Wyndham hotels embrace TripAdvisor reviews, *USA Today*, 6 de março de 2012 <http://travel.usatoday. com/hotels/post/2012/03/wyndham-hotels-tripadvisor-reviews-social-media/64057 8/1>; Ethisphere Magazine, The 2011 World's Most Ethical Companies, *Ethisphere*, Q1 2011, 37-43; O. C. Ferrell, John Fraedrich e Linda Ferrell, *Business Ethics: Ethical Decision Making and Cases*, 8ª ed. (Mason, OH: South-Western Cengage Learning, 2011), 248; G. Tomas M Hult, Jeannette A. Mena, O. C. Ferrell e Linda Ferrell, Stakeholder marketing: a definition and conceptual framework, *AMS Review*, Spring 2011, v. 1 (1), p. 44-65; Susan Knox, The RCI Christel House Charity Golf Event 2011 – Escaping Poverty is not easy unless you are taught how, *Perspective*, 29 de março de 2011 <http://www.theperspectivemagazine.com/ the-rci-christel-house-charity-golf-event-2011-%e2%80%93-escapingpoverty-is-not-easy-unless-you-are-taught-how-014653>; Isabelle Maignan, Tracy L. Gonzales-Padron, G. Tomas M. Hult e O. C. Ferrell, Stakeholder orientation: development and testing of a framework for socially responsible culture, *Journal of Strategic Marketing*, 2011, v. 19, p. 313-338; Joseph A. McKinney, Tisha L. Emerson e Mitchell J. Neubert, The Effects of Ethical Codes on Ethical Perceptions of Actions toward Stakeholders, *Journal of Business Ethics*, (2010) 97:505-516; Night Hotel New York <http:// www. nighthotelny.com/index.html>. Acesso em: 28 de julho de 2012; PwC Releases 2012 Lodging Industry Forecast <http:// www.hotelnewsnow.com/articles.aspx/7367/PwC-US-releases-2012-Lodging-Industry-Forecast>. Acesso em: 28 de julho de 2012; Christopher Sindik, 50 Asian Companies & the World's Most Ethical Companies, *Ethisphere*, Q1 2011, 15-17; Tess Stynes, Wyndham Profit Rises on Improved Demand, *Wall Street Journal*, 9 de fevereiro de 2011 <http://on-line.wsj.com/article/SB100014240 52748703310104576134783753550522.html>; TRYP by Wyndham <http://www.tryphotels.com/en/index.html>. Acesso em: 28 de julho de 2012; Who We Are, Starlight Children's Foundation <http://www.starlight.org/whoweare>. Acesso em: 28 de julho de 2012; Women on Their Way <http://www.wome nontheirway. com/about>. Acesso em: 28 de julho de 2012; Wyndham Green <http://www.wyndhamgreen.com>. Acesso em: 28 de julho de 2012; Wyndham Hotel Group, Starlight Children's Foundation <http://www.starlight.org/wyndham>. Acesso em: 28 de julho de 2012; Wyndham is Tops for Customer Service, *Breaking Travel News*, 10 de maio de 2004 <http://www.breakingtravelnews. com/news/article/btn20040510083409820>; Wyndham to open seven hotels in India, *Business Today*, 5 de abril de 2011 <http:// businesstoday.intoday.in/story/wyndham-hotel-group-part-of-wyndhamworldwide-to-open-seven-hotels-in-india-under-the-ramada-and-days-inn-brands/1/14497.html>; Wyndham Worldwide Corporation (WYN): Historical Prices, Yahoo! Finance <http://finance.yahoo.com/q/hp?s=WYN&a=06&b=19&c=200 6&d=04&e=1&f=2011&g=m>. Acesso em: 28 de julho de 2012; Wyndham Worldwide Named to Fortune Magazine's Most Admired Companies List, Wyndham Worldwide, 9 de março de 2010 <http:// www.wyndhamworldwide.com/media/ press-releases/press-release?wwprdid=666>; Roger Yu, New spinoff Wyndham hopes to re-establish hotels with fresh look, *USA Today*, 2 de agosto de 2006 <http://www.usatoday.com/money/biztravel/2006-08-01-wyndham-usat_x.htm>; e Roger Yu, Travel Q&A: Wyndham CEO Eric Danziger, *USA Today*, 29 de janeiro de 2009 <http://www. usatoday.com/travel/hotels/2009-01-29-qa-eric-danzinger_N.htm>.

Caso 11
NASCAR: Não Dá para Manter uma Boa Marca em Baixa*

Sinopse: Este caso discute a estratégia de marca de sucesso da NASCAR e como ela se tornou um dos principais esportes nos Estados Unidos. A história da empresa é revista, seguida de uma visão geral das estratégias de marketing e de gestão de marca da NASCAR. Apesar de seu sucesso sem paralelo, a NASCAR tem enfrentado uma série de desafios e críticas ao longo da última década, mais notadamente a perda de receitas decorrente da recessão de 2008. O caso examina muitos dos desafios que a empresa tem de enfrentar se desejar sustentar sua grandiosa gestão de marca e manter sua liderança na arena dos esportes automobilísticos.

Temas: Estratégia de marca, alianças de marca, imagem de marca, estratégia de preços, comunicação integrada de marketing, marketing esportivo, diferenciação, responsabilidade social.

Nos últimos 60 anos, a National Association for Stock Car Auto Racing, mais conhecida como NASCAR, tornou-se a maior série de corridas de automóveis e o maior esporte em termos de espectadores nos Estados Unidos. Ela também se tornou bem conhecida por suas alianças de marca com pilotos que ostentam em seus carros e macacões de logotipos de café a desodorante. O esporte é atualmente composto por três séries nacionais: a NASCAR Nationwide Series, a NASCAR Sprint Cup Series e a NASCAR Camping World Cup Series, juntamente com algumas séries regionais e internacionais. Embora seja primordialmente um esporte norte-americano, a NASCAR realizou corridas no México, Canadá, Austrália e Japão. Atualmente, promove mais de 1.500 corridas em 100 circuitos em 39 estados dos EUA e no Canadá.

A popularidade da NASCAR aumentou ao longo dos últimos dez anos, em parte devido à extensa cobertura da mídia. Pilotos como Jeff Gordon e Dale Earnhardt Jr. tornaram-se heróis da indústria de corridas

---

* Timothy Aurand, Universidade Northern Illinois, e Kimberly Judson, Illinois State University, prepararam este caso para discussão em sala de aula, e não para ilustrar um tratamento eficaz ou ineficaz de uma situação administrativa. Uma equipe de estudantes, incluindo Joe Izral, Rhonda McCormick, Alex Mbuthia, Jamie Scott e Felix Villa, contribuíram para o desenvolvimento deste caso.

de automóvel e muitos pilotos da NASCAR fizeram aparições em filmes e na televisão. O crescimento da empresa foi tão grande que agora ela está atrás apenas da Liga Nacional de Futebol (NFL) em termos de popularidade. Apesar de seu imenso sucesso, o esporte teve que superar desafios em sua história de 60 anos e, provavelmente, terá de enfrentar muitos outros devido ao declínio de público e outras dificuldades, como diversidade, segurança e seu impacto sobre o meio ambiente. Ainda assim, sua forte imagem e alianças de marca com outras empresas provavelmente assegurarão a sobrevivência do esporte nesses tempos difíceis.

A História da NASCAR

A NASCAR começou com a visão de um homem, um funcionário de uma concessionária de automóveis chamado William Henry France. France já era apaixonado por automobilismo quando se mudou para Daytona Beach, Flórida, durante os anos de 1930. Daytona Beach era o local perfeito para entusiastas do automobilismo como France, pois amplas extensões de praia e terreno plano propiciavam o espaço perfeito para corridas. De fato, na época da fundação da NASCAR, mais de uma década depois, corridas de automóveis ficaram populares em lugares como Flórida, Alabama e Carolina do Norte. Muitas fontes creditam aos contrabandistas a promoção de corridas de automóveis durante os anos 20 e 30, já que seus carros tinham que ser velozes para fugir da polícia. O mito popular de contrabandistas fugindo da polícia está gravado na mitologia das corridas como um dos precursores de corridas de stock car, embora na realidade sua influência sobre essas corridas seja provavelmente superestimada. Corridas de automóveis continuaram a aumentar em popularidade nas primeiras décadas do século XX.

France reconheceu o potencial de popularidade e rentabilidade que o automobilismo oferecia. No entanto, naquela época, faltava a esse movimento lucrativo o necessário para se tornar um esporte profissional, incluindo promotores, pistas de corrida, regras ou respeitabilidade por parte dos pilotos. Dessa forma, em 1947, France encontrou-se com proprietários, controladores e mecânicos no Streamline Hotel para lançar sua ideia de criar um esporte profissional de corridas de stock car. Nos dias que se seguiram, eles trabalharam nos detalhes para a organização. A primeira corrida da organização recém-formada, realizada em 15 de fevereiro de 1948, foi vencida pelo piloto de stock car Red Byron. Poucos dias depois, em 21 de fevereiro, a NASCAR foi oficialmente criada, tendo France como presidente e CEO. A NASCAR Sprint Cup Series, como é conhecida atualmente, foi criada em 1949.

Fãs de corridas se reuniram nos circuitos e, logo, nomes como Lee Petty, os irmãos Flock e Fireball Roberts tornaram-se conhecidos entre os entusiastas da NASCAR. Originalmente, muitas corridas foram realizadas em pistas simples improvisadas, mas, em 1959, France abriu a Daytona International Speedway com uma pista pavimentada. A pista de aproximadamente 4 km era cercada e tinha mais acomodações para os espectadores. Dez anos depois, France abriu o Superspeedway Talladega, no Alabama, uma pista de 4,3 km, a maior pista oval no mundo. France continuaria como presidente e CEO da NASCAR até 1972, quando seu filho William France Jr. assumiu. Até hoje, a NASCAR continua, em grande parte, sob o controle da família France, sendo fonte de algumas discórdias entre seus fãs e críticos da NASCAR.

No final dos anos 1960 e 1970, circuitos NASCAR começaram a surgir fora do Sudeste, construídos em Delaware e na Pensilvânia. Desde então, a NASCAR tem tentado se tornar um esporte mais nacional, construindo pistas de corrida em muitos estados dos EUA.

Os Primeiros Patrocinadores Corporativos da NASCAR

O crescimento da NASCAR realmente decolou com a parceria realizada com as montadoras Ford, General Motors (GM) e Chrysler na década de 1950. As montadoras esperavam que o apoio à NASCAR aumentaria suas próprias vendas. A frase de marketing "Vença no domingo, venda na segunda" tornou-se popular entre os fabricantes de automóveis, porque eles acreditavam que o sucesso nas corridas significaria maior sucesso para suas empresas. Em 1971, a marca Winston da R. J. Reynolds Tobacco Company tornou-se patrocinadora da NASCAR. Durante essa época, a NASCAR também formou patrocínios limitados com a Union 76, Pneus Goodyear e Pepsi. A Anheuser-Busch começou a patrocinar a Budweiser Late Model Series Sportsman da NASCAR em 1984. Assim, logo a NASCAR se tornaria famosa por suas parcerias de marca e o apoio de importantes patrocinadores e marcas contribuíram para sua imagem bem conhecida.

Salto na Audiência da NASCAR

A NASCAR começou a vivenciar um crescimento sem precedentes nos anos 1990, percorrendo um longo caminho desde seus 1,4 milhão de participantes em 1976. Para ajudar nesse crescimento, lançou seu primeiro site em 1995, que oferecia notícias atualizadas e suas atividades e ainda tinha uma comunidade NASCAR para que seus membros pudessem conversar on-line e postar opiniões e vídeos. Em cinco anos, o público da NASCAR aumentou em 57%, chegando a mais de 6,3 milhões. Sua audiência de televisão cresceu 48% entre 1993 e 2002, e, em 2006, cerca de 6% dos lares norte-americanos assistiram a corridas NASCAR na televisão, em comparação com menos de 2% de sua concorrente, a Indy Racing League. Novas estrelas mais jovens da NASCAR, como Ryan Newman, Kyle Petty e Kurt Busch, começaram a surgir, o que ajudou a atrair o mercado jovem para o esporte. As mulheres também começaram a correr na NASCAR, incluindo as pilotos Tina Gordon, Deborah Renshaw e Kelly Sutton, a única piloto da associação com esclerose múltipla. Consequentemente, os fãs da NASCAR do sexo feminino cresceram cerca de 40%.

Hoje, a NASCAR tem cerca de 75 milhões de fãs e a segunda posição nas audiências de televisão para esportes da temporada regular. Seus fãs são conhecidos por serem mais fiéis do que fãs de qualquer marca esporte e uma estimativa afirma que despendem mais de US$ 2 bilhões em produtos licenciados. Por essa razão, a NASCAR tem atraído a atenção de inúmeras empresas da *Fortune* 500. Atualmente, a NASCAR é transmitida para mais de 150 países em mais de 30 idiomas.

Estratégia de Gestão de Marca da NASCAR

Logo no início, a NASCAR trabalhou intensamente para promover sua marca e tem obtido muito sucesso em seus esforços pela integração de múltiplas iniciativas de marketing em uma estratégia de marca bem organizada. Parte dessa estratégia se refere a parcerias e estratégia de comarcas com outras empresas. Os macacões dos pilotos e os carros de corrida são cheios de logotipos de várias empresas com as quais a NASCAR formou alianças de marca. Ao mesmo tempo, ela tem diferenciado com sucesso sua própria marca e, por meio de lançamento de campanhas, tem comercializado sua marca de forma eficaz em todo o mundo.

A Televisão Amplia o Alcance da NASCAR

Antes de meados dos anos 1970, a única maneira de assistir a um evento de corrida NASCAR era ir a uma corrida pessoalmente. Durante a metade da década de 1970, a NASCAR começou a receber cobertura televisiva esporádica e, em 1979, a Daytona 500 foi o primeiro evento NASCAR televisionado em sua totalidade. A NASCAR começou a se basear na televisão como um meio de gestão de marca e, em 1989, todas as corridas no calendário do Winston Cup foram televisionadas (posteriormente alterada para NASCAR Nextel Cup e, em seguida, para Sprint Cup). Isso não significa que a televisão não trouxe alguns problemas para a NASCAR. Cada circuito negociava seu próprio contrato de televisão, o que significava que cada corrida poderia ser mostrada em uma rede diferente. Isso dificultava a exposição da NASCAR e trouxe um problema que ela não foi capaz de superar até a virada do século.

Em 2001, a NASCAR assumiu uma postura proativa com a assinatura de um contrato de televisão global de US$ 2,4 bilhões com a FOX e a NBC e permitiu a transmissão televisiva de todas as corridas da temporada. Apenas quatro anos depois, outro contrato foi assinado por US$ 4,48 bilhões, fornecendo transmissões para um total de 167 países, incluindo Tailândia, Paquistão, Nova Zelândia e Venezuela. Tal cobertura da mídia tem, em parte, sido responsável pela grande base de fãs da NASCAR.

Estratégia de Comarca Aumenta Lucros e Melhora a Imagem de Marca

A NASCAR também reconheceu os benefícios dos relacionamentos de comarca. Ela percebeu que uma aliança de marca bem-sucedida pode proporcionar maior vantagem competitiva às empresas envolvidas. No início de 1970, ela era patrocinada principalmente pela R. J. Reynolds Tobacco Company. Atualmente, tem acordos de marketing e patrocínio com uma ampla gama de empresas da *Fortune* 500, tais como Sunoco, Coca-Cola, Allstate, DuPont, Gillette e UPS. Em 2004, a Sprint Nextel substituiu a R. J. Reynolds como patrocinador das séries, com a Nextel pagando à NASCAR US$ 70 milhões por ano pelos direitos do título. A ex-Busch Grand National Series, patrocinada pela Anheuser-Busch desde 1984, tornou-se Nationwide Series em 2007.

A NASCAR leva seus acordos de patrocínio muito a sério. Um promotor pode gastar vários milhões de dólares por uma equipe de corrida e, depois, quantia semelhante em eventos promocionais. Não é algo a ser levado na brincadeira. Brian France até tem uma equipe que faz seminários para ajudar os patrocinadores a obter o maior proveito de seus patrocínios. Naturalmente, a relação entre a NASCAR e seus patrocinadores mudou ao longo do tempo com as mudanças em suas necessidades e altos e baixos da economia. Durante a recessão econômica em 2008 e 2009, a NASCAR perdeu vários patrocinadores devido a razões financeiras.

Um potencial ponto fraco da estratégia de comarca da NASCAR é que alguns especialistas acreditam que o esporte está se tornando inundado de patrocínios. Tem cerca de 50 patrocinadores da liga e inúmeros patrocinadores de equipe. Isso cria um ambiente de poluição visual nas pistas de corrida. O patrocínio também ficou mais caro nas últimas décadas, o que significa que patrocinadores agora esperam mais dos pilotos. Esses devem não apenas correr bem, mas também mostrar-se para funções de marketing e aparecer cedo na manhã da corrida para dar autógrafos e responder a perguntas. A pressão para ganhar corridas não é mais somente para a glória do piloto e da NASCAR, mas também para manter o patrocinador. Novas equipes, mesmo quando os proprietários são pilotos de corrida lendários, também têm dificuldades para atrair patrocinadores, apesar dos talentos das equipes. O piloto da NASCAR Jeff Gordon, por exemplo, teve dificuldades de encontrar patrocinadores para sua nova equipe, que conta com a participação do piloto novato Jim Johnson, apesar do status lendário de Gordon.

Patrocinadores consideram que a estratégia de comarca com a NASCAR é extremamente rentável, poupando-os de ter que promover-se na mídia tradicional. E como os fãs da NASCAR são alguns dos consumidores mais fiéis às marcas que existem, produtos patrocinados por ela têm se beneficiado com vendas consideráveis e aumento na participação de mercado. Como resultado de suas alianças de comarca, a própria NASCAR oferece uma infinidade de produtos de consumo, seja como extensões de marca, seja em relação direta com outras empresas. Atualmente, a NASCAR tem os direitos de licenciamento e merchandising para relógios de pulso, roupas, cadeiras, mesas, churrasqueiras, chapéus, relógios de parede, bandeiras, capachos, cobertores, acessórios de automóveis, óculos de sol e até mesmo alimentos.

Diferenciação Busca Novos Públicos

Apesar de suas várias parcerias de marca, a NASCAR tem trabalhado fortemente para diferenciar sua marca da de outras empresas, particularmente as de circuitos de corrida concorrentes. Isso muitas vezes ocorre sob a forma de campanhas de marketing bem coordenadas, tais como a exuberante campanha que a NASCAR lançou para celebrar seu 50º aniversário. Um de seus fatores de diferenciação mais fortes é a experiência da corrida. Fãs da NASCAR gostam da ação constante, imprevisível e, até mesmo, perigosa. Acidentes, entretenimento ao vivo e perigo fazem parte da experiência NASCAR.

Com um único piloto por carro de corrida, a NASCAR também dá um toque humano ao negócio. O piloto proporciona um rosto e uma personalidade para os fãs, permitindo-lhes uma forte identificação com a NASCAR. Além disso, ela permite que vários pilotos dividam os holofotes ao longo da corrida. Da perspectiva de um proprietário, é mais eficiente gerenciar as oportunidades de relações públicas de um piloto em oposição a toda uma equipe de atletas.

Uma dinâmica semelhante pode ser observada na propaganda e no patrocínio durante a competição. Na cultura NASCAR, uma grande quantidade de sinalizações de patrocínio ao redor da pista e nos carros dos pilotos tem sido historicamente aceitável e é percebida como parte da experiência NASCAR. Embora a desordem seja um problema que as organizações patrocinadoras devem considerar, ela não parece ser vista negativamente pela base de fãs NASCAR, como é o caso do golfe e do tênis profissionais, esportes mais conservadores e tradicionais.

A NASCAR também diferencia seu esporte por meio de conexões cultivadas na mídia e em Hollywood. Brian France, CEO da NASCAR, percebe que para continuar a ter sucesso, a NASCAR deve continuamente atrair novos fãs. Ele entende que, para atrair e reter uma base de fãs mais jovens ano após ano, a estratégia promocional requer o apoio de Hollywood e filmes como *Talladega Nights* (Rick Bobby – *A Toda Velocidade*). O filme apresenta a evidência de marca (brand placement) de forma estratégica, o que inclui o logotipo oficial da NASCAR e os logotipos de vários patrocinadores corporativos.

A NASCAR também tentou se diferenciar ainda mais para atrair outros segmentos de mercado mais diversificados. Nos últimos anos, priorizou criar o reconhecimento de marca entre diversos grupos étnicos e mulheres. Chamado de "Pilote pela Diversidade", esse programa permite a pilotos minoritários e femininas a oportunidade de competir em uma equipe NASCAR. Desde que o programa começou, em 2004, 31 pilotos de minorias e do sexo feminino já competiram e ganharam um total de 34 corridas.

A NASCAR também está buscando o mercado hispânico nos Estados Unidos, no México e na América Latina. Além da realização de corridas no México, habitualmente ela cria promoções com temáticas hispânicas antes de corridas realizadas perto de grandes comunidades hispânicas, como no sul da Califórnia. O piloto colombiano Juan Pablo Montoya também está atraindo a atenção de diferentes segmentos da população. Montoya, ex-piloto de Fórmula 1 e Indy Car, venceu a corrida da Nationwide Series na Cidade do México em 2007. Desde então, ele tem obtido sucesso ininterrupto, inclusive terminando em segundo na Talladega

500 de 2008. A NASCAR espera que o sucesso de Montoya a retrate como um espaço esportivo com diversidade e traga mais fãs hispânicos. Essa integração de pilotos, patrocinadores e fãs dos Estados Unidos e América Latina busca ampliar a sua popularidade e sua plateia em diferentes países, distinguindo-a de outros esportes principalmente voltados para o público norte-americano.

Devido a audiência mais baixa da TV e concorrência de outros espaços esportivos, a NASCAR tentou gerar maior interesse dos fãs na Sprint Cup Series com a implantação de Chase for the Cup em 2004. O formato foi mudado em 2007 e novamente em 2011. Após 26 corridas regulares da temporada, os 10 melhores pilotos, além de dois pilotos curingas, avançam para disputar o campeonato. Antes do formato Chase, o campeão geral era frequentemente determinado bem antes do fim da temporada. Isso gerava um problema para a NASCAR, pois o período coincidia com o início da temporada de futebol a cada outono. Com essas mudanças, cada um dos 12 pilotos que disputassem a Cup teriam chances de ganhar. O Chase for the Cup da NASCAR acabou por ser tão popular que a Associação dos Golfistas Profissionais adotou um formato similar.

Relacionamentos inovadores de comarca também ajudaram a diferenciar a marca NASCAR e a promovê-la em novos mercados. A parceria entre a NASCAR e a Harlequin (livros de romances), lançada em 2006, criou o reconhecimento de marca entre as mulheres que, de outra forma, nunca seriam expostas ao esporte. Ela também forneceu uma forma para a NASCAR usar estratégias de marca emocionais. Outro esforço para atrair as mulheres e pessoas mais jovens inclui uma joint venture entre a banda de rock Three Doors Down e Dale Earnhardt Jr., na qual ele participou de um vídeo de música e os membros da banda dirigiram seu carro em uma corrida. Além disso, a parceria entre o Cartoon Network e a NASCAR enfatiza a diversificação de patrocínios dirigidos ao consumidor mais jovem.

Valor da Marca e Fidelidade à Marca NASCAR

O valor da marca NASCAR é o valor que é adicionado a um produto ou serviço por tê-la associada à sua oferta. Como resultado, muitas empresas optam por ostentar o logotipo NASCAR em seus produtos. Um estudo de 2005 da James Madison University revelou que os fãs apreciam o patrocínio associado à NASCAR. Aproximadamente 93% consideram que os patrocinadores corporativos são "muito importantes" para a NASCAR e 51% declararam que, quando compram um produto NASCAR, sentem que estão apoiando o esporte. Do total de fãs, 40% mudariam para um produto patrocinado pela NASCAR. Números como esses são responsáveis por mais de US$ 2 bilhões de gastos de fãs em produtos licenciados pela NASCAR. Um significativo percentual de fãs, mais precisamente, 47%, afirmou que gosta mais da marca de um patrocinador exatamente porque ele patrocina a NASCAR, dando às empresas um incentivo importante para patrociná-la. Finalmente, ao contrário de algumas figuras do esporte que são vistas endossando produtos apenas pelo dinheiro, 57% dos fãs acreditam que os pilotos da NASCAR usam os produtos que anunciam, o que aumenta ainda mais a respeitabilidade dos pilotos aos olhos de seus fãs.

Apesar de todos os esforços feitos pela NASCAR para envolver o cliente, o interesse dos fãs começou a diminuir nos últimos anos. Essa situação foi agravada durante a recessão de 2008. A renda mediana de fãs da NASCAR está abaixo da média nacional, tornando mais difícil para os fãs se darem ao luxo de assistir às corridas. Além de diminuir o preço dos ingressos, a NASCAR também reduziu os preços de alimentos em seus eventos. Para mostrar que se preocupa com seus fãs, reembolsou a diferença para os fãs em Daytona que tinham comprado ingressos antes de começar a cobrar preços mais baixos. A NASCAR está claramente realizando esforços significativos para manter o patrimônio da marca e sua base de fãs fiéis.

Fãs da NASCAR são fiéis por várias razões. Uma delas é o sentido de comunidade que eles sentem quando estão envolvidos no esporte. A marca da NASCAR está incorporada em seus pilotos. Quando os fãs se sentem conectados aos pilotos, é criado um vínculo que promove a imagem de marca do esporte. A NASCAR reconhece o sentido de comunidade dos fãs como uma vantagem competitiva. Assim, um importante link de seu site é o da "Comunidade", pelo qual os fãs podem tornar-se membros de uma comunidade on-line dedicada à NASCAR. A área permite que os fãs se encontrem, conversem e estabeleçam vínculos emocionais. Assim, o forte sentido de comunidade é uma força motriz por trás da NASCAR. Ela também se beneficia da fidelidade à marca por usar fãs fiéis como seus embaixadores e por estabelecer um componente emocional com a marca.

Desafios da NASCAR

Apesar do imenso sucesso da NASCAR, a estrada nem sempre tem sido fácil. Tal como acontece com todas as grandes empresas, a organização teve sua quota de críticas e desafios. Ao olhar para seu futuro, a NASCAR ainda vê uma série de desafios significativos.

Propriedade e Estrutura

Uma grande crítica se refere ao controle da família France sobre a NASCAR. Desde que o esporte foi fundado em 1948 o CEO da NASCAR é um descendente de William France. Em 1972, Bill France Jr., filho de William France, assumiu o cargo de CEO da empresa e, em 2003, seu neto seguiu o exemplo dele. A família continua a ser a maior acionista da empresa, o que permite que dê as cartas. Com efeito, mesmo dentro da NASCAR, indivíduos referem-se ao esporte como uma "ditadura benevolente". Alguns argumentam que isso dá à família France poder demais. Por exemplo, William France era conhecido por substituir os pilotos que tentavam se sindicalizar. Até agora, as decisões de negócios feitas pela família France pareciam funcionar bem para o esporte. Muitas estratégias de marketing e mudanças que os CEOs France implantaram têm servido para promover eficazmente a NASCAR e atrair uma maior base de fãs. Ainda assim, alguns veem o estilo ditatorial da família France com preocupação, pois os negócios dependem em grande parte da capacidade de liderança e experiência de uns poucos.

Preocupações de Segurança

Outra questão importante envolve a segurança dos veículos. Críticos afirmam que a NASCAR, muitas vezes, não instauram precauções de segurança após um acidente, mesmo que elementos de segurança existam há anos. Seus próprios pilotos têm expressado preocupações sobre a falta de assistência médica adequada recebida após um acidente. Pilotos da NASCAR que morreram em acidentes incluem Adam Petty, Tony Roper, Kenny Irwin e, talvez o mais divulgado, Dale Earnhardt. A morte de Earnhardt em 2001 talvez tenha sido o fator mais decisivo para convencer a NASCAR a implantar maiores recursos de segurança. Após a morte de Earnhardt, a empresa tornou obrigatório para os pilotos o uso de um sistema de apoio de cabeça e pescoço, conhecido como HANS, com um sistema de retenção do cinto de segurança. Os carros também foram equipados com um sistema de extinção de incêndio e equipamentos que medem as forças aplicadas na cabeça do piloto em caso de acidente.

Uma das iniciativas de segurança mais visíveis da NASCAR é o Centro de Pesquisa e Design, em Concord, Carolina do Norte, onde o Carro do Futuro foi projetado para a Sprint Cup Series. O carro novo, que se tornou obrigatório para todas as equipes do Sprint Cup em 2008, estendeu as medidas de segurança e estabeleceu tolerâncias padronizadas que trouxeram maior uniformidade para o esporte. Antes da estreia do carro do futuro, as equipes dominantes podiam produzir carros adaptados especificamente para cada pista. A NASCAR inspeciona cada carro usando uma máquina de medição para garantir que todas as equipes apresentem carros dentro das especificações exigidas. A NASCAR manteve essa tendência com a introdução de um carro semelhante para sua Nationwide Series em 2010.

Desde 2005, barreiras amortecedoras de aço e espuma (Steel And Foam Energy Reduction – SAFER) foram instaladas em todas as pistas da NASCAR. Desenvolvidas pela Midwest Roadside Safety Facility na Universidade de Nebraska, as barreiras SAFER absorvem a energia do impacto do veículo e a distribuem no muro, sem perigo de o veículo voltar para o trânsito. Essa tecnologia oferece esperança de que menos carros se envolvam em um único acidente, diminuindo assim a probabilidade de colocar outros pilotos em risco.

A medida de segurança mais controversa são as placas redutoras de velocidade, um equipamento usado em circuitos de altíssima velocidade, como as pistas de corrida de Daytona e Talladega. Pilotos acusaram a NASCAR de tentar manipular as corridas com esse equipamento, mas a empresa insiste que eles são uma medida de segurança necessária. Críticos argumentam que as placas redutoras só fazem tornar chatas as corridas de altíssima velocidade.

Alguns pilotos, incluindo Dale Earnhardt, Jr. e Jeff Burton, foram recrutados pela Chevrolet para promover a segurança dentro e fora da pista para crianças, adolescentes e cuidadores. Trabalhando com a Administração Nacional para a Segurança do Tráfego Rodoviário (National Highway Traffic Safety Administration – NHTSA) e a Campanha Nacional SAFE KIDS (Crianças em Segurança), eles conseguiram levar ao ar anúncios públicos sobre o uso correto de cintos de segurança e cadeirinhas de criança de forma adequada. Essa é uma iniciativa positiva, pois a NASCAR é um dos esportes mais vistos pelos adolescentes, perdendo apenas para a NFL.

Impacto Ambiental

Ambientalistas citam a NASCAR por sua falta de responsabilidade ambiental. Ela estima usar 22.700 litros de combustível durante um fim de semana de corrida, somando cerca de 820 mil litros por temporada. Também usou gasolina com chumbo durante anos mesmo depois de a Agência de Proteção Ambiental (Environmental Protection Agency – EPA) pedir que parasse. Como a lei isenta a NASCAR de regulamentação da EPA sobre a gasolina, ela não tinha obrigação de atender ao pedido. No entanto, recebeu pressões para ser mais ecológica e, nos últimos anos, ela instituiu muitas mudanças para melhorar sua pegada no ambiente. Por fim, estabeleceu uma parceria com a EPA e seu fornecedor de combustível Sunoco para gradualmente adotar a gasolina sem chumbo em 2006 e mudar definitivamente em 2007. Numa tentativa de melhorar os esforços ecológicos, contratou Mike Lynch em 2008 para chefiar uma nova iniciativa ecológica da empresa. A NASCAR defendeu recentemente uma gasolina misturada com etanol a 15% feita com milho norte-americano cultivado. Essa posição pavimentou o caminho para a indústria do etanol patrocinar a NASCAR, e abriu oportunidades para ligar a marca a agricultores norte-americanos que fornecem o milho. Essa conexão permite novas ondas de apoio ao esporte em geral.

Outro grande passo programado para 2013 foi o movimento em direção a motores com injeção de combustível em lugar de carburadores. Sistemas de injeção de combustível dão maior eficiência de combustível, aumentando a potência dos motores. De acordo com o CEO Brian France, "injeção de combustível anima os fabricantes e as empresas de tecnologia". France espera que os fabricantes de automóveis aumentem o apoio das respectivas equipes uma vez que a troca seja feita.

Fora da pista, a NASCAR teve várias iniciativas para criar um ambiente mais "ecológico", o que reflete maior responsabilidade social. Ela concordou em plantar dez árvores para cada bandeira verde nas corridas da Sprint Cup Series. Em 2011, apenas no Aeroporto Internacional de Daytona Beach, plantou 110 árvores. Ela também iniciou um programa de reciclagem em todas as suas pistas. Foram copatrocinadores deste movimento a Coca-Cola, UPS, Coors Light e Office Depot.

Diversidade

Também tem sido criticada por sua falta de diversidade de pilotos. A maioria dos pilotos da NASCAR são homens brancos, o que causa preocupação entre alguns fãs minoritários. Ainda há poucas mulheres na população de pilotos da NASCAR, embora 40% de seus fãs sejam mulheres. Alegações de discriminação sexual também têm sido um problema. Em 2008, o agente da NASCAR Mauricia Grant ganhou um processo de US$ 225 milhões por discriminação racial (Grant é afro-americano), discriminação sexual e demissão injusta. Além disso, a NASCAR não teve muitos pilotos afro-americanos. Em 2006, Bill Lester tornou-se o primeiro piloto afro-americano em quase 20 anos a se qualificar para uma corrida em sua série top. De acordo com Lester, muitos afro-americanos são fãs secretos da NASCAR, mas não se sentem confortáveis de ir às corridas porque não se identificam com os pilotos. De fato, apenas poucos pilotos afro-americanos participaram da série Cup em toda sua história. Em um esforço para atrair fãs minoritários e femininos, a NASCAR lançou o programa "Pilote pela Diversidade", em 2004. Trata-se de um programa de estilo academia, no qual os participantes aprendem habilidades de corrida nas séries de desenvolvimento: NASCAR K&N Pro Series e NASCAR Whelen All-American Series.

A NASCAR também tentou recrutar pilotos interessantes e reconhecidos para atrair novos fãs. Mais particularmente, a piloto Danica Patrick tem corrido em tempo integral desde sua estreia na Sprint Cup no Daytona 500 em fevereiro de 2012. A participação de Patrick na NASCAR é importante não apenas por razões de diversidade, mas também para a marca. Danica Patrick tem 233% mais reconhecimento do que a média dos pilotos da NASCAR e suas atividades geram muito mais burburinho de mídia, audiência de TV e público nas corridas do que qualquer outro piloto. Além do sucesso de Juan Pablo Montoya, o afro-americano Michael Cherry ganhou um evento no Tri-County Speedway em Hudson, NC, em 2010. Ao vencer essa corrida, Cherry abriu a porta para outros afro-americanos se interessarem pela NASCAR.

Preocupações Financeiras

O impacto da recessão de 2008 trouxe novos desafios para a NASCAR. Um grande problema era a situação financeira dos patrocinadores e parceiros da empresa. As "três grandes" montadoras, GM (por meio da Chevrolet), Ford e Chrysler, depararam com reveses financeiros extremos. Além disso, outros patrocinadores sentiram a crise e não renovaram seus contratos, alguns dos quais totalizando US$ 15 milhões. A crise econômica também afetou os fãs da NASCAR. No início da recessão, houve uma diminuição no público e uma queda significativa nas audiências de televisão. A redução no público durante a corrida em Atlanta Motor Speedway em 2009 chocou alguns pilotos, pois as arquibancadas estavam com apenas dois terços de ocupação. A NASCAR foi forçada a responder demitindo alguns trabalhadores para cortar custos.

Enquanto as questões econômicas persistiam em 2010 e 2011, a empresa continuou a enfrentar problemas. Em 2010, por exemplo, a Daytona 500 teve suas mais baixas audiências de televisão desde 1991. Além da diminuição da audiência, o público diminuiu em muitas corridas que antes sempre lotavam. O Bristol Motor Speedway, por exemplo, tinha um histórico de 55 corridas com lotação completa até março de 2010. A recessão prolongada e os altos preços da gasolina impediram que os fãs se dessem ao luxo de um fim de semana nas corridas. O preço médio do ingresso de uma corrida NASCAR é de cerca de US$ 91, em comparação com US$ 72 da NFL (futebol americano), US$ 49 da NHL (hóquei), US$ 48 da NBA (basquete) e $ 25 da MLB (beisebol). Em 2010, muitos dos principais circuitos reduziram os preços dos ingressos. No entanto, os cortes não aumentaram o público. Um relatório de 2012 mostrou que a receita de vendas para os principais circuitos teve uma queda de 25% a 60% entre 2008 e 2011. A Speedway Motorsports, que opera oito pistas, teve um prejuízo de US$ 1,5 milhão em abril de 2011, em grande parte devido à queda de público.

A recessão econômica foi especialmente difícil para a NASCAR em virtude de suas fontes de receita, como descrito na Figura do Caso 11.1. O patrocínio por si só representa mais de US$ 1,5 bilhão anual. Apesar do susto, no entanto, há sinais de vida no fronte econômico. As receitas de patrocínio aumentaram 10% em 2011. Patrocinadores adicionais se juntaram à NASCAR, e a maioria dos patrocinadores de longa data decidiu permanecer, embora muitos tenham escolhido patrocinar somente corridas selecionadas em vez de toda a temporada. Além disso, depois de três anos de declínio, a audiência da NASCAR apresentou aumento em 2011 para a Sprint Cup Series na FOX. Os índices Nielsen mostraram um salto de 9,7%, ou seja, 8,6 milhões de espectadores contra 7,8 milhões em 2010. Mais importante ainda, as medições mostraram um aumento de 19% em seu mercado-alvo de homens entre 18 e 34 anos de idade, um público-alvo cobiçado.

A melhora na sorte da NASCAR pode ser creditada a uma série de fatores. Em primeiro lugar, a falta de concorrência com outras opções em 2011 e corridas mais emocionantes do que nos últimos anos ajudaram a aumentar a audiência. Nas pistas, a NASCAR tem trabalhado para melhorar a experiência dos fãs com melhor entendimento das necessidades dos fãs. Para esse fim, o NASCAR Fan Council foi desenvolvido como uma comunidade on-line, pré-qualificada, de 12.000 fãs apaixonados que fornecem feedback sobre todas as corridas e enviam ideias e opiniões que poderiam melhorar a experiência de corrida. Além disso, o CEO

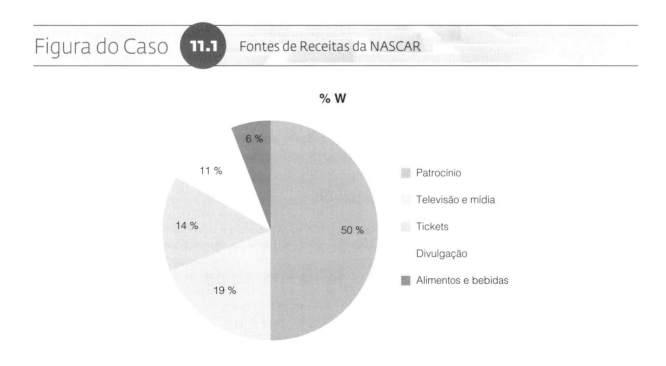

Figura do Caso 11.1 — Fontes de Receitas da NASCAR

Fonte: Richard K. Miller, Capítulo 36 em *Sports Marketing*, 15. ed. (Richard K. Miller & Associates, 2012), p. 265-271.

Brian France anunciou uma proposta de simplificação da estrutura de pontos em todas as três séries para dar maior ênfase às vitórias, aumentando assim o entusiasmo pelo esporte. Para tornar as corridas mais emocionantes, a NASCAR relaxou seu código de conduta para pilotos visando promover rivalidades mais acaloradas entre pilotos e equipes de corrida. Da mesma forma, ela começou a impor largadas em fila dupla para provocar rivalidade e batidas na pista. Finalmente, a NASCAR também continuou a baixar os preços dos ingressos na tentativa de atrair os fãs de volta às pistas.

Conclusão

A marca evoluiu para representar a personalidade de uma empresa, e a NASCAR é um brilhante exemplo de organização que adota com sucesso o mantra da construção de marca. Ao longo de seus mais de 60 anos de existência, desenvolveu e implantou uma estratégia de marca que abrange uma ampla gama de iniciativas de marketing. Marcas são construídas sobre ligações emocionais poderosas por meio de uma variedade extremamente ampla de pontos de contato. A NASCAR proporciona essas ligações com marketing de eventos, gestão de marca emocional, comunidades de marca, entendimento do cliente, pilotos, diferenciação, comarca e o entendimento de que, uma vez que uma marca tenha sido criada, ela deve ser monitorada e trabalhada para evoluir continuamente.

No entanto, apesar do sucesso da estratégia de marca da NASCAR, seu futuro é incerto. A mais recente recessão econômica a atingiu fortemente. A maioria dos esportes está sofrendo com a perda de patrocinadores. No entanto, para a NASCAR, que depende tanto de suas alianças de marcas e parcerias com outras empresas, a saída de patrocinadores tem tido um impacto ainda maior. O apoio das montadoras é um componente crucial para o seu sucesso e como a situação financeira das grandes montadoras permanece duvidosa, o mesmo acontece com seu financiamento a eventos NASCAR. Ainda assim, especialistas preveem que os fabricantes continuarão a desempenhar um papel importante na empresa.

A redução de público em eventos NASCAR também é resultado da recessão. Quando os consumidores se esforçam para poupar dinheiro, os gastos discricionários em entretenimento são um dos primeiros itens do orçamento a serem cortados. A NASCAR vem tendo uma postura proativa em relação à questão, baixando preços dos ingressos e de subvenção, mudando a estrutura das corridas e trabalhando com as comunidades para oferecer incentivos para os fãs irem aos eventos. Resta saber se essas ações terão sucesso, mas a intensa fidelidade à marca dos fãs certamente está a favor da NASCAR.

Questões para Discussão

1. Avalie a estratégia de marca da NASCAR em relação a sua estratégia de marketing global. A NASCAR poderia ter feito algo diferente para proteger-se contra a crise econômica?

2. Faça uma análise SWOT estratégica para a NASCAR nesse momento de sua história. Que oportunidades estão disponíveis para a empresa dadas suas muitas vantagens significativas?

3. Que estratégias você recomendaria para conter as críticas levantadas contra a NASCAR? Seria o caso de a empresa se tornar mais envolvida em iniciativas de sustentabilidade? Se assim for, como isso pode ser ligado às estratégias de gestão de marca da NASCAR?

4. Que estratégias você sugere para fazer a NASCAR passar para o próximo nível em sua evolução? Como a empresa pode manter, ou mesmo aumentar, sua base de patrocinadores e fãs?

Fontes

Os dados deste caso foram obtidos de Ken Belson, Reacting to Its Stalled Popularity, NASCAR Checked Under the Hood, *New York Times*, 23 de fevereiro de 2012 <http://www.nytimes.com/2012/02/24/sports/autoracing/nascartakes-steps-to-regain-its-following.html?pagewanted=all>; Viv Bernstein, NASCAR Remains Low on Its Main Fuel, *New York Times*, 25 de fevereiro de 2012 <http://www.nytimes.com/2012/02/26/sports/daytona-500-nascarssponsors-still-cautious.html?_r=2>; Viv Bernstein, Driver's Seat Elusive for Black Racers, *New York Times*, 19 de maio de 2012 <http://www.nytimes.com/2012/05/20/sports/autoracing/nascar-stuggles-with-diversity-as-driversseat-eludes-black-racers.html?pagewanted=all>; Matthew T. Bodie (2011), NASCAR Green: The Problem of Sustainability in Corporations and Corporate Law, *Wake Forest Law Review*, v. 46, n. 3, pp. 491-522; Bootlegging Roots, *All About Racin'* <http://nascarfans.wetpaint.com/page/Bootlegging+Roots>; David Caraviello, NASCAR Ticket Prices Can Be a Source of Contention, NASCAR.com, 25 de outubro de 2008 <http://www.nascar.com/2008/news/opinion/10/25/inside.line.dcaraviello.ticket.prices/index.html>; Liz Clarke, In Wake of Lower TV Ratings and Sagging Attendance, NASCAR Looks for Some Fast Buzz, *The Washington Post*, 31 de maio de 2009 <http://www.washingtonpost.com/wp-dyn/content/article/2009/05/30/AR2009053001696.html>; Larry DeGaris, NASCAR Fans Have Unparalleled Awareness of Sport's Sponsors, New Study Finds, James Madison University, 7 de fevereiro de 2005 <www.jmu.edu/kinesiology/pdfs/NASCAR.pdf>; Fan Loyalty to NASCAR Sponsors, *Marketing at 200 MPH* <http://it.darden.virginia.edu/itpreview/Nascar/128/html/fanloyal.htm>. Acessado em: 27 de julho de 2012; Mark Finney, Like the Cars, Fuel Goes Fast in NASCAR, *azcentral.com*, 2 de janeiro de 2006 Former NASCAR Official Files $225 Million Lawsuit, NASCAR.com, 11 de junho de 2008 <http://www.nascar.com/2008/news/headlines/cup/06/10/former.official.lawsuit/index.html>; Jenna Fryer, NASCAR to Begin Phasing in Unleaded Fuel, *USA Today*, 19 de junho de 2006 <http://www.usatoday.com/sports/motor/nascar/2006-06-19-unleaded-fuel_x.htm>; Jack Gage, NASCAR's Trouble At The Track, *Forbes*, 9 de fevereiro de 2009 <http://www.forbes.com/2009/02/09/nascar-france-advertising-business-sportsmoney_0209_nascar.html>; Sean Gregory, NASCAR: A Once Hot Sport Tries to Restart Its Engine, *Time*, 26 de abril de 2010 <http://www.time.com/time/magazine/article/0,9171,1982299,00.html>; Sean Gregory e Steve Goldberg, Daytona Drag: NASCAR Tries To Outrace the Recession, *Time*, 12 de fevereiro de 2009 <http://www.time.com/time/business/article/0,8599,1879136-2,00.html>; Growth of the Sport, *All About Racin'* <http://nascarfans.wetpaint.com/page/The+Growth+of+the+Sport>. Acessado em: 28 de julho de 2012; Ed Hinton, Drive for Diversity Shifts Out of Neutral, *ESPN*, 21 de janeiro de 2009 <http://sports.espn.go.com/rpm/nascar/cup/columns/story?columnist=hinton_ed&id=3850027>; History of NASCAR, NASCAR.com, 8 de março de 2010 <http://www.nascar.com/news/features/history>; Godwin Kelly, How NASCAR, ISC Prospered with France Jr. at the Helm, *The Daytona Beach News Journal*, 5 de junho de 2007 <http://www.news-journalonline.com/special/billfrancejr/newHEAD08060507.htm>; Godwin Kelly, Despite Economy, NASCAR Rallying Revenue, Fan Base, *The Daytona Beach News Journal*, 6 de julho de 2011 <http://www.news-journalonline.com/columns/motorsports/2011/07/06/despite-economy-nascarrallying-revenue-fan-base.html>; Ben Klayman, NASCAR Expects Lower Attendance in 2009, *Reuters*, 11 de fevereiro de 2009 <http://www.reuters.com/article/reutersEdge/idUSTRE51B03J20090212>; Lee, J. W., Bernthal, M. J., Whisenant, W. A., & Mullane, S. (2010), NASCAR: Checkered Flags Are Not All That Are Being Waved, *Sport Marketing Quarterly*, 19 (3), p. 170-179; Tim Lemke, Future Starts Now for NASCAR; Tweaks Designed to Halt Decline in Attendance and Ratings, *The Washington Times*, 8 de fevereiro de 2007 <http://www.highbeam.com/doc/1G1-159039606.html>; Lester Hopes He Inspires More Blacks into NASCAR, *ESPN*, 18 de março de 2006 <http://sports.espn.go.com/rpm/news/story?seriesId=2&id=2373984>; NASCAR Drive for Diversity Initiative Moves Forward in 2009 with An Expanded Driver Lineup, *Auto Racing* Daily, 23 de janeiro de 2009 <http://www.autoracingdaily.com/news/nascar/nascar-drive-for-diversity-initiative-moves-forward-in2009-with-an-expande>; NASCAR History, *All About Racin'* <http://nascarfans.wetpaint.com/page/NASCAR+History>. Acessado em: 28 de julho de 2012; NASCAR 101, NASCAR.com <http://www.nascar.com/kyn>. Acessado em: 28 de julho de 2012; NASCAR Racing Series, NASCAR.com, 28 de abril de 2008 <http://www.nascar.com/news/features/nascar.series/index.html>; NASCAR's Sponsorship Revenue Up By 10 Percent, NASCAR.com, 8 de dezembro de 2010 <http://www.nascar.com/news/101208/nascar-sponsorship-up-2011/index.html>; NASCAR's TV Ratings Rise After Three-Year Decline, NASCAR.com, 14 de junho de 2011 <http://www.nascar.com/news/110614/ratings-increase-2011/index.html>; Nate Ryan, Pinch on Automakers Could Leave NASCAR "Truly Hurting", *USA Today*, 21 de dezembro de 2008 <http://www.usatoday.com/sports/motor/nascar/2008-12-21-cover-automakers_N.htm>; Nate Ryan, Lower Prices, Promotions Don't Stop NASCAR Attendance Drop, *USA Today*, 7 de maio de 2010 <http://www.usatoday.com/sports/motor/nascar/2010-05-06-nascar-attendance_N.htm>; Nate Ryan, Did NASCAR Go Too Far in Promoting Driver Safety? *USA Today*, 20 de fevereiro de 2011 <http://www.usatoday.com/sports/motor/nascar/2011-02-18-safety_N.htm>; Lee Spencer, Can NASCAR Up the Pace in 2012? *Fox Sports*, 27 de janeiro de 2012 <http://msn.foxsports.com/nascar/story/nascar-state-of-the-sport-address-brian-francemike-helton-robin-pemberton-2012-means-bigger-changes-012612>; Lee Spencer, What NASCAR Fans Can Expect in 2012, *Fox Sports*, 7 de fevereiro de 2012 <http://msn.foxsports.com/nascar/story/nascar-daytona-500-nascarsheds-light-on-technical-and-rules-changes-as-2012-season-nears-020612>; Talladega Reduces Ticket Prices for Cup Series Races, NASCAR.com, 8 de janeiro de 2009 <http://www.nascar.com/2009/news/headlines/cup/01/08/talladega.reduces.ticket.prices/index.html>; Toyota Racing President Expects NASCAR Cutbacks, NASCAR.com, 14 de janeiro de 2009 <http://www.nascar.com/2009/news/headlines/cup/01/14/toyota.expected.cutbacks/index.html?eref=/rss/news/headlines/cup>; Steve Waid, Despite Great Competition, NASCAR Must Still Deal With An Ongoing Problem, *Motorsports Unplugged*, 18 de dezembro de 2011 <http://motorsportsunplugged.com/?p=5315>; e Nolan Weidner, "NASCAR Thriving with Some Variety; Five Years Later, the Organization's Drive for Diversity is Bearing Fruit, *The Post-Standard* (Syracuse, NY), 13 de agosto de 2005, p. D1.

Caso 12
IndyCar: Em Busca do Regresso do Automobilismo de Alta Velocidade*

Sinopse: Automobilismo é o esporte que mais cresce nos Estados Unidos. Infelizmente, corridas de monopostos têm passado por um período de declínio, enquanto outras formas de corridas de automóveis, mais notavelmente a NASCAR, vêm crescendo. Depois de anos de competição lesiva, a Indy Racing League e a Champ Car (CART) finalmente se reunificaram. Novos patrocinadores, novas oportunidades de negócios e um novo contrato de televisão são sinais positivos para a IndyCar, mas o campeonato continua num distante terceiro lugar atrás da NASCAR em termos de popularidade no mercado do automobilismo. Além disso, a morte do piloto Dan Wheldon em 2011 levanta sérias dúvidas sobre a segurança das corridas de IndyCar. A IndyCar deve abordar essa questão e várias outras preocupações para reforçar a sua posição no mercado do automobilismo norte-americano, continuar a tarefa de reconectar com antigos fãs e construir conexões com novos fãs e patrocinadores.

Temas: Concorrência, segmentação de mercado, estratégia de produto e construção de marca, marketing de esportes e eventos, patrocínios, marketing global, governança corporativa, implantação de marketing.

As origens da IndyCar remontam da formação do Championship Auto Racing Teams (CART) em 1978. Vários proprietários de equipes de corrida de automóveis criaram o CART para promover as corridas de monopostos nos Estados Unidos, que se referem a carros cujas rodas estão localizadas no exterior do corpo

---

* Don Roy, Middle Tennessee State University, preparou este caso para discussão em sala de aula, e não para ilustrar um tratamento eficaz ou ineficaz de uma situação administrativa.

do carro, em vez de estarem embaixo dele ou envoltas em para-lamas como o que se encontra nos automóveis comuns. Além disso, eles têm uma cabine aberta, também chamada de pod, e o motor alojado na parte de trás do veículo. O esporte havia sido sancionado desde meados da década de 1950 pelo United States Auto Club (USAC), mas muitas equipes de corrida estavam insatisfeitas com a administração e a promoção das corridas de monopostos realizada pelo USAC. Consequentemente, o CART foi fundado quando 18 dos proprietários das 21 equipes deixaram o USAC para formar a nova liga.

Crescimento e Divisão de Corridas de Monopostos nos EUA

Durante os primeiros 17 anos de sua existência, o CART dominou as corridas de automóveis nos Estados Unidos e as corridas de monopostos tinham maior notoriedade do que outras formas de corridas, incluindo as de stock car. No entanto, nem todos os associados a corridas de monopostos nos Estados Unidos acolheram o sucesso desfrutado pelo CART. Uma pessoa que mostrou grandes preocupações com a direção do CART foi Anton H. "Tony" George, presidente da Indianapolis Motor Speedway. A família de George fundou a Indianapolis 500 e a desenvolveu para serem corridas automobilísticas norte-americanas de ponta e um evento de importância mundial. George se preocupava porque o CART estava começando a perder de vista os interesses de corridas de monopostos norte-americana ao realizar eventos em países estrangeiros, colocando muita ênfase em corridas de circuitos mistos em vez de pistas ovais e se concentrando demais em promover melhores pilotos estrangeiros como estrelas do CART.

Em 1994, George anunciou que estava criando uma nova liga de monopostos que competiria com o CART, a partir de 1996, chamada Indy Racing League (IRL) (o precursor da atual IndyCar). A nova liga foi um divisor para as corridas de monopostos nos Estados Unidos, pois os proprietários de equipes eram forçados a decidir se permaneceriam com o CART ou se mudariam para a nova IRL. Somente usuários IRL seriam autorizados a correr em Indianapolis 500. A resposta das equipes do CART foi programar seu próprio evento para o mesmo dia do da Indianapolis 500. O CART fez o US 500 no Michigan International Speedway na semana do Memorial Day de 1996 e atraiu mais de 100.000 espectadores para o evento. O racha entre o CART e a IRL passou para os tribunais quando processos foram abertos sobre o uso dos termos "IndyCar" e "carro Indy", que o CART havia licenciado da Indianapolis Motor Speedway durante vários anos. O resultado da ação foi que nenhuma das partes poderia usar os termos até 31 de dezembro de 2002.

A disputa IRL-CART distraiu ambas as ligas, e corridas de stock car consolidaram sua posição como o esporte de automobilismo favorito nos Estados Unidos. Uma pesquisa ESPN Sports Poll em 2001 revelou que 56% dos fãs de corridas de automóveis norte-americanos disseram que as corridas de stock car eram seu tipo favorito de corridas, e as corridas de monopostos ficaram, em terceiro lugar, com 9% (dragster[**] foi o segundo com 12%). O reduzido atrativo de corridas de monopostos contribuiu para problemas adicionais com relacionamentos com patrocinadores. Três parceiros principais deixaram o CART, incluindo Honda e Toyota, que forneciam motores e suporte técnico ao CART e suas equipes. A FedEx interrompeu seu relacionamento de patrocinador do título com o CART após a temporada de 2002. Durante o mesmo período, a IRL lutava para encontrar parceiros corporativos já que a economia enfraquecida e um mercado fragmentado para corridas de monopostos diminuíam a atratividade para os patrocinadores tanto da IRL como do CART.

[**] Trata-se de veículos leves e com motor muito potente feitos para provas de arrancada em retas de aproximadamente 400 m (um quarto de milha). (N.T.)

A IRL teve altos e baixos nos anos seguintes à divisão. O interesse na IRL, levando em conta as medições de audiência de televisão, encolheu significativamente entre 2002 e 2004, com 25% menos espectadores assistindo a corridas em 2004 do que apenas dois anos antes. O declínio da audiência televisiva foi um fator importante para a incapacidade da IRL de vender direitos de nominar sua série. A IRL correu sem patrocinador do título para as séries de 2002 a 2009. Em contrapartida, a NASCAR assinou um acordo de grande sucesso com a Nextel, que demandou mais US$ 700 milhões em 10 anos a partir de 2004. Especialistas da indústria acreditam que o máximo que a IRL poderia pedir por seu patrocínio de título, se competisse com o CART, seria de cerca de US$ 50 milhões por 10 anos.

Em resposta ao declínio de interesse na IRL, iniciativas de marketing foram tomadas para inverter a tendência. A IRL reforçou sua equipe de marketing. O campeonato nem sequer tinha uma equipe de marketing dedicada até 2001. Em 2005, a IRL lançou uma nova campanha promocional que teve como alvo homens de 18 a 34 anos de idade. O foco dos anúncios também era diferente. Em vez de enfatizar a tecnologia de ponta dos carros da IRL, como havia sido feito em campanhas promocionais anteriores, o foco mudou para os pilotos e o drama vivido na pista. A campanha faz parte de uma estratégia mais ampla para expandir a associação da IRL para além de um esporte para homens de meia-idade do Meio-Oeste dos EUA. A ideia era posicionar a marca mais vibrante e jovem.

Em apoio a esse esforço, dois desenvolvimentos podem ser observados. Primeiro, a IRL seguiu uma tendência observada na NASCAR e colocou várias celebridades envolvidas no esporte com participação de equipes. Entre as celebridades envolvidas com a IRL estão o apresentador de talk show David Letterman, a estrela da NBA Carmelo Anthony, o ex-quarterback da NFL Jim Harbaugh e o ator Patrick Dempsey. Outra celebridade ainda é o astro do rock Gene Simmons. Ele é sócio da Simmons Abramson Marketing, contratada para ajudar a IRL a elaborar novas estratégias de marketing. O marketing de entretenimento inteligente da empresa foi aproveitado para ajudar a IRL a se conectar com os fãs em um nível emocional por meio de seus pilotos, que Simmons chamava de "rock stars in rocket ships" (em tradução livre, "estrelas do rock em foguetes espaciais").

Em segundo lugar, as personalidades dos pilotos começaram a dar alguma visibilidade à IRL. O surgimento de Danica Patrick como uma estrela na IRL ampliou o atrativo da liga e ajudou em seus esforços para atingir jovens do sexo masculino. Em 2005, Patrick era uma iniciante da IRL, aos 23 anos de idade, que terminou em quarto lugar na Indianapolis 500. A combinação da novidade de um piloto do sexo feminino e seus olhares e personalidade cativantes fizeram dela a queridinha dos esportes norte-americanos naquele ano. O efeito de Patrick na IRL era muito perceptível. A IRL registrou ganhos em público do evento, vendas de mercadorias, tráfego do site e audiências de televisão durante a temporada de estreia de Patrick. Ela atraiu o interesse de muitas empresas que a contrataram como endossante de produto, incluindo Motorola, Go Daddy, Boost Mobile e XM Radio. Além disso, ela apareceu em sessões de fotos de maiô na *FHM* e em 2008 e na *Sports Illustrated* de 2009. Outro piloto que ganhou notoriedade foi Helio Castro Neves, um piloto brasileiro que ganhou a Indianapolis 500 em 2001, 2002 e 2009. Ele aumentou seu status de celebridade aparecendo no popular programa de televisão *Dancing with the Stars* em 2007, vencendo a competição.

O Mercado de Automobilismo

Embora existam muitas formas de automobilismo, a concorrência da IndyCar pode ser reduzida a duas: a Fórmula 1 e a NASCAR. Cada concorrente é discutido a seguir.

Fórmula 1

A Fórmula 1 é uma série de monopostos com o maior alcance global em termos de locais de corrida e corridas exclusivamente em circuitos. O calendário de 20 corridas da Fórmula 1 inclui oito corridas na Europa, bem como corridas na Austrália, Bahrain, Brasil, Canadá, China, Índia, Japão, Malásia, Cingapura, Coreia do Sul, Emirados Árabes Unidos e Estados Unidos. A corrida de Fórmula 1 é conhecida como um Grand Prix, em que cada corrida assume o nome do país anfitrião (por exemplo, Grande Prêmio da Espanha). A Fórmula 1 foi o primeiro campeonato de corridas no Hemisfério Ocidental a organizar um evento no lucrativo mercado chinês. Os pilotos de Fórmula 1 possuem qualidade internacional. A maioria é oriunda de países europeus, embora haja também pilotos da Austrália, Brasil e Japão. O vencedor da série temporada de Fórmula 1 é chamado de "Campeão Mundial de Fórmula 1", o que reforça ainda mais o evento como um campeonato de corrida global.

NASCAR

O líder absoluto no mercado automobilístico dos EUA é a NASCAR (National Association of Stock Car Auto Racing), fundada no início de 1950, aproximadamente na mesma época da USAC. A NASCAR tem três circuitos de corrida nos Estados Unidos: A Sprint Cup Series, a Nationwide Series e a Camping World Truck Series. A Sprint Cup Series é um circuito topo de linha da NASCAR. Suas 36 corridas são realizadas principalmente em pistas ovais e exclusivamente nos mercados dos EUA. Como a IndyCar, a NASCAR tem um forte apoio regional, sendo o sudeste dos EUA um foco de longa data para a liga. A NASCAR era predominantemente um esporte do sul dos EUA até os anos 1990, quando a exposição propiciada pela televisão a cabo e o surgimento de fortes pilotos personalidades, tais como Dale Earnhardt e Jeff Gordon, levaram a uma explosão em sua popularidade. O campeonato se tornou ainda mais popular, pois tem-se centrado no marketing dos pilotos, especialmente os mais jovens, muitas vezes chamados de "Young Guns" da NASCAR. A liga e a promoção de patrocínio de pilotos como Dale Earnhardt Jr., Jimmie Johnson, Ryan Newman e Kasey Kahne alçaram a NASCAR ao segundo lugar em popularidade nos EUA atrás apenas da National Football League.

Hoje, a NASCAR supera a IndyCar nos Estados Unidos em termos de apoio de patrocinador e público. A empresa tem procurado se expandir para se tornar um esporte genuinamente nacional, adicionando corridas em Chicago, sul da Califórnia e Texas, e eliminando corridas em mercados menores, como Rockingham, Carolina do Norte. Planos de expansão futuros incluem acrescentar eventos no Noroeste do Pacífico e na área da cidade de Nova York. A audiência média de televisão para corridas NASCAR em 2011 foi de aproximadamente 5% dos lares dos EUA, em comparação com menos de 2% para a IndyCar. Em consequência do crescimento de sua popularidade, a NASCAR foi capaz de negociar um lucrativo contrato multibilionário com a Fox e a ESPN, enquanto a IndyCar se esmerou para garantir um acordo de televisão favorável.

Reunificação

Muitos observadores acreditam que as corridas de monopostos poderiam ter sido tão populares como a NASCAR é hoje. Na década de 1980 e início de 1990, era o CART que detinha a maior popularidade e audiência na televisão. A divisão que levou à formação da IRL foi um revés para as corridas de monopostos em geral. A separação resultou em uma diluição da qualidade da competição, dinheiro dos patrocinadores e apoio dos fãs. Muitos especialistas acreditavam que uma reunificação das corridas de monopostos era a única maneira de competir com a NASCAR.

492 ESTRATÉGIA DE MARKETING • TEORIA E CASOS

A tão aguardada reunificação ocorreu antes do início da temporada de 2008. As operações da Champ Car (o CART mudou de propriedade e de nome em 2007) estavam prestes a parar de vez após o cancelamento de seu evento final em 2007 e era incerta a realização de uma programação para 2008. A IRL de Tony George comprou os ativos da Champ Car por meros US$ 10 milhões e injetou um investimento de capital de US$ 30 milhões em equipamentos e incentivos para trazer as equipes da Champ Car no conjunto da IRL.

Após a reunificação, a IRL foi rebatizada como IndyCar, e seu circuito de corridas de monopostos reunificado foi denominado IndyCar Series. As decisões tomadas referem-se aos mercados e às pistas de corrida que a IndyCar Series teria como alvo após a fusão da Champ Car e da IRL, o calendário de 2012 incluía 16 corridas, menos de metade do número de corridas da Sprint Cup Series da NASCAR (ver Figura do Caso 12.1). Uma mudança foi o aumento no número de corridas de rua e de estrada. A IndyCar Series acrescentou corridas de rua em mercados onde o CART/Champ Car tinham sido muito bem-sucedidos, tais como Long Beach, Califórnia e Toronto, Ontario. Corridas de rua/estrada compõem 11 das 16 corridas do calendário da IndyCar Series. Em contrapartida, apenas 2 das 36 corridas na Sprint Cup Series da NASCAR são realizadas em circuitos mistos. Essa característica da programação da IndyCar é muito diferente do produto da antiga IRL, que correu exclusivamente em pistas ovais entre 1996 e 2008.

Figura do Caso 12.1 — Programação de Corridas da Série IndyCar em 2012

Data	Corrida
25 de março	Honda Grand Prix de St. Petersburg (St. Petersburg, FL)
1º de abril	Honda Indy Grand Prix do Alabama (Birmingham, AL)
15 de abril	Toyota Grand Prix de Long Beach (Long Beach, CA)
29 de abril	São Paulo Indy 300 (Brasil)
27 de maio	Indianapolis 500 (Indianapolis, IN)
3 de junho	Chevrolet Detroit Belle Isle Grand Prix (Detroit, MI)
9 de junho	Firestone 550, Fort Worth (Fort Worth, TX)
16 de junho	Milwaukee IndyFest (Milwaukee, WI)
23 de junho	Iowa Corn Indy 250 (Newton, IA)
8 de julho	Honda Indy Toronto (Canadá)
22 de julho	Edmonton Indy (Canadá)
5 de agosto	Honda Indy 200 em Mid-Ohio (Lexington, OH)
19 de agosto	IndyQingdao 600 (China) *
26 de agosto	Indy Grand Prix de Sonoma (Sonoma, CA)
2 de setembro	Grand Prix de Baltimore (Baltimore, MD)
15 de setembro	Auto Club Speedway (Fontana, CA)

* Corrida cancelada em junho de 2012; nenhuma corrida programada em seu lugar.

Fonte: IZOD IndyCar Series – 2012 Schedule, site da IndyCar, <http://www.indycar.com/schedule>. Acesso em: 29 de julho de 2012.

Além da influência da estratégia da Champ Car de mais corridas de rua/estrada, outra característica da Champ Car que a IndyCar procurou alavancar foi o posicionamento de corridas como eventos de entretenimento. A corrida em si é apenas uma peça do produto. A Champ Car usou o termo "Festival de Velocidade" para posicionar seus eventos. Além da corrida, os fãs podem muitas vezes participar de atividades, como áreas para crianças, voleibol de praia, degustação de vinhos ou concertos ao vivo. Uma descrição dessa abordagem é "Embalamos uma festa enquanto uma corrida acontece. Não queremos que as pessoas saiam e sentem numa arquibancada de metal por três horas e fiquem suando e se torrando ao sol e voltem para casa. Queremos coisas ocorrendo em toda parte". O conceito de festival tem sido um sucesso. As corridas de rua em Long Beach e Toronto atraem anualmente mais de 150.000 pessoas em uma agenda corrida de três dias.

Outro desenvolvimento positivo para a IndyCar Series foi um novo parceiro de transmissão de televisão. A ABC transmitiu a Indianapolis 500 por 45 anos e a IndyCar vai continuar esse relacionamento. Para a maioria das outras corridas do calendário (pelo menos 13 por temporada), a IndyCar rompeu laços com a ESPN e assinou um contrato de 10 anos por US$ 67 milhões com a VERSUS — rebatizada em 2011 como a NBC Sports Network. Apesar de a rede NBC Sports ter uma audiência menor do que a ESPN, cobre menos esportes e planeja dar à IndyCar maior cobertura (pelo menos 10 horas por semana durante a temporada de corridas) do que a ESPN fez quando detinha os direitos de transmissão. A cobertura expandida ajudou a IndyCar a ir além da mera transmissão de corridas para contar a história de seus pilotos e da série.

Andando para Frente e para Trás

Otimismo e incerteza existiam após a reunificação da IndyCar. A principal preocupação era a liderança de topo. Tony George renunciou a suas posições de topo tanto na IndyCar como no Indianapolis Motor Speedway em julho de 2009. Seu papel em provocar a divisão das corridas de monopostos nunca foi esquecida e muitas pessoas na indústria acreditavam que uma liga reunificada seria beneficiada com um novo líder. Em 2010, Randy Bernard se juntou à IndyCar como CEO na sequência de um mandato muito bem-sucedido liderando o Professional Bull Riders (PBR). Bernard criou entusiasmo em torno de eventos do PBR e elaborou o marketing de personalidades dos peões. Ele tinha prioridades semelhantes para a IndyCar. Bernard pretendia elevar o perfil dos pilotos da IndyCar para torná-los "maiores que a vida". Apresentações mais elaboradas do piloto foram produzidas para destacar os pilotos, e a liga investiu em um escritório responsável pela colocação da IndyCar e de seus pilotos, na televisão e em filmes. O compromisso de Bernard com o marketing era aparente no sucesso que a IndyCar teve quando assinou contratos com novos patrocinadores e entrou em novos mercados nos Estados Unidos (Baltimore), assim como no Brasil e na China. Os esforços de Bernard para fazer a IndyCar crescer sinalizou que valia a pena, pois a audiência média de corridas televisionadas aumentou de 1,1 milhão em 2010 para 1,3 milhão em 2011. Além disso, o público médio subiu de 88.805 por corrida em 2010 para 97.852 em 2011.

Novas Oportunidades de Negócios

Otimismo também existia nas novas oportunidades de negócios que a IndyCar estava percebendo. Uma área em que a IndyCar obteve ganhos importantes foi a de patrocínios. Novos acordos de marketing foram assinados com Coca-Cola, Orbitz e The National Guard. A parceria com a Mattel trouxe os carros da marca IndyCars Hot Wheels para lojas de varejo e eventos IndyCar Series, promovendo pilotos e o cronograma da Series, incluindo-a na embalagem do produto. Em 2010, pela primeira vez desde 2001, a IndyCar Series conseguiu um patrocinador de título quando a IZOD fechou um contrato de seis anos para a IZOD IndyCar Series. A IZOD imediatamente percebeu os benefícios de seu patrocínio da IndyCar. Usando uma variedade de métricas de desempenho, incluindo familiaridade com a marca e as impressões digitais, a IZOD concluiu que o primeiro ano do patrocínio, em 2010, gerou um retorno de 350% sobre o investimento. Ela concentrou seus esforços de marketing em propaganda, displays no interior da loja e eventos especiais. Particularmente, a IZOD sentia que tinha conseguido o impacto desejado em um grupo demográfico importante: homens de 25 a 35 anos de idade.

Os sinais de crescimento de patrocínios foram claros em 2011. Todos os cinco patrocinadores cujos acordos estavam abertos para renovação renovaram com a IndyCar: Firestone, Peak Performance Motor Oil, The National Guard, Philips e Honda. Além disso, novos acordos de patrocínio foram assinados com o Boy Scouts of America, MGM Resorts, Green Fuel Technologies, Las Vegas Convention and Visitors Authority e Trim Nutrition. Entre as categorias de patrocínio que a liga esperava concluir estavam serviços financeiros, saúde e bem-estar, energia ecológica, bebidas alcoólicas e tecnologia. Em 2012, a IndyCar adicionou novos patrocinadores, um sinal de que a liga podia estar no caminho certo. O Discover se tornou o cartão de crédito oficial da IndyCar, uma categoria de patrocínio que estava vaga desde 2006. A Fuzzy Vodka também entrou como patrocinadora. Uma parceria com o varejista Lids colocou mercadorias IndyCar nas mais de 1.000 lojas da empresa e passou a gestão das vendas de mercadorias on-line da IndyCar para a Lids. Além disso, a Chevrolet e a Lotus, uma empresa britânica, juntaram-se à Honda como fornecedores de motores em 2012. A adição desses fabricantes de motores e a decisão da Firestone de renovar sua parceria como fornecedora oficial de pneus foram desenvolvimentos positivos que fortaleceram o relacionamento da IndyCar com seus fornecedores de equipamentos.

Outro avanço para a IndyCar foi aumentar sua presença para além das pistas e transmissões de corridas. A IndyCar tem um lugar de destaque no filme *Turbo* da DreamWorks, a história de um caracol que sonha em ser rápido o suficiente para vencer a Indianapolis 500. O filme, lançado em 2013, apresenta a Indianapolis Motor Speedway, bem como várias equipes, pilotos e patrocinadores da IndyCar. A expectativa era colher os grandes benefícios da exposição que um filme da DreamWorks pode fornecer. Cerca de US$ 100 milhões foram gastos pelo estúdio para promover *Turbo*. Além disso, uma série de televisão semanal *INDYCAR 36* acompanha um piloto na pista e fora dela ao longo de um período de 36 horas proporcionando aos fãs uma visão mais íntima de algumas das personalidades da IndyCar.

Expansão Global?

Executivos IndyCar veem potenciais benefícios na expansão global, embora nem todos os proprietários de automóveis estejam otimistas sobre a adição de mais corridas fora da América do Norte. O CEO Randy Bernard quer aumentar o cronograma atual da IndyCar Series de 16 para 20 corridas. Entre seus desejos está programar duas corridas, uma no Brasil e outra na China. A liga ganharia grandes taxas de sanção, o pagamento feito por um promotor de corrida para realizá-la. O grande interesse dos fãs em mercados como Brasil e China significa que os honorários relativos aos direitos de TV internacional que a IndyCar recebe aumentariam com a realização de corridas em mercados lucrativos. Cidades em mercados emergentes ansiosas para mostrar seus locais gostariam de receber a IndyCar. E realizar corridas fora da América do Norte amplia o grupo potencial de patrocinadores para as equipes da liga e de corridas.

No entanto, nem todas as equipes compartilham o entusiasmo pela expansão global. As equipes já estabelecidas com patrocinadores cuja base de operações esteja principalmente na América do Norte dizem que a expansão global prejudicaria a exposição de seus patrocinadores e audiências televisivas já que as corridas são transmitidas ao vivo na primeiras horas da manhã ou retransmitidas após o resultado ser conhecido. O consenso entre os proprietários de automóveis é que, embora uma presença internacional seja benéfica para a Série IndyCar, seus esforços devem concentrar-se no crescimento do negócio na América do Norte. Acrescentar uma corrida no Canadá é atraente para a IndyCar devido ao sucesso de corridas em Toronto e Edmonton. Vancouver, Calgary e Quebec foram mencionadas como possíveis adições às programações futuras da IndyCar.

Envolvimento dos Fãs

Outra prioridade de marketing para a IndyCar tem sido a de aumentar o envolvimento com os fãs, dentro e fora das pistas. O desenvolvimento de uma apresentação consistente para todos os eventos aumentou a experiência dos fãs nas corridas da IndyCar Series. A IZOD IndyCar Fan Village estreou em 2011 e incluiu a participação de vários patrocinadores na forma de pavilhões que proporcionavam aos fãs a oportunidade de interagir com os produtos dos patrocinadores, participar de jogos e visitar exposições. A decisão de fazer uma experiência operada pela liga estava relacionada com a presença inconstante das áreas interativas para os fãs, alguns locais de corrida tinham muitas exposições enquanto outros tinham poucas oportunidades interativas. Uma característica fundamental do IZOD IndyCar Fan Village é que a entrada exige que os fãs sejam membros da IndyCar Nation. A adesão é gratuita; o propósito da exigência de adesão é permitir à IndyCar coletar mais dados sobre os fãs que assistem às corridas.

Melhorar a experiência dos fãs não se tem limitado a esforços nas pistas. A reformulação do website IndyCar.com conectou os fãs a conteúdo dos sites de mídia social da liga (Facebook, Twitter, YouTube e Flickr), bem como a blogueiros de outros sites que escrevem sobre a IndyCar. Além disso, o perfil dos patrocinadores foi elevado à medida que os parceiros da liga foram destacados no site. A IndyCar usa redes sociais para envolver os fãs, além de fornecer notícias e informações. A liga fez parceria com a Cie Games, uma empresa de jogos que criou o jogo de Facebook "Car Town". O jogo tem mais de oito milhões de jogadores. A presença da IndyCar no "Car Town" inclui carros que os jogadores compram e um desafio pit-stop com tema da Indianapolis 500. A IndyCar e a Cie Games dividem as receitas das compras relacionadas à IndyCar feitas por jogadores do "Car Town".

Assim como a NASCAR, a IndyCar tem o desafio de fazer os jovens se interessarem pelo esporte. Entre as medidas tomadas para atingir os jovens estão a redução da idade para entrar na área da garagem, que passou a ser de 9 anos. Além disso, o Indianapolis Motor Speedway deu ingressos gratuitos para crianças de até 12 na compra de um ingresso de adulto. A criação de valor por meio da oferta de experiências interativas, entretenimento em corridas e preços favoráveis ao cliente traz benefícios estratégicos potenciais para a IndyCar. Michael Andretti, ex-piloto da IRL e, agora, proprietário de equipe IndyCar, acredita que a vantagem do custo de assistir a corridas de IndyCar em comparação com as da NASCAR fornece à liga uma grande vantagem em um ambiente econômico difícil.

Preocupações Persistentes

Apesar dos desenvolvimentos positivos para a IndyCar, a longo prazo seu futuro é incerto. Uma preocupação é o mix de pistas e mercados-alvo. A programação de 2012 teve o dobro de corridas de rua/estrada em relação às provas de pistas ovais. A IndyCar apregoa a mistura de corridas como desafiantes para os pilotos, forçando-os a dominar uma variedade de pistas para ganhar o campeonato da temporada de IndyCar. Os críticos temem que menos pistas ovais afastarão a série IndyCar de suas raízes. Além disso, corridas em pistas ovais são mais populares entre os fãs nos Estados Unidos como a popularidade da NASCAR evidencia.

A tendência de agendar mais corridas fora dos Estados Unidos é outra preocupação. Embora apenas 4 dos 16 mercados no calendário de 2012 estivessem fora os EUA (2 no Canadá, 1 no Brasil e outra na China), alguns observadores acreditam que a IndyCar não está fazendo o suficiente para comercializar-se nos EUA nem promover adequadamente os pilotos norte-americanos. A lista de pilotos da IndyCar tem um sabor mais global do que o da NASCAR, com pilotos vindos do Brasil, Canadá, Inglaterra, França, Nova Zelândia, Espanha e Suíça, além de pilotos norte-americanos. A forte influência do Meio-Oeste dos EUA na IndyCar parece estar em desacordo com a globalização das corridas de automóveis em geral e os desejos de liderança da IndyCar em particular.

Outro desafio enfrentado pela IndyCar tem sido conseguir estabilidade em sua programação. Mercados norte-americanos, como Cincinnati e Nashville, foram retirados na medida em que a IndyCar procura encontrar melhores locais e pistas para seus eventos. Os problemas financeiros de promotores de corridas criaram dificuldades para a IndyCar cumprir o cronograma de pistas planejado. Em 2012, a primeira corrida da IndyCar na China teve que ser cancelada quando o promotor da corrida não conseguiu satisfazer os requisitos financeiros para mantê-la. Como resultado, a temporada foi reduzida para 15 corridas. Além disso, os promotores do Grande Prêmio de Baltimore enfrentaram sérios problemas financeiros que ameaçavam o evento de dois anos de idade. Felizmente, um novo promotor assinou o contrato para dar a estabilidade financeira.

Manter a continuidade de pilotos tem sido um problema enfrentado pelas corridas da Indy há anos, pois pilotos de sucesso não deixam de buscar oportunidades mais lucrativas na NASCAR. Tony Stewart, Sam Hornish Jr. e Robby Gordon foram para a NASCAR nos últimos anos, e a piloto da IndyCar mais popular em duas décadas, Danica Patrick, deixou a IndyCar para competir na NASCAR em 2012. O marketing dos melhores pilotos pode ser uma estratégia eficaz mas esses esforços podem ser perdidos se o piloto migra para outra série. Apesar de só ter vencido uma corrida em sete anos, Patrick havia trazido grande interesse para o campeonato com uma combinação de atratividade e determinação. Sua popularidade trouxe muitas ofertas de endosso, tornando-a muito atraente para patrocinadores que procuram alcançar o grande público que a NASCAR tem. Apesar da popularidade e da visibilidade de Danica Patrick como o rosto da IndyCar, alguns especialistas acreditam que sua saída vai realmente beneficiar a liga. A presença de Patrick ofuscava outros pilotos, como Dario Franchitti, quatro vezes campeão da IndyCar Series. Agora, a liga pode ser mais diversificada em seu marketing de pilotos personalidades.

Problemas com horários, promotores de corridas e marketing de pilotos são poucos em comparação com a situação com a qual a IndyCar foi forçada a lidar em 16 de outubro de 2011, na corrida final da temporada em Las Vegas. A IndyCar investiu pesadamente na corrida, dando o passo incomum de alugar a pista e operar todas as promoções e operações de corrida. Uma multidão de 70.000 era esperada, incluindo 50.000 ingressos que foram doados aos fãs que apoiaram outras corridas da IndyCar durante a temporada. Uma enorme campanha de marketing incluiu mais de 1.600 anúncios em rádio, TV e outdoors. Randy Bernard lançou um desafio de US$ 5 milhões para qualquer piloto da NASCAR ou Fórmula 1 que entrasse e vencesse a corrida. Nenhum piloto aceitou o desafio, então, Bernard procurou causar emoção oferecendo a um fã a chance de dividir US$ 5 milhões com o piloto Dan Wheldon, o vencedor da Indianapolis 500 de 2011. O Go Daddy patrocinou Wheldon como parte de uma promoção especial, o Go Daddy IndyCar Challenge. Para apimentar a promoção, Wheldon começaria a corrida na parte de trás da pista. A promoção teve o efeito desejado e milhares de pessoas se inscreveram on-line para ter a chance de ganhar o dinheiro do prêmio. No entanto, a emoção e o burburinho criados para a corrida foram substituídos por dor e perda: Dan Wheldon morreu em um terrível acidente depois de apenas 11 voltas da corrida.

A morte de Dan Wheldon pôs em questão a segurança das corridas em pistas ovais, que foram construídas para corridas de stock car, como a NASCAR. Os carros Indy atingem velocidades de mais de 320 km por hora, que os fazem significativamente mais rápidos do que os stock cars. Muitas pessoas na indústria de corridas disseram que a IndyCar deve interromper os circuitos ovais. A decisão é complicada pelo fato de que norte-americanos fãs de corridas de automóveis preferem pistas ovais. O que um executivo disse da IndyCar: "Os carros têm de se adaptar para correr nesses circuitos ovais ou o esporte não terá um futuro muito brilhante". A tragédia de Wheldon trouxe a fiscalização à IndyCar Series e a segurança de seus pilotos. Nos dias seguintes à morte de Wheldon, o CEO Randy Bernard disse: "a IndyCar está em crise e temos que obter respostas".

Conclusão

Corridas de automóveis são o esporte de espectadores que mais cresce nos Estados Unidos nos últimos anos. Entretanto, corridas de monopostos tiveram um período de declínio, enquanto outras formas de corridas de automóveis cresceram. A IndyCar ocupa um distante segundo lugar em relação à NASCAR em termos de popularidade. A liga deve reforçar sua posição no mercado do automobilismo norte-americano. Com as duas principais ligas de monopostos reunificadas, a IndyCar deve se reconectar com seus fãs e patrocinadores, bem como construir novos relacionamentos. E deve garantir a segurança de seu maior ativo de marketing, os pilotos da IndyCar.

Questões para Discussão

1. Identifique os fatores externos que tiveram impacto e continuam a afetar a IndyCar e seus esforços de marketing. Quais fatores parecem ser as maiores oportunidades e ameaças da IndyCar?

2. Quais são os maiores pontos fortes da IndyCar? Quais pontos fracos você recomendaria que a Indy-Car procurasse converter em pontos fortes? Como eles poderiam ser convertidos?

3. Quais as vantagens da IndyCar sobre a NASCAR? Como elas devem ser usadas pela IndyCar para competir com a NASCAR?

4. O que a IndyCar pode aprender com o sucesso da NASCAR? Existem elementos de estratégia de marketing da NASCAR que a IndyCar poderia adotar?

5. Que passos a IndyCar deve tomar para superar a morte de Dan Wheldon e tranquilizar fãs e pilotos sobre a segurança das corridas da IndyCar?

Fontes

Os dados deste caso foram obtidos em Andretti Has Eye on Regaining Market Share, *Street & Smith's Sports Business Journal*, 18 de maio de 2009 <http://m.sportsbusinessdaily.com/Journal/Issues/2009/05/20090518/SBJ-In-Depth/Andretti-Has-Eye-On-Regaining-Market-Share.aspx>; Steve Ballard, Championship Auto Racing Teams' Board Votes to Accept Buyout, *The Indianapolis Star*, 16 de dezembro de 2003 <http://www.highbeam.com/doc/1G1-119497409.html>; Theresa Bradley, Racing League Gears Hip Events at Youth, *Knight Ridder Tribune Business News*, 23 de março de 2006, p. 1; Celebrities Who Are Revved Up Over Racing,

Street & Smith's Sports Business Journal, 22 de maio de 2006, p. 27; Tony Fabrizio, Racer Danica Patrick Embraces Celebrity Exposure, *Tampa Tribune*, 27 de fevereiro de 2009 <http://www2.tbo.com/sports/breaking-news-sports/2009/feb/27/racerdanica-patrick-embraces-celebrity-exposure-ar-115990>; Shawn Fenner, IRL Sees Significance of Selling Product to U. S. Market, *Richmond Times-Dispatch*, 23 de junho de 2009 <http://www2.timesdispatch.com/sports/2009/jun/23/irlf23_20090622-214806-ar-39355>; Helio Castroneves Heading Back to Dancing With the Stars, *Autoweek*, 27 de julho de 2012 <http://www.autoweek.com/article/20120727/

INDYCAR/120729846>; Reggie Hayes, What's Next for IndyCar? *Fort Wayne News-Sentinel*, 1º de julho de 2009; Hot Wheels Announces Partnership with the IndyCar Series, Indianapolis 500, *Entertainment Newsweekly*, 24 de abril de 2009, p. 140; IndyCar Renews Toronto Race through' 14, Looks to Add More Canadian Races, *Sports Business Daily*, 15 de maio de 2012 <http://www.sportsbusinessdaily.com/Daily/Issues/2012/05/15/Leagues-and-Governing-Bodies/Indy-Car.aspx>; IndyCar CEO Randy Bernard Breaks His Silence, Says Now is Time to be Leader, *Sports Business Daily*, 26 de outubro de 2011 <http://www.sportsbusinessdaily.com/Daily/Issues/2011/10/26/Leagues-and-Governing-Bodies/IndyCar.aspx?hl=IndyCar&sc=0>; IndyCar CEO Randy Bernard is Optimistic Race in Vegas will Create more Fans, 14 de outubro de 2011 <http://www.sportsbusinessdaily.com/Daily/Issues/2011/10/14/Events-and-Attractions/IndyCar.aspx?hl=IndyCar&sc=0>; Terry Lefton, Ad Sales Encouraging as IRL Launches Season, *Street & Smith's Sports Business Journal*, 30 de março de 2009, p. 8; Tripp Mickle, IndyCar Offering Deal to Eventually Replace Sponsor Izod, *Sports Business Journal*, 11 de junho de 2012, p. 1; Tripp Mickle, IndyCar's China Race in Doubt over Fee, *Sports Business Journal*, 11 de junho de 2012, p. 8; Tripp Mickle, IndyCar Turbocharged over Animated Film, *Sports Business Journal*, 12 de março de 2012, p. 3; Tripp Mickle, IndyCar Moves beyond Tragedy, Targets Growth, *Sports Business Journal*, 13 de fevereiro de 2012, p. 6; Tripp Mickle, Final-Race Fatality Overshadows Season of Growth in Ratings and Attendance for IndyCar, *Sports Business Journal*, 31 de outubro de 2011, p. 7; Tripp Mickle, IndyCar Faces Push-Back on Global Plans, *Sports Business Journal*, 10 de outubro de 2011, p. 6; Tripp Mickle, 5 Keys to IndyCar's Growth, *Sports Business Journal*, 16 de maio de 2011, p. 17; Tripp Mickle, IndyCar Moves into Facebook's "Car Town", *Sports Business Journal*, 11 de abril de 2011, p. 9; Tripp Mickle, Versus Boosts IndyCar Coverage with Expanded Live Race Windows and Shoulder Programming, *Sports Business Journal*, 21 de março de 2011, p. 5; Tripp Mickle, It Takes a Village, and IndyCar is Planning One, *Sports Business Journal*, 7 de março de 2011, p. 6; Tripp Mickle, Izod: 350% Return in First Year of IndyCar Deal, *Sports Business Journal*, 15 de novembro de 2010 <http://www.sportsbusinessdaily.com/Journal/Issues/2010/11/20101115/This-Weeks-Issue/Izod-350-Return-In-First-Year-Of-Indycar-Deal.aspx?hl=IndyCar&sc=0>; John Oreovicz, Brazil, Bama on 2010 IndyCar Schedule, *ESPN Racing*, 31 de julho de 2009 <http://espn.go.com/rpm/blog/_/name/oreovicz_john/id/4370121/brazil-bama-2010-indycar-schedule>; John Ourand, Early IRL Numbers Small, But Please Versus, *Street & Smith's Sports Business Journal*, 18 de maio de 2009, p. 18; John Ourand, IRL to Get at Least 7 Hours Weekly on Versus, *Street & Smith's Sports Business Journal*, 23 de fevereiro de 2009, p. 7; Nate Ryan, Dan Wheldon's Death Raises Questions for IndyCar Circuit, *USA Today*, 18 de outubro de 2011 <http://www.usatoday.com/sports/motor/indycar/story/2011-10-17/indycar-faces-questions-about-future-afterdeath-of-dan-wheldon/50807480/1?csp=ip>; Michael Smith, New IndyCar Site Geared to Help Fans Make Connections, *Sports Business Journal*, 15 de março de 2010 <http://www.sportsbusinessdaily.com/Journal/Issues/2010/03/20100315/This-Weeks-News/New-Indycar-Site-Geared-To-Help-Fans-Make-Connections.aspx?hl=IndyCar&sc=0>; Michael Smith, United Series Begins Long Trek of Rebuilding, *Street & Smith's Sports Business Journal*, 3 de março de 2008, p. 5; Alan Snel, Kiss Rocker Lends Voice to Indy Races, *Knight Ridder Tribune Business News*, 1º de abril de 2006, p. 1; J. K. Wall, Indy Racing League Sets Sights on Marketing Dollars, *Knight Ridder Tribune Business News*, 27 de maio de 2004, p. 1; Scott Warfield, Danica Patrick Provides Sizzle to IRL, *Street & Smith's Sports Business Journal*, 23 de maio de 2005, p. 1; Scott Warfield, IRL in Line to Court Young Males, *Street & Smith's Sports Business Journal*, 29 de novembro de 2004, p. 4; Wheldon's Death Puts Spotlight on IndyCar for Wrong Reasons, *Sports Business Daily*, 18 de outubro de 2011 <http://www.sportsbusinessdaily.com/Daily/Issues/2011/10/18/Leagues-and-Governing-Bodies/IndyCar.aspx?hl=IndyCar&sc=0>; e Jeff Wolf, George's Ouster Clouds IRL's Future, *Las Vegas Review Journal*, 3 de julho de 2009 <http://article.wn.com/view/2009/07/03/JEFF_WOLF_Georges_ouster_clouds_IRLs_future>.

Caso 13
Zappos:
Entregando Felicidade*

Sinopse: Este caso examina a estratégia de marketing e a cultura corporativa exclusivas da Zappos, ambas se concentrando em oferecer felicidade a variados stakeholders da empresa. Apesar de alguns tropeços ao longo do caminho, a Zappos tem sido um modelo de sucesso desde sua fundação em 1999. A empresa sobreviveu ao colapso das pontocom porque seu carismático CEO, Tony Hsieh, criou uma cultura corporativa que coloca seus clientes e funcionários acima do sucesso financeiro. O caso analisa o modelo de negócio da Zappos e como ele influencia nos relacionamentos com clientes, funcionários, ambiente e comunidades da empresa. O caso também discute alguns dos desafios que a empresa enfrenta e como ela planeja avançar para o futuro.

Temas: Estratégia de marketing, comércio eletrônico, administração de marca, relacionamento com clientes a longo prazo, satisfação do cliente, cultura corporativa, relacionamento com funcionários, responsabilidade social, fidelização de clientes, reputação corporativa.

Pode uma empresa focada na felicidade ter sucesso? A Zappos, um varejista on-line, está provando que pode. A receita da empresa cresceu de US$ 1,6 milhão em 2000 para US$ 1,64 bilhão em 2010. Tony Hsieh, CEO da Zappos, diz: "é uma marca voltada para a felicidade, seja para clientes, funcionários ou até mesmo fornecedores". A cultura corporativa simples e o foco na satisfação do cliente da Zappos tiveram sucesso e são um modelo para outras empresas.

---

* Harper Baird, Bernadette Gallegos e Beau Shelton desenvolveram este caso sob a direção de O. C. Ferrell e Linda Ferrell, Universidade do Novo México. Ele se destina à discussão em sala de aula, e não a ilustrar um tratamento eficaz ou ineficaz de uma situação administrativa.

A História da Zappos

Nick Swinmurn fundou a Zappos em 1999 depois de um dia infrutífero na compra de sapatos em São Francisco. Depois de procurar na internet, Swinmurn decidiu sair de seu emprego e começar um site de vendas de sapatos que oferecesse a melhor seleção e o melhor serviço. Originalmente denominada ShoeSite.com, a empresa começou como um intermediário, transferindo encomendas entre clientes e fornecedores, mas sem manter estoque. O site foi logo renomeado Zappos, inspirado na palavra sapatos em espanhol (zapatos).

Em 2000, o empreendedor Tony Hsieh tornou-se o CEO da empresa. Hsieh, com 26 anos na época, foi um dos primeiros investidores da Zappos, tendo conseguido US$ 265 milhões ao vender uma empresa startup para a Microsoft em 1998. Hsieh inicialmente não estava convencido da ideia de uma loja de sapatos na internet. Ele disse à Inc. Magazine, "Parecia com o garoto do cartaz com ideias de internet ruins... mas me envolvi totalmente". Depois de se tornar CEO, Hsieh tomou uma decisão pouco convencional para manter a Zappos funcionando: vendeu seu loft em São Francisco para comprar um novo depósito e estipulou seu salário em apenas US$ 24.

A Zappos batalhou em seus primeiros anos, conseguindo vender, mas sem gerar lucro. O estouro da bolha das pontocom forçou a Zappos a demitir metade de sua equipe, mas a empresa se recuperou. Até o final de 2002, a Zappos obteve vendas de US$ 32 milhões, mas ainda não era rentável. Em 2003, a empresa decidiu que, para oferecer o melhor serviço ao cliente, tinha de controlar toda a cadeia de valor, desde o pedido até a entrega, e começou a fazer seu próprio estoque. A Zappos mudou-se para Las Vegas em 2004, para tirar proveito de um maior número de funcionários de call center experientes. A empresa teve seu primeiro lucro em 2007 após alcançar US$ 840 milhões em vendas anuais. Também começou a ser reconhecida por seu ambiente de trabalho distinto e sua abordagem de serviço ao cliente.

Em 2010, a Amazon comprou a empresa por US$ 1,2 bilhão. Embora tivesse rejeitado uma oferta da Amazon em 2005, Hsieh acreditava que essa aquisição seria melhor para a empresa do que a gestão do atual conselho de administração ou um investidor de fora. Hsieh disse: "com a Amazon, parecia que a Zappos poderia continuar a construir sua cultura, marca e negócio. Estaríamos livres para sermos nós mesmos". A Amazon concordou em deixar a Zappos operar de forma independente e manter Hsieh como CEO (por seu atual salário anual de US$ 36.000). Hsieh ganhou US$ 214 milhões com a fusão e a Amazon reservou US$ 40 milhões para distribuir entre os funcionários da Zappos. Após a fusão, a empresa foi reestruturada em 10 empresas distintas organizadas sob a direção da Família Zappos.

Modelo de Negócios e Filosofia de Operação da Zappos

A Zappos tem dez valores fundamentais que orientam toda a atividade na empresa e formam o coração do modelo de negócio e cultura da empresa:

- Surpreenda com seu serviço.
- Adote e conduza a mudança.
- Crie diversão e um pouco de doidice.
- Seja aventureiro, criativo e mente aberta.

- Busque crescimento e aprendizagem.
- Construa relacionamentos honestos e abertos com sua comunicação.
- Crie uma equipe positiva e espírito de família.
- Faça mais com menos.
- Seja apaixonado e determinado.
- Seja humilde.

Os valores fundamentais da Zappos diferem dos de outras empresas em várias formas. Além de serem pouco tradicionais, eles criam um modelo para as ações da empresa. Isso é exemplificado em seu compromisso com o bem-estar e a satisfação de seus clientes e funcionários.

Modelo de Negócios Focado no Cliente da Zappos

O modelo de negócio da Zappos é construído em torno do desenvolvimento de relacionamentos de longo prazo. A Zappos não compete em preço porque acredita que os clientes vão querer comprar na loja com melhor serviço e seleção. A empresa persegue a criação de uma experiência de compra única e cativante, oferecendo uma grande variedade de sapatos, roupas, acessórios e produtos para o lar, entrega gratuita para o cliente, frete gratuito e reembolso total nas devoluções e excelente serviço ao cliente.

Compras e envio.   A Zappos se esforça para tornar a experiência de compra agradável. O site é racionalizado para proporcionar uma experiência de compra fácil. Os produtos são agrupados em segmentos especializados, com alguns em seus próprios minisites (por exemplo, produtos para atividades ao ar livre). Os clientes podem visualizar cada produto de vários ângulos graças às fotografias tiradas no estúdio da empresa e os funcionários da Zappos fazem vídeos curtos que destacam as características do produto. A Zappos analisa como os clientes navegam no site para melhorar suas características, adaptar os resultados de pesquisa e planejar o estoque.

Esse espírito de simplicidade, inovação e ótimo serviço também se estende aos sistemas de estoque e distribuição da empresa. A Zappos tem um dos poucos sistemas de estoque ao vivo na internet. Se o site da Zappos exibe um item, ele está em estoque. Uma vez que a empresa vende um item, ele é removido da lista do site. Isso ajuda a reduzir a frustração do cliente. Seus sistemas de estoque e de entrega estão ligados diretamente ao site por meio de um banco de dados central e todos os seus sistemas de informação são desenvolvidos internamente (in-house) e personalizados para as necessidades da empresa. Seus depósitos operam 24 horas por dia, o que lhes permite enviar um produto para o cliente mais rapidamente. O envio rápido propicia uma gratificação instantânea semelhante ao ato de fazer compras em uma loja física.

A maioria das empresas tem uma visão negativa em relação a devoluções, mas a mentalidade da Zappos é completamente oposta. Ela vê devoluções como a possibilidade de manter relacionamentos com os clientes e aumentar seus lucros. A Zappos oferece uma Política de Devoluções com 100% de Satisfação Garantida. Se um cliente não está satisfeito com a compra, pode devolvê-la no prazo de 365 dias com um reembolso total. O cliente pode imprimir uma etiqueta de envio pré-paga que permite que todos os clientes domésticos devolvam o produto gratuitamente. Essa política de devolução incentiva os clientes a encomendar vários estilos ou tamanhos diferentes e devolver os itens que não ficaram bons.

Embora essa estratégia pareça cara, ela realmente funciona como uma vantagem para a Zappos. A taxa de devoluções de mercadorias média da indústria é de 35%, mas os clientes mais rentáveis Zappos tendem a retornar 50% do que compram. Os clientes com as percentagens de devolução mais elevadas são os mais rentáveis porque eles experimentaram o serviço ao cliente da Zappos e a política de devoluções, que criam fidelidade à empresa. Esses clientes tendem a fazer compras mais vezes e a gastar mais em cada compra. Craig Adkins, vice-presidente de serviços e operações, sustenta que é exatamente isso que faz a Zappos tão bem-sucedida, dizendo: "como custa o mesmo para enviar um par de escarpins de US$ 300 e um par de sandálias de US$ 30, a política da Zappos de conquistar clientes com sua política de devoluções tem ajudado a trazer altas margens de lucro em muitos pedidos".

Atendimento ao cliente. O que realmente torna o modelo de negócio da Zappos único é o foco da empresa no atendimento ao cliente. A empresa estabeleceu um método de atender os clientes e lidar com seus problemas de forma muito diferente do resto da indústria. A Zappos acredita que prestar um grande serviço ao cliente é uma oportunidade de fazer o cliente feliz. Os clientes são incentivados a ligar para a Zappos com todas as perguntas. O número do telefone é exibido em todas as páginas do site. Hsieh diz: "... Na Zappos, queremos que as pessoas nos liguem. Acreditamos que a formação de conexões pessoais, emocionais com nossos clientes é a melhor maneira de prestar um ótimo serviço". Representantes de serviço ao cliente também usam ativamente sites de mídia social como Facebook e Twitter para responder às questões dos clientes.

Outro aspecto fundamental do modelo de atendimento da Zappos é que nada é roteirizado. Os funcionários têm carta branca em sua tomada de decisão e espera-se que despendam tanto tempo quanto necessário para surpreender os clientes. Eles ajudam os clientes a comprar, mesmo em sites de seus concorrentes, os incentivam a comprar vários tamanhos ou cores para experimentar (já que o transporte da devolução é gratuito) e fazer de tudo para tornar a experiência de compra inesquecível.

Os representantes de serviço ao cliente da Zappos tentam desenvolver relacionamentos com seus clientes e fazê-los felizes. Histórias sobre ótimo serviço ao cliente incluem chamadas de apoio ao cliente que duram horas, envio de flores para os clientes em seus aniversários e promoções de surpresa para entrega mais rápida. Alguns casos extremos incluem a Zappos entregando os sapatos pessoalmente a clientes que perderam a bagagem e a um noivo que esqueceu os sapatos em seu casamento. A Zappos já enviou pizzas a casa de clientes que encaminharam tweets para a empresa dizendo estarem com fome.

A Zappos acredita que grandes experiências incentivam os clientes a usar a loja novamente. Além disso, a estratégia de longo prazo da Zappos baseia-se na ideia de que serviço excelente ao cliente irá ajudá-la a expandir-se para outras categorias. Apesar de cerca de 80% dos pedidos da Zappos serem de sapatos, os mercados de utensílios domésticos e roupas são muito maiores. A empresa afirma que vai expandir em qualquer área que tenha paixão e que satisfaça as necessidades de seus clientes.

A empresa também considera o marketing boca a boca a melhor maneira de atingir novos clientes. O CFO/COO Alfred Lin diz: "o cliente é mais poderoso do que a propaganda paga". Com mais de 75% das compras feitas por clientes repetidos, é evidente que a missão da Zappos de "prestar o melhor serviço possível ao cliente" está funcionando bem para a empresa.

Cultura Corporativa e Ambiente de Trabalho

A cultura corporativa na Zappos a diferencia de quase todas as outras empresas. Como o CEO da Amazon, Jeff Bezos, diz: "eu já vi um monte de empresas, mas nunca uma empresa com uma cultura como a da Zappos". A cultura pouco ortodoxa da Zappos é o resultado do trabalho do CEO Tony Hsieh, um empreendedor inovador e bem-sucedido. Hsieh construiu a cultura com base na ideia de que se você pode atrair pessoas talentosas e funcionários que gostam de seu trabalho, naturalmente um excelente serviço e poder de marca serão desenvolvidos.

A Zappos é famosa por seu ambiente descontraído e excêntrico. Extravagâncias dos funcionários incluem batalhas de bolinhas de espuma, desfiles no escritório, dias da camisa feia e concursos de quem come mais rosquinhas. A sede possui uma sala de cochilo para funcionários, um centro de bem-estar e um microfone aberto no refeitório. Outras atividades peculiares incluem fazer os funcionários usarem um chapéu "responder a todos" quando acidentalmente enviam um e-mail para toda a empresa. Esse ambiente não é apenas diversão, é também estratégico. De acordo com a Zappos, "quando você combina um pouco de esquisitice com a certeza de que todos também estão se divertindo no trabalho, acaba sendo um ganha-ganha para todos: funcionários mostram maior envolvimento no trabalho e a empresa como um todo se torna mais inovadora".

Contratação e treinamento. A chave para criar um ambiente de trabalho excêntrico reside em contratar as pessoas certas. Na solicitação de emprego é apresentado um jogo de palavras cruzadas sobre a Zappos e pergunta-se aos funcionários qual super-herói eles gostariam de ser e quanta sorte têm. Eles também podem verificar como os potenciais funcionários tratam pessoas como o motorista de transporte. A Zappos está à procura de pessoas com senso de humor que possam trabalhar muito e com forte atuação. Potenciais funcionários passam por duas entrevistas culturais e técnicas para se certificar de que eles se encaixam na empresa. No entanto, mesmo Hsieh admite que encontrar grandes funcionários é difícil. "Um dos maiores inimigos da cultura é o crescimento rápido. Você tenta preencher lugares com corpos quentes e acaba tendo que fazer concessões", diz Hsieh.

Todos os novos funcionários, em seguida, assistem a um programa de treinamento de cinco semanas, que inclui duas semanas ao telefone prestando serviço ao cliente e uma semana preenchendo pedidos em um depósito. Para certificar-se de que os novos funcionários se sentem comprometidos com um futuro na empresa, a Zappos oferece US$ 2.000 a quem quiser deixar a empresa após o treinamento (menos de 1% dos novos funcionários aceitam o negócio). Mesmo após o término da formação inicial, os funcionários têm 200 horas de aulas que abrangem tudo, desde conceitos básicos de negócios até o uso avançado do Twitter, além de lerem pelo menos nove livros de negócios por ano.

Benefícios. Outro aspecto singular da Zappos são os benefícios que ela oferece a seus funcionários. A empresa tem um plano de saúde abrangente, pagando 100% dos benefícios médicos do funcionário e, em média, 85% das despesas médicas de dependentes dos funcionários. A empresa também oferece aos funcionários seguro dental, oftalmológico e de vida. Outros benefícios incluem contas de poupança para aposentadoria, serviços jurídicos pré-pagos, 40% de desconto para funcionários, almoços e lanches gratuitos, tempo de voluntariado remunerado, coaching de vida e um programa solidário de carros.

Junto com o pacote de benefícios abrangentes, a Zappos desenvolveu um modelo de compensação para sua Equipe de Fidelização de Clientes (representantes de call center), que incentiva o desenvolvimento do funcionário. Todos os funcionários recebem US$ 11 por hora para os primeiros 90 dias. Após 90 dias, o funcionário passa a receber US$ 13 por hora. Para ir além dos US$ 13 por hora, os funcionários devem demonstrar desenvolvimento e aprendizado com o preenchimento de campos de conjunto de habilidades específicas que permitem se especializar em determinadas áreas do call center. Embora o raciocínio para o modelo de remuneração da Zappos seja motivar os funcionários e promover o seu crescimento pessoal, o salário básico de US$ 13 é menor do que a média horária nacional de US$ 15,92 para representantes de call center. A Zappos diz: "apesar da família Zappos tender a pagar salários abaixo ou na média do mercado, o ambiente descontraído e o potencial de progressão adicionam valor que não pode ser contabilizado em um salário".

Integração trabalho-vida pessoal. Um dos valores fundamentais da Zappos é "construir uma equipe positiva e um espírito de família" de forma que a empresa espera que os funcionários se socializem entre si dentro e fora do escritório. Com efeito, os gestores gastam de 10 a 20% de seu tempo criando conexões com os membros da equipe fora do trabalho. Passeios da Zappos incluem caminhadas, ir ao cinema e a bares. Hsieh diz que isso aumenta a eficiência, melhorando a comunicação, construindo confiança e criando amizades.

Juntamente com a criação de amizades, os funcionários são incentivados a apoiar uns aos outros. Qualquer funcionário pode dar a outro funcionário US$ 50 de recompensa por um excelente trabalho. Os funcionários da Zappos compilam um "livro da cultura" anual composto de ensaios sobre a cultura da Zappos e comentários sobre a empresa. O livro da cultura ajuda os funcionários a pensar sobre o significado de seu trabalho e está disponível sem revisão para o público.

Esse ambiente de trabalho positivo tem relação com a expectativa de que os funcionários trabalharão arduamente. Os funcionários são avaliados para saber quão bem incorporam os valores fundamentais e inspiram os demais. A Zappos demitirá pessoas que estão fazendo um grande trabalho, mas não se encaixam na cultura da empresa. Hsieh diz: "definitivamente não queremos que ninguém ache que tem direito a um emprego para a vida toda. Tem mais a ver com a criação de um ambiente e oportunidades de crescimento para nossos funcionários de forma que eles queiram ser funcionários para a vida toda".

Transparência. Tal como acontece com seus clientes, a base das relações da Zappos com seus funcionários é de confiança e transparência. A empresa quer que seus funcionários, assim como seus clientes, discutam ativamente quaisquer questões ou preocupações que possam surgir. Hsieh não tem um escritório; ele se senta em uma cabine aberta no meio dos demais funcionários, pois acredita que a melhor política de portas abertas é não ter nenhuma porta. A gestão da Zappos é muito aberta com seus funcionários e discute questões regularmente no blog da empresa. Os funcionários recebem informações detalhadas sobre o desempenho da empresa e são incentivados a compartilhar informações sobre a empresa. A Zappos acredita que os funcionários devem desenvolver relacionamentos honestos e abertos com todos os stakeholders, pois tem a esperança de que isso auxilia na manutenção da reputação da empresa. Hsieh usa o Facebook e o Twitter para compartilhar informações com funcionários e clientes (ele tem mais de 2,6 milhões de seguidores).

Apesar dos benefícios da transparência, às vezes, ela também pode ser dolorosa. Em outubro de 2008, a Sequoia Capital, uma firma de capital de risco e também investidor e controlador da Zappos, disse à empresa para cortar despesas tanto quanto possível e obter rentabilidade e fluxo de caixa positivo o mais rápido possível. Como resultado, Hsieh teve que tomar uma decisão difícil e demitir 8%, ou seja, 124 funcionários da Zappos. Hsieh se empenhou para lidar com as demissões de uma forma respeitosa e amável. Ele enviou um e-mail notificando os funcionários da dispensa e foi honesto e aberto sobre as razões por trás da decisão, até mesmo discutindo o fato no Twitter e em seu blog. Os funcionários demitidos receberam pacotes de indenização generosos, incluindo seis meses de cobertura de seguro de saúde. Graças à honestidade e à transparência da empresa, funcionários e clientes foram mais compreensivos com a difícil decisão que Hsieh e a Zappos tiveram que tomar. Embora algumas empresas possam hesitar em abrir-se à crítica pública, a Zappos sente que não tem nada a esconder. Na realidade, a maioria das postagens públicas em sites de mídia social da Zappos são elogios de clientes.

Responsabilidade social corporativa. A Zappos também tem uma abordagem não convencional de responsabilidade social corporativa e filantropia. Muitas empresas têm programas de RSC dedicados a uma determinada área ou causa, tais como educação, mas a Zappos prefere apoiar uma variedade de programas com base nas necessidades das comunidades e nos interesses dos funcionários.

A empresa está envolvida em uma variedade de esforços filantrópicos. Os programas incluem doações de sapatos e presentes, cartões de presente para alunos do ensino fundamental e participação no Dia LIVESTRONG (vestir-se de amarelo para criar conscientização sobre o câncer). A Zappos doa dinheiro para organizações como a Shade Tree, uma organização sem fins lucrativos que fornece abrigo a mulheres e crianças, e a Fundação do Câncer Infantil de Nevada (Nevada Childhood Cancer Foundation).

Iniciou recentemente uma campanha para melhorar o impacto da empresa sobre o ambiente. Um grupo de funcionários criou a iniciativa, conhecida como Zappos Leading Environmental Awareness for the Future (L.E.A.F.). A campanha está centrada em vários esforços ambientais, incluindo um novo programa de reciclagem, hortas comunitárias e a obtenção da certificação LEED para a empresa. O esforço mais recente da L.E.A.F. foi o Dia de Reciclagem da Zappos, um evento de sensibilização para a reciclagem e outras formas de a empresa reduzir sua pegada de carbono. Como tudo da empresa, a L.E.A.F. é muito aberta em relação ao seu progresso, que é postado em sua conta Twitter e seu blog.

Outra área do blog da empresa é a seção sobre "Produtos Ecologicamente Amigáveis". Nesse caso, a empresa destaca novos produtos orgânicos ou fabricados utilizando procedimentos ecológicos. As postagens também listam sugestões para os clientes de como ter estilos de vida mais sustentáveis, incluindo dicas sobre como dar uma festa ecologicamente amigável.

Desafios da Marketing da Zappos

Como qualquer empresa, a Zappos enfrentou algumas difíceis questões de negócios e éticas. Quando tais questões ocorrem, a empresa tenta lidar com elas de forma profissional e eficiente. No entanto, a transparência da Zappos torna algumas questões de negócios e éticas mais complexas à medida que a empresa se esforça para resolver problemas mantendo seus stakeholders informados.

Fusão com a Amazon

Em 2009, a Zappos foi adquirida pela gigante de comércio eletrônico Amazon.com. Muitos clientes da Zappos ficaram confusos com o movimento inesperado e expressaram preocupações sobre o futuro da cultura da empresa de serviço ao cliente. A maioria dos CEOs não se sensibilizaria para lidar com as preocupações dos clientes sobre a fusão, mas Tony Hsieh valorizou o apoio de funcionários e clientes da Zappos.

Logo após a aquisição, Hsieh emitiu uma declaração sobre o porquê de ter vendido a Zappos para a Amazon. No comunicado, Hsieh discute o desacordo entre a Zappos e a Sequoia Capital sobre estilos de gestão e foco da empresa. Especificamente, Hsieh disse: "a atitude do conselho era que meus 'experimentos sociais' poderiam ser bons para RP, mas não faziam o negócio avançar. O conselho queria que eu, ou quem quer que fosse o CEO, passasse menos tempo se preocupando com a felicidade dos funcionários e mais tempo vendendo sapatos". Hsieh e Alfred Lin, CFO e COO da Zappos eram os dois únicos membros do Conselho empenhados em preservar a cultura da Zappos. O conselho poderia demitir Hsieh e contratar um novo CEO que se concentrasse mais em lucros.

Hsieh decidiu que a melhor maneira de resolver esses problemas era comprar as participações de todos os membros do Conselho, mas ele não conseguiria fazer isso por conta própria. Após a reunião com o CEO da Amazon, Jeff Bezos, Hsieh se comprometeu com uma aquisição completa, contanto que a Zappos pudesse operar de forma independente e continuasse a focar na construção de sua cultura e serviço ao cliente. Muitos clientes estavam preocupados que a Amazon não se ajustasse à Zappos, mas Hsieh lidou com essas preocupações, dizendo: "a Amazon quer fazer o que é melhor para seus clientes, e, me parece, mesmo à custa do desempenho financeiro de curto prazo. A Zappos tem o mesmo objetivo. Apenas temos uma filosofia diferente sobre como fazê-lo". Embora os consumidores não estivessem satisfeitos com a aquisição, pelo menos, eles entenderam por que ela ocorreu. Além disso, o compromisso de Hsieh com suas crenças e estilo de gestão impressionou clientes e funcionários.

Mais do que uma Simples Campanha de Sapatos

Para a conscientização de que a Zappos vende mais do que apenas sapatos, em 2011 foi criada uma campanha de marketing projetada para atrair a atenção das pessoas. A empresa lançou vários anúncios que mostravam pessoas que pareciam estar nuas fazendo atividades diárias, tais como correr, chamar um táxi e dirigir uma scooter. As propagandas criativas tinham certas partes do corpo dos modelos vedadas com tarjas que diziam "mais do que sapatos". A campanha recebeu críticas de vários grupos devido à sua natureza sexual. No entanto, o truque nesses anúncios era que os modelos dos anúncios não estavam realmente nus. Eles usavam trajes de banho ou shorts pequenos que foram depois cobertos pela tarja. Por causa da atenção negativa, a Zappos retirou os anúncios e publicou um pedido de desculpas em que explicou o processo de produção.

Dificuldades Técnicas

Em outubro de 2011, a Zappos vivenciou algumas dificuldades técnicas que resultaram em atrasos e problemas em pedidos e envios para os clientes. A empresa atualizou um de seus sistemas de processamento e, na operação, muitos pedidos foram suprimidos ou atrasados. Alguns pedidos tinham a informação de envio incorreta e os produtos foram enviados para o local errado. Embora isso tenha aborrecido vários clientes, a Zappos lidou com o problema explicando que eles receberiam suas mercadorias o mais rapidamente possível. A empresa também ofereceu diferentes vantagens, dependendo das circunstâncias de cada experiência do cliente.

A Zappos enfrentou outro problema em 2010: todos os itens de 6pm.com, um de seus endereços da web, tiveram o preço fixado em US$ 49,95 por seis horas. A empresa teve de fechar o site por algumas horas para resolver o problema. A Zappos honrou todos os pedidos com preços errados, o que resultou em uma perda de US$ 1,6 milhão.

Em janeiro de 2012, hackers invadiram o sistema de computador da Zappos e a empresa teve que responder pelo roubo de informações críticas pessoais de 24 milhões de clientes. Os dados furtados incluíam nomes de clientes, endereços de e-mail, endereços de entrega e cobrança, números de telefone e os últimos quatro dígitos de seus cartões de crédito. A Zappos imediatamente direcionou a situação enviando um e-mail aos clientes para notificá-los da violação de segurança. A empresa garantiu aos clientes que os servidores que continham a informação completa do cartão de crédito não foram hackeados. O passo seguinte foi desconectar seu call center, argumentando que o número esperado de chamadas sobrecarregaria seu sistema.

Apesar de a Zappos ter uma reputação de prestação de serviço ao cliente inigualável, alguns clientes ficaram descontentes com a forma como a Zappos lidou com a situação. Muitos clientes gostaram de saber que suas informações foram hackeadas, mas a situação foi agravada pela ação de desligar o call center. Embora essa situação tenha causado problemas para a Zappos e maculado seu registro de serviço ao cliente, a empresa acredita que pode restaurar sua reputação.

O Futuro da Zappos

A Zappos continua empenhada em servir seus clientes e funcionários. Até agora, a empresa manteve sua cultura singular e continua a expandir-se para novas categorias de produtos. Em uma entrevista recente, Hsieh falou sobre o crescimento da Zappos e como ele acredita que a expansão no mercado de vestuário e outras mercadorias irá ajudar a empresa a crescer. Hsieh diz que "o céu é o limite" para a Zappos, e que crescer e se expandir em muitos tipos diferentes de negócios é o futuro da empresa. Durante sua entrevista, Hsieh disse que, "embora a Zappos ainda tenha um longo caminho para se tornar uma empresa como a Virgin, considera a Virgin um modelo de como a Zappos quer se moldar". (Virgin Group Limited é um conglomerado de sucesso do Reino Unido.) À medida que se expande, a Zappos terá de trabalhar mais para contratar as pessoas certas, evitar problemas técnicos e manter sua cultura peculiar.

A liderança é um fator chave para o sucesso de qualquer empresa e, para a Zappos, ter Tony Hsieh como líder é um forte indicador para o sucesso futuro. Hsieh manifestou que fará o que for preciso para fazer seus funcionários, clientes e fornecedores felizes. O futuro de qualquer empresa parece brilhante quando sua liderança está comprometida com tais valores fortes. No entanto, a Zappos precisa ter a certeza de que continuará a se concentrar em seus stakeholders e sua visão de longo prazo, com ou sem Hsieh.

Em última análise, a Zappos tem a intenção de continuar a entregar felicidade a seus stakeholders. Hsieh afirma:

> *"Na Zappos, nosso maior objetivo é entregar felicidade. Seja pela felicidade que nossos clientes têm quando recebem um novo par de sapatos ou a peça de roupa perfeita, ou a felicidade que têm quando lidam por telefone com um simpático representante do cliente, ou a felicidade que nossos funcionários sentem em fazer parte de uma cultura que celebra sua individualidade. Tudo isso são as formas como levamos felicidade para a vida das pessoas".*

O sucesso e o modelo de negócios inovador da Zappos chamaram a atenção de muitas outras empresas. A empresa tem aparecido em várias listas de prestígio, incluindo "Melhores Empresas para Trabalhar", da revista *Fortune,* "As 50 Empresas mais Inovadoras", da *Fast Company,* "Os 25 Campeões no Atendimento ao Cliente", da *BusinessWeek,* e "Empresas mais Éticas do Mundo", do *Ethisphere.* O modelo de negócio da Zappos é tão bem-sucedido que a empresa oferece passeios e oficinas que custam US$ 5.000 por dois dias na sede da empresa. Também criou o Zappos Insights, um serviço on-line que permite aos assinantes saber mais sobre as práticas comerciais da Zappos por meio de blogs e vídeos. Esses programas têm um elevado potencial de lucro para a empresa, porque são desenvolvidos sobre o que a Zappos já faz de melhor. À medida que a empresa continua a ganhar reconhecimento por seus esforços na criação de uma cultura e um modelo de negócios corporativo vibrante e transparente, o sucesso da Zappos entre seus variados stakeholders parece promissor.

Questões para Discussão

1. Como você definiria o mercado-alvo da Zappos e como você descreveria sua estratégia para atender esse mercado?

2. A ênfase da Zappos na satisfação do cliente contribuiu para sua rentabilidade? Justifique.

3. A Zappos desenvolveu relacionamentos de longo prazo que oferecem uma vantagem competitiva na compra de sapatos e outros produtos?

Fontes

Scott Adams, Refreshing Honesty on Why Zappos Sold to Amazon, *Tech Dirt*, 7 de junho de 2010 <http://www.techdirt.com/articles/20100607/0014299706.shtml>; Peter Bernard, Zappos Hacking Could Cause Consumer Problems Later, *The Tampa Tribune*, 16 de janeiro de 2012 <http://www2.tbo.com/news/breaking-news/2012/jan/16/zappos-hacking-could-cause-consumer-problems-later-ar-348177>; David Burkus, The Tale of Two Cultures: Why Culture Trumps Core Values in Building Ethical Organizations, *The Journal of Value Based Leadership*, Winter/Spring 2011 <http://www.valuesbasedleadershipjournal.com/issues/vol4issue1/tale_2culture.php>. Acesso em: 29 de julho de 2012; Brian Cantor, How Zappos Escaped Outrage over Customer Service Problems, *Customer Management*, 11 de outubro de 2011 <http://www.customermanagementiq.com/operations/articles/how-zapposescaped-outrage-over-customer-service-p>; Max Chafkin, How I Did It: Tony Hsieh, CEO, Zappos.com, *Inc.*, 1º de setembro de 2006 <http://www.inc.com/magazine/20060901/hidi-hsieh.html>; Max Chafkin, The Zappos Way of Managing, *Inc.*, 1º de maio de 2009 <http://www.inc.com/magazine/20090501/the-zappos-way-of-managing.html>; Andria Cheng, Zappos, under Amazon, keeps its independent streak, *MarketWatch*, 11 de junho de 2010 <http://www.marketwatch.com/story/zappos-under-amazon-keeps-its-independent-streak-2010-06-11>; Michael Dart e Robin Lewis, Break the Rules the Way Zappos and Amazon Do, *BusinessWeek*, 2 de maio de 2011, p. 2; Eric Engleman, Q&A: Zappos CEO Tony Hsieh on Life Under Amazon, Future Plans, *Puget Sound Business Journal*, 29 de setembro de 2010 <http://www.bizjournals.com/seattle/blog/techflash/2010/09/qa_zappos_ceo_tony_hsieh_on_life_under_amazon_and_moving_beyond_shoes.html>; Cheryl Fernandez, Zappos Customer Loyalty Team – Pay, Benefits, and Growth Opportunities, YouTube, 26 de outubro de 2010 <http://www.youtube.com/watch?v=OB3Qog5Jhq4>; Ed Frauenheim, Jungle Survival, *Workforce Management*, 14 de setembro 2009, v. 88 (n. 10), p. 18-23; Carmine Gallo, Delivering Happiness the Zappos Way, *BusinessWeek*, 13 de maio de 2009 <http://www.businessweek.com/smallbiz/content/may2009/sb20090512_831040.htm>; Henderson-Based Zappos Earns Honors for Ethics, *Las Vegas Sun*, 14 de abril de 2009 <http://www.lasvegassun.com/news/2009/apr/13/henderson-based-zappos-earns-honors-ethics>; Tony Hsieh, Zappos: Where Company Culture is #1, YouTube, 26 de maio de 2010 <http://www.youtube.com/watch?v=bsLTh9Gity4>; Tony Hsieh e Max Chafkin, Why I Sold Zappos, *Inc.*, junho 2010, p. 100-104; John R. Karman III, Zappos Plans to Add 5,000 Full-Time Jobs in Bullitt County, *Business First*, 28 de outubro de 2011 <http://www.bizjournals.com/louisville/print-edition/2011/10/28/zappos-plans-to-add-5000-full-time.html>; Aneel Karnani, The Case Against Corporate Social Responsibility, *MIT Sloan Management Review*, 22 de agosto de 2010 <http://sloanreview.mit.edu/executive-adviser/2010-3/5231/the-case-against-corporate-social-responsibility>; Elizabeth C. Kitchen, Zappos.com Hack Affects 24 Million Customers, *Yahoo Voices*, 16 de janeiro de 2012 <http://voices.yahoo.com/zapposcom-hack-affects-24-million-customers-10842473.html>; Sara Lacy, Amazon-Zappos: Not the Usual Silicon Valley M&A, *BusinessWeek*, 30 de julho de 2009 <http://www.businessweek.com/technology/content/jul2009/tc20090730_169311.htm>; Greg Lamm, Zappos Up-Front with Challenges of New Ordering System, *Puget Sound Business Journal*, 8 de outubro de 2011 <http://www.bizjournals.com/seattle/blog/techflash/2011/10/zappos-up-front-with-challenges.html>; Jeffrey M. O'Brien, Zappos Knows How to Kick It, *Fortune*, 2 de fevereiro de 2009, v. 159 , n. 2, p. 54-60; Joyce Routson, Hsieh of Zappos Takes Happiness Seriously, *Stanford Center for Social Innovation*, 4 de novembro de 2010 <http://csi.gsb.stanford.edu/hsieh-zappos-takeshappiness-seriously>; Aman Singh, At Zappos, Getting Fired For Not Contributing to Company Culture, *Forbes*, 23 de novembro de 2010 <http://www.forbes.com/sites/csr/2010/11/23/at-zappos-getting-fired-for-notcontributing-to-company-culture>; Tony Hsieh: Redefining Zappos' Business Model, *BusinessWeek*, 27 de maio de 2010 <http://www.businessweek.com/magazine/content/10_23/b4181088591033.htm>; 2011 World's Most Ethical Companies, *Ethisphere*, 2012 <http://ethisphere.com/2011-worlds-most-ethical-companies>. Acesso em: 29 de julho de 2012; United States Bureau of Labor Statistics, Occupational Employment and Wages: Customer Service Representatives, maio 2011 <http://www.bls.gov/oes/current/oes434051.htm>. Acesso em: 29 de julho de 2012; William Wei, The Future of Zappos: From Shoes to Clothing to a Zappos Airline, *Business Insider*, 22 de outubro de 2010, <http://www.businessinsider.com/zappos-shoes-clothing-airline-2010-10>; Samantha Whitehorne, Cultural Lessons from the Leaders at Zappos.com, *American Society of Association Executives*, agosto 2009 <http://www.asaecenter.org/Resources/ANowDetail.cfm?ItemNumber=43360>. Acesso em: 29 de julho de 2012; Whitewater Rafting? 12 Unusual Perks, *CNN Money* <http://money.cnn.com/galleries/2012/pf/jobs/1201/gallery.best-companies-unusual-perks.fortune/3.html>. Acesso em: 29 de julho de 2012; Marcie Young and Erin E. Clack, Zappos Milestone: Focus on Apparel, *Footwear News*, 4 de maio de 2009 <http://about.

zappos.com/presscenter/media-coverage/zappos-milestone-focus-apparel>; Masha Zager, Zappos Delivers Service…With Shoes on the Side, *Apparel Magazine*, janeiro 2009, v. 50, n. 5, p. 10-13; e Zappos gives up lunch to Give Back to Community, *Zappos Blogs:* *Zappos Family*, 9 de setembro de 2008 <http://blogs.zappos.com/blogs/inside-zappos/2008/09/09/zappos-gives-up-lunch-to-give-back-to-community>.

Caso 14
Sigma Marketing: Adaptação Estratégica de Marketing*

Sinopse: Este caso analisa o crescimento de uma pequena empresa de propriedade familiar que passou de fornecedor regional de serviços genéricos de impressão a um fornecedor global de produtos de propaganda especializada. Ao longo de sua história, a Sigma Marketing exibiu a incomum habilidade de entender as oportunidades de mercado e por conseguinte adaptar seu foco estratégico. Conforme a mudança do ambiente de marketing, a Sigma Marketing reúne informações de clientes existentes e potenciais para desenvolver a estratégia de marketing mais eficaz possível. Mesmo em face de mudanças em tecnologia, comunicação e métodos de propaganda, a Sigma Marketing conseguiu reinventar sua mentalidade e suas estratégias para continuar a ter sucesso.

Temas: Mudanças no ambiente de marketing, oportunidades de mercado, foco estratégico, estratégia de produto, marketing direto, promoção, venda pessoal, implantação, relacionamento com clientes, empresa familiar.

Em 1967, Don Sapit comprou uma pequena empresa de impressão em Streator, Illinois, como um investimento pessoal de capital que viria a se transformar no que é hoje um bem-sucedido negócio de propaganda especializada, localizado em Orange Park (Jacksonville), Flórida. A Sigma Marketing tem uma identidade única que vem evoluindo ao longo dos últimos 45 anos, passando de uma empresa gráfica, em uma pequena cidade, a uma empresa de serviços de marketing com uma clientela diversificada e multinacional. A história de marketing da Sigma é um excelente exemplo da mudança estratégica, que passou de uma orientação voltada para a produção para uma orientação voltada para o mercado.

---

* Mike Sapit, Presidente, Sigma Marketing <http://www.sigmamktg.com>, com a ajuda de O. C. Ferrell e Jennifer Sawayda, Universidade do Novo México, preparou este caso para discussão em sala de aula, e não para ilustrar um tratamento eficaz ou ineficaz de uma situação administrativa.

Don Sapit era presidente do Weston Laboratories, uma pequena instalação de pesquisa em Ottawa, cerca de 130 km a sudoeste de Chicago, quando teve a oportunidade de adquirir a Dayne Printing Company. Sapit era cliente da Dayne por vários anos. Quando ela estava à beira da falência, Don comprou a empresa como um investimento, ainda concentrando a maior parte de seus esforços do dia a dia, no Weston Labs. Naquele momento, os gestores da Dayne estavam dispostos a ficar e lidar com as operações com pouca ajuda externa. Don sentiu que com o aumento do volume que o Weston proporcionaria a operação poderia se tornar rentável em um período de 12 meses. Para melhorar a imagem corporativa, o nome foi alterado para Sigma Press, Inc. Um novo gerente de vendas foi contratado para se concentrar no aspecto de vendas do negócio, enquanto Sapit assumia a posição de proprietário ausente. Ao longo dos anos seguintes, seus esforços proporcionaram apenas aumentos mínimos no volume de vendas. O negócio sobreviveu, mas mostrava pouco progresso, resultados típicos de um negócio de proprietário ausente. Além disso, a Sigma era voltada principalmente para o processo de produção e venda de serviços de gráfica genéricos.

Apesar do progresso lento, Sapit vislumbrou um potencial para transformar a Sigma em um negócio de impressão orientado para a qualidade que poderia produzir ganhos substanciais em oposição à concorrência local. A área servida pela loja cobria um raio de aproximadamente 50 km ao redor da cidade de Streator e tinha diversas grandes fábricas que eram potenciais usuários de quantidades substanciais de impressão. Infelizmente, a maioria delas estava sediada em outras cidades e não tinham autoridade para compras locais de qualquer coisa além das necessidades básicas para as operações industriais cotidianas. Embora a Sigma pudesse fazer impressão personalizada, a pequena empresa não tinha um nicho exclusivo além de sua qualidade de serviço.

O Calendário de Mesa: uma Oportunidade Estratégica

Na busca de alternativas para melhorar as vendas, Sapit e o pessoal da Sigma desenvolveram uma propaganda na forma de calendário de mesa para distribuir como presente aos clientes. Seu objetivo era manter o nome Sigma, número de telefone e lista de serviços ao alcance dos olhos dos clientes como um lembrete constante de sua existência. Ele foi oferecido gratuitamente a qualquer cliente que pudesse ter potencial de volume suficiente para justificar a despesa do calendário e seus custos de distribuição. Na época, a Sigma pensou no calendário como uma ferramenta promocional para seu próprio negócio e não o considerou como um produto que poderia diferenciar a empresa e dar-lhe uma vantagem competitiva.

Um dos clientes que recebeu o calendário, Archway Cookies Bakery, da Oak State Products, perguntou se a Sigma poderia produzir calendários semelhantes para eles com a propaganda da Archway impressa na parte superior. A Sigma atendeu a essa encomenda inicial e ele se mostrou popular entre os clientes da Archway. No ano seguinte, estes perguntaram se os calendários poderiam ser produzidos com uma foto colorida da fábrica no espaço do anúncio. Essa versão foi tão bem recebida que a Oak State recomendou o uso do calendário como uma ferramenta de marketing para outras unidades da Archway em todo o país. A Sigma reconheceu que a oportunidade de uma nova estratégia de marketing estava surgindo. A pequena gráfica com um produto genérico identificou uma oportunidade para expandir seu mercado além de sua pequena área geográfica.

O volume de vendas realizado por conta do calendário não foi substancial, mas Sapit viu nele uma boa possibilidade de estratégia de marketing totalmente nova, removidas as limitações impostas pelo território de vendas da Sigma. Além disso, ele concebeu um esforço de marketing direto que permitiria a penetração de vendas em uma área geográfica muito maior do que era viável atender com o restrito pessoal de vendas da Sigma.

Naquele momento, o Weston Laboratories foi vendido e Sapit foi forçado a tomar a decisão de deixar a empresa devido a diferenças filosóficas com os novos proprietários. Embora a Sigma estivesse começando a mostrar potencial de rentabilidade muito modesto e bom crescimento, ela mal dava para se sustentar. Depois de uma reunião do conselho da família em 1971, a decisão tomada foi de "aguentar firme". Sapit escolheu entrar na operação da Sigma em regime de tempo integral e provar que ela realmente poderia tornar-se uma operação de primeira classe com uma nova estratégia de marketing.

Depois de começar a trabalhar em tempo integral, Sapit tomou todas as responsabilidades de marketing e gestão para si. Anteriormente, os representantes faziam visitas de vendas esporádicas sem uma real continuidade. Sapit desenvolveu uma estratégia de marketing geral, que incluiu a definição de territórios específicos de vendas e o desenvolvimento de bancos de dados de mercados-alvo e clientes potenciais. Ele também implantou um programa de mala-direta agendada como parte da estratégia. No lado de impressão comercial, uma amostra do "trabalho do mês" foi enviada a clientes atuais e potenciais em intervalos regulares. Com relação ao calendário de mesa, foram utilizados materiais de mala-direta para promovê-lo nos mercados-alvo específicos. Naquela época, mala-direta para a promoção de serviços de impressão era relativamente inédita na indústria de impressão. A maioria dos concorrentes da Sigma fazia impressão personalizada com base nas necessidades e projetos que os clientes desejavam, e não para promover produtos específicos.

O calendário de mesa promocional foi comercializado sob o tema de "propaganda de exposição constante". E o produto recebeu o nome de "Salesbuilder" (em tradução livre, "criador de vendas"), fazendo com que a Sigma passasse a atuar no negócio de propaganda especializada. Cada cliente ganhou um calendário em formato padrão com um anúncio impresso individual e personalizado para atender às necessidades de negócio da empresa. A impressão podia conter desenhos, fotos, listas de produtos ou quaisquer informações especiais necessárias para transmitir a mensagem da empresa aos clientes. A disposição da Sigma de incentivar designs atraentes e criativos recebeu atenção e aceitação imediatas dos clientes. Ele diferenciou a empresa da concorrência, o que permitia apenas "quatro linhas em bloco com não mais de 32 letras". Com efeito, a Sigma estava na vanguarda de um novo produto de propaganda especializada.

Um ano após a entrada de Sapit no negócio, o volume total tinha aumentado 50%. Ainda mais importante, a resposta ao esforço de marketing do calendário estava começando a se mostrar uma promessa real. Como resultado, a Sigma sentiu a necessidade de capital adicional para financiar o crescimento, o que foi obtido da venda privada de um terço da empresa a um amigo e colega de Sapit, um advogado local. O novo investidor não estava envolvido nas operações diárias do negócio, mas funcionava como secretário corporativo, conselheiro jurídico e membro do conselho e consultor. O dinheiro levantado com a venda foi usado para ajudar a financiar as operações cotidianas e expandir as contas a receber decorrentes do aumento do volume de vendas.

Ao final de 1972, as vendas de impressão comercial da Sigma cresciam a uma taxa modesta, mas as vendas do calendário aumentaram a uma taxa de 40% ao ano. Tornava-se evidente que seriam necessárias instalações de produção maiores num futuro imediato ou os esforços de vendas teriam de ser adiados. A empresa comprou uma propriedade de 20.000 m² mais visível e acessível em Ottawa, Illinois, e construiu uma nova instalação com foco na melhoria da produção, bem como da imagem. Sapit decidiu capitalizar sobre a nova visibilidade e imagem mudando a ênfase estratégica do negócio.

Sigma Expande sua Estratégia

Ao longo dos anos seguintes, a estratégia da Sigma esteve voltada para a construção de uma reputação na impressão mais criativa e de melhor qualidade em sua área de serviço, em um raio de 55 a 65 km em torno de Ottawa. Sapit antecipou que essa nova orientação daria à sua empresa uma sólida reputação como impressora de qualidade, o que justificava plenamente o aumento dos preços que praticava. Várias das maiores empresas locais tiveram a permissão de seus escritórios corporativos para adquirir sua impressão localmente. A divisão regional da Carson Pirie Scott & Company, uma grande cadeia de lojas de departamento, escolheu a Sigma para a produção de seus catálogos. A nova estratégia de marketing valeu a pena e o volume total de vendas aumentou 220% em 1976.

As vendas do calendário aumentavam lenta, mas firmemente. A administração queria crescimento, mas de uma forma ordenada e controlada. Ela também queria que o crescimento fosse mais rentável do que a média da indústria de aproximadamente 5% das vendas. Tornava-se óbvio que, para ser bem-sucedida no negócio de impressão, a Sigma precisava se especializar. Depois de longa e deliberada discussão em 1976, a direção da empresa redigiu um plano corporativo de três anos.

O plano corporativo enfatizou o marketing, que naquela época era considerado extravagante para uma pequena impressora comercial. O plano de marketing concentrava uma parte importante do esforço de vendas e marketing na construção de um mercado para o calendário de mesa considerado "Salesbuilder". O mercado-alvo consistia principalmente de contas corporativas menores. Ao mesmo tempo, o programa de marketing enfatizava um produto de qualidade e propaganda com uma equipe interna de vendas, distribuição direta e um preço superior. O espaço promocional em publicações orientadas para vendas e marketing resultou em um número substancial de consultas, mas os níveis de vendas não acompanharam. A mala-direta, principalmente para fabricantes, produziram uma resposta e retorno sobre o investimento muito maiores. A Sigma havia criado um produto singular muito flexível em termos de originalidade do design, mensagens na propaganda, técnicas fotográficas e outros requisitos especiais. Em suma, o "Salesbuilder" tornou-se uma ferramenta de marketing altamente eficaz.

Ao longo das temporadas seguintes do calendário, grandes contas, como Serta Mattress, Domino Sugar e Borden, Inc., foram adicionadas à lista de clientes satisfeitos. As taxas de repetição de encomendas eram muito elevadas, normalmente na faixa de 88% a 90%. Quantidades encomendadas por empresas individuais tendem a aumentar anualmente por três ou quatro anos e, depois, se estabilizam. As vendas totais do calendário tinham aumentado a uma taxa de aproximadamente 40% por ano durante o período de 1976-1980, no qual as vendas de impressão comercial aumentaram a uma taxa de cerca de 15% anualmente.

Uma Mudança Estratégica

Devido ao sucesso da nova estratégia, a capacidade de produção estava sendo tributada. Em 1979-1980, os principais compromissos de capital foram feitos para adicionar uma nova prensa de duas cores de alta velocidade e para comprar, redesenhar e reconstruir uma máquina de colagem especializada para automatizar ainda mais a montagem do calendário, previamente montado à mão. Isso abriu o caminho para a comercialização em massa da linha de calendários "Salesbuilder". Técnicas de mala-direta foram melhoradas para permitir a seleção de potenciais clientes por número SIC (Standard Industrial Classification**) e volume de ven-

---

** SIC code (Standard Industrial Classification code) é um código composto por 4 dígitos designado pelo governo dos EUA para identificar a principal atividade do negócio. (N.R.T.)

das. Um número gratuito 0-800 estimulava a resposta direta pelos interessados. Sempre que possível, a Sigma respondia a perguntas com o envio de um calendário de amostra que continha ideias de propaganda relacionadas com a linha de negócios do entrevistado. A amostra era seguida por uma chamada de telefone pessoal no prazo de duas a três semanas. As vendas do calendário continuaram a melhorar até que, em 1983, representavam 50% do total de vendas e aproximadamente 75% do lucro líquido.

Apesar do sucesso dos programas de marketing do calendário e dos níveis de lucro atraentes, Sapit se preocupava com as tendências na indústria de impressão, que apontavam para um mercado cada vez menor e o aumento da concorrência para o segmento comercial, particularmente na área de Rust Belt, local da Sigma. O rápido desenvolvimento de novos equipamentos de tecnologia e de alta velocidade fizeram os investimentos em novos equipamentos de toda a indústria irem bem além da necessidade imediata, criando excesso de capacidade. O resultado foi a redução de custos e de margens.

A direção da Sigma vinha há algum tempo considerando vender a parte comercial de sua atividade para se tornar um comerciante exclusivo dos calendários. Com sua adesão à Indústria Gráfica de Illinois, foi encontrado um comprador para a fábrica, os equipamentos e a parte comercial do negócio. O comprador concordou em assinar um contrato de longo prazo para lidar com a maior parte da produção de calendário da Sigma, usando a mesma fábrica e a equipe que tinha colaborado com a produção nos últimos 10 anos. A venda foi concluída em junho de 1983, simbolizando a mudança estratégica de uma empresa baseada na produção para uma empresa baseada em marketing.

A direção da Sigma agora se via livre dos problemas diários de produção e gestão da fábrica e estava livre de comprometer todos os seus esforços na criação e comercialização de novos produtos do calendário. Sapit tinha um desejo pessoal de longa data de mudar o negócio para o Sun Belt em busca de um melhor clima em termos meteorológicos, porém o mais importante era obter um melhor clima de negócios. Em maio de 1985, os escritórios corporativos da Sigma foram transferidos para Orange Park, na Flórida. Ao mesmo tempo, o filho de Sapit, Mike, graduado na Illinois State University em gestão de artes gráficas, juntou-se ao negócio.

Refinamentos Estratégicos

Para tirar proveito da experiência de marketing da Sigma, a empresa tomou medidas para expandir sua linha de produtos para incluir diversos itens personalizados ao calendário. Os novos itens incluíam um calendário de parede de planejamento para o ano inteiro, diário de mesa, diário de bolso e uma versão menor do calendário de mesa original.

A Sigma tinha construído seu negócio de calendários com produtos basicamente em formatos "exclusivos", que podiam ser impressos com mensagens promocionais do cliente. Nas décadas de 1980 e 1990, a Sigma começou a ver uma demanda crescente por produtos totalmente personalizados não só em design gráfico, mas também em especificações do produto. A administração da Sigma viu um mercado para uma nova linha de calendários "superpersonalizados" direcionados a empresas de médio a grande porte com uma base de clientes substancial. Essas empresas trabalhavam com projetos de grandes orçamentos de promoção, criando assim o potencial para grandes encomendas. O mercado era relativamente pequeno em termos de número de empresas, mas muito grande em relação ao potencial total de vendas. Seria necessária uma abordagem de marketing totalmente diferente da utilizada anteriormente.

Anúncios de teste para calendários com design personalizado foram feitos na *Advertising Age* e em várias publicações de negócios e de marketing. Esses anúncios visavam contas corporativas maiores. Além disso, a equipe de vendas da Sigma tornou-se muito mais agressiva na busca de contas individuais que pareciam ter grande potencial para calendários personalizados. Os clientes potenciais foram pesquisados e contatados por telefone ou e-mail para identificar o indivíduo com a responsabilidade de especificar e autorizar esse tipo de compra. Amostras não solicitadas de vários produtos personalizados e distintos foram enviados via FedEx para atrair a atenção. Cada cliente potencial recebeu, em seguida, um telefonema após alguns dias para confirmar o interesse e fornecer informações adicionais.

O objetivo era estabelecer a Sigma como um editor de calendários personalizados de alta qualidade concebidos com criatividade. A resposta inicial para a nova estratégia de marketing foi boa, com indicações de que as grandes empresas poderiam, de fato, ser alcançadas com essa abordagem. Para alcançar suas metas de crescimento, a Sigma achava que tinha que ter sucesso nessa estratégia de marketing. Esse tipo de produto com design altamente personalizado exigia muito da equipe criativa. Como apenas 10 a 15 novas contas desse tipo poderiam ser tratadas a cada ano, era importante que o tempo criativo fosse investido em contas de alto potencial. A nova estratégia foi bem-sucedida na obtenção de pedidos substanciais de Nabisco, Fidelity Investments e FedEx. Percebendo que essas grandes empresas eram consumidoras, a Sigma focou toda a organização no atendimento de cinco necessidades dos clientes: (1) flexibilidade, (2) produção de um produto de qualidade consistente com a imagem e os objetivos de marketing do cliente, (3) serviço personalizado e atenção do começo ao fim, (4) preços justos e (5) entrega pontual e eficiente.

Pacote Total de Serviços da Sigma

Com as grandes contas, a Sigma percebeu que tinha de ser capaz de oferecer seus produtos em uma base completa, ou seja, do conceito à realização. Muitas dessas corporações queriam usar um programa de calendários, mas não eram capazes de empregar pessoal, tempo ou conhecimento para tal projeto. A Sigma ofereceu a solução, isto é, a manipulação de todo o calendário promocional, incluindo concepção, design, produção e entrega para que os clientes pudessem dedicar seu tempo a esforços mais produtivos, confiantes de que seu programa de calendários funcionaria sem problemas e de forma eficiente. Eles apelidaram isso de "Pacote Total de Serviços".

Para fornecer um serviço total com eficácia, a Sigma instalou novos equipamentos e software de computador que permitiam o atendimento integral da encomenda para uma variedade de programas. Programas de transporte especial foram desenvolvidos para simplificar a manipulação de grandes quantidades de remessas. A partir de listas de clientes vigentes ou geradas pelos programas de encomendas diretas da Sigma, os calendários podiam ser enviados a cerca de 20.000 locais de uma única conta. Isso foi particularmente útil para contas que tinham concessionários ou clientes espalhados por todo o país.

O negócio cresceu rapidamente de 1985 a 1990 e, em 1991, Don e Mike Sapit viram uma nova oportunidade para expandir o negócio novamente. Depois de analisar cuidadosamente as características de seus compradores e suas decisões de compra, a Sigma descobriu novas oportunidades de mercado. Durante seus primeiros 15 anos no negócio de calendários promocionais, a Sigma se concentrou em grandes empresas que geralmente distribuíam seus calendários promocionais a seus clientes por meio de suas forças de vendas. Tais empresas normalmente forneciam à Sigma a ideia básica para seus calendários promocionais, incluindo uma marca ou desenho artístico para o calendário individualizado da empresa.

Com seu próprio sistema computadorizado de acompanhamento de encomendas e manifesto implantado, a Sigma foi capaz de oferecer a seus clientes atuais e potenciais um sistema de encomendas e distribuição eficiente e com economia de custos. Com uma lista fornecida pelo cliente, a Sigma começou a enviar os calendários diretamente para os distribuidores do cliente. Folhetos e amostras foram produzidos e enviados pela Sigma e as encomendas então retornavam diretamente para ela. Esse processo permitiu aos distribuidores individuais ou a uma única filial incluir sua própria marca no calendário. A lista de clientes podia ter mais de 10.000 nomes e uma única encomenda podia consistir de mais de 1.000 impressões diferentes. Como cada cliente possuía suas próprias exigências, um membro da equipe dedicada ao atendimento personalizado era atribuído a cada cliente. A Sigma aprendeu como seus clientes tomavam decisões sobre compras de propaganda especializada, tais como calendários promocionais e, em seguida, desenvolveu um programa para satisfazer as necessidades de agentes de compras e compradores de grandes organizações. A estratégia foi muito bem-sucedida e, durante a década de 1990, a empresa conquistou contas de primeira linha, como Milwaukee Electric Tool Corporation, Hoffman LaRoche, Inc., International Paper Company e Nabisco Brands, Inc.

Uma Ênfase na Implantação

Depois de se concentrar na abordagem "Pacote Total de Serviços" como sua principal estratégia de marketing, a Sigma obteve grande aumento na clientela corporativa com exigências de produtos e serviços muito especializados. Os pedidos do "Salesbuilder", que foram a base do negócio, tornaram-se secundários em relação aos "programas", ou seja, contas corporativas maiores com redes de revendedores, franquias, ou representantes de vendas para tirar os pedidos, bem como vários produtos e serviços oferecidos como parte de seu calendário promocional. A reputação da Sigma foi reforçada por fortes referências e depoimentos da clientela. As empresas foram atraídas pelo fornecedor de calendários personalizados conhecido por produtos de alta qualidade e por uma equipe com enorme flexibilidade e criatividade. Em um esforço para se distanciar dos concorrentes, a Sigma melhorou o "Pacote Total de Serviços" que havia se tornado uma parte importante de sua estratégia de marketing. Os clientes foram entrevistados antes e depois de receberem o produto, e os grandes contatos de conta corporativa receberam a visita do seu representante de conta no início do ano para rever o programa do ano anterior e começar a estabelecer as bases para a próxima promoção. Além disso, promoções internacionais e frete se tornaram aspectos importantes de diversas contas grandes. Os representantes de contas começaram a desenvolver grandes contas corporativas por meio de promoção de múltiplos produtos, apesar de alguns itens promocionais, além dos calendários, serem produzidos como um esforço para manter a exclusividade com um cliente.

A empresa continuou a aumentar sua lista de clientes satisfeitos com contas especiais, tais como Unisource, xpedx, Volvo Cars, Volvo Trucks, Ditch Witch e Enterprise Leasing. Outras megacontas também entraram, tais como Yellow Freight Systems (incluindo todas as suas subsidiárias) e CNH, a matriz que trouxe o negócio de suas várias divisões operacionais, incluindo Case IH/Case Construction e New Holland Agricultural/New Holland Construction.

Depois de ser frequentemente solicitado por clientes corporativos para incluir produtos de propaganda adicionais como peças acessórias ao seu programa de calendário, a administração começou a considerar a viabilidade de se tornar um distribuidor do ASI (Advertising Specialty Institute – Instituto de Propaganda Especializada). O custo anual era aceitável, tendo em conta as economias de custos a serem realizadas na compra de itens de especialidade e produtos de impressão especializada no atacado por meio de fornecedores da ASI. A Sigma tornou-se um distribuidor ASI em março de 2000, propiciando recursos novos e úteis para melhorar os programas de calendário e atender às necessidades específicas dos clientes vigentes. Os recursos da ASI abriram novos mercados para outros negócios provenientes de seus vários clientes existentes, sem a necessidade de vender agressivamente o segmento de negócios de promoções especializadas e sem diluir o foco em programas de calendário.

A demanda dos clientes provocou mudanças e expansão das áreas de vendas e administrativa, bem como do departamento gráfico. Um foco mais forte no aspecto de serviços do negócio foi um movimento estratégico para as áreas de vendas e administrativa, resultando na criação de um departamento dedicado ao serviço ao cliente. A Sigma também presenciou um enorme crescimento em seus recursos gráficos, uma resposta às grandes mudanças técnicas na própria indústria de impressão, bem como às necessidades de seus clientes.

Apesar dos recursos adicionais e de pessoal, a demanda de contas do programa foi tão grande que a empresa estava arriscando vender mais do que sua capacidade de produção. Reconhecendo essa possibilidade, a Sigma se tornou mais seletiva em seus esforços de marketing para as contas do programa. A empresa também começou a reavaliar o potencial de encomendas de calendários "Salesbuilder", menores, fáceis de produzir e rentáveis, como um produto a ser comercializado em seu site de comércio eletrônico, adequado a empresas menores, que não poderiam suportar um programa completamente personalizado.

Ligando Tecnologia ao Programa de Marketing

No final da década de 1980 e início da de 1990, a Sigma ofereceu serviços internos limitados de design/diagramação. Antes da publicação por desktop, os tipos eram montados, as colagens eram criadas e os filmes rodados manualmente em uma câmera. As necessidades gráficas além das capacidades da empresa foram terceirizadas para atender as agências. Embora a capacidade da Sigma fosse limitada, poucos de seus clientes tinham necessidades complexas ou departamentos de marketing tecnologicamente habilitados.

Com o início da era digital, a tecnologia da Sigma foi forçada a mudar. A capacidade de pré-impressão da empresa foi transformada ao longo de um período de 10 anos. Estações de trabalho gráficas tornaram-se parte integrante do negócio com o aumento da capacidade de armazenamento e aplicações para lidar com arquivos maiores e mais complexos. Em meados de 1990, um adaptador de imagem digital substituiu a antiga tecnologia de câmera e filme, o qual evoluiu em menos de 10 anos para um fluxo de trabalho direto para a placa com gerenciamento de cores, prova de cor digital e capacidade de multiplataforma. As fotos agora são quase inteiramente digitais, o escaneamento está se tornando uma coisa do passado e muitos clientes têm seus próprios funcionários (in-house) de design e imagens que trabalham em estreita colaboração com o departamento gráfico da Sigma. A tecnologia sofisticada criou a necessidade de treinamento avançado, educação continuada e atualizações. A administração da Sigma tem mantido o compromisso de permanecer na vanguarda da tecnologia gráfica com uma equipe forte e investimento em equipamentos e aplicações.

Meados da década de 1990 também marcaram o início da presença da empresa na internet e recursos on-line. A identidade corporativa na internet é absolutamente essencial no mercado atual, e a Sigma tomou medidas adicionais com o objetivo de utilizar a internet para o comércio eletrônico, ou seja, a promoção de produtos e capacidade de encomendas. Muitos dos maiores clientes da empresa exigem pedidos on-line e comunicação com suas redes para manter suas contas.

A atualização da tecnologia na parte administrativa propiciou à empresa o melhor atendimento aos clientes. Um sistema de arquivos e informações centralizadas integrou muitas funções anteriormente separadas e aumentou a flexibilidade da equipe. A Sigma já está on-line com várias empresas de transporte, facilitando o monitoramento de encomendas. A empresa adicionou muitas características com a melhoria da tecnologia, tais como faturamento direto, vendas com cartão de crédito, envio de fax digital e provas de impressão on-line ou via e-mail.

Estratégia de Marketing Atual e Futura da Sigma

Durante o período de expansão da Sigma, Don começou a passar as operações diárias da empresa para seu filho Mike. No início de 1996, a transição foi concluída, e Mike passou a ter total controle do negócio. Don se aposentou, mas continua a ser presidente do conselho, atuando na qualidade de consultor. As ações da empresa foram recompradas do advogado/colega de Don que havia investido na empresa há muitos anos e a Sigma emitiu ações para funcionários-chave, criando maior sentido de propriedade e comprometimento com o negócio. Uma grande preocupação foi desenvolver estratégias de pessoal e um plano de sucessão em caso de morte ou invalidez de Mike. Funcionários-chave, com muito tempo na empresa, em breve estariam considerando a aposentadoria, e as competências de diretores e funcionários-chave precisariam ser ensinadas e transferidas a funcionários mais novos. Em 2007, um plano de sucessão foi desenvolvido na empresa para garantir sua continuidade.

Em 2009, Jeff Sapit juntou-se à Sigma como gerente de produção de marketing, a terceira geração de sua família a se envolver no negócio. Sua formação é diferente e ele se concentra mais em gestão e marketing. Enquanto a educação universitária de seu pai Mike Sapit seja em artes gráficas e, inicialmente, a preocupação dele esteja voltada muito mais para as operações e a produção, Jeff trouxe uma perspectiva para a empresa que difere da de seu pai e de seu avô. O objetivo de Mike é possibilitar ao seu filho considerável liberdade para contribuir com os planos estratégicos da Sigma. Ele quer permitir que Jeff aplique sua formação e experiência no desenvolvimento de novos produtos e expansão dos mercados da Sigma.

Reuniões anuais de marketing foram agendadas a cada ano desde 1991 para que membros da equipe conheçam e revisem o ano anterior, abordando e resolvendo problemas internos e externos. As reuniões incentivam o trabalho em grupo, a fidelidade à empresa e aumentam o conhecimento do funcionário sobre a situação da Sigma no mercado. Além das reuniões de negócios, a empresa realizou uma série de viagens de lazer para os funcionários (às vezes com seus cônjuges e/ou famílias) para promover relacionamentos pessoais e interação mais fortes. Os funcionários visitaram alguns resorts e grandes cidades e até viajaram juntos em um navio de cruzeiro para o Caribe. Esses eventos contribuíram para a criação de um forte sentimento de comunidade e trabalho de equipe entre os funcionários. A Sigma montou uma equipe diversificada de pessoas com uma ampla gama de habilidades, e cada uma delas desempenha um papel fundamental no sucesso global da empresa. Sapit acredita que o conhecimento e as habilidades de seus funcionários são uma parte importante da vantagem da Sigma.

Um dos muitos pontos fortes da Sigma é a capacidade de compreender as oportunidades de mercado, desenvolver-se e continuar a adaptar seu foco estratégico. Essa capacidade permitiu à empresa manter uma taxa de repetição de clientes de 90%. A Sigma reúne informações de clientes existentes e potenciais para desenvolver a estratégia de marketing mais eficaz, de acordo com a mudança do ambiente. Por exemplo, em resposta às preocupações crescentes com questões de sustentabilidade, em especial os recursos renováveis, a Sigma, em 2008, tornou-se uma empresa certificada de Cadeia de Custódia (CoC – Chain-of-Custody) junto ao Forest Stewardship Council (FSC), uma designação que assegura a integridade da cadeia de fornecimento de papel (da floresta até a fábrica), atestando que o papel utilizado pela Sigma é proveniente de florestas geridas de forma responsável. No ano seguinte, a empresa tornou-se certificada da Iniciativa Florestal Sustentável (SFI – Sustainable Forestry Iniciative) e o Programa para o Endosso de Certificação Florestal (PEFC – Program for the Endorsement of Forest Certification). A certificação da Cadeia de Custódia é uma resposta às exigências dos clientes da Sigma e desejos da empresa de reduzir seu impacto ambiental.

No futuro, haverá novos desafios, incluindo a evolução do ambiente relacionado a tecnologia, comunicação e métodos de propaganda. Até agora, potenciais concorrentes, como o Google, ou outros métodos promocionais especializados não substituíram o calendário impresso. No entanto, a equipe da Sigma está ciente de que a indústria está em constante mudança e que, para sobreviver, a empresa tem de se adaptar.

A última recessão provocou mudanças tanto na Sigma como em seus concorrentes. Os rivais da Sigma consistem principalmente de outras empresas de propaganda especializada. Muitas delas começaram a terceirização de determinadas funções durante a recessão, o que lhes permitiu expandir-se para vender outros produtos personalizados, tais como canetas. As empresas também começaram a pedir produtos personalizados mais econômicos durante a recessão. Todos esses fatores criaram um ambiente mais competitivo, levando a Sigma a desenvolver produtos de baixo custo para seus clientes. Isso permitiu à empresa manter os clientes existentes e até mesmo trazer de volta clientes que haviam comprado de seus novos concorrentes. A Sigma mudou seu foco de vendas de uma empresa de calendários personalizados para uma empresa de "soluções" de calendários para o cliente. Essa mudança permitiu que ela tirasse proveito de um ativo que não se identifica em uma etiqueta de preço, mas que oferece a seus clientes um valor excepcional. Ela também enfatiza a capacidade da Sigma de desenvolver soluções para atender às necessidades exclusivas de propaganda especializada dos clientes.

Outra adaptação a conduziu a uma nova oportunidade para maximizar os recursos e aumentar as receitas. Embora grande parte do trabalho de impressão e encadernação da Sigma seja feita em suas instalações de produção parceiras em Ottawa, Illinois, a empresa recentemente comprou e instalou vários itens de equipamento em sua sede corporativa em Orange Park, Flórida, para ajudar na produção de materiais promocionais e projetos de calendário específicos com quantidades menores. Esse equipamento consiste em impressoras digitais coloridas a laser e pequenos equipamentos de produção de montagem, como um cortador, dobradora, prensa e outros equipamentos. Ao produzir a maior parte dos materiais de seus calendários promocionais (como folhetos, panfletos, notas de encomenda e envelopes para mala-direta) em seu escritório de Orange Park, bem como alguns dos próprios calendários ou seus componentes, a Sigma é capaz de realizar economias significativas de custos de produção. Ela também é capaz de melhor controlar a qualidade e a distribuição pontual dos materiais produzidos internamente.

Com a expansão de sua capacidade de produção interna surgiu a oportunidade de utilizar de forma mais plena esse novo equipamento e aumentar a produção. Estão em curso planos para vender serviços de impressão e design gráfico digitais coloridos para os atuais clientes de calendários da Sigma, bem como para o mercado empresarial local. Visando clientes específicos com projetos regulares bem adaptados ao equipamento da Sigma (como boletins informativos, brochuras, folhetos, relatórios, cartões de visita, folhetos e cartões-postais), a empresa espera maximizar o valor de produção do equipamento e do pessoal, especialmente durante a época do ano em que a produção de calendários fica parada. Isso significa uma volta às raízes de impressão comercial da Sigma com um toque especial: usar a tecnologia digital e ter em vista um mercado específico com necessidades de impressão compatíveis.

Além disso, as vendas da ASI por meio da Sigma foram ampliadas ao longo dos últimos dois anos para novos mercados, bem como para selecionar clientes de calendários. Um dos novos representantes de vendas da Sigma trouxe conhecimentos específicos dos mercados locais de escolas e a empresa foi capaz de se encaixar nessa especialização, concentrando seus esforços de ASI nessa base de clientes. Tais esforços trouxeram para a Sigma maior experiência e vendas no mercado de vestuário, que foi então capaz de usar na expansão dos serviços oferecidos a outros clientes corporativos. Em 2011, um dos clientes de médio porte do programa de calendários, o E-ONE, assinou com a Sigma um contrato adicional para o gerenciamento de sua loja corporativa na internet e fornecimento de artigos promocionais e de vestuário corporativo para sua loja

Welcome Center, bem como para suportes de prêmios, promoções ao intermediário, feiras e conferências. As vendas expandidas relacionadas com a ASI, juntamente com os serviços de impressão digital, devem dar à Sigma a proteção de que necessita para continuar suas promoções de calendários corporativos como uma linha de produtos mais integrada.

Conclusão

Ao longo de sua história, a Sigma Marketing exibiu a incomum habilidade de entender as oportunidades de mercado adaptando seu foco estratégico. Conforme seu ambiente de marketing muda, a empresa reúne informações de clientes existentes e potenciais para desenvolver a estratégia de marketing mais eficaz possível. Mesmo em face de mudanças em tecnologia, comunicação e métodos de propaganda, a Sigma conseguiu reinventar sua mentalidade e suas estratégias para continuar a ter sucesso. A filosofia de longa data da Sigma é "estar sempre preparado". Nas palavras de Mike Sapit, "o futuro é promissor".

Questões para Discussão

1. Discuta as principais mudanças em tecnologia, comunicações e concorrência que a Sigma enfrentará no futuro. Quais terão maior impacto sobre as futuras estratégias de marketing da empresa?

2. Prepare uma análise SWOT para o planejamento estratégico de longo prazo da Sigma Marketing.

3. Proponha algumas possíveis iniciativas estratégicas que a Sigma poderia perseguir para continuar seu crescimento.

Fontes

Os dados deste caso são de conhecimento pessoal do autor; Sigma Marketing website <http://www. sigmamktg.com>. Acesso em: 9 de agosto de 2012; e "Up Close with Mike Sapit, President of Sigma Marketing", *HPxpressions*, p. 14-15.

Caso 15
Netflix Luta para Ficar à Frente de um Mercado em Rápida Mudança*

Sinopse: Em face dos avanços tecnológicos e das preferências dos clientes em relação à distribuição de filmes, a gigante do aluguel de vídeo Blockbuster caiu diante de sua concorrência. Enquanto isso, a Netflix cresceu e se tornou a principal empresa de aluguel de vídeo com envio pelo correio e streaming de vídeo, ao mesmo tempo que outros concorrentes fortes surgiram para dominar a distribuição de filmes via quiosques (Redbox) e on-line (Apple, Amazon, Hulu e outros). Olhando para o futuro, a sobrevivência da Netflix depende de sua capacidade de se adaptar e adotar novas práticas de tecnologia e marketing, questões que a Blockbuster não conseguiu resolver em virtude de sua postura reativa, em vez de proativa, em relação a um mercado em rápida mudança. A Netflix enfrenta um futuro incerto já que o setor de aluguel de DVDs se aproxima do final de seu ciclo de vida. No entanto, a empresa está pronta para dominar o setor de streaming de vídeo no futuro próximo. O problema é que o futuro muda rapidamente nesse segmento.

Temas: Mudanças em tecnologia, mudanças nas preferências do consumidor, concorrência, vantagem competitiva, estratégia de produtos, ciclo de vida do produto, marketing de serviços, estratégia de preços, estratégia de distribuição, varejo sem lojas, relacionamento com clientes, valor, implantação.

A tecnologia tem desempenhado um papel fundamental na evolução da indústria do cinema e de aluguel de filmes. Várias das principais empresas de produção de filmes já optaram por ignorar a experiência de uma sala de cinema e para, em vez disso, promover uma seleção de seus filmes e oferecê-la diretamente ao público que os assiste em casa por meio de serviços on-demand, downloads de banda larga ou streaming on-line. Com o

---

* Kelsey Reddick, Florida State University, Jacqueline Trent, Universidade do Novo México, e Jennifer Sawayda, Universidade do Novo México, prepararam este caso sob a direção de Michael Hartline e O. C. Ferrell. Este caso serve para discussão em sala de aula, e não para ilustrar um tratamento eficaz ou ineficaz de uma situação administrativa.

aumento da desintermediação (evitando cinemas e cadeias de aluguel de filmes), os estúdios de cinema estão aumentando as margens de lucro enormemente. Hoje, existem pelo menos 20 grandes concorrentes na indústria de venda e aluguel de filmes que competem com a Netflix. Eles incluem grandes empresas de varejo, como Walmart, Target, Best Buy, Amazon e Time Warner. No setor de aluguel de filmes, a Netflix enfrenta intensa concorrência da Redbox e de uma variedade de serviços exclusivamente on-line, como Apple, Amazon, Google e Hulu.

História da Netflix

O CEO, Reed Hastings, declarou à revista *Fortune* que ele teve a ideia do serviço de envio de DVDs pelo correio depois de pagar US$ 40 de taxa de atraso de entrega do filme *Apollo 13* em 1997. Embora o formato VHS fosse popular na época, Hastings ouviu que DVDs estavam a caminho e ele sabia que havia um grande mercado a ser aproveitado. No começo, ele e seu colega executivo de informática, Marc Randolph, tentaram um serviço de aluguel pelo correio que não demandava uma inscrição, mas isso não deu muito certo. A empresa lançou o serviço de assinaturas em 23 de setembro de 1999, com experimentação gratuita para o primeiro mês e descobriu que 80% dos clientes renovaram depois que o período de experiência terminou. A Netflix teve seu primeiro lucro em 2003 no mesmo trimestre que atingiu um milhão de assinantes. Hastings disse que a empresa foi nomeada Netflix porque eles viram o futuro da indústria passar do formato DVD para streaming na internet no longo prazo. A empresa introduziu serviços de streaming, em 2007, depois de ter atingido mais de 6,3 milhões de membros.

A intensa concorrência da Netflix foi a principal razão pela qual a Blockbuster abandonou seu programa de taxa de atraso em 2005 (uma mudança que levou a uma perda de US$ 400 milhões em receitas para a Blockbuster). Em 2006, Hastings definiu como meta atingir 20 milhões de assinantes até 2012, o que seria superado. O seu lançamento no Canadá em setembro de 2010 ajudou a atingir a meta de 20 milhões de assinantes mais cedo do que o esperado. As vendas trimestrais chegaram a US$ 320 milhões no final de 2008, seguido por US$ 394 milhões durante o primeiro trimestre de 2009. Ainda mais impressionante foi o fato de a Netflix conseguir aumentar as vendas em um momento em que toda a indústria de aluguel de filmes apresentava um declínio de vendas de 8%. Hoje, com mais de 23 milhões de membros, a Netflix apresenta-se como o maior serviço de assinatura de entretenimento on-line do mundo, com operações nos Estados Unidos, Canadá, Irlanda, Reino Unido, Brasil e Caribe.

Estratégia Inicial

A Netflix construiu seu sucesso em torno do aluguel de filmes on-line com entrega rápida dos DVDs. Os DVDs foram introduzidos pela primeira vez nos Estados Unidos em março de 1996. Em agosto de 1997, poucos lares americanos tinham leitores de DVD já que eles custavam mais de US$ 1.000 na época. Além disso, poucos títulos estavam disponíveis em DVD. No entanto, Hastings e Randolph previram com êxito que o formato rapidamente substituiria o VHS, complicado, volumoso e relativamente de baixa qualidade, entre os consumidores americanos. Um fator-chave na estratégia da Netflix foi o tamanho compacto do DVD, que viabilizou o Serviço Postal dos EUA como um método de entrega. Foram testados 200 pacotes diferentes de envio para aperfeiçoá-los e garantir a segurança de disco, assim como o custo de transporte e a confiabilidade. Em 14 de abril de 1998, a Netflix abriu oficialmente o negócio com 30 funcionários e 925 títulos, a maioria de DVDs disponíveis da época. Inicialmente, a Netflix ofereceu um período de sete dias por US$ 4 mais US$ 2 pelo transporte, com preços por item enviado diminuindo a cada título adicional. Eles ofereceram "extensões de tempo" descomplicadas em vez de "taxas de atraso" punitivas e caras que eram o padrão da indústria e um grande gerador de receitas.

Durante o período inicial, quando a demanda era baixa, a Netflix formou relacionamentos estratégicos que foram importantes para a expansão do mercado de DVDs e para a garantia de seu sucesso inicial. A empresa criou acordos de promoção cruzada com fabricantes de leitores de DVDs e estúdios, oferecendo aluguéis Netflix gratuitos em compras de leitores de DVD de fabricantes como Toshiba, Hewlett-Packard, Pioneer, Sony e Apple para ajudar a aumentar o número de leitores de DVD em lares americanos. Ela também se uniu a estúdios para promover filmes de alto perfil e com fornecedores de informação/comentários on-line de filmes para canalizar o tráfego de cinéfilos da internet para a Netflix. A empresa também usufruiu de publicidade positiva significativa em 1998, quando forneceu vídeos de testemunho ao grande júri do presidente Bill Clinton por 2 centavos, mais US$ 2 pelo transporte e manuseio.

Em setembro de 1999, Hastings anunciou que a Netflix tinha conseguido economias de escala e dessa forma poderia oferecer serviços de assinatura. Poucos meses depois, no início de 2000, abandonou completamente o modelo pay-per-title e começou a se promover como um serviço de assinatura ilimitada, completamente livre de prazos, taxas atrasadas, taxas de envio e taxas por título. Naquele tempo, a Netflix cobrava US$ 19,99 por mês por 3 DVDs por pedido e acrescentou opções menos caras de um ou dois DVDs pouco tempo depois.

Bob Pisano, um ex-executivo da MGM e presidente do Screen Actors Guild, juntou-se ao Conselho de Administração da Netflix em abril de 2000. Pisano cultivou relacionamentos com os estúdios e, em dezembro, a Netflix assinou acordos de partilha de receitas com a Warner Home Video e a Columbia Tri-Star. Isso permitiu à Netflix preencher o pico de demanda para liberação rápida de novos lançamentos de forma consistente e mais lucrativa. Acordos com outros estúdios se seguiriam pouco depois.

Otimizando a Distribuição

Em fevereiro de 2002, a Netflix atingiu a marca de 500.000 assinantes. Ele fez sua oferta pública inicial em março, angariando US$ 82,5 milhões em 5,5 milhões de ações na bolsa. Em 20 de junho de 2002, a Netflix anunciou a abertura de dez armazéns de depósito adicionais em todo o país. A empresa escolhia a localização de seus depósitos de forma a fornecer a entrega de DVDs a tantos clientes quanto possível com entrega especial na manhã do dia seguinte ao pedido porque suas taxas de assinatura per capita eram muito mais elevadas em mercados com entrega desse tipo. Conforme os concorrentes entraram no mercado durante os anos seguintes, a Netflix já estava refinando seus processos e abrindo mais centros de distribuição para melhor atender sua base de assinantes em expansão de forma mais rentável e rápida.

A localização desses centros de distribuição sempre permaneceram um mistério. Os funcionários da Netflix assinavam acordos de confidencialidade quando contratados, e o exterior dos depósitos próprios, além de não sinalizados, eram expressamente projetados para camuflar a função do edifício. Embora a Netflix se preocupasse com segredos comerciais desde o início, o ex-vice-presidente de Comunicações, Steve Swasey, explicou em 2009 que a Netflix já estava tão à frente da concorrência que não se preocupava com espionagem industrial. Antes, preocupava-se mais com a possível interrupção de processos quando os clientes aparecem e esperam entregar os DVDs diretamente no depósito em vez de enviá-los pelo Serviço Postal dos EUA.

Em fevereiro de 2003, a Netflix atingiu 1 milhão de assinantes. Os clientes apreciavam as baixas taxas de assinatura, a facilidade de devolução dos DVDs e a eliminação de taxas de atrasos. Em junho de 2003, a empresa conseguiu a patente para seu software de monitoramento de preferências e, em meados do verão daquele ano, possuía uma biblioteca de 15.000 títulos.

Derrubando um Gigante

Em 1985, o empreendedor David Cook abriu a Blockbuster, anteriormente a empresa dominante em aluguéis de filmes. Observando as oportunidades no mercado de aluguel de filmes, o investidor Warne Huizenga investiu US$ 18 milhões na empresa iniciante e a ajudou a se expandir de 130 para mais de 1.500 lojas em cerca de três anos. Quando o ex-CEO do Walmart, Bill Fields, assumiu a empresa em março de 1996, a Blockbuster foi reposicionada como um estabelecimento de varejo. Essa visão bem como o mandato de Fields foram de curta duração. John Antioco, sucessor de Fields, que assumiu em meados de 1997, reorientou a empresa para aluguel de vídeo e jogos. Isso reforçou e solidificou a estratégia da empresa e permitiu à Blockbuster passar com sucesso pela transição de VHS para DVDs no final dos anos 1990 e início dos anos 2000.

O negócio de entretenimento doméstico continuou a evoluir e a missão revisada da Blockbuster era ser "o recurso completo para filmes e jogos". Reconhecendo a crescente ameaça representada pela Netflix, a Blockbuster começou a experimentar um serviço de aluguel on-line sem assinatura e com entrega pelos correios no Reino Unido. A maior parte do sucesso da Blockbuster durante esse período foi atribuída a seu posicionamento bem-sucedido como empresa líder de mercado, combinado com as tendências de forte crescimento na indústria de jogos. Em 2004, a Blockbuster, finalmente, entrou no negócio de aluguel de filmes on-line na tentativa de competir mais diretamente com uma Netflix cada vez mais forte. No entanto, a Blockbuster continuou seu foco em suas lojas tradicionais, oferecendo a quem alugasse on-line a opção de duas locações gratuitas na loja por mês, com a intenção de atender ao impulso da demanda de entretenimento doméstico. A combinação de aluguel na loja e a nova oferta on-line da Blockbuster foram consideradas uma vantagem competitiva sobre a Netflix.

Antioco inesperadamente deixou a Blockbuster em 2007 e foi substituído por James Keyes, anteriormente o "artista da virada" da 7-Eleven. Quando Keyes começou como CEO, a Blockbuster estava enfrentando sérias dificuldades: o preço das ações caíra mais de 83% entre os anos de 2002 e 2007 e a empresa havia tomado a decisão estratégica de fechar cerca de 300 lojas entre 2007 e 2008. A Netflix tinha rapidamente se tornado um dos concorrentes mais sérios da Blockbuster. Devido à concorrência da Netflix, a Blockbuster decidiu abandonar suas taxas de atrasos. Isso resultou em um surpreendente prejuízo de US$ 400 milhões para a empresa, bem como problemas legais. Ainda que a indústria de aluguel de filmes começasse a perder sua trajetória de crescimento e avançasse para a fase de declínio, a Netflix teve um forte crescimento. As vantagens da Netflix sobre as ofertas da Blockbuster incluíam o acesso a um número ilimitado de filmes com a assinatura, envio conveniente, automático e gratuito, pois o filme é devolvido por serviço postal, tempo de resposta extremamente rápido e uma ampla rede de distribuição.

No final, a Blockbuster não conseguiu se adaptar às mudanças do mercado e declarou falência em setembro de 2010 depois de enfrentar US$ 1 bilhão em dívidas. Nesse mesmo ano, a Netflix chegou a 20 milhões de membros, um aumento de 63% a partir de 2009, e lançou serviços no Canadá.

Netflix Muda seu Modelo de Negócio

O CEO da Netflix, Reed Hastings, antecipou corretamente a nova tecnologia ao entrar na indústria de entretenimento doméstico. Um estudo da IHS Screen Digest sugeriu que, até 2012, o streaming de filmes on-line nos EUA ultrapassaria o uso de DVDs e Blu-rays. Hastings esperava que as assinaturas de DVDs da Netflix diminuiriam de forma contínua ao longo de cada trimestre conforme a nova tecnologia se difundisse na casa dos consumidores. Nesse ponto, Hastings tomou a decisão estratégica da qual se arrependeria mais tarde.

No terceiro trimestre de 2011, a Netflix tentou mudar seu negócio de envio de DVDs pelo correio para uma nova subsidiária chamada Qwikster, que se concentraria exclusivamente nesse serviço. Esse movimento liberaria a Netflix para se concentrar no lado de streaming da operação; no entanto, embora estivesse de acordo com a visão de Hastings sobre um futuro somente de streaming, isso acarretou em um aumento de preço de 60% e suprimiu a conveniente e valorizada experiência de compra em um só lugar dos assinantes que usavam tanto DVDs por correio como streaming.

A Netflix de repente anunciou a decisão de separar os serviços em julho de 2011. Ironicamente, no passado, a Netflix havia usado grupos de discussão (focus group) para pesquisar como o mercado poderia responder a uma decisão particular. Dessa vez, no entanto, a Netflix se baseou em dados que mostravam que 75% dos consumidores preferiam streaming. Embora esses dados provavelmente fossem verdadeiros, eles não conseguiam explicar a forma como os consumidores reagiram à mudança. Além de se separar em duas empresas, a Netflix anunciou um aumento de preço para um de seus pacotes de assinatura mais populares. Em vez de pagar US$ 9,99 por mês para receber filmes tanto via streaming como DVDs pelo correio, os clientes agora pagariam US$ 7,99 por mês por serviço. A empresa implantou o ajuste de preço e o processo de separação da Qwikster se iniciou em agosto de 2011.

A reação dos clientes foi rápida e forte. Eles ficaram irritados com o que percebiam como um grande aumento de preços. A indignação piorou após serem enviados e-mails aos assinantes com um pedido de desculpas de Hastings por não explicar o raciocínio embutido no aumento dos preços. O e-mail também anunciou a separação das duas empresas. Em vez de apaziguar os clientes, muitos ficaram ainda mais irritados. Eles não gostaram da ideia de ter que navegar em dois sites, Qwikster para DVDs e Netflix para streaming. A empresa perdeu 405.000 assinantes em questão de semanas. Os investidores duvidaram da decisão e o preço das ações da Netflix caiu 26% em um único dia após o lançamento do relatório financeiro do terceiro trimestre.

O Qwikster foi barrado depois de apenas três semanas, quando a Netflix finalmente reconheceu que a mudança seria inconveniente para os clientes. No entanto, o erro custou à Netflix seu status de queridinho de Wall Street. A empresa negociava cada ação por quase US$ 300 antes do anúncio do Qwikster. Por volta do terceiro trimestre de 2012, era negociada na faixa de US$ 50 a US$ 60. Embora tenha decidido permanecer como uma única empresa, a Netflix manteve o aumento de preço para seu pacote de assinatura, forçando os clientes que só queriam pagar US$ 7,99 por mês a escolher ou DVDs ou streaming. Apesar do fracasso do Qwikster, o aumento de preços provocou um modesto sucesso para a empresa. No terceiro trimestre de 2012, a Netflix relatou uma diminuição de 1,7% em assinaturas pagas e um aumento de 11,9% na receita por cliente, resultando em um aumento líquido de 10% nas receitas e de 15,4% na margem de lucro.

A Netflix parece estar se recuperando um pouco desse fiasco, pois terminou 2011 com lucro acima das expectativas. No entanto, a empresa recebeu outro golpe quando foi concluída uma ação coletiva sobre questões de privacidade do consumidor. A ação alegava que a Netflix mantinha os registros de assinantes de DVDs e streaming de vídeos dois anos após as assinaturas terem sido canceladas. Segundo o processo, isso violava uma disposição da Lei de Privacidade de Proteção de Vídeo, segundo a qual as informações de identificação pessoal devem ser excluídas após um ano de cancelamento. A Netflix chegou a um acordo de US$ 9 milhões sem admitir a culpa.

A Intensa Concorrência na Indústria de Aluguel de Filmes

Na indústria de aluguel de filmes, muitas empresas surgiram e sumiram desde os anos 1980. A Netflix sempre foi a maior empresa de aluguel de DVD por correio, mas como o mercado continua a evoluir e o streaming se torna o formato preferido, a empresa encontra-se em um mercado em constante mudança. O surgimento de concorrentes, tanto na indústria de aluguel de DVDs como na de streaming on-line, criou novos desafios para a Netflix resolver.

Redbox

Se você estiver abastecendo seu automóvel no 7-Eleven, comprando mantimentos no Walmart ou remédios no Walgreens, seu filme ou jogo de vídeo favoritos podem estar disponíveis por alguns dólares em um quiosque Redbox. Cada quiosque contém 630 discos com cerca de 200 títulos diferentes. Os clientes pagam cerca de US$ 1,00 por dia (agora US$ 1,20), US$ 2,00 por jogos de vídeo, e podem devolver os filmes em qualquer quiosque Redbox em qualquer lugar dos EUA. Podem ainda reservar filmes on-line antes de ir a um quiosque. Desde o seu lançamento com apenas 12 quiosques, a Redbox cresceu e chegou a cerca de 36.000 quiosques em todo o país. Esse nível de penetração maximiza a conveniência para os clientes, que agora alugam filmes enquanto estão fazendo outras coisas. A empresa argumenta que 68% da população dos EUA vive a cerca de 5 minutos de carro de um quiosque Redbox.

Surpreendentemente, a ideia da Redbox começou como um novo empreendimento para o McDonald's em 2002. Naquela época, o McDonald's estava fazendo experiências com máquinas de venda automática para vender uma variedade de itens diferentes. Após o conceito provar que era um sucesso, a Redbox foi vendida para a Coinstar, uma empresa de Bellevue, Washington, que também opera máquinas de contagem de moedas e dispensadores de cartões vale-presente. Logo depois, a Coinstar fez acordos com a Walmart, Kroger, WinnDixie, Walgreens, Kangaroo (postos de gasolina) e outros estabelecimentos nacionais para colocar os quiosques Redbox em locais de alto tráfego. Como se viu, o momento não poderia ter sido melhor. Em consequência da mais recente recessão econômica, os clientes que começavam a reconsiderar seus planos de US$ 15 por mês da Netflix ou o aluguel de DVDs a US$ 5 da Blockbuster, de repente, viram os aluguéis de US$ 1 da Redbox como uma pechincha.

A Redbox teve um crescimento de vendas fenomenal em um tempo muito curto: de um total de 200 milhões de aluguéis em 2008 para 500 milhões em 2009 e 1,5 bilhão em 2012. Esses números são surpreendentes quando comparados com o declínio de 43,9% nas vendas de DVDs entre 2009 e 2012. Mais evidências do sucesso podem ser encontradas na penetração da Redbox no mercado principal dos EUA. Os aplicativos móveis da Redbox foram baixados 4,7 milhões de vezes no Android e 6,5 milhões de vezes no iPhone.

Depois que a Blockbuster declarou falência, em 2010, a NCR adquiriu os quiosques Blockbuster Express da empresa. Em seguida, ela os vendeu para a Redbox por US$ 100 milhões em 2012. Enquanto isso, para manter a competitividade com o streaming, a Redbox anunciou uma parceria com a Verizon em fevereiro de 2012 para criar streaming de vídeo on-demand. Embora as duas empresas tenham fornecido detalhes limitados sobre sua parceria, o novo serviço de assinatura certamente irá alavancar relacionamentos da Verizon com vários provedores de conteúdo.

Curiosamente, quando a Redbox anunciou um aumento de preços de 20%, ou seja, de US$ 1,00 para US$ 1,20, a empresa teve um resultado muito diferente da experiência da Netflix. Ela lidou com o anúncio de forma mais suave, afirmando que a mudança era necessária devido à nova regulamentação sobre as taxas de cartão de débito aprovadas na Reforma de Wall Street de Dodd-Frank e a Lei de Defesa do Consumidor (consumidores que pagam usando seus cartões de crédito ou débito). As leis aumentaram o custo do uso de um cartão de débito para compras pequenas. No entanto, a Redbox, na realidade, aumentou seus preços mais do que o necessário para compensar o aumento dos custos de cartão de débito, mas, posicionando-o como um movimento essencial, a empresa evitou a reação dos consumidores. De fato, enquanto as ações da Redbox aumentaram 36% em um ano, as da Netflix diminuíram 43% no mesmo período.

Concorrentes Totalmente Digitais

Se as tendências na indústria de aluguel de filmes continuarem, os downloads digitais substituirão os DVDs como o padrão de fato de aluguel de filmes. Apesar de a Netflix reconhecer claramente a tendência e efetuar mudanças para estabelecer uma vantagem competitiva, muitos de seus concorrentes também o fazem. Recentemente, o mercado ficou abarrotado com as ofertas da Apple, Amazon, Hulu, YouTube e Google Play.

Diversas empresas bem conhecidas oferecem aluguel de filmes para download. A Apple, por exemplo, oferece milhares de títulos nos formatos padrão e de alta definição em sua loja iTunes. A principal vantagem da Apple é que o iTunes funciona perfeitamente com os milhões de iPods, iPhones, iPads e Apple TV vendidos nos últimos anos. O que está faltando à Apple, no entanto, é uma maneira fácil de conectar seus dispositivos portáteis a televisores mais antigos, muitos dos quais não têm conectividade sem fio nem portas HDMI.

A Amazon oferece mais de 13.000 títulos para alugar por meio do seu serviço Instant Video. A vantagem original da Amazon é sua parceria com o leitor de vídeo digital da Roku, que permite aos consumidores transmitir sem fio filmes Amazon para seus televisores. A Roku, que começou com US$ 49, agora suporta Hulu Plus, Netflix, Amazon Instant Video, HBO GO e muito mais. O Amazon Prime Instant Video pode agora ser transmitido via internet, Kindle Fire, Roku, PlayStation 3 e em televisores e leitores Blu-ray. Com a adição de seu serviço de assinatura Amazon Prime, que fornece aos membros o envio gratuito de dois dias por US$ 79 ao ano, os clientes também podem desfrutar de uma parte do catálogo Amazon Instant Video. Em fevereiro de 2012, a Amazon assinou um acordo com a Viacom para adicionar 2.000 novos títulos ao Amazon Prime Instant Video, incluindo programas da Nickelodeon, Comedy Central e MTV.

Em 2007, a NBCUniversal, Fox Entertainment Group e o grupo da televisão Disney-ABC uniram forças em um novo empreendimento chamado Hulu (www.hulu.com), que mostrou um crescimento constante desde sua criação. O Hulu é um serviço com suporte de anúncios, baseado na internet, que fornece acesso gratuito a filmes e programas de radiodifusão tradicional como *Grey's Anatomy*, *The Office*, *Glee* e *30 Rock*. O Hulu também oferece um menu de vídeo com mais de 350 empresas de conteúdo, incluindo nomes como ABC, NBC, FOX, MGM e Sony. A empresa lançou o Hulu Plus, um serviço de assinatura suportado por anúncios, em novembro de 2010 por US$ 7,99 por mês. Ao contrário de seu serviço on-line gratuito, o Hulu Plus permite aos usuários assistir a programas em televisores e leitores de Blu-ray, consoles de jogos, decodificadores, como o Roku, telefones celulares e computadores com propaganda limitada. Enquanto o Hulu.com normalmente oferece os cinco episódios mais recentes de uma série em definição padrão, o Hulu Plus oferece todos os episódios da temporada atual em alta definição, quando disponíveis.

Em abril de 2012, a Paramount Films adicionou 500 filmes no YouTube e no serviço de aluguel do Google Play, que agora tem 9.000 títulos. A Paramount se uniu à Disney, Sony, Warner Brothers e NBCUniversal em parcerias com o YouTube, com a 20th Century Fox como o único grande estúdio que não assinou o acordo. Todos os seis principais estúdios de cinema atualmente vendem filmes no iTunes da Apple. O Google iniciou negociações com estúdios de cinema para começar a vender filmes no Google Play, um novo balcão de entretenimento de parada única (one-stop). Com o Google Play, os usuários podem alugar filmes em alta definição, acessível por qualquer dispositivo Android ou pela internet. Os usuários também podem comprar música, fazer download de aplicativos do Android e comprar livros digitais para ler em um tablet, telefone, leitor eletrônico ou na internet. O Google Play armazena todas as compras de música e até 20.000 músicas do iTunes, do Windows Media Player ou de pastas do comprador com a ajuda do Google Play Music Manager.

Embora a Netflix possa ter apresentado vantagens no seu pioneirismo, outras empresas parecem estar se aproximando em termos de ofertas de produtos digitais. A Netflix terá de inovar constantemente para permanecer um passo à frente da concorrência.

Analisando a Estratégia de Marketing da Netflix

O mercado-alvo da Netflix inclui consumidores com acesso à internet e predileção por filmes. A empresa foi se afastando de seu serviço de DVDs pelo correio, embora esta ainda seja uma parte importante de sua estratégia, e passou a enfatizar seus serviços de streaming. Seu site promove serviços de streaming por US$ 7,99 por mês, enquanto os serviços de DVDs parecem ser secundários. A Netflix tem atualmente 26 milhões de assinantes para streaming nos Estados Unidos, Canadá, Reino Unido, Irlanda e América Latina.

Muitos analistas consideram agora a capacidade de streaming multiplataforma da Netflix como uma de suas principais vantagens competitivas. O streaming da Netflix pode ser feito em televisores, iPhones, iPads, Xboxes ou on-line. O processo é fluido, o que significa que um consumidor pode facilmente passar de uma plataforma para outra. Por enquanto, nenhum dos concorrentes da Netflix tem essa capacidade. Um estudo de 2011 realizado conjuntamente pela CBS, Nielsen e o Cambridge Group descobriu que dois segmentos, totalizando 40 milhões de lares dos EUA, têm alta demanda por conteúdo de streaming multiplataforma. A demanda continua a crescer, tornando estes segmentos de crescimento potencial elevado para a Netflix.

A Netflix continua a expandir o conteúdo que oferece aos assinantes. Apesar de ter que esperar um certo tempo para novos lançamentos em DVDs, ela vem desenvolvendo parcerias lucrativas com estúdios de cinema e provedores de conteúdo. Em 2011, a Starz anunciou que deixaria de licenciar sua programação para a Netflix a partir de 2012. No entanto, a notícia foi compensada de certa forma com o anúncio de que a DreamWorks começaria a licenciar seus filmes e programas para a Netflix em 2013, substituindo seu atual acordo com a HBO. De acordo com os relatórios financeiros, o custo das licenças para adquirir e entregar seu conteúdo totalizou US$ 1,8 bilhão em 2011. Considerando o aumento do custo de licenciamento de conteúdo e do recurso da programação de televisão a cabo original para atrair assinantes, a Netflix agora está adicionando programação original a suas ofertas de streaming. Ao contrário do que ocorreu com o Qwikster, a Netflix retomou sua política de realização de pesquisas de mercado. A empresa conduziu um experimento acrescentando um programa original a seu serviço de streaming. O programa teve visualizações suficientes para a Netflix considerar a experiência um sucesso e se comprometer com mais programas. Em 2012, a Netflix planeja gastar entre US$ 75 e US$ 100 milhões em programação original para atrair novos assinantes.

Embora sua concorrência esteja aumentando, a empresa está mostrando que não vai abrir mão de sua participação de mercado sem lutar. De acordo com uma recente pesquisa de satisfação do consumidor, a Netflix teve melhor avaliação do que o video-on-demand e canais de transmissão premium graças a seu custo relativamente baixo e flexibilidade de visualização. Embora a empresa tenha apenas cerca de 30% de participação de mercado de aluguel físico, chega a 61% no mercado de streaming on-line. Em 2012, a Netflix superou a Apple no mercado de vídeo on-line e agora obtém 44% de suas receitas em vídeo on-line nos Estados Unidos. O custo e o benefício da flexibilidade multiplataforma que a Netflix oferece é suficientemente importante para influenciar as decisões do consumidor.

Futuro da Netflix

Ao olhar para o futuro, o declínio dos DVDs continuará a ser um desafio. Embora o Qwikster tenha sido um fracasso imediato, a empresa terá que em algum momento eliminar progressivamente sua atividade de DVDs por correio quando já não for lucrativa. O crescimento contínuo de opções de streaming, da Amazon Instant Video ao Google Play, e o gigante de quiosques de aluguel Redbox aumentam a conveniência para os consumidores alugarem filmes. No entanto, a Netflix continua a manter sua vantagem competitiva com participação de mercado significativas em vídeos on-line, streaming e aluguel de vídeo. A decisão de desenvolver seu próprio conteúdo original demonstra sua vontade de aproveitar as oportunidades de mercado.

A reação negativa que a Netflix sofreu após seu aumento de preços e o plano fracassado de dividir a empresa mostra que ela deve avaliar cuidadosamente sua estratégia de marketing. Errar ao prever com precisão a reação dos consumidores pode levar a desastres futuros. A Netflix também terá que promover vários relacionamentos com provedores de conteúdo e procurar proativamente outras novas e melhores oportunidades. O coração desse desafio é simples em seu conceito, mas difícil de executar na prática: a Netflix continuará a ser suficientemente inovadora para competir em um mercado altamente saturado?

Questões para Discussão

1. Que papel a Redbox desempenhará no desenvolvimento dos planos estratégicos da Netflix? Até que ponto a Redbox é uma ameaça para o futuro da Netflix?

2. Como a nova concorrência de provedores digitais de conteúdo forçará a Netflix a alterar sua estratégia?

3. Que novas oportunidades você vislumbra no negócio de streaming de filmes ou na indústria do entretenimento como um todo?

4. Na sua opinião a Netflix continuará a ser a força dominante em streaming e aluguel de filmes? Justifique sua resposta.

5. O que a Netflix poderia ter feito diferente para garantir o sucesso do Qwikster?

Fontes

Os dados deste caso foram obtidos em Alyssa Abkowitz, Secrets of My Success: CEO Reed Hastings, *CNNMoney*, 28 de janeiro de 2009 <http://money.cnn.com/2009/01/27/news/newsmakers/hastings_netflix.fortune>; Thomas K. Arnold, Economic Downturn May Be Behind a Rise in DVD Rentals, *USA Today*, 4 de maio de 2009 <http://www.usatoday.com/life/movies/dvd/2009-05-04-rentals-recession_N.htm>; Claire Atkinson, Disney-Hulu Puts Focus on CBS, *Broadcasting and Cable*, 4 de maio de 2009, p. 3; Lauren Barack, Blockbuster Pushes Fast Forward: CEO James Keyes has a Vision for His Company – and It's Not Going Back to the Videotape, *On Wall Street*, 1º de setembro de 2007, p. 1; Brook Barnes e Brian Stelter, Netflix Secures Streaming Deal with DreamWorks, *New York Times*, 25 de setembro de 2011 <http://www.nytimes.com/2011/09/26/business/media/netflix-securesstreaming-deal-with-dreamworks.html?r=1&pagewanted=all>; Eric Berte, Blockbuster Cuts Losses Despite Lower Revenue, *Fox Business*, 13 de agosto de 2009 <http://www.foxbusiness.com/story/markets/industries/retail/blockbuster-cuts-losses-despite-lower-revenue>; Tim Beyers, Why I Bought Netflix, *Daily Finance*, 26 de setembro de 2011 <http://www.dailyfinance.com/2011/09/26/why-i-bought-netflix->; Christopher Borrelli, How Netflix Gets Your Movies to Your Mailbox So Fast, *Chicago Tribune*, 4 de agosto de 2009 <http://articles.chicagotribune.com/2009-08-04/entertainment/0908030313_1_dvd-by-mail-warehouse-trade-secrets>; Cliff Edward e Ronald Grover, Can Netflix Regain Lost Ground? *BusinessWeek*, 19 de outubro de 2011 <http://www.business week.com/magazine/can-netflix-regain-lost-ground-10192011.html>; Facts about Redbox, site da Redbox <http://www.redbox.com/facts>. Acesso em: 7 de agossto de 2012; David Goldman, Verizon and Redbox Team Up to Battle Netflix, *CNNMoney*, 6 de fevereiro de 2012 <http://money.cnn.com/2012/02/06/technology/verizon_redbox/index.htm?iid=HP_

River>; Rob Golum, Netflix Rises 5% After Report On Market Share: Los Angeles Makeover, *Bloomberg*, 19 de junho de 2012 <http://www.bloomberg.com/news/2012-01-19/netflix-rises-5-after-report-onmarket-share-los-angeles-mover.html>; Jefferson Graham, Netflix Looks to Future But Still Going Strong with DVD Rentals, *USA Today*, 1º de julho de 2009 <http://www.usatoday.com/tech/products/2009-06-30-netflixfuture_N.htm>; Peter Grant, Telecommunications; Outside the Box: As Broadband Connections Proliferate, So Do the Opportunities for Niche Video-Content Providers, *Wall Street Journal*, 19 de dezembro de 2005, p. R11; Dan Graziano, Online Movie Streaming In U.S. to Top DVDs for the First Time in 2012, *Boy Genius Report*, 26 de março de 2012 <http://www.bgr.com/2012/03/26/online-movie-streaming-in-u-s-to-top-dvds-for-thefirst-time-in-2012>; Todd Haselton, Upset Investors File Class Action Lawsuit Against Netflix, *Boy Genius Report*, 17 de janeiro de 2012 <http://www.bgr.com/2012/01/17/upset-investors-file-class-action-lawsuit-againstnetflix>; Bruce Horovitz, McDonald's Wades Deeper into DVDs, *USA Today*, 23 de maio de 2004 <http://www.usatoday.com/money/industries/retail/2004-05-23-mcdvd_x.htm>; Richard Hull, Content Goes Hollywood: How the Film Industry Is Struggling with Digital Content, *EContent*, outubro 2004, p. 22; Lauren Indvik, Soon You May Be Able to Buy, Not Just Rent, Movies from Google, *Mashable*, 23 de março de 2012 <http://mashable.com/2012/03/23/google-selling-films>; Lauren Indvik, 500 Paramount Films Coming to YouTube, *Mashable*, 4 de abril de 2012 <http://mashable.com/2012/04/04/paramount-youtube-rentals>; *International Directory of Company Histories*, v. 58 (St. James Press, 2004); Investor Relations, site da Netflix <http://ir.netflix.com>. Acesso em: 7 de agosto de 2012; Kevin Kelleher, The Rise of Redbox Should Spook Netflix, *CNNMoney*, 10 de fevereiro de 2012 <http://tech.fortune.cnn.com/2012/02/10/the-rise-of-redbox-should-spooknetflix>; Brent Lang, Netflix CEO Reed Hastings: "We Expect DVD Subscribers to Decline Forever", *Reuters*, 25 de janeiro de 2012 <http://www.reuters.com/article/2012/01/26/idUS257021289720120126>; David Lieberman, DVD Kiosks Like Redbox Have Rivals Seeing Red, *USA Today*, 13 de agosto de 2009 <http://www.usatoday.com/money/media/2009-08-11-rental-dvd-redbox_N.htm>; Michael Liedtke, Blockbuster to Stream Video Rentals on Samsung TVs, *USA Today*, 14 de julho de 2009 <http://www.usatoday.com/tech/news/2009-07-14-blockbuster-samsung_N.htm>; Michael Liedtke, Netflix Class Action Settlement: Service Pays $9 Million After Allegations Of Privacy Violations, *The Huffington Post*, 10 de fevereiro de 2012 <http://www.huffingtonpost.com/2012/02/11/netflix-class-action-settlement_n_1270230.html>; Michael Liedtke, Netflix Users Watched a Billion Hours Last Month, *USA Today*, 4 de julho de 2012 <http://www.usatoday.com/tech/news/story/2012-07-03/netflix-online-video/56009322/1>; Katie Marsal, Viacom Deal Brings MTV, Comedy Central, Nickelodeon Shows to Amazon Prime, *AppleInsider*, 8 de fevereiro de 2012 <http://www.appleinsider.com/articles/12/02/08/viacom_deal_brings_mtv_comedy_central_nickelodeon_shows_to_amazon_prime. html>; Anna Wilde Mathews, E-Commerce (A Special Report): Selling Strategies – Stop, Thief! Movie Studios Hope to Slow Widespread Online

Piracy Before It Takes Off; They're Convinced They Can, *Wall Street Journal*, 28 de abril de 2003, p. R6; Jessica Mintz, Redbox's Machines Take on Netflix's Red Envelopes, *USA Today*, 22 de junho de 2009 <http://www.usatoday.com/tech/news/2009-06-22-redbox_N.htm>; Timothy J. Mullaney, Netflix, *BusinessWeek*, 25 de maio de 2006 <http://www.businessweek.com/smallbiz/content/may2006/sb20060525_268860.htm>; Timothy J. Mullaney, The Mail-Order Movie House That Clobbered Blockbuster, *BusinessWeek*, 5 de junho de 2006, p. 56-57; *Netflix, Inc.*, Hoovers Company Capsules <http://www.hoovers.com/company/Netflix_Inc/rffkhti-1.html>. Acesso em: 9 de agosto de 2012; Netflix To Rise On 61% Online Streaming Share, *Seeking Alpha*, 14 de maio de 2012 <http://seekingalpha.com/article/585631netflix-to-rise-on-61-online-streaming-share>; Netflix website <http://www.netflix.com>. Acesso em: 9 de agosto de 2012; Jeffrey O'Brien, The Netflix Effect, *Wired*, dezembro 2002 <http://www.wired.com/wired/archive/10.12/netflix.html?pg=1&topic=&topic_set=>. Acesso em: 7 de agosto de 2012; Terrence O'Brien, Redbox Snatches Up NCR's Entertainment Division, Swallows Blockbuster Express Business, *Engadget*, 6 de fevereiro de 2012 <http://www.ngadget.com/2012/02/06/redbox-snatches-up-ncrs-entertainment-division-future-of-block>; Annika Olson e Eddie Yoon, Netflix Will Rebound Faster than You Think, *Harvard Business Review*, 26 de janeiro de 2012 <http://blogs.hbr.org/cs/2012/01/netflix_will_rebound_faster_th.html>; Online Movies: The Future, Today, *Screen Digest*, 22 de março de 2012 <http://www.screendigest.com/reports/2012222a/2012_03_online_movies_the_future_today/view.html?start_ser=vi>; Julianne Pepitone, Netflix Tops Apple in Online Video Sales, *CNNMoney*, 1º de junho de 2012 <http://money.cnn.com/2012/06/01/technology/netflix-online-video-revenue/index.htm>; site da Redbox <http://www.redbox.com>. Acesso em: 9 de agosto de 2012; Lisa Richwine, MobsterShow GivesNetflixanIdeaItCan't Refuse, *Reuters*, 24 de abril de 2012 <http://www.reuters.com/article/2012/04/24/us-netflix-programs-idUSBRE83N1GQ20120424>; Lisa Richwine, RPT-HBO Nixes Idea of Netflix Partnership, *Reuters*, 25 de julho de 2012 <http://www.reuters.com/article/2012/07/25/netflix-hbo-idUSL2E8IP10020120725?type=companyNews>; Greg Sandoval, YouTube Wants to Offer Film Rentals>, *CNET News*, 2 de setembro de 2009 <http://news.cnet.com/8301-1023_3-10337004-93.html>; Greg Sandoval, Redbox Pays $100 Million for NCR's Blockbuster Express, *CNET News*, 6 de fevereiro de 2012 <http://news.cnet.com/8301-31001_3-57372197-261/redbox-pays-$100-million-for-ncrs-blockbuster-express>; Amy Schien, *Hulu*, LLC, Hoovers Company Capsules <http://www.hoovers.com/company/Hulu_LLC/rhscyci-1-1NJHW5.html>. Acesso em: 9 de agosto de 2012; Mike Snider, Netflix Axes Qwikster; Kills Plan to Split in Two, *USA Today*, 10 de outubro de 2011 <http://www.usatoday.com/tech/news/story/2011-10-10/netflix-axes-qwikster/50723084/1>; Mike Snider, Blu-ray Grows, But DVD Slide Nips Home Video Sales, *USA Today*, 9 de janeiro de 2012 <http://www.usatoday.com/tech/news/story/2012-01-10/blu-ray-sales-2011/52473310/1>; e John Young, Starz Says It Won't Renew Netflix Streaming Contract, as 1,000 Movies Hang in the Balance, *Entertainment Weekly*, 1º de setembro de 2011 <http://insidemovies.ew.com/2011/09/01/netflix-starz-streaming>.

Caso 16
Gillette: Por que a Inovação Pode Não Ser Suficiente?*

Sinopse: A Gillette tem sido conhecida pela inovação no desenvolvimento de produto e estratégia de marketing. No mercado altamente competitivo, mas maduro, de aparelhos e lâminas de barbear, a Gillette detém uma participação dominante no mercado mundial. O pico de sua inovação ocorreu em 2006 com a introdução do aparelho com 5 lâminas Fusion 5. Hoje, a inovação em aparelhos e lâminas de barbear é frustrada pela falta de novas tecnologias e a crescente relutância dos consumidores de pagar pela "mais recente e melhor" tecnologia de barbear. A Gillette deve decidir como superar as guerras das lâminas de barbear e manter ou aumentar sua participação no mercado global de barbear.

Temas: Liderança de produto, inovação de produtos, estratégia de preços, comunicação integrada de marketing, segmentação, concorrência, marketing esportivo, marketing global, foco estratégico.

Desde sua criação, em 1901, a Gillette sempre se orgulhou de fornecer os melhores produtos de cuidados com a barba e depilação para homens e mulheres. Na realidade, a empresa era tão visionária que não teve nenhum concorrente sério até 1962, quando Wilkinson Sword lançou sua lâmina de aço inoxidável. Desde então, a empresa Wilkinson Sword-Schick passou a ser o principal concorrente da Gillette. Ao longo dos anos, a Gillette tem se esforçado para permanecer na vanguarda da tecnologia de barbear em um mercado que prospera em inovação. Esse foco levou a uma "briga de foice" com a Schick e cada empresa lançando lâminas de barbear de 3 lâminas (Mach3 da Gillette), 4 lâminas (Quattro de Schick) e 5 lâminas (Fusion da Gillette) em rápida sucessão. Agora, sob a posse e orientação da Procter & Gamble, a Gillette enfrenta um mercado norte--americano saturado, que oscila somente quando produtos mais recentes e mais inovadores são introduzidos.

---

* Michael D. Hartline, Florida State University, preparou este caso para discussão em sala de aula, e não para ilustrar um tratamento eficaz ou ineficaz de uma situação administrativa. A assistência editorial foi fornecida pelos seguintes alunos de MBA: Leanne Davis, Brent Scherz, Matthew Cagiolosi, Daniel Breiding, Nicole Dyche, Colin Roddy e Ryan Wach.

No entanto, muitos analistas acreditam que a Gillette e a Schick chegaram ao fim da inovação de produtos verdadeiramente significativa. Diante disso, a empresa enfrenta o desafio de ampliar ainda mais sua participação já dominante de 66% do mercado global, avaliada em US$ 12,8 bilhões. E em um mercado que prospera em inovação, a Gillette deve determinar como equilibrar o investimento contínuo de recursos em pesquisa e desenvolvimento em busca da "próxima grande sacada" no mercado global de barbear e conquistar mais consumidores, que se tornaram cada vez mais sensíveis aos preços elevados associados à tecnologia de barbear inovadora.

A História de Inovação na Gillette

Nascido em Fond du Lac, Wisconsin, em 1855, King Camp Gillette aprendeu desde cedo a importância de autossuficiência, inovação e inventividade. Depois de a casa de sua família ter sido destruída no incêndio de Chicago de 1871, Gillette saiu de casa aos 16 anos de idade para se tornar um vendedor ambulante. Suas experiências nessa posição o levaram a William Painter, o inventor da tampa de garrafa descartável Crown Cork, que lhe assegurou que uma invenção de sucesso é aquela que permanece continuamente sendo comprada por um cliente satisfeito. Em 1895, após vários anos considerando e rejeitando possíveis invenções, Gillette de repente teve uma ideia brilhante ao se barbear em uma manhã: um aparelho e uma lâmina de barbear inteiramente novos surgiram em sua mente, um barbeador com uma lâmina segura, barata e descartável. Segundo relatos, a ideia de Gillette não foi um sucesso imediato, pois técnicos especialistas disseram que seria impossível produzir, a partir do aço, que é duro, um material fino e barato o suficiente para o desenvolvimento comercial de uma lâmina de barbear descartável. No entanto, em 1901, com a parceria técnica de William Nickerson graduado pelo MIT, Gillette produziu o aparelho e a lâmina de barbear Gillette originais, estabelecendo as bases para a Gillette Safety Razor Company.

Desde 1901, a Gillette Company conduziu a indústria de cuidado e higiene pessoal com eficiência de fabricação e marketing excepcional. Ao oferecer "produtos de barbear de alta qualidade que satisfaçam as necessidades básicas de higiene por um preço justo", a Gillette efetivamente conquistou mais de metade do mercado de aparelhos e lâminas de barbear de todo o globo. De fato, na década de 1920, a Gillette afirmou o seguinte sobre seu produto de barbear: "Não há outro artigo para uso individual tão universalmente conhecido ou amplamente distribuído. Em minhas viagens, eu o encontrei na cidade mais setentrional da Noruega e no coração do deserto do Saara".

O sucesso da Gillette nesse mercado fez a empresa superar períodos de grande dificuldade econômica nos anos 1920 e 1930, bem como permitiu que a empresa resistisse à tempestade provocada pela segunda Guerra Mundial. Estimulada pelo êxito no desenvolvimento de seus produtos de barbear, a Gillette sentiu-se inclinada a desafiar seu espírito empreendedor com a aquisição de duas empresas independentes: a Toni Company, fabricante dos kits para permanentes de cabelos e a empresa Paper Mate Pen, produtor de canetas esferográficas retráteis recarregáveis. Embora aparentemente lucrativas num primeiro momento, ambas as aquisições foram infrutíferas já que as vendas e as receitas diminuíram devido à redução da demanda e aos concorrentes inovadores, tais como canetas baratas descartáveis (não substituíveis) feitas pela francesa BIC. Como resultado, o histórico imaculado de sucesso da Gillette ficou manchado com os lucros líquidos caindo para US$ 1,33 por ação em 1964.

Apesar disso, a Gillette reinou como um monopólio visionário no mercado de barbear até 1962, quando a empresa inglesa Wilkinson Sword introduziu sua lâmina de aço inoxidável. Distraída por seus empreendimentos experimentais com a Toni Company e a Paper Mate, a Gillette se esqueceu de prever o impacto que essa pequena empresa poderia ter em seu negócio principal de aparelhos e lâminas de barbear e começou a perder uma parte substancial da participação de mercado. Embora a Gillette tenha retido 70% do mercado na época, a chegada da lâmina de aço inoxidável da Wilkinson Sword iniciou uma transição para mercados de nicho. Pela primeira vez, os executivos da Gillette não tinham certeza de como reagir. Eles deveriam lançar sua própria lâmina de aço inoxidável ou ignorar o rival e esperar que seu nicho de mercado se reduzisse? Felizmente para a Gillette, a Wilkinson Sword não tinha os recursos necessários para explorar os mercados de nicho em que havia penetrado e competia com a Gillette. Por fim, a Wilkinson Sword vendeu a maior parte do seu negócio de lâminas para a Gillette. No entanto, a essa altura, a Gillette já tinha começado a sentir o impacto da concorrência e sua participação de mercado caiu para 49%, o ponto mais baixo até então.

Para restabelecer a participação de mercado e se recuperar dos empreendimentos malsucedidos em produtos para permanente de cabelos e canetas esferográficas recarregáveis, o novo CEO da Gillette, Vincent Ziegler, liderou uma campanha de aquisição e desenvolvimento de produtos. Ziegler, que muitas vezes foi descrito como agressivo, orientado para o marketing e ambicioso, acreditava na diversificação, por meio da aquisição de empresas de outros segmentos de negócio. Sob a sua liderança, a Gillette comprou as seguintes empresas: Braun AG (fabricante alemã de pequenos eletrodomésticos), S. T. Dupont (fabricante francesa de isqueiros de luxo), Eve of Rome (perfumes de alta moda), Buxton Leather, Welcome Wagon, Inc., lâminas de barbear hospitalares Sterilon e Jafra Cosméticos (vendas porta a porta). Infelizmente, quatro dessas aquisições se mostraram inúteis ou inadequadas e foram abandonadas e as outras três renderam lucros baixos para os padrões da Gillette. Esses empreendimentos ruins expuseram a empresa a pressões da concorrência, especialmente na forma de lâminas de barbear e isqueiros descartáveis da BIC. Além disso, as canetas descartáveis a 19 centavos da BIC particularmente afetaram a linha Paper Mate de canetas recarregáveis e reduziram a participação da Paper Mate do mercado de canetas esferográficas de varejo de mais de 50% para 13%. Em 1975, a Gillette retaliou com a introdução de sua nova linha de canetas descartáveis White Brothers, recuperando uma boa parte da participação de mercado perdida com promoções de preços agressivas.

Apesar dessas pressões, a Gillette obteve sucessos moderados sob a liderança de Ziegler com a introdução dos isqueiros descartáveis Cricket e do antitranspirante Soft & Dri (até ocorrer um declínio acentuado nas vendas do produto em spray devido à crença de que os aerossóis destruíam a camada de ozônio). Além disso, a introdução do aparelho Trac II foi considerada um "grande sucesso" e, portanto, manteve o domínio da Gillette nesse mercado. Outros desenvolvimentos de sucesso vieram sob a liderança de Colman Mockler, o CEO seguinte da Gillette, cuja estratégia era cortar custos e investir mais dinheiro em propaganda e desenvolvimento de produtos. Sob a gestão Mockler, a Gillette teve alguns de seus maiores sucessos, incluindo inovações memoráveis, como o aparelho Atra, o aparelho de barbear descartável Good News! e o aparelho de depilação para mulheres Daisy. Após essas adições de produtos, a Gillette detinha cerca de 75% do mercado global em aparelhos e lâminas de barbear, incluindo a maior parte do mercado norte-americano (aparelhos e lâminas de barbear e o creme de barbear líder). Até o final de 1980, as vendas da Gillette ultrapassaram US$ 2 bilhões pela primeira vez em sua história.

A base desse sucesso foi a introdução de novos produtos no mercado de aparelhos e lâminas de barbear desenvolvidos nos laboratórios internos da Gillette. Como mencionado anteriormente, o sistema de barbear Atra-Plus da Gillette, que contava com um cartucho Atra recarregável com uma tira de lubrificação, superou o Trac II como o aparelho de barbear mais vendido. Além disso, para competir diretamente com a BIC e outras empresas de aparelhos de barbear, a Gillette atualizou sua linha Good News! incluindo um aparelho de barbear descartável com uma tira de lubrificação. No segmento de higiene pessoal, a Gillette fez vários lançamentos, incluindo produtos de cuidados faciais Aapri, desodorantes Dry Idea, loção corporal Bare Elegance, spray para cabelos Mink Difference, produtos para o cabelo White Rain e xampus e condicionadores Silkience. Essas adições tiveram resultados variados e deixaram a Gillette ainda à procura das chaves para o sucesso nesse segmento de negócio. No segmento de instrumentos de escrita, a Gillette obteve sucesso moderado com o desenvolvimento das canetas descartáveis apagáveis Eraser Mate. Além disso, as vendas estáveis das canetas Paper Mate e fluidos de correção Liquid Paper ajudaram a manter o desempenho da empresa.

As Guerras dos Barbeadores

Em 1990, a Gillette viu-se na posição interessante de canibalizar seus próprios produtos de sucesso com o lançamento do aparelho de barbear Sensor. Suas vendas globais dispararam e ele rapidamente dominou o mercado, sendo ultrapassado apenas pelo Sensor Excel em 1993. Este não foi o primeiro produto concorrente produzido pela própria Gillette. No entanto, representou o primeiro produto que foi capaz de mudar de fato a demanda dos consumidores e as vendas de seus produtos líderes, Atra e Trac II. Um efeito semelhante ocorreu no mercado de depilação feminino com o desenvolvimento do Sensor for Women, em 1992, e o Sensor Excel for Women, em 1996. Como seria de esperar, o sucesso contínuo da família Sensor de sistemas de barbear levou ao declínio gradual dos sistemas de barbear de duas lâminas Atra e Trac II. No entanto, apesar desse declínio, ambas continuaram a ter boas participações de mercado em todo o mundo. Além disso, estável desde 1976, a marca Good News! manteve sua posição como aparelho descartável mais vendido em sua categoria de produtos no mundo todo.

A concorrência interna da Gillette esquentou com a introdução do aparelho de barbear Mach3 em 1998. Apresentando três lâminas finas projetadas para proporcionar um barbear mais rente com menos passadas e menos irritação, o Mach3 tornou-se o novo produto de maior sucesso da Gillette já que suas vendas alcançaram US$ 1 bilhão nos primeiros 18 meses. Reconhecido por seu design inovador (lâminas em pequenas molas), o Mach3 foi o vencedor do Prêmio Grand Edison da American Marketing Association para o melhor produto novo de 1998. Similar à estratégia de marketing utilizada para os produtos Sensor e Sensor Excel, a Gillette sequencialmente produziu o Turbo Mach3 para homens e o sistema Venus para mulheres na tentativa de expandir ainda mais o alcance e a participação de mercado da tecnologia Mach3.

Em 2003, a guerra de barbeadores ficou feia quando a Gillette enfrentou um novo concorrente mais ameaçador: a Schick e o Quattro, o primeiro aparelho de barbear com quatro lâminas do mundo. Antes da Schick lançar o Quattro no mercado, a Gillette processou a holding Energizer e sua divisão Schick, argumentando que o Quattro usava ilegalmente a mesma tecnologia de "geometria progressiva" do Mach3. No entanto, apesar da ação judicial, a Schick foi autorizada a lançar o Quattro. Para combater a ação movida, a Schick contra-acionou a Gillette, alegando que os anúncios da Gillette afirmando que ela proporcionava "o melhor barbear do mundo" e "o melhor que um homem pode ter" eram enganosos. Enquanto Gillette e Schick se envolviam em uma partida de pingue-pongue jurídico, as preferências e as compras do consumidor foram mudando. Além do Quattro da Schick para homens, o Intuition para mulheres começou a invadir o território de mercado de depilação feminino da Gillette. A participação de mercado total da Schick nos EUA havia subido de 2,9% para 17%, enquanto a da Gillette tinha caído 4,3%, passando a 63%.

Para contra-atacar, a Gillette estabeleceu um agressivo plano de duplo ataque para reconquistar sua participação de mercado. Essa estratégia incluía a conversão de consumidores de lâminas de barbear simples e duplas em consumidores de aparelhos e lâminas de barbear de preço mais elevado, como as linhas Sensor,

Sensor Excel e Mach3, e expandir geograficamente para as áreas da Romênia e das antigas Iugoslávia, União Soviética e República Checa. Na vanguarda da estratégia da Gillette estava sua arma secreta: o Fusion, o primeiro aparelho com 5 (+1) lâminas do mundo, introduzido em 2006. Usando um design único de 5 lâminas com uma única lâmina na parte de trás do cartucho para uso em corte de bigodes e costeletas, as vendas do Fusion explodiram alcançando mais de 4 bilhões de aparelhos nos dois primeiros meses. Além disso, o Fusion representou o primeiro lançamento desde que a Procter & Gamble fechou a compra da Gillette Company e suas subsidiárias, incluindo Braun, Duracell e Oral-B.

Embora o Fusion representasse uma vitória para a Gillette e a P&G, o sensacionalismo em torno de seu sucesso inicial passou rapidamente. Além de ser mais caro que o Mach3 (cada cartucho custando de 75 centavos a US$ 1 a mais do que o do Mach3,) os críticos questionaram por que cinco lâminas eram necessárias para obter o melhor barbear quando a Gillette tinha apresentado seu Mach3 com três lâminas como "o melhor que o homem pode ter" desde o final dos anos 1990. Além disso, o *Consumer Reports* concluiu que não houve benefícios de desempenho adicionais fornecidos pelo Fusion de 5 lâminas, especialmente quando comparado com o Mach3. No entanto, o mais preocupante para a Gillette foi o fato de que os relatórios de vendas indicaram que os aparelhos estavam superando as de recargas de cartuchos. Isso traduzia a percepção do consumidor de algo semelhante a uma "novidade" pela falta de compromisso e fidelidade. Além disso, do ponto de vista financeiro, a Gillette temia não conseguir atingir o potencial de vendas pela combinação de produtos, pois, como se sabe, os fabricantes de aparelhos de barbear obtêm a maior parte de seus lucros com as recargas de lâmina, e não com a compra inicial de aparelhos. Apesar dessas preocupações, a linha Fusion continuou a ser um bem-sucedido gerador de receitas para a Gillette e a P&G.

A Busca pela Inovação Contínua

Em vez de continuar a guerra dos aparelhos de barbear, produzindo um aparelho de seis ou sete lâminas, a Gillette se concentrou em lançar produtos complementares, aumentando suas linhas de produtos existentes e expandindo sua estratégia de marketing de grande sucesso. Para complementar sua já bem-sucedida divisão de aparelhos e lâminas de barbear, a Gillette procurou expandir seu portfólio de produtos para dentro do chuveiro criando uma "experiência de chuveiro" completa. Por exemplo, o lançamento do Gillette Hair Care e Body Wash para homens bem como o de seu desodorante Clinical Strength representaram as extensões de marca Gillette mais significativas fora da divisão de aparelhos e lâminas de barbear e tiveram como objetivo reforçar a posição da marca como autoridade de cuidados masculinos mais importante do mundo. "Já ganhamos a confiança de mais de 600 milhões de homens que começam o dia com um aparelho de barbear Gillette", disse Chip Bergh, Presidente do Grupo Global Personal Care da Procter & Gamble. "Oferecendo desodorantes, sabonetes líquidos para o corpo e xampus, podemos recompensar essa confiança, dando aos homens o que eles querem e precisam em outras áreas de suas rotinas de cuidados pessoais."

Como aparelhos e lâminas de barbear estão na fase de maturidade do seu ciclo de vida do produto, concentrar-se nesses produtos complementares permite que a empresa aumente sua participação no cliente. Esta se refere ao percentual das necessidades de cada cliente em uma área particular que a empresa satisfaz e é explorada quando uma empresa com clientes fiéis à marca capitaliza eficazmente nessa preferência para comercializar outros produtos. A capacidade da Gillette para aumentar sua participação no cliente é muito maior devido aos recursos disponíveis da Procter & Gamble. De acordo com Clayton C. Daley Jr., vice-presidente e diretor financeiro da P&G, "um dos objetivos da integração da Gillette foi aproveitar os pontos fortes e tecnologias de ambas as empresas para desenvolver novos produtos. Estamos gerando sinergias de receitas por meio da combinação de nossa ciência de ponta e o conhecimento dos cuidados masculinos ao introduzir produtos adjacentes com a marca Gillette".

Além de produtos complementares, o foco principal da Gillette tem sido na extensão de sua atividade principal e nos programas de marketing que a apoiam. Indo além da propaganda de marca simples, muitas iniciativas e atividades introduzidas pela Gillette criaram uma sinergia entre o desenvolvimento de produtos e a estratégia de marketing. Por exemplo, construindo a partir do sucesso dos aparelhos e lâminas de barbear Fusion e Fusion Power, a Gillette lançou o Fusion Power Phantom (Stealth no Reino Unido) em fevereiro de 2007. O aparelho Phantom tem um cabo redesenhado e um esquema de cores mais escuras do que o original Fusion Power. Além disso, em fevereiro de 2008, a Gillette lançou outra revisão, o Fusion Power Phenom, redesenhado com esquema de cores do cabo em azul metálico e prata cromado acetinado. Em 2009, a Gillette, inspirada em jogos, lançou o Fusion Power Gamer na SPORTS Champions of Gaming Tournament.

Apesar desses avanços na tecnologia de barbear, pesquisas de mercado da Gillette indicaram que a maioria dos homens ainda sente desconforto durante e após o barbear. Em resposta, a Gillette lançou o sistema de barbear Gillette Fusion ProGlide em 2010. O ProGlide e ProGlide Power foram montados na plataforma Fusion original e incluíam novas inovações como lâminas 15% mais finas e precisas, um estabilizador de lâmina, encaixe confortável, fita lubrificante 25% maior, um micropente, um aparador de precisão renovada e um cabo remodelado. Testes da Gillette com consumidores mostraram que a família Fusion ProGlide teve o dobro da preferência do Fusion, que já era o aparelho de barbear mais vendido do mundo. A família ProGlide também recebeu o prêmio de Melhor Barbeador de 2011 pela revista *Men's Health*. Chip Bergh fala da motivação e dos resultados de seus esforços, "Ao pegar o aparelho de barbear mais vendido no mundo e torná-lo melhor, muito melhor, estamos definindo um novo padrão para os mais de 600 milhões de homens em todo o mundo que confiam seu rosto à Gillette". Essas estratégias de inovação e expansão global propiciaram à Gillette e seus produtos o aumento de participação de mercado todos os anos no período de 2006 a 2011, vendendo quase 100 milhões de aparelhos e lâminas de barbear em 75 países.

Em janeiro de 2012, a Gillette lançou o Fusion ProGlide Styler com a nova campanha "Mestres do Estilo". A campanha mostrava três celebridades conhecidas por seus estilos de cavanhaque, ou seja, André 3000 Benjamin (músico), Adrian Brody (ator) e Gael García Bernal (ator). O ProGlide Styler foi projetado para simplificar a criação de um estilo de cavanhaque; um processo complexo que envolve aparadores, tesouras e barbeadores. A P&G combinou os melhores atributos de suas marcas Gillette e Braun para desenvolver um produto único com três funções, que corta, apara e faz a barba. Ela também desenvolveu um novo ProGlide Clear Shave Gel para acompanhar o aparelho três em um.

Mesmo que a base da Gillette tenha sido composta sempre por consumidores do sexo masculino, a empresa também tem feito grandes progressos para atender às necessidades das mulheres. Em 2010, a Gillette ganhou uma medalha de ouro em Solução mais Lucrativa para um Problema de Negócios por seu aparelho Venus para mulheres. No passado, o modelo da maioria dos aparelhos para mulheres era o dos aparelhos masculinos, porém coloridos de rosa. A Gillette mudou o jogo encarando as questões femininas. O Venus foi o primeiro produto de depilação úmido concebido especificamente para as mulheres e foi considerado o primeiro produto que realmente melhorou a experiência cotidiana de depilação de bilhões de mulheres em todo o mundo.

Estratégias de Marketing

A combinação letal de marketing e desenvolvimento de produtos da Gillette resultou do fato de que, quando se tratava de aparelhos e lâminas de barbear, a Gillette não se contentava com a simples existência de um produto inovador. A empresa praticamente transformou seu marketing em uma ciência quantitativa, investindo tempo e recursos em planos de marketing quase militares em sua precisão e execução. As estratégias de marketing espetaculares da Gillette remontam aos produtos Sensor e Sensor Excel e podem ser atribuídas, em grande parte, ao sucesso de sua atual posição no mercado e volumes anuais de vendas. Focada fortemente em atividades de marketing esportivo dominadas por homens, o programa de marketing da Gillette inclui os seguintes elementos principais:

- Gillette Stadium, casa do New England Patriots da NFL (National Football League) e do New England Revolution de Futebol com cerca de 70.000 assentos, já tendo recebido numerosos campeonatos, tais como MSL Cup, Copa do Mundo e da NFL. O patrocínio do estádio pela Gillette lhe permite atingir um público mundial, pois o futebol e a NFL são extremamente populares na América Latina e em países europeus. Isso é importante porque 60% das vendas da Gillette são geradas fora dos Estados Unidos. Dada a importância do patrocínio do estádio, a Gillette estendeu seus direitos sobre o nome até 2031.

- A Gillette Young Guns, que visa fãs de NASCAR, NFL e MLB (Major League Baseball), é projetado para impulsionar as vendas de aparelhos de barbear premium e produtos de cuidados com o rosto da Gillette. A campanha Young Guns, que inclui atletas famosos, como Denny Hamlin, Kyle Busch, Matt Ryan, Ray Rice, Carlos Gonzalez e Evan Longoria, promove a vida rápida e furiosa dos homens por meio de táticas de marketing de televisão, imprensa, on-line, relações públicas e eventos.

- Equipe Gillette é a ligação da empresa com os Jogos Olímpicos. Para os Jogos de Verão de 2012 em Londres, a Equipe Gillette consistia de 24 atletas de classe mundial de 18 países, incluindo os atletas norte-americanos Ryan Lochte (natação) e Tyson Gay (atletismo). Curiosamente, quatro dos 24 atletas eram do Brasil, um país onde a Gillette está fazendo um grande esforço para promover a tecnologia de barbear avançada.

- A Gillette começou a sua presença na mídia social em 2007, quando se lançou no Facebook. No entanto, a empresa não levou as mídias sociais a sério até 2011. Agora, a Gillette coordena ativamente suas campanhas de marketing no Facebook e no Twitter. Sua página do Facebook dos EUA tem mais de 1,3 milhão de curtidas. A Gillette também mantém páginas Facebook ativas para a Índia (com mais de 900.000 curtidas), Argentina (mais de 40.000 curtidas) e para o aparelho Venus (mais de 900.000 curtidas). Todas as páginas Facebook da Gillette apresentam vídeos instrutivos, fotos e sorteios. A empresa tem mais de 21.000 seguidores em seu Twitter nos EUA e mais de 4.000 no Brasil.

Uma das principais razões pelas quais a Gillette concentra seus esforços de marketing em esportes é que eles têm um forte impacto sobre os consumidores de todo o mundo. Em praticamente todos os mercados do mundo, a Gillette é a marca dominante no barbear e depilação de homens e mulheres. Dado o predomínio, assim como a necessidade sempre presente de aparelhos e suprimentos de barbear, é vital que a Gillette se mantenha como a marca mais lembrada em todos os mercados que entra. A empresa acredita que o marketing esportivo e o patrocínio são as melhores formas para atender a essa necessidade.

Expansão Global

A P&G descobriu que a melhor forma de obter uma melhor compreensão das necessidades dos clientes em todo o mundo é a realização de P&D, em que o produto final será vendido. Um caso em questão é o mercado indiano. Em 2005, antes de a Gillette ser adquirida pela P&G, ela expôs ao mercado um novo aparelho de barbear para os homens indianos. Muitos deles fazem a barba apenas poucas vezes na semana, muitas vezes com uma bacia. Para testar seu novo aparelho, a Gillette realizou testes de produtos com estudantes indianos no Instituto de Tecnologia de Massachusetts (MIT), que responderam com elogios. No entanto, os estudantes se barbeavam com água corrente, algo que não é facilmente disponível no mercado indiano. Consequentemente, o lançamento do produto fracassou. Mais tarde, no entanto, depois de uma reformulação do produto e testes de mercado locais, a Gillette lançou o Gillette Guard com uma demanda sem precedentes entre os homens indianos. Três meses após o lançamento, o Gillette Guard tornou-se o aparelho de barbear mais vendido na Índia, passando a deter 50% de participação de mercado. O sucesso do Gillette Guard também promoveu as vendas de outras marcas da Gillette, mais notavelmente, do Mach3.

Hoje, a P&G investe cerca de US$ 2 bilhões por ano em P&D, 60% a mais do que seu concorrente mais próximo. Grande parte desse esforço de P&D ocorre em outros países além dos EUA. Por exemplo, a P&G recentemente inaugurou o Centro de Inovação de Beijing na China, um centro regional de US$ 70 milhões para os esforços de P&D da P&G. A empresa investiu US$ 1 bilhão na China para fins de P&D e planeja gastar mais US$ 1 bilhão nos próximos cinco anos. Ela agora tem 25 centros de P&D em todo o mundo visando a criação de inovações de produtos para atender às necessidades dos clientes regionalmente. O sucesso tem sido evidente, uma vez que a P&G tem feito lançamentos de produtos globalmente em mercados inexplorados que permitiram que sua participação de mercado em aparelhos e lâminas de barbear atingisse 70%. Vendas do Fusione do Mach3 têm aumentado nos mercados globais a um ritmo acelerado.

Estratégia de Preços

Desde 2007, a Gillette reconheceu que qualidade do produto e marketing eficiente são as proposições de valor essenciais que dão o ritmo do sucesso de suas linhas de produtos. "Se você tem um produto ou serviço significativo e comprovadamente superior, isso realmente vale muito", disse Benson P. Shapiro, um consultor de marketing em Concord, Massachusetts. No entanto, "se você não traduzir isso de uma forma que prometa algo melhor, as pessoas não experimentarão". A Gillette aprendeu isso em primeira mão durante a recessão econômica que começou em 2008. Apesar dos espetaculares esforços de marketing da empresa, as vendas em unidades de cartuchos de lâminas da Gillette caíram cerca de 10% por mês de 2008 até 2009. Quando combinado com o fato de que a Gillette consistentemente aumentou os preços para compensar os custos de produção mais elevados, ficou claro que os consumidores norte-americanos tinham reduzido suas compras de produtos de barbear da Gillette. Isso ficou especialmente evidente quando comparado com as vendas de marcas próprias de lâminas de barbear descartáveis, que aumentaram 19% no mesmo período. Ainda assim, os ganhos sólidos da Gillette em mercados estrangeiros compensaram parte do declínio no mercado dos EUA.

Cerca de 1,3 bilhão de homens em todo o mundo fazem a barba com uma lâmina de barbear. Nos Estados Unidos, 94 milhões de homens com idades a partir de 15 anos removem os pelos de alguma forma. Destes, 85% preferem o barbear úmido com uma lâmina de barbear. O homem americano médio começa a se barbear entre 14 e 16 anos e continua a fazer a barba durante a maior parte de sua vida. Além disso, 100 milhões de mulheres nos Estados Unidos, com idades a partir dos 13 anos removem pelos de alguma forma. Destas, 94% preferem usar uma lâmina de barbear. Em média, os homens nos Estados Unidos fazem a barba 5,33 vezes por semana, ou 24 vezes por mês, e gastam cerca de US$ 20 a US$ 25 por mês em aparelhos, lâminas de barbear, navalhas e preparativos para fazer a barba.

Essas estatísticas apontam para uma potencial vulnerabilidade na estratégia de preços da Gillette. O preço de varejo de um aparelho Fusion ProGlide para homens e um pacote com oito cartuchos de reposição é de quase US$ 39,00. Passe para o Fusion ProGlide Power e os preços aumentam para quase US$ 44,00. A Gillette alega que o cartucho ProGlide irá durar até 5 semanas com uso diário. Embora a veracidade dessa afirmação esteja em debate, evidências mostram que a maioria de homens e mulheres também prefere aparelhos menos caros com três lâminas. Um teste da *Consumer Reports* de 2006 mostrou que 18 dentre 26 homens que testaram o aparelho Fusion não trocariam seu aparelho regular de três lâminas. Comentários sobre o aparelho Fusion ProGlide na Amazon.com são variados, com uma média de quatro estrelas. A comparação de preços de várias marcas no mercado de aparelhos úmidos de barbear e depilação de homens e mulheres é apresentado na Figura do Caso 16.1.

Pesquisas da própria Gillette mostram que os homens tentam reduzir o custo de barbear limpando suas lâminas de barbear com escovas de dentes ou na máquina de lavar louça para fazer as lâminas durarem mais. O alto custo de barbear levou ao surgimento de várias start-ups que estão tentando agitar o mercado. Por exemplo, o Dollar Shave Club <www.dollarshaveclub.com> inscreveu 12.000 clientes em suas primeiras 48 horas de operação on-line. Os clientes podem escolher entre três ofertas de serviços: The Humble Twin (US$ 1,00 por mês, mais US$ 2,00 por transporte e manuseio, por 5 cartuchos de 2 lâminas), O 4X (US$ 6,00 por mês por 4 cartuchos de 4 lâminas) ou o Executive (US$ 9,00 por mês por 3 cartuchos de 6 lâminas). A empresa explica seu serviço dessa maneira:

> Como a maioria das boas ideias, o Dollar Shave Club começou com dois caras que ficaram chateados com alguma coisa e decidiram agir.
>
> Ficamos cansados de gastar de US$ 15 a US$ 20 cada vez que compramos lâminas de barbear. Perguntamos a nós mesmos, se realmente precisamos de toda essa tecnologia sofisticada para fazer a barba: cabo vibratório, luzes de guia LED, 8 lâminas e uma aderência que colaria até um taco de golfe ruim? A resposta foi um desafiador "Não"!
>
> Achamos que eles exageraram. As grandes empresas de barbeadores continuam nos dizendo que precisamos de equipamento mais caro, mas por quê? Se o barbear deve ser simples. Com certeza, costumava ser. Olhe as fotos antigas de seu pai e seu avô. Eles não tinham a última tecnologia em barbear e eles parecem bem bonitos, não é?
>
> Então... nos juntamos com um dos fabricantes de lâminas mais importantes do mundo e criamos as assinaturas de aparelhos de 2, 4 e 6 lâminas. Eles têm tudo o que você precisa para se barbear: lâminas de aço inoxidável, barras de lubrificação e cabeças giratórias.
>
> **Mas não para por aí...** Pensamos: Você sabe o que também é muito chato... esquecer de comprar as lâminas de barbear na loja e depois dar desculpas sobre por que parecemos como se tivéssemos dormido fora na noite anterior. Lâminas de barbear estão entre as compras mais regulares que fazemos. Alguém deveria simplesmente nos enviar nossas lâminas uma vez por mês.
>
> **E, assim, nasceu o Dolar Shave Club!** Por tão pouco quanto US$ 1 por mês, um grande aparelho de barbear é entregue na sua porta. Chega de tecnologia supérflua para se barbear. Chega de ir àquela reunião importante com a barba por fazer. Apenas um ótimo barbear com muito pouco compromisso.

Figura do Caso 16.1 — Produtos e Preços de Aparelhos de Barbear e Depilação

	Marca	Preço Inicial do Aparelho	Preço dos Cartuchos de Lâminas
Produtos Masculinos			
Gillette	Mach3	$ 8,59	12 por $ 25,99
	Mach3 Turbo	$ 9,99	8 por $ 22,99
	Fusion	$ 9,99	4 por $ 13,49
			8 por $ 24,99
	Fusion Power	$ 11,49	4 por $ 15,99
			8 por $ 26,99
	Fusion ProGlide	$ 9,99	8 por $ 28,99
	Fusion ProGlide Power	$ 11,99	8 por $ 31,99
Schick	Hydro 5	$ 9,49	4 por $ 11,99
	Hydro 5 Power Select	$ 11,49	4 por $ 12,49
	Hydro 3	$ 8,99	4 por $ 8,99
	Quattro	$ 9,99	4 por $ 10,29
			8 por $ 18,99
	Quattro Titanium	$ 9,99	4 por $ 10,99
			8 por $ 20,99
Bic	Comfort 3	4 por $ 3,89	
		8 por $ 6,99	
	Comfort 3 Advanced	4 por $ 5,99	
		6 por $ 7,99	
Produtos Femininos			
Gillette	Venus	$ 5,99	4 por $ 9,99
			8 por $ 19,99
	Venus Divine	$ 8,99	8 por $ 19,99
	Venus Breeze	$ 9,99	4 por $ 12,99
	Venus Vibrance	$ 11,99	4 por $ 16,49
	Venus Embrace	$ 10,99	4 por $ 14,99
			8 por $ 28,49
Schick	Hydro Silk	$ 11,49	4 por $ 16,99
	Quattro for Women	$ 9,49	4 por $ 11,49
			8 por $ 21,99
	Silk Effects Plus	$ 5,99	5 por $ 8,99
	Intuition Plus Renewing Moisture	$ 9,89	6 por $ 20,99
	Intuition Plus Sensitive Care	$ 9,89	3 por $ 11,49
Bic	Soleil Triple Blade	4 por $ 6,49	
	Soleil Twilight	4 por $ 6,49	

Fonte: Preços mais baixos afixados em Drugstore.com <http://www.drugstore.com> e CVS.com <http://www.cvs.com>. Acesso em: 31 de julho de 2012.

O Dollar Shave Club tem tido tanto sucesso que conseguiu levantar mais de US$ 1 milhão em investimentos de empresas de capital de risco. Uma empresa semelhante, RazWar.com, foi lançada na Bélgica, com financiamento semelhante de capitalistas de risco. Outra empresa está prevista no Reino Unido. Para não ficar para trás, a Amazon oferece cartuchos Mach3 da Gillette por US$ 2,06 cada um, se os clientes concordarem com entregas regulares. Cartuchos ProGlide também estão disponíveis por US$ 3,44 cada um. A Gillette respondeu com uma nova propaganda mostrando os atributos de valor e durabilidade do sistema ProGlide. No entanto, os primeiros sinais mostram que a participação de mercado da Gillette nos EUA caiu até 2% em relação ao ano passado. Com a tendência nas compras de barbear on-line, é claro que a Gillette e a P&G vão enfrentar uma pressão significativa sobre sua estratégia de preços premium à medida que mais consumidores descobrem outras opções.

Olhando para o Futuro

Para ter sucesso no futuro e superar a guerra do barbear, a Gillette deve encontrar novas formas inovadoras de produção e comercialização. Em essência, o desafio da Gillette é continuar inovando sem criar inovações que sejam vistas como trivialidades. Isso requer investimentos maciços em P&D que criem produtos capazes de recuperar seus investimentos. Ao olhar para futuras inovações tecnológicas, a Gillette deve estar preocupada com a ampla aceitação do consumidor e se seus investimentos em pesquisa podem ser recuperados em um prazo razoável.

Da mesma forma, ao considerar possíveis aumentos da expansão global, a Gillette deve levar em conta os papéis que a cultura, a religião e as influências ocidentais têm sobre o comportamento do barbear. Por exemplo, em nível internacional, 15% da população masculina do mundo não faz a barba devido ao desconforto de barbear, 7% por motivos religiosos e 3% simplesmente não se importam de fazer a barba. Se a Gillette estiver ciente dessas características comportamentais e culturais poderá segmentar de forma eficaz e visar os segmentos em que será mais bem-sucedida transformando-os em clientes. Da mesma forma, embora algumas mulheres em países europeus optem por não se depilar por razões culturais, outras preferem fazê-lo já que cada vez mais adotam estilos de vida ocidentais. Por exemplo, as novas gerações de mulheres europeias estão sendo influenciadas por filmes e programas de televisão norte-americanos que retratam mulheres com axilas e pernas elegantes. Ao fomentar a adoção do estilo de vida de depilação, a Gillette pode de fato capitalizar sobre essa tendência. De fato, se as mulheres europeias adotassem a eliminação de pelos no mesmo ritmo que as mulheres norte-americanas, as vendas totais de lâminas aumentariam em centenas de milhões por ano.

De muitas maneiras, a Gillette e a Procter & Gamble estão em uma posição invejável. Os produtos da Gillette dominam o mercado global do barbear úmido. A empresa continua a crescer, embora lentamente, em todos os mercados do mundo. Ainda assim, muitos analistas da indústria se perguntam se a Gillette atingiu o fim de sua inovação histórica na tecnologia de barbear úmido. Até agora, a Schick não respondeu ao Fusion ProGlide com uma inovação revolucionária de seu lado. Contudo, ela reagiu, criando seu próprio aparelho de 5 lâminas chamado Hydro. Dado que o mercado de barbear úmido é maduro, a Gillette deve depender de inovação para perpetuar seu domínio (seja em design de produto ou de marketing), bem como criar um apelo que atraia clientes para experimentar e comprar seus produtos. Ao alinhar tal apelo com o que os clientes valorizam, a Gillette tem o potencial de estabelecer uma posição de maturidade do produto de longo prazo e domínio do mercado. Nessa posição, não importará quantas lâminas um concorrente colocará em um aparelho de barbear.

Questões para Discussão

1. Avalie a inovação de produtos da Gillette ao longo de sua história. A Gillette foi vítima de seu próprio sucesso? A inovação de produtos no mercado de barbear úmido chegou a seu fim? Justifique sua resposta.

2. O que você acha da guerra do barbear, primeiro entre a Gillette e a Schick e, agora, com os concorrentes on-line? A Gillette enfrenta uma ameaça séria das incursões dessa concorrência? Justifique sua resposta.

3. Que ações você recomendaria para os próximos cinco anos que poderiam ajudar a Gillette a manter seu domínio mundial no mercado de barbear? Que decisões específicas do programa de marketing você recomendaria? A Gillette deve se preocupar com sua estratégia de preços? Justifique.

Fontes

Os dados deste caso foram obtidos em Gen Abelson, Gillette Sharpens Its Focus on Women, *The Boston Globe*, 4 de janeiro de 2009 <http://www.boston.com/business/articles/2009/01/04/gillette_sharpens_its_focus_on_women/?page=3>; A Competitive Edge in a Cutthroat Market, *BusinessWeek*, 22 de novembro de 2005 <http://www.businessweek.com/stories/2005-11-22/a--competitive-edge-in-a-cutthroat-market>; Afrooz Family, Vibrating Gillette Razors, MadPhysics.com, 2 de abril de 2006 <http://www.madphysics.com/ask/vibrating_gillette_razors.htm>; Amazon Health & Personal Care site, Razors & Razor Blades <http://www.amazon.com/gp/search/ref=sr_nr_scat_3778671_ln?rh=n%3A3778671%2Ck%3Aproglide&keywords=proglide&ie=UTF8&qid=1343756422&scn=3778671&h=d7a83384670cd528cea154d8c574dc96d235e4e5>. Acesso em: 31 de julho de 2012; Ellen Byron, Gillette Sharpens its Pitch for Expensive Razor, *Wall Street Journal*, 6 de outubro de 2008 <http://on-line.wsj.com/article/SB122325275682206367.html>; Mercedes M. Cardona, Gillette's Mach3 Captures Top Prize at Edison Awards, *Advertising Age*, 22 de março de 1999, p. 54; Scott Cendrowski, How long does a razor really last? Gillette comes clean, *CNNMoney*, 7 de junho de 2012 <http://management.fortune.cnn.com/2012/06/07/gillette-razor--lifespan>; Cutting Edge: Moore's Law for Razor Blades, *The Economist*, 16 de março de 2006, p. 8; site da CVS, Personal Care, Shaving <http://www.cvs.com/shop/Personal-Care/Shaving/_/N-3tZ54aZ2k?pt=CATEGORY>. Acesso em: 31 de julho de 2012; Derrick Daye e Brad Van Auken, 5 Reasons Gillette Is The Best A Brand Can Get, *Branding Strategy Insider*, 23 de junho de 2009 <http://www. brandingstrategyinsider.com/2009/06/5-reasons-gillette-is-the-best-a-brand-can-get.html>; Dollar Shave Club, About Us <http://www.dollarshaveclub.com/about-us>. Acesso em: 31 de julho de 2012; site da Drugstore.com, Personal Care, Shaving & Hair Removal <http://www.drugstore.com/personal-care/shaving-and-hair-removal/qxg180638-0>. Acesso em: 31 de julho de 2012; site corporativo da Gillette <http://www.gillette.com>. Acesso em: 31 de julho de 2012; Gillette's Edge, *BusinessWeek*, 19 de janeiro de 1998, p. 70-77; Gillette Launches New Facial Hair Styling Tool with Three Masters of Style, *BusinessWire*, 18 de janeiro de 2012 <http://www.businesswire.com/news/home/20120118005270/en/Gillette-Launches-Facial-Hair-Styling-Tool-Masters>; Gillette Reaches Agreement to Sell White Rain Brand, St. Paul Manufacturing Center, Gillette News Release, 23 de março de 2000 <http://www.thefreelibrary.com/Gillette+Reaches+Agreement+to+Sell+White+Rain+Brand,+St.+Paul...-a060583068>; Gillette Reaches Definitive Agreement to Sell Stationery Products Business, Gillette News Release, 22 de agosto de 2000 <http://www.thefreelibrary.com/Gillette+Reaches+Definitive+Agreement+to+Sell+Stationery+Products...-a064460868>; Gillette Rings in New Era as World's Leading Male Grooming Brand, *Reuters*, 11 de julho de 2008 <http://www.reuters.com/article/pressRelease/idUS119120+11-Jul-2008+BW20080711>; Emily Glazer, A David and Gillette Story, *Wall Street Journal*, 12 de abril de 2012 <http://on-line.wsj.com/article/SB10001424052702303624004577338103789934144.html>; Jeff Gluck, Only Two NASCAR Drivers Make The Cut For New Gillette "Young Guns" Class, *SB Nation*, 8 de janeiro de 2011 <http://www.sbnation.com/nascar/2011/1/8/1922795/gillette-young-guns-denny-hamlin-kyle-busch-matt-ryan-rayrice--evan-longoria-carlos-gonzalez-2011>; Vijay Govindarajan, P&G Innovates on Razor-Thin Margins, *Harvard Business Review Blog Network*, 16 de abril de 2012 <http://blogs.hbr.org/cs/2012/04/how_pg_innovates_on_razor_thin.html>; History of Gillette Razors, The Executive Shaving Company <http://www.executive-shaving.co.uk/gillettehistory.php>; Jeremy Kahn, Gillette Loses Face, *Fortune*, 8 de novembro de 1999, p. 147-152; Mark Maremount, Gillette's New Strategy Is to Sharpen Pitch to Women, *Wall Street Journal*, 11 de maio de 1998, p. B1; Mark Maremount, Gillette to Shut 14 of Its Plants, Lay Off 4,700, *Wall Street Journal*, 29 de setembro de 1998, p. A3; Mark Maremount, Gillette to Unveil Women's Version of Mach3 Razor, *Wall Street Journal*, 2 de dezembro de 1999, p. B14; Jack Neff, Gillette Shaves Prices as It's Nicked by Rivals Both New and Old, *Advertising Age*, 9 de abril de 2012 <http://adage.com/article/news/gillette-shaves-prices-nicked-rivals/234019>; Molly Prior, Fighting for the Edge in Shaving (Blade Wars: Shaving Report), 8 de março de 2004 <http://www.accessmylibrary.com/article-1G1114404714/fighting-edge-shaving-blade.html>; site da Procter & Gamble seção de Comunicações para a Imprensa <http://news.pg.com/news_releases>. Acesso em: 31 de julho de 2012; Procter & Gamble 2011 Annual Report <http://www.pg.com/annual report2011/index.shtml>. Acesso em: 31 de julho de 2012; site da RazWar <http://www.razwar.com>. Acesso em: 31 de julho de 2012; Jennifer Reingold, Can P&G Make Money Where People Earn $2 a Day?" *CNNMoney*, 6 de janeiro

CASO 16 • GILLETTE: POR QUE A INOVAÇÃO PODE NÃO SER SUFICIENTE?

de 2011 <http://features.blogs.fortune.cnn.com/2011/01/06/can-pg-make-money-in-places-where-people-earn-2-a-day>; Christina Rexrode, As US Slows, P&G Turns to Developing Markets, *Inquirer Business*, 2 de fevereiro de 2012 <http://business.inquirer.net/42663/as-us-slows
-pg-turns-to-developing-markets>; Glenn Rifkin, Mach3: Anatomy of Gillette's Latest Global Launch, *Strategy + Business*, 1º de abril de 1999 <http://www.strategy-business.com/article/16651?gko=927cc>; Mike Sandoval, The Benefits of Traditional Wet Shaving, *Shaving 101*, 14 de outubro de 2010 <http://www.shaving101.com/index.php/education/double-edge-
-shaving/164-money-magazine-got-it-wrong.html>; Shaving Stats for Men, Razor-Gator.com <http://www.razor-gator.com/Sha-vingFacts/shaving_stats_for_men.htm>. Acesso em: 31 de julho de 2012; E. B. Solomont, Schick Cuts into Gillette's Market Share, *St. Louis Business Journal*, 20 de abril de 2012 <http://www.bizjournals.com/stlouis/print-edition/2012/04/20/schick-cuts-into-gillettes-marketshare.html?page=all>; William Symonds, Gillette's Five-Blade Wonder, *BusinessWeek*, 15 de setembro de 2005 <http://www.businessweek.com/bwdaily/dnflash/sep2005/nf20050915_1654_db035.htm>; e The Power of Fusion? *Consumer Reports Health* (inscrição necessária para acesso), julho 2006 <http://www.consumerreports.org/health/healthy-living/beauty-personal-care/skincare/shaving/gillette-fusion-razor-7-06/overview/0607_fusion-razor_ov.htm>. Acesso em: 31 de julho de 2012.

Caso **17**
A IKEA Expande Lentamente sua Presença no Mercado dos EUA*

Sinopse: A IKEA é conhecida em todo o mundo por seus móveis e objetos de decoração com estilo, qualidade e preço baixo. O sucesso da empresa é baseado em uma estratégia de excelência operacional em produção, operações da cadeia de fornecimento e marketing. A IKEA, muito popular na Europa, tem usado sua reputação de marca para penetrar em mercados de outros países. No entanto, sua penetração no mercado dos EUA tem sido dificultada por uma economia enfraquecida e a inconsistência entre o tradicional mercado de móveis dos EUA e a filosofia de operação de baixo custo da IKEA. A empresa deve encontrar um equilíbrio entre sua estratégia de excelência operacional e as exigências dos consumidores norte-americanos por um bom serviço, personalizado, conveniente e de qualidade.

Temas: Excelência operacional, seleção de mercado-alvo, design de produto, estratégia de marca, posicionamento, marketing global, estratégia de preços, estratégia da cadeia de fornecimento, varejo, implantação, relacionamento com clientes, análise SWOT, foco estratégico.

Quando Ingvar Kamprad aos 17 anos de idade fundou a IKEA em 1943, ele não poderia ter imaginado que sua empresa se tornaria uma das marcas mais populares e icônicas do mundo ou o maior varejista de artigos de decoração do mundo. O nome IKEA é uma combinação das iniciais de Kamprad (IK) e as primeiras letras da fazenda (Elmtaryd) e vila (Agunnaryd) no sul da Suécia, onde ele cresceu. Desde o início, a IKEA foi fun-

---

* Christin Copeland e Michael D. Hartline, Florida State University, prepararam este caso para discussão em sala de aula, e não para ilustrar um tratamento eficaz ou ineficaz de uma situação administrativa.

dada em princípios diferenciados, ou seja, frugalidade e baixo preço. A maioria das empresas de móveis oferece serviço personalizado e assistência em showrooms luxuosos onde os vendedores competem por comissões de vendas. Kamprad, no entanto, reconheceu que os clientes estão dispostos a trocar essas amenidades típicas para economizar dinheiro. Hoje, a frugalidade do básico é a pedra angular da casualidade IKEA e uma das razões de sua imensa popularidade.

A IKEA opera sob uma estrutura corporativa única. Quando Kamprad fundou a empresa, ele queria criar uma organização independente que seria sustentável a longo prazo. Desde 1982, a Stichting INGKA Foundation, uma fundação de caridade com sede na Holanda, é de propriedade do Grupo IKEA. Muitos estimam que a fundação é uma das instituições de caridade mais ricas do mundo, valendo cerca de US$ 36 bilhões. A INGKA Holding B.V., também com sede na Holanda, é a matriz de todas as empresas do Grupo IKEA, que inclui a IKEA da Suécia (que projeta e desenvolve todos os produtos IKEA), Swedspan (que faz painéis de madeira ambientalmente amigáveis), Swedwood (que faz todo o mobiliário IKEA), as empresas de vendas que operam as lojas IKEA e todas as funções da cadeia de compras e fornecimento. Esse tipo de propriedade é único no sentido em que a fundação é uma organização sem fins lucrativos, destinada a promover inovação em arquitetura e design de interiores. Alguns criticam a propriedade da IKEA como um arranjo que aproveita a singularidade da lei holandesa para evitar impostos e se precaver de tentativa de aquisição hostil.

Atualmente, a IKEA é o produto de exportação mais conhecido da Suécia. Em 2011, a empresa obteve vendas mundiais de 25,2 bilhões de euros e uma taxa de crescimento média anual de quase 7%. Cerca de 79% das vendas da IKEA vêm de operações na Europa, com a América do Norte e Rússia/Ásia/Austrália contribuindo com 14% e 7%, respectivamente. A empresa tem 131.000 funcionários e mais de 325 lojas IKEA em 38 países, das quais 287 lojas pertencem ao Grupo IKEA, em 26 países. As lojas restantes são de propriedade dos franqueados. A primeira loja IKEA nos EUA foi inaugurada na Filadélfia em 1985. Hoje existem 38 lojas norte-americanas, com 11 lojas no Canadá. A IKEA originalmente planejou ter 50 lojas operando nos Estados Unidos até 2010, mas a recessão econômica mundial de 2008-2009 desacelerou seus planos.

O Conceito IKEA

A espinha dorsal do sucesso da IKEA é "o conceito IKEA", que funciona como visão da empresa e filosofia operacional central:

> *O conceito IKEA: Fornecer móveis funcionais, bem concebidos, a preços tão baixos que tantas pessoas quanto possível poderão ter condições de comprá-los. Criar uma vida cotidiana melhor para essas muitas pessoas.*

O conceito IKEA orienta todos os aspectos de como os produtos da empresa são projetados, fabricados, transportados, vendidos e montados. Para transformar o conceito IKEA em realidade, a empresa oferece mobiliário elegante, funcional e de baixo preço que os próprios clientes devem montar. Os móveis são enviados em embalagens simples para economizar dinheiro em fabricação e distribuição, que a IKEA, em seguida, repassa aos clientes na forma de preços mais baixos no varejo. Para compensar o cliente pelo "monte você mesmo", a IKEA oferece outros serviços que tornam essa proposta um pouco mais atraente. Tais serviços adicionais incluem creches na loja, áreas de lazer e restaurantes, além de horários de funcionamento mais amplos. Para ajudar os visitantes a se prepararem para essa experiência, a IKEA oferece a seus clientes lápis, papel, fitas métricas, guias de lojas, catálogos, carrinhos e sacos de compras. Ela oferece ainda entrega de itens volumosos que os clientes não conseguem carregar. Para quem quiser levar seus móveis volumosos para casa, a IKEA aluga reboques. As lojas IKEA são concebidas como um circuito para que tudo possa ser visto, não importa em que direção o cliente anda. Os corredores são largos para reduzir o congestionamento do tráfego que poderia ocorrer quando os clientes param para olhar diferentes showrooms e exposições.

Produção

O objetivo fundamental da IKEA em relação à produção é estabelecer e manter relacionamentos de fornecedor de longo prazo. Ao projetar novos produtos, a IKEA, efetivamente, começa com um preço-alvo em mente, e, em seguida, trabalha com milhares de fornecedores em mais de 50 países para encontrar o menor custo para fabricar esse produto. Seus fornecedores mais antigos são suecos, mas outros fornecedores importantes estão localizados na China (22%), Polônia (18%), Itália (8%) e Alemanha (4%). A IKEA é responsável por aproximadamente 10% do mercado de móveis em cada país onde seus produtos são fabricados.

Uma estratégia que a IKEA tem implantado é colocar seus escritórios comerciais em países ao redor do mundo para localizar as operações. Isso lhe dá a oportunidade de aumentar a capacidade de produção (ou seja, horas de trabalho e materiais de compra) quando necessário. A estratégia também permite que ela acompanhe de perto o desempenho de fabricação. A produção de produtos de alta qualidade com o menor custo possível é o guia da mentalidade de produção da IKEA. Além de escritórios comerciais locais, a IKEA gerencia a produção por meio de relações contratuais de longo prazo com base no volume de compra. Comprometer-se com compras em grandes quantidades ao longo de um período mais longo permite à IKEA reduzir muito seus custos. Além disso, ela está em posição de oferecer assistência financeira a seus fornecedores, se necessário. Essa otimização é fundamental para alcançar o modelo de negócio de baixo custo que a IKEA quer manter.

A consciência de custo domina todos os aspectos das operações da IKEA. Ao adquirir terrenos, ela localiza lojas nos arredores das cidades-alvo. Na produção, saldos de tecido e de madeira utilizados para os produtos são usados para criar mais produtos. A IKEA utiliza cores naturais para reduzir os custos de produção e aumentar a responsabilidade social com o meio ambiente no processo de fabricação. Em todos os seus centros de distribuição, embalagens simples são usadas para transportar de forma eficiente o grande volume de produtos dos fornecedores para as lojas IKEA. O uso de embalagens simples reduz os custos de armazenamento e distribuição e o impacto ambiental em toda a cadeia de fornecimento.

As metas de produção da IKEA também incluem um forte componente de sustentabilidade. A empresa fez uma parceria com a World Wildlife Federation (Federação Mundial da Vida Selvagem) e o Forestry Stewardship Council (Conselho de Administração Florestal) para garantir que as matérias-primas (principalmente madeira e algodão) sejam provenientes de fontes geridas de forma responsável e sustentável. A empresa ajuda a educar os produtores de algodão na Índia, China, Paquistão e Turquia para usar métodos sustentáveis, como redução do uso de água, pesticidas e fertilizantes. Atualmente, 16% dos materiais de madeira e 24% dos materiais de algodão são provenientes de fontes sustentáveis. Além disso, a IKEA tem o objetivo de obter 100% de sua energia proveniente de fontes renováveis. A empresa opera suas próprias turbinas eólicas e sistemas solares para alimentar as lojas e os centros de distribuição. Hoje, 51% da energia da IKEA é proveniente de fontes sustentáveis.

Marketing

O programa de marketing da IKEA tem quatro áreas-chave: design de produtos, catálogos, propaganda e relações públicas/promoções. Os designs de produtos da IKEA são sem dúvida a parte mais importante de sua imagem de marca. Os clientes adoram suas linhas simples, seu estilo frugal e sua casualidade. A IKEA admite que a criação de produtos com estilo e de baixo preço é uma tarefa desafiadora. Para atingir esse objetivo, designers em tempo integral e freelancers da empresa trabalham em estreita colaboração com as equipes de produção internas para acertar os materiais adequados com os fornecedores menos caros. Embora o trabalho seja cansativo, a IKEA é bem conhecida por sua inovação de produto.

O foco principal do marketing da IKEA é seu catálogo impresso, no qual a empresa despende a maior parte de seu orçamento anual de marketing. O catálogo de 300 a 400 páginas é produzido em 59 edições diferentes em 30 idiomas. Em 2012, 211 milhões de cópias foram colocadas em circulação. O catálogo IKEA de 2013 destacava símbolos especiais que podem ser lidos pelos aplicativos da IKEA para iPhone e Android. Quando os usuários escaneiam os símbolos, eles veem uma experiência de realidade ampliada que lhes permite visualizar os produtos da empresa com mais profundidade. Os aplicativos também oferecem modelos 3D de produtos e vídeos de como fazer. Uma experiência similar está disponível on-line por meio da qual os clientes podem analisar os produtos e fazer o download de programas gratuitos para ajudar a redesenhar cozinhas, banheiros e quartos. O site também fornece informações sobre os eventos locais e promoções, serviços e produtos especiais de cada loja. Como o site apresenta capacidades de compra on-line limitada, os clientes frequentemente são obrigados a visitar as lojas para comprar os produtos. Aproximadamente 30% da linha de produtos da IKEA estão disponíveis para compra on-line.

Além do catálogo, a IKEA usa televisão, rádio e comunicação na internet para atingir seus clientes-alvo. A propaganda da empresa se destina a aumentar o reconhecimento de marca e o tráfego da loja. Algumas peças promocionais da empresa são controversas, especialmente os anúncios que retratam clientes gays ou histórias sexualmente sugestivas. A IKEA até mesmo levou sua propaganda para as ruas na Itália (com uma campanha de grafitagem) e de Paris (onde um apartamento mobilado IKEA completo foi instalado no metrô de Paris). A propaganda, no entanto, não é o principal foco dos esforços promocionais da empresa. A IKEA prefere confiar na comunicação boca a boca. Isso reflete-se em sua utilização dos meios de comunicação social. Por exemplo, páginas do Facebook da IKEA fornecem informações atualizadas sobre as atividades da empresa, vendas e eventos de lojas locais. A página Facebook da IKEA nos EUA possui mais de 1 milhão de fãs, enquanto cada uma de suas páginas internacionais tem centenas de milhares de fãs. Vários milhares de fãs geralmente seguem cada página da loja local.

Eventos em lojas locais são outro foco importante de marketing da IKEA. A loja de San Diego, Califórnia, oferece festas de aniversário para crianças na primeira terça-feira de cada mês. A de Atlanta, Georgia, dispõe de atividades, como eventos culinários de degustação, pintura facial, atividades para estudantes universitários e eventos de angariação de fundos para instituições de caridade locais. Em uma original promoção antes da inauguração da loja de Atlanta, os gerentes da IKEA convidaram os moradores a se candidatarem ao cargo de Embaixador da Kul ("diversão" em sueco). Os cinco vencedores de um concurso de redação receberam US$ 2.000 em vales, tiveram de morar na loja por três dias, dormir no departamento de roupas de cama e participar de concursos. Finalmente, toda a família IKEA tem regularmente as "Semanas Antiburocracia", momentos em que os executivos trabalham no chão de fábrica ou no almoxarifado, operam caixas registradoras e, até mesmo, carregam caminhões e carros para os clientes da IKEA. Esse simples passo ajuda em grande medida a manter a cultura IKEA e a motivação dos funcionários.

O programa de marketing da IKEA é projetado para ser econômico, mas ainda assim eficaz. Com efeito, todas as atividades de marketing da IKEA são criadas para manter uma pressão descendente sobre as despesas operacionais. Por exemplo, a maioria das lojas não aceita cheques, apenas dinheiro ou cartões de crédito, incluindo o seu próprio "Cartão IKEA". Isso ajuda a reduzir as contas a receber da IKEA e elimina a necessidade de manter uma operação de coleta dispendiosa. Com políticas como essas, não é de surpreender que a margem operacional da empresa de 10% esteja entre as melhores na indústria de mobiliário doméstico. E, apesar de seu modelo de baixo custo e preço, a IKEA tem por objetivo reduzir os preços em uma média de 2% a 3% por ano.

O Futuro da Expansão da IKEA nos EUA

A IKEA considera os Estados Unidos uma parte importante de seus planos de expansão global. O padrão de vida norte-americano é mais elevado do que o da maioria dos países. Contudo, a maioria dos consumidores compra ativamente orientados pelos preços. O valor do dólar no país é estável e não é propenso a grandes flutuações cambiais. Os Estados Unidos faz muito uso da internet e os esforços de sustentabilidade da IKEA são bem recebidos por uma ampla gama do público consumidor. Outro fator que faz com que os Estados Unidos sejam favoráveis à IKEA é seu caldeirão cultural. O conceito IKEA pode atrair diferentes estilos e formas de vida encontrados nos Estados Unidos.

Apesar dessas vantagens, a IKEA deve abordar duas questões fundamentais referentes à expansão nos EUA. A primeira é a necessidade de se adaptar às preferências dos consumidores, muito exigentes e com tendência a premiar as empresas que se empenham para atender aos gostos e necessidades individuais. A maior expansão no mercado dos EUA exigirá que a IKEA adapte suas ofertas e lojas aos gostos locais, uma estratégia de marketing muito mais cara e contrária à filosofia operacional da IKEA, que é voltada para o custo. A estrutura franqueada da IKEA é bem adequada para essa tarefa. Ela permite que a empresa se aproxime dos clientes com a contratação de funcionários locais que representam os mesmos valores, culturas e estilos de vida da área local. Outra questão de adaptação envolve a estratégia promocional da IKEA, que deve ser adaptada às normas dos EUA. Por exemplo, a maioria dos comerciais de televisão da IKEA é considerada muito "mordaz" para os telespectadores norte-americanos.

A segunda questão-chave é a qualidade. Embora sejam cada vez mais orientados para o valor, os consumidores norte-americanos também exigem produtos de qualidade. A esse respeito, o conceito "faça você mesmo" de baixo custo da IKEA erra o alvo segundo muitos consumidores potenciais de móveis. Muitos norte-americanos consideram os móveis que são montados por eles mesmos como de qualidade inferior e semelhante aos tipos de móveis que se pode comprar no Walmart ou na Target. A construção em aglomerado frequentemente utilizada nesses produtos abalou a percepção dos consumidores em relação aos móveis do tipo "faça você mesmo".

Diante desses desafios, a expansão da IKEA nos EUA tem avançado lentamente. A empresa abriu apenas três lojas entre 2009 e 2012 e não tem planos de abrir novas lojas em 2013. A estratégia de marketing "faça você mesmo" de baixo custo da IKEA não é uma combinação perfeita para o gosto norte-americano no varejo de móveis, nem a empresa tem recursos financeiros e experiência em marketing para a implantação de um grande número de produtos e lojas simultaneamente. As condições econômicas mais recentes tampouco têm ajudado. Ao analisar uma maior expansão no mercado dos EUA, a empresa deve considerar uma série de questões relevantes em seus ambientes interno e externo.

Pontos Fortes da IKEA

Estrutura de baixo custo*.* A estrutura de baixo custo da IKEA foi a própria essência do seu sucesso. Tendo medidas de baixo custo enraizadas em seu DNA corporativo, a empresa não tem dificuldade em adaptar suas operações em torno desse modelo de negócio, que também combina muito bem com clientes que apreciam o estilo operacional da IKEA. Além disso, a estrutura de baixo custo da empresa a mantém lucrativa enquanto concorrentes, tais como Pier 1 nos Estados Unidos, estão tendo dificuldades. Apesar das condições da economia, a IKEA tem continuado a ver um crescimento positivo das receitas. Ela continuou a utilizar todas as vias possíveis para manter sua estrutura de baixo custo e competitividade sem comprometer o valor para o cliente.

Cultura corporativa. A IKEA valoriza a antiburocracia em suas operações e segue fortemente regras de trabalho e de proteção ambiental. Esses princípios são compilados no código de conduta da empresa conhecido como "O jeito IKEA". A cultura da empresa baseia-se em valores fundamentais de união, consciência de custo, respeito e simplicidade. Kamprad certa vez disse que "o trabalho deve ser sempre divertido para todos os colegas. Só se tem uma vida e um terço dela é trabalho. Sem desejo e diversão, o trabalho torna-se um inferno". Para garantir que a cultura da empresa seja mantida, a IKEA busca características muito específicas em potenciais funcionários. Seus gerentes procuram pessoas que "demonstrem desejo de aprender, motivação para fazer melhor as coisas, bom senso e capacidade de liderar pelo exemplo". A empresa acredita em manter os funcionários felizes com a realização de atividades ao longo do ano que promovam seu bem-estar e satisfação no trabalho. Essas são as razões pelas quais a IKEA foi incluída na lista anual da revista *Fortune* das "100 Melhores Empresas para Trabalhar" em muitas ocasiões.

Abordagem "faça você mesmo". A IKEA mantém seu modelo de negócios de baixo custo por meio da criação de uma experiência diferente de compras de móveis. Ela fornece aos clientes todos os materiais possíveis necessários para completar suas compras quando entram na loja (ou seja, fita métrica, papel e lápis). O piso tem showrooms exibindo móveis IKEA com vários acessórios que ressaltam o estilo. Com essa abordagem, os clientes não têm de ser incomodados por vendedores que trabalham por comissão. Os clientes podem escolher entre as diferentes opções de acessórios que gostariam de usar com os móveis. Muitos clientes apreciam o sentimento de realização que acompanham o fazer as coisas por si mesmos. Para quem não gosta da abordagem "faça você mesmo", a IKEA oferece serviços de montagem e opções de entrega em casa.

Serviços adicionais. Embora a IKEA não esteja configurada como uma loja de móveis tradicional, a empresa fornece várias amenidades adicionais. Ela aluga reboques que os clientes podem usar para carregar itens volumosos para casa. Ela também fornece serviços de creches para dar aos pais o tempo necessário para fazer compras. Uma vez que seus filhos estejam em um lugar seguro, os pais podem dedicar mais tempo para andar pela loja e comprar móveis e acessórios IKEA. A empresa também fornece restaurantes em algumas de suas lojas para incentivar os clientes a ficar um pouco mais. Disponibilizando café da manhã, almoço e jantar, os restaurantes também geram fortes lucros para a empresa a cada ano. Os clientes também podem agendar consultoria com designers profissionais. Em suma, a experiência IKEA é projetada para tornar as lojas como realização prazerosa de conhecer os produtos e comprá-los. A IKEA quer que o cliente sinta que não há pressa para sair da loja e eles podem fazer mais do que apenas comprar móveis.

Imagem de marca. Não há como negar que a imagem de marca é uma força fundamental para a IKEA. Mesmo que nunca tenham estado em uma loja, a maioria das pessoas em todo o mundo reconhece o logotipo azul e amarelo como uma representação simbólica de mobiliário moderno e com estilo. Os clientes migram para o gigante de móveis para experimentar o que a *BusinessWeek* definiu como "mundo IKEA, um estado de espírito, que gira em torno de design contemporâneo, preços baixos, promoções malucas e um entusiasmo que poucas instituições podem reunir".

Parte da força da marca IKEA vem de sua ampla gama de produtos que exala um foco em alta qualidade e baixo custo. A empresa oferece mobiliário doméstico e aparelhos para quarto, banheiro e cozinha, bem como mobiliário para escritórios. Além de mobiliário doméstico, a empresa vende peças de decoração e produtos de uso diário, como tapetes, roupas de cama e utensílios de cozinha. Alguns dos mais recentes empreendimentos da empresa incluem materiais de construção de casas. Os clientes podem construir uma casa IKEA com materiais a preços razoáveis e ecológicos.

Forte foco na sustentabilidade. A IKEA considera o impacto ambiental de todas as etapas de seus processos de negócios, fazendo produtos que sejam ambientalmente conscientes e rentáveis. Os fornecedores são obrigados a cumprir normas ambientais estritas e a usar o máximo possível de materiais renováveis, reutilizáveis e recicláveis. Com madeira como fonte primária de matéria-prima, a IKEA também emprega especialistas de campo para garantir que ela seja proveniente de florestas administradas de forma responsável. Da concepção até o descarte do produto, a organização pratica realmente o que prega em termos de responsabilidades ambientais.

Pontos Fracos da IKEA

Abordagem "faça você mesmo". Alguns clientes podem não gostar da abordagem "faça você mesmo" da IKEA. A empresa tem como alvo clientes jovens, orientados para preços e que querem mobiliário moderno. No entanto, esses mesmos consumidores também gostam de conveniência e geralmente têm dinheiro para pagar por isso. Para eles, o tempo e esforço envolvidos em fazer compras de móveis, trazê-los para casa e montá-los pode não valer a pena. Além disso, alguns clientes gostam de ter uma conversa com um vendedor e obter ideias e conselhos individuais dos funcionários. Esses clientes podem continuar a comprar móveis de varejistas tradicionais.

Personalização limitada. Para garantir o alinhamento com sua estrutura de baixo custo e promessa de facilidade de montagem, os produtos da IKEA são muito básicos e simples tanto em termos de estrutura como de design. A possibilidade de personalização individualizada é limitada. Muitos consumidores norte-americanos preferem itens com mais estilo, detalhes e opções de cores.

Gastos promocionais limitados. A IKEA não gasta uma enorme quantidade de dinheiro em promoção. Em vez disso, a empresa depende do boca a boca e de catálogos para gerar burburinho entre os clientes. Infelizmente, a maioria dos consumidores norte-americanos não responde bem ao marketing de catálogos, tornando a promoção básica da IKEA menos eficiente e menos eficaz em custo para o mercado dos EUA. Os consumidores norte-americanos também veem televisão e usam a internet mais frequentemente do que os de outros países. No entanto, a maioria dos comerciais de televisão da IKEA é desconhecida fora do Reino Unido. Além disso, muitos dos anúncios da empresa são controversos e não adequados ao público dos EUA. Como resultado dessas questões, a IKEA pode estar perdendo uma grande base de clientes potenciais.

Suporte on-line fraco. Muitos aspectos do site da empresa deixam a desejar. Embora descrições do produto estejam disponíveis, muitos itens não podem ser encomendados on-line. A IKEA basicamente obriga os consumidores a fazer compras em suas lojas tradicionais mais próximas. Como a presença física da IKEA no mercado dos EUA é reduzida, a empresa está perdendo vendas valiosas devido a sua falta de opção de compra on-line.

Oportunidades de Mercado da IKEA

Condições econômicas. A estratégia de baixo custo e alta qualidade da IKEA se encaixa com o estado relativamente fraco da economia dos EUA. Como muitos consumidores procuram maneiras de cortar gastos pessoais, a IKEA está bem posicionada para ser uma escolha lógica para o mobiliário doméstico do cliente orientado para preços. A maioria dos consumidores norte-americanos ainda adota uma lógica de predominância de valor quando se trata da aquisição de bens e serviços. No entanto, esses clientes querem não apenas alta qualidade por um bom preço, mas também acesso conveniente e serviços que economizem tempo. A IKEA pode participar dessa lógica de compra, mas pode ter de expandir suas ofertas de serviços para aumentar a conveniência do cliente.

Demanda por conveniência. O número de consumidores de compras on-line continua a crescer. Com a agenda média cada vez mais agitada, os consumidores com conhecimentos técnicos aproveitam cada vez mais a comodidade e a facilidade das compras on-line. A comparação de compras é também uma comodidade proporcionada pela internet que pode permitir à IKEA dominar o setor de mobiliário de qualidade a baixo preço. Oferecer experiências de compras on-line convenientes se encaixa bem na estrutura de baixo custo da IKEA porque lhe permitiria vender itens usando uma rede de distribuição em vez de uma dependência completa de lojas físicas e despesas gerais mais elevadas. Os fatores de conveniência dentro das lojas IKEA, como restaurantes e creches, já estão bem adaptados às necessidades dos clientes.

Popularidade de produtos com estilo, mas sustentáveis. O design sueco com desenhos simples, futurista, de vanguarda e elegante oferecido pela IKEA é popular entre os consumidores em geral. Além do estilo, os consumidores estão interessados em produtos "ecológicos" que ressaltam a sustentabilidade dos recursos naturais. O recente movimento corporativo para práticas "ecológicas" está se tornando predominante e os consumidores estão cada vez mais conscientes da pegada de carbono de uma empresa. A IKEA está bem posicionada para tirar proveito dessa tendência.

Ameaças de Mercado da IKEA

Concorrência. Vários outros grandes varejistas estão competindo pelo segmento de mobiliário "faça você mesmo". Conforme os consumidores se tornam mais conscientes dos preços na economia atual, as ofertas de lojas tradicionais, como Home Depot, Target e Walmart se tornam mais aceitáveis. A IKEA também enfrenta concorrentes on-line como BluDot.com e Furniture.com. O BluDot é um concorrente direto da marca IKEA que também pretende oferecer móveis desmontados de qualidade a preços baixos. Ele também oferece um mobiliário de design simples e moderno. O Furniture.com é um concorrente de produto que utiliza o conceito de loja de móveis tradicional, mas oferece a facilidade e a conveniência de preço on-line e comparação de produtos.

Mudanças nas necessidades/gostos dos clientes. As necessidades e gostos dos clientes mudam constantemente. Em algum momento, o interesse do cliente pelo mobiliário de design sueco e "faça você mesmo" vai diminuir. Isso é especialmente verdade porque a população dos EUA continua a envelhecer. O típico consumidor baby boomer demanda qualidade, valoriza seu tempo e gosta de conveniência mais do que a economia de alguns dólares. De forma geral, há relativamente menos clientes mais jovens, principal mercado-alvo da IKEA, em comparação com os baby boomers. O resultado final é uma provável diminuição da demanda por mobília de moda e de baixo custo. Os designs de baixo custo e de alta qualidade da IKEA podem atrair alguns baby boomers, mas os inconvenientes associados à abordagem "faça você mesmo" da empresa, provavelmente, os farão procurar em outro lugar.

Preferências do mercado maduro. A maioria dos consumidores norte-americanos tem noções preconcebidas do que é "o melhor dos melhores" quando se trata de mobiliário especial e compras de móveis. Por exemplo, o consumidor médio pode não comprar um colchão IKEA, porque não é um colchão Select Comfort, Sealy ou Simmons. Embora a IKEA se concentre fortemente em produtos de alta qualidade, no mercado dos EUA, a empresa deve competir com empresas bem estabelecidas que alcançaram significativa notoriedade de marca.

Questões para Discussão

1. Tendo em conta a análise SWOT apresentada no caso, quais são as principais vantagens competitivas da IKEA? Que foco estratégico a empresa deve usar ao buscar se expandir ainda mais no mercado dos EUA?

2. Que fator é a maior razão para o crescimento e a popularidade da IKEA: valor ou imagem? O que é mais importante no mercado dos EUA? Justifique sua resposta.

3. Que alternativas estratégicas você sugeriria que a IKEA empregasse para penetrar ainda mais no mercado dos EUA?

4. Especule o que vai acontecer com as lojas IKEA à medida que elas forem adaptando o atendimento aos gostos locais. A escolha da empresa de baixo custo em detrimento de serviços é sustentável no longo prazo?

Fontes

Os dados deste caso foram obtidos em Roberto Baldwin, IKEA's Augmented Reality Catalog Will Let You Peek Inside Furniture, *Gadget Lab*, 20 de julho de 2012 <http://www.wired.com/gadgetlab/2012/07/ikeas-augmented-reality-cataloglets-you-peek-inside-the-malm>; Meera Bhatia e Armorel Kenna, IKEA Has Slowest Sales Growth in More Than a Decade, *Bloomberg*, 17 de setembro de 2009 <http://www.bloomberg.com/apps/news?pid=2 0601085&sid=aSvPmp60dCL8>; Business: Flat-Pack Accounting; IKEA, *The Economist*, 13 de maio de 2006, p. 76; Kerry Capell, IKEA: How the Swedish Retailer Became a Global Cult Brand, *BusinessWeek*, 13 de novembro de 2005 <http://www.businessweek.com/stories/2005-11-13/ikea>; Kerry Capell, On-line Extra: Sweden's Answer to Sam Walton, *BusinessWeek*, 13 de novembro de 2005 <http://www.businessweek.com/stories/2005-11-13/on-line-extraswedens-answer-to-sam-walton>; Cora Daniels, Create IKEA, Make Billions, Take Bus, *CNNMoney*, 3 de maio de 2004 <http://money.cnn.com/magazines/fortune/fortune_archive/2004/05/03/368549/index.htm>; Sarah Firshein, IKEA Unleashes Brand-New Graffiti-Art Campaign in Italy, *Curbed*, 23 de abril de 2012 <http://curbed.com/archives/2012/04/23/ikea-unleashes-new-graffitiart-campaign-in-milan-subway.php>; site da IKEA <http://www.ikea.com>. Acesso em: 14 de agosto de 2012; página Facebook da IKEA San Diego <http://www.ikea.com/us/en/store/san_diego>. Acesso em: 14 de agosto 2012; IKEA 2011 Yearly Summary <http://www.ikea.com/ms/en_US/pdf/yearly_summary/Welcome_inside_2011.pdf>. Acesso em: 14 de agosto 2012; site da Inter IKEA Systems B.V. <http://franchisor.ikea.com/index.asp>. Acesso em: 14 de agosto 2012; Erika Kinetz, IKEA to Invest $1.9B in India to Open 25 Stores, *BusinessWeek*, 22 de junho de 2012 <http://www.businessweek.com/ap/2012-0622/ikea-to-invest-1-dot-2b-in-india-to-open-25-stores>; Philip Reynolds, IKEA Cleans House, *Forbes*, 25 de junho de 2009 <http://www.forbes.com/2009/06/25/ikea-redudancies-furniture-markets-equities-retail.html>; Casey Ross, IKEA Pulls Plan for Somerville Store in Assembly Square, *Boston.com*, 20 de julho de 2012 <http://www.boston.com/businessupdates/2012/07/19/ikea-pulls-plan-for-somerville-store/PfHS9vViEaT8p5rcBmWuxO/ story.html>; Sweden's IKEA Posts Record Earnings, Growth Slows, *Bay Ledger News Zone*, 16 de setembro de 2009 <http://www.blnz.com/news/2009/09/17/Swedens_Ikea_posts_record_earnings_8604.html>; e site da Swedspan <http://www.swedspan.com>. Acesso em: 14 de agosto 2012.

☙IVEY | Publishing

Caso 18
Sushilicious: Destacando-se da Multidão

Ken Mark escreveu este caso sob a supervisão dos professores Dante Pirouz e Raymond Pirouz exclusivamente para fornecer material para discussão em sala de aula. Os autores não pretendem ilustrar procedimento eficaz ou ineficaz de uma situação gerencial. Eles podem ter modificado certos nomes e outras informações de identificação para proteger a confidencialidade.

A Richard Ivey School of Business Foundation proíbe qualquer forma de reprodução, armazenamento ou transmissão sem seu consentimento por escrito. A reprodução deste material não é coberta pela autorização por qualquer organização de direitos de reprodução. Para solicitar cópias ou permissão para reprodução de materiais, entre em contato com a Ivey Publishing, Ivey Management Services, Richard Ivey School of Business, Universidade de Western Ontario, Londres, Ontário, Canadá, N6A 3K7; telefone: (519) 661-3208; fax: (519) 661-3882; email: cases@ivey.uwo.ca.

Copyright © 2011, Richard Ivey School of Business Foundation Versão: 2011-10-17

Introdução

Num centro comercial comum em frente a uma fazenda e linhas de transmissão de energia, no que antes era um restaurante de sushi recém-fechado, o empreendedor Daniel Woo abriu o Sushilicious, uma visão diferente do conceito de restaurante japonês. Era 1º de fevereiro de 2011, perto do primeiro aniversário da abertura do restaurante, e Woo estava animado com a próxima fase de desenvolvimento.

Sushilicious tinha desafiado as probabilidades como um novo restaurante, atraindo aficionados e os que queriam experimentar sushis com seu design moderno inspirado em lojas Apple e sua excelente comida. Em vez de gastar dinheiro de marketing em propaganda tradicional para aumentar os negócios, Woo contou com uma combinação de ferramentas de mídia social, Facebook e Twitter, para criar reconhecimento e interesse.

Woo não gastou um dólar sequer em propaganda, um feito notável, considerando que os potenciais clientes precisavam dirigir até o Sushilicious, pois sua localização no Irvine Village Shopping Center não era facilmente acessível a pé. Não contente em descansar sobre os louros, Woo considerou três opções para obter ainda mais sucesso no segundo ano do Sushilicious: o conceito de franchising, a abertura de uma segunda loja em um bairro diferente ou a concentração de esforços para o crescimento da base de clientes de seu único restaurante.

Daniel Woo e o Conceito do Sushilicious

Originalmente de Seattle, Washington, Woo mudou para Irvine, Califórnia, em 2008. No processo de buscar oportunidades de negócios, ele teve a ideia de abrir um restaurante de sushis voltado para famílias e clientes que ainda não tinham experimentado sushis.

Concorrentes de Sushi em Irvine

Sushi é uma parte popular da culinária japonesa, introduzida no Ocidente no início dos anos 1960. Ele apresenta várias combinações de arroz cozido enrolado ou coberto com peixe cru fatiado e outros ingredientes e é servido frio com molho de soja e wasabi. Apesar de sua atração inicialmente limitar-se a um público familiarizado com a culinária japonesa, o sushi foi se tornando popular na Costa Oeste devido à proliferação de restaurantes de sushi.

Havia 10 restaurantes de sushi em Irvine, uma cidade de 218.000 habitantes. A maior parte da concorrência era composta por restaurantes de sushi em estilo tradicional: eles tinham nomes japoneses e chefs japoneses. Sua decoração interna era utilitária, mobiliado com mesas quadradas simples e cadeiras de madeira escura ou japonesa, com mobiliário leve em pinho sem pintura, divisórias de treliça e pelo menos uma parede pintada de vermelho, uma cor importante na cultura japonesa, carregando alguns significados simbólicos, dependendo do tom e da forma utilizada para representá-los. Os melhores restaurantes eram de propriedade de famílias e gerenciados por chefs nascidos no Japão.

Escolhendo um Local: Antigo Gen Kai Japanese Cuisine Restaurant

A localização que Woo tinha escolhido para seu novo restaurante abrigara mais recentemente um restaurante de sushi falido, o Gen Kai Japanese Cuisine (Gen Kai) (ver Figuras 1 e 2). O Gen Kai era um restaurante de sushi tradicional em estilo japonês, que servia uma variedade de sushis e sashimis populares e exóticos. Os proprietários empregavam um *itamae* (um chef japonês) que ficava no comando da preparação dos alimentos.

Como era típico de restaurantes de sushi japoneses, o chef do Gen Kai ficava parado na frente dos clientes, de pé atrás de balcões de vidro refrigerados abastecidos com peixe cru e outros itens, como ovas de peixe e frutos do mar. No Gen Kai, sua parede vermelha servia de despensa geral e armário de bebidas. Entre as garrafas de saquê e vinho, uma televisão de tela plana mostrava programas esportivos.

Os clientes se sentavam ao longo de um bar de pinho envernizado, empoleirados em bancos de madeira e de frente para o chef. Cada assento incluía duas garrafas de molho de soja e um conjunto de pauzinhos (hashis) para comer. O restaurante tinha mais 15 mesas quadradas, com capacidade total de cerca de 50 pessoas. Estava localizado no Irvine Village Shopping Center, à direita da Curves, um centro de fitness para as

FIGURA 1 Localização

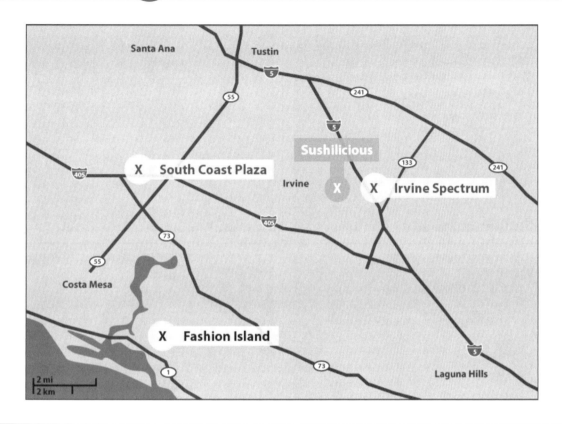

Fonte: Autor do caso.

mulheres, e próximo a estabelecimentos como Papa John Pizza, Pho Coffee Factory, Academia de Dança Irvine e dentista infantil de Irvine. O centro comercial ficava nos arredores de uma área residencial, no cruzamento das Irvine Center Drive e Jeffrey Road. Ao contrário da parte central de Irvine, quase não havia tráfego a pé em torno do shopping center.

A qualidade do Gen Kai variou ao longo dos anos, dependendo da habilidade e da dedicação do chef empregado. No ano anterior ao fechamento, o Gen Kai teve um excelente chef japonês chamado Juuji. Um exemplo da culinária exótica que Juuji era capaz de preparar incluía polvo servido em tiras, caracóis do mar inteiros escalfados, camarões vivos, fígado de tamboril e cabeças de camarão frito. Os clientes faziam os pedidos usando típicos menus de papel laminado com a lista de pratos em texto preto (sem imagens de ilustração). Os nomes dos vários pratos vinham em japonês, com traduções para o inglês. Os pratos, quentes ou frios, eram servidos em pratos de vidro ou cerâmica simples. Apesar de sua cozinha japonesa autêntica bem preparada, o Gen Kai geralmente ficava meio vazio, mesmo em suas noites mais movimentadas. Ele abria seis dias por semana e fechava às segundas-feiras e feriados. O restaurante fechou as portas no início de 2009.

Em maio de 2009, quando olhava o espaço do restaurante que tinha acabado de alugar, Woo imaginava um conceito de sushi diferente.

FIGURA 2 — Gen Kai Japanese Cuisine

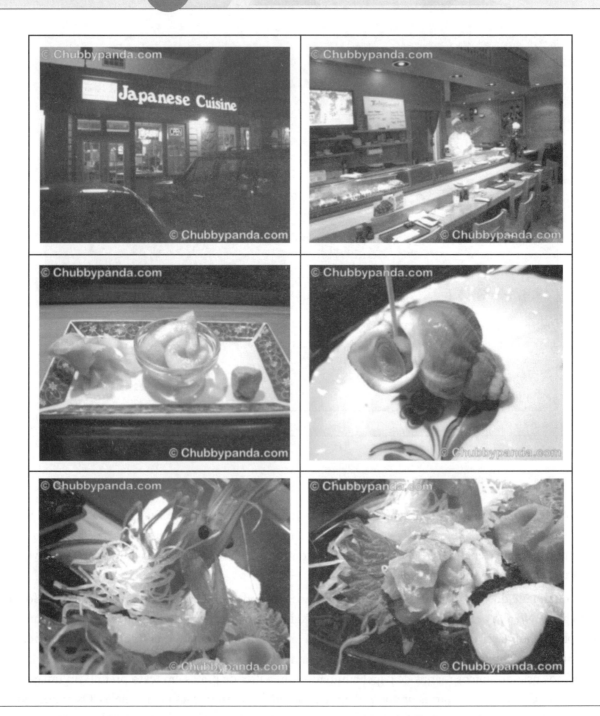

Fonte: Gen Kai Japanese Cuisine – Irvine, CA, *Chubbypanda.com*, 4 de maio de 2008, <www.chubbypanda.com/2008/05/gen-kai-japanesecuisine-irvine-ca.html>. Acesso em: 25 de maio de 2011.

O Conceito Sushilicious

Ao embarcar em seu novo empreendimento, Woo pediu a sua filha de cinco anos, Hannah, ajuda com o conceito: "se eu abrisse um restaurante de sushi, como deveria chamá-lo?" "Sushi delicioso", Hannah respondeu. Woo combinou as duas palavras (Sushi e Delicious) e criou o nome Sushilicious.

Woo inspirou-se em sua experiência como executivo de comunicação para projetar um conceito de restaurante que se destacasse. Ele teve várias inspirações para o conceito Sushilicious, incluindo Walt Disney World, Apple Inc. e Nordstrom (ver Figura 3). Woo queria atrair um público-alvo com idade entre 14 e 34 anos interessado em uma experiência de refeição casual, divertida e acessível e que estivesse disposta a pagar entre US$ 15 e US$ 30, assim como famílias que quisessem jantar em um ambiente confortável. Esse público-alvo era diferente do de outros restaurantes de sushi na área, a maioria dos quais era voltada para entusiastas de sushis de primeira linha ou clientes à procura de comida com serviço rápido e baixo custo.

O logotipo do Sushilicious utiliza fonte minúscula sem serifa sobre círculos em cores vibrantes. Assemelhava-se a um logotipo normalmente encontrado nos mais recentes aparelhos eletrônicos. Woo optou

FIGURA 3 Inspirações para o Sushilicious

Fonte: Arquivos da empresa.

por um visual moderno para a loja, usando uma paleta de cores frias: paredes de vidro verde-claro, conjuntos de sofás de couro branco para os assentos, tampos de mesa em laminado branco e balcões em aço brilhante. O Sushilicious foi deliberadamente concebido para se parecer com a versão restaurante de uma loja Apple (ver Figura 4).

No centro do restaurante ficava uma longa área de preparação cercada por uma correia transportadora que fazia circular pratos pequenos com alimentos cobertos que os clientes podiam selecionar. Chamado *kaiten*, esse autosserviço era geralmente encontrado em restaurantes baratos de sushi. Woo pretendia elevar o conceito, escolhendo recipientes para colocar os sushis em tons alegres de amarelo, rosa e verde. Ele desenvolveu nomes sugestivos para os pratos, incluindo Exuberância Irracional, Sushicalifragilístico e United Colors of Sushi, com cada prato variando de US$ 1,50 a US$ 4,00. Havia 50 lugares para refeições no total e todos os assentos estavam localizados próximos à correia transportadora.

A Sushilicious tinha 11 funcionários em tempo integral e 11 em tempo parcial. A equipe em tempo integral incluía um gerente, cinco chefs, três garçons e garçonetes, um funcionário que lavava a louça e outro que trabalhava na preparação de alimentos. Dois chefs que trabalhavam no meio do restaurante repunham o estoque de alimentos sobre a correia transportadora (*kaiten*). Cada prato de sushi preparado tinha uma etiqueta de identificação por radiofrequência (RFID) afixada que monitorava quanto tempo a comida estava na cor-

FIGURA 4 Interior do Sushilicious

Fonte: Arquivos da empresa e <www.bighdesign.com/2010/04/sushilicious-sushi-with-a-side-of-social-media>, acessado em 30 de maio de 2011.

reia. Se o tempo programado expirasse, o prato era retirado e a comida descartada. Se os clientes quisessem pedir outros itens, como bebidas ou pratos quentes, eles tinham acesso a um aplicativo em um iPod Touch da Apple que continha um menu eletrônico e instruções para pedidos. Além disso, se os clientes desejassem pedir o sushi recém-preparado ou fazer um pedido específico para um sushi não encontrado na correia, o chef podia preparar o prato na hora.

Em vez de ter um horário limitado, Woo preferiu manter o Sushilicious aberto sete dias por semana, mesmo durante a maioria dos feriados. Ele comenta sobre essa decisão:

> Restaurantes japoneses tradicionais geralmente fecham das 14h30 às 17 horas. E não abrem, pelo menos, um dia por semana, aos domingos ou segundas. Uma das razões pelas quais eu escolhi manter o Sushilicious aberto sete dias por semana foi o fato de nosso tíquete médio, entre US$ 15 e US$ 30, ser menor do que os de outros restaurantes japoneses. Ganhando menos por cliente, eu queria garantir que estávamos atraindo tantos clientes quanto possível. Nossa experiência, até agora, é que existe um mercado para sushis na parte da tarde.

Marketing do Sushilicious

Woo iniciou sua campanha de marketing para o restaurante quando a fase de construção começou. Ele abriu contas de Twitter e Facebook e passou a postar notícias sobre seu novo restaurante. Enviou mensagens aos blogueiros de comida locais e revistas informativas em Orange County. Enquanto o restaurante era construído, ele postava imagens do trabalho em andamento (ver Figura 5).

No meio do desenvolvimento, Woo começou a puxar conversa com os seguidores do Sushilicious, não apenas para descrever o conceito de seu restaurante, mas também falar de questões locais ou públicas e discutir temas relacionados, tais como alimentos exóticos ou conceitos de design interessantes. Woo era pouco convencional na forma como ele despendia sua verba de marketing. Ele deu um exemplo:

> Eu sabia que tinha que atingir clientes potenciais, mas o orçamento de RP [relações públicas] era apertado. Perto do restaurante, há uma faculdade com uma estrutura de estacionamento da altura de quatro andares onde artistas performáticos, dançarinos, ensaiam tarde da noite, das 22 horas até as três horas ou quatro horas. Descobri onde esses dançarinos estavam ensaiando e decidi surpreendê-los com pizza grátis. Eu pedi 10 caixas e que a entrega fosse feita em um de seus ensaios. Dentro de cada caixa coloquei um bilhete dizendo: "De seus amigos do Sushilicious. Desfrutem". Eu pensei em promover meu restaurante no jornal do estudante, mas isso iria me custar centenas de dólares. Em vez disso, gastei US$ 90 em pizza e ganhei 40 garotos e garotas encantados com o gesto. Eles postaram a história em suas páginas no Facebook, no Twitter e em outros meios de comunicação social. Atraímos uma grande quantidade de publicidade com esse gesto.

Woo argumentou sobre a razão de se basear em mídias sociais para aumentar o reconhecimento de seu novo restaurante: "Eu tinha dinheiro suficiente para abrir um restaurante, mas não para RP ou marketing. Eu era o RP, tinha que fazer tudo em casa. Assim, em certo sentido, a mídia social foi minha única opção no início".

FIGURA 5 — Construção do Sushilicious

Fonte: Arquivos da empresa.

Antes da abertura do seu restaurante em março de 2010, Woo tinha cerca de 1.000 seguidores no Twitter, muitos dos quais estavam respondendo diariamente a seus tweets sobre o restaurante e a vida em geral (ver Figura 6). Muitas marcas estabelecem uma presença na mídia social e imediatamente começam a postar mensagens promocionais anunciando seus produtos, serviços e preços (entre outros conteúdos de autosserviço). Woo compreendeu intuitivamente como se envolver com a comunidade, tornando-se um participante ativo; compartilhando histórias interessantes e links ao construir paulatinamente relacionamentos com outras pessoas da comunidade. Eventualmente, Woo fez uma pré-estreia de seu restaurante para a família e amigos, seguido de uma grande abertura ao público com grande alarde.

Woo usou o Facebook para postar atualizações e imagens (ver Figura 7) e Twitter para manter uma ligação em tempo real com os seguidores do Sushilicious. Muitos iriam conhecer Woo em seu restaurante e ele retribuiria oferecendo-lhes um prato grátis ou agradecendo a visita em um tweet.

Sushilicious parecia ser um sucesso com o público de Orange County. O restaurante ficava lotado em noites agitadas (de quinta-feira a sábado) e bem cheio para o almoço. Procurando atrair ainda mais clientes durante os períodos de baixa frequência, Woo muitas vezes enviou tweets sobre promoções, como "crianças

CASO 18 • SUSHILICIOUS: DESTACANDO-SE DA MULTIDÃO

FIGURA 6 — Uma Seleção de Tweets da Sushilicious de Daniel Woo

- @raisamama Diga ao seu amigo que eu cantaria parabéns para ele, mas, quando eu canto... as pessoas costumam sair da sala.
- Venha assistir aos Giants vs Phillies em @sushilicious! Comer sushi, beber cerveja, assistir baseball, e ser feliz. Sáb 16 de outubro de 2010 21h21min57s (Horário da Costa Leste) via web
- O que foi que eu disse? Todos deixaram de me seguir ao mesmo tempo! = {
- Venha celebrar o dia EVAR mais quente... com sushis do @sushilicious.
- @raymondpirouz desculpe, estava com saudades. Adoraria ter conversado com você. 12h43 de 26 de setembro de 2010 via Twitter para iPhone em resposta a raymondpirouz
- @raymondpirouz você deu uma chegada aqui hoje? 00:38 26 de setembro de 2010 via Twitter para iPhone em resposta a raymondpirouz
- Por favor, ligue 949.552.2260 para a prioridade de assento. 18h19 24 de setembro de 2010 via web
- @dopeysang Obrigado pelo RT! Não se esqueça da oferta gratuita de um prato de sushi se você chegar até as 16h em 26/09. 14h05 22 de setembro de 2010 via web
- RT "@raymondpirouz: "Empresa é dona da marca registrada, os clientes são donos da marca" http://www.vimeo.com/14798603" Qua 15 de setembro de 2010 13h53min50s (Horário da Costa Leste) via Twitter para iPhone
- Yo @BigHeadAsian maior fica, menos se vê. Não esqueçam da gente pessoalzinho! Sex 10 de setembro de 2010 17h40min52s (Horário da Costa Leste) via web
- Sem planos para o jantar ainda? Venha comer alguns sushis esta noite! Estamos abertos para o Dia do Trabalho! Seg 6 de setembro de 2010 18h30min05s (Horário da Costa Leste) via CoTweet
- Você ainda está vivo @raymondpirouz. Mal posso esperar você voltar! 14h27 31 de agosto de 2010 via web
- staceysoleil @sushilicious estamos alucinados sobre como impressionante sua estratégia # SocialMedia é... aguarde MUITOS novos fãs;) #SMMOC // * corando * Sáb 28 de agosto de 2010 13h05min32s (Horário da Costa Leste) via web
- encontrei-me no sushi Ter 10 de agosto de 2010 20h31min02s (Horário da Costa Leste) via web
- @kylezimmerman Obrigado por terem vindo! Desculpe não ter a chance de dizer oi. Estava lavando a louça ontem.14h57 16 de junho de 2010 via web em resposta a kylezimmerman
- Não posso votar dez vezes em mim mesmo... então preciso de sua ajuda. http://www2.ocregister.com/voteocbest/ Sáb 12 de junho de 2010 21h29min19s (Horário da Costa Leste) via web
- uau... as pessoas realmente leem meus tweets... agora só tenho que descobrir algo importante a dizer. Dom 30 de maio de 2010 00h 19min 53s (Horário da Costa Leste) via web
- **KELLYCHOI** RT @sushilicious: Se seu aniversário é hoje... venha comer um SUSHI GRÁTIS! #fbFri 28 de maio de 2010 19h16min23s (Horário da Costa Leste) via UberTwitterRetweeted por Sushilicious e 1 outro
- @ohheylinds vou tomar uma boa tigela de sopa de missô esperando por você na próxima vez que você vier. 23h42 de 24 de maio de 2010 via web em resposta a Ohheylinds
- @shopeatsleep Obrigado por ter vindo.... Eu queria dizer oi. Da próxima vez que você vier me avise. Dom 23 de maio de 2010 01h41min44s (Horário da Costa Leste) via web em resposta a shopeatsleep
- Minha lista de seguidores é como o mercado de ações... sobe e desce... sobe e desce... 22h31 de 18 de maio de 2010 via web
- Uau! Quantos seguidores... ei, espera... são spams... deixa pra lá 11: 13:00 17 maio 2010 via web
- Imagem Aleatória do Fim de Semana 10: <http://bit.ly/a1NchK> Sáb 1º de maio de 2010 03h34min29s (Horário da Costa Leste) via twitterfeed

continua

FIGURA 6 *continuação*

- AVISO: se você é facilmente hipnotizado... não leia esse tweet! VENHA AO SUSHILICIOUS. VENHA AO SUSHILICIOUS. VENHA AO SUSHILICIOUS 20h18 de 23 de abril de 2010 via web

- Venho perdendo minhas habilidades no twitter ultimamente. Qua 21 de abril de 2010 16h12min55s (Horário da Costa Leste) via web

- Atenção todos os alunos @UCIrvine !!!! @sushilicious estará dando MIL DÓLARES em cartões presente entre 12 e 3! Certifique-se de nos encontrar! Ter 30 de março de 2010 23h29min55s (Horário da Costa Leste) via web

- Estamos na frente do caminhão da Cruz Vermelha Americana na Ring Road dando cartões presente! 14h44 31 de março de 2010 via Twitter para iPhone

- Tyrant Habanero Wasabi Sticks: <http://bit.ly/cQ7Pyt> 02h42 24 de março de 2010 via twitterfeed

- @ElizaMichelleHo: @sushilicious meu artigo do Sushilicious saiu hoje e eu ouvi os alunos falando sobre Sushilicious!!" Sex 04 de junho de 2010 20h39min49s (Horário da Costa Leste) via Twitter para iPhone

- Se você trabalha para a FedEx sushi grátis para você hoje! (para os 10 primeiros a chegar) Venha entre 13h e 15h. Traga seu apetite. 09h27 mar 18, 2010 via web

- RT @ayoodanny Hella boia na @sushilicious! Hella bom sushi e excelente serviço ao cliente! O proprietário sabe o que ele está fazendo. Seg 15 de março de 2010 16h38min35s (Horário da Costa Leste) via web

- Chef Maekawa está na casa... Venha para o jantar... *Holla! Dom 14 de março de 2010 19h49min51s* (Horário da Costa Leste) via Twitter para iPhone

- **sheryllalexande** @sushilicious Você É DEMAIS Daniel! ADORO seu novo restaurante sushi kaiten. Escrevendo sua avaliação em www.Gayot.com Escreva agora. Coma Sushilicious, #OC 16h40 de 11 de março de 2010 via web em resposta a sushiliciousRetweeted por Sushilicious

Fonte: Arquivos da empresa.

---

comem de graça às terças-feiras", "sushi grátis entre 17-20h na terça-feira", "especiais por US$ 2" e até "funcionários FedEx comem de graça". Ele ainda enviou tweets antes de sua chegada no campus de uma faculdade local para distribuir cupons Sushilicious.

Como parte do marketing do Sushilicious, Woo fez parte de recursos promocionais na internet e no rádio. A Sushilicious lançou a "Promoção do Dia", uma promoção on-line que Woo fez com o Orange County Register, um jornal regional. Ele explica:

> *Essa foi uma promoção on-line que acredito gerou valor para o Sushilicious. Várias pessoas olham para "ofertas de compra em grupo" do ponto de vista errado. Não se trata de fazer ou não fazer dinheiro na transação; é óbvio que são feitas para perder dinheiro para poder ganhar depois. Vejo mais como uma ferramenta de propaganda. Com a Promoção do Dia, eu estava ganhando o equivalente a US$ 17.000 em propaganda sem colocar qualquer dinheiro. Efetivamente, fui pago pela promoção. Estávamos oferecendo cartões presente "de US$ 20 por US$ 11", que permitiam aos participantes adquirir US$ 20 pagando US$ 11. Eu ganhava 50% das receitas da promoção, ou seja, US$ 5,50 por cartão vendido. Agora meus custos de alimentos são de 30% do preço, de modo que pude atingir um nível de equilíbrio em termos de custos. No entanto, descobri que a maioria das pessoas que usava os cartões vinha ao*

restaurante às quintas e sextas-feiras, o que teve um impacto sobre as minhas vendas e lucros regulares.

Na promoção de rádio, Woo fez parceria com a 95,9 FISH FM, uma estação de rádio local, para vender cartões presente com 50% de desconto. A estação de rádio promoveu o acordo com spots de rádio de 30 segundos, cada um dos quais estimado para atingir um público de 250.000 ouvintes. Woo repetiu a promoção mais três vezes ao longo dos meses seguintes. Similarmente ao negócio da Promoção do Dia, Woo não teve que pagar pelos spots de rádio.

FIGURA 7 Página do Facebook do Sushilicious

continua

FIGURA 7 *continuação*

Fonte: Arquivos da empresa.

Ao longo dos 10 meses seguintes, Woo enviou em média 800 tweets por mês. Como ficou mais ocupado com o restaurante, ele começou a contar com uma combinação de ferramentas de mídia social para ajudá-lo com suas atualizações do Twitter. Ele conhecia alguns blogs relacionados com comida e com japoneses e tinha se inscrito neles. Usando ferramentas como Twitter Feed, ele montou funções de pesquisa para analisar blogs selecionados para mensagens interessantes sobre sushi ou comida japonesa. Uma vez que um post relevante era encontrado, o Twitter Feed enviava um tweet para alertar os seguidores do Sushilicious. Woo também usou o CoTweet, o que lhe permitia desenvolver o conteúdo de uma só vez, mas enviava seus tweets de uma vez (via um intervalo de tempo).

Alguns dos tópicos regulares (tweets e retweets) que apareceram no feed do Sushilicious no Twitter incluíram "imagem aleatória", que, como está implícito, apresentava uma imagem aleatória de alimentos ou outros itens, ou avisos sobre alimentos japoneses exclusivos, como "Shogoin (feijão vermelho) Yatsuhashi" ou "Batata Pringles de maionese". Woo gerenciava os tweets diretos que lembravam os clientes que o Sushilicious era uma opção para almoço ou jantar e agradecia as visitas de seguidores regulares. Frequentemente, ele trabalhava em seu escritório durante as horas mais movimentadas do restaurante. Se ele percebesse que um cliente estava presente, enviava um tweet sobre isso, e costumava enviar imediatamente um tweet oferecendo a esse cliente um item de sobremesa. Conforme Woo aprendia mais sobre vantagens e desvantagens de várias ferramentas de mídia social, ele desenvolvia uma nova estratégia global de marketing de mídia diferente para cada ferramenta.

Estratégia de Marketing em Relação às Novas Mídias do Sushilicious

Antes do Sushilicious, Woo não tinha nenhuma experiência no uso de ferramentas de mídia social. Ele lembra: "Entrei na mídia social por acidente, mas, em seguida, comecei a perceber que era uma ferramenta incrível para promover um negócio". Ele rapidamente aprendeu que cada uma das ferramentas era adequada a uma finalidade diferente. Woo comentou sobre as várias ferramentas de mídia social:

Twitter

Um ano antes de o restaurante abrir, me apoderei do nome @sushilicious. Em agosto de 2009, comecei a usar o Twitter para informar as pessoas sobre nossa inauguração em março de 2010. Inicialmente, eu esperava me conectar com um público universitário mais jovem, de 14 a 21 anos. Mas, então, percebi que esse público mais jovem tende a usar o Twitter como uma maneira de fazer sua rede de amigos saber onde estão ou o que estão fazendo, nesse mesmo instante. Seus tweets normalmente começam com as palavras "eu estou". E os seus perfis são em geral bloqueados. Ao mesmo tempo, notei que, em Orange County, há um grupo de talvez 500 a 1.000 pessoas a quem chamo de "conectores".

Eles (os conectores) são jovens profissionais, corretores de imóveis, advogados, donos de pequenos negócios, com idades a partir de 21 anos e interessados em estender a mão e trabalhar em rede com os outros, e fornecer informações relevantes. Portanto, se um é corretor de imóveis, ele poderia falar sobre o sobe-desce do mercado imobiliário no futuro próximo, por exemplo. E quando eles enviam tweets sobre algo que gostam, começo a atingir um público ampliado por meio desses conectores.

Eu consegui me tornar parte dessa rede aos poucos. No início, ficava enviando tweets e verificando minha linha do tempo do Twitter para ver quem iria responder. Como um follow-up, eu tentava pensar em coisas relevantes para dizer que iriam formar uma conexão com um ou dois dos respondentes. Às vezes, minhas mensagens eram reenviadas a um público maior, despertando a curiosidade de mais algumas cente-

nas de pessoas. Tento manter meus tweets unissex como uma forma de atingir um público tão amplo quanto possível.

Para gerenciar nossa conta no Twitter, eu uso ferramentas como o Hootsuite, Twitter Feed, CoTweet e bit.ly.[1] Ficou claro para mim que esse grupo de 500 pessoas foi fundamental para o meu sucesso até agora. Sem eles, eu não poderia ter chegado tão longe. Nos primeiros meses da minha empresa, foi esse grupo de 500 que lotaram a inauguração, que continuaram vindo, que trouxe de 5 a 10 membros da família ou amigos para o restaurante. Eles são meu grupo central de clientes até hoje. Toda vez que vejo alguém que eu reconheço, chego junto e ofereço de graça um pequeno prato, um sorvete de chá verde ou um prato de sushi. Estimo que, no geral, 30% dos meus clientes são responsáveis por 70% do meu volume.

Facebook

Eu uso minha página Facebook principalmente para alcançar o grupo etário mais jovem. A maioria dos meus seguidores do Facebook é do sexo feminino, com idades entre 18 e 24. Como você pode ver, eu realmente não publico mensagens diretivas que digam "venham ao Sushilicious". Em vez disso, eu tento fornecer conteúdo que os seguidores possam achar interessante. Espero que gostem e passem para seus amigos. Com esse público mais jovem, a chave para o sucesso é ser intrigante ou engraçado. Por exemplo, eu poderia postar uma foto de brincos em forma de sushi ou o desenho de um sushi. No Facebook, em julho de 2010, eu tinha 760 visualizações e 598 usuários ativos por mês. Em janeiro de 2011, eu tinha 808 visualizações e 406 usuários mensais. Eu tento responder a 90% das postagens. Temos perto de 2.400 "likes" e cerca de 2.000 desses usuários moram na vizinhança.

Yelp

No Yelp, que é um diretório on-line, para a semana de 6 de setembro de 2010, Sushilicious foi visto um total de 15 vezes e os usuários verificados 11 vezes. Os valores comparativos de 31 de janeiro de 2011 foram 236 e 20.

Foursquare

Eu realmente não tenho usado o Foursquare, mas sei que meus Prefeitos estão. Prefeitos são pessoas que visitam um local com mais frequência. Uma vez no restaurante, o usuário normalmente pressiona um botão em seu iPhone, acrescentando outra "visita" ao registro. Os visitantes com mais visitas são nomeados "Prefeitos".

---

[1] Essas ferramentas são, respectivamente, um painel de comunicações de mídia social, uma ferramenta que liga tweets de várias contas do Twitter, uma ferramenta de rastreamento e análise e um encurtador de URLs.

Site

A principal razão pela qual ainda não fiz meu site é porque não está no meu orça-mento. Mas muitos observadores de mídia social têm escrito sobre a importância maior de ferramentas como Facebook e Twitter, em comparação a um site estático. O que eu faço para combinar as três ferramentas é colocar links para o Facebook e Twitter. Na verdade, o Facebook é realmente minha página não oficial.

YouTube

Eu realmente não utilizo o YouTube, porque sinto que, se as pessoas puderem ver um vídeo do Sushilicious e de nossas operações, uma parte da "mágica" da descoberta se perde. Há certamente muitos interessados em nós por causa do nosso nome origi-nal e eu quero que esses indivíduos curiosos venham nos visitar pessoalmente.

Avaliando a Estratégia

O marketing de mídia social parecia valer a pena. Em junho de 2010, Sushilicous foi eleito um dos melhores restaurantes de sushi de Orange County pelo Orange County Register. Ao encorajar os seguidores a votar no Sushilicious, Woo enviou um tweet brincando: "Não posso votar dez vezes em mim mesmo... então preciso de sua ajuda". Sushilicious foi apresentado por vários posts de blogueiros de destaque.

Pensando no Próximo Passo

Em fevereiro de 2011, Woo aguardava o aniversário de um ano do Sushilicious com orgulho. Ele tinha um dedicado grupo de mais de 1.800 seguidores no Twitter, muitos dos quais eram clientes regulares que ele conhecia pelo nome. Ele estava alcançando 80% de utilização (comparativamente falando) em um aluguel baixo, tornando-o um dos maiores restaurantes de mais alta taxa de ocupação em Irvine.

Com a estratégia de mídia social do Sushilicious, sua decoração moderna e seus preços acessíveis, mas com alimentos de alta qualidade, Woo havia superado o fato de estar localizado longe dos locais famosos, não ter orçamento de marketing tradicional e estar competindo em um mercado abarrotado com 10 outros restaurantes de sushi (e seis restaurantes novos em Irvine). Woo poderia alegar que o Sushilicious tinha desenvolvido sua própria marca e que o diferenciava de qualquer outro restaurante de sushi que ele tinha visto antes.

Woo continuou a manter o restaurante aberto sete dias por semana para ser acessível aos clientes. Ele se perguntou se deveria franquear o conceito, abrir em outro local em Irvine ou se continuaria a trabalhar para melhorar sua única localização. Ele comentou essas opções:

O conceito Sushilicious, que não é tão caro como algumas franquias. Franqueados em potencial teriam que pagar entre US$ 300.000 e US$ 700.000 por um restaurante,[2]

---

[2] Todos os valores foram mascarados.

5% de taxa de franquia e 2% de taxa de marketing. Em troca, eles teriam acesso a mim e ao modelo de negócio do Sushilicious e um território exclusivo para crescer. Como alternativa, eu poderia usar os lucros deste primeiro restaurante e construir minha própria rede de restaurantes de sushi, começando pelo restante da Califórnia.

Outra opção que Woo estava considerando era manter todo seu foco em seu restaurante atual. As receitas estavam girando em torno de cerca de US$ 100.000 por mês. Os custos dos alimentos eram de aproximadamente 30% das receitas e os salários e benefícios do pessoal variavam entre US$ 22.000 e US$ 25.000 por mês. Todos os outros custos variáveis relacionados com o restaurante, aluguel, gás, serviços públicos e seguros, para citar alguns itens, eram de US$ 15.000 por mês. No entanto, o Sushilicious continuava a ter poucos clientes às segundas e terças-feiras, apesar dos esforços de Woo. Ele disse: "Nos primeiros dias, era relativamente fácil se conectar com as pessoas em um nível pessoal via Twitter ou Facebook. Mas, quanto mais ocupado eu ficava, mais meus tweets corriam o risco de ficarem automatizados ou padronizados". Woo observou que em sua página no Google Analytics, para a semana de 24 de janeiro de 2011, havia 3.764 impressões e 1.053 ações. Os valores comparativos de 8 de setembro de 2010 foram 4.000 impressões e 832 ações (veja os dados originais na Figura 8).

O maior segredo da mídia social, pelo menos de acordo com minha experiência, é que as pessoas não querem receber tweets; eles querem trocar tweets. Se eu estou seguindo um blogueiro local depois que ele escreveu sobre o meu restaurante, é inútil enviar para ele um tweet dizendo que "crianças comem de graça na terça-feira". Isso não é realmente relevante. Seria melhor se eu dissesse algo como: "Acabei de ler seu artigo e eu adorei. Mal posso esperar para ler seu próximo post".

De repente fiz uma conexão com esse escritor e ele vai olhar para o Sushilicious de uma forma mais positiva. À medida que crescemos, como podemos manter um toque pessoal on-line? E, há alguma coisa que possamos fazer para aumentar nossa taxa de utilização de 80% para mais perto de 100%?

Woo refletia se deveria fazer alguma coisa para desenvolver a campanha de marketing social do Sushilicious (veja a Figura 9). Ele também se perguntava se deveria ampliar toda a estratégia de marketing do Sushilicious para incluir o marketing tradicional, como, por exemplo, a mala-direta, que era mais uma oportunidade que Woo queria explorar. Ele pensava sobre o potencial de enviar folhetos a cada uma das famílias de Irvine. Entregar o folheto nas residências custaria a Woo cerca de US$ 0,09 por folheto. Ele estava animado com o potencial de levar Sushilicious ao próximo nível, mas não tinha certeza de qual caminho tomar.

FIGURA 8 — Web Analytics Selecionados

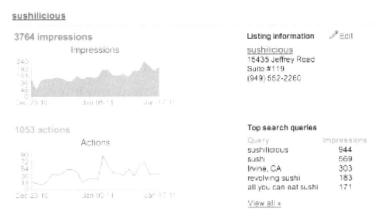

Fonte: Arquivos da empresa.

FIGURA 9 Site

Fonte: Arquivos da empresa.

Caso 19
Problemas Esquentam no Starbucks[1]

Lauranne Buchanan e Carolyn J. Simmons escreveram este caso exclusivamente para fornecer material para discussão em sala de aula. Os autores não pretendem ilustrar a manipulação eficaz ou ineficaz de uma situação gerencial. Os autores podem ter modificado certos nomes e outras informações de identificação para proteger a confidencialidade.

Ivey Management Services proíbe qualquer forma de reprodução, armazenamento ou transmissão sem seu consentimento por escrito. A reprodução deste material não é coberta pela autorização de qualquer organização de direitos de reprodução. Para pedir cópias ou solicitar permissão para reproduzir materiais, entre em contato com a Ivey Publishing, Ivey Management Services, Richard Ivey School of Business, Universidade de Western Ontario, Londres, Ontário, Canadá, N6A 3K7; telefone: (519) 661-3208; fax: (519) 661-3882; e-mail: cases@ivey.uwo.ca.

Copyright © 2009, Ivey Management Services Versão: (A) 2009-01-22

Starbucks era o preferido de Wall Street, com um balanço sólido e crescimento de dois dígitos desde a abertura de capital em 1992. Em 2007, tinha mais de 15.000 lojas em todo o mundo[2] e a projeção era de que o número iria crescer até 40.000 lojas, metade delas fora dos Estados Unidos.[3] Mas, de repente, o desempenho caiu tão seriamente que o conselho depôs o CEO Jim Donald e trouxe de volta Howard Schultz para reassumir o comando, líder visionário do Starbucks e CEO entre 1987 e 2000 e atual presidente e estrategista-chefe global.

Apesar do furor, a empresa não estava em grandes dificuldades financeiras. Em 2007, teve uma receita de US$ 9,4 bilhões, crescimento de ganhos de dois dígitos e abriu 2.500 novas lojas.[4] Mas o preço da ação caiu quase 50% com Wall Street ficando cada vez mais preocupada que a cadeia tivesse perdido espaço para

---

[1] O presente caso foi escrito com base apenas em fontes publicadas. Por conseguinte, interpretações e perspectivas apresentadas neste caso não são necessariamente as mesmas do Starbucks ou de qualquer um de seus funcionários.
[2] Janet Adamy, Schultz Takes Over To Try to Perk Up Starbucks, *Wall Street Journal*, 8 de janeiro de 2008, B1.
[3] Janet Adamy, Starbucks Sets Ambitious Goal of 40,000 Stores, *Wall Street Journal*, 6 de outubro de 2006, B3.
[4] Jonathan Birchall e Jenny Wiggins, The Starbucks Romantic, *Financial Times*, 12 de janeiro de 2008, p. 7.

maior expansão nos EUA. Em novembro, a empresa registrou sua primeira queda em número de clientes nas lojas dos EUA.[5] Fontes internas e analistas questionaram se a marca teria sido irreparavelmente danificada por sua determinação em crescimento e rentabilidade a curto prazo em detrimento da marca. Esse era um temor sobre o qual o próprio Howard Schultz já havia escrito como a "comoditização da experiência Starbucks."[6]

O Começo[7]

O Starbucks Coffee, Tea and Spice Company foi fundada em Seattle em 1971 por Jerry Baldwin, Gordon Bowker e Zev Siegl, três rapazes com uma paixão por café bem torrado no estilo europeu. Café, eles consideravam, era muito mais do que a bebida sem graça da Folgers e Maxwell House; café tinha sabores ricos, sensuais se torrado e fabricado corretamente. Sua visão era educar os consumidores sobre cafés finos da mesma forma como um sommelier educa os clientes sobre vinhos finos. Para isso, o Starbucks vendia apenas grãos inteiros de café bem torrado de lugares como Sumatra, Quênia, Etiópia e Costa Rica, mas não café moído nem preparado. Também vendia apenas cafeteiras e equipamentos manuais necessários para moer e preparar o café corretamente em casa, mas não cafeteiras elétricas que mascaram o sabor do café.

O povo de Seattle se mostrou uma base de clientes locais dedicados, mas foi necessário que Howard Schultz, que ingressou na empresa em 1982, visse o potencial para coisas maiores. Schultz havia crescido no Projeto Bayview, habitação subsidiada pelo governo federal em Canarsie, Brooklyn. Seu pai tinha abandonado a escola para ajudar a família, serviu na Segunda Guerra Mundial e trabalhou em vários empregos como operário. Schultz recorda que seu pai "nunca se achou na vida, nunca teve um plano para sua vida".[8] Uma de suas memórias mais vívidas de infância foi quando seu pai, na época, motorista de caminhão de entrega, quebrou o pé e não podia trabalhar. Sem seguro de saúde ou remuneração, a família não tinha a quem recorrer. Esse evento de infância deixou uma marca indelével em Schultz e ele tornou-se determinado a fazer algo de sua vida. Ele foi para a Northern Michigan University com uma bolsa de futebol. Formou-se em comunicação, fazendo cursos de como falar em público, comunicação interpessoal e negócios. Depois de um curto período de vendas na Xerox, juntou-se à Hammarplast, fabricante sueca de elegantes equipamentos de cozinha e utensílios domésticos. Com 28 anos, foi promovido a vice-presidente e gerente-geral.

Enquanto estava na Hammarplast, Schultz notou que um varejista de Seattle, com apenas quatro lojas estava comprando mais de determinado tipo de cafeteira do que a loja de departamento Macy's. Curioso, ele foi para Seattle, visitou a loja, chamada Starbucks, e foi instantaneamente fisgado pelo lado "romântico" do café fino. Os proprietários gostaram da conversão de Schultz ao verdadeiro café, mas, inicialmente, rejeitaram sua oferta de se juntar em sua cruzada, talvez por achar que seu estilo contundente de Nova York fosse inadequado para a cultura descontraída da costa oeste e que suas ideias de expansão eram incompatíveis com a missão deles de esclarecimento sobre o café. Schultz levou mais de um ano para convencê-los, mas finalmente ganhou a posição de diretor de marketing do Starbucks.

---

[5] Ibidem.

[6] Howard Schultz, The Commoditization of the Starbucks Experience, E-mail interno, 14 de fevereiro de 2007, <http://starbucksgossip.typepad.com/_/2007/02/starbucks_chair_2.html>. Acesso em: 30 de dezembro de 2008.

[7] Howard Schultz e Dori Jones Yang, *Pour Your Heart Into It*, 1997.

[8] Ibidem, p. 1.

A visão de Schultz para o Starbucks

Logo depois de entrar para o Starbucks, Schultz visitou Milão para uma trade show. Lá, ele viu cafés lotados de clientes em todo quarteirão. Baristas e clientes riam e conversavam, apreciando o momento e tomando café juntos. Como Schultz mais tarde descreveu, "Foi nesse dia que eu descobri o ritual e o lado romântico de cafeterias na Itália; vi como eram populares e vibrantes. Cada um tinha uma personalidade original, mas havia algo em comum: a camaradagem entre os clientes, que se conheciam bem uns aos outros, e o barista, que preparava o café com talento... 'Isso é tão forte!', pensei. 'Esse é o link.' A conexão com quem gosta de café não tem que acontecer apenas nas casas deles, onde eles moem e preparam o café em grãos. O que tínhamos que fazer era destravar o lado romântico e misterioso do café, em primeira mão, em cafeterias. Os italianos compreenderam a relação pessoal que as pessoas podem ter com o café, seu aspecto social. Eu não podia acreditar que o Starbucks estava no negócio de café e, ainda assim, não ter percebido o elemento tão central dele."[9]

Mas seus chefes não estavam interessados. O dinheiro era curto. Além disso, o Starbucks era um varejista, e não um restaurante ou uma cafeteria. Servir café iria colocá-lo no negócio de bebidas. Quando Schultz pressionou Baldwin para expandir a visão do Starbucks, Baldwin diria, "Howard, me escute. Simplesmente, não é a coisa certa. Se nos concentrarmos demais em servir café, seremos apenas mais um restaurante ou lanchonete. Pode parecer razoável, cada etapa do caminho, mas, no final, vamos perder nossas raízes no café."[10]

Criando sua Própria História

Não disposto a abandonar seu sonho, Schultz saiu do Starbucks e abriu o *Il Giornale*, um jornal cotidiano. Seu plano era recriar a experiência de cafeteria italiana. Para sua surpresa, o Starbucks foi o seu primeiro investidor, com uma provisão de US$ 150.000. "Não é um negócio em que queiramos entrar", Baldwin explicou, "mas vamos apoiá-lo."[11] Foi um começo, mas Schultz precisava de US$ 1,7 milhão: US$ 400.000 para a loja inicial, para demonstrar o funcionamento prático e atrair o consumidor de uma cafeteria italiana, e US$ 1,3 milhão para oito cafeterias adicionais, para mostrar que a ideia funcionaria em uma escala maior. No primeiro ano, Schultz falou com 242 potenciais investidores; 217 disseram "não".[12] Seus argumentos eram sempre os mesmos: "Café é uma commodity." "O consumo de café nos EUA vem apresentando uma tendência de queda desde meados da década de 1960." "Há cafeterias em toda parte." "Os americanos nunca pagarão US$ 1,50 por uma xícara de café." Ainda assim, ele insistiu.

Em 1987, Schultz tinha adquirido o capital inicial e aberto três cafeterias. Então, em uma reviravolta inesperada do destino, os proprietários do Starbucks decidiram vender o negócio: no total, seis lojas, a fábrica de torrefação e o nome. Schultz tinha que aproveitar a oportunidade. Ele levantou quatro milhões de dólares, adquiriu o Starbucks, adotou seu nome e começou a se expandir. Quinze novas lojas foram inauguradas no ano fiscal de 1988, 20 em 1989, 30 em 1990, 31 em 1991 e 53 em 1992, todas de propriedade da empresa.[13] Schultz explica: "Somos tão fanático com controle de qualidade que manteremos o café em nossas mãos em cada passo do processo desde os grãos verdes crus até a xícara fumegante. Compramos e torramos todo o

---

[9] Ibidem, p. 51-52.
[10] Ibidem, p. 61.
[11] Ibidem, p. 66.
[12] Ibidem, p. 73.
[13] Ibidem, p. 114.

nosso próprio café e o vendemos em lojas de propriedade da empresa... Por quê? A resposta pode ser encontrada na última xícara de café ruim que você bebeu. Ao contrário de sapatos ou livros ou refrigerantes, o café pode ser arruinado em qualquer ponto de sua produção até o consumo... O café é um produto tão perecível que montar um negócio desse tipo está repleto de perigos. No minuto em que entregamos nosso café a outra pessoa, estamos extremamente vulneráveis a ter a qualidade comprometida."[14]

Mas o Starbucks não envolvia apenas café. Era também a recriação da cultura de cafeteria italiana. Schultz queria que o Starbucks se tornasse o "Terceiro Lugar", o lugar entre a casa e o trabalho, onde as pessoas se reúnem, relaxam e interagem entre si. Para incentivar os clientes a saborear uma xícara de café, o Starbucks prestou uma grande atenção aos detalhes da loja: o layout, o mobiliário e a música ambiente. Ainda mais importante eram os baristas, cuja capacidade de envolver o cliente era o ponto central da experiência Starbucks. Entendendo a dificuldade de gestão do capital humano, especialmente quando dois terços dos trabalhadores trabalhavam em tempo parcial, Schultz achava que tinha de fazer os funcionários serem "parceiros" em sua visão. Ele teve de infundir-lhes a cultura Starbucks, recompensá-los com uma sensação de segurança pessoal e dar-lhes uma razão para estarem envolvidos no sucesso do negócio.

Para incutir o necessário conhecimento de café nos aprendizes, o Starbucks desenvolveu um programa de treinamento de 24 horas que cobria Conhecimento do Café (quatro horas), Preparando a Xícara Perfeita (quatro horas), Atendimento ao Cliente (quatro horas) e as habilidades de varejo básicas. Para fornecer segurança pessoal, Schultz pleiteou com sua diretoria a ideia de oferecer seguro de saúde a todos os parceiros, até mesmo àqueles em tempo parcial. "Trate as pessoas como uma família e elas vão ser fiéis e dar tudo de si. Apoie as pessoas e elas ficarão do seu lado", argumentou. A matemática fazia sentido. Naquela época, fornecer por ano todos os benefícios a um funcionário custava US$ 1.500, em comparação com US$ 3.000 para o treinamento de um novo contratado.[15]

E para aumentar o envolvimento no sucesso do negócio, ele ofereceu a Bean Stocks, um pseudoplano de opção de ações para parceiros com pelo menos seis meses na loja.[16] Como "detentores de ações", parceiros de lojas tinham um incentivo para participar da tomada de decisão, sugerir medidas de corte de custos para aumentar a rentabilidade e ajudar a manter a integridade da marca. Se eles sentissem que a diretoria estava se afastando da visão do Starbucks, tinham o direito e a responsabilidade de alertá-los. O resultado dessas iniciativas foi uma base de parceiros mais satisfeitos. Para baristas, a rotatividade média era de 60% a 65%, em comparação com 150% a 400% na média em redes de varejo ou fast-food. Para os gerentes de loja, a rotatividade era de cerca de 25% em comparação com 50% para outros varejistas.[17]

Starbucks Abre o Capital

Com pouco mais de 100 lojas em quatro estados e Vancouver, Colúmbia Britânica, o Starbucks tornou-se público em 1992. Inicialmente com o preço de US$ 17 por ação, ela saltou para US$ 21 no sinal de abertura. Até o final do dia, a oferta pública inicial (IPO) levantou US$ 29 milhões para a empresa, US$ 5 milhões a mais do que o esperado, e a capitalização de mercado do Starbucks ficou em US$ 273 milhões.[18] Ser uma empresa de capital aberto elevou o Starbucks ao time dos grandes. Ela devolveu milhões a quem acreditou e investiu na empresa, disponibilizou recursos críticos para uma futura expansão e ajudou a atrair novos talentos.

---

[14] Ibidem, p. 171-172.

[15] Ibidem, p. 127.

[16] Ibidem, p. 134.

[17] Ibidem, p. 128.

[18] Ibidem, p. 185.

Mas Wall Street pode ser um mestre inconstante. Como Schultz descreveu, "Junto com a alegria de ser uma empresa de capital aberto vem o exercício de humildade, a cada trimestre, a cada mês e a cada dia, de que você é um escravo do mercado de ações... Operar uma empresa aberta é uma montanha-russa emocional. No início, você aceita os parabéns como se realmente merecesse. Então, quando o preço das ações cai, você sente que fracassou. Quando ele volta a subir, você fica desnorteado. Em algum ponto, você tem de se divorciar do preço das ações e se concentrar apenas na gestão do negócio."[19]

Expandindo o Modelo de Negócios

Para satisfazer Wall Street e evitar ameaças da concorrência, o Starbucks fez do crescimento o seu mantra. A empresa estava em uma corrida para estabelecer o domínio nacional antes de outras cafeterias especializadas que estavam surgindo e ainda procurando passar despercebido pelos "grandes", como Procter & Gamble, que tinha comprado o Millstone Coffee, o maior fornecedor de grãos inteiros para supermercados. Para crescer e reivindicar a liderança da categoria, o Starbucks se concentrou em uma estratégia de novos produtos, uma ligação mais forte com os clientes como o Terceiro Lugar e na expansão das localizações de lojas nos Estados Unidos e no exterior.

Desenvolvimento de Novos Produtos

Uma das primeiras adições à equipe de gerenciamento depois que a empresa abriu seu capital para o público foi Howard Behar, com 25 anos de experiência no varejo no negócio de móveis e no desenvolvimento de resorts. Enquanto muitas pessoas dentro do Starbucks tiveram um impacto duradouro com seu sucesso, foi Behar que realmente mudou a forma como a empresa pensava. Várias vezes, ele argumentava que não era só café ou marca, que o negócio era o cliente. A cruzada de Behar nem sempre foi recebida por espíritos abertos, como Schultz recordou em seu livro, Dedique-se de coração:

> *Howard estava no Starbucks a menos de um mês, quando veio até mim um dia e perguntou: "Você tem lido os cartões de comentários dos clientes?".*
>
> *"Claro", eu disse, "eu leio. Eu li todos eles."*
>
> *"Então", ele respondeu, "como é que você não está respondendo?"*
>
> *"Respondendo o quê?"*
>
> *"Olhe quantas pessoas querem leite desnatado."*
>
> *"Bem", eu expliquei: "Eu fiz uma degustação formal algumas vezes esse ano de lattes e cappuccinos feitos com leite desnatado e eles simplesmente não têm gosto bom."*
>
> *"Para quem?" Howard foi claramente ficando impaciente com minhas respostas.*
>
> *"Para mim..."*
>
> *"Então, leia os cartões de comentários dos clientes. Nossos clientes querem leite desnatado! Devemos dar a eles."*
>
> *Eu respondi, e Howard nunca me deixa esquecer isso, "Nunca vamos usar leite desnatado. Não é o que somos".[20]*

---

[19] Ibidem, p. 188-189.
[20] Ibidem, p. 166-167.

A questão do leite desnatado levou a um dos maiores debates na história do Starbucks. Puristas de café ficaram escandalizados. Os gerentes de loja estavam frustrados, como eles poderiam lidar com mais de um tipo de leite sem desacelerar as operações de loja? Ainda assim, Behar insistiu, acabou recebendo autorização de Schultz para fazer um teste na loja. As lojas não desabaram, os clientes conseguiram o que queriam e o Starbucks parou de perder vendas para concorrentes mais flexíveis. O leite desnatado chegou para ficar.

A história do Frappuccino é semelhante. A diretoria do Starbucks, por princípios, recusou-se a considerar uma bebida fria, não era uma verdadeira bebida de café. Dessa vez, foi um casal gerente de loja no sul da Califórnia que obteve a iniciativa depois de ver seus clientes da tarde e da noite irem para os concorrentes que ofereciam bebidas de café mais frias e refrescantes. Eles começaram a experimentar diferentes receitas e ingredientes, variaram o tempo de mistura, mudaram a proporção de gelo para líquido. Testaram sua mistura com os clientes e, novamente, eles aprovaram. A corporação veio atrás. Um ano depois da implantação dos Frappuccinos em nível nacional, suas vendas foram de US$ 52 milhões, 7% das receitas anuais totais.[21]

O sucesso do Frappuccino inspirou outros novos produtos, muitos desenvolvidos em lojas locais, em seguida, refinados e divulgados nacionalmente pela empresa. Ofertas sazonais foram introduzidas, como Frappuccino de morango e creme no verão e latte com biscoito de gengibre no Natal. Alimentos como biscoitos e doces começaram a entrar na loja. "A comida é uma parte importante de onde estamos indo...", disse Orin Smith, membro da equipe de gerenciamento sênior do Starbucks. "Não vai ser um monte de qualquer coisa. Será alimento que faça sentido e complemente os clientes e suas escolhas de bebidas."[22] O Starbucks viria a introduzir sanduíches e saladas frias para o almoço, bem como sanduíches quentes.

Conforme a empresa foi ficando mais confortável na expansão além de suas raízes tradicionais, desenvolveu produtos com outras empresas, um Frappuccino engarrafado com a Pepsi, um sorvete com sabor de café com a Dreyer's e um licor de café com a Jim Beam. As extensas redes de distribuição dessas empresas deram ao Starbucks acesso a supermercados e restaurantes com sua base de clientes mais ampla. Mas mesmo em negociações com parceiros muito maiores e mais experientes, o Starbucks teve o cuidado de proteger sua marca. A parceria com a Pepsi, uma empresa 100 vezes o tamanho do Starbucks na época, era um arranjo de 50%, em que a Pepsi cedeu ao Starbucks um alto grau de controle sobre a marca e as fórmulas dos produtos.[23]

Localização é a alma do negócio

Ao mesmo tempo, o Starbucks estava adicionando novas lojas a um ritmo veloz. Seu modelo sofisticado de expansão de lojas era baseado em uma matriz de perfis demográficos regionais e uma análise de como melhor aproveitar a infraestrutura operacional. Para cada região, uma grande cidade foi escolhida para funcionar como um "hub", onde equipes de profissionais ficavam localizadas para servir de suporte às novas lojas. Ao entrar em novos mercados, o objetivo era expandir para 20 ou mais lojas nos dois primeiros anos. A partir do núcleo, ele ia se ramificando para mercados próximos, incluindo pequenas cidades e localidades suburbanas com perfil demográfico similar ao mix típico de clientes.

O Starbucks não anunciava a entrada em um novo mercado; ele não tinha verba para tal. Em vez disso, a loja concebia uma campanha de base, começando com a seleção de um local com alta visibilidade, como o Dupont Circle, em Washington, DC, ou o Astor Place, em Nova York, para a loja âncora. Os trabalhos artís-

---

[21] Ibidem, p. 208-209.
[22] Sarah E. Lockyer, Full Steam Ahead, *Nation's Restaurant News*, 3 de maio de 2004, p. 4.
[23] Howard Schultz and Dori Jones Yang, *Pour Your Heart Into It*, 1997, p. 222.

ticos eram concebidos para celebrar a personalidade de cada cidade sendo usados em canecas e camisetas. Para cada mercado, o Starbucks planejava pelo menos um evento grande na comunidade para celebrar sua chegada, com os proventos destinados a uma instituição de caridade local. "Embaixadores" locais eram recrutados de novos parceiros e de clientes cujos nomes eram parte do banco de dados de clientes catalogados do Starbucks. Eles recebiam ingressos para o grande evento de abertura e dois cupons de bebida grátis com um bilhete pedindo-lhes para "compartilhar o Starbucks com um amigo".[24]

Conforme o Starbucks expandia seus negócios, a empresa às vezes deixava observadores perplexos com sua estratégia de localização de lojas, já que, muitas vezes, uma era aberta em frente de outra existente. Mas o Starbucks tinha aprendido que lojas próximas não necessariamente tiram as vendas uma da outra e de fato poderiam realmente ajudar. Logo no início, ele tinha aberto uma grande loja a 30 m de uma pequena, mas de alto desempenho, escondida em um edifício que estava para ser fechado para reforma. Para espanto da empresa, as duas lojas não só coexistiam como prosperaram. Alta densidade de lojas tornou-se o modelo em todo o país, com resultados igualmente lucrativos.[25] (A Coca-Cola e a PepsiCo Inc. obtiveram resultados semelhantes na localização de nova máquina de venda automática ao lado de uma já existente. Inicialmente, as vendas da primeira caíram, mas, em seguida, aumentaram rapidamente, pois mais clientes bebem mais refrigerantes.)

Quando o Starbucks entrava em novos mercados, esses agrupamentos de lojas agiam como outdoors, criando reconhecimento de marca. E conforme a demanda crescia, lojas aglomeradas ajudaram a gerenciar o tráfego da loja, especialmente nas horas cruciais, antes das 10 horas, quando até 60% das vendas de uma loja ocorrem.[26] Durante esse período, não é incomum que os clientes percebam o tempo de espera como muito longo, devido a longas filas, dificuldades de estacionamento ou qualquer outro problema, para sair sem seu café. Mais lojas significavam que haveria mais chances de os clientes se depararem com uma fila menor ou mais lugares vagos no estacionamento e o Starbucks fazer a venda.

A onipresença das lojas também ajudou a impulsionar as vendas durante o dia todo. "Muito de nosso crescimento está vindo daquele copo a mais que alguém pode não ter planejado comprar", disse Doug Satzman, diretor de desenvolvimento de novas lojas na Califórnia. Na esquina das ruas Mission e Fourth, em São Francisco, onde há um Starbucks em três das quatro esquinas, Satzman explicou: "Se você está aqui [referindo-se ao Metreon, um shopping de entretenimento localizado à sua direita] você não tende a atravessar a rua. Se você está no hotel, você poderia ir para a direita na Market Street" para a área de compras.[27] As pessoas no complexo na terceira esquina podem não se incomodar em sair. Mas com uma loja em cada esquina, fica fácil pegar um copo no Starbucks de qualquer direção.

Uma vez que a empresa percebeu que a conveniência impulsionava as vendas, foi apenas uma questão de tempo até que ela adicionasse um serviço de drive-thru. Inicialmente voltado para pais com crianças pequenas, as janelas do drive-thru rapidamente se tornaram um sucesso para um mercado mais amplo, resultando em vendas anuais médias de cerca de US$ 1,3 milhão, contra US$ 1 milhão em lojas sem a janela.[28] A desvantagem dos drive-thru locais era o custo dos imóveis e parceiros adicionais necessários para operar a janela. Além disso, os gargalos no drive-thru podiam ser muito piores do que os da loja, mesmo que o tempo médio para atender os clientes fosse mais ou menos o mesmo. "Na loja, é uma questão de gestão de filas. Alguém

---

[24] Ibidem, p. 255.

[25] Dina ElBoghdady, Pouring It On, *The Washington Post*, 25 de agosto de 2002, H1.

[26] Barbara Kiviat, The Big Gulp at Starbucks, *Time*, 18 de dezembro de 2006, p. 124.

[27] Why Did Starbucks Cross the Road?, *Wall Street Journal*, 3 de abril de 2007, B1.

[28] Steven Gray, Fill 'er Up — with Latte, *Wall Street Journal*, 6 de janeiro de 2006, A9.

pode ter um pedido mais complexo e esperar ao lado enquanto ele está sendo feito", disse John Vidro, analista do setor CIBC World Markets.[29] Mas um cliente de drive-thru não poderia se afastar e todos os carros atrás tinham que esperar. Para resolver esses problemas, fones de ouvido de baristas foram instalados para "soar" quando um carro entrava no drive-thru, e um timer digital media o tempo de serviço. As lojas também acrescentaram telas de confirmação para melhorar a precisão dos pedidos e estantes de doces adicionais para reduzir o tempo de servir.

Para adicionar novos locais em áreas inacessíveis para a rede, o Starbucks empreendeu no licenciamento. Os aeroportos eram um local natural para o Starbucks; mas todos os locais de comércio dos aeroportos norte-americanos eram operados por concessionárias; no caso de alimentos e bebidas, o Host Marriott. O licenciamento ia contra a crença da rede de que era necessário controlar a experiência do cliente, mas a exposição adicional parecia valer o risco. Inicialmente, os locais do Host Marriott não satisfaziam plenamente as expectativas de Schultz, mas os parceiros cooperaram para fazer o relacionamento funcionar. Em um licenciamento, Schultz descobriu, era como um casamento: "Para que ele funcione é uma questão de quem você escolhe como parceiro, a quantidade de diligências que você faz de antemão e como as coisas vão durante o namoro. Se você se atirar com pouca preparação, corre o risco de entrar numa fria."[30]

Após o sucesso de sua relação com o Host Marriott, o Starbucks iniciou parcerias com varejistas como o Safeway e Barnes & Noble. Esses acordos de licenciamento criaram maior comodidade para o cliente em mercados estabelecidos, mas também proporcionaram ao Starbucks uma forma de entrar em novos mercados quando não podia se dar ao luxo de construir lojas de propriedade da empresa. Os licenciados concordavam em construir cafeterias no interior da loja, a suas expensas, além de fornecer os funcionários que operariam o balcão. O Starbucks treinava os baristas e as bebidas eram preparadas com seus ingredientes e receitas. Na seleção de licenciados, o Starbucks considerava cuidadosamente se a imagem e os objetivos do licenciado seriam consistentes com os da empresa. A Target passou, mas o WalMart não.

Conectando-se com Clientes

Para criar o sentido de comunidade central para o Terceiro Lugar, o Starbucks acrescentou música, livros e filmes em seu mix de produtos. "A estratégia global é fazer do Starbucks um destino", explicou Kenneth Lombard, então presidente do Starbucks Entertainment.[31] "Sabemos que existirão infinitas oportunidades à medida que essa estratégia continuar a crescer, e vamos analisar cada uma delas."[32] Schultz acrescentou que, "o Starbucks não é uma empresa de entretenimento. Mas queremos ter uma estratégia de entretenimento que dê suporte para a base da experiência de café que nossos clientes passaram a esperar e desfrutar".[33]

Ouvir música. A música sempre foi uma parte do ambiente Starbucks, com lojas que tocam principalmente jazz e instrumentais clássicos e, eventualmente, acrescentam vocais de jazz. De vez em quando, os clientes perguntavam onde poderiam comprar o que ouviam lá. Então, quando Schultz se deparou com uma loja de música chamada *Hear Music* no centro comercial de Stanford, na Califórnia, ele ficou intrigado. Na Hear Music, os clientes podiam entrar, ouvir qualquer um dos mais de 150.000 títulos e criar um CD mixado com-

---

[29] Ibidem.

[30] Howard Schultz e Dori Jones Yang, *Pour Your Heart Into It*, 1997, p. 174.

[31] Eunjung Ariana Cha, DVDs and Fries, *The Washington Post*, 28 de agosto de 2005, A1.

[32] Steven Gray e Kate Kelly, Starbucks Plans to Make Debut in Movie Business, *Wall Street Journal*, 12 de janeiro de 2006, A1.

[33] Ibidem.

pleto com título, encarte e arte no disco e na capa personalizados em apenas cinco minutos. Mais impressionante ainda eram as pessoas que conheciam e adoravam músicas tanto quanto Schultz conhecia e adorava café. Ficou claro que a visão da Hear Music era semelhante à do Starbucks. "Quando penso na experiência padrão na compra de música, o que eu chamaria do lado romântico da música já não existia", lembrou Schultz. "Mas, quando vi a Hear Music pela primeira vez, ficou claro que eles tinham decifrado o segredo do sentido de descoberta que a música deve ter."[34] Ele ficou tão impressionado que comprou a empresa.

Logo depois, o Starbucks começou a oferecer compilações da Hear Music em suas lojas, lançando uma série popular de CDs chamada "Escolha do Artista". Ela incluía músicos tão diversos como Yo-Yo Ma, Tony Bennett, Lucinda Williams e os Rolling Stones, todos compartilhando suas canções favoritas. Mas o verdadeiro sucesso do Starbucks foi quando a Hear Music coproduziu e distribuiu o álbum lançado postumamente de Ray Charles, *Genius Loves Company*, uma coleção de duetos entre Charles e artistas como Norah Jones, James Taylor e B. B. King. O CD, impulsionado pelo filme biográfico *Ray* e a morte do artista, vendeu quase três milhões de cópias, um quarto delas pelo Starbucks. Nenhum novo lançamento de Ray Charles havia chegado perto desse nível em anos.[35] Para tornar o sucesso do investimento na loja ainda melhor, o CD ganhou oito prêmios Grammy.

O sucesso do Starbucks com CDs, num momento em que os varejistas de música veteranos, como Tower Records, pediram falência, não escapou à atenção da indústria fonográfica. Com música garantida na loja e uma rede de distribuição interna de milhares de pontos de venda, as gravadoras começaram a competir ferozmente para fornecer um dos pouquíssimos CDs vendidos em determinado momento em lojas Starbucks. Artistas de ponta, tais como Carole King, James Taylor, Paul McCartney e Joni Mitchell, assinaram acordos de exclusividade para a distribuição inicial de novas gravações. E o Starbucks ajudou a introduzir pequenos grupos conhecidos como a banda de rock Antigone Rising e artistas internacionais como o cantor italiano Zucchero. O presidente da Concord Records, Glen Barros, disse que procurou o Starbucks para a palavra final sobre assinar ou não com um novo vocalista: "Se eles forem nossos parceiros, assinamos". Outro executivo de uma gravadora acrescentou que o Starbucks é a "nova moça bonita que todo mundo quer tirar para dançar."[36]

Em vez de oferecer CDs, o Starbucks começou a experimentar CDs personalizados na loja. Introduziu quiosques chamados Media Bars, que permitiam aos clientes ouvir música e criar suas próprias compilações digitais sentados em cadeiras confortáveis à espera de seu latte. A conta, 99 centavos de dólar por canção, era paga com um cartão Starbucks ou cartão de crédito.[37] "Nossos clientes reagem à música", disse Anne Saunders, então vice-presidente sênior de marketing. "Parte da razão pela qual eles vêm é por sermos um destino de entretenimento, para uma pausa, um papo com os amigos, um lugar para encontros. A ideia do serviço de música é fortemente baseada na razão pela qual as pessoas vêm ao Starbucks".[38]

Canto dos leitores. Em um passo inicial errado, o Starbucks ofereceu uma revista literária chamada *Joe*, que durou apenas seis meses, quando Schultz decidiu, com base nas vendas fracas, que o produto "não acrescentava qualquer valor".[39] Mas, com seu sucesso na arena musical, o Starbucks começou a pensar em como pode-

---

[34] Alison Overholt, Listening to Starbucks, *Fast Company*, julho de 2004, p. 50.

[35] Steven Gray e Ethan Smith, New Grind: At Starbucks, a Blend of Coffee and Music Creates a Potent Mix, *Wall Street Journal*, 19 de julho de 2005, A1.

[36] Ibidem.

[37] Stanley Homes, First the Music, Then the Coffee, 22 de novembro de 2004, p. 66.

[38] Alison Overholt, Listening to Starbucks, *Fast Company*, julho de 2004, p. 50.

[39] Susan Dominus, The Starbucks Aesthetic, *New York Times*, 22 de outubro de 2006, p. 1.

ria estender sua plataforma de entretenimento. A loja escolheu *For One More Day* de Mitch Albom como seu primeiro livro. Para começar as vendas e estimular um diálogo em toda a comunidade, 25 lojas Starbucks em todo o país ofereceram grupos de discussão do livro com café gratuito. Editores olharam com interesse. "Um dos grandes problemas na indústria do livro é que, exceto pela Oprah, não há uma autoridade amplamente aceita para recomendar livros", disse Laurence Kirshbaum, fundador da agência de LJK Literary Management. O Starbucks estava começando a se ver como essa autoridade. "Os clientes dizem que uma das razões pelas quais eles vêm [para o Starbucks] é porque podem descobrir coisas novas, um novo café de Ruanda, um novo item de alimentos. Então, estender essa sensação de descoberta para entretenimento é muito natural para nós. Isso tudo é parte da experiência Starbucks", disse Saunders.[40]

E no Tapete Vermelho*.* Em 2006, o Starbucks deu o salto da música para filmes com um acordo promocional com a Lions Gate Entertainment para *Akeelah and the Bee*[41]. O filme era sobre uma menina de 11 anos de idade afro-americana do sul de Los Angeles, que descobria uma paixão por palavras e, com a ajuda de seu professor, alcançou o National Spelling Bee. Devido ao seu grande elenco afro-americano e ambiente urbano, a Lions Gate temia que o filme só atrairia um público restrito. Uma conexão com o Starbucks garantiria maior exposição e forneceria um endosso para o filme. Como Jon Feltheimer, CEO da Lions Gate, disse: "[Starbucks] é uma empresa com uma marca intocada colocando sua marca na posição de risco e dizendo, 'Você deve ver esse filme'".[42]

O Starbucks promoveu o filme de forma agressiva, colocando jogos de perguntas relacionados a filmes em seus quadros de giz e protetores de copo de café, e também distribuindo a trilha sonora. Fez pré-estreias para seus baristas e detentores de cartões Starbucks. "Os baristas querem falar a seus clientes sobre as coisas de que gostam e estamos convencidos de que esse filme vai ser uma delas", disse Anne Saunders, que tinha sido promovida a vice-presidente sênior do Starbucks para a estratégia de marca e comunicação global. Por sua parte, o acordo incluía uma parte não revelada das receitas de bilheteria do filme. Ele também deu ao Starbucks a oportunidade de ampliar o uso de sua rede Wi-Fi no interior da loja, passando trailers do filme. "Sabemos há algum tempo que o Wi-Fi em nossas lojas [é] o lugar perfeito para curtas, documentários e outras coisas que não seriam vistos na tela grande", disse Schultz.[43] As receitas de bilheteira, porém, foram decepcionantes.

O Starbucks tentou novamente no ano seguinte com um documentário sobre a natureza, *Arctic Tale*,[44] da Paramount Classics e National Geographic Films. O filme era sobre um filhote de morsa e um urso-polar que cresceram e encontraram seu ambiente congelado derretendo debaixo deles. Dessa vez, promoções na loja foram complementadas com discussões organizadas pelo Starbucks sobre mudanças climáticas.[45] "Introduzimos *Arctic Tale* a nossos clientes porque queremos desencadear um diálogo sobre as questões ambientais", disse Lombard. "O café é um ótimo lugar para inspirar tal discussão. Não há nenhuma questão mais importante que nosso planeta enfrenta hoje do que a mudança climática." A promoção do Starbucks era uma "via para fazer pessoas de todas as idades se expressarem... e espero ter sido inspirado a ser uma parte da solução."[46] A bilheteria de *Arctic Tale* foi novamente decepcionante e não conseguiu alavancar o Starbucks

---

[40] Ibidem.

[41] No Brasil, lançado sob o título *Prova de Fogo – Uma História de Vida*. (N.T.)

[42] Steven Gray e Kate Kelly, Starbucks Plans to Make Debut in Movie Business, *Wall Street Journal*, 12 de janeiro de 2006, A1.

[43] Ibidem.

[44] No Brasil, lançado sob o título *Novo Ártico*. (N.T.)

[45] Janet Adamy, Starbucks Sticks with Film-Promotion Plan, *Wall Street Journal*, 28 de junho de 2007, B2.

[46] Marc Graser, Rough Start for Starbucks, Variety.com, 23 de agosto de 2007, <www.variety.com/article/VR1117970763. html?categoryid=13>.

como "a voz de um árbitro cultural".[47] Mas os executivos da Paramount National Geographic Films disseram que estavam satisfeitos com o esforço do Starbucks. "Eles foram grandes parceiros e foi incrível trabalhar com eles", disse um executivo da National Geographic. "Eles fizeram tudo o que disseram que iriam fazer. Eu trabalharia com eles novamente num piscar de olhos."[48]

Expansão Global

O Starbucks iniciou sua expansão fora da América do Norte em 1995 com uma parceria com SAZABY Inc. para abrir cafeterias Starbucks no Japão. Os céticos inicialmente duvidaram que a fórmula Starbucks funcionaria em países que não possuem uma cultura de café. Mas, desde aquela época, o Starbucks tem invadido quase todos os cantos do mundo com seu formato de "sala de estar em uma cafeteria", com seu conceito de "cantos" ou com minilojas localizadas em escritórios de companhias aéreas, estádios esportivos, aeroportos, hotéis e livrarias. Até 2008, o Starbucks tinha cafeterias em 4.500 localidades em 43 países fora dos Estados Unidos.[49] Seus menus estrangeiros estavam ancorados pelos mesmos lattes, cappuccinos e cafés como nos Estados Unidos, com algumas modificações para os gostos locais. Em Atenas, por exemplo, os clientes locais encontram uma espessa camada de resíduo fino no fundo do seu café e, no Reino Unido, os clientes podem ter um sanduíche queijo e marmite. (Marmite é uma propagação de levedura preta consumida apenas pelos britânicos em algumas de suas ex-colônias.) Para a maior parte, a fórmula tem funcionado. Mesmo no Reino Unido, onde o chá é sagrado e uma "boa xícara de chá" é o remédio para quase tudo, o Starbucks estava prosperando. Em Londres, havia mais espaços Starbucks do que na cidade de Nova York.[50]

De forma geral, a despesa de construção das lojas e outras infraestruturas em locais no exterior significava que as operações globais do Starbucks ainda não eram um dos principais contribuintes para os resultados da companhia. Além disso, havia muitos desafios; o mais divulgado foi a saída do Starbucks dos jardins históricos da Cidade Proibida na China depois do aumento da opinião pública negativa que se desenvolveu. O Starbucks também atrasou sua entrada na Índia e na Rússia, um movimento que alguns disseram colocar o Starbucks em desvantagem. Tais atrasos deram tempo para os concorrentes locais se prepararem para o ataque e ocuparem locais privilegiados. E os preços dos imóveis continuaram a aumentar enquanto a empresa esperava.[51]

Mas os executivos do Starbucks salientaram que a rede foi recebida pela esmagadora maioria dos lugares em que abriu. "Em todos os lugares que abrimos, tornamo-nos um marco da noite para o dia", disse Martin Coles, presidente do Starbucks Coffee International. E, continuou, "Não perdemos muito tempo com foco em nossa concorrência."[52] De fato, o Starbucks insistiu que a concorrência aflorava o melhor da empresa e ajudava a aumentar o mercado global de cafés.

Uma Tempestade Perfeita

Em 2007, o Starbucks tornou-se uma das marcas globais mais reconhecidas e admiradas. Consistente com a memória de Schultz de cafeterias em cada esquina de Milão e com sua crença de que uma empresa aberta

---

[47] Janet Adamy, Starbucks Sticks with Film-Promotion Plan, *Wall Street Journal*, 28 de junho de 2007, B2.

[48] Marc Graser, Rough Start for Starbucks, Variety.com, 23 de agosto de 2007, <www.variety.com/article/VR1117970763.html?categoryid=13>.

[49] Janet Adamy, Starbucks Brews Growth Abroad, *Wall Street Journal*, 12 de junho de 2008, B2.

[50] Ibidem.

[51] Janet Adamy, From Seattle, with Lattes, *Wall Street Journal*, 31 de agosto de 2007, B1.

[52] Ibidem.

deve crescer de forma robusta para agradar a Wall Street, o Starbucks parecia estar em toda parte. Mas o crescimento teve consequências inesperadas. E o Starbucks estava prestes a ser desafiado por um ambiente competitivo em mudança e uma economia difícil.

Decisões Adicionais e Consequências Indesejadas

Desde o início, o Starbucks tinha adicionado lojas em um ritmo rápido, por isso, muitos analistas ficaram surpresos quando a empresa anunciou em 2004 que pretendia dobrar seu ritmo de expansão. Para cumprir tal promessa para a Wall Street, "houve um pouco de frenesi para conseguir locais", lembra Matt Dougherty, um corretor de imóveis do Nevada Commercial. Um corretor da Flórida que trabalhou com o Starbucks concordou: "Aumentamos, aceleramos, mas, quando você faz isso, você sacrifica o mercado imobiliário. Havia uma desconexão em algum lugar em Seattle entre essas decisões e a realidade. A oportunidade nem sempre existia".[53] Outros analistas sugeriram que a empresa, seduzida pelas vantagens oferecidas por proprietários ansiosos em trazer a força do Starbucks para seus bairros, simplesmente ignoraram sua própria fórmula vencedora de localização de loja.[54]

Os resultados líquidos da expansão foram uma base maior de clientes e uma mudança de perfil do cliente "médio" do Starbucks. Em 2000, cerca de 3% dos clientes do Starbucks tinham entre 18 e 24 anos, 16% eram negros, 78% tinham formação universitária e a renda média anual era de US$ 81.000. Em 2005, 13% dos clientes tinham entre 18 e 24 anos, 37% eram negros, 56% eram recém-formados e a renda média era de US$ 55.000.[55]

Além disso, o aumento do acesso ao Starbucks, por meio de aberturas de lojas, bem como licenciados, também tinha mudado a percepção dos consumidores em relação ao Starbucks. A loja não era mais tanto um destino ou Terceiro Lugar, uma vez que era um "luxo acessível", um pequeno agrado para começar a manhã ou um "me pegue aqui" no período da tarde. O comportamento do cliente também refletia isso, com 80% dos pedidos sendo consumidos fora da loja.[56]

Ao mesmo tempo, o aumento do número de janelas de drive-thru e alimentos na loja levou o Starbucks a um passo de se tornar um fast-food, o que levou a um racha interno entre a sede e o pessoal da loja. Os gerentes de loja sem janelas drive-thru achavam que suas vendas estavam sendo canibalizadas por locais que ofereciam maior acesso, enquanto os gerentes de locais com drive-thru tinham mais dificuldade em gerar compras de impulso para o café em grãos, CDs e outras mercadorias. Baristas ressentiam ter de fazer venda cruzada de itens alimentares, uma tática de fast-food. E até mesmo os clientes se queixavam de que odores de cozimento de sanduíches quentes mudavam a "experiência Starbucks". Como observado por Jim Romenesko em Starbucks Gossip, um site on-line na internet sem vínculo com a empresa, "se eu entrar lá de manhã cedo, cheira como um McDonald's, e não uma cafeteria".[57]

Os esforços para aumentar a eficiência operacional também afetaram a experiência do cliente. Para reduzir o tempo de espera, o Starbucks trouxe máquinas de café expresso automatizadas Verismo 801, que dispensam café quente ao toque de um botão e permitem que os baristas preparem as bebidas 40% mais rápido, mas

---

[53] Brad Stone, The Empire of Excess, *New York Times*, 4 de julho de 2008.

[54] Andrew Bordeaux, Is It Possible to Grow Too Fast?, 9 de julho de 2008, Growthink Blog, <www.growthink.com/content/it-possible-grow-too-fast>.

[55] Steven Gray e Ethan Smith, New Grind: At Starbucks, a Blend of Coffee and Music Creates a Potent Mix, *Wall Street Journal*, 19 de julho de 2005, A1.

[56] Janet Adamy, McDonald's Takes on a Weakened Starbucks, *Wall Street Journal*, 7 de janeiro de 2008, A1.

[57] Barbara Kiviat, Wake Up and Sell the Coffee, *Time*, 7 de abril de 2008, p. 46.

as máquinas eram tão altas que os clientes já não podiam ver o café sendo feito ou interagir com o barista. A adoção de sachês selados Flavorlock de café pré-moído eliminava a etapa de moagem do café, mas as lojas perderam o aroma do café moído na hora. E, em um esforço para reduzir os custos de manutenção, as lojas foram reconfiguradas com menos cadeiras confortáveis e menos carpetes, tornando o Starbucks um lugar menos convidativo para saborear uma xícara de café.[58]

Em fevereiro de 2007, Schultz estava questionando se a empresa estava no caminho certo. O mix de produtos, que incluía bebidas sem café, alimentos, música, livros, filmes e até ursos de pelúcia, havia se expandido enormemente. Locais de propriedade da empresa e licenciados pareciam estar em toda parte. Em um memorando aos principais executivos da companhia, Schultz escreveu: "... tivemos que tomar uma série de decisões que, em retrospecto, levaram ao enfraquecimento da experiência Starbucks e o que alguns poderiam chamar de comoditização da nossa marca".[59]A empresa lamentou ter perdido o aspecto romântico e teatral do preparo do café com sua expansão meteórica.

Concorrentes Batem de Frente

Durante anos, a linha entre varejistas de café preparado tinha sido claramente definida. O Starbucks, com suas bebidas acima de US$ 3 à base de café, jogava em um campeonato diferente do Dunkin Donuts e McDonald's. Um executivo de marketing do Starbucks chegou a caracterizar a concorrência como "vendendo um líquido marrom quente que parece café."[60] Mas, na metade da década, seus mundos paralelos começaram a colidir. O Starbucks, a sua janela drive-thru, estava começando a parecer muito mais com um restaurante de fast-food. O Dunkin Donuts e o McDonald's, vendo os lucros em cafés especiais, começaram seus próprios esforços para ingressar no mercado de café de primeira linha. Como disse Jon Luther, diretor-executivo da empresa-mãe Dunkin Donuts, do grupo Allied Domecq PLC do Reino Unido, "o café expresso passou a fazer parte do mercado principal dos Estados Unidos. E quem trabalha melhor no mercado principal do que o Dunkin Donuts?"[61]

Dunkin Donuts era o maior vendedor nos Estados Unidos de café regular, não aromatizado, preparado em lojas de fast-food. Suas lojas podiam ser encontradas em todo o território dos Estados Unidos, com a maior concentração no Nordeste, muitos em bairros de operariado. A cadeia lançou sua linha de bebidas de café em 2003, alegando que poderia entregar sua preparação à italiana "mais rápido, mais barato e mais simples": mais rápido, trabalhando com um fabricante de equipamento suíço para fornecer expresso real e ferver leite fresco em menos de um minuto; mais barato, oferecendo bebidas a preços 20% mais baixos do que o Starbucks; e mais simples, comunicando em inglês, rotulando seus tamanhos de café como "pequeno", "médio" e "grande", em vez de "alto", "grande" e "venti" preferidos pelo Starbucks. Ao fazê-lo, a rede esperava "democratizar" o café expresso ou como um cartaz dizia: "Latte para Cada Tom, Dick e Lucciano."

Nem todos os frequentadores do Dunkin Donuts ficaram impressionados. Pat Kelly, um recruta da polícia de Boston de 26 anos que bebia diariamente um café no Dunkin Donuts, recusou-se a experimentar os novos produtos. O único dentre seus amigos que experimentou um latte disse que ele "tem um gosto esquisito". "Não sou realmente o tipo de pessoa que bebe latte. São bebidas de yuppies." Mas alguns dos yuppies do

---

[58] Ibidem.

[59] Howard Schultz, The Commoditization of the Starbucks Experience, E-mail interno, 14 de fevereiro de 2007, <http://starbucksgossip.typepad.com/_/2007/02/starbucks_chair_2.html>.

[60] Janet Adamy, McDonald's Takes on a Weakened Starbucks, *Wall Street Journal,* 7 de janeiro de 2008, A1.

[61] Deborah Ball e Shirley Leung, Latte Versus Latte, *Wall Street Journal*, 10 de fevereiro de 2004, B1.

Starbucks ficaram sabendo. Kathleen Brown, uma advogada de 30 anos de Boston costumava se autopresentear com um Caramel Macchiato de US$ 4 do Starbucks, mas mudou para o Dunkin Donuts. "Eu posso pedir um simples café com leite com caramelo médio e não ter que falar todas essas coisas sofisticadas", disse ela.[62] O fato de que ele também custa menos apenas o tornou muito mais doce.

O McDonald's foi mais lento para entrar em cafés especiais. Mas isso mudou em 2004, quando sua participação de tráfego de café da manhã caiu 1,6%, em grande parte devido à queda nas vendas de café que, ao que parece, impulsiona a escolha dos consumidores de sanduíches, e não o contrário. E as vendas de café do McDonald's caíram 36% na última década, enquanto as vendas do Dunkin Donuts e do Starbucks cresceram.[63]

Para remediar a situação, a direção do McDonald's reformou as lojas. Ele desenvolveu um "Plano para Vencer", que enfatizava uma mudança passando de crescer sendo maior para crescer sendo melhor.[64] As lojas seriam remodeladas, substituindo cadeiras de plástico moldado por cadeiras de grandes dimensões, mudando para uma iluminação mais suave e repintando os restaurantes com tons suaves em vez das cores brilhantes usadas anteriormente. Foi adicionada uma rede sem fios. "Começamos a perceber que definitivamente poderíamos vender café neste ambiente", disse Don Thompson, presidente dos negócios da rede nos EUA.[65]

Em 2006, o McDonald's mudou seu preparo de café para uma mistura mais forte e começou a comercializá-lo como torrado "premium", que a *Consumer Reports* classificou como "melhor" do que o do Starbucks. Estimulada, a empresa desenvolveu uma linha de bebidas de café expresso sob o nome McCafé. Assim como o Dunkin Donuts, usou um processo mais automatizado do que o do Starbucks. Em vez da vaporização do leite em jarros para, em seguida, misturá-lo ao expresso, o McDonald's usou uma única máquina para fazer todos os componentes de cada bebida. E os sabores adicionados foram limitados a baunilha, caramelo e mocha, um número significativamente menor do que as milhares de combinações oferecidas pelo Starbucks. Os preços também eram menores, de US$ 1,99 a US$ 3,29, o que significava US$ 0,60 a US$ 0,80 menos do que o Starbucks.[66]

É a Economia!

Em 2007, a economia dos EUA foi atingida com o aumento dos preços. O barril de petróleo quase dobrou de preço,[67] e os preços da gasolina subiram de cerca de US$ 2,00 para US$ 3,00 o galão.[68] O Starbucks, como muitos varejistas, sentiu a dor dos consumidores. "Eles finalmente chegaram a um ponto em que sua base de clientes era tão ampla que não estava à prova de recessão", segundo Joseph Buckley, de um grande banco de investimento e corretora.[69] E como os preços da gasolina continuaram a subir em todos os Estados Unidos, o preço médio de US$ 3,50 por um café do Starbucks agora estava em concorrência direta com os menos discricionários galões de gasolina, uma comparação crucial quando os orçamentos dos consumidores estão apertados.

Como se isso não fosse suficiente, a economia ainda foi atingida pela precipitação da crise dos empréstimos hipotecários. Como o Starbucks tinha se expandido no Sul e no sul da Califórnia, regiões duramente

---

[62] Ibidem.

[63] Steven Gray e Deborah Ball, McDonald's Sees Rivals Bite Into Breakfast, *Wall Street Journal*, 8 de abril de 2005, B1.

[64] Neil Buckley, McDonald's Returns to Profit after Revamp Restaurants, *Financial Times*, janeiro de 2004, p. 21.

[65] Janet Adamy, McDonald's Takes on a Weakened Starbucks, *Wall Street Journal*, 7 de janeiro de 2008, A1.

[66] Ibidem.

[67] *Weekly United States Spot Price FOB Weighted by Estimated Import Volume (Dollars per Barrel)* <http://tonto. eia.doe.gov/dnav/pet/hist/wtotusaw.htm>.

[68] Gasbuddy.com, <www.gasbuddy.com/gb_retail_price_chart.aspx?time=24>.

[69] Barbara Kiviat, Wake Up and Sell the Coffee, Time, 7 de abril de 2008, p. 46.

atingidas pela crise imobiliária, muitas novas lojas tiveram resultados abaixo da expectativa. Em alguns casos, locais de loja haviam sido escolhidos porque se esperava que a população cresceria rapidamente com o novo desenvolvimento, que, de fato, não ocorreu e, por isso, as vendas esperadas não se materializaram.[70] Em outros casos, a população estava lá, mas as vendas não.

Caindo em Desgraça

A confirmação de problemas no Starbucks veio em 2007, quando a empresa teve dois trimestres sem crescimento em vendas comparativas de lojas. Em seguida, informou seu primeiro declínio já no quarto trimestre. As vendas comparativas de lojas, uma medida de vendas em locais abertos há pelo menos um ano, pairavam na faixa de meados de um dígito durante todo o ano, depois de anos de crescimento em um dígito alto ou dois dígitos por trimestre.[71]

Para vencer os problemas econômicos apresentados diariamente na imprensa nacional, o CEO, Jim Donald, reagiu mexendo nas ofertas de produtos de menor preço. O Starbucks começou a testar um café de US$ 1 e recargas gratuitas no café tradicional para atrair os consumidores atentos aos preços em meio a uma economia fraca. Por US$ 1, o Starbucks estaria abaixo do preço de concorrentes como o McDonald's e o Dunkin Donuts. Embora a maioria dos restaurantes tradicionais ofereça o café gratuitamente aos clientes, restaurantes fast-food de conveniência têm, tradicionalmente, ficado longe dessa prática.

E, durante a temporada de férias de 2007, o Starbucks fez sua primeira campanha nacional de televisão, algo que a Wall Street tinha há muito defendido que era hora de fazer. Os anúncios usavam o "animatics", uma forma menos caricatural e nítida de animação. Em um comercial de TV, um esquiador de barba e uma rena estão presos em um teleférico e o esquiador oferece à rena um café do Starbucks. Ideias para futuros esforços de propaganda foram decididamente mais intensos. Uma campanha proposta mostrou norte-americanos discutindo questões de importância para eles, como a guerra no Iraque e cuidados de saúde ou até mesmo a cultura pop, e descreveu o Starbucks como a "sala de visitas" da conversação nacional. As imagens passariam de dentro de uma loja Starbucks para imagens de um soldado americano ou, no lado mais leve, de Britney Spears no dia em que raspou a cabeça.[72]

Mas, no final de 2007, as ações do Starbucks tinham perdido muito de seu brilho. No início de janeiro, o preço das ações da empresa era de US$ 18, abaixo dos US$ 35 do ano anterior. Decidindo que era hora de agir, em 7 de janeiro de 2008, a diretoria trouxe de volta Howard Schultz como CEO. E Schultz voltou determinado a restaurar o brilho do Starbucks como uma marca de ponta: "Voltei porque é pessoal. Voltei porque amo essa empresa e nosso pessoal e tenho um profundo sentido de responsabilidade com as 200.000 pessoas e suas famílias".[73]

Os investidores saudaram sua retomada na posição de CEO, na esperança de que, assim como o regresso à casa de Steve Jobs para a Apple em 1997, seria o prenúncio de um retorno aos dias mais saudáveis. Mas muitos analistas advertiram que os investidores não devem esperar uma reversão imediata do destino da empresa. "Muitos [investidores] não percebem quanto tempo pode demorar para endireitar o navio e quão dura pode

---

[70] Brad Stone, Lax Real Estate Decisions Hurt Starbucks, *New York Times*, 4 de julho de 2008.

[71] Janet Adamy, Schultz Takes Over to Try to Perk Up Starbucks, *Wall Street Journal*, 8 de janeiro de 2008, B1.

[72] Stephanie Kang, Janet Adamy e Suzanne Vrancia, TV Campaign Is Culture Shift for Starbucks, *Wall Street Journal*, 17 de novembro de 2007, A1.

[73] Barbara Kiviat, Wake Up and Sell the Coffee, *Time*, 7 de abril de 2008, p. 46.

ser a navegação durante esse tempo. Empresas como Gap Inc. e Home Depot Inc. passaram vários anos tentando voltar à pista depois de se perderem no caminho."[74]

O próprio Schultz reconheceu que não seria uma solução rápida e que as escolhas não seriam fáceis. Em declarações à imprensa, ele advertiu: "Queremos ter a coragem de fazer as coisas que deem suporte ao propósito central e nossa razão de ser, e não desviar e acabar sendo pegos correndo atrás de receitas, porque o valor de longo prazo para o acionista só pode ser criado se você criar valor a longo prazo para o cliente e seu pessoal. Temos que voltar para o que fazemos".[75]

---

[74] Janet Adamy, With Starbucks, Investors Need Patience, *Wall Street Journal*, 2 de fevereiro de 2008, B1.
[75] Barbara Kiviat, Wake Up and Sell the Coffee, *Time*, 7 de abril de 2008, p. 46.

Caso 20
Groupon[1]

Sayan Chatterjee, Sarah O'Keeffe e Alison Streiff escreveram este caso exclusivamente para fornecer material para discussão em sala de aula. Os autores não pretendem ilustrar o tratamento eficaz ou ineficaz de uma situação gerencial. Os autores podem ter modificado certos nomes e outras informações de identificação para proteger a confidencialidade.

A Richard Ivey School of Business Foundation proíbe qualquer forma de reprodução, armazenamento ou transmissão sem seu consentimento por escrito. A reprodução deste material não é coberta pela autorização de qualquer organização de direitos de reprodução. Para pedir cópias ou solicitar permissão para reproduzir materiais, entre em contato com a Ivey Publishing, Ivey Management Services, Richard Ivey School of Business, Universidade de Western Ontario, Londres, Ontário, Canadá, N6A 3K7; telefone: (519) 661-3208; fax: (519) 661-3882; e-mail: cases@ivey.uwo.ca.

Copyright © 2012, Richard Ivey School of Business Foundation Versão: 2012-02-14

Introdução

Em dezembro de 2010, o CEO do Groupon, Andrew Mason, e os líderes de sua empresa se reuniram com representantes do Google para falar sobre o futuro do Groupon, uma empresa de cupom on-line de rápido crescimento. Nos dois anos seguintes a seu lançamento, o Groupon havia alcançado 35 milhões de usuários e tinha uma receita anual de cerca de US$ 1 bilhão.[2] O Google agora estava se oferecendo para com-

---

[1] O presente caso foi escrito com base apenas em fontes publicadas. Por conseguinte, interpretações e perspectivas apresentadas neste caso não são necessariamente as mesmas do Starbucks ou de qualquer um de seus funcionários.
[2] Evelyn Rusli e Jenna Wortham, Groupon Said to Reject Google's Offer, *NY Times DealBook*, 3 de dezembro de 2010, <http://dealbook.nytimes.com/2010/12/03/groupon-said-to-reject-googles-offer/>. Acesso em: 20 de fevereiro de 2011.

prar de Mason e seus parceiros. Era óbvio que o Groupon tinha montado um modelo de negócio desejável. Seria melhor continuar por conta própria, tentando manter a vantagem que havia criado, possivelmente, até mesmo abrir o capital da empresa, ou Mason deveria sair enquanto estava ganhando e vender o negócio para o Google?

O que É Groupon?

O Groupon se utiliza de cupom on-line que permite a um consumidor, mediante inscrição no Groupon.com, comprar um serviço específico de uma empresa local com desconto de 50% a 90% em relação ao preço regular. Uma nova oferta Groupon é enviada a assinantes on-line todos os dias, tendo que ser comprada dentro do limite de tempo especificado (geralmente no mesmo dia) e precisa ter um número mínimo de compradores antes de o "negócio ser fechado"[3] e a compra da oferta Groupon ser realmente concluída (ver Figura 1). Cada oferta é criada pelo Groupon com uma empresa ou organização ligada a determinada cidade. Assinantes se inscrevem em sua cidade de escolha (geralmente aquela em que vivem) e, em seguida, recebem um e-mail com a Oferta do Dia em Destaque além de alguns "negócios secundários" para aquela cidade; eles são incentivados a compartilhar a oferta com os amigos. Ofertas são personalizadas por gênero e outros detalhes pessoais que um assinante estiver disposto a fornecer. Como o assinante compra ofertas de forma contínua, o Groupon personaliza ou segmenta ofertas futuras com base nas preferências de compra do passado.

O Começo

Em 2003, recentemente graduado em música pela Universidade de Northwestern, Andrew Mason passou a trabalhar para o famoso empresário de Chicago Eric Lefkofsky na InnerWorkings,[4] onde foi contratado como webdesigner. Em 2006, Mason deixou o webdesign e entrou para a Escola Harris de Estudos de Políticas Públicas da Universidade de Chicago. Durante esse período, uma experiência frustrante com seu contrato de telefonia celular inspirou Mason a testar uma plataforma baseada na internet para organizar um leilão coletivo. O ex-patrão e mentor de Mason, Lefkofsky, ofereceu-se para financiar o projeto de plataforma emergente, levando Mason a abandonar a escola para se concentrar em tempo integral em sua criação, o que, até novembro de 2007, ficou conhecido como The Point.

The Point: Fazer Algo Acontecer

Mason queria usar sua nova plataforma baseada na internet para oferecer a organizações e indivíduos um lugar para fazer uma campanha por uma causa. Por meio do The Point, qualquer pessoa podia começar uma campanha e qualquer pessoa poderia se comprometer a apoiar essa campanha. Os indivíduos apenas provisoriamente se juntavam a uma causa e promessas de ajuda financeira não seriam coletadas até que fosse alcançado um ponto predeterminado da campanha (ponto crítico), ou seja, a quantidade de pessoas necessárias para fazer a campanha ter sucesso.[5] Os primeiros exemplos de campanhas bem-sucedidas no The Point foram "Compre um Wii para o Escritório do The Point" (publicado por Andrew Mason, que arrecadou

---

[3] How It Works, <www.groupon.com>. Acesso em: 28 de fevereiro de 2011.

[4] Marcia Froelke Coburn, On Groupon and its Founder, Andrew Mason, *Chicago Magazine*, agosto de 2010, <www.chicagomag.com/Chicago-Magazine/August-2010/On-Groupon-and-its-founder-Andrew-Mason/index.php?cparticle=2&siarticle=1#artanc>. Acesso em: 12 de fevereiro de 2011.

[5] Campaigns, <www.thepoint.com>. Acesso em: 9 de março de 2011.

FIGURA 1 Fluxograma

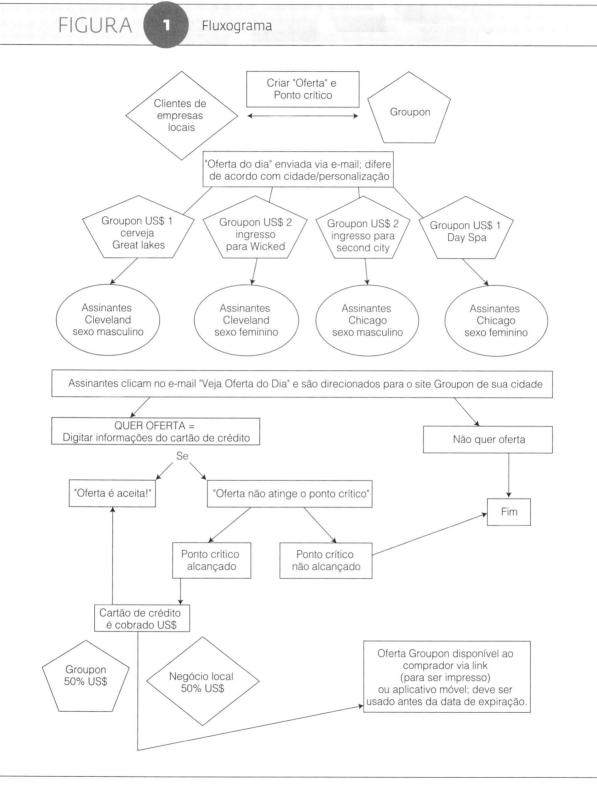

Fonte: Frequently Asked Questions, <www.kgbdeals.com/company/faq>. Acesso em: 6 de fevereiro de 2011.

US$ 350 com essa campanha), "Chicago Wiffleball Tournament" (que arrecadou US$ 600) e a petição "Salve seu cachorro! Pare DC Bill 17089!", em Washington, DC (que angariou 75 cidadãos interessados). Embora esses sucessos iniciais tenham sido de grande utilidade para a plataforma de Mason, eles não geraram receitas.

Um ano depois do lançamento do The Point, Lefkofsky estimulou Mason a pensar sobre como ganhar dinheiro com seu conceito. "[The Point] era muito abstrato e complexo. Então, vamos dar uma aplicação a isso, ou seja, compra em grupo, focar nisso e ver o que acontece. Aí, começamos [o Groupon] como esse projeto paralelo"[6] em novembro de 2008. Os parceiros perceberam que tinham uma ferramenta que poderia inspirar as pessoas a agir. Em seguida, eles precisavam identificar um mercado em que a obtenção de um número de pessoas (consumidores) para agir (comprar algo) resultaria em receitas para o Groupon.

Modelo do Groupon

Primeiros Dias do Groupon – Descobrindo o que Funcionava

Até de ser lançado em uma segunda cidade em março de 2009, o Groupon ofereceu seus cupons em grupo somente de empresas em Chicago, enquanto continuava a trabalhar em sua fórmula de ofertas de promoção. O segredo para o sucesso foi descobrir o que seria uma oferta verdadeiramente popular e quem estaria interessado em comprá-la.

Em uma entrevista de 2010,[7] Andrew Mason descreveu esses primeiros dias como um momento em que o Groupon "ainda não tinha realmente entendido o caminho, o que funcionava ou não". Cada dia era uma primeira vez para o Groupon, uma vez que oferecia promoções de empresas de diferentes setores e, em resposta, avaliava as reações dos assinantes. Ofertas para uma sessão em um reservatório de isolamento sensorial vendeu muito bem, enquanto um passeio de ônibus ao refúgio da infância de Michael Jackson em Gary, Indiana, não conseguia pegar. Mason disse que o acordo do reservatório de isolamento o ajudou a reconhecer "o potencial do Groupon de... ajudar as pessoas... a terem todos os tipos de experiências que de outro modo não poderiam ter".[8] Com esses primeiros esforços, o Groupon aprendeu a oferecer promoções interessantes de experiências para seus usuários e para as empresas em cada cidade em que poderia entregar tais tipos de ofertas. O software do ponto crítico permitiu à empresa medir automaticamente quais ofertas eram mais populares e uma ferramenta básica de feedback foi disponibilizada para assinantes e empresas para fornecer um relatório sobre suas experiências no Groupon. Ele desenvolveu um verdadeiro guia da cidade para seus usuários, servindo como "uma maneira de as pessoas descobrirem joias interessantes escondidas na cidade"[9] e estimulando-as a tentar algo divertido e novo por um preço reduzido.

Junto com essas vendas de sucesso a compradores do Groupon houve uma enxurrada de empresas que mal podiam esperar para adicionar seus nomes ao rol de fornecedores de experiências do Groupon. Na verdade, o Groupon logo se orgulhava de listas de espera com "centenas de empresas" nas maiores cidades.[10] As ofertas mais típicas do Groupon vinham dos setores de entretenimento e restaurantes. No entanto,

---

[6] Andrew Mason, Interview with Charlie Rose, *Charlie Rose Show*, PBS, 9 de dezembro de 2010, <www.charlierose.com/view/interview/11338#frame_top>. Acesso em: 12 de fevereiro de 2011.

[7] Groupon's CEO on Coupons and Start-Ups, *Wall Street Journal Blogs, Digits*, 9 de junho de 2010. <http://blogs.wsj.com/digits/2010/06/09/groupons-ceo-on-on-line-coupons-and-start-up-success/>. Acesso em: 20 de fevereiro de 2011.

[8] Ibidem.

[9] Ibidem.

[10] Ibidem.

conforme se expandia, o Groupon continuou a fazer experiências e começou a incluir ofertas, tais como Donors Choose Groupon, onde um filantropo de Nova York doou fundos correspondentes para certificados no valor de US$ 40 vendidos a US$ 20 e um Groupon de US$ 10 por uma cópia de *Delivering Happiness*,[11] um livro do CEO da Zappos.com, Tony Hsieh.[12]

Atrair empresas e assinantes inicialmente exigiu muito trabalho por parte da equipe do Groupon. A equipe de vendas se empenhava para obter as empresas que forneceriam os cupons e a lista inicial de assinantes consistia de endereços de e-mail de amigos e familiares dos funcionários do Groupon. As receitas iniciais somadas a US$ 30 milhões em fundos de investimento da Accel Partners foram usadas para a contratação de uma força de vendas mais experiente que possuísse um conjunto de habilidades em vendas pessoais. Enquanto isso, as inscrições foram aumentando com e-mails de boletins informativos, compartilhamento de ofertas em mídias sociais e, por fim, com a compra de assinantes de listas de clientes de outras empresas por US$ 3 o endereço de e-mail.[13]

O Caminho para a Expansão: Forma de Trabalho do Groupon

Uma vez que o modelo tinha sido criado, Mason e seu grupo usaram a infraestrutura de mídia social, trabalhando em torno de sites como Facebook e Twitter, e uma força de vendas com qualificações impressionantes para colocá-lo em novas cidades. A força de vendas do Groupon, como discutido em Quora.com, contava com 2.000 indivíduos depois de apenas dois curtos anos e foi descrita como tendo "um grupo de vendedores realmente bons e com experiência de campo".[14] Um colaborador sugeriu que o Groupon pudesse ter herdado sua cultura de equipe de vendas qualificada por ser outro projeto financiado pela empresa de Lefkofsky, Lightbank VC. Outras empresas da Lightbank, a Echo Global Logistics, o MediaBank e o ex-empregador de Mason, InnerWorkings, eram todas orientadas para vendas. Outro observador atribui a capacidade do Groupon de reforçar sua força de vendas à generosa comissão como forma de remuneração, que, por vezes, bateu valores com seis dígitos, e uma economia fraca que ajudou a encontrar fabricantes bastante dispostos a cooperar.

O Groupon abriu em Nova York, sua terceira cidade, em meados de 2009 e tornou-se disponível em 70 cidades norte-americanas e 80 cidades europeias até junho de 2010. A empresa aperfeiçoou o modelo para a indústria de compra coletiva,[15] com muitos concorrentes que, logo depois, passaram a apresentar seus próprios toques sutis na proposição de ofertas e novos concorrentes surgindo como resultado do sucesso do Groupon. Em fevereiro de 2011, o Groupon operava em 39 países, incluindo Estados Unidos, Canadá, 16 países europeus e quatro países asiáticos, com escritórios em cada cidade ou região que atendia.

Fechando uma Oferta

Percentuais de desconto, bem como os números mínimo e máximo de ofertas disponíveis, eram fechados entre o Groupon e a empresa antes que a promoção fosse publicada. Nesse momento, o Groupon ganhava

---

[11] No Brasil, publicado sob o título *Satisfação garantida*. (N.T.)

[12] Ibidem.

[13] Chris McCoy, How Did Groupon Scale Their Sales Team So Quickly?, 25 de janeiro de 2011, <www.quora.com/How-did-Groupon--scale-their-sales-team-so-quickly>. Acesso em: 11 de maio de 2011.

[14] Brian Roemmele e Jeff Domoracki, How did Groupon Build a 2,000+ Person Sales Force in Two Years?, 4 de fevereiro de 2011, <www.quora.com/How-did-Groupon-build-a-2-000+-person-salesforce-in-2-years>. Acesso em: 11 de maio de 2011.

[15] Amazon Flings Money at Groupon Rival LivingSocial, 2 de dezembro de 2010, <http://money.cnn.com/2010/12/02/technology/Amazon_invests_LivingSocial/index.htm>. Acesso em: 19 de fevereiro de 2011.

dinheiro, recebendo 50% de todas as receitas geradas com a promoção do dia.[16] No dia seguinte ao acordo, o Groupon enviava um cheque a cada empresa participante com a parte do negócio realizado. A empresa não tinha nenhum gasto até que o Groupon fosse resgatado pelo comprador. De acordo com relatórios de pesquisa,[17] muitos analistas sentiram que a parte do Groupon, que variava de 40% a 50% da receita gerada por cada oferta, era insustentável.[18]

Uma vez que um acordo havia sido publicado, os assinantes tinham um período de tempo durante o qual poderiam comprá-lo. Se o número mínimo pré-definido de assinantes comprasse a oferta, então a promoção tornava-se válida, cartões de crédito dos compradores eram debitados e eles recebiam seu desconto Groupon por e-mail ou aplicativo de telefone móvel. Por outro lado, para os assinantes que compraram uma oferta que não conseguisse atingir o mínimo, seus cartões de crédito não eram cobrados e a promoção se encerrava[19] (ver Figura 1).

Em julho de 2010, o Groupon começou a oferecer opções personalizadas aos seus consumidores. As ofertas eram direcionadas a cada assinante com base no que o usuário procurava em seu perfil e que ofertas ele já havia comprado. Por exemplo, dois colegas de trabalho que assinam o Groupon em Cleveland podem ter ofertas principais diferentes, mas a oferta principal de um deles pode ser a secundária do outro. E, embora as ofertas fossem personalizadas dessa forma, ainda havia para os assinantes a opção de compartilhar a oferta com um amigo.

Marketing

Além da fórmula básica descrita acima, o Groupon tinha um estilo único para sua marca que ajudou a vender seus serviços a assinantes e empresas. O Groupon se vendia principalmente por meio de seus assinantes, incentivando-os a compartilhar ofertas na mídia social, incluindo e-mail, Facebook e Twitter.[20] O Groupon também recompensava seus assinantes com dinheiro Groupon se eles o recomendassem a um amigo não assinante e esse amigo comprasse uma oferta.

O Groupon contratava escritores e editores de texto criativos para destacar e entregar mensagem de exclusividade do produto no site da empresa, bem como em e-mails e anúncios diários. Esses escritores eram guiados por um manual de mais de dois centímetros de espessura, com o famoso humor de improvisação ChicagoStyle como elemento central.[21] Então, eles deixavam o Groupon falar por si mesmo (ver Figura 2).

Em 2010, o Groupon abriu um escritório no Vale do Silício e contratou Mark Johnson, ex-executivo de propaganda da Netflix. A empresa exibiu seus primeiros anúncios de televisão em janeiro de 2011, durante o Super Bowl XLV.

---

[16] GrouponWorks For Businesses, <www.grouponworks.com/>. Acesso em: 26 de fevereiro de 2011.

[17] Sandra Guy, Groupon Poised for Growth, Possible IPO, *Chicago Sun-Times*, 22 de fevereiro de 2011, <www.sun times.com/business/3935658-420/groupon-poised-for-growth-possible-ipo.html.> Acesso em: 27 de fevereiro de 2011.

[18] Scott Austin, Facebook, Groupon, Zynga: Off-the-chart Revenue, *WSJ Blogs*, 26 de fevereiro de 2011, <http://blogs.wsj.com/venturecapital/2011/02/26/facebook-groupon-zynga-off-the-chart-revenue/?mod=google_news_ blog>. Acesso em: 27 de fevereiro de 2011.

[19] FAQ, <www.groupon.com/faq>. Acesso em: 26 de fevereiro de 2011.

[20] Jere Doyle, How Big Brands Can Harness the Group-buying Craze, 1º de junho de 2010, <www.imediaconnection. com/content/26855.asp>. Acesso em: 20 de fevereiro de 2011.

[21] Marcia Froelke Coburn, On Groupon and its founder, Andrew Mason, *Chicago Magazine*, agosto 2010, <www.chicagomag.com/Chicago-Magazine/August-2010/On-Groupon-and-its-founder-Andrew-Mason/index.php?cparticle=2&siarticle=1#artanc>. Acesso em: 20 de fevereiro de 2011.

FIGURA 2 — Mensagem do Groupon – Oferta do Dia para Cleveland, 25 de março de 2011

"Embora comumente se acredite que o molho de soja seja de origem asiática, vários linguistas descobriram suas verdadeiras origens ibéricas ao decodificar a tradução escondida em espanhol. Celebre esse enigmático condimento internacional com a ajuda do Groupon do Dia: por US$ 15, você recebe US$ 30 de comida chinesa e bebidas no Hunan Solon em Solon.

Ganhador do Prêmio Colher de Prata de Melhor Restaurante Chinês da revista Cleveland *em 2008, os múltiplos menus do Hunan Solon demonstram uma variedade eclética de cozinha tradicional chinesa e pan-asiática. Uma vasta seleção de almoço coloca o prato de combinado de frango Hunan do centro asiático (US$ 7) contra o Pad Thai do sudeste asiático (US$ 6) em uma batalha degustativa da supremacia aves/macarrão.*

Um menu de jantar enciclopédico distribui aperitivos internacionais, como as tiras de carne de costela de inspiração coreana (US$ 7), que servem de prelúdio para uma obra de entradas, incluindo frango com manjericão, cortado com uma mistura de textura saborosa de pimentão, broto de bambu, cebolas espanholas e manjericão (US$ 10). O menu chinês autêntico apresenta vários pratos regionais, como costeletas de porco assadas no sal (US$ 10) e um pot-pourri de combinados de frutos do mar, vegetais e carne (US$ 10-US$ 15).

Os clientes podem mergulhar em iguarias chinesas e bebidas de bar completo do Hunan Solon entre arandelas de parede verde-jade vibrantes e fotografias de tela de inspiração Warhol. Um tanque de 1,5 m de lagostas e caranguejos Dungeness vivos mostram os frutos do mar e servem de material de aula durante a refeição para professores de biologia marinha."

Fonte: <www.groupon.com>. Acesso em: 25 de março de 2011.

Clientes: Dados Demográficos do Assinante Individual

Entre os cerca de 40 milhões de assinantes do Groupon em mais de 170 cidades da América do Norte,[22] a demografia do núcleo refletia um mercado extremamente desejável (ver Figura 3). O assinante típico do Groupon era jovem, solteiro, urbano, com alto nível educacional, empregado e com poder aquisitivo significativo.

As mulheres representavam 77% dos assinantes do Groupon em 2011 e mais de dois terços desse segmento de clientes tinha entre 18 e 34 anos.[23] De acordo com a ComScore, uma empresa de pesquisa de marketing, as mulheres eram mais propensas que os homens a visitar sites de cupons e a usá-los. As mulheres também passavam mais tempo que os homens no processo de busca on-line para ofertas de varejo de desconto.

Os assinantes do Groupon tendiam a ter alto nível educacional. Metade dos assinantes do Groupon tinha nível superior, e 30% pós-graduação.[24] Em comparação, de acordo com o Censo de EUA de 2010, apenas pouco mais de um em cada quatro norte-americanos tinha no mínimo nível superior.[25]

A grande maioria dos assinantes do Groupon estava empregada e 75% tinham empregos em tempo integral.[26] 29% tinham uma renda anual de mais de US$ 100.000[27] e 69% ganhavam mais do que a renda média nacional, ou seja, um pouco menos de US$ 50.000 para uma família norte-americana em 2009.[28]

---

[22] <www.grouponworks.com/>. Acesso em: 28 de fevereiro de 2011.

[23] Ibidem.

[24] Ibidem.

[25] <www.census.gov>. Acesso em: 28 de fevereiro de 2011.

[26] <www.grouponworks.com>. Acesso em: 28 de fevereiro de 2011.

[27] Ibidem.

[28] <www.census.gov>. Acesso em: 28 de fevereiro de 2011.

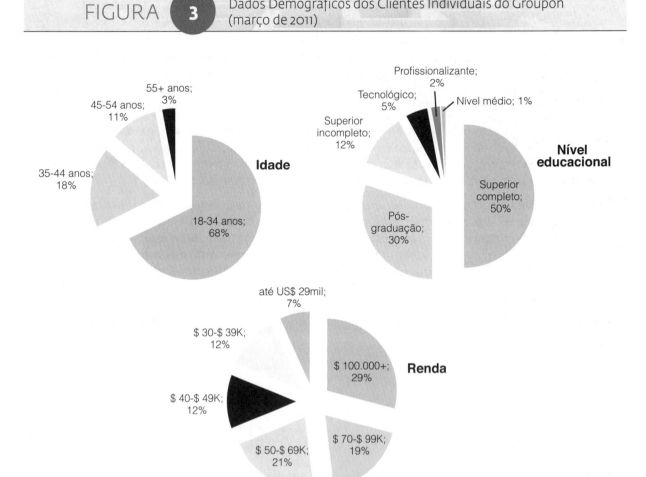

FIGURA 3 Dados Demográficos dos Clientes Individuais do Groupon (março de 2011)

Fonte: Todos os gráficos desta figura são baseados em dados de GrouponWorks for Business, <www.grouponworks.com/~~number=plural>. Acesso em: 26 de fevereiro de 2011.

Em uma entrevista recente, Andrew Mason, fundador do Groupon, declarou:

> *Parte do que torna o Groupon muito divertido para os consumidores é esse elemento da descoberta, encontrando coisas novas, ser surpreendido a cada manhã [para saber] qual é a oferta. E tentamos permanecer surpreendentes e fazer coisas, seja a oferta que você está recebendo ou a forma como descrevemos a oferta ou a marca e a cultura da empresa, que é constantemente surpreendente para as pessoas, porque isso é o tempero da vida.*[29]

---

[29] Andrew Mason, Interview with Charlie Rose. Charlie Rose Show, PBS, 9 de dezembro de 2010, <www.charlierose.com/view/interview/11338#frame_top>. Acesso em: 12 de fevereiro de 2011.

Clientes: Empresas

O perfil típico é composto por empresas locais de pequeno e médio porte, como varejistas, restaurantes, lojas de saúde e beleza etc. O chefe de operações do Groupon (COO), Rob Solomon, argumentava que o verdadeiro *modus operandi* do Groupon era acabar com a perecibilidade de pequenas empresas.[30] O Groupon estava vendendo essas empresas e novos clientes, ajudando-as a ganhar exposição por meio de promoções diárias enviadas por correio eletrônico, entregando clientes Groupon, literalmente, na porta de cada empresa participante. Podiam conduzir um grande número de visitantes a uma loja com um único evento se a Oferta Groupon fosse realmente popular.[31] Por exemplo, no Salon de la Mer em Mayfield, Ohio, os proprietários ofereceram um Groupon para serviços de manicure e pedicure por US$ 25; mais de 1.000 pessoas compraram esse Groupon em particular. A oferta teve tanto sucesso que os proprietários passaram a oferecer um Groupon para bronzeamento.[32]

Mason declarou: "Pela primeira vez, empresas locais conseguem ter um marketing baseado em desempenho. Eles só pagam quando os clientes entram na loja. Nós os colocamos na porta e, em seguida, cabe a eles lhes proporcionar uma experiência incrível..." . Ele também chegou a dizer que o Groupon era o "salvador da pequena empresa."[33] Outros discordaram. Embora esse modelo tenha funcionado bem para muitos clientes, estudos mostraram que até 32% das empresas perderam dinheiro em ofertas Groupon.[34] Sites de blogs de pequenas empresas relataram histórias de advertência de como os Groupons prejudicaram os empresários e, como resultado, ofereceram guias sobre como usar Groupons eficazmente (ou mesmo não usar).[35]

Indústria de Compra Coletiva

Os primeiros sites de compra coletiva, como Mercata e MobShop tentaram usar a compra coletiva de bens de consumo, mas simplesmente não podiam competir com empresas como Amazon na redução de preços. Seus produtos podiam ser comprados em outros lugares e muitas vezes mais rapidamente. "A Mason pegou a informação coletada sobre o fracasso de sites de compra coletiva, mudou o conceito de bens para serviços e casou tudo isso com a premissa básica do The Point."[36]

Assim, por um tempo, a indústria de compra coletiva passou a ser definida pelo Groupon,[37] com os principais conceitos que envolvem os seguintes elementos: uma empresa local oferecia um bem ou serviço com desconto em uma tentativa de atrair novos clientes. Geralmente, tais acordos eram altamente atraentes para os

---

[30] Sandra Guy, Groupon poised for growth, possible IPO, *Chicago Sun-Times*, 22 de fevereiro 2011, <www.sun times.com/business/3935658-420/groupon-poised-for-growth-possible-ipo.html>. Acesso em: 6 de março de 2011.

[31] Diana Marszalek, Groupon: Good Relationships Spur Success, *NetNewsCheck*, 4 de março de 2011, <www.netnewscheck.com/article/2011/03/04/9592/groupon-good-relationships-spur-success>. Acesso em: 7 de março de 2011.

[32] Entrevista pessoal. Gabby at Salon de la Mer. Mayfield, OH, 26 de fevereiro de 2011.

[33] Andrew Mason, Interview with Charlie Rose. Charlie Rose Show, PBS, 9 de dezembro de 2010, <www.charlierose.com/view/interview/11338#frame_top>. Acesso em: 12 de fevereiro de 2011.

[34] Utpal M. Dholakia, How Effective Are Groupon Promotions For Businesses? RiceUniversity, 10 de setembro de 2010, <www.ruf.rice.edu/~dholakia/Groupon%20Effectiveness%20Study,%20Sep%2028%202010.pdf>. Acesso em: 5 de fevereiro de 2011.

[35] Goeff Williams, How to Avoid o Groupon Disaster, *AOL Small Business Blog*, 2 de dezembro de 2010, <http://smallbusiness.aol.com/2010/12/02/how-to-avoid-a-groupon-disaster/>. Acesso em: 19 de fevereiro de 2011.

[36] Marcia Froelke Coburn, On Groupon and its founder, Andrew Mason, *Chicago Magazine*, agosto de 2010, <www.chicagomag.com/Chicago-Magazine/August-2010/On-Groupon-and-its-founder-Andrew-Mason/index.php?cparticle=2&siarticle=1#artanc>. Acesso em: 12 de fevereiro de 2011.

[37] Laurie Segall, Amazon Flings Money at Groupon Rival LivingSocial, *CNNMoney*, 2 de dezembro de 2010, <http://money.cnn.com/2010/12/02/technology/Amazon_invests_LivingSocial/index.htm>. Acesso em: 19 de fevereiro de 2011.

consumidores, pois ofereciam grandes descontos para produtos ou serviços em que os consumidores poderiam estar interessados, mas ainda não haviam experimentado devido ao custo. Um site como o Groupon oferecia ou expunha as ofertas por tempo limitado para seus membros. Os membros do site tinham a vantagem da oferta, bem como comunicavam a oferta boca a boca a outros potenciais consumidores do mesmo estilo.

"A compra coletiva ou compra em grupo tem se mostrado muito atraente do ponto de vista de marketing", de acordo com Sucharita Mulpuru, analista de varejo da Forrester Research. "As pessoas se identificam com ela e fazem uma compra rapidamente. E é uma ótima forma para as empresas conquistarem novos clientes."[38] No caso do Groupon, a pressão dos colegas tem sido um fator-chave para atingir o ponto crítico e a compra definitiva da oferta, "Então, se [o consumidor] realmente quer o Groupon [eles devem] implorar ou ameaçar [seus] amigos [a se inscreverem]."[39]

O modelo de compras coletivas do Groupon se assemelha a um leilão holandês com algumas mudanças significativas. Um leilão holandês é descrito como um leilão aberto, no qual o preço de uma coleção de um mesmo item é definido após todas as propostas terem sido feitas. O lance mais alto, no qual todos os itens na coleção podem ser vendidos, será o preço de compra final. (Esse preço não necessariamente será o maior lance oferecido.) Os participantes com lances correspondentes ao preço mínimo ou superior receberão os itens da coleção. A alocação dos itens se inicia com a quantidade solicitada pelo maior lance sobre o preço vencedor e continua até que todos os itens sejam alocados entre os vencedores.[40] Se um comprador oferece US$ 10 por um conjunto de 10 camisetas e a última proposta aceita foi de US$ 5, esse comprador receberia todas as camisetas, mas pagaria US$ 5 por camiseta.

O Groupon pegou o conceito de leilão holandês e o modificou. Em vez de o preço subir com o maior lance, a quantidade de cupons vendidos sobe a cada pessoa que quer aproveitar a oferta. Em vez de os itens na coleção permanecerem constantes, o preço se manteve constante, conforme predeterminado pelo fornecedor. Por fim, em vez de o lote ser distribuído aos licitantes vencedores com base nos lances individuais do maior para o menor, cupons são dados a todos os concorrentes até que todos os cupons disponíveis tenham sido distribuídos ou até o período da oferta expirar, ou seja, aquilo que ocorrer primeiro.

Os consumidores foram alertados pelo Better Business Bureau para analisar cautelosamente para compreender as restrições e as estipulações de ofertas de compra de grupo, evitando imprevistos.[41] O Groupon tinha uma seção chamada *The Fine Print* (em tradução livre, "letrinhas miúdas") apresentada em cada oferta, e potenciais compradores eram lembrados de ler essa seção para garantir que as restrições impostas pela oferta de venda não interferissem na utilização do Groupon. Uma revisão dessa seção em várias ofertas inclui restrições como: limite de uma por visita; política de cancelamento de 24 horas, ou a possibilidade de serem aplicadas taxas; válidas apenas em locais específicos; limite de um cupom por mesa; somente para refeições no local; não é válida no happy hour; somente com agendamento; não disponível até determinada data futura; taxas de envio não incluídas no desconto e válidas em determinados momentos durante o dia.[42] O Groupon também tinha o que poderia ser considerada uma cláusula de escape que poderia ajudar o comprador em uma situação em que ele sentia que a oferta não era boa. A Promessa Groupon (ver Figura 4) exi-

---

[38] David Gelles, Collective buying takes off, *SLOW Movement*, 15 de fevereiro de 2010, <http://chutzpah.typepad.com/slow_movement/2010/02/ft-collective-buying-takes-off.html>. Acesso em: 20 de fevereiro de 2011.

[39] Groupon FAQ, <www.groupon.com/faq>. Acesso em: 26 de março de 2011.

[40] Dutch Auction, *Investopia*, <www.investopedia.com/terms/d/dutchauction.asp>. Acesso em: 26 de março de 2011.

[41] BBB Advice for Getting Deals on Collective Buying Sites, *Better Business Bureau*, 3 de maio de 2010, <www.bbb.org/us/article/bbb-advice-for-getting-deals-on-collective-buying-sites-19247>. Acesso em: 20 de fevereiro de 2011.

[42] Groupon, Various deal pages, <www.groupon.com/akron-canton/>. Acesso em: 26 de março de 2011.

FIGURA	**4**	Promessas do Groupon a Seus Usuários

"... você deve se sentir confortável a se aventurar e tentar algo novo – apenas porque está em destaque no Groupon."

"Sem trapaça. Realmente queremos que você adore o Groupon. 'Pegadinhas' e condições escondidas que estragam a experiência são uma péssima forma de atingir esse objetivo. Queremos que cada compra Groupon pareça boa demais para ser verdade, desde o momento em que você compra até o dia em que usa. Se há uma coisa incomum sobre uma oferta (por exemplo, um local inconveniente), faremos de tudo para indicá-la."

"... se você entrar em contato conosco, faremos o que for preciso para fazer a coisa certa. E faremos rapidamente. Envie um e-mail ou fale com um de nossos atendentes (no horário comercial): (877) 788-7858.

Fonte: <www.groupon.com>. Acesso em: 20 de fevereiro de 2011.

bida em páginas do Groupon declarava: "Se você achar que o Groupon o decepcionou, ligue para nós e vamos devolver sua compra, simples assim".[43]

Concorrência

Muitas novas empresas entraram no cenário competitivo para replicar o mesmo sucesso que o Groupon e seus concorrentes iniciais tinham desfrutado e, como resultado, o mercado começou a ficar bem cheio. Embora um grande número de concorrentes do Groupon tenha surgido, muitos atendiam apenas nichos de compras, como cosméticos ou viagens. Empresas no mercado mais similares em escopo e estrutura em relação ao Groupon são apresentadas na Figura 5.

É evidente que muitas ofertas dos concorrentes eram comparáveis às do Groupon no que diz respeito à periodicidade, à promoção de empresas locais e aos meios pelos quais tais empresas poderiam chegar a uma empresa de cupom de grupo, como o Groupon, para divulgar e colocar seu negócio no centro das atenções. A maior diferença está na maneira como cada concorrente coloca seu toque pessoal na forma em que as ofertas são disponibilizadas diariamente para as pessoas que as adquirem.

Crescimento do Groupon

Iniciativas de Crescimento

O Groupon adquiriu vários sites clones como CityDeal (maio de 2010) na Europa, acrescentando 16 países à sua lista.[44] Em seguida, adquiriu Qpod (Japão), Darberry (Rússia),[45] SoSasta (Índia), Grouper (Israel) e

---

[43] Groupon, <www.groupon.com/akron-canton/>. Acesso em: 26 de março de 2011.

[44] Groupon expands by acquiring Citydeal of Europe, *Chicago Tribune*, 16 de maio de 2010, <http://articles.chicagotribune.com/2010-05-16/business/ct-biz-0517-groupon-20100516_1_samwer-brothers-expands-acquiring>. Acesso em: 12 de fevereiro de 2011.

[45] Groupon Makes Leap Into Japan and Russia With Latest Acquisitions, <http://techcrunch.com/2010/08/17/groupon-manfest-destiny/>. Acesso em: 27 de março de 2011.

Twangoo (África do Sul).[46] Também iniciou suas operações em Hong Kong, Taiwan, Filipinas e Cingapura, em dezembro de 2010, com a aquisição dos sites de ofertas Ubuyibuy, Beeconomic e Atlaspost.[47]

A empresa considerava uma joint venture para permitir a expansão para a China, dando ao Groupon acesso a 450 milhões de assinantes da internet da China. De acordo com a Bloomberg, o Groupon tinha planos para uma força de trabalho de 1.000 funcionários na China até o verão de 2011.[48]

Conclusão

O Groupon havia encontrado um nicho revolucionário no mercado de cupons. Usando conexões em redes sociais e na internet, o Groupon passou de um conceito de ação coletiva para uma das empresas de mais rápido crescimento nos Estados Unidos. Ele teve sucesso por meio de parcerias com pequenas empresas locais, bem como apresentando ofertas convenientes, consistentes e valiosas. O Groupon tem muitos obstáculos à frente, com intensa concorrência e legislação mais rigorosa. No entanto, ele conseguiu atrair e envolver um importante grupo demográfico de clientes desejado por muitas empresas. Sua combinação aparentemente vencedora continuará a permitir que a empresa se destaque e se expanda nesse mercado cada vez mais disputado por conta própria ou o Groupon precisa dos recursos e das capacidades que o Google poderia oferecer?.

FIGURA 5 Concorrentes do Groupon

Empresa	Como funciona	Cobertura geográfica	Produtos	Periodicidade	Comerciantes afiliados
Living Social	Um cupom listado por dia, com descontos de até 90% em alguns casos. O usuário clica na oferta para comprar a promoção. Se o usuário encaminhar o link da oferta a três ou mais outros usuários (que posteriormente também comprarem a oferta), ela se torna gratuita para o usuário original.	EUA, Canadá, Reino Unido, Irlanda, Austrália.	Inclui, mas não se limita a: restaurantes, spas, teatros e bares na área de uma cidade.	Diariamente. Os usuários podem ir diretamente a LivingSocial.com para procurar ofertas ou se inscrever para receber e-mails diários para participar da oferta do dia.	Selecionado pelos funcionários da equipe LivingSocial.

continua

---

[46] Stan Schroeder, Groupon Buys Local Competitors, Expands to South Africa, India and Israel, <http://mashable.com/2011/01/11/groupon-south-africa-india-israel/>. Acesso em: 27 de março de 2011.

[47] Adaline Lau, Groupon Expands Asia Footprint With 3 Acquisitions, <www.clickz.asia/1946/grouponexpands-asia-footprint-with-3-acquisitions>. Acesso em: 27 de março de 2011.

[48] Mark Lee, Groupon Starts China Service; Tencent, Alibaba's Jack Ma Among Investors, *Bloomberg*, 27 de fevereiro de 2011, <www.bloomberg.com/news/2011-02-28/groupon-starts-china-service-tencent-alibaba-s-jack-maamong-investors.html>. Acesso em: 27 de março de 2011.

FIGURA 5 *continuação*

Empresa	Como funciona	Cobertura geográfica	Produtos	Periodicidade	Comerciantes afiliados
BuyWith-Me[49]	Um cupom listado por dia, com descontos de 50% a 90%. O cupom fica ativo por sete dias para a oferta reunir o número suficiente de usuários para se tornar ativa. Uma vez que a oferta se torna ativa, os usuários inscritos recebem um e-voucher para fazer a compra. Se o número de pessoas que compram a oferta não for suficiente, o usuário não é cobrado pela compra. Se um usuário recomenda a um amigo, recebe um crédito de US$ 10 em sua próxima compra BuyWithMe.	EUA - no entanto, nem todas as cidades/regiões são representadas.	Comércio, restaurantes, salões de beleza, recreação e muito mais na área de uma cidade.	Diariamente. Usuários podem ir diretamente a BuyWithMe.com para procurar ofertas ou se inscrever para receber e-mails diários para participar da oferta do dia.	Comerciante vai ao site do BuyWithMe para registrar sua empresa para uma possível promoção. Se estiver interessado, um representante do BuyWithMe entra em contato com o comerciante para um potencial acordo.[50]
DealOn[51]	Um usuário se inscreve para uma oferta por determinado preço de venda. À medida que mais usuários se inscrevem ao longo do dia, o preço é reduzido até meia-noite, quando a oferta termina. O preço da oferta à meia-noite é o que todos os usuários vão pagar, independentemente do que podem ter pago no início do dia.	EUA	Inclui, mas não se limita a restaurantes, spas e locais de entretenimento na área de uma cidade.	Diariamente. Usuários podem ir diretamente a DealOn.com para procurar ofertas ou se inscrever para receber e-mails diários para participar da oferta do dia.	O comerciante vai ao site do DealOn para registrar sua empresa para uma possível promoção. Se estiver interessado, um representante do DealOn entra em contato com o comerciante para um potencial acordo.[52]

continua

---

[49] You've got Questions? We have Answers, <www.buywithme.com/pages/faq>. Acesso em: 6 de fevereiro de 2011.

[50] BoostYourBusiness with BuyWithMe, <www.buywithme.com/boostyourbusiness/#>. Acesso em: 6 de fevereiro de 2011.

[51] Frequently Asked Questions, <www.kgbdeals.com/company/faq>. Acesso em: 6 de fevereiro de 2011.

[52] How DealOn Works, <www.dealon.com/featureyourbusiness/howdealonworks>. Acesso em: 6 de fevereiro de 2011.

FIGURA 5 — *continuação*

Empresa	Como funciona	Cobertura geográfica	Produtos	Periodicidade	Comerciantes afiliados
Home Run[53]	Um cupom (50% a 90% de desconto na maioria dos casos) listado por dia. O usuário clica na oferta para comprar. Se o número suficiente de usuários comprar, todos os usuários recebem a oferta.	EUA – no entanto, nem todas as cidades/regiões estão representadas.	Inclui, mas não se limita a spas, restaurantes, locais de eventos e salões na área de uma cidade.	Diariamente. Usuários podem ir diretamente a HomeRun.com para procurar ofertas ou se inscrever para receber e-mails diários para participar da oferta do dia.	Comerciantes se registram no HomeRun.com e imediatamente podem anunciar sua primeira oferta e ter acesso a um painel de comerciante.[54]
KGB Deals[55]	Dependendo da disponibilidade, o usuário simplesmente tem entre um e vários dias para comprar um cupom e pode usá-lo de imediato, independentemente de quantos outros estão interessados na oferta. Mais frequentemente, ofertas duram um dia.	Reino Unido, Itália, França, EUA – no entanto, nem todas as cidades/regiões nos EUA estão representadas.	Inclui restaurantes, varejo e locais/atividades de entretenimento na área de uma cidade.	Diariamente. Usuários recebem ofertas via e-mail.	O comerciante vai ao site do KGB Deals para registrar sua empresa para uma possível promoção. Se estiver interessado, um representante do KGB Deals entra em contato com o comerciante para um potencial acordo.

continua

---

[53] How HomeRun Works, <http://homerun.com/how-it-works>. Acesso em: 6 de fevereiro de 2011.

[54] Sign up for HomeRun and Submit Your First Offer, <http://homerundelivers.com/signup>. Acesso em: 6 de fevereiro de 2011.

[55] Frequently Asked Questions, <www.kgbdeals.com/company/faq>. Acesso em: 6 de fevereiro de 2011.

CASO 20 • GROUPON

FIGURA (5) continuação

Empresa	Como funciona	Cobertura geográfica	Produtos	Periodicidade	Comerciantes afiliados
Tippr[56][57][58]	O usuário se inscreve em um boletim de notícias Tippr diário e recebe três ofertas por dia por e-mail. Cada oferta (com duração de 2 a 5 dias) começa em um certo nível de desconto, mas quando pessoas suficientes se mostram interessadas na oferta, ela atinge o ponto crítico e passa a um nível ainda melhor de desconto. Ao recomendar uma oferta Tippr a um amigo, ganha automaticamente um crédito de US$ 5. Quando esse crédito é usado, quem recomenda ganha um crédito de US$ 5.	Um seleto número de cidades dos EUA.	Inclui, mas não se limita a salões de beleza, entretenimento, varejo, fitness, restaurantes e bares na área de uma cidade.	Diariamente. Usuários recebem promoções por e-mail.	Comerciante vai ao site do Tippr para registrar sua empresa para uma possível promoção. Se estiver interessado, um representante do Tippr entra em contato com o comerciante para um potencial acordo.[59]
Twangoo[60]	Um cupom listado por dia. O usuário clica na oferta para "comprar". Se o número suficiente de usuários comprar a oferta, todos os usuários a recebem.	Sudeste asiático, Austrália.	Inclui, mas não se limita a estabelecimentos de entretenimento, varejo e alimentação na região de uma cidade.	Diariamente. Usuários podem ir diretamente a Twangoo.com para procurar ofertas ou se inscrever para receber e-mails diários para participar da oferta do dia.	Um usuário ou empresa sugere uma oferta. Se estiver interessado, a Twangoo trabalha com a empresa para desenvolver uma oferta que beneficie ambas as partes.[61]

continua

[56] How Does Tippr Differ from Other Group Buying Sites, <http://support.tippr.com/entries/110989-how-doestippr-differ-from--other-group-buying-sites>. Acesso em: 6 de fevereiro de 2011.

[57] What is an Accelerated Deal, <http://support.tippr.com/entries/111029-what-is-an-accelerated-dea1>. Acesso em: 6 de fevereiro de 2011.

[58] What is Tippr, <http://support.tippr.com/entries/111012-what-is-tippr>. Acesso em: 6 de fevereiro de 2011.

[59] Contact Us, <www.poweredbytippr.com/contact-us>. Acesso em: 6 de fevereiro de 2011.

[60] FAQ, <www.twangoo.com/hong-kong/en/page,3,faq>. Acesso em: 6 de fevereiro de 2011.

[61] Twangoo for Businesses, <www.twangoo.com/hong-kong/en/page,5,twangoo-for-businesses>. Acesso em: 6 de fevereiro de 2011.

FIGURA 5 — *continuação*

Empresa	Como funciona	Cobertura geográfica	Produtos	Periodicidade	Comerciantes afiliados
Google Offers [62]	Atualmente em fase de testes.	Não está claro.	Instantaneamente postar descontos e outros tipos de ofertas especiais nas propriedades do Google.		Empresas interessadas podem preencher um formulário de contato.

Fonte: Criado pelo autor.

---

[62] Thank You for Your Interest in Google Offers, <www.google.com/landing/offers/index.html>. Acesso em: 12 de março de 2011.

Apêndice
Proposta para um Plano de Marketing

Este apêndice irá ajudá-lo a redigir um plano de marketing formal. Pode servir como uma ferramenta de planejamento útil porque ajuda a garantir que a informação importante não será omitida do plano de marketing. Ao preencher os itens do plano, você poderá:

1. Organizar e estruturar dados e informações coletados durante a análise da situação.
2. Usar tais informações para melhor entender os pontos fortes e fracos de uma empresa, e reconhecer as oportunidades e ameaças que existem no ambiente de marketing.
3. Desenvolver metas e objetivos que capitalizem sobre os pontos fortes.
4. Desenvolver uma estratégia de marketing que crie vantagens competitivas.
5. Preparar um plano para a implantação da estratégia de marketing.

Ao preencher os itens do plano você poderá mudar a estrutura ou adicionar outras informações relevantes para sua situação. Lembre-se que não há uma única forma de organizar um plano de marketing. Projetamos essa estrutura para servir como um ponto de partida e para ser suficientemente flexível para acomodar as características singulares de sua situação.

Para usar essa estrutura pode ser útil se referir ao texto dos capítulos. No preenchimento da seção de análise da situação, certifique-se de ser o mais abrangente possível. A viabilidade de sua análise SWOT depende de quão bem você identificou todas as questões ambientais relevantes. Da mesma forma, ao completar a análise SWOT, você deve ser honesto sobre as características da empresa. Não se baseie em pontos fortes que a empresa não possui de fato. Honestidade também é importante para sua lista de pontos fracos.

I. Resumo Executivo

O resumo executivo é uma síntese geral do plano de marketing. Ele deve fornecer uma visão geral de todo o plano que inclua metas/objetivos, elementos de estratégia, questões de implantação e resultados esperados. O resumo executivo deve ser a última parte do plano de marketing a ser redigida.

II. Análise da Situação

    A. Ambiente Interno (ver Figura 3.3)

Revisão de Metas e Objetivos de Marketing

Identificar objetivos e metas de marketing atuais da empresa.

Explicar como tais metas e objetivos estão sendo alcançados.

Explicar como tais metas e objetivos são consistentes ou inconsistentes com a missão da empresa, as tendências recentes no ambiente externo e as tendências recentes no ambiente do cliente.

Revisão da Estratégia de Marketing e Desempenho Atuais

Descreva a atual estratégia de marketing da empresa no que diz respeito a produtos, preço, distribuição e promoção. Quais elementos da estratégia estão funcionando bem? Que elementos não estão?

Descreva o desempenho atual da empresa (volume de vendas, participação de mercado, rentabilidade, reconhecimento de marca, preferência de marca) em comparação com outras empresas do setor. O desempenho da indústria como um todo está melhorando ou piorando? Por quê?

Se o desempenho da empresa está piorando, qual é a causa mais provável (por exemplo, mudanças ambientais, estratégia deficiente, implantação precária)?

Avaliação de Recursos Organizacionais Atuais e Esperados

Descrever o estado atual dos recursos organizacionais da empresa (por exemplo, financeiro, capital, humano, experiência, relacionamentos com os principais fornecedores ou clientes). Como os níveis desses recursos tendem a variar no futuro?

Se é esperado que os níveis dos recursos variem, como a empresa pode alavancar recursos adicionais para atender melhor às necessidades dos clientes do que os concorrentes?

Se recursos adicionais não estão disponíveis, como a empresa pode compensar futuras limitações de recursos (falta de recursos)?

Revisão de Questões Culturais e Estruturais Atuais e Esperadas

Em termos de desenvolvimento e implantação da estratégia de marketing, descrever os aspectos positivos e negativos da cultura atual e esperada da empresa. Exemplos podem incluir:

> Orientação para o cliente da empresa (ou falta dela).
> Ênfase da empresa no planejamento de curto prazo versus de longo prazo.
> Disposição da cultura da empresa para aceitar a mudança.
> Política interna e lutas de poder.
> Posição e importância da função de marketing.
> Mudanças de executivos em posições-chave.
> Satisfação e motivação dos funcionários em geral.

Explicar se a estrutura da empresa é favorável à estratégia de marketing atual.

B. Ambiente do Cliente (ver Figura 3.4)

Quem são os clientes atuais e potenciais da empresa?

Descrever as características de identificação importantes de clientes atuais e potenciais da empresa no que diz respeito a demografia, localização geográfica, perfis psicográficos, valores/estilos de vida e características de uso do produto (usuários frequentes e ocasionais).

Identificar os atores importantes no processo de compra de produtos da empresa. Estes podem incluir compradores (quem pratica o ato da compra), usuários (usuário real do produto), influenciadores da compra (influenciam a decisão, fazem recomendações) e o portador de responsabilidade financeira (quem paga a conta?).

O que os clientes fazem com os produtos da empresa?

Como são os produtos da empresa ligada às necessidades dos clientes? Quais são os benefícios oferecidos pelos produtos da empresa?

Como os produtos da empresa são comprados (quantidades e combinações)? O produto é adquirido como parte de uma solução ou junto com produtos complementares?

Como os produtos da empresa são consumidos ou usados? Há situações especiais de consumo que influenciam o comportamento de compra?

Há questões relacionadas com o descarte de produtos da empresa, tais como resíduos (lixo) ou reciclagem, que devem ser abordadas pela empresa?

Onde os clientes compram os produtos da empresa?

Identificar os comerciantes (intermediários), onde os produtos da empresa são adquiridos (por exemplo, lojas de varejo, comércio eletrônico, catálogos do varejo, venda automática, lojas de atacado, direto da empresa).

Identificar tendências nos padrões de compra em todos esses estabelecimentos (por exemplo, como o comércio eletrônico mudou a forma como os produtos da empresa são comprados?).

Quando os clientes compram os produtos da empresa?

Como o comportamento de compra varia de acordo com diferentes eventos promocionais (mudanças de comunicação e de preços) ou serviços ao cliente (horas de operação, entrega em domicílio)?

Como o comportamento de compra varia com base em influências incontroláveis, como padrões sazonais de demanda, padrões de demanda temporais, ambiente físico/social ou atividades competitivas?

Por que (e como) os clientes escolhem os produtos da empresa?

Descrever as vantagens dos produtos da empresa em relação aos produtos concorrentes. Até que ponto os produtos da empresa satisfazem as necessidades dos clientes em relação aos produtos concorrentes?

Descrever como questões como fidelidade a marca, valor, comoditização e processos de troca relacionais afetam comportamentos de compra dos clientes.

Descrever como o crédito ou financiamento é usado na compra de produtos da empresa. Além disso, os clientes procuram relacionamentos de longo prazo com a empresa ou eles compram de forma transacional (com base principalmente no preço)?

Por que clientes potenciais não compram produtos da empresa?

Identificar necessidades, preferências e exigências de não clientes que não estão sendo atendidas pelos produtos da empresa.

Quais são características, benefícios e vantagens dos produtos que impedem que não clientes escolham os produtos da empresa concorrente?

Explicar como preço, distribuição e/ou promoção da empresa não estão em sintonia com os não clientes. Além do produto em si, o que faz com que os não clientes procurem outras alternativas?

Descrever o potencial para converter os não clientes em clientes.

C. **Ambiente Externo (ver Figura 3.5)**

Concorrência

Identificar os principais concorrentes da empresa (marcas, produtos, genérico e orçamento total).

Identificar as características dos principais concorrentes da empresa no que diz respeito a tamanho, crescimento, rentabilidade, mercados-alvo, produtos e capacidades de marketing (produção, distribuição, promoção, preço).

Que outros principais pontos fortes e pontos fracos esses concorrentes possuem?

Listar potenciais futuros concorrentes não identificados acima.

Crescimento Econômico e Estabilidade

Identificar as condições econômicas gerais da área, região, estado, ou local do país onde os clientes-alvo da empresa estão localizados. Como essas condições econômicas estão relacionadas com a capacidade dos clientes de comprar os produtos da empresa?

Descrever a economia do setor no qual a empresa opera. Esses problemas podem incluir custo de matérias-primas, patentes, tendências fusão/aquisição, tendências de vendas, problemas de oferta/demanda, desafios de marketing e crescimento/declínio da indústria.

Tendências Políticas

Identificar quaisquer atividades políticas que afetem a empresa ou a indústria no que diz respeito a mudanças em políticos eleitos (nacionais ou estrangeiros), potenciais regulamentos apoiados por políticos eleitos, grupos de influência (lobby) ou comitês de ação política e grupos de defesa do consumidor.

Quais são as questões políticas ou políticas atuais e potenciais polêmicas em nível nacional, regional ou local, que podem afetar as atividades de marketing da empresa?

Questões Legais e Regulatórias

Identificar quaisquer alterações na regulamentação ou leis internacionais, federais, estaduais que afetem as atividades de marketing da empresa ou da indústria com relação a recentes decisões judiciais, recentes decisões dos governos federal ou estadual ou entidades governamentais locais, recentes decisões dos órgãos reguladores e autorreguladores locais e mudanças nos acordos comerciais globais ou no direito comercial.

Avanços tecnológicos

Como os recentes avanços tecnológicos afetam clientes da empresa no que diz respeito a necessidades/desejos/preferências, acesso à informação, timing e localização das decisões de compra, capacidade de comparar ofertas de produtos concorrentes ou capacidade de realizar transações de forma mais eficaz e eficiente?

Os clientes aceitaram ou rejeitaram tais avanços tecnológicos? Como esta questão se relaciona com as preocupações dos clientes sobre privacidade e segurança?

Como os avanços tecnológicos recentes afetaram a empresa ou a indústria no que diz respeito à fabricação, eficiência do processo, distribuição, eficácia da cadeia de fornecimento, promoção, redução de custos ou gerenciamento de relacionamento com o cliente?

Que tecnologias futuras proporcionam oportunidades importantes para a empresa? Identificar quaisquer futuras tecnologias que possam ameaçar a viabilidade da empresa ou de seus esforços de marketing.

Tendências Socioculturais

No que diz respeito aos clientes-alvo da empresa, identificar mudanças na demografia, valores e estilos de vida da sociedade que afetem a empresa ou a indústria.

Explicar como tais mudanças estão afetando (ou podem afetar) os produtos da empresa (recursos, benefícios, marca), preço (valor), distribuição e cadeia de fornecimento (conveniência, eficiência), promoção (conteúdo, entrega, feedback da mensagem) e pessoas (questões de recursos humanos).

Identificar as questões de responsabilidade ética e social que a empresa ou indústria enfrenta. Como tais problemas afetam clientes da empresa? Como tais questões deverão mudar no futuro?

III. Análise SWOT (ver Figura 4.4)

A. Pontos Fortes

Ponto forte 1: _____

Ponto forte 2: _____

(Relacione conforme necessário para desenvolver uma lista completa dos pontos fortes)

Como esses pontos fortes permitem à empresa atender às necessidades dos clientes?

Como esses pontos fortes diferenciam a empresa de seus concorrentes?

B. Pontos Fracos

Ponto fraco 1: _____

Ponto fraco 2: _____

(Relacione conforme necessário para desenvolver uma lista completa dos pontos fracos)

Como esses pontos fracos impedem a empresa de satisfazer as necessidades dos clientes?

Como esses pontos fracos diferenciam negativamente a empresa de seus concorrentes?

C. Oportunidades (situações externas independentes da empresa – não são opções estratégicas)

Oportunidade 1: _____

Oportunidade 2: _____

(Relacione conforme necessário para desenvolver uma lista completa de oportunidades)

Como essas oportunidades estão associadas ao atendimento das necessidades dos clientes?

Qual é o horizonte de tempo de cada oportunidade?

D. Ameaças (situações externas independentes da empresa)

Ameaça 1: _____

Ameaça 2: _____

(Relacione conforme necessário para desenvolver uma lista completa de ameaças)

Como essas ameaças estão ligadas ao atendimento das necessidades dos clientes?

Qual é o horizonte de tempo de cada ameaça?

E. Matriz SWOT (ver Figura 4.5 e Figura 4.6)

Pontos fortes:	Oportunidades:
• • • •	• • • •
Pontos Fracos:	Ameaças:
• • • •	• • • •

F. Desenvolvimento de Vantagens Competitivas (ver Figura 4.7)

Descrever as formas que a empresa pode combinar seus pontos fortes com suas oportunidades para criar capacidades de atender às necessidades dos clientes.

Essas capacidades e vantagens competitivas estão fundamentadas nos princípios básicos da excelência operacional, liderança de produto, e/ou intimidade com o cliente? Se sim, como tais capacidades e vantagens são aparentes para os clientes?

A empresa pode converter seus pontos fracos em fortes ou suas ameaças em oportunidades? Caso a resposta seja negativa, como a empresa pode minimizar ou evitar seus pontos fracos e ameaças?

A empresa possui quaisquer riscos importantes (pontos fracos não revertidos que se associam com as ameaças não revertidas) ou limitações (pontos fracos ou ameaças não revertidas que se associam com oportunidades)? Se assim for, esses riscos e limitações são aparentes para os clientes?

A empresa pode fazer algo em relação a seus riscos ou limitações, especialmente aqueles que afetam a capacidade da empresa de atender às necessidades dos clientes?

G. Desenvolver um Foco Estratégico

Qual é o foco estratégico do plano de marketing? O foco estratégico segue alguma direção em particular, por exemplo, agressividade, diversificação, reviravolta, defensiva, ou marketing de nicho?

Descrever o foco estratégico da empresa em termos de um quadro estratégico. Como a orientação estratégica da empresa fornece o foco e divergência suficiente de outras empresas na indústria?

IV. Metas e Objetivos de Marketing

A. Meta de Marketing A:
(Deve ser ampla, inspiradora e um tanto vaga)

Objetivo A1:
(Deve conter um resultado específico e mensurável, ter um prazo para a conclusão e identificar a pessoa/unidade responsável pela realização do objetivo)

Objetivo A2:
(Deve conter um resultado específico e mensurável, ter um prazo para a conclusão e identificar a pessoa/unidade responsável pela realização do objetivo)

B. Meta de Marketing B:
(Deve ser ampla, inspiradora e um tanto vaga)

Objetivo B1:
(Deve conter um resultado específico e mensurável, ter um prazo para a conclusão e identificar a pessoa/unidade responsável pela realização do objetivo)

Objetivo B2:
(Deve conter um resultado específico e mensurável, ter um prazo para a conclusão e identificar a pessoa/unidade responsável pela realização do objetivo)

(Pode-se elencar conforme necessário para desenvolver uma lista completa de metas e objetivos. No entanto, ter uma meta e dois ou três objetivos é aconselhável para reduzir significativamente a complexidade da estratégia de marketing.)

V. Estratégia de Marketing

A. Mercado Alvo Principal (e Secundário)

Mercado-alvo principal

Identificar características (demografia, geografia, valores, psicografia).

Necessidades, desejos, preferências ou requisitos básicos.

Hábitos de compra e preferências.

Características de consumo/descarte.

Mercado-alvo secundário (opcional)

Identificar características (demografia, geografia, valores, psicografia).

Necessidades, desejos, preferências ou requisitos básicos.

Hábitos de compra e preferências.

Características de consumo/descarte.

B. Estratégia de Produto

Marca, embalagem e design de logotipo.

Características e benefícios principais.

Estratégia de diferenciação/posicionamento.

Produtos complementares (incluindo a estratégia de atendimento ao cliente).

Conexão com valor (central, suplementar, experienciais/atributos simbólicos).

C. Estratégia de Preço

Estratégia de preços e objetivos gerais de preços.

Comparação com preços da concorrência.

Conexão com a estratégia de diferenciação/posicionamento.

Conexão com valor (custos monetários).

Margem de lucro e ponto de equilíbrio.

Táticas específicas de preços (descontos, incentivos, financiamento etc.).

D. Estratégia de Distribuição/Cadeia de Fornecimento

Estratégia da cadeia de fornecimento (incluindo intensidade de distribuição).

Canais e intermediários a serem usados.

Conexão com a estratégia de diferenciação/posicionamento.

Conexão com valor (custos não monetários).

Estratégias para assegurar o apoio do canal (taxas de abertura de espaço em gôndola, garantias etc.).

Táticas projetadas para aumentar utilidade de tempo, lugar e posse.

E. Estratégia de Comunicação Integrada de Marketing (Promoção)

Estratégia de CIM, objetivos de CIM e orçamento.

Elementos de promoção ao consumidor

Estratégia de propaganda.

Estratégia de relações públicas/publicidade.

Estratégia de venda pessoal.

Estratégia de promoção de vendas para o consumidor (pull).

Elementos de promoção ao intermediário (canal)

Estratégia de propaganda.

Estratégia de relações públicas/publicidade.

Estratégia de venda pessoal.

Estratégia de promoção de vendas para o intermediário (push).

VI. Implantação de Marketing

A. Questões Estruturais

Descrever a abordagem geral para a implantação da estratégia de marketing.

Descrever quaisquer alterações na estrutura da empresa necessárias para executar a estratégia de marketing (por exemplo, adicionar/excluir posições, mudança de linhas de autoridade, mudar relações hierárquicas).

Descrever todas as atividades de marketing interno necessárias nas seguintes áreas: treinamento dos funcionários, suporte e motivação dos funcionários para implantar a estratégia de marketing, superação da resistência à mudança, comunicação interna e promoção da estratégia de marketing e coordenação com outras áreas funcionais.

B. Atividades Táticas de Marketing (seja bastante específico, esta parte descreve os detalhes da estratégia de marketing e como ela será executada)

Atividades Táticas Específicas	Pessoa/Departamento Responsável	Orçamento Necessário	Data de Conclusão
Atividades de Produto 1. 2. 3.			
Atividades de Preço 1. 2. 3.			
Atividades de Distribuição/ Cadeia de Fornecimento 1. 2. 3.			
Atividades de CIM (Promoção) 1. 2. 3.			

VII. Avaliação e Controle (ver Figura 9.5)

A. Controles Formais

Descrever os tipos de **controles de entrada** que devem ser estabelecidos *antes* que plano de marketing seja implantado. Exemplos incluem recursos financeiros, despesas de capital, pesquisa e desenvolvimento adicional e recursos humanos adicionais.

Descrever os tipos de **controles de processos** que serão necessários *durante* a execução do plano de marketing. Exemplos incluem treinamento em gestão, compromisso da direção em relação ao plano e aos funcionários, sistemas de avaliação/remuneração de funcionários revistos, reforço da autoridade do funcionário e atividades de comunicação interna.

Descrever os tipos de **controles de saída** que serão utilizados para medir o desempenho de marketing e compará-lo com os objetivos de marketing estabelecidos, *durante e após* a execução do plano de marketing.

Padrões de desempenho geral (variam de acordo com metas e objetivos do plano de marketing). Exemplos incluem vendas em valor, vendas em volume, participação de mercado, participação do cliente, lucratividade, satisfação do cliente, retenção de clientes ou outras métricas relacionadas com o cliente.

Padrões de desempenho do produto (são opcionais e vão variar de acordo com a estratégia de produto). Exemplos incluem especificações dos produtos, qualidade do produto principal, qualidade do produto complementar, qualidade da experiência do cliente, inovação de novos produtos, marcas e posicionamento.

Padrões de desempenho do preço (são opcionais e vão variar de acordo com a estratégia de preços). Exemplos incluem metas de receita, equilíbrio oferta/demanda, elasticidade de preços, gestão de receitas ou métricas com base em ajustes de preços específicos.

Padrões de desempenho da distribuição (são opcionais e vão variar de acordo com a estratégia de distribuição). Exemplos incluem eficácia/eficiência da distribuição, integração da cadeia de fornecimento, valor (utilidade de tempo, lugar e posse), manutenção dos relacionamentos (colaboração, conflito), terceirização ou desempenho de distribuição direta.

Padrões de desempenho da CIM (promoção) (são opcionais e vão variar de acordo com a estratégia de CIM). Exemplos incluem objetivos de comunicação; notoriedade da marca; reconhecimento ou lembrança; alcance, frequência e impressões da campanha; intenções de compra; e relações públicas, vendas e eficácia de promoção de vendas.

B. Controles Informais

Descrever as questões relacionadas com **autocontrole do funcionário** que podem influenciar a implantação da estratégia de marketing. Exemplos incluem satisfação dos funcionários, comprometimento dos funcionários (com a empresa e o plano de marketing) e confiança dos funcionários em suas habilidades. Se algum um desses controles estiver faltando, como pode ser melhorado para apoiar a implantação do plano de marketing?

Descrever problemas relacionados ao **controle social do funcionário** que podem influenciar a implantação da estratégia de marketing. Exemplos incluem valores organizacionais compartilhados, relações de grupo de trabalho e normas sociais ou comportamentais. Se qualquer um desses controles estiver faltando, como pode ser melhorado para apoiar a implantação do plano de marketing?

Descrever problemas relacionados com o **controle cultural** que podem influenciar a implantação da estratégia de marketing. Exemplos incluem cultura organizacional e rituais organizacionais. Se qualquer um desses controles estiver faltando, como pode ser melhorado para apoiar a implantação do plano de marketing?

C. Auditorias de Marketing (ver Figura 9.6)

Explicar como as atividades de marketing serão monitoradas. Quais são as medidas específicas baseadas em lucros e em tempo que serão utilizadas para monitorar as atividades de marketing?

Descrever a auditoria de marketing a ser realizada, incluindo a(s) pessoa(s) responsável(eis) pela realização da auditoria.

Se for determinado que a estratégia de marketing não atende às expectativas, que ações corretivas podem ser tomadas para melhorar o desempenho (geral ou de algum elemento do programa de marketing)?

Se o plano de marketing, como atualmente concebido, demonstrar pouca probabilidade de atingir os objetivos de marketing, que elementos do plano devem ser reconsiderados e revisados?

D. Calendário e Cronograma de Implantação (ver Figura 9.7)

Atividades	Mês / Semana	1	2	3	4	1	2	3	4	1	2	3	4
Atividades de Produto													
Atividades de Preços													
Atividades de distribuição													
Atividades de IMC													

Índice Remissivo

A

abastecimento, 201
abastecimento de fonte única, 328
abastecimento ético, 274
abordagem de colheita, 251
abordagem de concentração de mercado, 151-152
abordagem multissegmentos, 151
abrangência, 123
ação, 208
acionistas, relacionamento com stakeholders, 470-471
Acordo Norte-Americano de Livre Comércio (NAFTA), 84
agressividade, 117
alianças, 233
alimentos geneticamente modificados, 385
alternativas, avaliação de, 140
Amazon, fusão Zappos a com, 505-506
ambiente. *Ver também* tipos específicos de clientes, 67, 71-79
    escaneamento ambiental, 18
    externo, 79-88
    interno, 68-71
    partes interessadas, relacionamento com, 470-473
    sociocultural, 86
ambiente de trabalho, da Zappos, 502-504
ambiente externo, 77-88
    análise SWOT, 66-67
    avanços tecnológicos, 84-85
    concorrência, 79-83
    crescimento econômico, 82-83
    estabilidade econômica, 82-83
    questões legais, 83-84
    questões regulatórias, 83-84
    tendências políticas, 83
    tendências socioculturais, 87-88

ambiente interno, 67-71
ambiente sociocultural, 86
American Girl, 418
Amway (Tailândia) Co., Ltd., 432
análise competitiva, 81
análise de políticas, 89
análise do ponto de equilíbrio, 183-184
análise interna, 18
análise situacional, 18, 34, 63
    condução, 66-67
    planejamento estratégico, 34
    plano/planejamento de marketing, 45
    SWOT para, 66-67, 99-102
análise SWOT
    análise da situação, 99
    benefícios, 101
    diretrizes, 102
    eficácia, 99-102
    planejamento estratégico e, 109-113
    plano/planejamento de marketing e, 45-48
    problemas potenciais a considerar, 108
    produtiva, 102-109
    questões a considerar, 66-69
    tela estratégica e, combinação de, 121
Apple, 370-380
    App Store, 373
    computadores Mac, 372
    cultura corporativa da, 374-375
    futuro da, 380
    história da, 371
    iPad, 373
    iPhone, 372
    iPod, 372
    iTunes, 372
    marketing para, 373-380
    produtos, 371-374
armazenamento de carbono, 444
artigos especializados, 211

assuntos corporativos, 89
atenção, 209
atividade fraudulenta, 275
atividades de marketing
    avaliação, 307-316
    controle, 305-316
    em marketing, 18-27
    estratégicas, 17-18
    planejamento, 17-18
    programação, 315-316
audiência, a fragmentação de mídia e, 6
auditoria de marketing, 309-311
autocontrole do funcionário, 311-312
autoimagem, 230
automobilismo, mercado de, 490-491
autorregulamentação, associação, 276
avaliação, 81
avaliação pós-compra, 142
Avon, 432

B

baby boomers, 64
balanced scorecard, 56
Barbie, 417
benefícios, 241
    procurados, 163
    segmentação por, 158
benefícios percebidos do produto, 188
Beyond Petroleum (BP), 439-449
    código de conduta, 445
    conduta ética, 441-445
    conduta social, 441-445
    estratégia de marketing, 449
    gestão de marca, 442-446
    história, 440
biocombustíveis, 443
biotecnologia
    alimentos geneticamente modificados, 385

efeitos ambientais, 387-388
herbicidas, 388
hormônio de crescimento bovino, 386
Monsanto, 384-388
pesticidas, 388
Blockbuster, 524
brand equity, 234
Bratz, 424

C

Cabbage Patch Kids, 419
cadeia de fornecimento, 23
definição, 195
ética na, 274
gestão da, 194-197, 378
poder na, 199-200
canais de marketing
estrutura, 198
funções, 195-197
gestão da cadeia de fornecimento em, 194
canais não tradicionais, 204
canto dos leitores, 579
capacidades, 81
características, 80
características do serviço, 177
características organizacionais, 162
características pessoais, 163
características psicológicas, 163
centro de compras, 145-147
Centro de Pesquisa Nacional da Qualidade na Universidade de Michigan, 27
CEOs, 298
Chevrolet, 452-462
Camaro, 455
Corvette, 454-455
Cruze, 456
desafios da, 462
estratégia de gestão de marca da, 459-460
Ford, a rivalidade com, 460
história da, 452-453
Impala, 456
marketing internacional da, 460-462
mix de produtos, 453-458
recuperação da, 462
Silverado, 457
SUVs/veículos crossover, 457
Volt, 458
clichés gerenciais, 106
clientes, 322
ambiente para, 67, 71-79
aquisição, 322, 348
atuais, 73
benefícios, 185
desempenho dos, 347
encantando os, 142, 340
expectativas, 332, 339-345, 347
foco nos, 52-58
Groupon, 593-595
IKEA, 552
insatisfação, 341
intimidade com, 115, 117
manutenção, 322
modelo 5W para análise de, 72
participação de, 249, 323
percepção dos, 181
pontos fortes de, 105
pontos fracos de, 105
potenciais, 73

privacidade dos, 376
reclamações, 345
relacionamentos com, 327
repetidos, 323
retenção de, 338-349
stakeholders, relacionamento com, 468
Starbucks, 578-581
taxa de atrito, 348
taxa de conversão, 348
taxa de recuperação de, 348
transferência de poder para, 5
USA Today, 362-364
clientes atuais, 73
clientes empresariais, para o Groupon, 595
clientes potenciais, 73
clientes repetidos, 323
clima ético, 280-281
códigos de conduta, 276-279, 445
códigos de ética, 277-279
códigos de ética corporativo, 279
colaboração, 101, 104, 195
coleta de dados primários, 93-94
coleta de dados primários de mercado, 93-94
co-marca, 479-480
comoditização, 4
componentes, 175
comportamento do comprador
em mercados de consumo, 135-145
em mercados empresariais, 145-148
compra comparada, 230
comprador econômico, 145
compradores, papéis, 328
compradores técnicos, 145-147
compra inicial, 323
compras de uma só vez, 213
compras empresariais, 147
comunicação
corporativa, 89
durante a troca, 13
sobre risco, 315
social, 348
comunicação corporativa, 89
comunicação social, 348
comunicações integradas de marketing (CIM), 23, 205-219
gestão de vendas e, 213-215
promoção de vendas e, 215-219
propaganda e, 208-211
questões estratégicas em, 208
relações públicas e, 211-212
venda pessoal e, 213-215
comunidades
empresa ampliada em, 195
gestão de relacionamento com cliente em, 323
stakeholders, relacionamento com, 471
concorrência
análise SWOT e, 103
com a Apple, 376
com a IKEA, 551
com o Groupon, 597
com o *USA Today*, 363-365
na sociedade atual, 3
no ambiente externo, 79-83
tipos de, 80
concorrentes de orçamento total, 80
concorrentes de produto, 80
concorrentes digitais, 527-528

concorrentes genéricos, 80
concursos, 218
conduta social, da BP, 441-445
conectividade, 195
conferências de imprensa, 212
consciência, 323
consenso, implantação de marketing por, 300-301
consistência, 123
consumidores
desejos dos, 139
produtos para, 173-175
promoções de vendas para, 216-219
consumo, 178
continuidade, 125
controle
cultural, 312
de entrada, 308
de saída, 308-311
do plano/planejamento de marketing, 42, 49
implantação de marketing e, 25, 289-316
social, 312
controle cultural, 312
controle de marketing, 49, 307
controles de entrada, 308
controles de marketing formais, 307-311
controles de marketing informais, 311-312
controles de processos, 308
controles de saída, 308-312
controle social, 312
corridas de monopostos nos EUA, 489-491
crentes, 161
crescimento econômico, 82-83
cultura corporativa, 374-375, 502-505, 548
Apple, 374-375
IKEA, 548
Zappos, 502-505
cultura organizacional, 71, 301-303
culturas de risco, 315
cupons, 216
customização em massa, 153
custos de transação, 335
custos de transação monetária, 335
custos do ciclo de vida, 335
custos do ciclo de vida monetários, 335
custos invisíveis, 147
custos monetários, 335-338
custos não monetários, 335-338
custos totais de distribuição, 197
custos visíveis, 147

D

dados comparados com informações, 67
decisões de compra, 140-141
decisões de compra em equipe, 328
declaração de missão, 37-39
declaração de missão com foco no cliente, 39
declaração de missão do produto, 38
declaração de missão econômica, 39
declaração de missão social, 39
declaração de visão, 35
defensiva, 119
defesa, 323
demandas, 8, 139
dependência mútua, 147
derramamento de óleo da BP, 445-447
explosão inicial, 445

ÍNDICE REMISSIVO

recuperação posterior, 448-449
repercussões, 447
riscos, a incapacidade de gerir, 446
desafios de marketing
Apple, 375-379
Zappos, 505-507
descontos, 192-193, 218
descontos comerciais, 193-194
desconto superficial, 273
descritores de produtos, 240-241
desejo, 208
desejos dos consumidores, 139
desempenho financeiro, 280-282
desinvestimento, opção de, 251
despesas promocionais, 550-551
despesas totais, 186
diferenciação, 236-242, 480
dissonância cognitiva, 142
distribuição
Apple, 374
estratégia para, 245
exclusiva, 198
física, 194
gestão da cadeia de fornecimento e, 23
intensiva, 198
MISTINE, 429
Netflix, 523
seletiva, 198
USA Today, 360
distribuição exclusiva, 198
distribuição física, 194-195
distribuição intensiva, 198
distribuição seletiva, 198
diversidade populacional, 150
diversificação/diversidade, 117
da população, 87, 150
NASCAR, 483
dúvida pós-compra, 142

E

economia com predominância tangível, 82
eficiência
atendimento ao cliente e, 333-334
de compras, 230
eficiência comercial, 230
embalagem, 236
empreendedores, 160
empresa estendida, 195
empresas orientadas para o mercado, 53
energia solar, 443
envio, 501
equipamento acessório, 175
estabilidade econômica, 82-83
estágio de declínio da marca/gestão de marca, 251-254
estágio de desenvolvimento da marca/gestão de marca, 245-247
estágio de introdução da marca/gestão de marca, 247-249
estágio de maturidade da marca/gestão de marca, 249-251
estoques de manutenção, 197
estratégia corporativa, 40-41
estratégia da cadeia de fornecimento, 194-204
pelo poder, 199-200
problemas, 195-201
tendências, 200-204
estratégia da unidade de negócios, 40-41

estratégia, definição, 18
estratégia de marketing de mídia, 564-568
estratégia de marketing realizada, 291
estratégia de preços, 181-194, 245
para o preço base, 190-194
para serviços, 190
questões-chave, 184-190
estratégia de produto, 173-181, 245
de novos produtos, 179-181
para portfólio de produtos, 174-177
para serviços, 177-179
estratégia do oceano azul, 122
estratégias de marketing, 261-284
BP, 449
como especialização de mercado, 164
como especialização de produto, 164
como marketing de massa, 164
como segmentação seletiva, 163
como segmento único, 163
decisões sobre, 21-24
desempenho financeiro e, 281-282
desenvolvimento de, 3
escolha de mercado-alvo, 163-165
ética na, 261-270
Gillette, 536-541
ideias tradicionais sobre, 5
implantação de, 25
inovadoras, 19
introdução a, 261
marketing e, 280-282
Netflix, 528-529
New Belgium Brewing, 406-407
orientação para stakeholders e, 281
orientada a pessoas, 27
para plano/planejamento de marketing, 48
planejadas, 292
planejamento, 3
responsabilidade social em, 261-270
Sigma Marketing, 512-520
estratégias de marketing orientadas a pessoas, 27
estratégias de marketing planejadas, 291
estratégias de não preço, 192
estratégias de vantagem competitiva, a, 117
estratégias funcionais, 41-42
estrutura de custos da empresa, 184-185, 253
estruturas organizacionais, 55
ética
BP, conduta da, 441-445
cadeia de fornecimento, 274
códigos de, 277
controlando a, 276-280
de estratégias de marketing, 261-284
desafios, 269
gestão, 277-279
marketing, 24, 265-269, 271
Mattel, responsabilidade da, 419-422
Monsanto, questões de, 388
no programa de marketing, 270-275
planejamento estratégico e, 283-285
práticas de negócios e, 420
relacionada à cadeia de fornecimento, 274-275
relacionada a preços, 272-274
relacionada a produto, 271-272
relacionada a promoção, 275
responsabilidade social e, 24, 261-269
sustentabilidade e, 265-266

treinamento sobre, 277
Wyndham Worldwide, programas para, 473
ética de marketing, 24, 265-269, 275-277
evolução, 292
excelência operacional, 115, 118
exequibilidade, 123-124
expansão global
Gillette, 537
Starbucks, 581
expectativas
baseadas na experiência, 339
dos clientes, 332, 339, 345, 347
ideais, 339
expectativas baseadas na experiência, 339
expectativas ideais, 339
expectativas mínimas toleráveis, 339
expectativas normativas, 339
experimentadores, 160
experimentos, 94

F

faça-você-mesmo, abordagem, 549-550
Facebook, como estratégia de marketing de mídia, 566
fase de crescimento da marca/gestão de marca, 248-249
fatores organizacionais, 148
fazedores, 161
feedback negativo, 342
fidelidade
à marca/gestão de marca, 233-236, 481
a produtos, 230
filantropia
corporativa, 89, 263-265
estratégica, 263-265
Monsanto, 391
responsabilidades e, 263-265
filantropia corporativa, 89, 263-265
filantropia estratégica, 263-265
Fisher-Price, 418
flexibilidade, 44, 101
fluxo de caixa, 186, 249
foco no cliente. *Ver também* análise SWOT
análise SWOT e, 103
estabelecendo, 115-121
identificando, 120
plano/planejamento de marketing e, 52-58
vantagem competitiva e, 121-128
fontes comerciais, 91-93
fontes de dados internas, 88-90
fontes de informação secundárias, 88-93
fontes de livros, 91
fontes de periódicos, 91
fontes do governo, 90-91
força de vendas, 213-215
Ford, rivalidade com Chevrolet, 460
Fórmula 1, 490
fornecedor, 147
fornecimento global, 328
Foursquare, como estratégia de marketing de mídia, 566
fragmentação, 206
fragmentação da mídia, 6
fragmentação de massa, 6
funcionários, 322
autocontrole, 312
avaliação, 297

compromisso, 297
motivação, 297
remuneração, 297
satisfação, 297
seleção, 297
stakeholders, relacionamento com, 468-470
treinamento, 297
funções de canal, terceirização de, 201-203
Fundação Mattel para Crianças, 421-422
Furacão Katrina, 40
Furacão Rita, 40
Furacão Wilma, 40

G

garantias de satisfação, 345
generalizações, 326
gerenciamento de relacionamento com clientes (CRM), 322-323
gestão de rendimentos, 189-190
gestão de venda, implantação estratégica de, 213
gestão de vendas, 212-215
gestão externa, 341
Giffarine Skyline Unity Co., Ltd., 432
Gillette, 531-541
    aparelhos de barbear, 533-535
    estratégias de marketing, 536-541
    futuro da, 541
    inovação na, 532-533, 535-537
Grande Recessão, 7
Groupon, 587-602
    clientes, 593-595
    concorrência com, 597
    crescimento, 597-602
    definição, 587-590
    expansão, 591
    indústria de compra coletiva, 595-598
    início histórico, 589-591
    marketing do, 592-593
    modelo para o, 590-595
    ofertas, 591
    The Point, 590
grupos de discussão, 93, 348
grupos de referência, 143

H

Hear Music, 578-579
herbicidas, 388
heterogeneidade, 178
hormônio de crescimento bovino, 386
Hot Wheels, 418

I

identificação, 81
IKEA, 544-552
    amenidades adicionais, 549
    conceito, 545-548
    cultura corporativa, 548
    despesas promocionais de, 550-551
    estrutura de custo baixo, 548
    expansão nos EUA, 547-552
    faça-você-mesmo, abordagem, 549
    imagem de marca, 549
    marketing, 546-547, 550-552
    personalização e, 550
    pontos fortes, 548-550
    pontos fracos, 550
    produção, 546-547

suporte on-line, 550
sustentabilidade, 550
implantação de marketing, 25. *Ver também* atividades de marketing
    abordagens, 300-304
    como cultura organizacional, 301-303
    controle e, 25, 289-316
    de estratégias funcionais, 42
    definição, 289
    desvantagens, 303
    elementos, 295-297
    marketing interno e, 304-305
    mercados-alvo para, 42
    planejamento e, 291-295
    plano/planejamento de marketing e, 42, 47-48, 52, 291-295
    por comando, 300
    por consenso, 300-301
    por meio da mudança, 300
    questões estratégicas em, 291-297
    recursos humanos e, papel dos, 296
    vantagens, 303
incentivos de vendas, 219
Índice de Satisfação do Consumidor Norte--Americano, 27
indústria de compra coletiva, 595-598
IndyCar, 488-498
    corridas de monopostos nos EUA e, 489-491
    mercado de automobilismo, 490-491
    reunificação, 491-493
inferno das commodities, 4
influências individuais, 143
influências situacionais, 144, 188
influências sociais, 143
informação. *Ver também* informações de marketing
    e dados, 67
    em profundidade, 133
    fontes secundárias de, 88-93
    poder da, 199
    procurando, 139-140
    síntese de, 99
informação em profundidade, 133
informações de marketing, 63-95
    ambiente do cliente, 71-77
    ambiente externo, 77-88
    ambiente interno, 68-71
    análise situacional, 66-67
    coleta de dados de mercado, 88-95
    coleta de informações, 88-95
    introdução, 63-66
informações sob demanda, 360-361
informes e comunicados, 211
informes ou comunicados, 211
informes técnicos, 212
inovação
    de estratégias de marketing, 19
    Gillette, 532-533, 535-537
    marketing, 19
inovadores, 160
insatisfação, 142
instalações, 175
intangibilidade, 124, 178
intangíveis, 82
integração, 101
integração entre vida pessoal e profissional, da Zappos, 504

inteligência competitiva, 18
interdependência, 292
interesse, 208
intermediários de canal, 197
Irvine, 554
    jurisdição legal, 8

L

lavagem verde, 265
Lei da Proteção da Privacidade On-line da Criança (Children's Online Privacy Protection Act - COPPA), 8-9
licenciamento de marca, 233
licitações, 148
liderança, 115, 118, 279-280, 298
liderança de produto, 115, 117
Liderança em Energia e Design Ambiental (LEED), 265
liderança ética, 279-280
líderes de opinião, 143
linha de preços, 192
lixo eletrônico, 76
locadora de filmes, negócio de, 525-528
localização
    intermediários de canal e, 197
    Starbucks, 576-579
    Sushilicious, 554-558
lutadores, 161

M

má conduta ética, 266-270
mala direta, 218
Malcolm Baldrige Award, 125-126
mapa perceptual, 239-240
máquina de venda automática, 204
marca/gestão de marca
    alianças estratégicas e, 233
    aspectos técnicos, 226-229
    atributos da, 229
    BP, 442-445
    Chevrolet, 458-460
    conceito de, 226
    concorrentes, 80-81
    corporativa, 229-231
    decisões de estratégia de marketing de, 24
    decisões para, 230-233
    de fabricante *versus* marca própria, 232
    embalagem e, 236
    e posicionamento, 226-254
    estágio de declínio, 251-254
    estágio de desenvolvimento, 245-247
    estágio de maturidade, 249-250
    fase de crescimento, 248-249
    fase de introdução, 247-249
    fidelidade à, 234, 481
    gerenciamento de, 244-254
    IKEA, 549
    insistência de, 234
    NASCAR, 478-482
    New Belgium Brewing, 407-411
    preferências em relação a determinadas, 234
    questões estratégicas em, 229-236
    reconhecimento de, 233
    rotulagem e, 236
    valor, 234-236
    valor da, 236, 481
    vantagens da, 230

Wyndham Worldwide, 467
marca/gestão de marca de fabricante, 233
marca corporativa, 229-231
marca própria/gestão de marca própria, 232
marketing/mercados empresariais, 10
  características, 145-147
  comportamento do comprador em, 144-148
  em processo de compra empresarial, 147-149
  mudanças fundamentais, 5-10
  relacionamento com os clientes em, 326-330
  segmentação de, 162-163
  tipos de, 145
marketing. *Ver também* tipos específicos de
  Apple, 374-380
  como função da empresa, 10
  conceitos de, 10-14
  definição, 10-11
  desafios de, 5-7
  estímulos em, 139
  estratégias de, 19, 27
  estrutura de, 295
  Groupon, 591-593
  IKEA, 546-552
  introdução, 3
  metas de, 9
  MISTINE, 428-434
  mudanças fundamentais no, 5-10
  na economia atual, 3-27
  objetivos de, 48, 124-127
  oportunidades em, 5-10
  padrão de vida, ligação para, 11
  planejamento estratégico e, 18
  questões éticas no, 266-269, 271
  Sushilicious, 559-564
  tomada de decisão e, 18-27
  USA Today, 358-360
  valor e, conexões entre, 335
  visão tradicional, 260
marketing de catálogo, 204
marketing de massa, 150-152
marketing de nicho, 152
marketing de permissão, 153-154
marketing de relacionamento, 25-27
marketing diferenciado, 151-153
marketing direto, 202
marketing ecológico, 265
marketing individualizado, 152-153
marketing internacional, com Chevrolet, 460-462
marketing interno, 303-305
marketing mix, 10
marketing relacionado a causas, 264
marketing transacional, 25, 213
marketspace, 11-12
matérias-primas, 175
matriz SWOT, 112
Mattel, 416-426
  Bratz, luta por propriedade intelectual com, 424
  futuro, 424-425
  produtos, 417-419
  recalls de produto enfrentados pela, 422-424
  responsabilidades éticas, 419-422
  responsabilidades sociais, 419-421

mercadoria gratuita, 219
  4 Ps, 10
mercados
  coleta de dados, 94-95
  definição, 10-11
  demanda, 186
  deterioração, 253
  especialização em, 164
mercados-alvo
  definição, 20
  estratégias, 163-164
  para implantação de mercado, 42
  seleção de, 163
mercados comerciais, 145
mercados de cereais, 156
mercados de consumo, 157
  comportamento do comprador em, 135-144
  preços/estratégia de precificação, 192
  processo de compra do consumidor em, 136-142
  relacionamento com clientes em, 323-326
mercados de revenda, 145
mercados governamentais, 145
mercados institucionais, 145
metaintermediário, 12
metamercado, 12-13
mídia, da New Belgium Brewing, 411-412
mineração de dados, 134
missão organizacional, 35-40
MISTINE, 427-437
  avaliação estratégica, 433-437
  futuro, 436
  programa de marketing, 428-434
mix de produtos, 174
  Chevrolet, 453-458
  MISTINE, 428
modelo AIDA, 208
modelo de negócio
  com foco no cliente, 500-502
  Netflix, 524-526
  Starbucks, 575-582
  Zappos, 500-505
modelo de negócio com foco no cliente, 500-502
Monsanto, 382-393
  biotecnologia, 384-386
  futuro, 391-392
  história, 383-384
  questões éticas, 388
  questões legais, 388-389
  responsabilidade corporativa, 390-391
mudança, a implantação de marketing por meio da, 300
mudanças demográficas, 86-87

N

NASCAR (National Association for Stock Car Auto Racing), 476-486
  desafios, 482-484
  estratégia de marca, 478-482
  história, 477
  mercado de automobilismo, 491
near field communication (NFC), 85
necessidades, 137-140
necessidades básicas, 138, 188
necessidades básicas reais, 188
necessidades percebidas, 188

Netflix, 521-529
  concorrência com locadoras de filmes, 525-528
  estratégia de marketing, 528-529
  futuro, 529
  história, 522-526
New Belgium Brewing, 394-403
  estratégias de marketing, 406-408
  história, 395
  marca/gestão de marca, 407-414
  mídia, mensagens consistentes, 411
  responsabilidade social, 397-402
New York Times, 363-364
notícias sob demanda, 360-362
novos produtos, desenvolvimento, 179-181

O

objetivos, 70, 125, 186
objetivos compartilhados, 295
objetivos de marketing
  abrangência, 123
  consistência, 123
  desenvolvimento, 121-128
  intangibilidade, 124
  movendo-se além, 127
  plano/planejamento de marketing e, 48
  viabilidade, 123
objetivos orientados a lucro, 186
objetivos orientados para volumes, 186
observação direta, 93
ofertas de experimentação, 48
oferta total de produto, 330
organizações, tipos de, 162

P

pacote total de serviços, da Sigma Marketing, 515-516
padrão de vida, 11
parceiros da cadeia de fornecimento, 322
parceiros de negócios, com a Mattel, 420-421
paridade competitiva, 186, 192
participação de mercado, 186, 249
participação do cliente, 250, 323
patentes, 388
patrocínio de eventos, 212
pensadores, 160
percepção do cliente, 181
perecibilidade, 178
pergunta "como", 76
pergunta "onde", 74
pergunta "por quê", 76
pergunta "quando", 74-76
periódicos acadêmicos, 92
permutas, 194
personalização, 343, 550
pesquisa e análise, 18
pessoas, 296-298
pesticidas, 388
planejamento com foco no cliente, 53-55
planejamento estratégico
  ameaças e, 109
  análise de situação, 34
  análise SWOT e, 109-113
  marketing e, 18
  matriz SWOT e, 111-113
  oportunidades para, 109
  pontos fortes, 109
  pontos fracos de, 109-113,

responsabilidade social e, 283-285
planejamento estratégico equilibrado, 55-58
planejamento tático, 17-18
plano/planejamento de marketing, 18, 32-58
   análise da situação, 45
   análise SWOT, 45-48
   aspectos organizacionais, 51-53
   atividades de marketing e, 18
   avaliação, 42, 49
   compreensão, 43
   consistência, 43
   controle, 42, 49
   da missão organizacional, 35-40
   desenvolvimento, 18, 43, 49, 52
   de visão organizacional, 35-42
   estratégia corporativa para, 40-41
   estratégia de marketing para, 48
   estratégia funcional, 41
   estratégia para unidade de negócios, 40-41
   estrutura, 43-49
   finalidade de, 51
   flexibilidade, 44
   foco e, 52-58
   forma lógica de, 43
   imo de marketing e, 42, 47-48, 52, 291-295
   introdução ao, 32
   metas de marketing e, 48
   metas objetivas de, 41
   objetivos de marketing e, 48
   objetivos funcionais, 41
   processo para, 32, 34-42
   requisitos, 32
   resumo executivo e, 44-45
   significância, 50
   tático, 17-18
poder coercitivo, 199
poder de recompensa, 199
poder de referência, 199
poder legítimo, 199
Point, The, 590
políticos eleitos, 83
população hispânica, 88
população idosa, crescimento, 87
portfólio, 174-177
posição relativa, 239
posicionamento
   bases para, 240-242
   definição, 237
   e diferenciação, 236-242
   estratégias para, 242-244
   marca/gestão de marca e, 226-254
práticas de negócios, 420
práticas empresariais legais, 420
preço baseado em valor, 191
preço, estratégias básicas de, 190-194
preços/estratégia de preços
   Apple, 373
   base, 190-194
   comparações de, 187-189
   decisões sobre, 24
   de penetração, 191
   de prestígio, 191
   de serviços, 190
   diferenças em, 187
   discriminação de, 194, 271-274
   elasticidade, 187-190
   em mercados de consumo, 192
   em mercados empresariais, 193-194

estrutura de, 253
ética, 272-274
fixação, 273
Gillette, 538-541
MISTINE, 429
mitos sobre, 185
no mundo, 183
objetivos de, 186
pacote de, 193
predatório, 273
psicológicos, 193
receitas e, 185-186
redução de, 185
skimming, 191
preços de prestígio, 191
preços de referência, 192
preços de serviços, 189
preços de transferência, 194
preços geográficos, 194
preços predatórios, 273
preços psicológicos, 193
prêmios, 218
prestígio, 186
principais associações comerciais, 92
privacidade, 8-9, 419
processamento de pedidos, 148
processo de compra do consumidor, 136-142
   avaliação de alternativas, 140
   avaliação pós-compra, 142
   busca de informações, 139-140
   decisões de compra, 140-141
   estágios do, 136
   fatores que afetam, 142-144
   reconhecimento da necessidade, 137-140
processo de compra empresarial, 147-149, 163
   consumidor, 144
   desenvolvimento do produto, 147
   licitações, 148
   para o fornecedor, 147
   processamento de pedidos, 148
   propostas, 148
   reconhecimento do problema, 147
processo de tomada de decisão/decisões
   compra em equipes, 328
   de marca/gestão de marca, 230-233
   marketing e, 18-27
   no programa de marketing, 22-24
   processo de compra do consumidor e, 142
produção global da Mattel, 422
produção simultânea, 178
4 Ps, 21
produtos
   aceitação, 230
   Apple, 371-374
   características de, 240
   ciclo de vida de, 245
   classificação, 14
   complementares, 188
   compra, 74-77
   comprando, 175
   de consumo, 174-175
   de conveniência, 175
   de especialidade, 175
   definição, 14-18
   de operação, 175
   desenvolvimento de, 181
   diferenciação entre, 188

digitais, 15
dimensões inter-relacionadas de, 330
ecológicos, 265-266
elegante, mas sustentável, 551
empresariais, 174-175
especialização em, 164
especificações para, 148
ética e, 271-272
eventos como, 15
experiências como, 15
falsificados, 272
fidelidade a, 230
ideias como, 14
identificação de, 230
IKEA, 545-547
imóveis como, 15
informações como, 14
lugares como, 15
manutenção de, 175
Mattel, 417-419
mercadorias como, 14
não procurados, 175
novos, opções estratégicas para, 180
organizações como, 15
pessoas como, 14
portfólio de, 174-177
posição no mercado de, 253
posicionamento, 24
propriedade financeira como, 15
qualidade, 335, 377
recalls de, 422-423
reparação de, 175
seleção de, 6
selecionando, 76
serviços como, 14
Starbucks, 575-576
substituto, 187-188
suplementar, 335
USA Today, 358
uso de, 73-76
utilidades de, 16-17
valores de, 335
produtos complementares, 188
produtos de compra comparada, 175
produtos de conserto, 175
produtos de conveniência, 175
produtos de especialidade, 175
produtos de manutenção, 175
produtos de operação, 175
produtos ecológicos, 265-267
produtos elegantes, mas sustentáveis, 551
produtos falsificados, 272
produtos industriais, 173-175
produtos não procurados, 175
produtos substitutos, 185, 188
produto suplementar, 335-337
profundidade da linha de produtos, 176
programa de marketing, 171-219
   comunicações integradas de marketing no, 205-219
   definição, 173
   estratégia de cadeia de fornecimento no, 194-204
   estratégia de preços no, 181-194
   estratégia de produto no, 173-181
   introdução, 171-174
   tomada de decisão e, 22-24
programas de conformidade, 473

ÍNDICE REMISSIVO

programas de fidelidade, 217
promessas exageradas, 332
promoção
    Apple, 373-374
    estratégias de, 245
    ética da, 275
    MISTINE, 430
    USA Today, 359
promoção de ponto-de-venda, 218
promoções de vendas
    comunicação integrada de marketing e, 215-219
    em mercados empresariais, 218-219
    empresariais, 218-219
    intermediário, 218-219
    para o consumidor, 216-219
    tipos de, 216-219
promoção de vendas para intermediários, 218-219
propaganda
    comunicação integrada de marketing e, 208-211
    cooperativa, 219
    de marca/gestão de marca, 407-410
    de resposta direta, 204
    direta ao consumidor, 79
    mídia, 206
    na Internet, 209
propaganda cooperativa, 219
propaganda de mídia, 206
propaganda de resposta direta, 204
propaganda direta ao consumidor, 79
propaganda na Internet, 209
proposição de valor, 7
propostas, 148
propriedade intelectual, 377
publicações de negócios, 92

Q

quadro estratégico, 120-121, 239-240
qualidade
    atributos experimentais da, 331
    atributos simbólicos de, 331
    definição, 328
    de produto, 330-331
    experiencial, 335
    padrões de, 332
    papel, compreensão do, 328-332
    produto suplementar, 331, 335
    superior, 331-332
    valor e, 343-344
qualidade da experiência, 335-337
questões legais
    com a Monsanto, 388-389
    no ambiente externo, 83
questões regulatórias, 83-84

R

Radio Frequency Identification (RFID), 21, 85, 201
razão de ser, 330
realidade, 242
realismo, 125
receitas, preços e, 185-186
reciprocidade, 147
reconhecimento do problema, 147
reconhecimento, necessidade de, 137-140

reconhecimento que tamanho único não atende a todos, 342
recrutamento, 213
recursos, 107, 295
recursos de reputação, 107
recursos financeiros, 107
recursos humanos, 107, 296-300
recursos informativos, 107
recursos intelectuais, 107
recursos legais, 107
recursos organizacionais, 107
recursos relacionais, 107
Redbox, 526-527
redes de compras domésticas, 204
redes sociais on-line, 22
referências, 348
relacionamentos
    baseados no cliente, 178
    com os clientes, 327
    empresariais, 328
    intensidade de, 163
    programas para a gestão de, 348
relacionamentos baseados no cliente, 178
relacionamentos com funcionários, 212
relacionamentos com o cliente. *Ver também*
    satisfação do cliente
    desenvolvimento, 320-349
    em marketing, 26-27
    em mercados de consumo, 323-326
    em mercados empresariais, 326-330
    gerenciamento, 322-330
    introdução, 320
    manutenção, 320-349
    qualidade dos, 330-340
    valor dos, 330-339
relacionamentos empresariais, 328
relações com investidores, 89
relações com o governo, 89
relações públicas, 211-212
responsabilidades econômicas, 261
responsabilidades éticas, 261-263
responsabilidades legais, 261
responsabilidade social
    conceito, 261
    desafios, 269
    dimensões, 261-263
    estratégias de marketing e, 261-270
    ética e, 24, 261-269
    Mattel, 419-422
    New Belgium Brewing, 397-402
    planejamento estratégico e, 283-285
    sustentabilidade e, 265-266
responsabilidade social corporativa
    Monsanto, 390-391
    pirâmide da, 262
    Zappos, 505
resposta, 81
reviravolta, 119
risco de gestão cultural, 315
riscos, 230, 315
rotulagem, 236

S

Sarbanes-Oxley Act, 83
satisfação, 142
satisfação do cliente, 341
    expectativas dos clientes e, 339-344
    fidelidade e, 342

medição da, 347
qualidade e, 343-344
retenção de clientes e, 339-349
valor e, 343-344
segmentação, 157. *Ver também* tipos específicos de
segmentação comportamental, 157-159
segmentação de mercado, 149-163
    abordagens individualizadas para, 152-154
    abordagens tradicionais para, 149-152
    critérios, 154
    definição, 20, 148
    identificação, 155-162
    marketing de segmentação e, 21-22
    potencial, 253
    segmentação comportamental, 159
    segmentação demográfica, 155-159
    segmentação geográfica, 162
    segmentação psicográfica, 158-161
segmentação de mercado de massa, 163-165
segmentação demográfica, 155-159
segmentação de segmento único, 163
segmentação geográfica, 157, 162
segmentação psicográfica, 157-161
segurança, 8
seleção, 197
seleção de mercado-alvo seletivo, 164
separação, 107, 292-293
sequestro de carbono, 444
serviço ao cliente
    eficiência e, 333-334
    Zappos, 501-503
serviços, 177-179, 189-190
serviços de assinatura, 92
serviços de suporte ao cliente, 242
serviços empresariais, 175
serviços prestados, 197
Sigma Marketing, 510-520
    calendário de mesa, 511-513
    estratégias de marketing, 512-520
    pacote total de serviços, 515-516
simplicidade, 101
síntese, 101
sites, como marketing de mídia estratégia, 567
sobreviventes, 161
sorteios, 218
stakeholders
    desempenho financeiro, relacionamento com, 281
    estratégias de marketing e, 281
    Wyndham Worldwide, 467-472
stakeholders externos, 322
Starbucks, 571-586
    abertura de capital, 574
    começo histórico, 573
    crescimento, 582-585
    modelo de negócio, 575-582
    queda, 584
    visão de Schultz para, 572-574
status quo, 186
suborno, 388
subsídios, 193, 218
sumário executivo, 39, 44-45
suporte on-line, 550
surveys (ou levantamentos), 93-94
Sushilicious, 553-568
    conceito, 553-559

futuro, 565-568
marketing, 558-568
sustentabilidade
Apple, 379
corporativa, 89
ética e, 265-266
IKEA, 550
Monsanto, 389-392
responsabilidade social e, 265-266
sustentabilidade corporativa, 89

T
tapete vermelho, 580
taxa de abertura de espaço em gôndola, 200
tecnologia de bastidores, 84-85
tecnologia de frente, 84-85
televisão, marca/gestão de marca na, 478
tendências políticas, 83
tendências socioculturais, 87-88
toque local, 409-410
transferência de poder para o cliente, 5
transparência, 504-505
treinamento
assistência com, 219
de vendedores, 213
troca
comunicação durante a, 13
definição, 11-14
desejável, 14
duas partes, 12
rejeição da, 13
valor, 12-13
troca de duas partes, 12
troca desejável, 14
trocas compensatórias, 194
Twitter, como estratégia de marketing de mídia, 564-566

U
unidade estratégica de negócios (SBU), 40
USA Today, 355-369
clientes, 362-364

concorrência, 363-365
crescimento, 356-362
história, 355-362
informações fornecidas, 361
lançamento, 356-360
marketing, 358-360
notícias fornecidas, 360-362
on-line, 360-361
presente e futuro, 363-368
uso de meios de comunicação, mudanças, 6
utilidade de forma, 16
utilidade de posse, 16
utilidade de tempo, 16-17
utilidade psicológica, 16

V
valor da vida (Lifetime Value - LTV), 326, 348
valores
compartilhados, 295
competindo em, 337
compreensão do papel dos, 332-338
culturais, 88
custos monetários e, 335-338
custos não monetários e, 335-338
definição, 185
de marca/gestão de marca, 233-236
de produto, 335
de produto suplementar, 335
de troca, 12-13
marketing e, conexões entre, 335
percebidos, 185
qualidade e, 343-344
qualidade experiencial e, 335
valores compartilhados, 295
valores culturais, 88
Valor Médio do Pedido (VMP), 348
valor percebido, 185
VALS (valores e estilos de vida), 159-160
vantagem competitiva
alavancagem, 113-115
definição, 18, 38
desenvolvimento, 113-115

em marketing, 20
estratégias para, 115
foco estratégico e, 99-128
fontes, 114
realização, 41
vantagem diferencial, 40
vantagens, 240-241
vantagens diferenciais percebidas, 248
variedade, 174
venda a granel, 197
venda direta, 202, 430-432
venda pessoal, 212-215, 275
vendedores, papéis dos, 328
vento, 443
visão, 35
visão organizacional, 35-42

W
Wall Street Journal, 363
Wyndham Worldwide, 465-475
estratégia de marca, 467
futuro, 473
história, 466-467
histórico, 467
orientação para stakeholders, 468-472
programas de conformidade, 473
programas éticos, 473

Y
Yelp, como estratégia de marketing de mídia, 566
YouTube, como estratégia de marketing de mídia, 567

Z
Zappos, 499-508
filosofia de operação, 500-506
futuro, 507
história, 500
marketing, 504-508
modelo de negócios, 500-505
zona de tolerância, 340-341